요한 타울러(Johan Tauler) 지음
김용대 후고(後考) 옮김

영원한 생명을 주는 진리의 길

사회와 연대

옮긴이의 머리말

12세기에서 13세기에 이르는 동안 교황을 비롯한 성직자들이
세속의 권력과 부(富)를 탐닉하는 데 대한 반발로
급진적인 '순수 교회', '가난한 교회' 운동이 일어났으며,
제도적 교회와 성사(聖事)를 무시하고
개인적인 신비체험을 강조하는 신앙형태가 널리 보급되었습니다.

제도권교회의 타락과 부패는 결국 제도권 교회 대신
개인이나 소그룹의 신앙체험을 중시하는 경향으로 이어졌고,
초월자이자 절대자이신 하느님에서,
자신 안에 계시는 하느님으로 신앙의 축이 옮겨졌으며,
교리보다는 경험을, 이성(理性)보다는 직관을 중시하는 풍조를 낳게 되었습니다.

1223년 교황 이노센트 3세(Innocent Ⅲ)는 만연해 있는 이단풍조를 막기 위하여
종교재판을 하고, 청빈을 강조하면서도 제도권 교회의 질서를 따르는 프란시스코
수도회(1210)와 도미니코 수도회(1216)를 장려하였습니다.

마이스터 에크하르트(Meister Eckhart, 1260?-1328?)는
도미니코 회의 유명한 신학자이며 설교가로서, 자생적 평신도 모임인 베긴회
(Beguinages)와 베가드회(Beghards)를 중심으로 퍼져 있던
중세 독일 신비주의 운동의 선봉장 역할을 하였으며,
뒷날 이단성(異端性) 시비로 종교재판에 회부되어
재판진행 과정에서 사망했습니다.
에크하르트의 역할은 그의 두 수(首) 제자,
하인리히 수소(Henry Suso, 1295-1366)와
요한 타울러(John Tauler, 1300?-1361)로 이어지는데
이들은 '하느님의 친구들(Friends of God)'이라는 모임의 영적 지도자들입니다.

타울러의 시대인 14세기는 정치 및 사회적으로
혼란이 극에 달했던 시기였습니다.
타울러가 도미니코 수도회에 입회하여 스승인 에크하르트를 만난 16세 즈음,
1315-1317년은 이상기후로 인한 대기근이 발생하여
유럽 전체인구의 10%를 숨지게 하였습니다.
또한, 타울러의 나이 50을 전후로 한 5년간인,
1347-1351년에는 유럽 일대에 몰아닥친 흑사병(Black Death)으로 인해
유럽 전체인구의 약 30%에 해당하는
3,000만 명(교황청 집계 4,300만 명)이 목숨을 잃었습니다.
엄청난 속도로 확산하는 죽음의 공포는 하느님의 진노로 여겨졌고,
따라서 종교 지도자들의 영적 지도력에 대한 회의와
직접적인 하느님과의 일치 욕구가 신비주의 확산을 부추겼으며,
미신적 종파들이 우후죽순 식으로 생겨나게 되었습니다.
'하느님의 친구들'이라는 운동의 지도자였던 타울러는 후에
마틴 루터(Martin Luther)의 영성에도 커다란 영향을 미쳤습니다.
그는 종교인들이 외적 의식에 지나치게 의존하는 것을 비난하고,
내면생활을 중시하였습니다.
그의 강론에는 '하느님의 내재(內在)', '내적 빛'과 같은 표현이 많이 있습니다. 루터는 자신이 타울러의 저서라고 생각했던
『독일신학(Theologia Germanica)』을 세 차례나 편집하여 출판하였고,
그를 '독일교회의 아버지'라고 찬양하기까지 했습니다.
타울러의 강론들은 라인 강 유역과 저지대 국가들에서 필사본으로 유통되었으나,
뒤에 인쇄되어 어디서나 구할 수 있게 되었습니다.

그의 강론집은 1498년 라이프치히에서 처음으로 출판되었고,
1505년에 아우구스부르그에서 재판(再版)되었는데,
마틴 루터도 이것을 구입하여 읽었습니다.
이 강론집의 출판으로 타울러는 독일 종교계의 영성사(靈性史)에
커다란 영향력을 발휘하게 되었으며,
17-18세기에 있었던 영적 혁신이나 신비주의적 신학 논쟁에서
타울러의 설교들이 그 중심을 차지했습니다.

『독일신학』은 피조물인 인간 영혼의 소중함과
그 한계로부터 이야기를 시작합니다.
피조물은 완전한 것을 알거나 이해할 수 없습니다.
그 이유는 자신의 영혼이 창조되었기 때문입니다.
창조된 것은 창조성을 토대로 자신과 사물을 이해하기 때문에
결코 완전한 것을 알 수 없습니다. 오로지 하느님만 완전하시기 때문입니다.
"피조물인 인간은 불완전 존재, 분리된 존재,
부분적인 존재 그리고 항상 자기 자신만 생각하는 존재입니다."
죄는 바로 이 피조물의 불완전성에서 나옵니다.
죄는 피조물의 피조적 본성입니다.
그럼에도 불구하고 인간이 완전하신 하느님께 다가가지 않고
스스로 하느님을 떠났다는 것이 문제입니다.
아담의 죄는 다른 것이 아니라 바로
'타락하고 주제넘음, 그리고 자기중심주의'입니다.
인간은 피조적 본성과 본성적인 거짓 빛의 존재로서,
하느님을 찾지 않고 자기 자신의 이익을 찾아 헤맵니다.
이것이 인간의 속임수요 미혹입니다.
그렇다면 하느님께서는 이런 인간을 불필요하게 여기실까요?
그렇지 않습니다.
왜냐하면, 하느님 없는 인간도 없지만
인간 없이는 또한 하느님도 없기 때문입니다.
하느님은 온전하시지만, 인간을 위하여 그렇게 하시고
인간의 불완전도 하느님을 통해서만 완전해질 수 있습니다.
하느님 없이 인간이 할 수 있는 일은 없고
하느님도 인간과 상관없이 그 일을 명하시거나 행하시지 않습니다.
중요한 명제가 여기서 나옵니다.
그것은 하느님의 인간화와 인간의 신화(神化)입니다.
"죄인인 나의 타락은 다른 방법으로 고쳐지지 않습니다.
하느님이 없이 그 일을 할 수 없고,
나 없이 하느님 또한 그 일을 하시지 않습니다.
그 일이 발생하려면, 하느님이 내 안에서 인간화되어야 합니다."

이것이 절대타자인 하느님께서 인간과 만나시는 지점입니다.

이를 위해 우리가 할 일이 있습니다.
그것은 내 안에 있는 '나'를 죽이는 일입니다.
모든 죄는 내 안에 있는 '나'에게서 옵니다.
'나, 나의, 나를'이 곧 죄의 특징이요 표식입니다.
"만일 사람이 하나의 진리에 대한 내적 지식에게로 다가가려면,
'나'와 '나의 것'은 죽어 없어져야 합니다."
"만일 내 안의 내가 죽지 않으면
내가 어떤 것을 소유하는 즉시 나도 그것의 소유가 되기 때문입니다."
물론 나를 죽이라는 것은 내가 아무것도 하지 않거나
내가 아무것도 소유하지 말라는 뜻은 아닙니다.

이러한 자기 죽음은 그냥 오는 것이 아닙니다.
거기에는 적어도 네 가지 훈련과 기술이 필요합니다.
첫째, 주님을 맞이하기 위해 부지런히 준비해야 합니다.
둘째, 예수님을 본받아야 합니다.
셋째, 스승이신 주님을 끊임없이 믿고, 순종하고, 따라야 합니다.
하루 이틀에 되는 것이 아니므로 지속성이 필요합니다.
넷째, 그 일을 오늘 바로 시작하고 실천해야 합니다.
결코 내일로 미뤄서는 안 됩니다.
이 네 가지 중 어느 한 가지만 없어도 '성화(聖化)'는 이루어지지 않습니다.
이렇게 해야만 온전하신 하느님과 하나 되기 때문입니다.
바오로 사도가 말한 대로 "온전한 것이 오면
부분적인 것은 없어집니다."(1코린 13, 10)
그리스도의 생명을 통하지 않고는 아무도 주님과 하나가 될 수 없습니다.
"나를 통하지 않고서는 아무도 아버지께 갈 수 없다."(요한 14, 6)
"나를 보내신 아버지께서 이끌어 주지 않으시면
아무도 나에게 올 수 없다."(요한 6, 44)

1548년에 카르투지오회(Carthusians)의 수리우스(Laurentius Surius)가

타울러의 강론을 라틴어로 번역한 『Pietas Tauleriana』를 펴내며
루터가 타울러에게 깊이 매료되었음을 밝혀,
타울러는 유럽 전역에서 명성을 얻게 되었습니다.
이후 다른 언어로도 번역되어
이탈리아, 스페인, 프랑스 등지에서도 큰 호응을 받았습니다.
수리우스는 자신이 출판한 타울러 강론집의 머리말에 다음과 같이 말했습니다.
"타울러의 매력은 하느님과 이웃을 향한 사랑 안에서
모든 사람을 격려하는데, 조금도 지치지 않았다는 데 있습니다.
그는 사람들에게 악을 근절하고, 내면의 중심에 주의를 기울이고,
완덕을 쌓고, 무절제한 욕망과 자기를 버리라고 했습니다.
또 많은 장애물과 고통이 따르겠지만,
그리스도의 십자가를 지고 겸손하고 진실하게 따름으로써 그리스도를 본받으면,
마침내 영혼은 그리스도와 하나가 된다고 했습니다.
이는 곧 우리가 마음과 정신을 다해
하느님을 사랑하고 이웃을 내 몸같이 사랑해야 한다는 것이었습니다."

그러나 16세기에 그의 강론들은 수난을 당했습니다.
1518년에 예수회에서는 타울러의 저서를 읽지 못하게 했고,
1590년에는 벨기에의 프란치스코회도 그의 저서를 읽지 못하게 했습니다.
교황 식스투스 6세(Sixtus VI)는 스페인에서
그의 저서를 정죄(定罪)하고 금서(禁書) 목록에 올렸습니다.
한편 17세기에는 정적주의(靜寂主義, Quietism)로 오해받기도 했지만
그의 강론들은 19세기 이후에 다시 빛을 보게 되었습니다.

요한 타울러 신부님의 시대만 해도 인쇄술의 미발달로
평신도들은 필사본도 갖지 못하여 사제들의 강론을 통해서만
성경 말씀을 들을 수 있었습니다.
그러나 지금은 평신도들은 누구나 성경을 갖고 있으며
인터넷의 보급으로 성경 말씀에 대한 해석을 얼마든지 찾아볼 수 있습니다.
하지만 나는 이 타울러 신부님의 강론집을 번역하면서
대부분의 사제들이 평신도들이 성경을 가질 수가 없었던 시절과 마찬가지로 강론을

하고 있었고 지금도 다르지 않다는 것을 알고 무척 놀랐습니다.
평신도들이 성경 말씀을 잘 이해하고 있는데도 불구하고
오늘날도 성경 말씀 해석 위주로 강론을 하고 있기 때문입니다.
그러나 타울러 신부님은 내면 생활을 강조하고 말씀을 실천하는 데 주안점을 두고
강론을 했기 때문에 무척 참신한(?) 기분이 듭니다.
또 루터가 종교개혁을 했지만, 가톨릭과 개신교에서도
여전히 성경 말씀 해석 위주로 강론하고 있는 것을 보면
종교개혁도 아무 의미가 없어진 것 같습니다.
사람들이 '진리'에 목말라 하고 있지만, 무릇 모든 종교가
'종교'를 가르치고 있기 때문인 것 같습니다.
사실 진리는 회개하여 자기를 버리고 성령을 받아 사랑하고 사는 것입니다.
구원을 받으려면 이 길밖에 없습니다.

비교 종교학의 창시자 맥스 뮐러(Friedrich Max Müller, 1823-1900)가
『독일인의 사랑』에서 그 이유를 극명하게 설명해주고 있습니다.
"이 세상의 어느 종교를 막론하고
목사, 스님과 같은 성직자, 바리사이의 율법학자 같은 사람들에 의해
해(害)를 입지 않고 파괴되지 않은 종교는 없습니다.
그들은 교구 대부분의 신자들이 알아듣지 못하는 말로 다투고 싸웁니다.
자기네들이 복음서로부터 성령(聖靈)을 받아
성령으로 다른 사람들을 감화시킬 생각은 하지 않고,
복음서가 성령을 받은 사람들이 기록한 것이기 때문에
진리밖에 없다는 것을 증명하기에 바쁩니다.
그러나 그런 증명은 그들의 불신(不信)을 숨기려는 궁여지책에 지나지 않습니다."

미국의 여류 선사(禪師) 샬럿 조코 벡(Charlotte Joko Beck, 1917-2011)은
『살아있는 선(Nothing Special: Living Zen)』에서 다음과 같이 말했습니다.
"어떤 의미에서는 선(禪)은 종교적인 수행(修行)입니다.
종교는 '다른 것처럼 보이는(separate)' 것을
'다시 바라보아 하나라는 것을 아는(rejoin)' 것을 의미합니다.
선(禪) 수행(修行)이 우리가 다른 것으로 생각하던 것을

하나로 볼 수 있게 도와주기 때문입니다.
그러나 우리의 바깥에서 자신을 돌보려고 한다는 면에서는 종교가 아닙니다.
종교와 수행은 다른 것처럼 보이는 것을
하나로 볼 수 있도록 도와주기 때문에
모든 수행은 화를 다루는 것이어야 합니다.
화는 자신을 분열시키는 감정입니다.
화는 옳은 것들을 둘로 나누기 때문입니다.
기쁨을 모르는 것은 용서하지 못하고 산다는 증거입니다.
용서하지 못하는 것은 자기중심적으로 생각하기 때문입니다."

신앙은 삼라만상의 법칙, 우주의 근원, 등 우리가 알려고 하는 모든 것을
'**재연결**(rejoin)'하여 '**불이**(不二, nonduality), 즉
선악(善惡)과 미추(美醜)와 생사(生死)는 둘이 아니라 하나라는 것,
나와 다른 사람이 '다르다'고 해서 '틀린 것은 아니다'는 것을
깨닫기 위한 방편이라는 것입니다.
그래서 조코 벡은 말했습니다.
"수행(修行)은 깨달음을 얻지 못하여
끝없이 실망하는 과정을 거쳐야 합니다.
우리는 자신이 바라는(얻으려고 하는) 모든 것은
결국 자신을 실망시키게 된다는 것을 알아야 합니다.
이 깨달음이야말로 우리의 스승입니다.
이 때문에 딱한 처지에 있는 친구를 진정으로 걱정한다면
동정(同情)하여 헛된 희망을 주고
안심을 착각하게 하는 일이 없도록 해야 합니다.
함께 고통을 나누지 못하는 이런 동정은 그 친구의 깨달음만 늦출 뿐입니다.
어떤 의미에서 그러한 친구를 가장 잘 돕는 방법은
빨리 실망하도록 하는 것입니다.
가혹한 것 같지만 이 방법이 어려운 친구를 진정으로 돕는 방법입니다.
우리는 다른 사람들이나 자신이 바라는 대로 되고 있지 않다는 것을 알면
무명한 채로 돕게 되어 잘못 인도하는 수가 많습니다.
결국, 또다시 실망하게 만든 것에 지나지 않게 됩니다.

목마름을 해소해주려고 하지만
다시 또 실패하리라는 것을 알아야 합니다.
언제 진정으로 도움을 줄 수 있게 될지 알 수가 없게 됩니다.
오랜 수행을 했다 해도 잘못된 깨달음을 얻는 수가 많은데
그 잘못된 깨달음을 추구하고 나면
잘못되었다는 것을 예전보다 훨씬 더 빨리 깨닫게 됩니다.
이런 시행착오가 많아야 빨리 깨닫게 됩니다.

명상을 제대로 하면 깨달음을 빨리 얻을 수 있습니다.
우리는 다른 사람들이 자신의 도움을 받아
어려움에서 벗어날 수 있을 것이라는 생각을 버려야 합니다.
그 일이 아무 소용이 없다는 것을 알아야 합니다.
그리스도인들은 이러한 깨달음을 '영혼의 어두운 밤'이라고 합니다.
진심으로 충고하고 인도했지만 허탈하게 끝나게 되어
다음에 무엇을 해야 할지도 모르게 됩니다. 그리하여 무척 괴로워합니다.
그러나 그때에는 무척 괴로웠지만, 그 괴로움이 전환점이 됩니다.
수행은 이와 같이 힘듭니다만 깨달음이라는 선물을 안겨줍니다.
이런 시행착오를 거듭하게 되면 자신도 모르게 깨닫는 때가 오게 됩니다."

나는 꼬싸드(Jean-Pierre de Coussade) 신부님이
"피조물을 멀리하라."고 하신 말씀에 대해 많은 생각을 하게 되었습니다.
그러면 "이웃을 사랑하라"는 계명은
어떻게 하라는 것인가 하는 의문이 생겼기 때문이었습니다.
영국의 작가 체스터턴(G.K. Chesterton)이 "성경은 우리에게 이웃을 사랑하되, 원수까지 사랑하라고 말합니다. **이웃과 원수는 같은 사람일 경우가 허다하기 때문일 것입니다**."고 한 말이나, 미국의 철학자 진 휴스턴(Jean Houston)이
"**신뢰는 항상 그 안에 배반의 씨앗을 담고 있습니다**.
가장 큰 고통을 주는 배반은 대개 가까운 관계에서 이루어집니다." 하고 말한 것은
모든 사람이 실망을 주고 배신을 할 수 있다는 것을 말한 것 같았습니다.
이 때문에 인간은 항상 외로우며 하느님을 찾게 되는 것일까요?
참사랑을 하면서 사는 사람은 드물고 오로지 이기심에 사로잡혀

이웃 사랑을 하지 못하는 사람에게
아무것도 기대하지는 말라는 말로 들리기도 합니다.
우리 안에 참사랑이 없다는 말이기도 합니다.
그러나 진정으로 하느님을 사랑한다면
하느님과의 일치 속에서 우리가 모두 하나임을 깨닫게 됩니다.
이 세상의 삶은 영원한 생명의 디딤돌에 지나지 않습니다.
이 디딤돌을 찾기만 하면 쉽게 영원한 생명을 얻을 수 있습니다.
주님께서는 "사랑하지 않는 사람은 하느님을 알지 못하기 때문에
영원한 생명을 얻지 못한다."고 말씀하셨습니다.(1요한 4, 8)
사랑이야말로 영원한 생명의 디딤돌인 것입니다.
그런데 우리는 '사랑'을 모르고 왜곡된 사랑만 하고 있습니다.
그래서 하느님을 사랑하지 못하게 됩니다.
루이스(C. W. Lewis)는 이를 재치 있게 설명했습니다.
**"저는 이 세상은 결코 저를 만족시켜주지 못하리라는 것을 확신하고 있습니다.
저는 다른 세상을 위하여 태어났다고 믿고 있기 때문입니다."**
불교에서도 무연자비(無緣慈悲)를 말하고 있습니다.
인척(姻戚)이든 아니든 자비를 베풀어야 한다는 뜻입니다.
친척이든 아니든 가난한 사람에게 먼저 자비를 베풀어야 한다는 것을 뜻합니다.
또 이웃사촌이라는 말은 이웃을 잘 사귀면 사촌보다 낫다는 말입니다.

최근 프란치스코 교황은
'**성직자우월주의**(Clericalism)'를 강하게 질타하셨습니다.
프란치스코 교황은 '**평신도는 교회와 세상의 주인공**'이라며
**"성직자는 그런 평신도에게 봉사하라고 불림 받은 것이지
그들 덕을 보라고 불림 받은 게 아니다**"고 하셨습니다.
교황은 "성직주의는 평신도 역할을 약화시키고,
신학적으로는 믿는 이에게 같은 세례의 은총을
과소평가하게 한다는 점에서 가톨릭교회에 위험하다"고 하시면서
'성직주의는 제2차 바티칸 공의회에서 제안된 교회론을
잘못 살아가는 데서 빚어진 결과'라고 지적했습니다.
특히 교황은 "사제도 평신도 직분에서 신앙인의 삶을 시작했다.

교회는 엘리트 사제나 축성 생활을 하는 수도자 혹은 주교들만의 것이 아니다"며
'교회는 모든 이들을 신앙으로 이끌고 거룩한 하느님 백성으로 만드는 곳'이라고
성직자 엘리트주의를 버려야 함을 역설하셨습니다.
또 "유명한 슬로건 '지금은 평신도의 시대(시간)'가
정작 현실에서는 바닥에 떨어져 멈춘 시계 같다(구호에 그치고 있다)"며
**"성직자는 현실에서 실질적 지지를 받지 못하는 슬로건에 함몰되지 말고
신앙적 삶을 사는 평신도들과 '함께' 살아가라**"고 당부하시면서
"목자가 현대 생활의 수많은 도전에 대해
유일한 답을 갖고 있다고 믿는 것은 논리적이지 않을 뿐만 아니라
가능하지도 않다"며 '격려와 동행'의 사목 자세를 강조하셨습니다.
그리고 "교황은 기쁨을 선포해야 할 교회마저
돈과 힘으로부터 도전을 받고 있으며, 주교도, 사목자도, 교황도,
이 유혹에 넘어가고 있다며 쇄신을 강조한다"며
"이 유혹을 이기기 위해서는
성직자 중심주의와 권위주의를 극복해야 한다"고 덧붙였습니다.

교회는 본래 성직자와 평신도의 신분적 구분이 없는 하느님의 백성 공동체였지만,
이 '성직자우월주의(Clericalism)'는 다음과 같은 어원에서 출발하고 있습니다.
'평신도'를 영어로 'layman' 또는 'laity'라고 하는데
이 말은 헬라어 '라오스(laos)'에서 나온 말로
성경에서 '**하느님의 백성**(people)'을 일컫는 말로 쓰였습니다.
이 '라오스(laos)'란 말은 헬라 사회에서 도시국가의 시민들을 지칭하던 행정용어로,
행정관이나 고관을 '클레로스(cleros)'라고 했으며
관직을 갖지 못한 일반 시민을 '라오스(laos)'라고 했는데
차츰 시간이 지나면서 '**교육받지 못한 무식한 대중들**'을
가리키는 말로 전락하고 말았습니다.
이 클레로스에서 'clergy'가 나오면서 '성직자, 사제, 목사'를 뜻하게 되었습니다.
'성례를 집행하는 제사장 직'과
'이것을 수동적으로 받아들이는 평신도 층'으로 나누어지면서 생긴 폐단입니다.

사목을 독점한 사목자는 구약의 제사장 모델이 되어

하느님과 그 백성 사이의 중개인 역할을 하는 '사제(priest)'가 되었으며
성찬식과 성례전은 성별(聖別)된 사제만이 할 수 있게 되었습니다.
이러한 경향은 2세기 말엽에 시작되어 4세기에는 널리 인정받았습니다
이렇게 사목은 점차 성직(聖職)으로 생각되었으며
사목자는 평신도와 신분적으로 분리되어 성직자가 되었습니다.
그래서 사목은 교인 전체의 임무가 아니고 성직자들만의 일이 되었습니다.
이러한 성직(聖職)의 탄생으로 교회 안에
두 종류의 하느님의 백성이 생기게 된 것입니다.
성직자는 거룩한 영적인 일을 하는 상층계급으로
평신도는 세속적인 일에 종사하는 하층계급으로 분리되었습니다.
성직자는 말씀의 선포권과 성례전의 집행권, 가르침과 지도의 권위,
교회에서 위엄과 명예와 계급을 가지게 되었고, 평신도는 말씀을 듣는 청중, 성례전에 참여하고 성직자의 영적 지도와 교훈을 받는 순종자로 규정되었습니다.
그래서 평신도는 자신의 소명과 영적 은사를 무시당한 채
언제나 순종과 열심만을 강요당하는 수동적 신앙인이 되었습니다.
그것은 교회의 본질로부터 이탈한 것입니다.
따라서 참된 교회공동체를 형성하기 위하여
성직자 우월주의는 반드시 타파되어야 합니다.

"마땅히 걸어야 할 길을 아이에게 가르쳐라.
그러면 늙어서도 그 길에서 벗어나지 않는다."(잠언 22, 6)
그러나 불행하게도 우리는 세례를 받을 때부터
'**진리의 길**'로 인도되지 않고 '**종교의 길**'로 인도되었습니다.
사제가 목자로 자처하면서 평신도들이 '진리'에 목말라 하고 있지만
'종교'를 가르치고 있기 때문입니다.

그러나 성경이 목자를 사람에게 적용할 때는
악한 목자를 책망하기 위한 것이었습니다.
"사람의 아들아, 이스라엘의 목자들을 거슬러 예언하여라.
예언하여라. 그 목자들에게 말하여라.
'주 하느님이 이렇게 말한다. **불행하여라, 자기들만 먹는 이스라엘의 목자들!**

양 떼를 먹이는 것이 목자가 아니냐?"(에제 34, 2)

"겁도 없이 여러분과 잔치를 벌이면서 자신만 돌보는 저들은
여러분의 애찬을 더럽히는 자들입니다.
바람에 떠밀려 가 버리는 메마른 구름이고,
늦가을까지 열매 하나 없이 두 번이나 죽어 뿌리째 뽑힌 나무이며,
자기들의 수치스러운 행실을 거품처럼 뿜어 올리는 거친 바다 물결이고,
짙은 암흑에 영원히 갇힐 떠돌이 별입니다."(유다 1, 12-13)

하느님만이 우리의 목자요 우리는 그의 양입니다.
하느님 외에는 아무도 우리의 목자가 될 수 없습니다.
물론 예수 그리스도가 우리의 '으뜸 목자'시니,(1베드 5, 4)
그리스도의 말씀을 전하는 역할을 맡은 성직자들도
작은 목자라 불릴 수도 있습니다.

예수님께서 베드로에게 "내 어린 양들을 돌보아라." 하셨으니,(요한 21, 15)
베드로와 같이 목자 역할을 위임하셨다고 이해할 수도 있습니다.
그러나 그것은 어디까지나 역할의 위임을 말하는 것이지
신분의 상승 혹은 존재론적인 차이를 말하기 위한 것이 아닙니다.
다시 말해서 '목자가 되라'는 것이 아니라,
'목자의 사명을 다하라'는 것입니다.
성직자를 목자로, 성도를 양으로 간주했을 때,
대 그레고리(St. Gregory The Great, 540-604) 교황은
그 당시 목자의 임무는 다 하지 않고
결혼을 못하게 되어 있음에도 결혼을 하고
성직자 우월주의에 빠져 있던 사제들을 위하여 쓴
『사목지침서(Liber Regulae Pastoralis, The Book of Pastoral Rule)』
제1부 제2장에서 다음과 같이 말했습니다.
"영적인 가르침을 자기 좋을 대로 해석하여
자신의 영성 생활을 망쳐버리는 목자들이 많습니다.
그들은 배운 대로 실천하지도 않고 가르칠 뿐만 아니라

잘 알지도 못하는 것을 가르칩니다.
그리하여 험난한 길을 걸으면서 양 떼들을 벼랑 끝으로 내몹니다.
주님께서는 예언자를 통하여 말씀하셨습니다.
'너희는 좋은 풀밭에서 뜯어 먹는 것만으로는 부족하여,
나머지 풀밭을 발로 짓밟는 것이냐?
맑은 물을 마시는 것만으로는 부족하여, 나머지 물을 발로 더럽히는 것이냐?
그래서 내 양 떼가 너희 발로 짓밟은 것을 뜯어 먹고,
너희 발로 더럽힌 것을 마셔야 하느냐?'(에제 34, 18,19)
목자들은 '**진리**'를 알면 깨끗한 물을 마시게 되지만
거룩한 묵상을 하면서도 잘못 삶으로써 자신의 발로 더럽힌 물을 마십니다.
어쩔 수 없이 양 떼도 목자들이 하는 행동을 보고 더러운 물을 마시게 되는데,
영성에 목말라 있으므로 더럽혀진 샘에서 나온 물을
마실 수밖에 없기 때문입니다.
'사제들아, 이 말을 들어라. 이스라엘 집안아, 주의를 기울여라.
임금의 집안아, 귀를 기울여라. 너희는 공정을 세워야 할 사람들.
그러나 너희는 미츠파에 친 **덫** 타보르에 펼친 **그물** 시팀에 깊이 판 **함정**이 되어
버렸다. 그래서 내가 그들을 모두 징벌하리라.'(호세 5, 1-2)
주님께서는 사제들을 두고 예언자를 통하여 말씀하셨습니다.
'이스라엘 집안을 죄짓게 하는 걸림돌이 되었다.'(에제 44, 12)
비뚤어진 행동을 일삼으면서 거룩한 이름과 지위를 이용하는 사람보다
교회에 더 해를 끼치는 사람은 없습니다.
목자의 임무를 다하지 않고 나쁜 본만 보이면서
죄인을 존경하게 만들고 있습니다.
그러나 대죄의 짐을 지지도 않고
'나를 믿는 이 작은 이들 가운데 하나라도 죄짓게 하는 자는,
연자매를 목에 달고 바다 깊은 곳에 빠지는 편이 낫다.'고 하신
주님의 말씀에 귀를 기울이지도 않습니다.(마태 18, 6)
연자매는 속된 삶을 사는 것을, 깊은 바다는 지옥에 떨어지게 됨을 말합니다.
말이나 행동으로 겉으로만 경건함을 보여 다른 사람들을 파멸시키는 사람은
거룩한 임무를 맡느니 죽는 것이 더 낫습니다.
다른 사람들을 파멸시키지 않고 혼자 지옥에 떨어져

참을 수 없는 고통을 겪는 것이 더 낫기 때문입니다."

사실 루터는 대사부(大赦符) 판매 등의 비리를 척결하기 위하여
종교개혁을 했지만 이 성직자 우월주의를 철폐하기 위한 것이 첫째 목표였는데
이를 루터의 종교개혁 500주년을 맞으면서
프란치스코 교황께서 말씀하시는 것을 보면 교회의 위기를 생각하게 됩니다.

타울러 신부님은 주로 수녀원과 수도원에서 강론했지만
그 당시 부패해 있던 교회를 짐작할 수 있게 해주었습니다.
그리고 하느님께로 가는 길은 수도자의 길과
평신도의 길이 다르지 않다는 것을 느꼈습니다.
사실 평신도들은 온갖 세상 것들 속에서 살아가고 있으면서도
이러한 것들을 모두 놓아버리고 자기(自己)를 버려야 하므로
수도자들보다 더 어려운 환경에서 순례의 길을 가고 있다고 할 수 있습니다.
루터가 타울러 신부님의 영향을 받아 종교개혁을 했지만
종교개혁 전이나 종교개혁 후에도 교회가 바뀌지 않았다는 것을 알 수 있었고
우리나라의 경우도 예외가 아니라는 것을 알게 되었습니다.
타울러 신부님의 명 강론을 잘못 번역하여
강론에 흠집을 내지 않았기만을 바랍니다.

차 례

1 대림 시기의 교훈

"이제 여러분은 잠에서 깨어나야 합니다."(로마 13, 11)

오늘 우리는 우리의 주님께서 오시는 대림 시기의 시작을 기념하고 있습니다.
우리에게 무척 중요한 시간이 시작되었기에
우리는 이 시기에 강론과 거룩한 교회의 성가를 통하여
기쁨과 헌신의 말씀을 듣게 됩니다.
5월은 일 년 중에 가장 기쁘고 아름다운 시기이기도 하지만
대림 시기 역시 거룩하고 희망에 부풀게 하는 시기입니다.
4000년 동안이나 예언자들이나 성인들이 어둠 속에서
그리고 죽음의 그림자 속에서 앉아 비할 데 없는 열정으로
하느님의 약속이 이루어지기를 기다리면서도 한숨짓기도 하고 하느님께
"오, 당신께서 하늘을 가르시고
땅으로 내려오시기를 비나이다!" 하고 울부짖었던 때이기도 합니다.(이사 64,1)
이미 오셨고 다시 오시려는 주님의 장엄한 등장으로
구약성경의 모든 사건과 모든 징표는 끝나게 되었습니다.
따라서 이 시기에 이 은총의 법에 따라 우리를 만드시고 우리가 받으려고만 하면
선물과 부(富)를 넉넉히 주시려고 하시는 하느님께 감사드리고 항상 찬양합시다.
거룩한 사도는 우리를 죄의 잠에서 깨어나기를 촉구하고 있습니다.
"밤이 물러가고 낮이 가까이 왔습니다.
그러니 어둠의 행실을 벗어 버리고 빛의 갑옷을 입읍시다.
대낮에 행동하듯이, 품위 있게 살아갑시다."(로마 13, 12-13)
따라서 아무 죄도 없던 우리가 어떻게 죄악에 빠져 넘어졌고

어떻게 하면 다시 일어날 수 있는지를 곰곰이 생각해보아야 합니다.

하느님께서는 루시퍼와 천사들이 쫓겨난 공간을 채우시기 위하여
우리를 창조하셨습니다.
루시퍼는 우리를 미워하고 시기하여
간교하게 첫 번째 사람을 불순종하게 만들고
하느님과 천사들처럼 만드신 모든 은총과 덕을 잃게 만들어버렸습니다.
이렇게 하여 인간은 더럽혀졌고 고귀한 본성을 잃게 되었습니다.
아담은 이 죄 때문에 언젠가는 죽게 되는 상처를 받게 되었습니다.
이 죄 때문에 우리는 이성을 잃게 되고 비뚤어지게 되고 욕정을 밝히게 되고
악에 맞서지 못하게 되었습니다.
"영화 속에 있으면서도 지각없는 사람이 되어
도살되는 짐승과 같이 되어버린 것입니다."(시편 49, 21)

그리하여 우리는 불행하게도 거의 모든 사람이 마음속으로
'세상'과 '마귀'와 '육(肉)'이라는 세 원수와 싸워 이기려고 하게 되었습니다.
이 세 원수가 사람 안에서 활동하게 되면
하느님께서 무한한 사랑으로 선택하신 고귀한 영혼이 그만 길을 잃게 됩니다.
이 원수들에게 압도당한 사람들은
거의 확실하게 영원한 죽음을 맞이하기 때문입니다.
하느님의 친구들, 즉 모든 것 안에서 하느님의 영광을 찾는 사람들은
이 원수들이 그 많은 사람으로부터 하느님의 자리를 빼앗으며
마음대로 날뛰는 가증스러운 모습을 보이면 눈물을 참지 못합니다.
이러한 사람들은 속세에서도 볼 수 있으며 수도원에서도 볼 수 있습니다.
그들은 하느님의 친구들을 영원히 파멸시키는 것을 보면서 몹시 괴로워합니다.
그들은 하느님을 진심으로 사랑하지는 않고
하느님을 바라보기만 하려고 하는 사람들로 가득 찬 세상에
자기애(自己愛)가 뿌리 깊이 박혀 있는 것을 생각하고는
슬퍼하며 마음 아파합니다.

세상에는 외적 교만이나 내적 교만이 판치고 있습니다.

너무나 많은 사람이 이와 같이 마귀처럼 되어 있습니다.
이들은 가치 있는 존재가 되고 싶어 하며 좋게 보이려고만 하기 때문에
자신의 수많은 죄와 악행을 아무리 애써도 알지 못하고 있습니다.
마귀가 미워하게 만들고, 화를 내게 만들고, 슬퍼하게 만들고, 의심하게 만들고,
섣불리 판단하게 만들고, 복수하게 만들고, 싫어하게 만들고,
화합하지 못하게 만드는 자신의 장기를 발휘하도록 부추기고 있기 때문입니다.
그리하여 마귀의 제자들은 불화의 씨가 뿌려지는 것을 보고 기뻐하며
형제들에게도 사랑을 보이지 않습니다.
우리의 육(肉)은 모든 것에 그리고 모든 육감적인 쾌락에 관심을 보입니다.
사람들은 이로 인한 비참함을 전혀 무시하는데
무엇보다도 이 때문에 고통 받는 사람들이 그러합니다.
이 세 원수로 인하여 많은 사람이 지옥으로 떨어지고 있습니다.
아담이 죄로 인하여 잃어버리고 우리도 잃어버리고만
자신이 처음 태어날 때 받았던 영광과 위엄을 되찾기를 바란다면,
즉 예수 그리스도를 모실 마음을 가지려면,
속세에서 벗어나야 하며 마귀를 이겨야 하며
이성과 분별력을 갖고 자신의 육(肉)을 이겨야 하므로
내가 여러분에게 설명하려고 하는 덕을 갖추도록 열심히 수행(修行)해야 합니다.

인간은 지상낙원에서 육욕과 교만 때문에 넘어지고 있습니다.
이제 우리는 다시 일어서서 다음 두 가지 일을 하여
우리의 본래의 본성의 힘을 되찾아야 합니다.
첫 번째로 우리는 용기 있게 분별력을 갖고 죽을 때까지
모든 잘못된 쾌락을 멀리하도록 해야 합니다.
두 번째로 우리는 하느님 앞에서뿐만 아니라 모든 사람 앞에서도
교만을 부리지 말아야 하며 겸손해야 합니다.
첫 번째 자리를 차지하려면 항상 가장 낮은 자리에 앉으려고 하십시오.
이 두 가지 일을 해야만 비로소 본성은 처음의 위력을 되찾게 됩니다.

인간은 두 가지 방법으로 천사처럼 되어야 합니다.
첫 번째로 자신에게 상처를 준 모든 사람을 용서하고

원수까지도 진심으로 사랑해야 합니다.
우리가 죄 때문에 그렇게 하지 못하게 되어있더라도
천사들이 하는 것처럼 용서하고 사랑해야 합니다.
두 번째로 천사들이 하느님의 사랑 때문에 우리에게 봉사하듯이
이웃에게 즐거운 마음으로 봉사하도록 해야 합니다.
돌아가실 때까지 아버지께 순종하시고 인내하시면서 다른 덕들도 키워나가셨던
우리의 구세주를 본받아 순종하는 버릇을 들이게 되면
우리는 하느님처럼 되게 됩니다.
이렇게 함으로써 우리는 하늘나라의 사람이 되기 때문입니다.
이렇게 함으로써 **겸손하게 되고 자기를 버리게 되고 기쁘게 참고 견디게 되고**
마음이 가난하게 되고 자비심을 갖게 되어 하느님과 하나가 되기 때문입니다.
그러나 이렇게 하는 사람은 극히 드물어 원수들을 물리치지 못하고 있습니다.
하느님께서는 무거운 짐들을 내려놓을 수 있게 하시기도 하지만
수많은 고통스러운 시련들을 주시어 참고 견디게도 하십니다.
하느님께서 수많은 시련을 겪게 하시는 까닭은
자신의 내면으로 들어가 시련을 주신 이유를 생각하게 하시어
고통 받게 하여 묵상할 수 있도록 하시기 위한 것입니다.
하느님께서는 왜 당신께서 무거운 짐을 지게 하셨는지
자신에게 물어보기를 바라십니다.
왜냐하면, 하느님께서는 이러한 시련들을 통하여
어디로 가든지 하느님의 뜻에 따라가도록 하시기 때문입니다.
또한 하느님께서 시련을 주시는 것은 자기와 모든 피조물을 버리고
참고 견디도록 하기 위한 것이기 때문입니다.

그런데 이 인내는 어떠한 것을 말하는 것일까요?
모든 외적인 감정을 모른 척하는 것일까요?
아닙니다. 절대로 그런 것은 아닙니다.
진정으로 인내하는 것은 아무도 우리가
잘못했다고 할 수 없을 정도로 참아내는 것입니다.
아니 그보다 더 참아내어 자신을 괴롭히는 사람들이 옳다고 느끼고
자신을 더욱더 괴롭혀도 옳다고 느끼고 그들에게 상냥하게 대하는 것입니다.

이렇게 참아내는 사람들은 주님과 같은 겸손으로
“너희가 내 말 안에 머무르면 참으로 나의 제자가 된다.
그러면 너희가 진리를 깨닫게 될 것이다.
그리고 진리가 너희를 자유롭게 할 것이다.”하고
말씀하신 예수 그리스도를 따릅니다.(요한 8,31-32)

예수 그리스도의 말씀을 듣는 두 가지 방법이 있습니다.
어떤 사람들은 가능한 한 기쁘게 말씀을 듣습니다.
듣는 이유는 오로지 스스로 위로를 받기 위한 것으로
이를 당연한 것으로 여기기 때문입니다.
계속하여 들으려고 하는 것은 여태까지 들은 것만으로는 만족할 수 없으므로
계속하여 새로운 것을 찾아 듣고 이해하려고 하기 때문입니다.
아무 소용도 없어 보이는 것들을 찾는 일을 중단하지 않으려고 하여
더 좋은 방법이 있으면 그 방법을 채택하려고 합니다.
반면에 **다른 사람들은** 자신의 내면 깊은 곳으로 들어가
나름대로 지켜보면서 은총을 받아 하느님의 계명을 깨달으려고
하느님께서 자신을 부르실 때까지 하느님께서 자신을
어디로 이끄실지 알지 못한 채 기다립니다.
그러나 언젠가는 죽게 되는 피조물들에게
하느님께서 이러한 외적인 방법으로 아무리 영향을 미치시더라도
거의 알아차리지 못합니다. 고통의 씨앗 속에 여러 겹으로 싸여 있기 때문입니다.
이 때문에 하느님을 제대로 알게 되고
하느님께서 영혼의 가장 깊은 곳에 오시게 되면
고통에서 벗어날 수 있다고 생각하고 피조물의 구세주를 애타게 찾게 됩니다.
자신 안에서 하느님의 은총과 계명을 찾는 사람들은
자신의 깊은 곳에서 하느님의 은총과 계명을 알게 되고
이를 다시 하느님께 되돌려드립니다.
하느님의 말씀을 듣고 즐기려는, 매사에 이기적인 전자(前者)와 같은 사람들은
자신의 깊은 곳에서 하느님을 만나 하느님을 알려고 하지만
그런 순진한 방법으로는 하느님을 결코 만나지 못하는 것은
우리는 거기서 하느님의 현존만 느끼게 되기 때문입니다.

아마 여러분은 나에게 아무런 방해도 받지 않고
하느님께서 우리에게 바라시는 것이 무엇인가를 알려면
어떻게 해야 하느냐고 물을 것입니다.
자신 안에서 깨어 있으면서 머물기만 하면 됩니다.
자신 안에 머물면서 바깥에서 모든 것을 찾지 않도록 해야 합니다.
그리하면 곧 자신이 무엇을 해야 하는지,
하느님께서 자신에게 내적 · 외적으로 무엇을 바라시는지를 알게 됩니다.
알게 된 다음에는 하느님께 모든 것을 맡기고 하느님께서 어떤 길로 인도하시든지
괴롭든 기쁘든, 실제 삶이나 관상이나 생활 속에서 관상하든,
하느님을 따라가도록 해야 합니다.
하느님께서 아무것도 주시지 않으면 하느님의 뜻에 맡기려고 해야 하며
하느님을 사랑한다면 하느님께서 은총을 되찾아 가시더라도
서운하게 생각하지 말아야 합니다.
이러한 사람들은 주님의 인자한 모습이 자신의 눈에 똑똑히 보일 때까지
더 깊은 내면생활을 하도록 해야 합니다.

우리의 주님께서는 모든 것을 세 가지 동기로만 역사하셨습니다.
첫 번째로 주님께서는 큰일이든 작은 일이든 아무 생각도 하시지 않고
오로지 하늘에 계신 아버지의 영광만 찾으시며
모든 것을 아버지의 영광으로 돌리셨습니다.
두 번째로 당신의 깊은 마음에서
우리를 구원하시고 행복하게만 하시려고 하셨습니다.
"하느님께서는 모든 사람이 구원을 받고
진리를 깨닫게 되기를 원하십니다." 하고 바오로 성인이 말했듯이(1티모 2,4)
주님께서는 모든 사람을 구원하시려고 하며
모든 사람이 당신의 이름을 알게 하시려고 하셨습니다.
세 번째로 우리가 당신의 모든 말씀과 행동과 생활을 본받아
완전한 삶을 살기를 바라셨습니다.
주님을 따라가는 사람들은 모든 사람 중에서
가장 고귀하고 사랑이 많은 사람입니다.
영적으로 주님과 함께 다시 태어난 사람들은

교회의 가장 훌륭한 보물이며 항상 완전해지려고 하며
자신이 하는 일이 위대한 일이든, 사소한 일이든 개의치 않고
모든 일에서 오로지 하느님만 찾기 때문에
이들이 하는 일은 완전할 수밖에 없습니다.
이들은 오직 하느님의 뜻만 따르려고 하므로
하느님께서 자신을 높게 평가하시든 낮게 평가하시든 전혀 개의치 않습니다.
하느님, 저희가 이 세 가지를 명심하도록 해주소서. 아멘.

〈대림 첫 주일 강론〉

2 하느님을 만나려면 사막으로 가야 합니다

"너희는 무엇을 구경하러 광야에 나갔더냐?"(마태 11, 7)

우리의 주님께서는 유대인들에게 물으셨습니다.
"너희는 무엇을 구경하러 광야에 나갔더냐?
바람에 흔들리는 갈대냐?"
우리는 '**무엇을 구경하러 광야에 나갔더냐?**'하는 이 말씀을 통하여
세 가지를 생각해보아야 합니다.
먼저 광야에 나가는 이유에 대하여 생각해보기로 합시다.
우리는 다음 네 가지 이유로 광야에 나가게 됩니다.
"세상도 또 세상 안에 있는 것들도 사랑하지 마십시오.
누가 세상을 사랑하면, 그 사람 안에는 아버지 사랑이 없습니다." 하고 말한
요한 성인의 말씀(1요한 2, 15)에 따라 세상을 멀리해야 하는데
욕정을 경멸하여 욕정을 버려야 하기 때문입니다.
세상을 사랑하지 않으려는 사람들은 진심으로 이집트를 탈출합니다.
사람들은 교만과 허영과 선입관과 그 밖의 모든 죄를 버리고
더 이상 파라오를 섬기지 않으려고 세상을 버립니다.
세상을 버리려고 하는 사람들은 지도자로서 봉사하려는
모세를 찾아 나서기 위해 세상을 버려야 합니다.
인자하고 사랑이 많은 모세를 본받으려는
사람을 찾아 나서기 위해 세상을 버려야 합니다.
이러한 사람들에게는 마음 편하게 과감하게
세상을 버리고 광야로 갈 수 있게 친절하고 꾸준한 인도가 필요합니다.

그리고 탐욕과 무절제와 부도덕에서 벗어나려고
또 이러한 악행을 끊고 난 뒤의 고통을 이겨내기 위하여
소돔과 고모라를 떠나는 사람들도 있습니다.
이러한 사람들에게는 지도자나 상담자 역할을 하는 천사가 있어야 합니다.
즉 사랑이 많고, 위엄이 있고, 진실되게 사는 사람이 있어야 합니다.
이런 사람의 지도를 받는 사람은
"정녕 너희는 기뻐하며 떠나고 평화로이 인도되리라."는 말씀(이사 55, 12)에 따라,
틀림없이 교만과 탐욕과 욕정을 버리게 됩니다.
그리고 "너희는 세상에서 고난을 겪을 것이다."는
구세주의 말씀(요한 16, 33)에 따라 주님 안에서 평화를 얻게 됩니다.

우리가 자기 자신을 알고
자신의 본성과 자신을 움직이게 하시는 주님의 역사를 구분하려면,
모든 외적인 일들과 아무 소용이 없는
집착과 자기애와 자기 뜻을 버리고 자신의 내면으로 들어가야만 합니다.
"많은 사람이 많은 것들을 알지만
정작 자기 자신에 대해서는 아무것도 모릅니다.
자신을 알고 자신이 얼마나 병들어 있는지를 아는 것이
모든 과학에 심취하는 것보다 더 가치가 있습니다." 하고 말한
클레르보의 베르나르도 성인(St. Bernard of Clairvaux, 1090-1153)의 가르침에 따라,
자기애(自己愛)나 다른 동기 때문에 자신을 모르고 있으면
자기 내면에서 떠나지 말아야 합니다.
솔로몬이 아가서(1, 8)에서
"여인들 가운데 가장 아름다운 이여 그대가 만일 모르고 있다면
양 떼의 발자국을 따라가다 양치기들의 천막 곁에서
그대의 새끼 염소들이 풀을 뜯게 하오."하고 말했듯이
자신의 삶과 성인들의 삶을 비교하고 자신을 안 후
자기 뜻에 따라 살지 말고 성인들을 본받고 살도록 해야 합니다.

자신의 무사안일과 욕정을 버려야 하며
이웃이 쉽게 외적인 행복을 얻게 하려고

자신의 모든 것을 이웃을 위하여 봉사하는 데 바쳐,
즉 도움이 되는 충고를 하고 좋은 일을 하고
좋은 본보기가 되고 끊임없이 사랑하여, 이웃을 돕도록 해야 합니다.
우리의 구세주께서도
"내가 너희에게 새 계명을 준다. 서로 사랑하여라.
내가 너희를 사랑한 것처럼 너희도 서로 사랑하여라.
너희가 서로 사랑하면, 모든 사람이 그것을 보고
너희가 내 제자라는 것을 알게 될 것이다."하고
계명을 주셨기 때문입니다.(요한 13, 34-35)
그리고 바오로 성인도
"서로 남의 짐을 져 주십시오. 그러면 그리스도의 율법을
완수하게 될 것입니다." 하고 말했기 때문입니다.(갈라 6, 2)
그리고 창세기(43, 3)에서 요셉이 그의 형제들에게
"너희 아우와 함께 오지 않으면,
너희는 내 얼굴을 볼 수 없다."고 말했기 때문입니다.
그리고 아가서(7, 12-13)에서도
"오셔요, 나의 연인이여 우리 함께 들로 나가요. 시골에서 밤을 지내요.
아침 일찍 포도밭으로 나가 포도나무 꽃이 피었는지 꽃망울이 열렸는지
석류나무 꽃이 망울졌는지 우리 보아요.
거기에서 나의 사랑을 당신에게 바치겠어요."하고 노래하고 있기 때문입니다.

우리는 하느님이 아닌 모든 것에서 떠나야 합니다.
그리하여 하느님을 위한 사랑이 다른 모든 사랑보다 더 커야 하며
우리는 몸과 마음을 다하여 하느님을 사랑하도록 해야 합니다.
일찍이 주님께서 아브람에게 말씀하셨습니다.
"네 고향과 친족과 아버지의 집을 떠나,
내가 너에게 보여 줄 땅으로 가거라."(창세 12, 1)
이는 없어지고 마는 것들에 집착하지 말고 하느님에게만 전념하라는 뜻입니다.
즉 여러분이 집착하고 있는 모든 것 안에서 하느님을 찾고 사랑하라는 뜻입니다.
가나안 부인은 이렇게 대담하게 예수님 앞으로 나아가 주님께 청원하고 주님으로부터 자신이 원하는 모든 것을 얻었습니다.(마태 15, 22 참조)

아가서(3, 11)에서도 하느님께서는 믿음이 깊은 사람과 그의 일행에게
“시온 아가씨들아, 나와서 보아라.” 말씀하셨습니다.
하느님께서는 여자들이 연약하기도 하고
두려움뿐만 아니라 여자라는 고충 때문에 어려움을 겪고 있고
모든 것을 포기할 만큼 결심이 굳지도 않았고
어린 소녀로서 아직도 연약하고 여렸지만,
그들에게 아들들의 이름이 아니라
딸들의 이름을 주시는 것이 당연하다고 말씀하신 것입니다.

이제 광야, 즉 사막에 대하여 생각해보기로 합시다.
우리는 마땅히 집착을 버리고 영성을 찾아 사막으로 가야 하지만
세상에 대한 집착과 죄를 거의 버리지 못하여
그렇게 할 엄두도 못 내는 것이 현실입니다.
그러나 두 종류의 사막이 있는데 하나는 ‘좋은 사막’이고
다른 하나는 ‘좋지 않은 사막’입니다.
후자인 ‘좋지 않은 사막’이란 허영심으로 가득 차 있고
자비심과 하늘나라를 그리워하는 마음이 전혀 없는 마음을 말합니다.
영혼의 성전에서 더 이상 하느님을 찬양하는 노래를 듣지 못하고 있고
이스라엘 집안의 양, 즉 좋은 생각은 하지도 못하고
하느님의 길이 아니라 각자 자신의 길을 가고 있는 것은
이런 마음을 갖고 있기 때문입니다.
그러나 ‘비옥한 사막’은 자신의 가장 깊은 내면으로 들어가
욕정으로 혼란스러운 마음과 탐욕과
세상 것을 사랑하는 마음을 내려놓는 곳입니다.
여전히 때때로 몸과 마음의 욕정을 느끼기는 하지만 행사하지는 않습니다.
‘좋은 사막’에는 폭풍이 불지 않고 내적 평화만 있습니다.
하느님께서 호세아 예언자에게
“그러나 이제 나는 그 여자를 달래어
광야로 데리고 가서 다정히 말하리라.” 하고(호세 2, 16) 말씀하신
광야는 바로 이런 사막을 말씀하신 것입니다.
하느님께서 이런 사막 곧 자신의 깊은 내면에 오시기 전에는

자신 안에 무엇이 있고 하느님께서 무슨 말씀하시는지를
듣지도 못하고 이해하지도 못하기 때문입니다.

하지만 극히 소수의 사람만 세상을 떠나가
집착을 버리고 살기 때문에 사막이라고 부른 것입니다.
계속하여 육욕에 굴복하는 사람들이 많지만
극소수의 사람들만이 속세를 떠나기 때문에 사막이라고 부른 것입니다.
우리는 모세와 함께 머물기 위해
자신의 마음에서 세상 것들을 몰아내고
사막이라는 내면으로 들어가야 합니다.
우리는 여기에서만 우리의 양 떼를 보호할 수 있습니다.
즉 우리는 여기에서만 유혹을 물리칠 수 있고
변덕스러운 마음을 안정시킬 수 있습니다.
모세가 양 떼를 사막 깊은 곳으로 인도했을 때
모세에게 불타는 떨기 속에 계시는 당신의 모습을 보여주셨는데
이는 자비심과 거룩한 욕망의 불을 우리 마음에 채워주시어
하느님께서 우리를 어디로 인도하시든지
하느님을 따를 수 있도록 하시기 위한 것이라는 것을 의미합니다.

거기에서는 "연기 기둥처럼 광야에서 올라오는 저 여인은 누구인가?" 하고
노래한 '쾌적한 사막'을 발견할 수 있기 때문입니다.(아가 3, 6)
제64대 교황 그레고리오 1세(St. Gregory, 540-604)는
"사랑의 본성은 거룩한 열망으로 매일 자만하지 않고
오로지 하느님을 향하여 일어나서 지상선(至上善)에 이르기까지
결코 쉬지 않는 것입니다." 하고 말했습니다.
왜냐하면, 이 땅 위에는 사랑하는 영혼의 시선을 끌 수 있는 것은
아무것도 없기 때문입니다.
그러나 결코 자만하지 말고
하느님께로 가려고 모든 노력을 기울여야 합니다.
하느님의 친구들 유산이 그러했는데
그들은 열심히 갈망하여 하느님과 하나가 되면 될수록

세상에서 그들이 좋아하던 모든 것들이 싫증나고 성가셨기 때문이었습니다.
아가서(3, 4)에서는 이런 사막에 대하여
"광야에서 올라오는 저 여인은 누구인가" 하고 말하고 있습니다.
그리고 열심인 영혼은 그들에게
"그들을 지나치자마자 나는 내가 사랑하는 이를 찾았네.
나 그이를 붙잡고 놓지 않았네."하고 답했습니다.(아가 3, 4)
왜냐하면, 이런 사막으로 들어간 사람은
어떻게 내적인 신비스러운 것들을 맛보고 표현하는가를 알기 때문입니다.
자비심으로 선한 일을 많이 함으로써
모든 덕을 새롭게 하고 증가시키게 되는데
우리의 구세주께서는 이를 우리에게 똑똑히 보여주셨습니다.
당신께서 타볼 산에서 영광의 옷을 입으신 것은
우리가 진심으로 하느님만 생각하게 되면
우리가 사막에서 얻게 되는 열매로, 우리에게 나타나셨던 것입니다.
그리하여 바오로 성인은 우리에게
"우리는 모두 너울을 벗은 얼굴로 주님의 영광을 거울로 보듯
어렴풋이 바라보면서, 더욱더 영광스럽게 그분과 같은 모습으로 바뀌어 갑니다.
이는 영이신 주님께서 이루시는 일입니다." 하고 말했던 것입니다.(2코린 3, 18)

우리는 이 밖에도 사막의 아무도 가본 적이 없는 곳에서
수많은 아름다운 꽃들을 발견하게 됩니다.
무척 힘들기는 하지만 경건한 수행(修行)을 통하여
그리스도인으로서의 덕을 갖추어
습관적으로 모든 것을 버리고 모든 것을 하느님께 내맡기고 살게 되면,
수많은 아름다운 꽃들을 발견하게 됩니다.
그러나 이런 수행에는 많은 노력과 고통이 뒤따르게 되므로
그리스도인의 덕을 갖추려고 마음먹는 사람이 드문 것이 현실입니다.
우리는 이런 사막에서 백합들과 하얗게 빛나는 다른 꽃들을 발견하게 되는데 이는
곧 '**우리의 영육(靈肉)을 정화(淨化)하게 되는 것**'을 말합니다.
그리고 짙은 붉은 색의 장미들도 발견하게 되는데
이는 곧 온몸으로 고행(苦行)하여 죄를 이기고

필요하면 용감하게 순교까지 하게 되는 것을 말합니다.
이 세상에서는 아무도 얻을 수 없는 것들을
거기서 얻게 된다는 것을 말한 것입니다.
이 사막은 겸손의 상징인 제비꽃과
다른 수많은 고귀한 식물들과 꽃들도 자라게 하는데
이는 곧 성인들을 본받고 살게 된다는 것을 뜻합니다.
많은 사람이 덕과 장점이 충만한 삶을 살기 시작했다는 뜻으로 말한
"**땅에는 꽃이 모습을 드러낸다.**"는 아가서(2, 12)의 말씀대로
경건하게 성인들의 순수함과 가난과 순종과 다른 덕들을 본받고 살려면
이 사막에 여러분을 위한 토굴(土窟)을 마련하십시오.

그러나 사막에서는 편안함을 기대하지 말아야 하는데
이 세상을 사랑하는 사람들은 결코 참아낼 수 없는 고통뿐이기 때문입니다.
이스라엘 백성들은 수많은 고통이 뒤따를 것이라는 생각을 하고는
모세의 제안을 받고 망설였습니다.
수많은 고통이란 모든 그리스도인에게 필요한
냉철하고 철저하게 묵상을 하고 사는 삶을 뜻합니다.
왜냐하면, 우리가 온 세상을 갖고 있어도 필요한 것만 사용하며
부족한 것을 두려워하지만 이로 인하여 영혼이 강하게 되기 때문입니다.
이 사막은 육욕을 채워주지는 못하지만
보상으로 세상의 기쁨보다도 훨씬 많은 영적 위로를 받게 해줍니다.
"주님께서는 정녕 시온을 위로하시고 그 모든 폐허를 위로하신다.
그 광야를 에덴처럼, 그 황무지를 주님의 동산처럼 만드시니
그 안에는 기쁨과 즐거움이, 감사와 찬미 노랫소리가 깃들리라."(이사 51,3)
예언자는 또 말합니다.
"뜨겁게 타오르던 땅은 늪이 되고 바싹 마른 땅은 샘터가 되며
승냥이들이 살던 곳에는 풀 대신 갈대와 왕골이 자라리라."(이사 35, 7)
외롭게 수행하는 영혼은 세상과 결혼한 영혼보다
더 많은 후손을 얻게 되는데 이는 수많은 보답을 받게 된다는 뜻입니다.
하느님께서는 파라오에게 명하시어
주님의 희생 제물로 하느님의 백성들을 사막으로 가게 하신 것은

이집트에서 속세의 위로를 받았던 것처럼
영적인 위로를 받게 하시려는 것이었습니다.

우리가 이런 사막에 가게 되면 우리는 영안(靈眼)으로
왕인 하느님과 그의 신부인 주님과 영혼을 보게 되는데
우리에게는 기쁨의 샘을 발견한 것과 같습니다.
아가서(3, 11)에서도 "나와서 보아라, 시온 아가씨들아,
혼인날, 마음이 기쁜 날에 그 어머니가
면류관을 씌워 준 솔로몬 임금을!" 하고 말하고 있습니다.
즉 이사야 예언자는 그리스도에 대해서
"우리에게 한 아기가 태어났고
우리에게 한 아들이 주어졌습니다." 하고 말한 것입니다.(이사 9, 5)
하느님께서는 당신의 신부를 위하여 사람이 되시기로 했기 때문에
하느님께서 얼마나 놀라운 분이신지 똑똑히 보아야 합니다.
이 때문에 모세는 기적을 보고 나서
"내가 가서 이 놀라운 광경을 보아야겠다.
저 떨기가 왜 타 버리지 않을까?" 하고 말했습니다.(탈출 3, 3)
그 떨기는 그리스도의 인간성을 뜻하고
불꽃은 사랑으로 불타는 주님의 거룩한 영혼을 뜻하고
빛은 주님의 몸과 하나가 된 주님의 신성(神性)을 의미합니다.
사막으로 들어가 무한한 지혜를 받으시어
모든 것을 아시는 솔로몬인 그리스도를 만나십시오.
'진리'이신 그리스도께서는 우리에게
하늘나라에 이르는 길을 가르쳐주셨습니다.
영혼이 그리스도를 본받으려면 본성이 아니라
성령에 따라 살면서 끊임없이 주님을 생각해야 합니다.
그러면 본성도 왕에게서 눈을 떼지 않고
왕께서 이 땅에서 어떻게 순례를 하셨는지 묵상하게 되면
수행에 큰 힘을 얻게 됩니다.
사랑하는 영혼이 예수 그리스도께서
한 때는 연약한 인간의 본성을 보이시다가

인간의 본성보다 훨씬 뛰어난 영성 생활을 하신 것을 생각하면
많은 위로를 받게 됩니다.

**한 유명한 스승은 위로를 너무 많이 받게 되면 열정이 식게 되고
영적인 기쁨도 지나치면 영혼을 완전히 망가뜨리게 된다고 말했습니다.
하느님께서 주신 참된 행복은 오래 지속되지 않으므로
끊임없이 변화하여 새로운 사람이 되어야만 합니다.
왜냐하면, 이 땅이라는 지성소에서는
하느님께서 우리에게 은총만 베풀고 계시기 때문입니다.**
"당신께서 저의 원수들 앞에서 저에게 상을 차려 주시고
제 머리에 향유를 발라 주시니 저의 술잔도 가득합니다."(시편 23, 5)
따라서 영혼은 예수 그리스도 안에서
때로는 영광스러운 당신의 신성(神性)을 생각해야 하며
때로는 훌륭한 당신의 인성(人性)도 생각해야 합니다.
하느님으로부터 멀어진 영혼에게는 하느님께서 방문하시지 않았으므로
우리는 이들 안에서 믿음을 불러일으켜야 합니다.
그러나 경험이 풍부한 내적 영혼은 왕의 좋은 면을 관상하도록 인도해야 합니다.
사랑에 불타는 영혼들도 내면의 눈으로
다른 영혼들을 어떻게 인도할 수 있는가를 연구해야 합니다.
그렇지 않으면 다른 영혼들을 어떻게 거부할 것인가를 연구해야 합니다.

클레르보의 베르나르도 성인이 말했습니다.
"주님, 제게 오셔서 제 안에서 옥좌에 앉아 다스리소서.
왜냐하면, 제가 너무 자주 휘둘리고 있기 때문이나이다.
교만, 탐욕, 욕정, 게으름이 제 안에서 판치려 하고
분노와 미움과 중상모략이 저를 공격하게 하고
제 뜻을 제어하려고 하나이다!
저는 그렇게 하지 못하게 하면서 이들의 공격을 슬퍼하고 울부짖나이다.
제게는 예수 그리스도 외에는 왕이 없나이다.
오 평화로운 왕이시여, 제게 오셔서 제 안에서 다스리소서.
저는 당신 외에 다른 왕을 원하지 않기 때문이나이다!

오 주님, 저는 경탄하면서 그리고 기도로 애원하면서
슬픔과 기쁨이 교차하는 가운데 당신을 기다리고 있나이다!
오 주님, 저희가 위대하신 왕을,
저희의 연약한 본성이 당신의 신성을 받을 수 있게 해주시어
당신과 하나가 되게 해주시고 밝게 빛나는 옷을 입으시고
그 아름다움을 저희에게 보여주시는 하느님을,
영접할 준비를 어찌 잠시라도 게을리 할 수 있겠나이까?"
하느님께서는 우리가 하느님을 사랑하는 것보다 훨씬 더 사랑하십니다.
하느님께서는 우리에게 당신을 사랑하기만을 바라시므로
내가 무엇보다도 하느님을 사랑하지 않는다면 아무 변명도 할 수 없습니다.
따라서 우리는 자기를 완전히 버리고 복된 고독으로 들어가
우리 영혼의 배우자인 참된 왕을 알려고 하고 관상하려고 해야 합니다.
이 때문에 모세가 필요한 것입니다.
즉 하느님께서 머물러 계시는 산까지
선한 의지가 우리를 인도하도록 해야 합니다.

모세가 이집트에서 이끌고 나온 백성들은 우리들의 옛 습관을 상징합니다.
왜냐하면, **우리는 회심한 후에 주님의 이끌림을 받으면서도**
옛 습관으로 다시 돌아가 육욕과 깨끗하지 못한 속된 생각을 하고
금송아지를 만들고 육(肉)에 따라 살면서
하느님이 아니라 육욕(肉慾)만 생각하기 때문입니다.
이런 까닭으로 주님의 신비스런 거처가 있는
우리 영혼의 내면에 있는 사막에
우리가 들어가도록 하시기 위해서는
참된 모세들이나 예수 그리스도께서 우리를 이끌고 가시게 할 필요가 있었으며,
주님께서 우리가 당신의 뒤를 따르도록 하실 필요가 있었던 것입니다.
주님, 저희에게 그런 영광을 주소서. 아멘.

〈대림 셋째 주일 강론〉

3 일치와 분열

"나는 이사야 예언자가 말한 대로
'너희는 주님의 길을 곧게 내어라.' 하고
광야에서 외치는 이의 소리다."(요한 1, 23)

우리 모두에게 하느님께서 끊임없이 태어나실 수 있도록 하심으로써
영원한 말씀이 인간의 본성 안에서 태어나게 하신
더할 수 없게 매혹적인 축제를 맞이하게 되었습니다.
나는 어제 여러분에게 우리가 어떻게 진심으로
하느님께 자기 자신을 내맡기고
하느님 앞에서 어떻게 자신의 영혼 깊은 곳에서
자기를 버려야 하는가를 설명했습니다.
이 목적을 달성하기 위한 더 빠른 길은 없을 것 같습니다.
가장 빠른 길은 '**순수해지는 것**(simplicity)'입니다.
이 순수함을 얻으려면 육욕을 버리고
자신의 마음에서 모든 허상을 버리고
자기 자신을 경멸해야 합니다.
우리는 수많은 행동을 하면서도
자신의 육욕을 통제하도록 해야 합니다.
왜냐하면, 그렇게 하지 않으면
육욕이 자신의 바깥으로 자신을 데려가서는
수많은 헛된 생각들을 다시 자기 안으로 집어넣기 때문입니다.
우리는 5월에 자신의 독방에서 나가게 되었을 때
외투에 달린 모자를 덮어써서 눈을 가린 후 외출한

거룩한 생활을 한 유명한 사막의 교부에 대하여 읽은 적이 있을 것입니다.
그에게 왜 그렇게 했느냐고 묻자
“내 눈이 이 시골의 나무들을 보지 못하게 하여
내가 나의 영혼을 보지 못 하는 일이
일어나지 않도록 하기 위한 것입니다.” 하고 답했습니다.
아 형제 여러분, 그 거룩한 사람이 혼자서 숲을 보아도 분심이 생긴다면
우리가 주변에 있는 하찮은 것들을 탐하여 두리번거린다면
자신에게 얼마나 해롭겠습니까?
우리를 순수함으로 이끄시는 두 번째 의미는
무엇보다도 하느님을 사랑하게 하기 위한 것입니다.

우리는 살아가면서 세 종류의 일을 하게 되는데,
첫 번째는 해로운 일이고 두 번째는 헛되이 보내는 일이고
세 번째는 선한 일이긴 하지만 자신에게 해(害)가 될 수 있는 일입니다.
쾌락과 만족을 위하여 피조물들을 우리에게 끌고 왔을 때 행복해하거나
기쁨을 위하여 불법적이고 비난받을만한 일을 찾거나 즐길 때는
외부의 일들도 우리에게 해를 끼칩니다.
아 형제 여러분, 아무도 그러한 일이
우리에게 얼마나 해로운 일인지를 말하지 못합니다.
왜냐하면, 우리를 꼬드겨서 그러한 일들을 하게 만들 뿐 아니라
우리가 죄를 지을 생각이 없을 때 그러한 일을 하게 만들기 때문입니다.
왜 그 달콤한 유혹이 우리의 영혼으로부터
하느님께서 당신의 궁전에서 우리가
누리기를 바라셨던 행복과 기쁨을 빼어갈까요?
마치 해로운 부질없는 생각처럼
왜 하느님의 소중한 포도나무인 우리를 타락시킬까요?
그리고 우리가 그런 상태에 있을 동안에는
아가서(1, 16)에서 “우리의 침상은 푸르르다”고 말한 것처럼
왜 더 이상 배우자와 잠자리를 하지 못할까요?

그러나 여기서 분명히 알아야 합니다.

하느님을 진심으로 사랑하고 더욱더 하느님을 사랑하려는 사람은
때때로 자신의 뜻에 어긋나게
피조물들이 자신에게 영향을 미쳐
일종의 순교를 하여 죽도록 부추기는 경험을 합니다.
이럴 때 그는 어떻게 해야 할까요?
세상 것들에 집착하게 하는 이런 유혹에 결코 넘어가지 않도록 하면서
참고 견디며 모든 것을 하느님께 맡겨야 합니다.
형제 여러분, 자신의 순수함이 허황한 생각으로
더럽혀지지 않도록 하는 사람은 참으로 행복합니다.
그런 사람은 소중한 보물을 갖게 되기 때문입니다.

나쁜 일들 외에도 '**헛되고 소용없는 일**'들이 있습니다.
우리는 이러한 일들 때문에 현혹되지 말아야 합니다.
이는 실제로 우리에게 아무런 장애가 되지 않지만
이 땅에 있는 모든 사람이 나쁜 일들 때문에 고통 받고 있습니다.
어떤 사람들은 다른 사람들보다 더 괴로워합니다.
클레르보의 베르나르도 성인(St. Bernard of Clairvaux, 1090-1153)이 말했습니다.
"마음이 하느님의 사랑으로 가득 차 있으면
헛된 생각이 전혀 생기지 않습니다."
헛된 생각이 생기면 한 못 위에 다른 못을 박아 그 못을 뽑아내야 합니다.
이는 헛된 생각을 몰아내기 위하여
하느님의 일들만 생각하는 마음 깊은 곳으로 들어가라는 뜻입니다.

마지막으로 아무 소용이 없는 일임에도 불구하고
우리에게 '**해**(害)**가 되는 일**'이 있습니다.
우리는 마치 라인 강이 그들의 영혼 위를 범람할 듯이
몹시 걱정하고 불안하게 느끼고 있는 사람들을 만나기도 합니다.
이들의 마음은 한 시도 조용할 때가 없습니다.
이들이 외적 평화와 안식을 조금이라도 맛보려고 하면
마치 바람이 나뭇잎들을 흔들듯이 수많은 생각이 떠올라 괴롭힙니다.
이들은 자신이 해야 할 일들 때문에 항상 안절부절못하면서

갈등하게 되므로 결코 행복할 수 없으며 내적인 평화도 누리지 못합니다.
사랑하는 형제 여러분, 많은 일을 하려고 하면 하느님과 하나가 되지 못합니다.
나는 성격이 조용하고 편안한 사람들을 많이 압니다.
이런 사람들은 다른 사람들보다도 이런 불안감을 쉽게 떨쳐버립니다.
그러나 다혈질적인 사람들은 자신의 불안함을 조금이라도 떨쳐버리려고
억지로 억눌러서 마음의 평화를 얻게 되지만
다른 사람들보다 훨씬 더 거만하게 됩니다.

이렇게 불안한 영혼들은 끊임없이 자신을 관찰해야 합니다.
불안한 영혼들이 하느님의 뜻에 따라 살려면
경솔한 짓들을 모두 관두어야 하고 오락이나 놀이도 중단해야 합니다.
용감하고 충성적인 기사(騎士)들이
전쟁터에서 명예롭게 행동하듯이 너그러운 마음으로 싸워야 합니다.
성격을 죽이고 헛된 생각들을 물리치고,
마치 머리에 사슬이 감겨 있지만
고통 없이는 제거할 수가 없어서 잘라버리는 것처럼 잘라버려야 합니다.
학교 선생님이 학생들 가운데
공부는 하지 않고 돌아다니며 노는 철부지 아이가 있으면
한두 번은 가만히 있게 하지만
곧 아무 소용이 없게 되는 것을 보게 되면
아이가 제멋대로 하게 내버려 둡니다.
우리의 구세주께서도 마음에 들지 않으셔도
당신의 자녀들이 되어 당신을 사랑하는 법을 배우고
당신의 자비심을 깨닫게 되는
당신의 거룩한 학교에 초대한 사람들에게 그렇게 하십니다.
당신의 제자들은 하느님을 진심으로 사랑하기 위하여 하느님만 바라보며 제멋대로 살고 육욕을 만족시키려고 하고 세상을 버리지 못했던
자신을 알고는 수많은 슬픔과 걱정을 떨쳐버리고
공동체의 일원이 되었거나 완전하게 되려는 사람들로,
그들에게 학교는 세상을 버리고 영성 생활을 하는 곳입니다.
우리는 이 학교에서 하느님의 감시에서 벗어날 수가 없습니다.

하느님께서는 경고하시고 벌주시고 때리십니다.
그리고 그렇게 하셔도 우리가 하느님의 수업을 받지 않고
놀기 위하여 도망치게 되면
우리를 학교에서 추방하시고 제멋대로 하도록 내버려 두십니다.
이때부터는 더 경고하시지도 않고 응징하시지도 않습니다.
그리하여 우리는 사랑도 받지 못하고 은총도 받지 못하고
하느님도 계시지 않게 되어 거짓 평화 속에 사는 데 만족하게 됩니다.
왜냐하면, 이때부터 우리의 스승님은 우리를
더는 꾸짖으시거나 때리시거나 걱정하시지 않기 때문입니다.
오 형제 여러분, 이렇게 되면 얼마나 불안하고 위험하겠습니까?
그렇게 되지 않도록 조심하십시오.

영적(靈的)인 사람이라면 자기를 버리고 세상을 버리고
세상 것들만 얻으려고 고생하며 속물처럼 살지 말고
오로지 하느님만을 그리워하며 살아야 하며
즐거움이나 고통에 무관심해야 합니다.
우리의 주님께서는 삶의 목적을 아는 데 있어서
빛의 자녀들이 어둠의 자녀보다도 현명하지 못한 것을 못마땅해 하십니다.
영적인 사람이라면 석탄이 옆에 불이 붙은 석탄의 빛과 열을 받아
다시 빛을 내듯이, 하느님의 불로 불타고 있고 안팎으로 거룩해져서
자신 안에 있는 하느님을 볼 수 있어야 하며
동료들에게도 냉정하지 않고 따뜻하게 대하려고 해야 합니다.
형제자매 여러분, 하느님께서는 우리에게 한 순간도
거룩한 영향을 주시지 않는 때가 없다는 것을 알아야 합니다.
이는 우리가 깨어 있게 되면 쉽게 느낄 수 있습니다.
왜냐하면, 하느님은 본래부터 당신 자신과 끊임없이 대화하시도록 태어나셨고
우리의 정신은 하느님을 받아들이도록 만들어졌기 때문입니다.
하느님께서는 모든 것을 역사(役事)하시고
영혼은 모든 것을 받아들이기만 합니다.
우리의 근원이고 끝인 하느님과 영혼의 관계는 원천과 물줄기와 같습니다.
그러나 슬프게도 우리는 가련한 존재가 되어

자신의 내면에서 나가 육욕적인 삶만 살고 있습니다!
우리는 예수 그리스도께서 "하느님은 영이시다.
그러므로 그분께 예배를 드리는 이는
영과 진리 안에서 예배를 드려야 한다."고 말씀하신 것을 알고 있으면서도
자신을 속이고 자신에게 상처를 입히고 있습니다.(요한 4, 24)
따라서 우리는 외면에서 육욕과 헛된 생각만 하면서 혼자 있으면 안 됩니다.

그러나 내가 여러분에게 아무 생각도 하지 말라는 것은 아닙니다.
내가 여러분에게 당부하고 싶은 것이 하나 있는데
자신의 내면으로 들어가라는 것입니다. 거기서 하느님의 마음까지 들어가십시오.
거기에 영원히 하느님께서 머물러 계신다는 생각을 하고,
하느님의 외 아드님이신 예수 그리스도께서 계시는 거룩한 심연에서
하느님께서 끊임없이 자신을 이끌고 계신다는 것을 잊지 않도록 하십시오.
그대 영혼의 모든 힘을 알아차릴 때까지
거울을 보고 있는 것처럼 아름다운 생각들이
그대의 심연에 침투되도록 하기 위하여 거룩한 심연에 더 깊이 들어가십시오.
그대가 걷고 있든 꼼짝하지 않고 서 있든, 먹거나 마시고 있든,
잠자거나 깨어 있든, 그 아름다운 생각들이 잠시도 떠나지 않게 하십시오.
주님의 생각에 따라 머물도록 하고 내면생활과 외면생활을 하도록 하십시오.
화가가 걸작을 베끼듯이 주님의 생각대로 하십시오.
화가는 붓을 댈 때마다 걸작에서 눈을 떼지 않으므로
그가 할 수 있는 한 똑같이 모방하게 되기 때문입니다.

따라서 거룩한 심연으로 들어가서 끊임없이 주님을 생각하고 황홀함을 느끼며 모든 것을 하느님 아버지로부터 받았다는 것을 생각하고
그 그림에 따라 자신이 바라는 대로 자신을 그리도록 하십시오.
그리고 주님의 신성(神性)과 인성(人性)에서 눈을 떼지 마십시오.
또 주님의 겸손하심과 친절하심을 배우도록 하십시오.
그러나 한 면만 보지 말고 여러 면을 보아 자신을 더욱더 성숙시키고
혼자 수행하고 있을 때처럼 군중 속에서도 눈앞에 있는 거울을 보듯이 어디에서나
언제나 환경에 따라 자신의 성숙한 모습을 보여주도록 하십시오.

그대가 수도원에서 부지런히 짐을 나르고 있거나
다른 외적인 일에 매여 있더라도
그대의 침실이나 교회에서 조용히 앉아 있을 때보다
더 황홀한 생각에 머물러 있도록 하십시오.
마치 그대가 주님께서 계시는
그 현장에 있는 것처럼 행동하고 말하도록 하십시오.
그대가 먹고 있을 때도 예수님의 고귀한 피로
입안을 적시고 있다고 생각하고 드십시오.
그대가 마시고 있더라도 주님의 거룩한 상처에서 난
주님의 피를 주셨다고 생각하고 마시도록 하십시오.
그대가 잠을 자더라도 피범벅이 된 주님의 가슴에
누워 잠자고 있다고 생각하도록 하십시오.
그대가 말을 하더라도 주님께서 가까이에 계시면서
그대의 말을 듣고 계신다는 것을 잊지 않도록 하십시오.
주님께서 그대와 함께 계시면서
그대의 모든 동작과 생각들을 보고 계신다고 생각하면서
주님의 거룩한 모습을 끊임없이 묵상하도록 하십시오.

그러면 주님께서는 더 가까이 그대를 이끄시어
형체도 없고 무념무상 하신 주님의 모습과 같이 그대를 성숙시키시게 되므로
내면의 영혼에 쏟아 부으신 것들을
아무도 그릴 수도 없고 말로 표현할 수도 없게 됩니다.

하느님 앞에서 그렇게 하라고 분부하셨지만
그렇게 하지 않고 앉아만 있는 사람은 그곳에서 추방되게 되므로
내면으로 더 깊숙이 들어가서 보다 더 성숙되도록 하십시오.
때로는 우리 마음속에 많은 목적이 있을 때가 많은데
그렇게 하면 하느님과 하나가 되지 못하게 됩니다.
예전에 행복할 때 한 영성 생활의 스승께서 말했습니다.
"그대가 자신을 완전히 버리고 모든 허상을 버리고
주님 안으로 완전히 빨려 들어갈 때까지

영혼의 깊은 내면에서 눈을 떼지 말고 지켜보아
무슨 일이 일어나고 있든 무엇을 보았든
그대를 다른 모습이 아니라 하느님의 모습대로 끌어올리도록 하십시오."
주님 저희에게 그렇게 되는 은총을 주십시오. 아멘.

〈대림 넷째 주일 강론〉

4 그리스도의 세 탄생

"우리에게 한 아기가 태어났고 우리에게 한 아들이 주어졌습니다."(이사 9, 5)

오늘 교회는 세 탄생을 기념하게 되는데
모두 다 기쁨의 원천이므로,
우리는 기뻐해야 하고 사랑해야 하고 감사해야 합니다.
그러나 이런 느낌을 갖지 못하는 사람은 그렇게 하지 못하게 됩니다.
가장 숭고한 **첫 번째 탄생**은 하늘에 계신 아버지께서
신성(神性)과 거룩한 인성(人性)을 가지신 외 아드님을 탄생시키신 것입니다.
두 번째 탄생은 처녀였던 마리아를 어머니로 만드시어
가장 순수하고 존경스러운 분으로 만드신 것입니다.
세 번째 탄생은 매일 매시간 하느님께서 은총과 사랑으로
우리 영혼 안에 영적(靈的)으로 주님을 태어나시게 하신 것입니다.
이 세 탄생은 성탄절의 세 미사로 봉헌되는데
첫 번째 탄생 기념은 자정 미사에서
"너는 내 아들. 내가 오늘 너를 낳았노라."는 가사로 시작하는
성가(聖歌)로 불리며 '**영원히 계시게 될 것**'이라는 것을 뜻합니다.

이는 우리도 모르게 이루어진 주님의 영적인 탄생이
접근할 수 없는 신성의 어두운 신비 속에서
이루어졌음을 뼈저리게 느끼게 합니다.
두 번째 미사는 "오늘 어둠 속을 걷던 백성이
큰 빛을 봅니다."는 말로 시작하는데(이사 9, 1),

이는 '말씀'과 하나가 되어 인간의 본성이
신성(神性)을 갖게 된 영광을 나타냅니다.
이 미사는 밤에 기념하기도 하고 낮에 기념하기도 하지만
탄생 일부는 우리가 알고 있고 일부는 우리가 모르고 있기 때문입니다.
세 번째 미사는 낮에 불리며
"우리에게 한 아기가 태어났고
우리에게 한 아들이 주어졌습니다."는 말로 시작하는데(이사 9, 5),
이는 신비스러운 탄생이 우리 영혼 안에
매일 매 순간 반드시 일어나야 하고 일어나게 된다는 것을 의미합니다.
주의 깊게 바라보고 진심으로 사랑하면 알 수 있게 되지만
전력을 다하여 묵상하지 않으면 이 탄생을 느낄 수 없기 때문입니다.
이 탄생을 통하여 하느님이 우리의 것이 되고
하느님께서는 당신을 우리에게 완전히 주셨기 때문에
우리의 소유물이 되었는데,

이는 "아기 예수님이 우리에게서 태어나셨고
외 아드님이 우리에게 주어졌다."는 말씀으로 표현되고 있습니다.
따라서 주님은 우리의 것입니다.
주님은 어디에서나 완전히 우리의 것입니다.
왜냐하면, 주님께서는 항상 우리 안에서 태어나시고 계시기 때문입니다.

먼저 성탄절의 세 번째 미사로 찬양하고 있는,
말로 설명할 수 없는 탄생에 대해서 알아보고
어떻게 우리 안에서 가장 완전하게 그리고 효과적으로
그러한 일이 일어날 수 있는가를 알아보기로 합시다.
아버지께서 아드님을 영원히 탄생시키심으로써
이러한 일이 일어나게 되었음을 생각해봅시다.
하느님의 선하심은 말로 표현할 수 없을 정도로 무한하므로
하느님께서는 당신을 주체하시지 못하고
당신의 신성(神性)에 따라 당신을 우리에게 쏟아 부으시어
당신을 알릴 수밖에 없었습니다.

그래서 아우구스티노 성인(St. Augustine)은
“당신을 쏟아 부으시는 것이 하느님의 본성입니다.” 하고 말했습니다.
이와 같이 아버지께서는 당신을 두 거룩한 사람,
즉 성모님과 우리에게 쏟아 부으신 후
당신을 피조물들에게 알리려고 하셨습니다.
아우구스티노 성인이 이어서 말했습니다.
“우리가 선한 것은 하느님께서 선하시기 때문이고
하느님께서 본래부터 선하셨기 때문에 피조물이 모두 선하게 되었습니다.”
그러면 거룩하게 탄생시키신 분의 특징은 무엇일까요?
아버지께서는 당신의 내면과 당신의 지혜를 보시고
당신을 보시고 당신께서 거룩한 본성을 가지신 것을 아신 후
아버지께서 당신을 보시고 아신 것처럼 당신을 완전히 드러내 보이셨습니다.
즉 아버지께서 스스로 아시게 된 행동과
아버지께서 스스로를 드러내신 말씀대로
아버지께서 외 아드님을 영원히 탄생시키셨습니다.

이와 같이 아버지께서는 당신의 신성을 잃지 않으신 채 당신 안에 계시면서
사람과 구분하시기 위하여 당신 밖으로 나가셨다가
다시 당신에게도 되돌아오셔서 말할 수 없는 기쁨 속에서 쉬고 계시는데
기쁨이 흘러넘쳐 말로 표현할 수 없는 사랑으로 변하여
성령이 되었기 때문입니다.
이와 같이 하느님께서는 당신 안에 계시면서
당신 밖으로 나가셨다가 다시 당신 안으로 돌아오셨습니다.
따라서 밖으로 나가신 것은 다시 돌아오시기 위한 것이었습니다.
그리고 물질세계에서도 가장 고귀하고 완전한
하늘나라와 같은 움직임이 있게 되는데
끊임없이 처음 나온 원천으로 다시 돌아가기 때문입니다.
그리고 가장 고귀하고 가장 완전하게 만들어졌던 인간의 과정도 그러한데
자신이 나온 원천으로 되돌아가기 때문입니다.

아버지께서 나가셨다가 다시 들어오신 것과 마찬가지로

인간도 자신의 내면으로 들어가 다시 나오면
신성(神性)을 낳는 영적인 어머니가 될 수 있습니다.
영혼이 복된 삼위의 참모습을 '**자유의지로 기억하고 이해하는**'
세 소중한 힘을 갖게 되기 때문입니다.

영혼은 이 세 힘을 통하여 하느님을 받아들일 수 있고 매달릴 수 있게 되며
하느님께서 계신다는 것과
하느님께서 갖고 계시고 주실 수 있는 모든 것을 받아들이고
이에 매달리게 됨으로써 하느님을 영원히 언제든지 볼 수 있게 됩니다.
왜냐하면, 영혼은 태어날 때부터 영원성이 있는 상급의 능력과
육욕과 동물적인 능력을 갖추는 하급의 능력을 얻게 되기 때문입니다.
그러나 영혼의 고차원적인 능력과 저급의 능력은
끝없이 방황하며 헛된 것들에 집착하는데
고차원적인 힘과 저급의 힘을 모두 갖고 있음에도 불구하고
이렇게 길을 잃고 헤매게 되면
영원성을 잃는 것을 마음 편하게 생각하기 때문입니다.

주님의 탄생과 함께 우리가 다시 태어나려면 다시 뒤로 돌아가야 하는데
저급과 고급의 모든 능력이 합쳐지게 되면 가장 강하게 되며
잡다한 생각들을 버려야만 하나가 될 수 있게 되므로
진실하게 내면과 싸워 거기서 저급과 고급의 모든 힘을 모아야 합니다.
사냥꾼이 표적을 맞히려면
한 눈만으로도 표적을 볼 수 있기 때문에 한 눈을 감습니다.
누구나 어떤 것을 깊이 생각하려면
한 나무의 가지들처럼 모든 육감이 작동하게 되므로
자신의 모든 육감(肉感)을 버리고
자신의 모든 능력을 자신의 가장 깊은 곳에 있는 영혼 안에 모아야 합니다.
그리고 자신의 뜻과 자신이 좋아하는 것을 버려서
자신의 모든 육감과 활동력이
내면에 있는 모든 것의 힘이고 원천인 가장 큰 힘으로 모이게 되면
자신의 능력 이상으로 바깥쪽으로도 힘을 발휘할 수 있게 됩니다.

거기서 나는 고귀한 일을 하든 하찮은 일을 하든 간에
오로지 하느님이 되기 위하여 하느님의 도구가 되기 위하여
이기심을 버리고 참 나가 되기 위하여
또 오로지 하느님만을 위하여
하느님께 자리를 마련해드리기 위하여 머물러 있게 되는데
하느님께서 그대 안에서 하느님의 뜻대로 역사하실 수 있도록
또 그대 안에서 주님이 탄생하시도록 하여
영원히 그대의 방해를 받으시지 않기 위한 것입니다.

주님과 내가 하나가 되면 나는 수동적이 되고 주님께서는 능동적이 됩니다.
이미 하나가 되었다면 내 눈이 어떤 모습을 보아도
내가 생각하던 모든 것과는 아무 상관이 없게 되므로
다른 것을 볼 수 없으며 다른 소리도 들을 수 없게 됩니다.
내가 어떠한 것을 받아들이려면 먼저 내가 받은 모든 힘을 빼야 합니다.

그래서 아우구스티노 성인이 "**그대가 채워지기를 바란다면 자신을 비우십시오.**
그대가 들어가기를 바란다면 바깥으로 나가십시오." 하고 말했던 것입니다.
성인은 다른 곳에서 다음과 같이 말했습니다.
"**오 하느님께서 만드신 고귀한 영혼이여,**
항상 그대 안에 계시는 하느님을 찾아 그대 바깥으로 어디로 가든
그대에게 신성(神性)을 주신 분을 통하여 나가야 하지 않겠소?
그대는 무엇 때문에 세상 것들에 집착하고 있소?"

이와 같이 우리가 마음을 비워 영혼을 깨어 있게 하면
하느님께서는 틀림없이 텅 빈 마음을 채워주십니다.
하느님께서는 빈 곳이 없게 하늘나라의 것들로 채워주시는데
당신께서 빈 곳을 남겨두시지 않는 것은
당신의 뜻에 어긋나고 당신의 의로움에 어긋나기 때문입니다.
따라서 그대가 침묵을 지키고 있으면
말씀이신 주님께서 그대 안에서 말씀하시고 들으시게 됩니다.
그러나 그대가 말을 하면 주님께서는 아무 말씀도 하시지 않습니다.

침묵하고 듣는 것보다 말씀이신 주님을 잘 모실 수 있는 방법은 없습니다.
그대가 자기를 버리는 만큼 주님께서 틀림없이 그대 안으로 들어오시는데
버린 만큼 들어오시게 됩니다.
이렇게 자기를 버리는 이야기는 창세기(12, 1)에도 나오는데
하느님께서는 아브람에게 말씀하셨습니다.
"네 고향과 친족과 아버지의 집을 떠나, 내가 너에게 보여 줄 땅으로 가거라."
하느님께서 아브람에게 좋은 것만 보여주시려고 했기 때문입니다.
인간의 영혼 안에 주님께서 탄생하신다는 것은
혼자 있게 되면 좋은 일만 생긴다는 의미입니다.
영혼이 탐욕과 욕정에 불타고 있는 몸에서 나가
시골 같은 곳으로 가는 것을 뜻합니다.
우리가 갖게 되는 친구들도 자신이 육감적으로 좋아하는 사람들이며
자신을 인도하기도 하고 꼼짝하지도 못하게 합니다.
그들은 사랑하기도 하고 고통을 주기도 하고 기쁨과 슬픔을 주기도 하고 그리워하게도 하고 두려워하게도 하고 돌보기도 하고 해를 끼치기도 합니다.
친구들은 우리와 아주 가까이 지내지만
잘못 보고 있었다면 무척 경계해야 합니다.
그리고 우리 안에 좋은 일만 생기기만 바란다면
이는 우리를 위하여 주님께서 탄생하신 것이 됩니다.
아이를 집에 너무 가두어 키우면
바깥으로 나가서 망아지처럼 행동하게 된다는 속담이 있습니다.
이는 온실 안에서 자란 사람들,
즉 육감(肉感)이 보여주고 들려주고 맛보게 하고
움직이게 하는 대로 자라고 육감이라는 고향을 떠나지 못한 사람들은
하느님의 깊은 뜻을 이해하지 못할 때는
짐승과 다름없이 되어버린다는 뜻입니다.
인간의 내면은 철광산(鐵鑛山)과 같아 내부에서는 전혀 빛을 내지 못하므로
외적인 일이나 모습이 사라지면 전혀 알아차리지도 못하고 느끼지도 못합니다.
집에만 있었기 때문에 자기를 버리고 주님을 맞이하러 나갈 줄을 모릅니다.
그래서 그리스도께서 "누구든지 나에게 오면서 자기 아버지와 어머니,
아내와 자녀, 형제와 자매, 심지어 자기 목숨까지 미워하지 않으면,

내 제자가 될 수 없다." 하고 말씀하신 것입니다.(루카 14, 26)

우리는 지금까지 첫 번째 탄생과 세 번째 탄생에 대해서 생각해보았으며
세 번째 탄생을 묵상함으로써 첫 번째 탄생을 더 잘 이해할 수 있었습니다.
이제는 '**두 번째 탄생**'에 대하여 묵상해보기로 하는데
오늘 밤 하느님의 아드님께서 성모님으로부터 태어나셔서
우리의 형제가 되셨습니다.
아드님은 어머니 없이 영원하게 태어나셨고 아버지 없이 태어나셨습니다.
아우구스티노 성인이 말했습니다.
"주님께서는 성모님의 살을 가진 아드님으로 태어나신 것이 아니라
성모님의 영혼 안에 영적으로 태어나셨기 때문에 성모님은 더욱더 복되십니다."
성모님께서 당신의 영혼 안에서 주님의 탄생을 느끼신 것처럼
자신의 영혼 안에서 이 영적으로 복된 탄생을 느끼려고 하는 사람은
성모님께서 영육(靈肉)으로 주님의 어머니가 되신 것을 생각해야 합니다.
성모님은 처녀로 더없이 순결하셨지만
모든 일을 제쳐두시는 것을 천사가 알게 되었습니다.

따라서 자신의 영혼 안에 주님께서 태어나시기를
바라는 사람은 성모님과 같아야 합니다. 그러한 영혼은 티 없이 깨끗해야 합니다.
순결함을 잃었다면 다시 돌아가 깨끗하게 해야 합니다.
이 가르침에서 처녀성의 의미는 겉으로는 아무것도 낳지 못하지만
안으로는 쉽게 낳을 수 있는 것을 뜻하기 때문입니다.
그리고 이 처녀와 같은 영혼은
외적인 육감을 닫고 외적인 일에 전혀 신경을 쓰지 말아야 합니다.
그래야만 성모님께서 거룩한 일만 생각하신 것처럼
작은 열매를 얻을 수 있기 때문입니다.
영혼은 내적으로 많은 열매를 맺어야 합니다.
왕의 딸의 아름다움은 내면에만 있었습니다.
따라서 처녀와 같은 영혼은 습관이 되어 있는
육감과 행동과 말들을 버리고 살아야 합니다.
이렇게 해야만 큰 열매들,

즉 모든 것 중의 모든 것이고
당신 안에 모든 것을 갖고 계시는 하느님의 아드님, 하느님의 말씀을
풍성하게 맺을 수 있기 때문입니다.

바오로 성인이 가르쳐준 것처럼
성모님은 약혼만 하셨기 때문에 처녀였으므로 영혼은 결혼해야 합니다.
그대의 기쁨을 하느님의 깊은 뜻에 가라앉혀 꼼짝하지 못하게 해야만
그대의 연약함이 힘을 얻게 됩니다.
성모님은 세상을 떠나 사셨기 때문에
하느님과 결혼하여 내적인 부활을 경험하셨습니다.
그러나 우리는 덧없는 것들을 찾아 헤매지 말아야 할뿐더러
내면 생활은 하지 않고 오로지 수행(修行)만 하는 일도 자제해야 합니다.

본성과 육감을 끊어버리고 조용한 내적 평화와 안식을 얻도록 해야 합니다.
이렇게 하여 내적 평화와 안식을 얻은 영혼은 다음 주일 미사의 입당송에서 "부드러운 정적이 만물을 뒤덮고 시간은 흘러 한밤중이 되었을 때
당신의 전능한 말씀이 하늘의 왕좌에서 사나운 전사처럼
멸망의 땅 한가운데로 뛰어내렸습니다." 하고 노래하게 됩니다.(지혜 18, 14-15)
아버지의 마음에서 영원한 말씀이 나온 것입니다.
이런 침묵 가운데 우리는 이 말씀을 듣게 됩니다.
왜냐하면, 그대가 침묵해야만 하느님께서 말씀하시기 때문입니다.
우리의 주님께서 이집트에 들어가시자 모든 우상이 쓰러져버렸습니다.
그대 안에서 주님께서 탄생하시는 것을
방해하는 것이 우상이었다면 얼마나 통쾌하겠습니까?
주님께서는 사람들과의 관계
심지어는 어머니와 형제와 자매 관계도 끊으라고
우리에게 칼을 주러 오셨다고 말씀하셨습니다.
왜냐하면, 하느님 없이 그대가 가까이하는 모든 것은
신성한 말씀을 듣지 못하게 하는 헛된 것들에 지나지 않기 때문입니다.

이런 고요함을 얻지 못하거나 그대 안에 고요함이 지속하지 않으면

주님의 탄생을 느낄 수 있게 끊임없이 내적 침묵을 얻도록 하여
영적인 습관이 되도록 해야 합니다.
수행해야만 완전하게 되기 때문에
수행을 열심히 하는 사람에게는 이 일은 쉬운 일이지만
게을리 하는 사람에게는 불가능하게 보일지 모릅니다.
하느님, 저희에게 내적 고요함의 은총을 주시어
저희 영혼 안에 주님께서 탄생하실 수 있도록 해주소서. 아멘.

〈성탄절 첫 번째 강론〉

5 그리스도께서 계시는 네 곳

"한처음, 천지가 창조되기 전부터 말씀이 계셨다."(요한 1, 1)

학식이 있는 사람들은 '**영원한 말씀**'에 대하여
하느님께서는 단 한 번만 말씀하셨는데
어떤 의미에서는 아직도 말씀한 적이 없다고 말합니다.
이는 '영원한 말씀'은 아버지의 말씀이기도 하고
우리 주 예수 그리스도인 외 아드님의 말씀이기도 하다는 뜻입니다.
처음도 없고 끝도 없는 아버지 안에서
아버지께서는 모든 피조물을 언급하셨습니다.
우리는 이 말씀(요한 1, 1)을 어떤 뜻으로 해석하더라도
주님께서 아버지로부터 파견되신 적이 없으므로
'말씀'이 있었다고는 말할 수 없습니다.

사랑하는 형제자매 여러분, 우리가 이 '말씀'을 주의해서 들으면
네 가지 뜻으로 해석할 수 있다는 것을 알아야 합니다.
첫 번째는 사제에게 맡겨져 있는 제단 위에 있는 '**자리**'입니다.
우리가 같은 영원한 말씀 안에서 아버지에게 알려지는 것과 같이
거기서 우리는 영원한 말씀을 알고 사랑합니다.
두 번째는 제단에서 강론하는 사람이
하느님의 '**거룩한 진리**'를 말하여 가르쳐 주어 알게 된 영원한 말씀입니다.
따라서 물이 시내를 통해 흐르듯이 영원한 말씀이 강론자의 입을 통하여 나오므로
우리는 '영원한 말씀'을 옳게 받아들여야 합니다.

우리는 강론자의 결점 때문에 방해를 받아서는 안 되며
'영원한 말씀'의 깊은 곳에서 영원히 흘러나오므로
우리는 '영원한 말씀'의 참모습을 보아야 합니다.
세 번째 우리는 이 땅에서 하느님을 본받아 영원한 생명을 얻어 살면서
이미 하느님과 하나가 되었거나 제자로 살고 있는
'주님의 모든 친구' 가운데서 영원한 말씀을 알아보아야 합니다.
이들은 모두 우리 주 예수 그리스도와 하나가 되어 살고 있는 사람들입니다.
네 번째 우리는 '영원한 말씀'을
하느님께서 '**우리 영혼 안에서 말씀하신 것**'으로 이해해야 합니다.
이는 말로 하신 것이 아니라 당신을 드러내시기만 한 것입니다.
왜냐하면, 인간은 어떤 말로도 표현할 수 없기 때문입니다.
우리가 영혼 안에서 거룩하게 다시 태어나고 싶어 할 때
어떤 스승이 말한 것보다도 '영원한 말씀'을 더 잘 이해하도록
'영원한 말씀'께서 스스로 모습을 드러내시어
영혼에게 알리신 것으로 이해해야 합니다.
사람이 영원한 말씀에 대하여 말할 수 있는 것이 거의 없으므로
말씀이 재빨리 영혼을 가르치신 것입니다.
따라서 우리는 성령께서 교장인 학교에서 기쁘게 서둘러 깨우쳐야만 합니다. 사랑하는 형제자매 여러분, 성령께서 교장을 맡아계실 때는
학생들이 교장을 위하여 잘 준비하고 있다는 것을 아시고 싶어 하시므로
교장이 아버지의 마음으로 학생들을 잘 이끌기 위한 소중한 가르침을
학생들이 잘 이해할 수 있도록 해야 합니다.

따라서 말씀의 탄생을 느끼고 싶은 영혼은 더없이 깨끗함을 보여주어야 하고
고귀한 내면의 삶을 살면서 오감(五感)의 쾌락을 추구하지 말아야 하고
피조물들에 집착하지 말아야 합니다. 더없이 순수한 마음으로 살아야 합니다.
스승이신 에크하르트가 말했습니다.
"하느님께서 영혼이 모든 것을 버리고
피조물들에 집착하지 않는 것을 보시면
영혼 안에서 영적(靈的)으로 태어나시고 싶어 하시게 되는데
이는 당신께서 무(無)에서 모든 것을 만들어내시는 당신의 창조적인 행동보다도

당신께 기쁨이 될 뿐만 아니라 더욱더 당신을 알리실 수 있기 때문입니다."

그런데 하느님께서는 왜 그렇게 하실까요?
하느님께서는 당신이 영적으로 태어나실 수 있을 정도로
용량이 큰 영혼을 가진 피조물을 보신 적이 없기 때문입니다.
왜냐하면, 하느님께서는 누구에게도 당신을 완전하게 표현하실 수 없었고 아무에게도 당신의 모든 힘과 참모습을
완전히 불어넣어주실 수 없었기 때문입니다.
이제 영혼 안에 하느님께서 탄생하신다는 것은
당신께서 새로운 방식으로 통교하신 후에
새로운 지식을 갖게 된 영혼에게만
당신을 드러내시는 것일 뿐이라는 것을 알게 되었을 것입니다.

그러면 "영혼의 가장 큰 복은 영혼 안에서
하느님께서 이렇게 역사하시는 것을 알게 되는 것인가요?"하는
질문을 할 수 있을 것입니다.
저는 "하느님께서는 하늘나라에서나 땅에서
피조물들에게 많은 역사를 하신 것보다
이러한 영혼을 만나시게 된 것을 더 기뻐하십니다.
그러나 영혼은 하느님께서 영혼 안에
탄생하신 것을 받아들이게 된 자신의 공로를 가장 기뻐합니다.
하느님께서 영혼 안에 태어나신 것이 가장 큰 기쁨이 아니라
사랑으로 하느님과 하나가 되어
하느님의 탄생을 알게 된 것을 가장 큰 기쁨으로 여겨야 합니다.
이러한 영혼은 다시 태어나게 되고
자신의 원천인 하느님께로 되돌아가기 때문입니다." 하고 답하고 싶습니다.

이러한 영혼은 자기를 버리고 하느님께 매달리게 되는데
이는 자기 자신이 복을 지었기 때문이 아니라
하느님께서 복을 주셨기 때문입니다.
영혼은 이제 원하기만 하면

언제든지 아버지와 아드님과 성령을 만날 수 있게 되었습니다.
그리하여 영혼에게는 하느님만 보이게 되었습니다.
따라서 유명한 의사인 하느님께서는
더러워질 대로 더러워진 속물인 상태로는
아무도 당신께 올 수 없다고 가르치셨습니다.
하느님으로부터 태어날 때처럼 순수하지 않으면
아무도 깨끗한 하느님 안으로 들어갈 수 없습니다.
따라서 영성 작가들은 현명하게 하느님께 모든 것을 내맡기고
모든 것을 하느님으로부터 받고 피조물로부터는 아무것도 받지 말라고
우리에게 가르치고 권고하고 있습니다.
따라서 우리는 하느님께 가장 큰 영광을 드리고
모든 것을 버리고 하느님께서 언제 어떻게 역사하시든 기다려야 합니다.
왜냐하면, 우리는 하느님께서 모든 일을
가장 잘하실 수 있다고 믿어야 하기 때문입니다.
우리의 역할은 하느님께서 우리 안에서 계시는 동안
하느님을 도와서 하느님께 영광을 드리는 것뿐입니다.

어떤 스승은 왕은 제대로 일하지 않는 하인들에게는 거의 신경을 쓰지 않지만,
가신(家臣)들에게는 신경을 쓰며 항상 좋아한다고 말했습니다.
하느님께서는 당신의 은밀한 안식처에서 함께 있을 수 있는
선택된 친구들에게서는 이와 같이 눈을 떼시지 않습니다.
하느님께서는 이들의 청원을 거부하실 때가 없습니다.
그러나 어떤 스승들은 하느님을 한 번도 만나보지 못하고
어두운 숲에 묻혀버린 사람보다는
땅에서 더 많이 하느님과 대화를 하지 못한 사람이
하늘나라에 가게 되면 햇빛을 더 즐기게 된다고 말하고 있습니다.
그러나 우리가 살아 있는 동안에는 자신의 소명을 다하여
가장 고귀한 특권을 누릴 수 있도록 몸과 마음을 다하여 노력해야 합니다.
하느님, 저희를 도와주소서. 아멘.

〈성탄절 두 번째 강론〉

6 완전한 영혼 안에서의 말씀의 탄생

"부드러운 정적이 만물을 뒤덮고 시간은 흘러 한밤중이 되었을 때"
(지혜 18, 14)

우리는 오늘 하느님 아버지께서 '영원한 말씀'을
끊임없이 영원히 낳게 하신 영원한 탄생과 구세주 안에서 인간이
인간의 본성을 갖고 태어나는 것에 대하여 생각해보기로 합시다.
아우구스티노 성인이 말했습니다.
"만약 '영원한 말씀'이 내 안에 태어나시지 않는다면
말씀이 영원히 태어나신들 나에게 무슨 의미가 있겠습니까?
모든 것은 '영원한 말씀'이 내 안에서 태어나시는지
태어나시지 않는지에 달려 있습니다."

하느님 아버지께서 완전한 영혼 안에서 영원한 말씀을 하실 때
이미 탄생이 시작되어 완수되었다는 것을 이해하면 도움이 됩니다.
내가, 경건한 삶을 살지 않고 닥치는 대로 살고
수행(修行)도 하지 않는 사람이 아니라
지금까지 꾸준하게 하느님의 길을 걸어온
완벽한 사람에 대하여 말하고 있다는 것을 아십시오.
왜냐하면, 경건한 삶을 살지 않고 닥치는 대로 살고 수행도 하지 않는 사람에게는
이 거룩한 탄생이 일어나지도 않을뿐더러 모르기 때문입니다.
현명한 솔로몬이 말했습니다.
"부드러운 정적이 만물을 뒤덮고 시간은 흘러 한밤중이 되었을 때

당신의 전능한 말씀이 하늘의 왕좌에서
사나운 전사처럼 멸망의 땅 한가운데로 뛰어내렸습니다."(지혜 18, 14-15)

이 말씀이 오늘 강론의 주제입니다.
이 말씀에 대하여 세 가지 의문이 생깁니다.
첫 번째 의문은 하느님 아버지께서 '**영혼의 어디에서**' 말씀을 하시고,
'**영혼의 어떤 부분**'이 이 역사(役事)를 알게 만드시느냐 하는 것입니다.
그 부분은 틀림없이 가장 순수하고 가장 고귀하고 가장 민감한 부분일 것입니다.
전능하시고 고귀하신 하느님께서 영혼의 본성에 무엇을 심으셨던지
고귀한 영혼이 그 뒤에 하느님으로부터 무엇을 받았던지 간에
먼저 하느님께서 우리의 영혼 안에 주님을 탄생시키시도록 해야 합니다.
그리하여 영혼이 순수하게 내면의 삶을 살고 육감적인 일과 탐욕을 자제하고
살면서 주님을 깨끗하고 고결하게 모시도록 해야 합니다.
왜냐하면, 하느님께서는 가장 깨끗하고 단순하고
차분한 영혼 안에서만 역사하시기 때문입니다.

두 번째 의문은 다음과 같습니다.
영혼은 이렇게 거룩하게 탄생하신 '**주님께 어떻게 대해야 하며**',
거룩한 주님을 빨리 만나려면 그리고 하느님께서 현명하시고 전능하시고 영원하신
것 등을 이해하고 생각하려면
'**어떻게 협조해야 하는가**' 하는 것입니다.
그리고 모든 생각과 말과 행동을 멈추고 헛된 생각을 하지 않고
하느님의 영향 아래 수동적이 되어
아버지의 역사를 도와 드리는 것이 더 좋은가 하는 것입니다.
이렇게 하고 난 후에 하느님 혼자서
역사하시도록 하는 것이 좋은가 하는 것입니다.
그리고 이 둘 중 어느 방법이 주님의 탄생에 도움이 되는가 하는 것입니다.

세 번째 의문은 주님의 탄생이 우리에게
'**어떤 이득을 가져다주느냐 하는 것**'입니다.
다시 첫 번째 의문으로 돌아가서

이제부터는 쉽게 이해할 수 있는 일상 언어를 사용하려고 합니다.
왜냐하면, 내가 비록 성경 말씀을 굳게 믿고 있으나
성경 말씀대로 실천하고 살고 있지는 않지만
여전히 일상 용어가 더 이해하기가 쉽기 때문입니다.
지혜서(18, 14-15)에는
'부드러운 정적(靜寂)이 만물을 뒤덮고 시간은 흘러 한밤중이 되었을 때
아무도 듣지 않는 가운데 말씀하신 것'으로 되어 있습니다.
오 주님, 정적이 만물을 덮고 있는 그곳은 어디고 말씀은 어디에서 하셨나이까?
앞에서도 말했지만, 다시 내가 알고 있는 대로 말하겠습니다.
그곳은 영혼이 제공할 수 있는
가장 깨끗한 곳이고 가장 고귀한 곳으로
정화(淨化)된 영혼의 가장 깊은 곳이며 '**가장 깨끗하고 중요한 부분**'입니다.
거룩한 주님께서 탄생하실 수 있는 더없이 조용한 곳이기에
피조물이나 피조물이 '**제대로 보지 못했거나 알지 못하여
만들어진 헛된 생각들**'은 결코 들어갈 수 없는 곳이고
영혼의 가장 깊은 그곳에는 어떠한 움직임도 없고 아무도 그곳을 알지 못합니다.
'거짓 나'도 없고 피조물에 대한 어떠한 생각도 전혀 없는 곳입니다.
**영혼이 하는 모든 일은 영혼의 능력으로 하게 되는데
영혼이 생각하는 것은 이성(理性)으로 하는 것이며
영혼이 과거를 떠올리는 것은 기억력의 도움이며
영혼이 사랑하는 것은 영혼의 의지에 따른 것입니다.
그런데 이 모든 영혼의 활동은 어디까지나 영혼의 능력에 의한 것이지
'가장 깨끗하고 중요한 부분'이 역사하는 것은 아닙니다.**
영혼의 모든 활동은 중개(仲介)역할을 해주는 기관(器管)이 해주기 때문입니다.
시력(視力)은 눈 없이는 얻을 수 없고
눈이 없으면 아무것도 보지 못합니다.
이와 마찬가지로 영혼은 모든 다른 감각을 통하여 활동하게 되며
항상 중간에 중개 역할을 하는 것이 있어야 합니다.
그러나 '가장 깨끗하고 중요한 부분'에 아무 활동도 없는 것은
이 진수(眞髓)에서 일할 수 있게 하는 능력이 따로 있기 때문입니다.
이 안에는 정적(靜寂)만 있을 수 있기 때문에

하느님께서 주님을 탄생시키실 수 있게 되며
'내면의 말씀'을 하실 수 있게 됩니다.
그리고 이렇게 깊은 곳에서는 영혼은 아무런 중계를 받지 않으므로
다른 것들은 전혀 받아들일 수 없고
오로지 하느님의 것만 받아들일 수 있습니다.
그리하여 하느님께서만이 완전히 또는 부분적으로
영혼의 가장 깊은 곳에 들어가시게 됩니다.

하느님 외에는 영혼의 가장 깊은 곳에 들어갈 수 없으므로
피조물들은 영혼의 능력에만 의존하여
피조물들의 모습을 보고 이 모습들을 들여보내면서
그 바깥에 머물러 있어야 하기 때문입니다.
이보다 더 깊지 않은 곳에서는
영혼의 능력을 통하여 피조물들을 보게 되면
이 능력이 피조물들의 모습을 만들어 영혼에 전달하며,
이렇게 하여 영혼은 피조물을 알아보게 되고
피조물들이 영혼 속에서 잊히기도 하는데,
애써 피조물의 모습을 떠올리고 피조물과 접촉하려고 해야만
피조물들을 알아볼 수 있게 됩니다.
영혼은 자신의 능력을 통하여 사물 자체로부터 모습을 얻게 됩니다.
예를 들면 외부의 감각을 통하여 알게 된 모습으로
돌이나 망아지를 알아보고 사람을 만나게 되는 것입니다.
따라서 영혼에게 참모습을 보여주는 일은 거의 없게 됩니다.
그래서 어떤 스승은 영혼은
자기 자신의 참모습을 떠올리거나 알 수 없다고 말했는데
모든 모습은 감각을 통하여 받을 수 있으므로
이러한 모습들은 영혼이 알아보지 못하기 때문입니다.
이 때문에 다른 모든 것은 알지만 자기의 참모습을 모르게 됩니다.
자기 자신에 대해서는 아무것도 모르게 되는 것은
중계해주는 것이 없기 때문입니다.

그리고 영혼이 갖고 있는 모든 모습과 모든 중간 모습을 버려야만
하느님께서 중개자 없이 직접 당신께 들어가십니다.
그대가 어떤 인간 스승에게 힘을 청원하더라도
하느님께 모든 것을 맡겨 스승과 같거나
보다 큰 힘을 하느님으로부터 얻어야 한다는 것을 아십시오.
이제 그대는 스승보다 더 현명하고 더 능력이 있게 되므로
스승은 그대에게 영향을 미칠 필요가 없어지고
스승의 능력은 하찮은 것이 되고 맙니다.
그러나 인간은 외적인 일을 하기 위하여 많은 수단과 도구가 필요하며
계획과 실행 사이에는 많은 준비가 필요합니다.
반면에 온 세상을 비추는 달과 태양은 세상 끝까지 밝히기 위해
눈을 반짝일 필요가 전혀 없습니다.
천사는 보다 적은 수단을 이용하며 보다 적은 모습을 이용하며
아래 천사들은 많은 도움이 필요하지만,
가장 높은 치품 천사 세라핌은 알고 행동할 때 오로지 한 모습만 이용합니다.
그러나 하느님께는 중계된 중간 모습이나 도구의 도움이 전혀 필요 없습니다.
하느님께서는 중간 모습을 전혀 이용하시지 않고 영혼에 직접 역사하십니다.
영혼의 가장 깊은 곳에는 아무 모습도 없고 오로지 하느님만 계시기 때문입니다.
하느님께서 역사하실 때는 피조된 것은 전혀 필요 없기 때문입니다.
하느님 아버지께서는 영혼에 아드님을 이렇게 탄생시키시며
피조물들처럼 하시지 않고 오로지 당신의 모습을 보여주시고
닮게 하시기만 하여 영원히 주님께서 태어나게 하십니다.

그런데 영혼 안에 이렇게 주님을 탄생시키시고 나면 끝나는 것일까요?
하느님 아버지께서는 어떤 중간 모습의 도움을 전혀 받지 않으셔도
당신을 속속들이 알고 계신다는 것을 생각하십시오.
하느님께서는 이렇게 아드님을 거룩한 신성을 가지신
당신의 판박이로 태어나게 하십니다.
하느님 아버지께서는 이렇게 하시어
아드님을 영혼의 가장 깊은 곳에 태어나게 하시어
영혼이 당신과 하나가 되어 행동하도록 하십니다.

따라서 이렇게 역사하실 때 어떤 중간 모습을 이용하신다면
전혀 당신의 판박이로 만드시지 못하게 되므로
영혼을 당신의 판박이로 만드시어 더없이 행복하게 만드셨습니다.

그러나 여러분은 영혼은 어떤 모습들이
가득 찬 채로 태어난다고 생각하여 반대할지도 모릅니다.
나는 전혀 그렇게 생각하지 않습니다.
만약 그랬다면 영혼은 전혀 행복할 수 없을 것이고
하느님께서도 더없이 행복하게 만드실 수도 없었을 것이고
모든 것의 시작과 끝이신 하느님께서
우리의 가장 큰 기쁨이지도 않았을 것입니다.
어떠한 피조물도 완전하지 않을뿐더러 다른 피조물의 기쁨이 될 수 없습니다.
이 세상에서 완덕을 갖춘 사람은
하느님과 하나가 되어 영원한 생명을 얻고 살게 됩니다.
따라서 이 땅에서 복을 받고 살려는 사람은
내면으로 들어가 영혼의 가장 깊은 곳에 머물도록 해야 합니다.
그러면 하느님께서 거기서 당신의 가장 순수한 모습을 볼 수 있게 해주십니다.
자신이 만든 허상이 아니라 참모습을 보게 하시는데,
피조물은 우리를 행복하게 해줄 수 없으므로
허상을 거의 보지 못하게 해주시기 때문입니다.

이제 다시 자신의 영혼 안에 주님께서 탄생하시게 하면
어떻게 협조해야 하는가 하는 두 번째 의문에 대하여 생각해보기로 합시다.
하느님에 대하여 묵상하여 협조하려고 합니까?
아니면 하느님을 닮도록 하여 협조하려고 합니까?
아니면 침묵하여 마음의 안정을 찾아
하느님께서 혼자 역사하시기를 기다리려고 합니까?
앞에서 내가 한 말을 다시 생각해보기로 합시다.
자신은 아무 노력도 하지 않고 주님의 삶을 본받고 가르치심을 따르기만 하여 주님
덕분에 거룩한 삶을 살게 되었다는 것을 알고
덕행을 하고 선한 일을 하여 주님처럼 사는 사람은

조용히 있으면서 하느님께서 말씀하시고 행동하시도록
하느님께 모든 것을 맡기는 것이 가장 좋습니다.
영혼이 아무 활동도 하지 않고
피조물들처럼 행동하지도 않게 되면
그 영혼 안에서 거룩한 말씀을 하십니다.
성경 말씀(지혜 18, 14-15)대로
"부드러운 정적이 만물을 뒤덮고 시간은 흘러 한밤중이 되었을 때
당신의 전능한 말씀이 하늘의 왕좌에서 사나운 전사처럼
멸망의 땅 한가운데로 뛰어내리게 되는 것입니다."
따라서 여러분이 내면에 집중하는 만큼 세상 것들에 대한 집착을 버리고
묵상에 전념하게 되므로 하느님의 말씀 탄생을 알아차리게 되는 것입니다.

오, 여러분이 모든 것을 잊을 수만 있다면!
여러분이 자신의 삶을 전혀 의식하지 않고
바오로 성인처럼 "나로서는 몸째 그리되었는지 알 길이 없고
몸을 떠나 그리되었는지 알 길이 없지만,
하느님께서는 아십니다." 하고(2코린 12, 3) 말할 수만 있다면!
영성 생활에 푹 빠져 자신의 육체적 존재를 잊고
더 이상 아무것도 이해하지 못하고 아무것도 깨닫지 못하고
감정이나 힘이 육(肉)의 삶을 더 이상 지배하지 못한다면!
정열은 식어버리겠지만, 몸에 아무런 상처도 주지 않을뿐더러
아무것도 먹지 않고 마시지도 않아도 고통스럽지 않게 됩니다.
모세가 그랬습니다.
산에서 40일 동안 단식하면서 하느님과 함께 있었지만
처음부터 끝까지 전혀 약해지지 않고 오히려 더 강해졌습니다.
따라서 육(肉)의 삶을 버리고 내면으로 모든 힘을 쏟아 부어
모든 것을 잊어버리고 심지어는 자기 자신까지도 잊어버려야 합니다.
한 교부가 말했습니다.
"혼란만 더 생기게 되므로 불안한 외적인 활동을 중단하고
수많은 바깥일에서 탈출하여 내면의 생각에 몰입해야 합니다."
하느님께서 영혼 안에서 말씀하시게 되면

영혼은 마음을 안정시키고 조용히 있어야 합니다.
그러면 하느님께서 영혼 안에서 말씀을 하시고
당신의 참모습을 보여주십니다.
디오니시오 성인(St. Dionysius)이 말했습니다.
"하느님께서는 당신의 모상(模像)이 아니라 참모습을 보여주셨는데
당신은 지상선(至上善)이고 진리이시고 모든 것이시기 때문입니다." 하느님께서는
당신 안에서 역사하시든 바깥에서 역사하시든
눈 깜짝할 사이에 모든 일을 하십니다.
하느님께서는 하루나 이틀이 걸린 것이 아니라
눈 깜짝할 사이에 하늘과 땅과 만물을 창조하셨다는 것을 알아야 합니다.
왜냐하면, 하느님께서 모세에게 더 잘 일깨워주셨기 때문에
독자들이 하느님의 창조 활동을 더 쉽게
이해하도록 하기 위해 모세도 이렇게 말했습니다.
"하느님께서 하시려고 하시자마자 모든 일이 이루어졌습니다."
하느님께서는 수단이나 본보기가 전혀 없이 역사하셨습니다.
우리도 이렇게 생각해야만 하느님의 영향을 더 쉽게 받아들일 수 있고
유명한 신비주의 작가들의 가르침도 쉽게 받아들일 수 있게 됩니다.
하느님께서는 정신활동을 완전히 중단하신 것이 아니라
잠시 중단하셨음을 보여주신 것입니다.
영혼의 능력이 일상 활동을 중지하고 있는 동안에
영혼이 하느님을 무척 그리워하여 더 깊은 곳으로 들어가
하느님을 만나는 기쁨을 생각하며 더욱더 내면적이 되고 자기를 버리고
하느님을 지켜보고 있게 되면 하느님께 아주 가까이 갈 수 있게 됩니다.
이에 대하여 디오니시오 성인은
그의 제자 티모테오(Timothy)에게 충고했습니다.
"그대의 육감을 억제하고 그대를 성숙시키고
그대의 말솜씨와 이성(理性)보다도 그대의 힘을 더 키우고
그대의 일과 방법과 존재보다도 더 힘을 키우고 어둠 속에 숨어서 사십시오. 그러면
알 수 없는 지상선인 하느님에 대하여 알게 될 것이오."
영혼은 모든 집착을 버려야 합니다.
그러나 하느님께서는 어떤 모습을 떠올리시면서 역사하시게 되면

체면이 손상된다고 생각하시게 됩니다.

그러면 여러분은 하느님께서 어떤 모습도 떠올리시지도 않고
어디에서 역사하실까 하는 의문을 가질지도 모릅니다.
영혼의 가장 깊은 곳에서 역사하시지만
나는 보통 아는 방식으로는 알 수 없을 것으로 생각하는데
내 영혼은 만물의 모습을 떠올리지 않고는 알아차리지 못하기 때문입니다.
예를 들면 영혼은 사람의 모습을 떠올리면서
망아지를 보게 되면 말이라고 생각하지는 않지만
모든 모습은 아무 모상(模像) 없이도 영혼 안에 들어가므로
영혼에게는 주님의 탄생을 전혀 모르는 것이 가장 좋기 때문입니다.

이러한 하느님의 역사는
우리가 알 수 없는 영혼의 놀랄 만큼 깊은 곳에서 이루어집니다.
그러면 영혼은 깊은 곳에서 일어난 이 역사를 매우 진지하게 연구하여
실체를 보다 잘 알 수 있게 되지만
어떻게 그런 일이 일어날 수 있는지
정확히 무엇인지는 모르는 채
단지 하느님께서 역사하신 것만 알게 됩니다.
사람은 어떤 것의 원인을 알려고 할 때는
쉽게 만족하지 못하고 그것에 대하여 속속들이 알려고 합니다.
그러나 영혼 안에서 역사하시는 하느님을 잘 모르기는 하지만
영혼은 그것을 빨리 알아내려고 끊임없이 질문을 하게 됩니다.
이와 같이 현명한 사람이 침묵 가운데 하느님의 비밀스러운 말씀을 해석한 책에서의
가르침이 자신도 모르는 채 자신의 영혼 안으로 들어가게 됩니다.
모든 말은 무언가를 표현하게 마련인데
아마 여러분은 어떻게 이것이 하느님의 말씀이라고
생각할 수 있느냐는 의문을 가질 것입니다.
내가 알기로는 이 말씀은 내 영혼 안에서 퍼져나가면서
무언가를 표현하고 있는데 바로 하느님을 증언하고 있으므로
우리가 '말씀'이라고 부른다고 생각합니다.

그러나 하느님의 말씀이기에 내가 이성(理性)으로는 알 수 없게
은밀하고 조용하게 내 영혼에 들어온 것입니다.

이렇게 되도록 하신 것은 숨겨놓으셨으므로
우리가 애써 찾을 수밖에 없도록 하셨기 때문입니다.
그래서 바오로 성인은 우리가 말씀을 이해할 수 있을 때까지
말씀을 곱씹으라고 하셨습니다.
왜냐하면, 성인은 세 번째 하늘에서
거룩한 것들을 모두 보고 돌아왔기 때문입니다.
그런데 그가 잊어버리게 된 것은
하느님 안으로 너무 깊게 들어갔기에
이성(理性)만으로는 알 수가 없었기 때문입니다.
바오로 성인은 일어난 일에 대해 말씀하신 것을 찾았지만
감추어져 있었기 때문입니다.
그래서 자신의 영혼 안에서 찾으려고 애썼지만
정신력으로 찾으려는 것은 아니었습니다.
왜냐하면, 그러한 것들이 영혼 안에 있기는 하지만
찾을 수가 없었기 때문입니다.
바오로 성인은 이를 잘 알고 있었으므로
"나는 확신합니다. 죽음도, 삶도, 천사도, 권세도, 현재의 것도,
미래의 것도, 권능도, 저 높은 곳도, 저 깊은 곳도, 그 밖의 어떠한 피조물도 우리
주 그리스도 예수님에게서 드러난 하느님의 사랑에서
우리를 떼어 놓을 수 없습니다." 하고 말했던 것입니다.(로마 8, 38-39)

한 이교도 현자(賢者)가 이를 멋지게 표현했습니다.
"나는 내 안의 내 정신 앞에서 빛나는 어떤 참된 것을 봅니다.
나는 그것이 참된 것이라는 것을 잘 알지만
내가 이해할 수는 없고 오로지 내가 알 수 있는 것은
모든 진실을 알고 싶다는 것뿐입니다."
다른 현자가 그에게 말했습니다.
"숨어 있는 그것을 계속 찾으십시오.

왜냐하면, 그대가 이해하지 못하더라도
모든 일이 잘될 것이고 영원한 삶을 살게 될 것이기 때문입니다."

아우구스티노 성인도 마찬가지로 가르쳤습니다.
"나는 내 영혼 안에서 빛나는 무언가를 발견했고
내 안에서 내가 완벽하게 되면
영원한 생명을 얻게 된다는 것을 깨달았습니다.
영원한 생명은 숨어 있다가 은밀하게 드러나기 때문입니다.
그리고 영혼으로부터 모든 것을 빼앗아 간다는 것을 의미합니다.
내가 알게 된 것은 다시 영혼 속으로 들어와
모든 것들을 빼앗아가 텅 비워버리게 한다는 것입니다."
같은 의미로 예언자는 주님께서 그의 정신을 가져가시고
성령을 주시기를 기도했습니다.
그래서 아가서(5, 6)에서는
"내 연인이 말하자 내 영혼이 녹아버렸습니다." 하고 말하고 있습니다.
말하자면 하느님께서 영혼에 들어오시자
그만 사랑에 취하고 말았다는 것입니다.
그래서 그리스도께서는 우리에게
"그리고 내 이름 때문에 집이나 형제나 자매, 아버지나 어머니,
자녀나 토지를 버린 사람은 모두 백배로 받을 것이고
영원한 생명도 받을 것이다." 하고 말씀하셨던 것입니다.(마태 19, 29)
그리고 요한복음서(12, 26)에서
"누구든지 나를 섬기려면 나를 따라야 한다.
내가 있는 곳에 나를 섬기는 사람도 함께 있을 것이다.
누구든지 나를 섬기면 아버지께서 그를 존중해 주실 것이다." 하고
육욕(肉慾)을 따르지 말 것을 당부하고 계십니다.
아마 여러분은 "오 주님, 당신께서는 영혼의 자연스러운 삶을 거스르시고 영혼의
성격과 반대로 역사하시려고 하시나이까?" 하고 말할지 모릅니다.
우리는 육욕에 따라서나 육욕이 만든 헛된 생각에 따라
살아야 한다고 생각하고 있기 때문입니다.
여러분은 육욕에 가득 찬 영혼으로 다시 돌아가려고 합니까?

결코 그러면 안 됩니다.
하느님께서 우리의 영혼 안에 알 수 없는
고귀함을 심어두셨다는 것을 알아야 합니다.
영혼의 고귀함에 대하여 쓴 사람들은
이성(理性)으로만 알고 있을 뿐 결코 깨닫지 못하고 있습니다.
그들은 결코 깊은 곳에 들어가지 못했으므로 전혀 모르고 있습니다.
따라서 예언자가 "하느님께서 무엇을 말씀하시는지 나는 듣고자 하네." 하고 말했던 것입니다.(시편 85, 9)
말씀이 어두운 밤에 내려오셨기 때문에
영혼에 숨겨져 있는 고귀함을 모르고 있는 것입니다.
그래서 요한이 "그 빛이 어둠 속에서 비치고 있지만
어둠은 그를 깨닫지 못하였다." 하고 말했던 것입니다.(요한 1, 5)
그리고 "처음부터 있어 온 것 우리가 들은 것 우리 눈으로 본 것 우리가 살펴보고 우리 손으로 만져 본 것, 이 생명의 말씀에 관하여 말하고자 합니다. 그 생명이 나타나셨습니다. 우리가 그 생명을 보고 증언합니다.
그리고 여러분에게 그 영원한 생명을 선포합니다.
영원한 생명은 아버지와 함께 계시다가
우리에게 나타나셨습니다." 하고 말했던 것입니다.(1요한 1, 1-2)

이제 세 번째 '부드러운 정적(靜寂)이 만물을 뒤덮고 시간은 흘러
한밤중이 되었을 때 아무도 듣지 않는 가운데 말씀하신 것'에 대하여 생각해보기로 합시다.
간단히 말하면 여러분이 하느님 아버지의 자녀로 태어나게 된다는 것입니다.
왜냐하면, 이때부터 하느님께서
여러분에게 하느님의 아드님이 될 수 있는 권한을 주시기 때문입니다.
이렇게 하여 얻게 되는 이득을 잘 알아야 합니다.
왜냐하면, 이성(理性)에 따라서만 가르치고
마지막까지 그렇게 가르치려고만 했던 스승들의 가르침은
영혼의 깊은 곳에 있는 지혜와 비교하면 아무것도 아니기 때문입니다.
그들은 내면생활을 잘 알지 못하고 있지만
지혜는 외적인 어떤 지식보다도 고귀합니다.

지혜는 우리에게서 이성(理性)으로 얻은 모든 지식을 없애버립니다.
심지어는 자기 자신도 버리게 합니다.
그래서 그리스도께서는 "누구든지 나에게 오면서 자기 아버지와 어머니, 아내와 자녀, 형제와 자매, 심지어 자기 목숨까지 미워하지 않으면, 내 제자가 될 수 없다."고 하셨던 것입니다.(루카 14, 26)
이는 마치 하느님께서 외적인 모든 것을 버리지 못하는 사람은 영혼 안에 주님을 탄생시킬 수 없다고 말씀하시려고 했던 것을 대신 하신 것 같습니다.
여러분이 자기를 버리고 외적인 모든 것을 버리면 하느님께서는 틀림없이 여러분 안에 주님을 탄생하게 해주십니다.
따라서 나는 내면으로 깨어 있는 사람은 죽을 죄를 조금밖에 짓지 않은 사람보다도 더 치욕적인 죽음에 시달리게 된다는 것을 굳게 믿고 있습니다.
그리고 이렇게 하느님을 놓치지 않는 한 행동이나 생각으로 죄를 짓지 않으려고만 하면 자신이나 다른 사람들에게 작은 죄도 짓지 않게 된다고 나는 굳게 믿고 있습니다.
이러한 사람은 하느님께 붙들려서 자신이 하느님으로부터 도망칠 수 없을뿐더러 항상 하느님을 그리워하게 된다고 생각합니다.

하느님, 저희 안에 주님께서 탄생하시도록 도와주시어
저희 안에 사람으로 다시 태어나시도록 도와주소서.
그리하여 가난하고 연약한 저희가 하느님 안에서
거룩하게 다시 태어날 수 있도록 도와주소서. 아멘.

〈성탄 후 첫 주일 강론〉

7 새해를 위한 교훈

오늘 기쁜 새해를 맞이하여 믿음이 깊은 그리스도인이라면 모두
옛날처럼 죄를 짓지 말고 나쁜 버릇을 버리고
거듭 새로이 태어나려고 결심해야 합니다.
하느님께서나 친구들이 새로운 삶을 시작하라고 충고하여
좋은 생활 습관을 들이고 있다가 또다시 벗어나
어떻게 어디서부터 그렇게 되었는지 알기도 전에
옛날로 되돌아가 버리는 것은 주로 다음과 같은 원인 때문입니다.

첫 번째 원인은 세상 것들에 맛 들여 집착을 버리지 못하는 것입니다.
자기 자신을 사랑하거나 덧없는 것들을 좋아하기 때문인 수가 많습니다.
크든 작든 그대가 모르고 있더라도
하느님이 아닌 것은 모두 그대를 타락하게 만듦으로
하느님과 함께 있거나 바른길에서 벗어나면 안 됩니다.

두 번째 원인은 겸손이 뿌리를 깊이 박지 못한 것입니다.
나무를 자라게 하려는 사람은 땅에 뿌리를 깊이 박도록 해야 합니다.
그렇게 하지 않으면 아무리 햇빛이 쏟아지고 물을 많이 주어도
자라지 못하게 되어 열매를 맺지 못합니다.
나무는 잘 심어져 뿌리가 깊이 내릴수록 더 크게 자랍니다.
이와 마찬가지로 땅이 비옥하면 잘 자라고 많은 열매를 맺게 됩니다.
그런데 그대의 뿌리, 즉 그대의 생각들은 하느님만 계시는
비옥한 땅에 심어져서 곧 진정으로 겸손하여, 하느님께 순종하고 있습니까?

그대가 그렇게 하고 있지 않다면
모든 빛과 가르침과 경건한 생각이 아무 소용이 없게 됩니다.
아마 그대는 아무 일도 하지 못하고 시들어 죽고 말 것입니다.
진정으로 겸손한 사람은 "나는 아무짝에도 쓸모없는 존재입니다." 하고
말만 하는 사람이 아니라 모든 것을 하느님께 맡기는 사람입니다.
진정으로 겸손한 사람은 겉으로 보여주기만 하지 않고
어떤 일을 하더라도 진심으로 자기를 버리고 세상 것들을 멀리하여
하느님께서 주신 것에만 매달리고
진심으로 경외심을 갖고 하느님께 매달리고
하느님의 발아래 납작 엎드려 끊임없이 기도하는 사람입니다.

참된 겸손은 기쁠 때나 슬플 때나 풍족할 때나 부족할 때나
집착을 버리고 하느님과 같은 생각을 하고 살면서
하느님의 거룩한 뜻을 기다리는 것입니다.
굳건한 믿음을 갖고 자신의 뜻을 버리고
영원한 하느님의 뜻에 따라 가난하게 되어
모든 것을 하느님으로부터 받고 다시 되돌려드린다는 생각을 하고
하느님께서 주신 모든 선물을 소중히 여기면서 사는 것입니다.
이 모든 일을 조금도 자기중심적으로 생각하지 않고
다른 사람들을 판단하지도 않고
가장 깊은 내면에서 침묵하고 묵상하면서 사는 것입니다.

실패의 세 번째 원인은 스스로 노력하여 자제하지는 않고
자신의 외적 감각에 지나치게 의존하여
마치 자신의 도움 없이는 하느님께서 아무 일도
하실 수 없는 것처럼 행동하는 것입니다.
어떤 일을 하더라도 내면으로 들어가 거기서 하느님을 지켜보고
하느님께서 역사하시도록 하고 하느님의 도구가 되도록 하십시오.
자신의 모든 노력과 행동과 말을 하느님께서 일러주신 것이라는 것을 믿고 하느님의 뜻에 따라 능동적이 아니라 수동적으로 행동하도록 하십시오.
모든 일에서 자신의 뜻을 버리고

하느님의 뜻을 따르고 내면적으로 살고 행동하십시오.
그대 영혼의 가장 깊은 곳으로 자신을 끌고 가십시오.
왜냐하면, 거기에 하느님께서 살고 계시기 때문입니다.
그대의 모든 능력과 감각과 모든 뜻과 모든 행동을 하느님께로 모아서
사랑이신 하느님의 뜻을 알기까지 기다리십시오.
그렇게 하지 않았다면 말만 하지 말고 생각만 하지 말고 깨닫기만 하지 말고 자신의
가장 깊은 곳으로 들어가 참된 믿음을 갖고
하느님의 보증인이 되어 모든 것을 하느님의 뜻에 따라 하십시오.
그래야만 기도가 가장 완전하게 되며
하느님 아버지께서 그대의 기도를 항상 들어주시게 됩니다.

한 예를 봅시다.
한 수녀원에 두 수녀가 있었는데
한 수녀는 학식이 높아 많은 의심을 품고 말했지만
다른 수녀는 그러한 것들은 전혀 생각하지 않고
순진하게 하느님께만 집중하고 하느님께 자신의 모든 것을 맡겼습니다.
하느님께서는 뒤의 수녀 청원을 모두 들어주시고
다른 사람들이 그 수녀에게 부탁한 기도도 모두 들어주셨는데
그 수녀는 부탁한 기도를 잊어버릴 때도 있었습니다.
기도를 부탁한 다른 사람들이 그 수녀에게 감사하자 하느님께 말했습니다.
"오 사랑하는 주님, 어떻게 이런 일이 일어날 수 있나요?
제가 기도드리는 것을 깜박 잊어버렸는데도 당신께서 들어주시다니요!"
그러자 하느님께서 그 수녀에게 답하셨습니다.
"그대가 구태여 청할 필요는 없다.
그렇게 그대가 청하려고 했다는 것만으로 충분하다.
나는 그대가 기도하려고 했던 것을 잘 알고 있었다.
그대가 자신의 뜻을 버리고 모든 것을 나에게 맡겼기에
나는 항상 그대의 기도를 들어주게 된단다."
우리는 눈물로 오래 기도하는 다른 사람들보다도
아무 생각도 없이 욕심도 없이 기도하며
하느님께 모든 것을 맡긴 사람들은 아무 말을 하지 않아도

하느님께서 기도를 들어주신다는 것을 알아야 합니다.
왜냐하면, 예전에 하느님 안에서 하느님과 함께 기도했고
그들의 모든 행동과 삶이 참된 기도였다는 것을 아시기 때문입니다.

자신의 모든 것을 하느님께 맡기고
하느님의 감옥에 남아 있으려는 사람에게는
하느님께서 당신을 송두리째 내어주시므로
하느님의 포로가 될 수밖에 없습니다.
하느님께서는 이러한 사람들을 포로로 삼고 계시면서도
당신의 뜻대로 살도록 인도하시어
거룩한 길로 가도록 하시기 때문입니다.
이러한 사람에게 가까이 가는 사람들은 하느님 가까이 가게 되며
이러한 사람을 잘 알려고 하는 사람은
하느님 안에서 그를 이해하게 됩니다.
그리하여 모든 상처가 치유되게 되고 모든 빚을 갚게 되고
세상 것들을 떠나 하느님께로 가게 되어 마치 하느님처럼 살게 됩니다.
이러한 변신은 이해하기도 어렵고 느끼기도 힘든데
인간의 본성을 초월한 것이기 때문입니다.
이러한 내면의 길을 알게 된 사람은 가장 빠르고 행복한 길을 알게 되며
하느님의 가장 완전하고 영원한 기쁨을 맛보게 됩니다.
그러나 이러한 것을 말하는 것보다 침묵하는 것이 더 낫고
이해하는 것보다 느끼는 것이 더 낫습니다.

이러한 영혼들은 자신의 뜻을 하느님께 맡겨
모든 일을 하느님께서 바라시는 대로 하며 자신을 끊임없이 지켜봅니다. 그리하여
언제든지 하느님의 현존을 느낄 수 있게 됩니다.
무슨 일을 하더라도 하느님을 찾게 됩니다.
만약 자신의 영혼 안이나 바깥에
하느님께서 가까이 계시지 않는 듯이 느끼게 되면 곧바로 괴로워하게 됩니다.
잡다한 생각을 하게 되며 불안해하며 우울해하며
분심이 생겨 괴로워하며 아무리 노력해도 만족하지 못하게 됩니다.

이는 오로지 하느님만을 위하여 일하고 있는가를 시험하시는 것입니다.
이와 같이 모든 일에서 심지어는 하느님의 일에서조차도 하느님을 찾게 만듭니다.

오, 누구나 지상선(至上善)이신 하느님을 모시려면
어려운 기술을 익히려는 사람처럼 열심히 노력해야 합니다!
불쌍한 작은 벌레처럼 아무 쓸모도 없고 착한 일을 한 적도 없는 것처럼
"저는 멍텅구리, 알아듣지 못하였습니다.
저는 당신 앞에 한 마리 짐승이었습니다." 하고 말한 예언자처럼
항상 하느님의 발 앞에 엎드려야 합니다.(시편 73, 22)
또 성령께서 신부에게
"여인들 가운데 가장 아름다운 이여, 그대가 만일 모르고 있다면
양 떼의 발자국을 따라가다 양치기들의 천막 곁에서
그대의 새끼 염소들이 풀을 뜯게 하오." 하고 말씀하셨듯이
항상 하느님의 발 앞에 엎드려야 합니다.(아가 1, 7)
이는 아무것도 먹지 않고 주인이 시키지 않으면 아무 일도 하지 않고
천체가 인도하는 대로 따라가는 짐승으로부터 참을성을 배우라는 뜻입니다.
오, 자신을 버리고 하느님만 따르려고 하면
항상 하느님과 예언자들과 함께 있게 되며 진정으로 행복하게 되나이다!
황소는 때려도 화를 내지 않나이다!
황소는 돌보아주어도 기뻐하거나 슬퍼할 줄도 모르고
모든 일이 되는 대로 내버려 두나이다!
저희가 하느님에게 붙들려 그러한 상태가 되면
완전한 사람이 될 것이나이다.
자신을 버리고 당신께 구원만 바라는 사람에게는
모든 일에 응답하시어 기쁘게도 하시기도 하고 슬퍼하게 하시기도 하고
풍족하게 하시게도 하고 부족하게 하시기도 하나이다.

이러한 경지에 이르게 되면
세상 것들을 멀리하고 침묵하고 기다리면서 쉬도록 하십시오.
이와 같이 하는 사람은 어떤 고통도 쉽게 극복할 수 있게 됩니다.
항상 자신의 최후를 생각하고 영원한 생명을 바라는 사람은

세상 것들을 쉽게 멀리할 수 있게 됩니다.
세상의 달콤함을 죽음을 맛보는 것처럼 거부하지 않으면
거룩한 달콤함을 결코 맛보지 못하게 됩니다.
조심하면서 깨어 있지 않으면 결코 구원받지 못하게 됩니다.
그대의 생각이 하늘나라에 머물러 있으면
땅에서도 그대의 뜻이 이루어지게 해주십니다.
내면의 침묵 없이 얻은 덕(德)은 오래 간직할 수가 없게 됩니다.
자기 자신을 아십시오.
많은 사람이 많은 것들을 알지만 자기 자신을 모르고 있기 때문입니다.
자신의 생각을 알고 사람들에게 말하지 않으면 적으로부터 안전하게 됩니다.
혼자 있기만 해도 행복한 사람은
하느님께서 몰래 찾아오시며 적들도 내면생활을 방해하지 않으며
외면생활도 평화롭게 하게 됩니다.
그러나 많은 일에 관계하는 사람은 수많은 상처를 받게 됩니다.
영성 생활을 하면서 사소한 일을 무시하고
자신의 허물을 알려고 하지 않는 사람은
조금씩 용기와 열정을 잃게 되고
결국 아무 쓸모없는 사람이 되고 맙니다.
하느님, 그렇게 되지 않게 저희 모두를 구원해주소서. 아멘.

〈새해를 위한 강론〉

8 영혼 안에 계시는 성령

"왜 저를 찾으셨습니까?
저는 제 아버지의 집에 있어야 하는 줄을 모르셨습니까?"(루카 2, 49)

이 말씀은 우리의 소명(召命)을 잘 설명하고 있습니다.
왜냐하면, 모든 외적인 일들을 멀리하고 있는
영혼의 가장 깊은 곳에서 때맞추어 일어나고 있고
매일 일어나고 있는 '**영원한 주님의 탄생**'에 대하여
내가 말하려고 하기 때문입니다.
이런 은총을 받으려는 사람은 모든 일에 앞서
아버지의 일을 먼저 해야 하기 때문입니다.

그런데 아버지께서만이 갖고 계신 것은 무엇일까요?
우리는 삼위 중 아버지로부터 '**힘**'을 얻는다고 생각합니다.
따라서 만약 주님의 탄생을 느낀다면
주님께서는 틀림없이 자신의 외적인 자아를 억제하고
육욕을 없앨 수 있도록 해주시는 '**큰 힘**'을 갖고 계실 것입니다.
우리도 모든 활동을 억제하고 모든 능력을 억누르려면 강력한 '**힘**'이 필요합니다.
반드시 힘을 쓰고 노력해야 합니다.
힘을 쓰고 노력해야만 모든 활동과 모든 능력을 억제할 수 있습니다.
그런데 그리스도께서 말씀하셨습니다.
"세례자 요한 때부터 지금까지 하늘나라는 폭행을 당하고 있다.
폭력을 쓰는 자들이 하늘나라를 빼앗으려고 한다."(마태 11, 12)

그러면 다음과 같은 의문이 생길 것입니다.
이 '**거룩한 주님의 탄생**'이 영혼 안에서 '**끊임없이 일어나고 있는가**'
아니면 '**가끔 일어나고 있는가**' 하는 것입니다.
나는 하느님의 역사(役事)를 진지하게 생각하고 있든 그렇지 않든
우리들이 하기에 달려 있다고 생각합니다.
왜냐하면, 주님께서 탄생하시도록 하려면
밤낮으로 모든 것을 잊어야 하기 때문입니다.
그리고 분명히 알아야 합니다.
인간에게는 '**능동적인 지능**(active intelligence)'과
'**수동적인 지능**(passive intelligence)'이 주어지지만
동시에는 이용할 수 없게 되어 있다는 것입니다.
먼저 항상 어떤 지능이 이용되고 있으면
다른 지능은 이를 알고 활동할 준비를 하고
어떤 활동이 이루어지고 있는지 지켜본다는 것입니다.
예를 들면 한 사람이 10년 전에 한 말은 이제 기억 안에 보관되어 있으므로
현재 그것에 대하여 말하고 있지 않더라도
실제로 지금 말한 것처럼 생생하게 기억하게 된다는 것입니다.
아직 행동하려고 마음먹지는 않았지만, 습관적으로 하게 되는 일도
행동할 준비가 되어 있으면 행동하려고 하게 된다는 것입니다.
주님의 탄생도 이와 같습니다. 우리의 주님께서 말씀하셨습니다.
"그러나 다시 조금 더 있으면 나를 보게 될 것이다.
조금 있으면 너희는 나를 보지 못할 것이다."(요한 16, 17)
우리의 선하신 하느님도 그렇습니다.
때로는 당신의 모습을 드러내시다가도 때로는 숨기십니다.
우리의 주님께서는 세 제자를 데리고 산으로 가시어
당신과 하느님께서 하나가 되는 영광*을 보여주시자
베드로는 기쁘게 거기에 영원히 남으려고 했습니다.
실제로 누구나 좋은 것들을 발견하게 되면 싫어질 때까지 갖고 있으려고 합니다.
따라서 능동적인 지능이 좋은 것들을 발견하게 되면

* 역자 주; 부활하신 후에는 우리와 주님께서 하나가 되는 영광

뒤에도 좋은 마음으로 기억이 그것들을 떠올립니다.
우리는 사랑하여도 나쁠 것이 없다는 것을 알게 되면 계속 사랑하려고 합니다.
이 모든 것들을 잘 아시는 주님께서도
우리들로부터 당신을 숨기시거나
우리가 주님을 받아들이지도 거부하지도 못하게 하십니다.

이 밖에도 능동적인 지능은 하느님이든 피조물이든
어떤 대상물 때문에 항상 바쁘다는 것을 알아야 합니다.
그리고 능동적인 지능이 피조물들에게 합당하게 행동하면,
즉 논리 정연하게 하느님께 영광을 드리고 하느님을 찬양하면
모든 것이 잘 풀리게 되고 하느님께서 역사하시게 되었다고 말합니다.
그러나 하느님께서 영혼 안에서 역사하시게 되면 영혼은 수동적으로 되어야 합니다.
능동적인 지능과 수동적인 지능이 서로 협조하면서,
즉 하느님께서 역사하시고 영혼이 하느님의 역사를 받아들이게 되면
가장 효과적인 결과가 나오게 됩니다.
그러나 영혼이 자기 일로 바쁘게 되면 능동적이 되지만
하느님께서 역사하실 때는 수동적이 되면서 침묵하고 있어야 합니다.
하느님의 역사가 시작되어 끝날 때까지
영혼은 역사가 끝나는 것을 지켜보아야 합니다.
이 단계에서의 지능은 납득할 수 있을 정도로만 되었기 때문에
이것만으로는 거의 가치가 없고 아무 행동도 하지 않게 됩니다.
그러나 영혼이 전심전력으로 행동할 수 있게 되면
성령께서는 영혼과 영혼의 활동을 지배하시고
영혼이 하느님의 힘을 알고 성령을 받아들이는지 지켜보십니다.
그러나 하느님의 눈으로 이와 같은 육적(肉的)인 삶을 보시게 되면
마음에 들지 않으므로 가끔 당신을 보이지 않게 하십니다.
그래서 "조금 있으면 너희는 나를 더 이상 보지 못할 것이다.
그러나 다시 조금 더 있으면 나를 보게 될 것이다." 하고 말씀하셨는데
이는 선하신 하느님께서 당신을 보여주실 때도 있고
당신을 숨기시어 우리가 이해하지 못 하게 하실 때가
있다는 것을 말씀하신 것입니다.

내가 주님의 변모 시에 베드로와 다른 제자들에 관하여 한 말과
우리가 좋은 것을 발견했을 때 포기하지 못한다고 한 말을 상기하십시오.
지능이 좋다고 느끼기만 하면 의지와 기억이 뒤따라가고
속(俗)에서 알게 된 진리와 하느님의 진리를 비교하여
그 안에 나쁜 것이 있다는 것을 알 때까지
영혼은 그것에 집착하게 됩니다.
따라서 십자가의 상징이신 우리의 주님께서
때때로 영혼으로부터 당신의 영광을 숨기시지 않으면,
영혼은 하느님 안으로 들어가 꼼짝하지 않고 있으므로
하나뿐이고 실제 활동을 하는 몸을 영혼이 보살필 수가 없게 되기 때문입니다.
그래서 바오로 성인은 자신이 셋째 하늘까지 들려 올려진 환시에 대하여
"나로서는 몸째 그리되었는지 알 길이 없고
몸을 떠나 그리되었는지 알 길이 없지만,
하느님께서는 아십니다." 하고 말했던 것입니다.(2코린 12, 2)
만약 바오로 사도가 백 년 동안
무한히 좋은 것만 생각하고 몰두해 있었다면
자신의 몸을 완전히 잊어버리고 전혀 돌보지 못하게 되었을 것입니다.
우리의 자애로우신 아버지께서는
이 속세의 삶에는 이러한 거룩한 영향이 맞지 않는다는 것을 잘 알고 계셨으므로
우리에게 가끔씩만 느끼게 하시고
마치 훌륭한 의사가 병자에게 약을 주듯이
우리가 약해져 있을 때만 느끼게 하십니다.
그러나 이는 어디까지나 하느님께서 역사하시는 것이지
여러분이 역사하는 것은 아닙니다.
그러나 하느님께서는 어디까지나 여러분을 위해서 역사하시지
대가를 바라시고 역사하시지는 않습니다.
하느님의 손은 당신의 거룩한 영향이
여러분에게 많게 또는 적게 미치도록 하시면서 여러분을 이끄시다가
여러분이 당신의 신성을 견뎌내지 못하면 여러분을 놓아버리십니다.
하느님께서는 본성을 파괴하시는 분이 아니라 본성을 완전하게 해 주십니다.
그러나 여러분이 하느님을 모실 준비가 된 정도에 따라 완전하게 해 주십니다.

그러나 여기에 어려움이 있습니다.
자신의 영혼에 하느님께서 방문하시도록 준비하려면
내면의 모든 모습을 없애버리고
살아 있으면 하게 마련인 정신 활동도 전혀 하지 말아야 하는데
외적으로 보이게 되는 형제애와 같은 일들을
어떻게든 설명해야 하는가 하는 것입니다.
무지한 사람을 가르치고 불행한 사람을 위로하는 등의 일들은
때때로 수행해야 하지 않을까요?
이런 일들조차도 포기해야 한다면
주님의 제자들이 자주 하느님을 영광스럽게 하는 일들까지도 포기해야 할까요?
한 교부가 말했습니다.
"바오로 성인은 사람들에 대한 사랑으로 가득 차 있었기 때문에
그의 마음에는 세상의 모든 사람을 사랑하는 마음밖에 없는 것 같았습니다."
작은 이를 위한 이러한 선한 일까지도 생각하지 말아야 할까요?
나는 다음과 같은 일을 생각해보라고 말하고 싶습니다.
한 사람에게 고귀하게 되는 일은
다른 사람에게는 더 이익이 될 수도 있다는 것입니다.
마리아가 좋은 몫을 차지했다고 칭찬을 받았지만
마르타의 몫은 어떤 의미에서 더욱더 유익했는데
마르타가 주님과 제자들의 시중을 들었기 때문입니다.
토마스 아퀴나스 성인(St. Thomas Aquinas, 1225-1274)은
관상을 통하여 깨닫게 된 사랑에서 행동이 나온다면
관상보다 실생활이 더 중요하다고 가르쳤습니다.
이와 같이 두 종류의 거룩함은 같은 것입니다.
왜냐하면, 활동적인 사람은 활동의 근저에
관상과 같은 상태에 머물러 있는 것 같아야만 보람을 느끼기 때문입니다.
영혼이 관상적인 상태에서 목적을 달성해야만
활동에 의미가 있게 된다는 것입니다.
어떤 삶이 매우 활동적으로 보이는 것은
실제로는 관상을 하며 살고 있기 때문입니다.
마치 한 사람이 집으로 들어와서 나갈 때,

한 문으로 들어와서는 다른 문으로 나가는 것과 같습니다.
문은 다르지만 집은 같은 집입니다.
따라서 어떤 사람은 활동적인 거룩함을 좋아하지만
어떤 사람은 관상적인 거룩함을 더 좋아합니다.
왜냐하면, 쉬고 있는 것 같이 보이지만
계획을 수행하고 있다고 볼 수 있기 때문입니다.
하느님의 눈에는 두 상태가 같은 것으로 보일 수밖에 없는 것은
한 상태를 통하여 하느님께서 행동의 원칙을 보여주시고
다른 상태를 통하여 어떻게 수행(遂行)해야 하는지를
보여주시고 계시기 때문입니다.
한편으로는 여러분에게 도움이 되도록 하고
다른 한편으로는 형제에게도 도움이 되게 하시기 때문입니다.
우리의 주 그리스도께서는 몸소 행동으로 보여주시며
당신의 가르치심과 본보기에 따라 우리가 이렇게 살도록 하셨습니다.
제자들의 삶과 모든 사람의 공동선(公同善)을 위하여
우리에게 보내주신 모든 성인의 삶은 물론
당신의 완전한 삶을 우리에게 보여주기 때문입니다.

바오로 성인은 그의 착한 아들 티모테오에게 말했습니다.
"말씀을 선포하십시오. 기회가 좋든지 나쁘든지 꾸준히 계속하십시오.
끈기를 다하여 사람들을 가르치면서, 타이르고 꾸짖고 격려하십시오."(2티모 4, 2)
바오로 성인이 쓸데없이 이 말을 했을까요?
결코 아닙니다. 그는 영혼의 깊은 곳에 숨겨져 있던 내면의 말을 한 것입니다.
그는 현명하게 듣는 사람의 영혼이 힘을 받아들일 수 있게 말한 것입니다. 그러면
티모테오가 말을 기억하고 있다가
다른 사람들에게도 분명하게 말할 수 있게 되기 때문입니다.
더욱더 은총을 받게 되는 것은 이웃이 무엇을 필요로 하든지
자신의 행동을 보고 말뜻을 알 수 있도록 행동할 수 있게 되기 때문입니다.
그리하여 그가 한 말은 사람들의 생각과
이성(理性)과 의지와 감각을 밝게 해주게 됩니다.
그래서 주님께서 "이와 같이 너희의 빛이 사람들 앞을 비추어,

그들이 너희의 착한 행실을 보고
하늘에 계신 너희 아버지를 찬양하게 하여라." 하고
말씀하셨던 것입니다.(마태 5, 16)
그러나 관상을 중시하고 덕행(德行)을 중시하지 않는 사람은
이 가르치심을 받아들이지 못합니다.
그들은 덕행을 할 필요성을 못 느끼고 더욱더 정진하기만을 바란다고 말합니다.
주님께서 "그러나 어떤 것들은 좋은 땅에 떨어져 열매를 맺었는데,
어떤 것은 백 배, 어떤 것은 예순 배, 어떤 것은 서른 배가 되었다."고 하신 말씀
(마태 13, 8)은 이들을 두고 하신 것은 아니었습니다.
그리고 주님께서는 다른 곳에서
"도끼가 이미 나무뿌리에 닿아 있다.
좋은 열매를 맺지 않는 나무는
모두 찍혀서 불 속에 던져진다." 하고 말씀하셨습니다.
그러면 여러분은 "당신이 전에 우리에게 말한
침묵은 무슨 소용이 있습니까?
왜냐하면, 실생활에 안팎으로 많은 본보기가 활용되고 있고
모든 행동도 본보기로 활용될 수 있기 때문입니다.
예를 들어 이렇게 또는 저렇게 하라고 가르치는 것도
내 마음 속에 어떤 본보기를 떠올리고 가르치기 때문입니다.
그런데 이성(理性)으로 알고 있는 것들과 의지가 결정한 것들과
하느님에 대한 기억이 모든 형상을 만들고 있는데,
내가 내적인 고요함만 유지한다고 해서
무슨 소용이 있겠습니까?" 하고 물을지도 모릅니다.

나는 다음과 같이 답합니다.
"내가 앞에서도 말한 바와 같이
의사들은 우리에게 살아 있는 유익한 지식을 말해주고
수동적인 지능에 대하여 말합니다.
능동적인 지능은 외부 일들의 모습을 관찰하여
이 중에서 실질적이고 돌발적인 것들을 골라내어
정신적인 이미지로 수동적 지능에 보관합니다.

수동적 지능 안으로 들어오면 외부 일을 알게 되는데
알게 된 후에 마음은 능동적인 지능이 수동적인 지능에
새로운 빛을 비추어주어야만 기억할 수 있게 됩니다.
이제는 사람 안에서 능동적인 지능이 이 모든 일을 하려고 하지만
하느님께서는 누구의 도움도 받지 않고 혼자서
모든 것들을 내려놓은 사람 안에서 역사하시게 된다는 것을 알아야 합니다.
하느님께서는 능동적인 지능이 아무 일도 하지 못하게 하시고
당신께서 직접 능동적인 지능이 하려고 했던 일을 대신 하시게 됩니다.
그러면 이 사람은 자신의 능동적인 지능을 활동하지 못하게 만듭니다.
따라서 하느님께서 역사하시려고만 하시면
수동적인 지능 대신에 직접 역사하십니다.

그런데 능동적인 지능은 동시에 두 생각을 하지 못하므로
한 생각을 먼저하고 다른 생각을 하게 된다는 것을 명심하십시오.
하늘나라에는 다른 지역에 두 가지 색깔이 있을 수도 있지만
여러분은 동시에 두 색깔을 볼 수 없고 한 번에 한 색깔만 볼 수 있습니다. 그러나
하느님께서 능동적인 지능이 아니라
마음에 직접 주입시키시려고 할 때는 그렇지 않다는 것을 알아야 합니다. 왜냐하면,
하느님께서는 수동적인 지능에
한꺼번에 수많은 생각을 주입하시기 때문입니다.
하느님께서 여러분에게 한 가지 선한 일을 하게 만드시면
여러분 앞에 모든 선한 일들이 바로 여러분 앞에 있게 됩니다.
여러분의 정신은 예전보다 수천 배 더 빨리 높이 올려져
선한 일만 하려고 하기 때문입니다.
여러분이 한순간에 할 수 없는 모든 일이 여러분에게 보이기 때문입니다. 그리고
이렇게 보이게 한 것은 여러분의 이성(理性)이 아니라
한순간에 당신 안에서 모든 생각을 하시는
하느님께서 역사하신 것이기 때문입니다.
이 때문에 바오로 성인은 "이 일이나 저 일뿐만 아니라 모든 일에서,
나에게 힘을 주시는 분 안에서
나는 모든 것을 할 수 있습니다." 하고 말했던 것입니다.(필리 4, 13)

따라서 여러분이 이런 높은 경지에 이르렀을 때
이루어지는 일은 그대가 한 것이 아니라
여러분 본성의 주인이신 하느님께서 그렇게 하도록 하시어
이루어졌다는 것을 알아야 합니다.
이런 일이 때맞게 이루어졌지만
영원하신 하느님께서 모든 헛된 생각을 버리고
그런 생각을 하게 하심으로써 이루어진 것입니다.

그러면 여러분은 "스스로 만든 생각에 따라 행동하게 하는
나의 지능은 무슨 일을 하게 됩니까?
인간은 기억이나 이성(理性)이나 의지에 따라
행동할 수밖에 없지 않습니까?" 하고 물을 것입니다.
나는 '영혼을 행동하게 만드는 것은
우연이 아니라 자기 자신이
그렇게 하려고 하기 때문'이라고 말하고 싶습니다.
영혼이 현실을 만나게 되면 바로 집중하면서
그것을 근간으로 하여 말을 하거나 행동하게 되기 때문입니다.
참모습, 즉 하느님의 진리를 보면서 그것이 과연 무엇인지 만져보고
그것이 정확하게 무엇인지 말할 수 있을 때까지
계속하여 탐색하게 됩니다.
이렇게 영혼은 진리를 아는 데 1년 동안 노력할 때도 있습니다.
그러나 마음은 진리를 알기 위하여
아무것도 근거로 삼지 않고 결정도 하지 않는 채
허상을 지우는 데 더 많은 시간을 사용하기도 합니다.

영혼은 진리를 알기 위하여 이렇게 하게 되지만
하느님께서 이 세상에서 영혼이 애태우지 않고 노력하지 않고는
진리를 알 수 없게 만드시기 위하여
가장 높은 영적인 상태에서도
하느님을 알지 못하고 무지한 채로 있게 만드시기 때문입니다.
왜냐하면, 하느님께서는 이 땅에 있는 당신의 친구들에게조차도

당신을 드러내시지 않기 때문입니다.
참 하느님을 모르게 하시기 때문입니다.

그러나 영혼 안에 계시는 주님 안에서는 하느님을 알 수 있으나
이성으로 알려고 하면 결코 알 수 없게 됩니다.
그리하여 영혼은 쉬지 않고 더 알려고 애쓰며 숨겨진 것을 찾아내려고 합니다.
그러나 우리가 그렇게 애써도 하느님을 알 수 없지만
하느님에 대해서 더욱더 배우게 됩니다.
끊임없이 하느님에 대한 생각을 하면서
하느님이 아닌 것은 빼버리고 항상 하느님을 찾습니다.
모든 모습을 떠올릴 때까지 쉬지도 않고
모든 것을 알 수 있는 진리를 깨달을 때까지 판단을 내리지도 않습니다. 하느님께서는 영혼이 끊임없이 더 비슷한 것을 찾는 것을 지켜보십니다. 그리고 영혼은
결코 사소한 것에 만족하는 법이 없으므로
가장 고귀한 것을 찾습니다.

여러분은 다음과 같이 물을지 모릅니다.
"스승님, 당신은 앞에서 아무런 노력도 하지 않아야 한다고 말씀하시고는
이제는 침묵 중에 하느님 안에 있는 모든 것을 찾아 알아야 한다고
우리를 가르치고 계십니다.
이는 쉬지 않고 찾아야 한다는 것을 말씀하신 것이 아닙니까?
쉬지 않고 온갖 모습을 떠올리면서
계속 찾고 감사하고 찬양해야 한다는 말씀이 아닙니까?"
그 차이를 설명해 드리겠습니다.
모든 능력을 동원하여 그리고 모든 방법을 동원하여
자기와 모든 것을 버리게 되면 자신의 영혼에 떠오르는 것은
자기 자신이 생각해서 얻은 것이 아니라
자기를 포기한 사람에게 하느님께서 그렇게 되도록 역사하신 것입니다.
우리가 말하는 말이나 행동은 누가 그렇게 하도록 한 것입니까?
하느님께서 말하게 하고 듣게 하신 것 아닙니까?
한 예를 봅시다.

태양이 빛을 비추면 우리가 받게 되어 색깔을 구분할 수 있게 됩니다.
태양이 모습을 보이게 만들었기 때문에 보게 된 것 아닙니까?
태양이 만물에 빛을 비췄기 때문에 우리가 보게 된 것입니다.
이와 같이 하느님께서 영혼에게 말하고 들을 수 있는 은총을 주신 것입니다.
여러분의 영혼이 영감(靈感)이나 의지를 통해서나
새로운 삶을 살게 되고 감사하면서 살게 됨으로써
그런 은총을 받은 것입니다.
따라서 여러분이 하는 행동은 모두
하느님께서 그렇게 하도록 한 것이지
여러분 자신이 그렇게 하려고 한 것은 아닙니다.
"지진이 지나간 뒤에 불이 일어났다.
그러나 주님께서는 불 속에도 계시지 않았다.
불이 지나간 뒤에 조용하고 부드러운 소리가 들려왔다." 하고
성경(1열왕 19, 12)에 쓰여 있는 대로
여러분 안에서 일어나는 모든 일은 하느님께서 역사하시는 것입니다.
바오로 성인이 "그래서 내가 여러분에게 일러둡니다.
하느님의 영에 힘입어 말하는 사람은 아무도 '예수는 저주를 받아라.' 할 수 없고,
성령에 힘입지 않고서는 아무도 '예수님은 주님이시다.' 할 수 없습니다." 하고
말했듯이(1코린 12, 3), 하느님께서 우리 안에서 기도하시는 것이 아니라
우리가 기도하도록 만드신 것입니다.
따라서 여러분이 가장 먼저 해야 할 일은 어떤 것에도 집착하지 말고
자신을 완전히 버리고 자신의 모든 것을 하느님께 맡겨
하느님께서 당신의 뜻에 따라 여러분 안에서 역사하실 수 있게 만드는 것입니다.
하느님께서 여러분 안에 당신의 말씀인 주님을 탄생시키시어
여러분의 모든 행동을 주님께서 하시도록 역사하셨습니다.
여러분이 모든 것을 버리고 모든 것을 하느님께 맡겨야만
하느님께서 여러분 안으로 들어가십니다.
여러분이 모든 것을 버려 하느님 앞에 있었던 사막처럼
여러분의 영혼에 아무것도 없어졌기 때문입니다.
그래서 성경(이사 40, 3)에 쓰인 대로 하느님께서는 예언자를 통하여
"너희는 광야에 주님의 길을 닦아라.

우리 하느님을 위하여 사막에 길을 곧게 내어라."는 소명(召命)을
여러분에게 주신 것입니다.
밤낮없이 여러분을 돌보시는 하느님을 기쁘게 해드릴 수 있을 만큼
이 소리가 여러분 안에 크게 울려 퍼지게 하십시오.
여러분은 불평하면서 어떻게 자기를 버리고 모든 것을 버리고
살 수 있느냐고 반문할지도 모릅니다.
그런데 과연 하느님께서 역사하시기만을 기다려 본 적이 있습니까?
모든 것을 버리고 자신 안에 계신 하느님만 생각하고,
기도하고 금식하고 항상 깨어 있으면서 경건한 책들을 읽은 적이 있습니까?
이런 일을 하고 있지 않으면 게으른 것이 아닙니까?
하느님께서 훌륭한 수도원이 될 수 있게
외적인 일도 게을리 하지 말라고 명령하셨기 때문에
열심히 수행(修行)하여 하느님께로 가야만
성공적인 수도 생활을 할 수 있다는 것을 명심하십시오.
열심히 정진(精進)하지 않으면 불규칙한 생활을 하게 되고
그것이 습관이 되어 버리므로 길을 잃고 이상한 짓만 하게 됩니다.
열심히 정진해야만 하느님께서 더욱더 내면생활을 할 수 있게 해주시어
헛된 삶을 살지 않도록 해주십니다.

진심으로 정진(精進)하게 되면 탐욕을 부리지 않게 된다는 것을 잊지 마십시오.
탐욕이 크면 클수록 행복은 더 멀어집니다.
그리고 하느님에 대한 사랑이 크면 클수록 더 큰 고통이 오게 되는데
사랑은 집착을 버리게 만듦으로 집착을 버리는 것이 곧 고통이기 때문입니다.
하느님께서는 수행(修行)은 당신의 포로가 되게 하시어
이상한 짓이나 바보스럽고 불경한 행동을 하지 못하게 하여
기도나 좋은 책을 읽거나 하느님을 찬양하게 하고
금식하고 무릎을 꿇게 만드신다고 하셨습니다.
따라서 자신 안에서 하느님께서 부지런히
역사하시지 않고 계신다고 느끼는 사람은
자신의 영혼이 하느님과 하나가 되기를 간절히 바라고
진심으로 영성 생활을 하면서 수행을 열심히 하는 수밖에 없습니다.

하느님과 하나가 되도록 하고 영적(靈的)으로 교만하지 말아야 합니다.
그러면 하느님께서 알 수 없는 방법으로 더 자주 오시어
종들의 내면생활 안에서 편안하게 머무시게 됩니다.
진정으로 내면생활을 하게 되면 전혀 불안하지 않게 됩니다.
그러면 하느님께서 여러분의 영혼에 빛을 비추시어
황홀하게 만드시고 여러분을 하느님의 뜻에만 따르도록 만드십니다.
서원(誓願)하여 경건한 수도 생활을 하고 있는 사람들은 물론
잠시 동안 서약을 지킬 수 없는 사람들에게도 그렇게 하십니다.
왜냐하면 하느님께서는 이런 경지에 이른 사람만
높이 올리시어 당신 안으로 들어오게 하시기 때문입니다.
기도하고, 순례하고, 금식하기로 맹세하고서는
수도원에 들어가자마자 맹세를 지키지 않는 한 평신도를 생각합시다.
그가 수도원에 들어오자마자 이러한 맹세들을 지키지 않았는데
새로운 마음가짐으로 하느님께 모든 것을 맡기고 있었기 때문입니다.
그가 하느님만 생각하게 됨으로써
그러한 의무규칙들을 잊어버리고 하느님께 빠져서 몰아지경이 되어
의무규칙들을 수행(遂行)할 수 없었기 때문입니다.
하느님께서 보시기에는 이렇게 1주일이나 한 달 동안
아무 활동도 하고 있지 않고
오로지 당신만 믿고 있는 것이 당연하였습니다.

그러나 정신을 차리자마자 의무규칙들을 준수하려고 합니다.
의무규칙들에 대한 책임을 통감하게 되는데
하느님께서 그렇게 만드셨기 때문입니다.
그런데 하느님께서 하시는 작은 일도 다른 어떤 일보다도 더 중요하기 때문에
하느님께서 그가 의무규칙을 지키지 않도록 하신 것은
당연하다고 생각하지 않습니까?
이제는 하느님과 성경이 사람들에게 가르침을 주어
제대로 인도하신다는 것을 이해하셨으리라고 믿습니다.

그런데도 여러분은 이 평신도가 아무것도 모르고

오로지 기도하고 금식하는 의무규칙을 지켜야만 한다고 생각합니까?
그는 하느님에 대한 의무규칙이 서원(誓願)을
지키지 못하게 만든다는 것을 알게 됨으로써
의무규칙을 수행(遂行)하지 않았던 것입니다.
그것이 맹세이든 아니든 간에
여러분을 하느님께로 인도하시거나 하느님 가까운 곳으로 데려가시면
여러분의 내면생활에 가장 좋다는 것을 확신하고
진심으로 따르도록 해야 합니다.
그래서 바오로 성인이 "그러나 온전한 것이 오면
부분적인 것은 없어집니다." 하고 말했던 것입니다.(1코린 13, 10)

그러나 절대로 맹세를 지켜야 하는 것도 있습니다.
사제가 주제하는 혼인서약이 그러한데
하느님 앞에서 맹세하는 것처럼 거룩하기 때문입니다.
다른 맹세들과 마찬가지로 하느님과 하나가 되는 데
더없이 도움이 된다고 믿기 때문입니다.
그러나 맹세한 후 자주 일어나는 일이지만 맹세를 지키게 되면
하느님의 명예와 자신의 영혼에게 해롭다는 것을
양심의 가책을 받고 알게 되면
맹세를 지키지 않고 확실한 행복의 길을 찾게 됩니다.
이는 결코 어려운 일이 아닌데
우리는 외적인 일보다도 진리를 따라야 하기 때문입니다.
그래서 바오로 성인은
"하느님께서 우리에게 새 계약의 일꾼이 되는 자격을 주셨습니다.
이 계약은 문자가 아니라 성령으로 된 것입니다.
문자는 사람을 죽이고 성령은 사람을 살립니다." 하고
외적으로만 볼 것이 아니라
내면을 보아야 한다고 말했던 것입니다.(2코린 3, 6)
진리는 영원한 생명을 주지만
지식은 자신을 죽게 만들지도 모른다는 것을 말씀하신 것입니다.
자신의 내면을 잘 지켜보아야 합니다.

여러분에게 주어진 의무는 다른 어떤 일보다 먼저 수행(遂行)해야 하며
비겁하지 말고 자신의 영혼을 더욱더 성숙시켜
조용히 내면을 지켜보도록 해야 합니다.
이렇게 하려면 여러분의 상급자나
깨달음을 얻은 하느님의 친구로부터 도움을 받아
자기 마음대로 하지 않도록 해야 합니다.
그런 사람을 발견하지 못하면 여러분의 고해사제에게 도움을 청하십시오.
하느님께서는 여러분이 바라는 것을 모두 아시고
여러분을 인도하신다는 것을 잊지 마시오.
따라서 바리사이들처럼 기도하지 말고 진심 어린 여러분의 기도를 하십시오.
"너희는 기도할 때 다른 민족 사람들처럼 빈말을 되풀이하지 마라.
그들은 말을 많이 해야 들어 주시는 줄로 생각한다."(마태 6, 7)
하느님을 자신 안에 모시지 않고 드리는 기도를
하느님께서 들어주실 리가 없습니다.

거룩하신 하느님 아버지, 하느님의 외 아드님, 성령님,
저희 영혼에 이 거룩한 정적(靜寂)을 주시어
저희 안에 영원한 말씀이 태어나실 수 있도록 해주소서. 아멘.

(새해 첫 주일 강론)

9 모든 일에는 때가 있습니다

"일어나 아기와 그 어머니를 데리고 이스라엘 땅으로 가거라."
(마태 2, 20)

성경을 수천 번 읽고 그만큼 강론하고 묵상하게 되면
예전에는 알지 못했던 새로운 진리를 발견할 수 있게 됩니다.
"일어나 아기와 그 어머니를 데리고 이스라엘 땅으로 가거라.
아기의 목숨을 노리던 자들이 죽었다."
사랑하는 형제자매 여러분,
누구나 내면적으로 새로운 삶을 살려고 마음먹게 되면
무모할 정도로 열심히 하게 됩니다.
그리하여 자신 안에 성령께서 새로이 들어오셔서
하느님을 위하여 위대한 일을 할 결심을 하게 만드십니다.
그러나 자신들의 본성이 그렇게 하게 한 것인지
아니면 자신들 안에 계시는 주님께서 그렇게 하게 하신 것인지는 모릅니다.
따라서 그러한 일을 시작하기 전에 깊이 생각하면서
자신의 내면과 외부의 주변 환경을 끝까지 지켜보아야 합니다.
내면에서 성령을 만나 하느님 안에서 일이 시작되도록 하여
하느님께서 만족스럽게 역사하시도록 해야 합니다.
그러나 어떤 사람은 즉시 주먹구구식으로 이 방법 저 방법을 쓰면서
막무가내로 일을 시작하여 자신의 영육(靈肉)에 많은 상처를 입힙니다.
이들은 일상의 일이나 영적(靈的)인 일에서
자기 나름의 기준을 마련하고 있기 때문입니다.

자기 마음대로 하고 있으면서도
하느님의 인도를 받고 있다고 생각하는 사람이 많기 때문입니다.

우리의 사랑하는 요셉 성인은 아기 예수님과 성모님과 함께 탈출해 있는 동안
헤로데가 죽었으니 이스라엘 땅으로 돌아가라는 천사의 전갈을 받았습니다.
그러나 헤로데의 아들 아르켈라우스(Archelaus)가
아버지의 땅을 다스리고 있다는 소식을 듣고
사랑하는 아기 예수님이 그에 의해 죽임을 당할까 두려웠습니다.

사랑하는 형제자매 여러분, 우리는 이를 어떻게 이해해야 할까요?
아기 예수님을 찾아 죽이려고 했던 헤로데는 하늘나라와 달리
우리들의 영혼 안에 계시는 거룩한 아기 예수님을 죽이려고 했습니다.
우리가 우리 안에서 아기 예수님을 보호하려면 이 세상을 떠나야 합니다.
바로 우리 자신의 영혼이 아기 예수님이기 때문입니다.
우리가 이 세상을 떠나 수녀원이나 수도원으로 들어왔지만
헤로데의 아들 아르켈라우스가 폭동을 일으키며
우리 영혼 안에서 다스리려고 하기 때문입니다.
아르켈라우스가 여러분을 지배하지 못하게
여러분이 하느님의 힘으로 열심히 수행(修行)하여 여러분을 지켜야 합니다.
왜냐하면, 나는 여러분에게 맞서고 있는 수많은 원수가 있고
여러분을 공격하려고 하고 있다고 확신하고 있기 때문입니다.

첫 번째 원수는 '**이 세상**'입니다.
이 세상은 여러분이 영적인 교만을 갖도록 하여
사람들 눈앞에서 거드름을 피우면서 걸어가도록 하여
사람들이 거룩하다고 존경하도록 만들기 때문입니다.
여러분이 수도복, 태도, 고상한 말, 지혜, 친구들, 부(富)와 명예를
다른 사람들에게 자랑하려고 하는 유혹을 받기 때문입니다.
그러나 이 모든 것들은 마귀의 유혹에 지나지 않습니다.

두 번째 원수는 '**자신의 육**(肉)'으로 자신을 육체적으로 괴롭히고

말과 행동으로 꼬드겨서 나쁜 길로 인도함으로써 불순(不純)하게 만듭니다.
이렇게 하여 육욕에 빠지도록 하여 모든 사람을 죄인으로 만들어버립니다.
아무도 이러한 괴롭힘을 피할 수 없으므로 모든 육욕과
불순하게 만드는 비정상적인 감정으로부터 자신을 보호해야 합니다.
평신도든 종교인이든 밤낮으로 물욕에 집착하는 사람은
악(惡)에 빠지게 되어 불순하게 되고 맙니다.
그리하여 부정(不貞)을 저질러 몸을 더럽히는 것처럼
내적인 불순함도 영혼의 순수함을 더럽힙니다.
그리고 영혼이 몸보다 더 고결하므로
내적인 불순함이 외적인 불순함보다 더 더러워지게 만듭니다.

세 번째 원수는 나쁜 욕망과 판단과 미움과 복수심으로
영혼에 나쁜 영향을 미침으로써 얻게 되는 '**마음의 감옥**'입니다.
그 결과 상처를 받게 되어 불만을 털어놓습니다.
그리하여 이 상처를 결코 다독거리지 못하고
상대방에게 화난 모습을 보이고 경멸하고 폭언을 하게 되며
분열을 일으키고 서로 무시하고 해코지를 합니다.
형제자매 여러분, 이는 분명히 악마가 씨를 뿌린 것입니다.

여러분이 은총을 받으려면 이 모든 것들을 없애고
하느님을 위하여 자기를 버리고
사람들이 부당하게 또는 합당하게 대하더라도
모든 것들을 느긋하게 받아들여야 합니다.
하느님께 진실을 숨기고 변명하지 말아야 하며
자기 합리화를 하지 말아야 합니다.
그러면 하느님의 평화가 여러분 안에 깃들게 되므로
끝까지 참고 사랑하게 되면 여러분 주변에 퍼져나가게 됩니다. 그러나 여러분이
욕정 때문에 이렇게 하지 못하게 되면
아르켈라우스가 나타나 여러분 영혼 안에 하느님께서 주신 은총인
아기 예수님을 죽이려고 할 것입니다.
우리는 주변에 아기 예수님을 죽이려고 혈안이 되어 찾고 있는 사람이 있는지

알기 위하여 겸손한 요셉이 어떻게 주의 깊게 살펴보았는지를 알아야 합니다.

이 모든 악(惡)을 물리쳤더라도
하느님과 하나가 되지 못하게 하는 수천의 장애가 아직도 남아 있는데
진정으로 회개한 사람이 아니면 이를 알지 못합니다.
그러나 요셉의 본보기가 우리에게 하느님의 뜻에 따라 거룩하게 살려면
참고 또 참아야 한다는 것을 가르쳐주고 있습니다.
요셉은 이러한 인내심을 갖고 아기 예수님을 죽이려는 사람들로부터
아기 예수님과 성모님을 끝까지 보호하였습니다.

요셉은 하느님의 천사로부터 전갈을 받고 나서야 이스라엘 땅으로 돌아갔습니다.
이 이스라엘은 '**희망의 땅, 약속의 땅**'을 의미합니다.
그런데 너무나 많은 사람이 자신들을 느슨하게 묶고 있는 수많은 끈을
너무 빨리 끊어버리려고 하므로, 즉 제대로 수행(修行)하지도 않은 채로
희망의 땅으로 가려고 하고 있습니다.
즉 하느님의 자비가 그들에게 주어지기도 전에,
하느님의 천사가 알려주기도 전에,
무턱대고 희망의 땅으로 나아가려고 하기 때문입니다.
이러한 사람들은 하느님께서 역사하시기 전에
자신의 힘만으로 완전해지려고 하는 중대한 잘못을 저지른 것입니다.
이들은 지식과 거창한 말재주만 갖고 완전하게 되려고 하는데
성삼위에 대하여 깊이 묵상할 수 있고 강론할 수 있게 되었기 때문입니다. 이러한
환상이 날이 갈수록 더 보편화되고
더욱더 심화되는 것은 참으로 비참한 일입니다.
이러한 사람들은 하느님의 섭리에 따른 제약(制約)이나
이집트의 어두움을 참지 못했는데
이집트는 어둠을 의미하기 때문입니다.
하느님께서 만드신 피조물은 자신의 힘만으로
마음의 감옥에서 해방될 수 없다는 것을 모르고 있었기 때문입니다.
영원하시고 자비로우신 하느님만이
우리를 마음의 감옥에서 해방시키실 수 있습니다.

하느님께서 이 길로 또는 저 길로 가게 하시는 것은
여러분을 잘되게 하시기 위한 것입니다.
여러분이 세상 어디로 가더라도 또는 위아래를 샅샅이 찾아보아도
하느님만이 여러분을 마음의 감옥에서
해방시키실 수 있다는 것을 알 수 있을 것입니다.
하느님께서는 역사의 도구로 천사나 사람을 선택하실 수 있지만
당신께서만 해방시키실 수 있으며 아무도 할 수 없습니다.
따라서 여러분의 영혼 깊은 곳에 계신 하느님을 찾고
바깥에서 찾으려고 하지 마십시오.
하느님을 위하여 기꺼이 수행(修行)을 참아내고
하느님의 천사가 이집트를 떠나라고 말할 때까지
어두운 이집트에 머물도록 하십시오.

요셉은 잠잘 때 천사의 전갈을 받았습니다.
요셉이 잠을 잔 것은 잘못이 아닙니다.
이와 같이 믿음이 강한 사람이라면
모든 고통과 역경을 잊고 평화롭게 잠자며 쉬어야 합니다.
어떠한 슬픔도 불평하지 않고 기꺼이 참으면서
기꺼이 자기를 버리고 하느님을 위하여 기쁘게 참아야 합니다.
이와 같이 요셉처럼 겸손하게 모든 것을 하느님께 맡기고
수행(修行)을 참고 견디는 수밖에 없습니다.

그리고 아기 예수님의 보호자인 요셉은 거룩한 교회의 지도자, 본당 신부, 주교, 수도원장, 작은 수도원장, 그리고 고해신부를 의미한다는 것을 알아야 합니다.
이러한 직위에 있는 사람들이 하느님을 찬양하게 하고
하느님의 뜻에 따르도록 인도하는 역할을 합니다.
그러나 이들 중 많은 사람이 눈이 멀어 있습니다.
이렇게 눈먼 사람이 눈먼 사람들을 인도하고 있으니
다 함께 영원한 지옥의 구렁텅이로 떨어질까 봐 두렵습니다.
우리 모두 많은 상급자를 두고 있습니다.
내 위에는 부(副) 수도원장, 수도원장, 지구장(地區長), 주교, 교황이 있습니다.

불가피하게 이들 중 한 사람이나 모두가 나에게 해코지를 하고
나를 물려고 하는 늑대로 변했다고 생각해봅시다.
그러면 나는 군소리 없이 이들에게 순종해야 합니다.
그리고 이들이 나에게 이익을 준다면
마치 하느님으로부터 받는 것처럼 겸손하게 받아야만 합니다.
그러나 이들이 나를 못살게 해도 달갑게 받아들여야 하며
하느님을 위하여 하느님의 사랑 때문에 참고 견뎌야 합니다.

사랑하는 형제자매 여러분, 하느님의 천사가 아기 예수님의 생명을 노리던 사람들이 죽었다는 것을 알려줄 때까지 요셉은 항상 두려워하고 있었으므로 이스라엘 땅을 통치하던 사람의 동정을 부지런히 살피고 있었다는 것을 아십시오.
형제자매 여러분, 어떤 사람들은 두려움을 완전히 버리는
잘못을 범하게 되는데 우리는 생명이 있는 한
두려움 없이 살 수는 없기 때문입니다.
그래서 나는 "주님을 경외함은 순수하니 영원히 이어지고
주님의 법규들은 진실이니 모두가 의롭네." 하고 말한 거룩한 예언을
잊지 말라고 말하고 싶습니다.(시편 19, 10)
천사가 여러분에게 알려주더라도 여전히 두려워하면서
여러분 안에서 군림하고 있는 것이 무엇인가를 부지런히 지켜보고
하느님께서 역사하고 계시는지 자기 마음대로 하고 있는지 알아야 합니다.

그리하여 거룩한 요셉은 아기 예수님과
영원히 거룩하시고 겸손하신 주님의 어머니를 데리고 떠났는데
아기 예수님은 '순수하고 깨끗한 사람'을 상징합니다.
티 없이 깨끗하고 속세에 물들지 않은 사람으로
항상 하심(下心)하고 하느님을 위하여 하느님께 순종하고 겸손하여
자신을 모든 피조물보다 아래에 두는 사람을 의미합니다.
좋은 것은 다른 사람에게 주고 좋지 않은 것은 자신이 갖는 것을 의미합니다.
그리스도의 거룩한 어머니는
'너무나 자상하고 순수한 하느님과 같은 사랑'을 상징합니다.
언제나 성실하게 하느님의 뜻에 따르며 진정으로 겸손한 사람은

이러한 사랑을 하기 때문입니다.
형제자매 여러분, 이러한 사람은 어린 아이이기 때문에
희망의 땅으로 가는 길을 잃으면 안 됩니다.
어린 아이는 때가 되면 다시 이집트의 땅으로 돌아오는 조건으로
때때로 약속의 땅에서 놀이를 즐기기도 하는데
완전히 어른이 되어 우리 주 그리스도의
보호를 받게 될 때까지 왔다 갔다 합니다.

요셉은 우리에게 모든 일에서 완덕의 길을 가르쳐주며
우리에게 아기 예수님의 순수하고 정직한 삶의 모습을 보여줍니다.
우리가 어린 예수님의 순수하고 거룩한 삶을 통하여
하느님의 말씀을 읽지 못했다면
우리는 영원한 행복을 누리는 데 필요한
모든 것을 하느님의 말씀에서 찾아야만 합니다.
어린 예수님은 12살 때 예루살렘에 가셨지만
거기에 남으시지는 않았습니다.
아직 완전한 어른이 되시지 않았기 때문입니다.
어린 예수님은 때가 될 때까지 예루살렘을 떠나계시다가
어른이 되자 매일 예루살렘에서 유대인들에게 진리의 길을 가르치셨습니다.
예수님은 갈릴래아 땅을 거쳐 카페르나움에도 가셨고 나자렛에도 가셨으며 위대한 스승으로 표징들과 기적을 보여주시면서 유다의 땅 모든 곳을 가셨습니다.
믿음이 깊은 사람이라면 모두 이렇게 행동해야 합니다.
어린 예수님은 관상(觀想)이라는 거룩한 땅에 머무르시지만 않고
가끔씩만 관상을 하셨는데 아직 완전히 어른이 되시지 않았기 때문입니다.
아직도 어리셨고 수행(修行)이 덜 되어서 완전하지 못했기 때문입니다.
어린 예수님은 강해지시고 완전하게 되시고
어른이 되시자 유다의 땅으로 들어가셨습니다.
하느님에 대하여 완전하게 아셨을 때 유다의 땅으로 들어가신 것입니다.
그런 다음 자유롭게 참된 평화의 도시 예루살렘으로 가셨습니다.
드디어 기쁘게 다른 사람들에게 많은 것을 가르치시고 바로 잡아 주시면서 갈릴래아로 가셨는데 갈릴래아는 '**거쳐야 할 길**'이라는 뜻입니다.

형제자매 여러분, 어린 예수님은 끊임없이 수행하시면서
산전수전 다 겪고 나신 후에 기쁨의 달콤한 꽃이 피어 있는
나자렛으로 돌아오시어 영원한 생명의 꽃이 필 때까지 사셨습니다.
어린 예수님은 여기서 하느님 안에서만
말할 수 없는 평화와 위로를 얻게 되고
인간의 입으로는 표현할 수 없는
조용한 안식을 취하실 수 있다는 것을 아시게 되었습니다.

형제자매 여러분, 안팎으로 갈등을 겪으면서
하느님을 위하여 겸손하게 모든 수난을 참고 견디면서
하느님께서 계시는 내면의 깊은 곳까지 간 사람들은
누구나 기쁘게 하느님의 멍에를 졌으며 모든 사람에게 순종했으며
좋으신 하느님께서 은총을 주셔서
당신의 거룩한 평화로 이끄실 때까지 참고 견뎠습니다.
그러자 하느님 안에서는 영원히 맛 볼 수 있게 되지만,
그들에게 잠깐 동안의 달콤한 행복을 맛볼 수 있게 하셨습니다.
하느님, 저희도 당신의 무한한 행복을 맛볼 수 있게 해주소서. 아멘.

〈예수 공현 대축일 전야 첫 강론〉

10 하느님을 어디서 찾아야 합니까

"유다인들의 임금으로 태어나신 분이 어디 계십니까?"(마태 2, 2)

영혼은 하느님께서 계신다는 것은 알고 이성(理性)의 빛으로도 알 수 있지만
숨어 계시기 때문에 하느님께서 어떠한 분이신지는 모릅니다.
그래서 티 없이 맑은 영혼은 하느님에 대하여 더욱더 알고 싶어 합니다.
열심히 찾고 하느님에 대하여 끊임없이 알고 싶어 합니다.
그러므로 숨어계신 하느님을 알게 되면 얼마나 기쁘겠습니까?
이렇게 열심히 찾게 되면 영혼에 한 별이 나타나
하느님의 은총의 빛을 비춰주며
동시에 태어나신 곳도 가리키며 영혼에게 말합니다.
"유다인의 임금이 오늘 태어나셨다."
그런데 이 일은 인간이 도저히 할 수 없는 일입니다.
왜냐하면, 하느님께서 태어나신 곳을
이성(理性)의 빛으로 찾게 되면 길을 잃게 되어 알 수 없게 되지만,
하느님의 빛은 탄생의 의미가 무엇인지
어디서 태어나셨는지 알게 해주기 때문입니다.
어리석은 사람들은 거룩한 탄생을 알 때까지는
은총의 빛이 자신을 인도하기를 기다리지 못하고
박차고 나가 이성의 빛으로 찾으려고 하지만
결코 찾지 못하게 되기 때문입니다.
아직 때가 되지 않았으므로 때를 기다려야 합니다.
이 때문에 하느님께서 자신 안에서 역사하시기를 간절히 바래왔던 것입니다.

어떤 사람들은 너무나 과격해져서
살을 찔러 피를 흘리기도 하고 골수(骨髓)까지 찌르기도 합니다.
영혼이 하느님을 만나려면
이성도 나름대로 역할을 하며 전력을 다해야 하지만
이성은 자신 안에서 주님께서 탄생하시는 것을 모를뿐더러 알 수도 없습니다.
따라서 하느님께서 당신을 드러내 보이시는 것입니다.

세 가지 일을 생각해보아야 합니다.
하나는 '**간절히 바라는 것**'이고 또 하나는 '**찾는 것**'이고
또 하나는 '**주님의 탄생을 알아차리는 것**'입니다.
또 인간의 영혼 안에 있는 다른 세 가지도 생각해야 합니다.
하나는 '**육감**(肉感)**과 육욕**(肉慾)**에 집착하는 것**'이고
다른 하나는 '**이성**(理性)'이고 또 하나는 '**영혼의 본질**'입니다.
이 셋은 모두 다르며 각각 다른 역할을 합니다.
햇빛은 하나이지만 유리창을 지나가게 되면 유리창의 색깔에 따라
검은색이 되기도 하고 노란 색깔이 되기도 하고 하얀 색깔이 되면서
다양한 색깔을 나타내게 됩니다.
'검은 유리창'은 '**우리의 육적**(肉的)**인 삶**'을 나타내고
'노란 유리창'은 '**이성**'을 나타내고
'하얀 색깔'은 우리의 '**영혼의 본질**'을 나타냅니다.
그런데 감지한 것이 이성으로 들어가면
이성이 순수한 영혼의 본질을 지나가게 되는데
이때 검은색은 노란색이 되고 노란색은 하얀 색깔이 됩니다.
이와 같이 순수한 빛은 여러 색깔로 바뀌지만
탄생하신 주님의 빛만은 그대로 통과하게 됩니다.
모든 모습을 제대로 받아들이게 되면
영혼에서 허상이나 비슷한 것들이 사라지고
주님의 빛만 참모습, 즉 진리를 보여주게 됩니다.
대낮의 햇빛은 영혼 안에 비친
이 주님의 검은 빛으로 차폐됨에 따라
모든 모습이 사라지게 됩니다.

따라서 햇빛이 어디에 비치더라도 차단되게 되는데
세 동방박사에게 주님께서 탄생하신 곳을 알려준 별은
다른 별들과는 달랐기 때문입니다.
이 별은 다른 별들과 마찬가지로 하늘에 고정되어 있지는 않았습니다.
인간의 감각은 사물로부터 모습을 그리게 되므로
사물들보다 더 뚜렷하게 모습을 기억하게 합니다.
그리하여 이성은 감각으로 본 모습의 거죽을 벗기고,
검은색 유리창 대신에 노란색 유리창을 지나가게 하여 참모습만 보이게 합니다.
마지막으로 하얀색 유리창을 통하여 이해하게 되는데 자기를 버림(self-renunciation)
으로써 티 없이 맑은 영혼이 되어 있습니다.
이러한 영혼에만 주님 탄생의 밝은 별이 빛나게 되며,
모든 인간의 삶은 끊임없이 이런 행운을 추구하고 있습니다.

세 의문에 대한 나의 세 대답은 동방박사의 세 선물에 비유하여 하고 있는데,
이는 내일 강론의 주제가 될 것입니다.

〈예수 공현 대축일 전야 두 번째 강론〉

11 쓰디쓴 몰약이 어떻게 은총이 될 수 있을까요

"또 보물 상자를 열고 아기에게 황금과 유향과 몰약을 예물로 드렸다."(마태 2, 11)

먼저 '**몰약**'에 대하여 생각해 보기로 합니다.
'**첫 번째 종류의 몰약**'은
'**하느님을 만나기 전에 겪게 되는 고통**'을 의미합니다.
왜냐하면, 하느님께로 돌아가려면 속(俗)을 떠나야 할뿐더러
모든 쾌락과 색욕(色慾)을 버려야 하기 때문입니다.
무엇을 좋아하든 반드시 버려야 하므로
이는 몹시 괴로운 일이 되기 때문입니다.
여러분이 예전에 좋아했던 것들을
부지런히 그리고 과감하게 버려야 하므로
이제는 고통이 되게 된 것입니다.
예전에 맛보았던 쾌락이 크면 클수록 고통은 더 커지게 마련입니다.

여러분은 사람이 어떻게 쾌락과 기쁨과 욕망 없이 살 수 있느냐고 물을 것입니다.
나는 배고프면 먹고, 목마르면 마시고, 졸리면 자고, 추우면 따뜻하게 합니다.
이 모든 것은 자연의 법칙인데 내가 어떻게 바꿀 수 있겠습니까?
당연히 좋아할 수밖에 없는 것을 어떻게 좋아하지 말아야 합니까?
나는 죄를 짓는 것이 아니라면
기쁨과 즐거움과 재미와 만족과 친절과 같은 것들은
완전히 끊을 필요는 없다고 생각합니다.
그러나 최소한 이러한 것들은 영혼의 깊은 내면으로 들어가서도 안 되고

내면 깊은 곳에 남아 있어도 안 됩니다.
이러한 느낌들은 행동이 끝나면 사라지고 여운이 남아 있으면 안 됩니다.
영혼의 내면에 보관하지 말고 지나가도록 해야 합니다.
세상 것이나 사람이 만든 것이 여러분의 영혼에 남아 있는 것을 발견하면 간직하려고 하지도 말고 두고두고 즐기려고도 하지 말아야 합니다.
세상 것들과 세상 것들로 인한 쾌락을 극복하여 매달리지 않도록 해야 합니다.
하느님의 친구들인 사람들을 만나는 기쁨도 그렇게 해야 합니다.
여러분이 매달리기 쉬운 이런 종류의 기쁨은 어떤 것이든 자제해야 합니다.
여러분의 영혼은 어린 아기이므로 어린 아이를 찾는
여러분 안의 헤로데와 신하들이 확실히 죽을 때까지
더 이상 수도(修道)하지 않을 것처럼 자신을 속여야 합니다.
그러나 겁 없이 너무 지나치게 하지는 말고 어떻게 되는지 지켜보십시오.

'또 다른 몰약'도 있는데 **'하느님께서 주시는 고통'**으로
첫 번째 고통보다 더 오래 지속됩니다.
이는 하느님께서 특별히 보내주신 내적 · 외적 고통입니다.
아, 여러분이 하느님께서 주신 진심 어린 사랑으로 이 고통을 감사히 받는다면
여러분 안에 기쁨과 평화를 주시고 영혼을 성숙하게 해주시니
얼마나 행복하겠습니까?
그렇습니다. 하느님께서 여러분에게 주시는 고통은 크든 작든
당신의 무한한 사랑에서 비롯된 것이며,
이를 통해서 어떤 선물보다 더 크고 유용한 것,
즉 당신의 사랑을 주시는 것입니다.
하느님께서는 여러분의 머리카락도 세시고 계시므로
모든 고통은 당신의 지혜와 뜻을 알게 해주시기 위한 것이며
여러분이 고통을 기꺼이 참도록 하여
여러분이 더욱더 성숙하도록 하시려는 것입니다.

따라서 여러분의 피부에 상처가 나서 여러분의 손가락이 아프면,
여러분의 발이 차거나 여러분이 배고프거나 목마르면,
어떤 사람이 말이나 행동으로 여러분을 괴롭히고 있으면,

여러분이 부족함이나 고통으로 괴로워하고 있으면
모두 기쁜 시간을 맞이하기 위하여 준비하고 있는 것입니다.
하느님께서 여러분의 성숙을 위하여
마치 무게를 달거나 크기를 재거나 숫자를 헤아리신 것처럼
하느님께서 이 모든 것을 아시고 여러분에게 시련을 주시는 것입니다.
내가 아파하긴 했지만 모두 하느님께서 역사하신 것입니다.
나는 아파서 눈이 멀고 귀도 멀게 되었지만
하느님 아버지께서는 미리 아시고
나를 성숙시키시기 위하여 고통을 주신 것입니다.
비록 내가 아파서 눈도 멀고 귀도 멀게 되었지만,
내가 성숙하게 되었으므로
하느님께서 내 안에서 당신의 뜻을 이루신 데 대하여
내가 어찌 감사하지 않을 수 있겠습니까?
비록 내가 아프기는 했지만, 어찌 감사하지 않을 수 있겠습니까?
여러분이 깨닫기만 한다면
친구를 잃거나 재산을 잃거나 명예를 잃거나 불편하게 살게 되는 것도 모두 나에게
내면의 평화를 주시기 위하여
하느님께서 역사하신 것이라는 것을 알 것입니다.
만약 여러분이 "이 모든 고통은 내가 나쁜 짓을 하려고 하여
하느님께서 내게 벌을 주신 것입니다." 하고 말한다면,
나는 "사랑하는 형제자매 여러분,
여러분이 고통을 받아 마땅하다고 생각하든 말든
모든 고통은 하느님으로부터 옵니다.
어떤 경우에도 고통을 주신 하느님께 감사하며
고통을 감수하십시오." 하고 말하고 싶습니다.

하느님께서 주신 고통의 몰약은 모두
여러분이 위대한 일을 할 수 있도록 하기 위한 것입니다.
우리의 뜻과는 다르게 하느님께서 우리에게 고통 받는 특전을 주신 것입니다.
하느님께서 우리에게 빵을 먹이시기 위하여
밭에 밀알을 뿌리시어 자라게 하신 것입니다.

하느님께서는 우리가 이 모든 일에서 노력하기를 바라시는 것입니다.
우리에게 일어나는 모든 일은 모두 하느님께서 예비하신 것입니다.
우리는 화가가 작품을 완성하기 위하여
미리 예견하여 붉은색과 파란색을 섞어서 넓게 또는 좁게
그리고 길게 또는 짧게 붓을 놀려 그린다는 것을 압니다.
하느님께서는 당신의 거룩한 작품인 인간을 만들기 위하여
수천 번 이상 역사하십니다. 그리고 당신께서 고통 받으신 만큼 당신께서 바라시는
고통을 손수 인간에게 주시어 작품을 만드십니다.
오, 저희는 당신께서 주신 영혼 안에서
몰약이라는 선물을 받고 사용하고 싶나이다!

그런데 하느님께서 주신 몰약을 달가워하지 않는 사람들이 있습니다.
이들은 자기 마음대로 다른 고통을 찾으며
자신의 머리에 상처를 주고 헛된 생각을 주입시킨 나머지
이 어리석은 고통을 자초함으로써
훨씬 더 심하게 그리고 오랫동안 고통에 시달리고 있습니다.
이들은 속죄하고 금식을 하고 기도하거나 다른 고행을 하더라도
하느님의 뜻이 아니라 자기 마음대로 하고 있으므로
이들에게는 은총을 주시지 않습니다.
이런 경우에는 하느님께서 이들이
자신들에게 아무 도움도 되지 않는
쓸데없는 짓거리를 멈출 때까지 기다리십니다.
하느님께서는 당신의 뜻대로 하지 않으면 어떤 상급도 주시지 않습니다.
하늘나라에서는 여러분의 일이 아니라
하느님의 일을 해야 여러분에게 왕관을 씌워주십니다.
여러분의 일을 하면 하느님께서 아무것도 역사하시지 않으므로
아무것도 기대하지 말아야 합니다.

세 번째 종류의 몰약은 매우 씁니다.
'하느님께서 마음고생을 시키시고 어둠을 주시고
무미건조하게 살도록 하시고

영성 생활을 싫어하도록 하는 은총을 주시는 것'입니다.

이러한 하느님의 선물을 알고 자기를 기꺼이 버리려고 하는 사람은 자신 안에서 살과 피와 본성을 쓸데없이 소모하고 있다는 것을 알게 됩니다. 하느님께서는 사람들에게 고통을 주시어 사람들이 외적으로 수행하는 것보다 훨씬 더 참다운 인간을 만드십니다.

하느님께서는 우리에게 놀랍고도 이상한 방법으로 시련을 주시어 아무도 모르게 시련을 겪은 사람들을 구원하십니다.

사람의 본성 안에는 고통의 몰약을 보관하는 놀라운 곳이 있는데 고통을 전부 풀어놓게 되면 참아낼 수가 없으므로 하느님께서 적절히 조절하십니다.

이러한 사실을 알지 못하면 시련이 닥쳤을 때 상상 이상으로 깊은 상처를 받게 되는데 내적 슬픔을 안겨주는 이 고통의 몰약을 우리에게 주시는 하느님의 사랑을 헤아릴 수가 없기 때문입니다.

우리의 이익을 위하여 시련을 주시지만 불평만 하고 알아채지 못하여 시련의 의미를 전혀 모르기도 합니다.

그리고 여러분이 "시련이 지겹기도 하고 언제 끝날지도 모르겠습니다." 하고 말하면, 나는 "사랑하는 형제자매 여러분, 잘 참아내시면 여태까지 여러분이 맛본 기쁨보다도 훨씬 더 기쁘게 될 것입니다." 하고 말하겠습니다.

이제는 이런 괴로움의 몰약을 느낌으로나 마음으로 알 수 있게 되었을 것입니다.

이런 고통을 외적인 삶에서 느끼게 되면 스스로 고통을 없애려고 들면서 자기 자신을 속이려고 합니다.

고통을 외적인 일 때문에 생긴 것으로 여기며 역경을 해결하여 고통을 해소하는 방법을 찾으려고 하지만 인도해주시고 바로 잡아주시는 하느님보다 자신이 더 현명하다고 생각하며 하느님의 도움을 전혀 받을 생각을 하지 않습니다.

결국, 고통만 더 키우게 됩니다.

또 어떤 사람들은 이성(理性)을 이용하여 내적 고통을 잠재우려고 합니다.

이들은 지식을 통하여 내적 슬픔을 해소하려고 하므로
많이 배운 사람보다도 배우지 못한 사람들이 더 빨리 위로를 얻기도 합니다.
이들 배우지 못한 사람들은 단순하기도 하고 달리 방법이 없으므로
하느님을 깊게 믿고 있는 사람들보다도
하느님의 인도를 받는 것을 당연한 것으로 여기고 따릅니다.
더 많이 배운 사람들은 하느님의 인도를 받지 않고
스스로 고통을 잠재우려고 합니다.
그러나 못 배운 사람들은 하느님의 인도를 받음으로써
더 빨리 성숙하고 고통에서 해방되었는데
이들의 마음가짐이 제대로 되었기 때문입니다.
그런데 여러분은 한 방울의 피도 흘리지 않고
완전해지려고도 하지 않으면서
어떻게 여러분 자신을 하느님께 맡길 수 있겠습니까?

하느님의 인도를 받는 영혼에게서는
동방박사의 유향 나무 수액(樹液)으로부터 향기로운 냄새가 뿜어져 나옵니다.
향(香)에서는 향긋한 냄새가 납니다.
수액을 불로 달이면 증기가 나와 향기로운 향이 만들어지게 됩니다.
'불'은 곧 기도 시에 타오르는 '**하느님에 대한 불타는 사랑**'을 의미합니다.
우리가 수행(修行) 중에 드리는 기도는
우리의 영혼으로부터 하느님께로 올라가는 향의 연기와 같습니다.
왜냐하면 **기도는 영혼을 하느님께로 들어 올리는 것**으로 정의하기 때문입니다.
그러나 겉으로 보여주는 기도는 지푸라기와 같습니다.
밀을 타작하여 밀알을 얻은 후에는
잠자리를 만들거나 불태우는 용도로만 쓰이기 때문입니다.
따라서 겉으로 보여주는 기도 수행은
하느님 앞에 영혼의 향긋한 향기를 바치는
내적 기도를 불러일으키기 위한 것에 지나지 않습니다.
여러분이 내적 기도를 드리고 싶을 때는 외적인 수행을 중단하십시오.
그러나 거룩한 교회가 외적 기도 수행을 하라고 명령했을 때나
고해신부가 속죄의 방법으로 시켰을 때는

외적인 수행을 중단하면 안 됩니다.

우리 주 예수 그리스도님, 영광의 왕이시여,
유향과 몰약의 선물을 저희에게 주시어
저희가 진심으로 하느님께 기도드리도록
하느님께서 저희를 인도해주시도록 해주소서. 아멘.

〈예수 공현 대축일 첫 번째 강론〉

12 알고 있던 것들을 버려야 지혜를 얻을 수 있습니다

"유다인들의 임금으로 태어나신 분이 어디 계십니까?"(마태 2, 2)

유다인들의 임금이 어디에서 태어나셨나 하는 것을
깊이 묵상해보기로 합니다.
앞에서 여러분에게 여러 번 말했지만, 다시 말씀드립니다.
우리의 영혼 안에 주님의 영원한 탄생이 이루어졌고
앞으로도 영원히 탄생하시게 될 것입니다.
그런데 몇 가지 의문이 생기게 됩니다.
'**첫 번째 의문**'은 다음과 같습니다.
하느님께서 만물 안에 계신다는 것을
자기 자신이 존재한다는 것보다 더 잘 알고 있고,
하느님께서 어디에 계시더라도 역사하시게 되고
하느님께서는 당신을 아시고
당신의 영원한 말씀을 하시게 된다는 것을 잘 알고 있습니다.
그런데 이 주님의 탄생과 관련하여
인간의 영혼은 다른 피조물들과 비교하여 다른 점이 있을까요?
하느님께서는 만물 안에 계시면서 역사하시고 모든 일을 하시지만
하느님께서는 영혼 안에서만 태어나신다는 것입니다.
우리는 만물 안에서 하느님의 흔적과 발자취를 발견하지만
영혼은 하느님의 모습대로 만들어졌고
주님의 탄생으로 하느님의 모습을 완전히 알 수 있게 되었다는 것입니다.

그러나 이 땅의 다른 피조물에게는 이러한 능력이 없습니다.
하느님을 닮게 되면 빛이나 은총이나 행복을 받아 완전한 영혼이 되는데
이는 주님께서 영혼 안에 탄생하셔야만 받을 수 있게 됩니다.
더없이 소중하게 되고 위로가 되고 기쁘게 되고 가장 참된 존재가 되려면
내면생활을 하면서 주님의 탄생을 기다리십시오.
내면생활을 게을리 하게 되면 선하지 않게 되고 행복하지 않게 됩니다.
주님의 탄생은 여러분에게 참된 복을 주게 될 것입니다.
주님을 떠나서 어떤 기쁨을 찾더라도 또 간신히 찾았다 해도
그것은 참된 기쁨이 아닙니다.
이렇게 주님께서 영혼 안에 탄생하셔야만
인간다운 삶을 살 수 있게 되며 다른 길은 없습니다.
여러분은 주님의 탄생으로
황금과 몰약과 유향의 선물을 받고 주님의 영향을 받게 되었습니다.
하느님의 모습으로 만들어지지 않은 피조물은 영향을 받을 수가 없습니다.
왜냐하면, 하느님 아버지께서만이 들어가실 수 있으므로,
하느님 아버지께서 영혼의 가장 깊은 곳으로 들어가셔서 역사하신
영원한 탄생을 영혼이 본받아 하느님과 닮게 되기 때문입니다.

'**두 번째 의문**'은 영혼의 깊은 곳에 주님께서 탄생하셨다면
모든 사람의 영혼이 다 같을진대 왜 착한 사람의 영혼은 물론
죄인의 영혼에는 계시지 않느냐 하는 것입니다.
그렇습니다. 지옥에 있는 인간의 영혼도 고귀하기는 마찬가지입니다.
의문에 답하자면 다음과 같습니다.
주님의 탄생은 항상 영혼에 새로운 빛을 비추게 되는데
하느님 당신의 모습을 그대로 비추며
처음에는 내면 깊은 곳에 비추고
넘치게 되면 정신의 모든 능력에 비추며
마지막으로 외적인 삶에 비춥니다.
바오로 성인이 나자렛 예수의 추종자들을 체포하러
다마스쿠스로 가고 있었을 때 이러한 일이 일어났는데
하늘에서 갑자기 번개 같은 빛이 쏟아지더니 그의 주변을 비추었습니다.

말이 놀라서 앞발을 들고 날뛰는 바람에 그는 땅으로 나자빠졌습니다.
그는 섬광 같은 빛에 눈이 멀어 아무것도 볼 수 없었습니다.
잠시 뒤 누군가의 목소리가 들려왔습니다.
그러나 동료들은 모든 것을 똑똑히 보았습니다.(사도 9, 1-19 참조)
이와 같이 경건한 영혼들에게는 빛이 비칩니다.
하느님의 빛이 내면 깊은 곳을 채우고 나면 자신의 몸을 비춥니다.
그러나 죄인은 죄와 사악함으로 가득 차 어둠 속에 있기 때문에
빛을 받을 수도 없고 빛을 받을 자격도 없습니다.
그래서 요한 성인이 "그 빛이 어둠 속에서 비치고 있지만
어둠은 그를 깨닫지 못하였다."고 말했던 것입니다.(요한 1, 5)
거짓과 어둠으로 빛이 차단되기 때문입니다.
영혼 안에 빛과 어둠이 함께 존재할 수 없습니다.
하느님과 세상 것들도 함께 있을 수 없습니다.
하느님께서 들어가시기 전에 세상 것들을 몰아내어야만 합니다.

그런데 사람은 어떻게 이 빛을 감지하게 될까요?
하느님께로 돌아가게 되면 인간의 영혼에 빛이 비치어
자신이 무엇을 해야 하고 무엇을 하지 말아야 하는지를 깨닫게 해줍니다.
전에는 아무 개념도 없었지만 많은 인도를 받게 됩니다.
여러분은 그것을 어떻게 아느냐고 물을 것입니다.
나는 하느님께서 여러분의 마음을 감동시키셔서
세상 것들을 멀리하도록 만드신다고 답하고 싶습니다.
하느님의 빛을 받지 못하면 이런 일이 일어날 수 없을까요?
깨달음은 너무나 고귀하기 때문에 하느님의 것, 즉 하느님의 진리가 아닌 것이나
하느님께 기울어지지 못하게 하는 것은 모두 여러분을 괴롭히게 됩니다.
그러나 영혼이 이렇게 깨닫게 되면 하느님 때문에 무척 기쁘게 됩니다.
그러면 여러분은 어디서 온 것인지는 모르지만
여러분 안에 있는 수많은 훌륭한 가르치심을 알 수 있게 됩니다.
그러나 이런 내적인 변화는 세상 것들에게서 온 것이 아니며
세상 것들의 영향도 아니라는 것은 확실합니다.
여러분 안에서 피조물이 영향을 미치는 것은 외부에서 온 것밖에 없습니다.

그러나 하느님의 빛은 여러분 영혼의 내면 깊은 곳을 비추게 되는데
이 하느님의 빛만이 여러분을 피조물로부터 멀어지게 하며
여러분 안에 하느님의 빛인 진리가 지배하고 있다는 것을
더욱더 분명하게 느낄 수 있도록 해줍니다.
따라서 이 참된 길을 따르고 있으면 길을 잃을 우려가 없습니다.
그러나 이 길을 따르지 않고 외적인 것들을 믿고 따르고 있으므로,
아우구스티노 성인은 많은 사람이 빛과 진리를 찾고 있지만
빛과 진리가 없는 바깥으로만 나가며
자신의 영혼에 눈을 돌릴 생각을 전혀 하지 않는다고 말했습니다.
참된 길을 찾지 못하는 것은 길잡이가 안에 있지 바깥에는 없기 때문입니다.
참된 빛을 찾는 법을 배우려는 사람은
자신의 내면 깊은 곳에 주님께서 탄생하시기를 기다리면서 지켜보아야 합니다.
그러면 곧 영적인 힘이 내면 깊은 곳을 밝혀주고 외적인 능력도 밝혀주게 됩니다.
왜냐하면 하느님께서 내면에 당신의 진리를 알려 주시자마자
모든 능력이 빛으로 채워지고 이 빛으로
어느 누가 가르치는 것보다 더 많은 것을 배우게 되기 때문입니다.
그래서 예언자가 "제가 어떤 스승보다도 지혜로우니
당신 법을 묵상하기 때문입니다." 하고 말했던 것입니다.(시편 119, 99)
그러나 이와 같은 빛은 죄가 많은 영혼에는 비치지 않으므로
주님께서 탄생하실 수가 없습니다.
이 빛은 죄의 어둠을 밝히지는 못하기 때문입니다.

당연히 왜 영혼의 힘으로는
주님을 재탄생시킬 수 없게 되느냐고 물을 것입니다.
모든 행동은 어떤 목적을 달성하기 위하여 이루어지는데
목적을 달성하려고 해야만 이루어지게 되므로
하느님께서는 가장 거룩한 목적을 갖고 모든 것을 역사하시기를 바라시며
바로 당신과 닮게 만드시려고 하셨습니다.
그리하여 하느님께서는 영혼이 같은 목적을 위하여
모든 힘을 다하여 당신과 하나가 되도록 하시려고 했습니다.
그래서 하느님께서는 영혼 안에 아드님을 탄생시키시어

영혼이 모든 힘을 다하여 주님을 탄생시키도록 하신 것입니다.
하느님께서는 영혼이 모든 진리를 갖고 있을 수 있도록 하시기 위해 주님께서 영혼 안에 탄생하시도록 하시는 것입니다.
그런데 만약 영혼이 모든 힘을 외적인 삶에 쏟아
내면을 보지 못하게 되고 들을 수 없게 되고 맛볼 수 없게 되면
그만큼 내면에 역사하실 수 없게 되므로 영혼의 집중력이 떨어지게 됩니다.
영혼이 활기찬 삶을 살려면 모든 힘과 모든 감각을
내면생활에 집중하도록 해야 합니다.
그래서 아우구스티노 성인은
"영혼은 자신의 몸보다는 영혼이 사랑하는 것을 더 좋아합니다." 하고 말했습니다.
한 이교도 스승이 먹고 마시는 것을 잊을 정도로 수학 계산에 몰두하고 있었는데
한 군인이 스승에 대하여 아무것도 모른다는 것을 알고는
스승의 방으로 뛰어 들어가 스승의 머리 위로 칼을 휘두르면서 외쳤습니다.
"당신이 누구인지 말하지 않으면 나는 당신을 죽여 버리겠소!"
그러나 수학자는 문제에 몰두하고 있었으므로
적(敵)을 보지도 못하고 소리도 듣지 못하고 아무 말도 할 수 없었습니다.
그 군인이 큰소리로 외쳐도 오랫동안 대답이 없자
그만 스승의 머리를 잘라버렸습니다.
순수과학을 하는 사람은 이와 같이 몰두할 때가 많습니다.
그런데 우리는 얼마나 모든 일을 잊고 온 정신을 집중하여
영원하고 측정할 수도 없는 진리인 하느님을 알려고 해야 할까요?
여러분의 이성(理性)과 능력과 감각을 모두 영혼의 깊은 곳에 집중하십시오.
거기에는 숨겨진 보물이 있습니다.
모든 행동을 멈추고 끊임없이 경건하게 수행(修行)하면
하느님을 분명히 만날 수 있을 것입니다.

여러분은 "사랑하는 형제님, 영혼의 한 능력을 특정 활동에 매진하도록 하고 다른 능력에 관여하지 않도록 하면 되지 않을까요?" 하고 말할 것입니다.
나는 세상 것들의 방해를 받지 않고는
결코 그 세상 것들을 알 수 없다고 답하고 싶습니다.
그러면 하느님께서 어떻게 아무 방해도 받지 않고 모든 것을 아시고

거룩한 성인들도 그러할까요?
성인들은 하느님만 지켜보고 있기에
하느님 안에서 모든 것을 바라보기 때문입니다.
하느님께서도 당신 안에서 모든 것을 바라보시기 때문에
곁눈질을 하실 필요가 전혀 없습니다. 우리도 하느님만 바라보아야 합니다.
이렇게 살면서 거울을 갖고 있어 한 번만 보고도 모든 것을 알 수 있게 되면
영성 생활에 우리의 행동이나 지식이 아무런 방해가 되지 않게 됩니다.
그러나 우리는 다른 것을 알려면 보고 있던 것에서 눈을 떼야 하지만
먼저 보고 있던 모습이 눈앞에 아른거리면서
다른 것을 제대로 보지 못하게 됩니다.
왜냐하면, 영혼은 잔상들이 한 묶음으로 되어 있으므로
모든 잔상(殘像)이 함께 따라다니기 때문입니다.
이와 같이 잔상으로 남은 모든 지식이 함께 몰려다니므로
모든 행동에 모든 잔상이 떠오르게 되며
이 잔상들을 이용하지 않고 생각하려고 하면
아무 행동도 할 수 없게 되어버립니다.
따라서 외적인 일을 하는 데 이 잔상들을 이용하게 되면
그만큼 내적인 일들을 제대로 볼 수 없게 됩니다.
그러나 하느님께서 영혼 안에 주님을 탄생시키시어
잔상들을 보지 못하게 해주시게 되면 오로지 하느님만 생각하게 됩니다.
영혼으로 하여금 오로지 하느님만 기다리게 하셨으므로
그리스도께서 "누구든지 나에게 오면서 자기 아버지와 어머니, 아내와 자녀, 형제와 자매, 심지어 자기 목숨까지 미워하지 않으면, 내 제자가 될 수 없다." 하고 가르치셨던 것입니다.(루카 14, 26)
주님께서는 이 세상에 평화를 주시려고 오신 것이 아니라
칼을 주시려고 오셨기 때문에 여러분은 형제자매와 어머니와
자식들과 친구들을 끊어야 하는 것입니다.(마태 10, 34)
여러분에게 가깝고 여러분이 사랑하는 것은 모두 여러분의 원수가 됩니다.
여러분이 모든 것을 보고 모든 것을 들으려고 하거나
여러분 마음속으로 모든 일을 생각하려고 하면
여러분의 영혼은 틀림없이 기진맥진하게 되고

잡념으로 가득 차게 될 것입니다.
그래서 어떤 스승이 말했습니다.
**"내면생활을 하려면 모든 힘을 자신의 영혼 한구석에 몰아 넣어버리고
아무 생각 없이 행동할 수 있도록 하십시오."**
주님의 말씀, 즉 주님께서 자신 안에 태어나실 수 있도록 하기 위하여
모든 것을 잊고 모든 것을 무시하고 침묵하며 정진(精進)하도록 해야 합니다.
침묵하며 정진하지 않으면 하느님의 말씀을 들을 수 없다는 것을 알아야 합니다.
**침묵해야만 하느님의 말씀을 들을 수 있고
모든 것을 무시해야만 하느님의 빛을 볼 수 있는데
아무것도 모르게 되어야 말씀이 저절로 들리기 때문입니다.**

여러분은 다음과 같이 말할지 모릅니다.
"스승님, 당신은 우리의 완전함이 어떤 종류의 무지(無知)에 있다고 하셨는데
무지는 허물이라고 알고 있습니다.
왜냐하면, 하느님께서는 인간을 알게 만드셨고
예언자는 사람들을 알게 해주십사 하고 하느님께 기도했기 때문입니다.
무지는 죄의 원인이고 덧없는 행동의 원인이며
무지한 사람은 바보이고 원숭이 같지 않습니까?"
나는 다음과 같이 답하고 싶습니다.
"누구나 계속하여 무지하다면 여러분이 한 말이 맞습니다.
**그러나 내가 말하는 무지는 잔상으로 남은 모든 지식을 버리고
하느님만 알려고 하는 것이라는 것을 알아야 합니다.
또 이 무지는 과거에 몰랐던 것을 계속하여 모른다는 뜻이 아니라
하느님의 지혜를 얻기 위하여
아무것도 모르려고 하여 무지하게 된 것을 말합니다.
우리는 하느님의 지혜를 얻기 위하여 아무것도 몰라야 합니다.
따라서 영혼은 모든 헛된 지식을 버려 비우고
하느님의 지혜로 고귀하게 되어야 합니다.**
이 과정에서 우리가 모든 것을 하느님께 맡겨드리게 되면
우리가 일하는 것보다 하느님께서 훨씬 더 완벽하게 역사하시게 됩니다.
그래서 어떤 스승이 말했습니다.

"우리는 보려고 하기보다는 들으려고 해야만 더 많은 지혜를 얻게 됩니다."

한 이교도 철학자에 관한 이야기입니다.
그가 죽기 직전에 그의 제자들이 위대한 발견을 했다고 말하자
그가 머리를 들고 말했습니다.
"그것을 알게 해주시오. 그러면 나는 영원히 그것을 간직하게 될 것이오."
듣게 되면 들은 것이 우리 안으로 들어오지만
보게 되면 다른 데로 눈을 돌리게 됩니다.
따라서 영원한 생명을 갖고 살려면 보는 것보다 듣는 것을 더 좋아해야 합니다.
왜냐하면, 내 안에서는 영원한 말씀을 들을 수 있게 되지만
보게 되면 바깥으로 눈을 돌리게 되기 때문입니다.
하느님의 말씀을 듣게 되면 수동적으로 되지만
보게 되면 능동적으로 되기 때문입니다.
그리고 우리의 행복은 우리의 활동에 있는 것이 아니라
우리가 하느님으로부터 수동적으로 받는 것에 있기 때문입니다.
하느님께서 모든 피조물보다 더 위대하신 것처럼
하느님의 역사가 내가 하는 일보다 더 위대하시기 때문입니다.
그리고 하느님께서 무한한 사랑으로 우리를 행복하게 해주신 것이지
우리가 자신을 행복하게 만든 것은 아니기 때문입니다.
우리가 받을 수 있는 역량이 줄 수 있는 역량보다 더 크고
우리가 받는 모든 선물이 다른 선물을 더 받을 수 있게 역량을 더 키워주므로
우리가 받기를 더 바라면 훨씬 더 큰 것을 받을 수 있게 되기 때문입니다. 그래서
어떤 스승이 말했습니다.
"영혼은 다음과 같이 해야 하느님을 닮을 수 있게 됩니다.
하느님께서는 무한히 주시려고 하기 때문에 영혼은 무한히 받을 수 있게 되며,
하느님께서는 전력을 다하여 역사하시기 때문에
영혼은 전력을 다하여 수동적으로 되어야 합니다.
이와 같이 하느님과 함께 하느님 안에서 변화하도록 하십시오.
하느님께서 역사하시게 하고 영혼은 당신의 역사를 지켜보도록 해야 합니다."
그러면 모든 것을 하느님의 지혜로 알게 되고
하느님의 사랑으로 사랑하게 되어

자신의 지식과 사랑으로 얻는 것보다
훨씬 더 많은 복을 받아 더욱더 행복하게 될 것입니다.
영혼의 행복은 하나님의 역사에 달려 있지
자신의 공로로 얻는 것은 아니기 때문입니다.
디오니시오 성인(St. Dionysius)은 제자 티모테오(Timothy)가 다른 모든 제자보다 어떻게 더 완덕을 갖추게 되었느냐 하는 질문을 받고 답했습니다. "티모테오가 다른 사람들보다 더 완전한 것은
하나님의 역사를 지켜보았기 때문입니다."

위의 모든 설명은 이런 종류의 무지는 모자라는 것이 아니라
완전한 것이라는 것을 일깨워줍니다.
그리고 여러분이 하는 것보다 하느님께서 역사하시는 것이
훨씬 더 완벽하다는 것을 일깨워줍니다.
모든 행동을 멈추고 아무 생각도 하고 있지 않으면
여러분 안에 거룩한 말씀이 태어나시는 것을 알게 되고
여러분의 영혼 안에 왕께서 새로 태어나시는 것을 알게 될 것입니다.
여러분이 하느님이 아닌 것을 발견하면 모두 버려야 합니다.
저희 안에 아기로 태어나시어 우리를 하느님의 자녀로 만드신 주님,
저희가 하느님을 기쁘게 해드리지 않는 것이라면
모두 거부하도록 도와주소서. 아멘.

〈예수 공현 대축일 두 번째 강론〉

13 영혼에 비치는 하느님의 빛

"오 예루살렘아, 일어나 비추어라. 너의 빛이 왔다.
주님의 영광이 네 위에 떠올랐다."(이사 60, 1)

하느님께서 이 땅에서 바라시는 것은 하나밖에 없습니다.
당신께서 만드신 인간의 영혼이 깨끗하게 비어 있어
당신께서 거기서 역사하실 수 있는 깊은 심연을 발견하시고 싶은 것입니다.
하느님께서는 이 땅이나 하늘에서 무소불위의 능력을 갖추고 계시지만
오로지 인간의 영혼 안에서만은 당신의 거룩한 뜻을 이루지 못하고 계십니다.
하느님께서 인간 영혼의 가장 깊은 곳을 밝히시고 다스리신다면
인간의 역할은 과연 무엇인가요?
성경은 인간은 깨어 있어야 한다고 말하고 있습니다.
"오 거룩한 도성 예루살렘아, 깨어나라!"(이사 52, 1)
이 말씀은 거룩한 역사(役事)에 인간이 해야 할 일이 있는데
하느님의 일이 아닌, 자기 자신은 물론, 모든 일에서 깨어 있으라고 말씀하시려고
한 것 같습니다.
이렇게 깨어 있게 되면 영혼의 깊은 곳은
하느님을 몹시 그리워하게 되기 때문입니다.
엉큼한 생각들을 많이 떨쳐버릴수록
그리움이 살과 피와 뼈와 골수를 관통하여 영혼의 본질에 이를 때까지
하느님을 그리워하는 마음은 더 커지게 됩니다.

사람들은 두 가지 방법으로 하느님께 다가가고 있습니다.

'한 부류의 사람들'은 영혼의 내면생활과 그리움을 혼돈한 나머지
하느님을 그리워하는 데 전력을 기울이기 위하여,
생각과 이성(理性)을 이용한
마음의 활동의 도움으로 하느님께 다가가려고 합니다.
이들은 이성을 이용하여 자신의 영혼을
하느님의 평화의 도시로 만들었다고 생각합니다.
또 어떤 사람들은 기도나 묵상 등으로 마음의 안정을 얻어
자신의 영혼을 준비시킬 수 있다고 생각합니다.
그러나 이들이 얻었다고 생각하는 마음의 평화는
이들이 계속하여 잘못을 저지르고 교만함을 보이고 육욕(肉慾)에 불타고
방종(放縱)하고 의심이 많고 경솔한 판단을 일삼고
나무라면 화를 내고 쉽게 변명을 하고 미워하거나
다른 의도적인 잘못을 범하는 것을 보면 거짓 평화임에 틀림이 없습니다.
이를 보면 하느님의 일을 하려고 준비하려고 할 때
하느님께서 역사하시지 못하도록 방해할 것이 분명합니다.
이들은 깨어 있지 않아 깨닫지 못하여
바른길로 갈 수 없다는 것이 분명합니다.
이들에게는 자신의 영혼을 하느님의 거룩한 도시 예루살렘,
평화의 집으로 만들지 못했다는 것을 일깨워주어야 합니다.
이들은 악행(惡行)을 더 이상 저지르지 않으려고 결심하고
일상생활 중에 하느님과 같은 삶을 살려고 노력하고
겸손하게 자비를 베풀고 모든 일에서 자기를 죽일 결심을 해야 합니다.
즉 깨어나고 깨닫는 법을 먼저 배워야 합니다.

그러나 **'다른 부류의 사람들'**은 진정으로 깨어 있고
깨달음을 얻어 하느님께서 역사하실 수 있도록
자신의 영혼 깊은 곳에서 준비하는 일도 하느님께 맡깁니다.
이렇게 모든 일에서 자기를 버립니다.
이들은 말이나 방법이나 행동에 전혀 집착하지 않고
기쁘거나 슬퍼도 전혀 개의치 않습니다.
이들은 모든 것이 하느님으로부터 온다고 생각하고

경외심을 갖고 받아들입니다.
이들은 완전히 자기를 버리고
기꺼이 순종하여 머리를 굽히고 하느님 앞에 섭니다.
그리고 하느님께서 기뻐하시는 일이면 무슨 일이든 합니다.
모든 것은 하느님으로부터 온다고 생각하기 때문에
평화롭든 평화롭지 않든 상관하지 않습니다.
이들에게는 제자들이 축제를 지내기 위하여
예루살렘으로 가야 하느냐고 주님께 여쭈었을 때
주님께서 제자들에게 하신 말을 그대로 적용할 수 있습니다.
"너희에게는 아무 때라도 상관없지만 나의 때는 아직 오지 않았다."(요한 7, 6)
이들은 항상 고통을 받으려고 준비하고 기다리고 있으므로
이들의 때는 아무 때라도 상관이 없지만, 주님의 때는 아직 오지 않았습니다.
이들은 완전히 자기를 버리고 고통을 오래 참고 견디며
하느님께서 언제 어떻게 역사하시고 자신들에게 빛을 주시든
기꺼이 모든 것을 하느님께 맡깁니다.
이와 같이 자신들 영혼의 준비를 하느님께 맡기고
결코 자신들이 준비하려고 하지 않습니다.
그러나 그들은 자신들 안에서 먼저 마귀가 움직이는 것을 느끼게 되는데
누구든 처음에는 마귀의 유혹을 먼저 받게 됩니다.
그러나 마귀가 교만이나 탐욕이나 속된 짓이나 분노나 미움을 사주하더라도
즉시 모든 것을 하느님께 맡기고 하느님께 자신들의 보호를 맡겨드립니다.
이러한 영혼들은 확실히 깨어 있으면서
자신을 포함하여 모든 것을 하느님께 맡기므로
진정으로 평화의 도시, 예루살렘에 머물게 됨으로써
불안한 가운데서도 고요함을 맛보고 고통 중에도 행복을 느끼며
모든 일을 하느님의 뜻에 맡겨버립니다.
온 세상 사람들이 무력하게 자신의 평화를 빼앗기게 되어도
사람들과 마귀들은 어쩔 수가 없습니다.
그러나 이들의 영혼에는 분명히 하느님께서 빛을 밝게 비추시며
어둠같이 보일 때도 더욱더 밝게 강력하게 비추십니다.

오, 이와 같이 어진 영혼들은 자신 뜻대로는 아무것도 하지 않고
하느님의 인도만 받습니다. 그리고 이들에 대하여 감히 말할 수 있습니다.
그들은 자신이 아무것도 아니라고 생각하지만
그들에게는 하느님이 모든 것 중의 모든 것입니다.
오 세상의 기둥인 아름다운 영혼들이여!
이들 중 한 사람이 되려고 하는 사람은 복됩니다.

그런데 이러한 사람들도 두 부류가 있습니다.
'한 부류'는 하느님께서 역사하시도록 하지 않고
자신들이 노력하여 하느님을 맞을 준비를 하며,
결과적으로 자신들의 죄에 묶여 자신을 해방시키지 못하거나
자기만족에 빠지거나 자기 마음대로 하려고 합니다.
'다른 부류'는 거룩한 영혼으로 완전히 육욕을 버리고 정신을 고양시켜
자신의 사소한 잘못도 보며 하느님께 용서를 구하기 위하여 곧바로 달려가고 하느님으로부터 거룩한 자유의지를 받습니다.

그러면 다음과 같이 물을 것입니다.
"하느님께서 준비해주시므로 이와 같은 사람들은
외적인 일은 전혀 하지 않게 되나요?
'오 예루살렘아, 일어나 비추어라.'하고 명령하셨으므로
일어나는 것 자체가 어떤 일을 하는 것으로 생각하는데
이들이 해야 할 일이 정말 없을까요?"
나는 "그렇습니다. 그들이 완전하게 되기를 바란다면
그들이 살아 있는 한 해야 할 일은 한 가지 일밖에 없습니다.
항상 깨어 있으면서 하느님 안에서 항상 자신들의 영혼을 고양시키고
모든 것을 버리고 경외심을 갖고 '유다인들의 임금으로 태어나신 분이
어디 계십니까?'하고 묻는 것입니다." 하고 답하고 싶습니다.
이들은 끊임없이 외적인 행동이나 내적인 일에서 그들을 위한 하느님의 뜻이 무엇인가, 그들이 어떤 일을 하면 하느님을 기쁘게 해드릴 수 있는가를 알아내려고 합니다. 하느님께서 그들에게 아무 말 하지 말고 수동적이 되라고 하시면 가만히 있고, 하느님께서 능동적으로 되라고 명령하시면 일하고, 하느님께서 그들에게

관상(觀想)하라고 하시면 그들은 자신들의 특권을 누리게 됩니다. 그들의 가장 깊은 곳에 있는 영혼은 하느님의 빛이 여기에 비치므로 하느님께서 그들을 위하여 어떤 일을 하시는가를 지켜보게 되는데 그곳은 하느님께서 머무시는 곳이기 때문에 세상 것은 어떠한 것도 있을 수 없습니다.

이제 하느님께서 역사하시도록 하지 않고
자신들이 노력하여 하느님을 맞을 준비를 하며,
결과적으로 자신들의 죄에 묶여 자신을 해방시키지 못하거나
자기만족에 빠지거나 자기 마음대로 하려고 하는 사람들에 대하여 살펴봅시다.
이들에 대해서는 앞에서도 말했지만
이들은 너무 활동적이고 스스로 준비하려고 노력하는 사람들로
하느님께서 진정으로 마음을 비운 이들에게 역사하실 때
하느님께서 그들 안에서 역사하시기는 하지만
직접 하시지도 않고 무작정하시지도 않습니다.
이들은 아무 모습도 떠올리지 않고 하느님의 영향을 느끼지만
지신들의 영혼에 즉시 영향을 미친다는 것을 감지합니다.
그러나 그들 안에서 이루어지는 하느님의 역사를 설명할 수도 없을뿐더러
직접 경험한 사람이 아니면 이해할 수도 없으며,
경험한 사람만이 하느님께서 자신의 영혼 중심에
계신다고 말할 수 있게 됩니다.
이러한 사람은 외적인 활동을 하지 않아도 된다는 것을 알고
자신의 영혼 안에 하느님께서 살고 계신다는 것을 더욱더 확신하게 됩니다. 마침내
그가 진심으로 바랐고 하느님께서 은총을 주셨으므로
자신이 완전하게 되었기에 거룩한 주님의 말씀에 따르면
자신의 자기 비움도 완전하게 된 것입니다.
"이와 같이 너희도 분부를 받은 대로 다 하고 나서, '저희는 쓸모없는 종입니다.
해야 할 일을 하였을 뿐입니다.' 하고 말하여라."(루카 17, 10)
이는 아무리 완전하게 되었더라도
하느님을 두려워하며 서 있어야 한다는 것을 말한 것입니다. 그렇습니다.
아무리 더할 수 없이 거룩하게 되었더라도 진심으로 하느님께
"아버지의 뜻이 하늘에서와 같이

땅에서도 이루어지게 하소서." 하고 말해야 합니다.(마태 6, 10)
그러나 자신이 조금이라도 세상 것에 집착하고 있는지,
하느님께서 자신의 영성 생활에 당신의 영향을 미치는 데
조금이라도 장애가 되는 것을 찾아내시는가를 잠자지 않고 지켜보아야 합니다.

하느님, 저희가 일어나 비추고
저희 안에서 당신의 거룩한 역사를 느낄 수 있도록 해주소서. 아멘.

〈예수 공현 대축일 세 번째 강론〉

14 놓아버려야만 하느님을 만날 수 있습니다

"예수님이 열두 살 되던 해에도
이 축제 관습에 따라 예루살렘으로 올라갔다."(루카 2, 42)

우리는 성경에서 주님께서 열두 살이 되었을 때
부모님과 함께 성전에 가셨는데 부모님은 집으로 돌아가시고
주님께서 성전에 남아 계셨지만, 부모님은 몰랐다는 것을 읽고 알고 있습니다.
주님의 부모님은 그것도 모르고,
일행 가운데에 있으려니 여기며 하룻길을 갔습니다.
그런 다음에야 친척들과 친지들 사이에서 찾아보았지만 찾아내지 못하였습니다.
그래서 예루살렘으로 돌아가 주님을 찾아다녔습니다.

여러분이 거룩한 주님의 탄생을 보려면
모든 사람을 떠나 여러분이 태어난 원천으로
다시 돌아가야 한다는 것을 가르치기 위하여
이 사건을 인용할 때가 많습니다.
영혼의 모든 능력, 즉 지능과 이해와 기억과 의지는
여러분을 여러 길로 인도합니다.
따라서 여러분이 헛된 육적(肉的)인 삶을 살지 않으려면
정신을 똑바로 차려야 합니다.
그렇게 하지 않으면 거룩한 주님의 탄생을 볼 수 없기 때문입니다.
친척들과 친지들 사이에서 찾을 생각도 하고 있지 않다가
여러분이 길을 잃어야만 친척들과 친지들 사이에서 찾게 됩니다.

그러면 여러분은 "어떤 일을 하는 중에 주님께서 탄생하시면
우리의 감각으로 하느님을 보게 하시고
하느님의 선하심과 지혜와 자비를 이성으로 알게 해주시지만
정말로 그 일을 하느님께서 역사하신다는 것을 알 수 있습니까?" 하고
물을지 모릅니다.
나는 그렇지 않다고 생각합니다.
이러한 일들도 선하고 거룩하지만
우리의 외면생활에서 감각으로 느낀 것이며
주님의 탄생은 우리 안에서 바로 하느님으로부터 오는 것이기 때문입니다.
이렇게 여러분 안에서 하느님의 빛이 비치면
여러분의 행동을 멈추고 영혼의 모든 능력을
여러분의 활동이 아니라 하느님의 역사에 쏟아 부어야 합니다.
즉 하느님께서만 역사하시고 여러분은 수동적으로 되어야 합니다.
여러분이 자신의 뜻을 포기하고 알려고도 하지 않으면
하느님께서 여러분 안으로 들어오셔서 여러분의 영혼에 밝은 빛을 비추십니다.
어디에서든 하느님께서는 당신을 알기를 바라시지만
스스로 알려고는 하지 말아야 합니다.
주님의 탄생 안에서 하느님을 알 수 있을 정도로
이성을 발휘할 수 있다는 생각을 하지 말아야 합니다.
이 빛이 여러분 안에 비치게 되면
여러분의 지식이나 이성으로는 알 수 없고
하느님의 빛만 여러분을 사로잡을 수 있게 되기 때문입니다.
이렇게 하느님께서 여러분에게 오시게 되면
여러분이 하느님을 위하여 모든 것을 버리게 하시어
전혀 새로운 모습으로 하느님을 알게 해주십니다.
성경에서 이 예를 보여주고 있습니다.
우리의 주님께서 사마리아 여인과 우물에서 대화를 나누시는 중에
그녀는 물동이를 팽개치고 마을로 달려가
사람들에게 메시아가 오셨다고 알리자 사람들이 믿었습니다.
그리하여 사람들이 우물로 서둘러 달려가
우리의 주님을 보게 되자 그녀에게 말했습니다.

“우리가 믿는 것은 이제 당신이 한 말 때문이 아니오.
우리가 직접 듣고 이분께서 참으로
세상의 구원자이심을 알게 되었소.”(요한 4, 42)
그러나 여러분의 지혜에 모든 피조된 것들과 지식이 더해져도
하느님께서 알려주시는 것만큼 하느님에 대해서 알 수는 없습니다.
진정으로 하느님을 알고 싶습니까?
하느님을 알고 싶으면 모든 지식을 버리고
모든 세상 것들을 잊어버리고 자기 자신까지도 잊어버리십시오.

그러면 여러분은 그렇게 자력으로는 아무것도 할 수 없다면
얼마나 슬프겠습니까 하고 불만을 터트릴지도 모릅니다.
자신이 아무것도 아는 것이 없다고 생각해야만 합니까?
내가 아는 것이 아무것도 없다면 어떻게 알 수 있게 됩니까?
주님의 가르침에 의하면 내가 아는 것이 있다고 생각하면
주님을 위하여 아무것도 준비할 수 없습니다.
그렇다면 나는 완전한 어둠 속에 있어야 합니까?
그렇습니다. 나는 자신 있게 답합니다.
아무것도 모른다고 생각하는 것만큼 좋은 것은 없습니다.
그러면 물을 것입니다.
이게 마지막 방법이라면 나의 지식을 어떻게 되찾을 수 있습니까?
여러분이 이 어둠에 대해서 알고 싶으면
이 어둠의 이름이 무엇인지 알고 싶으면
여러분의 영혼이 티 없이 맑게 되어 완전히 수동적으로 되어야만
완전하게 될 수 있다는 것을 명심하십시오.
이렇게 하지 않으면 진리의 길로 갈 수가 없습니다.
누구나 진리의 길로 갈 수 있지만
앞 다투어 육욕(肉慾)의 길이나 속된 길이나 악마의 길로 가고 있습니다.
그 길은 분명히 여러분을 파멸로 인도할 것입니다.
영원히 지옥에 떨어지게 할 만큼 하느님으로부터 멀어지게 할 것입니다.
그러니 다시는 뒤로 돌아가지 마십시오.
여러분의 영혼에 거룩한 하느님으로 가득 찰 때까지 하느님만 찾으십시오.

그러면 하느님으로 가득 찰 때까지 여러분은 하느님을 찾게 될 것입니다.
하느님을 본받아 인격을 갖추게 되기까지
끊임없이 자기를 버리고 세상을 버리십시오.
자신의 영혼에 하느님을 모시기까지 쉬지 마십시오.

한 이교도 철학자가 말했습니다.
"세상에 천체의 움직임만큼 빠른 것은 없지만
인간의 마음은 그보다 훨씬 더 빠릅니다."
우리의 영혼이 본래의 힘을 잃지 않아
천하게 되지 않고 타락하지 않는다면
가장 높은 하늘을 초월하여 가장 먼 목표에 이르러
가장 완전한 천상양식을 먹을 수 있을 때까지
결코 만족하지 못하게 됩니다.
본래 영혼의 능력은 그러하므로 되찾으려고 해야 합니다.
그러려면 모든 것을 버리고 자기를 버리고
이 유익한 어둠에서 돌아오지 말아야 합니다.
이렇게 하면 마침내 모든 것 중의 모든 것인 하느님을 만나게 되는데
비운 만큼 모든 세상 것들을 버린 만큼 하느님을 만나게 됩니다.
그래서 하느님께서는 호세아 예언자를 통하여 말씀하셨습니다.
"이제 나는 그 여자를 달래어 광야로 데리고 가서 다정히 말하리라."(호세 2, 16)
세상 것들을 좋아하지 않고 자기를 버리고
이기심이 없는 고독한 마음에게만
참되고 영원한 말씀을 하십니다.
예언자 다윗이 이 이기심에 대하여 말했습니다.
"아, 내가 비둘기처럼 날개를 지녔다면 날아가 쉬련마는."(시편 55, 7)
우리는 어디에서 쉴 곳을 찾을 수 있을까요?
그곳은 바로 모든 세상 것들을 멀리한 곳일 것입니다.
그래서 다윗이 다시 말했습니다.
"저의 하느님 집 문간에 서 있기가
악인의 천막 안에 살기보다 더 좋습니다."(시편 84, 11)

그러면 여러분은 이제는
"하나도 빠짐없이 모든 것을 버리고 자신의 성격도 버리고
자신의 안팎에 있는 모든 것들을 멀리해야 하나요?" 하고 물을지도 모릅니다.
예언자가 "아, 내 신세여! 메섹에서 나그네살이하고
케다르의 천막들 사이에서 지내야 했으니." 하고(시편 120, 5) 말한 바와 같이
하느님께서 아무 도움도 주시지 않고 떠나시면 큰일입니다.
마치 여러분이 나를 가르칠 때처럼
하느님께서 나의 영혼에 빛을 비추시지도 않고 말씀도 하시지 않고
내 안에서 현명하게 역사하시지도 않고
자포자기의 상태에 있는 나를
계속 내버려 두시거나 더 기다리게 하시면
한마디로 말해서 속수무책이 되면
우울함과 절망감을 없애기 위하여
무슨 일이라도 하는 게 좋지 않을까요?
아마 기도도 하지 않고 좋은 책들도 읽지 않고
강론도 듣지 않고 다른 방도도 취하지 않을 것입니다.
이 모든 것에 대해서는 답하지 않겠습니다.
장소와 때에 따라서는 맞지 않을 수도 있지만
이제 하느님께서 여러분에게 더 좋은 방법을 제공하십니다.
아무 말도 하지 않고 참는 것이 가장 좋습니다.
여러분이 아무리 위로를 받는다고 해도
상처를 입지 않고 그 상태에서 벗어날 수는 없기 때문입니다.
여러분이 하느님을 모실 수 있게 역사하시므로
하느님의 역사 중 자신의 몫을 정해 주시기만을 바라야 합니다.
보아하니 여러분에게는 그것을 생각하고 바랄만한 여력이 없는 것 같습니다.
하느님께서만이 여러분의 영혼을 준비시키실 수 있습니다.
불가피하게 여러분이 준비할 몫을 갖게 되고
하느님께서도 여러분의 영혼에 들어가시어
여러분을 사로잡으시는 몫을 맡게 되시더라도
여러분 몫을 다하여 영혼이 준비가 되면
그 순간 하느님께서 들어오셔서

여러분을 사로잡으신다는 것을 알아야 합니다.
그러나 이 모든 것은 믿기 어렵습니다.
마치 목수가 일을 하다가 내버려두듯이
하느님께서 여러분의 영혼에 마음이 내키셔야만
역사하신다는 생각은 하지 마십시오. 오히려 그 반대입니다.
하느님께서는 여러분의 영혼이 준비되었다는 것을 아시는 순간
들어오셔서 머무십니다. 마치 공기가 깨끗하기만 하면 비치는 햇빛과 같습니다.
하느님께서는 여러분이 자기를 버리고
마음을 비우고 있다는 것을 아시자마자 여러분 안에서 역사하십니다.

학식이 높은 사람들은 우리에게
인간의 몸이 어머니의 자궁에서 인간의 모습을 갖는 순간
하느님께서 그 사실을 영혼에게 알리셔야만
몸이 살아 있는 모습을 보이게 된다고 말했습니다.
다른 모든 것과 마찬가지로
몸이 마련됨과 동시에 영혼을 불어넣어 주시는 것입니다.
자연을 완전한 모습을 갖추게 하시자마자
하느님께서 은총을 베푸시는 것입니다.
따라서 여러분의 영혼이 하느님을 모실 준비가 되자마자
지체 없이 하느님께서 들어가시는 것입니다.
우리는 요한 묵시록에서 "보라, 내가 문 앞에 서서 문을 두드리고 있다. 누구든지
내 목소리를 듣고 문을 열면,
나는 그의 집에 들어가 그와 함께 먹고 그 사람도 나와 함께 먹을 것이다."는
말씀을 읽었습니다.(묵시 3, 20)
하느님을 여기저기서 찾지 마십시오.
하느님께서는 여러분 멀리에 계시지 않습니다.
하느님께서는 바로 문 앞에 계십니다.
문 앞에 서서 기다리고 계십니다.
하느님께서는 준비가 되어 있는 사람을 발견하시기만 하면
문을 열게 하시어 당신을 반갑게 맞아들이게 하십니다.
여러분은 마치 하느님께서 멀리 떨어져 계시는 것처럼

큰 소리로 하느님을 부를 필요도 없습니다.
왜냐하면 가까이 계시면서 여러분이 당신을 맞을 준비를 하기만을
여러분보다 수천 번 더 바라시기 때문입니다.
그리하여 여러분의 영혼의 문이 열리자마자 하느님께서 들어가십니다.

여러분이 주님께서 계시지 않는 것처럼 느끼게 되면
여러분이 그렇게 느끼는 것이 아니라
하느님께서 당신을 가장 잘 보이게 하시려고
못 느끼게 하시기 때문이라고 말하고 싶습니다.
하느님께서는 여러분과 함께 계시게 되면
당신께서 바라시는 대로 당신을 보여주시든지 숨기십니다.
그래서 우리의 주님께서는 니코데모에게
**"바람은 불고 싶은 데로 분다.
너는 그 소리를 들어도 어디에서 와 어디로 가는지 모른다.
영에서 태어난 이도 다 이와 같다."** 하고 말씀하셨던 것입니다.(요한 3, 8)
하느님께서는 여러분에게 자주 말씀하셨고
여러분이 하느님의 말씀을 들었지만
아직도 하느님을 알지 못하고 있습니다.
그러나 하느님께서는 자연의 스승이든 은총의 스승이든 간에
영혼이 준비되면 바로 들어가십니다.
여러분이 영혼을 비워 하느님께서 계신 것을 느끼지 못해도
하느님께서는 비우자마자 들어가 계십니다.
그리하여 빈 영혼에는 하느님께서 들어가시거나
이기심 때문에 속된 것으로 다시 채워지게 됩니다.
하느님께서는 결코 빈틈을 주시지 않습니다.
**따라서 침묵하며 서서 영혼이 비워지기를 기다리십시오.
왜냐하면, 자기를 비우지 못하게 되면
다시 비울 때까지 시간이 오래 걸리기 때문입니다.**

그러면 여러분은 다시 우리가 지금까지 다루어 왔던
하느님의 아드님의 거룩한 탄생에 대한 설명을 요구할 것입니다.

여러분은 나에게 주님의 탄생이 일어났다는 것을
알게 된 표징이라도 갖고 있느냐고 물을 것입니다.
그렇습니다. 분명히 세 표징을 얻게 됩니다.
사람들은 나에게 아무것도 완전하게 되는 것을 방해하지 않는,
즉 시간도 잊어버리고 탐욕도 버리게 되고 분심도 생기지 않는
그런 영적 상태에 누구나 이를 수 있느냐고 묻습니다.
그 사람에게 주님께서 탄생하시게 되면
그 사람은 무념무상(無念無想) **하게 됩니다.**
그 뒤에는 그 사람의 영혼은 본능적으로 물욕을 버리고
하느님만 찾고 주님의 탄생에만 신경 쓰게 됩니다.
벼락이 칠 때를 생각해보십시오.
어떤 것이 벼락을 맞으면 즉시 벼락을 향하게 됩니다.
사람은 벼락이 치면 등을 돌리고 도망치기도 하지만
재빨리 벼락을 다시 쳐다보게 됩니다.
벼락이 치면 나뭇잎들은 모두 벼락이 치는 쪽으로 향하게 됩니다.
이와 같이 주님의 탄생을 느끼게 되면
영혼이 하느님과 새로운 관계를 맺게 됨으로써
영혼은 즉시 거기에만 신경을 쓰며
어떤 상황이나 환경에서도 하느님만 생각하며
가장 싫어하던 것들도 좋게 보이게 됩니다.
여러분이 무엇을 보고 듣든 여러분 안의 주님의 탄생으로
모든 것이 거룩하게 보이게 되고 들리게 됩니다.
여러분은 하느님만 알고 사랑하기 때문에
모든 것이 하느님처럼 거룩하게 보이게 됩니다.
마치 하늘에 있는 태양을 바로 쳐다본 사람이
눈을 돌려 다른 물체를 보게 되면
그 물체에 태양의 테두리가 나타나는 것을 보게 되는 것과 같습니다.
여러분이 이와 같이 되지 않으면
모든 것에서 하느님만 찾고 사랑하지 않게 되며
여러분 안에 주님께서 탄생하시지 않았다는 것을 알게 됩니다.

그러면 그런 사람은 수행(修行)을 계속하지 말아야 합니까? 하고 물을 것입니다.
이 거룩한 상태 때문에 자신의 고행(苦行)을 중단해야 한다고 자책하지 않습니까?
나는 철야기도나 금식이나 눈물과 슬픔에 찬 기도나 공부나
고행하는 사람들이 입던, 털이 섞인 거친 천으로 만든 윗도리를 입는 등의 수행(修行)은
계속하는 것이 좋다고 답하고 싶습니다.
왜냐하면, 육(肉)은 영(靈)을 거스르려고 하며
몸은 영혼을 의식하여 지나치게 긴장하게 되므로
끊임없이 갈등이 생기기 때문입니다.
이렇게 살게 되면 육(肉)은 더 대담해지고 강해지게 되는데
이 땅은 육의 고향이고 이 세상은 이 육의 봉기를 반기기 때문입니다.
음식과 마실 것과 모든 위안은 영혼에 해롭게 되는데
영혼은 모든 것이 죽게 되는 이 세상에 맞지 않기 때문입니다.
그러나 하늘나라에는 영혼이 좋아하는 것밖에 없습니다.
하지만 영혼이 진정한 친구이자 친척인 하늘나라 시민들만
생각하고 사랑하게 되면 하늘나라는 영혼의 조국이고 고향이므로
영혼에 방해가 되는 것은 아무것도 없게 됩니다.
그러나 이 땅에서 육(肉)이 영(靈)을 지배하지 않도록 하기 위해
육욕과 쾌락을 뿌리쳐야 합니다.
고통스럽더라도 이렇게 하게 되면 편안함과 위안만 바라지 않게 됩니다.
그러면 영혼은 욕정을 잠재워 욕정이 생기지 않게 합니다.
쾌락을 멀리하고 하늘나라만 사랑하게 되면
곧바로 욕정을 잠재울 수 있게 됩니다.
따라서 우리에게 사랑이 부족한 것만 탓하고
하느님에 대해서는 어떤 불평도 해서는 안 됩니다.
사랑은 낚싯줄의 바늘과 같아 고기가 바늘을 물지 않으면
고기를 낚을 수가 없게 되는 것과 같습니다.
고기가 낚싯바늘을 문 후에는 도망치려고 해도 도망칠 수가 없게 됩니다.
나는 낚싯바늘을 사랑에 비유합니다.
일단 사랑의 포로가 되게 되면 빠져나갈 수가 없기 때문입니다.
그리하여 하느님의 사랑을 선물로 받는 사람은
어떤 수행을 하는 것보다도 비천하게 되지 않게 됩니다.

하느님으로부터 사랑의 선물을 받게 되면
자신에게 닥치게 되는 어떠한 불행도 참고 견디게 됩니다.
그리하여 자신이 받은 모든 상처를 용서할 수 있게 됩니다.
사랑만큼 하느님 가까이 갈 수 있게 해주는 것은 없으며
사랑만큼 하느님을 자신의 편으로 만들 수 있는 것도 없습니다.
이 길을 아는 사람은 결코 다른 길을 찾지 않습니다.
이 낚싯바늘에 걸린 사람은 영원히 빠져나갈 수가 없기 때문에
자신의 발과 손과 입과 눈과 마음은 모두 하느님의 것이 됩니다.
따라서 순수한 영혼을 더럽히는 이와 같은 원수들을 물리치는 데에는
사랑이 가장 좋은 무기가 됩니다.
이 때문에 성경(아가 8, 6)에서
“**사랑은 죽음처럼 강하고 정열은 저승처럼 억센 것**”이라고 했습니다.
죽음은 육(肉)으로부터 영혼을 잘라내어 버리지만
사랑은 영(靈)으로부터 모든 것을 잘라내어 버립니다.
영혼이 사랑하게 되면 하느님의 것이 아니거나
거룩하지 않은 것에는 매달리려고 하지 않게 됩니다.
이러한 길을 가고 있는 사람은
선한 일을 하고 있든 하고 있지 않든 상관하지 않고
오로지 사랑만 생각합니다.
사랑으로 하는 일은 사랑이 없이 죄를 짓지 않고 하는 일보다
훨씬 더 영혼에 유익하며 하느님께 더욱더 큰 영광을 드리게 합니다.
힘들여 열심히 일하는 사람보다
완전한 사랑을 갖고 조용히 쉬고 있는 사람이
하느님께는 더 가치가 있습니다.
따라서 열심히 금식하고 하느님 사랑의 낚싯바늘에 제대로 걸려
하느님의 행복한 포로가 되면 될수록 여러분은 자유롭게 될 것입니다.
저희가 이렇게 포로가 되고 해방되도록
하느님 아버지와 아드님과 성령께 기도드리나이다. 아멘.

〈예수 공현 대축일 후 첫 주일 강론〉

15 하느님을 그리워하는 세 부류의 사람들

"축제의 가장 중요한 날인 마지막 날에
예수님께서는 일어서시어 큰소리로 말씀하셨다.
'목마른 사람은 다 나에게 와서 마셔라.'"(요한 7, 37)

주 예수 그리스도께서 말씀하신 목마름은 무엇을 뜻할까요?
성령께서 영혼에 들어가시면 영혼은 사랑의 불을 느끼게 되는데
실제로 영혼에 사랑의 아주 큰불이 나서
하느님을 애타게 그리워하게 하기 때문입니다.
즉 내면에서 하느님을 소유하려고 하기 때문입니다.
그런데 그러한 영혼은 얼떨떨하게 되어 그 상황을 설명하지 못하고
내적인 텅 빔과 고통을 경험한 것만 알고
세상 것들은 모두 싫어하게 됩니다.

이런 목마름을 느끼는 세 부류의 사람들이 있는데
한 부류의 사람은 '**초보자**'이고,
두 번째 부류의 사람은 '**어느 정도 수행**(修行)**을 한 사람**'이고,
세 번째 부류의 사람은 '**완벽하게 수도 생활을 하고 있는 사람**'입니다.
다윗 왕이 말했습니다.
"암사슴이 시냇물을 그리워하듯
하느님, 제 영혼이 당신을 이토록 그리워합니다."(시편 42, 2)
암사슴이 사냥개에게 쫓겨 숲과 산으로 몰리게 되면
어떤 동물보다도 목이 말라 시냇물을 그리워합니다.

영성 생활의 초보자들은 많은 시련과 유혹을 받으면서도
다른 부류들보다 훨씬 더 애타게 하느님을 그리워하게 되는데
마치 사냥개에 쫓기는 암사슴 같습니다.
이런 사람이 먼저 세상 것들을 멀리하고
자신의 많은 죄를 뉘우치게 되면
수많은 무서운 개들처럼 7죄종이 달려들어
세상에 있을 때보다 더욱더 괴로워하게 만들기 때문입니다.
옛날에도 유혹을 많이 받았지만
이제는 자신의 나쁜 버릇에 휘둘리게 되기 때문입니다.
그래서 솔로몬이 가르쳤습니다.
"얘야, 주님을 섬기러 나아갈 때 너 자신을 시련에 대비시켜라."(집회 2, 1)
그러나 수많은 유혹이 있게 되면
하느님을 목말라하는 불도 거세지게 된다는 것을 명심하십시오.

사냥개들이 암사슴을 쫓아가 옆구리에 달려들어
이빨로 사슴을 꽉 물면서 사냥개들을 뿌리칠 수가 없기 때문에
암사슴은 활짝 펼쳐진 관목 나뭇가지 밑으로 달려가서는
사냥개에게 일격을 가하여 머리를 박살 내 위기를 모면하게 됩니다.
이는 믿음이 깊은 사람이 유혹에 맞서는 모습을 보여줍니다.
수많은 유혹이 엄습하면 전력(全力)으로 십자가 나무 밑으로 달려가
경건하게 우리의 사랑하는 주 예수 그리스도의
수난과 죽음을 묵상하도록 해야 합니다.
이것은 곧 원수의 머리를 박살내는 것과 같으며
모든 유혹을 물리치는 방법입니다.
또 큰 사냥개들을 뿌리 치고 나면
작은 사냥개들의 공격을 받아 몸이 갈기갈기 찢어질 수 있으므로
이들의 공격을 무시하면 심각한 상처를 입게 됩니다.
즉 영적인 초보자들은 수많은 큰 유혹들을 물리쳤으므로
사소한 잘못을 범하지 않도록 해야 합니다.
왜냐하면, 가벼운 죄들도 잘못 인도하여
하느님으로부터 멀어지게 됨으로써

영성 생활에 지장을 받게 되기 때문입니다.
게으르게 오락에 빠져들고, 친구를 이용만 하려고 하고,
옷을 화려하게 차려입고, 사람의 위로만 받으려고 하면
영성 생활이 어렵게 되기 때문입니다.
이와 같은 일들을 중단하지 않으면
신앙생활이 시들해지게 되고
은총을 받지 못하게 되고 회개하지 못하게 됩니다.
이런 가벼운 죄와의 싸움은 큰 갈등보다도
영혼에 오히려 더 큰 상처를 입힙니다.
큰 갈등이 생겼을 때는 원수가
자신의 생명을 노리는 것을 알고 강하게 맞서지만
가벼운 죄는 무시하는 수가 많습니다.
이와 같은 착각을 하는 가운데 몰래 공격을 하므로
위장하고 있는 적(敵)이 눈에 보이는 적(敵)보다 더 위험합니다.
따라서 모든 유혹에 용기와 경계심을 갖고 맞서야 합니다.
암사슴이 쫓기면 쫓길수록 더 목마르게 되는 것처럼
유혹이 강하면 강할수록 우리 주님의 사랑을 애타게 찾게 되는데
하느님 안에서 모든 진리와 기쁨과 위로와 의로움을 찾게 되기 때문입니다.

사냥꾼들은 암사슴이 지친 것을 알아차리게 되면
사냥에 싫증을 느끼고 사냥개들을 불러들여 먹이를 주고 쉬게 하면서
암사슴이 기력을 회복할 때까지 마음대로 돌아다니게 하여
보다 즐거운 사냥을 하려고 합니다.
우리의 거룩한 주님께서도 시련의 시기에 사람을 이와 마찬가지로 다루십니다.
시련이 너무 크다 싶으면 유혹을 멈추게 하시고
지친 영혼에 당신의 거룩한 마음으로부터 신선한 공기를 주시어
거룩한 것들의 달콤함을 맛보게 해주십니다.
그리하여 영혼에게는 하느님의 것이 아닌 것은
모두 쓰게 보이게 하시고
영원히 승리하는 생각을 하게 하십니다.
그러나 그렇게 하시지 않으면

잠깐 쉬는 시간을 주시어,
사냥개가 갑자기 짐승의 목을 물려고 뛰어오르는 것처럼
사람을 갑자기 공격하는, 앞으로의 유혹에 대비하게 하십니다.

그러나 시련이 예전보다 더 심하게 되면
영혼으로 하여금 예전보다 더 강하게 유혹에 맞서도록 하십니다.
사랑하는 형제자매 여러분,
그것은 하느님께서 우리를 변함없이 사랑하시기 때문에
그런 무서운 시련을 겪게 하시는 것입니다.
그렇게 무서울 정도로 시련과 싸우고 나야만
쫓기던 짐승이 우물로 달려가듯이
기쁘게 하느님께로 달려가기 때문입니다.
사람의 마음은 이렇게 끊임없이 시련과 싸우고 나야만
완전한 진리 안에서 마음 편하게
하느님의 기쁨과 은총을 얻기를 간절히 바라기 때문입니다.
그리고 이 땅에서도 목이 말라야만
생명수(生命水)가 더 달콤하게 느껴지기 때문입니다.
또 이후에는 하느님 아버지의 마음으로
기쁨의 샘물을 마음껏 마시게 되기 때문입니다.
따라서 그의 모든 고통은 하느님을 위하여
고통을 겪으면서 느낀 위로에 비하면
아무것도 아닌 것처럼 보이게 됩니다.

이제 암사슴은 모든 사냥개를 멀리 따돌렸으므로
깨끗한 시냇물에 기쁘게 뛰어들어 실컷 마시고 원기를 되찾습니다.
이와 마찬가지로 영혼도 하느님의 위로의 샘에서 실컷 마시게 됩니다.
영혼이 주님의 도움을 받지 않고 유혹을 물리치고
의기양양하게 하느님께 가게 되면
하느님의 사랑과 기쁨 외에 마실 것이 있겠습니까?
그리하여 영혼은 하느님으로 충만하여
행복과 평화 속에서 자신을 잊고

위대한 기적을 일으킬 수 있다고 생각합니다.
영혼은 기쁘게 물불을 가리지 않고 하느님께로 갈 준비를 하고
수많은 시련을 겪을 준비를 합니다.
영혼은 죽음도 두려워하지 않고 기쁨이나 고통도 개의치 않습니다.
마치 하느님의 사랑에 취한 것처럼 보이게 됩니다.

이는 환희의 기쁨으로 때로는 기뻐서 울기도 하고
웃기도 하고 노래하기도 합니다.
오로지 이성(理性)의 인도만 받고 있는 주변의 사람들은
이 모든 것을 이해하지도 못하고
선택된 영혼들에게 성령께서 놀랍게 역사하신 것을 전혀 알아차리지도 못합니다.
주변의 사람들은 이 이상한 행동을 보고는
즉시 이 선택된 영혼들을 판단하며 맹렬히 비난합니다.
그러나 이 사람들은 그래도 형언할 수 없는 행복을 느낍니다.
이들이 하는 일마다 행복을 느낍니다.
이들은 여러분이 선의를 갖고 방문하든
악의를 갖고 방문하든 변함없이 기뻐합니다.
아무 일도 없었던 것처럼 이들 안에 하느님께서 기쁘게 빛을 비추시어
계속하여 하느님께서 자신의 영혼을 다스리시기를 간절히 바라며
항상 만족해합니다. 이들 중 어떤 사람은
우리 주님에 대한 사랑으로 가득 차게 되어 기뻐서 죽으려고 합니다.
왜냐하면 사랑하는 형제자매 여러분,
하느님께서 이들 영혼에 역사하심으로써
기쁨을 참지 못하고 살고 있기 때문입니다.
이들 중 많은 사람이 모든 것을 버려 하느님을 모실 수 있게 됨으로써 가련하고
연약한 인간의 본성이 사라져버렸기 때문입니다.

사랑하는 형제자매 여러분,
우리의 주님께서 이들이 당신의 영적 선물로 취한 것을 보시게 되면 하느님께서는
마치 아버지가 침대에서 잠든 것을 보고는
지하저장고로 가서 좋은 포도주를 지나칠 정도로 마셔버린

아이들을 야단치는 사려 깊은 아버지처럼 행동하십니다.
아버지가 잠에서 깨어 이를 알고는 바깥으로 나가 회초리를 만들어 들어와
심한 매질을 하고 나면 아이들에게 해줄 수 있는 것은
아이들이 안정을 되찾도록 물을 마시게 하는 수밖에 없습니다.
하느님께서도 당신께서 선택하신 사람들에게 그렇게 하십니다.
당신께서 선택하신 사람들이 당신의 사랑을 받고
지나치게 기뻐하는 동안에 잠들어 계시다가 깨어나시면
기쁨의 포도주를 뺏어버리시는데
기쁨을 감추지 못했기 때문입니다.
그리하여 위안과 평화와 하느님께서 옆에 계신다는 생각이 사라지면서
기뻐한 적이 전혀 없었던 것처럼 슬퍼합니다.
이들은 예전에 몹시 취했던 것처럼 이제는 너무 슬퍼하게 됩니다.
그리하여 이들이 어둠 속에 있게 되면 주님을 간절히 그리워하지만
주님께서는 다시 이들이 자기를 버리도록 만드시어
예전보다 훨씬 더 세상 것들을 멀리하도록 하십니다.
그러면 이들은 냉정과 이성을 되찾아
자숙하면서 안정을 되찾게 됩니다.
자기를 버리고 나서 자신의 꼬락서니와
자신의 한계를 깨닫게 되었기 때문입니다.
이들은 조금 전만 해도 아무도 감히 그렇게 할 수 없을 정도로
하느님을 위하여 그러한 일을 기꺼이 떠맡아 하려고 했지만
이제는 하느님을 위하여 아무 일도 할 수 없게 되었으므로
여러분이 이들에게 십자말풀이를 주고 하느님께서 시키셔도
거의 할 수 없을 정도가 되어 버립니다.
이렇게 정신적 혼란 속에 있으면서도
이들은 자기 힘으로는 선한 일을 조금도 할 수 없으리라는 것을 압니다.
또 이들은 하느님의 은총을 느낄 수 없으므로
아주 겸손해지고 자기 합리화를 하지 않게 됨으로써
모든 사람에게 친절하고 호의적이 되며
외부 활동에서도 잘난 체하지 않고
하느님께서 정화(淨化)하신 모든 영혼처럼 행동합니다.

그러나 여러분은 하느님께서는 이러한 영혼들이 산만할 때만
어둠을 주신다는 것을 알아야 합니다.
사랑하는 형제자매 여러분,
하느님께서는 그러한 곳에 머무시지도 않을뿐더러 오래 머무시지도 않는데,
하느님께서 역사하시기에 너무나 좁은 곳이기 때문입니다.
하느님께서 머무시는 곳은 머무시기도 좋고
역사하시기도 좋은 영혼의 깊은 곳입니다.
거기에서만 하느님의 모습을 볼 수 있습니다.
여러분이 확실히 하느님을 뵙고 싶으면
다른 곳에서 찾지 말고 거기서 찾으십시오.

진심으로 하느님을 만나려고 했던 영혼은
쉬지 않고 찾고 있었던 것을 금방 발견하게 됩니다.
거기서 영혼은 무아지경 속에서 높이 고양되어
말로 표현할 수 없는 황폐한 정신으로 들어가
숨어계시는 말할 수 없이 좋으신 하느님을 발견하고
잡생각을 완전히 버리고 하느님과 하나가 됩니다.
형제자매 여러분, 이러한 사람들이 제정신을 차리게 되면
하느님께서 지혜를 주시는데
하느님과 하나가 된 영혼에게만 지혜를 주십니다.
그리하여 성경 말씀을 쉽게 이해하게 되며
한 분이시고 영원한 하느님이신 거룩한 삼위에 대하여 알게 됩니다.
하느님과 하나가 되어 깨달은 영혼이 아니면 삼위를 알 수 없습니다.
이루 말할 수 없는 어둠 속에 하느님의 빛이 비치어
아무 길도 없는 황폐한 사막을 가로지를 수 있게 되었기 때문입니다.

이러한 무명(無明)은 실제로는 빛인데, 인간의 지식보다는 훨씬 뛰어나지만
하느님의 지혜에는 못 미치므로 어둠이라고 한 것입니다.
또 가까이 갈 수 없고 길이 없기 때문에 사막이라고 한 것입니다.
도저히 이해할 수 없지만 이러한 상태에서 하느님의 인도를 받게 됩니다.

그리고 거기에 있는 하느님의 샘물에서
흘러나오는 생명수를 마음껏 마시게 됩니다.
본래 이 물은 아무나 마실 수 있도록 흐르고 있기 때문에 쓰고 미지근했지만 이제는 솟아오르는 샘물처럼 달콤하고 시원합니다.
하느님의 샘물에서 물을 마시면 얼마나 시원하겠습니까?
영혼은 이 샘물에 몸을 던져 흠뻑 젖기를 바랍니다.
그러나 영혼은 이 땅에서는 생명수를 마실 수 없다는 것을 압니다.
여름 소나기가 땅에 흡수되듯이
그동안에 영혼은 하느님께 빨려 들어가고 말기 때문입니다.

형제자매 여러분, 이제 이런 경지에 이른 사람을 생각해보기로 합시다.
이 사람은 편하게 지내기 위하여
저급의 정신 능력을 전혀 사용하지 않고 고귀한 삶도 살 수 없으므로
본성에 따라 평상시와 같은 마음으로 살아야 합니다.
그렇게 하지 않으면 성령께서 떠나심으로써
다시 교만하게 되고 방종하게 되고 지적(知的)인 자부심을 갖게 되기 때문입니다.
계속 겸손하게 하느님의 뜻에 모든 것을 맡기고
세상 것들을 멀리하고 안팎으로 들리는 속된 소리에 귀를 막고
그리스도인으로 덕행을 하고 살아야 합니다.
그러면 하느님께서 계속 그와 하나가 되시어
더욱더 하느님을 닮은 사람으로 변화시키시게 됩니다.

형제자매 여러분,
하느님께서 영혼을 이끄시는 놀라운 방법을 보고
영혼에 얼마나 이상한 짓을 하시는지 보십시오!
먼저 하느님께서 당신을 영혼의 내적 능력 안으로 들여보내시어
점차 영혼에 빠지게 하시고 영혼이 하느님께 빠져들게 하시어
영혼이 자제하지 못하고 이상하고 어리석은 길로 접어들게 합니다.
그렇게 하신 다음 영혼을 당신 안으로 깊이 끌어들이시고
전(前)과 다른 방법으로 신성(神性)을 주시어
모든 일에서 신성을 발휘하도록 하십니다.

그리하여 영혼은 아가서(2, 4)와 같이 말하게 되었습니다.
"그이가 나를 연회장으로 이끌었는데 내 위에 걸린 그 깃발은 '사랑'이랍니다."
하느님께서는 영성 생활의 모든 일을 잘되게 하시기 위하여
황량한 사막을 거쳐 영혼 깊은 곳으로 이끄시어
거기서 모든 감각과 이성을 초월하여 인간이 느낄 수 없는 것을 보여주시는데
참된 영원한 생명을 미리 맛보게 하시기 위한 것입니다.
사랑하는 형제자매 여러분, 온유하시고 선하신 하느님께서
당신께서 선택하시고 완전하게 만드시려고 하는 영혼에게
어떻게 당신의 놀라운 역사를 숨기시는지 똑똑히 보십시오.
하느님의 목적은 언제나 우리를 당신과 하나로 만드시어
거룩하고 행복한 삶을 살도록 우리를 이끄시는 것입니다.
하느님께서는 우리가 당신의 영원한 평화와 사랑을
그리워하게 하시고 우리를 우렁찬 목소리로
부르시어 생명수를 마시게 하십니다.
"목마른 사람은 누구나 나에게로 와서 마셔라."
하느님께서는 변함없이 우리 영혼이 목말라 하기를 바라시므로
우리에게 그런 달콤하고 거룩한 물로 채워주시어 갈증을 해소하게 하시고 우리에게서
"생수의 강들이 흘러나오게 하시고"
영원한 삶을 살 수 있게 해주십니다.(요한 7, 38)
우리가 지상 양식으로 살아갈 때처럼
생명수가 위(胃)를 거쳐 온몸으로 흘러가도록 하시어 힘을 얻게 하십니다. 영혼도
하느님과 은밀히 대화하여 생명수를 마시게 되면
모든 곳에 사랑이 퍼지게 되어
사랑으로 일하면서 살게 하시고 우리가 하느님 안에 존재하게 하시고
우리의 모든 동료에게도 사랑을 베풀게 하십니다.
이렇게 하느님께서 역사하심으로써 외면생활도 잘할 수 있게 됩니다.
이와 같이 하느님의 방법으로 일하게 되면
많은 열매를 맺게 되어 영원히 행복하게 될 수 있습니다.
하느님, 저희가 이런 목적을 이룰 수 있도록 저희를 도와주소서. 아멘.

〈예수 공현 대축일 후 두 번째 주일 강론〉

16 치유되려면 다섯 관문을 거쳐야 합니다

"그 뒤에 유다인들의 축제 때가 되어 예수님께서 예루살렘에 올라가셨다."
(요한 5, 1)

성경(요한 5, 1-14)에는
예수님께서는 축제 때가 되어 예루살렘에 올라가셨다가
다섯 주랑이 달려 있는 치유의 연못을 방문하셨다고 기록되어 있습니다.
"그 주랑 안에는 눈먼 이, 다리 저는 이,
팔다리가 말라비틀어진 이 같은 병자들이 많이 누워 있었다.
그들은 물이 움직이기를 기다리고 있었다.
이따금 주님의 천사가 그 못에 내려와 물을 출렁거리게 하였는데,
물이 출렁거린 다음 맨 먼저 못에 내려가는 이는
무슨 질병에 걸렸더라도 건강하게 되었기 때문이다."
우리의 구세주께서는 서른여덟 해나 앓고 있는 사람이 누워 있는 것을 보시고
또 이미 오래 그렇게 지낸다는 것을 아시고는,
"건강해지고 싶으냐?" 하고 그에게 물으셨습니다.
그 병자가 예수님께 대답하였습니다.
"선생님, 물이 출렁거릴 때 저를 못 속에 넣어 줄 사람이 없습니다.
그래서 제가 가는 동안에 다른 이가 저보다 먼저 내려갑니다."
예수님께서 그에게 말씀하셨습니다.
"일어나 네 들것을 들고 걸어가거라."
그러자 그 사람은 자신이 건강하게 된 줄도 모르고
자기 들것을 들고 걸어갔습니다.

그 뒤에 예수님께서 그 사람을 성전에서 만나시자 그에게 이르셨습니다.
"자, 너는 건강하게 되었다.
더 나쁜 일이 너에게 일어나지 않도록 다시는 죄를 짓지 마라."

치유의 연못은 우리의 사랑하는 주 예수 그리스도라는
다정하고 점잖은 사람을 말하는 것일까요?
그리고 건강을 주는 물은 하느님이시기도 하고 사람이시기도 하며,
죄를 짓고 슬퍼서 오는 모든 사람을 사랑으로 씻어주시고
앞으로는 더 나은 사람이 되기로 결심하고
찾아오는 사람들을 사랑으로 씻어주시는,
하느님의 영원한 아드님의 숭배할 만하고 가장 고귀한 피로,
우리를 그 사랑의 연못에서 깨끗하게 씻어주시는 것을 뜻합니다.
이 치유의 연못 주변에 천사가 내려와서
물이 출렁이기만을 기다리고 있던 수많은 병자(病者)들은
모든 인간을 의미하며 구세주께서 오시기 전에 구약의 율법에 얽매여 살고
죽고 난 후에는 물이 움직이기를 기다리고 있는,
즉 우리의 구세주께서 거룩하게 괴로워하시면서 돌아가실 때
당신의 소중한 피가 쏟아져 나와 수많은 병자에게
영원한 건강과 구원을 주시기를 기다리고 있는 수많은 병자를 의미합니다.
그리고 마지막 날에, 즉 구원의 날에는
우리 주 예수 그리스도의 소중한 피가 아니면
아무도 치유될 수 없고 구원될 수 없다는 것을 의미합니다.

이제 여러분은 주님의 치유 연못을 지나가지 않는
모든 병든 영혼들은 틀림없이 영원히 죽게 된다는 것을 알아야 합니다.
그러나 물이 출렁거리는 것을 겉으로만 느끼는 다른 영혼들도 있습니다.
이들은 동료들의 충고를 받거나 지옥의 벌을 겁내거나
영육(靈肉)에 영향을 미치는 고통스러운 불행을 당하거나
강론을 통하여 하느님 말씀을 듣고 감동하여 치유의 연못으로 온 영혼들입니다.
이러한 사람들은 모두 반신반의(半信半疑)하면서 치유의 연못으로 옵니다. 이들은 매우 불쌍한 사람들입니다.

왜냐하면, 죄를 용서받아 깨끗하게 되지만
하느님께 진심으로 완전히 돌아가기를 망설이기 때문입니다.
내가 보기에는 이러한 사람들은 살다가 죽으면서
반(半)만 깨끗하게 되었으므로 완전히 깨끗하게 될 때까지
연옥(煉獄)에서 더욱더 고통을 받아야 하기 때문에
이러한 사람들을 불쌍히 여겨야 합니다.

치유의 연못에는 다섯 주랑이 달려 있었고
주님의 천사가 그 못에 내려와 물을 출렁거리게 하면 치유되게 되므로
거기에는 수많은 병자가 누워 먼저 연못에 내려가기를 기다리고 있었습니다.
이는 교만한 사람들과 분노에 가득 차 있는 사람들,
복수심에 불타 있는 사람들과 욕심이 많은 사람과 깨끗하지 않은 사람들은 모두
예수님의 피로 씻어 깨끗하게 되기만 하면
완전하게 된다는 것을 의미합니다.

우리는 다섯 주랑을, 흘러내리는 주님의 소중한 피로 씻게 되면
죄의 중병(重病)으로부터 치유되어 구원받게 된다고 여기고 있는
'**주님의 다섯 개의 거룩한 상처**'를 나타낸다고 생각할 수도 있지만
그리스도인으로 살기 위해서 매우 중요할뿐더러
영적(靈的)으로 병든 모든 영혼에 필요한
'**다섯 개의 덕**(德)'을 의미한다고 생각할 수도 있습니다.

첫 번째 관문은 '**진정한 겸손**'입니다.
이 겸손의 덕(德)으로 사람의 가치가 결정되기 때문입니다.
우리는 하느님의 손과 모든 피조물의 손 아래로 머리를 굽히고,
원인이 무엇이든, 역경을 맞이하든 번창하든, 슬프든 기쁘든
모두 하느님께서 자신에게 주신 은총으로 기꺼이 받아들이고,
하느님 앞에서 두려워하고 부끄러워하며, 결코 불평하지 않아야 합니다.

치유의 연못의 두 번째 관문은 '**내면생활에 집중하면서
즉 묵상하면서 사는 것**'입니다.

순진하고 선한 사람이 되려면 반드시 이 덕이 필요합니다!
사람들은 하느님의 표징을 기다리지도 않고
제멋대로 하므로 오로지 과시(誇示)하기 위하여,
자신이 육감(肉感)의 영향을 받고 있고 자기만족 때문이라는 것을 모르는 채로,
가르치고 강론하려고 바깥으로 뛰쳐나갑니다.
아우구스티노 성인은 묵상을 게을리 하고
세상 것들에서 기쁨을 찾는 사람들은 결코 돌아오지 못한다고 말했습니다.
사랑하는 형제자매 여러분,
외면의 일을 하려는 사람은 그 동기를 알아내기 위하여
끊임없이 자신의 내면을 지켜보아야 한다는 것을 명심하십시오.
이렇게 하면서 외면의 일을 하게 되면
안팎으로 평화와 안전을 유지할 수 있게 됩니다.
신중하지 못한 행동은 불안을 낳게 마련인데
내면에서 하느님의 인도와 충고를 받지 않고
쾌락과 덧없는 것들에 이끌리기 때문입니다.

세 번째 관문은 '**진심으로 죄를 회개하는 것**'입니다.
하느님의 것이 아니거나
하느님으로부터 오지 않는 것을 진심으로 멀리해야 합니다.
진정한 회개는 자신이 죄인이라고 생각하고
내적 외적으로 지은 모든 죄를 갖고 하느님께로 돌아가는 것입니다.
이러한 사람은 하느님의 선하심을 굳게 믿고,
진심으로 하느님만 생각하려고 하고,
사랑으로 영원히 하느님께 매달리려고 하고,
전심전력으로 하느님의 뜻에 따라 행동하려고 합니다.
사랑하는 형제자매 여러분, 이 때문에 회개를 하는 것입니다.
이런 마음을 가진 사람은 틀림없이 모든 죄를 용서받게 되며,
열심히 노력할수록 더 완전하게 죄를 용서받게 됩니다.

네 번째 관문은 '**기쁘게 가난해지는 것**'입니다.
형제자매 여러분, 가난에는 외적인 상황 때문에 생기는 '외적 가난'이 있고,

참된 가난인 '내적인 가난'이 있다는 것을 알고 있을 것입니다.
하느님의 참된 친구가 되려면
'외적인 가난'은 필요 없고 '내적인 가난'만 필요합니다.
하느님께서는 이 '내적 가난'의 덕(德)을 보시고
우리를 부유하게 만들어주시기 때문입니다.
즉 우리 마음 깊은 곳에서 하느님만 가치 있게 여기게 해주시기 때문입니다.
우리는 가난하게 되면 하느님께서 갖게 해주신 것만 갖게 됩니다.
그래서 바오로 사도는 우리에게 이 가난에 대해서 말했습니다.
"슬퍼하는 자같이 보이지만 실은 늘 기뻐합니다.
가난한 자같이 보이지만 실은 많은 사람을 부유하게 합니다.
아무것도 가지지 않은 자같이 보이지만
실은 모든 것을 소유하고 있습니다."(2코린 6, 10)
우리는 이것 외에는 아무것도 가지려고 하지 않는 것
즉 하느님의 사랑과 영광을 위하여 하느님께서 원하시면
기쁘게 그리고 재빨리 모든 것을 하느님께 맡기고
자신이 갖고 있는 좋은 것들과 친구들과 명예와 영육(靈肉)을
모두 버리는 것이 '**가난**'이라는 것을 알아야 합니다.
우리는 비겁한 인간의 속성인 비천함에서 벗어나려면
이러한 것들을 한시도 잊지 말아야 합니다.
이는 선한 사람들에게 반드시 필요한 가난이기 때문입니다.
이렇게 해야만 세상 것들에 대한 집착에서 해방될 수 있고,
기쁘든 슬프든 영혼을 고양시킬 수 있고
하느님의 뜻에 따라 속된 모든 것들을 버릴 수 있게 되기 때문입니다.
이러한 사람이 천국의 군주가 되면
가난한 사람에게 무관심하지도 않고
영혼이 하느님의 은총을 받아 부유하게 될 수도 있지만
부유하게 되지 못하게 만드는 재물은 조금도 갖지 않으려고 합니다.
평화와 기쁨을 위하여 헛된 것들을 뿌리치지 못하게 되면
쉬지 않고 하느님 앞에 서서 거지처럼
자비하시고 사랑이 많으신 아버지로부터 자비를 청해야 합니다.
이 자비는 자신을 만족시킬 수 있는 유일한 선물로

하느님을 만나게 하기 때문입니다.
이러한 사람은 잠시 잃거나 얻는 것이 있어도
일시적으로 슬퍼하거나 기뻐하게 되는데
영혼의 저급한 부분에서만 느낄 수가 있으며,
슬픔이나 기쁨에서 헤어 나오지 못하지는 않으며,
일시적으로 그런 마음을 가질 뿐입니다.

다섯 번째 관문은 끊임없이 하느님의 은총을 말하면서
'하느님으로부터 받은 영광스러운 모든 선물을 하느님께 되돌려 드리는 것'입니다.
많은 사람에게 하느님께서 영적인 깨달음의 은총을 내려주시어
하느님의 놀라운 빛 속으로 인도해주시면 행운으로 생각하기 시작하며,
영적으로 더 많은 것을 알려고 하게 됩니다.
그러나 그들의 행운이 하느님으로부터 비롯된 것이라고는 생각하지 않고
자신이 노력해서 얻게 된 것으로 생각하는데
이는 매우 위험한 생각입니다.
우리는 모든 일에서 하느님만 지켜보지 않고 있으므로
하느님께서 우리에게 은총을 쏟아 부으시고 계신다는 것을 거의 느끼지 못합니다.
어떤 사람이 벽에 난 작은 구멍을 통해서 어떤 것을 응시하고 있다고 합시다.
그가 알고 싶어 하는 그 물체만 바라보고 있으면
벽은 아무런 방해가 되지 않습니다.
그러나 벽이 얼마나 두꺼운지 또는 얇은지를 의식하게 되면 벽이 장애가 됩니다.
하느님의 선물이 크든 작든 영혼도 마찬가지로
하느님의 선물이 얼마나 고귀하고 아름다운지만 생각하지 않고
쾌락에만 빠지게 되면 하느님을 소유할 수 없게 되어
하느님만 찬양하면서 하느님께 영광을 돌려드리지 못하게 되기 때문입니다.
여러분은 내면 깊이 들어가서 하느님께서 주신 모든 은총은
하느님의 사랑에 의한 것이라는 것을 생각하고 즉시 되돌려 드려야 합니다.

형제자매 여러분, 많은 병자들이
치유의 연못으로 이어지는 주랑에 누워 있더라도,
천사가 물을 출렁거리면 가장 먼저 물에 들어가는 사람만 치유되었습니다.

그런데 물이 출렁거린다는 것은 무엇을 의미할까요?
성령께서 사람의 영혼으로 내려오시어
은총으로 그 사람의 내면생활을 흔들어놓는다는 것을 뜻합니다.
그리하여 사람이 완전히 바뀌어 옛날에 좋아하던 것을 싫어하게 됩니다.
그가 마치 추방된 사람처럼 모든 것을 버리고 살기 위하여 내적 침묵을 하며 모든 사람으로부터 미움을 받고 버림을 받게 되면,
지금 간절히 바라고 있는 것들을 모두 포기하게 됩니다.
성령께서 영혼의 깊은 물을 출렁거리게 하시면
이러한 일들이 그에게는 가장 큰 기쁨이 됩니다.
이 모든 일이 병자들에게 일어나게 되면
즉 외적인 일에 모든 정신력을 쏟아 붓고 있던 사람은
예수 그리스도의 소중한 피로 씻어져 완전히 깨끗하게 됩니다.
이렇게 내면의 깊은 곳에서만 찾고 깨끗하게 되어야만
모든 영혼의 병이 치유되게 되므로
성경(마르 6, 56)에서 "그리하여 마을이든 고을이든 촌락이든
예수님께서 들어가기만 하시면, 장터에 병자들을 데려다 놓고
그 옷자락 술에 그들이 손이라도 대게 해 주십사고 청하였다.
과연 그것에 손을 댄 사람마다 구원을 받았다."고 말하고 있는 것입니다.

사랑하는 형제자매 여러분, 때로는 우리의 사랑하는 구세주께서
병든 영혼을 치유해주셔도 평생 치유된 것을
모르고 사는 수가 많다는 것을 알아야 합니다.
그러나 하느님께서는 영혼을 가장 완전하게 만드시기 위하여 그렇게 하십니다.
우리의 주님께서는 영혼이 완전히 치유되어 건강하게 되었다고 생각하면
곧바로 자기만족에 빠지게 된다는 것을 잘 알고 계시기 때문입니다.
따라서 주님께서는 우리를 너무나 사랑하시기 때문에
치유된 것을 모르게 하시어 항상 하느님을 경외하게 만드시고
하느님께서 보시면 창피하다고 느끼게 만드시기 위한 것입니다.
이러한 영혼은 온 세상 사람들이 하느님께 죄를 지어도
하느님을 거스르지 않게 되는데 이는 무척 성화(聖化) 되었다는 증거입니다.
이러한 영혼은 죄를 지어 하느님을 진노하시게 하지 않고

기쁘게 자기를 죽이려고 합니다.
이렇게 자신의 내면에서 하느님을 위하여 매일 자기를 죽이게 되면
모든 것을 하느님의 뜻에 맡기게 되고
하느님과 하나가 될 수 있다는 것을 까맣게 모르고 있게 됩니다.
이러한 영혼의 유일한 목적은 하느님의 포로가 되는 것으로
외적인 일을 해도 잘난 체하지 않고
언제나 겸손하려고 하고 조금도 교만하지 않으려고 합니다.

그런데 이렇게 하느님의 사랑이나 미움도 모를 정도로
자기를 버린 사람의 종말은 어떻게 될까요?
마침내 하느님 아버지께서는 이 영혼을 영원한 집으로 데려가시어
모든 무지(無知)와 어둠을 없애주시고
천국의 영원한 기쁨을 미리 맛보게 해주십니다.
이와 같이 많은 시련을 겪은 영혼은 기쁨과 자만심을 죽입니다.
그리고 어둠과 황량함을 느끼며 사는
오랜 세월 동안에는 하느님만 믿었기 때문에
연옥을 거치지 않고 바로 하느님의 품으로 이끌어주십니다.
이 때문에 성경(묵시 14, 13)에서
"나는 또 "'이제부터 주님 안에서 죽는 이들은
행복하다.'고 기록하여라." 하고 하늘에서 울려오는 목소리를 들었습니다.
그러자 성령께서 말씀하셨습니다.
"그렇다, 그들은 고생 끝에 이제 안식을 누릴 것이다.
그들이 한 일이 그들을 따라가기 때문이다." 하고 말하고 있는 것입니다.
성경은 우리의 주님께서 치유의 연못에서
38년 동안 병들어 있던 사람을 만나신 것을 말하고 있는 것입니다.
오랫동안 병들어 있어도 죽지만 않으면
하느님의 영광을 볼 수 있다는 것을 명심하십시오.
오 사랑하는 형제자매 여러분, 하느님께서 우리에게,
38년 동안 끈질기게 하느님을 기다린 사람은 마침내 상급을 받게 된다는,
이 교훈을 깨닫게 해주시도록 기도합시다.
하느님께서는 그 사람에게 가시어 건강하게 해주시고는

자기 들것을 들고 걸어가라고 분부하셨습니다.
형제자매 여러분, 이 가르치심은
오늘날의 많은 영적인 사람들에게도 좋은 교훈이 될 것입니다.
나는 자신의 죄를 진심으로 회개하고 경건하게 살았지만
우리의 주님께서 특별한 은총을 주시지 않으면
모든 것을 잃었다고 말하는 사람들에게 말하고 싶습니다.
그들은 하느님께서 자신들을 부당하게 대하셨다고
생각하고 행동하는 것 같기 때문입니다.
그들은 결코 겸손하게 세상을 등지지도 않았고
하느님의 뜻을 참고 기다리지도 않았기 때문입니다.
이러한 덕을 쌓은 사람이 드문 것이 너무나 안타깝습니다!
하느님께서 복 밭으로 인도하실 수 있게
자기를 기꺼이 버린 사람이 너무나도 드뭅니다.
하느님께서 보시기에는 이러한 영혼들은
하느님의 인도를 받는 것이 얼마나 기쁜지
얼마나 행운인지 모르고 있습니다.
하느님, 저희가 자기를 버리고 당신의 뜻을 따르는 것이
저희에게 얼마나 유익한 것인가를 알게 해주소서.
당신께서 저희를 무지(無知)하게 하시고 어둠 속에 있게 하셨는데도
이를 모르고 무지와 어둠에서 잠시라도 해방되기를 바라지 않게 해주소서.
당신께서 때를 알려주실 때까지 해방되기를 바라지 않게 해주소서.
하느님, 저희가 불안해하고 괴로워하고 있어도
당신의 인도를 믿고 용기 있게 참을 수 있는 은총을 저희에게 주소서. 아멘.

〈예수 공현 대축일 후 셋째 주일 강론〉

17 진정으로 회개한 영혼의 표징

"이스라엘아 주 너희 하느님께 돌아와라."(호세 14, 2)

우리는 오늘의 복음(마태 8, 23)에서
"예수님께서 배에 오르시자 제자들도 그분을 따랐다."는 말씀을 읽었습니다.
그리스도인이라면 누구나 "이스라엘아 주 너희 하느님께 돌아와라."는
예언자의 가르침에 따라 죄를 뉘우치고 그리스도를 따라야 합니다.

우리 주님께서는 하느님께 등을 돌리고
제 마음대로 육욕(肉慾)을 만족시키면서
헛된 것을 따름으로써 그리고 나쁜 사람들에게 속아서
길을 잃은 사람들의 길을 따르려고 하지 않으면
모든 세상사람 중에서 뽑으시어 많은 은총을 주셨을 뿐 아니라
더 많은 은총을 주시겠다고 약속하셨습니다.
주님께서는 당신의 백성들을 종들과 예언자들로 만드시어 인도하시고
그들에게 당신의 거룩한 계명을 주셨습니다.
그리고 그들을 위하여 원수들과 싸우심으로써
당신의 무한한 능력을 보여주셨습니다.
자비로우신 주님께서는 그들에게 수많은 은총을 주시고
당신께 등을 돌리지 않고 당신을 사랑하고 당신의 계명을 지키면
계속하여 은총을 주시겠다고 약속하셨습니다.
그리고 노예가 되어 힘든 일을 하지 않도록 하시고
율법을 지키려고 애쓰지 않도록

구원해주시는 날을 결코 잊지 말라고 당부하셨습니다.
그러나 백성들은 목에 힘을 주고 안목도 짧았고 감사할 줄 몰랐습니다.
그리하여 그들에게 주신 계명을 지키지 않고
반대로 제멋대로 하고 반항하면서 경솔함을 보여주었습니다.
이 때문에 우리의 주님께서는 그들에게 벌을 주시어
많은 사람을 죽게 하시고 모두 광야에서 죽도록 내버려 두셨습니다.
그들의 자손들에게도 계속하여 당신의 메신저들을 보내시어 말씀하셨습니다.
"오 나의 선택된 백성인 이스라엘아,
나에게로 돌아와서 진심으로 회개하여라!
죄악의 길에서 비틀거리지 말고 나를 따라라.
이집트의 어둠의 길에서, 사악한 길에서, 저주의 길에서 돌아오면
내가 약속의 땅으로 너희를 데려가서 너희에게 좋은 것들만 주겠다."
(호세 14, 2-9 참조)

아주 옛날의 구약 성경 시대에는
이와 같은 사건들이 많이 벌어졌고 많은 기적도 일어났습니다.
그러나 하느님의 아드님께서 육화(肉化)하신 후
그리고 오늘날에 어떤 일이 일어나고 있는지를 알아야 합니다.
왜냐하면 주님께서도 똑같은 말씀을 하시어
우리를 진심으로 당신께 돌아가도록 하셨고
우리에게 많은 근거와 경고와 가르치심을 주시고 권유하셨기 때문입니다.
우리가 당신을 따르지 않으려고 하면
이 세상의 이집트에서 세상의 왕인 파라오의 속박에서 벗어나도록
간곡히 타이르시면서 수많은 표징과 기적들과 무한한 능력을 보여주시면서 우리를 이끄시기 때문입니다.
하느님께서도 우리를 당신께로 돌아가도록 하시기 위해
우리 영혼 안에서 모르게 그리고 우리의 눈에 보이게 그렇게 하셨습니다.
그런데 우리는 감사하면서 하느님께로 돌아갔습니까?
우리도 옛날의 이스라엘 백성들과 전혀 다름이 없습니다.
우리는 몸으로는 하느님을 따르고 있지만
우리 마음은 여전히 이집트에 남아 있습니다.

우리는 구름 기둥과 불기둥을 따라가고 있지만
우리의 기쁨은 세상에 안주하고
육(肉)의 쾌락을 즐기는 데 있습니다.(탈출 13, 21-22 참조)
우리는 어떻게 입어야 경건하게 보이고,
언제 노래하고 침묵을 지켜야 하는가,
언제 무릎을 꿇어야 하는가 하는 등의
외적 · 종교적인 의식(儀式)만 지나치게 생각하고 있습니다.
그리하여 이러한 것들만 지키면 이집트에서 구원되게 된다고 믿고 있습니다.
사랑하는 형제자매 여러분, 절대로 그렇지 않습니다.
이는 구름 기둥이고 불기둥일 뿐입니다.
내면생활을 열심히 하지 않고 이런 의식(儀式)만 충실히 지키는 것은
무화과나무의 이파리에 지나지 않으며
우리의 영혼을 성숙시켜 하느님께 드릴 수 있는 열매는 되지 못합니다.
이와 같이 행동하는 사람은 하느님께서 저주하시어
영원히 열매를 맺지 못하게 하신 나무와 같습니다.
여러분은 종교적인 허례허식을 믿으면
안 된다는 것을 얼마나 귀가 따갑게 들었습니까?
초보자들이 수도 생활을 시작할 때는 반드시 그렇게 해야 하지만
거룩함을 위해서는 아무 도움이 되지 않습니다.
이를 생각하지 않으면 외적인 수행인 금식에만 신경을 쓰고
아무 미덕도 없는 사람들처럼 마음속에는 사악하고 부패한 것만 남아 있어 마침내
더 나쁜 악(惡)에 빠져 이 세상이라는 이집트로 다시 돌아가게 됩니다.
차라리 드러내놓고 세속적이 되고 죄를 짓는 것이 더 나았을지도 모릅니다.
왜냐하면 이런 외적인 그리스도인들은
마지막 심판 때 죄가 더 무거워지게 되는데
거룩한 수도복을 입고 거짓 고해를 한 죄가 추가되기 때문입니다.

형제자매 여러분, 나는 초보자들이 수도 생활을 처음 시작할 때
가장 기본적으로 해야 할 것에 대하여 배운 것보다도 더 모릅니다.
그러나 그들은 건전하게 수행하고 유용한 외적 활동을 해야 한다고 배웠지만,
진심으로 하지 않아 아무 도움도 받지 못하고

기껏해야 우리에게 완전한 삶을 잘 준비하라고 말합니다.
그런데 만약 이 지혜가 젊은 영혼에게 제대로 심어져 열심히 수행한다면
그들 중 많은 영혼이 진심으로 더욱더 잘 수행하려고 결심할 것입니다.
그러나 슬프게도 현실은 그렇지 않습니다.
그들이 소명(召命)을 받고 열심히 수행을 시작하지만
오래가지 않아 세속에 다시 물들어버리고 마는 것을 보면 매우 슬픕니다.
그들은 처음에는 바보 같은 소리를 하면 참고 듣지를 못했지만
이제는 신성모독이라고 말하지도 않고
밤낮으로 어리석은 말을 하고 바보 같은 논쟁을 합니다.
한때는 조용히 세상을 등지고 기쁘게 흔들리지 않고
경건한 수행을 하려고 했지만
이제는 소명을 잊고 더욱더 세상 것들을 즐깁니다.
이러한 것들은 이렇게 세상에 물든 영혼들이 육욕(肉慾)에 사로잡혀
다시 이집트의 어둠 속으로 돌아가 방황하려고 하는 명백한 증거입니다.
형제자매 여러분, 그리스도의 사랑을 위하여 깨어 있어야 합니다.
제대로 수행하기 시작했으면 지긋이 정진(精進)하십시오.
깨어 있지 않으면 다시 길을 잃게 됩니다.
꾸준하지 못하다는 것은 믿음이 부족한 증거입니다.

이들이 어떻게 수도 생활을 망치는지 봅시다.
처음에는 헛된 말을 들으면 몹시 분개했지만
오래지 않아서 경박한 말을 하고 악의에 찬 말을 하여
다른 사람들에게 깊은 상처를 주어도
아무 죄의식도 느끼지 못하고 양심의 가책도 느끼지 못합니다.
우리는 처음에는 수도자들이 역경을 참고
필요하면 괴롭기는 해도 순교까지도 하려고 하지만
잠시 그렇게 생각했을 뿐이라는 것을 잘 알고 있습니다.
여러분은 사악하고 제멋대로 이고 완고한 사람들을 만나지도 말아야 하고
그 사람들의 말을 듣지도 말아야 합니다.

또 처음에는 열심히 금욕생활을 하려고 했지만

이내 열정이 식어버린 사람들을 보기로 합시다.
이들은 주위를 둘러보아도
열심히 고행하는 사람밖에 없어 아무 말도 걸지 못합니다.
그러나 잠시뿐 그들은 모든 그리스도인처럼 자기를 버리지 못하고
보다 편한 수도 생활을 하게 해달라고 끊임없이 요구하고 불평을 하므로
다른 사람들에게 귀찮은 존재가 되고 맙니다.

열심히 수도 생활을 하지만 어떤 사람들은 처음부터 열심히 하여
다른 사람들의 모범이 될 때까지 차근차근 수행을 해나가는 반면에
너무나 열심인 사람들은 처음에는 그렇게 철석같이 약속해놓고는
아무것도 이루지 못합니다.
꾸준히 정진하지 못하면 어떤 사람이 될지 모릅니다.

사랑하는 형제자매 여러분,
나는 여러분에게 어떻게 자신이 하느님께로 진심으로 회심했는지,
진정으로 나쁜 짓을 하지 않고 수도 생활에만 정진하고 있는지
아는 방법을 말하려고 합니다.
우리는 세례를 받을 때 하느님과 거룩한 교회에 죄를 짓지 않고
참된 그리스도인이 되어 사람들의 본보기가 되겠다고 서원했습니다.
그러나 나쁜 마음을 먹고 길을 잃고 죄를 지음으로써
세례 받을 때 하느님으로부터 받은 은총을 받지 못하게 되었습니다.
그러나 하느님께서는 우리에게 이루 말할 수 없는 자비로
다시 당신께로 돌아와 친구가 되어달라고 애원하시고
회개하면 다시 은총을 듬뿍 주셨습니다.
그러나 많은 사람이 과거의 모든 죄에 대해서
거짓으로 회개하며 자신을 속이고 있습니다.
이러한 불행을 막기 위하여 이 문제를 깊이 생각해보도록 합시다.

'**진정으로 회개한 그리스도인**'은 자신이 아무것도 아니라고 생각하면서
모든 사람이 자신을 겸손하다고 말하는 것을
듣는 것을 유일한 소망으로 생각합니다.

이런 사람은 다른 사람에게 결코 권위를 내세우지 않으며
하심(下心) 하여 그 사람이 누구든 그 사람에게 순종하며
그 사람의 뜻을 존중하고 따르려고 합니다.
이런 사람은 자기를 싫어하며 자신을 도둑이라고 생각하며
모든 것 중에서 가장 작은 가치 없는 것을 고르고,
기꺼이 다른 사람들의 말을 듣고 따르며,
무슨 일이든지 최선을 다하려고 합니다.
이와 같이 사람을 대할 때는 다정하게
하느님을 대할 때는 경외심을 갖고 대하며
자신이 명령을 받거나 자신에게 충고하거나
자신이 그렇게 하도록 강요해도
모든 것을 감사하게 받아들입니다.
그러나 '회개한 척하는 사람들'은 이와 정반대입니다.
자신의 의견을 앞세우고
자신이 하는 말이나 자신이 하는 일만 옳다고 여기며
다른 사람들의 뜻에 따르는 것을 수치로 여기고
어른들의 지시를 받지 않으려고 하며,
말을 많이 하면서 다른 사람들을 가르치려고 하고,
자신이 영성이 깊다고 자랑합니다.
그리고 거룩한 겸손을 보이면서 이 모든 짓거리를 하는데
자신의 믿음이 들통 날까 봐 두렵기 때문입니다.
여러분이 이런 사람들에게 아무 관심도 보이지 않으면
곧 여러분을 공격하려고 하며 여러분과 의견이 다르면
자신의 의견을 결코 굽히려 하지 않습니다.
이들은 무모하기 짝이 없으며 거만하고 걸핏하면 싸우려 듭니다.
이 모든 일을 마귀가 사주하기 때문입니다.

그런데 진심으로 회개한 사람들은
이웃을 변함없이 사랑하고, 진실하기만 하면 이웃을 사랑으로 칭찬하며
이웃이 잘 되는 것을 기뻐하며 이웃이 어려울 때는 도와주고
이웃이 곤경에 처하면 함께 괴로워하지만,

거짓으로 회개한 사람들은 다른 사람들에게 공격적이며
다른 사람들이 잘 되는 것을 시기하며
심지어는 믿음이 깊은 것도 시기하며
욕지거리를 하며 논쟁을 하며
앙심을 품으며 다른 사람들을 업신여기며 자기주장만 합니다.
제대로 회개한 사람들은 하느님께서 자신의 성숙을 위하여
시련을 주신 것으로 생각하고
억압을 받아도 참고 견디며 불의(不義)를 참고 견딥니다.
마음 편하게 참고 견디며 항상 공손하게 말하며
자신에게 상처를 준 사람들과 기쁘게 그리고 쉽게 화해합니다.
반대로 제대로 회개하지 않은 사람들은 쉽게 화를 내며
다른 사람들의 행운을 섭섭해 하며 뒤에서 험담을 하며
속임수를 쓰며 남 얘기하기를 좋아하며
어른들에게 투덜거리며 아랫사람들에게 불만스럽게 말합니다.

진정으로 회개한 사람들은 항상 친절하고 다정하며
항상 베풀고 도울 준비가 되어 있습니다.
왜냐하면, 세상 것들을 업신여기고
기쁘게 가난해지려고 하고 겸손하려고 하기 때문이며
매일 하느님의 도움을 바라고 있으므로
진심으로 하느님께 감사하기 때문입니다.
이들의 목표는 헛된 것들을 생각하지 않고 바라지도 않고
영원한 것에만 신경을 쓰는 것입니다.
그러나 진정으로 회개하지 못한 사람들은
세상 것들만 추구하며 개인적인 안녕과 쾌락만 찾으며 헛되이 살며
속일 수 있으면 어른을 속이려고 하며 속지 않으면 반항하려고 합니다.
그리고 그들이 하는 일은 모두 칭찬을 받아야 하고
충분히 보상을 받아야 한다고 생각합니다.
왜냐하면, 그들이 아무것도 갖지 못해도 가진 사람처럼 행세하며
보이지 않게 또는 공개적으로 할 수만 있으면
모든 사람에게 해를 끼치려고 하기 때문입니다.

왜냐하면 이들은 신앙생활을
명예를 얻으려는 방편으로 이용하기 때문입니다.

바른 마음을 가진 사람들은 이웃을 위해서나 하느님의 영광을 위해서
자신의 모든 시간을 선한 일을 하는 데 이용하며
그 안에서 영적인 기쁨을 맛보려고 합니다.
이들은 자신이 하는 일에 하느님께서 축복을 내려주실 것이라고 확신하며
의로운 일만 하려고 하지만, **비뚤어진 마음을 가진 사람들은**
선한 일을 하지 않으려고 하며 다른 사람들을 비뚤어진 마음으로 대하며, 옹졸하며
정직하지 못합니다.

마음이 바른 사람들은 부족한 것이 있어도 말하지 않으려고 하고
넘쳐나는 것을 몹시 싫어합니다.
이들이 간절히 바라는 것은 자기를 버리는 일밖에 없습니다.
이들은 소식(小食)을 하며 가급적이면 적게 마시도록 하면서
제대로 수행하려고 하지만, 비뚤어진 마음을 가진 사람들은
지나치게 많이 먹으며 마시고 너무나 자기중심적이고
하느님께 감사할 줄 모르며 부끄러운 짓을 많이 하여
몹쓸 병을 앓기도 합니다.
식사가 끝나고 나면 어리석은 말을 하며 깔깔대고 농담하고
잡담을 하거나 말다툼을 자주 하며 쉽게 화를 내며
화가 나면 수 당나귀처럼 소리 지르며
완전히 얼이 빠져 누워서 잠만 자며 주기도문도 외우지 못하게 됩니다.
이 모든 것은 과음하고 너무 많이 먹었기 때문에 일어난 일입니다.
따라서 깨어 있는 사람들은 자기를 보호하고
수행을 제대로 하기 위하여 과식과 과음을 가장 경계합니다.
그러나 안타깝게도 어떤 성직자들은
세상 것들로 넘쳐나도 만족하지 못하고 있습니다.
이와 같이 행동하는 사람들은 영적(靈的)으로 눈이 멀어
마귀의 유혹을 뿌리치지 못하고 마귀가 인도하면 그것도 모르고
시궁창에 빠져 자신의 영혼을 추잡한 생각이나 욕망으로 더럽히고 있습니다.

그리하여 가증스러운 죄에 빠지고
감사하는 마음이 전혀 없는 채로 하느님의 저주를 받습니다.
이렇게 추잡한 일을 하고도 선한 일을 하고 유용한 일을 했다고 생각하므로
믿음이 깊은 사람들에게 공격적으로 됩니다.
욕망에 눈이 멀어 비천한 사람들과 어울리고
악(惡)에 자신을 맡기고 식탐(食貪)만 채우려고 합니다.
말투가 건방지며 경건한 수행을 할 마음이 전혀 없습니다.
그리하여 죄를 지은 기억으로 가득 차서
마귀가 이를 흉내 내며 흥청망청 먹고 마셔대게 하며
자신이 뉘우치려고 하면 큰 소리로 웃게 만듭니다.

그러나 진정으로 회개한 사람들은 너무나도 다릅니다!
진정으로 회개한 사람들은 몸과 마음을 깨끗하게 하고
주의 깊게 하느님과 천사들 앞에 서서
추잡한 생각을 하느니 차라리 죽으려고 합니다.
이들은 자신의 마음과 감정을 예의주시하며
자기 자신도 돌보지 않으려고 하며
자신이 아직도 많이 부족하다고 생각하여
금식과 철야기도를 부지런히 하고 고행(苦行)을 합니다.
이들은 끊임없이 자신의 영혼을 하느님께 바치고
하느님만 믿으면서 거룩하게 순결을 지키려고 합니다.
반대로 거짓으로 회개한 사람들은
자신이 추잡한 것을 생각하고 있는지 성찰하려고도 하지 않아
그만 육욕에 빠져들어 지옥의 문으로 들어가게 됩니다.
그리고 유혹을 물리칠 생각은 하지 않고 하려고만 하면 대죄에 빠져들게 됩니다.
이 모든 것은 이기심 때문에
그리고 자신의 몸만 편하기를 바라기 때문에 비롯된 것입니다.
어떤 사람들은 자신의 마음을 다스리지 못해 하느님을 미워하기까지 하는데 하느님께서 육욕에 빠지지 말라고 하셨기 때문입니다.
이들은 나쁜 버릇을 버리지 못하여 눈이 멀게 되었으므로
하느님께서 자신의 죄를 모르시고 벌하실 힘이 없다고 생각하면 기뻐합니다.

즉 하느님께서 계시지 않기만을 바랍니다.

사랑하는 형제자매 여러분,
여러분은 어느 쪽인지 생각하고
여러분 주위에 있는 위험을 잠시도 잊지 마십시오.
진정으로 회개하여 자기 자신을 믿지 말고
하느님만 믿으며 경외심을 가지십시오.
아무리 좋아 보여도 하느님의 것이 아니면 탐하지 말고
아무리 슬퍼도 용기를 갖고 하느님께로 돌아가십시오.
하느님께서 여러분의 생명을 아끼시므로 언제든지 당신의 은총이 내릴 것입니다.
하느님, 저희에게 그런 은총이 내릴 수 있도록 도와주소서! 아멘.

〈예수 공현 대축일 후 넷째 주일 강론〉

18 그리스도의 멍에는 하느님에 대한 생각입니다

"정녕 내 멍에는 편하고 내 짐은 가볍다."(마태 11, 30)

우리 주 구세주 예수 그리스도께서 하신 이 말씀은 영원한 진리입니다만
오로지 물욕에만 사로잡혀 있는 사람들은 주님의 이 말씀을 부정합니다.
그러나 이 말씀을 부정하게 되면, 말씀과 행동으로 이를 보여주신
하느님의 멍에가 더욱더 불편하게 느껴지고
그의 짐은 더욱더 무겁게 느껴지게 마련이므로
주님께서 당연한 말씀을 하신 것입니다.

사람을 주저앉게 만들고 기운 빠지게 만드는 것은 다름 아닌 짐입니다.
우리는 예수님께서 말씀하신 '멍에'가 '영혼(내적 인간, the inner man)**'이고**
'짐'은 '육신(肉身, 외적 인간, the outer man)**'이라는 것을 잘 알고 있습니다.**
영혼은 하느님으로부터 받은 것이며 고귀하며 하느님의 모습대로 만들어졌습니다.
그리고 영혼은 하느님으로부터 받은 것이므로
하느님께서 부르시면 바로 하느님께로 돌아가서
거룩한 삶을 살면서 선한 일을 할 수 있어야 합니다.
복은 하느님의 것이므로
영혼은 태어나면서부터 은총으로 복을 받게 됩니다.
사랑하는 형제자매 여러분,
하느님께서 우리의 영혼 깊은 곳에 숨겨두신
보물들을 발견하고 관상하는 사람은
누구나 진정으로 행복하게 됩니다.

누구나 한때는 거룩한 것들을 보는 영안(靈眼)을 갖지 못했지만
일단 갖게 되면 내면에 계신 하느님을 끊임없이 생각하게 됩니다.
그렇게 하지 않으면 쉴 수가 없기 때문이기도 하고
온 세상을 얻어도 만족하지 못하기 때문입니다.
모든 외적인 일들은 영혼이 감지하든 하지 못하든
영혼을 내면으로 다시 돌아가게 만드는데
내면의 가장 깊은 곳에 계시는 하느님이 유일한 목적지이기 때문입니다.
돌멩이가 땅 위에 있듯이 모든 물질은 있어야 할 곳에 있게 마련입니다.
그러나 불이 공기 속으로 사라지듯이
모든 물질은 자신의 원소로 변해버립니다.
독실한 영혼도 하느님께 의존하고 있다가
구원받게 되면 하느님께로 올라가게 됩니다.

그런데 사람들이 멍에를 지게 되었을 때
어떻게 하면 편하게 여기게 될까요?
세상 것들을 모두 멀리하고
내면으로 하느님만 찾아야만 편하게 여기게 됩니다.
형제자매 여러분, 우리의 영혼은
시간과 영원 사이의 경계선에 서 있게 되는데
우리가 시간으로 눈을 돌리면 영원을 잊게 되고
하느님의 것들로부터 멀어지게 됩니다.
우리가 무엇을 보든 멀리서 보면 작게 보이고
가까이서 보면 크게 보이는 것은
사이에 끼어있는 것이 아무것도 없기 때문입니다.
태양은 지구보다 항상 크게 보이지만
한여름의 대낮에 깨끗한 물 잔에 비치게 되면 작은 콩만 하게 보이며
태양과 물잔 사이에 있는 어떤 작은 물체도
물잔에 비친 거대한 태양의 모습보다 더 크게 보이게 됩니다.
사람의 영혼도 그러합니다.
영혼의 깊은 곳에 자리 잡고 있는 세속적인 이미지가
아무리 작더라도 하느님의 빛을 가리게 되어

무한히 좋으신 하느님께서 영혼에 들어가시지 못하게 되므로
당연히 영혼을 사로잡으시지도 못하게 됩니다.
영혼에 있는 이미지가 나쁘지도 않고 작지도 않고 위대하고 좋아도
꼭 같은 일이 일어나는데,
아무 이미지도 없고, 가리는 것이 없어야
하느님께서 들어가실 수 있기 때문입니다.
따라서 무한히 좋으신 하느님께서 영혼 안에 모습을 드러내시게 하려면
영혼 안에 있는 이미지를 완전히 없애야 한다는 것을 알아야 합니다.
영혼이 하나라도 세상 것을 보여주고 있으면 하느님께서 보이지 않게 됩니다.
따라서 자신의 영혼 깊은 곳에서 세상 것들을 모두 없애지 못하여
자신의 영혼 가장 깊은 곳에 계시는 하느님 앞에 남겨둔 영혼은
거룩하게 수행(修行)을 한다고 해도 하느님의 멍에가 무겁게 느껴지게 됩니다.
그래서 오리겐(Origen) 교부가 "**자신의 깊은 곳을 보지 못한 사람은 영원히 자비하신 하느님의 맛을 보지 못하게 됩니다.**" 하고 말했던 것입니다.

사랑하는 형제자매 여러분,
하루에 한 번이라도 자신의 내면으로 들어가
성찰(省察)해야 한다는 것을 명심해야 합니다.
왜냐하면 내면생활을 위하여 자신의 내면을 열심히 성찰하지 않으면
참된 그리스도인이라고 할 수 없기 때문입니다.
따라서 하느님께서 거룩한 빛을 아무 방해 없이 쏟아 부어주시게 하여
하느님의 멍에를 편하게 느끼려면
영혼에서 세상 것들에 대한 생각을 깨끗하게 치워버려야 합니다.
이렇게 한 영혼은 하느님을 맛보지 않으려고 해도
맛보지 않을 수 없기 때문입니다.
세상 것들에 대한 생각이 영혼 안에 있거나 외부에서 들어오게 되면
하느님의 멍에가 더 불편하게 느껴지게 되고
하느님을 맛보지 않으려고 하게 됨으로써 몹시 괴로워하게 됩니다.
하느님의 자비가 깊이 들어가게 되므로 진정으로 회개한 사람에게는
뼛속에 있는 골수까지 정맥에 흐르고 있는 피까지 사무친 것처럼 보이게 됩니다.
하느님의 영원한 이미지는 영혼으로부터

다른 모든 이미지를 내쫓아 버리기 때문입니다.

형제자매 여러분, 우리가 이 땅에서 사는 동안 일어나는 일들은
왜 우리에게 영성(靈性)을 보지 못하게 하는가에 대하여 생각해보십시오.
그것은 마치 여러분들이 제 나름대로 개성을 갖고 있듯이
세상일을 각기 제 나름대로 보고 있기 때문입니다.
왜냐하면, 여러분의 마음에 세상일에 대한 생각이 없었다면
여러분은 하늘나라의 주인이 되어
아무런 영적(靈的)인 해(害)를 입지 않았을 것이기 때문입니다.
따라서 영혼에 있는 모든 이미지와 모든 육욕과
여러분이 좋아하는 모든 것을 버려야만 합니다.
여러분이 의심하지 않고 겸손하게 그리고 하느님을 경외하면서
소유하고 사용하면 하느님께서는 기뻐하십니다.
그런데 여러분에게 필요한 것이 부족하면 하느님을 믿으십시오.
왜냐하면, 여러분에게 필요하면 말 못 하는 짐승까지도 주시기 때문입니다.
하느님께서는 당신의 영원한 생명을 버렸으면 버렸지
당신의 자녀는 결코 버리시지 않기 때문입니다.

옛날에 세상 것들을 전혀 바라지 않는 한 은수자(隱修者)가 있었는데
어떤 사람이 그의 토굴(土窟)에 와서 문을 두드리기에
문을 열고 바깥으로 나가 그 사람에게 가자
그 사람은 토굴 안에 있는 어떤 물건을 달라고 청하였습니다.
그가 토굴로 들어가서 그 물건을 찾으려고 했으나
무엇을 요구했는지를 깜빡 잊어버렸습니다.
한참 후에 그 사람이 다시 문을 두드리자
그 거룩한 은수자가 바깥으로 나가
토굴로 직접 들어와서 원하는 것을 가져가라고 말했습니다.
"사랑하는 형제님, 그대가 원하는 것을 잊어버려 그대에게 줄 수가 없소.
세상 것들에 대한 생각을 깡그리 없애버렸기 때문이오."

사랑하는 형제자매 여러분, 이렇게 무념 무상한 영혼들에는

하느님의 빛이 아무 방해도 받지 않고 비치게 됩니다.
이러한 영혼들은 고도의 수행(修行)이 되었으므로
모든 세상 것들을 멀리하고 심지어는 자기 자신도 버리고
기쁘거나 슬프거나 일하거나 쉴 때도 하느님과 하나가 되려고만 합니다.
이들은 마치 하느님의 그물에 걸린 듯이
기쁘게 하느님의 뜻만 생각하고 있으므로
이들에게는 하느님의 멍에가 마냥 편하게 느껴져
고통과 기쁨을 전혀 느끼지 못하게 되기 때문입니다.
이들은 모든 세상 것들을 멀리하고 있으므로
세상 것들이 하찮게 보이고 경멸스럽게 보입니다.
왜냐하면, 이들은 하느님의 품속에 안겨 세상 것들을 보기에
세상 것들이 전혀 보이지 않기 때문입니다.
그러나 영원한 것들은 가까이에 있어서 아주 크게 보이는데
하느님과 함께 자신의 영혼 안에서 보기 때문입니다.
사람들이 자신을 미워하거나 사랑해도 마음의 평화를 잃지 않는 것은
자비하신 하느님께서 친구들이나 원수들도
깰 수 없는 평온을 주시기 때문입니다.
구세주께서 멍에를 편하게 해주시어
고통을 받지 않게 보호해주시기 때문입니다.

이제 "**내 짐은 가볍다**"는 그리스도의 말씀에 대하여 생각해봅시다.
이는 우리가 이 세상에 사는 동안에는
수많은 슬픔을 맛보게 된다는 것을 말씀하신 것입니다.
좋으시고 자비하신 하느님,
당신의 짐이 가볍다고 생각하는 사람들은 어떤 사람들이나이까?
슬프게도 사람들은 인생의 짐을 지려고도 하지 않고
심지어는 자신의 행복한 생활에 꼭 필요한 짐들도 지지 않으려고 하나이다.
그러나 여러분이 어떤 길로 가더라도 자신도 모르게 짐을 져야 합니다.
불을 피해 달아나더라도 차가운 깊은 눈 속으로 빠지고 말 것입니다.
기꺼이 자기를 버리고 여러분에게 어떤 일이 일어나도
경건하게 하느님의 보호에 맡기고 기쁘게 짐을 지십시오.

주 예수 그리스도께서 얼마나 고통을 받으셨는지 생각하고
고통을 참으심으로써 영광스럽게 되시어
하느님 아버지의 품에 안기신 것을 생각하십시오.

그런데 사랑하는 형제자매 여러분, 하느님의 종은 어떤 고통을 겪어야만 할까요?
여러분은 하느님께서 섭리로 주시는 모든 불행을 기꺼이 받아들이고
의로운 것인가 불의의 것인가 따지지 말고
친구들의 죽음이나 재산의 손실이나
명성을 잃거나 위로를 받지 못하는 불행이
사람들로 인하든 하느님으로 인하든 달갑게 받아들이고
외적인 것이든 내적인 것이든 하느님으로 인한 것이든
세상 것들로 인한 것이든 달갑게 받아들이십시오.
사랑하는 형제자매 여러분, 여러분은 이러한 짐들을 기쁘게 져야 합니다. **그리고**
이 밖에도 아무리 고통스럽더라도
아무리 극복하기 어렵더라도 자신의 결점의 짐을 져야 합니다.
기꺼이 자신의 짐을 지고 견뎌낼 수 있는
힘을 얻기 위하여 하느님께 맡기십시오.
하느님의 거룩한 사랑이 그대를 영원히 인도하시도록 맡기십시오.
마구간에 있는 말들을 예로 들기로 합니다.
배설물들은 더러울뿐더러 지독한 냄새가 나지만
말은 자기가 싼 배설물 수레를 끌고 밭으로 가서는
밀을 수확하게 하고 포도주를 만들 수 있게 해줍니다.
더러운 배설물 때문에 더 좋은 밀과 포도를 수확할 수 있게 되었기 때문입니다.
여러분은 이와 같이 여러분이 극복할 수 없는
더러운 허물들을 이용하도록 하십시오.
하느님의 거룩한 뜻의 밭에 뿌리고
겸손하게 자기를 버리고 하느님의 사랑에 맡기십시오.
그러면 틀림없이 많은 덕(德)의 열매를 얻어 성화(聖化)되어
충실한 하느님의 종이 되어 하느님께 영광을 드리게 될 것입니다.

하느님의 은총에 감사하며 행복하거나 불행하거나

기쁘게 거룩한 하느님의 뜻에 따르면,
마음을 비우고 모든 것을 하느님으로부터 받고
모든 것을 하느님께 되돌려 드리기를 끊임없이 바라면,
자기와 모든 세상 것들을 버리고
자신의 영혼 깊은 곳으로 내려가 하느님의 뜻만 찾으면,
이 모든 것을 진심으로 꾸준히 하게 되면,
틀림없이 하느님께서 짐을 가볍게 해주실 것입니다.
형제자매 여러분, 그렇습니다.
이런 사람에게만 세상의 모든 짐을 지우더라도 가볍게 여기고
하늘의 기쁨과 같은 기쁨으로 짐을 나를 것입니다.
하느님께서 이런 사람의 짐을 지워주시기 때문이라는 것을 알아야 합니다.
하느님께서 이런 사람의 영혼으로 들어가시어
그가 지고 있던 모든 짐을 지워주시기 때문입니다.
영원한 하느님께서 저희 안에서도 그렇게 해주소서.
하느님 아버지 그리고 하느님의 아드님 그리고 성령님,
당신의 멍에를 편하게 해주시고
저희가 당신의 짐을 가볍게 여기도록 해주소서. 아멘.

〈예수 공현 대축일 후 다섯째 주일 강론〉

19 진정으로 겸손한 사람의 표징

"나는 마음이 온유하고 겸손하니 내 멍에를 메고 나에게 배워라.
그러면 너희가 안식을 얻을 것이다."(마태 11, 29)

모든 지혜와 덕의 진정한 주인이시고,
모든 완전함의 표본이신 사랑하는 주 그리스도께서는
우리에게 가난하고 무지한 사람들에 대해서 가르치시려고
하늘에서 내려오셨습니다.
그리고 우리를 가르치시면서 애매한 말씀도 하시지 않았고
신비스런 방법으로 말씀하시지도 않았습니다.
오히려 짧은 문장으로 매우 평범한 말씀으로 그리고 겸손하게
우리 곁을 지나가시면서 가르쳐주셨습니다.
주님이 바로 우리의 책입니다. 책을 펴보십시오.
가장 평범한 문자로 쓰여 있으므로 읽기가 쉽습니다.
주님의 가르치심은 바로 "나는 마음이 온유하고 겸손하니
내 멍에를 메고 나에게 배워라."입니다.

이보다 더 쉬운 가르침이 어디 있겠습니까?
이보다 더 쉽게 알고 배울 수 있는 가르침이 어디 있겠습니까?
그렇습니다. 부지런히 공부합시다.
읽고 또 읽고 일상생활에 적용하고
그리스도의 삶을 모델로 삼으며 살아
그리스도의 많은 미덕을 배우도록 합시다.

그리스도께서는 평생 친절하셨고 겸손하셨으며
모든 말씀도 마찬가지로 거룩한 교훈이 되었습니다.
그리스도께서는 비천한 삶을 살고 있는 사람들을 제자로 뽑으시어
당신의 온유함과 겸손을 배우기 쉽게 하셨습니다.
그리스도께서는 이 교훈을 최고의 수준으로 끌어올리시기 위하여
당신을 배셨을 때 "그분께서 당신 종의 비천함을 굽어보셨기 때문입니다." 하고
말씀하신 사랑하는 어머니를 선택하셨습니다.(루카 1, 48)
그리고 오늘 복음에서 이 덕목에 대하여
아버지께 "아버지, 하늘과 땅의 주님, 지혜롭다는 자들과 슬기롭다는 자들에게는
이것을 감추시고 철부지들에게는 드러내 보이시니, 아버지께 감사드립니다."
하고 말씀하셨는데 이는 바로 겸손에 대해서 말씀하신 것입니다.(마태 11, 25)
이 모든 것으로부터 우리는 겸손한 마음을 가진 사람에게만
숨겨져 있던 하느님의 지혜를 드러내 보이신다는 결론을 얻을 수 있습니다.
사랑하는 형제자매 여러분,
따라서 친절하면 주님과 더 가까운 친구가 된다는 것을 명심하고
주님의 교훈을 더 잘 배워 이 아름다운 덕목을 갖추기 위하여
진정한 겸손의 표징들을 생각해봅시다.

'**첫 번째 표징**'은 다음과 같습니다.
기꺼이 뒤로 물러서서 가장 낮은 자리를 차지하는 것이
진정으로 겸손한 마음과 복종하는 마음을 갖게 하는 것이라면,
진정으로 겸손한 사람은 세상 사람들이
외부 일을 하는 자기를 망신스럽게 생각한다고 해서
외부 일을 하는 것을 부끄러워하지는 않는데,
이는 죄업에서 진정으로 회개한 표징이며
과거의 나쁜 행동 때문에 참으로 마음 아파했다는 표징입니다.
완전하고 행복한 하느님의 길을 가려면
자신을 끊임없이 지켜보고 그런 기회를 이용하도록 해야 하는데
이 때문에 하느님께서는 그가 전에는 받아보지 못한
그러한 은총을 그에게 주시기 때문입니다.

'진정으로 겸손한 사람의 두 번째 표징'은 다른 사람들의 잘못을 자기 탓으로 돌리고,
다른 사람들이 자기보다 더 덕을 많은 쌓은 것으로 생각하는 것입니다.
그리하여 사람들의 마음을 끌어 그들로 하여금 겸손하게 만듭니다.
그리고 어떤 사람이 죄가 없는 데도 비난 받으면 덤덤한 마음으로 참게하고,
그가 죄를 짓지 않았다면 하느님께서 다른 죄들도 용서해주시고
다시는 죄를 짓지 않는 은총을 주셨으므로
죄를 짓지 않게 되었다고 실토하게 만듭니다.

'세 번째 표징'은 다음과 같습니다.
진정으로 겸손한 사람은 모든 사람을 다 같이 사랑하고,
가난한 나그네들보다 가까운 친구들이나 친척들을 더 사랑하지 않습니다.
하느님 안에서 모든 사람을 사랑하는 것은
하느님께서 모든 사람을 그의 이웃으로 주셨고,
그들이 좋은 사람이든 나쁜 사람이든 판단하지 않고 그리스도인의 신조를 지키며
그들의 필요에 따라 그들 모두를 사랑하기 때문입니다.

'네 번째 표징'은 모든 것을 놓아버리고 만족해하는 것입니다.
그리하여 어떤 처지에도 만족합니다.
자비하신 하느님께서는 마음이 온통 세상 것들에 팔려 있는
다른 사람과 그를 하나가 되도록 하십니다.
그리하여 그 사람도 겸손하게 되는 것을 봅니다.
왜냐하면, 자신을 하느님과 모든 피조물보다 낮추고
마음이나 행동으로 겸손을 보이고
하느님을 위하여 모든 것을 버렸기 때문입니다.

다섯 번째 표징은 고통을 참으며 모든 것을 하느님의 영광으로 돌리고
하느님의 깊은 사랑 안에서 한결같은 마음으로
하느님의 뜻에만 따르는 것입니다.

이제 여러분은 겸손은 참고 모든 것을 하느님께 내맡기고
하느님을 굳게 믿게 한다는 것을 알게 되었을 것입니다.

진정으로 겸손한 사람은 이렇게 버림을 받은 사람처럼 살아야
제대로 사는 것으로 생각할 정도로 성숙하게 됩니다.
진정으로 겸손한 사람은 자신을 하느님께서 만드셨다는 것을
더욱더 깨닫게 되면서 오로지 하느님의 영광을 위해서 하며
이기심이 전혀 없이 자신의 뜻을 버리고 모든 것을 하느님 뜻에 맡깁니다.
하느님, 저희를 도와주시어 저희가 겸손에 대한
구세주의 가르치심을 배울 수 있게 해주소서. 아멘.

〈예수 공현 대축일 후 여섯째 주일 강론〉

20 어떤 경지에 이르기를 바라십니까

"하늘나라는 자기 포도밭에서 일할 일꾼들을 사려고
이른 아침에 집을 나선 밭 임자와 같다."(마태 20, 1)

사랑하는 형제자매 여러분, 이 밭 임자는 아홉 시쯤에
그리고 다시 열두 시와 오후 세 시쯤에도 나가서
한 데나리온씩 주고 일꾼들을 고용했습니다.
그리고 오후 다섯 시쯤에도 나가 보니
또 다른 이들이 놀고 있자 그들에게 말했습니다.
"당신들은 왜 온종일 하는 일 없이 여기 서 있소?
당신들도 내 포도밭으로 가시오. 그러면 정당한 품삯을 주겠소."
사랑하는 형제자매 여러분, 이 밭 임자는 우리 주 예수 그리스도이고
밭 임자의 집은 영원한 생명이고 이 땅은 연옥과 지옥입니다.
하느님 아버지께서는 당신께서 주신 인간의 본성이 사라져
당신의 아름다운 포도밭을 황폐하게 내버려 두는 것을 보셨는데
포도밭은 인간을 만드시고 키워 열매를 맺도록 하시기 위한 것을 뜻합니다.
하느님 아버지께서는 비뚤어진 인간의 본성을
다시 당신의 포도밭으로 불러들이시기 위하여
'이른 아침에' 집을 나서셨습니다.

사랑하는 형제자매 여러분, 우리 주 예수 그리스도께서는
하느님 아버지의 품속을 영원히 떠나가신 것이 아니라
아직도 품속에 계시는 것은

'이른 아침에' 나가셨다고 표현했기 때문입니다.
그러나 우리 주 예수 그리스도께서는 다른 의미로
즉 당신의 인성(人性)으로 다시 우리를
당신의 거룩한 포도밭에 고용하시려고 나가셨다고 해석할 수도 있습니다.
그래서 여러 번 바깥으로 나가셨던 것입니다.
그러나 다시 날품 근로자 시장에, 즉 저녁 무렵에 나가셔서,
놀고 있는 다른 사람들을 발견하시고는 안타깝게 말씀하셨습니다.
"당신들은 왜 온종일 하는 일 없이 여기 서 있소?"
그러자 그들이 답했습니다. "아무도 우리를 사지 않았기 때문입니다."
아무도 사지 않은 이 사람들은 무지(無知)하고
인도받지 못하고 있는 사람들을 뜻합니다.
그들은 불러주셔서 무척 기뻤을 것입니다.
왜냐하면 영원한 하느님께서 아직도 그들이 일자리를 얻지 못한,
즉 세상 것을 멀리하지 못하고 있다는 것을 아셨기 때문입니다.

사랑하는 형제자매 여러분,
한 때 세상 것들과 피조물들에 사로잡혔다가
이제는 해방된 사람들이 있는데
사랑이 없고 은총을 받지 못해
영적(靈的)으로 미지근하고 마음이 차갑기 때문에
온종일 하는 일 없이 서 있는 사람들입니다.
은총을 받지 못한 사람은 누구나 하는 일 없이 혼자 서 있을 수밖에 없습니다.
실제로는 불가능한 일이지만 세상에서 좋은 일만 했으나
하느님의 은총을 받지 못해 마찬가지로 온종일 하는 일 없이 서 있지만
누구의 도움도 받지 못하고 있는 사람이 있다고 합시다.
'이른 아침에' 나간다는 것은
하느님의 은총이 사람들에게 베풀어진다는 뜻입니다.
왜냐하면 '이른 아침'은 밤의 어둠이 끝나게 하고
은총이 사람의 영혼으로 들어가는 하느님 날의 새벽이기 때문입니다.
"당신들은 왜 온종일 하는 일 없이 여기 서 있소?
당신들도 내 포도밭으로 가시오. 그러면 정당한 품삯을 주겠소."

형제자매 여러분, 이러한 사람들은 모두 주님의 포도밭으로 가지만
가는 방법이 무척 다양합니다.
'**초보자들**'은 하느님을 위하여 자신의 계획에 따라
종교적인 외적 일을 열심히 하는데, 금식과 철야기도와
구송기도(口誦祈禱)를 가장 중요한 일로 생각하고 끊임없이 수행합니다.
그러나 엄격한 종교적인 내면생활을 거의 하지 않고
오로지 육체적인 헌신만 하며 자신이 은총을 받고 있다고 생각하거나
받고 있지 못하다고 생각합니다.
그리하여 다른 사람들에게 부당한 짓들을 하고 경솔한 판단을 하고,
교만하여 헛되이 많은 잘못을 저지르고, 괴로워하고 고집을 부리고,
원한을 갖는 등 이 밖에도 수많은 잘못을 범합니다.
이렇게 하여 하느님의 은총을 받지 못하고 대놓고 죄스러운 말과 행동을 합니다.
자신이 이런 상태에 있다고 생각하면 더 상처를 받기 전에
동료들에게 상처를 입히기 전에 내면생활에 치중하도록 해야 합니다.

사랑하는 형제자매 여러분,
주님의 포도밭으로 간 '**두 번째 부류의 사람들**'은
덧없는 모든 것을 경멸하고 육욕을 억제한 사람들로
이렇게 하는 것 자체가 수행(修行)이라고 생각합니다.
이들은 내적인 수행에만 전념하면서 기뻐하며
하느님의 진리 가까이 가려고 하지만 여기서 잘못을 범합니다.
즉 여기에만 안주하여 더 나아갈 줄을 모르고 오로지 하느님만 생각하고 하느님의 선물에는 관심을 기울이지 않으며 자신의 소명을 알려고 하지 않습니다.

주님의 포도밭으로 간 '**세 번째 부류의 사람들**'은 오로지 하느님만 찾으려고 하며
모든 것을 놓아버리고 아무것도 생각하지 않고 오직 자신만을 위하여
하느님과 같은 덕을 쌓으려고 하는 가장 존경할만한 사람들입니다.
하느님의 위로와 은총을 받을 생각도 하지 않고
오로지 하느님의 신성(神性)만 생각하며 한결같은 마음으로 수행만 합니다. 하느님의 영광만 생각하며 하느님을 찬양하고 하느님의 뜻을 완수하려고 하는데 오로지 이것만을 수행의 목적으로 삼고 있기 때문입니다.

하느님을 위하여 모든 것을 참고 하느님의 섭리에 모든 것을 맡기고 살고
자신의 공로는 전혀 인정하지 않으려고 합니다.
물이 잔잔해지려고 하듯이 독실한 믿음으로
하느님의 모든 선물을 바로 되돌려 드리려고 합니다.
이들은 자신의 기쁨이나 이익을 위해서
하느님의 선물을 받는다는 것은 꿈에도 생각하지 않습니다.
이들은 내적인 은총이든 외적인 은총이든
하느님으로부터 받은 것은 반드시 되돌려주는데
받을 때부터 되돌려 드릴 때까지 하느님만 생각합니다.

이러한 사람들의 영혼은 이와 같이 오로지 하느님께로만 향하며
이들의 의도나 목적은 오직 하느님을 위한 것뿐입니다.
그러나 인간의 본성도 감안해야 하는데
인간은 본래의 자기와 분리하여 생각할 수 없기 때문입니다.
따라서 하느님에게만 빠져 있어도
자신이 원하든 원하지 않든 행복해지기를 바랍니다.
그러나 하느님의 선택을 받은 사람들은 하느님에게만 빠져
자신이 좋아하는 일을 거의 할 수가 없기 때문에 괴로워하게 됩니다.
그리하여 기도나 묵상이나 거룩한 눈물을 흘리거나 철야기도를 많이 하는 등 자기가
좋아할 수 있는 새로운 수행방법을 찾는 수가 많습니다.
그들은 자신도 모르고 영적 만족을 거의 얻지 못해
지나칠 정도로 그 수행방법에 매달립니다.
당연히 수행을 못 하게 되면 괴로워합니다.
마침내 수행에 싫증을 느끼고 무심하게 됩니다.
모든 것은 자기 잘못인데 하느님만 생각하지 않고
하느님만 찾으려고 하면서 하느님께 봉사하는 즐거움만 맛보려 합니다.
하느님의 선물인 독실함이나 말재주나 기도에서 기쁨을 찾으려고 하면 안 되는데
우리가 찾아야 하는 것은 하느님의 선물이 아니라 하느님 당신이기 때문입니다.

형제자매 여러분, 그렇습니다.
영적인 위로를 받지 못하면 살 수 없는 사람들도 있습니다.

예를 들면 위로를 받지 못하면
하느님은 생각하지도 않고 그들 자신에게 맞는
성인들이나 하늘의 천사들에게 의존하며
그 성인들이나 하늘의 천사들로부터 영적인 기쁨을 찾습니다.
그들은 실제로 자신이 좋아하는 성인, 사랑하는 천사가
어떤 것보다 자신에게 위로가 된다고 말합니다.
이는 하느님께서 보시기에 옳지 않으므로
영혼에게 안식을 주시기는커녕 불안하게 만드십니다.
하늘나라에 있든 이 땅에 있든
하느님께서 보시기에 깨끗한 것을 제외하고
모든 피조물을 멀리하도록 하십시오.
하느님께만 의존하고 다른 것들에는 의존하지 마십시오.
이렇게 하면 하느님의 모든 성인을
어떻게 해야 영광스럽게 할 수 있는가를 알게 됩니다.
우리가 사랑하는 성인들을 위해서라면
하느님께서 계신 곳에 곧 삼위께서 계신 곳에
성인들이 계속하여 나타나지 않아야 하지 않나요?

나는 그래야만 하느님께서 여러분 안에 계시게 된다고 말하고 싶습니다.
여러분이 하느님의 뜻을 따르려면
여러분이 좋아하는 모든 것을 여러분 안에서 없애야 합니다.
이는 하느님께서 여러분에게 주신 선물들에 집착하지도 말아야 하며
오로지 하느님께만 매달리고 하느님의 성인들에게는 매달리지 말아야 하며
이 밖의 모든 것에도 매달리지 말아야 한다는 것을 의미합니다.
왜냐하면, 여러분에게 정신적인 기쁨을 주는 것은 모두 버려야 하기 때문입니다.
하느님께서 여러분 안에서 빛과 사랑을 주시도록 하려면
하느님이 아닌 모든 것을 버려야 하기 때문입니다.

형제자매 여러분, 그렇다고 해서 하늘나라에 있는 성인들을 존경하지 말고 이기적인 목적으로 성인들을 생각만 하라는 것은 아니라는 것을 알아야 합니다.
나는 여러분에게 말하고 싶습니다.

여러분이 하느님의 은총을 듬뿍 받아야만
그리고 거룩한 사람이 되어야만 기뻐한다면
그 순간부터 죄를 짓고 있는 것이라 생각해야 한다는 것입니다.
진실하고 믿음이 깊은 하느님의 종은 위로를 받거나 받지 못하거나
기쁘거나 고통스럽거나 풍족하거나 부족해도
이 모든 것은 하느님께서 역사하신 것으로 생각하고 바른길을 갑니다.
이 모든 것은 사람들이 자기도 모르게
하느님의 지혜와 사랑의 길을 걷지 않도록 하시어
다시 바른길로 가도록 하심으로써
완전하게 만드시기 위한 것입니다.

형제자매 여러분, 참으로 믿음이 깊은 사람은
하루 종일 포도밭에서 일하는 일꾼을 닮으려고 합니다.
정기적으로 먹기 위하여 일손을 놓는 시간은
모두 합해야 한 시간도 채 되지 않게 하고 하루 종일 일해야 합니다.
이런 사람은 먹어야 하기 때문에 먹지만
일하고 나면 기운이 빠지기 때문에 다시 기력을 되찾기 위해
피가 되고 살이 되고 뼈가 되고 골수가 되도록 하기 위해 먹습니다.
그러나 포도밭에서는 많이 일하고 적게 먹어야 합니다.
하느님의 포도밭에서도 그래야 합니다.
하느님의 은총으로 하늘나라의 기쁨을 맛보기를 바란다면
적게 먹고도 더욱더 용기 있게 일할 수 있도록 하고
하느님으로부터 받은 기쁨을 감사하면서 하느님께 되돌려드려야 합니다. 하느님의
기쁨을 맛보고 싶고 다시 원기를 찾아 일하고 싶으면
때때로 이 과정을 되풀이하십시오.
이와 같이 하느님과 함께 내면과 외면생활을 하는 믿음이 깊은 사람들은
모든 하느님의 선물을 겸손하게 받아들이고 감사하면서 하느님께 되돌려 드리며
끊임없이 더욱더 가치 있는 하느님의 종이 되려고 합니다.
가장 좋은 진주들과 금과 은이 음식으로 바뀔 수만 있다면
이와 같은 하느님과 같은 사람들에게 먹이고 싶습니다.
세상 사람들이 갖고 있는 가장 좋은 것은

다른 사람의 것이 아닌 자신의 상속유산입니다.
그러나 그들에게는 세상의 모든 보물이 아무 가치가 없으며
자신들이 하느님의 가난한 사람들이 되면
하느님 아버지께서 자신들을 돌보아주신다고 굳게 믿으며
하느님 아버지께서는 그들이 험한 산속에
숨어 있어도 그들을 돌보아주십니다.

이러한 사람들은 마치 포도나무 그루터기와 같아서
겉모습이 새까맣고 단단하고 깡마르고 못 생겨서
겉모습만 본다면 베어내어 장작으로밖에 쓸 수 없을 것 같습니다.
그러나 이 보기 흉한 외모 아래에는 수액관(樹液管)들이 숨어 있어
생명을 주고 열매를 맺게 하는 힘을 제공하고 있습니다.
이와 같이 묵상을 많이 하는 사람들은 항상 하느님께 깊이 빠져 있습니다.
그들은 겉으로 보기에는 깡마르고 우둔하고 아무 쓸모없는 것처럼 보이는데,
그들이 겸손하고 사람들과 잘 어울리지 않으므로
그리고 미사여구(美辭麗句)를 쓰지도 않고
일을 많이 하는 것처럼 보이려고도 하지 않고
정성스럽게 봉헌하는 것처럼 보이게 하려고도 하지 않고
항상 동료 중에 가장 작은 이로 보임으로써
아주 하찮은 존재로 보이기 때문입니다.
그러나 그들의 영혼 안에는 하느님의 은총이 흐르는 정맥들이 있습니다.
그들은 더 이상 이기적이 아니며
하느님께서는 그들과 그들의 삶과 그들의 가장 깊은 내면을
당신의 일부분으로 만드셨습니다.

형제자매 여러분, 이제는 포도나무 재배자가 포도밭으로 나가서
어떻게 가지를 잘라내고 웃자란 것을 잘라내는지 보기로 합시다.
가지를 치지 않고 내버려 두면 신 포도주만 얻게 되기 때문입니다.
이와 마찬가지로 참으로 믿음이 깊은 사람이라면
과거의 잘못된 버릇들과 잘못 알고 있는 것들과 기쁨과 슬픔 등
잘못된 것들은 모두 잘라내어 버려야 합니다.

여러분은 잘못된 것들을 여러분의 마음에서 모두 없애버려야 합니다.
여러분은 자신의 머리통이나 뼈를 부스러뜨리지 않고
가지를 잘라내는 법을 배운 다음 잘라내도록 해야 합니다.
포도 재배자가 숙달되어 있지 않으면 쓸모없는 가지를 잘라내지는 않고
포도를 맺고 있는 멀쩡한 가지를 잘라내어
포도밭을 잘 가꾸기는커녕 피해를 줄 수 있기 때문입니다.
신중하지 못하고 무지한 사람들은 영적(靈的)인 포도밭에서도 이와 같이 합니다.
인간의 본성에 뿌리박고 있는 나쁜 버릇들을 잘라버리지 못함으로써
우리의 가련하고 아무 죄도 없는
멀쩡한 본성을 잘라버리고 상처를 주기 때문입니다.
우리의 본성 자체는 고귀하고 선합니다.
그런데 여러분은 본성이 본래부터 나쁜 것처럼 마구 잘라버리려고 합니까?
그러면 여러분이 영적(靈的)인 수확을 거두어들일 때
즉 믿음이 깊고 행복하고 경건한 생활을 할 수 있는 은총을 받았을 때
예전에 여러분 안에 있었던 훌륭한 본성을
마구 잘라버리고 파괴해버린 것을 알게 됩니다.

포도나무 재배자는 가지를 자른 다음
남은 가지들을 땅으로 향하게 말뚝에 조심스럽게 묶습니다.
이와 마찬가지로 거룩하신 주 예수 그리스도께서 오로지 우리를 위하여 십자가에서
수난을 당하신 모습을 생각해보십시오.
우리의 마음을 십자가에 단단히 묶고
겸손하게 주님의 수난과 죽음을 생각하도록 하십시오.
기계적으로 본받으려고 하지 말고 우리의 내면과 외면도
주님처럼 진심으로 자기를 죽이고
주님의 삶을 본받을 수 있도록 모든 것을 버리십시오.
이는 내적 외적인 모든 일에서 진심으로 하느님께 순종하기 위하여
또 일하고 있을 때나 쉴 때 하느님의 은총에 응답하기 위하여
자신의 자유분방한 뜻을 버리고 하느님의 뜻을 따르도록 길들이는 것이 됩니다.
이렇게 하여 진정으로 겸손하게 되어
칭찬받을 일만 하고 성인들과 같은 내적인 은총을 받게 되면

어떤 물욕(物慾)도 갖지 않게 됩니다.
이러한 사람들은 자신이 덕을 쌓았다고 생각하지 않으며
모든 것을 하느님의 은공으로 돌립니다.
그러면 하느님 아버지께서는 이러한 사람들을
더욱더 완전하게 만드시기 위하여 바로 역사하십니다.
당연하지만 이렇게 하지 않으면
자신의 내면에서 주님께서 탄생하시는 것을 느끼지 못하게 됩니다.

그리고 포도나무 재배자는 포도나무 주변을 깊이 파고 잡초를 뽑아냅니다.
즉 믿음이 깊은 사람은 부지런히 자신의 영혼 깊은 곳을 찾아 잡초가 있으면,
즉 나쁜 버릇이 있으면 크든 작든 삽으로 파서 뿌리째 뽑아버립니다.
그러면 하느님께서는 당신의 밝은 빛을 이 사람의 영혼 가장 깊은 곳에 비추시어
전심전력으로 일할 수 있게 해주십니다. 이와 같이 하느님의 은총은 전심전력으로
실속 있는 수행(修行)을 할 수 있게 이끌어주십니다.
사랑하는 형제자매 여러분, 우리가 하느님의 빛을 들어오지 못하게 막았던
모든 것들을 없애버리고 하느님의 거름을 받아 자라게 되면
얼마나 달콤한 열매를 맺게 되겠습니까?
그 빛은 얼마나 아름답고 모든 영적인 독(毒)을 해독시키고
유혹하는 뱀을 죽이는 꽃향기는 얼마나 향기롭겠습니까?
오 형제자매 여러분, 하느님의 빛이 인간의 영혼에 비치게 되면
영혼의 내적 외적인 삶은 하늘나라로 인도하게 됩니다!
이러한 영혼은 하느님의 맛을 생각하고 맛보게 됨으로써
더 이상 나쁜 짓과 해로운 일을 하지 않게 됩니다.
지옥에 있는 모든 마귀들이 이러한 영혼을 유혹하려고 하고
이 땅의 모든 나쁜 사람들이 가세해도 아무 소용이 없게 되는데
영혼이 오로지 하느님 안에서만 생각하고 사랑하고 행동하며
더욱더 하느님과 같은 삶을 살려고 하기 때문입니다.
그럴 리는 없지만 이러한 사람이 지옥에 떨어진다고 해도
거기에 하늘나라를 만들어 하느님과 함께 있으면서
하느님의 은총을 듬뿍 받게 해줄 것입니다.
그리고 매일 경건하게 수도 생활을 할 때도

모든 위험에서 완전하게 보호받게 될 것입니다.

이제 영혼에 하느님께서 계시면서 시간이 지날수록
더 밝게 따뜻하게 빛을 비추시어 영혼이 더욱더 많은 덕을 쌓게 되고
수행의 열매는 더욱더 달게 됩니다.
왜냐하면, 영혼이 열심히 하고 조심성을 가질수록
하느님의 영향을 방해하는 것이 줄어들기 때문입니다.
이러한 사람의 수행은 거룩하게 되어
우리는 그는 영혼 안에 주님께서 탄생하시게 되었다고 말하게 됩니다.
그러나 이런 경지에 이르기는 결코 쉽지 않습니다.

마지막으로 포도나무 재배자는 이파리들을 따내어
햇빛을 듬뿍 받아 포도를 완전히 익게 만듭니다.
영혼에게 조금 도움을 준 후에는
경건한 수행이나 기도 그리고 성인들을 생각하는 등의
헌신적인 일을 하게 하시는데, 하느님께서 당신께서 계신 영혼 깊은 곳에서 '**깨달음**'을 주셔야만 가능하게 됩니다.
왜냐하면 하느님과 이심전심으로 교감할 수 있는 영광은
인간의 방법으로나 수행만으로는 얻을 수 없을뿐더러
하느님의 삶과 자신 삶의 차이를 거의 모르기 때문입니다.
영혼이 하느님의 달콤함을 뼈저리게 느끼게 하시는 것이
하느님의 성화(聖化)의 목적이기 때문입니다.
마치 하느님께서 작은 물방울까지 흡수하는 포도주 통인 것처럼
하느님과 같은 삶을 살고 있다는 것을 모를 정도로
겸손해질 대로 겸손해졌다는 것을 모를 정도로
영혼을 거룩하게 만드셨기 때문입니다.
말로는 표현할 수 없지만 이렇게 자신도 모르게
하느님과 하나가 되었기 때문입니다.
형제자매 여러분, 이렇게 거룩하게 하느님과 하나가 된 상태가
한 시간만 지속되어도 아니 한순간이라도
50년을 자기 수행방법으로 수행한 것보다

영혼에게 수천 배로 더 유익하게 되며 동료들에게 도움이 되며
수번 배 더 하느님께 영광을 돌릴 수 있게 됩니다.
하느님, 저희 영혼 안에 당신께서 역사하실 수 있는 장소를
제공할 수 있는 은총을 주소서.
저희 영혼 안에 주님께서 다시 탄생하시도록 준비하기 위하여
당신께서 요구하시는 대로 살기 위하여
저희가 모든 것을 죽이고 자신도 죽일 수 있도록 해주소서. 아멘.

〈사순절 전 제3 일요일인 칠순절 강론〉

21 하느님께서 역사하서야만 완전하게 됩니다

"씨 뿌리는 사람이 씨를 뿌리러 나갔다.
그가 씨를 뿌리는데, 어떤 것은 길에 떨어져
발에 짓밟히기도 하고 하늘의 새들이 먹어 버리기도 하였다.
어떤 것은 바위에 떨어져, 싹이 자라기는 하였지만 물기가 없어 말라 버렸다.
또 어떤 것은 가시덤불 한가운데로 떨어졌는데,
가시덤불이 함께 자라면서 숨을 막아 버렸다.
그러나 어떤 것은 좋은 땅에 떨어져, 자라나서 백배의 열매를 맺었다."
(루카 8, 5-8)

사랑하는 형제자매 여러분, 수도 생활을 처음 할 때는 서두르지 마십시오.
그리스도인으로 부끄럽지 않게 살려면
모든 자만심과 자기 합리화와 자기 뜻을 버리고 수행(修行)을 시작하십시오. 하느님께 영광을 드리는 것이 아니면 어떤 일도 하려고 하지 마십시오. 영육(靈肉)이 어떤 상태에 있을지라도
피조물의 위로를 받을 생각을 하지 말고
자신이 좋아하는 것을 버리고 자기 자신을 알도록 하십시오.
수행을 시작하면 여러분의 몸보다는
여러분의 영혼을 송두리째 변화시키도록 하십시오.
하느님께서 여러분의 영혼에서 역사하시게 되면
쓰레기투성이의 영혼을 깨끗하게 치워주시게 됩니다.
달리 방법이 없으므로 또 수행에 지장이 많으므로
먼저 과거의 습관이나 잘못 배운 것들을 과감히 버리십시오.

개미들처럼 행동하십시오.
개미들은 밀알들을 물어다가 싹이 나지 않도록 하기 위해
알맹이를 깨물어 으스러뜨린 후에야 보관합니다.
여러분의 수행이 실패로 끝나지 않게
여러분들이 좋아하는 것들에 있는 기쁨을 으스러뜨리십시오.
여러분은 이와 같이 모든 세상 것들을 멀리해야 합니다.

철학자들은 사람은 지식에 따라 행동하려고 하지만
수행(修行) 능력은 자기 뜻에 달려 있다고 말합니다.
마음이 어떤 좋은 것을 감지하면 의지가 그것을 알고
곧바로 그것을 얻어 즐기려고 합니다.
우리가 좋아하고 갖고 싶어 하는 것에는
좋아하는 것이 들어 있기 때문입니다.
이는 곧 자신이 좋아하는 것은
다른 사람도 좋아할 수 있다는 뜻이기도 합니다.
이 때문에 의지가 발동하게 되는 수가 많습니다.
참된 사랑이 없고 속이 좁으면 수행하려고는 하지 않고
이기적이고 게으르므로 불순한 동기를 갖고 행동하면서도
정당화시키려고 합니다.
이 때문에 스스로 하느님을 섬기는 법을 터득하고 행동하는 사람들은
자신의 영적인 이득만 계산할 뿐만 아니라 속이 좁고 진심으로 사랑하지 않기
때문에 나는 아무런 가치가 없다고 생각합니다.

사랑하는 형제자매 여러분, 여러분은 하느님의 사랑 안에서
가능한 한 기쁨이나 이익이나 보상을 생각하지 않고
하느님의 자비하심과 영광만 생각하며
하느님만 생각할 수 있도록 하기 위해 자기를 버려야 합니다.
그리고 여러분이 하느님께서 여러분에게 반드시
보상하신다는 것을 잘 알고 있지만
마치 전혀 몰랐던 것처럼 보상을 바라거나
보상을 바라는 것을 숨기지 마십시오.

하느님의 영광만 여러분에게 영향을 미치도록 하십시오.
여러분의 마음이 하느님의 영광에 대한 열정으로 녹아내리도록 하십시오.
여러분이 영육(靈肉)으로 하느님을 위하여 하는 일이
여러분에게 이익이 되는지는 조금도 생각하지 말고 잊어버리십시오.
그렇게 하지 않으면 여러분이 한 일은
여러분을 위한 것이지 하느님을 위한 것이 아닙니다.
하느님께서 여러분에게 상급을 주실 것인지 주시지 않을 것인지
얼마나 많이 주실 것인지는 걱정하지 말고
항상 하느님을 찾고 하느님을 기쁘게 해드리려고 하십시오.
여러분이 하느님께만 드리는 것은
반드시 여러분에게 돌려주신다는 것을 잊지 마십시오.
여러분이 자신의 영광이나 이익이나 보상을 생각하지 않을수록
하느님께서는 더욱더 여러분에게 영광이나
이익이나 보상을 주시려고 생각하십니다.
그래서 요한 성인이 "완전한 사랑은
두려움을 쫓아냅니다." 하고 말했던 것입니다.(1요한 4, 18)
이와 같이 행동하는 사람들은 두려움을 모르는데
그들은 자신에게 이익인지 손해인지 생각하지 않고
그런 생각을 하려고도 하지 않고 오로지 사랑만 알기 때문입니다.
그들은 결국 아기 예수님을 두 팔에 받아 안았던
시메온처럼 보상을 받게 됩니다.(루카 2, 28 참조)

그러나 어떤 사람은 "정말로 자신을 위해서는
아무 일도 하지 않고 아무 생각도 하지 않고
아무 일도 하려고도 하지 말아야 할까?
자신이 반드시 해야 할일을 하지 않아도 괜찮을까?
주님의 삶과 수난에 대해서도 묵상하지 말아야 할까?
하느님의 모습대로 자신을 만드시고 십자가 위에서
자신의 죄를 대신 지신 하느님께서
얼마나 좋으신 분인지도 묵상하지 말아야 할까?
그리고 영원한 생명을 얻는

기쁨에 대해서도 생각하지 말아야 할까?" 하고 의아하게 생각할지도 모릅니다.
나는 이 모든 것은 하느님에 대한 사랑을 불러일으키고
감사하도록 만들기 때문에 좋다고 생각합니다.
그러나 이런 경건한 생각은 하지 않고
엉뚱한 생각을 하지 않도록 조심하십시오.
바오로 성인은 우리에게 "보이는 것이 아니라 믿음으로 살아가라."고 말한 것은
믿음을 갖고 하느님과 진리를 알려고 하라는 것이었습니다.(2코린 5, 7 참조)
우리의 영혼에 진리의 빛만 비칠 수 있게
우리의 영혼에서 모든 세상 것들을 없애야 합니다.
주님께서는 우리에게 구세주의 수난을 무시하지 말고
당신의 십자가를 한 시도 잊지 말고 지고한 사랑과 감사하는 마음으로
당신을 위하여 모든 헛된 생각을 버리고
그런 가운데 주님께서 십자가에 못 박히신 것을 관상하라고 당부하셨습니다.
어떤 사람이 나에게 다섯 실링(shillings)의 빚을 지고 있으면
고작 한 실링만 갚으려고 할 것입니다.
마르타와 라자로와 마리아는 같은 그리스도를 알고 있으면서도
각기 다르게 받아들였습니다.

이 모든 가르침을 잊지 말고 숙련된 화가가 그림을 그리듯이 행동하십시오.
화가는 색감(色感)과 묘사력과 다른 능력도 함께 갖고 있으면서
이 모든 능력을 다 함께 구사하여 그림을 그립니다.

만약 여러분이 하느님께로 돌아가서 감사하며 하느님을 기쁘게 해드리려면 하느님께서 여러분 안에서 역사하실 수 있게 하고
하느님의 역사를 통하여 하느님을 알고
사심 없이 하느님을 사랑하려면 여러분의 영혼을 깨끗이 비우십시오.
숙련된 화가와 무식한 농부는 같은 그림을 보아도 다르게 느끼는데
화가는 금방 아름다움과 가치를 느끼지만
농부는 수많은 다른 그림들을 떠올립니다.
따라서 여러분이 신심활동을 얼마나 많이 했는지 헤아려 보면서
분심을 일으키도록 하지 말고 마음을 비우고 사랑으로 그리고 진심으로

하느님을 모시려고 하면 하느님께 더욱더 감사해야 합니다.
저급의 천사들은 많은 생각을 하면서 보지만
보다 높은 천사들은 오로지 관상만 합니다.
여러분이 자주 묵상하고 여러분에게 가장 유익한 것들을 골라서 묵상하십시오.
왜냐하면, 우리의 주님께서는 그것을 아시고
여러분의 영혼에 기쁨과 평화를 주시기 때문입니다.
하느님께서는 당신의 자녀들이 먼저 형제애를 갖고 그렇게 하기를 바라시므로 복음(마태 5, 23-24)에서 "그러므로 네가 제단에 예물을 바치려고 하다가, 거기에서 형제가 너에게 원망을 품고 있는 것이 생각나거든,
예물을 거기 제단 앞에 놓아두고 물러가 먼저 그 형제와 화해하여라.
그런 다음에 돌아와서 예물을 바쳐라." 하고 말씀하셨던 것입니다.
여러분이 관상만 하게 되면 무언가를
잃지 않을까 하는 걱정도 할 필요가 없습니다.
모든 것을 하느님의 뜻에 맡기고 외부 활동을 하더라도
잃는 것은 없다는 것을 믿으십시오.
오로지 사랑으로 하느님을 위해서 일하는 것보다 더 좋은 것은 없습니다.
어떤 사람은 수도 생활은 자기 하기 나름이라고 생각하고
끊임없이 하느님의 진리를 이성(理性)에 맞추려고만 하는데
여러분은 그렇게 하지 마십시오.
왜냐하면, 하느님의 진리를 왜곡하여
이성에 맞추는 것이 되기 때문입니다.
오히려 그 반대로 하십시오.
완전한 사랑으로 여러분의 지혜를 버리고 하느님의 지혜를 얻도록 하십시오.
천박한 지혜가 하늘의 지혜를 이길 수는 없는 법입니다.
따라서 우리는 자기를 버리고 무념무상하게 만들어
하느님 말씀의 씨앗을 위하여 우리의 영혼을 좋은 밭으로 만들어두어
하느님께서 우리에게 은총을 주실 수 있도록 준비해야 합니다. 아멘.

〈사순절 전 두 번째 주일인 육순절 강론〉

22 고통을 받아야만 내적으로 성숙하게 됩니다

"나는 하느님을 위하여 살려고, 율법과 관련해서는 이미 율법으로 말미암아 죽었습니다. 나는 그리스도와 함께 십자가에 못 박혔습니다."(갈라 2, 19)

그리스도 때문에 수많은 고통을 받고도
하느님의 뜻에 따라 살았던 거룩한 사도 바오로 성인은
영적인 사람이 어떻게 영원한 생명의 열매를 얻게 되는가를
우리에게 보여주었습니다. 그리스도와 하나가 된 모습을 보여주었습니다.
"이제는 내가 사는 것이 아니라 그리스도께서 내 안에 사시는 것입니다.
내가 지금 육신 안에서 사는 것은,
나를 사랑하시고 나를 위하여 당신 자신을 바치신
하느님의 아드님에 대한 믿음으로 사는 것입니다."(갈라 2, 20)
이는 참으로 유익한 충고입니다.
바오로 사도는 그리스도께서 우리 안에
모습을 드러내시고 영광스럽게 되도록,
즉 우리와 이웃에 도움이 되게 우리의 몸 안에
그리스도의 수난과 죽음이 드러날 수 있게 살라고
우리에게 말한 것입니다.
우리는 수많은 고통을 겪고
이 모든 고통의 십자가는 각각 '**길이**'와 '**너비**'와 '**깊이**'와 '**높이**'를 갖고 있지만
우리는 그리스도의 거룩한 인성(人性)의 십자가에 의해서만
구원받게 된다는 것을 알아야 합니다.
이 십자가에 매달려야만, 즉 그리스도의 신성(神性)의 십자가에 매달려야만

아무 고통 없이 하늘나라의 기쁨을 맛볼 수 있게 되기 때문입니다.
그리고 그리스도의 십자가 오른 쪽에는 회개한 강도의 십자가가 있었고
왼쪽에는 회개하지 않은 강도의 십자가가 있었습니다.
이 세 십자가는 우리의 고통이 영적인 성숙에
얼마나 도움이 되는가를 보여주고 있습니다.

우리는 어느 정도 거룩한 수도 생활을 은근히 겉으로 드러내
보이려고 하는 사람들을, 나쁜 강도의 십자가를 통하여, 이해할 수 있습니다.
이들은 고통을 받기는 하지만 고통을 통하여 영적인 도움을 받지 못한 채로 막무가내로 사악한 자기 뜻에 따라 살며 다른 죄들을 짓기 때문입니다.
이들은 십자가에 못 박혀 있으면서도 회개하지 않은 강도처럼
영원한 상실감을 맛보게 됩니다.
이들은 여태까지 무거운 짐을 지고 있었지만
앞으로도 훨씬 더 무거운 짐을 져야 할지도 모릅니다.

'**이 십자가의 높이**(The height of this cross)'는 영적인 교만과 자부심입니다.
이들은 교만하게도 자신을 다른 사람들 위에 두고
자신의 수도 생활을 자랑하지 못하여 안절부절못합니다.
그들은 자신만큼 덕을 쌓은 사람이 없다고 생각하며
자신과 같은 방식으로 수도 생활을 하지 않는 사람들을 경멸합니다.
아우구스티노 성인은 이러한 사람들에 대하여 말했습니다.
"사랑하는 형제님들, 여러분이 다른 사람들보다 더 낫다거나
다른 사람들과 다르다고 말하거나 생각하지 마십시오.
나는 여러분이 다시 속세로 돌아갔으면 좋겠다고 생각합니다.
여러분은 예언자가 그리스도에게 말했던 것처럼
'나는 인간이 아닌 구더기. 사람들의 우셋거리,
백성의 조롱거리입니다.'하고 말해야 합니다.(시편 22, 7)
그리고 여러분은 불쌍한 죄인이므로
'주님, 제가 죄를 지었나이다.
죄인인 저에게 자비를 베푸소서.'하고 말해야 합니다."

'이 십자가의 깊이(The depth of this cross)'는 이러한 사람 안에
얼마나 많은 죄가 뿌리 깊이 박혀 있느냐 하는 것입니다.
이러한 사람의 동기는 언제나 불순하며
진정으로 회개하여 하느님께로 돌아가지 않았으므로
창피함도 모르고 수도(修道) 방법을 바꾸어 개선하려고도 하지 않습니다.
바깥으로 믿음이 깊은 것처럼 보이려고 하며
마지못해 강요에 의해서 신앙생활을 합니다.
하느님과 하나가 되려고 하지도 않으며
터키 황제와 마찬가지로 하느님과 하나가 될 생각은 추호도 없습니다.
그에게는 참된 신앙생활이 없는 것처럼 보입니다.
믿음이 깊은 사람이 하느님과 하나가 되는 것을 말해도
이탈리아 사람이 독일어를 이해하지 못하는 것처럼 전혀 알아듣지 못합니다.
주기도문만 중얼거리고 기계적으로 시편을 암송하고
아무 쓸모도 없는 자기만의 수행방법을 고수하면서 아주 만족해합니다.
그런데 하느님과 하나가 되는 것을 어떻게 알고 실천하려고 하겠습니까?
이러한 사람은 자신의 신심 활동이 자신에게 유익하게 보이고
다른 사람의 눈을 조금만 끌어도 그 활동을 고수합니다.
여러분이 할 수만 있다면 그 사람의 뜻을 십자가에 못 박으십시오.
그러면 금방 속세의 사람들과 하나도 다르지 않게 무분별하게 될 것입니다.
그래서 아우구스티노 성인은 거룩한 신앙생활을 하지 않는 사람보다
더 나쁜 사람은 알지 못한다고 말했는데
이런 사람은 결국 참된 믿음을 거부하고
성경의 가르침에도 의문을 갖기 때문입니다.
이런 사람은 십자가에 못 박힌 채로 깊은 수렁에 빠져 구제 불능이 되고 맙니다.

'이 나쁜 십자가의 너비(The breadth of this evil cross)'는 지옥으로 인도하는 넓은
길로 많은 사람이 다니는 길이 얼마나 넓은가를 말합니다.
나쁜 십자가에 매달려 육(肉)에 따라 사는 사람은
영혼의 평화와 기쁨을 알지 못합니다.
육에 따라 사는 사람들은 하느님을 기쁘게 해드리지 못하기 때문입니다.
영원한 생명을 얻게 되는 좁은 길로 가지 않는 사람들은

길을 잃게 되어 영원한 행복을 얻지 못하기 때문입니다.
이러한 사람들은 이기적이고 모든 것을 자기중심적으로 생각하므로
완전하게 만드시려는 주님의 충고를 듣지 못하기 때문입니다.
한결같이 어떤 고통도 겪지 않으려고 하기 때문입니다.
그러나 자신이 원하든 원하지 않든
양심의 괴로움이라는 자기 십자가를 져야 합니다.
하느님을 거부하고 경멸하므로 하느님을 믿을 수 없고
속세에서도 십자가를 싫어하여 십자가를 지지 않으려고 하기 때문입니다.
사랑하는 형제자매 여러분, 그러나 이들은 힘들게 살면서
고통스런 십자가를 지고 있습니다!
이들은 아무런 고통도 겪지 않으려고 하지만
더 쓰라린 고통을 겪어야만 합니다.
하느님께로 돌아가지 않으면 영원히 고통 받을 수밖에 없기 때문입니다.

이제는 '**이 십자가의 길이**(the length of this cross)'에 대하여 생각해봅시다.
이는 배은망덕하여 끝까지 나쁜 짓을 하려고 하는 것을 의미합니다.
그들은 하느님으로부터 은총을 듬뿍 받았지만
그리고 세상 사람들에게 은총을 주시어 세상 사람들로부터도
많은 도움을 받고 당연히 감사해야 하지만
이 모든 은총을 제멋대로 거부하고
하느님께서 주시는 수많은 경고도 무시해놓고는
자신의 마음이 괴롭다는 것을 알고 놀랍니다.
그들은 하느님께로 돌아가지 않고
바오로 성인이 말한 것처럼 끔찍한 짓들을 하게 됩니다.
"한 번 빛을 받아 하늘의 선물을 맛보고 성령을 나누어 받은 사람들이,
또 하느님의 선한 말씀과 앞으로 올 세상의 힘을 맛본 사람들이
떨어져 나가면, 그들을 다시 새롭게 회개하도록 만들 수가 없습니다.
그런 사람들은 스스로 하느님의 아드님을
다시 십자가에 못 박고 욕을 보이는 것입니다."(히브 6, 4-6)
그리고 바오로 성인은 이어서 비유를 말했습니다.
"자주 내리는 비를 빨아들여, 농사짓는 이들에게

유익한 농작물을 내주는 땅은 하느님에게서 복을 받습니다.
그러나 가시나무와 엉겅퀴를 내게 되면 쓸모가 없어서
오래지 않아 저주를 받고, 마침내는 불에 타 버리고 맙니다."(히브 6, 7-8)
이는 그렇게 많은 은총을 받고 하느님께서 그토록 사랑하셨지만
하느님께 충성을 다하지 않고
나쁜 짓들만 하는 사람들을 두고 말한 것입니다.
그들이 마침내 하느님의 영원한 파문을 당할까 봐 두렵습니다.
사랑하는 형제자매 여러분, 여러분은 죽을 때까지
이 영원한 양심 가책의 십자가에 매달리려고 하지 않는지 잘 살펴보십시오.

그러나 오른쪽 십자가에 매달려 있던 강도는 선하여
십자가를 기꺼이 지고 영원한 생명을 얻었습니다.
회개하고 세상을 떠나고 진심으로 아무 죄도
지으려고 하지 않는 사람들을 말합니다.
이들은 과거에 지은 죄 때문에 기쁘게 고통을 겪으려고 하며
과거에 육욕에 빠지고 제멋대로 방종했던 것을 속죄하려고 합니다.
이들은 하느님을 위하여 이 모든 것들을 버리고
하느님께서 어떤 벌을 주시더라도 달게 받으려고 합니다.
이들에게는 십자가가 유익할 뿐만 아니라 위로가 되고 사랑스럽기만 합니다.
좋은 강도에게 그랬던 것처럼
십자가는 이들에게 굳건한 믿음을 주어
말로 표현할 수 없는 하느님의 사랑과 자비를 굳게 믿게 해줍니다.
사랑하는 형제자매 여러분, 그 강도가 "내가 진실로 너에게 말한다.
너는 오늘 나와 함께 낙원에 있을 것이다."는 말씀을 들으면서 죽었으니
얼마나 좋았겠습니까?(루카 23, 43)
그리고 "고생하며 무거운 짐을 진 너희는 모두 나에게 오너라.
내가 너희에게 안식을 주겠다."는 위로의 말씀을 듣게 되었으니
얼마나 진심으로 회개했겠습니까?(마태 11, 28)
이는 "나는 너희에게 은총을 주고 감싸 안아
너희가 시련을 받으면 도와주고 너희의 짐을 지고 너희를 도와주겠다.
조금만 수행을 더 하게 되면 너희에게 힘을 주겠다."고 말씀하신 것입니다.

'이 십자가의 깊이'는 무한한 겸손을 말합니다.
이 겸손으로 다른 사람보다 자신을 더 높이 평가하지도 않고
다른 사람의 허물은 보지 않고 오로지 자신의 허물만 보게 됩니다.
이런 사람은 선한 강도와 같아서
자신의 죄 때문에 마땅히 고통을 받아야 한다고 고백합니다.
따라서 선한 사람은 견디기 어려운 고통을 겪더라도
자신의 죄 때문에 더욱더 고통을 달게 받으려고 합니다.
이런 사람은 이 땅과 지옥의 어떤 고통을 받더라도
자신이 과거에 지은 죄에 대해 속죄할 수 없다고 생각합니다.
이런 사람은 다른 사람은 경멸하지 않고 자신만 경멸하며
자신 외에는 아무도 판단하지 않고 비난하지도 않습니다.
이렇게 겸손하게 된 것은 이 십자가 나무의 꽃과 열매입니다.

'이 십자가의 높이'는 외적인 것은 전혀 생각하지 않고
하늘나라의 것들만 생각할 정도로 영혼이 성숙한 것을 말합니다.
이는 우리가 육적(肉的)인 모든 헛된 것들을 버리고
영원한 생명만 생각하도록 우리 영혼을 단련시켜야 한다는 것을 의미합니다.
우리는 후덕하신 사랑하는 주님의 삶과 인품, 수난과 죽음, 부활과 승천
그리고 하늘나라에서 영광을 받으신 것을 묵상해야 합니다.
이 생각만 하고 있으면, 하늘나라만 생각하고
"예수님, 선생님의 나라에 들어가실 때 저를 기억해 주십시오."
하고 기도했던(루카 23, 42), 선한 강도가 그러했던 것처럼
우리의 십자가가 매우 가볍게 됩니다.

'이 십자가의 너비'는 하느님과 피조물들에 대한 진심 어린 사랑을 뜻합니다.
사랑에 불타 자신을 위해서뿐만 아니라
모든 사람 심지어는 원수들을 위해서도 기도하려고 하며
그의 기도는 끝이 없습니다.
그리고 그는 모든 사람에게 친절하려고 하며
그의 특별한 임무는 하느님을 영광스럽게 하지 않는 사람들에게
하느님의 분노가 일어나게 하는 것입니다.

이것이 곧 베드로 성인이 "무엇보다도 먼저 서로 한결같이 사랑하십시오.
사랑은 많은 죄를 덮어 줍니다." 하고 말한 사랑이며(1 베드 4, 8),
우리의 주님께서 마리아 막달레나의 많은 죄를 덮어주시면서 하신 말씀입니다.
"이 여자는 그 많은 죄를 용서받았다.
그래서 큰 사랑을 드러낸 것이다."(루카 7, 47)

'이 십자가의 길이'는 이러한 사람들은 선한 일을 한 적이 없으므로
인내하면서 선한 일을 많이 해야 한다는 것을 말합니다.
그리고 그렇게 좋은 수도원에서 빈틈없이 덕을 쌓았으므로
의로움과 거룩한 진리 안에서 하느님께서 새로이 태어나게 하시어
모든 일에서 옛사람의 옷을 벗고 새로운 사람의 옷을 입어야 하기 때문입니다.
이렇게 태어나서 날로 새로운 내적 인간이 되어
모든 슬픔과 고통과 역경을 물리치고
바오로 성인이 "우리가 지금 겪는 일시적이고 가벼운 환난이 그지없이 크고 영원한 영광을 우리에게 마련해 줍니다. 보이는 것이 아니라 보이지 않는 것을 우리가 바라보기 때문입니다. 보이는 것은 잠시뿐이지만 보이지 않는 것은 영원합니다."
하고 말한 것처럼(2코린 4, 17-18),
진심으로 말해야 하기 때문입니다.

'세 번째 십자가는 그리스도의 십자가'입니다.
이는 하느님 아버지께서 당신의 외 아드님과
하나가 되는 영광을 주신 완전한 사람을 뜻합니다.
하느님 아버지께서는 이러한 사람들에게
특히 많은 고통과 역경과 어려움과 그 밖의 여러 십자가를 주십니다. 우리의 주님께서 거룩한 사도 요한과 야고보에게
"내가 마시려는 잔을 너희가 마실 수 있느냐?"고 물으셨던 것처럼
하느님께서는 이들에게 당신의 사랑하는 아드님께서 마셨던
그 잔을 마실 수 있는 특권을 주셨던 것입니다.
그들이 "할 수 있습니다." 하고 대답하자, 예수님께서 그들에게 말씀하셨습니다.
"너희는 내 잔을 마실 것이다."(마태 20, 22-23)
그들이 아직도 스승과 같은 경지에 이르지도 않았으면서도

하늘나라에서 첫째 자리를 바라고 있었기 때문에 그렇게 말씀하신 것이었습니다. 여러분도 하느님의 가장 좋은 친구, 하느님께서 가장 사랑하시는 친구가 되려면 가장 큰 역경도 참아 내어야 합니다.
그리스도께서 아버지의 나라에 들어가시기 위해
십자가를 지고 고통을 받아야 했듯이
하느님의 친구라면 어떠한 고통도 참아내어야 합니다.

'**이 십자가의 깊이**'는 이러한 사람들이 자기를 완전히 버리고
하느님의 손에 모든 것을 맡기고 하느님을 거스르지 않으려고 조심하면서 하느님을 두려워하는 것을 뜻합니다.
그리고 '**이 십자가의 높이**'는 영원한 행복을 얻으려고 끝까지 바라는 것입니다.
이는 쓸데없이 자신의 공로를 믿거나 자신의 신심 활동을 믿지 않고
하느님을 굳게 믿으면서 겸손의 뿌리를 깊이 내리고
하느님의 무한한 자비에 모든 것을 맡기며
바오로 성인이 말한 것처럼 말하는 것입니다.
"그리고 희망은 우리를 부끄럽게 하지 않습니다.
우리가 받은 성령을 통하여
하느님의 사랑이 우리 마음에 부어졌기 때문입니다."(로마 5, 5)
'**이 십자가의 너비**'는 하느님을 위하여
하느님께 그리고 자기에게 또 모든 사람에게, 자비를 베푸는 것을 뜻합니다. 이러한 사람들은 아무도 괴로워하지 않게 하고 아무에게도 상처를 주지 않고 모든 사람이 마음의 평화를 갖고 하나가 되도록 부지런히 노력합니다.
이들은 하느님께 되돌아갈 수밖에 없다는 것을 알고 기쁘게 역경을 참습니다.
'**이 십자가의 길이**'는 기쁘게 모든 고통을 견뎌낼 수 있도록 하기 위해
영원한 생명만 생각하는 것입니다.
하느님께서 그들에게 어떤 역경을 주시더라도 어느 곳으로 보내시더라도 불평하거나 반발하지 않고 기쁘게 받아들입니다.
그들은 그리스도께서 아버지께 "제가 원하는 대로 하지 마시고 아버지께서 원하시는 대로 하십시오." 하고 말씀하셨듯이(마태 26, 39),
진심으로 모든 것을 하느님 뜻에 맡깁니다.
그들이 가장 고통스러워하는 것은

자신의 뜻을 완전히 버리지 못하고 연약한 인간의 뜻을 따르는 것입니다.
이러한 사람들은 얼마나 행복합니까?
이들의 십자가 나무에서는 자기 자신을 위해서뿐만 아니라
모든 그리스도인을 위해서 얼마나 많은 열매를 맺겠습니까?

바오로 성인이 추종자들에게 바랐던 것처럼
이 십자가는 이들을 말로 표현할 수 없는
주님의 십자가로 향하게 만듭니다.
"여러분의 믿음을 통하여 그리스도께서 여러분의 마음 안에 사시게 하시며,
여러분이 사랑에 뿌리를 내리고 그것을 기초로 삼게 하시기를 빕니다.
그리하여 여러분이 모든 성도와 함께 너비와 길이와 높이와 깊이가
어떠한지 깨닫는 능력을 지니고, 인간의 지각을 뛰어넘는
그리스도의 사랑을 알게 해 주시기를 빕니다."(에페 3, 17-19)
'**십자가의 길이**'는 주님의 무한한 영원성을 말하며
'**너비**'는 모든 인간이나 피조물들에 부어졌거나 부어질
주님의 자비와 정다움이 엄청남을 말하며,
'**높이**'는 주님의 무한한 능력을 말하며,
'**깊이**'는 주님의 영원한 지혜가 무척 깊다는 것을 말합니다.
그러나 주님의 십자가를 지려는 사람은
먼저 주님의 인간성의 십자가를 따르도록 해야 합니다.
우리가 앞에서 이미 설명한 바와 같이
이 십자가 주변에 진정으로 수도 생활을 하려는 사람들이
모두 모이게 되기 때문입니다.
하느님께서 싫어하시는 육(肉)의 일들을 모두 삼가야 하며,
거룩하게 살고 있는 사람들을 진심으로 사랑해야 하며,
손을 실제로 주님의 거룩한 십자가에 못 박도록 해야 합니다.
그리고 하느님의 눈으로 보시면
좋아하시지 않을 것 같은 것들은 모두 피해야 하며
오로지 하느님만 생각하며
하느님께서 당신의 뜻을 이루실 수 있도록 해야 합니다.
이는 자신의 오른쪽 발을 주님의 십자가에 못 박는 것을 의미합니다.

그리고 두 기쁨을 선택해야 합니다.
즉 이 세상의 불행한 기쁨에 빠져들지 않거나
기쁘게 하느님을 섬기는 고통을 거부하지 말아야 합니다.
현명하게 선택한 다음에는 자신의 왼쪽 발을 주님의 십자가에 못 박아야 합니다.
그리고 세상이 시작할 때부터 지금까지 하느님께 몹쓸 짓을 해왔기 때문에 그리고
세상이 끝날 때까지 몹쓸 짓을 할지도 모르며
가장 높은 덕을 쌓아야 할 사람들조차도 사악하기 때문에
하느님을 불쌍히 여겨야 합니다.
그리고 하느님을 위하여 십자가에 못 박힌
그리스도의 오른쪽 십자가에 못 박힌 사랑하는 친구로서
고통을 함께 겪어야 합니다.
왜냐하면, 고통 받기를 바라며 살게 되면
하느님의 영광이 더욱더 커지게 되기 때문입니다.
하느님께서 이러한 사람들을 무척 아끼시므로
이들에게 상처를 주는 것은 곧 하느님께 상처를 주는 것과 같기 때문입니다.
전능하시고 거룩하신 삼위시여,
이와 같이 저희를 그리스도의 십자가에 못 박으시고
영원한 하느님을 알게 되도록 자비를 베푸소서. 아멘.

〈오순절 강론〉

23 나는 과연 천국에 갈 수 있을까

"주님, 저희를 당신께 되돌리소서, 저희가 돌아가오리다.
저희의 날들을 예전처럼 새롭게 하여 주소서."(애가 5, 21)

하느님께서는 인간의 좋지 않은 본성을 측은하게 여기시며
항상 당신의 부르심을 받아들이기를 기대하시면서
우리를 회개시키시려고 끊임없이 노력하십니다.
하느님께서는 병이나 가난과 같은 불행을 통하여 부르시기도 하고,
가르치심이나 훌륭한 사람들의 본보기를 통하여 당신께로 이끄시기도 하고, 당신의 내적인 경고를 통하여 이끄시기도 하고,
바오로 성인에게 하신 것처럼 강제로 이끄시기도 합니다.
이와 같이 하느님께서 인간의 양심을 일깨우시는 방법은
가혹하기도 하고 지나치게 너그러우시기도 합니다.

우리는 하느님께로 돌아가지 못하게 하는 덧없는 것들을 좋아하고
물욕(物慾)을 부리고 육욕(肉慾)에 집착하는 세 가지를 경계해야 합니다. 왜냐하면,
이 세상의 명예에 집착하여
덧없는 부(富)에 마음을 쓰며 육욕을 채우려고 하기 때문입니다.
이렇게 한동안 이와 같은 부질없는 것들에 집착한 후에 마음이 완고해져서 은총을 받아들이지 못하고 자신의 욕망을 만족시키기 위해
어떤 고통도 감수하려고 합니다.
그레고리오 성인(St. Gregory)은
우리에게 이스라엘 백성들의 예를 보라고 했습니다.

그들은 가장 고통스러운 노동을 한 후에야 즐기려고는 했지만
이집트의 환락가를 무척 좋아했습니다.
그들은 노예 생활을 하면서도 광야에서 하느님께서 그들에게 주신
더할 수 없이 맛있는 천상 양식보다는 환락가를 더 좋아했습니다.
사랑하는 형제자매 여러분, 얼마나 슬픈 이야기입니까?
하느님께서는 이스라엘 백성을 사랑하시어
그들이 당신께 마음을 돌리고 당신의 계명을 지키도록 하시기 위하여
당신의 위대한 능력을 보여주시고 무한한 사랑과 혼신의 힘을 다하여
수많은 기적을 일으키시면서 그들을 노예 생활에서 해방시키셨습니다.
형제자매 여러분, 그런데도 이들은 이 모든 것들을 무시하고
다시 옛날의 나쁜 짓들을 계속하고 죄 많은 쾌락을 즐겼습니다.
그들은 하느님의 친구이자 지도자였던 모세도 투덜거리면서 거부하고
이런저런 핑계를 대고 반항했습니다.
마침내 우리의 주님께서는 참지 못하시고
뱀과 불로 고통 받게 하시고 그들을 원수의 뜻에 맡겨버리셨습니다.
주님께서는 광야를 헤매던 사람 중에서
단 두 사람만 약속하신 땅으로 들어가게 하셨습니다.

그런데 하느님께서 우리를 가르치시고 아드님을 본받게 하시어
거룩한 삶을 살도록 하시기 위해 전심전력을 다 하시고 자비를 베푸시어
우리를 죄와 나쁜 버릇의 노예에서 해방시키시어 진정으로 회개하게 만드셨건만
우리 중에 몇 사람이 약속한 땅으로 들어갔습니까?
진정으로 나쁜 관행에서 벗어나 모든 것을 진리 안에서 생각하도록 하셨건만 우리는
겉으로만 회개한 척하고 있습니다.
겉으로만 회개한 척하고 있으니 얼마나 안타까운 일인가요?
우리는 여전히 육욕에 굴복하여 마음속으로 환락가를 꿈꾸고 있는데,
예전보다 쾌락을 멀리하려면 신앙인답지 않은 헛된 생각을 버리도록 해야 합니다.
더욱더 나쁜 것은 우리 처지에 맞는 재산에 만족하지 못하고
가난한 거지인 우리가 가져서는 안 되는
호화로운 것을 소유하려고 하는 것입니다.
그러나 아무것도 우리를 기쁘게 해주지 못합니다.

하느님 아버지께서는 우리를 먹이시고 입히시고 보호해주시며
우리의 영혼에 영적인 음식을 듬뿍 주시지만 아무 소용이 없습니다.
하느님께서도 우리의 욕망을 꺾지 못하심으로써
우리는 진심으로 회개하지 못하여
모든 것을 하느님께 맡기지 못하고 있습니다.
반대로 우리는 비뚤어질 대로 비뚤어져
형제들에게 부끄러운 짓들만 하고 있습니다.
우리가 하느님께서 백성들이 불만스럽게 생각하던
이스라엘 원로들을 몰아내신 것을 읽었듯이
하느님께서는 우리에게도 그렇게 하실 때가 많다는 것을 알아야 합니다.

여러분이 이들의 뜻을 가로막으면 볼 수 있게 되지만
나쁘다고 알고 있는 사람들보다 더 나을 것이 전혀 없습니다.
이들은 마귀에게 홀려 마구 휘둘리며
나쁜 짓들을 하고 있는 것처럼 보입니다.
이들은 자신들이 원하는 것을 모두 얻어야만
만족해하는데 이는 구제 불능의 증거입니다.
나쁜 사람에게는 약속의 땅으로 들어가라고 해도
마음이 완고해져 들어갈 생각을 하지 못합니다.
이들에겐 평화와 기쁨이 없는데 이들의 영혼이 죄로 병들었을 뿐만 아니라 마귀의 그물에서 벗어날 수가 없기 때문입니다.
이들은 무척 노력해야 합니다.
괴롭더라도 자신의 안으로 들어가 속된 것들을 모두 버리고
세상의 기쁨도 버려야 합니다.
그리고 상처를 준 모든 사람에게 겸손하게 용서를 청해야 합니다.
마귀로부터 벗어나는 방법을 가르쳐준 사람들에게 기도와 도움을 청해야 합니다.
이와 같이 뉘우치는 마음으로 다시 하느님을 모시도록 해야 합니다.

사랑하는 형제자매 여러분, 마음이 무겁기만 합니다!
오늘날 진정으로 하느님께로 회심하는 사람이 얼마나 될까요?
우리 모두는 주님께서 저주하신 무화과나무와 같습니다.

잎은 달려 있지만 열매를 맺지 못하고 있기 때문입니다.
백 명 중에 한 사람도 진정으로 회개하지 못하고 있습니다.
우리는 이기적이 되어 물질적인 편리함과 쾌락만 찾고 있고
우리가 속세에 살고 있을 때보다도 더 풍족하게 아무 걱정 없이 살고 있습니다.
왜냐하면 수도원 바깥에 살고 있는 사람은 호화로운 삶을 살고는 있지만
수많은 불안을 겪어야 하기 때문입니다.
우리는 정신적으로 너무나 쇠약해져서 어떤 고통도 겪지 않으려고 합니다.
우리는 새로운 위안을 생각하게 되면 곧바로 위안을 받아야만 합니다.
수도원의 장상들이 위로를 주지 않으면
바깥에 있는 친구들이나 친척들에게 갑니다.
안락한 삶을 살기 위하여 글이나 말로 끝없이 불만을 터뜨립니다.
너무나 슬픕니다!
우리는 왜 종교를 갖게 되었는가를 자문하지 않을까요?
우리는 철부지처럼 영원히 이렇게 제멋대로 살아야 할까요?
우리는 이제 더 이상 하루 종일 슬퍼하지 않도록 해야 합니다.

죄를 짓고 나면 세 가지 감정이 생기게 됩니다.
첫째 하느님을 거슬렀기에 부끄러움을 느끼게 되는데
하느님을 거스르게 되는 것은 죄밖에 없습니다.
죄 속에 사는 사람은 자신의 처지를 살펴보려고 해도
참을 수 없을 정도로 부끄럽게 느끼면서 두려움에 휩싸이게 됩니다.
둘째 죄인의 수명이 너무 짧으므로
곧 죽음을 맞이하게 된다는 것을 알고 두려워하는 것입니다.
셋째 지옥에서 자신의 영혼이 영원히 죽는
생각을 하게 됨으로써 두려워하게 되는 것입니다.
죄인이 회개하는 이유는 이 셋 중의 하나입니다.
죄 때문에 몹시 괴로워하게 되는 것은
영원한 저주를 두려워하기 때문에,
또는 하늘나라의 행복을 그리워하기 시작하기 때문에,
또는 하느님께서 자신을 무한히 사랑하신다는 것을 깨달았기 때문입니다.
이 때문에 하느님께로 돌아가려고 하는 것입니다.

죄인은 그리스도인으로 믿어야 하는 교리를 기억해냅니다.
하느님께서 계시고, 전능하시고 의로우시므로,
하느님의 심판을 두려워하면서 몹시 괴로워하게 됩니다.
그리고 하느님께서는 자비하시므로 덕(德)을 쌓고 살면
영원한 생명을 얻게 된다는 교리를 생각하면서 희망에 차서 기뻐합니다.
그러나 거룩한 구세주를 생각하고는 타락한 우리를
불쌍히 여기시는 하느님께서 우리를
어떻게 구원하시게 되었는가를 생각하게 됩니다.
그리하여 거룩한 사랑에 불타고 감사하게 되면서
좋으신 하느님을 영원히 모시고 사랑하는 특권을 누리기를 바랍니다.
이런 감정에 휩싸이게 되면
지옥의 불이나 하늘나라의 기쁨도 회개의 동기가 되지 않게 됩니다.
사랑의 불은 다른 모든 감정을 집어삼키고
모든 것을 하느님의 뜻에 맞추게 합니다.
그러면 마냥 행복하게 느끼게 되는데 바로 이 거룩한 사랑의 덕분입니다.
그러나 지옥을 두려워하고 하늘나라를 그리워하기 때문에
회개하게 되는 두 동기에는 이기심이 어느 정도 섞여 있으므로
세 번째 동기만큼 하느님을 기쁘게 해드리지 못합니다.
이제 이 세 동기에 대하여 자세히 살펴보기로 합시다.

그런데 지옥을 두려워하여 회개하는 사람들도 세 종류가 있습니다.
'**첫 번째 부류의 사람들**'은 하느님의 벌을 두려워해서가 아니라
자신이 겪게 될 고통을 두려워하여 회개합니다.
이러한 사람들은 아주 나쁜 사람들로
이런 생각을 없애지 않고 죽으면 구원을 받지 못하게 됩니다.
분명히 죽게 된다는 것을 알고 죽음을 두려워하지만
그때를 몰라 괴로워하게 되면서 마침내 회개하고 새로운 삶을 삽니다.
이런 사람들은 평범하게 이 세상의 삶을 살게 되면
위험하다고 생각하여 신심 단체에 가입하기도 합니다.
그러나 이들이 가장 잘못 생각하는 것은
수도원에서 대죄를 짓지 않으면 영원히 버림을 받지 않을 것이라고 생각하고 오로지

대죄만 짓지 않으려고 하는 것입니다.
작은 죄들은 짓지 않으려고 하지 않기 때문에 죄를 지어도 슬퍼하지 않습니다.
이들은 진심으로 과거의 대죄들에 대하여 회개할 필요가 없다고 생각하며
더 열심히 수행할 생각도 하지 않습니다.
이들에게 고해하여 회개하라고 하면
지옥에 대한 두려움을 떨쳐내어 버렸으므로
회개할 필요가 없다고 생각합니다.
이들은 계속하여 냉정하고 게으르며 허영심이 많으며
부정적이며 경박하고 제멋대로 행동하고 사치스러운 것만 찾으며
오로지 겉으로만 좋게 보이려고
모든 일에서 자신의 장점만 생각합니다.
내면적으로는 자기 뜻과 교만에 따라 생각하고 집착하며
너그럽지 못하며 예의가 바른 척 행동합니다.
어떤 사람이 자신을 싫어하면 몹시 화를 내고 참지 못하고,
충고하면 잡아먹을 듯이 대듭니다.
어쩌다가 현명하게 말하고 좋은 마음을 갖게 되면 뽐내려고 합니다.
일이 잘 풀려나가면 지나치게 기뻐하고 잘 풀리지 않으면 실망합니다.
그리고 다른 사람들을 판단하고 허물을 들추어내면서 자기를 합리화합니다.
또 자신이 저지른 대죄들을 옹호하며 회개하지 못하여 비참하게 되고 맙니다.

이러한 사람들은 겉으로만 하느님께로 돌아간 것처럼 보이려는 사람들로
앞에서 말한 바와 같이 어떤 수도원에서도 볼 수 있으며
수도원에서 함께 살 수 없을 정도로 짐이 됩니다.
그리하여 열심히 수행하는 사람들은 사나운 사자를 데리고 사는 것처럼 느낍니다.
마귀는 이들이 아무리 제의(祭衣)를 입고 있더라도 자신의 노예로 만들고 맙니다.
이들은 목적이 뚜렷하지 않으므로
계속하여 수도 생활을 할 수 있을지 의문이 들 정도입니다.
나쁜 사람은 이들의 뜻에 따라 이들을 데리고 있든지 내보내든지 하려고 합니다.
내보내려고 하면 수도원에 남기 위하여 변명하지만
수도원에서도 그들이 속세에 살고 있을 때처럼 대죄를 짓고
불행하게 죽을 수도 있다는 것을 곧 깨닫습니다.

그러고 나서도 결심을 하지 못하고 참을 수 없이 괴로워합니다.
그리하여 자신을 기쁘게 해줄 친구도 없고
도와줄 사람도 없다는 것을 알면 대죄를 지으면서
열심인 동료들을 버리려고 합니다.
그들은 혼잣말을 합니다.
"내가 속세에서 죄를 짓고 살 때는
수도원에 들어가면 구원을 받게 된다는 희망을 가졌지만
이 거룩한 환경에서 나쁜 사람이 되고 말았는데
무엇이 나를 이렇게 만들었을까?"
이들 중 몇 사람은 하느님의 자비를 믿지 않고 절망하여
수도원을 떠나자마자 옛날 속세에서 하던 나쁜 짓들을 계속합니다.
왜냐하면 이들은 너무나 교만하여
자신이 받은 유혹들을 아무에게도 털어놓지 못하여
충고를 전혀 받지 못했기 때문입니다.
그리하여 이제는 더욱더 나쁜 짓들을 많이 하며
무모하게 서둘러 자신 안에 있는 마귀 품에 안겨
처음에는 아무도 모르게 하다가 나중에는 드러내놓고 나쁜 짓들을 합니다.
이들은 죽을 때 죄에 대한 가장 나쁜 결과를 모면하고 성체를 받을 수도 있지만
자신의 목적이 옳았는지 나빴는지 모릅니다.
아마 이들이 죽어가는 마지막 시간에 자비하신 하느님께서
이례적으로 슬픔과 사랑의 은총을 함께 주시어
지옥에서 벗어나 연옥으로 가서 오랫동안 고통을 받으면서
영원히 연옥에 머무르지 않게 해주신 데 대하여 하느님께 감사합니다.
그리고 하늘나라에 도착하면 가장 낮은 천사들 아래에 자리를 받게 되는데 사랑하지도 않고 하느님께로 돌아갔기 때문입니다.
이와 같이 고통과 두려움 때문에 구원된 사람은
하늘나라에서 가장 작은 이로 대접해도 만족해야 합니다.
사랑으로 하느님을 모시지 않고 단지 두려움 때문에
하느님께로 돌아가려고 하는 사람들은 수도원에 들어가지 않고
속세에서 가치 있게 사는 것이 낫습니다.
이 때문에 하느님께서는 섭리로 불행을 주시어 이들을 깨닫게 하시고

하느님을 사랑하여 하늘나라로 가도록 인도하십니다.
그러나 이들이 거룩한 수도원에 수치를 안겨주지 않고
수도원 규칙을 어기지 않는 것은 잠시뿐입니다.
이러한 사람들이 내적인 인간이 되기는 무척 어렵기 때문입니다.
대죄를 짓지는 않지만, 건성으로 회개하는 척 하며
끊임없이 나쁜 생각을 하며 진심으로 회개하지 않는 사람들을
우리는 어떻게 생각해야 할까요?

두 번째 부류의 사람들로,
지옥을 두려워할 뿐만 아니라 연옥(煉獄) 불도 몹시 두려워하는 사람 중에는
대죄를 짓지 않으려고 무척 애쓸 뿐만 아니라
작은 죄도 짓지 않으려고 무척 애쓰는 사람들이 있습니다.
이들은 자신의 과거의 사악함을 생각하고
한숨을 쉬고 눈물을 흘리며 괴로워하면서 회개합니다.
그러나 더욱더 덕을 쌓지 않고 죽으면
오랫동안 괴로워하며 연옥(煉獄)에 머물러야 하는데,
하느님을 진심으로 사랑해서가 아니라
이기적인 사랑으로 오직 지옥이나 연옥에
가지 않기 위해서 수행하고 살아왔기 때문입니다.
그러나 앞에서 설명한 사람들보다는
정화(淨化)하기가 훨씬 더 쉽다는 것을 알아야 합니다.
하지만 오로지 두려움에서 벗어나기 위해서가 아니라
사랑하지 못한 것을 회개했더라면 얼마나 좋았겠습니까?
이러한 사람들은 오로지 하느님만 생각하고 수행해 왔던 것은 아닙니다. 하느님 아드님의 자비하심과 수난과 공로를 진심으로 믿지 않았으므로 연옥에서 진심으로 괴로워하며 회개해야 하며,
회개가 끝나면 하늘나라의 거룩한 성가대의 두 번째 줄로 인도되게 됩니다.
이들이 다른 사람들보다 백 배나 더 상급을 받는 이유는
이웃에게 본보기가 되어 이웃을 성화시켰기 때문입니다.

세 번째 부류의 사람들은 지옥과 연옥의 고통을 두려워할 뿐만 아니라

연옥을 거치지 않고 하느님께로 바로 가기를 진심으로 바라는 사람들입니다.
따라서 이러한 사람들은 두려워하면서 대죄뿐만 아니라 일상생활 중의
조그만 잘못도 범하지 않으려고 하지만 완전하게 되려고는 하지 않습니다.
연옥 불만 찾으려고 하다가 자신 안에 있는 것을 찾지 못한 것입니다!
이들은 혼신의 힘을 다하여 진심으로 회개하며 모든 고통을 감사하게 받아들이고
선한 일만 하려고 함으로써 타락한 본성을 물리쳤습니다.

이 세 부류의 사람들과는 다르게
영원한 영광을 바라며 오른 쪽 문을 통하여 하느님께로 간 사람들입니다.
이들은 어떤 처지에서도 기뻐하지만
영원한 죽음의 고통은 생각하지 않고
영원한 생명의 기쁨을 생각하고 더욱더 덕을 쌓으려고 합니다.
이들은 덧없는 인생을 살더라도 아주 행복하다고 말하는데
이보다 더한 하늘의 축복이 어디 있겠습니까?
이들은 이런 생각을 하면서 이 세상의 쾌락을 멀리합니다.
이들은 여태까지 지옥을 두려워했던 다른 부류의 사람들과는 달리
고결한 동기에 따라 세상의 유혹을 뿌리치고 진심으로 하느님을 섬깁니다.
이들은 하느님께로 돌아서서 신심단체에 가입하거나
훌륭한 그리스도인이 되기만 하면 바로 덕을 쌓기 시작합니다.
대죄든 소죄(小罪)든 모든 죄를 멀리할 뿐만 아니라
완전하게 되려고 결심하며 진심으로 하느님을 섬기려고 합니다.
이들은 영원한 생명만 생각하므로
아무리 힘든 노동이나 고통도 이들을 가로 막지는 못합니다.
이들은 하느님의 은총을 감사하게 받아들이고 매일 성숙하게 됩니다.
그리하여 죽을 때까지 정진(精進)하게 되면
하늘나라 성가대의 가장 높은 자리가 주어지게 되는데
이는 이들이 열심히 정진한 상급입니다.
그러나 이들은 연옥의 고통에서도 도망치지 않는데
자신의 부주의로 연옥에 떨어지기는 했지만
하느님의 영광보다는 자신의 행복을 찾았기 때문입니다.
이들이 더 이상 부주의하지 않게 된 것은

용감하게 유혹을 뿌리치고 고통을 참아내었기 때문입니다.
이들은 혹독한 시련을 겪게 되어도 자신을 찾는 기회로 삼고
오직 살기 위해서 자기도 모르게
하느님을 잊어버린 것을 뉘우치는 기회로 삼습니다.
이들에게 닥친 시련은 오래 가게 되므로 진저리가 쳐질 것입니다.
끊임없이 자기를 버리는 일은 무척 고달프기 때문입니다.
자기보다 하느님을 사랑하고
자기보다 이웃을 사랑하는 일은 말할 수 없이 어렵습니다.
완전한 삶을 살아야만 그렇게 할 수 있기 때문입니다.
그러나 이런 경지에 이르고 이런 사랑을 열심히 하면서 죽는다면
하늘 통치자의 다섯 번째 천사들의 성가대에 들어가게 됩니다.
이들은 연옥에서 잠깐 고통을 받게 되는데
이들의 사랑이 너무나 순수하기 때문입니다.

이들이 죽기 전에 깨끗한 마음으로 수많은 고통을 겪고
사람들의 경멸을 더욱더 참아냄으로써 하느님과 같이 의롭게 되고,
마지막까지 어떤 고통이나 유혹에도 무너지지 않고,
자기를 완전히 버릴 수 있게 되었으니 얼마나 행복하겠습니까?
이들은 진심으로 회개하고 모든 유혹을 물리치고 마음의 평화를 얻게 되었으므로
죽어서는 '지배자(Dominations)'라고 하는 천사들의 성가대에 들어가게 됩니다.

세 번째 부류의 회개는 **하느님께서 은총을 받을 자격도 없는 자신들에게**
너무나 자비하셨음을 깨달은 사람들의 회개입니다.
이런 사람들은 너무나 감사한 나머지
하느님을 찬양하며 완전하게 그리고 영원히 섬깁니다.
무엇을 해야 하느님께 영광을 드리게 될지 모른 채
바오로 성인처럼 무척 괴로워하면서 하느님께 외칩니다.
"주님, 당신께서는 저에게 무슨 일을 하시려고 하시나이까?(사도 9, 6)
제가 당신의 뜻을 알고 당신을 위하여 무슨 일을 하고
어떤 고통을 겪고 무엇을 버려야 할지 알 수만 있다면 얼마나 좋겠나이까? 당신께서
목적을 이루시도록

어떤 시련이나 고통도 감수하겠다고 약속하오니 저에게 지혜를 주소서!"
이들은 하느님께서 자신들에게 무슨 일을 하시려는지 알기만 하면
지옥도 두려워하지 않으며 하늘나라에 가더라도 기뻐하지 않습니다.
이들은 죄 때문에 매우 슬퍼하지만 지옥의 고통 때문에는 슬퍼하지 않고
한 때 믿음이 없었지만 그래도 사랑해주신 하느님 때문에 슬퍼합니다.
너무나도 자비하신 하느님께 봉사할 생각은 하지 않고
길을 잃고 속죄하지 않았던 것을 후회합니다.
이들은 만약 하느님과 같은 권능을 가졌다면
자신을 지옥에 던져버렸을 것이라고 생각합니다.
이들은 최대한 회개하고 의롭게 자신을 탓했으므로
하느님께서는 자신을 연옥에 떨어지게 하는 벌을 주시지 않을 것으로 믿습니다.
이러한 사람들은 다른 사람들이 죄를 지어도 죄의식을 가지므로
이들이 참사랑을 갖는 것을 보시는 즉시 모든 것을 용서하십니다.
이러한 사람이 참사랑을 하면서 죽게 되면 연옥에 가지 않고
곧바로 '왕좌(Thrones)'라는 천사들의 일곱 번째 성가대로 가게 되는데 하느님의
왕좌가 되었고 '선택한 그릇'이 되었기 때문입니다.(사도 9, 15 참조)

그러나 이러한 사람들은 죽기 전까지
거룩한 사랑 안에서 더욱더 정진하려고 하므로
케루빔(Cherubim) 천사의 반열에 들어가게 됩니다.
이들은 예언자가 되어 하느님을 찬양합니다.
"제 마음 든든합니다, 하느님. 제 마음 든든합니다.(시편 57, 8)
저는 제 뜻이 아니라 당신께서 뜻을 이루시도록
일을 하거나 하지 않으므로 언제든지 기뻐하거나 슬퍼할 준비가 되어 있나이다."
이런 사람들은 죽음이 뒤로 미루어지면
하느님의 사랑 안에서 더욱더 정진하게 되므로
세라핌(Seraphim) 천사의 반열에 들어가도 부족함이 없습니다.
이들은 바오로 성인처럼 외칩니다.
"저는 과연 비참한 인간이나이다.
제가 그리스도와 함께 살 수 있도록 하기 위해
누가 이 죽음에 빠진 몸에서 저를 구해 줄 수 있겠나이까?"(로마 7, 24)

그리고 바오로 성인처럼 진심으로 이웃에 대하여 말합니다.
"사실 육으로는 제 혈족인 동포들을 위해서라면,
저 자신이 저주를 받아 그리스도에게서
떨어져 나가기라도 했으면 하는 심정이나이다."(로마 9, 3)
이는 구태여 하느님을 기쁘게 해드린다는 생각은 하지 않고,
어떤 대가를 치르더라도 이웃을 도우려고 하는
하느님의 은총의 열매를 말합니다.
왜냐하면, 하느님께서는 이들이 하늘나라로 가려는 것을 보시고
이들 마음으로 내려가시어 하나가 되심으로써
이들이 바오로 성인과 같이 말하도록 하셨기 때문입니다.
"이제는 내가 사는 것이 아니라
그리스도께서 내 안에 사시는 것입니다."(갈라 2, 20)
하느님, 저희도 이렇게 회개하도록 해주소서. 아멘.

〈재의 수요일 강론〉

24 참된 수행과 잘못된 수행

"너는 독사와 바실리스크(basilisk) 위를 거닐고 힘센 사자와 용을 짓밟으리라(Thou shalt walk on the asp and the basilisk; and thou shalt trample under foot the lion and the dragon)."(시편 91, 13)

성령께서 믿음이 깊은 수행자들에게 위와 같이 말씀하셨는데
우리는 네 짐승을 수도 생활을 할 때의 네 망상,
네 교묘한 유혹을 나타내는 데 사용할 때가 많습니다.

'독사'는 몰래 영혼을 파멸시키는 **'마귀'**를 의미하며
같은 시편의 앞부분에서도
"너는 밤의 공포도 낮에 날아드는 화살도 무서워하지 않으리라." 하고(시편 91.5)
말하고 있는데 이는 초보자가 하느님께 예배드릴 때
시달리는 밤의 공포를 뜻합니다.

'바실리스크(basilisk)'는 **'불순함'**을 나타내는데
우화에서는 독사의 노란 눈을 쳐다보기만 하면 즉시 죽는다고 말하고 있으며
'영혼이 정화(淨化)를 게을리 하면 죽게 된다는 것'을 의미합니다.
같은 시편에서는 예언자가 하느님의 참된 친구에게
"너는 밤의 공포도 낮에 날아드는 화살도
무서워하지 않으리라." 하고 말하고 있습니다.
수행하기 시작한 사람들은 '불순함'이라는 적들의 공격을 받게 되는데
먼저 마음을 더럽힌 후에 외적으로 타락한 행동을 하게 만듭니다.

세 번째 짐승인 '**용**'은 '**돈을 좋아하는 것**'을 의미하는데
시편에서는 "어둠 속에 돌아다니는
탐욕의 망령"이라고 표현하고 있습니다.(시편 91, 6 참조)
스승들이나 학자들은 하느님의 진리를 말하지만
이 망령은 마치 진리처럼 돈을 좋아하라고 꼬드깁니다.

네 번째 짐승인 '**사자**'는 '**영적 교만**'
즉 '**정오의 마귀가 침범하는 것**'을 뜻합니다.
바오로 성인은 마귀를 두고
"사탄도 빛의 천사로 위장합니다." 하고 말했습니다.(2코린 11, 14)
마귀는 이렇게 위장하여 드러내놓고 끈질기게 사람들을 속이는데
사람들이 잘 되어가는 것을 본 다음 수행이나 금식이나 철야기도를 방해하고 순종하지 못하게 하여 길을 잃게 만든 후 나쁜 짓을 하도록 꼬드깁니다.

이 네 짐승의 의미를 생각해보기로 합시다.
먼저 '**독사**'는 징그러울 뿐만 아니라 몰래 기어 다니면서 사람을 물어 죽이는데,
믿음이 깊은 사람을 마음대로 먹고 마시고 자게 하는 등의
편안함을 추구하게 꼬드겨서 괴롭히는 것을 뜻합니다.
이런 유혹은 뿌리치기가 무척 어렵습니다.
이렇게 독사 같은 사람들은 자기 자신에게나 다른 사람들에게
너그럽고 좋은 사람처럼 보이면서 온갖 편리함을 누리려고 합니다.
그러나 독사처럼 다른 마음을 가진 사람들과 제멋대로 하지 못하게 하는 사람들에게는 앙심을 품으며 자신과 다름을 비난하며
친절한 척하지만 자비롭지는 않습니다.
필요하면 아무도 모르게 제멋대로 본능적인 욕구를 채우려고 합니다.
어쩌다가 수도원에 들어가기는 했지만
오랫동안 죄를 지으면서 경건한 생활을 하지 않고
하느님께서 자신들이 세상 것들을 즐기는 것을 묵인하셨다고 착각합니다.
오늘날의 거의 모든 그리스도인들이 이와 같이 살고 있으므로
참된 믿음을 갖고 사는 사람이 드문 것이 현실입니다.
그러나 불행하게도 이러한 사람들은 자신도 모르게 또는 드러내 놓고

죄를 지어 자신의 영혼과 훌륭한 동료들의 영혼에 많은 해를 끼치고 있습니다.

'바실리스크(basilisk)'는 겉으로는 믿음이 깊은 사람들로 보이지만
안으로는 몹시 썩어 있는 사람들을 말합니다.
옷차림이나 태도를 보면 신앙심이 깊은 그리스도인들로 보이지만
하느님께서는 이들 마음에 쓰레기로 가득 차 있는 것을 아십니다.
이는 내면을 깨끗하게 하지 못한 채로 수행해 왔기 때문에 비롯된 것입니다.
따라서 마귀는 문이 활짝 열려 있는 것을 발견하고
이들의 마음에 들어가 아무도 모르게 또는 드러내놓고
엉뚱한 생각을 하게 만듭니다.
그리하여 이들은 감정에 따라 움직이고 다른 사람들의 죄를 들추어냅니다.
이들은 한마음으로 변함없이 이웃을 보살피고,
다른 사람들이 전혀 알지 못하는 가운데
하느님의 빛에 이끌려 하느님과 하나가 되는,
참된 그리스도인과는 너무나도 다릅니다.
그리고 이들은 자신만 영적(靈的)인 일에 몰두하는 것처럼 보이고
매력적인 말을 하려고 애쓰면서도 전혀 그럴 마음은 없으며
자신의 잘못을 전혀 모릅니다.
그러나 진정으로 믿음이 깊은 사람은 지혜가 있으므로
진리를 쉽게 알고 간단명료한 말로 가르칩니다.
깨달음을 주기는커녕 잘못 인도하기 마련인 어렵고 고상한 말은 하지 않고
내면생활을 잘할 수 있게 쉬운 말로 가르치려고 합니다.
그러나 비뚤어진 영혼은 이와 반대로 걸핏하면 싸우려 하고
다른 사람들의 가르침이 아무리 좋더라도 반박합니다.
이러한 사람들은 칭찬받을 일을 전혀 하지 못하는데
무슨 일을 해도 빨리 싫증을 내기 때문입니다.
그뿐만 아니라 무슨 일을 하더라도 영적(靈的)인 자만심으로 가득 차 있습니다.
두 사람의 차이를 살펴보기로 합시다.
생각이 올바른 그리스도인은
하늘나라나 이 땅에 있는 모든 사람을 사랑하려고 하지만
비뚤어진 사람은 자신이 가장 현명하고

훌륭한 것처럼 생각하여 자기만 사랑합니다.
이런 사람은 모든 사람이 자신이 가르치는 대로 따라 하기를 바라지만
아무도 따라 하지 않으며, 잘못을 저지를 줄 빤히 알면서도
다른 사람을 따라 하도록 합니다.
자기가 좋아하는 것만 좋아하고 가벼운 죄도 짓지는 않지만
이웃과 사귀지 못하고 겸손하지도 않으며
가난한 사람이나 불행한 사람을 동정하지도 않고
덕이라곤 찾아볼 수도 없으며 당연히 하느님과 같은 사랑이 없습니다.
그러나 우리는 이들처럼 하지 않도록 조심해야 합니다.
자신을 성찰하지는 않고 주변의 사람들을 이런 사람으로 판단하면 안 됩니다.
우리는 모든 인간을 위하여 당신의 영육(靈肉)을 제공하신
그리스도를 본받도록 해야 합니다.
지금까지 우리는 내적 외적으로 더러운
바실리스크 같은 사람들에 대하여 생각해보았습니다.
이런 사람들은 겉으로는 좋게 보이려고 하지만
참으로 비뚤어진 믿음을 갖고 있으므로
영혼 안에 주님을 모시지도 못했기에
육욕에만 관심을 갖고 있는 사람들입니다.

'용'은 더욱더 나쁜 사람들로 '일종의 영적(靈的)인 탐욕 때문에
경건함을 위장하고 있는 사람들'이며
네 가지 다른 양상을 보여 줍니다.
영적 탐욕의 첫 번째 종류의 사람들은
지나치게 육신의 편안함과 위로만 바라며 열정을 불태웁니다.
이들은 모든 것을 알아야 하고 모든 것에 간섭하려고 하지만
정작 자기 자신에 대해서는 아무것도 모릅니다.
이들은 관심이 없는 일들은 거추장스럽게 여기며
사소한 일에도 우울해하며,
아무 소용도 없는 온갖 호기심으로 가득 차 있습니다.
하루 종일 다른 사람들의 일에 간섭하고 자나 깨나 걱정만 합니다.
이 모든 것은 대죄는 아니지만 영혼에 몹시 해롭습니다.

영적 탐욕의 두 번째 종류는
열병처럼 지나치게 달아올랐다가 금방 무관심하게 되는 것입니다.
이러한 사람들의 병은 하느님의 은총을 받고도
수행의 이로움을 모르는 것입니다.
그리하여 믿음이 흔들리면 이런저런 방법으로 회개하며
믿음을 되찾으려고 합니다.
침묵하기로 결심했다가 실패하면 경건한 대화를 하려고 하고
어떤 규칙을 따르기로 했다가 곧 다른 규칙을 따르려고 합니다.
어떨 때는 가난해지려고 했다가도
어떨 때는 세상 것들에 집착합니다.
오랫동안 순례 여행을 계획하기도 하고 은수자(隱修者)가 되려고 하기도 하고,
성체성사를 준비하기도 하지만 이 모든 것을 금방 잊어버리기도 합니다.
그러다가 경건한 독서를 하기도 하고
곧 마음을 바꾸어 묵상하기도 합니다.
이와 같이 마음의 안정을 찾지 못하고 끊임없이 변덕을 부립니다.
내적 외적인 모든 일에서 변덕을 부리고
하느님의 사랑을 하지는 않고 겉으로만 경건하게 보이려고 합니다.

영적 탐욕의 세 번째 종류는 하느님을 생각하면서도
자기만의 수행법을 따를 때가 많은데 이는 변덕의 소치입니다.
터무니없는 생각을 하면서도 바른길로 가고 있다고 착각하지만
그것도 모르고 있을 때가 많습니다.
이러한 사람들은 한 고해사제에게 고백하다가도
이내 다른 고해사제에게로 갑니다.
이들은 계속하여 충고해주기를 바라지만
충고에 따르지도 않을뿐더러 금방 잊어버릴 때가 많습니다.
이들에게 나무라면 화를 내지만 습관적으로 자신을 자책(自責)합니다.
영성적인 대화를 즐겨 하지만 내공을 쌓으려고는 하지 않습니다.
이들은 미덕을 칭찬하면 무척 좋아하며
자신의 사소한 미덕도 부풀려 자랑하려고 합니다.
조금만 선행을 해도 자랑하고 다닙니다.

이들은 덕을 조금도 갖추지 못하고 내면에는 아무것도 든 것이 없습니다.
이들은 다른 사람들을 가르치고 인도하려고 들지만
자신을 인도하려고 하면 몹시 싫어하며
자신의 잘못을 조금만 일깨워주어도 참지 못합니다.
이기심에 따라 행동하면서 교만은 숨기는데 이는 변덕 때문입니다.
죄는 조금도 짓지 않으려고 하지만 한 발자국만 잘못 떼어놓게 되면
바로 지옥으로 떨어지게 됩니다.

영적 탐욕의 네 번째 종류는 다른 탐욕 때문에 생기는데
다른 어떤 탐욕보다 더 나쁩니다.
하느님에 대한 생각에도 변덕이 생겨
하느님을 잊어버리고 자신도 잊어버리고
진리와 덕(德)에는 아무 관심도 없으며
마침내 무엇을 믿고 무엇을 해야 할지도 모를 정도로 되어버립니다.
당연히 하느님을 잊어버리게 되면 전혀 수행할 생각을 하지 못하게 되고
다른 삶을 살려는 생각은 조금도 하지 않게 됩니다.
그리하여 하느님께서 전혀 모르신다고 생각하고
가장 무거운 죄를 지으려고 합니다.
이런 사람들은 수난을 받으시고 돌아가신
영원히 자비하신 구세주를 생각하지 않으면 정신을 차리지 못하게 됩니다.
이러한 사람도 영성을 갖고 인격을 갖추게 되면
드러내놓고 죄를 짓지 않게 되고 공부를 더 열심히 하게 되고
여러 가지 일을 맡아 할 수 있습니다.
그러나 이 모든 것도 제멋대로 하게 되면 아무 소용이 없게 됩니다.
이러한 사람들은 겉으로만 엄격히 규칙을 지키려고 하며
자신보다 못한 사람들에게는 너무나 가혹합니다.
이들은 다른 사람들의 스승 노릇을 하기를 좋아하지만
다른 사람들을 하느님께로 인도하지는 못합니다.
이들은 항상 '용(龍)'들인 교만과 자만심에 가득 차 있기 때문에
어떤 수행을 하더라도 아무 소용이 없게 됩니다.

짐승의 왕인 '**사자**'는 가장 나쁜 죄인 '**영적**(靈的)**인 교만**'을 의미하며,
하느님께 자신의 모든 것을 맡기지 않고
자신의 수행법을 따르는 신앙인들과 수도자들을 뜻합니다.
자기도취에 빠져 세상 것들에 집착하므로
이들의 목표는 옳지 않은 것 같습니다.
이들은 하느님 안에서 평화와 기쁨을 찾는 선한 사람들이지만
자신 안에서는 사악한 생각을 하고
다른 피조물에게 대해서도 나쁜 생각을 하면서도
잘못이라고는 전혀 생각하지 않습니다.
정적주의자(quietist)**처럼 영혼이 아무 활동을 하지 않고**
가만히 있어야만 기쁨과 평화를 얻을 수 있다고 믿으므로
기쁨과 평화를 얻기가 무척 어렵다고 생각하는데
영적 교만으로 눈이 멀어있기 때문입니다.
이들은 영혼이 이렇게 평화롭게 조용히 쉬는 것이 좋다고 알고 있기 때문에
이런 생각을 쉽게 떨쳐버리지 못합니다.
주로 경험이 부족하고 창피도 모르는 젊은 사람들이 이런 오류에 빠지는데 이들은
이 때문에 이런 거짓 평화를 얻기 위하여 수행을 합니다.
하느님만이 우리를 만족시키실 수 있으므로
우리가 쉬는 것 같아도 쉬는 것이 아닙니다.
이러한 거짓 정적(靜寂)도 죄의 원인이 됩니다.

사람은 모든 육감(肉感)을 버리고 아무 활동도 하지 않으면서
마음을 편히 쉬게 할 수도 있지만
이는 어디까지나 자신의 느낌으로 조용함을 느끼는 데 지나지 않습니다.
하느님의 도움 없이도 이런 상태에 이를 수는 있지만
자신의 마음에 있는 모든 생각을 없애버리고
동시에 아무 활동도 하지 말아야만 합니다.
그러나 하느님께서는 사랑으로 선한 사람에게는
그런 영육(靈肉)의 게으름을 못 견디게 하시므로
계속 그렇게 할 수가 없게 됩니다.
이는 이기적인 작태에 지나지 않습니다.

평화를 얻고 아무런 방해도 없이 이렇게 마음을 비우고
아무 활동도 하지 않는 것은 죄를 짓는 것이 됩니다.
이는 선한 일은 전혀 하지 않고 영혼이 아무것도 생각하려고 하지 않고
아무것도 모르는 채 멍하게 있으려고 하는 것에 지나지 않습니다.
따라서 이러한 정적 속에서는 제대로 묵상도 할 수 없으므로
자신의 소명을 다하지 못하고 하느님과 자신과 모든 것을 잊게 됩니다.

이와 반대로 하느님 안에서 조용하게 있는 거룩한 영혼은
하느님을 위하여 기꺼이 모든 것을 멀리하고
알 수 없는 하느님의 영광을 관상하려고만 합니다.
이는 영혼이 쉬지 않고 하느님과 하나가 되기만을 바라는 것을 뜻합니다.
이런 거룩한 정적(靜寂)은 영원히 불타는 사랑으로
하느님과 하나가 되기를 열망하며
하느님을 그리워해야만 얻을 수 있습니다.
이는 영육(靈肉)을 억지로 쉬게 하여 얻는 고요함은 거짓임을 말합니다.
이들은 하느님을 그리워하지도 않고
사랑으로 하느님을 찾으려 하지도 않으므로
당연히 하느님을 만나지 못하게 됩니다.
그러나 자기를 버리고 자신의 나쁜 본성과 습관을 버리고
정적을 얻어도 하느님을 만나지 못합니다.
유다인이나 이교도 또는 사악한 사람들도
마음을 비우고 양심의 가책도 느끼지 않고
자기 자신만 생각하고 아무 일도 하지 않음으로써
정적을 얻을 수 있기 때문입니다.
그러나 열심히 수행하지 않으면
그렇게 되지 않기 때문에 이는 죄가 아닙니다.
그러나 그리스도인의 의무를 다하지 않고
애써 정적을 찾으려고 하는 것은 죄가 됩니다.
영적으로 교만하게 만들고 자기 자신을 과신하게 되므로
영혼이 정상상태로 회복되지 않기 때문입니다.
이러한 사람은 실제로는 하느님과 하나가 될 수 없는 상태에 있으면서도,

때때로 자신도 신성(神性)을 가졌다고,
아니 자신도 하느님과 하나로 만들어졌다고 생각합니다.
이들은 이런 거짓 정적(靜寂)과 거짓 초탈(超脫) 속에 있으면서도
우리의 모든 종교적인 수행은 자신의 내면의 평화를 방해할 뿐이라고 생각하는데
이러한 환상 때문에 하느님께서 자신의 영혼에
들어오시지 못하게 되었기 때문입니다.
마귀들도 그렇게 행동했습니다.
왜냐하면 이들은 하느님을 떠나서 자신에게로 돌아가
자신의 빛을 따를 수밖에 없었기 때문입니다.
이들은 눈이 멀어 있었으므로 하늘나라의 빛을 받지 못하고
하늘나라에서 쉬지 못하고 영원히 쉬지 못하는 지옥에 떨어졌기 때문입니다.
그러나 착한 천사들은 태어날 때부터 하느님께 모든 것을 맡겼으므로
영원한 행복을 얻게 되었습니다.
사자가 짐승들의 왕인 것처럼,
잘못 인도된 이들의 영혼들도 자신이 모든 덕을 갖추었다고 생각하지만
하느님의 눈에는 위선자들입니다.
모든 덕을 갖추려면 먼저 모든 것을 버려야 하기 때문입니다.

이러한 환상은 '**영적인 불순함**'이라는 다른 악(惡)으로 이어지게 만듭니다.
왜냐하면 하느님을 진심으로 그리워하지 않고 수행(修行)하게 되면
잘못을 범하거나 유혹에 빠지게 되기 때문입니다.
이런 사람은 하느님을 거역하고 자기 자신만 믿으면서
쾌락만 찾고 위로만 찾게 되기 때문입니다.

이런 영혼은 이익만 생각하는 상인과 같습니다.
고행(苦行)을 해도 오로지 자신의 이익만을 위해서 하며
곧 금지하는 쾌락만 찾기 때문입니다.
이들은 때로는 참기 어려운 고행을 하기도 하지만
항상 이기적인 생각을 갖고 거룩한 사람으로 존경받고 싶어서 고행을 합니다.
그리고 영원한 상급(賞給)을 기대하고 금욕생활을 할 때가 많습니다.
이기심에서 칭찬받기만을 바라고 상급을 받기 위하여 일합니다.

이들은 하느님께 많은 은총을 요구하며 은총을 많이 받았다고 믿는데,
이 때문에 영적인 교만에 빠짐으로써
내면생활에 하느님의 은총을 받지 못하게 됩니다.
이들은 기뻐할 일도 아닌데도 기뻐하며
내적 위로를 받을 생각을 조금도 하지 않습니다.
육욕에서 벗어나지 못하고 이기적이 되어버려
항상 자기만 생각하며 모든 일에서 자신의 이익을 추구하기 때문입니다.
더 이상 이기적일 수 없습니다.
만약 이들이 원하는 것을 얻지 못하면, 하느님으로부터도 얻지 못하면,
이성을 잃고 놀라운 말을 하고 놀라운 행동을 하기도 합니다.
이들은 하느님께서도 사람도 주지 않는 것을 얻기 위하여
나쁜 마음을 갖게 되었기 때문입니다.
성령을 거스르고 살고 있으니 얼마나 안타까운 일입니까?
끊임없이 자신이 갖고 있는 모든 것을 하느님께 드리고
더할 수 없이 좋으신 하느님을 소유해야만 만족하는
겸손한 그리스도인과 이들은 얼마나 다른가요?

인간의 사랑과 하느님의 사랑은 외부 활동과 같은 겉모습을 보면서
한 사람 머리의 두 머리카락처럼 똑같아 보이지만
영혼의 내면 깊은 곳에서 보면 전혀 다릅니다.
착한 영혼은 영혼 안이나 바깥에서 하느님의 영광을 찾고
하느님만 그리워하며 점점 더 그리워합니다.
그러나 인간의 사랑은 변함없이 자기를 찾으며
이기심이 영혼 안에 있는 하느님의 사랑을 능가할 만큼 커지게 되면
영적 교만과 탐욕과 식탐(食貪)과 불순함의 네 악에 휘둘리게 됩니다.
에덴 공원에서 아담이 그 때문에 타락했고
아담 때문에 모든 인간의 본성이 더럽혀지게 되었습니다.
아담이 하느님으로부터 받은 사랑을 저버리고
하느님께 등을 돌려 교만하게 하느님의 법을 무시했기 때문입니다.
아담이 지식과 지혜를 얻기 위하여 영적인 탐욕의 죄를 짓고
게걸스럽게 먹고 마시는 식탐에 빠지고 더럽혀졌기 때문입니다.

그러나 성모 마리아님을 보십시오!
성모님께서는 아담이 잃어버린 은총을 더욱더 많이 받으시게 되었습니다.
그리하여 성모님의 사랑은 모두 하느님을 위한 것이었으므로
사랑의 어머니로 불리게 되었습니다.
성모님께서는 겸손하게 자궁에 그리스도를 잉태하셨고
성모님께서는 진심으로 당신의 모든 시련과 고통을
하느님 아버지께 제물(祭物)로 드렸습니다.
성모님께서는 알려고도 하시지 않았고 지혜를 가지시려고도 하시지 않았고 이기심이나 탐욕 때문에는 아무 일도 하시지 않으셨습니다.
성모님께서는 당신의 공로를 앞세우고
기뻐하시거나 위로를 받으실 생각도 하지 않으셨고
세상 사람들의 위로를 받을 생각은 조금도 하시지 않았습니다.
평생 영육(靈肉)을 전혀 더럽히시지 않았습니다.
성모님께서는 혼자서 위선과 이단적인 유혹을 이겨내셨습니다.

이 중에서 두 환상은 세 번째 환상을 만들게 되는데 잘못 인도하여
자신이 관상을 하고 있다고 착각하게 만들어 구제불능이 되는 것입니다.
조용히 은둔하여 세상을 멀리하고 있을 때 이런 성향을 발견할 수 있는데
주제넘게도 죄를 짓지 않게 되고 누구의 도움도 없이
하느님과 하나가 되었다고 여김으로써
거룩한 교회에 순종하지 않아도 되고
하느님의 계명을 지키지 않아도 되고
더 이상 수행할 필요가 없다고 생각하기 때문입니다.
이들은 자신의 초탈이 너무나 확고하여
아무것도 초탈을 방해하지 못한다고 주장하면서
자신의 잘못을 합리화합니다.
그리하여 권위를 잃어버리고 위대한 일이든 천박한 일이든
착한 일은 하나도 하지 않고 일꾼의 연장이 사용되기를 기다리는 것처럼
아무 일도 하지 않고 빈둥거립니다.
이들은 자신이 일하게 되면
하느님께서 못하게 말리실 것으로 생각하며

몸과 마음을 닦지도 않습니다.
그리하여 더 이상 하느님께 감사하지도 않고 하느님을 찬양하지도 않습니다.
아무것도 갖지 말아야 하고 아무것도 몰라야 하고
아무것도 사랑하지 말아야 하고
어떤 것을 위해서도 기도하지 말아야 한다고 생각하기 때문입니다.
이들은 이미 기도할 만큼 기도했기 때문에
기도할 필요가 없다고 생각합니다.
이들은 이미 자신의 뜻과 재산을 모두 버렸기 때문에
또 앞으로도 버릴 것이기 때문에
자신이 진정으로 가난한 사람이라고 생각합니다.
이들은 교회를 통하여 더 이상 거룩해질 수 없을 만큼 거룩해졌으므로
어떤 것도 이 거룩함을 해치지 못한다고 생각합니다.
그뿐만 아니라 하느님께서도 자신을 더 거룩하게 만드실 수 없다고 생각합니다.
왜냐하면 자신의 수행이 최고 경지에 이르렀고 모든 덕을 갖추었으므로
더 이상 덕을 쌓을 필요가 없고 더 이상 수행하지 않아도 된다고 생각합니다.
이들은 그리하여 교황이나 주교나 본당 신부의 권위를 무시하고
순종하지 않아도 된다고 생각합니다.
가끔 순종하는 척하지만 겉으로만 순종하는 척하며
속으로는 영육(靈肉)으로 아무에게도 순종할 필요가 없다고 생각하고
교회의 모든 의무를 다하지 않으려고 합니다.
그리고 완덕을 갖추지 않은 수도자는
영적인 가난과 자유에 대해서 아무것도 모른다고 공공연하게 말합니다.
이들은 자신을 어떤 천사나 사람보다 더 높이 평가하고
더 이상 거룩할 수 없을 정도로 그리고 죄를 지을 수 없을 정도로
덕을 많이 쌓았고 믿음이 깊다고 생각합니다.
왜냐하면, 자기를 완전히 버리고
하느님만 생각하면서 살고 있다고 생각하기 때문입니다.
그리고 어떤 욕망이 생기더라도 억누르고
죄를 짓지 않을 수 있다고 말합니다.
왜냐하면, 자신이 가장 순수하게 되었으므로
법이 필요 없다고 생각하기 때문입니다.

따라서 아무런 양심의 가책도 느끼지 않고
자기 하고 싶은 대로 하게 됩니다.
이들은 양심이 없으므로 체면이 손상되지 않으면
금식도 축일도 계명도 지키지 않으려고 합니다.

우리 모두 이들이 환상에서 벗어날 수 있도록 하기 위하여
이들을 조심스럽게 살펴보기로 합시다. 이렇게 비뚤어진 수도자들은 부끄러워하지 않지만, 자신의 사악함을 인정하는 어떤 죄인들이나 살인자들보다 더 나쁜데 이들은 자신의 사악함을 모르기 때문입니다. 이들을 회개시키기는 무척 어려운데 때로는 마귀의 손아귀에 잡혀 있기 때문입니다. 이들은 자기기만에 빠져 무척 자기변명을 잘하므로 주 예수 그리스도의 삶과 성경이 아니면 이들의 변명을 중단시킬 수가 없습니다.

이제 바로 앞에서 살펴본 자신이 관상가(觀相家)라고 자처하지만 다른 부류인 환상에 빠진 네 번째 부류의 사람들을 살펴봅시다.
이 네 번째 부류는 자신이 하느님의 도구이므로 수동적이라고 생각하며
전혀 아무 활동도 하지 않는 사람들입니다.
이들은 자신 안에서 하느님께서 역사하시므로
하느님의 은총으로 착한 일을 하는 사람들보다 더 낫다고 생각하며
자신이 '**거룩한 수동성**(Divine passivity)'을 갖게 되었다고 말합니다.
이들은 아무 일도 하지 않지만
하느님으로부터 상급을 받을만하다고 생각하므로
다른 사람들이 아무 일도 하지 않는다고 비난하는 것을 참지 못합니다.
자신이 하느님 안에서 쉬면서
완벽한 내면생활을 하고 있다고 생각하기 때문입니다.
이들은 아주 겸손한 태도를 보이면
다른 것에는 신경 쓸 필요도 없고 무슨 일이 있어도 참으며
자신이 하느님 뜻의 도구일 뿐이라고 생각하기 때문입니다.
이들은 많은 면에서 참된 수행자와 비슷하지만
자신들은 무슨 일이든지 내면에서 성령께서 역사하시려고 해야
일하게 된다고 잘못 생각하는 점은 다릅니다.

그러나 성령께서는 결코 게으름을 부리거나,
쓸데없는 일을 즉 나쁜 짓을 하라거나,
그리스도의 가르치심이나 성경 말씀을 거역하라고는 말씀하시지 않습니다.
이들은 자기기만에 빠져 있을 뿐입니다.
그러나 이들이 엉뚱한 짓을 몰래 저지르기 때문에 알아차리기는 쉽지 않습니다.
하지만 끈질긴 자기 뜻에 굴복하고 맙니다.
자기 뜻을 굽히느니 차라리 죽는 것이 낫다고 생각하기 때문입니다.
이들은 자신이 완덕의 길로 가고 있지 않다고 말하는 사람들에게 반박하는데 자신이 가장 훌륭한 수행을 하고 있다고 믿고 있기 때문입니다.
그러나 이들은 불신(不信)과 영혼의 영원한 죽음을
퍼뜨리기 위한 길을 준비하고 있으므로
적(敵) 그리스도의 선봉장이라는 것을 알아야 합니다.

이제 이러한 치명적인 덫에서 어떻게 하면
빠져나올 수 있는가에 대하여 간단히 살펴보기로 합시다.
누구나 하느님의 계명을 지켜야 하고 수행(修行)을 해야 합니다.
하느님에 대한 사랑과 갈망 없이
피조물만 멀리한다고 해서 하느님과 하나가 될 수는 없습니다.
착한 일을 하지 않고는 아무도 거룩한 사람이 될 수 없습니다.
착한 사람은 끊임없이 착한 일을 합니다.
하느님을 사랑하지 않고는 아무도 하느님 안에서 쉴 수 없습니다.
어떤 경지에 이르려고 수행하지 않으면
결코 어떤 경지에도 이르지 못합니다.
자신의 일이 하느님의 역사에 방해가 된다는 구실로
착한 일을 하지 않아서도 안 되며
오히려 감사하면서 하느님과 협조해야 합니다.
감사하고 찬양하지 않고는 하느님을 섬길 수 없습니다.
왜냐하면 하느님께서는 우리 모두의 창조주시고
하느님만이 무한한 힘을 주실 수 있고 보류하실 수 있습니다.
우리는 살아 있는 한 덕을 쌓고 수행해야 하지만
아무 일도 하지 않고 하느님께서 자신 안에서 역사하시기만 기다리며 자신의 공로보다 더 많은 상급을 받으려고 하면 안 됩니다.
하느님의 역사는 영원하고 변함이 없습니다.
이 점에서 하느님의 역사를 도울 수 있는 사람은 아무도 없습니다.
왜냐하면 하느님보다 더 훌륭한 분은 계시지 않기 때문입니다.
그러나 하느님께서 누구나 자신의 일을 할 수 있도록 해주시며
이는 하느님의 은총이고 하느님께 영광을 돌려드리는 일입니다.
모든 활동을 접고 자기를 버리고
하느님과 하나가 되기만을 바란다면 무엇을 해야 할까요?
상급을 받으려고 해서는 안 된다는 것입니다.
상급을 기대하는 사람은 거룩하지도 않을뿐더러
나무나 돌보다도 더 불행합니다.

하느님을 알려고 하고 사랑하려고 하지 않으면
결코 행복할 수 없다는 것을 알아야 합니다.
우리가 하느님을 알려고 하고 사랑하려고 하지 않으면
하느님께서 영원히 행복하신들 우리에게 무슨 소용이 있겠습니까?
따라서 여태까지 우리가 다루어 온 자기 비움은
하느님을 알려고 하고 사랑하려고 하지 않은 한 거짓입니다.
그러나 이렇게 길을 잃은 사람은 자기에게 속을 수밖에 없습니다.
이러한 사람은 저주받은 영혼과 다름이 없습니다.
저주받은 영혼은 하느님 안에서 기뻐하려고도 하지 않고
하느님을 알려고도 하지 않고 하느님께 감사하지도 않고
하느님을 믿지도 않고 하느님을 찬양하지도 않고
영원히 방황하게 되기 때문입니다.
지금까지 우리가 다루어 온 환상에 빠져 있는 영혼은
하느님의 의로움이 있는 한
영원히 저주받은 영혼과 같은 운명을 기다릴 수밖에 없습니다.

그리스도께서는 이들에게 당신의 삶을 본보기로 보여주셨습니다.
그리스도께서는 평생 당신 안에서 하느님 아버지와 하나가 되시어
하느님 아버지를 끊임없이 사랑하시고 그리워하시고 감사하시고 찬양하셨습니다.

그러나 환상에 빠진 사람들처럼 마음을 비우시지는 않았습니다.
그리고 하느님의 모든 성인은 하느님을 위하여
끊임없이 사랑에 목말라하고 하느님 품에 안기려고 했습니다.
그리스도와 모든 성인은 하느님과 하나가 되어
하느님을 기쁘게 해드리려고만 했습니다.
선택된 영혼들은 하느님을 기쁘게 해드리려고 해야 합니다.
선택된 영혼들은 하느님을 기쁘게 해드리는 것을 유일한 행복으로 여겼습니다.
이렇게 되려면 모든 일에서 사랑과 의로움을 보여주는
완전한 사람이 되어야 합니다.

그런데 어떻게 하면 환상에 빠지지 않게 될까요?
안팎으로 덕을 갖추고 참된 그리스도인이 되어
거룩한 교회와 성경의 가르침에 따라 살고
하느님께 자신을 제물(祭物)로 바쳐야 합니다.
그러면 우리는 하느님의 은총으로 하느님을 만나게 됨으로써
하느님을 사랑하며 하느님만 믿게 됩니다.
그리하여 모든 인류를 사랑하게 되고 내면생활을 하면서
하느님을 사랑하고 감사하고 찬양하며
진정으로 평화를 얻어 하느님을 기쁘게 해드리게 됩니다.
이렇게 사랑으로 활동하고 하느님의 빛으로 우리 영혼을 깨끗하게 하면
곧바로 하느님과 하나가 되어 영원한 안식을 누릴 수 있게 됩니다.
이 밖에도 어떻게 내면생활을 해야 하는지,
어떻게 영혼 깊은 곳으로 들어가 하느님과 하나가 될 수 있는지를 알게 되어 덕을 무한히 쌓을 수 있게 됩니다.
하느님, 저희가 그런 사람으로 살게 해주시고
환상에 빠지지 않는 은총을 저희에게 내려주소서. 아멘.

〈사순절 첫 주일 강론〉

25 완덕을 갖추어야 합니다

"그분께서 사냥꾼들의 덫에서 노기 띤 말에서 너를 구하여 주시리라." (시편 91, 3)

이 말은 위대한 예언자이자 왕이었던 다윗이
모든 것을 하느님의 뜻에 맡기고
하느님의 보호를 받으려고 했던 사람들에게 한 말입니다.
'**덫**'은 '**마귀의 집요한 유혹**'으로 이해해야 하며
'**노기 띤 말**'은 '**마지막 심판 날에 죄인들에게 하는 말씀**'으로 이해해야 합니다.
"저주받은 자들아, 나에게서 떠나
악마와 그 부하들을 위하여 준비된 영원한 불 속으로 들어가라."(마태 25, 41)
이 무서운 말씀에 대하여 자주 묵상하지 않는 사람은 하느님의 종이 아닙니다.
왜냐하면 우리 영혼의 사냥꾼인 덫으로부터 도망쳐야만
불행한 운명을 맞지 아니하고
제대로 수행(修行)할 수 있게 된다는 것을 의미하기 때문입니다.

모든 성인에 대해서는 "그는 지극히 높으신 분의 율법을 지켰고
그의 영광에서 흠을 찾을 수 없었다."고 말할 수 있습니다.(집회 44, 19-20)
하느님께서는 개개인의 외적 환경에 맞게 회개하라고 부르시지만 내적으로는
모두 하나의 같은 사랑을 갖기를 바라시는데
모두 예외 없이 의로움을 사랑하고 불의를 미워해야 한다는 것입니다.

우리가 하느님을 섬기려면 하느님께서 우리에게 회개의 은총을 주셔야만 합니다.
나는 감히 여러분이 완전하게 되려면

반드시 따라야 할 방법을 제시하려고 합니다.

첫 번째, 하느님과 같은 사랑을 하려면
모든 죄를 버리고 회개하고 완전하게 되기 위하여
하느님의 외 아드님 예수 그리스도의 수난
특히 거룩한 다섯 상처에 대하여 묵상해야 합니다.
열심히 기도하고 봉헌하면서
매일 십자가에 못 박힌 예수님을 생각해야 합니다.

두 번째, 뉘우치는 수행을 통하여
끊임없이 강한 성욕(性欲)을 억누르고 극복해야 합니다.
그래야만 더 많이 하느님과 둘이서만 있을 수 있기 때문입니다.
이뿐만 아니라 함께 다른 사람들에게 친절하고
부단히 수행하여 덕을 쌓도록 해야 합니다.

세 번째, 지나친 인간의 사랑을 하지 않도록 해야 합니다.
하느님을 사랑하고 하느님처럼 되기 위해서는
모든 피조물에 대한 사랑을 끊어야 합니다.
더 빨리 이렇게 되려면
하느님께서는 살아 있을 때 죄에 대하여 벌하시려고 고통을 주시고,
육체적 정신적 고통을 주시어 죄 때문에 슬퍼하거나 울도록 하시고
진심으로 속죄하도록 하신다는 것과 이를 위해서는 규칙적인 생활을 하고
그리스도와 같은 사람이 되기 위하여 처음부터 열심히 수행하도록 하시어
거룩한 교회의 계율에 순종하면서 살도록 하신다는 것을 알고
초심을 잃지 않고 수행해야 합니다.

네 번째, 고통과 역경을 각오해야 한다는 것입니다.
왜냐하면, 덕을 쌓도록 하시고 당신을 기쁘게 하도록 하시기 위해,
내적 외적인 일로 많은 슬픔을 주시고,
수행을 중단하려고 하는 충동을 주시기 때문입니다.
참으면서 수행을 게을리하지 않도록 해야 합니다.

마음이 편하기만 바라면 수행에 아무 도움도 되지 않으므로
이를 악물고 고통과 역경을 이겨내려고 해야 합니다.
하느님께서 자신의 이익을 위해서가 아니라
당신께서 사랑하시는 모든 사람의 이익을 위하여
사랑하는 법을 가르치고 계신다고 생각해야 합니다.
마지막으로 상급을 받을 욕심으로 일하지 말아야 하며
고통을 두려워하지 말고 자신의 이기심을 성찰하도록 해야 합니다.
이 모든 것은 하느님을 영광스럽게 하려고 해야만 가능한 일입니다.

이렇게 하는 사람들은 시간이 지나면
상급을 기대하지 않고 하느님을 섬기게 됩니다.
내적인 위로를 생각하지 않고 상급을 생각하지 않고
자신의 이익도 생각하지 않고 덕만 쌓으려고 하며,
하느님의 뜻에만 따르려고 합니다.
전능하신 하느님, 저희도 이렇게 하게 하시어
영혼 사냥꾼의 덫을 피하게 해주시고,
마지막 심판 때 저희에게 노기 띤 말씀을 하셔도 알아듣게 해주소서.
아멘.

〈사순절 두 번째 주일의 첫 번째 강론〉

26 하느님께서는 성령께서 우리 대신에 기도해주셔야만 들어주십니다

"예수님께서 그곳을 떠나 티로와 시돈 지방으로 물러가셨다.
그런데 그 고장에서 어떤 가나안 부인이 나와,
'다윗의 자손이신 주님, 저에게 자비를 베풀어 주십시오.
제 딸이 호되게 마귀가 들렸습니다.' 하고 소리 질렀다.
예수님께서는 한마디도 대답하지 않으셨다. 제자들이 다가와 말하였다.
'저 여자를 돌려보내십시오. 우리 뒤에서 소리 지르고 있습니다.'
그제야 예수님께서 '나는 오직 이스라엘 집안의
길 잃은 양들에게 파견되었을 뿐이다.' 하고 대답하셨다.
그러나 그 여자는 예수님께 와 엎드려 절하며,
'주님, 저를 도와주십시오.' 하고 청하였다.
예수님께서는 '자녀들의 빵을 집어 강아지들에게 던져 주는 것은 좋지 않다.'
하고 말씀하셨다. 그러자 그 여자가 '주님, 그렇습니다. 그러나 강아지들도
주인의 상에서 떨어지는 부스러기는 먹습니다.' 하고 말하였다.
그때 예수님께서 그 여자에게 말씀하셨다.
'아, 여인아! 네 믿음이 참으로 크구나. 네가 바라는 대로 될 것이다.'
바로 그 시간에 그 여자의 딸이 나았다."(마태 15,21-28)

사랑하는 형제자매 여러분,
이 복음 말씀은 하느님께로 회심하게 되면
하느님의 은총을 받게 됨으로써
가장 고귀하게 되고 유익하게 됨을 보여줍니다.

이렇게 회심하지 않으면 우리가 무엇을 하든
하느님의 은총을 받지 못하게 된다는 것을 알아야 합니다.

복음에는 **'예수님께서 그곳을 떠나신 것'**으로 되어 있는데
과연 누구에게서 떠나신 것일까요?
'율법학자들'과 '위선자들'로부터 떠나신 것입니다.
'율법학자들'은 자신이 현명하다고 생각하기 때문에
하느님의 뜻에 따르지 않고 자신의 지식을 믿고
자신의 계획에 따라서만 행동했습니다.
형제자매 여러분, 수도(修道)하는 사람들은 자신이 똑똑하다고 생각하고
수행(修行)을 하면서도 자신의 지식을 믿고
자신의 계획에 따라 행동하는 수가 많습니다.
수많은 수도자가 자신의 지식에 의존하거나
자신의 계획에 따라 수행을 하기 때문에
성령을 받지 못하거나 깨닫지 못하게 됩니다.
이 때문에 실제로 이런 어리석음에서 벗어나는 사람이 거의 없습니다.
율법학자들은 소위 지식인으로
자신의 이성(理性)과 통찰력을 이용하며 아주 박식합니다.
이 때문에 존경을 받게 되고 미사여구를 많이 사용하지만
이들의 내면에는 아무 쓸모없는 쓰레기들만 있습니다.

그리고 **'위선자들, 즉 바리사이들'**은 스스로
훌륭한 정신적인 지도자로 자처하며 자존심이 대단했습니다.
이들은 자신의 계획과 관습에 따르며
사람들로부터 칭찬을 받는 것을 유일한 인생 목표로 삼고
자신들과 다르게 생각하고 행동하는 사람을 무척 비난했습니다.
우리의 주님께서 이들을 떠나신 것은 이들이 주님께
"어째서 선생님의 제자들은 조상들의 전통을 어깁니까?
그들은 음식을 먹을 때 손을 씻지 않습니다."하는 식으로
완고하게 자신들의 관습만 고수하려고 했기 때문입니다.
그러자 예수님께서 그들을 점잖게 꾸짖으셨습니다.

"너희는 또 어째서 너희의 전통 때문에
하느님의 계명을 어기느냐?"(마태 15, 2-3)
이들은 내면에서 인도하시는 성령의 가르치심을 따르지 않고
자신들의 관행만 중시했기 때문에 자신들의 관행을 따르지 않고
성령에만 따르려고 하는 하느님의 친구들을 몹시 비난했습니다.
그러나 수도원에서는 이러한 바리사이들이나
잘못 인도되고 있는 사람들을 비난하면 안 됩니다.
수도하는 사람들도 그렇게 하는 사람들이 많기 때문입니다.

따라서 이러한 사람들이 되지 않도록 조심해야 합니다.
언제나 어디에나 항상 규율을 잘 지키고 있다는 것을 겉으로만 보이고
내면으로는 세상 것들만 좋아하는 수도자들이 있게 마련입니다.
이들은 여러 기도문을 열심히 암송하고 수많은 시편을 읽습니다.
길 잃어 불쌍한 우리 시대의 유다인들인 그들이
많은 시편이나 성경을 많이 읽으므로
열심히 수행한다고 말하는 사람이 많지만
정작 하느님에 대해서는 아는 것이 전혀 없습니다.
이들은 기도하고 금식하고 조심하면서 수행하고 있지만
하느님은 구실에 지나지 않으므로 수행이 아무 소용이 없게 됩니다.
이들은 성령을 받아 깨달으려고는 하지 않고 사랑이 없이
이기심에 따라 열심히 수행하는 척하고 있기 때문입니다.
이 때문에 이들의 안중에는 영원하신 하느님이 전혀 없습니다.
하느님 아버지께서는 "나와 함께하지 않는 자는 나를 반대하는 자고,
나와 함께 하지 않는 자는 흩어 버리는 자다." 하고
말씀(마태 12, 30)하시면서, 이런 포도밭은 황폐화시키시어
수확을 하지 못하게 하십니다.
하느님께서는 수확 시기가 되면 알곡
즉 당신께서 선택하신 사람들만 거두어들이시고
쭉정이들은 모두 버리십니다.
하느님께서 열매를 맺지 못하게 하셨는데도
열매를 찾으려고 하는 사람들도 버리십니다.

이렇게 거짓으로 수행을 하면 안 됩니다.
그러나 오늘날에는 열심히 믿는 척하고 겉으로만 보이려고 하는 율법학자들과 바리사이들이 너무나 많습니다.
이들은 헛된 꿈만 꾸면서 옛날의 율법학자들과 다름없이 열심히 수행하는 척만 하고 있으므로
양심적인 고해 신부는 이들의 고백을 전혀 듣지 못하고 있습니다.
예수님께서는 이런 사람들부터는 영원히 떠나가 버리십니다.

그러면 우리의 거룩한 주님께서는 어디로 가셨을까요?
주님께서는 티로와 시돈 지방으로 가셨습니다.
티로는 마음이 아파 괴로워하고 있는 사람들을 말하며
시돈은 쫓기고 있는 사람들을 의미합니다.
사랑하는 형제자매 여러분, 그런데 애석하게도 내면의 고통과 박해와 내면에서 쫓기고 있는 것을 감사하게 생각하는 사람이 거의 없습니다!
우리의 영혼 안에서 이 두 시련을 만나는 만큼 더 가치 있고 영광스러운 것은 이 세상에 없습니다.
이러한 시련들을 만나 처절하게 싸워야만 영혼이 얼마나 고귀한지 알게 되고 덕을 쌓으려고 하게 됩니다.

그런데 '**쫓기는 사람들**'이란 어떤 사람들을 말할까요?
내적인 인간은 항상 진심으로 하느님 가까이 가려고 하므로 자신의 내면에 계시는 하느님께로 가려고 끊임없이 애쓰는 사람을 말합니다.
그러나 우리 모두 안에 있는 외적 인간은 매우 완강하게 저항하게 되는데,
연약함으로 인하여 다시 외적인 일들에 매달리려고 하기 때문입니다.
하지만 내적 인간은 하느님과 함께 있으려고만 합니다.
그래서 주님께서는 하느님과 함께 있기만을 바라게 하시고
하느님과 하나가 되지 않으면 참지 못하도록 하십니다.
그러나 외적인 인간은 항상 이를 거부하고 싸웁니다.
바오로 성인은 이 싸움을 다음과 같이 표현했습니다.
"나의 내적 인간은 하느님의 법을 두고 기뻐합니다.

그러나 내 지체 안에는 다른 법이 있어
내 이성의 법과 대결하고 있음을 나는 봅니다.
그 다른 법이 나를 내 지체 안에 있는
죄의 법에 사로잡히게 합니다."(로마 7, 22-23)
그래서 바오로 성인은 "나는 내가 바라는 것을 하지 않고
오히려 내가 싫어하는 것을 합니다. 선을 바라면서도 하지 못하고,
악을 바라지 않으면서도 그것을 하고 맙니다." 하고 고백했습니다.(로마 7, 16;19)
이는 본성과 이성(理性)의 싸움으로
하느님께서 은총을 베푸시어 영혼 안으로 들어가신 후
하느님 앞에서 싸우게 하시기 때문입니다.
형제자매 여러분, 이를 알고 감사하게 생각하면 모든 것이 잘되게 됩니다.
이와 같이 영혼 안에서 성령께서 역사하시는 사람은
하느님께서 선택하신 사람이기 때문입니다.

형제자매 여러분, 여러분은 영혼이 항상 이렇게 초조하게 생각하므로
더욱더 괴롭게 된다는 것을 쉽게 알 수 있을 것입니다.
그러나 영혼이 아무 위로도 받지 못해도
하느님을 위해서 참을만하다고 여기게 되면
예수님께서 오시어 이 영혼을 사로잡으십니다.
하지만 영혼이 성(聖)과 속(俗)의 갈등으로
몹시 괴로워하며 참아내지 못하면 예수님께서 오시지 않습니다.
이러한 내적인 고통을 느끼더라도 겸손하게 받아들여
속(俗)에 대한 집착을 완전히 버리고
속(俗)에서는 좋은 것을 전혀 기대할 것이 없다는 것을 깨닫지 못하면
속(俗)에 붙들리고 말기 때문입니다.
이러한 사람들은 때때로 왜 수행을 해왔는지를 모르기도 하는데
우리가 보기에도 고행(苦行)하는 이유를 알 수가 없습니다.
그러나 하느님께서 주시는 고통을 겸손하게 감사하게 받아들이고 참아내면
하느님께서 은총을 듬뿍 주시어 행복하게 됩니다.
하지만 우리들의 동반자들인 세상 사람들은
우리를 잘못 인도하려고 하고 심지어는 심하게 공격합니다.

이뿐만 아니라 나쁜 생각과 나쁜 습관 등의 유혹과 육욕(肉慾)과
외적인 어려움 때문에 괴로워하게 되지만,
내적으로는 비정상적인 충동이 생기게 되어 슬퍼하고 괴로워하는 것을
하느님께서 견딜 수 있게 해주시는 것을 깨닫게 됩니다.

형제자매 여러분, 이렇게 괴로워하는 불쌍한 사람이
갈등 속에서 할 수 있는 일이 무엇일까요?
가나안 부인이 매우 슬퍼하면서 예수 그리스도께 달려가서
"다윗의 자손이신 주님, 저에게 자비를 베풀어 주십시오." 하고 말하면서
주님의 도움을 청했던 것처럼 할 수밖에 없습니다.
형제자매 여러분, 영혼의 이런 절박한 상황에서는
하느님을 찾는 소리가 저절로 나오게 되며
응답으로 무한히 기쁘게 내면생활을 할 수 있도록 해주십니다.
우리의 기도는 하느님을 그리워하는 영혼의 한숨으로
너무나 깊고 슬프므로 무한한 공간을 지나서 하느님의 마음으로 들어가게 됩니다.
그러면 우리 안에서 성령께서 이 간절한 기도를 들어주십니다.
바오로 성인이 말했듯이 우리를 위하여 성령께서 간구해주시게 됩니다.
"이와 같이, 성령께서도 나약한 우리를 도와주십니다.
우리는 올바른 방식으로 기도할 줄 모르지만,
성령께서 몸소 말로 다 할 수 없이 탄식하시며
우리를 대신하여 간구해 주십니다."(로마 8, 26)
형제자매 여러분, 성령께서 우리를 이렇게 준비시키시면
다른 준비는 전혀 필요 없게 됩니다.

그러나 때로는 이상한 일이 일어납니다.
영혼의 울부짖음을 하느님께서 듣지 못하시는 것처럼 보이기 때문입니다.
하느님께서는 내적 고통과 외적 고난을 용감하게 참고 견뎌내어야,
온 하늘에 큰 소리로 울부짖어야만,
역사하시려고 하는 것처럼 보이기 때문입니다.
이는 몹시 가혹한 시련입니다.
형제자매 여러분, 이렇게 형언할 수 없이 막막할 때

더욱더 하느님께 간절하게 매달리고 하느님께만 의존하고
하느님을 위하여 참아내려면,
하느님께 봉사하는 줄도 모를 정도로 자기를 완전히 버려야 합니다.
영혼은 하느님께서 자신에게 어떻게 자비의 문을 닫아버리실 수
있느냐고 울부짖게 되더라도 영혼은 하느님께 항상 진실해야 합니다.

그러나 하느님께서는 가나안 부인에게 자비의 문을 열어주셨습니다.
가나안 부인이 그리스도를 따라가면서 큰 소리로 기도했지만
그리스도께서는 자비를 베푸시지 않을 것 같았습니다.
그리스도께서는 제자들이 가나안 부인을 돌려보내시라고 간청해도
"나는 오직 이스라엘 집안의 길 잃은 양들에게 파견되었을 뿐이다." 하고
말씀하시면서 냉정하게 거절하셨습니다.
그러나 당신을 찬양하고 기도를 들어주십사 하고 간청해도
다음과 같이 심한 말씀을 하셨습니다.
"자녀들의 빵을 집어 강아지들에게 던져 주는 것은 좋지 않다."
거절하셨을 뿐만 아니라 더 모욕적인 말씀을 하시어
가나안 부인을 아무 가치도 없는 개처럼 여기셨습니다.
더 이상 모욕적일 수 없었습니다. 더 이상 몰인정할 수 없었습니다.
가나안 부인은 그래도 꾸준히 참으며 주님의 개처럼
하느님의 뜻에 따르려고 주님의 분부만 초조하게 기다리고 있었습니다.
더 심한 괄시도 받아들일 각오가 되어 있었습니다.
주님께서는 부인을 개라고 부르시고
부인은 자신이 개보다도 못한 가련한 강아지라고 생각했습니다.
부인은 이렇게 완전히 자기를 버리고 진심으로
주 예수 그리스도를 믿는 것을 보여주었습니다.
가나안 부인은 그럼에도 불구하고 너무나 겸손하게 말했습니다.
"주님, 그렇습니다. 그러나 강아지들도
주인의 상에서 떨어지는 부스러기는 먹습니다."

사랑하는 형제자매 여러분, 하느님의 뜻을 알려고
자신의 마음 깊은 곳으로 내려가는 사람은 얼마나 행복하고 거룩한가요?

이런 사람은 말로만 그렇게 하는 것도 아니고 경건한 마음만도 아니었고 진심으로 간절히 하느님의 뜻을 알려고만 합니다.
간절해야만 자신의 모든 것을 버릴 수 있게 되기 때문입니다.
괴로움과 고통과 부끄러움은 인간의 영혼에 가장 좋지 않지만,
하느님을 흔들림 없이 믿고, 가나안 부인을 주님께서 거부하셨을 때처럼
주님께서 자신을 버리신 것으로 믿을수록
주님께서 틀림없이 자비를 베푸실 것이라는 믿음을 가졌기 때문입니다.
가나안 부인은 주님께서 심하게 대하실수록
주님의 자비를 더욱더 간절하게 청했는데,
자신이 하느님께 청한 것은 모두 받았기 때문이었습니다.
사랑하는 형제자매 여러분, 이는 참된 믿음을 갖게 되는 주님의 길입니다.
이와 같이 내적 외적 불행에도 느긋하게 기다리면서
하느님께서 인도해주시기만을 기대하고 아무 불평 없이
구원해주실 때까지 참습니다.
형제자매 여러분, 이 사람은 중개인이 전혀 없이
하느님과 하나가 되는 첩경을 발견한 것인데,
이 길은 하느님 앞에서 모든 피조물을 보면서 자기를 완전히 버려야 하는 길로
모든 기쁨을 버리고 죽을 때까지 하느님만 믿으며
마음을 완전히 비워야만 얻을 수 있는 길입니다.
주님께서 가나안 부인에게 "아, 여인아! 네 믿음이 참으로 크구나.
네가 바라는 대로 될 것이다." 하고 말씀하신 것처럼
진실하고 믿음이 깊은 이 영혼에게도 꼭 같이 말씀하실 것입니다.

형제자매 여러분, 이 길을 걷는 사람은 누구나
"내가 사랑하는 이여, 나에게 청하는 것은 모두 가득 받게 될 것이다.
여러분은 나를 위하여 자기를 버리고 여러분의 것들을 모두 버렸기 때문이다.
지금 내가 은총을 줄 테니 나의 영혼 가장 깊은 곳으로 들어가서
나와 하나가 되도록 하여라."하는 말씀을 듣게 될 것이라고 나는 확신합니다.
자기를 버린 만큼 하느님 은총의 도움으로 하느님 안으로 들어가게 됩니다.
하느님을 위하여 자발적으로 모든 것을 버린 사람은
하느님 안에서 모든 것들을 발견하게 됩니다.

이제 가나안 부인과 같은 한 소녀의 예를 들기로 합니다.
소녀는 아직도 살아 있으며 사건은 4년 동안 계속되었습니다.
소녀는 사건이 일어나자 하느님과 성모님과 모든 성인을 보는 것 같아 너무나 황홀해 했지만 자신은 너무나 멀리 떨어져 있는 것 같았습니다.
이와 같이 너무나 멀리 떨어져 있었기 때문에
말할 수 없을 정도로 괴로웠으며 지옥의 고통과도 같았습니다.
왜냐하면 우리는 지옥에 떨어진 영혼은
강제로 하느님과 성인들로부터 격리됨으로써
하느님을 더 이상 볼 수도 없고 사랑할 수도 없다고 알고 있기 때문입니다.
착한 소녀는 괴로워하며 이제는 성모님과 성인들을 보려고 했지만
성모님과 성인들은 하느님의 기쁨에 빠져
잠시도 소녀에게 눈을 돌리지 않았습니다.
소녀가 구원해달라고 외쳤지만 듣지 못했습니다.
그래서 십자가에 매달려 돌아가신 예수님께 자비를 청했지만
기도에 대한 응답으로 소녀를 몹시 꾸짖으시는 소리가 들려왔습니다.
"아직 너는 은총을 받을 자격도 없지 않으냐?"
소녀는 성모님도 성인들도 구세주도
자신을 도우시려고 하지 않는다는 것을 알고
하느님께로 직접 가서 말했습니다.
"오 나의 영원하신 하느님, 불행하게 된 저를 아무도 도우려고 하지 않나이다!
창조주이신 영원한 하느님 아버지, 저는 겸손하게 당신의 의로운 심판을 받겠나이다.
이 지옥 같은 놀라운 고통이
당신의 뜻이라면 영원히 겪겠사오니
제게서 당신의 뜻을 영원히 이루소서.
당신의 뜻에 제 모든 것을 맡기겠나이다.
하느님 아버지, 당신께서 저의 안에서 그리고 저로 인하여 기뻐하신다면
저는 영원히 저를 버리겠나이다."
소녀는 이렇게 자신의 모든 것을 하느님께 맡기자
자신이 있던 곳에서 나와 하느님께서 계신 깊은 곳에 빠지는 것을 느꼈습니다.
그 후 하루도 지나지 않아서 다시 심연으로 빠져 하느님과 하나가 되었습니다.
나는 소녀가 평생 죄를 짓지 않았다고 확신합니다.

그런데도 소녀는 참을 수 없는 고통을 겪어야만 했습니다.
사랑하는 형제자매 여러분,
가끔 하느님을 거스르고 세상 것들에 집착하기도 하는 우리는
하느님 앞에서 얼마나 많은 고통을 겪어야만
하느님과 하나가 되려고 할까요?
하느님을 너무나 사랑하여
하느님의 거룩한 뜻에 모든 것을 맡기고(불가능한 일이지만)
하느님의 섭리라면 지옥의 고통도 영원히 참고 견디려고 한
독실한 믿음을 가진 소녀로부터 우리 모두 배워야 합니다.

그러나 우리는 수도 생활을 시작해도 소녀처럼 하지 않습니다.
우리는 4, 5년 안에 수행이 끝나기를 기대합니다.
우리는 동료들에게 습관처럼 말합니다.
"사랑하는 형제님들, 제가 영원히 주님의
가장 사랑하는 친구가 될 수 있도록
저를 위하여 주님께 기도해주세요."
그러나 여러분이 바른길을 가고 있다면
전혀 그런 영광을 생각하지도 않으려고 할 것이고
하느님의 친구 중 가장 낮은 반열에도
끼이지 않으려고 하게 된다는 것을 알아야 합니다.
따라서 성경이 가르치는 대로 가장 낮은 자리에 앉으십시오.
그러면 보다 높이 올려질 것이기 때문입니다.
왜냐하면 스스로를 높이는 사람은 모두 비천하게 되어
낮은 곳으로 던져질 것이기 때문입니다.
하느님의 눈이나 사람의 눈으로 보아
하느님께서 여러분을 어떤 곳에 두려고 하시는지 알 수 있게
하느님께 간절히 구하십시오.
그리고 그 자리에 만족하며 다른 곳에 눈을 돌리지 마십시오.

형제자매 여러분, 무슨 일을 하더라도
부족하든 풍족하든 영적(靈的)인 일이든 육적(肉的)인 일이든

하느님께서 영혼 안으로 들어오시도록
하느님의 사랑을 위하여 자기를 완전히 버리십시오.
형제자매 여러분, 우리가 벌거벗고
거지 옷을 입고 바위나 가시나무 위에서 금식하는 것보다는
하느님의 사랑에 조금이라도 근접하려면
위와 같은 덕을 조금이라도 쌓는 것이 더 낫다는 것을 알아야 합니다.
50년 동안 돼먹지 않은 자신의 수행방법을 따르는 것보다
일 분이라도 자기를 버리는 것이 더 유익합니다.
자기를 버리는 것이 가장 칭찬받을 수 있는 길이고 첩경이며
가장 쉬운 길이고 가장 유익한 길입니다.
오 하느님, 얼마나 많은 사람이 이 길을 가서
당신과 같은 덕을 갖추고 새로운 생명을 얻으려고는 하지 않고
당신께서 주시는 소중한 은총의 기회를 잃고 방황하고 있나이까?
이들은 자장가를 듣고 하느님을 잊고 잠든 것처럼
열심히 정진했을 때 주어지는 은총을 모르는 채
매년 수행을 계속하고 있나이다.
이들은 좋은 시절 다 보내고
초보자처럼 깨달음에서 멀어져 있으니
정말 불쌍한 존재이나이다.
이들이 자기 수행법이 해로운 줄 알았다면
고집스럽게 자기 수행을 한답시고 허송세월하여
골수가 마르게 하고 피가 얼도록 하지는 않았을 것이나이다.

오 성부와 성자와 성령님,
저희가 당신처럼 살 수 있게 기꺼이 저희가 모든 것을 버리고
당신의 영원한 섭리를 따르게 해주소서. 아멘.

〈사순절 두 번째 주일의 두 번째 강론〉

27 아브라함의 자녀들

예수님께서 당신을 믿는 유다인들에게 말씀하셨다.
"너희가 내 말 안에 머무르면 참으로 나의 제자가 된다.
그러면 너희가 진리를 깨닫게 될 것이다.
그리고 진리가 너희를 자유롭게 할 것이다."
그들이 예수님께 말하였다.
"우리는 아브라함의 후손으로서 아무에게도 종노릇 한 적이 없습니다.
그런데 어찌 '너희가 자유롭게 될 것이다.' 하고 말씀하십니까?"
(요한 8, 31-33)

예수님께서는 유다인들의 이 답변을 듣고 화를 내시며 그들에게
"아브라함뿐만 아니라 악마도 너희 아비인 악마에게서 났고,
너희 아비의 욕망대로 하기를 원한다."고 말씀하시고 이어서
"죄를 짓는 자는 누구나 죄의 종이다.
종은 언제까지나 집에 머무르지 못하지만, 아들은 언제까지나 집에 머무른다.
그러므로 아들이 너희를 자유롭게 하면 너희는 정녕 자유롭게 될 것이다.
나는 너희가 아브라함의 후손임을 알고 있다.
그런데 너희는 나를 죽이려고 한다.
내 말이 너희 안에 있을 자리가 없기 때문이다.
나는 내 아버지에게서 본 것을 이야기하고,
너희는 너희 아비에게서 들은 것을
실천한다." 하고 말씀하셨습니다.(요한 8, 34-38)

우리는 참된 수도 생활과 거짓 수도 생활을 구분해야 합니다.

'거짓 수도 생활을 하는 사람'은 하느님을 찾지 않고
자기 자신의 이익을 찾으며 어떤 일을 하더라도
개인적인 이득을 생각하고 개인적인 즐거움을 찾으려고 합니다.
이렇게 하여 하느님께로 가지도 못하고
하느님으로부터 어떤 은총도 받지 못하고
이기심만 충족시키려고 합니다.
이 길의 스승과 아버지는 악마로 목적을 달성하게 되면
희생제물을 악마의 집으로 끌고 갑니다.
이들은 하느님의 자녀가 아니라 악마의 종들입니다.
이들은 하느님으로부터 버림받아 하느님의 집에서 쫓겨났습니다.

그러나 하느님으로부터 태어난 **'참된 수도 생활을 하는 사람'**은
존경스러울뿐더러 칭찬할만합니다.
햇볕이 땅에 바로 내리쬐이듯이 이들은 바로 하느님께로 갑니다.
그래서 예수님께서는 "나는 아버지에게서 나와 세상에 왔다가,
다시 세상을 떠나 아버지께 간다."고 하셨던 것입니다.(요한 16, 28)
아드님은 아버지에게서 나온 모든 사람과 함께 **'연옥(煉獄)을 거치지 않으시고 바로 아버지께로 돌아가신다는 것'**을 말씀하신 것입니다.
'참된 수도 생활을 하는 사람'은 그리스도의 가르치심과 말씀에 따라 살다가 하느님으로부터 받은 것은 머리카락 하나도 갖지 않고 하느님께로 돌아갑니다. 하느님으로부터 태어날 때처럼 하느님께로 다시 돌아갑니다.
이런 사람은 영광스러운 아버지께 축성된 것이 아니면
아무것도 생각하지 않고 아무것도 아까워하지 않고,
전혀 이기적이지 않으므로 항상 하느님 아버지께 감사하는,
사랑이 충만한 주님의 참된 제자입니다.

그러나 굳건한 기초를 갖고 있는 이들 중에는
하느님께 진심으로 헌신하면서도,
축성되지 않은 것을 생각하고 세상 것들에 집착하는
나약함을 보이는 사람들도 있습니다.
이러한 사람들은 고해성사하고 깊이 회개하고 고행(苦行)을 하여

그런 나약함을 치유해야만 합니다.
치유 받으려면 자신의 모든 죄를 찾아내어
진심으로 슬퍼하면서 고백하는 법을 배워야 합니다.
그러면 고해신부는 능력이 부족하거나 시간이 없어서
의무를 다하지 못한 잘못들과 고해사제를 믿지 못하여
고백하지 않는 잘못들을 찾아내어 고백하도록 해야 합니다.
이때 고해자는 자신의 영혼 깊은 곳으로 들어가 왜 그런 잘못을 범했는지
왜 그런 생각을 했는지를 철저하게 찾아내야 합니다.
그런 다음 자신이 찾아낸 엉큼한 생각이나 잘못을 고해사제에게 모두 털어놓고
고해사제가 바로 잡을 수 있도록 해야 합니다.
진심으로 슬퍼하면서 하느님의 마음 안으로
자신의 모든 잘못을 털어놓도록 해야 합니다.
고해자는 이렇게 함으로써 자신을 알게 되어
마음을 깨끗하게 하고 하느님을 두려워하고 덕을 쌓으려고 하면서
앞으로는 같은 잘못을 저지르지 않으려고 합니다.
그리고 고해성사를 하려고 갔을 때 어떤 잘못들을 잊어버렸지만
이미 옛날에 고백하고 용서를 받은 것일 수도 있습니다.
이와 같이 경외하는 하느님 앞에 끊임없이 모든 것을 고백하도록 해야 합니다.
진심으로 겸손하게 하느님의 발 앞에 엎드려 하느님의 자비를 믿고
하느님의 사랑의 불로 자신의 잘못들이
녹아 없어질 때까지 엎드려 있어야 합니다.
오 하느님의 선물이 얼마나 좋은가요? 진심으로 감사할 만하지 않나요?
고해하고 나서도 과거에 하느님께 죄를 지었던 것들이
기억나서 괴로워할 때가 있는데, 이를 하느님의 거룩한 뜻이라고 생각하고
겸손하게 그리고 두려워하면서 받아들이도록 하십시오.

그러나 이렇게 고백을 잘하고 있던 많은 사람이
잘못을 저지르기 위하여 고백하지 않는 수가 있는데
위로를 받고 영적인 안식을 얻으려고 하기 때문입니다.
그런데 성(聖)과 속(俗)을 오가는 사람에게 평화가 있을까요?
세상 것에 맛 들인 사람이 영원한 것에 맛 들일 수 있을까요?

영원한 생명의 기쁨을 아는 사람은 이 세상 것을 맛보려고 하지 않습니다.
이렇게 세상 것에 맛 들인 사람은 유다인들처럼 말합니다.
"우리는 아브라함의 후손들로 믿음이 깊은 사람들입니다.
우리도 성가를 부르고 경건한 독서를 하고 훌륭한 기도를 하고 있습니다.
그런데 우리는 왜 세상 것들로부터 위로를 받지 말아야 하나요?
우리는 이런 위로와 안락함이 해롭지 않다는 것을 잘 알고 있습니다.
그런데도 우리는 착하지도 않고 경건하지도 않은 것입니까?
우리는 항상 하느님의 은총 속에 있지 않나요?"
사랑하는 형제자매 여러분, 이에 대한 바오로 성인의 대답을 들으십시오.
"내가 인간의 여러 언어와 천사의 언어로 말한다 하여도 나에게 사랑이 없으면
나는 요란한 징이나 소란한 꽹과리에 지나지 않습니다.
내가 예언하는 능력이 있고 모든 신비와 모든 지식을 깨닫고
산을 옮길 수 있는 큰 믿음이 있다 하여도
나에게 사랑이 없으면 나는 아무것도 아닙니다.
내가 모든 재산을 나누어 주고 내 몸까지 자랑스레 넘겨준다 하여도
나에게 사랑이 없으면 나에게는 아무 소용이 없습니다."(1코린 13, 1-3)
나에게 말씀해보십시오.
"여러분과 같은 사랑을 어떻게 하느님의 사랑이라 할 수 있습니까?
어떤 사랑이 세상 것들에 만족하면서 기뻐하게 하나요?"
여러분은 잘못 믿고 있습니다.
하느님만 사랑하고 하느님에게만 붙들려 있는 믿음이 옳은 믿음입니다.

하느님께 내적 외적으로 붙들려 있어야 합니다.
내적으로 붙들리게 되면 영혼이 더욱더 성숙해져서 하느님께로 가려고만 하며
하느님의 뜻에 따르려고 하므로 하느님을 거스르는 일이 없게 됩니다.
하느님을 위하여 모든 것을 참고 무척 슬퍼하는 것이
하느님께 외적으로 붙들린 모습입니다.
세상 것들과 명예 그리고 친구들과 친척들도 버렸으므로 울게 되며
이 세상에 있는 모든 사람을 구원해주시기를 바라며 하느님께 울부짖습니다.
하느님의 친구가 되려고 하는 사람은 이런 고통을 겪어야만 합니다.
즉 내면에서는 하느님 생각만 하고 겉으로는 고통을 겪어야만 합니다.

그러나 내면에서 하느님과 하나가 되면 외적인 고통도 잘 견뎌낼 수 있게 됩니다.

그러나 내적 인간은 교만과 불순함과 분노와 어리석음과
경솔함과 같은 많은 유혹에 시달리게 됩니다.
그래서 아우구스티노 성인은 "타락하게 되면 그렇게 비참하게 됩니다.
저희가 이런 나쁜 습관들과 용감하게 싸우고 하느님의 법을 지키면서
이 모든 시련을 겪게 해주소서.
이 모든 시련은 하느님의 뜻이나이다!" 하고 가르쳤던 것입니다.
우리에게 생기는 사소한 일도 하느님 아버지께서 알고 계실 뿐 아니라
언제 어디서 어떻게 일어날지를 정확히 아십니다.
우리는 하느님께서 사랑하시는 사람들에게는 가장 심한 고통을 주신다는 것을 생각하고 유혹을 만나게 해주신 하느님께 감사해야 합니다.
그리고 이런 유혹은 당신의 백성들의 스승이나 고해사제로
점지하신 사람들에게 특히 많이 오게 됩니다.
이렇게 혹독한 시련을 겪은 사람들은 연민을 갖고 죄인들을 다루기 때문입니다.
혹독한 시련을 겪지 않으면 죄인들을 너무 가혹하게 다루게 되기 때문입니다.

이렇게 끊임없이 시련을 받고 이겨내어야만 하느님의 참된 제자가 됩니다. 하느님의 참된 제자는 완덕의 길을 쉽게 발견합니다.
어떤 행동을 해도 진리에 따라 하므로 죄에서 벗어날 수가 있게 됩니다. 이렇게 자기를 완전히 버리게 되면
하느님의 은총에 따라 몸도 아프지 않고
건강하게 덕을 쌓을 수 있게 되어 자신의 영혼의 동반자가 될 수 있게 됩니다. 하느님, 은총을 내리시어 저희를 당신의 제자로 만들어주시고
자유롭게 해주소서. 아멘.

〈사순절 세 번째 주일의 강론〉

28 예수님은 세상의 빛이십니다

"나는 세상의 빛이다."(요한 8, 12)

사랑하시는 구세주께서 유다인들에게 이 말씀을 하시자
그들은 비웃으면서 반박했습니다만,
구세주께서는 그들에게 당신께서는 세상의 빛이시고
모든 인간의 빛이라는 것을 계속 가르치셨습니다.

하느님께서는 태양에도 빛을 주시고 달과 별들에게도 빛을 주시므로
하느님은 이 세상의 빛일 뿐만 아니라 온 우주의 빛이기도 하십니다.
하느님께서는 우리의 눈에 빛을 주시고
우리 영혼에 참된 이성(理性)의 빛을 비추어주십니다.
모든 빛의 원천인 우리의 구세주 하느님의 이 빛을 받은 모든 피조물은
다시 반사하거나 어둠으로 들어가게 되는데,
세상의 빛인 하느님께서는 어둠을 싫어하시기 때문입니다.
그리하여 예수님께서는 여러분에게 말씀하십니다.
"나는 참된 빛이므로 여러분 안에 있는 어둠을 몰아내기 위하여
여러분에게 나의 영원한 빛을 비추어,
여러분이 나의 존재와 나의 삶과 나의 영광과 기쁨을 알 수 있게 해준다."
주님께서는 아버지께 아버지와 당신과 우리가
하나가 되도록 해달라고 기도하셨던 것처럼,
주님께서는 우리를 당신 가까이 오게 하시려고 합니다.
주님께서는 여러분에게 말씀하십니다.

“나는 신비스러운 은총의 역사(役事)를 통하여
여러분이 내 안에 있고 내가 여러분 안에 있도록 하여
완전히 하나가 되도록 하려고 한다.
‘이들이 모두 하나가 되게 해 주십시오.’”(요한 17, 21)
우리는 바위나 불이나 공기나 물도
모두 원천으로 돌아가려고 한다는 것을 압니다.
인간을 위하여 하늘과 땅과 모든 것들을 만드시고
부족한 것을 말하게 하시고 창조주를 더 잘 모시려는 인간이
창조주 하느님께로 이끌리는 것을 어떻게 설명해야 할까요?
그런데 하느님의 가장 고귀한 존재로 태어나고
이성의 빛을 듬뿍 받은 인간이 세상 것들에 집착하면서
태어난 하늘의 원천으로 돌아가
하느님의 영원한 빛을 받을 생각을 하지 않으니
얼마나 안타까운 일입니까?

이 문제에 대하여 생각해보고
하느님을 우리 삶의 목표로 하지 못하게 방해하는 것이 무엇인지 살펴본 다음
어떻게 하면 하느님 안에 머무를 수 있는지 알아보기로 합시다.

사랑하는 형제자매 여러분, 우리가 무한히 선한 성품을 갖지 못하게 하는
아주 강한 무언가가 있는 것이 틀림없습니다.
이런 사람들의 한 부류는 세상 것들만 생각하고
피조물을 몹시 사랑하여 피조물 안에서 기쁨을 찾으면서 살아가는 사람들입니다.
이들은 육욕만 만족시키려고 하면서 귀중한 시간을 허비합니다.
형제자매 여러분, 이런 사람들은 어둠 속에 있을 뿐만 아니라
하느님의 빛을 거부하고 죄를 짓습니다.

다른 부류의 사람들은 겉으로 보기에는
하느님의 길을 가고 있는 것처럼 보입니다.
이들은 어둠에서 벗어나려고는 하지만
하느님께서 이들의 내면생활을 보시면 바리사이들과 같아서

이기심에 가득 차서 자기 마음대로 하려고 하므로
모든 것을 자기중심으로 생각합니다.
기도나 금식과 철야기도와 금욕생활을 열심히 하는 하느님의 친구들과
이들을 구분하기는 쉽지 않습니다.
그러나 여러분이 제대로 수행하고 있다면 이들을 금방 알 수 있습니다.
옳은 믿음을 가진 사람들과 유일하게 다른 점은 너무나 비판적이라는 것입니다.
이들은 자기 자신은 칭찬하면서도 믿음이 깊은 사람들을 판단하고 비난합니다.
자기 자신을 탓하고 다른 사람들을 칭찬하며 바른길로 가고 있는 사람들과 이들은
정반대로 갑니다.
무엇보다도 하느님의 일이나 인간의 일에서도
이기적인 것이 흠(바라사이들의 특징)이며
워낙 뿌리 깊이 박혀 있으므로 우리가 하는 모든 일에 간섭합니다.
우리가 지금 생각하고 있는 거짓 믿음을 가진 사람들은
마치 철산(鐵山)을 뚫을 수 없는 것처럼 버릇을 고치기 어렵습니다.
태어날 때부터 간섭하는 버릇이 들었기 때문입니다.
그러나 형제자매 여러분, 하느님만이 이들의 이기심을 바로 잡으실 수 있습니다.
하느님의 자비로 이들의 마음을 바꾸게 하시어
하느님만 생각하게 하실 수 있기 때문입니다.
그러나 이들은 좀처럼 마음을 바꾸지 못합니다.
그것은 하느님의 탓이 아니라 우리의 탓입니다.
우리는 오로지 하느님만 생각하고 좋아해야 하지만
우리 모두 사람을 좋아하여 그에게 힘을 실어주기 때문입니다.

이성적인 사람이라면 모든 피조물을 멀리하고
오직 하느님만 생각할 때까지는 결코 쉬려고 하면 안 됩니다.
무사안일에 빠지는 것은 너무나 비극이지만
세상에는 모든 피조물을 멀리하고 오직 하느님만 생각하는 의무를
인정하지 않고 사는 사람들이 너무나 많습니다.
그러나 하느님의 친구들은 주변에서 흔히 보지만
하느님께 상처를 주거나, 피조물을 사랑하여 불멸의 영혼에 상처를 입히는 것을
보거나 들으면 골수까지 아파합니다.

따라서 사랑하는 형제자매 여러분,
평생 애써도 진정으로 초탈하기가 어려우므로
부지런히 그리고 열심히 정진해야 합니다.
하느님의 빛이 아니라 인간의 빛을 따르게 되면 하느님과 하나가 될 수 없습니다.
아무리 용감하게 이기심과 싸우더라도 이길 수는 없습니다.
제멋대로 수행을 하면서도 기쁨을 맛볼 수 있으므로 이 기쁨에 매료되어
다른 수행을 할 수가 없는데 이는 자기를 속이는 것일 뿐만 아니라
수행에 아무 도움도 되지 않습니다.
이교도 철학자들은 이런 자기중심의 수행을
너무나 잘 알고 있었고 매우 좋아했습니다.
그들은 혼자서 고행(苦行)을 하면서 깨달음만 얻으려고 했으므로
하느님과 하나가 될 수가 없었고 당연히 어둠 속에 살아야만 했습니다.

이제 이 하느님의 빛의 초점으로 인도하는
참된 길과 첩경을 생각해보기로 합시다.
이는 바로 진심으로 자기를 버림으로써 무한한 하느님의 사랑에 동참하여
자기는 생각하지 않고 모든 것에서 하느님의 영광을 찾는 것입니다.
여러분 안에 굽은 길은 없고 바른길만 있도록 하십시오.
좋은 것이든 괴로운 것이든 여러분에게 오는 모든 것을
하느님 손에서 나온 것으로 생각하고 받아들이고
하느님의 거룩한 뜻에 따라 사랑하는 하느님의 손에 되돌려드리도록 하십시오.
이는 완덕으로 가는, 가장 높은 곳으로 가는 바른길입니다.
하느님의 참된 친구들과 하느님의 거짓 친구들에게도 다 같이 시련이 주어지지만
하느님의 거짓 친구들은 하느님의 은총도 자기중심으로 생각하여
소유욕만 채우려고 하며 영육(靈肉)으로 내외적으로 하느님께만 의존하지 않고
자기를 버리지 못하고 감사할 줄 모릅니다.
그러나 하느님의 참된 친구들은 자기를 버리고 하느님께 모든 것을 맡깁니다.
이렇게 하지 않으면 이기적이 되고 세상 것들에 집착하게 되므로
하느님의 참 빛을 볼 수 없게 되기 때문입니다.

그러나 사랑하는 형제자매 여러분, 사람들은 누구나 자신의 영혼에도

하느님의 빛이 비치는 것으로 알고 있는 수가 많은데
이는 매우 위험하다는 것을 알아야 합니다.
자신이 하느님의 뜻에 따라 행동하려고 했는지
그렇게 하지 않았는지도 모르고
충동적으로 행동할 때가 많기 때문입니다.
누구나 역경을 맞이해야만, 극심한 고통을 겪어야만
하느님의 손이 보이게 됩니다.
그러나 하느님의 참된 친구들은 어려운 일이 닥치게 되면
예수님의 발 앞으로 가서 참고 견디면서 주님의 사랑에 빠져
주님의 손으로 주신 모든 고통을 받아들입니다.
이들은 진심으로 고통을 받아들이고 하느님을 진심으로 사랑하므로
슬픔이 기쁨으로 바뀌게 되는데 하느님의 뜻으로 알기 때문입니다.

하지만 하느님의 거짓 친구들은 역경을 만나게 되면
어찌할 줄도 모르고 어디로 가서 도움을 요청해야 할지를 몰라 당황합니다.
이들은 여기저기로 가서 도움과 충고와 위로를 청하지만
정신을 잃고 절망하기도 합니다.
슬프게도 이들은 죽을 것으로 생각할 때가 많습니다.
이들은 평생 진심으로 하느님을 찾지도 않았고
하느님을 진심으로 사랑하지도 않았으므로
마지막 순간까지도 자신의 영혼에 하느님께서 계시지 않을 것입니다.
이들은 그리스도를 기초로 하여 집을 짓고 살지 않았으므로
그 집은 곧 무너질 수밖에 없습니다.
이들은 바리사이처럼 위선적이 아닌 속세의 사람들보다 천 배나 더 나쁩니다.
흔히 볼 수 있는 죄인들은 우리 주 예수 그리스도를 따랐던 사람들처럼
자신의 잘못을 알고 하느님을 두려워하지만
겉으로만 거룩함을 보이려고 하는 바리사이들과 장상들과 율법학자들은
계속하여 하느님께 맞서고 거역함으로써
마침내 주님을 잔인하게 그리고 부끄럽게 죽게 했기 때문입니다.
여러분은 이러한 사람들에게 한마디도 하지 마십시오.
여러분이 이들의 죄에 대하여 충고하려고 하면,

주님께서 손가락으로 땅에 유다인들의 죄들을 쓰셨을 때 유다인들이 했던 것처럼,
이들은 폭력을 쓰고 경멸하면서 여러분을 떠나버릴 것이기 때문입니다.
이들은 자신의 나쁨을 인정하지 않고,
성전 경내에서 이들의 가장 오래된 죄와 가장 큰 죄와 가장 작은 죄까지도 없애버릴 때까지, 모든 죄를 가지고 도망칩니다.
그러나 순진한 보통의 죄인들은 쉽게 하느님께로 돌아가는데
자신이 죄인이라는 것을 부정하지 않기 때문입니다.
이들은 진정으로 하느님의 친구가 되었지만
아직도 하느님의 원수가 되어 있는 것을 알고 무척 두려워하는데
이들은 겸손하게 구세주의 발 앞에 무릎을 꿇고 있기 때문입니다.

하느님 아버지께서는 이런 환난 중에도 우리에게 위안을 주셨습니다.
우리를 너무나 사랑하신 나머지 당신의 외 아드님인
주 예수 그리스도를 우리에게 보내주셨기 때문입니다.
그리하여 그리스도께서 완덕을 갖추시고 우리의 눈앞에 서 계시게 되었고
우리 영혼 안에는 주님의 영광스런 진리가 있게 되었고,
형언할 수 없는 사랑으로 우리가 구원받도록 하시기 위해
우리는 주님의 수난과 수치와 가난과 죽음을 배울 수 있게 되었습니다.
이 밖에도 우리가 죄의 어두움에서
진리와 사랑의 당신의 영광스러운 햇빛 속으로 들어갈 수 있도록
내외적으로 열정을 갖고 따를 수 있는 본보기가 되셨습니다.
우리가 더욱더 효율적으로 본보기에 따를 수 있도록 하시기 위해,
참된 믿음을 갖게 되었을 때 세례 성사를 주신 다음 견진 성사를 주시고,
진심으로 회개하게 해주시고, 죄를 지으면 슬퍼하게 해주시고,
겸손하게 고백성사를 하게 해주시고,
성체 성사 시에 성체를 받아먹고 성혈을 받아 마실 수 있게 해주시고,
마지막 순간에 거룩한 기름부음을 받을 수 있게 해주셨습니다.
이 모든 선물은 우리가 주님의 은총에서 멀어져 불행하게 되었을 때
우리가 다시 주님의 친구가 될 수 있도록 하시기 위해 우리에게 주시는 것입니다.
이 모든 것은 아우구스티노 성인이
"주님의 무한히 거룩한 빛이 덜 빛나게 된 것은

하느님의 영향을 방해하는 것이 아니라
하느님의 영향이 너무 지나치게 미치지 않도록 하기 위한 것입니다." 하고
가르친 바와 같이, 우리를 가장 사랑하시는 하느님께로
돌아가도록 하시기 위한 것입니다.
무한히 거룩한 빛은 하느님 아버지를 의미하고
덜 빛나는 것은 하느님의 외 아드님이신
우리 주 그리스도의 인성(人性)을 의미합니다.
거룩한 면에서 주님께서는 아버지와 같았지만
당신을 낮추시어 인간이 되신 것은
우리가 당신을 바라볼 수 있을 정도로 위엄을 줄이시기 위한 것이었습니다.
왜냐하면 하느님 아버지께서는 이 세상에 태어나는 모든 사람을 비추시고
어둠을 밝히시는 참 빛이시지만 어둠은 빛을 받아들이지 않았기 때문입니다.

마음이 가난하지 않은 사람은 아무도 이 빛을 받지 못합니다.
자기를 완전히 버리고 자기 뜻을 버린 사람만 이 빛을 받게 됩니다.
그러나 슬프게도 40년 동안 재산이 없이 가난하게 살았지만
마음마저도 가난하지 않은 사람을 너무나 쉽게 만날 수 있습니다.
이들은 자기를 버리지 못하고 가난을 모릅니다.
사랑하는 형제자매 여러분,
하느님의 밝은 빛을 받아 바르게 행동할 수 있도록
열정을 쏟아 부으십시오.
그러면 여러분은 모든 빛의 원천인
하느님께로 돌아갈 수 있기 때문입니다.
끊임없이 기도하고 하느님과 이 땅과 하늘나라 하느님의 모든 친구들에게 도움을 청하고, 하느님과 하나가 되기를 간절히 구하십시오.
하느님, 저희에게 그런 은총을 주소서. 아멘.

〈사순절 네 번째 주일의 첫 번째 강론〉

29 영혼의 잔칫날

"나의 때는 아직 오지 않았다."(요한 7, 6)

구세주께서는 제자들에게 이 말씀을 하신 후 이어서 말씀하셨습니다.
**"너희나 축제를 지내러 올라가라. 나는 이번 축제에는 올라가지 않겠다.
나의 때가 아직 차지 않았기 때문이다."**(요한 7, 8)
구세주께서는 이미 제자들에게 "너희에게는 아무 때라도 상관없지만
나의 때는 아직 오지 않았다." 하고 말씀하신 바 있습니다.
그런데 주님께서 우리에게 아무 때라도 상관없으니
'**축제**'에 가라고 말씀하신 '축제'는
과연 어떤 축제를 말씀하신 것이었을까요?
그 축제는 바로 모든 축제 중 가장 큰 축제,
즉 '**팔복**(八福)*을 **얻게 되는 영원한 생명의 축제**'를 말합니다.
따라서 아직 우리는 팔복을 얻지 못했기 때문에
'우리의 축제'는 '**어렴풋하게나마 영원한 기쁨을 느끼는 것**'을 뜻합니다.
우리 영혼의 내면에 하느님을 모심으로써
우리가 평생을 살아가면서 열심히 일하고 사랑하는 목적인
'**평화와 기쁨을 얻는 것**'을 말합니다.

* 역자 주; 팔복은 예수 그리스도의 십자가를 통해 하느님을 알고 새로운 사람이 된 자, 즉 구원을 받아 부활한 사람의 바뀌어진 상태, 생각, 가치관을 말합니다. 예수님은 팔복을 통해 신자가 가져야 할 믿음의 핵심과 내용을 구체적으로 설명해 주신 것입니다.
다른 말로 하면 신자라면 필연적으로 팔복의 상태가 되어 있어야 한다는 것입니다.

우리 영혼 안에서 이 하느님의 축제의 기쁨을 맛보려면
몸과 마음을 다하여 진심으로 자기를 버리고,
하느님의 것이 아닌 것도 모두 버려야 합니다.
즉 자신의 지식과 나쁜 버릇 등 이 세상의 것들은 모두 버려야 합니다.
우리가 살아 있는 동안에는 쉬지 않고 그렇게 해야 합니다.

누구나 행복을 바라므로 어렴풋하게나마 이 '축제'를 기다리고 있습니다.
그러나 기다리고 있기만 하면 결코 행복하게 될 수 없습니다.
하느님을 더 잘 알고 하느님을 찾게 되면
어렴풋하게나마 하느님을 알고 행복을 알 수 있습니다.
행복하게 되려면 아무런 열의 없이 찾지 말고 얻으려고 열심히 노력해야 합니다.
자신 안에서 하느님의 축제를 느끼지 못하면
열심히 기도하고 다른 수행방법으로 정진하여 느끼도록 해야 합니다.
그러나 실패하여 용기를 잃고 수행을 게을리 하게 되면
수행을 하지 않는 것보다 못하게 되어
하느님을 느끼지 못한다고 불평하게 됩니다.

절대로 그런 일이 있어서는 안 됩니다.
우리가 느끼든 느끼지 못하든 하느님께서는 우리와 함께 계시므로
그런 경우에도 수행을 게을리 하면 안 됩니다.
예수님께서 제자들에게 하셨듯이 하느님께서도 우리에게 그렇게 하십니다.
하느님께서 몰래 우리 마음에 들어오시어 거기에 계시는 자체가 축제입니다.
하느님께서는 당신만을 찾는 영혼에는 함께 계시며 모든 일에도 계십니다.
하느님께서는 몰래 오실 수도 있고
모습을 드러내실 수도 있지만 항상 영혼 안에 계십니다.
우리는 하느님의 현존을 느끼든 느끼지 못하든
자기를 버리고 하느님께로 돌아가야 합니다.
주님께서 "너희에게는 아무 때라도 상관없지만" 하고 말씀하신 것은
'언제라도 자기를 버리고 내면으로 들어가 하느님을 만나라'는 뜻입니다.
"나의 때는 아직 오지 않았다."는 것은 아직도 여러분에게
당신의 모습을 드러내실 때가 되지 않았을 뿐더러

그 시간은 하느님께 맡겨달라는 뜻입니다.
여러분이 하느님께서 자신의 영혼 안에 계신다고 생각하고
당신과 다정스럽게 대화하는 것을 좋아하시므로,
하느님께서는 틀림없이 여러분의 영혼 안에
여러분과 함께 계시지만 모르게 하실 뿐입니다.
따라서 수행을 게을리 하지 마십시오.
하느님의 때가 되면 반드시 하느님을 만나게 될 것이기 때문입니다.

우리는 이 목적 때문에 거룩한 수도원에서 수행하며 덕을 쌓고 있습니다.
수도원의 모든 거룩한 율법들과 규칙들도 이런 목적을 위하여 만들어졌습니다.
우리는 다른 것들은 신경 쓰지 않고 내면생활을 하면서
하느님과 함께 이 '축제'를 맞이할 준비를 하고 있어야 합니다.
우리는 이를 염두에 두고 수행하여
거룩한 율법들과 규칙들이 유용하도록 해야 하며
그렇게 하지 못하면 모두 우리의 잘못입니다.
우리는 여태까지 거룩한 율법들과 규칙들이
유대교 회당에만 있는 것으로 생각해왔습니다.
구약성경에도 많은 거룩한 율법들과 규칙들이 기록되어 있지만
어떤 것들은 지키기 어려웠을 뿐만 아니라
모두 지킨다고 해도 구원을 받을 수는 없었습니다.
거룩한 율법들과 규칙들은 모두
하늘나라의 문을 활짝 열어주는 신약성경의 준비에 지나지 않았습니다.
따라서 모두 준수해야 할 뿐만 아니라 준비에는 유용하지만
다 준비한다고 해도 거기서 '축제'를 볼 수는 없습니다.
구약성경은 신약성경에서 끝나게 되는데
신약성경만이 영혼 깊은 곳으로 인도하기 때문입니다.
따라서 거룩한 율법들과 규칙들에 따라 수행을 해야 합니다.
그렇게 하지 않으면 수도 생활에 아무 도움도 되지 않기 때문입니다.

우리 모두 세례를 받을 때 죽을 때까지 하느님을 사랑하고 섬기겠다고
그리고 사제나 주교도 그리스도인으로부터 면제해줄 수 없는

의무를 지키겠다고 맹세하고 서원했습니다.
이는 우리가 법정에서 맹세한 것보다 더 우리를 묶어놓고 있으므로
이를 지키지 않으면 거짓 맹세를 한 벌을 받게 됩니다.
우리가 하느님께 맹세해놓고 세상 것들에 집착하면서
하느님을 정성껏 섬기지 않는다면 거짓 맹세의 벌은 얼마나 가혹하겠습니까?
거룩한 교부 도미니코 성인(St. Dominic)이 죽기 전에,
형제들은 자신을 모든 규칙에 따르게 만든
거룩한 수도원의 특징적인 정신이 무엇인가를 말하려고 한다는 것을 알았습니다.
그들뿐만 아니라 우리 모두 그 규칙들을 왜 지켜야 하는가를 알고 싶어 합니다.
성인이 그들에게 규칙을 따르게 된 이유를 설명해주었는데,
하느님의 사랑과 겸손과 영육(靈肉)의 가난 때문이었다고 말했습니다.
성인은 우리에게도 무엇보다도 먼저 진심으로 하느님을 사랑하고,
자신을 사랑하듯이 이웃을 사랑하고,
하느님 안에서 다른 사람의 뜻에 순순히 따르고,
자신이나 하느님의 것이 아닌 세상 것들을
모두 버려야 한다고 가르치고 있습니다.
세상 것들을 가지려고 하면 하느님으로부터 멀어지기 때문이었습니다.
이 모든 것은 하느님께서 우리 안으로 들어오실 수 있게 하기 위한 것입니다.
하느님께서는 거룩한 율법들과 규칙들을 나름대로 해석하시고는
이들에 얽매이지 않으려고 하셨는데
그것이 바로 당신의 만족이고 기쁨이었기 때문이었습니다.

사랑하는 자매님들, 이 때문에 수도원에서
거룩한 율법들과 규칙들을 지키게 하는 것입니다.
이 규칙들을 무엇이라고 부르든
수도원에서는 물론 은수자들도 지키려고 하는 이유입니다.
우리의 내면생활에 이 규칙들이 하느님께서 들어오시게 만들수록
더욱더 엄격하게 이 규칙들을 지키려 하게 됩니다.
이 때문에 우리는 하느님께 맹세한 것입니다.
이를 지키지 않으면 그만큼 죄를 짓는 것이 되어
하느님으로부터 멀어지게 됩니다.

그러나 우리가 철저하게 지키게 되면
우리의 거룩한 교부 도미니코 성인과 베네딕토 성인(St. Benedict)
그리고 아우구스티노 성인(St. Augustine)과 베르나르도 성인(St. Bernard)과
프란치스코 성인(St. Francis)이 가르쳤듯이
규칙들이 바라는 대로 많은 덕을 쌓을 수 있게 됩니다.
이들 성인은 모두 이를 염두에 두고 규칙을 지켰습니다.
사랑하는 형제자매 여러분, 나는 여러분이
이 규칙들의 의미를 알고 잘 지켰으면 합니다.
즉 하느님을 사랑하고 항상 하느님을 생각하고
하느님을 사랑하기 위해서만 모든 것을 사랑하도록 해야 합니다.
여러분이 이 규칙들을 지키면
주님께서 위대하고 완전한 축제에 여러분과 함께 가시려고 할 것입니다.

우리는 많은 규칙을 준수해야 합니다.
우리는 노래하기 위하여, 성무일도를 바치기 위하여
싫어하든 좋아하든 성가대에도 가야 합니다.
아무 생각 없이 규칙들을 지키려 하지 말고
축제에서 기뻐하는 마음으로 규칙들을 지켜야 합니다.
하늘나라에서 영원한 축제를 즐길 수 있기 위해서도
이 규칙들을 지켜야 합니다.
하느님의 법을 어기려 하지 않고
평생 대죄를 짓지 않고 살려고 하는 사람은
거룩한 믿음을 더 빨리 갖게 됩니다.
그러나 여러분이 내면생활을 하면서 하느님 축제의 행복을 맛보려면
잘 준비하여 하느님의 것이 아니면
여러분의 영혼에서 모두 버려야 합니다.
하느님만을 생각하고 사랑하는 것만큼 달콤한 것은 없다고 생각하고
진심으로 경건한 생활을 하도록 해야 합니다.
그것이 바로 여러분의 영광스러운 소명(召命)입니다.
왜냐하면 하느님께서는 단지 이 이유 때문에
여러분을 수도원으로 부르셨기 때문입니다.

이 때문에 하느님께서 속세를 떠나게 하시고 참회의 삶을 살게 하셨습니다.
왜냐하면 우리는 태어날 때부터 죄 때문에
분노와 영원한 죽음과 저주의 자녀가 되어 있었기 때문입니다.
그래서 아우구스티노 성인은
"인간은 마치 썩은 나무와 더러운 흙으로 만들어진 것처럼
썩은 물질로 만들어졌기 때문에 영원히 죽고 맙니다." 하고 말했던 것입니다.
하느님께서 여러분에게 요구하신 것처럼,
여러분의 공로가 아니라 하느님의 사랑의 선물로만
인간을 회개하고 살게 하여 구원받도록 해야 합니다.

그런데 어떻게 하면 회개의 삶을 살 수 있을까요?
하느님의 것이 아닌 것은 모두 버리고
모든 것을 하느님께 맡기고
모든 것을 하느님께서 역사하시도록 해야 합니다.
이 요구에 답하려고 할수록 더욱더 회개할 수 있게 됩니다.
사랑하는 형제자매 여러분,
여러분을 이 수도원으로 불러주신 하느님께 감사해야 합니다.
소명을 다하게 되면 하느님께서 여러분을
영원히 친구로 삼으실 것이라는 굳건한 믿음을 갖게 될 것입니다.
왜냐하면 하느님께서 당신의 친구와 배우자로 삼으시기 위하여
여러분을 이 수도원으로 끌어 모으시어
하느님과 하나로 만드시려고 하기 때문입니다.
우리가 젊을 때 당신의 사랑으로 우리를 수도원으로 불러들이시어
우리 안에 계시게 된 것이 그 명백한 증거입니다.
우리는 태어날 때부터 세상 것들을 즐기려고 했지만
육욕과 탐욕을 억제하고 이 세상과 모든 피조물을 떠나
하느님을 따르고 있습니다.
그런데도 우리가 수행을 게을리하고
하느님의 현존을 느끼지 못한다면 되겠습니까?
다음과 같이 생각해야 합니다.
"나는 하느님을 위하여 기쁘게 고통을 참고 견뎌야 합니다.

하느님께서 나와 함께 계시지 않는 것 같아 고통을 참고 견딜 수 없으면 하느님께서 숨어 계시면서 고통을 참고 견디게 해주신다고 생각해야 합니다."

사랑하는 형제자매 여러분, 하느님께서 여러분 안에 모습을 드러내시면
여러분 영혼 안에서 하느님의 축제를 맘껏 즐길 수 있게 모든 열정을 바칩시다.
하느님을 가까이할 수 있을 때까지
쉬지 않고 기도하면서 하느님을 맞을 준비를 합시다.
하느님께서 머무시도록 하여 떠나시지 않도록 하십시오.
이보다 더 큰 행운이 어디 있습니까? 이것이 바로 영혼의 축제가 아닙니까?
이와 같이 하느님께서 우리 안에 계시고 우리가 하느님 안에 있게 되면
이보다 더 큰 행복이 어디 있겠습니까?
하느님, 저희에게 이런 행운을 주소서. 아멘.

〈사순절 네 번째 주일의 두 번째 강론〉

30 우리는 왜 말씀을 잘 알아듣지 못할까요

"하느님에게서 난 이는 하느님의 말씀을 듣는다."(요한 8, 7)

사랑하는 형제자매 여러분,
여러분의 영혼의 현재 상태를 알게 해주고
여러분이 무엇을 추구해야 하는가를 일깨워 주는,
나의 이 강론에 귀를 기울여주십시오.
우리의 구세주께서 말씀하셨습니다.
"하느님에게서 난 이는 하느님의 말씀을 듣는다.
그러므로 너희가 그 말씀을 듣지 않는 것은,
너희가 하느님에게서 나지 않았기 때문이다."(요한 8, 7)
그런 다음 이어서 말씀하셨습니다.
"내 말을 지키는 이는 영원히 죽음을 보지 않을 것이다."(요한 8, 51)
형제자매 여러분, 지금은 우리 주 예수 그리스도의
거룩한 수난에 대하여 관상하는 시기입니다.
쉬지 말고 골고타에 관한 이 거룩한 책을 펴서 읽고
여기서 모든 위로와 진리와 지혜와 충고를 받도록 하십시오.
그리스도의 수난에 관한 귀중한 책을 깊이 이해하게 되면
어떤 책도 제대로 이해하게 된다는 것을 아십시오.
수난을 제대로 이해하지 못하게 되면
아무것도 알지 못하게 되기 때문입니다.
자신의 수행규칙과 수행방법을
하느님께서 우리에게 당부하셨듯이

예수 그리스도의 삶과 죽음을 따르도록 하십시오.
이 때문에 바오로 성인은 오늘의 히브리서(9, 11-12)를
통하여 우리에게 가르치고 있습니다.
"그러나 그리스도께서는 이미 이루어진
좋은 것들을 주관하시는 대사제로 오셨습니다.
그분께서는 사람 손으로 만들지 않은, 곧 이 피조물에 속하지 않는
더 훌륭하고 더 완전한 성막으로 들어가셨습니다.
염소와 송아지의 피가 아니라
당신의 피를 가지고 단 한 번 성소로 들어가시어
영원한 해방을 얻으셨습니다."
형제자매 여러분, 여러분이 어제도 그랬듯이
우리의 이 대 사제를 영원히 제대로 따르도록 합시다.
모든 일에서 진심으로 그리스도의 영광만 찾읍시다.

우리의 대 사제이신 사랑하는 주님께서는
우리에게 전능하심과 비천하심을 모두 보여주셨습니다.
주님께서는 전능하신 아버지와 하나가 되시어
오늘도 모든 인간을 돌보시고
모든 인간의 말과 일과 생각을 관장하시고 계십니다.
주님께서는 아버지께서 만드신 한 사람에게서도 눈을 떼시지 않고
그의 과거와 현재와 미래의 삶에서 일어나는
모든 일을 지켜보셨고 지켜보실 것입니다.
주님께서는 내가 지금 여러분에게 말하려고 하는
'하느님의 말씀'을 분명히 들으셨습니다.
주님께서는 우리 모두의 다름을 아시고 우리 모두의 얼굴을 보시고
우리 영혼의 가장 깊은 곳에 들어가시어
우리의 생각과 습관을 보고 계십니다.
주님께서는 온 인류에 대해서도 이렇게 하시면서
아무리 사소한 것이라도 빠뜨리시지 않고
아버지로부터 받으신 모든 것을 되돌려드렸습니다.
왜냐하면 예외 없이 모든 일에서 아버지의 영광만 찾으셨기 때문입니다.

주님의 진정한 친구라면 주님께서 당신의 모든 것을
아버지께 돌려드린 것을 배워야 합니다.
주님의 진정한 친구라면 하나도 빠짐없이 아무리 사소한 것이라도
하느님의 영광을 위하여 아무리 괴롭더라도
조금도 망설이지 말고 되돌려드려야 합니다.

우리의 대 사제께서 우리에게 보여주신 또 하나는 당신의 인간성입니다.
아버지의 영광만 찾으려고 하셨기 때문에
아무 죄도 없으시면서도 우리들의 죄 때문에
극심한 수난을 받으시는 등의 미덕을 보여주셨습니다.
그리고 스스로 의롭다고 자처하던 바리사이들의 박해를 참고 견디셨습니다.
따라서 그리스도의 추종자라면 모두 어떤 고통도 달게 받아야 하며,
특히 그리스도를 찾고 섬기기로 맹세하고 서원한 사람들은
그리스도로부터 멀어진 사람들로부터 박해를 받고 고통을 받아야만 합니다.
그리스도의 추종자라면 아무것도 바라지 말고
하느님만 생각하고 행동해야 합니다.
자신이 좋아하는 일에서만 그리스도를 섬기지 말고
모든 일에서 주님께서 인도하시는 대로 따라야 합니다.
이 때문에 자기 이익만 찾는 사람들의 박해를 받아야 하지만
이들처럼 주님을 섬기려고 하지는 말아야 합니다.
이들은 어떤 일에서도 주님을 섬기려고 하는
사람들을 이해하지 못하기 때문입니다.

우리 주님께서 "**하느님에게서 난 이는 하느님의 말씀을 듣는다.**"고 하신
말씀의 뜻을 깊이 생각해보기로 합니다.
그레고리오 성인(St. Gregory)은 아침 미사 강론에서
우리 모두 자신이 제 자리에 서 있는지, 기복신앙을 믿고 있지는 않은지,
과연 마음을 통하여 하느님의 말씀을 듣고 있는지 등의
성찰(省察)을 게을리 하지 말아야 한다고 말했습니다.
하느님께서는 우리에게 하느님 아버지의 나라만 생각하고
욕정(欲情)을 버리고 이 세상의 명예를 멀리하라고 명령하셨습니다.

따라서 그레고리오 성인은 우리 모두 하느님의 말씀을
마음으로 들으면서 자신이 깨어 있는가를 성찰하라고 했습니다.
왜냐하면 하느님의 말씀을 내면적으로 이해하지 못하여
귀로는 듣지 못하고 사는 불행한 사람들이 많다고 말했기 때문입니다.

하느님께서는 인간이 '말씀'을 잘 알아듣지 못하는 까닭을 설명하셨습니다.
하느님 아버지께서는 '당신의 영원한 말씀'과 성령님과만
대화하신다는 것을 모르기 때문이라고 하셨습니다.
인간은 성자(聖子)와 성령님과는 대화할 수 있지만
하느님과는 직접 대화할 수 없으므로
성자(聖子)와 성령님을 통하여 대화해야만 한다는 것입니다.
따라서 시공을 초월해 존재하는 인간의 영혼이
아무리 '말씀'을 비슷하게 알아듣더라도 제대로 알아들은 것은 아닙니다.
인간의 영혼은 영혼 깊은 곳에 숨어 계시는 하느님과
너무나 가까이 있을 뿐 아니라
하느님과 같이 만들어졌습니다*.
따라서 하느님 아버지께서 '당신의 말씀'에게
말씀하시면 백배나 빠르게 전달됩니다.
따라서 영혼의 내면 귀가 들으려고 귀를 기울일수록,
영혼이 '말씀'과 하나가 되어 조용히 있을수록
'말씀'을 더 빨리 이해할 수 있게 됩니다.

그러나 '말씀'이 영혼 안에 아무리 깊이 숨어계시더라도
이심전심(以心傳心)으로 영혼에 전달하시어 이해할 수 있게 만드십니다.
하지만 우리는 '말씀'을 모시고 있지 않기 때문에
전능하신 주님께서는 "'당신의 말씀'은 '아버지의 말씀'이지만
우리는 '당신의 말씀'처럼 듣는다."고 하셨던 것입니다.
그리하여 영혼 안에서 '말씀'을 들으려고 애쓰면
내면의 귀에 즉시 전달되기는 하지만 무슨 '말씀'을 하셨는지 몰라

* 역자 주; Capax Dei

"무엇을 해야 할지 가만히 있어야 할지 모르겠다."고 말합니다.
그러나 알려고만 하면 알게 됩니다.
왜냐하면 '말씀'을 듣기는 했으므로 '의지'에게
"내가 그대를 가르쳐서 인도할 테니
정신 차리고 나를 따르라." 하고 말씀하시기 때문입니다.
이렇게 이해는 '의지'에게 무엇을 해야 하는지
하지 말아야 하는지를 가르쳐줍니다.
그런 다음 '말씀'은 더 깊은 곳 즉 갈망으로 울려 퍼져
하느님의 역사(役事)를 방해하는 세상 것들을 멀리하고
풍족하게 가져 마음대로 펑펑 쓰려고 하지 말고
꼭 필요한 것만 가지라고 가르치십니다.
그런 다음 '말씀'은 철학자들이 화를 잘 내면 후회하게 되므로
자신에게 상처를 남기는 일은 하지 말라고 한 말을 떠올리게 하십니다.
여러분들이 다른 사람들보다 더 하느님께서 바라시는 사람으로
바뀔 수 있게 하시려고 '말씀'께서 철학자들의 입을 빌려
우리에게 참을성과 온유함 같은 덕을 쌓게 하시려는 것입니다.
하느님 '말씀'의 효력이 먼저 여러분 영혼의 가장 깊은 곳에
얼마나 미쳤는가를 알아본 다음
영혼의 다른 능력에도 얼마나 영향을 미쳤는가를 알아보아야 합니다.
이는 주님께서 "하느님에게서 난 이는 하느님의 말씀을 듣는다.
그러므로 너희가 그 말씀을 듣지 않는 것은,
너희가 하느님에게서 나지 않았기 때문이다." 하고 말씀하신 바와 같이
여러분이 하느님으로부터 태어났는지
알 수 있는 표징이 되기 때문입니다.(요한 8, 7)

그런데 어떻게 하면 항상 이 '말씀' 안에서
말씀을 놓치지 않고 알아듣고 이해할 수 있을까요?
무엇보다도 먼저 시공을 초월하여 하신
'말씀'을 영혼의 내면에서 들으려고 해야 합니다.
그런데 영혼이 무아지경(無我之境)에 있는데
어떻게 '말씀'에게 순종할 수 있을까요?

그것은 알 수 없습니다.
열심히 수행한 고귀한 영혼들은 살아 있는 한
덕을 충분히 쌓았다고 생각하지 않습니다.
이러한 사람은 자신 안에서 '말씀'을 듣는 순간
모든 외적인 능력을 자신의 내면으로 끌어들여
시공을 초월하여 하느님을 지켜봅니다.
이 때문에 아우구스티노 성인은
"사람의 마음이 하느님을 향하게 되면
곧 아무 일도 하지 않게 됩니다." 하고 말했습니다.
열심히 수행하여 이와 같은 경지에 이른 사람들만이
자신의 영혼 안에서 '말씀'을 듣고 간직할 수 있습니다.
그러나 그렇지 않은 사람들은 거의 '말씀'을 알아듣지 못합니다.
이 때문에 더욱더 고행하고 고통을 겪게 하시므로
하느님께서 주시는 불행이나 기쁨을 감내해야만 합니다.
그러나 조심해야 합니다.
여러분이 감당할 수 없는 짐은 지우시지 않습니다.
여러분은 하느님께서 훈계하실 때처럼,
하느님께서 직접 주시든 사람들을 통해 주시든,
모든 고통을 기쁘게 지고 있다가
다시 하느님께 되돌려 드리기만 하면 됩니다.
진심으로 감사하며 모든 슬픔을 하느님의 발 앞에 내려놓으십시오.
우리의 대 사제께서는 우리를 위하여
덤덤하게 피를 흘리시고 나서야 아버지께 돌아가셨습니다.
우리가 그리스도를 위하여 피를 흘리는 네 가지의 경우가 있습니다.

첫 번째는 진심으로 회개함으로써
영육(靈肉)으로 고행(苦行)하며 피를 흘리는 것입니다.
누구나 이 세상의 쾌락에 빠져 하느님으로부터 멀어지게 되면
즉시 하던 일을 중단하고 하느님께로 돌아가야 합니다.
이는 참회의 필수 요건으로, 죄를 더 이상 짓지 말고
진심으로 하느님께 돌아가야 합니다.

이것이 바로 피를 흘리는 것입니다.
하느님을 떠나 세상 것들에서 기쁨을 찾았던 만큼
괴로워해야 하며 우리의 피는 죄와 싸우다가 죽은
쾌락의 죽음에 뿌려지게 됩니다.
이 싸움을 시작하게 되면 몸이 튼튼하게 되지만,
진정으로 회개했다면 하느님을 섬기는 데 흘리게 되므로
몸은 야위게 되고 아무 일도 하지 못하게 됩니다.

두 번째는 외부로부터 충격을 받아 피를 흘리는 것입니다.
이미 고행(苦行)을 통하여 많이 단련되었기 때문에
이러한 충격에는 아무런 대꾸도 하지 않고
내적 기쁨만 맛보려고 합니다.
이렇게 피를 흘리게 된 것은 하느님의 친구들이
하느님을 생각하지 않고 사는 사람들의 박해를 받았기 때문입니다.
박해를 피할 수 없으면 담담하게 이 고통을 견뎌낼 수밖에 없습니다.
강한 정신력을 가진 사람들은 숙연하게 대담해지긴 했지만
자기 위주로 생각하여 묻습니다.
"이 고통을 피해야 하는가? 이 고통에서 도망치려고 해야 하는가?"
그러나 이들은 결코 도망치지 않습니다.
이들은 잘못 생각하고 있을 뿐 아니라
무엇으로부터 언제 도망쳐야 할지를 모르기 때문입니다.
또 이들의 영혼에는 바깥세상으로부터 받은 느낌으로 가득 차 있기 때문입니다.
그러나 하느님의 진정한 친구는 어떤 시련에서 도망쳐야 할지
어떻게 피해야 할지를 잘 압니다.
예를 들면 자신이 계속 머물러 있게 되면
이웃을 성화(聖化)시키기는커녕 이웃에 상처를 주기 때문에
떠나야 한다고 생각하는 것입니다.
우리는 금주의 독서에서 여러 번 읽었으므로
유다인들이 못살게 굴 때마다 피하여 몸을 숨기시는
우리의 사랑하는 주님의 예를 잘 알고 있습니다.

세 번째는 주님의 곁에 서서 주님을 보면서 피를 흘리는 것입니다.
주님께서 한 푼도 아까워서 사고 싶지 않은 사람들이
주님께 치욕을 안겨주기 때문에 자신의 목숨보다 더 사랑하는
주님의 곁에 서서 주님을 보면서 피를 흘리는 것입니다.
이들은 얼마나 괴롭겠습니까?
온 세상 사람들이 주님을 무시하고 생각하지도 않으며
평신도뿐만 아니라 성직자들도
주님께 치욕을 안겨주는 것 같기 때문입니다.
이는 양면의 칼과 같아서 이들의 영혼과 마음을 잘라 버립니다.
이들은 자기 자신을 사랑하는 만큼 진심으로 이웃을 사랑하지만
많은 사람에게 상처를 주는 것을 보고도
아무 도움도 주지 못해 무척 안타까워합니다.
그래서 울면서 말합니다.
"여러분이 수많은 사람에게 세례를 주고
백 가지의 다른 제복(祭服)을 갈아입는다 한들
의로운 일을 하고 있지 않으면 아무 소용이 없소."
하느님의 축복을 받고 덕(德)이 만발해야만 할
여러 나라의 거룩한 교회들이
이렇게 나쁜 사람들로 인하여 황폐해진 것은 너무나 슬픕니다.
그러나 이런 비참함을 알고 몹시 마음 아파하는
수많은 하느님의 친구들이 고해사제가 되지 않은 것은 정말 다행입니다.

네 번째는 주님을 만나 너무나 기뻐서 피를 흘리는 것입니다.
지고(至高)하시고 자비하신 하느님께서 영혼의 가장 깊은 곳에서
영혼을 사로잡으시어 자기를 버리고 세상 것들을 멀리하고
오로지 당신만을 생각하게 만드셨을 때 피를 흘리는 것입니다.
드디어 아무도 제대로 알지 못하는
무한히 자비로우신 하느님께서 계신다는 것을 알고
성인들이나 천사들을 찬양하고 사랑하는 것이
자신의 영혼에 하느님을 모시게 된 영광보다 크지 않다는 것을
깨닫게 되었을 때 피를 흘리는 것입니다.

이러한 사람이 무한하신 하느님을 알게 되었는데
어찌 자기와 세상 것들을 버리지 않을 수 있겠습니까?
이런 사람은 마침내 "나는 다시는
하느님으로부터 눈을 떼지 않으리라." 하고 말할 것입니다.
하느님의 것이 아닌 것을 모두 버린 영혼이
자기를 버리고 하느님만 생각하고 있으면,
하느님께서는 이 영혼을 사랑하시고 칭찬하시고
당신과 같은 기쁨을 맛보게 해주시는데,
이는 피 흘리는 것이 아니라
창조주 하느님만을 생각하고 기뻐하는 것을 뜻합니다.
자비하신 하느님, 저희가 이런 행복을 얻게 해주소서. 아멘.

〈주님 성지수난주일 첫 번째 강론〉

31 완덕을 갖추려면

"하느님에게서 난 이는 하느님의 말씀을 듣는다."(요한 8, 7)

사랑하는 형제자매 여러분,
여러분은 하느님의 말씀에 따라 살고 있지 않을지도 모르지만
그래도 말씀을 들으려고 하고 말씀에 대하여 말해야 합니다.
왜냐하면 여러분이 계속하여 '말씀'을 사랑하고
'말씀'만 생각하는 것이 여러분의 길이므로
영원히 '말씀'의 동반자가 되어야 하기 때문입니다.
우리는 꼭 필요한 수행을 단념한 사람들을 만나게 되는데,
그들은 수행하는 목적을 이해하지도 못할뿐더러 관심도 없으므로
수행을 좋지 않게 말하고 다른 사람들이 좋지 않게 말하는 것을
귀담아듣기 때문입니다.
나는 도저히 이해할 수 없지만
그들에 대해서는 말하지 않고
듣지도 않는 것이 좋다고 말할 수는 있습니다.
왜냐하면 나는 그들이 없는 것이 더 좋습니다.
그러나 그들은 다른 사람들로 하여금 고귀한 영적(靈的)인 생각을
하지 못하게 하려고까지 하기 때문입니다.
그들은 자신이 하는 일에 만족하는 듯이 보이지만
마음속으로는 옳지 않다는 것을 압니다.
이 모든 것은 그들이 최상의 영적인 경지에 이르지 못함으로써
전능하신 하느님의 동반자가 되지 못하고 몹시 슬퍼하고

혹독한 시련을 겪으리라는 것만은 확실합니다.

베르나르도 성인(St. Bernard)이 말했습니다.
"여러분은 거룩한 삶을 살기를 바라고
하느님께서 그런 은총을 주시기를 바랍니까?
하느님의 은총을 바란다면 인내심을 갖고 초심을 잃지 마시고,
죽기 하루 전까지 아니 한 시간 전까지도
기도할 수 있게 해달라고 하느님께 청하십시오.
만약 하느님께서 허락하시지 않으신다면
당신과 하나가 된 다음 영원히 기도하도록 해주실 것입니다."
따라서 여러분의 기도와 소망을 바로 들어주시지 않거나
잠깐 동안밖에 들어주시지 않더라도,
희망을 버리지 말고 계속하여 기도하도록 하십시오.
이런 경건한 마음이 사라지더라도 실망하지 마십시오.
이런 경건한 마음이 사라지는 것은 불행이지만
우리는 여러분이 슬퍼하지 않기를 바랍니다.
그러나 여러분이 하느님께서 그런 마음을
영원히 잃지 말라고 하시는 말씀을 듣게 된다면
명심하고 영원히 그런 마음에 따라 사십시오.
뒤에 그런 생각을 하지 않을 수도 있지만
어떻게 하든지 그런 초심을 잃지 않으려고 하면
하느님의 눈에 띄게 되어 당신께서 원하는 시간에
여러분의 행복을 위하여 여러분의 뜻이 이루어지게 해주실 것입니다.

우리가 실제로 할 수 있는 일은 그리 많지 않지만
항상 위대한 일을 하려고 해야 합니다.
사람이 할 수 있는 역할은 많지 않지만 항상 노력하려고 해야 합니다.
무엇을 바라든 전심전력을 바치든
실제로 사람이 할 수 있는 일은 그리 많지 않습니다.
우리가 그럴 힘도 없으면서 그렇게 하기를 바라는 마음이 더 커지게 되면
자기를 버리게 되고 하느님의 마음에 들게 됩니다.

물론 우리가 그러한 성인(聖人)이나 천사처럼 되려고
막연히 꿈만 꾸는 것이 아니라 진심으로 자기를 버리고
모든 것을 하느님에게만 맡기려 하게 됩니다.
만약 자신이 바라는 만큼 하느님처럼 될 수 없다고 하더라도
자신이 할 수 있는 만큼 하느님처럼 되려고 해야 합니다.
자신이 어떤 사람이든 하느님과 같아지도록 해야 하지만
그렇게 할 수 없으면 하느님 안에서
하느님께서 그렇게 만들어주시기를 간절히 바라야 합니다.
가지려고 할 때보다 버리려고 할 때 더욱더 하느님의 사람이 되게 되므로
하느님의 역사에 맡기고 기다리고 하느님께 붙들려
여러분 안에 하느님과 함께 있을 수 있도록 하십시오.
그러면 모든 것이 잘 될 것입니다.

하느님께서 여러분이 회개를 시작했을 때 하셨던 것처럼,
만족감과 깨달음이나 따뜻한 사랑과 같은
특별한 은총을 주실 것이라는 생각을 한순간도 하지 말아야 합니다.
그러한 생각은 매를 부리는 사람이
매를 잡기 위하여 사용하는 매혹적인 덫에 지나지 않습니다.
하느님께서는 당신의 백성을 다음과 같이 다루십니다.
하느님께서는 모세로 하여금 당신을 본보기로 삼게 하신 후
십계명판을 새기게 하셨듯이, 먼저 가르치신 후
자신을 위해 일할 수 있도록 하십니다.
이와 같이 하느님께서는 더 이상 가르치실 것이 없을 때까지 가르치신 후
홀로 설 수 있도록 하시고 깨어나게 하시고 깨닫게 인도하시고는
당신의 은총을 이용하도록 내버려 두십니다.
그러면 우리는 자신의 게으름을 각성하고 양심과 통찰력을 깨우고
열정적으로 일하고 자기를 버리고 하느님을 부지런히 섬겨야 합니다.
아이들이 어릴 때는 아버지가 자신을 희생하고 필요한 모든 것을 주고
놀도록 해주고 행복하게 해주고 만족하게 도와주고,
아이들이 컸을 때 재산을 나누어주고 자립하도록 해주고 나면 노는 시간은 끝나게
되고 자신이 노력하여 부자가 되는 법을 배워야 하는 것과 같습니다.

하느님께서는 우리를 똑같이 다루십니다.
수도 생활을 처음 시작할 때는 기쁘게 수행에 몰두하게 하시는데
당신의 선물로 우리의 마음을 끄시기 때문입니다.
그런 다음 우리가 하는 모든 일에서
당신의 뜻을 알도록 하시고 당신의 뜻에 따라 일하도록 만드십니다.
그러나 깨어나게 되면 자신의 뜻을 버리고
매우 힘들고 재미없는 일을 하게 하십니다.
그리하여 고통을 견디는 법을 배우고
우리가 원하지 않아도 어둠 속에서 헤매도록 하신 후
당신의 인도를 받게 만드십니다.
이와 마찬가지로 우리의 주님께서는 베드로에게 예언하셨습니다.
"'내가 진실로 진실로 너에게 말한다.
네가 젊었을 때는 스스로 허리띠를 매고 원하는 곳으로 다녔다.
그러나 늙어서는 네가 두 팔을 벌리면
다른 이들이 너에게 허리띠를 매어 주고서,
네가 원하지 않는 곳으로 데려갈 것이다.'
예수님께서는 이렇게 말씀하시어, 베드로가 어떠한 죽음으로
하느님을 영광스럽게 할 것인지 가르치신 것이다.
이렇게 이르신 다음에 예수님께서는 베드로에게
'나를 따라라.' 하고 말씀하셨다."(요한 21, 18-19)

이와 같이 처음에는 하느님의 사랑과 자비로
우리를 당신의 뜻에 따르도록 하시다가 그 다음에는
우리 뜻대로 어디로든지 가게 하시고는
뒤 따라 오시면서 우리를 돌보셨습니다.
그러나 이제는 완전히 달라졌습니다.
하느님께서는 우리 마음대로 하지 못하게 하시고
우리가 원하지 않는 곳으로 데리고 가십니다.
우리가 원하지도 않는데 어두운 길을 거쳐 당신께로 이끄십니다.
하느님께서는 우리가 자신의 뜻을 모두 버리고
순종할 때까지 어두운 길을 걷게 하십니다.

하느님의 목적은 우리가 원하든 원하지 않든
주어버리든 지키고 있든 갖고 있든 부족하든
당신을 따르게 하시는 것입니다.
우리가 세상 것들을 잊고 세상 것들을 멀리하고 하느님만 생각하고
기쁘거나 슬프거나 하느님에게만 붙들려 있게 만드시는 것입니다.
행복하거나 불행하거나 기쁘거나 고통스러워도
하느님을 등지지 않아야 하느님의 가장 사랑스러운 자녀가 되기 때문입니다.
영혼에 대하여 모든 것을 말할 수는 없지만
이것만으로도 충분하다고 생각합니다.
그러나 자기를 버리지 않고 자기가 좋아하는 수행방법에 따르면서
하느님을 진심으로 섬기지 않는 것보다는
하느님을 등지지 않는 것이 더 낫습니다.
하느님, 저희가 하느님을 더욱더 사랑하게 해주소서. 아멘.

〈주님 성지수난주일 두 번째 강론〉

32 거룩함에 이르는 첩경

"온 민족이 멸망하는 것보다 한 사람이
백성을 위하여 죽는 것이 여러분에게 더 낫다."(요한 11, 50)

요한 성인은 대사제인 카야파(Caiaphas)가 이 말을 했을 때
자신에 대해서는 아무 말도 하지 않았지만,
그는 성령의 도움으로 이 예언을 했다고 덧붙였습니다.
사랑하는 형제자매 여러분, 이 마지막 예언은
우리의 구세주께서 돌아가시기 바로 직전에 한 것이라는 것을 아십시오.
수석 사제들과 바리사이들이 의회를 소집하고 이렇게 말하였습니다.
"저 사람이 저렇게 많은 표징을 일으키고 있으니, 우리가 어떻게 하면 좋겠소?
저자를 그대로 내버려 두면 모두 그를 믿을 것이고,
또 로마인들이 와서 우리의 이 거룩한 곳과
우리 민족을 짓밟고 말 것이오."(요한 11, 47-48)
형제자매 여러분, 우리의 구세주께서 우리를 위하여
이루 말할 수 없는 무한한 사랑으로 몸과 마음을 다하여
정신적 육체적 고통을 참고 견디신 것을 보여주신 데 대하여 찬양합시다.

형제자매 여러분, 많은 사람이 진리에 이르는 첩경이 무엇이냐고 묻습니다.
이에 대한 답으로 우리 주님께서는
완덕을 갖춘 세 부류의 사람이 있다고 하신 것을 아십시오.
첫 번째 부류는 순수한 동기로 하느님께 의지하기 위하여
수많은 사람부터 공공연하게 인종차별을 받고 견뎌낸 사람들을 말씀하셨는데,

이들이 이렇게 하여 겸손하게 되면 놀라운 하느님의 은총을 누리게 됩니다.
우리가 보기에는 겉모습을 보기 싫어하기 때문에 멸시를 받는 것처럼 보입니다.
그러나 이들을 경멸하게 되면 자신만 상처를 입을 뿐입니다.

두 번째 부류의 사람들은 속죄함으로써
하느님께서 당신께로 인도한 사람들입니다.
그런데 어떻게 하면 진실로 속죄하는 것일까요?
예를 들면 기쁘게 말하고 싶어도 하느님을 위하여 침묵을 지키며,
육욕과 같은 감정들이 생겨도 이끌리지 않고 하느님을 위하여 참는 것입니다.

세 번째 부류의 사람들은 우리의 사랑하는 주님께서 직접 이끄신 사람들입니다.
형제자매 여러분, 만사형통하는 복을 받으려고 하는 '사람'은
반드시 죽어야 한다는 것을 명심하십시오.
여기서 말하는 '사람'은 무엇을 의미할까요?
소유욕과 같은 인간의 의지를 말합니다.
즉 자신의 뜻을 죽여야 한다는 것입니다.
그런데 무엇 때문에 죽어야 할까요?
형제자매 여러분, 이것을 잘 아십시오.
여러분이 순교자들이나 성인들처럼 모진 고통을 견뎌내려면,
모든 그리스도인이 그랬던 것처럼
이 세상이 끝날 때까지 선한 일을 하려면,
자신의 만족을 위하여 집착하던 것들을 모두 내려놓지 않으면
아무 소용이 없게 된다는 것을 잊지 마십시오.

이와 같이 진정으로 자기를 죽였다는 것은 무엇을 보면 알 수 있을까요?
여러분이 수천 번 이상 죽은 사람을 새로운 사람으로 만들었다고 해도,
매일 바위나 가시덤불 위에서만 먹으며 엄청난 고행(苦行)을 했다고 해도
이는 자기를 죽인 것이 아닙니다.
그러나 자비하신 하느님 앞에 더할 수 없이 겸손하게
그리고 자기를 버리고 머리를 굽히고,
모든 사람보다 자신을 낮추는 것이야말로

그리스도께서 자비와 사랑으로 여러분에게 당신의 선물로 주셨다는 것을 확실히 알게 되어야만 자기를 죽인 것입니다.

그래서 그리스도께서는 다음과 같이 가르치셨던 것입니다.
"이와 같이 너희도 분부를 받은 대로 다 하고 나서,
'저희는 쓸모없는 종입니다.
해야 할 일을 하였을 뿐입니다.' 하고 말하여라."(루카 17, 10)
만약 끝까지 자신 뜻을 버리지 못하면
로마 병정들이 와서 자리를 빼앗고 나라 밖으로 추방할 것입니다.
왜냐하면 로마 제국이 세상에서 가장 큰 세력이었던 것처럼
**영적(靈的) 교만은 모든 악(惡) 중에서
가장 나쁠 뿐만 아니라 가장 막강하기 때문입니다.
그런데 자기를 버리는 일은 쉽지 않으므로
하느님께서만이 자기를 버릴 수 있게 하십니다.**

형제자매 여러분, 다양한 지식을 갖고 명성을 떨치는 사람들도 놀랍게도 하느님께로 갈 수 있는 이 유일한 길을 잃고 헤매고 있다는 것을 아십시오.
이기심과 자기 뜻을 버리지 못하면,
그리스도께서 우리 영혼 안에 이루어놓으신
모든 덕이 무너지게 되면서 죽음의 길로 치닫게 됩니다.
그런데 처음에는 하느님께서 경건하게 수행하도록 하셨지만
얼마나 많은 사람이 거룩한 체하며 수행을 게을리 하고 있습니까?
이는 변함없이 이 진리를 받아들이지 않고 영육(靈肉)으로 자기 자신에게만 의존하고 있기 때문입니다. 이의 예로 솔로몬 왕을 보십시오.
하느님께서 자상하게 그를 일깨워주셨지만, 곧 파멸의 길을 갔습니다.
거룩한 천사로부터 하느님의 메시지를 받은 삼손을 보십시오.
이들에게 하느님의 진노와 저주가 떨어진 것은
이들이 마음으로나 행동으로 자기를 죽이려고 하지 않았기 때문입니다.
이들은 자신의 이익을 위하여 하느님의 선물을 이용했습니다.
이들은 하느님의 선물로 소유욕을 채우고
쾌락을 즐기는 데 이용하며 하느님께 감사하지 않았습니다.

그런데 어찌 지고하신 분의 마지막 심판이 떨어지지 않겠습니까?
거룩한 교회는 그들이 구원되었는지 버려졌는지 모르지만
우리는 자비하신 하느님께 그들을 맡길 수밖에 없습니다.

그러면 이제 많이 알아 우쭐해 하면서 거만하며
영성(靈性)을 갖게 된 것을 자랑하려고 하는 사람들에 대하여 생각해봅시다.
형제자매 여러분, 이러한 사람들을 본받지 말아야 합니다.
이렇게 비뚤어진 불쌍한 사람들에게 배울 것이 전혀 없으며
하느님께서도 버리신 사람들입니다.
이들은 참으로 믿음이 깊은 사람들에게
자기들에게 하느님께서 은총을 주셨다고 말하면서
참으로 믿음이 깊은 사람들보다
더 용기 있게 고통을 견뎌내는 것처럼 보이려고 합니다.
참으로 경멸스러운 사람들입니다.
이들은 영육(靈肉)으로 자기를 죽인 사람들을 속이고 있는 것입니다.
그러나 때로는 이들은 부끄러워하지도 않는데
하느님께서 이들이 순진하고 자기 부정을 한 것을 보시고
하느님과 좋은 사람이든 나쁜 사람이든 모든 사람에게
기쁘게 대할 수 있는 은총을 주셨으므로
친절하고 행복하게 보이기 때문입니다.
이들은 하느님의 뜻에 따라
고통이든 편안함이든 행복이든 불행이든 달게 받으려고 하지만
어디까지나 자기 자신을 위해 속셈을 갖고 그렇게 합니다.
형제자매 여러분, 스스로 의롭다고 생각하며
이성(理性)으로만 살아가는 이런 사람들과 어울리지 마십시오.
그리스도께서는 이들에게 말씀하셨습니다.
"하늘의 내 아버지께서 심지 않으신 초목은 모두 뽑힐 것이다."(마태 15, 13)
이들은 회개하지 않고 자기가 좋아하는 길을 갔기 때문에
이러한 운명에 처하게 될 것입니다.
그러나 참으로 선한 사람들은 우리의 주님께서
올리브 산에서 보여주셨던 것처럼 합니다.

주님께서는 고난의 때가 오자 피땀을 흘리시면서
우리를 위하여 돌아가실 때까지 괴로워하셨습니다.
우리 모두 그렇게 해야 합니다.
주님께서는 무엇을 하시든 영육(靈肉)을 죽이셨습니다.
형제자매 여러분, 우리의 구세주로부터 배우십시오.
주님을 위하여 모든 고통을 참고 견디십시오.
죽을 때까지 하느님과 당신의 모든 피조물에게 영육(靈肉)으로 순종하십시오.
하느님, 저희도 이렇게 할 수 있게 해주소서. 아멘.

〈종려주일 첫 번째 강론〉

33 그리스도께서는 영혼의 성전을 깨끗이 하십니다

"예수님께서는 성전에 들어가시어,
그곳에서 사고팔고 하는 자들을 모두 쫓아내시고,
환전상들의 탁자와 비둘기 장수들의 의자를 둘러 엎으셨다."(마태 21, 12)

예수님께서 이렇게 하실 때 비둘기 장수들에게 말씀하셨습니다.
"이것들을 모두 치워라." 이는 당신의 성전(聖殿)을 깨끗이 하시려는 것이었습니다.
마치 "내가 이 성전의 주인이므로
나만 성전에서 살 수 있고 주인 노릇을 할 수 있다." 하고 말씀하신 것 같습니다.

하느님께서는 당신의 뜻에 따라 주인 노릇을 할 수 있는
이 성전에서 무엇을 하시려고 했을까요?
하느님께서는 "우리와 비슷하게 우리 모습으로 사람을 만들자."하는
말씀(창세 1,26)**에 따라 당신과 비슷하게 만드신**
사람의 영혼을 깨끗하게 하시려고 했습니다.
그리하여 하늘나라나 이 땅에서 사람의 영혼을
당신과 비슷하게 만드시려고 했던 것입니다.
이 때문에 우리의 영혼을 깨끗하게 비우시어
당신과 같이 만드신 다음 그 안에 계시려고 했던 것입니다.

그런데 성전에서 사고팔던 사람들은 누구였고 지금도 그렇게 하고 있을까요?
내가 알고 싶은 것은 사고팔던 사람들이
착한 사람들이었는지, 착한 사람들이었지만 주님 때문에

성전 밖에서 고통을 받았는지, 대죄를 지은 죄인은 아니었는지,
대죄를 지으려고 하지는 않았는지 하는 것입니다.
그러나 그들은 여하튼 성전에서 물건을 사고팔았던 것은 사실입니다.
그들은 대죄를 짓지 않으려고 애쓰며
하느님의 영광을 위하여 착한 일을 하려고 했으며,
금식하고 기도하고 철야기도를 하는 등
이 밖에도 많은 수행을 했습니다.
그런데 그들은 무엇 때문에 그렇게 하려고 했을까요?
하느님께서 상급으로 그들에게 은총을 내려주시기를 바랐기 때문입니다.
그들은 이기적인 사람들이었고 누가 보더라도
하느님과 흥정을 하며 장사하는 사람들이었습니다.
그들은 주고 나서 곧 받기를 바라는 식으로
우리의 주님과 거래를 하려고 했습니다.
하느님과 거래를 하려고 하면서 자신을 속이고 있었습니다.
그런데 그들은 하느님께서 무엇을 주시기를 바랐을까요?
그들이 하느님께 무엇을 드리려 하고
하느님을 위하여 무슨 일을 하려고 했는지는 모르지만
하느님께서 그들에게 빚진 것은 아무것도 없습니다.
그들이 하느님으로부터 태어났든 태어나지 않았든,
그들이 하느님으로부터 무엇을 받았든, 그들의 것은 아무것도 없습니다.

거듭 말하지만, 그들이 하느님을 위하여 한 일도 없을뿐더러
하느님께 아무것도 드린 것이 없으므로,
하느님께서 그들에게 빚진 것은 아무것도 없습니다.
하느님께서는 그들이 당신을 위해서 일했기 때문이나
그들의 선물 때문에 그들에게 은총을 주시지 않고,
그들에게 기꺼이 공짜로 은총을 주셨습니다.
그들의 것은 아무것도 없으므로 하느님께 드릴 것이 없습니다.
그리고 하느님을 위해서 한 일도 그들의 힘으로 한 것이 아니므로 그리스도께서
"너희는 나 없이 아무것도 하지 못한다."고 하셨습니다.(요한 15, 5)
그런데도 그들이 주님과 거래를 하고 있다고

생각하고 있으니 얼마나 어리석은 사람들입니까?
그들은 거룩한 것들의 의미도 모르고 있었으므로
주님께서 그들을 성전 밖에서 야단치신 것입니다.
빛과 어둠은 함께 있을 수 없습니다.
하느님은 진리이시고 빛이시므로 당신의 성전인 영혼 안으로 들어가시면 무지(無知)와 어둠을 몰아내시고 환하게 빛을 밝히시면서 당신을 드러내십니다.
진리가 영혼 안으로 들어온 것을 알게 되면
거래를 할 생각을 하지 못하기 때문입니다.
진리는 하느님과 거래하는 것을 참지 못하기 때문입니다.
하느님께서는 전혀 이기적이지 않으므로
사랑으로 모든 일을 공짜로 해주십니다.
따라서 하느님과 하나가 된 사람은
사랑으로 이기심이 없이 공짜로 일하게 되며
자신의 이익은 생각하지 않고
오로지 하느님만 생각하고 하느님의 영광만 생각합니다.
그러나 이 모든 것은 영혼 안에서 하느님께서 역사하시는 것입니다.

나는 하느님의 상급(賞給)을 바라고 좋은 일을 하는 사람은
성전에서 장사하는 잡상인과 같다고 생각합니다.
여러분이 잡상인처럼 엉큼한 생각을 하지 않고
오로지 하느님을 위해서 좋은 일을 한다면
하느님께서는 아무 대가도 바라시지 않고 공짜로 은총을 주십니다.
여러분이 이렇게 좋은 일을 하게 되면 하느님처럼 되어
여러분의 영혼의 성전에서 모든 잡상인을 몰아낼 수 있게 됩니다.
하느님만이 영혼 안에 계시기 때문에
좋은 일을 하게 될 때는 하느님만 생각하게 되는 것입니다.
이렇게 이기심을 버리고 영혼을 깨끗이 하는 것이
하느님의 목적이고 하느님의 영광입니다.

그러나 오늘 복음에서는 우리에게 더욱더
사심(私心)을 없애도록 요구하고 있습니다.

왜냐하면 순수한 마음으로 좋은 일을 하려고 하지만
아직 완전하지 않은 사람들이 많기 때문입니다.
주님께서 성전에서 의자를 둘러 엎으셨던 비둘기 장수처럼
비난을 받지 않고서도 사람들과 거래를 하려는 사람들이 많기 때문입니다.
비둘기 장수가 노렸던 것은 성전에 오는 사람들을 돕기 위해서가 아니라
사람들이 알아채지 못하게
자신의 이익을 챙기는 것으로 이는 바로 탐욕입니다.
따라서 이들은 자기 이익을 생각하지 않고는
하느님을 제대로 섬길 수가 없었습니다.
좋은 일을 한다고 생각하면서도 탐욕을 버리지 못하고 있었던 것입니다.
이들은 습관적으로 정해진 시간과 장소와 횟수에 따라,
자신의 계획에 따라 일했기 때문에 완덕을 갖출 수가 없었습니다.
이들은 우리의 구세주께서 하셨던 것처럼
시간이나 장소를 가리지 않고 새로운 사람이 되려고 해야 합니다.
그리스도처럼 하느님 아버지의 인도에 맡겨야 합니다.
조금이라도 하느님의 거룩한 뜻에 맡기고
하느님 아버지의 사랑을 생각하고 완덕을 갖추려고 해야 합니다.
진정으로 완덕을 갖추려면 언제 무엇을 하더라도
자신의 뜻이 아니라 하느님의 뜻에 따라야 합니다.
하느님께서는 이러한 마음을 가진 사람에게 선물로,
우리 주 예수 그리스도와 같은 마음 안으로
찬양하고 감사하는 마음을 주시어,
수행을 방해하는 것을 모두 없앨 수 있게 해주십니다.
이런 영혼으로부터는 비둘기들과 좌판(坐板)들도 둘러엎어 버리십니다.
모든 소유욕 심지어는 거의 비난 받지 않는 것까지도 없애버리시므로
이기심을 전혀 갖지 않게 됩니다.
우리의 주님께서는 당신의 성전에서는
아무도 소란을 피우지 못하게 하십니다.
마태오 성인이 우리에게 말한 것처럼
이리저리 뛰어다니지도 못하게 하십니다.
이는 완덕에 한 발걸음도 옮기지 못하게 하는 모든 장애가 없어질 때까지

영혼을 정화(淨化)해야 한다는 것을 뜻합니다.

사랑하는 형제자매 여러분, 성전에서, 즉 우리 영혼에서
예수님이 아닌 누군가가 말하려고 하면
예수님께서 아무 말씀도 하시지 않게 된다는 것을 잊지 마십시오.
그러면 주님께서는 누군가 낯선 손님이 와서 대화를 나누기 때문에
당신께서 계시는 집이 아니라고 생각하십니다.
예수님께서 말씀하실 때는
영혼은 아무 말도 하지 말아야 하며 듣기만 해야 합니다.
가만히 앉아서 듣고 있어야만 말씀하시기 시작합니다.
주님께서 "나는 아버지의 말씀이다."고 말씀하시면서
아버지의 말씀을 전하시게 되면
거룩한 영혼은 모든 말씀이 전지전능하신
아버지의 말씀이라는 것을 알고 듣게 됩니다.
하느님께서 영혼에게 하시는 말씀은 완전한데
'말씀'이 곧 성자(聖子)이시고 아버지와 같은 하느님이시기 때문입니다.

하느님께서 이렇게 '거룩한 말씀'을 통하여
이성(理性)밖에 없는 영혼에게 말씀하시면
창조되지 않고 태어나신 '말씀'과 같이 되어
'말씀' 안에 영원히 머물 수 있게 되는 것입니다.
이렇게 만들어진 지혜는 영광스러운 하느님의
창조되지 않고 태어나신 '말씀'의 지혜와 같이 만들어집니다.
창조된 영혼은 이렇게 '말씀'의 지혜를 얻게 되어 '말씀'을 알 수 있게 됩니다.
그리하여 하느님이신 '말씀'도
영혼 안에서 영혼의 말을 들으시게 되는 것입니다.
이와 같이 아버지께서 당신의 영원한 '말씀'에게 하신 말씀이
영혼에게 전해지게 되기 때문입니다.
그러면 "아버지께서 '말씀'에게 말씀하신 것을 전하시기만 한다면
예수님께서는 영혼 안에서 무엇을 하십니까?" 하고 물을지 모릅니다.
사랑하는 형제자매 여러분, 내가 앞에서 이미 말했던

주님의 대화 방법을 생각해보십시오.
나는 '주님께서 말씀하시고 모습을 드러내시는데,
아버지께서 말씀하신 것을 행동으로 보여주시면
영혼이 그것을 알게 된다.'고 말한 바 있습니다.

첫 번째, 주님께서는 무한한 능력을 갖추고 계시므로
영혼 안에서 아버지의 무한한 능력을 보여주십니다.
완덕을 갖추고 완전히 정화(淨化)되어야만 느낄 수 있지만
영혼이 하느님의 아드님 안에서 이런 막강한 힘을 느끼게 되면
기쁨도 슬픔도 어떤 힘도 '평화'를 깰 수 없게 되며
이 하느님의 힘을 이용하여 크고 작은 모든 역경을 이겨낼 수 있게 됩니다.

두 번째로, 주님께서는 영혼 안에서 무한한 지혜를 보여주십니다.
주님께서는 당신께서 아버지의 아들이고
아버지와 같은 지혜를 갖고 계신다는 것을 잘 알고 계시기 때문입니다.
이 지혜가 영혼과 하나가 되면, 모든 의심과 무지(無知)가 사라지게 되고
영적(靈的)인 어둠이 모두 사라지게 되면서
영혼은 하느님이신 빛 속에 있게 됩니다.
그리하여 예언자가 말한 대로
"당신 빛으로 저희는 빛을 봅니다." 하고 말하게 됩니다.(시편 36, 10)
이어서 다음과 같이 말하게 됩니다.
"주님, 빛이신 당신 안에서 영혼은 빛을 보게 되었나이다.
이 빛으로 영혼 안에서 하느님을 알게 되었나이다."
그리하여 영혼은 '지혜'의 빛으로 '지혜'를 알게 되고
자신을 알게 되고 모든 것을 알게 됩니다.
이 지혜로 아버지의 전지전능하심을 알게 되고
하느님과 하나가 된 것을 알게 되었기 때문입니다.

세 번째, 예수님께서는 영혼 안에서
당신의 무한한 사랑과 성령으로부터 흘러나온 자비를
마음속으로 흐르게 하시어 순종하게 만드십니다.

예수님께서는 사랑으로 영혼에 당신을 보여주시고
당신과 하나가 되게 해주십니다.
그러면 영혼은 이 자비를 자신 안으로 흐르게 하고
모든 피조물에 넘쳐흐르게 하여
하느님의 은총을 알게 하고
받은 힘을 원천인 하느님께로 되돌려 드리게 합니다.
그러면 외적 인간은 죽을 때까지 내적 인간에게 순종하게 됩니다.
그리고 내적 외적 능력을 총동원하여 하느님을 섬기게 됩니다.
하느님, 저희가 이런 행복한 경지에 이르도록 해주소서.
저희의 영육(靈肉) 안에 있는 모든 장애를 없애주시어
이제와 영원히 하느님과 하나가 되도록 해주소서. 아멘.

〈종려주일 두 번째 강론〉

34 그리스도의 수난이 주는 교훈들

"나는 그리스도와 함께 십자가에 못 박혔습니다."(갈라 2, 19)

바오로 사도는 이렇게 말하면서
그리스도의 거룩한 수난을 결코 잊어서는 안 될 뿐 아니라
깊은 연민을 느끼고 감사하면서
수난에 대하여 묵상해야 한다고 우리에게 가르쳤습니다.
이렇게 하는 것보다 죄에서 해방되고 덕을 쌓고 은총을 받아 기뻐하게 되는,
더 확실하고 더 쉽고 좋은 방법은 없기 때문입니다.
아니 이 방법 외에는 하느님께로 가는 다른 방법이 없기 때문입니다.
이는 모든 성인(聖人)들이 걸었던 유일한 길입니다.
우리는 천사들의 이해력을 능가할 수 있게 하는
이 거룩한 주제에 대하여 얼마나 많이 들어왔으며,
우리를 위한 하느님의 사랑으로 대단히 나쁜 우리 죄인들을 위하여
십자가에 매달리실 정도로 당신을 낮추시고
사람이 되신 것에 대하여 얼마나 많이 들어왔나요?

우리 모두의 하느님이신 영원한 주님께서
우리를 위하여 그런 치욕과 고통을 겪으셨다면
주님의 친구로 자처하는 사람이라면 죄가 있든 없든
하느님께서 안겨주신 것은 모두 기꺼이 받아들여야 하지 않겠습니까?
이와 같이 하여 주님처럼 되고 당신께서 선택하신 십자가의 길로
주님을 따라가는 것을 영광스럽게 생각해야 하지 않을까요?

그래서 거룩한 사도 베드로 성인은 우리에게 다음과 같이 충고했던 것입니다. "그러므로 그리스도께서 육으로 고난을 겪으셨으니,
여러분도 같은 각오로 무장하십시오.
육으로 고난을 겪는 이는 이미 죄와 관계가 끊어진 것입니다."(1베드 4, 1) 그리고 우리의 거룩하고 충직한 어머니인 교회도
이런 생각을 한시도 잊어서는 안 된다고 우리에게 가르치고 있습니다.
교회는 성경을 통하여 그리고 미사를 통하여 가르칠 뿐 아니라
주님의 수난을 그린 성화(聖畵)나 조각(彫刻)을 통하여
연약한 우리에게 힘을 주려고 합니다.
교회는 끊임없이 우리를 위하여 목숨까지도 바치신
하느님의 무한한 사랑에 대하여 찬양하고 감사하도록 합니다.
교회에서 성인(聖人)들에 대한 그림이나 조각 등을 우리에게 보여주는 것도 하느님의 무한한 사랑에 대하여 찬양하고 감사하도록 하기 위한 것입니다.
이 모든 것은 우리가 주님의 거룩한 삶을 본받고 살아
용감하게 악(惡)과 싸울 수 있도록 도와주고,
하느님을 위하여 고통을 참아 믿음을 더 깊게 하여
우리의 잠자고 있는 열정을 하느님을 섬기는 데
사용하도록 하기 위한 것입니다.
예수님께서 십자가에 매달리신 그림은
이 모든 상징들 이상으로 소중하며
가장 존경받아야 하며 깊이 관상해야 합니다.
이제 우리의 사랑하는 주님께서 십자가에 못 박힌 몸으로
가르쳐주신 교훈에 대하여 알아보고 우리 마음에서 지워지지 않게 합시다.

'첫 번째 교훈'은 십자가 위에 벌거벗고 매달리신 것으로
우리에게 '가난'을 가르쳐주시려고 한 것입니다.
그리고 누구나 죽게 되면 옷 한 벌도 갖고
갈 수 없다는 것을 가르쳐주시려고 하신 것입니다.
주님께서 우리를 위하여 가난하게 되셨으므로
우리는 주님을 위하여 가난하게 되는 것을 배워야 합니다.
부유한 당신의 왕국에서 십자가에 매달리실 때

몸을 가리실 것도 없을 정도로
아무것도 가져오시지 않고 말씀하셨습니다.
"행복하여라, 마음이 가난한 사람들! 하늘나라가 그들의 것이다."(마태 5, 3)
하늘나라에는 주님께서 가지실 수 있는 보물이 넉넉하지 않았나요?
그러나 부유한 것보다 가난이 더 복됩니다.
주님께서는 가난하게 되면 바라는 것보다 더 많이 주시기 때문입니다.
그런데 주님께서는 무엇을 좋아하셨을까요?
전혀 가난하다고 느끼시지 못할 정도로 가난 자체를 좋아하셨습니다.
그러나 탐욕적인 사람은 도둑맞는 것을 두려워하면서도
더욱더 많이 가지려고 합니다.
하지만 **그리스도의 가난한 사람은**
더 이상 가질 필요가 없다고 생각합니다.
자신이 원하는 것은 모두 가졌기 때문에
가난한 사람은 복되고 행복하다고 하신 것입니다.
왜냐하면 원하는 것은 가난하게 되는 것밖에 없으며
기쁘게 그리고 하느님을 위해서 부족한 것을 참는 것이 목적이기 때문입니다.
이러한 사람은 진정으로 가난해지는 법을 배웠기 때문에
항상 십자가에 매달리신 예수님을 바라봅니다.
그리고 마음의 십계명 석판에 이 땅에서의
주님의 거룩한 겸손과 가난과 부족함을 새겨두고 있습니다.
이러한 사람은 복되며 훔쳐 갈 만한 것이 아무것도 없으므로
아무도 복을 훔쳐갈 수 없습니다.
그리고 가난하기는 하지만 필요한 것은 모두 갖고 있고
하늘나라의 평화를 미리 맛보았기 때문에 복됩니다.
죽은 후에 하늘나라의 상급(賞給)을 받을 것이라고 믿기 때문에 복됩니다.

예수님의 십자가의 '**두 번째 교훈**'은 '**이웃 사랑**'입니다.
여러분이 알다시피 예수님께서는 두 강도의 죄를 대신하기 위하여
두 강도 사이에 매달리시기를 바랐습니다.
당신 적들의 죄를 어깨에 짊어지심으로써
당신의 자녀가 되게 하신 것보다 주님의 완전한 사랑을

더 잘 보여주는 것은 없을 것입니다.
만약 친구들만을 위하여 돌아가셨다고 해도 무한한 사랑의 표징이 되겠지만 예수님께서는 적들을 위하여 돌아가셨으므로 완전한 사랑을 보여주신 것입니다. 예수님께서는 이를 통하여 우리에게 적들까지도 사랑해야 한다는 것과
적들이 어려울 때 도와주어야 한다는 것을 가르쳐주셨습니다.
주님께서는 당신의 친구들이나 선한 사람들을 위하여 돌아가시려고 했을 뿐만 아니라 나쁜 사람들이나 적들을 위해서도 수난을 받고 돌아가시려고 했습니다.
주님께서 적들까지도 그렇게 사랑하셨다면
당신을 믿고 따르던 친구들을 위한 사랑은 얼마나 컸겠습니까?
그래서 바오로 성인이 우리에게
"우리가 하느님의 원수였을 때
그분 아드님의 죽음으로 그분과 화해하게 되었다면,
화해가 이루어진 지금 그 아드님의 생명으로
구원을 받게 되리라는 것은 더욱 분명합니다." 하고 말했던 것입니다.(로마 5, 10)

예수님 십자가의 '**세 번째 교훈**'은 '**넘쳐흐르는 자비**'입니다.
주님께서 죄 때문에 당신의 양쪽에 십자가에 매달려서
당신을 모욕하고 비아냥거렸던 강도들에게
어떻게 하셨는가를 보십시오.(마태 27, 44 참조)
그러나 이 악한이 회개하고 예수님의 은총을 청했을 때
즉시 용서하시고 그가 청하는 것보다 더 엄청난 은총을 주셨습니다.
이 악한이 말했습니다.
"예수님, 선생님의 나라에 들어가실 때
저를 기억해 주십시오."(루카 23, 42)
예수님께서는 그의 청을 들어주시고 대답하셨습니다.
"내가 진실로 너에게 말한다.
너는 오늘 나와 함께 낙원에 있을 것이다."(루카 23, 43)
예수님께서는 그에게 친절하셨을 뿐만 아니라
그에게 좋은 말을 하시고 그 불쌍한 사람을
영원한 기쁨을 갖고 천국에 살고 계시는 당신 가까이 끌어들이셨습니다.
그리고 우리의 주님께서는 죽으시자마자 고성소에 내려가시어

영원한 행복을 기다리고 있는, 하느님을 두려워하는 모든 영혼들에게
어떻게 말씀하셨는지를 생각하십시오.
착한 강도는 주님과 함께 고성소로 가는 중에 주님의 친구가 되었고
그의 천국은 하느님의 선택된 친구 중에서 예수님을 만나는 것이었습니다.
이는 자비가 넘쳐흐른 증거가 아니겠습니까?
주님께서 적을 이렇게 취급하셨다면
친구들에게는 사랑이 넘쳐흘렀을 것 같지 않습니까?
그러나 찬양만 하지 말고 친구들이나 원수들에 대한 행동도
주님을 닮도록 해야 하는데 특히 원수들을 대하는 태도를 닮도록 해야 합니다.

그리스도의 십자가의 '**네 번째 교훈**'은 '**순종**'입니다.
십자가에 못 박혀 고개를 숙이시고 돌아가실 때 보여주신 순종의 덕(德)입니다.
경건함과 순종을 모두 보여주셨는데
아버지께 절대적으로 순종하신 것을 보여주신 것이며
고개를 숙이신 것은 아버지에 대한 믿음이 확고함을 보여주신 것입니다.
그리하여 예수님께서 큰소리로 외치셨습니다.
"아버지, 제 영을 아버지 손에 맡깁니다."(루카 23, 46)
이는 마치 "아버지, 저는 죽을 때까지 아버지께 순종했고 아버지의 거룩한 뜻을
모두 수행하시고 난 다음 '다 이루어졌습니다.'" 하고 말씀을 하시고는
고개를 숙이고 숨을 거두신 것 같습니다.(요한 19, 30)
이로부터 우리의 주님께서는 순종하셨을 뿐 아니라
끝까지 아버지를 믿으셨다는 것을 알 수 있습니다.
우리는 주님께서 무엇을 명령하시든 충고하시든
머리를 숙이고 경건하게 받아들여야 합니다.
그러면 다른 사람들이 우리가 순종하는 것을 보고
경건한 마음과 믿음을 가지고 있다는 것을 알게 될 것입니다.
왜냐하면 믿음이 깊은 사람은 언제나 온유하고 순종하기 때문입니다.

하느님에 대한 진정한 믿음이 과연 무엇인가를 살펴보기로 합시다.
이는 내면적으로 하느님을 위하여 순종하며
자신의 몸과 자신이 좋아하는 모든 것을 버리는 것을 말합니다.

하느님으로부터 지시를 받으면 마음속으로
"나의 주님, 아버지, 구세주시여,
저는 당신을 사랑하기 때문에 기쁘게 순종하겠나이다.
당신의 영광의 제물(祭物)로 제 뜻을 바치오니 받아주소서.
그리고 죽을 때까지 저희가 믿음을 갖고 순종하게 해주소서." 하고 말해야 합니다.
왜냐하면 바오로 성인은 그리스도께서 우리를 위하여
하신 일을 우리에게 가르쳐주었습니다.
"당신 자신을 낮추시어 죽음에 이르기까지,
십자가 죽음에 이르기까지 순종하셨습니다."(필리 2, 8)
순종의 덕을 쌓으려면 그리스도의 순종에 대하여 자주 묵상해야 합니다.
왜냐하면 죽을 때까지 순종하려고 하지 않으면
십자가에서도 순종하신 그리스도와 함께 있을 수 없기 때문입니다.

예수님의 십자가의 '**다섯 번째 교훈**'은 '**존경심과 효심**(孝心)'입니다.
예수님께서 어머니께 어떻게 하셨는가를 봅시다.
성모님께서 당신의 십자가 아래에 서 계셨을 때
주님께서는 너무 슬퍼하시지 않기를 바라셨습니다.
그러나 주님께서 십자가에 못 박혀 있을 때는
너무나도 슬펐지만, 어머니를 잊을 수는 없었습니다.
주님의 고통이 너무나 컸기 때문에
어머니와 많은 이야기도 나누실 수도 없었습니다.
그러나 몇 마디라도 하신 것은
어머니를 얼마나 사랑하고 존경하셨는지를 알게 해줍니다.
고통을 받고 거의 돌아가시고 계시면서도
그리고 거의 힘이 다 빠져나갔음에도
주님께서는 어머니께 공손하게 말씀하셨습니다.
"여인이시여, 이 사람이 어머니의 아들입니다."(요한 19, 26)
극심한 고통을 느끼시면서도
사랑하시는 어머니에 대한 마음은 애틋하기만 했습니다.
그리고 마치 다음과 같이 말씀하시면서
사랑하는 제자 요한 성인에게 어머니를 부탁하시는 것 같았습니다.

"사랑하는 어머니, 이제 당신의 외아들인 제가 갈 때가 되었나이다.
제가 십자가에서 피를 흘리면서 고통 받는 것을 보시고
몹시 괴로우셨겠지만, 이제는 당신의 아들 요한에게 의지하십시오.
저 대신 어머니를 위로해줄 것입니다."
이는 우리가 하늘나라에서도 잘 지내도록 하기 위해
친 부모님뿐만 아니라 대부(代父) 대모(代母)님에 대한 효심과 존경심과
주님께서 우리에게 명령하신 것처럼
하느님을 위하여 하느님 안에서 형제자매에 대한 다정함과 존경심을
잃지 않도록 하시기 위해 우리에게 가르쳐주신 것입니다.

예수님의 십자가의 '**여섯 번째 교훈**'은 '**인내심**'입니다.
왜냐하면 우리의 주님께서 십자가에 못 박혀 계시면서
당신을 고문하는 사람에 대하여
"당신이 원하는 대로 나에게 고통을 주어도
나는 기쁘게 참고 견디겠다." 하고 여러 번 말씀하셨기 때문입니다.
주님께서는 평생 조금도 죄를 짓지 않으셨습니다.
그러나 지금은 몹시 고통을 받으시면서도
비난하실 생각을 추호도 하시지 않았고 투덜거리시지도 않았습니다.
오히려 "아버지, 저들을 용서해 주십시오.
저들은 자기들이 무슨 일을 하는지 모릅니다." 하고 말씀하셨습니다.(루카 23, 34)
이는 주님께서 십자가에 못 박혀 몹시 고통 받으시면서 참고 견디신 것을 잊지 말고 부당한 벌을 받더라도 기쁘게 받아들이라는 것을 가르쳐주시는 것입니다.
이는 부당하든 아니든 우리에게 찾아온 고통은
하느님께서 주신 은총이라고 생각하고 순종하며 받아들이라는 것을 의미합니다.

그리스도의 십자가의 '**일곱 번째 교훈**'은 '**믿음을 잃지 않는 것**'입니다.
주님께서는 십자가에 못 박혀 계시면서도
"나는 아버지께 순종하기 위해 여기에 꼼짝도 하지 않고 서 있겠다.
나는 죽을 때까지 한 발자국도 옮기지 않겠다." 하고 말씀하신 것 같습니다.
우리는 이와 같이 끝까지 회개의 십자가를 지고
죽음의 십자가에 손과 발을 못 박고

십자가에 못 박힌 예수님을 따를 생각만 하면서
모든 나쁜 생각과 욕정을 십자가에 못 박고 죽을 때까지
수행을 하며 서 있어야 합니다.
예수님께서 우리가 이렇게 십자가에 못 박혀 있는 것을 보시게 되면
우리가 저지른 모든 나쁜 짓들을 용서해주시기 때문입니다.
우리는 이렇게 선한 일만 하면서 살아야 합니다.
왜냐하면 하느님께서는 사람이 천 년 동안 선한 일만 하고 살다가
한 시간 동안만 나쁜 짓을 하고 죽어도
전에 했던 선한 일들은 전혀 참작하시지 않기 때문입니다.
따라서 믿음을 잃지 말고 죽을 때까지 십자가에 손과 발을 못 박읍시다.
왜냐하면 우리는 죽음의 순간에 심판받게 되기 때문입니다.

그리스도의 십자가의 '**여덟 번째 교훈**'은 '**끊임없이 기도하는 것**'입니다.
왜냐하면 여러분이 알고 있듯이
주님께서는 극심한 고통을 겪고 계시면서도 끊임없이 기도하셨기 때문입니다.
한 스승은 주님께서는 모든 시편의 한 구절씩
150번 암송하셨다고 추정했습니다.
이 주장에 의하면 주님께서는
"저의 하느님, 저의 하느님, 어찌하여 저를 버리셨습니까?"하는 시편(22, 2)부터
시작하여 "제 목숨을 당신 손에 맡기니 주 진실하신 하느님,
당신께서 저를 구원하시리다."는 시편(31, 6)으로 끝내신 것으로 되어 있습니다.
이 마지막 말씀을 하시면서 돌아가셨습니다.
이제 하느님의 아드님 예수님께서 아무 죄도 없으면서 마지막으로
"저의 하느님, 저의 하느님, 어찌하여 저를 버리셨습니까?" 하고
울부짖으신 것에 대하여 생각해봅시다.(마태 27, 46)
이를 생각할 때 불쌍한 죄인인 우리는
마지막 고통을 생각하고 위축되지 않을 수 있을까요?
우리는 하느님께 무슨 말을 할까요?
예수님께서는 당신께서 평생 죄인이셨던 것처럼
이렇게 아버지께 기도하시면서 우리에게 본보기를 보여주셨으므로
우리는 죽을 때까지 하느님 아버지께 용서를 청해야 합니다.

이렇게 끊임없이 기도해야만 죽을 때
하느님만 생각하고 죽을 수 있기 때문입니다.
이 때문에 우리는 겸손하게 하느님의 자비를 믿게 되고
이 기도를 통하여 나쁜 생각을 떨쳐버려 멸망의 길을 걷지 않게 되기 때문입니다.
하느님, 나쁜 생각으로 저희가 상처받지 않게 해주소서. 아멘.

〈성금요일 첫 번째 강론〉

35 하느님께서는 영혼을 어떻게 당신께로 인도하실까요

"나는 땅에서 들어 올려지면 모든 사람을 나에게 이끌어 들일 것이다."
(요한 12, 32)

우리 주 예수 그리스도께서는 당신께서 하늘로 올라가시게 되면
모든 사람을 당신께로 이끄실 것이라고 하셨습니다.
그러면 사람이 당신 안에서 모든 것과
더불어 살 수 있는 지혜를 얻게 되기 때문입니다.
즉 땅의 돌들도 의식하게 되고, 나무들과 식물들과 함께 살 수 있게 되고,
동물들도 느끼게 되고, 천사들도 설득할 수 있게 되기 때문입니다.

그러나 오 영원한 진리이신 그리스도여, 어떤 사람은
"나는 당신의 이끄심을 못 느낄 뿐만 아니라
나는 당신께 이끌리지 않을 것이오." 하고 말할지 모릅니다.
아우구스티노 성인이 답했습니다.
"그러면 주님께 이끌리도록 기도하십시오."
어부는 고기를 잡으려고 미끼를 낀 낚싯바늘을 던집니다.
어부는 그렇게 하지 않으면 고기를 잡지 못하게 되지만,
그렇게 하면 틀림없이 고기를 해안가로 끌어올리게 됩니다.
마찬가지로 하느님께서도 낚싯바늘과 그물을 우리 주변에 던지십니다.
하느님께서 우리를 당신께로 이끄시게 하는 것은
당신의 천사들과 당신의 다른 피조물들을 시키시어

우리 눈과 귀와 마음을 가장 기쁘게 해주시기 위한 것입니다.
하느님께서는 기쁜 일로 우리를 당신께로 이끄실 뿐 아니라
고통스러운 일로도 우리를 당신께로 이끄십니다.
붙들리지 않아 하느님께로 인도되지 않는 사람은
누구나 자신을 탓하게 될 뿐입니다.
왜냐하면 의도적으로 천사들의 인도를 피하려고 해야만
하느님의 낚싯바늘도 피하고 그물도 피하게 되기 때문입니다.
만약 그랬다면 하느님께서 틀림없이 그를 잡으려고 하셨을 것입니다.
왜냐하면 우리가 하느님 쪽으로 손을 뻗기만 하면
하느님께서는 틀림없이 우리 손을 잡으시어 당신께로 이끄시기 때문입니다.
여러분이 깊은 우물 바닥에 있을 때 누가 와서 밧줄을 내려주면
그 밧줄을 잡지 않고 구원되는 방법이 있나요?

영혼은 바람에 날리는 깃털과 같습니다.
그러나 조금이라도 무게가 있으면 천천히 땅에 내려오게 됩니다.
영혼도 모든 죄에서 벗어나 가볍게 되면
거룩한 묵상의 날개로 쉽게 하느님께로 날아오를 수 있습니다.
이러한 영혼은 육적(肉的)인 모든 생각을 떨쳐내어
깨끗하게 되면 조용히 쉴 수 있게 됩니다.
영혼은 변함없이 자비하신 하느님을 꼭 붙들려고 합니다.
이러한 영혼에게서는 하느님을 찬양하는 소리가 그치지 않습니다.
이러한 일들은 영혼이 모든 일에서 자기(自己)를 버려야만 일어나게 됩니다.
하느님을 위하여 세상 것들에 대한 집착을 버린 사람은
누구나 다른 사람이 되어 천사처럼 하느님 안으로 깊이 이끌리게 됩니다.
그렇게 가까이 하느님께로 가게 되면 이 영혼의 바깥에서 일어나는 모든 일들,
즉 먹고 마시고 잠자고 깨어나거나 하는 모든 일을 하느님께서 인정하시므로
하느님의 영광을 위하여 최선을 다하여 일하게 됩니다.

완덕을 갖추려면 내면을 평온하게 하고
어떻게 하든지 세상 것들을 멀리하여 영혼을 천사처럼 만들어야 합니다.
이러한 영혼은 하느님께서 좋아하시지 않는 일을 하지 않게 됨으로써

하느님과 하나가 되어 영원한 기쁨을 미리 맛볼 수 있게 되기 때문입니다.
따라서 세상 것들을 멀리하고 내적 외적인 충동을 멀리하고
하느님께서 허용하시는 한 조용히 있으십시오.
모든 것을 하느님께 맡기고 하느님과 직접
또는 다른 방법으로 대화하도록 하십시오.
자기를 완전히 버리고 하느님께서 주시는 것을 모두 받아들인 다음
감사하면서 다시 하느님께 되돌려 드리십시오.
모든 것은 하느님의 것이므로 하나도 남겨두지 말고 되돌려 드리십시오.
이렇게 하면 하느님께서 영광을 주시게 되므로
하느님의 눈으로 보시어도 여러분은 '거룩한 가난' 속에 머무르게 될 것입니다.

이렇게 세상 것들을 모두 버리고 자기를 완전히 버리고 수행하게 되면
가장 성숙하게 되어 하느님 안에 있게 됩니다.
두 번째로 성숙한 것은 영혼이 평화와 안식 속에 머무는 것이며,
세 번째로 성숙한 것은 좋거나 싫거나 하느님으로부터 받은 것은
모두 기뻐하면서 하느님께 되돌려드리는 것입니다.
이러한 성숙은 무사무욕(無私無慾)하여 세상 것들을 잊고
하느님 안에 있을 때만 이루어집니다.
이 경지에 이르게 되려면 마음을 완전히 깨끗이 비워야 합니다.

이러한 사람 중 가장 덜 성숙하게 된 사람은 하느님 가까이로 인도된 사람이고,
보다 성숙하게 된 사람은 깨닫고 힘을 얻은 사람이고,
가장 성숙하게 된 사람은 하느님과 하나가 된 사람입니다.
그러나 기쁨과 하느님의 평화를 항상
느낄 수 있는 것은 아니라는 것을 알아야 합니다.
영혼이 아무것도 느끼지 못할 때가 있기 때문입니다.
이러할 때는 자기를 완전히 버리고 있으면
하느님께서 아무도 모르게 당신의 모습을 드러내십니다.
자기를 버리고 모든 것을 하느님께 맡겼지만
항상 경건한 마음과 사랑을 느끼지 못한다고 해서
마음이 정화(淨化)되지 않은 것도 아니고

하느님을 기쁘게 해드리지 않는 것도 아닙니다.
하느님께서는 절망하게 내버려 두실수록 더 많은 은총을 주십니다.
참을 수 없을 정도로 두려워하고 괴로워해야만
겸손하게 되어 더 수도 생활을 잘할 수 있게 됩니다.
이러한 시련들은 파멸을 막아줍니다.
이러한 시련은 세찬 바람을 막아주는 튼튼한 벽과 같습니다.
이런 시련을 겪으면 경솔하지 않게 되고 초조하지 않게 됩니다.
하느님의 영원한 사랑이 저희에게 영원히 넘쳐흐르게 해주소서. 아멘.

〈성금요일 두 번째 강론〉

36 하느님과의 일치 - 제1부

"그들이 모두 하나가 되게 해 주십시오.
아버지, 아버지께서 제 안에 계시고 제가 아버지 안에 있듯이,
그들도 우리 안에 있게 해 주십시오.
그리하여 아버지께서 저를 보내셨다는 것을 세상이 믿게 하십시오.
아버지께서 저에게 주신 영광을 저도 그들에게 주었습니다.
우리가 하나인 것처럼 그들도 하나가 되게 하려는 것입니다.
저는 그들 안에 있고 아버지께서는 제 안에 계십니다.
이는 그들이 완전히 하나가 되게 하려는 것입니다.
그리고 아버지께서 저를 보내시고, 또 저를 사랑하셨듯이
그들도 사랑하셨다는 것을 세상이 알게 하려는 것입니다."(요한 17, 21-23)

이 일치에 대하여 바오로 성인이 덧붙여 말했습니다.
"이제는 내가 사는 것이 아니라
그리스도께서 내 안에 사시는 것입니다."(갈라 2, 20)
그러면 우리는 하느님과 어떻게 하면 하나가 될 수 있을까요?
자기를 버리고 성령(聖靈)의 도우심으로
하느님 안에서 다시 태어나는 수밖에 없습니다.
누구나 하느님을 믿고 하느님을 의식하더라도
자기(自己)를 버리지 못하면 하느님과 하나가 되지 못하게 되어
완전한 일치를 이루지 못하게 되기 때문입니다.
하나가 되지 못하면 자기가 따로 존재하게 되기 때문입니다.
그러나 완전한 일치를 이루게 되면 자신과 하느님이 하나가 되게 됩니다.

이런 상태가 되어야만 자기를 버리게 되어
이기적으로 생각하지 않게 되고 이기적인 삶도 살지 않게 됩니다.
그리하여 하느님이나 피조물들을 이기적으로 알지 않게 되고
이기적으로 사랑하지 않게 되며
모든 일을 하느님께서 역사하시는 것으로 생각하게 됩니다.
자기가 하느님 안에 흡수되어 형체가 없어진 것입니다.

누구나 하느님과의 일치를 바랍니다.
누구나 일치를 이루기 위하여 평생 노력합니다.
모든 사람은 순간적인 성령의 역사로
이 하나로부터 태어나서 각자의 능력에 따라
모두 하나로 흡수되어버리게 됩니다.
모든 영육(靈肉)의 활동과 모든 불안은 물론 모든 사랑도 끝나게 되며
안식(安息)으로 들어가게 되는데
이 안식은 하느님이신 하나 안에서만 볼 수 있게 됩니다.
바깥으로 흐르던 모든 것은 다시 하느님 안으로 흘러 들어가게 됩니다.
이렇게 되면 예전과는 다르게 안식과 고요함을 발견하게 됩니다.
이와 같이 하느님과 하나가 되어 사랑이 많아지면
영혼의 모든 울부짖음은 끝나게 되고
소망과 행동의 불안이 끝나게 됩니다.
누구나 하느님과 하나가 되려고 하며
모든 것을 바치고 심지어는 목숨까지 바치고 하나가 되기만을 바랍니다.
그러나 하느님 안이 아니면 하나가 될 수 없습니다.
이렇게 하나가 되지 못한 사람은 몹시 초조해하고 불안해하며
이런 상태에서 벗어나지 못하게 됩니다.
하느님 안에 있지 않으면
하느님을 알려고 하고 사랑하려고 해도 아무 소용이 없습니다.

하느님 안으로 들어가 하느님과 하나가 될 수 있는
가장 좋은 방법은 무엇일까요?
단 한 방법밖에 없습니다.

자기를 죽이고 이기심을 버리는 방법밖에 없습니다.
하얗게 만들어지려면 검은색을 완전히 지워야 합니다.
검은색이 없을수록 더욱더 하얗게 됩니다.
딴 마음을 버릴수록 한마음이 됩니다.
딴 마음을 갖고 있으면 하느님께서 여러분 안에서 역사하시지 않습니다.
여러분 안에서 하느님께서 역사하시어 하나가 되도록 해야 합니다.
영혼이 외부 일을 전혀 생각하지 않고 내면생활에만 몰두할수록
하느님께서 내면에서 더욱더 열심히 역사하시게 되므로
더욱더 거룩하게 되고 완전하게 됩니다.
자기(自己)를 죽이지 않고는 이런 경지에 도달할 수가 없습니다.
더 빨리 더 진심으로 더 완전히 자기를 죽일수록
더 빨리 더 완전하게 하느님과 같은 삶을 살 수 있게 됩니다.
따라서 그리스도께서 육체적으로 돌아가신 것은
우리에게 정신적으로 죽는 방법을 가르쳐주시기 위한 것입니다.
그리고 죽음에서 일어나시어 영원히 사시게 된 것은
당신께서 돌아가셔야만 부활하시게 된다는 것을 보여주시기 위한 것입니다.
우리가 하나가 되려면 자신의 마음속에 있는
세상 것들에 대한 생각을 모두 죽이고
소유욕을 죽이고 이분법적인 생각을 죽여야만 합니다.
하나가 되면 분열되지 않으며 분열은 길을 잃고 딴 마음을 갖게 하므로
모든 것이 하나가 되어야 합니다.
그래서 성경(로마 6, 9)에서는
"우리는 그리스도께서 죽은 이들 가운데에서 되살아나시어
다시는 돌아가시지 않으리라는 것을 압니다.
죽음은 더 이상 그분 위에 군림하지 못합니다." 하고 말한 것입니다.
죽음에서 생명이 나와 더 이상 죽지 않게 됩니다.
죽음에서 나온 생명이 아니면 참된 삶을 살 수가 없게 됩니다.
물이 뜨거워지면 차가움이 사라지게 마련입니다.
나무에 불이 붙게 되면 나무라는 성질은 사라지고 맙니다.
우리가 찾는 생명은 우리 안에 있을 수도 없으며 '거짓 나'일 수도 없습니다.
우리는 죽음으로써 이 생명을 얻을 수 있게 됩니다.

하나의 죽음과 하나의 생명밖에 없다는 것은 진리입니다.
많은 죽음이 있는 것 같아도 누구나 한 번만 죽습니다.
즉 자기 뜻을 죽이고 소유욕을 죽이고
이분법적인 생각과 잡생각과 활동을 죽임으로써
맞게 되는 죽음만 있으면 됩니다.
그리고 생명도 하나밖에 없는데
말로 표현할 수 없으며 이해할 수도 없으며
창조되지 않는 거룩한 생명은 하나밖에 없습니다.
여태까지와 다른 삶을 살아 이 거룩한 생명을 얻도록 해야 합니다.
이와 같이 살수록 더 하느님과 같은 삶을
살 수 있게 되고 더 진실하게 살게 됩니다.
이와 같이 살지 않으면 사는 것이 아니라고 말할 수 있습니다.
"너는 살아 있다고 하지만 사실은 죽은 것이다."(묵시 3, 1)

하느님 안에서 이와 같이 진실하게 거룩한 삶을 살려면
진정으로 자기를 죽여야 합니다.
자기를 죽이지 못한 사람은 죽은 사람과 다름이 없습니다.
그러나 자기를 완전히 죽인 사람은 영원히 하느님 안에서 살게 됩니다.
인생처럼 죽음도 다양합니다.
예를 들면 어떤 사람이 하루에 수천 번 죽는다고 해도
하느님 안에서 쾌락을 즐긴 후에
다시 죽는 일을 반복하게 되면 죽은 것이라 할 수 없습니다.
하느님께서는 죽음이라는 제물(祭物)을 거부하시지도 않고
생명을 간청해도 거절하시지 않기 때문에
이러한 일은 다반사로 일어나게 마련입니다.
그러나 완전하게 죽을수록 더욱더 확실하게 생명을 얻게 됩니다.
자기를 죽이고 살게 되면 생명은 더욱더 완전하게 죽게 만듭니다.

이와 같이 자기를 죽이게 되면
하느님을 위하여 모욕도 너그럽게 받아들이게 되고,
내적 외적인 쾌락을 즐기는 일도 삼가게 되고,

기쁘거나 괴롭거나 말이나 행동이나 일하거나 쉬고 있거나
보거나 맛보거나 하느님을 위하여 자신의 뜻을 고집하지 않게 되고,
부당한 책망도 아무 말 없이 참아냅니다.
그리고 구태여 고행(苦行)을 하지 않고도 자기를 죽일 수 있게 되면
하느님과 같은 삶을 살 수 있게 됩니다.
이런 사람은 처음에는 마지못해 그리고 몹시 괴로워하면서 자기를 죽이다가
계속하여 자기를 죽이게 되면
습관적으로 하느님과 같은 삶을 살 수 있게 됩니다.
가장 열심히 자기를 죽여 왔던 사람은
조금만 자기를 죽여도 거룩한 삶을 살 수 있게 되므로
더욱더 열심히 자기를 죽이려고 합니다.
그리하여 곧 자기를 죽이는 일이 가장 기쁜 일이 되는데,
이기적으로 살았을 때 기뻐하던 것보다 훨씬 더 기뻐하게 됩니다.
죽음 안에서만 생명을 발견할 수 있고 어둠 안에서만 빛이 비치기 때문입니다.
그리하여 외적인 일에서도 끊임없이 자기를 죽이기 때문에
시간이 지나면 더 이상 죽일 것이 없게 됩니다.
이런 사람은 외적인 일에서 훌륭히 싸워 이겼지만
내면생활에는 아직도 죽여야 할 것이 많습니다.

진정으로 자기를 죽이게 되면
모든 것이 자신의 것이 되지만 필요한 만큼만 사용하게 됩니다.
실제로 하느님의 사랑을 위하여
세상 것들에서 기쁨을 찾는 일을 완전히 억제하지 않으면
즉 세상 사람들을 좋아하지도 않고
세상 사람들도 자신을 좋아하지 않아야만
세상 사람들과 더불어 살 수 있게 됩니다.
이렇게 된 후에는 세상 사람들을 좋아하려고 해도 좋아할 수가 없게 됩니다.
먼저 하느님을 사랑하기 위하여 부모나 형제자매나 친구들을 버려야만
즉 부모나 형제자매나 친구들이
하느님을 만나지 못하게 하는 원수라는 생각이 들어야만,
하느님 안에서 이들을 사랑할 수 있게 됩니다.

그래서 주님께서 우리에게
"나는 아들이 아버지와 딸이 어머니와
며느리가 시어머니와 갈라서게 하려고 왔다.
집안 식구가 바로 원수가 된다." 하고 가르치셨던 것입니다.(마태 10, 35-36)

그러나 진정으로 세상을 버리고 부귀영화를 버리고
거룩한 내면생활을 하게 되면 외적인 즐거움을 죽이는 일이 쉽게 되므로
자신이 외적인 즐거움을 죽였는지도 모르게 됩니다.
경건한 삶의 진미를 아는 사람이 무엇인들 참아내지 못하겠습니까?
원수의 손을 뿌리치고 안전하게
평화의 길로 가고 있는 사람이 무엇과 못 싸우겠습니까?
진정으로 회개하여 완전한 내면생활을 하게 된 사람은
아무리 외적인 일들이 길을 가로막더라도 아랑곳하지 않습니다.
마리아는 그리스도만 생각하고 주님의 발 앞에 앉아 있으면서
동생에게 불만을 터뜨렸던 마르타가 걱정하던
많은 일에는 아무 관심도 없었습니다.
마리아는 자기합리화를 할 생각을 전혀 하지 않고
다른 것들을 생각하거나 다른 일을 하려고도 하지 않았습니다.
오로지 하느님만 바라보며 세상 것들을 멀리 했습니다.
자신 안에서 하느님을 만나는 사람에게도 이러한 일이 일어나게 됩니다.
이러한 사람은 원하든 원하지 않든
하느님 외에는 아무것도 생각하지 않게 되며
헛된 생각을 모두 버리게 되며 하느님만 생각하게 됩니다.
그리하여 세상 것들을 모두 잊게 됨으로써
헛된 생각이나 이상한 일이나 모순도 아무 영향을 주지 못하게 됩니다.

바오로 성인은 이러한 사람들에 대하여 말했습니다.
"여러분은 이미 죽었고, 여러분의 생명은 그리스도와 함께
하느님 안에 숨겨져 있기 때문입니다."(콜로 3, 3)
이러한 사람들은 더욱더 정진하여
하느님과 더욱더 하나가 될 수 있다는 것을 알아야 합니다.

왜냐하면 이러한 사람들은 하느님과 함께 숨겨져 있기는 하지만
하느님과 하나가 되지 못함으로써 두 사람이 있게 되기 때문입니다.
그러나 우리의 주님께서는 아버지께 기도하셨습니다.
"그들이 모두 하나가 되게 해 주십시오.
아버지, 아버지께서 제 안에 계시고 제가 아버지 안에 있듯이,
그들도 우리 안에 있게 해 주십시오."
마치 아버지와 아들을 다른 사람들로 만드시지 않고
한 분으로 한 생명으로 만드시어 한 거룩한 역사(役事)만 있는 것처럼
우리가 원하기만 하면 우리 안에서도
완전히 하나가 될 수 있도록 해주십사 하고 기도하셨습니다.
그런데 하느님과 하나가 되려면
천 번 이상 자기를 죽이고 세상 것들을 멀리해야 하지 않나요?
불과 물이 하나가 되어 공존할 수 없듯이
하느님께서 영혼 안으로 들어가시려면
영혼 안에 있던 것들은 모두 나가야만 합니다.
하느님과 같은 삶을 살게 된 사람은 즉시 다른 삶을 모두 버려야 합니다.
만약 세상 것들을 이미 버렸다면 쉽게 자기를 죽일 수 있지만
이와 상관없이 자신 안에서 하느님을 모시고
도움과 위로를 받으려고 하는 사람은
세상 것들을 모두 잊어야 하며 세상 사람들도 버려
사람들의 위로나 도움을 받으려고 하면 안 됩니다.
생명은 죽음 안에 숨어 있고 위로는 절망 안에 숨어 있습니다.
외적 인간이 죽게 되면 내적 인간이 살게 되어
예언자의 입을 빌려 진심으로 말하게 됩니다.
"곤경의 날에 내가 주님을 찾네.
밤에도 내 손을 벌리지만 지칠 줄 모르고 내 영혼은 위로도 마다하네.
하느님을 생각하니 한숨만 나오고
생각을 거듭할수록 내 얼이 아뜩해지네. 셀라."(시편 77, 3-4)
외적 인간은 외면생활만 하려고 하기 때문에 시편 저자가 말했듯이
외적인 일들에서만 하느님의 도움을 받으려고 합니다.
"그러나 저는, 하느님께 가까이 있음이 저에게는 좋습니다.

저는 주 하느님을 제 피신처로 삼아
당신의 모든 업적을 알리렵니다."(시편 73, 28)
그러나 이는 이기적인 생각으로 하는 말이므로 이기심을 죽여야 합니다.

지금까지 우리는 자기를 죽이고 하느님과 하나가 되면
영혼의 가장 깊은 곳에서도 영향을 받게 된다는 것을 생각해보았습니다.
헛된 생각들이나 꼼짝하지도 않고 쉬려는 생각은 물론
지식과 기억 등 모든 정신적인 능력을 버려야만 합니다.
주님의 말씀을 귀담아 들읍시다.
"제 목숨을 얻으려는 사람은 목숨을 잃고,
나 때문에 제 목숨을 잃는 사람은 목숨을 얻을 것이다."(마태 10, 39)
이기적인 본능이 죽지 않고 살아 있으면 죽이기가 어려운 것은
하느님의 은총으로 밝은 빛이 비치어 어둠이 사라지는 것 같아도
이기적인 본능이 살아 있기 때문입니다.
본능은 하느님이 아니며 하느님께서만이 영혼을 만족하게 할 수 있기 때문입니다.
아직 하느님과 하나가 되지 못했기에
이기적인 본능을 죽이지 못했기 때문입니다.

그러나 자기가 알고 있던 모든 것을 버리게 되면
하느님과 하나가 될 수 있습니다. 그렇게 한 적이 있나요?
모든 것을 버리는 일은 절대 쉽지 않습니다.
자기 뜻을 버렸다고 해도 행동할 것인지 말 것인지를 고민하기 때문입니다. 우리의 본보기이신 구세주께서 수난을 받으실 때 어떻게 하셨는지 보십시오. "아버지, 하실 수만 있으시면 이 잔이 저를 비켜 가게 해 주십시오.
그러나 제가 원하는 대로 하지 마시고
아버지께서 원하시는 대로 하십시오."(마태 26, 39)
이는 "저는 저를 죽여 제 뜻을 모두 버리고
아버지 뜻대로 하시기를 기다리고 있나이다." 하고 말씀하신 것 같습니다.

인간의 용어로 말하면 행동을 통해서나 지식을 통해서나
짝사랑한다고 해서 하느님과 하나가 되는 것이 아닙니다.

왜냐하면 하느님 안에서 하느님과 하나가 되어 쉬면서
마음 편하게 있는 것이기 때문입니다.
우리는 저마다 개성을 갖고 있으므로
나름대로 알고 있고 나름대로 사랑하고 있을 뿐입니다.
하느님과 하나가 되면 하느님과 한 몸 한 마음이 되어 가만히 있게 되며
우리는 그리스도를 통하여 하느님 안에 있게 됩니다. 아멘.

〈부활절의 첫 번째 강론〉

37 하느님과의 일치 - 제2부

"그들이 모두 하나가 되게 해 주십시오.
아버지, 아버지께서 제 안에 계시고 제가 아버지 안에 있듯이,
그들도 우리 안에 있게 해 주십시오.
그리하여 아버지께서 저를 보내셨다는 것을 세상이 믿게 하십시오.
아버지께서 저에게 주신 영광을 저도 그들에게 주었습니다.
우리가 하나인 것처럼 그들도 하나가 되게 하려는 것입니다.
저는 그들 안에 있고 아버지께서는 제 안에 계십니다.
이는 그들이 완전히 하나가 되게 하려는 것입니다.
그리고 아버지께서 저를 보내시고, 또 저를 사랑하셨듯이
그들도 사랑하셨다는 것을 세상이 알게 하려는 것입니다."(요한 17, 21-23)

우리 주님이신 구세주께서는
하느님을 위하여 자신의 모든 외적 활동을 멈추고
부모와 형제자매와 친구들까지 멀리하고
내면으로 눈을 돌리게 되면 내면생활에서도
그렇게 할 수 있게 된다고 우리에게 가르치셨습니다.
우리는 하느님과 같은 삶을 살 수 있게
그리고 영혼을 새로이 탄생시키기 위해,
내면생활을 어떻게 해야 하느냐 하는 등을
모두 잊어버리고 모든 것을 하느님께 맡겨야 합니다.
인간의 마음으로 사랑하면 미워할 가능성이 있고
인간의 마음으로 무언가를 바라면 제대로 겸손해질 수가 없기 때문입니다.

그러나 미워하지 않고 겸손하다고 해서 거룩한 삶을 살 수는 없습니다.
거룩함을 찾아 자기를 완전히 죽이고 하느님 안으로 들어가야 합니다.
내가 이미 말했듯이 이는 하느님께서 여러분을
새로운 사람으로 탄생시키시려고 하기 때문입니다.
수덕생활을 하기 위하여 이런저런 방법을
시도해볼 수도 있겠지만 아무 소용이 없습니다.
우리가 헛된 생각을 모두 버리고 하느님과 하나가 된다고 해도
덕을 쌓을 수는 없을뿐더러 우리 안에 확고하게 자리 잡지도 못합니다.
덕은 필요하다고 해서 생기는 것도 아니고
이기심을 충족시키기 위해서 생기지도 않으며
하느님의 은총으로 덕을 쌓아야만 되는 것입니다.
하느님께서는 모든 덕의 원천이시므로
하느님의 도우심을 받아 몸과 마음을 닦지 않으면
아무 덕도 갖출 수 없게 됩니다.
주님과 같은 삶을 살아야 하느님을 위하여 살 수 있게 됩니다.
그래야만 사랑하기 위하여 사랑하게 되고,
진리를 위하여 진실하게 되고, 거룩하게 되기 위하여 의롭게 됩니다.

우리는 빌라도가 "**진리가 무엇이오?**" 하고 물었을 때
그리스도께서 왜 대답을 하시지 않았느냐고 묻습니다.(요한 18, 38)
누구나 빌라도는 대답해줄 가치가 없는 사람이라고 설명합니다.
주님과 같은 삶을 살지 않는 사람은 진리를 알 수가 없으므로
"진리는 진리이다."고 답할 뿐이며 이런 주제에 대하여 논할 자격도 없습니다.
진실한 것과 선한 것은 분리하여 생각할 수 없으며
하느님 안에서는 같을 뿐입니다. 피조물도 선할 수 있습니다.
그래서 우리는 선한 천사, 선한 사람, 좋은 하늘이라고 말합니다.
이 모든 것은 나름대로 좋은 점도 갖고 있고 진리를 갖고 있지만
하느님과 같은 선함이나 진리는 갖고 있지 않습니다.
하느님께서 선하신 것은 본래부터 선하신 분이시기 때문입니다.

그러나 여러분이 참된 진리와 선(善)을 가지려면

이의 원천이신 하느님 안에서 찾아야 합니다.
사람과 천사와 하늘나라에 있는
무한하고 분리할 수 없는 진리와 선을 생각해보십시오.
하느님과 하나가 되지 않으면 결코 진리와 선을 알 수가 없습니다.
하나로 되는 것은 눈에 보이지 않으며,
가까이 있든 멀리 있든 낯설어하지 않으며,
광범위하고 오래 지속되며 측정할 수가 없으며,
자비이신 하느님과 하나가 되는 것이며,
하느님으로부터 나오는 것은 아무것도 없으며
사람이 하느님을 닮는 것입니다.
하느님께서 사람을 존재하게 하시고 선하게 하시지
사람이 하느님을 존재하게 하고 선하게 만들 수는 없습니다.
오로지 하느님 안에서만 참되고 선하게 되므로
수행(修行)을 하더라도 하느님만 찾으려고 해야 합니다.

이기심을 모두 버리고 사랑이 넘치고,
자신 안에 하느님을 모시고 있고 하느님 안에 자신이 있으며,
무엇을 하더라도 하느님 안에서 하느님을 통해서 하는 사람은
어떤 일을 하더라도 완전하게 할 수 있습니다.
하느님께서 역사(役事)하시기 때문에 어떤 일을 해도 완전하게 되며
하느님께서는 외부의 힘을 빌리시지도 않습니다.
이렇게 완전하게 되기 위하여 하느님과 하나가 되었으므로
하느님께서는 작은 일이든 큰일이든 완전하게 역사하십니다.
하느님과 하나가 되어 성모송을 암송하십시오.
그러면 시편 저자가 "**당신과 함께한 발자국을 떼어놓으며 배우는 것은**
순례자가 당신 없이 바다를 건너며 깨닫는 것과 맞먹나이다." 하고
찬양한 것보다 더 낫습니다.
좋은 동기로 위대한 일을 하게 되면 큰 상급을 받게 되지만
이기심이 전혀 없이 선한 행동을 하면 더욱더 가치가 있습니다.
금 한 부스러기는 수천 개의 부스러기를 갖고 있는
금과 똑같은 특색을 보여줍니다.

따라서 우리가 금 부스러기를 하나 이상 바라는 것은
금의 특색이 아닌 다른 것을 바라기 때문입니다.
그러나 수행(修行)을 잘한다는 것은
수행의 질에 있는 것이지 수행의 양에 있는 것이 아닙니다.
우리가 하느님과 하나가 되어 행동하게 되면
우리가 하는 큰일에서와 마찬가지로 사소한 일도 완전하게 될 수 있습니다.

표징을 보고 지하실에 포도주가 있다고 말하듯이
겉모습은 내면의 표징에 지나지 않습니다.
그러나 표징이 없어도 포도주가 있을 수 있으며
주인에게는 더없이 소중합니다.
중요한 것은 하느님을 섬기려고 하는 착한 마음입니다.
즉 종교 때문에 고통을 받고
가난한 사람에게 자비를 베푸는 성인(聖人)들을 포함하여
모든 사람에게 자비를 베풀려고 하는 착한 마음입니다.
나는 그렇지 않지만 나는 이 중에서도 오로지 하느님만 생각하고
고통을 겪는 사람들이 가장 기쁘게 봉사할 것으로 생각합니다.
그러나 내가 아무 선행(善行)도 하지 않았더라도
그들처럼 선행하려고 마음을 먹었다면
하느님의 눈에는 내가 그들에게 최선을 다한 것처럼 보이게 될 것입니다.
내가 거룩한 사람들의 과거에 대하여 읽고
그들의 놀라운 선행을 마음 깊이 새기게 되면
그들의 선행을 본받을 마음을 갖게 됩니다.
그러나 하느님에게는 천년도 하루처럼 지나가기 때문에
이런 마음은 하느님께 그리 중요하지 않습니다.

아우구스티노 성인이 말했습니다.
"자기 자신에게 돌아가시오.
오직 거기서만 하느님을 발견하게 될 것이기 때문이오."
여러분이 자신에게 돌아가면
여러분과 하나가 되신 하느님 덕분으로

하느님 안으로 들어갈 수 있게 되기 때문입니다.
하느님께서는 생명을 주실 뿐 아니라 전지전능하시므로 요한 성인은 우리에게
"그분께서 당신 땅에 오셨지만, 그분의 백성은 그분을 맞아들이지 않았다.
그분께서는 당신을 받아들이는 이들, 당신의 이름을 믿는 모든 이에게
하느님의 자녀가 되는 권한을 주셨다." 하고 말했습니다.(요한 1, 11-12)
하느님의 아드님은 태어나실 때부터 아버지와 같은 본성을 갖게 되셨지만
하느님 같은 사람은 태어날 때부터가 아니라
하느님의 은총으로 하느님과 하나가 되어야 하느님과 같은 본성을 갖게 됩니다.
따라서 이 사람 안에 하느님과 같지 않은 것이 있으면
하느님으로부터 멀어진 것입니다.
주님께서는 하느님의 아드님으로,
창조되지 않고 태어나시어 아버지와 하나가 되셨으므로
아버지께서는 주님 밖에서는 아무 일도 하시지 않고
주님께서도 아버지 밖에서는 아무 일도 하시지 않습니다.
그리고 아버지께서 외 아드님과 떨어질 수 없으시듯이
하느님 같은 사람이 아버지로부터 먼저 떠나지 않으면
이 사람을 떠나시지 않습니다.
어떤 스승이 말했습니다.
"나는 하느님께서 아드님에게 주신 것은 아무것도 부러워하지 않는데,
나는 은총을 받아 모든 것인 아버지 안에서 아버지를 통하여,
아드님과 모든 것이 하나가 되었기 때문입니다."

철학자들은 하느님께서는 당신의 밖에서는
아무 일도 하시지 않는다고 말했습니다.
마찬가지로 진정으로 선한 하느님 같은 사람은
오로지 하느님만 생각하며 모든 일을 하느님 안에서만 합니다.
따라서 하느님 같은 사람은 자신의 밖에서는
하느님을 생각하지 않는다고 말할 수 있습니다.
왜냐하면 언제 어디서나 무슨 일이 있어도
하느님과 자신이 하나가 되어 있다는 것을 알기 때문입니다.

하느님께서는 당신과 하나가 된 사람을 통하여 역사하시기 때문에
사람이 일하는 것처럼 보여도 하느님께서 일하시는 것입니다.
그래서 예수님께서 다음과 같이 말씀하셨던 것입니다.
"내가 아버지 안에 있고 아버지께서 내 안에 계시다는 것을 너는 믿지 않느냐?
내가 너희에게 하는 말은 나 스스로 하는 말이 아니다.
내 안에 머무르시는 아버지께서 당신의 일을 하시는 것이다."(요한 14, 10)
따라서 이런 하느님 같은 사람에게는
자기 일이 아주 이상하게 느껴져
마치 자기 일이 아닌 것처럼 보이게 됩니다.
이런 사람은 하느님과 하나가 되어 있기 때문에
자신 안에 하느님께서 계시어 자신이 일하는 것이 아니라
하느님께서 일하시는 것처럼 느끼기 때문입니다.
만약 그런 느낌이 없고 하느님이 아니라
자신이 일하는 것처럼 느끼게 되면 하느님으로부터 멀어진 것입니다.

우리의 구세주께서 말씀하셨습니다.
"그리고 내가 심판을 하여도 내 심판은 유효하다.
나 혼자가 아니라, 나와 나를 보내신 아버지께서
함께 심판하시기 때문이다."(요한 8, 16)
그리고 "내가 아버지 안에 있고 아버지께서
내 안에 계시다고 한 말을 믿어라." 하고 말씀하셨습니다.(요한 14, 11)
그래서 아우구스티노 성인이 우리에게 가르쳤습니다.
"하느님께서는 자신이 하느님이 될 수 있다고 생각하는 '사람'이 되시고,
자신이 하느님의 아드님이 될 수 있다고 생각하는 '사람의 아들'이 되셨습니다."
그리하여 다윗이 말했습니다.
"내가 이르건대 너희는 신이며
모두 지극히 높으신 분의 아들이다."(시편 82, 6)
하느님께서 외 아드님을 사람으로 만드시어
아드님의 형제들이 되게 하시고
각자 제자리에서 소명을 다하게 하시려고 했지만
이를 마다하는 사람들을, 집주인이 블라인드를 내려

대낮에도 방이 어두워도 햇빛이 아무 불평을 하지 않는 것처럼,
하느님께서도 전혀 나무라시지 않으셨습니다.

당신께서 사람이 되신 경우와 판이하게 다르지만,
사랑하는 우리의 주님께서 생각하시는
사람의 본성은 당신과 같다고 믿으십니다.
당신께서는 인간의 본성으로 들어가시어 당신께로 우리를 데려가십니다.
우리가 할 일은 우리의 모든 것을 주님께 맡겨드리는 일밖에 없습니다.
우리가 망설이게 되면 하느님께서 우리의 외고집을 꺾지 않으시려고 하십니다.
그런데 하느님께서 우리의 본성을 만드실 때
영원한 말씀인 당신의 외 아드님과 꼭 같이 만드시지 않았나요?
아버지의 외 아드님이 하느님이신 것처럼
성모님의 아드님도 하느님이라고 할 수 있으며
성모님의 아드님과 하나가 된 사람은
아버지의 아드님과 하나가 되었다고 말할 수 있습니다.
이렇게 하여 하느님께서는 아드님에게 주신 본성을
우리에게도 주시어 우리가 하느님처럼 되는 것입니다.
그러나 슬프게도 하느님과 하나가 될 수 있는
본성을 우리에게 주셨음에도 불구하고
우리는 하느님과 하나가 되기를 거부했습니다.
그런데 왜 우리는 모든 사람과 하나가 될 수 있게 만들어져
이웃은 물론 터키의 술탄과도 하나가 되고
가장 현명한 사람이든 가장 순진한 사람이든,
가장 작은 사람이든 가장 위대한 사람이든,
하나가 되게 만들어진 것을 모르고 있을까요?
왜 모든 사람과 하나가 되어 함께 서 있다는 것을 모르는 것일까요?
이와 같이 우리의 주님께서 우리 가까이 서 계시고
우리도 하느님 가까이 서 있지만
우리는 이기심 때문에 하느님과 하나가 되지 못하고 있고,
어느 누구와도 하나가 되지 못하고 있습니다.
우리는 다 같은 본성을 갖고 태어났기 때문에 사랑으로 하나가 되어야 합니다.

그리하여 모든 사람의 행복을 자신의 행복처럼 생각하고
그들의 불행을 자신의 불행으로 생각해야 합니다.
진정으로 자신이 하느님과 같은 본성을 드러내려면
자기를 버리는 수밖에 없습니다.
그리하여 자신이 한 번도 본 적이 없는 사람이라도 하나가 되게 되면
그 사람의 행복이나 불행이 자신의 행복과 불행이 되게 됩니다.

그러나 모든 사람이 다 같은 사랑을 갖고 있다고는 생각하지 말아야 합니다.
왜냐하면 하느님께서 모든 사람을 똑같이 사랑하시지만
모든 사람을 똑같이 사랑하라고는 하시지 않았기 때문입니다.
먼저 부모와 자녀와 친구들과 이웃들을 사랑하게 하시고
그 다음으로 다른 사람들을 사랑하게 하셨습니다.
그러나 가장 가까운 사람들을 사랑하게 하신 것은
부모나 친구라서가 아니라 하느님께서 섭리로
그렇게 만드셨기 때문이라는 것을 알아야 합니다.
하느님께서는 여러분이 전에 한 번도 본 적이 없는
바다 너머 멀리 있는 사람들을 가장 가까운 사람들과 같이
사랑하게 하실 지도 모릅니다.
영혼 안에 있는 사랑은 같지만
하느님의 뜻으로 바깥으로 보이는 사랑은
다르게 보이게 하셨기 때문입니다.
자기를 버리고 그리스도 안에서 하느님과 하나가 된 사람은
이 모든 것을 현명하게 잘합니다.
하느님 안에 있으면서 하느님과 하나가 된 사람은
모든 사람과 천사들이 어떻게 하든지 기쁘게 해주려고 하며
마찬가지로 하느님 안에 있습니다.
그러나 다른 사람들에게 어떻게 하든지 나쁜 짓을 하려고 하고
심하게 대하려고 하는 사람은 하느님 안에 없습니다.

자기를 버릴수록 하느님과 더 빨리 하나가 될 수 있습니다.
그러나 이를 의식하지 않을수록

하느님 안에 있는 자신을 발견할 수 있게 됩니다.
자기를 완전히 버리면 반드시 하느님과 하나가 되어
모든 일은 하느님으로부터 온다는 것을 알게 되고
기쁜 일이나 슬픈 일이나 하느님에게는 같다는 것을 알게 됩니다.
따라서 구세주께서는 우리에게 다음과 같이 가르치셨습니다.
"나는 마음이 온유하고 겸손하니 내 멍에를 메고 나에게 배워라.
그러면 너희가 안식을 얻을 것이다."(마태 11, 29)
이는 하느님께서 항상 우리를 살펴주시고
우리 자신보다 우리를 더 사랑하신다는 것을 뜻합니다.
예수님께서는 아버지의 뜻에 맡기셨으므로 우리를 구원하셨습니다.
당신의 뜻보다 사람이 더 중요했기 때문입니다.

**이와 같이 하느님과 하나가 된 사람은 모든 일에 무관심하게 되는데
마치 투르크 족의 술탄처럼 자기를 버려 다른 사람이 되어
하느님과 하나가 되었기 때문입니다.
물론 하느님과 같이 된 것은 아니지만 하느님과 하나가 됨으로써
자신이 하느님과 같은지 다른지도 모르게 됩니다.**
이 사람은 하느님 안에서 하나가 된 것이지 하느님과 같이 된 것은 아닙니다.
자기를 완전히 버리고 자신의 모든 것을 하느님께 맡겨
하느님과 하나가 되었을 뿐입니다.
그렇다고 해서 자신의 본성을 잃어버린 것은 아닙니다.
그러나 자신의 모든 생각과 행동에서
자신을 인식하지 못하거나 의식하지 못하고 오로지 하느님만 생각합니다.
그리하여 예언자가 말한 것처럼 말합니다.
"그렇건만 제 마음이 쓰라리고 제 속이 북받쳤을 때
저는 멍텅구리, 알아듣지 못하였습니다.
저는 당신 앞에 한 마리 짐승이었습니다."(시편 73, 21-22)
그는 어떻게 자신의 영혼이 변하여 하느님과 같은 삶을 살게 되었는지 모릅니다.
자신의 내면이 모두 하느님께서 만든 생각으로 뒤덮여 있기 때문입니다.
그래서 자신이 아무것도 모르는 것처럼 아무 일도 하지 않는 것처럼 보입니다.
하느님께서 당신의 뜻에 따라 아무 방해도 받으시지 않고

그 안에서 그를 통하여 아시고 역사하시는데 영혼보다 더욱더 확실하게 아십니다.
이제 이 주제에 대하여 그만 말하기로 하고
주님께서 아버지께 하나가 되게 해주십사 하고
간청하신 말씀을 생각해보기로 합시다.
"그들이 모두 하나가 되게 해 주십시오.
아버지, 아버지께서 제 안에 계시고 제가 아버지 안에 있듯이,
그들도 우리 안에 있게 해 주십시오. 아멘."

〈부활절의 두 번째 강론〉

38 사랑의 열기(熱氣)

"그들은 서로 말하였다. '길에서 우리에게 말씀하실 때나 성경을 풀이해 주실 때 속에서 우리 마음이 타오르지 않았던가?'"(루카 24, 32)

사랑하는 형제자매 여러분,
우리 주님의 두 제자 중 한 사람은 클레오파스(Cleophas)라는 사람이고,
다른 한 사람은 주님의 부활 저녁에
주님을 유령이라고 생각한 복음서 저자 루카 성인이었습니다.
주님께서 그들에게 나타나셨을 때 그들이 알아보지 못한 것은
주님께서 순례자로 변장하고 계셨기 때문입니다.
그래서 그들이 처음에는 알아보지 못했던 것입니다.
그레고리오 성인(St. Gregory)은 주님께서 그들에게 나타나신 이유는
그들이 주님을 사랑했기 때문이었고, 주님께서 정체를 숨기신 것은
그들이 아직도 주님의 부활을 의심하고 있었기 때문이라고 말했습니다.
그래서 주님께서는 그들의 믿음이 약하고 마음이 완고하고 굼뜬 것을 핀잔하시고
그들에게 성경의 숨은 뜻을 설명해주셨습니다.
그들은 아직도 확고한 믿음을 갖고 있지 않았기에
의심을 하면서도 주님에 대한 사랑을 말하고 있었으므로
주님께서 그들의 대화에 끼어드시어 말씀하시자 그들의 마음이 불타올랐습니다.

디오니시오 성인(St. Dionysius)**은**
사랑에는 다섯 정도의 열기(熱氣)**가 있다고 말했습니다.**
'사랑의 열기(熱氣)**의 첫 번째 정도'는 하느님을 사랑하기는 하지만**

다른 사람들보다 하느님께 덜 가까이 다가간 것으로,

하느님께로 기울기 시작하여 하느님을 짝사랑하는 단계입니다.

수행(修行)을 열심히 하려고 하지만

열정이 식을까 봐 두려워하면서 하느님을 사랑하고 따르려고 합니다.

그리하여 신부처럼 말합니다.

"나는 잠자리에서 밤새도록 내가 사랑하는 이를 찾아다녔네."(아가 3, 1)

그러나 신랑은 이 사랑의 보금자리를 자주 찾아오지 않는데

하느님의 뜻에 따라 사랑하고 있지 않기 때문입니다.

하지만 자캐오가 우리 주 예수 그리스도를 보기 위하여 열심히 나무에 기어올랐듯이, 몹시 괴로워하며 하느님을 찾으려고 합니다.

예수님을 사랑하는 모든 사람은 처음에는 진심으로 하느님을 사랑하려고 돌아섰지만 이렇게 하느님 앞에 서기만 하면 작아집니다.

자캐오처럼 자신이 큰 죄인임을 실토하고 고백함으로써

부끄러움을 극복하고 자신의 사악함을 모두 드러내며

바오로 성인처럼 "그리스도 예수님께서 죄인들을 구원하시려고

이 세상에 오셨다는 것입니다.

나는 그 가운데에서 첫째가는 죄인입니다." 하고 말합니다.(1티모 1, 15)

그리하여 이 죄인은 자신의 많은 죄 때문에 오히려 은총을 듬뿍 받게 됩니다.

자캐오가 예수님을 보기 위해 나무에 기어올랐듯이

우리 모두 이 첫 번째 정도의 사랑이라도 불태우도록 합시다.

죄가 크고 많다고 좌절하지 마십시오.

이런 사랑으로 열심히 수행하여 덕을 쌓기 시작하면 모든 죄가 용서 되며,

아우구스티노 성인이 말했듯이

하느님으로부터 많은 선물을 받게 되기 때문입니다.

엠마오로 가던 두 제자는 이런 사랑을 갖고 있었으므로

괴로운 마음으로 사랑하는 스승에 대하여 말하고 있었습니다.

이 세상에서 그리스도를 사랑하는 모든 사람은

이집트에서 나그네살이를 하던 이스라엘 백성들처럼

두려움과 괴로움의 짐 때문에 허리가 휘었지만

다행스럽게도 은총으로 이 정도의 사랑을 갖게 되었습니다.

그리고 앞으로 얻게 될 영원한 생명을 생각하고 다시 기쁨에 들떠있습니다.
그러나 사라(Sarah)가 말한 바와 같이 행복은 아직 멀었습니다.
"하느님께서 나에게 웃음을 가져다주셨구나.
이 소식을 듣는 이마다 나한테 기쁘게 웃어 주겠지."(창세 21, 6)
그러나 이제 꿈에서 깨어나게 되면서 새로운 사람이 되어 울부짖습니다.
"아, 내 신세여! 나그네살이를 계속해야 되다니!"(시편 120, 5)
그리고 욥처럼 옛날을 못 잊어 합니다.
"아, 지난 세월 같았으면! 하느님께서 나를 보살피시던 날들.
그분의 등불이 내 머리 위를 비추고 그분 빛으로 내가 어둠 속을 걷던 시절.
내가 우유로 발을 씻고 바위는 내게
기름을 시내처럼 흘려 주던 시절."(욥기 29, 2-3.6)
하느님의 은총의 등불이 비치어 영혼이 깨닫는 일밖에 더 있겠습니까?
이 첫 번째 정도의 사랑을 넘어설 때까지
등불이 우리 머리 위에 비치며 어둠 속에서 우리를 인도합니다.
우리가 하느님을 갈망하고 찾는 정도는 이제 막 발걸음을 옮긴 정도이므로 더욱더 내면 깊은 곳으로 들어가 영성 생활을 하도록 해야 합니다.
하느님을 진심으로 사랑하게 되면
다시 우유로 발을 씻게 되고 바위는 기름을 시내처럼 흘려 줄 것입니다.

'**사랑의 열기(熱氣)의 두 번째 정도**'는 '**꾸준함, 즉 변치 않음**'입니다.
이런 사랑을 하게 되면 기쁘거나 슬프거나 아니 어둠 속에서 헤매더라도 하느님을 단단히 붙들 수 있는데,
마리아 막달레나가 구세주의 무덤에 모든 제자보다 더 오래 머물렀듯이
초심을 잃지 않고 끝까지 수행할 수 있게 되기 때문입니다.
마리아가 주님을 변함없이 사랑했기 때문에
부활하신 주님을 처음으로 만나 뵈었듯이,
우리도 하느님의 은총을 계속 받을 수 있도록 하느님께 빌어야 합니다.
이 변함없는 사랑은 구약성경에서 법에 따라 짐승의 꼬리를 자르지 않고 하느님께 희생 제물로 바쳤던 것이 전형적인 예라고 할 수 있습니다.
요셉이 발까지 내려오는 긴 코트를 입었던 것도
아무리 마음이 어둡더라도 변치 않았던 사랑의 징표였습니다.

아가서(5, 6-7)의 신부가 하는 말에서도 이와 같은 사랑을 엿볼 수 있습니다.
"나의 연인에게 문을 열어 주었네.
그러나 나의 연인은 몸을 돌려 가 버렸다네.
그이가 떠나 버려 나는 넋이 나갔네.
그이를 찾으려 하였건만 찾아내지 못하고 그이를 불렀건만 대답이 없었네.
성읍을 돌아다니는 야경꾼들이 나를 보자 나를 때리고 상처 내었으며
성벽의 파수꾼들은 내 겉옷을 빼앗았네."
겉옷은 '**변함없는 사랑**'을 의미합니다.
그리하여 신부는 용기를 내어 다시 사랑하는 신랑을 찾았습니다.
"예루살렘 아가씨들이여 그대들에게 애원하니 나의 연인을 만나거든
내가 사랑 때문에 앓고 있다고 제발 그이에게 말해 주어요."(아가 5, 8)

'**사랑의 열기**(熱氣)**의 세 번째 정도**'는 하느님의 은총을 받고
마음에 불을 붙인 '**불타는 사랑**'입니다.
그래서 욥이 "남풍으로 땅이 숨죽일 때 자기 옷조차도
뜨거워지는 것을 느끼지 못했습니까?" 하고 물었습니다.(욥기 37, 17)
성 빅토르의 후고(Hugh of St. Victor, 1096-1141)가
우리를 일깨워주고 있습니다.
"여러분이 하느님을 진심으로 사랑하지 않으면
하느님과 멀어져 무미건조하고 따분한 삶을 살게 됩니다."
아우구스티노 성인도 말했습니다.
"**오 영원히 불타고 꺼지지 않는 사랑이여,**
제가 너무나 늦게 당신을 알았나이다!
당신께서 제 안에 계셨지만 저는 바깥에서 당신을 찾았나이다.
당신께서 저와 함께 계셨지만 저는 당신과 함께 있지 않았나이다."
모세가 본 불타는 떨기처럼 사랑은 영원히 불타 꺼지지 않아야 합니다.
사랑하는 사람이 아무리 사랑 때문에 고통을 받더라도,
두 제자가 "길에서 우리에게 말씀하실 때나 성경을 풀이해 주실 때
속에서 우리 마음이 타오르지 않았던가!" 하고 말했듯이,
사랑으로 위로를 받게 되고 사랑 때문에 기뻐하게 됩니다.
그리하여 '**변함없는 사랑**'과 함께 믿음을 갖고 예루살렘으로 되며,

동시에 처음과 같은 '**불타는 사랑**'으로 열렬히 그리스도를 사랑하며
그리스도를 순례자로 여기며 따뜻하게 맞아들입니다.

'**사랑의 열기(熱氣)의 네 번째 정도**'는
'**통찰력을 얻어 하느님의 뜻을 알게 되는 것**'입니다.
선조 야곱은 이런 사랑을 갖게 됨으로써
"내가 서로 얼굴을 맞대고 하느님을 뵈었는데도
내 목숨을 건졌구나." 하고 말하게 되었던 것입니다.(창세 32, 31)
이는 영혼이 지혜의 은총을 받아 하느님을 알게 되고
하느님의 뜻을 알게 되고 하느님을 통하여 깨닫게 되었다는 것을 뜻합니다.
그래서 아우구스티노 성인이 간청했습니다.
"주님, 제가 당신을 알고 제 자신을 알게 도와주소서."
두 제자도 주님과 대화를 나누고 빵을 얻어먹은 후 주님을 알게 되었습니다.
하느님을 알고 진정으로 하느님을 사랑하게 되면
모든 장애를 뚫고 영혼에 밝은 빛이 비치게 됨으로써
고통에서 벗어날 수 있게 됩니다.
아우구스티노 성인은 다음과 같이 고백했습니다.
"오 주님, 제가 전력을 다하여 당신께 매달리면
제가 져야 할 무거운 짐을 지지 않아도 되나이다.
제 삶이 당신으로 가득 차고 일과 고통으로 가득 차게 해주소서.
어느 누가 제 마음 안에 당신께서 사시게 하고
제 모든 고통을 잊을 수 있게 사랑을 주겠나이까?"
성 빅토르의 후고도 말했습니다.
"하느님과 하나가 될 때까지 사랑의 불은 불꽃을 내며 활활 타고 있나이다.
'야경꾼들을 지나치자마자 저는 제가 사랑하는 이를 찾았나이다.
저는 그이를 붙잡고 놓지 않았나이다, 제 어머니의 집으로,
저를 잉태하신 분의 방으로 인도할 때까지.'"(아가 3, 4)
이런 사랑이 영혼의 가장 깊은 곳에 들어오게 되면
사랑은 하느님 안으로 흘러 들어가며 하느님 없이도 이해할 수 있게 됩니다.

'**사랑의 열기(熱氣)의 다섯 번째 정도**'는 '사랑이 넘쳐흐르는 것'입니다.

네 번째 정도 이상으로 하느님의 은총을 받아
사랑이 넘쳐흘러 모든 피조물을 사랑하는 것입니다.
마치 불 위에 올려놓은 주전자의 물과 같습니다.
사랑의 불은 영혼에서 '자기(自己)'를 몰아내고
숨겨져 있던 것들을 알게 해줍니다.
그리하여 욥기(32, 19)에서 엘리후가
"내 속은 바람구멍 없는 술통 같고
새 술 부대처럼 터져 버리려 하네." 하고 말했던 것처럼
욥의 영혼에 하느님의 말씀이 넘쳐흘렀던 것입니다.
그래서 아가서(5, 6)에서도
"나의 연인에게 문을 열어 주었네. 그러나 나의 연인은 몸을 돌려 가 버렸다네.
그이가 떠나 버려 나는 넋이 나갔네. 그이를 찾으려 하였건만 찾아내지 못하고
그이를 불렀건만 대답이 없었네." 하고 말하고 있는 것입니다.
이는 "용해된 금이 틀에 부어져 형체를 갖추듯이
내 영혼이 녹아 하느님의 영혼을 빼닮게 되었다."고 말한 것 같습니다.
그래서 바오로 성인이 "**하느님께서는 미리 뽑으신 이들을**
당신의 아드님과 같은 모상이 되도록 미리 정하셨습니다.
그리하여 그 아드님께서 많은 형제 가운데 맏이가 되게 하셨습니다." 하고
말했던 것입니다.(로마 8, 29)
그리고 모세의 말을 빌려
"**우리의 하느님은 다 태워 버리는 불이십니다.**" 하고 말했던 것입니다.(히브 12, 29)
이렇게 하느님께서 영혼을 녹이시어 당신 안에서 평화롭게 쉬게 하시면
하느님과 하나가 되어 하느님의 빛으로 채워지게 됩니다.
그러면 사랑은 "모든 것은 하느님과 함께 있게 되고 나와 함께 있게 되는데
나의 것은 아무것도 없기 때문입니다.
그리하여 우리는 둘이지만 한 집과 한 유산과 한 식탁과
한 잠자리를 갖게 됩니다." 하고 떳떳하게 말하게 됩니다.

그러나 이러한 영혼은 조금이라도 약해지게 되면
하느님과 멀어지게 된 것을 알고 즉시 괴로워하면서
하느님께 왜 사랑이 식게 되었는지 묻게 됩니다.

그러나 이러한 불행은 영혼 안에

아직도 이기심이 조금 남아 있기 때문입니다.

하지만 괴로워하면서도 하느님을 믿으며 부지런히 수행합니다.

길버트(Gilbert)가 말했습니다.

"누가 어디에 있건 사랑을 빼앗기게 되면

하느님을 더욱더 찾으려고 합니다."

그래서 거룩한 예언자 다니엘은 하느님으로부터 총애를 받다가

하느님을 잃고 괴로워했습니다.

다니엘은 자신을 약하게 만들고

병들게 만든 이유를 알고 싶었던 것입니다.(다니 9, 23 참조)

이 때문에 두 제자도 엠마오로 가는 길에서 너무나 괴로워하면서

주님께 묻고 주님의 말씀을 듣고 난 후에야

주님의 부활을 확신하게 되었습니다.

그리고 빵을 떼어주시는 것을 받아먹고는 주님과 하나가 되었습니다.

하느님, 저희에게도 같은 은총을 내려주소서. 아멘.

〈부활절 월요일의 강론〉

39 왜 부모 형제가 원수가 되었을까요

"예수님께서 '마리아야!' 하고 부르셨다. 마리아는 돌아서서 히브리말로 '라뿌니!' 하고 불렀다. 이는 '스승님!'이라는 뜻이다."(요한 20, 16)

예수님께서 부활하셨을 때 마리아 막달레나는
진심으로 주님을 뵙기를 바랐습니다.
그러나 주님께서는 마리아에게 정원사의 모습으로 나타나셨으므로
주님을 알아보지를 못했습니다.
그래서 주님께서 그녀에게 "마리아야!" 하고 부르시자
마리아는 돌아서면서 "라뿌니!" 하고 불렀습니다.

여러분은 마리아가 서서 빈 무덤을 바라보고 천사들을 보고 있는 한 예수님께서는
마리아의 뒤에 서셔서 당신을 숨기실 것이라는 것을 알아야 합니다.
이는 세상일 때문에 바쁘고 세상 것들을 탐하고
세상 것들 때문에 괴로워하는 사람에게서
당신을 숨기신다는 것을 의미합니다.
그러나 세상 것들을 버리고 하느님만 찾으면 당신을 드러내십니다.
그리고 우리 주님께서 "마리아야!" 하고 말씀하신 것은
문자 그대로 '**바다의 별**' 또는 성령의 도움으로 깨달아
별처럼 빛나는 '**이 세상의 여왕**'을 의미합니다.

하느님을 만나려면 세상 것들을 모두 버리고
별처럼 높이 솟아올라야 합니다.

하늘나라를 보려면 하느님으로부터 빛을 많이 받아야 하기 때문입니다.
주님께서 마리아의 이름을 부르실 때 마리아가 주님을 알아보고
"라뿌니!" 하고 대답했습니다.
'라뿌니'는 마리아와 주님의 제자들이 평소에 주님을 부르던 이름이며 주님께서도
그렇게 부르면 된다고 하셨습니다.
"너희가 나를 '스승님', 또 '주님' 하고 부르는데, 그렇게 하는 것이 옳다.
나는 사실 그러하다."(요한 13, 13)
주님은 진정으로 가장 훌륭하신 스승님이므로
우리는 주님을 가장 사랑해야 하며 무엇보다도 사랑해야 합니다.
주님께서는 모든 진리의 스승님이시므로
우리는 주님을 관상(觀想)해야 합니다.
주님께서는 가장 완벽한 스승님이시므로
뒤를 돌아보지 말고 주님을 따라야만 합니다.

주님께서는 가장 훌륭한 스승님이시고 그렇게 부르는 것이 당연하므로
우리는 주님을 무엇보다도 사랑해야 합니다.
그러면 여러분은 "하느님께서는 무한히 선하신 분이고
사람의 선(善)은 유한한데 어떻게 사람이 하느님을 사랑하고
하느님을 알 수 있을까요?" 하고 말할지 모릅니다.
그런데 하느님께서는 무한히 선하시고 사람의 선은 유한하지만
사람의 욕심은 끝이 없어서 무한히 좋은 것을 갖지 않으면
만족하지 못한다는 것을 알아야 합니다.
이 때문에 영혼이 하느님을 그리워하면 할수록 더욱더 그리워하게 되며,
우리가 하느님을 사랑하면 할수록 더욱더 깊이 사랑하려고 하게 됩니다.
하느님께서는 나무랄 데 없이 좋으신 분입니다.
하느님께서는 살아 있고 끝이 없는 사랑의 근원이십니다.
사람은 하느님의 모습으로 만들어졌고
이 때문에 하느님을 알고 사랑할 수 있게 되었습니다.
그리고 그리스도는 가장 훌륭한 스승님이시므로
무엇보다도 가장 사랑해야 합니다.
주님은 사랑이시고, 생명의 샘이 넘쳐흐르듯이

사랑이 주님으로부터 흘러나와 우리에게로 옵니다.
그래서 요한 성인은 "**사랑하지 않는 자는 죽음 안에 그대로 머물러 있습니다.**"
하고 말했습니다.(1요한 3, 14)
우리는 사랑의 샘이고 가장 훌륭한 스승인 그리스도를 사랑해야 합니다.
하느님이시고 가장 선하신 주님을 찬양하고 사랑하는 것이
영혼의 특성이기 때문입니다.

베르나르도 성인(St. Bernard)이
"**영혼이 하느님을 사랑해야 하는 이유는 하느님이기 때문입니다.**
그러나 이 사랑의 한계는 없습니다.
하느님께서는 무한히 선하신 분이기 때문입니다." 하고 말했듯이
우리는 주님을 무한히 사랑하고 찬양해야 합니다.
그리고 바오로 성인이 말했습니다.
"**내가 기도하는 것은, 여러분의 사랑이**
지식과 온갖 이해로 더욱더 풍부해져
무엇이 옳은지 분별할 줄 알게 되는 것입니다."(필리 1, 9-10)
그리고 베르나르도 성인이 다시 말했습니다.
"하느님께서 우리를 사랑하셨으므로
우리도 주님을 무조건 사랑해야 합니다."
주님께서는 우리가 당신을 무한히 사랑하도록 하시기 위해
우리를 무한히 사랑하셨습니다.
따라서 우리가 살아 있는 한
내면생활을 통하여 끊임없이 주님을 사랑하려고 해야 합니다.
그러나 주님을 더 사랑하려고 하면 할수록
외적인 수행(修行)만 지나치게 하지 않도록 하십시오.
지나친 고행(苦行)은 우리의 영혼에 상처를 주기 때문입니다.

우리는 하느님만 사랑해야 합니다.
이는 하느님만 사랑해야지
세상 것들을 사랑하지 않아야 한다는 것을 의미합니다.
설령 우리가 세상 것을 사랑하더라도

오로지 하느님만을 위해 사랑해야 한다는 것을 뜻합니다.
하느님 안에서 하느님을 위해서만 사랑해야 합니다.
왜냐하면 하느님께서 모든 피조물을 만드셨으므로
무한히 좋으시고 피조물을 무한히 사랑하시는
하느님만 사랑해야 하기 때문입니다.
우리의 영혼에 당신의 사랑이 전달되는 것을 보시는 것이
하느님의 유일한 기쁨이므로 하느님 안에서 사랑해야 합니다.
하느님께서는 우리 모두를 사랑하시는 것이 유일한 목적입니다.
따라서 우리는 하느님 안에서 세상 것들을 사랑해야 하고
세상 것들 안에서 하느님을 사랑해야 합니다.
그래서 구세주께서는 우리에게
"네 마음을 다하고 네 목숨을 다하고 네 정신을 다하여
주 너의 하느님을 사랑해야 한다."고 가르치셨던 것입니다.(마태 22, 37)
아우구스티노 성인은 주님께서 이 말씀을 하신 것은
우리 모두 쓸데없는 생각을 하지 말고 하느님만 생각하고 사랑해야 하므로 외적인
행동도 하느님을 사랑하기 위하여 해야 한다는 것을
말씀하신 것이라고 했습니다.
하느님께서 영혼을 사랑하시므로 영혼은 하느님만 사랑해야 합니다.

세 번째 우리는 하느님을 끊임없이 찬양하면서 사랑해야 합니다.
우리는 쉬지 않고 하느님을 생각하고 하느님을 찾아야 합니다.
그레고리오 성인(St. Gregory)은
"우리는 입으로나 선한 일을 하여 하느님께 말씀 드리게 되지만
전자보다는 후자가 더 하느님을 움직이시게 합니다." 하고 말했습니다.
그래서 시편저자는 "소리 지르느라 지치고 저의 목도 쉬었습니다.
저의 하느님을 고대하느라 제 두 눈마저 흐려졌습니다." 하고
말했던 것입니다.(시편 69, 4)
크리소스토모 성인(St. Chrysostom)이 말했습니다.
"사랑은 숨길 수도 없고 사랑하는 사람들을 돌보려고 하는
불타는 마음을 억제하지도 못하는 것이 사랑하는 사람들의 특색입니다."
그래서 하느님을 사랑하는 사람들은

자신의 잘못을 하느님께 털어놓으면서까지
하느님께 말씀드리는 것입니다.
하느님을 너무나 사랑하기에 자신의 죄를 숨길 수 없기 때문에,
고백함으로써 위로를 받게 되고 용기를 얻기 때문에,
끊임없이 고백하는 것입니다.
사랑하는 사람들이 선한 일을 하여 말씀드리는 것은
내면 깊이 있는 사랑을 말한 것입니다.
그레고리오 성인이 말했습니다.
"선한 일을 하는 것은 하느님을 사랑한다는 증거입니다.
사랑이 있으면 사랑하게 됩니다. 사랑하지 않으면 사랑이 없는 것입니다."

막달레나는 그리스도께서는 너무나 좋으신 분일뿐만 아니라
우리를 너무나 사랑하시므로 그리스도를 "라뿌니!" 하고 불렀던 것입니다.
주님께서는 우리를 너무나 사랑하십니다.
그러나 사랑하시기만 하시는 것이 아니라 세 가지 은총을 주십니다.
우리의 주인이신 주님께서는 우리가 당신을 사랑하도록 하는 은총을 주셨고, 자기 자신을 사랑하는 은총을 주셨고, 우리만 사랑하시는 은총을 주셨습니다.
이 모든 은총은 우리를 너무나 사랑하시기 때문에 내려주신 것입니다.

우리는 선한 일을 하고 관상을 하고 그리워하면서 하느님을 잘 모셔야 합니다.
사랑에서 우러나온 선한 일들이 아니면 아무 가치가 없는 것은
덧없을 뿐만 아니라 영원한 보답이 되지 못하기 때문입니다.
바오로 성인이 "사랑은 언제까지나 스러지지 않습니다." 하고 말했듯이
참된 사랑을 하여 영원한 생명을 얻도록 해야 합니다.(1코린 13, 8)
참사랑으로 하지 않은 일은 영원한 생명을 얻지 못하게 하므로
하느님을 진심으로 사랑하는 사람이라면
하느님의 것이 아닌 것은 모두 버리고
즉 세상 것들을 모두 버리고 하느님의 것만 사랑해야 합니다.

그러면 하느님께서는 아무 대가도 바라시지 않고 우리를 사랑하시게 되는데
하느님께서는 우리를 영원히 사랑하시므로

우리에게 상급(賞給)으로 당신을 내어주시기 때문입니다.
하느님께서 아브람에게 하신 말씀을 잊지 마십시오.
"아브람아, 두려워하지 마라. 나는 너의 방패다.
너는 매우 큰 상을 받을 것이다."(창세 15, 1)

앞에서도 보았듯이 하느님만 생각하고 하느님을 사랑하여 기쁘게 해드리게 되면
하느님께서는 우리에게 사랑이라는 선물을 주시고 사랑하게 만드십니다.
따라서 그리스도인이라면 마리아 막달레나처럼
진심으로 하느님께 말씀드려야 합니다.
"오 나의 스승님, 가장 훌륭한 스승님, 나의 하느님이시여,
사랑이신 당신께서 저를 당신께로 이끌어주소서.
그러면 제가 무한히 좋으신 당신만을 생각하고
당신을 무엇보다도 찬양하게 될 것이나이다."

이제 하느님은 가장 훌륭한 스승님이므로
하느님만 생각해야 한다는 나의 주장으로 되돌아갑시다.
여러분은 하느님께서 무(無)에서 창조하신 피조물 안에서
하느님을 생각하고 있기 때문에
하느님께서 전지전능하시다는 것을 알 수 없다는 것을 알아야 합니다.
여러분이 피조물 안에도 나름대로의 법이 있고 질서가 있다는 것을 알게 되면
피조물 안에도 하느님의 무한한 지혜가 있다는 것을 알 수 있게 되는데
이 거룩한 지혜는 하느님의 아드님으로부터
받은 것이라는 것을 잊지 말아야 합니다.
그리고 하느님의 모든 피조물 안에도
온유함과 사랑이 조금이라도 있는 것을 알게 되면
성령으로부터 받은 것이라는 것을 잊지 말아야 합니다.
그래서 바오로 성인이 "**세상이 창조된 때부터,**
하느님의 보이지 않는 본성 곧 그분의 영원한 힘과 신성을
조물을 통하여 알아보고 깨달을 수 있게 되었습니다.
따라서 그들은 변명할 수가 없습니다." 하고 말했던 것입니다.(로마 1, 20)
하느님의 은총으로 영혼이 하느님을 볼 수 있는 빛을 받았기 때문입니다.

그래서 시편저자는 "**정녕 당신께는 생명의 샘이 있고**
당신 빛으로 저희는 빛을 봅니다." 하고 말했는데(시편 36, 10),
이는 하느님, 즉 빛이 있으면 어둠이 사라지게 된다는 것을 의미한 것입니다.
그리하여 우리는 마침내 영광의 빛 속에서 하느님을 보고 알게 됩니다.
하느님께서는 진리의 스승님이시므로 우리에게 진리만 말씀하시기 때문입니다.

하느님께서는 완벽한 스승님이시므로
오로지 당신만을 따르게 하시기 위해 모든 것을 버리라고 하십니다.
인간은 불완전하고 조금은 완전해질 수도 있지만
하느님 안에 있게 되면 완전히 하느님과 하나가 될 수 있다는 것을 압니다.
완전하게 되고 싶은가요? 그러면 하느님을 따르십시오.
그래서 우리의 구세주께서 말씀하셨습니다.
"누구든지 나에게 오면서 자기 아버지와 어머니, 아내와 자녀, 형제와 자매, 심지어 자기 목숨까지 미워하지 않으면, 내 제자가 될 수 없다."(루카 14, 26) **그들을 진심으로 사랑하여 그들을 하느님과 이웃들을 섬기게 했다면,**
부모나 형제자매 그리고 다른 모든 사람이 원수가 되었을까요?
따라서 여러분은 세상 것들을 모두 버리고
영원히 거룩하시고 완벽한 스승님이신 예수 그리스도를 따르십시오.
하느님, 당신의 거룩한 은총으로 저희가 당신을 따를 수 있도록 해주소서. 아멘.

〈부활주일 목요일의 강론〉

40 참 평화를 얻는 법

"예수님께서 그들에게 말씀하셨습니다. '평화가 너희와 함께 있기를!'"
(요한 20, 19)

우리의 사랑하는 주님께서는 부활하신 다음 제자들에게 나타나실 때
"평화가 너희와 함께 있기를!" 하고 말씀하셨습니다.
누구나 안식과 평화를 바라며 이 목적을 위하여
모든 노력을 기울이며 일하고 기도하고 수행(修行)합니다.
그러나 하느님 안에서 평화를 찾지 않으면
평생 노력해도 평화를 얻지 못합니다.
그런데 하느님 안에서 이 참된 평화에 이르게 하는 길은 무엇일까요?
이 길을 요한복음 저자의 세 소명(召命)을 통하여 살펴보기로 합시다.
왜냐하면 하느님께서는 모든 사람이 이 길로 가서
영원한 평화를 얻게 되기를 바라셨기 때문입니다.

첫 번째, 요한 성인을 이 세상에서 부르시어 제자가 되도록 하셨을 때입니다.
두 번째는, 요한 성인을 가까이 오게 하시어
하느님 가슴 위에 머리를 대고 쉬게 하셨을 때입니다.
세 번째는 성령강림 대축일에 닫혀 있던 문을 여시고 들어오시어
골방에 숨어 있는 제자들에게 성령을 주시어 참사랑을 주셨을 때입니다.

따라서 하느님께서는 먼저 여러분이 세상을 떠나도록 하시기 위해 부르십니다.
이는 자신을 모든 사람보다 낮추고 자신이 좋아하는 것을 멀리하고

자신의 꼬락서니를 속속들이 알고 침묵하고 있으면서
자신이 하려고도 하지 않았던 말을 하지 않도록
말을 조심해야 한다는 것을 뜻합니다.
그리고 자신의 모든 감정이 하느님으로부터 온 것인지 아닌지를 살펴보고
다시 하느님께로 되돌려 드리고, 잡생각을 많이 하여
나쁜 생각이나 엉뚱한 생각을 갖지 않도록 하고,
이런 생각이 들면 용감하게 맞서 싸우고
오로지 하느님을 위하여 하느님의 영광을 위해서만 일하는 것을 의미합니다.
이렇게 지혜롭게 만드시기 위해
여러분으로 하여금 세상을 떠나게 하시어 제자로 만드시려는 것입니다.
제자가 되면 외적인 삶부터 내적인 삶까지 모두 바뀌는 것을 발견하게 되는데
이는 수도 생활을 처음 할 때 일어나는 일입니다.

두 번째 부르심은 그리스도의 품 안에서 쉬도록 하시는 것입니다.
요한 성인처럼 이런 특권을 누리려면
구세주처럼 거룩하게 살도록 변화되어야만 합니다.
이는 그리스도의 삶을 본받아
그리스도의 거룩한 온유함과 친구나 원수들을 위한 불타는 사랑과
아버지의 뜻 외에는 모든 것에 무관심해지시기 위해
당신을 버린 것을 부지런히 배워야 한다는 것을 의미합니다.

그리스도의 모든 인류에 대한 자비를 생각하고,
그리스도의 거룩한 가난을 생각하고,
하늘과 땅이 당신의 것이었지만
아무것도 소유하시지 않으려고 하신 것을 생각하십시오.
그리스도께서 하신 모든 말과 행동은
아버지의 영광을 위하여 그리고 모든 인간의 행복을 위한 것이었습니다. **그리스도를**
더 가까이에서 보고 그리스도의 깊은 마음을 읽고
그리스도를 주의 깊게 공부한 다음,
자신을 성찰하여 자신이 그리스도와 얼마나 다른지 깨닫고
자신의 미약함을 인정하십시오.

여러분이 이렇게 하게 되면 우리의 주님께서 여러분을 당신께로 이끄시어 여러분의 머리를 당신의 가슴 위에 뉘고 쉬게 해주실 것입니다.
이를 위해서는 우리의 구세주의 몸과 피를 먹고 마시는 거룩한 성체성사만큼 더 좋은 것이 없습니다.
그리고 하느님의 은총으로 여러분보다 더욱더 깨달은 사람들의 충고도 받게 됩니다.
그러면 하늘나라의 위로를 듬뿍 받게 되고 이 세상 것들에 대한 애착을 쉽게 버릴 수 있게 됩니다.

하느님께서는 누구에게나 이와 같이 두 가지 방법으로 부르시지만 많은 사람이 진심으로 부르심에 답하려고 합니다.
그러나 안타깝게도 경솔하여 하느님의 세 번째 부르심에 답하지 못할 때가 있습니다.
왜냐하면 요한 성인은 주님의 품에 안겨 안식을 취했지만 그리스도께서 잡히시자 주님을 버리고 도망쳤기 때문입니다.
여러분은 그렇게 하면 안 됩니다.
유혹을 받게 되면 이기심을 모두 버리고 성급함을 버리고 구세주 곁에 서서 발을 잘못 디디지 않도록 해야 합니다.
이 두 부르심에 충실히 답하고 세상 것들을 사랑하여 길을 잃지 않으면 하느님께서 여러분을 당신 가까이로 데려가실 것입니다.
여러분이 이 두 이끄심을 알아차리게 되면 돼먹지 않은 수행법으로 뒷걸음질 치려고 하지 마시고 주님의 손에 있는 도구처럼 여러분을 주님께 맡기십시오.
주님께서 당신의 길로 인도하시면 곧바로 주기도문을 외우십시오.
그러면 주님께서 여러분을 성화(聖化)시키시어 앞의 두 방법으로 백 년 동안 봉헌하는 것보다 더 많은 영광을 당신께 돌리도록 하실 것입니다.
그러나 스스로 물어볼지도 모릅니다.
나는 전 단계를 거치고 보다 높은 경지에 오른 것은 아닌가? 아닙니다.
예수 그리스도처럼 살지 않으면 아무도 더 이상 성화 되지 않습니다.
그렇게 자문하지 말고 수행을 통하여

이기심을 완전히 버렸는가를 물어보십시오.
이 점에서 자신을 부지런히 성찰하여
주님께서 다른 방법으로 인도하실 때 하느님의 기쁨을 맛보도록 하십시오.

세 번째 부르심은 요한 성인이 성령을 받고
그의 영혼 안에 하늘나라의 문이 열렸을 때 이루어졌습니다.
이렇게 하느님께서 부르시게 되면 어떤 사람은 황홀함을 느끼지만
어떤 사람들은 하느님께 모든 것을 내맡깁니다.
그래서 바오로 성인은 "어떠한 눈도 본 적이 없고
어떠한 귀도 들은 적이 없으며
사람의 마음에도 떠오른 적이 없는 것들을
하느님께서는 당신을 사랑하는 이들을 위하여
마련해 두셨다." 하고 말했습니다.(1코린 2, 9)
그러나 자신이 완전히 완덕을 갖추었다고 생각하면 안 됩니다.
외적 인간이 내적 인간에게만 몰두하게 되어야만 완덕을 갖추게 되는데
이때만 하느님께서 완전히 그를 다스리시게 되며
하느님의 수많은 기적과 풍요함이 그 안에 드러나기 때문입니다.
형제자매 여러분, 이런 은총을 받은 사람은 중압감을 견디지 못하고 너무나 쇠약해지고 무력해져서 드러누워 있어야 할 때도 있었다는 것을 알아야 합니다.
아니 이런 경지에 이르기 전에 수없이 고통스럽게
안으로 죽고 바깥으로도 죽었다는 것을 알아야 합니다.
그러나 죽음은 영원한 생명을 가져다줍니다.
하지만 하루 만에 완덕을 갖출 수 있는 것도 아니고
일 년을 준비한다고 해서 완덕을 갖출 수 있는 것도 아닙니다.
시간이 많이 걸리지만 자기를 버려야 하고 마음을 정화(淨化)해야만
완덕을 갖출 수 있게 됩니다.

이 세 과정을 거쳐야만 마음이 정화(淨化)되며
요한 성인은 놀랄 만큼 마음을 깨끗하게 했기 때문에 주님께서
"행복하여라, 마음이 깨끗한 사람들! 그들은 하느님을 볼 것이다." 하고 말씀하셨던 것입니다.(마태 5, 8)

우리의 주님께서는 이 땅의 어떤 것보다도 깨끗한 마음을 높이 평가하십니다.
깨끗한 마음은 고귀할 뿐만 아니라 덕을 많이 쌓아 얻은 것이며
하느님께서 머무시기를 좋아하시는 성령의 황금 성전(聖殿)으로
그 안에서 성자(聖子)께서 우리를 위하여 아버지께 청원하시며
매일 희생 제물을 바치시는 곳입니다.
깨끗한 마음은 가장 높은 심판자이신 하느님의 의자이며,
거룩한 삼위(三位)가 쉬시는 방이며, 영원히 영광의 빛이 비치는 곳이며,
삼위의 비밀 회의장이며, 하느님의 보물창고이며,
하느님 안에서 영원한 기쁨을 맛보는 잔치집이며,
영원한 지혜의 상징이며, 거룩한 사랑과 믿음이 밀회(密會)하는 곳이며, 그리스도의 삶과 수난의 은총이 베풀어지는 곳이며,
하느님 아버지와 사람들의 교회이며, 그리스도의 배우자이며,
성령의 절친한 친구이며, 하늘나라에 있는 성인들을 부러워하는 곳이며, 천사들의 사랑하는 자매이며, 천상 군대가 머무르는 곳이며,
모든 선한 사람들의 형제이며, 악인들이 무서워하는 곳이며,
유혹을 물리치는 곳이고, 원수의 공격을 막아내는 무기이며,
좋은 선물들을 모두 모아둔 곳이며, 모든 덕의 금고(金庫)이며,
모든 사람에게 본보기가 되는 곳이며,
잃어버렸던 모든 것을 되찾는 곳입니다.

그런데 누가 이런 마음을 갖고 있을까요?
하느님과 함께 있으면 만족하고 하느님을 열망하는 사람,
하느님만 맛보려는 사람, 하느님만 생각하는 사람,
하느님이 아닌 것이나 하느님을 생각하지 않으면 이상한 사람,
환상을 버리고 외적인 삶의 기쁨이나 슬픔을 가능한 한 멀리하려는 사람,
죽을 때까지 최선을 다하려는 사람입니다.
왜냐하면 마음이 깨끗한 사람에게는 모든 것이 깨끗하게 보이고
마음이 온유하고 겸손한 사람에게는 괴로움이 전혀 없기 때문입니다. 아멘.

〈부활 다음 주일의 첫 번째 강론〉

41 마음속으로 하는 기도와 입으로 하는 기도

"이제 다시 아버지 앞에서 저를 영광스럽게 해 주십시오."(요한 17, 5)

요한 복음저자는 우리의 사랑하는 구세주께서 이 말씀을 하셨을 때,
구세주께서 눈을 들어 하늘나라를 쳐다보신 것은
우리가 눈과 손과 마음과 힘을 하늘나라까지 들어 올리고
주님과 함께 주님 안에서 주님을 통하여 어떻게 기도해야 하는가를
우리에게 보여주시려고 했다고 말했습니다.
아드님께서 이 땅에 계실 때 아버지에 대한 존경은
이해할 수 없을 정도로 커서 인간은 이해하지 못하고
오직 성령께서만 아실뿐이었습니다.
성 안셀모 주교 학자(St. Anselm, 1033-1109)와 아우구스티노 성인은
'기도는 하느님 안에서 영혼을 들어 올리는 것'이라고 말했습니다.

형제자매 여러분, 여러분이 가난하고 궁핍하고 병들어 있을 때 부자들이 여러분에게
와서 다섯 페니(pennies)나 여섯 페니를 주면
답례로 여러 번 무릎을 꿇고 백 번이나 주기도문을 암송할 것입니다.
영원하신 하느님께서 이런 주고받음을 어떻게 생각하실지 모르지만
이것만은 분명히 말할 수 있습니다.
여러분이 기도할 때는 마음속으로 진심으로 자기(自己)를 버리고
여러분의 영혼을 모든 세상 것들보다 높이 올리고,
하느님만 생각하도록 해야 합니다.
하느님의 무한한 영(靈) 속 깊이 들어가

하느님과 완전히 하나가 되도록 하기 위해
모든 지식과 이해 등을 버리고 모든 것을 하느님께 맡겨야 합니다.
이렇게 마음속으로 하는 기도는
어떤 수행(修行)보다도 도움이 될 수 있기 때문입니다.
이렇게 하느님과 함께 있게 되면
여러분이 진심으로 간절히 구한 것을 하느님께서 들어주실 것입니다.
그리고 입으로 기도하면 하느님의 영(靈) 안으로
여러분의 영이 빨려 들어가게 되어 하느님과 진정으로 하나가 되기 때문에
마음속으로 하는 기도보다 더욱더 가치가 있다는 것을 알아야 합니다.

형제자매 여러분, 동료들이 모여서 구송기도(口誦祈禱)를 하고 있으면
망설이지 말고 함께 기도하도록 하십시오.
여러분은 구송기도를 바치기로 서원했으므로 반드시 지켜야 합니다.
그러나 여러분이 구송기도를 할 때는
모세가 그의 백성들을 광야로 데려가려고 했을 때
생각했던 것과 같은 생각을 하면서 기도해야 합니다.
그러나 여러분 나름의 특별한 기도 법이 마음에 걸리거나
외부 일이 내면 기도를 못 하게 방해하면, 내가 책임질 테니
그 모든 것을 한쪽으로 치우십시오.
그렇게 하지 않으면 원로부터 지적을 받게 됩니다.
마치 밀짚이 밀을 익게 하는 데 좋은 것처럼
모든 종류의 구송기도는 도움이 됩니다.
그래서 그리스도께서는 “진실한 예배자들이 영(靈)과 진리 안에서
아버지께 예배를 드릴 때가 온다.”고 말씀하셨습니다.(요한 4, 23)
인간의 영 안에서도 구송기도를 바치게 됩니다.
마음속으로 구송기도가 되지 않으면 부지런히 기도를 하려고 애쓰십시오. 왜냐하면
잠시 동안이라도 마음으로 기도하면
모든 구송기도와 같은 효과가 있기 때문에
아담의 시대부터 지금까지 마음속으로 기도를 바치고 있는 것입니다.

교회와 많은 부분에서 내면 기도의 기초와 벽을 마련하여

하느님께 진심으로 기도드릴 수 있게 하고 있다는 것을 알아야 합니다.
만약 내면 기도가 아무 소용이 없었다면 사라지고 말았을 것입니다.
우리의 주님께서 아버지께 말씀드렸습니다.
"아버지께서 저에게 하라고 맡기신 일을 완수하여,
저는 땅에서 아버지를 영광스럽게 하였습니다."(요한 17, 4)
주님께서 이렇게 말씀하신 것은
아버지께서 맡기신, 이 땅에서 수난을 받으시고
돌아가시는 일은 완수하시게 되었지만, 모든 사람에게
영원한 생명을 주는 일을 완수하지 못했기 때문에
죽음을 맞게 되시면서 시작하시게 된다는 것을 의미합니다.
즉 수난을 받고 죽고 부활하셔야만
맡기신 나머지 일을 시작하실 수 있게 된다는 것을 말씀하신 것으로
영원히 역사하셔야 될 것이라는 것을 암시하셨습니다.
이는 곧 수도 생활을 하는 사람들도 평생 수행을 해야만
완덕을 쌓을 수 있다는 것을 의미합니다.
사람들이 영 안에서 한 모든 외부 일은 성령 안으로 들어가고
성령 안에서 기도하고 살고 일하며 성령 안에서 자기를 죽였기 때문입니다. 자기를 죽이지 못하면 아무도 새로운 사람이 될 수 없습니다.
따라서 성령 안에서 기도하고 일하려면
아드님께서 아버지에게서 태어나신 곳
즉 하느님의 가장 깊은 곳에서 다시 태어나야 합니다.
영혼이 하느님의 가장 깊은 곳에 빠지게 되면
환상과 모든 수행법을 버리게 되기 때문입니다.
이렇게 성령 안에서 기도하게 되면 모든 일이 이루어지게 됩니다.
아드님이 아버지께 기도했던 것처럼 영혼이 아드님을 위하여
하늘나라가 땅에서도 이루어지도록 아버지께 기도드리기 때문입니다.

여러분은 "아드님을 위하여 어떻게 아버지께 기도를 드립니까?" 하고 물을 것입니다. 주님께서는 우리에게 아버지의 이름이
거룩하게 빛나게 되도록 기도하라고 가르치셨습니다.
따라서 성령을 받은 사람들은 주님의 뜻이 하늘에서와 같이

땅에서도 영원히 이루어지고 주님의 고귀한 수난과 죽음과 은총이
열매를 맺을 수 있도록 기도하는 것입니다.
그리고 모든 그리스도인을 위해서도 기도하는데
이들의 기도는 항상 들어주십니다.
그뿐만 아니라 살아가면서 일어나는 모든 일을
하느님께서 보내신 것처럼 여기고 마음 편하게 받아들입니다.
그리하여 기쁨이나 고통도 다른 감정과 마찬가지로 받아들입니다.
성령을 받은 은총이 여기에서 드러나는 것입니다.

우리의 구세주께서도 기도하셨습니다.
"그들이 모두 하나가 되게 해 주십시오.
아버지, 아버지께서 제 안에 계시고 제가 아버지 안에 있듯이,
그들도 우리 안에 있게 해 주십시오."(요한 17, 21)
그런데 이런 일치는 내적 외적으로 일어나게 됩니다.
내적 외적으로 일치를 이루어야 하기 때문입니다.
그러나 이를 잘못 이해하는 수가 많은데
신성(神性)을 갖지도 못했으므로 어떻게 하나가 되었는지 모르기 때문입니다.
그러나 이는 하나도 이상할 것이 없습니다.
왜냐하면, 우리는 몸과 영혼이 어떻게 하나가 되었는지도 모르기 때문입니다.
영혼이 어떻게 손과 발을 움직이게 하는지도 모르고 있기 때문입니다.
따라서 영혼이 하느님과 어떻게 하나가 되었는지를 몰라도
하나도 이상할 것이 없습니다.

그러나 우리는 하느님과 하나가 된 사람들은
모든 일을 때맞춰 일하게 되며 영원히 기억된다는 것을 압니다.
그들의 삶이 하느님과 같게 되어
오로지 하느님의 뜻에 따라 살게 되기 때문입니다.
그리고 쉬지 못해도 평화를 누리며
그들의 간절한 소망이 하느님의 깊은 곳으로 전해지면,
하느님께서 그들을 알고 싶어 하시고 존재하게 하시려고 하는 한
하느님 안에 있게 하시면서 모든 일을 하도록 하십니다.

이렇게 되면 기도하는 것보다 더 하느님 가까이 가게 됩니다.
그러나 이 경지에 이르지 못하면 제멋대로 수행하게 되며
이기심에 따라 살게 되며 육욕을 즐기면서 살게 됩니다.
존경할만한 영적 스승이 이 주제에 대하여 강론했지만
여러분은 이해하지 못했습니다.
여러분은 육감(肉感)으로 해석하고
스승은 영원한 생명의 관점에서 말했기 때문입니다.
사랑하는 형제자매 여러분, 내가 지나치게 해석했는지는 모르지만
하느님께서 보시기에 그렇지 않을 수도 있는데 그러면 나를 용서해주십시오.
하느님, 모든 일이 그렇게 되도록 해주소서. 아멘.

〈부활 다음 주일의 두 번째 강론〉

42 영혼의 겨울

그때 예루살렘에서는 성전 봉헌 축제*가 벌어지고 있었다. 때는 겨울이었다. 예수님께서는 성전 안에 있는 솔로몬 주랑을 거닐고 계셨는데, 유다인들이 그분을 둘러싸고 말하였다. "당신은 언제까지 우리 속을 태울 작정이오? 당신이 메시아라면 분명히 말해 주시오."
그러자 예수님께서 그들에게 대답하셨다.
"내가 이미 말하였는데도 너희는 믿지 않는다. 내가 내 아버지의 이름으로 하는 일들이 나를 증언한다. 그러나 너희는 믿지 않는다. 너희가 내 양이 아니기 때문이다. 내 양들은 내 목소리를 알아듣는다. 나는 그들을 알고 그들은 나를 따른다.

---

* 역자 주; '하누카(Hanukkah)'는 기슬레우(Chislev) 달(양력 11-12월경) 25일에 시작해서 8일간 계속되는 '성전 봉헌 축제'입니다. 8개의 촛불에 매일 하나씩 불을 밝힌다고 해서 '빛의 축제'라고도 합니다. 하누카 축제의 유래는 마카베오서에서 찾아볼 수 있습니다.
기원전 2세기 중반경 이스라엘을 통치하고 있던 셀레우코스 왕조의 안티오쿠스 왕은 왕국 내 모든 민족이 그리이스 신을 숭배하고 그리이스 관습을 따를 것을 명령하였습니다.
이에 대해 많은 유다인들이 야훼신앙을 고수하자 안티오쿠스 왕은 예루살렘 성전에 제우스 신상을 세우고 율법을 지키는 유다인들을 대대적으로 학살하였습니다.
거듭되는 가혹한 탄압으로 상당수의 유다인들은 이교의 신을 섬겼고 일단의 경건한 유다인들은 순교하였습니다.
사제 출신인 마따디아와 그의 아들들은 뜻을 같이하는 유다인과 함께 무력 항쟁을 전개하여 마침내 예루살렘을 탈환하였습니다. 그들은 안티오쿠스 왕이 더럽힌 성전을 정화하고 기슬레우 달 25일에 성전을 다시 봉헌하였습니다. 그날은 바로 안티오쿠스 왕의 성전 모독 칙령이 공포된 지 3년째 되는 날이었습니다. 율법대로 새로 만든 번제 제단에 희생제물을 바치고 할렐(Hallel)을 노래하며 8일간 축제를 즐겼습니다. 마카베오 및 그 형제들과 이스라엘 회중은 매년 기슬레우 달 25일부터 8일간 승리를 축하하며 제단 봉헌 축제를 지내기로 정하였습니다. 이것이 마카베오서에 나오는 성전 봉헌 축일의 유래입니다.

나는 그들에게 영원한 생명을 준다.
그리하여 그들은 영원토록 멸망하지 않을 것이고,
또 아무도 그들을 내 손에서 빼앗아 가지 못할 것이다.
(요한 10, 22-28)

시편저자는 이 모든 것은 솔로몬의 성전에서 일어났다고 말하고 있습니다.
"그의 처소는 평화로웠다."(시편 76, 2)
'솔로몬'이라는 이름은 '평화로운'이라는 의미이며
그리스도께서는 영원한 솔로몬이시므로
그리스도께서 계시는 곳은 평화로울 수밖에,
즉 내적 평화를 누리게 됩니다.

사랑이신 예수님께서 들어가시는 성전은
깨끗한 영혼, 내면생활을 하는 영혼입니다.
하느님께서는 어떤 다른 영혼보다도
그런 영혼을 소중히 여기시며 더 정성껏 돌보십니다.
이 성전에서 성전봉헌 축제, 즉 부활(復活)의 축제가 열리게 됩니다.
그런데 하느님께서 만드신 모든 영혼에서가 아니라
하느님께서 계시기 좋아하시는 그 깨끗한 성전에서만
부활 축제가 열리게 됩니다.

우리는 쓰기 시작한 지 오래되지 않은 것을 '**새 것**'이라 부르며
사람의 경우에는 자신의 내면으로 눈을 돌려
진심으로 자신의 영혼의 성전으로 들어가는 사람을 '**새로운 사람**'이라고 합니다.
'새로운 사람'은 거기서 영원한 진리이신
하느님께서 계시면서 역사(役事)하시는 것을 느끼게 됩니다.
그러나 육감(肉感)으로 느끼지는 못하며
이성(理性)으로도 느끼지 못하며 읽고 들은 지식으로도 알지 못하며,
오로지 하느님의 영향을 맛보고 느끼는,
자신의 영혼 깊은 곳에서 샘솟고 있는 영혼의 능력을 통하여,
하느님의 역사를 느낄 수가 있습니다.

샘은 물탱크보다 좋습니다.
물탱크에는 불순물이 쌓이게 되고 말라버릴 수도 있기 때문입니다.
그러나 샘은 항상 깨끗한 새로운 물을 분출합니다.
그리하여 하루에도 수천 번 영혼 안에 들어가는 사람의 영혼의 성전 안에서는
참된 성전 봉헌 축제, 즉 쇄신의 축제가 열리게 되는데,
성전봉헌 축제가 있을 때마다 새로운 뜻과 새로운 빛과
새로운 은총과 새로운 덕(德)이 주어집니다.
외적인 수행(修行)과 선한 일들과 함께
마음을 정화(淨化)하게 되면 완덕의 은총을 주시니,
이렇게 내면으로 눈을 돌리게 되면 얼마나 유익하게 되겠습니까?
이런 내면의 정화 없이 외적 수행을 하는 것은 아무 의미가 없습니다.
그러나 열정적인 사람은 자신의 영혼을
끊임없이 쇄신하지 않고 고행(苦行)만 하려고 합니다.
"때는 겨울이었다." 그런데 실제로 겨울이었을까요?
마음이 점점 차가워지고 마음에 은총이 없고
하느님도 계시지 않고 거룩한 것도 없는 때를 '겨울'이라고 표현한 것입니다. 사랑과
기쁨을 맛보려는 사람들은 눈과 서리 때문에 우울해합니다.
눈과 서리가 영혼 안에 있는 성령의 불을 꺼버리기 때문입니다.
눈과 서리가 냉정한 마음 때문에 은총의 샘을 얼게 해버리기 때문입니다.
눈과 서리는 영적인 위로를 받지 못하게 하고
하느님과 가까이하지 못하게 하기 때문입니다.

그러나 '**다른 겨울**'도 있습니다.
진정으로 하느님을 두려워하는 사람이 겪는 겨울입니다.
그는 하느님만 생각하고 하느님을 사랑하고 아무 죄도 짓지 않으려고 조심합니다.
그러나 하느님께서 자신을 버리신 것으로 보십니다.
그리하여 냉담하게 되고 마음이 우울하게 되고 어둡게 되고
아무런 위로도 받지 못하는 것 같아
영적인 달콤함을 전혀 맛보지 못하고 있습니다.
우리의 주님께서도 아버지의 버림을 받으시고
아버지의 도움도 받지 못하신 영적 겨울을 겪으셨습니다.

주님께서는 말할 수 없는 수난을 받으시는 동안에도
신성(神性)은 잃지 않으셨으나
인성(人性)은 간절히 바랐지만 전혀 위로를 받지 못했습니다.
주님은 모든 사람 중에서 가장 버림을 받으시고
도움을 전혀 받지 못하시고 가장 괴로워하시는 사람이었습니다.
그러나 이제는 당신의 이런 수난이
하느님께서 선택하신 친구들에게 교훈이 되고 있습니다.
'다른 겨울'을 맞고 있는 사람들은 그리스도와 하나가 되지 못하고
버림을 받은 것 같아도 기뻐하며 느긋하게 참아야 합니다.
왜냐하면 그리스도께서는 목자이시고 자신들은 양이기 때문입니다.
예수 그리스도를 본받아 마음속으로 꾹 참고
행동에서도 참는 모습을 보여주어야 합니다.
만약에 주님을 따르는 것을 너무 좋아하다가 절망하고
하느님뿐만 아니라 모든 피조물로부터 버림을 받은 듯한 겨울을 맞게 되면,
하느님께서 모습을 드러내시며
여름에 은총을 받은 것보다 훨씬 더 많은 은총을 받게 해주십니다.
그러나 아무도 이런 절망과 어둠과 영적(靈的)으로 얼어붙은 겨울 속에
숨어 있는 하느님의 깊은 뜻을
제대로 이해하지 못하고 있을 뿐만 아니라
참고 기다리지 못하고 있습니다.

그러나 복음서에서는 "유다인들이 예수님을 둘러쌌다"고 말하고 있습니다.
우리들 사이에도 좋은 사람이 있고 나쁜 사람이 있는 것처럼
유다인들 중에도 좋은 사람이 있었고 나쁜 사람도 있었습니다.
그래서 "당신은 언제까지 우리 속을 태울 작정이오?
당신이 메시아라면 분명히 말해 주시오." 하고 말한 사람은
하느님께 자신의 죄를 고백한 사람인지도 모릅니다.
영혼이 여러 가지 방법을 다하여 영혼의 내면 깊은 곳으로 들어가게 되면
기뻐하며 하느님께 자신의 죄를 고백하고
하느님을 진정으로 감사하게 되기 때문입니다.
이는 너무나 깊은 믿음을 갖고 살고 있기 때문에 가능한 행동이며,

너무나 믿음이 깊으므로 자신의 영혼이 하느님만 생각하고 있으며
내면에서 그것을 알고 외면으로도 말과 행동을 통하여 감사하면서
모든 고통을 참으려고 한다는 것을 말한 것입니다.
진심으로 하느님의 진리 안에 있는 사람은
죄를 고백하려는 생각밖에 하지 않기 때문입니다.
그래서 그리스도께서 "누구든지 사람들 앞에서 나를 안다고 증언하면,
나도 하늘에 계신 내 아버지 앞에서 그를 안다고 증언할 것이다." 하고 말씀하셨는지 모릅니다.(마태 10, 32)
여러분이 하느님만 생각하고 일을 하든 하느님을 잊고 일을 하든,
하느님을 본받고 살고 본받으려고 해야 한다는 것을 알아야 합니다.
만약 하느님 외의 다른 목표를 갖고 있다면
하느님을 거부하는 것과 다름이 없습니다.
왜냐하면 하느님의 것을 그리고 하느님만 주실 수 있는 것을
인간에게 주려고 하기 때문입니다.

그러나 주님 주변에 잠시도 주님과 같은 수난을 이겨내지 못하고
몹시 괴로워하던 나쁜 유다인들도 있었습니다.
그들은 주님에 대하여 돌 같은 마음을 갖고 있었습니다.
그러나 슬프게도 오늘날의 그리스도인들에게서도
이러한 사람들을 얼마든지 볼 수 있습니다.
우리는 하느님의 친구들에게 버럭 화를 내고
이들의 선한 행동을 참고 보지 못하고,
이들이 선한 일을 하는 것을 방해하고, 이들의 공로를 깎아내리고,
이들이 가는 길을 방해하고, 이들이 잘못되기만을
바라는 사람들을 쉽게 만날 수 있습니다.
한마디로 말하면 나쁜 유다인들이 우리의 주님께 했듯이
착한 그리스도인들에게도 그렇게 하고 있다는 것입니다.
이런 사람은 매우 위험합니다.
다른 사람들에게 선한 행동을 하여
하느님을 기쁘게 해드리려는 생각이 조금도 없는 것처럼,
나쁜 유다인들은 하느님과 당신의 친구들과

영원히 더불어 살려고 하는 기미가 전혀 보이지 않았습니다.
그래서 그리스도께서 "**나와 함께하지 않는 자는 나를 반대하는 자고,
나와 함께 모이지 않는 자는 흩어 버리는 자다.**" 하고
말씀하셨던 것입니다.(마태 12, 30)
반면에 우리의 구세주께 친절했던 좋은 유다인들과 같은 사람들은
하느님의 친구라는 증거입니다.
모든 사람에게 공평무사하고 친절하고 악의를 갖지 않고
사랑이 충만하고 호의를 갖고 사는 믿음이 깊은 그리스도인들은 칭찬할 만하며,
하느님께서 그들 영혼의 가장 깊은 곳에 계신다는 증거이며
마침내 영원한 기쁨을 맛보게 됩니다.
그러나 이렇지 않은 사람은 "**너희가 내 양이 아니기 때문이다.
내 양들은 내 목소리를 알아듣는다.**"는 말씀을 듣게 됩니다.

이제 우리의 주님께서 당신의 친구들을
'**양**'이라고 부르신 이유에 대하여 생각해봅시다.
**우리 주님께서는 양이 순수할 뿐만 아니라
온순하기 때문에 특별히 사랑하셨습니다.**
우리는 요한 묵시록(14, 4)에서 동정을 지키고 몸을 더럽히지 않은 사람들은 "어린 양이 가는 곳이면 어디든지 따라갔다."는 말씀을 읽어 알고 있습니다. **온유하고
겸손한 마음을 가진 사람은 하느님 가까이에 있게 되므로
하느님의 목소리를 듣지만 교만하고 거만한 사람들은 결코 듣지 못합니다.**
바람이 몹시 불어 문들과 창문들이 덜컹거리면
사람의 목소리를 알아듣지 못하게 됩니다.
하느님 아버지의 목소리도 여러분 영혼 가장 깊은 곳에서 자상하게 속삭이시므로
아버지의 목소리를 들으려고 하면 모든 세상의 아우성에 귀를 막고
자신의 내면에서 나오는 목소리만 들으려고 해야 합니다.
**여러분은 순수하고 온순한 양처럼 자신의 모든 것을 하느님께 맡기고
자신의 죄를 모두 고백하고 겸손하게 하느님의 목소리에 귀를 기울여야 합니다.**
이렇게 하지 않는 사람은 하느님의 양이 되기를 거부한 사람입니다.
주님께서 말씀하신 '**양**'은 오늘 밤의 성무일도에서 읽게 되는
"나는 너를 어떻게 나의 아들들 가운데 하나로 내세워 탐스러운 땅,

뭇 민족 가운데에서 가장 아름다운 상속 재산을
너에게 줄 수 있을까 하고 생각하였다.
나는 너희가 나를 '저의 아버지'라 하고 나를 따르던 길에서
돌아서지 않을 것이라고 생각하였다."는 말씀에 나오는
'상속재산을 물려받는 사람'입니다.(예레 3, 19)
그런데 하느님은 당신께서 선택하신 당신의 사랑하는 친구들에게
약속하신 이 '탐스러운 땅'은 무엇을 말할까요? 그 땅은 그들 자신의 몸입니다.
우리의 몸은 태어날 때부터 육욕을 갖고 태어나지만
하느님께서 친구들에게 육욕을 억제하고 하느님께 순종하게 되면
더 많은 기쁨을 맛보게 해주십니다.
한때는 망가져서 아무 쓸모가 없었지만
이제는 비옥하게 되고 잘 가꾸어져 있어서
씨를 뿌리기만 하면 풍성하게 수확을 거둘 수 있게 되는 그런 땅입니다.

그런데 '**가장 아름다운 상속 재산**'이란 무엇을 뜻할까요?
다름 아닌 '**우리의 주님이신 예수 그리스도**'를 말합니다.
왜냐하면 바오로 성인이 "우리는 하느님의 상속자입니다.
그리스도와 더불어 공동 상속자인 것입니다." 하고 말한 바와 같이
주님께서는 아버지의 상속자이고
우리는 주님과 공동 상속자이기 때문입니다.(로마 8, 17)
아버지께서는 아드님의 손에 모든 것을 쥐어 주셨습니다.
그리고 아드님은 모든 일에서 아버지의 영광만 바라며
가장 사소한 것까지도 아버지께 다 돌려드렸습니다.
우리도 아드님처럼 해야 합니다.
아드님께서 우리를 상속자로 만드셨기 때문에
아버지께 우리의 내면 외면에 있는 모든 것을 되돌려 드려야 합니다.
직접 받았든 간접적으로 받았든
주인이신 아버지께 빠짐없이 모두 돌려 드려야 합니다.
그런 다음 모든 것이 하느님의 것이라고 생각해야 합니다.
그러나 불행하게도 우리는 탐욕스럽고 이기적이어서
모든 것을 자신의 것이라고 생각하고 있으므로

상속자가 되지 못하고 있습니다.
왜냐하면 하느님의 것을 자기의 것으로 하려고 함으로써
상속을 받는 영광을 차버렸기 때문입니다.

그런데 "**나를 따르던 길에서**
돌아서지 않을 것이라고 생각하였다."는 말씀은 무슨 뜻일까요?
이는 회개한 이방인처럼 겸손하게 되면
하느님의 은총을 받게 된다는 것을 뜻합니다.
회개한 사람들은 수행(修行)도 하지 않고 거룩하게 되지 않아도
덕을 쌓지 않아도 은총을 듬뿍 받았지만,
유다인들은 율법을 지키고 여러 의식(儀式)을 지키고
선한 일을 많이 하고 다른 사람들이 많이 도와주어야만 은총을 받았습니다.
이방인들은 하느님으로부터 은총을 받을 짓을 아무것도 하지 않고
회개하기만 하여 자비를 받았습니다.
여러분도 진정으로 회개하고 열심히 수행하여
하느님의 자비를 받도록 해야 합니다.

여러분은 자신의 수행(修行)을 뽐내거나
자신을 지나치게 높게 평가하면 안 됩니다.
많은 사람이 자신이 제대로 수행하고
있다고 여기고 있는 것을 보면 유다인들 같다는 생각이 듭니다.
그렇게 생각하게 되면 공든 탑이 무너지게 되고
하느님과 사람의 신뢰를 얻지 못하게 됩니다.
수행을 그만두라는 말은 결코 아닙니다.
하느님의 은총만 바라지 말고 제대로 수행을 하라는 말입니다.
자신의 수행(修行)을 뽐내거나 자신을 지나치게 높게 평가하는 사람은
하느님과 하나가 되기를 바라면서도
자신이 삼베옷을 입고 사슬을 칭칭 감고 금식하고 기도하고
규율을 지키고 40년 동안 수행해온 것을 자랑합니다.
그렇게 해야만 하느님을 제대로 믿는 것으로 생각하기 때문입니다.
그러나 세상에서 좋은 일들을 많이 하면서

세상 것들을 멀리해야겠다는 생각이 들면
하느님 앞에 서서 큰일이든 작은 일이든
평생 좋은 일은 한 번도 하지 않은 것처럼 생각하고
하느님의 자비로 은총을 받은 것이라고 생각하고
자신의 수행을 합리화하지 않도록 해야 합니다.
이래야만 하느님을 배신하지 않는 것이 됩니다.
하느님, 저희가 예레미야 예언자의 예언대로 되게 해주소서. 아멘.
"나는 너를 어떻게 나의 아들들 가운데 하나로 내세워 탐스러운 땅,
뭇 민족 가운데에서 가장 아름다운 상속 재산을
너에게 줄 수 있을까 하고 생각하였다.
나는 너희가 나를 '저의 아버지'라 하고 나를 따르던 길에서
돌아서지 않을 것이라고 생각하였다."(예레 3, 19)

〈부활 두 번째 주일 강론〉

43 세상에 대한 성령의 심판

"그러나 너희에게 진실을 말하는데, 내가 떠나는 것이 너희에게 이롭다.
내가 떠나지 않으면 보호자께서 너희에게 오지 않으신다.
그러나 내가 가면 그분을 너희에게 보내겠다.
보호자께서 오시면 죄와 의로움과 심판에 관한
세상의 그릇된 생각을 밝히실 것이다."(요한 16, 7-8)

형제자매 여러분, **예수님께서 먼저 떠나셔야만,**
하느님께서 사랑하시는 친구들이나 추종자들이
성령을 받게 된다는 이 가르침을 명심하십시오.
떠나시다니요. 어떻게 떠나시나요?
할 수 없이 아무 위로도 주시지 않고
우리를 완전히 버리고 떠나가시는 것입니다.
그래서 아무리 선행(善行)을 하더라도
마음이 답답하고 무겁고 냉정하게 되고 어둡게 됩니다.
그리스도께서 우리를 떠나셨기 때문입니다.
이렇게 주님께서 떠나가 버리신 사람은 누구나
이를 어떻게 하면 기회로 만들어 이용하면
자기에게 유리하게 되고 복이 되고
하느님의 선물이 되게 할 수 있는가를 배우게 됩니다.
그리하여 현명하게 모든 것을 하느님의 뜻에 맡기게 되면
생각이 많았지만 하느님과 하나가 되어
고통 중에서도 기뻐하게 되고 어떤 모욕도 참게 되고

힘들게 일하게 되어도, 마음은 편하게 되고 고통의 의미를 알게 됩니다.

우리의 주님께서는 "보호자께서 오시면 죄와 의로움과 심판에 관한
세상의 그릇된 생각을 밝히실 것이다."고 말씀하셨는데
보호자이신 성령께서 우리 영혼의 깊은 곳에
세상에 대한 집착이 아직도 남아 있는지 남아 있지 않은지를
분명히 밝히실 것이라는 것입니다.
성령께서 거기서 세상에 대한 미련을 발견하시게 되면
드러내시고 유죄로 판결하시고 나무라실 것입니다.
그런데 우리 안에 있는 것은 세상일과 방법과 환상들뿐입니다.
즉 세상 것들로부터 위로를 받고
세상 것들 때문에 기뻐하고 슬퍼하고 두려워하고
바라고 걱정하고 있을 뿐입니다.
그래서 베르나르도 성인(St. Bernard of Clairvaux, 1090-1153)이
"여러분이 기뻐하게 되거나 슬퍼하게 된 것은
여러분이 그렇게 생각했기 때문입니다." 하고 말했습니다.
형제자매 여러분, 성령께서는 우리 안에서 이 때문에 나무라시게 되는 것입니다.
우리가 세상 것들을 갖지 못하면 불안해하고
마음의 평화를 얻지 못하기 때문에 우리를 나무라시게 되는 것입니다.
즉 세상 것들에서 기쁨을 찾고 세상 것들 때문에 죽거나 살기 때문입니다.
이런 영혼 안에는 성령께서 머무실 수 없다는 확실한 증거이기도 합니다. 왜냐하면
그리스도께서는 성령께서 오시게 되면
죄와 의로움과 심판에 관한 세상의 그릇된
생각을 밝히실 것이라고 말씀하셨기 때문입니다.

속세에 있는 사람들이 죄를 지어도 성령께서 야단을 치십니다.
그런데 무슨 죄를 짓게 되나요?
형제자매 여러분, 영원한 하느님께서는 만물을 만드시고,
불이 위로 타오르고 돌이 아래로 떨어지는 것처럼,
모든 것들이 제구실을 할 수 있도록 만드셨다는 것을 알고 있을 것입니다. 그리고
우리가 눈으로 보게 만드시고

귀로 듣게 만드시고 손으로 일하게 만드시고 발로 걷게 만드시는 등
우리의 모든 지체가 힘들든 쉽든 괴롭든 좋든
우리의 의지에 따르도록 만드셨습니다. 그렇습니다.
심지어는 우리의 의지에 따라 죽고 살게 하셨습니다.
그리하여 이 세상을 좋아하는 사람들이 의지력을 이용하여
자신이 좋아하던 것들과 명예를 기쁘게 버리기도 하고,
세상 것들을 탐하기도 하고 육욕을 즐기기도 합니다.
죄인들은 자신의 게으름을 변명하며 주님에게
"오늘날 진심으로 당신에게 순종하고
당신의 계명을 다 지키고 사는 사람이 있나요?
당신의 명령에 따라 기꺼이 자기를 버리고
헛된 것들을 버리는 사람이 있습니까?" 하고 대듭니다.
형제자매 여러분, 성령께서 오시면 이 죄를 물으실 것입니다.
하느님의 뜻을 거부하고 자신의 내면에서 줄기차게 경고하시는
하느님의 경고를 무시하고 거듭 지은 죄뿐만 아니라
숨어 있는 많은 나쁜 생각들도 아시고 벌하실 것입니다.
이 심판은 영혼 안에서 갑자기 하느님께서 야단치시는 것처럼 느끼고
몹시 아파하고 참을 수 없이 슬퍼하게 되는데
세상 것들에 집착하고 있는 줄도 모르고
본능에만 충실히 따랐던 사람들이었으므로
지옥의 고통을 느끼기 때문입니다.
이런 느낌을 생각하면 영혼 안에 성령께서 계시는 것이 분명합니다.
성령께서 영혼 안에 계시면서 우리로 하여금 진리를 알게 하시어
하느님을 믿게 만드시기도 하기 때문입니다.
왜냐하면 수많은 죄를 지은 것을 알고 고백하는 것이
하나의 죄밖에 짓지 않았다고 잡아떼며
계속하여 죄를 짓는 것보다 훨씬 낫기 때문입니다.
오 사랑하는 형제자매 여러분, 소위 수행(修行)한다는 사람이
자기만족에 빠져 살게 되면 구원을 받지 못하게 된다는 것을 똑똑히 아십시오.
제멋대로 하는 사람은 결코 하느님의 은총을 받지 못하기 때문입니다.

성령께서는 의로우시기 때문에 우리의 죄를 아시고 벌하십니다.
오 자비하신 하느님, 당신의 눈으로 보시면
저희의 의로움은 얼마나 보잘것없고 경멸스럽나이까?
따라서 아우구스티노 성인이 말했습니다.
"너무나 슬픕니다. 의로움은 눈을 씻고 찾아보아도 아무 데도 없습니다.
만약 하느님께서 계시어 오신다면,
불쌍히 여기시어 우리의 의로움을 심판하시려고 하시지 않을 것입니다."
그리고 이사야가 말했습니다.
"저희의 정의는 여인의 생리대와 같습니다."(이사 64, 6)
그리고 우리의 주님께서는 제자들에게 가르치셨습니다.
"이와 같이 너희도 분부를 받은 대로 다 하고 나서,
'저희는 쓸모없는 종입니다.
해야 할 일을 하였을 뿐입니다.' 하고 말하여라."(루카 17, 10)
형제자매 여러분, 자신이 죄를 짓고도 짓지 않았다고
잡아떼는 것은 자기를 속이는 것입니다.
많은 사람이 자신의 행동을 합리화하면서
하느님의 뜻에도 따르지 않고 다른 사람의 뜻에도 따르지 않으려고 합니다.
실제로 이런 사람은 자신을 하느님께 맡기려고도 하지 않습니다.
하느님께서 직접 또는 간접적으로 충고를 하시어도 들은 척도 하지 않습니다.
창피를 모르는 사람으로 하느님께서도 사람들도 이런 사람을 좋아하지 않습니다.
그러나 성령께서 오시면 이들의 수행법을 심판하시고 야단치실 것입니다.
그러면 진심으로 자신의 잘못을 고백하게 되고
자기를 버리는 법과 겸손과 영원한 행복을 가져다주는 덕행을 배우게 될 것입니다.

형제자매 여러분, 우리의 주님께서 말씀하셨듯이
성령께서는 세상을 심판하실 것입니다.
그리고 자신의 잘못을 모르고
오히려 자신의 잘못을 다른 사람에게
덮어씌우는 사람도 모조리 심판하실 것입니다.
우리의 주님께서 말씀하셨습니다.
"남을 심판하지 마라. 그래야 너희도 심판받지 않는다.

너희가 심판하는 그대로 너희도 심판받고,
너희가 되질하는 바로 그 되로 너희도 받을 것이다."(마태 7, 1-2)
그런데 형제자매 여러분, 오늘날에는 예외 없이
성직자들, 평신도들, 주교들, 사제들, 수도사들, 교구장들, 수도원장들,
고귀한 사람들이나 평범한 사람들 모두 서로를 심판하고 있고
서로 비난하면서 자신과 하느님 사이에 높은 벽을 쌓고 있습니다.
여러분이 하느님을 사랑하고 하느님의 영원한 은총을 받으려면
이들처럼 하면 안 됩니다.
반대로 자기 자신을 심판하고 자기 자신의 잘못을 탓하십시오.
그래야 여러분에게 도움이 되며
영원한 하느님과 거룩한 성인들로부터 비난을 받지 않게 됩니다.

형제자매 여러분, 대죄라는 것이 밝혀지지 않으면 어떤 것도 비난하지 마십시오.
큰일이든 작은 일이든 다른 사람들을 비난하는 말을 하느니
차라리 자신의 혀를 깨물고 피를 흘리십시오.
자신이 보기에 나쁜 사람이라면 조용히 하느님의 영원한 정의에 비추어보십시오.
이웃을 판단하는 버릇이 들면 자기 합리화를 하게 되고
교만하게 되고 이웃을 경멸하게 되고, 마귀의 씨앗이 되어
많은 사람의 마음을 더럽히게 됩니다.
이는 성령께서 계시지 않은 증거입니다.
성령께서는 영혼이 원하면 바른길로 인도하시고
무슨 일이든 제때 판단할 수 있게 해주시기 때문입니다.
치유를 받으면서 상처를 받게 되면 성급함 때문에
다른 서너 사람에게도 상처를 줄 때가 있습니다.
많은 사람이 있을 때는 욕지거리를 하지 말고 사랑의 말을 하십시오.
다른 사람의 마음에 상처를 주면 안 됩니다.
성직자들에게든 평신도들에게든 잘못을 바로잡아주려면
항상 친절하고 온유하게 사랑의 말을 해야 합니다.
항상 느긋한 마음을 갖고 이성을 잃지 말고
말을 많이 하든 적게 하든 공손한 말을 해야 합니다.
이분법적으로 사람을 판단하지 마십시오.

당장 해야 할 말이 아니면 하지 마십시오.

형제자매 여러분, 자신이 다른 사람들보다
더 많은 지혜를 갖고 있다고 생각하면서 우쭐대지 마십시오.
다른 생각은 하지 말고 자신의 마음을 보고 자신의 영육(靈肉)을 성찰하십시오.
신학적인 논란을 불러일으켰던
하느님의 비밀을 알려고 하다가 길을 잃지 마십시오.
그리스도께서는 우리에게 하느님의 비밀을 알지 못하게 하신다고 가르치셨습니다.
참되고 순수한 믿음을 갖고 하느님만 믿고
구태여 알려고 하지 말고 삼위(三位)를 믿으십시오.
아리우스(Arius)나 사벨리우스(Sabellius)와 같은 이단자들은 성령을 영원한 하느님으로부터 나오는 '힘'이나 '에너지'라고 주장했으며 솔로몬과 교부 오리겐(Origen)은 거룩한 교회에 대하여 말했는데
이들은 과연 어떤 평판을 받고 있나요? 우리는 모릅니다.
자신을 면밀히 성찰하여 자신만 자기에 대하여 답할 수 있도록 하십시오. 하느님과 하느님의 거룩한 뜻만 생각하고
소명(召命)을 충실히 완수하려고만 하십시오.

여러분이 하느님의 뜻을 모르면
성령을 받아 여러분보다 더욱더 깨달은 사람들의 조언을 듣도록 하십시오. 그러한 사람이 가까이에 없으면 바로 하느님께로 가십시오.
그러면 틀림없이 하느님께서 여러분이 필요로 하는 것들을
모두 알려주시는데 이를 명심해야 합니다.
만약 의심이 들면 가장 세상과 먼 것,
즉 여러분이 가장 가고 싶지 않은 길을 택하여 처음부터 시작하도록 하십시오. 왜냐하면 하느님께서는 자기를 죽인 마음에만 계시면서
은총을 듬뿍 주시려고 하시기 때문입니다.

형제자매 여러분, 주님께서 가장 사랑하셨던 제자들도
예수 그리스도께서 이렇게 떠나시기 전에는 성령을 받지 못했으므로
우리도 주님께서 우리를 떠나실 때를 생각하고

기쁘게 성령을 맞이할 준비를 해야 합니다.
하느님을 위하여 모든 것을 버리면
하느님께서는 틀림없이 모든 일에서 여러분에게 성령을 보내주실 것입니다.
형제자매 여러분, 진심으로 내면생활을 열심히 하면
이 세상에서도 성령님을 모시는 놀라운 상급(賞給)을 받게 될 것입니다.

우리의 구세주께서는 성령께서 오시게 되면 우리에게 모든 것
심지어는 미래의 일까지도 가르쳐주실 것이라고 말씀하셨습니다.
이는 밀을 많이 수확하게 될 것이라든지
밀 값이 비싸게 되거나 싸지게 될 것이라는 것을
미리 알려주신다는 의미가 아니라, 수덕생활을 하는 데 필요한
모든 것을 우리에게 알려주신다는 것을 의미합니다.
그리고 하느님에 대하여 모르던 것들도 알려주시고,
이 세상은 거짓투성이이고, 우리의 본능이 우리를 잘못 인도하고 있고,
나쁜 생각들은 아주 교활하다는 것도 가르쳐주실 것입니다.
형제자매 여러분, 정신을 똑똑히 차리고 끊임없이 하느님의 길을 가십시오.
여러분은 소명을 잊지 말고 충실히 다하도록 하십시오.
하느님께서 내면생활에 충실하도록 소명을 주시면 외면생활에 치중하고,
외면생활을 성실히 하라는 소명을 주시면 내면생활에 치중하는
완고하고 비뚤어진, 청개구리 같은 사람의 본을 받지 않도록 해야 합니다.

형제자매 여러분, 성령께서 오시게 되면
이렇게 우리에게 모든 진리를 가르쳐주신다는 것을 알아야 합니다.
그리고 진심으로 우리의 죄를 고백하게 하시고
우리의 눈으로 사물을 보지 않게 하시고,
진리에 따라 어떻게 살아야 하는가를 알게 해주시고,
어떻게 하면 겸손하게 하느님과 모든 피조물들에게
순종하며 살 수 있는가를 가르쳐주십니다.
이것이야말로 진심으로 겸손하여
완덕을 갖추어 행복하게 살기 위한 지혜가 아니겠습니까?
이런 사람은 말만 겸손한 사람과 다릅니다.

말만 겸손한 사람에게 말만 겸손하다고 말하면 참지 못합니다.
온유하지도 않고 자기를 버리지 못했기 때문입니다.
진정으로 겸손하지 않으면 우리는 주님과 같은 삶을 살 수 없습니다.
하느님, 저희가 주님과 모든 피조물에 순종하게 해주소서.
저희가 주님의 거룩한 뜻에만 따르도록 해주소서.
성령께서 저희에게 오시게 하시어
주님의 거룩한 진리의 길을 알게 해주소서. 아멘.

〈부활 네 번째 주일 첫 번째 강론〉

44 성령께서 오시지 못하도록 방해하는 것들

"그러나 너희에게 진실을 말하는데, 내가 떠나는 것이 너희에게 이롭다.
내가 떠나지 않으면 보호자께서 너희에게 오지 않으신다.
그러나 내가 가면 그분을 너희에게 보내겠다."(요한 16, 7)

사랑하는 형제자매 여러분, 진정한 행복을 얻으려면
어떻게 행동해야 하는지를 잘 알아야 합니다.
사람들이 좋아하는 모든 것들을 버려야만 행복을 얻을 수 있습니다.
아무리 좋아 보이고 소중하더라도
아무리 거룩하게 보이더라도 모든 것을 버리고 놓아버려야 합니다.
그리스도의 제자들은 주님으로부터 많은 은총을 받고
거룩하게 되고 사랑을 듬뿍 받았기 때문에
주님을 버리지 않으려고 했던 것은 아니었습니다.
성령을 받기 위하여 주님을 버리지 않으려고 했습니다.
세상 것들을 버리지 않으면 아무도 하느님의 은총을 받을 수 없습니다.
성령을 받지 못하게 하는 '**세 장애물**'이 있습니다.

첫 번째 장애물은 하느님의 법을 따르지 않고 세상 것들에서 기쁨을 찾고 하느님의
길에서 멀어진 나쁜 사람들에게서 볼 수 있습니다.
시편저자는 이들에 대해서 "당신 계명을 떠나 헤매는 자들은
저주받은 자들입니다." 하고 말했습니다.(시편 119, 21)
즉 하느님을 떠나 피조물에게 돌아간 사람들은
저주를 받게 된 것이라고 말한 것입니다.

참으로 착한 사람들이지만 필요 없는 것까지 욕심을 내고
외부 일에서 쾌락을 찾는 사람들이 있습니다.
그래서 우리의 주님께서는 이들에 대하여 말씀하셨습니다.
"자기 목숨을 사랑하는 사람은 목숨을 잃을 것이다."(요한 12, 25)
주님께서는 '**육**(肉)**을 사랑하는**' 사람에게 말씀하신 것으로 이어서
"이 세상에서 자기 목숨을 미워하는 사람은
영원한 생명에 이르도록 목숨을 간직할 것이다." 하고 말씀하셨습니다.
이 후자(後者)는 '**육욕**(肉慾)'을 억누르거나 이겨낸 사람들입니다.

두 번째 장애물은 영성을 찾으려고 무척 애를 쓰지만
7성사를 잘못 이해하고 '**외적인 표징**'에만 지나치게 몰입하여
내적인 은총을 받지 못하고 있는 사람에게서 발견할 수 있습니다.
왜냐하면 거룩한 성사는 우리를 변치 않는 진리로
인도하기 위하여 제정된 것이기 때문입니다.
7성사가 생활화된 삶은 하느님과 하나가 되고
그리스도 안에 있는 인간성과 하나가 된 증거이며
하느님과 영혼이 결혼한 것임을 보여주는 것입니다.
따라서 7성사를 육감적으로만 이해하여 외적인 표징만 보여주려고 하면
영원한 진리를 얻지 못하여 하느님과 결혼하여 의롭게 살 수가 없게 됩니다.

또 어떤 사람들은 기도를 열심히 하고 죄를 고백하면서도
진리를 깨닫지 못하고 '**형식적인 고해성사**'에 지나치게 집착함으로써
성령을 받지 못합니다.
우리의 구세주께서는 이러한 사람들에게 말씀하셨습니다.
"목욕을 한 이는 온몸이 깨끗하니 발만 씻으면 된다.
너희는 깨끗하다. 그러나 다 그렇지는 않다."(요한 13, 10)
이는 진심으로 솔직하게 자신의 모든 죄를 고백하기만 하면
이미 회개하고 고백한 것이 되므로 옛날의 죄에 대해서는
더 이상 회개할 필요가 없다고 생각하는 사람을 두고
주님께서 말씀하신 것입니다.
참회하여 죄를 짓지 말아야 함에도

꼭 같은 죄라는 돌부리에 걸려 매번 넘어지고 있기 때문입니다.
우리는 매일 아무리 작은 죄라도 고백하고,
양심의 가책을 느낄 정도의 잘못도 저지르지 말고, 완전히 깨끗해져야 합니다.

그리고 거룩한 성체성사 시에 지켜야 하는
'외적인 관습'에 지나치게 신경을 쓰면 안 됩니다.
너무나 많은 성사(聖事)를 치름으로써
내적인 열정을 잃어버려도 안 됩니다.
진정한 성사는 내면으로 하느님을 그리워하고
하느님과 하나가 되는 것이지 겉으로만 하나가 되는 것이 아닙니다.
따라서 어떤 사람들은 성체를 제대로 받아먹지 못하게 됩니다.
왜냐하면 모든 성사는 우리를 진리를 통하여
하느님께로 인도하는 것이기 때문입니다.

우리는 자신의 소명을 알고 제 자리에 우뚝 서서 언제나 하느님을 찬양해야 합니다.
하느님 아버지를 진심으로 찬양하려는 사람은 침묵하며
자기를 버리고 하느님을 그리워해야 하며 변함없이 하느님을 믿어
자신의 영혼을 하느님과 하나로 만들어야 합니다.
이렇게 되면 시간 가는 줄도 모르고
쉴 수 있게 되며 육(肉)의 삶을 살지 않게 됩니다.
그래서 바오로 성인은 우리에게
기뻐하면서 끊임없이 하느님께 감사하고 항상 기도하라고 말했던 것입니다.
끊임없이 기도하려면 자축(自祝)하지 말고 하느님 앞에 겸손하게 머리를 숙이고
자기를 버리고 하느님께 모든 것을 맡기면서
하느님의 사랑 안에서 모든 일을 하도록 해야 합니다.
이렇게 하여 하느님과 하나가 되게 되면
영성을 갖게 되고 하느님께만 매달리게 됩니다.
이렇게 되어야만 하느님과 같은 사람이 되게 되므로
비로소 하느님을 진심으로 찬양하게 됩니다.

그런데 진심으로 하느님을 찬양하는 사람이 드문 것이 현실입니다.

왜냐하면 오로지 세상 것들의 도움을 받기 위하여
자주 하느님께 기도드리기는 하지만
오히려 자신에게 상처를 주기 때문입니다.
세상 것들은 괴로움과 상처를 주고 해(害)만 끼치기 때문입니다.
옳은 믿음이 없이 세상 것들을 위하여
기도하는 사람들에게는 비참함만 돌아오므로
자신도 모르는 채로 천벌을 참을 수 있도록 기도하게 되기 때문입니다.
하느님을 찾으면서도 하느님과 함께 다른 것도 찾는 사람은
결코 하느님을 만나지 못하게 됩니다.
그러나 진심으로 하느님만 찾는 사람은
하느님을 만나게 될 뿐만 아니라
하느님께서 주시는 모든 것도 얻게 됩니다.

착하기만 한 많은 사람이 완덕을 갖추지 못하는 것은
주 예수 그리스도라는 분을 제대로 알지 못하여 환상 속에서 살기 때문입니다.
이러한 사람들은 마음속으로 천사들이나 사람들
그리고 그리스도의 인성(人性)을 보지만, 그리스도께서 그들에게 말씀하셨다고 믿고
하느님의 은총이라고 생각하며 죄를 짓기도 하고 수행하기도 하고
하느님을 팔아 어떤 일을 하려고 합니다.
그들은 하느님께서 하시려고 하면
피조물의 도움 없이 무슨 일이라도 하실 수 있다고 생각하여
지나치게 주님께 의존하려고 했습니다.
그래서 우리 주님께서는 제자들에게
"내가 떠나는 것이 너희에게 이롭다."고 말씀하셨는데
제자들에게 완덕을 갖추게 하시려고 하셨기 때문입니다.
그들에게는 주님의 인성(人性)이 장애가 되었는데
신성(神性)은 생각하지 않고 인성에만 매달렸기 때문입니다.
그들이 모든 일에서 주님을 따랐다면 하느님같이 되었을 것입니다.
그래서 그리스도께서는 "나는 길이요 진리요 생명이다.
나를 통하지 않고서는 아무도 아버지께 갈 수 없다." 하고
말씀하셨던 것입니다.(요한 14, 6)

그러나 그들은 잘못 생각한 나머지
자신들이 주님의 길을 가고 있다고 자부하고 있었습니다.
예수님께서는 당신을 통하지 않으면
아버지께 갈 수 없다고 하신 이유를 설명하셨습니다.
"하느님께서 너희 아버지시라면 너희가 나를 사랑할 것이다.
내가 하느님에게서 나와 여기에 와 있기 때문이다.
나는 나 스스로 온 것이 아니라 그분께서 나를 보내신 것이다."(요한 8, 42)

우리는 오로지 그리스도의 신성(神性)과 하나가 되기 위해서만
그리스도의 인성(人性)을 찬양해야 합니다.
인간 그리스도는 참 하느님이시며 하느님께서 사람이 되신 것입니다.
어떤 피조물도 생각하지 말고 아버지께 가는 유일한 길이신
우리 주 예수 그리스도만 본받도록 합시다.
우리가 진리이신 그리스도의 길로 들어섰다는 생각이 들어도
하느님의 진리를 깨달았다고 해도, 아직 우리는 완전히 행복하지는 않습니다.
왜냐하면 우리는 하나가 되려는 생각만 줄기차게 해왔을 뿐이지
아직 우리가 하느님과 하나가 되지 못했기 때문입니다.
하느님만 계시다고 생각해 왔기에 하느님만 보이는 것입니다.
따라서 우리가 하느님을 보는 것도 아니고 하느님을 아는 것도 아닙니다.
아우구스티노 성인이 말했습니다.
"아무 피조물도 생각하지 않고 하느님께로 가지 않으면
결코 하느님께로 갈 수도 없으며 하느님의 포근함도 맛볼 수 없습니다."

영혼은 피조되었으므로 관상하는 동안만이라도 하느님을 닮으려고 해야 합니다.
천사들과 성인(聖人)들을 관상하면서 천사들이나 성인들이나마 닮으려고 하면 모두
피조된 것이므로 하느님과 하나가 될 수 없습니다.
아무것도 생각하지 말고 하느님께로 가서 하느님을 닮으려고 해야 합니다.
영혼이 하느님의 색깔을 갖게 되자마자 하느님의 색깔을 보여줄 수 있듯이,
하느님께서 영혼에게 힘을 주시자마자
하느님과 닮게 되며 하느님과 하나가 됩니다.
영혼의 힘은 하느님을 닮으려고 하는 것이며,

하느님을 닮으려고 하는 것은 덕을 쌓는 것이며,
하느님의 색깔을 갖게 되는 것은 하느님과 하나가 되는 것을 의미합니다.
따라서 영혼이 하느님의 색깔을 갖게 되면
더 이상 피조물이 행동하는 것처럼 보이지 않게 되고
하느님과 하나가 되어 하느님께서 역사하시는 것처럼 보이게 됩니다.
따라서 영혼이 하느님을 관상하는 동안에는
더욱더 하느님과 하나가 되게 되므로,
하느님께서 영혼 깊은 곳으로 더 깊이 들어가실수록
영혼을 하느님 가까이 끌어당기시지만, 영혼은 아무 영문도 모릅니다.
그러나 이 동안에는 하느님께서 이 영혼을
어디까지나 피조물로서 붙들고 계시는 것입니다.
이렇게 은총의 빛은 여러분으로부터 본성의 빛을 몰아냅니다.
왜냐하면 은총의 빛이 비치게 되면 영혼은 더 많이 알게 되지만
본성의 빛이 비치게 되면 더욱더 어두워지기 때문입니다.
영혼이 진리를 알고 싶어 하면, 피조물들에 이끌리고 있는 것인지 아닌지,
길을 잃고 있는 것인지 아닌지, 하느님을 진정으로 사랑하는지,
하느님께 가지 못하게 방해하는 것이 있는지를 생각하고
마지막으로 영혼 안에 하느님만 계신지를 생각해보아야 합니다.
영혼이 이 모든 것들을 인정하면
성모님께서 성전에서 주님을 잃어버리셨던 것처럼 그리스도를 잃은 것입니다.
주님께서는 아버지의 높은 뜻을 가르쳐주는 학교에 머물러 계시면서
성모님을 전혀 생각도 하시지 않고 계시는데도
성모님께서는 기쁘게 주님만 찾으려고 하셨습니다.
이와 같이 고귀한 영혼은 하느님의 학교로 가서
하느님과 인간 그리스도의 관계를 배우게 됩니다.
그리고 가장 찬양할만한 하느님의 뜻을 배우게 됩니다.
이런 사람은 가장 완전한 하느님의 사람으로
하느님의 뜻에 따라 모든 일을 하고 모든 것을 사랑합니다.
하느님, 저희가 모든 장애를 물리치고 이런 행복한 순간을 갖게 해주소서. 아멘.

〈부활 네 번째 주일 두 번째 강론〉

45 왜 기도의 응답을 받지 못할까요

예수님께서 다시 그들에게 이르셨다.
“너희 가운데 누가 벗이 있는데, 한밤중에 그 벗을 찾아가
이렇게 말하였다고 하자. ‘여보게, 빵 세 개만 꾸어 주게.
내 벗이 길을 가다가 나에게 들렀는데 내놓을 것이 없네.’
그러면 그 사람이 안에서, ‘나를 괴롭히지 말게.
벌써 문을 닫아걸고 아이들과 함께 잠자리에 들었네.
그러니 지금 일어나서 건네줄 수가 없네.’ 하고 대답할 것이다.
내가 너희에게 말한다. 그 사람이 벗이라는 이유 때문에 일어나서
빵을 주지는 않는다 하더라도, 그가 줄곧 졸라 대면
마침내 일어나서 그에게 필요한 만큼 다 줄 것이다.”(루카 11, 5-8)

이는 주님께서 우리에게 어떻게 기도해야 하는가를
가르쳐주신 것으로 곧 이어서 말씀하셨습니다.
“내가 너희에게 말한다. 청하여라, 너희에게 주실 것이다.
찾아라, 너희가 얻을 것이다. 문을 두드려라, 너희에게 열릴 것이다.
누구든지 청하는 이는 받고, 찾는 이는 얻고,
문을 두드리는 이에게는 열릴 것이다.”(루카 11, 9-10)
청하고 찾고 두드리는 것의 차이에 대하여 생각해봅시다.
‘**청한다는 것**’은 내적 인간이 진심으로 하느님께로 돌아서서
간절하게 은총을 간청하는 것을 의미하고, ‘**찾는다는 것**’은 다른 것보다 그것을 더 갖고 싶어 하여 기도하는 것을 의미하며, ‘**두드린다는 것**’은 청한 것을 얻을 때까지 결코 포기하지 않고 계속하여 청원하는 것을 의미합니다.

가경자 비드(the Venerable Bede, 672-735)는
이 가르침을 다음과 같이 설명했습니다.
"우리의 주님께서 말씀하신 '**친구**'는 '**사람의 영혼**'으로
영적(靈的)이지 않은 생각을 하면서 길을 잃고 먼 낯선 땅으로 갔지만
너무나 배가 고프고 목이 말라 뭔가를 찾다가 찾지 못하고
다시 돌아오는 것을 말합니다.
그래서 영혼은 하느님이신 친구의 집 문 앞에 서서 기도하고 문을 두드리면서
빵 세 조각을 청하는데 빵 세 조각은 거룩한 삼위(三位)의 지혜를 의미합니다. 친구는
'나도 잠자리에 들었을 뿐만 아니라 종들도 잠자리에 들었다'고 둘러댔습니다.
이 '**종들**'은 하느님을 관상하고 있는,
하느님께서 임명하신 '**스승**'들을 의미합니다.
그러나 영혼은 막무가내로 문 앞에 서서 자기가 청하는 것을 주기 위하여
친구가 잠자리에서 일어날 때까지 계속하여 문을 두드렸습니다."
하느님께서는 스승들을 통하여 응답을 주시거나 직접 응답해주십니다.
이 때문에 그리스도께서 "내가 너희에게 말한다.
청하여라, 너희에게 주실 것이다. 찾아라, 너희가 얻을 것이다.
문을 두드려라, 너희에게 열릴 것이다." 하고 말씀하셨던 것입니다.

우리는 하느님께서는 말할 수 없을 정도로 자비로운 분임을 알아야 합니다.
왜냐하면 하느님께서는 우리가 청하는 것을 기꺼이 주시므로,
진심으로 청하라고 하시고 청하는 방법까지 가르쳐주셨기 때문입니다.
그러나 하느님께서는 게으른 사람에게는 선물을 주시지 않고
간절히 끊임없이 청하는 사람들에게만 선물을 주십니다.

그런데 우리는 무엇을 청해야 할까요? '사랑'입니다.
기도하거나 분심(分心)을 버리려고 할 때는 진정으로 겸손하게 하느님 발 앞에 엎드려
하느님께서 자비로 사랑을 주시기를 간청해야 합니다.
하느님 아버지의 마음의 문을 두드리고 사랑의 빵을 선물로 청해야 합니다.
빵이 아닌 세상에 있는 모든 음식을 먹는다고 해도
아무 맛이 없고 배부르지도 않게 되기 때문입니다.
따라서 하느님의 사랑만 간구해야 합니다.

그리고 하느님께 어떻게 기도해야 하는가를 가르쳐달라고 청해야 합니다.
하느님께 당신을 가장 기쁘게 해드리는 기도가 무엇인가를 여쭙고
어떤 내면의 수행(修行)을 해야 가장 좋은지를 물어보아야 합니다.
그런 다음 자신에게 떠오르는 생각이 하느님에 관한 것이든,
거룩한 삼위(三位)에 관한 것이든,
주님의 수난과 상처에 관한 것이든 무조건 받아들여야 합니다.

그러나 많은 기도를 구송기도로 바쳐야 하기 때문에
모두 마음으로 기도할 수는 없다는 것을 알아야 합니다.
사랑하는 형제자매 여러분, 가능한 한
경건하게 하느님의 말씀으로 우리 주님께 기도하십시오.
그러면 여러분의 마음이 기쁨으로 가득 찰 것입니다.
그리고 하느님 아버지께는 외 아드님을 통하여 기도하면
어떤 식으로 하느님을 기쁘게 해드리든 관계없이
여러분의 영혼 안에 당신의 모습을 드러내십니다.
여러분이 좋아하는 방식대로 기도하고 있을 때
자신의 죄 때문에 슬픈 생각을 하고 있든
다른 생각을 하고 있던 그 생각에 머무십시오.
우리 주님께서 우리에게 찾고 발견하는 방법을 가르쳐주신 것은
하느님의 뜻을 수행(遂行)하고 이웃을 돌보는 은총을 찾고 발견하는 것입니다.
끊임없이 문을 두드리십시오. 그러면 왕관을 씌워주실 것입니다.

우리의 구세주께서 말씀하셨습니다.
"너희 가운데 어느 아버지가 아들이 생선을 청하는데,
생선 대신에 뱀을 주겠느냐? 달걀을 청하는데 전갈을 주겠느냐?
너희가 악해도 자녀들에게는 좋은 것을 줄 줄 알거든,
하늘에 계신 아버지께서야 당신께 청하는 이들에게
성령을 얼마나 더 잘 주시겠느냐?"(루카 11, 11-13)
'**생선을 선물로 받는다는 것**'은
'**하느님에 대한 믿음**'을 갖게 된다는 의미이며
'**달걀의 선물**'은 '**두터운 신앙**'을 뜻합니다.

그런데 "청하여라, 너희에게 주실 것이다."고 하셨지만,
많은 사람이 평생 살아 있는 빵, 즉 생명의 양식을 청하는데도
왜 아직도 받지 못하고 있을까요?
그러나 우리는 하느님께서는 너무나 자비하신 분이라서
우리가 은총을 청하는 것보다
수 천 번 더 은총을 주시려고 한다는 것을 잘 알고 있습니다.
우리는 주기도문과 시편과 성령께서 가르쳐주신
많은 기도를 매일 바치고 있지만 응답을 받지 못하고 있습니다.
응답을 받지 못하는 이유가 있는데 정말 놀라운 것입니다.
형제자매 여러분, 내가 그 이유를 말씀 드리겠습니다.
여러분이 아직도 도저히 이해할 수 없는 집착을 갖고 있기 때문입니다.
살아 있거나 죽은 자신이나 일가친척들만 좋아하므로
하느님의 사랑이 있을 자리가 없기 때문입니다.
여러분이 좋아하는 것들을 청하는 기도를
아무리 드리더라도 아무 소용이 없기 때문입니다.
그래서 성 빅토르의 후고(Hugh of St. Victor, 1096-1141)가
"아무도 영혼 없이는 살 수 없듯이
아무도 사랑이 없이는 살 수 없습니다." 하고 말했습니다.

우리 모두 자신을 성찰해봅시다.
어떤 것을 사랑하게 되면 다른 것은 시큰둥하게 된다는 것을 알아야 합니다.
아우구스티노 성인이 말했듯이
여러분이 **'참 사랑'**을 하고 있는지 다시 한 번 더 생각해보십시오.
세상 것들에 대한 집착을 버리지 못한 채로 하느님께 가기 때문에
기도하고 청해도 천상양식을 받지 못하게 되는 것입니다.
이것이 하느님의 잘못인가요?
만약에 빵 대신에 돌을 받는다면 마음이 돌처럼 메마르고 차서
열심히 수행(修行)하지 않았기 때문에 은총을 받지 못한 것이 아닐까요?
그들은 좋은 책을 많이 읽고 좋아하지만
그들의 영혼 안에 있는 은총의 샘물은 마시지 못하고 있습니다.
사람들은 타성에 젖어 매일 일하고 잠자고 일어나고 다시 일하는 것을 반복하고

기도도 기계적으로 바치고 있으면서도 당연한 것으로 생각합니다.
그러는 동안에 마음이 맷돌처럼 완고해져
다른 생각은 전혀 하지 못하고 있습니다.
이들에게 싫어하는 일을 하게 하면
돌 같은 마음을 때리는 것처럼 느끼게 됩니다.
사랑하는 형제자매 여러분, 이 완고한 마음을 주의하십시오.
이러한 사람에게는 할 말이 없습니다.
"나는 너희를 지켜보고 있다. 오로지 하느님만을 위하여 일하여라!"는
주님의 말씀 한마디만 전하고 지나가십시오.
여러분의 머리에 돌을 던질지도 모르니 조심하십시오.
그들에게는 어려운 말로 대꾸하지 말고 입을 닫고
여러분의 마음을 하느님께 바치십시오.
여러분을 싫어하는 사람들에게는 온유하고 순진한 양처럼 대하십시오.
아무 말도 하지 말고 참으면서 여러분의 느낌을 주의 깊게 지켜보십시오.
영혼의 돌은 알아차리기 전에는 오랫동안 숨어 있는 수가 많습니다.

나는 이러한 사람들이 미워하는 감정을 숨기고
회개하지 못하고 있는 것을 보게 되면
성체를 받아먹지 못하게 하고 싶습니다.
많은 사람이 20년 또는 30년 동안 제대로 고백하지도 않고
제대로 믿지도 않으면서 성체를 받아먹는 것을 보면
몹시 괴로울 뿐만 아니라 무서운 생각이 듭니다.
그리스도교에서 가장 막강한 힘을 가진 교황도
이러한 사람들을 용서하지 못할 것입니다.
이러한 사람들은 거룩한 성체를 많이 받아먹을수록
그리고 더 많이 기도하고 착한 일을 더 많이 할수록
이들의 마음은 더 돌같이 완고하게 되고 더 눈멀게 되고 더 굼뜨게 됩니다.
그런데도 모든 일을 잘하고 있다고 생각하는데
자신이 외부적인 일들을 열심히 하고 있다고 믿기 때문입니다.
죄를 버리고 바른길로 가지 않으면서
성체를 받아먹고 하느님 가까이 가는 것보다는

착한 일을 아무것도 하지 않는 것이 더 낫습니다.
하느님께서는 그러한 행동을 반드시 벌하신다는 것을 알아야 합니다.
하느님께서 영육(靈肉)으로 괴롭게 만드실 뿐만 아니라
생선 대신에 뱀을 주시는 벌을 주신다는 것을 알아야 합니다.

형제자매 여러분, 이러한 사람들의
또 다른 나쁜 점은 '**경솔하게 판단하는 것**'입니다.
뱀의 독이 퍼지면 조금도 착한 행동은 하지 않고 자신의 명예를 손상시키고
나쁜 짓들만 하면서 이웃에게 독이 묻은 침을 뱉습니다.
이들은 자신의 죄를 모르고 이웃의 잘못만 판단하면서
몰래 독을 주입시키는 뱀의 역할을 할 때가 많습니다.
따라서 이렇게 하지 않으려면 자신만 판단하고 아무도 판단하지 않아야 합니다.

그리고 이러한 사람들은 달걀 대신에 전갈을 받습니다.
즉 자신을 잘못 판단하고 덕을 쌓고 있다고 믿으며 다른 사람들을 경멸합니다.
이들은 전갈을 받으면서도 왜 다른 것들은 주시지 않느냐고 묻습니다.
기도도 하고 경건한 책들을 많이 읽고 거룩한 성가를 부르고
다른 사람들처럼 살았는데 왜 다른 것들은 주시지 않느냐고 대듭니다.
마치 전갈이 입에는 독이 없지만, 꼬리로 찌르는 것과 같습니다.
이러한 일들은 잘못 믿고 잘못 알고 있기 때문에 생깁니다.
그런데 이들이 잘못을 깨닫기 시작하면 무슨 일이 생길까요?
이들은 절망에 빠지고 죽음의 독이 퍼져 영원히 믿음을 잃게 됩니다.

형제자매 여러분, 영혼의 내면에서 무슨 일이 일어나고 있는지를 모르고 하느님께서 싫어하시는 일만 했기에 이러한 일이 생기게 된 것입니다.
형제자매 여러분, 이 때문에 어떤 죄들은 교황의 용서를 기다리고 있고
어떤 죄들은 특별히 지명한 고해사제나
주교에게 가서 용서를 받도록 하고 있습니다.
이렇게 조치한 것은 결코 쓸데없는 짓을 한 것이 아니라
여러 종류의 죄들을 분간하고 이들 죄에 대하여 지혜롭게 생각하고
이들 죄 때문에 더 이상 슬퍼하지 않고

다시는 이러한 죄들을 짓지 않도록 하기 위한 것입니다.
형제자매 여러분, 영혼이 이렇게 나쁜 생각을 하고 있으면서 슬픔을 없애려고, 우리를 사랑하시기 위해 흘리신 그리스도의 피를 마시는 것이 얼마나 무서운 죄인지 알고 있습니까?
이 때문에 어떤 수도원들에서는 3주(週)에 한 번만 성체를 받아먹도록 하여 성체를 받아먹을 준비를 성실하게 하여 영원한 생명을 얻을 수 있게 하고 있습니다.
그러나 여러분은 거룩한 성체를 받아먹을 마음의 준비를 단단히 하는 버릇을 들이도록 해야 합니다.
주님께서 당신의 손으로 당신의 영혼을 준비시키시도록 기도하십시오. 모든 사람에게 친절하게 대하고 내면생활을 열심히 하고 모든 사람에게 겸손하고 세상 것들을 모두 버리도록 하십시오.

어떤 스승이 "어떤 사람이 수도원에서 정한 것보다 더 자주 주님의 몸을 받아먹으려고 하면 얼마나 기쁘십니까?"하는 질문을 받고 답했습니다.
"우리 주 하느님은 찬미 받으소서.
이렇게 하느님을 그리워하는 사람이 있다는 것이 너무나 기쁘나이다.
수도원에 있는 모든 사람이 이러한 특권을 누릴 수 있도록 도와주소서." 그러나 이러한 사람들도 자신과 다르게 행동하는 사람들을 나쁘다고 생각하면 안 됩니다.
왜냐하면 그렇게 하지 못하면 겸손하지 못하게 되어 은총을 받지 못하게 되기 때문입니다.
그리고 어떤 사람이 여러분을 심판하여 심한 말로 비난하면 하느님께서 직접 그렇게 하도록 만드셨다고 생각하십시오.

그리고 다른 돌들도 있습니다.
진심으로 이 세상 것들을 버리고 하느님을 그리워하고 있지만 완고하고 메마르고 냉정하고 무관심한 영혼이 바로 이런 돌입니다.
만약 여러분이 이 때문에 괴로워하고 있다면 정신을 바짝 차리고 이 영적(靈的)인 메마름을 참고 견디고 수행(修行)을 계속하라고 나는 권고하고 싶습니다.
내적인 혼돈만 생기기 때문에 여러분은
여기에서 위안을 찾으려고 하면 안 됩니다.
절망하면서 느긋하게 기다리십시오.
자신의 잘못을 찾아내어 심하게 자신을 비난하고 자신을 호되게 꾸짖으십시오.
하느님의 이러한 심판이 일 년 동안 지속되면 이보다 더 좋은 것은 없습니다.
하느님 안에서 자기 자신에게 돌을 던지십시오.

여러분도 이와 같은 잘못을 꼭 같이 범할 수 있습니다.
망설이지 말고 하느님께 고백하십시오.
만약 고해사제 앞에서 고백할 마음이 없어지게 되면
진심으로 더욱더 회개하도록 해야 합니다.
왜냐하면 대죄를 사해주기 위하여 고해성사가 제정되었기 때문입니다.
작은 죄를 짓고도 죄가 되는지 의심하면서 괴로워하면 안 됩니다.
자신의 수행이 영적인 성숙을 방해한다는
엉뚱한 생각을 하지 않도록 해야 합니다.
이를테면 성가대를 도와주는 일은 규칙에 따라 순종하는 일상적인 일입니다.
반드시 규칙을 지키십시오.
규칙을 지키지 않으면 혼란이 생겨
성숙해지지 못하게 될 수도 있기 때문입니다.
만약 이런 잘못을 범하게 되면 여러분이 하느님의 사랑에
관심이 없는데도 불순한 동기로 수도원에 들어온 것이 되며,
엉뚱한 생각에 사로잡혀 있다는 증거이므로
성숙하지 못하게 되는 것은 당연합니다.

예수님께서 말씀하셨습니다.
"나는 문이다. 누구든지 나를 통하여 들어오면 구원을 받고,
또 드나들며 풀밭을 찾아 얻을 것이다."(요한 10, 9)
진심으로 하느님 안으로 들어가려면 세 번 문을 두드려야 합니다.
첫 번째로 당신을 희생 제물로 바치시고 돌아가신 후 두 동강이 난
'우리 주 예수 그리스도의 마음의 문'을 두드려야 합니다.

그리하여 들어가게 되면 진심으로 존경하면서 진정으로 가난하게 되어
아무것도 갖지 않도록 해야 합니다.
부자의 문 앞에 드러누운 불쌍한 라자로처럼
하느님의 은총의 식탁에서 떨어지는 빵 부스러기라도 받아먹으려고 해야 합니다.
그런 은총이 여러분에게 주어지면 거룩한 초자연적인 존재가 될 것입니다.

두 번째로 언제나 여러분이 볼 수 있는
'구세주의 거룩한 손에 난 상처의 문'을 두드려야 합니다.
이는 하느님의 지혜를 얻기 위한 것으로
주님의 상처 난 손처럼 여러분을 인도하고 높이 올릴 것이기 때문입니다.
세 번째는 **'주님의 거룩한 발의 문'**을 두드리는 것으로
하느님의 참사랑을 간구하여 주님과 하나가 되어
주님 안에 머물게 되는 것을 의미합니다.
저희가 이와 같이 청하고 찾고 두드리면서 기도하여
하느님 안으로 들어갈 수 있게 해주소서. 아멘.

〈탄원의 날*의 강론〉

---

* 역자 주; 탄원의 날(The Rogation Days)은 특별한 기도와 참회의 날이며 전에는 주님 승천 대축일 전 3일 동안 실시하였습니다. 그러나 중요한 탄원의 날은 4월 25일이었습니다. 하지만 이날이 성 마르코 복음사가 축일과 연결되지는 않았습니다. 탄원의 날 바치는 기도의 첫째 목적은 우리의 보호를 청하고 하느님의 정의에 호소하며 풍성한 수확을 청하는 데 있었습니다. 행렬하면서 성인 호칭 기도를 노래하였습니다
여기서부터 '큰 호칭 기도의 날'을 가리키는 '대 기원의 날'과 '작은 호칭 기도의 날'을 가리키는 '소 기원의 날'이라는 명칭이 나오기도 했음). 중요한 탄원의 날은 곡물의 신 로비구스(Robigus)를 공경하는 이교도 축제를 도입해 그리스도 교화한 것입니다. 작은 탄원의 날들은 5세기 프랑스에서 시작되었고 주로 하느님께 지진에서 보호해 주실 것을 청하는 기도의 날이었습니다.
9세기 로마에서 탄원의 날을 도입하였습니다. 1969년에 개정된 로마력에는 이 특별한 기도의 날들이 실려 있지 않습니다. 그러나 풍성한 수확과 노동과 정의 등을 위한 특별 기도와 감사의 날을 정하는 것은 각 나라 주교 회의에서 결정하도록 위임되어 있습니다. 미국의 각 교구는 자체적으로 이런 기도의 날을 정하고 있습니다.

46 왜 그리스도께서는 사람들을 꾸짖으실까요

"마침내, 열한 제자가 식탁에 앉아 있을 때 예수님께서 나타나셨다. 그리고 그들의 불신과 완고한 마음을 꾸짖으셨다. 되살아난 당신을 본 이들의 말을 그들이 믿지 않았기 때문이다."(마르 16, 14)

사랑하시는 우리의 주님께서는 매일 이렇게 꾸짖으신 것은
믿음이 없는 완고한 마음을 고쳐주시기 위한 것이었습니다.
그러나 특히 인정된 종교단체의 성직자들과
성직자들처럼 살고 있는 사람들을 꾸짖으시기 위한 것이었습니다.
우리 주님의 말씀은 들으려고 하는 사람들에게는
주님께서 임명하신 스승들을 통하여 전달되기도 하고,
양심의 소리를 통해서 전달되기도 했습니다.
수도 생활을 하는 모든 사람들의 마음이
완고하고 믿음이 없었기 때문에 야단맞을 만했습니다.
왜냐하면 하느님께서 예외적으로 그들에게
높은 영성(靈性)을 갖는 소명(召命)의 큰 은총을 주셨으므로
하느님께 진심으로 감사하고
하느님을 뜨겁게 사랑해야 했지만 그렇지 않았기 때문입니다.

우리의 구세주께서는 마음이 완고하고 믿음이 없는 이들을 꾸짖으셨지만
이들은 주님의 질책을 불손(不遜)하게 받아들였습니다.
이들이 자신의 잘못을 알았더라면
주님의 충고를 고맙게 받아들였겠지만 그렇지 않았습니다.

그래서 야고보 성인은 "**영(靈)이 없는 몸이 죽은 것이듯**
실천이 없는 믿음도 죽은 것입니다." 하고 말했던 것입니다.(야고 2, 26)
만약 이들이 "**믿고 세례를 받는 이는 구원을 받고**
믿지 않는 자는 단죄를 받을 것이다."(마르 16, 16)라는
주님의 말씀을 인용하여 답하면서 입으로만 믿음이 깊다고 말했다면,
바오로 성인이 "그리스도 예수님과 하나 되는 세례를 받은 우리가 모두
그분의 죽음과 하나 되는 세례를 받았다는 사실을 여러분은 모릅니까?" 하고 말하여 이들의 말문을 막아버렸을 것입니다.(로마 6, 3)
아우구스티노 성인이 말했습니다. "입으로만 믿는다고 하면서 사랑하지도 않고
선행(善行)을 하지도 않고 하느님께로 가지도 않는 것은 참된 믿음이 아닙니다."
믿음이 부족하면 하느님보다 다른 것을 더 좋아하거나
"당신은 나의 하느님이시며 제가 당신 안에 있지 않으면
아무 일도 하지 못합니다." 하고 진심으로 말하지 못하게 됩니다.
이러한 사람들은 영적(靈的)인 사람이라는 미명(美名) 아래,
자고 있거나 깨어있을 때도 자신의 내면 가장 깊은 곳에서
초자연적으로 하느님의 충고를 받고 하느님의 영향을 받고 있었지만,
실제로는 살아 있는 믿음에서 멀어져 있습니다.

야단을 맞고 부르심을 받았음에도 불구하고
거룩한 일을 하지 않는 것은 정말 놀라운 일입니다.
그들은 기도와 수행(修行)에 흥미가 없고 다른 일에서만 기쁨을 찾습니다. 그들은
많은 일에 관심을 갖지만 하느님께는 무심합니다.
이러한 사람들도 하느님께서 구원해주시려고 하면,
주님께서 예언자를 통하여 "그들의 몸에서 돌로 된 마음을 치워 버리고
살로 된 마음을 넣어 주겠다."고 말씀하셨을 것입니다.(에제 11, 19)

그런데 이들 마음이 무엇 때문에 완고하게 되었을까요?
왜 선행(善行)을 할 생각은 하지도 않고
겉으로만 모범적인 사람처럼 보이려고 할까요?
주님의 경고에도 불구하고 하느님이 아니라
세상 것들을 소중히 여기고 있기 때문입니다.

이에 대하여 하느님께서 예레미아의 입을 빌려 말씀하셨습니다.
"하늘아, 이를 두고 깜짝 놀라라. 소스라치고 몸서리쳐라. 주님의 말씀이다.
정녕 내 백성이 두 가지 악행을 저질렀다.
그들은 생수의 원천인 나를 저버렸고 제 자신을 위해 저수 동굴을,
물이 고이지 못하는 갈라진 저수 동굴을 팠다."(예레 2, 12-13)
이들 마음의 물탱크에 들어간 것은 더러운 빗물이었으므로
하느님을 전혀 생각하지 않았기에
하느님께서 하늘과 땅의 모습을 보시고 통탄하셨다는 것을
예언자를 통해 말씀하신 것입니다.

그런데 하느님께서는 어떤 사람들에 대해 불평하셨을까요?
안타깝게도 당신의 백성인
영성(靈性) 생활을 하는 사람들을 못마땅해 하셨습니다.
이러한 사람들은 하느님이신 생명수의 샘을 포기한 사람들입니다.
이들의 내면에는 빛이나 생명이 조금도 없습니다.
그리하여 그들은 열심히 수행하는 척하며 겉으로만 보이려고 하고
오로지 선(善)만 솟아오르고 있는 내면을 성찰하는 일을 포기하고 있습니다. 그뿐만 아니라 수행(修行)하는 일이 마음에 들지 않으면 곧바로 중단해버립니다. 고작 자기 나름대로 생각하는 수행만 하며 내면생활은 하지 않습니다.
왜냐하면 생명수를 목말라하지 않았을 뿐더러
그들의 영혼에서 생명수도 솟아오르지 않았기 때문입니다.
오로지 자기 마음대로 수행하는 척하는 데 만족하고 있었기 때문입니다. 생명수를 마셔야 했지만 하느님에게는 흥미가 없었으므로
하느님의 생명수를 마시려고도 하지 않았기 때문입니다.
그들은 밤이 되면 자고 아침이 되면 일어나는 식으로
자기만의 케케묵은 수행법만 지키려고 했기 때문입니다.
그래서 하느님께서는 예언자의 입을 빌려
그들이 깨끗하지 못하다고 말씀하셨는데도,
하느님을 버리고 생명수의 샘을 버리고
더러운 샘만 파려고 했기 때문입니다.
더러운 샘은 내면생활은 하지 않고 제멋대로 수행함으로써

교만하게 행동하고 자기 뜻대로 하고
목에 힘을 주고 다니는 것을 의미하기 때문입니다.

그리고 이웃들도 사랑하지 않고 친절하게 대하지도 않고
시간과 장소를 가리지 않고 상처 주는 말만 합니다.
그들 중 많은 사람이 이웃을 도우려고 했지만 열정은 금방 식었습니다. 이를테면
이웃에 불이 나면 고작 두세 집 정도만 불을 끄려고 했습니다.
그리고 불쌍하게 고통 받는 사람들이 찾아오면
나쁜 사람 또는 바보라고 했습니다.
아 하느님, 당신께서는 너무나 좋은 샘이십니다!
마음이 황폐하게 된 당신의 백성들 모두에게
생명수를 흐르게 하시기 때문이나이다.
하느님의 사랑이 있는 사람이라면 아무도 업신여기시지 않으며
아무도 함부로 판단하시지 않으며, 아무도 싫어하시지 않기 때문이나이다.

그리고 하느님께서는 교양이 있고 거룩한 말만 골라 하고
많은 지식을 가진 사람들에게도 불평하셨습니다.
앞에서 설명한 겉으로만 보이려고 하는 사람들처럼
이들은 점잖은 말을 하고 고차원의 생각을 하는 것을 자랑하기 때문입니다.
하느님께서 진노하시어 이들과 이들의 비참한 쓰레기 같은 자만심을
모두 쓸어버리시게 되면 이들이 어떻게 나올 것이라고 생각합니까?
그러면 믿을 수 없게도 이들이 통탄하는 소리를 듣게 될 것입니다.
그리고 겉으로만 수행하는 척하고 거룩한 말만 하려고 하면서
덕이라고는 찾아볼 수 없고 쓰레기들만 가득 차 있는 사람들이
통탄하는 소리도 듣게 될 것입니다.

형제자매 여러분, 내가 다른 세상에 살고 있는
이런 사람들에 대하여 한 말을 여러분이 언젠가는 생각할 날이 올 것입니다.
나는 수행을 하면서도 겉으로만 보이려고 하고
내면에는 신경을 쓰지 않고 허세만 부리는 사람들을 잘 알고 있습니다.
그리고 이런 위선적인 사람들보다 훨씬 더 덕이 많은 과부들처럼

이 세상에서 순교하면서 살고 있는
그리스도인들이 많이 있다는 것도 잘 알고 있습니다.
나는 마지막 시간까지 하느님께서 그들에게 자비를 베푸시어 회개하기를 빕니다.
만약 그들이 회개하게 되어도 하느님의 기쁨을 전혀 맛보지 못하고
믿을 수 없을 정도로 극심한 연옥의 고통을
겪게 되리라는 것을 믿어 의심치 않습니다.
형제자매 여러분, 나는 여러분이 하느님의 사랑을 받을 수 있도록
자신의 내면을 부지런히 성찰하기를 간청합니다.
하느님께서는 땅과 하늘과 모든 피조물들에 야단을 치고 계시므로
하느님과 모든 피조물에 순종하고 친절하고 너그러운 마음을 갖도록 하십시오.
'하늘에게 야단을 치신다는 것'은 하늘나라와 같은 마음을 가진 착한 사람들은 천국의 맛을 알고 있기 때문입니다.
하지만 선한 사람은 하느님 아버지밖에 없습니다.
나쁜 사람들은 하늘나라 가까이에 갈 수는 있으나 들어가지는 못합니다. 하느님으로부터 야단을 맞고 가장 괴로워하게 되는 것은
하늘나라에 들어갈 수 없기 때문입니다.

하느님께서는 예언자를 통하여 말씀하셨습니다.
"사람들은 이렇게들 말한다. '만일 한 남자가 자기 아내를 내보내고 그 여자가 그에게서 떠나가 다른 남자의 아내가 되면 그가 그 여자에게 다시 돌아서겠느냐?
그리되면 저 땅이 몹시 더럽혀지지 않겠느냐?'
그런데 너는 수많은 정부와 불륜을 저지르고서
나에게 돌아오겠다는 말이냐? 주님의 말씀이다."(예레 3, 1)
이는 곧 다음과 같이 말씀하신다는 의미입니다.
"영혼아 내게로 오너라. 그러면 네가 진심으로 내게 올 때만
너에게 거룩한 슬픔의 생명수를 부어주겠다.
무한하게 자비를 베푸시는 하느님을 찬양하여라.
우리가 도움을 받고 기뻐하면 하느님께서도 얼마나 기쁘게 도와주시겠느냐?
우리가 하느님께 돌아가면 얼마나 기쁘게 받아들이시겠느냐?"
그러나 하느님께서는 돌아오지 않은 사람들에게 말씀하셨습니다.
"그러므로 이제 내가 다시 너희를 고소하고

너희 자손의 자손들도 고소하겠다. 주님의 말씀이다."(예레 2, 9)
두려워하면서 포기하지는 마십시오.
먼저 하느님께로 돌아가도록 하십시오.
마지막 심판 때 너는 나의 양이 아니라는 말씀을 듣지 않도록 하십시오. 왜냐하면 하느님의 양은 하느님의 목소리를 알아듣지만
낯선 사람들의 목소리를 들으면 따라가지 않기 때문입니다.
그런데 하느님께서 말씀하신 '한 남자가 자기 아내를 내보내고 그 여자가 그에게서 떠나가 다른 남자의 아내가 된 사람'에 대해서는 어떻게 말씀하실까요?
영적인 의미로 해석하면 '아내를 내 보낸 남자나 다른 남자의 아내가 된 사람'은 겉모습만 좋아하고 믿음이 깊은 사람인 체하는 사람을 말합니다.
이런 사람은 이 때문에 진심으로 하느님을 모시지 못하는데
진심으로 내면생활을 열심히 해야 하느님을 모실 수 있기 때문입니다.

그러나 주님께서는 "나에게 돌아오면 너에게 생명수를 주겠다."고 하셨습니다.
요한복음의 두 군데에서 이 말씀을 하셨습니다.
"목마른 사람은 다 나에게 와서 마셔라.
나를 믿는 사람은 성경 말씀대로
'그 속에서부터 생수의 강들이 흘러나올 것이다.'"(요한 7, 37-38)
그리고 우물에서 다시 그 여인에게 말씀하셨습니다.
"내가 주는 물을 마시는 사람은 영원히 목마르지 않을 것이다.
내가 주는 물은 그 사람 안에서 물이 솟는 샘이 되어
영원한 생명을 누리게 할 것이다."(요한 4, 14)
주님께서는 이 말씀을 하시기 전에
"네가 하느님의 선물을 알고 또 '나에게 마실 물을 좀 다오.' 하고
너에게 말하는 이가 누구인지 알았더라면, 오히려 네가 그에게 청하고 그는 너에게 생수를 주었을 것이다." 하고 말씀하셨습니다.(요한 4, 10)
그래서 그 여인이 주님께 이 물을 청하자 주님께서는 거절하셨습니다.
그러고는 주님께서는 그 여인에게 "너는 남편이 다섯이나 있었지만 지금 함께 사는 남자도 남편이 아니니, 너는 바른대로 말하였다." 말씀하시면서(요한 4, 18) 거부하신 이유를 밝히셨습니다.
마치 "**내가 너에게 하느님의 은총의 물을 주기 전에**

네 영혼을 깨끗이 하여 죄를 없게 하고 네 부정(不貞)**을 알고 난 다음**
나에게로 와서 겸손하게 그리고 완전하게 네 죄를 고백하여라.
그래야만 너에게 생명수를 줄 것이다." 하고 말씀하신 것 같습니다.
이때 주님께서는 그 여인이 불법으로 다섯 남자와 함께 살았다고 말씀하셨는데
죄를 짓는 데는 사용하지 말라고 하신
오감(五感)에 대해서 말씀하신 것으로 보입니다.
오감을 이렇게 잘 못 사용하면
하느님의 사랑의 살아 있는 샘물이 아무 소용이 없게 되기 때문입니다.
그래서 무질서한 삶을 버리고 회개한 다음 나에게로 와야만
너에게 그 물을 주겠다고 하신 것입니다.

하느님께서는 예언자를 통하여 말씀하셨습니다.
"내 친구에게는 기름진 산등성이에 포도밭이 하나 있었네.
땅을 일구고 돌을 골라내어 좋은 포도나무를 심었네.
그 가운데에 탑을 세우고 포도 확도 만들었네.
그러고는 좋은 포도가 맺기를 바랐는데 들포도를 맺었다네."(이사 5, 1-2) 하느님께서는 이 말씀을 이스라엘 백성들에게 하셨지만
세상이 끝날 때까지 모든 백성에게도 이렇게 말씀하실 것입니다.
그러나 믿음이 없는 모든 영혼에게는
"그대는 마음이 괴로워서 나에게 왔다.
나는 그대를 위해 가장 좋은 포도나무를 심었지만
거기에서는 오로지 신 포도만 나올 것이다.
내가 그토록 그대를 돌보았건만 나쁜 짓만 한 결과이다.
그래서 그대가 회개하고 나에게 와서 내 사랑의 생명수를 청하지 않으면
심판 때 그대와 논쟁을 벌이게 될 것이다.

영성의 대 스승인 성 빅토르의 리처드(Richard of St. Victor, ?-1173)는
이 '생명수'를 '**네 정도의 사랑**(four degrees of love)'이라고 말했습니다.
'**첫 번째 정도**'는 '**묶인 사랑**(wounded love)'입니다.
하느님께서 참사랑으로 영혼을 묶으시고 은총의 생명수를 마시게 해주시면
영혼은 다시 하느님께 사랑으로 묶이게 되는 것입니다.

왜냐하면 하느님께서는 아가서(4, 9)에서 신부에게
"나의 누이 나의 신부여, 그대는 내 마음을 사로잡았소. 한 번의 눈짓으로,
그대 목걸이 한 줄로 내 마음을 사로잡았소." 하고 말씀하셨기 때문입니다.
여기서 '**눈**'이라는 단어는 오로지 하느님께만 의존하며
'**지혜를 얻기 위하여 간절한 눈으로 바라보는 것**'을 의미하며,
'**한 줄**(hair)'은 '**순수한 사랑**(pure and unalloyed love)'을 의미합니다.
이 때문에 하느님께서 '사로잡혔다'고 말씀하신 것입니다.

'**두 번째 정도**'는 '**사로잡힌 사랑**(captive love)'으로
예언자는 다음과 같이 말하고 있습니다.
"나는 인정의 끈으로, 사랑의 줄로 그들을 끌어당겼으며
젖먹이처럼 들어 올려 볼을 비비고 몸을 굽혀 먹여 주었다."(호세 11, 4)

'**세 번째 정도**'는 '**몽롱한 사랑**(fainting love)'으로
아가서(5, 8)에서 신부가 말하고 있습니다.
"예루살렘 아가씨들이여 그대들에게 애원하니 나의 연인을 만나거든
내가 사랑 때문에 앓고 있다고 제발 그이에게 말해 주어요."

'**네 번째 정도**'는 '**불타는 사랑**(devouring love)'으로
"제 영혼이 당신 구원을 기다리다 지칩니다.
당신 말씀에 희망을 둡니다." 하고 말합니다.(시편 119, 81)

'묶인 사랑'을 이해하려면 배를 타고 항해하는 상인(商人)을 생각하면 되는데
그는 이익을 낼 궁리만 하기 때문입니다.
여기저기에서 배에 가득 찰 때까지 화물(貨物)을 모읍니다.
영혼도 이와 같이 합니다.
사랑하는 하느님에 대한 생각을 모으고 하느님에 대한 생각으로 가득 차 하느님의
영광을 위하여 진심으로 수행(修行)합니다.
영혼의 배는 이와 같이 잔뜩 싣고 집으로 돌아가는데
배가 튼튼하여 폭풍도 견딥니다.
배를 미는 '**바람**'은 '**사랑**'이며 아무 방해도 받지 않고 갈망하면서

집으로 몰고 가 하느님께로 들어가게 합니다.
'키'는 '**하느님이신 바다 깊이 빠지는 것**'을 의미합니다.

그러나 영혼 안에 '묶이게 되면' 몹시 아파하게 되는데
하느님께서 아프게 하실수록 영혼은 더욱더 하느님을 그리워하게 됩니다.
그러나 이는 완전한 사랑이라고는 할 수 없지만,
하느님을 사랑하고 받아들이고 하느님과 함께 지낼 힘을 갖게 되며
새로운 사랑이 싹트게 됩니다. 두 번째 정도의 사랑이 시작되게 되는 것입니다.
하느님께서는 배를 육지로 끌어당기시던 밧줄을 두 동강이 내십니다.
즉 영혼을 표류하게 만드시고 폭풍을 맞게 하시고 키와 노가 부서지게 하시며
어쩔 수가 없게 만드십니다.
어쩔 수 없이 사랑에 빠지게 되었지만
하느님으로부터 버림을 받은 것처럼 보이고
아무것도 도와주시지 않는 것처럼 보입니다.
이것이 바로 '사로잡힌 사랑'입니다.
첫 번째 정도에서는 하느님께서 전쟁에서 사로잡은
기사(騎士)처럼 묶어서 도망치지 못하게 하십니다.
도망치지 못하게 감옥에 갇혀 자기 마음대로
아무것도 할 수 없는 두 번째 정도의 사랑이 시작됩니다.
아무 생각도 행동도 할 수 없게 되었으므로
사랑하는 하느님의 손에 맡길 수밖에 없게 됩니다.
하느님, 저희에게 참사랑을 주소서.
저희가 자기 뜻을 버리고 참사랑의 물이 흐르는
영혼으로 들어갈 수 있게 해주소서. 아멘.

〈주님 승천 대축일의 첫 번째 강론〉

47 우리를 사로잡고 있는 다섯 굴레

"그래서 성경도 이렇게 말합니다.
'그분께서는 높은 데로 오르시어 포로들을 사로잡으시고
사람들에게 선물을 주셨다.'"(에페 4, 8)

우리는 이 세상에서 다섯 가지의 굴레를 쓰고 살면서 무척 힘들어하고 있지만
그리스도께서 우리들의 영혼 안에서 승천하시면서
이들로부터 벗어날 수 있게 해주셨습니다.

첫 번째 굴레는 우리가 하느님 때문이 아니라
살아 있거나 죽은 피조물들의 노예가 되어 있는 것입니다.
이는 우리가 더불어 살고 있으므로 인하여
본능적으로 서로 연대감을 갖고 있기 때문에 인간의 사랑으로 비롯되는 것입니다.
이로부터 받은 상처는 말로 표현할 수 없으며 두 종류가 있습니다.
한 부류는 자신도 다른 피조물에게 상처를 주게 된다는 것을 알고
두려워하고 마음의 상처 때문에 괴로워하고 저항하고 고통에 시달리는 것으로,
이는 하느님으로부터 버림을 받지 않았다는 좋은 증거입니다.
하느님께서는 이런 영혼에게 부족함이 없이 먹고 마시게 하시면서도
이런 비참한 밤낮을 안겨줍니다.
그러나 하느님께 귀를 기울이고 있으면
곧 더 행복한 순간을 맞이할 수 있습니다.

또 한 부류는 피조물에 마음 아파하면서도 무사 안일하게 지내며

피조물의 비참함에 귀를 기울이지도 않고
비참함을 보지도 않으려고 하는 것입니다.
이러한 사람들은 아무 걱정 없이 살며 경건하게 살고 있다고 생각합니다.
이들은 선한 일을 많이 하고 경건하게 노래하거나
독서하거나 침묵을 지킬 때가 많습니다.
이들은 열심히 봉사하면서 기도를 많이 합니다.
그러나 이들의 목적은 동료들로부터 열심히 한다는 것을 인정받는 것이며
하느님의 인도를 받고 있다고 생각합니다.
그러나 항상 나쁜 사람들이 이들을 인도하고 발목을 잡고 있기 때문에
얼마나 위험한지 모릅니다.
그리고 이 밖에도 변덕이 자신들을 잘못 인도하고
수많은 유혹을 받게 된다는 것입니다.
이러한 사람들은 기도를 하지 않는 것이 좋은데
자신에게 아무 도움도 되지 않는
중압감이나 슬픔에 빠져들 때가 많기 때문입니다.
그리하여 이러한 굴레에서 곧 벗어날 수도 있지만, 마귀의 손아귀에 있는 것으로
슬픔 속에서 그리고 중압감 속에서 죽게 되고
영원히 길을 잃을 가능성이 크기 때문입니다.

두 번째 굴레는 피조물이나 외적인 일에서 해방되었지만
자기애(自己愛)의 노예가 되어 있는 것입니다.
사람들이 자기애를 덕으로 생각하고 자기도취에 빠져있는 것을 보면 놀랍습니다.
그렇다고 아무도 그것을 잘못이라고 비난하지도 않으며
스스로 잘못을 탓하는 사람도 드뭅니다.
자기애를 뽐내려고 안달을 하지만
자신도 그러하므로 아무도 나무랄 수가 없습니다.
사람들은 자신의 이익을 위하여 쾌락을 위하여
그리고 위안과 명예를 위하여 자기애를 발휘합니다.
이기심에 깊이 빠져 하느님 안에서도 이기심을 찾습니다.
이렇게 악의 구렁텅이에 빠져 있으면서도
그것도 모르고 좋게만 생각하는 것을 이해할 수가 없습니다.

자기애에 빠져 수단과 방법을 가리지 않는 사람들을
굴레에서 빠져나오게 돕는 것은 무척 어렵습니다.
이런 본능에 빠진 사람들은 하느님 외에 아무도 구제할 수가 없습니다.
이들은 무척 많은 것을 필요로 하며, 요구가 많고, 자신이 나약하고 민감하다고
생각하며, 개인적인 위안과 평안, 영예, 즐거움을 추구합니다.
간혹 이들에게서 친구, 편리한 도구, 또는 그들에게 위로가 되던
귀한 것을 빼앗아 가면 화를 내고 악한 행동을 하며
미친개나 사나운 늑대와 다를 바가 없게 되어버립니다.
자기애에 빠져서 헤어나지 못하는 것은 정말 비극입니다.

세 번째 굴레는 진리를 모르는 지식의 굴레로,
지식이 없다는 것 때문에 상처를 받는 사람들도 있습니다.
아무리 많이 알아도 불만을 갖습니다.
배우고 교리를 알고 통찰력을 갖고 말재주가 뛰어난 것을 대단히 좋아합니다.
이 모든 것을 고귀하게 생각하고 영예롭게 여기지만
생활관습을 바꾸지 못해 선한 일을 하지는 못합니다.
심지어 하느님의 모습도 이성(理性)의 관점에서 봅니다.
그리하여 영성(靈性)이 부족하여 영성적인 말을 하지 못합니다.
이들의 마음은 촛불과 같아서
대낮의 태양과 같은 영적인 마음과는 비교할 수가 없습니다.
하느님의 빛과 촛불을 비교할 수는 없습니다.
촛불은 교만 때문에 인정받거나 칭찬받거나
다른 사람들을 판단하기 위해 빛을 내지만
하느님의 빛은 깨닫게 하고 진리를 알게 하고 이기심을 물리치게 합니다.
참된 사람은 자신을 가장 하찮고 부족하고 눈먼 사람이라고 말합니다.
하느님을 만나면서 사는 사람이기 때문입니다.
참된 사람은 항상 자신의 내면을 바라보고
바깥세상을 멀리 하면서 내면 깊은 곳에서 하느님만 찾으며 항상 깨어 있습니다.
하느님을 만나 깨달은 사람은 자신의 깊은 곳에서
끊임없이 자신 생명의 뿌리를 찾습니다.
이 때문에 성경에 따라 사는 사람과 독서만 하는 사람은 큰 차이를 보입니다.

독서만 하고 사는 사람은 자신의 지식을 자랑하기 위하여
독서를 하면서도 하느님의 말씀에 따라 사는 사람을
바보라고 생각하고 경멸합니다.
그러나 성경의 가르침에 따라 사는 사람은
자신을 죄인이라 생각하고 다른 사람들에게 친절하며 자비를 베풉니다.
이 두 부류의 사람들은 이렇게 다르며 이들의 목적도 다릅니다.
한 부류는 영원한 생명을 찾지만 다른 부류는 죽음을 찾습니다.
바오로 성인이 말한 대로
"문자는 사람을 죽이고 성령은 사람을 살리기 때문입니다."(2코린 3,6)

네 번째 굴레는 교회에 열심히 다니는 것을 헌신하고 있다고 착각하는 것으로
많은 사람이 이런 착각에 빠져 옴짝달싹하지 못하고 있습니다.
아주 선한 일을 하고 있다고 믿고 있지만
자기만족을 위해서 그렇게 하면서도 하느님을 위하는 것으로 생각합니다.
우리는 하느님과 이기심을 구분해야 합니다.
여기 이를 알아보는 방법이 있습니다.
헌신하여 뿌듯하게 느끼다가 시간이 지나면
불행하게 느끼고 불안하게 느끼는가를 생각해보면 됩니다.
자신의 믿음이 부족하여 하느님의 일을 선뜻 하고 싶지 않다면
하느님의 역사에 감사하지 않고 있다는 증거입니다.
40년을 헌신(?)했더라도 하느님 가까이에는 전혀 가보지 못한 것입니다.
하느님께서는 마지막 날에 이런 사람과
몸과 마음을 다하여 믿은 사람을 심판하십니다.

다섯 번째 굴레는 우리들의 자유의지입니다.
하느님의 일에도 자기 멋대로 생각하여 자기 좋을 대로 행동하는 것을 말합니다.
자기 뜻대로 행동해놓고는 죄의식에서 해방될 수 있다고 생각하고
완덕을 갖추고 완전하다고 칭찬을 받을 수 있다고 믿는다면 바보로 보일 뿐
자유의지를 제대로 사용하지 못한 것입니다.
한순간이라도 자신의 영광이나 재능이나 자기 뜻이 아니라
오로지 하느님의 뜻에 따라 행동해야 합니다.

오 하느님, 당신의 뜻이 아니라면
제 뜻에 따라 영광을 맛보기보다는
당신 뜻에 따라 당신께 영광을 돌리고 싶다고 말해야 합니다.
이렇게 모든 것을 하느님께 내맡기는 버릇을 들임으로써
자기 뜻에 의존하는 것보다 훨씬 더 많은 것을
하느님으로부터 또는 하느님의 피조물들로부터 얻을 수가 있습니다.
자기 뜻을 버리고 모든 것을 놓아버리고
겸손하게 모든 것을 하느님께 내맡기는 것이
자기 뜻대로 하는 것보다 훨씬 유익합니다.
나는 자기 뜻을 버리고 종교적인 일을 과시하려고 하지 않는 사람이야말로
참된 신앙인이라고 생각합니다.

주님께서 제자들과 함께 생활하실 때는
제자들이 주님의 인간성을 너무나 좋아했기 때문에
주님의 신성(神性)을 얻지 못했습니다.
이 때문에 예수님께서 제자들에게 "내가 떠나는 것이 너희에게 이롭다.
내가 떠나지 않으면 보호자께서 너희에게 오지 않으신다." 하고
말씀하셨던 것입니다.(요한 16,7)
그래서 주님께서는 제자들이 하늘나라에 들어갈 수 있을 정도로 성숙해져
하느님께로 데려가실 수 있을 정도가 되기까지
부활하시어 40일간을 계셨고
제자들은 성령께서 오실 때까지 다시 열흘을 더 기다려야 했던 것입니다.
제자들은 우리의 기초였기 때문에
제자들의 준비는 우리에게는 하루가 일 년처럼 되었던 것입니다.

우리 모두 주님께서 기뻐하시는 일을 해야 합니다.
주님께서 부활하시어 승천하실 때까지 40일을 보내시지 않으면,
그때처럼 40년을 준비하시지 않으면
주님께서는 참된 평화를 누리시지도 못하고 승천하시지도 못하게 될 것입니다.
하느님께서 할당해주신 시간이 지나지 않으면
하느님께서 바라시는 주님이 되실 수 없습니다.

주님께서는 필요에 따라 이런저런 방법으로
모든 일에서 사람들에게 역사하시어 하느님의 뜻대로 하셨는데
사람들에게는 40년간의 보호관찰을 하신 것으로 생각할 수 있습니다.
그리고 주님의 제자들이 위로자이신 성령을 받기 전에
다시 열흘을 기다렸던 것처럼 우리는 10년을 더 기다려야 했습니다.
성령께서 모든 것을 가르쳐주시기 때문입니다.
주님의 제자들이 성령을 받게 된 것은
주님을 위하여 생명까지도 내어놓은 후였습니다.
제자들은 완벽한 준비를 하였고 하느님을 무엇보다도 사랑했습니다.
그리고 성령께서는 제자들의 마음과 영혼을 움직여 하늘나라로 데려가셨습니다.
성령께서 그들에게 내려오시기를 열흘을 참고 기다린 후에
이러한 준비가 끝났던 것입니다. 그때까지는 골방에 모여 기다려야 했습니다.
따라서 우리는 40년 동안 모든 것을 내려놓고 새로운 사람이 되어
다시 10년을 더 기다려야 합니다.
우리가 성령을 받으려면 50년간 모든 것을 내려놓고 기다려야 하며
그래야만 성령께서 모든 진리를 깨닫게 해주십니다.
마지막 보호관찰기간 동안 모든 결점을 버리게 되고
신성(神性)을 얻게 됩니다. 그리하여 하느님과 하나가 되게 됩니다.
처음 태어날 때의 생명의 빛이 이제 하느님의 불꽃으로 돌아가게 됩니다.
이렇게 하느님 안으로 영혼의 빛이 넘쳐흐르게 되면
태초부터 짊어지고 왔던 모든 죄가 속죄되고 영광과 기쁨이 넘치게 됩니다.
마침내 영혼은 하느님과 같이 되고 세상의 기둥 역할을 하게 되고
교회의 대들보가 되게 됩니다. 하느님, 저희에게 이런 행복을 주소서. 아멘.

〈주님 승천 대축일의 두 번째 강론〉

48 그리스도와 함께 하늘나라로 가려면

“주 예수님께서는 제자들에게 말씀하신 다음
승천하시어 하느님 오른쪽에 앉으셨다.”(마르 16, 19)

하느님의 가장 거룩하신 아드님, 우리 주 예수 그리스도께서는
올리브 산에서 제자들과 함께 앉아 계시면서
제자들의 믿음이 약하고 마음이 완고한 것을 꾸짖으신 다음
승천하시어 제자들이 더 이상 뵐 수가 없게 되었습니다.

형제자매 여러분, 그토록 주님을 사랑하던
제자들의 마음이 어떠했으리라고 생각합니까?
주님께서 승천하신 후 괴로워하고만 있었을까요?
그들은 진심으로 주님을 사랑했으므로
보물이 있는 곳에 마음도 있었다는 것을 우리는 잘 알고 있습니다.
예수 그리스도께서는 영광스럽게 승천하실 때 당신께서 선택하신
친구들의 마음과 감정과 모든 정신적인 능력도 함께 갖고 올라가셨습니다.
그래서 이 세상에서는 다시는 편안한 마음을 가질 수가 없게 되었습니다.
그들은 어디로 가든 어떻게 살든 하느님과 함께 가고
하느님과 함께 살았으므로 하늘나라에 있는 것이나 다름이 없었습니다.
사랑하는 형제자매 여러분, 제자들이 달리 어떻게 할 수가 있었겠습니까?
지체(肢體)들은 머리와 함께 있어야 하지 않습니까?
우리의 머리이신 주님께서는 우리를 위한 장소를 마련하시기 위해
몹시 괴로워하시면서 우리보다 먼저 승천하셨습니다.

그리하여 우리는 아가서(1, 4)의 신부처럼 말할 수밖에 없게 되었습니다.
"나를 당신에게 끌어 주셔요."
어느 누가 우리의 머리인 예수 그리스도를 따르지 못 하게 할 수 있겠습니까?
주님께서는 **"나는 내 아버지시며 너희의 아버지신 분, 내 하느님이시며 너희의 하느님이신 분께 올라간다."** 하고 말씀하시며 승천하셨습니다.(요한 20, 17) 그리하여
우리 모두 주님 안에서 주님과 하나가 되어
주님과 같은 삶을 살게 되고 영원한 행복을 누릴 수 있게 되었습니다.
우리는 주님과 같은 원천에서 태어났으므로
주님처럼 살기만을 바라면 주님과 같은 삶을 살 수 있게 됩니다.

형제자매 여러분, 예수 그리스도께서는 우리보다 먼저
거룩하신 하느님 아버지께로 가셨습니다.
주님을 제대로 따르려면 주님께서 걸으셨던 길을
정신을 바짝 차리고 걸어가야만 합니다.
그러면 주님께서 30년 동안 고통과 가난과 수치를 참으시고
마지막으로 죽음의 쓰라린 괴로움도 견디시면서
하늘나라로 가는 길을 마련하신 것을 알 수 있게 됩니다.
우리가 하늘나라에서 주님을 만나려면
우리가 걸어왔던 길을 되돌아보아야 합니다!
모든 스승이 죽고 없어도 모든 책이 불태워 없어졌더라도
주님의 삶만 알고 있으면 교리(教理)가 될 수 있습니다.
주님께서는 길이셨기 때문입니다.
행복이 기다리는 이 주님의 길로 주님을 따라갑시다.
전심전력을 다 해 따라갑시다.
자석(磁石)이 쇠를 끌어당기듯이
예수 그리스도께서는 우리를 끌어당기시어
우리의 마음을 어루만져주십니다.
그뿐만 아니라 쇠가 자력(磁力)을 갖게 되어
자신의 본성을 잃고 자석으로 끌리고 올라붙기도 하여 자석과 하나가 되듯이, 영혼들도 영원한 하느님의 아드님이라는 자석에 이끌리어 감동을 받게 됩니다. **이러한 사람들은 더 이상 이기심과 기쁨과 위로의 힘을 느끼지 못하게 되어 자기를 버리고**

하느님께로 올라가게 됩니다.
자신의 본능의 법칙들을 잊어버리고
감동하여 하느님을 따르게 되기 때문입니다.
이와 같이 강력한 하느님의 이끄심을 받게 되므로
더욱더 완전하게 그리고 차분하게 모든 일을 할 수 있게 됩니다.

따라서 하느님으로부터 감동을 받았든 받지 않았든
우리 모두 하느님께로 이끌리도록 합시다.
하느님의 자석으로 이끌리지 않는 사람들은 믿음이 부족한 것이므로
여러 가지 좋은 수행법으로 다시 시작해야 합니다.
그들은 자신이 믿음이 부족하다는 것을 모르고 좋은 결과만 얻으려고 하지만 자신의
꼬락서니를 알지 못하면 아무것도 얻지 못하게 됩니다.
왜냐하면 자신의 옛날 습관에 길들어져 있어
쾌락에 쉽게 빠져들고 세상 것들을 좋아하게 되기 때문입니다.
그들은 아무짝에도 쓸모없는 사냥개처럼 사냥은 하지 않고 놀기만 좋아합니다.
사냥에는 관심도 없고 게으르게 놀기만
하려고 하기 때문에 길을 잃어버리고 맙니다.
나는 여러분에게 진심으로 충고합니다.
30분 이상 여러분의 의무를 다하지 않거나
금지된 쾌락을 즐기려고 하지 말아야 합니다.
이렇게 짧은 동안이라도 오락을 즐기지 않게 되면
오락에 빠진 사람들과 함께 있으려고 하지 않게 됩니다.
충실하고 훌륭한 사냥개처럼 행동하게 되면 하느님의 참된 종이 됩니다.
충실한 사냥개는 물불을 가리지 않고 사냥감을 잡습니다.
따라서 수행을 제대로 하는 사람들은 하느님을 붙들려고만 하며
하느님을 붙들기 전까지는 포기하지 않으려고 하며,
세상의 기쁨이나 슬픔에도 아무런 방해를 받지 않습니다.
어떤 사람들은 아무 일도 하지 않고 빈둥거리기만 하는데
죽을 때까지 그렇게 하면 죽어서도 영원한 하느님께로 가지 못하게 됩니다.

형제자매 여러분, 하느님으로부터

감동을 받지 못한 사람은 하느님을 탓하면 안 됩니다.
그러나 때때로 전능하신 하느님께서 이런저런 사람에게 영향을 미치신 만큼 나에게는 영향을 주시지 않았습니다 하고 말하는 사람이 있습니다.
그러한 말은 거짓말입니다.
하느님께서는 모든 사람을 감동시키시고 영향을 주시고
꾸짖으시며 행복하게 해주시려고 합니다.
그러나 받는 사람들은 하느님의 선물과 질책과 감동을 아주 다르게 받아들입니다.
하느님께서 은총을 주시려고 할 때는
먼저 다른 선물을 좋아하고 있지 않은지 영혼이 깨끗한지를 보십니다.
우리의 영혼이 하느님이 아닌 다른 것들을 사랑하면
우리에게서 등을 돌리실 수밖에 없지 않겠습니까?
그리하여 당신의 선물을 마음을 깨끗하게 하고
세상 것들을 멀리하고 있는 다른 사람에게 주십니다.
이렇게 영원히 고통 받게 되는 죄의 원인은
우리에게 있지 하느님께 있는 것이 아닙니다.
이와 같이 무한한 하느님을 외면함으로써
자신에게 영원히 상처를 주고 사는 것은 얼마나 어리석은 일입니까?

어떻게 하면 이런 쾌락에서 벗어날 수 있을까요?
하느님께로 돌아가서 진심으로 열심히 기도하는 수밖에 없습니다.
그렇게 하지 않으면 구원 받는 소망도 갖지 못하게 되고
하느님의 무한한 자비를 믿지도 못하게 됩니다.
이뿐만 아니라 모든 일에서 하느님의 뜻만 따르려고 해야 합니다.

또 형제자매 여러분, 하느님의 아드님이신 예수 그리스도께서
하늘로 승천하신 곳이 올리브 산이었다는 것은
세 가지를 암시해주고 있다는 것을 알아야 합니다.
첫 번째로 올리브 산은 예루살렘의 동쪽 땅 위에 높이 솟아 있어서
태양이 떠오르면 밝게 빛난다는 것입니다.
두 번째는 아침이 되면 빛나는 성전 꼭대기로부터
빛이 올리브 산에 반사된다는 것이고,

마지막으로 올리브 산의 열매인 기름은
등불을 밝히는 데 쓰인다는 것입니다.
하느님의 승천이 일어나는 영혼도 그러합니다.
삼위가 밝게 빛을 내려면
즉 삼위께서 하느님의 뜻대로 영혼 안에서 역사하시려면
영혼이 세상 것들을 떠나 높이 올려져 있어야 하기 때문입니다.

또 형제 지매 여러분, 올리브 산이
예루살렘과 베타니아 사이에 자리 잡고 있으므로
예수 그리스도를 따르려면 아무리 힘들더라도
이 산에 올라가서 승천할 준비를 해야 한다는 것을 알아야 합니다.
왜냐하면 이 넓은 세상에는 언덕이 없기에
산을 오르는 일이 힘들고 고통스러워도
너무나 가치 있는 일이기 때문입니다.
형제자매 여러분, 우리 주 예수 그리스도를
따르려면 모든 기쁨을 잊어야 합니다.
아무 수고도 하지 않고 하느님을 따르려는 사람이 많기 때문입니다.
많은 사람이 평화의 도시인 예루살렘 가까이에 있는
올리브 산꼭대기에 서려고 하는데
어려움을 극복하지 않고는 정상에 설 수 없기 때문입니다.
이러한 사람들은 자신 안에서
평화와 위로와 행복을 찾지만 아무것도 얻지 못하기 때문입니다.
하지만 베타니아 쪽에서는 게으르게 빈둥거리며 비참하게 살게 되는데
거기서는 다른 사람들에게 순종하면서 고통을 받아야 하기 때문입니다. 시편저자는
그들을 두고 "바카 계곡을 지나며 샘물을 솟게 하고
봄비는 축복으로 덮어 줍니다." 하고 말했습니다.(시편 84, 7)

형제자매 여러분, 이 올리브 산에 오르지 않으면
영적(靈的)으로 전혀 성숙되지 않게 된다는 것을 알아야 합니다.
믿음이 깊은 사람이라면 자신의 영혼의 배우자인,
승천하시어 숨어 계시며 알지도 못하는

예수 그리스도를 그리워하며 눈을 떼지 말아야 합니다.
자신의 영혼이 하느님으로부터 감동을 많이 받을수록
더욱더 많이 눈물의 골짜기를 걸어야 한다는 것을 알아야 합니다.
이렇게 하지 않으면 죄로부터 자신을 보호하지 못하여
하느님께로 돌아가지 못하게 됩니다.
하느님의 은총이 우리 안에 끊임없이 베풀어지도록 해야 합니다.
하느님으로부터 멀어지게 하는 것들을 모두
하느님께 희생 제물로 바쳐야만 하느님의 은총을 받을 수 있게 됩니다.
인간의 영혼은 이런 약점을 보일 때가 많은데
오로지 하느님만이 도와주실 수 있습니다.
이런 약점을 극복하려면 베타니아를 바라보고 있는
올리브 산기슭으로 올라가야만 합니다.

형제자매 여러분, 자신의 영혼의 깊은 곳을 보는 사람은
예루살렘 가까이로 이끌리기 시작합니다.
그리하여 모든 일에서 하느님의 다른 영향과
본성의 다른 영향을 알아차리게 됩니다.
그리하여 더욱더 용감하게 슬픔과 고통을 이겨내려 하게 되고
그러한 불행 속에서도 본성에 굴복하지 않게 됩니다.
하느님으로부터 버림을 받은 것처럼 생각되거나 괴롭고 외롭더라도
꿋꿋하게 서서 위축되지 않으려면 하느님의 자비를 생각하도록 해야 합니다.
영적(靈的)으로 기쁠 때도 슬픔도 생각하도록 해야 합니다.
내리막이 있으면 오르막도 있게 마련이기 때문입니다.
그리하여 현자처럼 "순간의 불행은 영화를 잊게 하고
인간의 죽음은 그의 일들을 드러낸다."고 말해야 합니다.(집회 11, 27)

형제자매 여러분, 올리브 산의 양 기슭은 우리 영혼 안에도 있습니다.
왜냐하면 예루살렘이라는 단어가 평화의 도시를 의미하지만
이 도시에서 하느님의 아드님 예수 그리스도께서 돌아가셨기 때문입니다.
평화의 도시로 가려면 당연히 수많은 고통을 겪어야 합니다.
왜냐하면, 많은 고통을 받고 느긋하게 자기를 죽여야 하기 때문입니다.

따라서 영육(靈肉)의 일에서 진심으로 자기를 죽이고

거룩한 하느님의 뜻을 갖기 위하여 높이 올라가십시오.

여러분은 악의에 찬 유다인들의 손에 넘겨져 매를 맞고 고통 받고

비천하다고 쫓겨나고 천벌을 받으라고 하고

여러분이 죽어도 아무도 눈도 깜짝하지 않기를 바랍니다.

여러분이 영원하신 하느님과 같은 삶을 살려면

여러분의 영혼 가장 깊은 곳에서

자기를 죽여야 한다는 것을 말하려는 것입니다.

유다인들이 예수 그리스도를 죽이는 일이 하느님께 영광이 된다고 생각했듯이

여러분은 자기를 죽여 하느님께 영광을 드려야 합니다.

여러분을 경멸하고 비난하고 괴롭히는 모든 사람은

그렇게 하는 것이 하느님을 가장 잘 섬기는 것으로 생각할 것입니다.

사랑하는 형제자매 여러분, 몹시 불안해하면서도

평화의 도시 예루살렘에 머무는 사람의 마음은 얼마나 행복하겠습니까?

왜냐하면 자신의 영혼 깊은 곳에 계시는 하느님으로부터

하느님의 평화가 나오고 진리와 사랑이 나오기 때문입니다.

형제자매 여러분, 이 올리브 산에 올리브 나무가 자랍니다.

우리는 거기에서만 참된 봉헌을 할 수 있다고 생각합니다.

참된 봉헌이란 진심으로 가난하게 되고

모든 것을 하느님처럼 생각하면서

내면으로 하느님께 매달리는 것입니다.

믿음이 깊은 사람이란 모든 일에서

하느님의 뜻대로 하는 사람입니다.

이러한 사람이야말로 우리의 하느님 아버지와

당신께서 선택하신 모든 사람에게 달콤한 올리브 나무가 됩니다.

여러분은 이렇게 내면생활을 하고 있나요?

이런 깊은 믿음도 하느님의 사랑의 불로

자주 새로워져야 하며 진리가 더해져야 합니다.

이런 영혼 안에는 거짓이 있을 수가 없습니다.

왜냐하면 모든 일을 하느님을 위해서 한다고 생각하기 때문입니다.

그러나 이 세상 사람들도 그렇게 생각하는데 하느님의 뜻에 따라 생각하고 사랑하지는 않지만 영육(靈肉)의 일에서 하느님의 뜻이 아니라
자기 뜻대로만 하기 때문입니다.
아무 위로도 아무 기쁨도 생각하지 않고
오로지 하느님을 위하여 하느님을 섬기는 사람을
찾아보기 어려운 것이 현실입니다.
그러나 우리는 하느님의 아드님과 함께 이 유배의 땅 위로
모든 피조물 위로 높이 올라가야 합니다.
그래야 주님과 함께 영원한 생명을 얻을 수 있게 되기 때문입니다.
거룩한 삼위(三位)시여 저희에게 그런 은총을 주소서. 아멘.

〈주님 승천 대축일의 세 번째 강론〉

49 우리는 불안해하시며 괴로워하시는 그리스도를 어떻게 증언하고 있나요

"그러나 성령께서 너희에게 내리시면 너희는 힘을 받아,
예루살렘과 온 유다와 사마리아, 그리고 땅 끝에 이르기까지
나의 증인이 될 것이다."(사도 1, 8)

사랑하는 형제자매 여러분, 우리의 머리이신 예수 그리스도께서 승천하셨으므로
주님의 지체(肢體)인 우리가 주님을 따라
승천할 수가 있게 된 것은 무척 다행스러운 일입니다.
**우리는 불안정한 삶을 살면서 위로와 기쁨을 찾으려고 해서도 안 되며
그런 삶을 계속하려고 해서도 안 됩니다.
우리는 항상 주님을 따르려고 해야 하며, 끊임없이 주님을 그리워해야 하며, 주님을
사랑하려고 해야 하며, 모든 일에서 주님을 생각해야 하며,
다른 사람들이 영원한 행복을 얻을 수 있게 괴롭기는 하겠지만
사랑으로 주님 뒤에 바짝 붙어 따르도록 만들어야 합니다.
이 모든 일이 우리가 해야 할 일입니다.**

그리스도께서는 돌아가시면서 하느님 아버지께 영광을 돌려 드렸습니다.
우리 모두 우리의 사랑하는 우두머리이신 예수 그리스도,
영원한 하느님의 아드님을 따르도록 합시다.
**주님께서는 몹시 고통 받도록 하시기도 했지만
믿음을 가지면 참을 수 있도록 만드셨습니다.**

주님의 선택된 모든 친구는 이런 참을성을 갖고
거룩한 고통을 견딜 수 있는 데까지 견뎌내야 합니다.
여러분은 하느님의 영원한 아드님을 진심으로 따르려고 합니까?
그러면 겸손하게 고통의 십자가를 지고 아무리 슬프더라도,
내면 외면으로 도움이 되든 되지 않든,
하느님을 위하여 기쁘게 고통을 받으십시오.
이렇게 하면 하느님의 아드님에게로 기쁘게 올라가게 되고
영원한 생명을 얻게 되기 때문입니다.

사랑하는 형제자매 여러분, 오늘날에는 많은 사람이
자신의 명예나 명성을 위하여
세상 것들만 얻으려고 한다는 것을 잘 알고 있을 것입니다.
이런 목적을 성취하기 위하여 수고도 마다하지 않고
자신이 좋아하는 것도 삼가면서 오로지 영광과 이익을 위하여
낯선 땅으로 가서 고군분투하고 있습니다.
하느님의 영원한 아드님이신 예수 그리스도를 진심으로 따르려면
이와 같은 정신으로 해야 합니다.
즉 주님을 위하여 기쁘게 그리고 마음 편하게 모든 것을 버려야만 합니다. 하느님과
하나가 되어 진리 안에서 하느님처럼 살려면
무사 안일한 삶과 모든 명예를 버려야 합니다.
완전한 지체만 머리에 붙어 있도록 하려면
썩은 지체들은 잘라버려야 하기 때문입니다.

우리 주 그리스도께서는 제자들에게 말씀하셨습니다.
"너희는 예루살렘과 온 유다와 사마리아,
그리고 땅끝에 이르기까지 나의 증인이 될 것이다."
그런데 예수 그리스도께도 평화의 도시 예루살렘이 불안의 도시가 되었는데
모든 인간을 위하여 그 평화의 도시에서
인간으로 참을 수 없는 고통을 받으시고 비참하게 죽으셔야 했기 때문입니다.
우리도 그와 같은 도시에서 예수 그리스도를 말뿐만 아니라
주님과 같은 삶을 살면서 거룩한 삶으로 증언해야 합니다.

형제자매 여러분, 자신이 뜻하는 대로 모든 것이 이루어지려면
기쁘게 평화 속에서 우리 주님을 증언해야 한다는 것을 잘 알고 있을 것입니다.
수행(修行)이 따분하게 느껴지지 않고 항상 주님의 일을 편하게 하려면
기쁜 마음으로 거룩하게 되어야 합니다.
항상 위로를 받고 유혹을 받지 않고 어둠 속에 있지 않으려면
기쁘게 하느님을 증언하려고 해야 합니다.
그러나 절망에 빠져 있거나 버림을 받았다는 생각이 들면
옛날 버릇으로 돌아가서 진심으로 하느님을 증언하려고 하지 않습니다.
모든 사람이 무사 안일만 바랍니다.
그러나 나의 사랑하는 형제자매 여러분,
우리는 무사안일을 위하여 평화를 찾으면 안 됩니다.
우리는 불안 속에서도 진심으로 평화를 찾아야 합니다.
이런 평화를 얻어야만 거룩한 삶을 살 수 있기 때문입니다.
이런 평화 속에서만 하느님께서 머무시려고 하시기 때문입니다.
하느님의 평화를 얻지 못하면 자신을 속이게 됩니다.
그러나 슬픔 속에서도 기쁨을 찾으려 하고,
불안 속에서도 평화를 찾으려고 하고,
분심(分心) 중에도 믿음을 잃지 않으려고 하고,
고통 중에도 위로를 찾으려고 하면,
하느님을 진정으로 증언하는 것이 됩니다.
예수 그리스도께서는 돌아가시기 전과 부활하신 후에
당신께서 선택하신 추종자들에게 평화를 약속하셨습니다.
그러나 하느님을 증언하지 않고 살면 평화를 얻지 못합니다.
고통 중에서만 평화를 알게 되고
평화를 얻지 못한 사람들을 만나야만 진정한 평화를 알게 됩니다.
그래야만 고통 중이거나 기쁠 때도 평화를 누릴 수 있게 됩니다.
자기를 죽여 생명을 얻었기 때문입니다.
미움을 받고 심판받고 자기를 죽여야만 기뻐하게 됩니다.
그리하여 기쁘게 하느님을 진심으로 증언하게 됩니다.

영육(靈肉)이 하느님의 다정함으로 가득 채워져

정맥(靜脈)과 골수(骨髓)를 통하여
흐르는 것처럼 보이는 사람들도 많이 있습니다.
그러나 고통이 찾아와서 어둠 속에 있게 되면서
내적 외적으로 하느님과 모든 피조물로부터
버림을 받았다는 생각이 들면 어찌할 바를 몰라 아무 일도 하지 못하게 됩니다.
그러나 사랑하는 형제자매 여러분,
영혼에 폭풍이 몰아칠 때나 즉 버림을 받았다는 생각이 들 때나
유혹과 역경(逆境)이 닥치거나 세상 사람들과 육욕(肉慾)과 마귀가 꼬드길 때
이 모든 것을 참고 견디게 되면 참된 평화를 발견하게 됩니다.
어떠한 고통 중에도 참된 평화를 발견하며
어떠한 것도 이 평화를 뺏어갈 수 없습니다.
그러나 이렇게 하지 않는 사람은 참 평화를 얻지 못하게 됩니다.

우리의 주님께서도 제자들에게 말씀하셨습니다.
"너희는 예루살렘과 온 유다와 사마리아,
그리고 땅끝에 이르기까지 나의 증인이 될 것이다."
'**유다**'는 '**먼저 참회하고 하느님께 고백한 다음**
하느님을 찬양하는 것'을 의미합니다.
형제자매 여러분, 유다처럼 현명하게 하느님을 증언하고
모든 일에서 망설이지 말고 위로를 받았다는 허튼 생각을 하지 말고,
참된 생각과 행동으로 우리의 사랑하는 주님을 따라야 합니다.
위로를 받았다는 허튼 생각을 하게 되면
자신이 의롭다고 자신을 속이게 되어
하느님을 그리워하지도 않게 되고 세상 것들에 만족하게 됩니다.
그리하여 믿음이 흔들리게 되면 어떻게 해야 할지도 모르게 되고
하느님과 함께 있을 수도 없게 되는데,
이는 하느님만 믿고 있지 않았다는 증거입니다.

기쁠 때나 슬플 때나 하느님만 믿지 않고 하느님을 찾지 않으면서도
하느님을 믿고 있다고 자기 합리화를 하고 있었기 때문입니다.
하느님을 진정으로 증언한다는 것은 기쁠 때나 슬플 때나 하느님에게만 의존하고

하느님의 뜻만 따르는 것을 말합니다.
하느님께서 평화를 주시든 빼앗아 가시든
자신이 헌신적으로 믿고 있다는 허튼 생각을 하지 않고
오로지 하느님께만 의존하며 항상 느긋하게 기다리는 것을 말합니다.
모든 일이 잘 풀리고 하느님을 위해서 무엇이든 할 수 있을 것처럼 생각되어도 자기를 믿지 않고 자신을 진정으로 낮추고 오로지 하느님께만 의존하며
항상 느긋하게 하느님께서 역사하시기만을 기다리는 것을 말합니다.
하느님께서 이러한 사람들로부터 모든 위로를 뺏어 가시기도 하는데
더욱더 성숙하게 만드시기 위한 것입니다.
아무 일도 할 수 없을 정도로 만드시는 일이 자주 있습니다.
이들은 기쁘게 철야 기도를 하려고 해도 잠자게 되고,
금식하려고 해도 먹게 되고, 쉬려고 해도 쉬지 못하게 됩니다.
하느님께서 이렇게 하시는 것은 하느님의 도움만 받게 하시려는 것입니다. 하느님 품에 안겨야만 쉴 수 있게 하시고
자신의 영육(靈肉)이 좋아하는 것들을 멀리하게 하시고
오로지 진심으로 당신만 믿게 하시려는 것입니다.
왜냐하면 세상 사람들이 육욕(肉慾)을 지나치게 즐기려 하고
덧없는 재물이나 명예를 찾음으로써 자신을 망치려고 하듯이,
믿음이 깊은 사람들이 지나치게 착한 일들을 많이 하려고 하고
지나치게 헌신하려고 하여 자신을 망치는 일이 많기 때문입니다.
오로지 가난하게 되어 하느님 품에 안겨 쉬려고는 하지 않고
지나치게 하느님의 은총을 받으려고 하기 때문입니다.

'유다'는 **'하느님을 찬양하는 것'**을 의미하기도 합니다.
형제자매 여러분, 모든 일에서 그리고 내적 외적으로
무슨 일이 생기더라도 영원한 하느님을 찬양하는 것은
싫거나 좋거나 의로운 길을 가려고 하는 증거입니다.
그리고 감사하면서 모든 것을 하느님께 맡기려는 것은
하느님을 진정으로 증언하는 것이 됩니다.
따라서 사랑하는 형제자매 여러분,
하느님께서 여러분에게 주신 것을 모두 하느님께 되돌려드리십시오.

자기를 버리지 못한 채 망설이지 말고 항상 하느님께 되돌려드리십시오. 습관적으로 하느님 사랑이 있는 자신의 내면 깊은 곳으로 들어가야만
하느님을 찬양할 수 있게 된다는 것을 알아야 합니다.
이렇게 해야만 덕을 많이 쌓을 수 있게 되고 성숙하게 됩니다.
왜냐하면 자신의 내면 깊은 곳에 빛 중의 빛인 하느님께서 계시기 때문입니다. 기쁠 때나 슬플 때나 여러분을 괴롭혔던 세상 것들도 모두 하느님께 돌려 드리고 자신 안에 있는 내적인 모든 것들도 하느님께 돌려 드리십시오.

그리스도께서는 "너희는 사마리아에서도 나를 증언하게 될 것이다."고 말씀하셨는데, **'사마리아'**는 **'하느님과 하나가 되는 것'**을 의미합니다.
이는 하느님과 완전히 하나가 되어
이 세상에서 진정으로 하느님을 증언하는 것을 뜻합니다.
그러면 자신의 영혼에서 에고가 떠나고 모든 세상 것들이 사라지게 되는데 하느님과 하나가 됨으로써 분심(分心)이 사라졌기 때문입니다.
그러면 영혼이 가장 강렬하게, 성령께서 하느님 아버지와 성자(聖子) 안에 하나가 되어 계시는 하늘나라로 인도되기 때문입니다.
그리하여 영혼은 하느님의 자비를 느끼고
이 세상에서도 조금만 이끄셔도 하느님께로 이끌려
진리 안에서 지복(至福)을 발견하게 됩니다.
그리고 하느님께서 계시는 영혼의 깊은 곳으로 이끌려
겸손하게 모든 것을 버리고 하느님의 은총만 받게 됩니다.
왜냐하면 자기를 완전히 버리고
하느님 안에서만 하느님의 선물을 보게 되기 때문입니다.

이후에 영혼은 다시 하느님께서 계시는 다른 하늘로 인도되어
자기를 버리고 하느님과 완전히 하나가 됩니다.
그런데 하느님만 생각하고 하느님 안에만 있으려고 하므로
영혼은 어떤 일이 일어나고 있는지를 말하지도 못하고
생각하지도 못하고 이해하지도 못합니다.
영혼이 하느님만 생각하고 아무것도 모르고 아무것도 보지 못하고
아무것도 느끼지 못하고 하느님께서 계시다는 것만 아는데

무슨 일이 일어났는지를 어떻게 말하고 이해할 수 있겠습니까?
사랑하는 형제자매 여러분, 영혼이 이러한 것을 느낀 후에는
자신이 수행하는 이유를 알게 되어 잘못 수행하고 있다는 것을 깨닫고
계속 그렇게 수행하면 아무것도 얻지 못한다는 것을 알고
새로운 수행법을 찾으려고 하게 된다는 것을 아십시오.

이와 같이 집착을 버린 믿음이 깊은 영혼은 하늘나라와 땅 사이에 있게 됩니다.
자기를 버리고 세상 것들을 모두 버리고 신비스러운 능력을 갖추고
항상 주님이신 하느님 안에 있게 되며 자신을 낮추어 겸손하게 되어
수도 생활을 이제 막 시작한 초보자처럼 생각합니다.
그는 아직도 수행이 부족하다고 생각하는데
아무것도 이룬 것이 없다고 여기지만
다른 사람들의 눈에는 그렇게 보이지 않습니다.
그는 기쁘거나 슬프거나 생각과 행동으로
모든 피조물과 함께 참된 평화를 누립니다.
이러한 사람은 하늘에서 처음으로 내려오시고
다시 승천하신 우리 주 예수 그리스도를 진정으로 증언하게 됩니다.
그리고 이러한 경지에 들게 된 사람들은 모두 하느님과 하나가 되어
하느님 안에서 하느님과 함께 하느님을 통하여 하늘나라로 올라가게 됩니다.

이런 목적으로 열심히 정진한 사람은
세상 것들 때문에 기뻐하거나 괴로워하지 않고 길을 잃지도 않습니다.
그는 어리석지도 않으며 바보 같은 질문도 하지 않고
엉뚱한 생각도 하지 않습니다.
하느님, 저희가 영적(靈的)인 일에서나
세상일에서도 당신을 증언할 수 있게 해주소서.
저희를 당신의 영원한 아드님과 함께 하늘나라에 들게 해주소서.
저희가 이 모든 것을 성부와 성자와 성령의 이름으로 증언하게 해주소서. 아멘.

〈주님 승천 대축일의 네 번째 강론〉

50 내면생활에서 유다를 몰아내고 마티아를 선택해야 합니다

"그 무렵 베드로가 형제들 한가운데에 서서 말하였다.
그 자리에는 백스무 명가량 되는 무리가 모여 있었다.
'형제 여러분, 예수님을 붙잡은 자들의 앞잡이가 된 유다에 관해서는,
성령께서 다윗의 입을 통하여 예언하신 성경 말씀이 이루어져야 했습니다.
유다는 우리 가운데 한 사람으로서 우리와 함께 이 직무를 받았습니다.
그런데 그자는 부정한 삯으로 밭을 산 뒤,
거꾸로 떨어져 배가 터지고 내장이 모조리 쏟아졌습니다.
이 일이 예루살렘의 모든 주민에게 알려져,
그 밭이 그들의 지방 말로
'하켈 드마'라고 불리게 되었는데, '피밭'이라는 뜻입니다.
사실 시편에 '그의 처소가 황폐해지고 그 안에 사는 자 없게 하소서.'
또 '그의 직책을 다른 이가 넘겨받게 하소서.'라고 기록되어 있습니다.
그러므로 주 예수님께서 우리와 함께 지내시는 동안 줄곧
우리와 동행한 이들 가운데에서, 곧 요한이 세례를 주던 때부터 시작하여
예수님께서 우리를 떠나 승천하신 날까지 그렇게 한 이들 가운데에서
한 사람이 우리와 함께 예수님 부활의 증인이 되어야 합니다.'
그래서 그들은 바르사빠스라고도 하고 유스투스라는 별명도 지닌
요셉과 마티아 두 사람을 앞에 세우고, 이렇게 기도하였다.
'모든 사람의 마음을 아시는 주님, 이 둘 가운데에서
주님께서 뽑으신 한 사람을 가리키시어, 유다가 제 갈 곳으로 가려고

내버린 이 직무, 곧 사도직의 자리를 넘겨받게 해 주십시오.
'그러고 나서 그들에게 제비를 뽑게 하니 마티아가 뽑혀,
그가 열한 사도와 함께 사도가 되었다."(사도 1, 15-26)

주님께서 승천하신 후 주님의 제자들이 예루살렘으로 돌아오자
베드로가 그들에게 자살한 유다 대신에 한 사람을 뽑으라고 말했습니다.
'유스투스(the Just)'라는 별명을 가진 요셉(Joseph)과 마티아(Matthias)
두 제자가 그 당시 돋보였는데 마티아가 사도라는 높은 자리에 뽑혀
예수 그리스도를 증언하게 되었습니다.

사랑하는 형제자매 여러분, 앞의 강론에서
'거룩한 평화의 도시'이기도 하고 '불안한 도시'이기도 했던 '예루살렘'으로 제자들이 돌아왔다는 사실을 주목하십시오.
그리고 슬픔을 통하여 기쁨을 알게 되는 것처럼 갈등을 통하여 평화를 얻게 되고, 궁핍의 고통을 겪어보아야 풍족함을 알게 된다는 것을 이미 설명한 바 있습니다.
제자들은 시온 산으로 돌아왔습니다.
따라서 우리는 전심전력을 다하여 하느님의 영원한 축제에 가기 위하여, 아브라함이 종과 나귀를 남겨두고 아들을 희생 제물로 바치기 위하여 모리아(Moriah) 산으로 데리고 올라갔던 것처럼
모든 것을 버리고, 모든 피조물보다 높이 올라가야 합니다.
올라가는 것은 왕국에서는 왕자처럼 집에서는 아버지처럼
인간의 모든 능력에 명령하는 의지(意志)에 따라 올라가게 되는데,
우리의 의지는 항상 사람을 모든 피조물보다 더 높이 올라가게 명령합니다.

제자들이 '다락방(cenaculum)'으로 간 것으로 되어 있는데,
라틴어 'cena'가 '저녁식사'를 뜻하므로
'cenaculum'는 '연회장(banquet hall)'의 의미입니다.
중요한 사실은 그날에는 저녁 식사가 끝나고
더 나올 음식도 없었고 할 일도 없었으므로
'연회장'이 쉬는 곳이 되어 있었다는 것입니다.
왜냐하면 제자들이 연회장에 머물 때

음식도 없고 할 일도 없어 주님 안에서 쉴 수밖에 없었기 때문입니다.
그래서 주님만 생각하고 있었지
성령을 받을 것을 기대하고 기다리고 있지는 않았습니다.

연회장에서 베드로가 일어선 것으로 되어 있는데
'**베드로**'는 '**회개하고 하느님께 죄를 고백하는 사람**'을 의미합니다.
그가 일어선 것은 유다가 죽어 빈자리에 참된 증인을 뽑기 위한 것이었는데 베드로는 유다가 강도이고 배반자였다는 사실이 몹시 마음에 걸렸기 때문입니다.
하느님께서 우리 안에서 공짜로 주시는 선물을 독차지하려는
나쁜 심보를 가진 '유다'가 우리 안에도 있기 때문입니다.
우리 안에서 역사하시는 하느님을 독차지하려는
이 유다와 같은 비뚤어진 특성이 우리 안에도 있는 것입니다.
그러나 누구에게나 '**회개하고 하느님께 죄를 고백하려는 양심이라는 의로움**'도 있기 때문에 우리 안에서 사라진 유다와 같은 비뚤어진 특성 대신에
새로운 마음을 가지려고 하는 충동이 생기게 됩니다.
그래서 참으로 의롭기도 했으며 '**유스투스**(The Just)'라는 별명도 지닌 요셉과 마티아 중에 한 사람을 뽑기로 했던 것입니다.
요셉은 '순종'의 뜻을 가진 '**바르사빠스**(Barsabas)'라는 별명도 갖고 있었습니다.
이 요셉 대신에 마티아가 뽑혔는데
'**하느님께서 보시기에 작은 사람**'이라는 의미입니다.
그런데 이 거룩한 사도의 빈자리에
이 두 사람 중 한 사람을 뽑는 것이 과연 옳은 일이었을까요?
순종하는 의로운 요셉 대신에 하느님 앞에 작은 사람을 뽑아야 했을까요?
형제자매 여러분, **순종하고 의로운 것보다 겸손하고 작은 것이 더 좋습니다. 그래서 겸손하고 작은 사람을 선택하게 된 것입니다.**

그런데도 여러분은 가장 빠른 길로 완덕을 갖추기를 바랍니까?
하느님의 사도로 뽑혀 가장 높은 증인이 되려고 합니까?
그렇다면 하느님 앞에서 가장 작은 사람이 되겠다고 말씀드려야 합니다.
그렇게 말씀드리지 않으면 사도로 뽑힐 수가 없습니다.
열심히 수행하여 가장 작은 사람이 되도록 해야 합니다.

그래야만 가장 높은 자리에 오를 수 있게 되고,
가장 하느님 가까이에 가게 되고,
가장 영광스러운 자리, 즉 사도들 중의 한 자리를 하느님으로부터 받게 됩니다.
자기 자신을 최대한 낮추지 않으면 결코 그런 자리가 주어지지 않습니다.

이렇게 겸손해져야 합니다. 생각만 하면 안 됩니다.
생각만 한다는 것은 교만의 증거이며 겸손한 척하겠다는 말이기도 합니다.
이런 생각에 교만이 깊이 뿌리를 박기 때문입니다.
사람들은 하느님 앞에서 작아지려고 하지 않으면서도
하느님과 사람들로부터 경멸받지도 않으려고 합니다.
형제자매 여러분, 하느님 앞에서 자신을 아무것도 아닌 존재로
만들려고 하는 사람만이 성령을 받을 수 있게 됩니다.
이 길이 하느님께로 가는 가장 빠른 길이며
하느님의 은총을 받아 앞으로 나아갈 수 있는 길입니다.
하느님, 저희에게 이렇게 성령을 받을 수 있는 준비를 하게 해주시어
실제로 성령을 받게 해주소서. 아멘.

〈주님 승천 대축일의 다섯 번째 강론〉

51 종말과 기도

"만물의 종말이 가까웠습니다.
그러므로 마음을 가다듬고 정신을 차려 기도하십시오."(1베드 4, 7)

성령을 받을 수 있도록 오로지 하느님만 바라보아
누구 못지않은 열성으로 성령을 받을 준비를 합시다.
우리 모두 자신의 영혼에
하느님이 아닌 다른 생각들이 있는지 끊임없이 성찰합시다.
성령을 받으려면 세상 것들에 대한 집착을 버리고,
자기를 버리고, 내면생활을 하고, 하느님과 하나가 되도록 해야 합니다.

그리고 덕(德)을 쌓고 항상 자신을 낮추도록 해야 합니다.
그러면 영혼 깊은 곳에 성령께서 오시어 성령으로 충만하게 됩니다.
항상 깨어 있으면서 이 모든 일을 다음과 같은 순서로 해야 합니다.
먼저 자신의 삶에 하느님을 위한 것이
아닌 것이 있는지 조심스럽게 성찰해야 합니다.
하느님을 위한 것이 아닌 것이 있으면 즉시 바꾸도록 해야 합니다.
3월의 농부처럼 해야 합니다.
햇볕이 내리쬘 때 가지를 잘라주고 땅을 파고 부지런히 농사를 지어야 합니다.
이와 마찬가지로 자신의 영혼 깊은 곳을 파서 무엇이 있는가 보고
육욕(肉慾)에 따라 산 가지들을 잘라내고
환상과 허튼 생각과 같은 모든 잡초를 뽑아내야 합니다.
그리고 7죄종(罪宗)을 뿌리째 뽑아내야 합니다.

내적 외적인 교만을 없애고, 탐욕과 미움과 시기심을 없애고,
영육(靈肉)을 더럽히는 육욕을 없애고,
영혼에 숨어 있는 게으름을 없애는 등
모든 악(惡)을 뿌리째 뽑아버려야 합니다.
영혼이 아직도 냉랭하고 완고한 것은
햇빛을 받아 따뜻해지기는 했지만
아직도 여름 햇빛 같지 않기 때문입니다.
그러나 곧 모든 것이 바뀌게 됩니다.
하느님의 태양이 잘 가꾸어진 영혼의 정원에서
역사(役事)하시기 시작하기 때문입니다.

따라서 하느님 은총의 태양이
잘 가꾸어진 정원에 밝게 빛나기 시작하면
영혼의 내적 외적인 능력이 모두 하늘로 향하게 되어
5월의 꽃이 피기 시작하고 여름의 선물을 받을 수 있게 됩니다.
영원한 하느님께서 영혼이 꽃을 피워
덕(德)이라는 좋은 열매를 맺도록 해주시고
말할 수 없는 기쁨을 맛보도록 해주시기 때문입니다.
성령께서 계시게 됨으로써 영혼의 가장 깊은 곳까지
밝은 빛을 비추시기 때문입니다.
성령님의 빛이 너무나 따뜻하기에
위로자라고 부르게 되었기 때문입니다. 얼마나 기쁜가요?
풍성한 잔치를 열어주시어
맛있는 음식 냄새를 맡을 수 있게 되었으니 얼마나 좋은가요?
이와 같이 성령님께서는 잘 준비한 영혼에 무한한 기쁨을 주십니다.
이 성령님의 위로 한마디는
세상 것들로 인한 모든 기쁨보다도 훨씬 더 위로가 됩니다.

기대하지도 않았는데 위로자이신 성령님의 놀라운 역사(役事)를 느끼게 되면
영혼 안에서 영원히 쉴 수 있게 되어
주님의 변모(變貌) 시에 베드로 성인이 느낀 것처럼 느끼게 됩니다.

"주님, 저희가 여기에서 지내면 좋겠습니다.
원하시면 제가 초막 셋을 지어 하나는 주님께, 하나는 모세께,
또 하나는 엘리야께 드리겠습니다."
그러나 주님께서는 그러한 것을 바라시지 않으셨습니다.
베드로가 "저희가 여기에서 지내면 좋겠습니다." 하고 말한 것은
주님께서 바라시는 것만큼 믿음이 깊지 않았기 때문입니다.
이 단계에 있는 영혼은 하느님의 은총의 햇빛을 받고 있을 때는
모든 것을 가졌다고 생각하고 영원히 드러누워 햇볕만 쬐려고 합니다.
이런 영혼들은 더 이상 성숙하지 못하고 제자리걸음을 걷게 되므로
일어나 걸어가지 않으면 여태까지 쌓아 놓은 공든 탑이 무너지게 됩니다.

그리하여 이들은 더 이상 수행(修行)을 정성껏 하지 않고 제멋대로 합니다. 그러면서도 자기 합리화를 하면서 무사안일만 찾습니다.
이들은 병든 사람이 지나치게 약에만 의존하는 것과 같습니다.
나는 의사가 이런 사람들을 두고 하는 말을 들었는데,
오로지 약에만 의지하며 의사만 믿고
스스로 원기를 되찾으려고는 하지 않는다고 했습니다.
누구나 다른 사람들의 도움을 전혀 받을 수 없다고 생각하면
혼자서 열심히 일하게 됩니다.
형제자매 여러분, 세상 사람들이 얼마나
무사안일만 바라고 살고 있는가를 보십시오.
그런데 우리가 수도 생활을 하면서도
무사안일만 바라는 것은 천 배나 더 나쁩니다.
하느님의 은총이라는, 떨어지는 감을 편안히 드러누워 받아먹는 기쁨을
계속 누리려고 하면 전혀 열심히 수행할 생각이 없어지게 되고
무기력하게 되어 아무 일도 하지 않고 편하게 쉬려고만 하게 됩니다.
마귀는 이때를 놓치지 않고 영혼으로 들어와
게으르게 만들고 교묘히 환심을 사서 쉬려고만 하도록 꼬드깁니다.

이럴 때 우리는 어떻게 해야 할까요?
이런 행복을 두고 도망쳐야 할까요?

아닙니다. 결코, 그렇게 하지 마십시오.
그런 은총을 발로 차버리지 말고 감사하게 받아들이고
진심으로 하느님을 찬양하면서 겸손하게 그런 은총을
다시 하느님께 되돌려 드려야 합니다.
길을 떠났을 때 가난하고 배고프고 목말랐던
젊고 건강한 나그네처럼 행동해야 합니다.
오로지 먹을 것을 구하기 위하여 4마일만 가게 되면
10마일 이상을 기쁘게 더 걸어갈 수 있게 됩니다.
하느님께서 우리에게 당신의 영적(靈的) 기쁨의 맛있는 음식을 주시면
더욱더 정진(精進)하도록 해야 합니다.
그러면 예전에 아무리 수행을 많이 했더라도 더욱더 정진하게 되며
하느님을 더 사랑하게 되고 하느님을 더 찬양하게 되고
하느님께 더 감사하게 됩니다.
더욱더 불타는 사랑을 갖고
더욱더 열심히 수행함으로써 더욱더 위로를 받게 됩니다.
그리하여 교황께 금화(金貨) 한 닢을 드릴 때마다
수십만 개의 금화를 되돌려 받는 식으로 하느님과 주고받게 됩니다.
사랑과 감사와 겸손으로 하느님께 자주 갈수록
하느님께서 전보다 수천 배의 선물과 은총을 주십니다.
이와 같이 열심히 수행하면 더욱더 정진할 수 있게 됩니다.
따라서 자만하지 말고 더욱더 정진해야 합니다.
우리는 마차의 의자가 편안하기 때문에
더욱더 멀리 가려는 것은 결코 아닙니다.
하느님의 선물을 받으면 감사하게 받아들이고
하느님께 기쁨을 드려야 합니다.
그래서 베드로 성인은 우리에게 "**만물의 종말이 가까웠습니다.**
그러므로 마음을 가다듬고 정신을 차려 기도하십시오." 하고 경고했던 것입니다.
육적(肉的)인 쾌락에 빠져 정신이 몽롱한 상태에서
아무 일도 하지 못 하는 일이 없도록 하라는 것이었습니다.
깨어 있는 사람은 용감하게 그리고 슬기롭게 매사를 처리합니다.
"**정신을 차리고 깨어 있도록 하십시오.**

여러분의 적대자 악마가 으르렁거리는 사자처럼
누구를 삼킬까 하고 찾아 돌아다닙니다."(1베드 5, 8)
그래서 베드로 성인이 우리에게 "만물의 종말이 가까웠습니다.
그러므로 마음을 가다듬고 정신을 차려 기도하십시오." 하고 말했는데,
이는 오로지 하느님만 생각하고 경건한 마음을 계속 불태우고
자신을 끊임없이 성찰하라는 말이었습니다.
이 때문에 구세주의 제자들이 성령을 받으려면
스승께서 살아 계시기를 바라지 말라고 하신 것입니다.
"내가 떠나지 않으면 보호자께서 너희에게 오지 않으신다."(요한 16, 7)
사랑하는 제자들이 눈에 보이는 주님과 주님의 마음과 영혼 그리고 감정 등만 생각하면서 내면생활 외면생활을 하고 있었기 때문에
그렇게 말씀하신 것이었습니다.
제자들이 진정으로 하느님의 위로를 받으려면
아무리 괴롭더라도 겉모습만 보는 버릇을 버리고 바뀌어야만 했습니다.
그렇게 하지 않으면 육적(肉的)으로 살면서 수행할 수밖에 없었기 때문입니다.
육(肉)을 떠나 영적(靈的)인 삶을 살게 되면
더욱더 고귀해지고 더욱더 기쁘게 되기 때문이었습니다.

이렇게 하게 되면 영혼은 자신의 더욱더 깊은 내면
즉 하느님께서 계시는 숨어 있는 성전(聖殿)으로 들어가게 됩니다.
거기서 하느님 품에 안겨 집처럼 느끼면서 하느님을 만나게 됩니다.
영혼은 거기서만 깨어 있을 수 있게 됩니다.

베드로 사도는 우리에게 '**악마가 으르렁거리는 사자처럼**
누구를 삼킬까 하고 찾아 돌아다니기 때문에'
항상 깨어 있으면서 기도하라고 했습니다.
어떤 기도를 드리라고 했을까요? 구송기도(口誦祈禱)일까요?
시편을 여러 번 읽어보았죠?
주님께서 "**진실한 예배자들은 영(靈)과 진리 안에서 아버지께 예배를 드린다.**"고 말씀하신 진심에서 우러나오는 그런 기도를 드려야 합니다.(요한 4, 23) 성인(聖人)들과 삼위(三位)께서는 우리에게

'기도는 영혼을 하느님께로 들어 올리는 것'이라고 가르치셨습니다.
구송기도로 이렇게 할 수 있으면 더할 수 없이 좋겠지만 그렇지는 않습니다. 옷이 내 몸에 잘 맞는다고 해서 다른 사람들에게도 맞는 것은 아닙니다. 구송기도도 참된 기도이지만 구송기도만으로는 부족합니다.
왜냐하면 참된 기도는 영과 진리 안에서 기도하여
하느님께 바로 전달되는 것이기 때문입니다.
참된 기도는 사랑과 겸손으로 모든 것을 하느님께 맡기며 기도하는 것입니다.

성직자들과 수사(修士)들과 수녀들은
어떤 때는 구송기도만 해야 할 때가 있습니다.
그러나 우리의 지고한 스승이신 주님께서 가르쳐주신
주기도문(主祈禱文)만큼 거룩한 기도는 없습니다.
이 주기도가 가장 참된 기도이므로
우리는 이 영(靈)의 기도를 하느님께 바침으로써
우리의 영혼과 함께 바로 하느님께로 갈 수 있게 되기 때문입니다.
영혼이 자신의 가장 깊은 내면으로 들어가게 되고
가장 거룩하게 되어 여기서만 하느님과 하나가 될 수 있기 때문입니다.
그래서 아우구스티노 성인이
"영혼 안에는 시간도 없고 이 세상 것들은 아무것도 없고 육(肉)이 전혀 작용하지 않는 알지 못하는 심연(深淵)이 있습니다." 하고 말했던 것입니다. **영혼은 이 하늘나라의 심연에서 더할 수 없는 포근함을 느끼고**
영원히 계시는 하느님을 만나 기뻐하게 되기 때문입니다.
영혼은 이 심연 안에서만 하느님 안에 있게 되며
세상 것들을 모두 잊고 하느님께서 주시는
지복(至福)을 누릴 수 있게 되기 때문입니다.
하느님께서는 거기서만 머무시고 역사(役事)하시어
영혼이 더할 수 없는 거룩한 삶을 살 수 있도록 해주시기 때문입니다.
영혼이 하느님이신 무한한 빛과 사랑의 불 속으로
들어가게 해주시기 때문입니다.
그리하여 하느님과 대화하면서 하느님의 인도를 받아
모든 그리스도인을 위하여 간절하게 기도하게 되는 것입니다.

이와 같이 이 땅에 있는 친구들과 심지어는 죄인들과 연옥(煉獄)에 있는 영혼들을 위하여 간절하게 기도를 바치게 되는 것입니다.
그리고 거룩한 교회에 있는 모든 영혼의 요구에 따라
기도뿐만 아니라 충고를 하여 도울 수가 있게 되는 것입니다.
따라서 이런 은총을 받은 영혼들은
한 특정의 사람이나 목적을 위해서는 기도하지 않고
모든 사람을 위하여 기도하게 되는 것입니다.
그리고 하느님 안에서 관상할 때처럼 하느님의 사랑을 알게 되고
하느님 사랑의 불 안에서 모든 그리스도인들의 청원을 알게 됩니다.
그리고 자신의 영혼 안에서 하느님께서 드나드시는 것을 보는 것 같고
항상 하느님과 함께 있음으로써 하느님 사랑 안에서
마음의 평화를 누리고 있는 것 같고
모든 것을 하느님 안에서 하는 것처럼 생각하게 됩니다.
어떤 경우에도 하느님께서 계신 것만 알게 되고
하느님께서 모든 것을 말씀해주시는 것처럼 생각하게 됩니다.
이러한 고귀한 사람들은 거룩한 교회에 꼭 필요한 사람들로
모든 사람을 거룩하게 만들고 위로하며 하느님께 영광을 드립니다.
이러한 사람들은 어디에 있든
하느님께서 그들 안에 계시며 그들은 하느님 안에 있게 됩니다.
하느님, 저희가 그렇게 될 수 있게 수행에 전념하도록 도와주소서. 아멘.

〈주님 승천 대축일 후 첫 주일 강론〉

52 성령을 받을 준비를 해야 합니다

"만물의 종말이 가까웠습니다.
그러므로 마음을 가다듬고 정신을 차려 기도하십시오."(1베드 4, 7)

거룩한 교회는 성령강림 대축일이 되면
제자들이 가장 깊은 내면에서 성령을 받았던 것을 기념합니다.
제자들은 성령을 받고 우리를 위하여 새로운 삶을 시작하게 되었을 뿐 아니라
우리도 제자들 덕분으로 성령을 받을 수 있게 되었기 때문입니다.
제자들은 아무런 위로도 받지 못하고 버림을 받았다고 생각하고 있었으므로
성령의 위로를 받고 무척 기분이 좋았습니다.
그리하여 제자들이 위로를 받고 사는 한 항상 성령과 하나가 되게 되었고,
모든 하느님의 친구들은 살아 있는 한 성령강림을 매일 기념하게 되었습니다.
매일 매시간 성령을 반갑게 맞이할 준비를 하는 일이 일과가 되었으므로
매일 매시간 자신의 영혼 안에 성령을 받게 되었기 때문입니다.
성령께서 끊임없이 사람들의 영혼에 들어오시어
더욱더 새로운 삶을 살 수 있게 해주셨기 때문입니다.
그리하여 제자들에게 성령을 보내주시어
제자들이 성령강림 대축일을 기념했듯이,
모든 그리스도인에게 매일이 성령강림 대축일이 되어 기념하게 되었습니다.
누구나 성령을 맞이할 준비를 철저히 하게 되면
성령께서 영혼에 들어오시어 많은 은총과 선물을 주시기 때문입니다.

그런데 형제자매 여러분, 우리가 사랑하는 베드로 사도가

우리에게 준비하라고 일러준 것이 있습니다.
"마음을 가다듬고 정신을 차려 기도하십시오."
베드로는 수없이 많이 마음을 가다듬고 정신을 차려 기도하여
성령을 맞이할 준비를 했으므로
우리도 이를 알고 실천하라는 뜻으로 말한 것입니다.
곧 우리가 베드로 사도의 이 말을 잊지 않고
수행(修行)을 통하여 선견지명을 갖도록 하여
어떤 경우에도 하느님의 진리와 사람의 지식을
분명히 구분하라는 뜻으로 말한 것입니다.

형제자매 여러분, 이런 준비를 제대로 할 줄 알고
성령을 받는 방법을 아는 사람들은 성령을 맞이할 준비를 제대로 하여
하느님의 진리가 아닌 것은 모두 버려
영혼을 깨끗하게 하는 수행(修行)을 통하여 하느님과 하나가 됩니다.

그런데 어떻게 하면 진정으로 놓아버리게 곧 집착을 버리게 되나요?
하느님의 진리가 아닌 것은 자발적으로 모두 버리는 것입니다.
자신의 영혼 깊은 곳에 아무리 사소한 것이라도
하느님의 진리가 아닌 것이 있는지 샅샅이 뒤져야 합니다.
무슨 일을 하더라도 하느님의 진리에 어긋나지 않는지를 살펴보고
하느님의 진리가 아닌 것은 과감하게 버려야 합니다.
이러한 준비는 수행하는 사람뿐만 아니라 모든 사람이 해야 합니다.

형제자매 여러분, 우리는 내면생활밖에 모르고
열심히 수행하는 훌륭한 사람들을 많이 만나게 되는데
이들은 자신의 영혼 안에 하느님의 진리가 아닌 것이 있으면 모두 버립니다.
우리 모두 이렇게 하여 세상 것들에 대한 집착을 버려야 합니다.
이렇게 하지 않으면 성령을 받을 수도 없고 선물도 받을 수 없게 됩니다.
어떤 일을 하더라도 하느님의 진리가 아닌 것은 모두 버리고
하느님의 진리만 택해야 합니다.

그러나 사람마다 집착을 버리고 성령을 기다리는 방법이 다른데,
어떤 사람들은 **감각과 신앙적인 느낌으로 성령을 받으며**
또 어떤 사람들은 감각이 아니라 **이성(理性)을 통하여 깨달아 성령을 받으며,**
또 어떤 사람들은 **이 두 방법에 따라** 자신의 영혼 깊은 곳
즉 숨겨진 하늘나라에서 숨어계시는 성령을 만나게 됩니다.
그런데 이 마지막 방법이 가장 좋은 방법입니다.
형제자매 여러분, 성령께서 이러한 영혼에
거처를 마련하시면 얼마나 기쁘시고
거기에 당신의 선물을 전하게 되면 얼마나 거룩하겠습니까?
이러한 사람은 자신의 내면생활을 면밀히 살펴보면 볼수록
그때마다 새로운 은총을 받아 성령과 하나가 되게 됩니다.
다른 것은 필요 없고 현명하게 집착을 버리고 하느님만 바라보기만 하면 됩니다.
자신이 하는 모든 일과 모든 방법과 모든 말을 면밀히 살펴보고
하느님의 진리에서 벗어나는 것이 있으면 즉시 바로 잡습니다.

하느님의 진리에서 벗어나는 엉뚱한 마음으로
수행(修行)하고 있지는 않은지 지켜보면서,
성령의 빛을 받아 겸손과 온유함과 친절함과 침묵과 독실함과 같은 덕(德)을 쌓게 됩니다.
그리고 성령의 빛 아래서 신중함과 의로움과 인내심과 절제심을 발휘하게 됩니다.
이는 올바른 삶인 동시에 거룩한 삶이며
성령의 도움으로 모든 일을 하느님 안에서 하고
모든 일을 하느님을 위해서 하게 된 결과입니다.

성령께서 이러한 사람이 덕행(德行)을 하는 것을 보시면
영혼에 초자연적인 빛을 비추시어 거룩한 믿음을 갖게 하시고
희망을 품게 하시고 사랑하게 만드십니다.
그리하여 깨달음을 얻게 되고 진실로 후덕(厚德)한
하느님 같은 사람이 되어 세상 것들을 거들떠보지도 않게 됩니다.
그러나 이렇게 행동하게 되어도
거룩한 동기에서 행동하지 않는 수가 종종 있으므로 무척 조심해야 합니다.

또한 하느님께 모든 것을 맡긴 것 같아도
진심으로 그렇게 하지 않은 것 같아 몹시 괴로워할 때가 많습니다.
그리하여 자신이 여태까지 한 일이 쓸데없는 짓만 같아
마음의 평화를 잃고 괴로워하며 슬퍼합니다.
형제자매 여러분, 이러한 고통은 몸이 좋지 않거나 날씨가 좋지 않거나,
선한 사람을 괴롭히는 나쁜 사람들로 인하여 생길 때가 많습니다.
그러나 이러한 상황을 조용히 그리고 느긋하게 맞이해야 합니다.

그러나 어떤 사람들은 그런 고통을 억지로 없애려고 하는데 바보 같은 짓입니다.
이들은 충고를 얻기 위하여
하느님의 깨달은 의사나 하느님의 종들에게 달려갑니다.
그러나 아무 소용이 없습니다.
아무도 이들의 고통을 없애주지 못합니다.
형제자매 여러분, 내면에 이렇게 폭풍이 몰아치면,
폭풍우나 비가 오거나 우박이 떨어질 때 사람들이 하는 것처럼
폭풍우가 지나갈 때까지 지붕 아래에서 몸을 피해야만 합니다.
오로지 하느님만을 바라고 있는 사람이 이런 고통을 받게 되면
겸손하게 받아들이고 참아 내고 모든 것을 하느님께 맡기고
세상 것들에 대한 집착을 버리고
하느님께서 자신의 고통을 어루만지시게 하면 고통이 가시게 됩니다.
그러나 어느 누가 하느님께서 어떻게 오시고
어떻게 소중한 은총을 주시는지 말할 수 있겠습니까?
사랑하는 형제자매 여러분,
느긋하게 하느님 뜻의 지붕 아래에서 기다리십시오.
하느님께서는 수행하며 기뻐하는 것보다
느긋하게 기다리는 것을 백배나 더 좋아하십니다.
하느님께서는 밝은 햇빛을 받고 좋은 환경에서 수덕(修德)하는 것보다 슬퍼하면서
폭풍우를 견뎌내는 것을 더 좋아하시기 때문입니다.
위로를 받거나 수행을 할 때보다
이렇게 괴로워할 때 더 깨어 있을 수 있기 때문입니다.
이럴 때는 육욕(肉慾)에 빠지거나 이기심이 생기지 않기 때문입니다.

하느님의 선물은 하느님 당신을 드러내시는 것이 아닙니다.
우리는 하느님을 선물을 받아야만 기뻐해서는 안 되고
하느님 안에 있을 때만 기뻐해야 하기 때문입니다.

형제자매 여러분, 인간의 본성은 태어날 때부터 탐욕적이고 이기적입니다.
그리하여 우리는 하느님께서 우리 안에서 역사(役事)하시지 못하게 하고,
하느님의 영광스러운 선물도 아무 소용이 없게 만드는데,
우리의 이기심이 자신의 것이 아닌 것을 소유하려고 하고
원죄로 인한 죄악에 쉽게 빠져들게 하기 때문입니다.
우리의 본성은 모든 것을 자기중심적으로 생각하게 하기 때문입니다.
그래서 토마스 아퀴나스 성인(St. Thomas Aquinas, 1225-1274)은
이러한 자기중심적인 생각 때문에, 어떤 것보다 심지어는 천사들보다,
더 심한 것은 하느님보다도 자기를 사랑하게 된다고 말했습니다.
그러나 이런 나쁜 생각은 하느님께서 만들어주신 것이 아니라
아담이 타락하여 하느님께 등을 돌렸기 때문에 생긴 것입니다.
그리고 이런 나쁜 생각은 우리 안 깊은 곳에 뿌리박고 있으므로
이 세상의 모든 현자(賢者)들이 이 뿌리를 찾으려고 하고 있습니다.
우리는 아무리 애써도 태어날 때부터 갖고 태어난
이런 내적 외적인 이기심을 없앨 수가 없습니다.
그래서 우리가 하느님을 위하여 일한다고 생각하지만
모든 일에서 자기 이익만 찾고 있는 것입니다.
그래서 바오로 성인은 예언자처럼 우리에게 말했습니다.
"마지막에는 힘든 시기가 닥쳐올 것입니다.
사람들은 자신과 돈만 사랑할 것입니다."(2티모 3, 1-2)
바오로 성인은 바로 오늘날을 말한 것입니다.
왜냐하면 이 세상은 비참함으로 가득 차 있는데,
세상 사람들이나 성직자들이 모두 드러내 놓고 또는 몰래
서로 속이려고 하는 안타까운 광경이 벌어지고 있기 때문입니다.
심지어는 고해사제도 이렇게 하고 있는데
성경을 왜곡하여 해석하여 죄를 용서해주고 있기 때문입니다.
형제자매 여러분, 하느님께로 가려고 하는 여러분 중에

이런 사람이 있다면 지금 당장 바로잡도록 하십시오.
우리가 내면 외면생활에서 자기를 버릴 수 있으면 얼마나 좋겠습니까?
이런 목적으로 금이나 은이나 성(城)이나
농장을 포기해도 하나도 아깝지가 않습니다.
자신의 내면에서나 수행 시에나 심지어 가장 하느님 가까이 있을 때도
자신도 모르게 이기심이 작용하고 있습니다.
그래서 베드로 성인이 우리를 하느님처럼 행동할 수 있도록 만들기 위하여
"만물의 종말이 가까웠습니다.
그러므로 마음을 가다듬고 정신을 차려 기도하십시오." 하고 말했던 것입니다.

우리 주 예수 그리스도께서도 우리에게 현명하게 되어야 한다고 말씀하셨습니다.
"그러므로 뱀처럼 슬기롭게 되어라."(마태 10, 16)
하느님의 영원한 아드님께서 아버지의 지혜이고
당신의 말할 수 없는 영광스러운 지혜를 우리에게 가르쳐주시기 위해
이와 같이 비천한 뱀에 비유하여 말씀하신 것에 유의해야 합니다.
주님께서 항상 자신을 낮추셨던 것처럼 당신의 가르침도 무척 단순합니다.
'뱀의 지혜'는 뱀의 피부가 늙게 되면
두 돌멩이가 가까이 있는 곳으로 가서 그 사이를 지나가게 되면
'허물을 벗고 곧 새로운 피부를 얻게 되는 것'을 말합니다.
따라서 사람도 아무리 값진 것이든 사소한 것이든
무엇이든 소유하려고 하는 자신의 옛 피부를 벗어야 합니다.
즉 하느님의 진리가 아닌 것은 모두 버려야 합니다.
이를 위해서는 하느님의 두 돌, 즉 진리이신 하느님과
길이고 진리이신 우리 주 예수 그리스도의 인성(人性) 사이를 지나가야 합니다.
이 두 돌 사이를 지나가면서 살게 되면
덕을 쌓게 되어 의롭게 행동할 수 있게 됩니다.
바오로 성인은 그리스도께서 말씀하신 이 돌에 대하여
"여러분은 사도들과 예언자들의 기초 위에 세워진 건물이고,
그리스도 예수님께서는 바로 모퉁잇돌이십니다." 하고 말했습니다.(에페 2, 20)
그리고 여러분이 이 두 돌을 겸손하게 지나가면서 진정으로 허물을 벗지 않으면,
여러분이 솔로몬처럼 현명하고 삼손처럼 강해도

아무 소용이 없게 된다는 것을 알아야 합니다.
그리스도처럼 가난하게 되고 순종하면서
사랑하고 세상 것들에 대한 모든 집착을 버리십시오.
그러면 여러분은 주님과 같은 덕을 갖게 되고
주님과 같은 생각을 하게 되고 주님처럼 살게 될 것입니다.
이렇게 함으로써 성령칠은(聖靈七恩), **즉 슬기**(sapientia),
통달(intellectus), **의견**(consilium), **지식**(scientia), **용기**(fortitudo),
효경(孝敬, pietas), **경외심**(敬畏心, timor)**을 갖게 되고,**
믿음 희망 사랑이라는 하느님의 세 선물을 받게 되어,
성령 안에서 완전해지고 진실해지고 마음의 평화와 기쁨을 누리게 될 것입니다.

이렇게 자기를 버리게 되면 친절하게 되고 세상 것들을 모두 버리게 되어, 감사하는 마음으로 기쁘거나 슬프거나 어떤 일이 생기더라도 받아들이게 되고, 어떤 일을 하더라도 행복하게 느끼게 됩니다.
이러한 사람은 모든 일을 하느님 아버지께서 미리 알고 계셨던 것처럼 느끼게 되고
모든 것을 하느님께서 역사하시는 것으로 알게 되어,
무슨 일이 일어나더라도 마음의 평화를 갖게 됩니다.
이런 마음의 평화는 자기를 버려야만 고독 속에서만 얻을 수 있으며
학교나 다른 곳에서는 얻을 수 없습니다.
진심으로 마음의 평화를 찾으면 반드시 얻게 될 것입니다.

지금까지 내가 여러분에게 강론한 것은
고결한 마음을 갖도록 하기 위한 것이었습니다.
마음속으로나 말이나 행동에서
진정으로 자기를 버리게 되면 마음의 평화를 얻게 됩니다.
오로지 하느님만 생각하면, 우리는 아버지와 함께
영원히 사시고 다스리시는 하느님의 아드님 예수 그리스도와 성령의
모퉁이 돌이 되는 은총을 받을 수 있게 됩니다. 아멘.

〈성령강림 대축일의 첫 번째 강론〉

53 성령께서 역사하실 수 있는 여건만 만들어주면 됩니다

"그러자 그들은 모두 성령으로 가득 차,
성령께서 표현의 능력을 주시는 대로 다른 언어들로 말하기 시작하였다.
유다인과 유다교로 개종한 이들,
그리고 크레타 사람과 아라비아 사람인 우리가
저들이 하느님의 위업을 말하는 것을
저마다 자기 언어로 듣고 있지 않은가?"(사도 2, 4, 11)

사랑하는 형제자매 여러분, 오늘은 슬프게도 아담이 불순종하여
에덴동산에서 잃어버렸던 소중한 보물인 하느님의 사랑을 되찾게 된 날입니다.
온 인류가 영원한 죽음에 빠져 거룩한 위로자이신 성령의
칠은(七恩)을 잃어버리고 하느님의 분노로 영원히 죄의 노예로 살고 있었지만,
예수 그리스도께서 십자가에서 돌아가실 때 묶이셨던
이 노예의 사슬을 풀어주신 성 금요일(Good Friday)이기 때문입니다.
주님께서는 아버지와 인간 사이에 완전한 평화를 가져다주셨는데
바로 오늘 주님께서 화해하게 해주셨기 때문입니다.
주님께서는 잃어버렸던 은총의 보물인
사랑을 성령을 통하여 되찾게 해주셨습니다.
우리의 마음과 영혼과 감각으로는 제자들이 성령을 받았을 때
영혼에 넘쳐흘렀던 우리 구세주 안에 있는 무한한 사랑을 이해할 수 없습니다.
주님의 사랑은 쏟아지는 비와 같아
강을 넘쳐흐르게 하고 골짜기들과 밭들을 비옥하게 해주었습니다.

그리고 제자들에게 성령이 주어졌던 것처럼
모든 세대에도 끊임없이 주어졌습니다.
성령께서 영혼의 깊은 곳에서
당신의 선물을 받을 준비가 되어 있는 것을 아시게 되면
사람들의 마음 가장 깊은 곳에 성령이 넘쳐흐르도록 해주시기 때문입니다.
우리의 땅은 엘리야 시대의 팔레스티나(Palestine)처럼
3년 6개월 동안 몹시 가물어서 아무도 씨를 뿌리고 수확할 수 없었지만
단비가 내려 뜰에는 새로운 생명으로 가득 찼는데
한 사람의 밭에만 비가 내리지 않은 것을 생각해보십시오.
그 사람과 그의 모든 친구는 괴로워서 어찌 울부짖지 않겠습니까?
마찬가지로 내적 외적으로 믿음에 영적(靈的)인 가뭄이 들어
마음이 허전하고 사랑이 없고 성령의 위로를 전혀 받지 못하게 되면
자신이 버림을 받은 것 같아 어찌 슬퍼하지 않겠습니까?
성령을 받으려면 어떻게 해야 하는지를 생각해봅시다.

'**첫째로 가장 중요한 준비**'는 성령께서
당신이 머무실 곳을 마련하시는 것으로,
먼저 영혼을 깨끗하게 비우신 다음 채우십니다.
비우시는 일은 가장 큰 준비이며 집착을 많이 버리게 하시어
성령을 더 많이 받게 하시려고 하시기 때문입니다.
물 잔에 어떤 액체를 채우려면 먼저 비워야만 합니다.
다른 액체와 섞이지 않도록 하려면 완전히 비워야 합니다.
물과 불은 상극이므로 불이 들어오면 물이 나가게 되듯이
성령께서 영혼 안에 들어오시면
세상 것들에 대한 집착은 모두 나가야만 합니다.
이러한 것들이 나가게 하려면 이성(理性)의 명령에 따라야 합니다.
따라서 자기를 버리고 완전히 비워 명령을 받을 준비를 해야 합니다.
자기를 버리고 모든 것을 하느님께 맡겨야 합니다.
그렇게 하지 않으면 성령께서 역사(役事)하시지 않기 때문입니다.
그러나 안타깝게도 오늘날에는 아무도 이렇게 하지 않으려는 것 같습니다.

성령께서는 영혼을 이렇게 비우신 다음 '**두 번째 일**'을 시작하십니다.
영혼에게 성령을 주시어 기쁘게 해주시는 것입니다. 그렇습니다.
여러분이 진정으로 집착을 버리면 성령이 충만하게 되지만
조금만 버리게 되면 성령을 조금만 받게 됩니다.
자기 뜻을 버리고 자기 사랑을 버리고 자기 의견을 버려야 합니다.
그러면 하늘나라가 여러분 앞에 열려도 감히 들어가지 않으려고 하는데 하느님께서 들어가라고 하시기 전에는 들어가지 않으려고 하기 때문입니다.
이 정도로 자기를 버려야 합니다.
이렇게 해야만 성령이 충만하게 됩니다.

형제자매 여러분, 본능을 억제하여 따분하게 느끼고
완고하게 느끼고 굼뜬 것을 느끼거나, 평화가 없는 것 같거나,
무력하게 느끼게 되면, 집착을 모두 버리고, 하느님께 모든 것을 맡기고,
모든 시련과 좋지 않은 생각들을 참고 견디면서 **가난하게** 되어야 합니다.
그러면 성령께서 곧 빈 곳을 채워주십니다.
성령께서 이러한 영혼 안에 성령을 듬뿍 채워주십니다.
이때 사람이 해야 하는 일은
성령께서 일하실 수 있도록 영혼을 비우는 것입니다.
그러나 이렇게 하는 사람들이 거의 없으며
심지어는 성소(聖召)를 받은 사람들과 성직자들조차도 이렇게 하지 않습니다.
따라서 환상이나 자기 본위로 생각하여 수행하는 사람들이 대부분입니다.
이는 자신이 확신을 갖고 수행법을 선택하여
수행하고 있다고 믿고 있기 때문입니다.
그래서 아무도 성령께서 역사하시도록 하지 않고
지금과 같이 혼란스런 시대에도 자신만의 수도 생활을 하려는 사람들뿐입니다.
여러분의 영혼 안에서 성령께서 방해받지 않고 역사하시도록 하십시오.
그러면 성령께서 역사하시어 모든 일이나 말에서도
조용히 제대로 당신의 뜻대로 일하거나 말하게 하실 것입니다.
그뿐만 아니라 여러분은 성령의 역사를 거의 알아차리지 못하겠지만
여러분의 내면생활도 성숙하게 하도록 해주실 것입니다.
왜냐하면 영혼이 몸 안에서 일하는 것처럼,

우리가 전혀 알아차리지 못해도, 성령께서 자리 잡고 계시는
우리의 영혼 깊은 곳에 우리가 정신을 집중하게 만드시기 때문입니다.

그러면 사람은 바보처럼 멍청하게 됩니다.
자신의 마음속에서 성령께서 역사하시는 것을 알고도
자신이 일하는 것처럼 생각하기 때문입니다.
이는 마치 위대한 화가가 명화(名畵)를 그리기 시작할 때
어떤 바보가 와서 간섭하여 작품을 망치는 것과 같습니다.
성령께서 우리의 영혼 안에서 역사하실 때 우리는 이와 같이 행동하게 됩니다.
우리 안에서 성령께서 역사하시는 것을 느끼게 될 때
자기를 버린 것을 이 세상의 어떤 기쁨보다 더 기뻐하기 때문입니다.
그러나 우리의 이런 자기 합리화 때문에 성령의 역사를 망치게 합니다.
사람이 대죄를 짓지 않은 한 성령께서 우리 안에서 나가시지는 않지만
아직도 자기를 버리지 못하고 있는 것이 확실하기 때문입니다.

때때로 사실은 내면생활을 자만하여
모든 것을 자기 뜻대로 하고 있으면서도
하느님의 뜻에 모든 것을 맡겼다고 착각할 때가 많습니다.
이를테면 깨달음을 얻고 모르던 것들을 알게 되어도
자신의 성숙을 의심하기 때문입니다.
이런 영적 선물을 받고도 모든 것을
자신이 이룬 것처럼 합리화하기 때문입니다.
형제자매 여러분, 영적(靈的)인 일에는
앞서 나가면서 소금을 뿌리지 마십시오.
성령께서 여러분과 함께 위엄 있게
길을 가실 수 있도록 하려면 당연히 자기를 버려야 합니다.
성령께서 가시는 길에 장애물을 두지 않도록 조심하십시오.
여러분이 이런 잘못을 범하지 않았다면
고해사제가 어렵게 보속(補贖)을 주고 있는 중에
도망쳐서 그를 괴롭힐 필요는 없을 것입니다.
지금 바로 여러분의 마음 깊은 곳으로 가서

거기에 계시는 성령께 여러분의 잘못을 겸손하게 고백하십시오.
그러면 하느님께서 당신의 손을 여러분 머리 위에
올리시고 여러분을 치유해주실 것입니다.

그래서 우리의 주님께서 성령을 받은 사람들에 대하여 말씀하셨습니다.
"손으로 뱀을 집어 들고 독을 마셔도 아무런 해도 입지 않으며,
또 병자들에게 손을 얹으면 병이 나을 것이다."(마르 16, 18)
그리고 "**마귀들을 쫓아내게 될 것이다.**"고 말씀하셨습니다.
하느님께서는 여러분이 자기를 버린 상급(賞給)으로
마귀의 속임수를 알아차리고 도망칠 수 있는 힘을 여러분에게 주십니다.
"**손으로 뱀을 집어 들 것이다.**" 하고 말씀하신 것은
내적 인간이 되어 뱀 같은 사람들이 고압적이 되어 권위를 내세우더라도
참고 견디게 된다는 것을 뜻합니다.
이러한 사람들은 하느님의 종들의
가장 저급한 영혼의 능력에는 상처를 줄지 모르지만
고급 능력에는 전혀 영향을 미치지 못하므로
용기를 잃지 않고 괴로워하지도 않게 됩니다.
그리고 우리의 구세주께서는
"**독을 마셔도 아무런 해도 입지 않을 것이다.**"고 말씀하셨습니다.
나쁜 사람들이 아무리 못살게 굴더라도 참아내게 될 것이라는 의미입니다.
이들은 자기 가까이 오는 사람들을
독거미 줄로 칭칭 감아 모든 일을 그르치게 만듭니다.
따라서 여러분이 성령을 넘치게 받으려고 하는데
자매 수녀님이 여러분에게 욕을 하면
하느님을 위하여 달게 받아들여야 하며
그것도 성령께서 역사하신 것으로 알아야 합니다.
오로지 침묵하면서 모든 것을 느긋하게 참고 견디는 것이
성령께서 오시도록 준비하는 것입니다.
그렇게 하면 외적인 자아가 상처를 받을지 모르지만
내적인 자아는 전혀 상처를 받지 않습니다.

형제자매 여러분, 항상 행복해지고 싶고 항상 최선의 수행을 하고 싶지 않습니까?
그러면 다음 두 가지만 명심하십시오.
제대로 내면 외면생활을 하면서 자기를 버릴 뿐 아니라
세상 것들을 모두 버려 여러분 안에서 성령께서
아무 방해도 받지 않으시고 역사하시게 하십시오.
두 번째로 영혼 안에서 일어나든 외면생활에서 일어나든
모든 일은 하느님의 손을 통하여 오는 것으로 생각하고 기쁘게 받아들이십시오.
어디서 오든 어떻게 되든 지켜보면서 성령을 받을 준비를 하고,
나쁜 사람으로 인한 것이든 제멋대로 하는 사람으로 인한 것이든
오로지 시련을 겪고 고행(苦行)을 한다고 생각하면
하느님께서는 여러분을 완전하게 만드시어 부르시게 될 것입니다.

우리의 구세주께서는 제자들에게 말씀하셨습니다.
"곧 내 이름으로 마귀들을 쫓아내고
새로운 언어들을 말하게 될 것이다."(마르 16, 17)
이는 벙어리가 되라는 의미입니다.
즉 말하고 싶어도 되도록 참으라는 말씀입니다.
형제자매 여러분, 모든 사람 앞에서 혀를 조심하는 법을 배우십시오.
습관적으로 말을 조심해서 하도록 하십시오.
그렇게 하지 않으면 하느님께 아무 일도 하지 못하게 됩니다.
여러분이 하느님의 영광을 위해서만 말하고 있는지
이웃의 좋은 점만 말하고 있는지
마음의 평화를 갖고 말하고 있는지 보십시오.
끊임없이 하느님과 대화하십시오.
베르나르도 성인(St. Bernard of Clairvaux, 1090-1153)이 말했습니다.
"나는 사람들과 말을 많이 하는 것을 몹시 싫어합니다.
그러나 우리는 하느님과는 너무나 대화하지 않습니다."
하느님을 소리 높여 감사하고 끊임없이 하느님을 찬양하십시오.
여러분이 오직 하느님께 감사하고,
하느님께서 당신 앞에서 여러분이 잘못한 일을 말없이 참고 견디시도록 하려면,
하느님께서 여러분을 당신의 뜻을 이루도록 이끄시지 않더라도

하느님께 감사하는 새로운 혀를 달라고 청원해야 합니다.
여러분들끼리 자주 만나 하느님과
수덕생활에 대하여 이야기를 나누도록 하십시오.
이렇게 한다고 하느님을 모독하는 것은 아니며 이상한 짓을 하는 것도 아닙니다.
여러분이 다른 사람들을 욕하지 않게 도와주기 때문입니다.
오로지 하느님만 생각하면서 하느님에 관해서만 이야기하십시오.
남을 헐뜯고 논쟁을 좋아하는 사람들은 뱀과 같기 때문에 피하도록 하십시오.
이들은 외면적인 사람들이므로 여러분의 내면생활에 끌어들이지 마십시오.
이들 때문에 마귀가 여러분을 사로잡아
여러분의 약점을 이용하려고 하기 때문입니다.

성령께서는 여러분 안에서 선의를 발견하시고 이 밖에도 많은 일을 하십니다.
성령께서는 여러분 안에서 역사하시면서
여러분의 영육(靈肉)을 당신의 영향권 안으로 끌어들이십니다.
성령께서 여러분의 선의를 발견하시면 계속하여 역사하십니다.
마치 엄청난 비가 많은 수확을 얻게 하듯이
당신의 역사가 열매를 맺도록 하시기 위해
여러분의 영육(靈肉)이 최고의 능력을 발휘할 수 있게 하시어
여러분을 거룩하게 만드십니다.
그러나 여러분이 가난하게 되어야만 이렇게 역사하십니다.
따라서 성령께서 역사하시지 못하게 만드는,
여러분이 소중하게 여기던 모든 것을 영혼에서 없애버려야만 합니다.
즉 완고한 마음을 버리고 성급한 판단을 버리는 등 모든 것들을 버려야만 합니다.
그러나 여러분에게 좋지 않은 일이 생겨도
전혀 여러분에게 해롭지 않다는 것을 명심해야 합니다.

그런데 타성에 젖어 성령을 기다리지는 마십시오.
습관적으로 하는 외적인 신앙생활을 중단하고,
여러분의 규칙에 따라 노래하고 독서하고 기도하는 것을 중단하고,
이웃에게 봉사하고 자비를 베푸십시오.
드러누워서 모든 것을 버리고 성령을 기다리지 마십시오.

하느님을 사랑하고 하느님을 기쁘게 섬기는 사람은
하느님께서 섭리로 그렇게 하게 만드셨으므로
하느님을 찬양하기 위하여 모든 일을 사랑으로 하게 됩니다.
이웃과 함께 평화를 누리기 위해
친절하게 온유하게 그리고 자기를 버리고
모든 일을 하도록 하십시오.
그러면 어떤 것도 여러분을 방해하지 못할 것입니다.
그러나 평화를 잃게 되면 영적인 성숙을 이루지 못하게 됩니다.
어떤 일을 하더라도 하느님만 생각하십시오.
자주 여러분 자신을 성찰하십시오.
자신이 어떤 것에 마음이 사로잡혀 있는지 보십시오.
기쁘거나 슬프거나 분심(分心)을 갖지 마십시오.
자신의 외적인 행동을 조심하십시오.
이렇게 하면 성령께서 여러분에게 오시어 성령을 채워주시므로
어떤 일을 하더라도 기쁘게 됩니다. 성령께서는 여러분 안에 사시려고 합니다.
여러분이 성령의 가르치심에 귀를 기울이면
여러분 안에서 기적을 일으키실 것입니다.
하느님, 저희 모두가 행복할 수 있게 도와주소서. 아멘.

〈성령강림 대축일의 두 번째 강론〉

54 성령의 선물

"그러자 그들은 모두 성령으로 가득 차, 성령께서 표현의 능력을 주시는 대로 다른 언어들로 말하기 시작하였다."(사도 2, 4)

오늘은 성령께서 주님의 거룩한 제자들에게 내려오시고,
하느님의 사랑 안에서 제자들과 하나가 된 사람들에게 내려오신 거룩한 날입니다.
오늘은 마귀의 그릇된 충고와 인간의 연약함으로 인하여
에덴동산에서 우리가 잃어버렸던 은총의 소중한 선물인 사랑을
하느님의 자비로 되돌려 받게 된 날이기도 합니다.
이 값진 선물은 제자들의 영혼에 몰래 주어졌을 뿐만 아니라
겉으로 보기에도 놀라운 것이었으므로
인간으로는 도저히 이해할 수 없었습니다.
성령께서는 우리에게 가장 요긴한 무한한 사랑을 안겨주시지만
우리는 도저히 이해하지 못합니다.
이 세상과 눈에 잘 보이지도 않는 작은 먼지를 비교하는 것처럼
성령을 인간의 생각이나 이해력으로는
어떤 무엇과도 견주어 비교할 수도 없습니다.
모든 피조물을 모두 다 모아도 성령보다 훨씬 더 작습니다.
그리고 성령께서 어디에 거처를 마련하시더라도
당신 스스로 계실 곳을 준비하셔야 합니다.
하느님께서 계시는 깊은 심연이 성령께서 계실 곳이고
피조물 안에도 성령께서 계실 곳을 마련하셔야 하기 때문입니다.
제자들이 함께 모여 있던 집은 성령으로 가득 찼습니다.

“그들이 앉아 있는 온 집 안을 가득 채웠다.”(사도 2, 2)
성령께서는 당신을 맞아들이는 곳이면
어디든 그곳을 가득 채우시기 때문입니다.

제자들은 모두 성령으로 충만했습니다.
그 당시의 상황을 생각해보면 제자들이 성령을 받을 때
하느님의 모든 추종자도 성령을 받은 것으로 보입니다.
제자들은 성령을 받을 때 문을 닫고
한 군데에 모두 모여 아무 말도 하지 않고 앉아 있었습니다.
우리도 성령을 받으려면 그래야 합니다.
우리도 가능한 한 세상 것들이 들어오지 못하도록 영혼의 문을 닫고
하느님만 생각하고 있으면 우리 모두에게도 성령이 주어지게 됩니다.
세상 것들이 들어오지 못하도록 영혼의 문을 닫고 하느님만 생각하고 있으면 성령께서 은총을 듬뿍 주시며 모든 소망을 들어주시어 영혼을 사로잡습니다. **그러나**
영혼이 자기를 버리지도 못하고 하느님만 생각하고 있지 않아
영혼이 하느님으로부터 달아나면 성령께서는 모든 선물을 거두어 가십니다.

제자들이 앉아 있던 **“온 집 안이 성령으로 가득 찼습니다.”**
‘온 집 안’은 **‘하느님의 집’**인 **‘거룩한 교회’**를 뜻한다는 것을 알 수 있습니다. 그리고
‘우리 한 사람 한 사람’을 뜻한다는 것도 알 수 있습니다.
왜냐하면 우리는 하느님께서 머무시는 성전(聖殿)이며
성령께서 좋아하시는 선택된 성전이기 때문입니다.
그리고 모든 집마다 다른 거실들이 있듯이
성령께서 선물을 갖고 들어가실 사람 안에는
저마다 다른 많은 감정과 능력과 활동이 있습니다.
성령께서는 영혼에 들어 가시자마자 밝게 빛을 내시며 수덕(修德)하게 만드십니다.
그러나 이렇게 성령께서 모든 선한 사람들에게
역사하셔도 항상 느끼게 되는 것은 아닙니다.
성령의 존재와 성령의 자비를 알려면 온 정신을 한군데로 모아야 합니다.
즉 세상 것들이 들어오지 못하도록 문을 닫고 침묵하면서
손님이신 성령께 자신의 모든 것을 맡겨야 합니다.

이렇게 하면 성령의 역사를 알아차릴 수 있게 되는데
성령께 매달리는 열정에 따라 더 확실히 알아차리게 됩니다.

제자들은 유다인들이 '**두려워 문을 닫고 있었습니다.**'
오 자비하신 하느님, 오늘날의 저희가 어디에서나 만나게 되고
저희의 집을 채우고 있는 사악한 유다인들을 피하여
문을 닫고 있어야 함에도 불구하고 그렇게 하지 못했나이다.
사랑하는 형제자매 여러분, 이 증오스러운 '**유다인들**'은
'**여러분에게서 하느님과 하느님에 대한 믿음을 빼어가고**
성령을 만나 기뻐하지 못하게 하는 사람들'을 뜻한다는 것을 아십시오.
옛날의 유다인들은 제자들로 하여금
겁이 나서 문을 잠그고 움직이지 못하게만 했지만,
오늘날의 사악한 세상 사람들은 여러분으로부터
영원한 생명과 영혼과 하느님을 빼어가고 있습니다.
이 유다인들과는 교류하지 말고 도망쳐서
이들과 말도 하지 말고 어울리지도 마십시오.
왜냐하면 이들과는 하느님께 영광을 돌려드리고
하느님을 찬양할 수 없기 때문입니다.
이 유다인들과 어울리게 되면 성령을 받지 못하고
성령의 선물도 받지 못하게 된다는 것을 아십시오.

그런데 어떤 사람은 "스승님, 아닙니다. 유다인들에게는 악의가 없기 때문에 유다인들을 만나도 전혀 제게 해롭지 않습니다." 하고 말할지도 모릅니다.
그러나 오 나의 하느님, 저는 당신께서 가장 자비하시고 유일하게 선하신 분이고
영원한 기쁨이라고 알고 있는데, 어떻게 사람들이 어둠과 파멸뿐인 헛된 것들에서
쾌락을 맛보고 마음의 평화와 기쁨을 찾으면서,
당신의 자비를 저버릴 수 있는지 저는 도저히 이해할 수가 없나이다.
오 사람들이여, 어떻게 하느님보다 세상 것들을 더 좋아하여
자신을 위로해주실 성령을 쫓아낼 수 있나요?

그러나 사랑하는 형제자매 여러분, 하느님의 사랑만 바라고

진심으로 하느님을 마음에 두고 있는 좋은 사람들을 떠나지 마십시오.
이러한 사람들은 외부 일을 할 때도 내면생활을 할 때처럼 생각하므로
항상 성령의 평화와 행복을 누리고 있기 때문입니다.

주님의 제자들이 '**모두 함께 모여 있었다**'고 한 것은
성령께서 아무런 방해도 받지 않으시고 역사하실 곳과 때를 발견하시어
놀라운 은총의 열매를 맺게 하시도록
우리가 전심전력을 다하여 노력하라는 가르침입니다.

그리고 제자들이 성령을 받을 때 '**앉아 있었다**'고 말하고 있습니다.
여러분도 '**기쁘거나 슬프거나 어떤 일을 하더라도**
모든 것을 하느님께 맡기고 앉아 있으라'는 뜻입니다.
성숙한 하느님의 사람이 되려면 반드시 이렇게 해야만 합니다.
하느님과 하나가 되어야만 성숙하게 되기 때문입니다.
구원을 받으려는 모든 그리스도인은
모든 것을 하느님께 맡기고 하느님 뜻을 거역하지 말아야 합니다.

하느님만 믿고 모든 것을 하느님께 맡기기만 하면
완전하게 될 수 있느냐고 물을지 모릅니다.
토마스 성인(St. Thomas Aquinas, 1225-1274)**은**
항상 완전하게 되려고 노력하면서 살아야 한다고 답했습니다.
여러분은 성령께서 영혼 안에서 일곱 가지의 일을 하시어
일곱 개의 선물을 주신다는 것을 알아야 합니다.
성령께서는 이 중 세 가지 선물로 사람들을 완전하게 되도록 준비하게 하시고
나머지 네 가지 선물로 완전하게 만드시는 일을 끝내십니다.

'**첫 번째 선물**'은 완덕(完德)에 이르는 첫걸음인
'**하느님에 대한 두려움**(Divine fear)'입니다.
두려움의 선물은 모든 죄와 장애를 막아주는 단단한 벽과 같습니다.
거룩한 두려움은 지옥에 떨어지지 않는 것은 물론
치명적인 유혹에 빠지지 않게 해줍니다.

영혼은 사냥꾼이 잡으려고 하는 새처럼 되지만
안전하게 멀리 도망치게 됩니다.
**하느님께서 영원한 생명이 없는 피조물에게 안전의 본능을 주시듯이,
하느님과 하나가 될 수 없도록 방해하는 것들을
우리가 피할 수 있도록 두려움의 선물을 주십니다.
이 고귀한 선물은 우리를 이 세상으로부터 지켜주고
나쁜 생각을 하지 않게 해주고 우리의 연약함으로부터 지켜주고
어떻게 하든지 마음의 평화를 잃지 않도록 해줍니다.**
자신 안에 성령을 모신 사람은 재빨리 위험에서 벗어나게 되며
나쁜 말도 하지 않게 되며 대죄를 짓지 않게 됩니다.
예언자가 말했듯이 이와 같이 두려움의 선물은 지혜의 시작이 되게 됩니다.

'두려움의 선물' 뒤에는 **'순종**(piety)**의 선물'**을 주시는데
영혼을 더욱더 하느님과 하나가 되게 만듭니다.
이 선물은 두려움으로 인하여 생기는 모든 우울한 생각들을 잠재우고
무거운 마음에서 해방시켜 모든 생각이나 외부 일에서
하느님께서 역사하신다는 것을 믿게 만듭니다.
'순종(Piety)**'은 영적**(靈的)**인 지루함을 치유하고 완고함을 고쳐주며
자기 뜻대로 되지 않아 생기는 괴로움을 없애줍니다.
그리고 말이나 행동에서 이웃에게 친절하게 하며
행동도 조용하게 하며 성급함도 없애줍니다.**

세 번째의 **'지식의 선물**(the gift of knowledge)**'**은
영혼을 한층 더 숭고하게 만듭니다.
이 선물은 영혼의 한 지식 위에 다른 지식을 덮어씌우면서
점점 더 하느님 가까이 가게 만듭니다.
사랑하는 형제자매 여러분, 하느님 안에 있는 사람은 이 선물을 받게 되면
자신 안에서 경고하시고 이끌어주시는 성령의 목소리를 들을 수 있게 됩니다.
그래서 우리 주 예수 그리스도께서는
**"그러나 그분 곧 진리의 영께서 오시면
너희를 모든 진리 안으로 이끌어 주실 것이다.**

그분께서는 스스로 이야기하지 않으시고 들으시는 것만 이야기하시며,
또 앞으로 올 일들을 너희에게 알려 주실 것이다." 하고
말씀하셨던 것입니다.(요한 16, 13)
즉 우리가 알아야 하는 것은 모두 알게 해주신다는 말입니다.
성령께서는 다음과 같이 경고하십니다.
"오 사람이여, 그런 짓을 하면 이런저런 나쁜 결과가 뒤따르게 된다.
그런 말을 하지 말아라. 그 길로는 가지 말아라."
이렇게 못하게도 하시지만
"이렇게 행동하여라. 이 일을 하지 말고 다른 일을 하여라." 하고
명령하시기도 하는데 이는 친절하게 영혼을 이끄시기 위한 것입니다.
성령께서는 우리 영혼을 사로잡으시어
모든 일에서 숭고하게 우리 몸을 다스리게 하십니다.
그리고 부지런히 수행(修行)하게 하시어
우리 몸이 가치 있는 삶을 살도록 해주시려고 합니다.
그뿐만 아니라 치욕을 참고 견디게 해주십니다.
모든 사람을 당신께로 이끄시어 쓸데없는 두려움을 버리고
더욱더 완전하게 당신과 하나가 되게 해주시려고 합니다.

이런 '지식의 선물'을 받은 사람들에게는
'네 번째 선물'인 **'불굴의 인내심**(Divine fortitude)'을 주십니다.
오 형제자매 여러분, 성령의 이 선물은
우리의 연약함을 극복할 수 있게 해주니 얼마나 고귀하고 훌륭합니까?
이는 거룩한 순교자들이 하느님의 도움으로 기쁘게 죽을 때 힘을 주었습니다.
인내심은 사람을 강하게 만들어 주므로 바오로 성인이
"나에게 힘을 주시는 분 안에서 나는 모든 것을 할 수 있습니다." 하고 말했듯이(필리 4, 13), **하느님을 위해서는**
무슨 일이든 할 수 있다고 생각하게 되며,
하느님을 위해서는 어떤 것도 참을 수 있다고 생각하게 됩니다.
이러한 사람은 불도 물도 죽음도 두려워하지 않습니다.
그래서 바오로 성인이 "나는 확신합니다. 죽음도, 삶도, 천사도, 권세도,
현재의 것도, 미래의 것도, 권능도, 저 높은 곳도, 저 깊은 곳도,

그 밖의 어떠한 피조물도 우리 주 그리스도 예수님에게서 드러난 하느님의 사랑에서 우리를 떼어 놓을 수 없습니다." 하고 말했던 것입니다.(로마 8, 38-39)
이 선물을 받은 사람은 믿음이 강해져서
대죄를 전혀 짓지 않게 되고 작은 죄를 지어도 죽으려고 합니다.
그리고 이는 성인들이 우리에게 가르쳐준 교리입니다.
성인들은 덧붙여 우리에게 말했습니다.
"대죄를 짓느니 죽는 것이 더 낫다고 생각하면서
작은 죄도 지으려고 하지 않습니다."

영혼은 인내심의 선물을 받게 되면 놀라운 일을 할 수가 있게 됩니다.
사랑하는 형제자매 여러분, **성령께서 우리 영혼에 오시면**
항상 기쁨과 밝은 빛과 위로를 주시기 때문에
'위로자(Comforter)'로 불리게 되었다는 것을 알아야 합니다.
그런데 어떤 일이 자주 일어납니까?
어리석은 사람은 이 기쁨을 느끼게 되면 **자만하게 된다는** 것입니다.
그는 하느님을 저버리고 하느님의 선물에만 신경을 씁니다.
이와 반대로 현명한 그리스도인은 기뻐하게 된 이유를 생각하고
하느님의 선물을 모두 하느님께 되돌려 드리고 하느님만 생각하게 됩니다.

'다섯 번째 선물'은 **'충고(counsel)'**입니다.
오늘날에는 어느 때보다 하느님의 충고가 필요한 때입니다.
왜냐하면 하느님께서 사람들에게
자신의 꼬락서니를 적나라하게 보여주시고 한계를 일깨워주시면서
과거에 주셨던 것을 모두 빼앗아 가시는 것 같기 때문입니다.
그러나 하느님께서는 자기만 아는 이 시련을
어떻게 참고 견뎌야 하는지를 가르쳐주십니다.
모든 위로를 빼앗아 가시고 하느님에 대하여 전혀 모르는 것처럼 느끼게 하시고
하느님의 채찍을 모르게 하시어 절망하게 내버려 두십니다.
예전에 갖고 있던 모든 것을 모조리 뺏어 가시고
심지어는 예전에 알던 지식까지도 빼앗아 가십니다.
그리하여 당황하여 무엇을 해야 할지

어디에 의지할지도 모르는 채 외로워하게 됩니다.
충고의 선물이 절대적으로 필요한 때입니다.
구원을 받고 기뻐하게 되고 위로를 받게 될 것이라는 희망이 사라져버렸으므로
자기를 죽이고 하느님 아버지로부터 버림을 받은 것처럼 우두커니 서서
모든 것을 하느님의 거룩한 뜻에 맡기고
모든 것을 하느님의 심판에 맡길 수밖에 없게 되었기 때문입니다.
모든 것을 빼앗기고 하느님으로부터 버림을 받고
모든 것을 하느님께 맡길 수밖에 없게 되었다는 것을
느끼게 된 것보다 더 큰 은총은 없습니다.
하느님과 하나가 되기 위해서는
일주일이나 한 달 동안이 아니라 하느님께서 원하시면 수천 년 동안
이러한 고통을 겪어야만 할지 모르기 때문입니다.

사랑하는 형제자매 여러분,
'자기를 버리는 것(self-renunciation)'보다 더 어려운 일은 없습니다.
이것에 비하면 세상 것들을 버리는 일은 아무것도 아닙니다.
거룩한 순교자들이 하느님의 위로를 받기 위하여
고통을 받으면서도 웃으면서 기쁘게 생명을 내어놓는 것도
이것에 비하면 아무것도 아닙니다.
그러나 이런 시련을 통하여 하느님을 잃어버린 것 같이
느끼는 것보다 더 괴로운 것은 없습니다.
이뿐만 아니라 모든 유혹을 극복하고,
모든 잘못을 근절했지만, 죄를 지어 괴로워할 때보다
더 심하게 다시 그 잘못들이 괴롭히는 것도 참고 견뎌야 합니다.
사람들이 고통을 느긋하게 참고 견디도록 하고
하느님을 기쁘게 해드리기 위해 모든 것을 하느님의 뜻에 맡기도록 합시다. 때로는
수행을 착실하게 해오던 사람도 몹시 지쳐
한 시간 동안이 아니라 오랫동안 혼자라는
생각을 하게 되면서 무척 괴로워하게 됩니다.
그리하여 이런저런 위로를 찾으려고 하지만
아무런 위로도 받지 못하고 결국

하느님께 모든 것을 맡길 수밖에 없다는 것을 깨닫습니다.
여러분은 왜 주님께서 베드로 성인에게 원수를 일곱 번이 아니라 일흔일곱 번까지라도 용서해야 한다고 말씀하셨다고 생각합니까?
주님께서 우리의 연약함을 아시고 우리가 아무리 자주 회개하고 고백하면서 당신께 다시 돌아와도 우리를 용서해주시겠다는 뜻 아니겠습니까?
죄인에게 당신을 떠났다가 다시 돌아오면 용서해주시겠다고 가르쳐주신 것이니 얼마나 다행스럽습니까?
사랑하는 형제자매 여러분, 모든 시련뿐만 아니라
이런 시련에서도 하느님께 모든 것을 맡기고 하느님의 충고 선물로 인도를 받아 누구보다도 고결하게 되어 하느님과 하나가 되는 것이 바로 하느님의 뜻이라는 것을 아십시오.

사랑하는 형제자매 여러분, 성령의 처음 세 선물인 '하느님을 두려워하고', '하느님께 순종하고', '하느님을 알게 되면' 착하게 되고 거룩하게 되지만 '인내심을 갖게 되고' '하느님의 충고를 받게 되면' 하늘나라로 가게 되며 하느님처럼 됩니다.
그러면 하느님께서 영원한 생명을 주시게 됩니다.
지금까지 설명한 고통을 참고 견디고 나면
이 땅에서든 지옥에서든 아무 고통도 받지 않게 됩니다.
영혼이 모든 것을 하느님의 뜻에 완전히 맡겼기 때문에
영원한 하느님께서는 이 영혼을 하늘나라로 올리실 수밖에 없습니다.
그리하여 이 영혼은 자신이 태어난 하느님 안에 안전하게 머물며
이 세상에서 어떤 고통을 겪게 되더라도 대수롭게 여기지 않으며
아무 해(害)도 입지 않으며 고통을 기쁨으로 바꿉니다.
이러한 영혼은 자신이 하늘나라에 있는 것처럼 느끼기 때문입니다.
이러한 사람은 이미 기뻐하고 있지만 자신의 영혼 안에 계시는, 자신의 영혼을 태어나게 하신, 하느님과 직접 대화하며 영원히 기뻐하게 됩니다.

이제 하느님께서 계신 곳으로 자신도 모르게 인도하는 '**마지막 두 선물**'인 '**깨달음**(understanding)'과 '**지혜**(wisdom)'에 대하여 생각해보기로 합시다.

이 선물을 주시는 방법은 하느님만 알고 계시는데
바로 '**하느님의 지혜**'이기 때문입니다.
영혼에게 이 두 선물이 주어지게 되면 '**자기**(自己)'를 모르게 됩니다.
'자기'가 하느님 안에 흡수되어버려 자기에 대하여 아무것도 생각할 수 없게 되며 일이나 느낌이나 지식이나 삶도 생각할 수 없게 되어버립니다.
이 모든 것이 알 수 없는 깊은 곳에 계시는 하느님 안으로 빨려 들어가 하느님의 뜻과 하나가 되어버렸기 때문입니다.
하느님의 은총으로 영혼이 하느님처럼 되었기 때문입니다.
그리하여 영혼 안에서 하느님께서 행동하시고 아시고
사랑하시고 찬양하시고 즐기시게 되므로
영혼은 하느님 역사(役事)**의 도구에 지나지 않게 되었기 때문입니다.**
이러한 사람이 살아가는 모습은 바로 하느님께서 사시는 것과 같습니다. 사람들이나 천사들보다 훨씬 더 고귀하게 된 것입니다.
그러나 인간의 생각으로는 영혼 안에서 역사하시는지
당신 안에서 역사하시는지 전혀 알 수가 없습니다.

이와 같이 성령의 인도에 모든 것을 맡기고
성령으로 채워지기를 바라고
성령을 모실 준비를 한 사람을 성령께서 이끄십니다.
오로지 성령을 위하여 성령을 맞이하기 위하여
자신과 모든 것을 버리고 성령을 모시게 되면 얼마나 기쁘겠습니까?
이 때문에 우리가 오늘 기념하고 있는 성령강림 대축일에
제자들이 성령을 받고 무척 기뻐한 것입니다.
이 때문에 매일 매시간 성령께서 오시기를 준비한 사람은 모두 기뻐하게 됩니다.
거룩하신 삼위여 저희가 성령과 하나가 되는 은총을 주소서. 아멘.

〈성령강림 대축일의 세 번째 강론〉

55 착한 목자와 양

"내가 진실로 진실로 너희에게 말한다. 양 우리에 들어갈 때 문으로 들어가지 않고 다른 데로 넘어 들어가는 자는 도둑이며 강도다." (요한 10, 1)

우리의 주님께서는 요한복음의 같은 장에서
당신께서 '**양의 문**'이라고 하셨습니다.
그런데 '**양 우리**'는 무엇을 뜻할까요?
'**하느님 아버지의 마음**'을 뜻하며
우리의 사랑하는 주님께서는 이 '**아버지 마음의 문**'이시며
우리를 언제든지 들어가게 하신 후 우리가 들어가면 문을 닫아버리십니다.
왜냐하면 우리의 구세주께서 오실 때까지
하느님의 마음의 문이 닫혀 있어
우리가 들어갈 수가 없다는 것을 알기 때문입니다.
그 '**양 우리 안**'에는 모든 성인(聖人)들이 모여 있습니다.
'**목자**'는 '**영원한 말씀이신 주님**'이시고
'**문**'은 '**인간 그리스도**'이시고
목자의 이 아름다운 집에 있는 '**양**'은 '**사람들의 영혼**'이며
천사와 같은 마음을 가진 모든 사람이 머무는 곳입니다.
영원한 말씀이신 착한 목자께서는 합당한 모든 사람에게
'**하느님의 양 우리로 가는 길**'을 가르쳐주셨습니다.
그런데 '**문지기**'는 누구일까요? '**성령**'입니다.
그래서 암브로시오 성인(Saints Ambrose)과 예로니모 성인(St. Jerome)은

"우리가 알고 있거나 말하는 모든 진리는
성령으로부터 나온 것입니다." 하고 말했습니다.
어떻게 성령께서 우리를 가르치시고 사로잡으셨는지는
내면생활을 부지런히 한 사람이면 압니다.

그런데 우리가 들어가고 난 후에
하느님 아버지 마음의 문을 어떻게 닫아버리시고,
우리에게 아버지의 사랑의 집에 숨겨져 있는
풍성한 보물을 어떻게 아낌없이 주실 수 있을까요?
우리가 하느님께로 나아갈 때 하느님께서는 우리 영혼을 받아들이시기 위하여
우리를 다독거리시거나 열심히 권유하시면서
얼마나 애타 하시는지는 아무도 모릅니다.
오 형제자매 여러분, 그런데 우리가 어떻게 뒷걸음질 치면서
어리석게 하느님의 부르심을 거부할 수 있겠습니까?
우리는 성경에서 크세르크세스 왕이 잔치에
와스티 왕비를 초대했지만 거부하자 그녀를 미워하여 영원히 버리고
다른 왕비를 맞아들였다는 것을 읽었습니다.(에스 1, 17; 에스 2, 4)
형제자매 여러분, 그런데 우리 마음 안에서
하느님께서 직접 초대하시거나 다른 피조물을 통해서 초대하셨을 때,
우리는 얼마나 많이 거부했습니까?
하느님께서는 우리와 함께 계시려고 했지만
우리는 거부하고 다른 사람들을 참석시키려고만 했습니다.

양 우리의 문지기이신 성령께서는 양의 이름을 부르시는데
어떤 양은 듣지 못하고 도망치지만,
다른 양들은 성령의 목소리를 알아듣고 기뻐하면서
성령을 충실히 따라가며 다른 사람을 따라가지 않습니다.
성령께서 이끄시면 양들은 충실하게 성령을 따라
영원한 말씀의 문을 지나
아버지의 마음으로 들어가 마음의 평화를 얻게 됩니다.
하느님의 참된 양은 낯선 목자를 따라가지 않고

오로지 하느님과 하느님의 영광만 생각하며
착한 목자이신 주님의 뜻에 따라갑니다.
우리의 구세주께서는 양들을 아시고 양들도 당신을 알고
당신의 목소리를 알고 있으므로 문으로 들어가게 하시어
영원한 생명을 얻게 해주신다고 말씀하셨습니다.
왜냐하면 주님은 길이고 진리이고 생명이시기 때문입니다.
따라서 아버지께 가려고 하는 사람은 누구나 예수님이신 문을 지나가야 합니다.
문으로 지나가지 않는 사람은 도둑이고 강도입니다.

사랑하는 형제자매 여러분, 그런데 누가 '**도둑**'일까요?
'자신의 양순한 성품만 믿고
하느님의 양 우리로 들어가려는 사람'은 모두 '**도둑**'입니다.
'자기(自己)를 버리고 겸손하게 하느님만 생각하지 않거나
마음을 비우고 예수 그리스도와 같은 사랑을 하지 않는 사람들'도 '**도둑**'입니다.
또 '**자신이 하느님으로부터**
거부당할만하다는 것을 인정하지 않는 사람'도 '**도둑**'입니다.
이와 같은 도둑은 모두 엉뚱한 문으로 들어가게 됩니다.
이 밖에 누가 도둑일까요?
'다른 사람들을 타락하게 하려는 나쁜 사람들'과
'악마의 눈을 가진 배신자들'도 도둑이며,
이들은 이기적인 사람들로 자기만 생각하고
하느님의 것이나 이웃의 것이라는 것을 알면서도
모든 것을 자기의 것으로 만들려는 사람들입니다.
이런 사악한 특성으로 모든 것을 자기의 것으로 만든 다음
이기적으로 하느님의 위로를 받으려고 하고 거룩하게 되려고 합니다.
내적 외적으로 자기(自己)를 버리는 수행(修行)을 하지 않으면
이와 같은 나쁜 생각을 떨쳐버릴 수 없게 됩니다.
왜냐하면 이런 사람은 반항적이어서 자기 뜻을 굽히려 하지 않기 때문입니다.
우리 마음속에 있는 이기심은 숨어 있는 도둑으로
영원한 하느님으로부터 하느님의 영광을 훔치려 하고
자신으로부터 하느님의 진리와 완덕을 빼어버리려고 합니다.

사랑하는 형제자매 여러분, 우리 안에 있는 이 영적(靈的)인 도둑은 우리의 소중한 재산을 훔치는 범죄자들보다 더 사람들에게 해를 끼칩니다. 따라서 나는 여러분에게 이 도둑을 조심하라고 말하고 싶습니다. 여러분이 영원한 행복보다 이기심을 더 가치 있게 여기게 되면 하늘나라의 기쁨을 잃어버리게 되기 때문입니다.

그리하여 많은 도둑이 하늘나라의 기쁨을 맛보지 못하고 있습니다.
그런데 형제자매 여러분, 사악한 '**강도**'는 어떠한 사람일까요?
'**이웃을 함부로 판단하는 사람들**'입니다.
어떤 사람들은 너무나 성급하게 판단하여 남을 욕하기 때문에 정작 알아야 할 자신을 모르고 자신의 잘못을 알지 못합니다.
그러한 사람은 속으로 "그 사람은 말을 많이 하고 저 사람은 말이 너무 없다. 이 사람은 너무 바쁘고 저 사람은 너무 게으르다. 어떤 사람은 이런 잘못을 범했고 다른 사람은 저런 잘못을 범했다." 하고 항상 중얼거립니다.
비록 마음속으로 하는 것이지만 심한 비난은 물론 이런 악의에 찬 남 흉보기를 많이 함으로써 결국 내면이 깨끗하지 못한 불쌍하고 죄 많은 존재가 되고 맙니다.
이렇게 속으로 이웃을 자주 흉보게 되면
나쁜 말이 불쑥 튀어나올 때가 많게 되므로
자신의 품위를 손상시키게 됩니다.
그리하여 다른 사람들에게 치명적인 영향을 주고 많은 영혼을 죽이게 됩니다.
불쌍하고 눈먼 사람이여, 그대는 왜 자신은 심판하지 않는가요?
이웃의 마음을 어떻게 알 수 있으며,
하느님께서 이웃을 사랑으로 이끄시고 있다는 것을 어떻게 알 수 있으며, 하느님께서 이웃의 내면생활을
이끄시고 있다는 것을 그대가 어찌 알 수 있는가요?
뭐라고요, 불쌍하고 사악한 그대가 아무도 모르게 심판하고 있으므로
하느님만 알고 계신다고요?
그대는 하느님의 일도 그렇게 생각하면서 타협하고 망치려고 하나요?
하느님과 성자(聖者)들과 천사들 앞에서 진심으로 회개하십시오.
하느님만 심판하실 수 있기 때문이오.

이렇게 치명적으로 나쁜 판단을 하게 되면
신심 단체에 큰 피해를 입히게 됩니다.
이렇게 무자비한 사람들은 우리의 주님께서
"남을 심판하지 마라. 그래야 너희도 심판받지 않는다.
너희가 심판하는 그대로 너희도 심판받고,
너희가 되질하는 바로 그 되로 너희도 받을 것이다."고 하신
말씀을 잊고 있으니 안타까울 뿐입니다.(마태 7, 1-2)
대죄가 아니면 절대로 남을 비난하면 안 됩니다.
만약 그대가 어쩔 수 없이 심판하는 자리에 있다고 해도
성령께서는 그대를 통하여 심판하시고 벌을 주시게 되므로
자비롭게 행동해야 합니다.
한 사람을 치유하기 위하여 다른 열 사람에게
상처를 주는 일이 있어서는 안 됩니다.
어쩔 수 없이 심판해야 하면
사랑과 자비와 온유한 마음으로 심판해야 합니다.
이러한 마음이 없으면 장상(長上)이라도 어둠 속에서 더듬게 되고
곧 진리에서 벗어나 헤매게 됩니다. 무엇보다도 자신을 먼저 심판해야 합니다.
여러분이 살아 있는 한
여러분은 자신의 죄로 가득 찬 자루를 목에 걸고 다니면서
끊임없이 심판을 받아야 하기 때문입니다.
여러분이 영원한 생명을 얻기를 바란다면
이웃을 심판하고 벌주는 일은 이웃과 하느님께 맡기십시오.
내가 진심으로 여러분에게 이렇게 말하는 것은
여러분이 다른 사람들을 많이 심판할수록
여러분이 더 많이 심판받게 되기 때문입니다.

사랑하는 형제자매 여러분, 누구나 내면으로 들어가게 되면
자신의 영혼 안에서 '**하느님의 은총을 무시하고 자신의 공로로 여기는 도둑**'과 '**이웃을 함부로 심판하는 강도**'라는 두 원수를 만나게 됩니다.
숨어 있는 이 두 원수는 하느님의 은총의 보물을 훔치고 파괴하여
내면에 있는 하느님 나라를 황폐하게 만듭니다.

절대로 그렇게 하도록 내버려 두면 안 됩니다.
함부로 심판하는 강도를 영적(靈的)으로 자신을 속이는 도둑을 심판하도록 만들어,
다른 사람들을 파멸시키는 강도와 도둑을 죽이도록 해야 합니다.
형제자매 여러분, 이렇게 하는 영혼은 행복하게 됩니다.
하느님의 선물을 자기 것으로 만드는
탐욕적인 이기심을 벌하면서 사는 사람은 복됩니다.
그러면 모든 심판을 하느님께 맡기고 느긋하게 쉴 수 있게 됩니다.
우리 주 예수 그리스도인 문 앞에 있는 자신을 발견하게 되고
문지기이신 성령께서 영원한 생명의 문을 활짝 열어주시어
아버지 사랑의 깊은 심연으로 들어가
은총의 무성한 풀밭에서 영원히 쉴 수 있게 됩니다.

이러한 영혼은 말할 수 없을 정도로 기쁘게 하느님께로 빠져들어
그리스도와 하나가 되는 기쁨도 맛보게 되는데,
우리 구세주께서 예언자를 통하여 말씀하신 것이 이루어지기 때문입니다.
"좋은 풀밭에서 그들을 먹이고,
이스라엘의 높은 산들에 그들의 목장을 만들어 주겠다.
그들은 그곳 좋은 목장에서 누워 쉬고,
이스라엘 산악 지방의 기름진 풀밭에서 뜯어 먹을 것이다."(에제 34, 14)
그러면 영혼이 일하는 것과 쉬는 것을 구분할 수 없게 됩니다.
하느님의 도움으로 저희도 그런 행운을 얻도록 해주소서. 아멘.

〈성령강림 대축일의 네 번째 강론〉

56 성령강림 전의 제자들

"그 뒤에 사도들은 올리브 산이라고 하는 그곳을 떠나 예루살렘으로 돌아갔다. 그 산은 안식일에도 걸어갈 수 있을 만큼 예루살렘에 가까이 있었다."
(사도 1, 12)

하느님 아버지께서 당신의 영원한 아드님을 보내시어
하라고 하신 일을 아드님께서 모두 끝내시고
제자들로부터 아드님의 몸을 데려가시게 되었을 때,
제자들은 올리브 산에서 예루살렘으로 돌아갔습니다.

제자들은 예루살렘으로 돌아가서 여섯 가지 일을 했습니다.
첫 번째로 자신들이 온 세상 사람들로부터 버림을 받고
하늘나라의 기쁨과 위로도 받지 못하고 있는 것을 알고
내면으로 눈을 돌렸습니다.
그리하여 외적인 일을 전혀 생각하지 않게 되었는데
온 세상 사람들은 헛된 것들에서 기쁨을 찾으며
모두 죽은 사람들처럼 보였기 때문입니다.

두 번째로 자기(自己)**를 버리기로 결심했습니다.**
그리하여 예전처럼 사느니 죽는 것이 더 낫다고 생각했습니다.
하느님의 뜻이 이루어지고 하느님의 영광을 지킬 수만 있으면
어떤 일이 생겨도 아랑곳하지 않았습니다.
이 때문에 제자들은 원수들이 가득 찬 예루살렘으로 가게 되었는데

주님의 명령을 받아 거기로 가서 하느님의 뜻이 무엇인지 알려고 했기 때문입니다.
그러나 예전과는 달리 전혀 두려워하지 않았습니다.

세 번째로 예수님께서 말씀이나 본보기로 가르쳐주셨던
거룩한 가르치심을 기억하며, 자신들이 어리석어 전혀 깨닫지도 못하고
자신들이 주님의 말씀을 듣고 주님을 바라볼 자격도 없다고 생각하며,
주님의 사랑스러운 돌보심을 너무나 몰랐다는 것을 알게 되었다는 것입니다.
제자들은 이 모든 것을 알고는 몹시 슬픈 마음으로
하느님 앞에서 고백하고 심하게 자책하게 된 것입니다.

네 번째로는 제자들이 사랑하는 **스승님께서**
모든 일에서 자기희생을 하셨다는 것을 기억하게 되었습니다.
주님께서는 평생 당신의 이익을 생각하시지 않으셨습니다.
그리고 제자들은 "**누구든지 내 뒤를 따라오려면, 자신을 버리고 제 십자가를 지고**
나를 따라야 한다."는 주님의 말씀도 떠올렸습니다.(마태 16, 24)
그리하여 제자들은 자신의 내면을 성찰하고는
자신들이 자기를 버리지 못하고
그리스도의 흉내만 내고 있었다는 것을 깨달았습니다.
그래서 두려워하기만 하면 아무것도 이룰 수 없다는 것을 알았습니다.
제자들은 이 모든 것을 고백하고 자신들을 몹시 탓하고 진심으로 경멸했습니다.

다섯 번째로 제자들은 이 어리석고 무절제하여 비롯된
비참한 마음을 떨치고 일어나
진심으로 사랑하는 스승님을 그리워하게 되었다는 것입니다.
그리하여 진심으로 자신들의 부덕함을 용서해주시고
비겁함을 없애주시고 이기심을 없애게 해주시고
참된 삶을 살지 못하게 하는 모든 것을 떨쳐버리게 해주시어
주님처럼 살 수 있게 해달라고 간청했습니다.
제자들은 이 모든 것을 진심으로 간청했는데
그렇게 하지 않았다면 성령을 받지 못했을 것으로 생각합니다.

여섯 번째로 믿음이 생기게 되어 자신들을 도우시고 위로해주실 것이라는
스승님의 말씀을 기억하게 되었다는 것입니다.
제자들은 모든 사람으로부터 버림을 받고
미움을 받고 몹시 어려운 처지에 있기는 하지만
스승님이신 주님을 굳게 믿게 되었다는 것을 알게 되었습니다.
자신들의 부덕함과 세상 것들을 버리지 못하여 불안해하기는 했지만
주님께서 자신들을 절대 버리시지 않을 것이라고 확신하고 있었기 때문입니다.

그러면 여러분은 "제자들이 세상 것들을 모두 버리고
하느님의 빛으로 자신들의 부덕함이
치유되기를 진심으로 바라고 있었는데도 불구하고,
주님 승천 후에 왜 바로 성령이 주어지지 않았습니까?"하는
질문을 할지 모릅니다.
나는 주님의 승천과 성령 강림 사이에 성령께서 떠나갔다고 믿지 않으며
성령을 받고 무언가를 준비하고 있었다고 믿습니다.
제자들은 성령 강림절에 충만하게 성령을 받았습니다.
누구나 자기를 알고 자기를 버릴수록 성령을 더 충만하게 받게 마련이지만, 제자들이
성령 강림절까지 성령을 충만하게 받지 못한 이유는
아직도 자기를 완전히 버리지 못하고 있었기 때문입니다.
제자들이 아직도 버리지 못한 것이 있어서
성령을 받을 준비를 하고 있었기 때문입니다.
모든 것을 버리자 성령을 맞이할 준비가 끝나게 된 것입니다.
그리하여 성령께서는 영혼을 사로잡으신 것을 만족해하셨습니다.
이에 대한 설명은 다음 강론 때 더욱 상세하게 하겠습니다.
그레고리오 성인(St. Gregory)은 제자들과 비슷한 영혼들에 대하여
"우리 안에서 성령의 힘이 더 커질수록 우리의 영혼은 힘을 잃게 되므로
우리가 자신 안에서 힘을 쓰지 않을수록
하느님 안에서 더 큰 힘을 쓰실 수 있게 됩니다." 하고 말했습니다.
삼위(三位)시여 저희에게 이런 거룩한 힘을 주소서. 아멘.

〈성령강림 대축일의 다섯 번째 강론〉

57 성령의 인도

"나를 보내신 아버지께서 이끌어 주지 않으시면 아무도 나에게 올 수 없다."
(요한 6, 44)

구세주께서는 승천하신 후 제자들의 믿음이 약했으므로 이 말씀을 하셨습니다.
제자들은 죄의 사슬에서 벗어나지 못하고 죄의 감옥에 갇혀 있다가
자신들의 무력함을 알고 영원한 아버지께 간청하고 있었습니다.
왜냐하면 루카 성인이 우리에게
"제자들은 한마음으로 무거운 쇠사슬을 풀어주시어
자신들의 어두운 지옥에서 해방시켜 달라고
하느님께 기도했다."고 말했기 때문입니다.
하느님 아버지께서는 그들의 간절한 기도를 들으시고
사슬을 풀어주시고 감옥에서 꺼내시어
그들에게 진리를 가득 채워줄 성령의 학교에 집어 넣어주셨습니다.
그런데 하느님께서 '**밧줄**'을 이용하시어 그들을 '**여섯 번**'이나 꺼내셨습니다.

'**첫 번째 이끄심**'은 '**주님께서 연민의 눈으로 제자들을 바라보신 것**'입니다.
이는 결코 평소와 같은 자비가 아니라 제자들을 위한 특별한 자비였습니다.
하느님께서는 피조된 것들을 이용하시어
즉 사람들의 영혼의 빛 안에 모습을 드러내시어 사람들을 이끄십니다.
토마스 성인은 어떤 이방인들은 그들 주변에 있는 사람들 안에
하느님께서 머물러 계실 때 창조주 하느님을 보았다고 말했습니다.
따라서 사람들은 세상의 모든 것 안에서 하느님께 경의를 보이게 되었습니다.

이와 같이 하느님께서는 피조물을 통하여
사람들을 이끄시고 당신의 현존을 보여주십니다.

하느님께서는 이뿐만 아니라 사람들 안에서
사람들이 모르는 진리의 말씀을 하시면서
영혼에 당신의 모습을 드러내십니다.
아우구스티노 성인이 말했습니다.
"이방인들은 자신의 지식이 아니라
하느님이라는 영원한 법을 통하여 알게 된 진리에 대하여 말했습니다."
암브로시오 성인(St. Ambrose)이
"진리가 무엇이든 누가 말했든 모두 성령으로부터 나온 것입니다." 하고 말했듯이
진리를 말하는 모든 사람도 성령으로부터 나온 진리를 말합니다.
따라서 영혼이 깊이 생각하게 되면 영원한 진리의 말씀을 느끼게 되는데
주로 새벽 무렵에 느낄 때가 많습니다.
이는 하느님께서 걱정하게 만드시거나
벌을 주시기 위해 느끼게 만드시는 것입니다.

또 하느님께서는 사람들이 모든 것을 당신께 맡기고
당신의 거룩한 뜻에 따라 자기를 버리고 세상 것들을 버리고
당신을 기다리고 있을 때만 모습을 드러내십니다.
그런 다음 영원한 아버지께서는
피조물이 아무런 저항도 하지 않는 것을 아시게 되면
특별히 당신을 사랑하게 만드는 방식으로 그를 이끄십니다.
이렇게 이끄시는 것을 '**일치**(union)'
또는 '**끌어안으심**(embracing)'이라고 부릅니다.
이 '**선물**'은 우리를 위하여 하늘과 땅과 모든 것을 만드시고,
이 땅에 오시어 겸손하게 십자가에서 돌아가신
'**지극히 좋으신 주님만 사랑하게 되는 것**'입니다.
하느님께서 인간을 사랑하시고 옳은 길로 인도하시려고 하므로
인간은 하늘나라의 영광이나 이 땅의 영광보다
하느님을 더 사랑하게 되는 것입니다.

하느님께서는 이렇게 인간을 이끄시므로
그리스도의 제자들을 사랑스러운 눈으로 보시게 되고
기쁘거나 슬프거나 제자들이 당신을 찾게 만드신 것입니다.
제자들은 하느님의 이끄심에 답하기 위하여
기쁘거나 슬프거나 하느님을 찾았던 것입니다.
그리하여 하느님께서 제자들이 당신의 뜻을 따르도록 하셨으므로 제자들은 충실히
하느님의 길로 따라갔던 것입니다.
우리도 하느님의 길로 따라가게 되면
하느님으로부터 더 많은 사랑을 받게 됩니다.

어떤 사람은 물을지 모릅니다.
"왜 하느님께서는 제자들을 위해서는 특별히 배려하시면서
나와 다른 사람들을 위해서는 전혀 배려하시지 않습니까?"
나는 두 가지 이유가 있다고 생각합니다.
왕이 접견실로 다른 사람들보다는 귀족들을 부르려고 하듯이
하느님께서도 다른 사람들보다
어떤 사람에게 특별히 사랑을 주시고 싶어 하십니다.
이를테면 하느님 마음대로 선택하시는 것입니다.
다른 이유는 어떤 사람이 다른 사람보다 수단 방법을 가리지 않고
모든 장애를 극복하고 하느님의 초대에 진심으로 응했기 때문입니다.
**이렇게 주님께서는 사랑하는 제자들을 특별히 이끄셨는데
제자들이 진심으로 용서를 바라며 기도하는 준비를 해왔기 때문이었습니다.
제자들은 사랑하는 스승님께서 그들과 함께 지내셨음에도 불구하고
어리석게도 가치 없는 삶을 살았기 때문에 진심으로 슬퍼했습니다.
제자들은 주님의 거룩한 삶과 비참한 죽음과 무한한 사랑과
자신들을 위하여 사람들이 좋아하는 것을 모두 버리신 것을 생각하고는
자신들의 어리석음과 배은망덕함을 경멸했습니다.
그리고 자신들을 성찰하면서 모든 것을 하느님 손에 맡기고
세상 것들에 대한 집착을 버릴 수 있도록 하느님께 애원하고 있었습니다.
이런 마음으로 겸손하게 하느님의 처분만 기다리고 있었기 때문에
하느님께서 특별히 그들을 사랑하시게 된 것입니다.**

어떤 사람은 성경(요한 15, 5)에
"너희는 나 없이 아무것도 하지 못한다."고
주님께서 말씀하신 것을 생각하고는 제자들이 자신들의 힘만으로는
하느님을 맞을 준비를 할 수 없었다고 반박할지도 모릅니다. 그렇습니다.
그들을 이 정도로 준비하게 하시고 당신께로 이끄신 것은 바로 하느님이었습니다.
나는 우리는 하느님의 도움 없이는 착한 일을 전혀 할 수 없을 뿐만 아니라 성령의 도움 없이는 한 발자국도 더 나아갈 수 없다는 것은 맞는다고 생각합니다.
그러나 우리가 해야 할 몫도 있게 마련입니다.
성령(聖靈)을 저버리지 말아야 하고 자기만 생각하지 말아야 합니다.
하느님께서는 원하지도 않는 사람을 성화(聖化)시키시지는 않습니다.
우리는 빛이 없으면 아무것도 보지 못하게 됩니다.
그러나 빛이 비쳐도 우리는 보기도 하고 보지 않기도 합니다.
아무리 태양이 밝게 빛나도 두꺼운 천으로 눈을 가리게 되면 보지 못하게 됩니다.
따라서 영원한 아버지께서 제자들에게 당신의 빛을 비추실 때
제자들은 눈가리개를 떼어버리고
그들과 아버지 사이에 있는 모든 것을 치워버렸기 때문에
아버지께서 도와주신 것입니다.
하느님께서는 이렇게 특별히 제자들을 당신께로 이끄신 것입니다.
이는 하느님의 사랑하는 아드님께서 진심으로 이끄신 것입니다.
주님께서 당신의 빛으로 모든 장애물을 통과하게 하시고
제자들을 깨달을 수 없게 만드는 장애물들을
모두 치워버리셨기에 가능한 것이었습니다.

'**두 번째 이끄심**'을 생각해보기로 합시다.
이 이끄심을 통해서 하느님 아버지께서 제자들이
자기(自己)를 완전히 버리고
당신의 첫 번째 이끄심에 응할 수 있게 만드셨습니다.
아버지께서는 당신의 사랑하는 아드님을 통하여 제자들에게
"전대에 금도 은도 구리 돈도 지니지 마라.
여행 보따리도 여벌 옷도 신발도 지팡이도 지니지 마라."고
가르치셨기 때문이었습니다.(마태 10, 9-10)

이런 강력한 이끄심에 순종하려면
모든 육적(肉的)인 편안함을 멀리해야 한다는 것을
모르는 사람은 없을 것입니다.
이 이끄심은 우리에게 시간을 허비하지 않고
하느님께서 계시는 세 번째 하늘 너머까지
우리가 좋아하는 것들을 던져버리도록 가르쳐 주는
영원한 빛의 학교에 들어가게 부르시는 것이기도 합니다.
제자들은 이뿐만 아니라
뭔가를 소유하고픈 마음이 드는 곳이면 가지 말아야 했으므로
폭풍을 피해 즉 불완전한 외부 활동을 중단하고
자신들의 마음속 깊이 들어가 조용히 쉬는 법도 깨닫게 되었습니다.
제자들은 거기서 어둠을 밝혀주는 태양 빛과 달빛과는 다르게
영원히 밝게 빛나는 영원한 빛이신 하느님을 만나게 되었습니다.
제자들은 모든 사람의 공통점이기도 한 편협함과 저속함과 불안에서 벗어나고
모든 육적(肉的)인 것에서 벗어나야만 했습니다.
그래서 예레니모 성인(St. Jerome, 340-420)이
“돌이 천사의 지혜를 가질 수 없듯이
하느님께서는 유한한 생명을 가진 것들과는
대화를 하실 수 없습니다.” 하고 말했던 것입니다.

그러면 “하느님께서 어떤 사람에게는 기쁨을 주시어 당신께로 끌어들이시고
다른 사람들에게는 슬픔을 주시어 끌어들이시는데,
하느님께서는 이들 중 누구를 제자로 삼으십니까?”하는 의문이 생길 것입니다.
답은 그들이 어떤 삶을 살았느냐에 있습니다.
우리의 구세주의 일행 중에는 많은 어려움을 겪고도
매우 부끄러워하고 괴로워한 사람들이 있습니다.
하느님께서는 제자들에게 기쁨을 주시지 않고
슬픔을 주시어 끌어들이셨습니다.
특히 제자들은 스승께서 참혹하게 돌아가신 후에
모든 집착을 버리기 전까지는 몹시 괴로워하고 있었습니다.
제자들은 이와 같이 하느님 아버지의 은총으로

괴로움을 겪고 나서야 성령을 받을 수 있게 되었습니다.
슬픔을 주시어 이끄시는 것이
기쁨을 주시고 이끄시는 것보다
더 확실하게 이끌려오기 때문입니다.
그래서 그레고리오 성인(St. Gregory)은
"네 곁에서 천 명이, 네 오른쪽에서 만 명이 쓰러져도
너에게는 닥쳐오지 않으리라."는 시편(91, 7)의 말씀을
"여러분이 슬퍼하거나 박해를 받을 때는 천 명만 도와주면 되지만
기쁠 때나 번창할 때는 만 명이 도와주어도 아무 소용이 없게 됩니다." 하고 해석했던 것입니다.

슬픔을 통하여 하느님께로 가는 길은
그리스도의 모든 삶과 죽음의 길과 너무나 같습니다.
성경(요한 묵시록 3, 19)에
"내가 사랑하는 사람들을 나는 책망도 하고 징계도 한다."고
기록되어 있는 것처럼 **하느님께서 슬픔을 주시는 것은**
더 사랑하신다는 표징이기 때문입니다.
제자들은 주님 가까이에 있긴 했지만 자기(自己)를 버리지도 못하고
은총만 받았다는 것을 알고 몹시 괴로워했습니다.
하느님께서는 제자들의 고통을 덜어 주시자마자
더 힘든 다른 곳으로 파견하셨는데,
이는 하느님께서 사랑하는 친구들에게 항상 이렇게 대하셨기 때문입니다. 제자들도 하느님 아버지께서 그렇게 하도록 하셨다는 것을 알았기 때문에
끝까지 고통을 견뎌낼 수 있었습니다.
그리하여 제자들의 슬픔이 기쁨으로 바뀌어
예수님의 이름이 욕되지 않도록 하기 위하여 기쁘게 고통을 겪게 되었습니다.

하느님 아버지의 '**세 번째 이끄심**'은 제자들로 하여금 육신을 취하시고 계시던 '**인간 그리스도를 더 이상 생각하지 않게 하신 것**'입니다.
하느님께서는 마치 주님께서 새로이 태어나신 것처럼
예전에 주님과 하나가 되어 있었다는 생각을 하지 않도록 만드신 것입니다.

제자들이 영광스러운 성령의 학교에 들어가려면 꼭 필요한 일이었습니다.
이에는 네 가지 이유가 있습니다.
첫 번째로 지금까지 진리와 사랑에 대하여 배워왔지만
엄밀히 말하면 진리와 사랑은 형체가 없습니다.
세상의 어느 화가가 겉모습이든 안의 모습이든
진리와 사랑을 그릴 수 있겠습니까?
누구나 사랑한다고 하면 자신이 생각하고 있는 사랑일 뿐
진짜 사랑은 아니며 진리도 그러하기 때문입니다.
두 번째 이유는 이 성령의 학교에서도 책에 있는 것과 같은
그림이나 모습으로 가르치지는 않기 때문입니다.
왜냐하면 진리는 내면으로만 전해지기 때문입니다.
진리는 형체가 없기 때문에 말이나 그림으로는 설명할 수 없기 때문입니다.
그래서 겸손한 프란치스코 성인(St. Francis)은 형제들에게
열심히 책만 보지 말고 자신의 행동을 보고 배우라고 했습니다.
글을 읽을 줄 모르는 사람이면 읽는 법을 배우려고 하지 말고
성령을 받아 자신의 영혼 안에서
성령께서 역사하시도록 진심으로 기도하도록 하십시오.

세 번째로 '마음에서 그런 이미지와 모습을 없애는 것'입니다.
왜냐하면 성령 학교에서는 겸손을 통해서 지혜를 배우고
침묵을 통해서 말을 배우고 죽음을 통해서 생명을 배우고
망각을 통하여 지식을 얻기 때문입니다.
요한은 영원한 지혜의 원천을 바라보면서 자고 있었습니다.
바오로는 정신을 잃고 영원한 진리를 쳐다보면서도
자신의 영혼이 몸 안에 있는지 몸 밖에 있는지를 몰랐습니다.
제자들이 성령 학교에 들어가려면
이와 같이 아무 이미지도 갖고 있지 않아야 합니다.
네 번째로 마음이 이미지들로 꽉 차 있게 되면
이 이미지들이 계속하여 작용하게 됩니다.
그러나 성령의 학교에서는 그렇게 되면 안 되므로,
이미지도 없어야 하고 틈을 주어도 안 되고,

오로지 하느님만이 섬광보다 더 빠르게
영혼을 움직이시고 깨닫게 만드시도록 해야 합니다.
그래서 그레고리오 성인(St. Gregory)은
"성령께서는 놀라운 명장(名匠)이십니다.
성령께서는 당신의 거처를 어부 안에 마련하시면 어부를 강론가로 만드시고, 당신의 거처를 잔인한 박해자 안에 마련하시면
그를 온 나라의 스승이 되게 하시고,
당신의 거처를 세리(稅吏) 안에 마련하시면
그를 선교사로 만드십니다." 하고 말했던 것입니다.
이와 같은 명장이 또 어디 있겠습니까?
성령께서는 한 번만 잠깐 만나시면
기쁘게 모든 것을 영혼에게 가르치십니다.

이 네 이유를 알면 제자들의 영혼이
모든 이미지와 허상들을 없애버린 것을 알 수 있습니다.
그러나 제자들이 이렇게 이끌렸으면서도
바오로 성인이 정신을 잃고 세 번째 하늘로 갔을 때처럼
제자들은 모든 것을 알지 못했습니다.
왜냐하면 아우구스티노 성인(St. Augustine)이 생각한 것처럼
바오로와 모세는 산 위에서 하느님을 직접 만났기 때문입니다.
그러나 제자들은 하느님을 직접 만나지 못했는데
아직도 자신들의 몸 안에 갇혀 있었기 때문이었습니다.
그러나 제자들의 영혼 가장 깊은 곳에는 하느님의 빛이 넘쳐흘러
바오로 성인과 같이 다른 사람들보다는
더 확실하게 하느님의 현존을 느낄 수는 있었습니다.

'네 번째 이끄심'은 하느님 아버지께서 제자들을
'이기심으로부터 벗어나게 하신 것'입니다.
하느님께서는 제자들로 하여금 자기를 버리고
이기심을 버리게 하시어 이타적으로 만드셨습니다.
제자들을 비난할 이유는 전혀 없게 되었지만

제자들은 죽을 정도로 괴롭고 고통스러웠습니다.
첫 이끄심을 통하여 제자들이 완덕을 갖추고
하느님과 하나가 되는 발판을 마련했다는 것은 이미 설명했습니다.
왜냐하면 영원한 아버지께서 제자들을 성화(聖化)시키시는데
방해가 되는 제자들의 본성은 없어졌기 때문입니다.
이 이끄심으로 제자들이 하느님과 하나가 됨으로써
제자들의 영혼 안에 하느님의 거처를 마련하실 수 있게 되었습니다.
제자들은 이 일치를 통하여
하느님의 완전하심을 배우게 되어
하느님처럼 되게 되었습니다.
제자들이 자기(自己)를 버린 것은 당연한데
이기심은 하느님의 뜻과 사랑과 고귀함과는 상반(相反)되기 때문입니다.

"모든 허상과 이미지들이 제자들의 마음에서 사라졌으므로
제자들은 이제 본성에 따라 살지 않게 되었나요?
이제 본성은 완전히 죽어버리고 없는가요?" 하고 물을지도 모릅니다.
아닙니다. 제자들의 본성은 죽지 않았습니다.
자기를 버림으로써 예전보다 본성이 훨씬 더 진실하게 되었을 뿐입니다.
왜냐하면 주님께서 영혼의 본성이
진실하지 않다고 판단하시면 역사하시지 않기 때문입니다.
그래서 아우구스티노 성인은
"구약 성경에서 지팡이가 뱀으로 변했다는 것은
본성이 바뀌었다는 말을 한 것이 아니었습니다.
왜냐하면 하느님께서 당신의 뜻에 따라
그렇게 만드셨기 때문입니다." 하고 말했던 것입니다.
나는 제자들이 모든 것을 하느님의 뜻에 맡긴 것을 보면
제자들의 본성이 아주 진실하게 되었기 때문이라고 생각합니다.
제자들의 본성은 죽지 않고 가장 순수하게 되었을 뿐입니다.
제자들은 허상과 이미지들을 예전보다 덜 가졌을 뿐이었으며
이러한 생각들을 이기적인 목적으로 사용하지도 않았고
하느님의 뜻에 어긋나게 사용하지도 않았습니다.

내가 제자들이 모든 이미지를 버렸다고 한 것은
그들의 영혼 안에 정오의 태양 빛 아래
촛불처럼 빛나고 있었다는 것을 뜻합니다.
촛불은 여전히 빛을 내지만 햇빛 속에 흡수되었을 뿐입니다.
제자들이 갖고 있던 이미지들과 본성은
하느님의 빛 속에서 아무 구실도 할 수 없게 되었을 뿐입니다.
그리하여 제자들은 하느님의 빛만 이용하게 됨으로써
본성이 더 순수하게 되고 새로운 이미지를 갖게 된 것입니다.

이제 '**다섯 번째 이끄심**'에 대하여 생각해봅시다.
하느님 아버지께서는 이 이끄심을 통하여
자기를 버리고 세상 것들을 멀리하고 있는 제자들의 영혼이
비교적 당신 가까이로 가서 하나가 되려는 것을 발견하십니다.
이제 하느님께서는 제자들과 함께 가시면서 목적을 달성할 수 있게 되었습니다.
왜냐하면 하느님께서 **이제 제자들에게 바라시는 것은 순종밖에 없기 때문입니다.**
이제 제자들은 할 몫을 다했으므로 하느님만 생각하게 되었습니다.
그렇다고 해서 성령께서만 역사하시는 것이 아니라
성부(聖父)와 성자(聖子)께서도 힘을 합치십니다.
왜냐하면 우리가 성자(聖子)로부터 지혜를 얻는 것처럼
성령으로부터 사랑을 받으려면
성부(聖父)와 성자(聖子)와도 하나가 되어야 하기 때문입니다.

그러면 여러분은 제자들이 모두 하느님만 생각하고
모든 것을 하느님께 맡겼으므로 모든 제자가 다 같은 정도의 사랑을 받고
다 같은 정도의 거룩함을 얻게 되었는지 물을 것입니다. 내가 답하리다.
제자들 모두 집착을 버렸지만 하느님께로는
저마다 다른 정도의 사랑과 열정으로 다가갔습니다.
하느님을 속이지 않은 천사들처럼 제자들도 그랬습니다.
제자들은 모두 하느님과 하나가 되었지만
저마다 다른 정도로 하느님을 사랑하고
하느님께서도 이에 걸맞게 사랑하셨습니다.

하느님의 선물은 모든 제자들에게 주어졌지만
똑같이 주어진 것은 아니었습니다.
예를 들면 주님께서 사랑하시던 사도 요한은
주님을 더 간절하게 바라보았으므로 선물을 더 많이 받았습니다.
그러나 하느님께서는 당신의 뜻대로 은총을 주신다는 것을 알아야 합니다.
그리고 하느님께서는 제자들에게 성령 강림 대축일 뿐만 아니라
다른 날에도 자주 개별적으로 성령을 주셨다는 것을 알아야 합니다.
왜냐하면 영성의 대 스승인
성 빅토르의 리처드(Richard of St. Victor, ?-1173)와 다른 스승들은
하느님께서 성화(聖化)의 은총을 자주 주실수록
더 자주 성령을 받게 된다고 가르쳐주었습니다.
따라서 제자들은 성령강림절 전에도 개별적으로 여러 번 성령을 받았으나
집착을 완전히 버리지 못하여 성령을 충만히 받지는 못했습니다.
즉 성령께서 계속하여 제자들 안에 머무신 것은 아니었습니다.
이러한 의미에서 제자들은 성령강림절에
처음으로 성령을 받았다고 할 수 있습니다.

성령께서 제자들을 성령 학교로 '여섯 번째로 이끄신 것'은
'이심전심(以心傳心)의 특별한 깨달음'을 주신 것이었습니다.
제자들은 성령 학교에서 이 은총을 받고
몰랐던 성경 말씀을 알 수 있게 되었고 하느님의 진리도 알게 되어
모르는 것이 없게 되었습니다.
이렇게 제자들을 통하여 처음으로 하느님의 위대하심이 드러나게 되고
자녀로서 아버지를 두려워하는 선물을 받게 되어
평생 간직할 수 있게 되었습니다.
제자들은 선한 일을 하는 힘을 얻게 되고 하느님의 불굴 정신도 배우게 되었습니다.
그리고 하느님의 계명을 지키는 법을 배우고
그리스도의 충고를 받아들이는 법을 배우게 되었습니다.
그리고 하느님과 하나가 되어
아버지와 자녀의 돈독한 관계를 유지하면서
아버지께 순종하게 되었습니다.

이뿐만 아니라 지식의 은총을 받음으로써
하느님의 빛과 이성(理性)의 빛을 구분할 수 있게 되었으며
하느님의 피조물들에 대하여 알게 되고
그들의 차이에 대해서도 알게 되었습니다.
그리고 하느님께서는 제자들에게 이해의 은총도 주시어
예전의 수행(修行) 정도와 현재의 수행 정도를 비교할 수 있게 해주셨습니다. 그리고
하느님께서는 마지막으로 지혜의 선물을 주시어
당신과 하나가 되어 당신과 같은 삶을 사는 법을 알게 해주셨습니다.
이것이 바로 하느님께서 성령 학교에서 가르쳐 주시는
성령칠은(聖靈七恩)으로 칠성사(七聖事)를
충실히 수행(遂行)할 수 있게 해주십니다.

여러분은 인간의 학교에서 배우는 것도
제자들이 성령 학교에서 모두 배웠느냐고 물을지도 모릅니다.
인간의 지식이 하느님의 영광과
인간의 영원한 행복을 얻기 위한 것이라면 그렇습니다.
그들은 천문학부터 가장 사소한 지식까지 모두 배웠습니다.
그러나 영혼에 도움이 되지 않는 것은 배우지 않았고
그들을 불행하게 만들거나 성숙하지 못하게 하는 것도 배우지 않았습니다.
그래서 아우구스티노 성인이
"모든 것을 알면서도 하느님을 모르는 사람은 얼마나 불행합니까?
하느님만 알고 다른 것은 전혀 모르는 사람은 얼마나 복됩니까?" 하고
말했던 것입니다.
하느님의 존재를 알고 모든 것을 알면서도
하느님께서 어떤 분이신지 모르는 사람은 결코 행복할 수 없습니다.
하느님만이 행복하게 해주실 수 있습니다.
하느님, 저희를 도우시어 이런 행복을 누리게 해주소서.
하느님, 저희를 성령께 인도해주시어
저희의 영혼에 당신의 진리의 빛이 비치도록 해주소서. 아멘.

〈성령강림 대축일의 여섯 번째 강론〉

58 하느님을 안다는 것

"내가 진실로 진실로 너에게 말한다.
우리는 우리가 아는 것을 말하고 본 것을 증언한다.
그러나 너희는 우리의 증언을 받아들이지 않는다."(요한 3, 11)

사랑하는 형제자매 여러분, 오늘은 성삼위일체주일을 기념하는 기쁜 날입니다.
그런데 마치 나무의 꽃이 열매를 가져다주므로 귀중히 여기는 것처럼
오늘을 기념하는 것처럼 다른 축일도
똑 같은 가치가 있다는 것을 알아야 합니다.
나는 아무리 노력한다고 해도
삼위(三位)의 위대하심을 말로 표현할 수 없다는 것을 압니다.
치품천사의 지능이 짐승의 지능보다 뛰어난 것처럼
오늘에 대한 교훈은 이간의 이성(理性)을 초월하기 때문입니다.
그래서 디오니시오 성인(St. Dionysius)이 말했습니다.
"사람이 성(聖) 삼위(三位)에 대해서 아무리 잘 설명을 한다고 해도
거짓말처럼 진리가 없는 것 같습니다. 왜냐하면 사람은 이 거룩한 신비에 대하여
조금도 이해할 수 없기 때문입니다."
그러면 성(聖) 삼위(三位)에 대하여 어떻게 설명해야 할까요?

사랑하는 형제자매 여러분, 어리석은 사람들은
아무도 알 수 없는 성 삼위의 신비에 대하여 알고 있는 것처럼 말하는데 여러분은
그렇게 하지 마십시오.
바오로 성인이 우리에게 충고한 대로

이 미묘한 주제에 대해서는 아무 말도 하지 마십시오.
이에 대한 연구와 강론은 머뭇거리기는 하지만 위대한 박사들에게 맡기십시오.
그러나 박사들도 거룩한 교회를 위하여
이방인들의 잘못을 반박할 때만 말해야 합니다.
따라서 그런 어려운 강론은 여러분에게는 아무 소용이 없습니다.

그리스도께서는 성경에서 "우리는 우리가 아는 것을 말하고
본 것을 증언한다."고 말씀하셨습니다.
사랑하는 형제자매 여러분, 그리스도께서만 만나시고 알고 계시므로
우리는 성 삼위에 대하여 아무 말도 하지 말아야 합니다.
우리는 우리 주 예수 그리스도께서 증언하시지 않으면
삼위에 대하여 아무것도 모르기 때문입니다.
그런데 그리스도께서는 두 방법으로 증언하셨는데
반어법적(反語法的)**인 비유법**(比喩法)**을 많이 쓰셨습니다.**
그런데 이 중
어느 하나라도 모르게 되면 의미를 알 수 없게 됩니다.
이를테면 동전(銅錢)의 양면(兩面)과 같아
두 면을 모두 보아야 동전의 값어치를 알 수 있는 것과 같습니다.
즉 우리가 좋아하지 않는 것을 좋아하게 만드시고
좋아하는 것을 좋아하지 않게 만드셨습니다.
슬픔 후에 기쁨을 얻고 기쁨 후에 슬픔을 얻으며, 불명예 후에 명예를 얻고
고통 뒤에 위로를 얻게 된다는 것을 깨닫게 해주신 것입니다.
사랑하는 형제자매 여러분, 이러한 '**연기 법적**(緣起法的)**인 결과**'는
우리의 타락한 본성이나 외면생활을 통해서는 알 수가 없고,
오로지 하느님의 은총으로 서로 반대되는 감정에
이르게 된다는 것을 깨닫게 됩니다.

그러나 영혼이 기쁨이나 슬픔에도 무관심하게 되려면
본성은 괴로워하면서 내면과 외면의 죽음을 겪어야 합니다.
이렇게 여러 번 죽음으로써
그리고 이 죽음을 하느님의 선물로 생각함으로써,

영광스럽게 거룩한 삶을 살 수 있게 되므로
하느님께 얼마나 감사해야 할지 모릅니다.
형제자매 여러분, 우리는 자신의 영혼을 조심스럽게 관찰하고 진심으로 자기(自己)를 죽이기를 바라고 기도하여 완덕을 갖추고 살도록 해야 합니다.
왜냐하면 이렇게 해야만 고통이나 기쁨에 무관심하게 되고,
좋아하는 것도 없어지고 싫어하는 것도 없어지고,
어떤 일이 생겨도 괴로워하지 않게 되고,
사람들을 지나치게 미워하거나 좋아하지 않게 되고,
위로만 바라거나 괴로워하지 않게 됩니다.

우리는 성직자든 평신도든 기쁠 때만
그리스도를 따르려고 하는 사람들을 많이 봅니다.
그러나 이런 사람들은 내적 외적으로 역경(逆境)을 만나거나
동료들로부터 따돌림을 당하면 하느님께 등을 돌려버립니다.
이러한 사람들에게는 마음의 평화보다는 고통이 더 필요합니다.
고통은 진리를 알게 하는 진리의 열매이며 평화는 진리의 꽃이기 때문입니다.
물론 고통이 찾아왔을 때 마음의 평화를 갖게 되면
고통을 참고 견딜 수 있게 됩니다.
그러나 고통 중에만 아무도 모르게 하느님께서 우리 안에 들어오십니다.
따라서 자신이 좋아하는 환경이나 싫어하는 환경을 생각하지 말아야 합니다.
그러나 슬프게도 오늘날에는 역경을 만나면 아무도
하느님을 따르려고도 하지 않고 사랑하지도 않으려고 합니다.
오히려 역경을 만나면 많은 사람이 하느님을 미워하고 하느님을 버립니다.

이러한 행동들은 결코 우리 주 예수 그리스도를 증언하는 것이 아닙니다. 왜냐하면
모세가 사람들 앞에서 들어 올렸던 구리 뱀처럼
그리스도는 치유되기를 바라는 사람이면
우러러보아야 할 전형적인 분이시기 때문입니다.
우리는 자기(自己)를 버리고 가난하게 되어
항상 진심으로 그리스도를 바라보아야 하고 증언해야 합니다.
영혼을 괴롭히든 몸을 괴롭히든, 나쁜 사람들로 비롯된 것이든,

자신의 나쁜 버릇으로 비롯된 것이든, 이웃으로 인한 것이든,
우리는 모든 시련과 역경을 믿음을 잃지 말고 참고 견뎌야만 합니다.

나는 모든 시련을 겪어내고 모든 역경을 물리쳤다고 해도
우리는 진심으로 시련을 다시 청해야 한다고 생각합니다.
왜냐하면 다시 시련을 겪으면서
앞의 시련에서 남겨둔 녹(綠)을 없애게 되기 때문입니다.
진정으로 깨달아 자신을 알고 자신의 부족함과 죄 많음을 알려면
자신의 몸과 피 속에 잠재해 있는
죄악에 기울어져 있는 본성을 없애려는 고통을 겪어야 합니다.
죄악이 잠재해 있는 죄인은 반드시 쓰러지고 길을 잃게 되기 때문입니다.
반대로 자신의 부족함을 아는 완덕을 갖춘 사람은
더욱더 깨끗하게 되어 이런 고통을 겪고 난 다음
영원한 생명을 얻게 되기 때문입니다.
착한 사람은 끝까지 고통을 참고 견디려고 하지만
나쁜 사람은 고통을 겪고 덕을 쌓으려고 하지 않기 때문입니다.

형제자매 여러분, 이제 착한 사람이든 나쁜 사람이든
이들 영혼 안에 왜 죄악이 잠재해있는가를 생각해보기로 합시다.
나는 두 사람이 전혀 다르게 행동해 왔기 때문이라고 생각합니다.
믿음이 깊은 사람은 하느님만 생각하고 섬기기 때문에
자신 안에 죄악이 숨어 있다고 생각하며 괴로워하므로
고통을 하느님께서 주신 것으로 알고 달게 받으며
모든 것을 하느님께 맡깁니다.
그러나 나쁜 사람은 하느님은 생각하지 않고
제멋대로 생각하여 죄를 짓고 맙니다.
전혀 괴로워하지도 않고 죄를 짓게 됩니다.
하느님께서 자신을 어떻게 취급하시더라도 만족하지 않고
아무 대가도 치르지 않고 아무 수고도 하지 않고
모든 것을 소유하려고 하면서 죽지 못해 삽니다.
사랑하는 형제자매 여러분, 진심으로 하느님을 찾고

모든 일에서 하느님을 사랑하면 아무것도 여러분을 해치지 못하게 됩니다.
지옥에 있는 모든 악마가 여러분의 영혼과 몸과 피에
더러운 것들을 쏟아 부어도, 나쁜 세상 사람들이 비열함을 쏟아 부어도,
여러분의 뜻에 어긋나는 어떤 일이 생겨도,
하느님께 죄를 하나라도 짓느니 죽는 것이 더 낫다고 생각하면
이런 시련이 십 년 이상 계속된다고 해도
이 모든 더러운 것들은 여러분의 머리카락 하나도 다치지 않게 할 것입니다. 오히려
이런 시련을 겪고 나면 하느님께서 상급으로
여러분의 영혼을 훨씬 더 깨끗하게 해주실 것입니다.
하느님께서는 이러한 사람의 삶에 기적을 일으키시고
말이나 일에서 당신을 떠나는 일이 없도록 해주실 것입니다.

그래서 하느님의 아드님께서는 성경에서 우리에게 "**누구든지 물과 성령으로 태어나지 않으면, 하느님 나라에 들어갈 수 없다.**"고 하셨습니다.(요한 3, 5)
'**성령**'은 '**삶의 기쁨**'을 뜻하며 '**물**'은 '**삶의 슬픔**'을 뜻합니다.
역경을 겪으면서 추한 모습을 보이게 되면 성숙하지 못하게 됩니다.
형제자매 여러분, 고통을 참고 견디게 되면
하느님께서 주신 고통의 의미를 알 수 있게 된다는 것을 아십시오.
모든 환경에서 그리고 모든 일에서 고통을 견뎌내기 위하여
사랑하는 마음으로 역경을 받아들여야만 이런 깨달음을 얻게 됩니다.
고통의 가치를 더 잘 알수록
외적 고통에도 불구하고 더욱더 내적으로 기쁘게 됩니다.
루시퍼는 이런 진리를 몰랐습니다.
그래서 슬픔을 겪지도 않고 기쁨을 맛보려고 했던 것입니다.
그러나 믿음이 깊고 진실한 착한 천사들은 하느님께서 그들에게 주신 슬픔을 기꺼이 받아들임에 따라 말할 수 없는 하느님의 기쁨을 맛보았습니다.

형제자매 여러분, 고통의 의미를 알고 하느님의 사랑이 충만한
이러한 영혼에서 얻은 열매는 얼마나 달까요?
하느님의 뜻에 맡기고 모든 시련을 받아들이는 사람에게는
본성보다 훨씬 뛰어난 정신력을 주시어 주님과 같은 삶을 살게 해주십니다. 이러한

사람은 내적 외적 더러움이 깨끗하게 정화(淨化)되어
자기(自己)를 죽이는 일에 익숙하게 되며 하느님을 닮은 사람이 되게 됩니다. 이러한 사람은 최선을 다하여 역경을 이겨내려고 하므로
전지전능하신 하느님께서 일을 도맡아 하시게 됩니다.
이러한 사람의 영혼 깊은 곳에는
하느님의 빛이 비치기 시작하여 초자연적인 힘을 갖게 됩니다.
그리하여 이러한 사람은 자기를 완전히 버리고 하느님만 생각하면서
하늘나라의 영원한 행복을 맛볼 준비를 하게 됩니다.
이렇게 내면으로 눈을 돌리게 된 것은
하느님께서 말씀하셨거나 생각하게 만드셨기 때문이 아니라
하느님께서 직접 역사하셨기 때문입니다.
영혼이 예전보다 훨씬 더 잘 참아내었기에
영광스럽게 하느님과 하나가 되게 된 것입니다.
항상 깨어 있으면서 모든 것을 하느님의 뜻에 맡기고
하느님만 그리워하고 하느님을 위해서만 말하고 일하고
하느님을 위하여 모든 고통을 참게 되면
하느님 나라의 초대를 받을 준비를 하는 것이 됩니다.

형제자매 여러분, 이렇게 하느님께로 돌아간 것은
천사들이나 성인(聖人)들의 선물이 아니며 더더구나 사람의 선물도 아니며 하느님의 깊은 마음에서 직접 역사하신 것입니다.
하느님께서 완전하게 만드신 것입니다.
하느님을 알지 못하던 영혼이 하느님 안으로 들어가
침묵하고 계시는 하느님과 하나가 된 것입니다.
이제 기뻐하거나 슬퍼하는 일도 없게 되고 영혼의 주체가 사라지고
하느님을 더욱더 알게 되고 자신도 모르게
하느님과 하나가 된 것처럼 보이게 됩니다.

형제자매 여러분, 이러한 기쁨을 맛보려면 세상 것들을 모두 멀리해야 합니다.
그러면 몸이나 마음의 기쁨이나 슬픔도 모르게 되고
오로지 하느님만 사랑하게 됩니다.

모든 역경을 기쁘게 받아들이고 부지런히 덕을 쌓도록 해야 합니다.
그리고 덕을 거의 쌓지 않고 하느님을 거의 모르는 사람들과는 달리
덕행을 해야 하며 은둔생활을 해야 하며 아무 불평도 하지 말아야 하며
외적인 위로를 찾지 말아야 합니다.
참으로 착한 사람들은 엉뚱한 생각을 하지 않고
오로지 덕만 쌓으려고 하고 모든 것을 하느님께 맡기고
거룩하신 삼위만 찬양하게 됩니다.
거룩한 삼위(三位)시여, 저희에게도 이런 은총을 주소서. 아멘.

〈성삼위일체주일 첫 번째 강론〉

59 삼위와 내면생활

"내가 진실로 진실로 너에게 말한다.
우리는 우리가 아는 것을 말하고 본 것을 증언한다.
그러나 너희는 우리의 증언을 받아들이지 않는다.
내가 세상일을 말하여도 너희가 믿지 않는데,
하물며 하늘 일을 말하면 어찌 믿겠느냐?"(요한 3, 11-12)

마치 모든 피조물이 특히 인간이
한 분이시기도 하고 세 분이신 하느님 안에
처음부터 끝까지 있었던 것처럼,
우리는 오늘 일 년 중 가장 영광스러운 축일이고
연중 시기의 첫 주일인 성삼위일체주일에
이 성경 말씀을 읽습니다.
그러나 우리는 영광스러운 성(聖) 삼위(三位)를 이해할 수 없으므로
하느님의 신비를 느끼도록 해야 합니다.
이 주제에 대하여 바르게 강론하는 것은
땅에서 하늘나라에 이르는 것처럼 불가능합니다.
왜냐하면 바늘구멍과 땅과 하늘을 합친 것을 비교하는 것처럼
인간의 말과 생각은 삼위(三位)와 비교하면 너무나 작기 때문입니다.

하느님께서는 한 분이지만
세 위격(位格)을 갖고 계신다는 것은 이해하기 어렵습니다.
그리고 세 분을 구분한다는 것도 거의 불가능에 가깝습니다.

하느님 아버지께서 어떻게 아드님을 낳으시고
성령께서 어떻게 아버지와 아드님으로부터 나오시어
하느님 안에 당당하게 계신지,
어떻게 아버지께서 당신의 영원한 말씀이신 아드님에게 말씀하시고
성령이신 하느님의 지혜로부터 표현할 수 없는 사랑이 나오는지,
어떻게 사랑과 지혜가 넘쳐흘러 다른 위(位)로 들어가
하나가 되는지는 아무도 모릅니다.
그리고 하느님께서도 아드님과 성령이 어떤 힘을 가지고 있고
어떤 지혜를 갖고 있고 어떤 사랑을 갖고 있는지는 아무도 모릅니다.
그리고 아드님과 성령은 아버지와 한 몸입니다.
그러나 한 분 안에서 다른 위(位)로 흘러 들어가고 흘러나왔지만
삼위는 엄연히 서로 다릅니다.

이 삼위일체에 대하여 많은 말들을 하고 있지만
아직도 아무도 제대로 이해를 하지 못하고 있으므로
이에 대하여 말하는 것보다는 신비를 느끼는 것이 더 좋을 것입니다.
그래서 성 삼위에 대하여 강론하는 것은 별로 마음 내키지 않으며
어디에서 인용했든 아무리 노력했든
다른 사람들의 강론을 듣는 것도 별로 마음에 들지 않습니다.
반면에 '신비'는 우리에게 낯선 것으로 우리와는 거리가 먼 것이며
너무 깊이 숨어있어서 천사의 마음으로도 이해할 수가 없습니다.
그러나 높은 자리에 있는 사람들은
자리를 지키기 위해서는 성 삼위에 대하여 말해야 하므로,
그렇게 하도록 내버려 두고 우리는 하느님을 믿는 데 만족하도록 합시다.
토마스 성인(St. Thomas)이 말했습니다.
"교회의 박사들이 가르쳐주는 것보다 더 많은 것을 알려고 하지 마십시오.
교회의 박사들은 살아 있는 동안 성 삼위의 제자들이었으므로
성령께서 이들이 그렇게 가르치게 인도하셨기 때문입니다."
성 삼위를 느끼는 것은 가장 바람직한 경험입니다.
자칫 잘못하여 성 삼위에 대하여 알려고 하게 되면
가장 최악의 재앙이 되기 때문입니다.

따라서 성 삼위에 대하여 논란을 하지 말고 믿기만 하고
이성(理性)이 아니라 여러분의 가장 깊은 곳에서 하느님만 생각하고
여러분의 영혼 안에 하느님께서 계시도록 하십시오.

우리는 실제로 삼위를 진정으로 본받으려고 노력하는 만큼
우리 안에서 성 삼위를 느끼게 됩니다.
우리는 영혼 안에 계시는 하느님을 본성으로 닮게 되지만
서로 다른 삼위를 닮는다고 해서 결코 삼위만큼은 고귀하게 되지는 않습니다.
따라서 우리는 자신 안에서 아무도 제대로 표현할 수 없는
하느님의 모습을 닮기를 결심하고
하느님만 생각하여 영광스럽게 되도록 해야 합니다.
왜냐하면 우리가 생각하고 있는 하느님의 모습은 표본의 형체가 없기 때문입니다.
그러나 영성 작가들은 표본이 없어도 여러 모습으로 또는 비교 설명으로 우리에게
하느님의 모습을 보여주려고 애썼습니다.
모든 스승은 하느님께서는 우리 영혼의 가장 고급 능력인
기억과 이해와 의지 안에 계시면서
우리가 제대로 삼위를 알게 만드시려고 한다고 말했습니다.
그러나 하느님의 현존을 어렴풋하게 밖에 느끼지 못하는 것은
영혼이 그렇게밖에 노력할 수 없기 때문입니다.
그래서 토마스 성인(St. Thomas)은
"하느님께서 우리 영혼 안에서 역사하시어
우리에게 당신을 기억시키시고 이해시키시고 사랑하게 만드셔야만
이 하느님의 모습을 완전하게 볼 수 있게 됩니다." 하고 말했던 것입니다.
토마스 성인은 이렇게 말했지만 다른 현자(賢者)들은 더 상세히 설명했습니다.
즉 아무도 모르는 영혼의 가장 깊은 곳에 들어가야만
하느님께서 역사(役事)하시고 당신의 거룩한 삶을 살고 계시는 것을
알 수 있게 된다고 말했습니다.
이렇게 하느님께서 자신의 영혼 안에 계시는 것을 알게 되면
자기(自己)와는 멀어지고 하느님과 하나가 되는데
이 일치는 깊은 곳에서 이루어지므로 영혼은 영광스럽게
하느님과 같은 본성을 갖게 되는 줄도 모르게 됩니다.

그러나 영혼이 모든 것을 하느님께 맡기게 되면
내면생활을 통하여 하느님께서 자신의 영혼 안에
태어나시는 영광을 누리게 됩니다.

그리스 철학자이자 작가로 가톨릭교회를 적대시한
프로클로스(Proclus, 410?-485)가 말했습니다.
"누구나 자신이 갖고 있는 사물들에 대한 참모습을 알고 싶어 하지만
자신이 있는 깊이를 알 수 없으므로 참모습을 전혀 알 수 없게 됩니다."
이는 환상(幻想)이 우리 영혼은 깊은 곳에 있기 때문에
알지 못하게 된다는 것을 말한 것 같습니다.
우리의 생각이 너무나도 짧다는 것을 말한 것 같습니다.
여러분은 환상이 있는 곳을 알고 있나요?
여러분은 환상을 모두 버리고 내면생활을 지혜롭게 해야 합니다.
여러분은 여태까지 무엇이든지 제대로 안 적이 있습니까?
여러분의 내면생활을 이성(理性)으로만 하려고 하지 마십시오.
이성으로만 하게 되면 이성이 하느님과 하나가 되기 때문입니다.
그래서 프로클로스는 이런 상태를 아무 말도 못하고
아무것도 느끼지 못하고 잠자고 있는 상태라고 말하며
하느님만 아시기 때문이라고 말했습니다.
형제자매 여러분, 이교도 철학자가 이런 지혜를 가졌음에도 불구하고
우리 그리스도인들에게는 이런 지혜가 없을뿐더러
가지려고도 하지 않으니 얼마나 부끄러운 일입니까?
우리 주님께서는 분명히 말씀하셨습니다.
"하느님의 나라는 너희 가운데에 있다."(루카 17, 21)
즉 내면 깊은 곳에서 하느님께서 역사하시고 계시지만
우리는 생각이 짧아 그것을 알지 못하고 있습니다.
그러나 주님께서 오늘 복음에서도
"우리는 우리가 아는 것을 말하고 본 것을 증언한다."고 말씀하셨지만
우리는 하느님의 참모습을 찾으려고 하지 않고 있습니다.
외부 일만 생각하는 짐승 같은 육욕적인 사람이 되어 자신도 알지 못하는데
어떻게 이 내면생활에 대한 주님의 증언을 받아들일 수 있겠습니까?

그래서 주님께서는 예언자를 통하여
“하늘이 땅 위에 드높이 있듯이 내 길은 너희 길 위에,
내 생각은 너희 생각 위에 드높이 있다.”고 말씀하신 것입니다.(이사 55, 9)
우리의 구세주께서는 오늘 복음에서 이 때문에 유다인들을
“내가 세상일을 말하여도 너희가 믿지 않는데,
하물며 하늘 일을 말하면 어찌 믿겠느냐?” 하고 꾸짖으신 것입니다.

형제자매 여러분, 내가 앞에서 여러분에게 ‘**사랑의 상처**’에 대해서 말했지만,
여러분은 내가 무슨 말을 하고 있는지도 모르고
내가 이 땅에 관한 것을 말하고 있다는 것을 몰랐다고 나에게 실토했습니다.
그런데 지금은 우리 내면의 영혼 안에서
하느님께서 역사하시고 계신다는 주제에 대하여 말하고 있는데
여러분은 과연 이해가 됩니까?
여러분은 외부 일만 생각하고 육욕적인 일만 하고 있지만
나의 이 증언은 그러한 것을 말하고 있는 것이 결코 아닙니다.
우리의 증언은 우리의 영혼 깊은 곳에서만
발견할 수 있으며 아무 형체도 없습니다.
그래서 하느님 아버지께서 눈의 깜박임보다 수천 배나 빠르게
당신의 외 아드님을 우리의 영혼 안에 탄생시키고 계시는 것입니다.
새로운 삶을 사는 사람들에게는,
이루 말할 수 없는 하느님의 은총을 받은 사람들에게는,
영원히 아드님을 탄생시키고 계십니다.
이런 은총을 받으려면 자신의 내면 깊은 곳으로 들어가
외부 일을 모두 잊어버리고 아무것도 하지 말고
외부 세계에서 얻은 모든 환상을 없애버리고
오로지 더 깊은 곳으로만 들어가려고 해야 합니다.
그러면 하느님 아버지께서 외 아드님을 통하여 오시어 영혼을 부르시게 됩니다.
그리고 외 아드님께서 아버지께 다시 돌아가시면
이 사람의 영혼 안에 아드님 안에 계시는 아버지께서 탄생하시게 되므로 아드님과
함께 아버지께로 들어가 하느님과 하나가 되게 됩니다.
이 때문에 주님께서는 우리가 하느님을 아버지라고 부르기를 바라시며

주님께서 높이 올라가실 때 주님을 따라가기를 바라시는 것입니다.
말하자면 오늘은 내가 여러분 안에 나의 주님을 탄생시키고
나의 주님 안에서 여러분을 탄생시킨 날입니다.
동시에 성령께서 이루 말할 수 없는 사랑과 기쁨으로
영혼의 가장 깊은 곳으로
하느님 아버지의 의로움과 지혜의 선물을 듬뿍 안겨주신 날이기도 합니다.

그러면 가장 의롭고 가장 온유하게 되어
지혜의 길을 걸어가게 됨으로써 모든 것을 알게 됩니다.
그러나 덕(德)을 쌓지 않으면 이렇게 될 수 없다는 것을 알아야 합니다.
왜냐하면 은총의 선물은 덕(德)보다도
더 완전하게 만들기 위하여 영혼을 이끌기 때문입니다.
그리하여 수동적으로 따르기만 하면
하느님의 충고를 받게 되고 불굴의 의지를 갖게 되는 것입니다.
그리고 하느님의 맛을 알도록 하기 위해
성령께서 주신 은총인 이해와 지혜를 잃을까 봐 두려워하게 됩니다.
그런데 형제자매 여러분, 인간의 원수는 세상에 있는 모든 다른 사람들보다
이런 사람들을 더 괴롭히려고 한다는 것을 알아야 합니다.

알 수 없는 마귀와 싸워야 하므로 우리에게
지혜의 선물이 절실히 필요했던 것입니다.

형제자매 여러분, 성령께서 이렇게 역사하시는 것이
영혼이 외부 일을 하는 것보다 훨씬 더 유익하게 됩니다.
그리고 이러한 사람이 살아 있거나 죽은 친구들을 위하여 기도하여
하느님과 하나가 되는 것이
평신도가 수만 번 시편을 독서하는 것보다 유익하게 됩니다.

이는 곧 오늘 읽은 로마서(8, 12-17)에서처럼
우리 안에 계신 성령께서 우리가 '**하느님의 자녀**'라는 것을 증언하신 것입니다.
여러분 안의 이 하늘나라에서, 아버지와 말씀이신 성자(聖子)와 성령 세 분께서

여러분이 하느님의 자녀라는 것을 증언하시고
여러분의 영혼의 깊은 곳에서 밝게 빛을 비추셨기 때문입니다.
그리고 여러분이 잘못 행동한 모든 것들과 빠뜨린 행동들을 알게 해주시고,
여러분이 교활했는지 아닌지를 알게 해주십니다.
이와 같이 여러분이 고백하려고 했던 모든 것을 일깨워주시게 됩니다.
그리하여 여러분의 내면에서 성령께서 증언하시는 것에 주의를 기울이고 여러분이 내적 외적 행동에서 성령의 인도를 받게 되면,
마지막 심판 날에 불리한 증언을 듣지 않게 됩니다.
그러나 여러분이 말이나 일이나 삶에서 성령의 이런 증언을 거부하게 되면
마지막 날에 저주를 받고 비난을 받게 되는데
하느님뿐만 아니라 여러분 자신도 자신을 심판하고
후회하게 되기 때문입니다.

사랑하는 형제자매 여러분, 따라서 자신의 내면생활을 주의 깊게 바라보고 거기서 하느님께서 증언하시는 것을 듣게 되면 여러분은 기뻐하게 될 것입니다. 여러분은 자신의 외적인 부족함을 극복했나요?
그렇지 않으면 자신의 내면으로 서둘러 가십시오.
그러면 여러분은 거기서 외적인 삶이나 수행(修行)**에서보다**
진정한 '참 나'를 발견하게 될 것입니다.
우리는『사막의 교부들의 삶(The Lives of the Fathers of the Desert)』에서
믿음이 깊은 한 사람이 결혼하여 완덕을 갖추는데
방해가 되는 것을 피하여 숲속으로 들어가고,
아내도 마찬가지로 고독 속으로 들어간 이야기를 읽은 적이 있습니다.
그런데 이 착한 남자는 이백 형제들과 같은 이중적인 삶을 살게 되고
아내도 수많은 이중적인 삶을 살게 되었습니다.
이는 은둔의 삶을 살더라도 믿음을 잃지 않아야 한다는 것을 말하며
육욕을 즐기면서 살게 되면 제대로 수행을 하지 못하게 됨을 말해줍니다.

그러나 여러분은 "나는 내면의 영혼에 도움을 줄 수 있으므로
사람들이 내면에서 하느님을 만나고 하느님의 빛을
받을 수 있게 기쁘게 도와주려고 합니다." 하고 말할지도 모릅니다.

나는 외향적인 사람들이 착한 사람들의 내면에
무모한 자신의 외적 수행법을 강요하게 되면
무서운 저주를 받게 된다고 말하고 싶습니다.
왜냐하면 옛날의 이방인들과 유다인들보다 더
하느님의 역사를 방해하게 되기 때문입니다.
독실한 믿음을 갖고 있으면서 비판적인 사람들이
여러분의 비열한 말과 경멸스러운 태도를 지켜보고 있는데
어떻게 이런 착한 사람들이 여러분의 도움을 받으려고 하겠습니까?

그리고 사랑하는 형제자매 여러분,
여러분이 성령과 하나가 되기를 바라면
부지런히 세 가지 일을 해야 합니다.
하나는 '**여러분 자신은 생각하지 않고**
여러분이 하는 모든 일에서 그리고 여러분에게 생기는 모든 일에서
하느님과 하느님의 영광을 보려고 해야 한다는 것'입니다.
두 번째로 '**모든 일에서 여러분 자신을 성찰하고**
여러분의 모든 생각을 살펴보고 아무 말도 하지 않도록 해야 한다는 것'입니다.
그러면서 조심스럽게 여러분 주변을 살펴보아야 합니다.
세 번째는 '**여러분과 관계없는 일에 관여하지 말고**
여러분에게 맡기지 않은 일에 관여하지 말고 지켜만 보아야 한다는 것'입니다.
여러분에게 좋은 일이면 그냥 내버려 두고
나쁜 일이라도 괴로워하지 말라는 것입니다.
내면생활을 하고 거기서 머물면서
여러분을 부르시는 아버지의 목소리를 들으십시오.
이렇게 내면생활을 하는 사람에게는 많은 선물이 주어지고
깨닫게 되면 사제들까지도 가르침을 받으려고 합니다.

사랑하는 형제자매 여러분, 여러분에게 지금까지 한 말을
다 잊어버리더라도 두 가지만은 생각하십시오.
하나는 자신을 평가할 때, 말이 아니라 진심으로,
겉으로 보여주지만 말고 확신을 갖고,

자신이 '**하찮은 작은 존재**'**라고 생각해야 한다는** 것이고,

또 하나는 **하느님을 사랑해야 한다는 것**입니다.

하느님을 감성적으로 느낌으로만 사랑하지 말고

진심으로 사랑해야 한다는 것입니다.

그렇다고 해서 우리가 보통 호의를 갖고 말할 때 하는 것처럼

하느님을 눈여겨 바라보기만 해서도 안 됩니다.

그 이상으로 사랑해야 합니다.

한 목표를 향하여 달려가는 것처럼

과녁에서 눈을 떼지 않고 활을 쏘는 것처럼,

오로지 하느님만 바라보며 하느님만 생각해야 합니다.

성 삼위시여, 저희가 이런 마음을 갖도록 해주시고,

저희가 자기(自己)를 완전히 버리고

저희 안에서 성 삼위를 만날 수 있도록 해주소서. 아멘.

〈성삼위일체주일 두 번째 강론〉

60 자신을 성찰한 다음 성체를 받아먹어야 합니다

"내 살은 참된 양식이고 내 피는 참된 음료다."(요한 6, 56)

오늘은 그리스도의 성체 성혈 대축일로 가장 거룩한 날이며
우리 주 예수 그리스도의 소중한 몸을 기념하는 날입니다.
제단의 성체는 매일 찬미하고 성 목요일(Maunday Thursday)*을 정하여 특별히
찬미하기도 하지만, 우리의 거룩한 어머니이신 교회는 이날을
그리스도의 성체 성혈 대축일로 정하여
성체(聖體)를 받아먹으면서 주님을 찬미함으로써
우리와 함께 계시는 예수님을 새로운 사람이 되어 섬길 수 있도록 해주었습니다.
이렇게 거룩한 교회는 성체를 특별히 모시고 있으므로
하느님의 자녀가 진심으로 성체를 받으면서 주님을 찬미하게 되었는데,
교회와 종이나 오르간이나 성가대의 합창 속에
값비싼 장식을 한 성합(聖盒) 안에 모시고
이 교회 저 교회로 옮겨지고 있습니다.

형제자매 여러분, 이 성체성사보다 더 유익한 것은 없습니다.
진심으로 그리스도를 찬양하게 도와주며
아무리 작은 사람이라도 성체를 받을 수 있기 때문입니다.
우리가 생각할 수 있는 모든 방법을 동원하여 기쁘게 하느님을 찬미합시다.
이 땅의 아무리 비천한 벌레라도 이성(理性)이 있다면

* 역자 주; 'Maundy'는 예수님께서 최후의 만찬을 드시면서 몇 가지를 부탁하신 말씀

이성을 이용하여 기쁘게 머리를 들어 하느님을 바라본 다음
머리를 숙여 하느님을 찬양하려고 합니다.
인간이라면 하느님을 더욱더 찬양해야 합니다.
왜냐하면 하느님께서 인간에게 지능을 주시어 마음 깊은 곳에서
하느님을 사랑하고 존경하는 특전을 주셨기 때문입니다.
그리고 진심으로 하느님을 찬양하는 것이
어떤 외적인 수행보다도 더 유익하기 때문입니다.

그리고 인간은 하느님의 위대하심을 알고 자신의 작음을 알게 되면
어떤 말을 하든 어떤 노래를 하든 하느님을 어떻게 기억하고 이해하고 있든 하느님을
아무리 찬양해도 부족하다는 것을 느끼고
더욱더 열심히 하느님을 찬양하려고 합니다.
어떤 스승은 하느님에 대해서 가장 잘 강론할 수 있는 사람은
하느님을 많이 알지만 하느님에 대하여
아무 말도 하지 않는 사람이라고 말했습니다.
한 현자(賢者)가 많은 말로 하느님을 찬양하자
다른 현자가 "당신은 하느님을 모독했소." 하고 말문을 닫게 했습니다.
두 사람 모두 옳습니다.
말할 수 없을 정도로 하느님께서 위대하시다는 것을 알아도
제대로 찬양할 수 없다는 것은 놀라울 따름입니다.
앞에서 말한 두 사람은 하느님을 제대로 찬양한 것이 결코 아니며
말로나 행동으로 표현할 수가 없습니다.
영혼 안에서 하느님이 되어 당신을 찬양하고
다시 당신께 감사할 수 있도록 되기까지,
자기(自己)를 버리고 하느님만 생각하도록 합시다.
누구나 이런 경지에 이르게 되면
하느님께서 자신을 버리시고 떠나가실 것이라고
생각하지 않게 되기 때문입니다.

우리의 주님께서 말씀하셨습니다.
"내 살은 참된 양식이고 내 피는 참된 음료다."

그리고 이어서 "**내 살을 먹고 내 피를 마시는 사람은 내 안에 머무르고, 나도 그 사람 안에 머무른다.**"고 하셨습니다.
당신의 위대하심을 전혀 말씀하시지도 않으시고
당신께서 하느님이시라는 것을 조금도 언급하시지 않고
당신을 무한히 낮추신 주님의 겸손을 보십시오.
주님께서는 당신의 위대한 신성(神性)은 말씀하시지 않고
오로지 육화(肉化)된 인성(人性)만 말씀하셨습니다.
그러나 성체(聖體)를 통하여 당신의 거룩한 영혼과 신성을 보여주셨습니다.
우리를 위한 말할 수 없이 놀라운 주님의 사랑은
당신께서 우리의 형제가 되시고 우리와 같은 불쌍한 본성을
가지시는 것만으로 만족하시지 않았습니다.
아니 주님께서는 하느님이 될 수 있는 인간이 되셨습니다.
주님께서는 우리의 양식이 되겠다고 하셨는데
아우구스티노 성인은 이에 대하여
"그리스도인들만큼 위대한 백성들은 없으며
주님만큼 우리 가까이 오신 분은 없습니다.
우리는 우리의 주님을 먹고 살고 있습니다." 하고 말했습니다.
이렇게 해서라도 우리와 하나가 되시려고 하신
주님의 사랑은 얼마나 놀랍습니까?
주님의 사랑이 우리를 압도하고 있습니다.
주님의 사랑이 강력한 힘으로 모든 사람의 마음을 감싸 안고 있습니다.
우리가 먹고 마시는 동안 몸으로는 가까이 오시지도 않고
행동으로는 보이시지 않았지만
우리의 마음을 사랑으로 감싸 안으셨습니다.
우리의 구세주께서는 이 때문에 우리 가까이 오셔서
우리와 하나가 되는 길을 택하신 것입니다.

이제 우리가 양식(糧食)을 먹는 과정을 생각해봅시다.
이는 성체성사(聖體聖事)를 말씀하신 것입니다.
베르나르도 성인(St. Bernard of Clairvaux, 1090-1153)이 말했습니다.
"**우리가 이 양식을 먹게 되면 우리가 스스로 먹히는 게 됩니다.**"

우리가 음식을 먹고 씹게 되면 위(胃)로 넘어가게 되고
소화되어 열(熱)로 바뀌게 되고 불필요한 것은 분리되어 배출되게 됩니다.
예를 들면 귀리는 가루가 되어 세 번의 소화 과정을 거쳐
그 일부분만 영양분이 되고 나머지는 배출되게 됩니다.
영혼에서 더 큰 힘이 나와 우리의 체력(體力)이 제구실을 하여
살과 피로 만들어 음식을 머리와 심장과 모든 지체(肢體)로 배분하고
피로 정맥(靜脈)을 채우게 됩니다.
우리와 주님의 몸과 피도 그러하지만
다음 같은 점에서만 다를 뿐입니다.
즉 우리가 먹은 음식은 우리의 몸과 피로 바뀌지만
우리가 받은 주님의 몸과 피는 우리를 주님으로 바뀌게 만듭니다.
이 때문에 주님께서 아우구스티노 성인에게
"나는 그대로 바뀌지는 않지만
그대는 나로 바뀔 것이다." 하고 말씀하신 것입니다.
누구든지 이 천상양식을 가치 있게 받게 되면
자신의 내면 정맥으로 들어가게 됩니다.

"우리가 이 양식을 먹게 되면
우리가 스스로 먹히는 게 됩니다." 하고 말한
베르나르도 성인의 말을 생각해보기로 합시다.
하느님께서 우리를 맛있게 먹으시기 때문입니다.
하느님께서 우리 안으로 들어오시면
우리의 죄를 나무라시면서 모습을 드러내시지만
우리의 양심을 나무라십니다.
우리가 성체를 입으로 삼켜 계속하여 씹을 때
하느님의 꾸짖음을 받고 자신의 죄 때문에 괴로워하고 슬퍼하게 됩니다.
사랑하는 형제자매 여러분, 여러분 안에서
하느님께서 여러분을 씹으시는 것을 즉 꾸짖으시는 것을 기쁘게 참고 견디며
하느님께서 여러분을 씹으시어 가루로 만드시게 하고
하느님의 벌을 피하지 않도록 하고
"오 주님, 불쌍한 죄인인 저에게 자비를 베푸소서." 하고 말하면서

하느님께 깊은 한숨을 내쉬는 것을 보여드리십시오.
여러분이 이러는 동안에는 여러분 안에 머물러 계십니다.
이렇게 하여 자기(自己)를 버리게 되면 경건한 독서나 기도하는 것보다 성체(聖體)를 받아먹는 것이 여러분에게 더 유익합니다.
그러나 악마가 교활하게 여러분의 죄 때문에
여러분을 지나치게 슬프게 만들어 괴롭히지 않도록 조심하십시오.
왜냐하면 악마는 여러분의 마음에 슬픔의 씨를 뿌리는 것을 즐기기 때문입니다.
그러나 우리의 주님께서는 슬픔의 씨를 뿌리시기는 하지만 달콤하고 유익합니다.

하느님께서 벌을 주신 후에는 영혼을 달래시어 사랑하게 만드시고
믿게 만드시고 거룩한 소망을 갖게 만드시므로,
우리는 하느님께로 빠져들게 되고
하느님께 완전히 먹히고 말게 되는 것입니다.
잘 요리된 음식을 잘 씹어 부드럽게 위(胃)로 넘기는 것처럼
여러분이 양심의 가책을 받게 되면 성체(聖體)를 통하여
여러분도 하느님의 위(胃)로 들어가게 되는 것입니다.
여러분이 진심으로 주님을 믿고 모든 것을 맡기게 되면
여러분은 부드럽게 주님께로 넘어가게 됩니다.
우리가 바오로 성인이 성체성사에 대하여 가르친 대로
"자신을 돌이켜보고 나서 이 빵을 먹고 이 잔을 마셨다면"(1코린 11, 28)
우리가 음식을 소화하는 것처럼
우리의 주님께서도 우리를 소화시키실 것입니다.
그러나 우리가 자기(自己)를 완전히 버리고
세상 것들에 대한 집착을 완전히 버려야만 이렇게 됩니다.
음식을 잘 씹을수록 즉 자신을 충실히 돌이켜 볼수록,
음식은 형체가 없어지게 됩니다. 즉 과거의 자신이 사라지게 됩니다.
그리하여 여러분이 하느님의 음식처럼 하느님 안으로 들어가는 것을 알게 되면,
여러분이 하느님 외에는 이기심을 전혀 찾아볼 수 없을 정도로 바뀌어
여러분이 하느님 안에만 있다는 것을 깨닫게 됩니다.
왜냐하면 우리가 그렇게 하지 않는다면
주님께서 "내 살을 먹고 내 피를 마시는 사람은 내 안에 머무르고,

나도 그 사람 안에 머무른다." 하고 말씀하시지 않기 때문입니다.
따라서 여러분이 음식을 씹어서 변화시키는 것처럼
하느님께서 여러분의 영혼을 씹으시도록 하여
여러분의 옛 자기를 벗어버리도록 해야 합니다.
나무가 불타게 되면 나무의 형체가 없어지는 것처럼
여러분의 옛 형체가 남아 있으면 안 됩니다.
여러분이 바뀌어 하느님 안으로 들어가려면
반드시 옛 자기를 버려야만 합니다.

그리고 우리의 주님께서는
"**나를 먹는 사람도 나로 말미암아 살 것이다.**"고 하셨습니다.(요한 6, 57)
따라서 여러분이 예수님처럼 살려면 거룩한 성체를 자주 받아먹도록 해야 합니다.
그렇게 하지 않으면 여러분 안에 있는 옛 아담이
여러분을 망가뜨리게 되기 때문입니다.
본능이 음식 안에 있는 힘을 정맥에 채워 우리의 것으로 만들듯이
천상양식은 여러분을 완전히 새로운 사람으로 만듭니다.
여러분이 성체를 받은 후 새로운 사람이 되면 하느님만 생각하게 됩니다. 그리하여
새로운 사람이 되어 말하고 행동하게 됩니다.
놀라운 성체가 여러분의 영혼에서 나쁜 것들과
소용없는 것들과 남아도는 것들을 없애버리게 되어
하느님께서 여러분의 삶과 사랑과 생각과 의지에 들어오셔서
더욱더 새롭게 더욱더 깨끗하게 더욱더 거룩하게 만드시기 때문입니다.

이 성체는 무명(無明)에서 벗어나 자신을 알게 하고
자기(自己)를 버리고 세상 것들을 버리는 법을 가르쳐줍니다.
현자(賢者)가 말했습니다.
"**지혜는 지각의 빵으로 그를 먹이고**
이해의 물을 그에게 주리라."(집회 15, 3)
이렇게 천상양식은 사람을 완전히 변화시켜 하느님과 같은 삶을 살게 합니다.
이 천상양식을 통하여 하느님께로 이끄시어 변화시키시기 때문입니다.
따라서 성체성사를 하러 갈 때는

헛된 생각이나 교만한 생각이나 경솔한 생각을 모두 버리고 가야 하지만
좋은 옷에 연연하고 쾌락을 좋아하면서 마음을 비우지 못하면
성체성사가 아무 소용이 없게 되므로 절대로 성체를 주어서는 안 됩니다.
성체를 받으려고 가지만 죄를 버리지 못했으므로
교황께서도 죄를 용서하시지 못합니다.
이러한 사람은 영성체를 하지 않으면
마음이 불편하게 되기 때문에 성체를 받으려고 할 뿐입니다.

생각이 깊은 고해사제들은 성체를 얼마나 자주 받아야 하는지
매 주일 받아야 하는지 매달 받아야 하는지를 개인별로 가르쳐줍니다.
성체를 받으려면 최소한 일주일을 기다려야 합니다.
아침저녁 식사 시에 소식(小食)을 해야 할 뿐만 아니라
거짓이 없는 진실한 삶을 살아야 하기 때문입니다.
또 어떤 사람들은 부활절과 같은 대축일에만 성체를 받습니다.
그러나 이는 사순절을 제대로 보내지 못한 것입니다.
또 어떤 사람들은 죄 때문에 슬퍼하거나
새로운 삶을 살기를 결심하지 않으면 성체를 받으려고 하지 않는데
이러한 사람은 우리 주 예수 그리스도의 몸과 피에 죄를 짓는 것이 됩니다.

형제자매 여러분, 여러분은 이러한 것이 얼마나 잘못된 것인지 모릅니다. 왜냐하면
어떤 사람들은 재미 삼아
성체를 받으러 가는 것처럼 보이기 때문입니다.
그러나 여러분은 성체 성사를 열심히 준비하는 것은
생사(生死)의 문제라는 것을 알아야 합니다.
성체성사 준비에 관한 교회의 가르침을
무시하는 사람은 아주 위험하게 되기 때문입니다.
이뿐만 아니라 매 주일 성체성사를 하지만
믿음이 깊어서가 아니라 다른 사람들이 가기 때문에
가는 사람들이 있습니다. 절대로 그러면 안 됩니다.
그러나 기쁜 마음으로 경외심을 갖고 완덕을 얻기 위해서가 아니라
하느님의 질책을 피하기 위하여 매 주일 성체를 받으러 가려는 사람이 있는데

사실 이러한 사람은 착하게 살며 죄를 짓지 않으려고 무척 애쓰는 사람이지만, 고해사제의 충고를 받은 후에 성체를 받도록 하십시오.
왜냐하면 나는 미지근한 사람에게는 반년에 한 번도 성체를 주지 않았지만 한 때 큰 죄인이었지만 진심으로 회개하고 하느님께로 돌아간 사람에게는 반년 동안 매일 성체를 주었다는 것을 말하고 싶기 때문입니다.
그래야만 마음이 편할 것 같았기 때문입니다.

나는 여러분에게 성체를 받고 난 후에는 믿음이 미지근하게 되는 사람에게는 성체를 주어서는 안 된다는 것을 설명했습니다.
첫째 이유는 안팎으로 나쁜 짓을 하면서 몰래 죄를 짓고 있기 때문입니다.
아마 아무 생각 없이 함부로 지껄이는 죄도 지었을 것입니다.
이로 인한 피해는 이루 말할 수 없을 것입니다.
하느님을 위해서 조심한다고 하지만 아무 소용이 없기 때문입니다.
둘째 다른 이유는 하느님을 사랑해서가 아니라
습관적으로 성체를 받으러 가고 있기 때문입니다.

그러나 영성체 후 자기 안에 조용히 머물러있으면서
피해를 줄이고 천상양식의 효력을 느끼는 것은 좋은 습관입니다.
그리하여 자신의 내면에 머물러 있으면
사나흘 동안은 성체의 효력을 맛볼 수 있게 됩니다.
이렇게 자신의 내면에 머물러 있으면
어떤 환경에 있더라도 어떤 사람과 함께 있더라도
성체의 효력을 느낄 수가 있습니다.
여러분이 믿음을 잃지 않고 있으면 성체가 여러분 안에서 역사하여
여러분을 고귀한 존재로 만들어준다는 것을 알아야 합니다.
어떤 사제로부터 성체를 받아도 좋습니다.
미사에 참례할 때마다 거룩한 성체를 생각하며
하느님만 생각하도록 해야 합니다.
하느님, 저희가 거룩한 성체를 받을 수 있게 해주소서. 아멘.

〈그리스도의 성체 성혈 대축일 첫 번째 강론〉

61 영성체를 위한 준비

"내 살을 먹고 내 피를 마시는 사람은 내 안에 머무르고,
나도 그 사람 안에 머무른다."(요한 6, 56)

사랑하는 형제자매 여러분, 거룩한 성체(聖體)를 사람들의 말이나 마음으로는 제대로 찬양할 수는 없지만 그래도 우리는 평생 성체성사를 받아야 합니다. 왜냐하면 성체 안에 기쁨과 구원의 소망이 들어 있기 때문입니다.
듣기가 거북하지만, 베르나르도 성인(St. Bernard of Clairvaux, 1090-1153)이
"우리가 이 양식을 먹게 되면
우리가 스스로 먹히는 게 됩니다."고 한 말을 생각해봅시다.
성인은 하느님의 아드님과 마찬가지로
우리가 음식을 씹어 삼키고 소화하는 것을 천상양식에 견주어 말했습니다. 교만하고 예민한 사람은 이 말을 들으면 기분이 좋지 않겠지만
겸손한 사람은 거룩한 일에 대해서 쉽게 설명하는 것을 좋아합니다.
그래서 우리의 주님께서는 **"아버지, 하늘과 땅의 주님,**
지혜롭다는 자들과 슬기롭다는 자들에게는 이것을 감추시고
철부지들에게는 드러내 보이시니, 아버지께 감사드립니다." 하고
말씀하셨던 것입니다.(마태 11, 25)

사랑하는 형제자매 여러분, 우리는 이 하느님의 영광스러운 선물인 성체를 혜안과 열정적인 사랑으로 바라보아야 합니다.
우리의 주님께서 빵과 포도주와 같은 하찮은 모습을 하시고
우리가 평소에 먹는 음식처럼 먹히셨으니

우리의 주님께서는 얼마나 겸손하십니까?
이는 우리의 주님께서 항상 우리 가까이 계시면서
우리 안 깊은 곳으로 들어가시어 당신의 모든 선물과 은총으로
가능한 한 우리와 하나가 되시려고 하신 목적을 드러내신 것입니다. 빙엔(Bingen)의 힐데가르트 성녀(St. Hildegrade, 1098-1179)가
주님께서 성체 안에 기적적으로 모습을 드러내실 때가 많았다고 말했듯이 주님께서는 실제로 선택하신 사람에게 놀라운 모습을 하시고 오십니다. 주님께서는 우리 수도회의 한 수녀의 눈으로도 목격되었는데
사제와 제단을 밝게 비추시며 영광스러운 천사들로 둘러싸여 계시는 모습을 보여주심으로써 그 수녀가 무척 감동을 받았습니다.
그러나 이 은총의 시대에 이 성체를
겸손하게 빠지지 않고 받는 것보다 더 중요한 일은 없습니다.
그러나 아무 준비 없이 성체를 받을 자격도 없는 사람이
성체를 받는 것보다 더 하느님을 모독하는 일은 없습니다.
그래서 우리의 사랑하는 디오니시오 성인(St. Dionysius)이
"거룩한 성체를 받기 전에 네 가지 일을 해야 합니다.
첫째는 모든 죄를 없애는 것이고,
둘째는 우리 주 예수 그리스도와 같은 덕을 쌓는 것이고,
셋째는 자기(自己)를 버리고 모든 것을 하느님께 맡기는 것이고,
넷째는 하느님의 성전(聖殿)이 되는 것입니다." 하고 말했던 것입니다.

첫 번째 준비 '모든 죄에서 벗어난다는 것'은
'자신의 모든 죄를 알고 거룩한 교회의 규칙에 따라
고백하고 보속(補贖)을 받는 것'을 의미합니다.
그런 다음에는 헛되이 구송기도를 바치는 것보다
내면에서 자신의 모든 죄를 참회하고 영적(靈的) 수련을 하는 것이 좋습니다. 이뿐만 아니라 앞으로 다시는 죄를 짓지 않도록 결심해야 합니다.
이런 준비가 끝나야 죄에서 해방되는 것입니다.
두 번째 준비는 우리 주 예수 그리스도와 같이 하느님을 위하여
'온유하고, 순종하고, 동기가 순수하고, 참고 견디고, 상냥하고,
자비로우며, 침묵하고, 친구들이든 원수든 좋은 사람이든 나쁜 사람이든

모든 사람을 사랑하는 덕을 쌓는 것'입니다.
세 번째 준비는 '**자기**(自己)**를 버리고 모든 것을 하느님께 맡기는 것**'으로
이는 '**그리스도와 같은 덕을 쌓고**
하느님 안에서 마음의 평화를 갖는 것'을 의미합니다.
그래서 우리의 주님께서 "**내 살을 먹고 내 피를 마시는 사람은**
내 안에 머무르고, 나도 그 사람 안에 머무른다." 하고 말씀하신 것입니다.
어떤 말이나 행동에도 휘둘리지 않고 항상 마음의 평화를 갖도록 해야 합니다.
그래야만 편안하게 쉴 수 있을 뿐만 아니라
성령을 받아야만 마음의 참된 평화를 얻고
기뻐하거나 슬퍼할 수 있게 되기 때문입니다.
왜냐하면 하느님 안에 있어야만 마음이 편하지만
하느님의 바깥에 있으면 쉬지 못하기 때문입니다.
그리고 이렇게 마음이 편해야 하느님의 성전(聖殿)이 되기 때문입니다.
왜냐하면 하느님께서는 평화 속에만 계시기 때문입니다.
이렇게 디오니시오 성인이 말한 **네 번째 준비**가 끝나게 되면
하느님께서 그 사람 안에서 역사하시고
그 사람은 오로지 하느님의 도구가 되어 외적 내적 일을 하게 됩니다.

성체성사에 대해
"**우리가 이 양식을 먹게 되면 우리가 스스로 먹히는 게 됩니다.**"고 한
베르나르도 성인(St. Bernard)의 말을 다시 생각해봅시다.
이미 설명한 바와 같이 '**먹는다**'는 것은
'**벌을 받게 된다**'는 것을 의미하며
주님께서 '**양심의 가책을 일으키게 하시어**
세상 것들을 멀리하게 하시는 것'을 뜻합니다.
우리는 황제의 사냥꾼들이 황제가 잡을 수 있도록
짐승을 뒤쫓아 갈 때처럼 쫓기는 심정을 갖게 됩니다.
우리는 황제가 그 짐승이 순순하게 잡히는 것보다
사냥개가 물어뜯을 수 있도록 반항하는 것을 더 즐긴다는 것을 알고 있습니다.
사랑하는 형제자매 여러분, 영원하신 하느님께서도 거룩한 황제로
뭔가에 쫓기고 있는 영혼들을 사로잡으시어 먹여 살리시려고 하십니다.

하느님의 사냥개들은 마귀들을 뜻하며
유혹을 받고 있는 영혼을 쫓아가 물어뜯으려고 합니다.
교만과 탐욕과 그 밖의 죄종(罪宗)으로 영혼을 공격합니다.
이리저리 내던져서 절망하게 하고 몹시 슬퍼하게 만듭니다.
내가 여러분에게 말하고 싶은 것은 항상 깨어 있어야 한다는 것입니다.
여러분이 영성 생활만 쫓아가게 되면 이 모든 것들이
여러분을 전혀 해치지 못하게 되기 때문입니다.

그러나 마귀들은 이 밖에도
이 세상 사람들과 여러분의 동료인 형제자매들로 하여금
상처 주는 말이나 근거 없는 비난으로 여러분을 헐뜯게 만듭니다.
그뿐만 아니라 여러분은 완덕을 갖추지 못했기 때문에
타락한 본성에 기울어져 자신을 괴롭히고 있습니다.
이와 같이 영육(靈肉)의 모든 일에서 겸손과 느긋함으로
참고 견디지 못하게 되면 마귀에게 휘둘리고 말게 됩니다.
따라서 여러분은 자신을 박해하고 조롱하고 괴롭히고 경멸하고,
다른 사람들에게 자신을 중상 모략하는 무서운 사람들에게
자비롭게 용서할 수 있는 마음을 길러야 합니다.
사랑으로 "오 영원하신 하느님, 모든 피조물의 하느님이시여,
그들과 저에게 자비를 베푸소서!" 하고 기도하도록 합시다.
마치 사냥꾼들을 피해 울타리를 넘고 숲을 지나 도망치는 것처럼
시련에서 도망치려고 하지 마십시오.
우리의 원수인 짐승이 똑바로 순탄한 길을 달려와도
사냥꾼들의 등을 물지도 않을뿐더러 으르렁거리지도 않기 때문입니다.

그런데 하느님 아버지께서는 수녀원이나 수도원
그리고 집이나 도시와 숲 같은 모든 곳에
당신의 사냥개들을 두고 계십니다.
여러분은 하느님께서 선택하신 친구들은
세상 것들로부터만 쫓기고 있다는 것을 알아야 합니다.
수사슴이 사냥꾼에게 쫓겨 목말라 괴로워하듯이

여러분은 하느님 안에서 피난처를 발견할 때까지
세상 것들로부터 쫓기게 된다는 것을 알아야 합니다.
**우리를 이제와 영원히 하느님만 목말라하게 만드시는 것이 하느님의 목적이므로
사람들이 각자 자신의 환경에서 이렇게 쫓기게 되는 것입니다.**
겸손하게 참고 견디며 느긋하게 정진하십시오.
그러면 틀림없이 구세주의 달콤한 샘에 가서
이루 말할 수 없을 정도로 목마름을 해소할 수 있게 될 것입니다.
여러분이 진정으로 피난처인 하느님을 만나게 되면 완덕을 얻어
하느님과 이웃을 위하여 겸손하게 되고
자비를 갖게 되고 사랑하게 될 것입니다.

**사랑하는 형제자매 여러분, 이 세상에서 하느님의 사랑을 찾아볼 수 없고
사랑이 없는 메마른 이런 세상에 우리가 살고 있다는 것은 얼마나 슬픈 일입니까?**
만약에 거룩한 사랑의 길을 걷고 있는 사람을 만나게 되면
그가 어떤 환경에 살고 있더라도 다른 모든 사람보다 더 존경해야 합니다.
그 사람은 하느님 아버지의 영원한 상속을 받게 되었으므로
모든 사람이 그를 섬겨야 합니다.
하느님께서는 때때로 이러한 사람들로부터 위안을 받게 되시므로
이들이 더욱더 정진(精進)하여 덕을 쌓도록 하십니다.
이 때문에 이들은 말없이 자기(自己)를 버리는 고통을 받고 있으면서도
말이나 행동으로 전혀 불평하지 않는 사람들을 애써 찾으려고 합니다.

**이렇게 하느님을 위하여 자기희생을 하는 사람은
하느님을 더 기쁘게 해드리게 되므로
금식(禁食)이나 철야기도나 구송기도를 하거나
매일 수련을 빠트리지 않고 하는 사람들보다 더 훌륭하게 여기십니다.
그 이유는 하느님께서 주신 시련을 잘 견뎌내어
내면을 잘 정화(淨化)하게 되어
하느님과 진심으로 하나가 되려고 하기 때문입니다.
이렇게 시련을 용감하게 견뎌내면 하느님께서 거룩한 성체를 통하여
하늘나라의 영양을 원하는 대로 매일 섭취할 수 있게 해주십니다.**

왜냐하면 영원한 진리이신 대사제께서는
이제와 영원히 이러한 사람들을 행복하게 해주시려고 하시기 때문입니다.

죽었거나 살아 있는 사람들을 사랑하고
하느님의 사랑을 위하여 자기(自己)를 버리지도 않고,
아무 준비 없이 자격도 없는 사람이
이 거룩한 식탁에 다가가는 것은 하느님을 모독하는 일입니다.
하느님을 위하여 기쁘게 모든 것들을 버리는 사람과
세상 것들을 좋아하여 하느님께서 젖을
끊으려고 하시는 사람과는 얼마나 다릅니까?
하느님께 모든 것을 맡기고
모든 사람을 사랑하게 하신 사람에게는
거룩한 인내심을 주십니다.
만약 여러분이 그러한 사람이라면
그리스도를 자주 받을수록, 즉 성체를 자주 받을수록
여러분에게는 더 좋습니다.

여러분은 여러분 안에서 하느님께서 정화(淨化)작업을 부지런히 하실수록 여러분이
겸손하게 되고 세상 것들에 대한
집착을 버리게 된다는 것을 알고 있습니까?
여러분은 여러분 안에서 하느님께서 더욱더 사랑하신다는 것을 느낍니까?
여러분은 철부지 아이처럼 되어 하느님을 두려워할수록
세상 것들을 더 멀리하게 되는 것을 느낍니까?
여러분은 진정으로 이런 준비를 하고 있나요?
그러면 여러분의 영혼을 위해서는 온 세상을 얻는 것보다
우리 주 예수 그리스도의 몸과 피를 먹고 마시는 것이 더 좋습니다.
여러분은 얼마나 자주 천상양식을 먹고 싶습니까?
암브로시오 성인(St. Ambrose)은
"**오늘 저희에게 일용할 양식을 주시고**"라고 기도하는 것은
'**매일 성체성사를 하게 해달라**'는 뜻이라고 해석했습니다.
그러나 우리는 어디서 매일 우리에게 성체성사를 줄

친절한 사제를 만날 수 있을까요?
사랑하는 형제자매 여러분, 사제가 여러분에게
성체를 주지 않더라도 우울해하지 마십시오.
계속하여 집착을 버리고 침묵하고 자신을 낮추고 있으면
아마 여러분에게 성체를 주기를 바랐던 사제들보다
여러분에게 더 큰 영적 선물을 주님께서 주실 것입니다.
주님의 몸과 피를 먹고 마시고 성령 안에 있게 되면
"내 살을 먹고 내 피를 마시는 사람은 내 안에 머무르고,
나도 그 사람 안에 머무른다."는 말씀이 이루어질 것이기 때문입니다.
이렇게 하여 '**주님 안에 있게 되는 것**'도 성체의 은총 중 하나입니다.

성체의 은총은 두 개가 더 있는데 둘 다
지금까지 설명한 은총보다 더욱더 값질 뿐만 아니라 영광스럽게 해줍니다. '**지혜**'와
'**느낌**'이라는 두 은총을 받게 되는데
하나는 '**마음을 비워 자기(自己)를 죽이게 하는 지혜**'를 갖게 해주는 것이며
또 하나는 '**무념무상 하게 된 것을
자신도 모르게 우울하게 느끼게 해주는 것**'입니다.
**이기심이 많을수록 더 우울하게 느끼게 되고
더 아파하게 되는 것은 놀랍기만 합니다.**

**이와 같이 베르나르도 성인은 우리가 집착을 버리게 되면
우리가 하느님께 먹히게 된다고 가르쳤습니다.
왜냐하면 음식이 다른 것으로 바뀌게 되듯이
우리가 진정으로 하느님과 하나가 되기를 바란다면
우리도 새로운 사람으로 바뀌어야 하기 때문입니다.
자신이 좋아하는 것들과 자신의 혈기와 욕심과 이기심을 모두 버려야 합니다. 이렇게
하지 않으면 하느님과 하나가 될 수 없는 것은 불을 보듯이 빤합니다.** 뜨거운 것이
찬 곳에 들어가면 식어버리게 마련입니다.
만약 하느님께서 성화(聖化)되지 않은 사람 안으로 들어가시더라도
곧 나가시게 되며 탐욕만 남게 됩니다.
그러나 하느님께서 여러분 안에서 역사하시게 되면

여러분은 수동적으로 되어 가만히 하느님께서 역사하시는 것을 지켜보면서
자기를 버리기만 하면 됩니다.
여러분이 아무것도 아니라고 느낄수록 하느님과 더 하나가 됩니다.
자기를 버림으로써 우리 주 예수 그리스도처럼 되었다는 것을 아십시오.

만약 하느님께서 여러분의 영혼 안에서 말씀하신다면
아무 말도 하지 말고 앉아 있어야 합니다.
그렇다고 해서 아무 일도 하지 말하는 말은 아닙니다.
음식이 새로운 사람으로 바뀌려면 먼저 자기를 죽여
예전에는 없었던 것처럼 전혀 다른 것으로 바뀌어야 합니다.
음식이 육적(肉的)인 삶에 이런 영향을 미친다면
영적(靈的)인 삶에는 수천 배 더 큰 영향을 미치게 됩니다.
그러나 사랑하는 형제자매 여러분, 나는 그런데 인간의 이성(理性)이
지나치게 간섭하여 하느님께서 역사하실 때 한몫을 하려고 하며
하느님의 역사를 알려고 할 뿐만 아니라
하느님께서 역사하시지 못 하게 한다는 것을
여러분에게 말하고 싶습니다.
나는 하느님을 위하여 여러분의 영원한 행복을 위하여,
여러분은 이렇게 하지 않도록 조심하기를 바랍니다.
여러분이 자주 성체를 받게 되면
하느님께 모든 것을 맡기는 데 도움이 된다고 생각하면
일주일에 두세 번 성체를 받아도 됩니다.
그러나 하느님께서 내면에서 자기를 버리게 하시고 계시다는 생각이 들 때는 너무
지나치게 성체를 자주 받으려고 하지 마십시오.

사랑하는 형제자매 여러분, 여러분은 내면에서 자기가 사라지는 것을 알고
무척 슬퍼하며 어찌할 바를 모르게 된다는 것을 알아야 합니다.
무엇이 괴롭히는지를 모를 정도로 슬퍼하게 되는데
하느님께서 자신을 버리시고 다시는 돌아오시지 않을 것처럼 보이기 때문입니다.
하느님께 모든 것을 맡기려 하기 때문에 이런 일이 생깁니다.
자기를 죽이지 않으려고 발버둥을 쳐보지만

하느님께서 억지로 자기를 죽이게 만드시기 때문입니다.
이런 지경에서 바오로 성인이 성체에 대하여 한 말은
영혼에도 그대로 적용할 수 있습니다.
"사실 주님께서 오실 때까지, 여러분은 이 빵을 먹고
이 잔을 마실 적마다 주님의 죽음을 전하는 것입니다."(1코린 11, 26)
이는 주님께서 돌아가셨다는 사실을 전하려고 한 것이 아니라
주님의 죽음의 힘으로 자기(自己)가 죽게 되었다는 것을 말하려고 한 것입니다.
이 이기심을 죽여야만 하지만 여러분이 극복해야 할 세 가지 장애가 있습니다.
첫째는 지나치게 이기적으로 되어 성체를 찬양하지 못하게 되는 것이고
둘째는 하느님의 말씀에만 지나치게 매달리는 것이고
셋째는 지나치게 자신의 수행법에 집착하는 것입니다.
왜냐하면 평소에 도움이 되던 것들도
시련을 받게 되면 장애가 될 수 있기 때문입니다.
사랑하는 형제자매 여러분, 이렇게 괴로울 때는
기꺼이 참고 견디려고 결심하고
하느님께서 오시지 못하도록 하지 않아야 합니다.
그런데 몹시 괴로운 것은 사실입니다.
그래서 많은 사람이 이 사람 저 사람에게 상담하러 뛰어다니게 되고
위로를 받으려고 하지만 아무 소용이 없게 됩니다. 끝까지 참고 견디십시오.
그러면 영원한 진리이신 주님께서 여러분 안에 태어나실 것입니다.

자기(自己)를 버려 정화(淨化)되는 과정에서 수반되는
괴로움에서 벗어나려고 하는 고통은 아무도 설명할 수가 없습니다.
이럴 때는 여러분 안에서
이성(理性)이 깨어나서 활동하며 여러분에게 묻습니다.
"무슨 일이야? 죽을 것만 같아?
그대는 모든 것에서 자기를 부정하고 있어.
그런데도 기도할 생각이 들어?
마귀가 '여기서 무엇을 하고 있어? 시간 낭비야.
무언가 착한 일을 해야 해. 바로 일어나서 일해.'하고 말하고 있어."
그런 다음 이성(理性)은 다시 말합니다.

"사랑하는 이여, 무슨 일을 하려고 해?
그대는 교회로 가서 하느님의 말씀을 들어야 해."
이 모든 것은 하느님의 사냥개들이 쫓아오기 때문이며
여러분이 사냥개가 되어 자신을 물어뜯고 자신을 향하여 짖고 자신에게
"무엇이 그대를 이렇게 방황하게 만들어 괴롭히고 있어?
그대는 성체를 받아먹어야 해." 하고 말하고 있다고
나는 여러분이 생각하기를 바랍니다.

형제자매 여러분, 내면에서 이런 괴로움을 겪게 될 때
성체를 받아먹으면 나을 것이라는 생각은 하지 마십시오.
이렇게 괴로울 때 영성체하러 가는 것에 대하여 나에게 조언을 구한다면
나는 여러분에게 '하느님께서 괴로움을 주셨다는 것을
알았기 때문에 영성체를 하려는 것인지, 단지 충동 때문인지, 습관 때문인지'를
자세히 따져 묻고 싶습니다.
만약 충동이나 습관 때문이라면
고통이 견딜 수 있을 만큼 작아질 때까지는
영성체하지 말라고 권하고 싶습니다.
일주일에 한두 번 영성체할 수 있지만
고통은 사라지지 않고 참을 힘을 얻게 될 뿐이기 때문입니다.

여러분이 이 고통을 모두 참고 이겨내지 않으면
여러분 안에서 하느님께서 결코 탄생하시지 않는다는 것을 알아야 합니다.
설령 고통에서 벗어났다고 해도 여러분 안에
하느님께서 탄생하시지는 않았다는 것을 알아야 합니다.
여러분이 이 고통을 선물로 생각하고 참고 견뎌내지 않고
로마로 여행을 갔기 때문이라는 것을 알아야 합니다.
일하는 것보다 여행하는 것이 더 편하기 때문입니다.
그리하여 이 불쌍한 사람은 예전에 성체를 받고 위로 받은 것만 생각하고
하느님의 말씀을 들으면서 위로를 받고 고통을 견뎌내려고 할 때가 많습니다.
그러나 전혀 위로되지 않으므로 영혼의 가장 깊은 곳에서
겪고 있는 고통을 견뎌내면서 어떤 죽음보다도 더 괴로운

자기(自己)의 죽음을 맞이해야만 합니다.

그러나 사랑하는 형제자매 여러분, 내가 마치 여러분에게 영성체를 하지 말고
하느님의 말씀을 듣지 못하게 한 것처럼 오해하지는 마십시오.
여러분은 죄에서 벗어나고 덕을 쌓는 처음 두 단계에서는
영성체를 하고 강론을 듣는 것보다
수도 생활을 열심히 하는 것이 더 낫다는 것을 잘 알고 있습니다.
그러나 오로지 수행(修行)만 하게 되면 영혼에 방해가 될 수도 있습니다.
영혼이 하느님의 도움을 바라면서도 하느님께 등을 돌리고
"저는 당신께서 이끄시는 대로 따라가지 않고
제 갈 길을 가려고 하나이다." 하고 말하는 것처럼 보이기 때문입니다.
그런데 이는 주님께 다시 십자가를 지우는 것이 됩니다.
하느님을 찬양하지 못하게 되기 때문입니다.
영육(靈肉)의 위로를 받기 위하여 자기(自己)를 죽이지 못함으로써
이루 말할 수 없는 은총을 발로 차버렸기 때문입니다.

"**내가 하느님의 도움으로 내가 변화될 때**
나는 하느님께 먹히고 말았습니다.
그리하여 내가 하느님과 같이 되었을 때
나는 하느님과 하나가 되었습니다."는
베르나르도 성인의 말을 다시 생각해보기로 합시다.
우리는 "오 거룩한 아버지시여, 아무 일도 하지 못하고
괴로워하기만 하게 되는 이런 슬픈 상태가 언제 끝나게 되나요?
그러나 당신 안에서 거듭 새로운 사람이 되어
당신과 하나가 되기만 한다면 얼마나 좋을까요?" 하고 울부짖을지도 모릅니다.
그래서 바오로 성인은 세 번째 하늘의 하느님 학교에서
배운 것을 우리에게 이렇게 가르쳐주었습니다.
"우리는 모두 너울을 벗은 얼굴로
주님의 영광을 거울로 보듯 어렴풋이 바라보면서,
더욱더 영광스럽게 그분과 같은 모습으로 바뀌어 갑니다.
이는 영이신 주님께서 이루시는 일입니다."(2코린 3, 18)

성령께서는 이렇게 사람을 변화시켜 당신 안으로 이끄시는 것입니다. 아우구스티노 성인이 하느님께서
"그대를 나처럼 변화시킨 것이지 내가 그대처럼 바뀐 것은 아니다." 하고
말씀하신 것을 들었다는 것을 기억하고 있을 것입니다.
어떻게 자신에게 이런 변화가 일어나게 되었는지 알게 되지만
알려고 노력한다고 되는 것이 아니란 말로 설명할 수 없는 방법으로
갑자기 변화된다는 것을 알아야 합니다.

그리고 여러분은 초보자처럼 수행만 하려고 하는 이런 사람도
새로운 사람이 될 수 있다는 것을 알아야 합니다.
이러한 일은 초자연적인 빛의 섬광처럼 일어나게 되는데
때로는 일주일에 한두 번씩이나 일어나기도 합니다.
아무 공로도 없지만 하느님의 뜻에 따라 이루어지게 되기 때문입니다.
어떨 때는 분명히 알게 해주실 때도 있고
어떨 때는 전혀 모르는 가운데 일어날 때도 있습니다.
그리하여 이러한 사람은 사랑이 충만하게 되어
모든 일을 사랑으로 하게 됩니다.
그러나 수행을 제대로 하지 않는 사람보다
자기(自己)를 버리고 수행을 열심히 했기 때문에
하느님과 하나가 된 것입니다.
하느님, 저희가 집착을 버리고 성체를 받을 수 있도록 해주소서.
성 삼위시여, 저희 안에서 역사하시어 모든 장애를 없애주소서. 아멘.

〈그리스도의 성체 성혈 대축일 두 번째 강론〉

62 성체의 위력과 가치

"내 살을 먹고 내 피를 마시는 사람은 내 안에 머무르고,
나도 그 사람 안에 머무른다.
살아 계신 아버지께서 나를 보내셨고 내가 아버지로 말미암아 사는 것과 같이, 나를 먹는 사람도 나로 말미암아 살 것이다."(요한 6, 56-57)

하느님으로부터 은총을 많이 받을수록 큰 빚쟁이가 되므로
하느님께 더 감사하고 더 찬양하고 더 영광을 돌려드리고 더욱더 섬겨야 합니다.
하느님께로 가서 하느님 안에서 성체를 받으려면
수행을 열심히 하여 하느님께로 가는 길을 준비해야 합니다.
왜냐하면 성체는 다른 사람의 손을 거치지 않고
하느님께서 직접 주시기 때문입니다.
성체는 하느님과 사람을 하나로 만들어주며
어떤 선물보다 더 좋은 가장 찬양할만한 하느님의 선물입니다.
따라서 성 목요일을 기념하는 것만으로는 부족하므로
곧 따라오는 부활주일을 경건하게 맞이할 준비를 해야 합니다.
이 때문에 거룩한 교회는 이러한 번거로움을 덜어주기 위하여
그리스도의 성체 성혈 대축일을 제정하여
감사하고 찬양하고 사랑하게 하고 있습니다.

"내 살은 참된 양식이고 내 피는 참된 음료다."(요한 6, 55)
성체성사를 단순히 외적으로만 기념하게 되면
빵을 먹고 포도주를 마시는 데 지나지 않으므로

성체 안에 숨어 있는 달콤한 하늘나라의 열매 맛을 알 수 없게 됩니다.
우리가 먹는 음식은 죽은 것이므로 먹는 사람으로부터 생명을 얻어
고귀하게 되지만, 이 성체는 살아 있는 빵으로 생명의 원천이며,
우리 주님께서 "내 살을 먹고 내 피를 마시는 사람은
영원한 생명을 얻게 될 것이다." 하고 가르쳐주셨듯이,
이것을 먹는 사람은 '**영원한 생명**'을 얻게 되기 때문입니다.(요한 6, 54)
주님께서 이 말씀을 하시자 주님의 많은 친구가
주님의 이 말씀을 이해하지 못하고 "이 말씀은 듣기가 너무 거북하다.
누가 듣고 있을 수 있겠는가?" 하고 말하며 주님을 떠나가 버렸습니다.(요한 6, 60)
그들은 오로지 주님을 겉모습만 보고 이해하고 있었기 때문에 떠나가 버렸지만
이 선물은 육감으로는 도저히 이해할 수가 없습니다.
왜냐하면 주님께서 주신 음식은
그 음식을 주신 분과 같은 '사람'이었기 때문입니다.

세 가지를 생각해보기로 합시다.
하나는 이 음식의 너무나 강력한 '**위력**'입니다.
두 번째는 이 음식을 가치 있게 받아먹는 사람은
'**무한히 가치 있는 존재**'가 된다는 것이고,
세 번째는 하느님의 잔치가 될 수 있도록 '**준비**'해야 한다는 것입니다.
하느님의 은총으로 내가 이 모든 것에 대하여 말하자니
할 말도 없고 아무 생각도 나지 않습니다.
왜냐하면 이 놀라운 성체는 인간의 이성(理性)으로는 이해할 수 없으며
천사와 같이 생각해도 이해할 수 없기 때문입니다.
사랑하는 형제자매 여러분, 완전히 세상 것들에 대한 집착을 버리고
내면생활에만 전념하는 사람만이 거룩한 성체를 제대로 이해할 수 있고
의미를 알 수가 있습니다.
그렇지만 이런 사람도 말로는 성체를 표현할 수가 없습니다.
육감(肉感)이나 이성(理性)에 의존하여 생각하는 자체가 잘못이기 때문입니다. 그러나
안타깝게도 외견상으로는 어린이부터 노인에 이르기까지
성체에만 의존하는 영적인 사람을 만나기가 어렵습니다.
이들은 많은 종교 활동에 참여하고 성체를 받아먹고 있기는 하지만

성체의 본질에 관하여 모를뿐더러 성체의 맛을 전혀 모르고 있습니다.
그럴 수밖에 없는 것은 육(肉)의 삶을 살면서
성체를 받아먹고 있기 때문입니다.

이 놀라운 음식의 위력을 알려고 하는 사람은
세상 것들에 대한 집착을 버리고 내면생활에 전념해야 합니다.
그러나 이 말을 오해하지는 마십시오.
영성체(領聖體)하기 위해서는 평소와 같은 삶을 살지 말라는 것도 아니고
어떤 특별한 방법이나 관습을 가지라는 말도 아닙니다.
어떤 사람은 영성체할 준비가 되어 있지 않은 사람은
영성체를 하지 말아야 한다고 생각합니다.
사랑하는 형제자매 여러분, 여러분은 그렇게 하지 마십시오.
여러분이 아직도 속된 삶을 살고 있으므로
제대로 성체성사를 봉헌하지도 못하고 있고
제대로 수도 생활을 하고 있지 않다는 생각은 하지 마십시오.
여러분의 의무나 관습에 구애받지 말고 수행(修行)을 열심히 하면
성체성사 중에 하느님 안에 있을 수 있게 됩니다.
여러분은 진정으로 자신을 알고
어떤 일을 하더라도 수행을 하더라도
믿음을 잃지 않도록 하십시오.
여러분은 내면생활을 통하여 자신을 알고
더 굳게 믿어야 하기 때문입니다.
여러분의 영혼 깊은 곳에서 진심으로 하느님을 찾으십시오.
이를 위해서는 겉으로 보이기 위한 수행을 하지 말고
여러분 영혼 깊은 곳으로 들어가야 합니다.

형제자매 여러분, 내가 여러분에게 성체의 위력을
제대로 이해시키는 것은 거의 불가능합니다.
아직 은총은 받지 못했지만 아무 죄도 짓지 않고 순수하게
낙원에 서 있는 아담의 인품을 우리는 알 수가 없습니다.
그런데 하물며 생각이 짧은 우리가 영혼의 가장 깊은 곳에서 일어나고 있는 일,

즉 영혼이 이 살아 있는 음식과 하나가 되어
거룩한 인품으로 새로 태어나고 있는 것을 어떻게 알 수 있겠습니까?
한 방울의 물처럼 포도주 통에 떨어져 포도주와 섞여 버리듯이,
햇빛이 유리창을 통과하듯이, 몸이 영혼과 하나가 되듯이
인간의 영혼이 투명하게 되어 새로운 사람이 되기 때문입니다.

이렇게 하느님과 하나가 됨으로써 영혼은 연약함을 딛고 일어설 수 있게 되며
깨끗하게 되고 하느님의 빛을 받을 수 있게 되어 많은 힘을 얻게 됩니다.
영혼은 하느님의 빛을 받았기 때문에
하느님과 함께 있지 못하게 하던 본성을 잃고
자기(自己)를 버리고 하느님의 탄생을 느끼게 됩니다.
하느님과 하나가 되었기 때문입니다.
하느님과 하나가 되는 것과
불과 나무가 하나가 되는 것을 비교해보십시오.
나무는 먼저 수분(水分)과 푸르름이 사라지고
불타오를 때까지 점점 더 뜨거워집니다.
나무가 불타오를수록 나무는 점점 더 불을 닮아가며
짧은 시간에 불은 나무의 실체를 흡수해버리고 맙니다.
이제 나무는 형체가 없어지고 불이 되었기 때문에
불과 나무가 하나가 되었습니다.
천상양식도 영혼에서 하늘나라와 다른 것들을 모조리 꺼내어 없애버리고 하늘나라와 같게 만들어 하나가 되게 합니다.
깨달은 영혼에게 이런 일이 일어나게 되며
유사함이나 차이도 없이 하느님의 판박이가 됩니다.
하느님 사랑의 불은 영혼의 모든 더러운 것들과
하느님의 것이 아닌 것들을 집어삼켜 버립니다.
이 천상양식을 먹음으로써 영혼이 먹혀 하느님 안으로 사라져버리는 것입니다.
주님께서도 아우구스티노 성인에게 그렇게 말씀하셨습니다.
"나는 충분히 숙성된 음식이다. 그대를 깨끗하게 하고 나를 먹어라.
그대는 나를 변화시켜 그대와 같이 만들 수는 없지만
그대는 나처럼 변화될 것이다."

형제자매 여러분, 이러한 일이 일어나도록 하려면
여러분의 본성을 수없이 죽여야만 합니다.
하느님께서는 본성을 죽이는 일을 가르치실 때는
영혼을 광야나 사막의 길로 수없이 인도하십니다.
그러나 형제자매 여러분, 이렇게 수없이 죽어야만
새로이 태어나서 고귀하게 기쁘게 실속 있게 살 수 있게 됩니다.
이와 같이 수없이 죽는 일은 얼마나 중요한지 모릅니다.
우리가 먹는 음식이 우리의 몸이 되기까지는
수없이 죽어야만 영양이 되어 가슴이나 간이나 감각기관에 들어가고
뇌 안에 들어가 이성(理性)과도 하나가 된다는 것을
여러분은 잘 알고 있을 것입니다.
결국 음식이 예전의 모습을 완전히 잃어버리게 되지만
아무리 예리한 눈도 볼 수 없으며 아무리 예민한 마음도 알아차리지 못합니다.
마찬가지로 성체도 영혼 안에서 형체를 잃고
우리를 하느님과 하나가 되게 만들지만 우리는 전혀 알아차리지 못합니다.

어리석은 사람들은 이를 육(肉)의 방식으로만 이해하여
자신이 새로운 사람이 되어 하느님과 같은 본성을
갖게 되었다고 단언하지만 거짓입니다.
왜냐하면 우리의 영혼이 하느님과 하나가 되어
가장 고귀하게 되고 하느님께 가장 가까이 가게 되고
하느님과 가장 친하게 된 후에는
거룩한 본성이 하늘 높은 곳으로 사라져버려
우리가 알아차리지도 못하고 이해하지도 못하게 되기 때문입니다.
성령께서 머물러 계시지 않기 때문에
아무도 거룩한 본성을 영원히 갖지 못하게 됩니다.
영성체 시에 영혼이 하느님과 하나가 되는 것에 대하여
지나치게 알려고 하면 안 됩니다.
음식이 변하여 우리 몸 안에 흡수되는 것을
우리 마음이 아무리 해도 알아볼 수 없듯이
인간의 본성도 고귀하게 되면 아무도 알 수가 없습니다.

그런데도 여러분은 어리석은 몸보다 훨씬 뛰어난
거룩한 영혼과 성체가 하나가 되는,
알 수 없게 숨겨져 있는 신비를 애써 알려고 합니까?
하나가 되는 것은 도저히 알 수 없는 신비입니다.
이 신비에 대하여 논쟁을 하지 마십시오.
여러분이 알 수 없게 깨달은 영혼 깊은 곳으로 사라져
하느님 안으로 들어갔기 때문입니다.

**그런데 하루에 두세 번 기도하면서도 이 신비를 느끼고
모든 일이 잘되어 가는 것처럼 느끼는 사람이 가끔 있는데
이는 환상에 지나지 않습니다.**
우리는 지나치게 영적인 기쁨을 맛보려고 하는데
하느님의 눈으로 보면 너무나 뻔뻔스럽습니다.
하느님께서는 우리가 수행을 게을리 하는 것을 좋아하시지 않습니다. 하느님께서는
우리에게 당신의 모습을
가장 빠르게 잘 보여주시는 것을 가장 좋아하시므로
우리는 작은 은총에 만족하지 말고 계속 정진해야 합니다.
우리는 전심전력을 다하여 하느님께로 바로 가도록 애써야 합니다.
우리는 하느님의 것이 아니면 어떤 처지에서도 만족하지 말아야 합니다.
이렇게 해야만 자신의 영혼의 깊은 곳으로 들어갈 수 있게 되기 때문입니다. 그러나
하느님 안에 있는 깊은 곳으로는 들어갈 수가 없습니다.

형제자매 여러분, 많은 사람이 육적(肉的)인 삶을 살고
습관적으로만 기도하면서 자신에게 이루 말할 수 없는 피해를 주고 있습니다.
그러면 음식이 소화되지 않은 채로 위(胃)에 남아 있어
머리나 가슴이나 지체(肢體)에 영양을 주지 못하므로
영성(靈性)을 전혀 얻지 못하게 됩니다.
음식이 변화되지 않으면 영양분이 나오지 않기 때문입니다.
따라서 우리는 피나는 노력으로 확고한 믿음을 갖고
착한 일을 하고 덕을 쌓고 내면생활을 열심히 하여
하느님과 같이 되고 이를 하느님께서 아실 때까지

이 거룩한 음식인 성체를 받아먹으면 안 됩니다.

우리는 믿는 척하지 말고 삶을 통해서 믿음을 보여주어야 합니다.
하느님께서 더 이상 열심히 믿을 수 없다는 것을 아시면
우리가 모르게 오셔서 영혼을 더없이 고귀하게 만드십니다.
하느님께서는 이렇게 가장 잘 준비하고
경건하게 성체성사를 하러 오는 사람들을 도우십니다.
하느님께서는 이러한 사람에게 개별적으로 당신을 내어주십니다.
사랑하는 마음으로 완덕을 갖추려고 하는 사람은
이 살아 있는 빵을 자주 먹을 수 있도록 준비해야 합니다.
자신 안에서 하느님의 사랑이 더 많아지는 것을 느끼고
영성적이지 않은 것에는 눈을 돌리지 않는 사람은
자주 영성체를 하게 되면 더욱더 유익하게 됩니다.
아우구스티노 성인이 이를 잘 표현했습니다.
"하느님의 사랑이 자신 안에서 커지는 것을 느끼고
어떤 때는 자신이 영성체를 할 자격이 있다는 것을 아는 사람이
왜 매일 영성체하지 않고 있을까요?"
자격은 사람의 노력이나 공로로 주어지는 것이 아니라
하느님으로부터 우리 영혼으로 흐르는
우리 주 예수 그리스도의 은총과 공로로 주어집니다.
그런데 영성체를 간절히 바라는 사람에게
이런 일이 일 년에 한 번이나 또는 한 달에 한 번이나
일주일에 한번 생긴다면 왜 매일 생기지 않겠습니까?

나는 이렇게 내면생활을 하면서 내공을 쌓는
준비 방법 외에는 첩경이 없다고 생각합니다.
나는 실례를 무릅쓰고 나의 모든 친구에게
자신 안에 하느님에 대한 경외심이 줄지 않고
하느님의 사랑이 더 커지게 되면
더 자주 영성체하라고 충고합니다.
불에 아무 연료를 공급하지 않아도

불 가까이 가기만 하면 활활 타오르게 마련입니다.
연료를 준비하기만 하고 계속하여 불 가까이 가기만 하면
젖어 있거나 완고해도 열(熱)에 항복하여
마침내 연료도 불처럼 되어 활활 타게 되기 때문입니다.
만약 진심으로 성체를 받을 준비를 완벽하게 하고 하느님 가까이 가기만 하면,
아무리 죄에 빠진 사람이라도 아무리 완고하고 고집에 센 사람이라도
아무리 세상 것들을 버리지 못하는 사람이라도
이 불은 열기(熱氣)를 전하여 완고한 마음을 누그러뜨려
하느님과 같은 사람으로 만들어 주기 때문입니다.

하느님께서는 준비를 단단히 한 사람에게 당신을 내어주십니다.
내일이 중요한 축일이라고 가정합시다.
오늘 거룩한 성체 안에 계신 영원하고 자비하신 하느님을
지극정성으로 모시는 것보다 더 잘 준비할 수 있겠습니까?
하느님께서 당신의 몸을 내어주시는데
어찌 하느님을 존경하지 않을 수 있겠습니까?
하느님의 외 아드님으로부터 살아 있는 거룩한 살과 깨끗한 피와 거룩한 영(靈)과
사랑하시는 마음과 훌륭한 인격과 성 삼위와 모든 거룩한 것들을 받는 것보다
영성이 부족하고 덕이 없는 내가 더욱더 새로운 삶을 살 수 있게 하고
나의 예전의 타락한 본성을 깨끗하게 씻어주는 것이 있겠습니까?

가장 작은 이에게 가장 큰 것을 주시겠다고 약속하신
하느님을 어찌 거부할 수 있겠습니까?
하느님께는 당신을 송두리째 내어주시고
다시 또 당신을 내어주시려고 하는 선물보다
더 큰 것이 있겠습니까?
하느님의 목적은 우리가 성체를 받아먹는 것으로
만족해하는 것이 결코 아닙니다.
"**나는 그분께서 지으신 땅 위에서 뛰놀며 사람들을 내 기쁨으로 삼았다.**"고 말씀
하신 것처럼 철부지 아이와 같은
인간과 함께 계시는 것이 하느님의 목적입니다.(잠언 8, 31)

이는 사랑하는 마음과 영혼을 가진 사람들과 함께 계시겠다는 말씀입니다. 여태까지 하느님의 은총으로 여러분에게 모든 것을 말했지만
다음 말하는 것은 교부들의 말씀 중에서
가장 내가 좋아하는 말씀을 전하려고 합니다.

토마스 성인(St. Thomas)이 말했습니다.
"우리 구세주 예수 그리스도께서 이 세상에 가져오신 모든 은총을
당신의 거룩한 몸과 피를 통해서 모든 사람에게 전달하셨습니다.
그리고 당신의 죽음과 부활과 승천의 열매와 함께
당신의 거룩한 몸과 피와 영(靈)과 신성(神性)을 주시어
우리를 영광스럽게 해주시고 복되게 해주셨습니다."
토마스 성인은 사람이 생각할 수 있는
모든 은총을 주는 성체에 관하여 이렇게 가르쳤습니다.
속(俗)에 사는 사람들은 육감(肉感)에 따라
사물을 보게 된다는 것을 말한 것입니다.
많은 재산과 영토를 갖고 있고 주지육림(酒池肉林)에 빠져
미인과 맘껏 즐기고 더 이상 바랄 것이 없는 막강한 왕이
문둥병 딱지가 더덕더덕 붙어 있고 더러운 냄새를 풍기고 눈이 멀고 다리를 저는,
세상 사람들로부터 버림을 받은 사람을 데리고 와서 함께 어울려 지내면서
모든 것을 그에게 주어 자신의 몸과 지체가 불행하게 되었다면
이는 놀라운 사랑의 행동이 아닙니까?
그러나 성체를 통하여 당신의 몸을 내어주신
하느님의 사랑은 수천 배나 더 큽니다.
하느님께서는 우리가 성체의 열매를 먹기를 바라십니다.
우리 모두 사랑하는 주님께서 은총으로 우리를 치유해주시기를 간청합시다.
아멘.

〈그리스도의 성체 성혈 대축일 세 번째 강론〉

63 성체성사의 열매

“내 살은 참된 양식이고 내 피는 참된 음료다.”(요한 6, 55)

아무도 성체를 받을 자격이 없지만
어제 나는 성체의 위력과 가치와 성체를 받기 위한 준비에 대하여 말했습니다.
“우리 구세주 예수 그리스도께서 이 세상에 가져오신 모든 은총을
당신의 거룩한 몸과 피를 통해서 모든 사람에게 전달하셨습니다.
그리고 당신의 죽음과 부활과 승천의 열매와 함께
당신의 거룩한 몸과 피와 영(靈)과 신성(神性)을 주시어
우리를 영광스럽게 해주시고 복되게 해주셨습니다.”는
내가 인용한 토마스 성인의 말은
우리에게 과분하기는 하지만 도움이 됩니다.
이 하느님의 선물인 성체 안에 모든 은총이 있습니다.
여러분이 성체를 받으면서 여러분의 힘으로 이룩한 것은
성체의 은총에 비하면 아무것도 아니라는 것을 깊이 생각하도록 하십시오.
다른 봉헌도 거룩하지만 이 성체는 바로 거룩함 자체입니다.
따라서 주님께서 아우구스티노 성인에게
“나는 충분히 숙성된 음식이다. 그대를 깨끗하게 하고 나를 먹어라.
그대는 나를 변화시켜 그대와 같이 만들 수는 없지만
그대는 나처럼 변화될 것이다.” 하고 가르쳐주셨듯이
깨달은 사람은 하느님처럼 변하게 됩니다.

여러분이 수행하는 목적은 무엇입니까?

자신의 부족함을 극복하기 위한 것입니까, 은총을 얻기 위한 것입니까,
덕을 쌓기 위한 것입니까, 위로를 받기 위한 것입니까, 사랑받기 위한 것입니까?
여러분이 제대로 수행하고 있다면 모두 성취할 수 있을 것입니다.
우리가 백 년을 살면서 매일 백 개의 대죄를 짓더라도,
하느님께서 진심으로 참회하게 만드신다면,
그리하여 준비를 단단히 하여 성체를 받으러 간다면,
우리 주님께서 눈 깜짝할 사이에 성체의 거룩한 선물을 주시어
우리의 모든 죄를 용서하시는 일은
당신의 손에서 먼지를 불어버리시는 것만큼 쉬운 일일 것입니다. 그렇습니다. 이렇게
회개하게 되면 죄로 인한 모든 벌과 괴로움이
순식간에 사라지고 틀림없이 거룩한 사람이 됩니다.

쾰른 시(市)에서는 거룩한 성체를 자주 받는 좋은 관습이 있지만
제대로 준비도 하지 않은 채 영성체하고 있습니다.
어떤 사람들은 유다처럼 대죄를 짓고 있으면서도 성체성사를 받고 있으므로 영성을
얻지도 못하고 행복하지도 않습니다.
또 어떤 사람들은 주님의 수난과 부활을 생각하면서 영성체하지만
위로나 은총을 받지 못하는데 영성체할 준비를 제대로 하지도 않고
많은 소죄(小罪)들을 지은 채로 영성체하고 있기 때문입니다.
세 번째 부류의 사람들은 자신의 영혼을 거룩하게 하여
많은 은총을 받기 위하여 성체를 받습니다.
네 번째 부류의 사람들은 착하고 순수하지만
성체를 받는 사람들보다 더 성체를 받기를 바라면서도
성체성사는 하지 않고 생각으로만 성체를 받습니다.
착한 사람이어서 어디에 있더라도 아프거나 건강하더라도
하루에도 수백 번 성체를 받을 생각을 하지만 하루에 한 번만 영성체합니다.
이렇게 간절히 바라면서 영성체하게 되면 하느님의 은총을 듬뿍 받게 됩니다.
이와 같이 하여 성체를 받는 사람은
대죄를 짓지 않고 영원한 생명을 갖고 살게 됩니다.
그러나 진심으로 영성체할 생각을 하지 않고
영성체하는 것을 겉으로 보이기만 하려는 사람은

믿음이 약하여 작은 죄를 많이 짓게 되며
아무 은총도 받지 못하게 됩니다.
그리하여 이 모든 것들이 장애가 되어
냉담하게 되면서 은총을 전혀 받지 못하게 됩니다.

그런데 우리 주변에서 얼마든지 볼 수 있는,
땅에서나 하늘나라에서 은총을 듬뿍 받게 하는
영성체를 하지 못하는 비참한 사람들은
무엇 때문에 영성체하지 못할까요?
매일 많은 소죄(小罪)를 짓고 있기 때문이라는 것을 알아야 합니다.
이 때문에 사랑이 식게 되고 애정이 사라지고 신앙심이 약해지게 되고
성령의 위로를 발로 차게 되고 하느님을 외면하게 됩니다.
작은 죄를 지어도 하느님께서 은총을 주시지만
그 은총을 제 발로 차버린 것입니다.
그리하여 결국엔 대죄를 지을 위험에 처하게 됩니다.
소죄에도 두 종류가 있습니다.

한 종류의 소죄는 완고하여 하느님께만 매달리지 않고
계속하여 세상 것들에 대한 집착을 버리지 못하는 것입니다.
자기 자신을 위하여 세상 것들을 좋아하여
세상 것들을 소유하고 즐기는 데 만족하며
성체의 효력을 가로막는 것입니다.
형제자매 여러분, 하느님을 멀리하고
세상 것들 안에서 즐거움을 찾는 것은 소죄입니다.
이러한 작은 죄들도 모두 합치게 되면 커지게 되므로
제대로 회개하지도 않고 죽으면
연옥 불에서 십 년 이상 속죄해도
아무 소용이 없게 된다는 것을 알아야 합니다.
이는 자기 자신을 위하여 세상 것들을 좋아하게 되면
자신의 영혼에서 하느님의 자리를 빼앗게 되므로
지고하신 하느님께서 자신의 영혼 안에서

역사하시지 못하게 된다는 것을 의미하기 때문입니다.
따라서 자신의 내면생활을 예의주시하여 육적인 쾌락을 찾고 있다는 것을 알고
자기만족을 위하여 세상 것들을 소유하고
즐기려고 하고 있다는 것을 간파해야 합니다.

형제자매 여러분, 우리도 마찬가지로
이렇게 죄를 짓고 있으니 얼마나 슬픈 일입니까?
우리는 수단과 방법을 가리지 않고
재물을 끌어 모으려는 사람들을 얼마나 자주 만나고 있습니까?
그들은 만족하는 법이 없어 더 많은 것만 가지려고 합니다.
그들이 큰 집을 지으면 어리석게도 칭찬하면서 진귀한 선물을 주면서,
은(銀) 식기(食器)를 모으고 장신구를 마련하는 등의
세상 사는 재미에 대하여 말하고, 호화스러운 잔치를 즐깁니다.
그들의 궁극적인 목적은 쾌락이며 소죄를 짓는 것이 습관처럼 되었습니다.
그들은 자신이 좋아하는 것을 갖지 못한 것을 가장 괴로워합니다.
그들은 하느님을 찾지도 않고 하느님에 대하여 생각하지도 않고
물론 하느님을 만나지도 못한 채로, 동료들과 어울려 다니면서
오락을 즐기고 온갖 바보 같은 짓들만 합니다.
형제자매 여러분, 그들과 가까이 지내는 것이
대죄가 아니고 무엇이며 참으로 통탄할 일이 아닙니까?
그들은 아무 생각도 하지 않고 쾌락에 깊숙이 빠져들고 있습니다.

사랑하는 형제자매 여러분, 소죄는 우리 주 예수 그리스도의
몸과 피를 받지 못하게 만드는 가장 전형적인 장애물입니다.
그러나 이러한 사람 중에는 제멋대로 수도 생활을 하면서
제대로 성체성사를 봉헌하지 않는 사람들이 있습니다.
성체를 받으면서도 하느님의 현존을 느끼지 못하고
하느님의 위로도 받지 못하기 때문입니다.
그러면서 세상 것들을 좋아하며 세상 것들로 위로를 받으려고 하며
영성을 겉으로만 보이려고 하면서 오십 년 중에 사십 년을 보내는 수가 많습니다.
그들은 자신의 꼬락서니도 모르고

자신이 구원을 받을 수 있는가에 대해서만 묻습니다.
왜냐하면 세상 것들에만 목적이 있기 때문입니다.
그리고는 "그렇게 하지 말아야 하는데도 그렇게 했습니다."
또는 "그렇게 해도 나에게는 해롭지 않습니다."
또는 "그것은 죄가 아닙니다." 하고 말하면서 자기 합리화만 합니다.
그들은 양심의 가책을 느끼지 못할 정도로 나쁜 짓들을 많이 하여
스스로 은총을 받지 못하게 만듭니다.
이렇게 씻지 못할 죄를 지음으로써
자신의 영혼 안에서 하느님께서 역사하시지 못하게 벽을 높이 쌓습니다.
그러나 그러한 것을 전혀 눈치 채지 못합니다.
이러한 영혼들은 세상 것들만 좋아하기 때문에
하느님을 영혼에서 쫓아내고 있을 뿐입니다.

이제 의도적으로 소죄를 짓는 두 번째 부류의 사람들을 생각해봅시다.
이들은 의지가 약해서 소죄를 많이 짓습니다.
결코 세상 것들의 노예가 되지 않으며,
친구들을 좋아하거나 재물을 좋아하는 것도
하느님의 뜻이 아니면 하지 않으려고 하면서도
의지가 약하기 때문에 죄를 짓고 마는 사람들입니다.
자신의 의지가 약하다는 것을 모르고 있기 때문입니다.
그리하여 화를 참지 못하고 교만하게 되고
게으르게 되고 경솔한 말을 많이 하게 됩니다.
지나치게 말을 많이 하고 지나치게 떠들고
지나치게 식탐을 하고 지나치게 세상일에 관심을 갖고 있어도
그 원인을 애써 알려고도 하지 않습니다.
그러나 아프기 때문이나 건망증 때문에 이러한 소죄들을 지었다면
의도적으로 이러한 죄들을 지은 것보다는 나쁘지는 않습니다.

그러나 이러한 잘못들을 영성체한 날이나 그 전날에 범했다면
더 죄가 커서 하느님과 하나가 되지 못할뿐더러 분심(分心)이 생기게 되고 믿음이
약해지게 되고 성체의 빛을 받지도 못하게 되고

성체의 달콤함도 맛보지 못하게 됩니다.
아무 생각도 없이 잘못을 어제 범했으면서도
마치 오늘 우연히 나에게서 성체를 받는 것처럼 하여
나에게 상처를 주지 말기를 간절히 바랍니다.
왜냐하면 내가 교회법을 어기게 되어
무척 슬퍼하면서 괴로워하게 되기 때문입니다.
영성체하는 날 세상 것들에 마음이 팔려 분심을 일으킨 나머지
경솔하게 지껄이고 험담을 해대는 것과는
다르긴 하지만 이는 무척 큰 죄가 됩니다.
그러나 이러한 경우에도 성체성사를 거르면 안 됩니다.
왜냐하면 영성체하지 않는 것도 죄이며
의지가 약했던 것을 후회하게 되기 때문입니다.

본능에 따라 너무 잠을 많이 자고
지나치게 많이 먹는 것도 영성체의 준비에 장애가 됩니다.
자신의 영혼에게 지나치지 않은가 하고
물어보지도 않고 게걸스럽게 먹어대면 안 됩니다.
형제자매 여러분, 영성체하고 오로지 하느님 안으로 들어가기만 할 욕심으로
집착을 버리거나 은총을 바라는 것도 하느님의 역사에 방해가 됩니다.

그러나 자기(自己)를 버려 정직하게 된 사람은
자신의 뜻과는 반대로 졸리게 되면 조금 쉬는 것이 좋다는 뜻이므로
억지로 잠을 자지 않으려고 하지 않아도 됩니다.

그리고 또 영성적인 사람들을 괴롭히지만 알아차리지 못하는 장애도 있는데
영적(靈的)인 이기심으로, 자기만의 위로만 찾으면서도
자신이 믿음이 깊다고 생각하는 것입니다.
이 중 어떤 사람들은 이런 느낌이 오지 않으면 영성체를 하지 않으려고 합니다.
이들은 무의식적으로 하느님이 아닌 것을 찾고 있는 것입니다.
그러나 하느님께서는 이런 사람들에게 외적인 고통의 벌을 주시어
강제로 끌어당기시는데 너무나 강력하여

마치 하느님께서 큰 망치로 때리시는 것처럼 느끼게 됩니다.
그렇지 않으면 지옥의 고통처럼
내적으로 극심한 고통을 주시어 치유해주시기도 합니다.
그러나 이런 고통을 받지 않게 되면
다음에 연옥에서 무서운 고통을 받게 됩니다.
이들은 죽을 때까지 제대로 영성체할 준비를 못 할 때가 많습니다.

또 어떤 사람들은 착하기만 하여 영성체를 두려워하기만 합니다.
이런 사람들은 자신 안에서 참사랑의 불을 느끼지 못하거나
하느님의 역사를 느끼지 못하면 이유를 설명해도 모르므로
영성체를 자제해야 합니다. 그런데도 계속 영성체하게 되면 발전이 없게 됩니다.

그러나 모든 죄를 씻어버리고 동기가 전혀 불순하지 않으며
하느님의 자비에만 의존하는 사람들은
거룩한 성체성사의 복된 열매를 가장 잘 받아먹을 수 있습니다.
이러한 사람들은 하느님께서 모든 것을 주시고 모든 것을 뺏어 가셔도
풍족하거나 부족하거나 관계없이 변함없이 하느님을 믿습니다.
이들은 내면생활이나 외면생활에서 영성체에 방해가 되는 것을 발견하면
즉시 치워버리게 되므로 전혀 걱정하지 않습니다.
이들은 모든 일에서 하느님의 뜻을 알아차리고
하느님께만 의존하고 하느님의 선물에는 전혀 관심이 없습니다.
이들은 모든 것을 하느님으로부터 받고 다시 되돌려드립니다.
이들의 영혼에 거룩한 빛이 넘쳐흘러
완덕에 이르는 첩경을 일깨워주시는 것처럼
놀랍게도 성체가 이들 안에서 역사하시기 때문입니다.
그리하여 가장 진심으로 영성체하기를 바라게 되는데
가장 낮은 거룩한 성가대에 가게 되어 있었지만 가지 않았다면,
즉 영성체 후 계속하여 이런 삶을 살지 않았더라면
두 번째 성가대나 세 번째 성가대나 네 번째 성가대에 가려고 했을지도 모릅니다.
아니 이렇게 철저히 준비하여 자주 영성체함으로써 치품천사나
모든 천사의 성가대를 능가하는

가장 높은 성가대에 들어가게 되었을지도 모릅니다.
그러나 이런 것에 대해서는 전혀 생각하지도 않고 바라지도 않고
오로지 하느님의 거룩한 뜻만 이루어지기만 바라며
더욱더 영광스럽게 되기만을 바랍니다.

진정으로 자기(自己)를 죽인 사람 안에
성체가 이렇게 기적을 일으키는 것은
천사들도 이해하지 못하는데, 내면생활을 통하여 천사들 위에 올려져서 하느님께로 이끌려 하느님과 하나가 되었기 때문입니다.
그런데 이런 사람에게 영성체를 하지 못할 일이 생기면 겸손하게 체념합니다. 이런 사람은 미사에 참례하든 하지 않든 매일 영성체하는 생각을 합니다.
형제자매 여러분, 우리가 진심으로 하느님처럼 되려고 하는데
하느님께서 우리 안에서 어찌 역사하시지 않겠습니까?
하느님께서 역사하시어 우리는 성체 안에서 좋은 것들만 보게 되며
우리 영혼 안에 하늘나라가 만들어지게 될 것입니다.
그러나 슬프게도 우리는 제 몫을 다하지 못하고 있습니다.
잡생각이 떠나지 않기 때문입니다.
우리는 강론을 듣고 교훈을 얻어도 곧 잊어버리고는
오늘은 이 사제로부터 강론을 듣고
내일은 다른 사제로부터 강론을 듣는 식으로 돌아다니면서
마치 어리석은 여인들처럼 마음의 안정을 찾지 못하고
오늘은 기뻐하고 내일은 슬퍼합니다.

내가 어떤 나라에 간 적이 있는데 거기서는 사람들이 너무나 남자답게 하느님께로 돌아가서 열심히 변함없이 하느님을 믿고 있었기 때문에
여기 쾰른 시에서 십 년 있는 것보다도
일 년 만에 하느님의 말씀이 더 많은 열매를 맺는 것을 보았습니다.
이런 사람들 안에서 우리는 거룩한 성체의 기적을 보게 됩니다.
그러나 어떤 나라들에서는 여성적인 나약한 성격만 키우고 있었기 때문에
그들을 위하여 무슨 일을 하더라도 아무 소용이 없었습니다.
여러분에 대해서 그런 말을 하면 기분이 좋지 않을 것입니다.

그러나 형제자매 여러분 우리는 남자답게 되어야 합니다.
우리는 세상 것들을 과감하게 버리고 하느님께로 가야 합니다.
우리는 살아 있는 동안 세상 것들이 아니라 하느님만 생각해야 합니다.
우리는 자기(自己) 안이 아니라 세상 것들 안이 아니라
하느님 안에서 살아야 합니다.
우리가 하느님의 거룩한 은총인 성체를 받지 못하게 되면 얼마나 슬프겠습니까?
생각만 해도 가슴이 찢어질 것만 같습니다.
거룩한 성체에 대해서 말하면 기쁘게 듣는 사람이 있는가 하면
이러한 사람을 욕하는 사람도 있다는 것을 아십시오.
형제자매 여러분, 그런 사람은 경건한 체만 하므로 가까이 가지 마십시오.
여러분의 뜻을 버리고 하느님의 뜻을 기다리십시오.
하느님의 뜻을 알게 되면 진심으로 따르십시오.

여러분이 하느님의 뜻을 알려면 내가 좋은 충고를 해드리겠습니다.
해야 할 것인지 하지 말아야 할 것인지 망설여지게 되면
자신 안으로 들어가 진지하게 생각해 보십시오.
가장 안전한 길은 가장 본능에 반대되는 것을
선택하는 것이라는 것을 명심하십시오.
본능이 가장 좋아하는 것은 가장 불안전한 것입니다.
여러분이 본능 안에서 쾌락을 찾으며 살수록
하느님 안에서 살 수 없게 되고 하느님 뜻에 따라 살지 못하게 됩니다.
본능을 죽일수록 하느님을 더 생각하게 됩니다.
성령 안에 살수록 본능 안에 살지 않게 됩니다.

나는 성체성사에 대해서도 그렇게 말하고 싶습니다.
성체성사의 가치나 거룩함에 대하여 말을 아낄수록
하느님께 영광이 되고 기쁘게 되고 새로운 사람이 되고
회개하게 되고 연옥(煉獄)에서 해방되게 됩니다.

하느님의 한 친구가 환상을 보았다고 말했습니다.
그에게 불타는 불꽃을 입고 나타난 사람이 그에게 말했습니다.

"나는 아무 준비도 없이
우리 주 예수 그리스도의 거룩한 성체를 받아먹은 벌로
이 참을 수 없는 고통과 이루 말할 수 없는 번뇌를 겪고 있습니다."
그런 다음 이어서 말했습니다.
"그대가 나를 위하여 한 번만 우리 주님의 몸과 피를
받아 먹고 마시면 나에게 도움이 될 것이오."
이 착한 사람이 그렇게 하자 다음 날 그 사람이
태양처럼 빛을 내면서 그에게 나타났습니다.
참을 수 없는 고통에서 벗어나 영원한 행복을
누리게 되었음을 말하는 것이었습니다.
하느님, 저희도 거룩한 성체를 받고
성체의 은총으로 살도록 해주소서. 아멘.

〈그리스도의 성체 성혈 대축일 네 번째 강론〉

64 하늘나라를 미리 맛보는 사람들

"어떤 사람이 큰 잔치를 베풀고 많은 사람을 초대하였다.
그리고 잔치 시간이 되자 종을 보내어 초대받은 이들에게,
'이제 준비가 되었으니 오십시오.' 하고 전하게 하였다.
그런데 그들은 모두 하나같이 양해를 구하기 시작하였다.
첫째 사람은 '내가 밭을 샀는데 나가서 그것을 보아야 하오.
부디 양해해 주시오.' 하고 그에게 말하였다.
다른 사람은 '내가 겨릿소 다섯 쌍을 샀는데
그것들을 부려 보려고 가는 길이오. 부디 양해해 주시오.' 하였다.
또 다른 사람은 '나는 방금 장가를 들었소. 그러니 갈 수가 없다오.' 하였다.
종이 돌아와 주인에게 그대로 알렸다.
그러자 집주인이 노하여 종에게 일렀다.
'어서 고을의 한길과 골목으로 나가 가난한 이들과 장애인들과
눈먼 이들과 다리를 저는 이들을 이리로 데려오너라.'
얼마 뒤에 종이 '주인님, 분부하신 대로 하였습니다만
아직도 자리가 남았습니다.' 하자, 주인이 다시 종에게 일렀다.
'큰길과 울타리 쪽으로 나가 어떻게 해서라도 사람들을 들어오게 하여,
내 집이 가득 차게 하여라.' 내가 너희에게 말한다.
처음에 초대를 받았던 그 사람들 가운데에서는
아무도 내 잔치 음식을 맛보지 못할 것이다."(루카 14, 16-24)

그레고리오 성인(St. Gregory)은 우리 모두가 초대받은 이 잔치는
우리 내면 가장 깊은 곳에 있는 '참 나'

즉 하늘나라가 있는 '우리 영혼 가장 깊은 곳'으로 이해할 수 있다고 말했습니다.
그리고 거기에서 하느님께서 머무시면서
역사하시는 것을 알고 사랑을 알게 된다고 말했습니다.
다른 의미로는 이 잔치는 거룩한 성체를 뜻합니다.
그리고 우리 영혼의 잔치인 영원한 행복을 의미하기도 합니다.
그러나 온 세상이 우리에게 마련해주는 영혼이나 몸의 잔치는
우리 영혼의 참된 잔치인 하늘나라의 잔치와 비교하면
영원한 생명의 빵 한 조각만 차려진 잔치에 지나지 않습니다.

마지막으로 이름이 불리는 이 영광스러운 잔치에 가려고 하는 사람은
반드시 다른 두 잔치를 생각해보아야 합니다.
왜냐하면 영성 작가들은 '**하늘나라의 영원한 생명의 잔치에 초대 받으려면
먼저 이 땅에서 하늘나라의 맛을 보아야 한다**'고 가르쳤기 때문입니다.
그러나 사람마다 맛보려는 것이 다르므로
저 마다 다른 것을 추구하게 됩니다.
그리고 하느님께서는 어떤 착한 사람들에게는
평생 전혀 영원한 기쁨을 주실 생각이 없으시므로
죽을 때까지 하늘나라의 맛을 조금도 맛보지 못하게 하십니다.
그러나 이들은 영원한 생명의 맛을 듬뿍 맛본 사람들보다
수천 배 더 고귀한 사람일 수도 있습니다.
이들 자신에게는 아무 이익도 없는 초자연적인 능력을 보여줄 수 있지만
이런 초능력을 갖지 못한 사람도
하늘나라의 잔치에서 더 하느님 가까이 갈 수도 있습니다.
**하느님께서는 사랑의 정도에 따라 선물을 주시고
그 사랑에게 가장 좋은 것을 주십니다.
그러나 내면생활에서 이 달콤한 맛을 보려는 사람은
하느님이 아닌 것은 아무것도 생각하지 말아야 합니다.**

**두 번째 잔치는 말로 설명할 수 없는
은총과 기쁨을 가져다주는 거룩한 성체의 잔치입니다.**
성체의 잔치는 우리가 매일 즐길 수 있기 때문에 더욱더 감사해야 합니다.

그런데 성 금요일에 우리 주님께서 모든 사람을 위하여
온 세상 사람들을 위하여, 원했다면 수많은 죄인을 위하여,
잔치를 이미 벌여주셨는데, 왜 우리는 주님의 죽음을 생각하면서
성체를 받고 매일 새로운 사람이 되어야 하는가 하고 물을지도 모릅니다.
우리 구세주께서 인간의 부족함을 불쌍히 여기시고
일용할 양식이 필요하다는 것을 아시고
매일 당신의 죽음을 새롭게 하는
이 거룩한 성체성사를 생각해내셨기 때문입니다.
구세주께서는 인간의 죄와 빈곤 때문에 골고타에서 희생 제물로 바치신
당신의 몸과 피를 매일 우리에게 제공하시려고 하신 것입니다.
그래서 토마스 성인(St. Thomas)은 "구세주께서 돌아가심으로써
우리가 얻은 은총을 매일의 미사에서 모든 사람이 기념하고
당신의 몸과 피를 먹고 마실 수 있게 해주셨습니다." 하고
우리에게 가르쳐주신 것입니다.

이 거룩한 성체성사는 죄를 없애 줍니다.
죄를 죽게 하여 사람들이 더욱더 착하고
바르게 살도록 하기 위해 새로이 은총을 주셨기 때문입니다.
성체성사는 앞으로의 위험으로부터 우리를 보호해주고
항상 우리 앞에 놓여 있는 원수의 덫으로부터 우리를 보호해줍니다.
성체의 도움을 받지 못하면 내면이나 외면의 죄 때문에 쉽게 넘어지게 됩니다.
이뿐만 아니라 성체는 연옥(煉獄)과 같은 이 땅에 살고 있는
영혼들을 위하여 커다란 은총을 제공합니다.
아주 경건한 사제(司祭)들이 거룩한 미사에서 성체를 주지 않았다면
영혼은 영원히 연옥에서 고통을 받았을 것입니다.
그런데 이 거룩한 성체성사는 연옥에서 기적을 일으키는데
특히 연중(年中) 이 시기에 기적을 일으킵니다.
따라서 누구나 온 세상에서 봉헌되고 있는 미사 시마다
간절히 성체를 받아먹기를 바라야 하며,
특히 살아 있거나 죽은, 자신에게 소중한 사람들을 기억해야 합니다.
이와 같이 자신이 봉헌하고 있는 미사뿐만 아니라

온 세상에서 봉헌되고 있는 미사에도
하느님께서 현존해 계신다는 것을 느껴야 합니다.
그래서 나는 내면생활을 하는 사람에게는
매일 미사를 봉헌하라고 강력하게 권합니다.

그런데 많은 사람이 은총이 가득한 이 거룩한 성체를 받고도
새로운 사람이 되지 못하는 이유는 무엇일까요?
자신의 소죄들을 낱낱이 찾아내지는 않고
자신을 못마땅해 하기만 하기 때문입니다.
이러한 허물들은 성체(聖體)의 역사(役事)를 방해합니다.
누구나 자신의 삶을 면밀히 살펴보고 자신의 행동을 성찰하고
습관적으로 짓고 있는 소죄들을 찾아내어 중단해야 합니다.
특히 헛소리를 하지 말아야 합니다.
아무 생각 없이 한 말은 모두 헛소리입니다.
최선을 다해 아무 생각 없이 지껄이지 않도록 해야 합니다.

성체성사의 은총을 받지 못하도록 하는 또 하나의 장애는
매일 정기적으로 하는 신심 활동을 빼먹는 것입니다.
많은 사람이 신앙생활을 제대로 하지 않고 오락만 추구하면서
성체가 자신 안에서 역사할 수 있게 회개하고 기다리지 않고 있습니다.
그러나 성체가 열심인 사람의 영혼 안에서
2, 3일 후에야 역사할 때가 종종 있다는 것을 알아야 합니다.

성체가 역사하기를 바라는 사람은
갈망의 정도에 따라 성체를 맛볼 수 있게 되므로
천상양식을 받아먹기 전에 이집트의 땅에서
그리고 어둠의 땅에서 빠져나와야 합니다.
선택된 백성들이 이집트를 빠져나와 광야에서 이슬을 맞기 전까지는 만나(manna)
라는 천상양식이 제공되지 않았습니다.
그러나 이슬이 사라지자 자신들이
그토록 애타게 바라던 달콤한 만나를 맛보게 되었습니다.

우리도 간절히 바라면 천상양식을 맛보게 됩니다.

우리가 이집트 땅에서, 즉 세상 것들을 멀리 해야만,
성화(聖化)되어야만 천상양식을 먹을 수 있지만 그 전에는 먹지 못합니다.
본능의 양식과 세상 것들로 차려진 잔치를 즐기고 있는 동안
즉 나쁜 짓을 하고 나쁜 생각을 하고 있는 동안에는
천상양식을 먹을 수 없습니다.
왜냐하면 그러는 동안에는 우리의 내면에서
거룩한 성체의 자양분을 섭취할 수 없기 때문입니다.
내면적으로 성체의 열매를 맛보려는 사람은
세상 것들에 집착해서도 안 되고 아무리 작은 죄라도 지으면 안 됩니다.
자신이 완덕을 갖추고 영성체하는 것이 아니라
소죄들을 그대로 가진 채로 영성체하게 되기 때문입니다.
이들은 할 수 있었다면 수많은 금은보화로
치유하는 데 필요한 약을 사려고 할 만큼,
자신의 삶에 실망하여 병으로 기력이 떨어진 사람처럼 무기력하게 느낍니다.
그러나 현명한 그리스도인은 습관적으로 영성체하지 않고
필요하기 때문에 영성체하는데 신앙생활을 열심히 하기 위한 것입니다.
우리는 자신의 죄를 없애고 자신을 죽음에서 구하기 위해서만
세상 것들을 멀리하기 위해서만 영성체해야 합니다.
그러나 어떤 사람들은 영성체 후에 불에 물을 끼얹는 것처럼 행동하는데
헛된 것을 생각하고 바보처럼 외부 일에만 신경을 쓰기 때문입니다.
이러한 행동은 사랑이 식게 만들어 성체의 은총을 받지 못하게 합니다.
그리하여 자신의 영혼에 하느님께서 역사하시는 것을 기다리지 못합니다.

그러나 마음을 단단히 먹고 세상 것들에 대한 집착을 버리면,
마귀가 "어리석기는. 이제 두 번 다시는
갖지 못하게 될 것이야." 하고 말할 때가 많습니다.
그러면 이 어리석은 사람은 이스라엘 백성들이 했던 것처럼 합니다.
모세가 이스라엘 백성들을 이집트에서 꺼내올 때
그들은 뒤를 돌아보고 파라오의 군사들이 600대의 병거를 타고

쫓아오는 것을 보고 외쳤습니다.
"우리한테는 이집트인들을 섬기는 것이 광야에서 죽는 것보다 나으니, 이집트인들을 섬기게 우리를 그냥 놔두시오."(탈출 14, 12)
그들은 이렇게 믿음을 잃고 정신 나간 사람들처럼 행동했습니다.
그들은 적이 쫓아오는 소리를 듣고 수많은 전차(戰車)의 시끄러운 소리를 듣고 돌밭에 자빠져 뒹굴면서 다시 이집트로
돌아가고 싶어 하며 생각하기 시작했습니다.
'너무나 무모한 짓이야. 이집트로 다시 돌아가는 게 낫겠어.
즉 세상일에 바쁘고 세상 것들을 사랑하는 것이 더 낫겠어.'
많은 사람이 이와 같은 생각을 하면서 하느님을 믿지 않게 됩니다.
우리 주 예수 그리스도의 발 앞에 엎드려 주님께서 여러분을 위하여
아버지께 여러분이 믿음을 갖도록 해주시기를 청하시도록 하십시오.

우리는 이 **세 번째 잔치**를 통하여 많은 교훈을 얻게 될 것입니다.
하느님, 저희가 많은 교훈을 얻을 수 있도록 도와주소서. 아멘.

〈삼위일체 대축일 후 두 번째 주일 강론*〉

* 역자 주; 첫 번째 주일 강론은 남아 있지 않습니다

65 겸손과 사랑과 초탈의 세 주춧돌

"그러므로 하느님의 강한 손 아래에서 자신을 낮추십시오.
때가 되면 그분께서 여러분을 높이실 것입니다.
여러분의 모든 걱정을 그분께 내맡기십시오.
그분께서 여러분을 돌보고 계십니다.
정신을 차리고 깨어 있도록 하십시오.
여러분의 적대자 악마가 으르렁거리는 사자처럼
누구를 삼킬까 하고 찾아 돌아다닙니다.
여러분은 믿음을 굳건히 하여 악마에게 대항하십시오.
여러분도 알다시피, 온 세상에 퍼져 있는
여러분의 형제들도 같은 고난을 당하고 있습니다.
여러분이 잠시 고난을 겪고 나면, 모든 은총의 하느님께서,
곧 그리스도 예수님 안에서 당신의 영원한 영광에 참여하도록
여러분을 불러 주신 그분께서 몸소 여러분을 온전하게 하시고
굳세게 하시며 든든하게 하시고 굳건히 세워 주실 것입니다.
그분의 권능은 영원합니다. 아멘."(1베드 5, 6-11)

사랑하는 형제자매 여러분, 이는 베드로 성인의 편지로,
거룩한 교회가 여태까지 우리를 위하여 성체성사를 봉헌해 왔으므로
우리가 진심으로 영성체하게 되면
하느님과 하나가 될 수 있다는 것을 가르치고 있습니다.

베드로 성인이 "**하느님의 강한 손 아래에서 자신을 낮추십시오.**" 하고 말하며

우리가 신앙생활을 통하여 기본적으로 갖추어야 할
덕목들에 대하여 일깨워주고 있습니다.
기본적으로 가져야 할 세 덕목 중 하나라도 부족하면 신앙생활이 헛되게 됩니다.
첫 번째로 '**겸손해야 한다는 것**'입니다.
하느님의 눈으로 보면 겸손은 모든 구조물을 받쳐 주는 주춧돌로
이 겸손 위에 모든 덕을 쌓아야 합니다.
이 주춧돌 없이 쌓게 되면 무너져버리고 말기 때문입니다.
두 번째는 '**하느님과 이웃을 진심으로 사랑하는 것**'입니다.
세 번째는 '**세상 것들에 대한 집착을 모두 버리는 것**'입니다.
이 세 덕을 갖추어야만 완덕을 갖추고 하느님처럼 살 수 있게 됩니다.

사랑하는 형제자매 여러분, 하느님께서는
무엇보다도 우리에게 겸손이 필요하다는 것을 아시고
은총으로 우리 안에 아름다운 미덕인 '**겸손**'을 갖게 해주셨습니다.
하느님께서는 이 겸손 안에서만 우리에게 은총을 주시는데,
우리가 생각하는 것보다 더 본능에 가까울 정도로 겸손해야만
하느님께서 빛을 비추어 주시기 때문입니다.
그러나 우리는 교만 때문에 겸손하지 않을 때가 많습니다.
하지만 비뚤어진 본성을 갖고 있지 않으면 겸손함을 볼 수 있습니다.
우리가 본성 안에서 겸손을 몰아낼 수 없는 것은
자신의 내면을 보면 겸손할 수밖에 없게 만드는 '**두 원인**'이 있기 때문입니다.
누구나 태어날 때부터 여리기 짝이 없습니다.
누구나 자신에게 부족한 것이 너무 많고 가진 것도 없고
모든 것을 가지게 되어도 만족하지 못한다는 것을 압니다.
그리하여 누구나 태어날 때부터 자신이 부족하다는 것과
누구나 무(無)에서 탄생한다는 것과
모두 무(無)로 끝나게 된다는 것을 알게 되면
겸손하게 될 수밖에 없게 됩니다.
겸손하게 만드는 '**다른 원인**'은 누구나 자신의 내면에 갖고 있는 '**죄책감**'입니다.
누구나 자신의 영혼 깊은 곳에 '악(惡)'이 있다는 것을 압니다.
따라서 하느님께서 자비를 베푸시어 끊임없이 영혼을 보호하시지 않으면

언제든지 죄를 지을 수 있을 뿐만 아니라
심지어는 대죄까지도 짓게 되어 욕을 듣고
영원히 지옥에서 마귀들 사이에서 고통을 받게 됩니다.
사랑하는 형제자매 여러분, 이래도 겸손하지 않으려고 합니까?
이 때문에 우리는 거룩한 수행(修行)을 하려고 합니다.
자신의 내면과 외면을 보면 우리 안에는 선(善)이 없으며
선행(善行)을 할 뜻도 없다는 것을 알 수 있습니다.

'두 번째 덕'은 하느님과 같은 **'참사랑'**으로 하느님께서 우리가 태어날 때부터
본성에 심어주시어 누구나 사랑하게 만드셨습니다.
성 베다(St. Bede the Venerable, 673-735) 사제학자가
"영혼 없이 살 수 없는 것처럼 사랑 없이는 살 수 없습니다." 하고 말했듯이 **겸손은**
태어날 때부터 갖게 되는 것은 아니지만
누구나 무(無)에서 태어날지라도 사랑은 갖고 태어납니다.
따라서 비뚤어지지 않은 사람이라면
자신이나 세상 것들보다 하느님을 더 사랑해야 합니다.
그런데도 불구하고 고귀한 본성을 지키지 못하고
만물의 창조주이신 하느님께 등을 돌리고
세상 것들을 더 사랑하는 것은 무척 안타까운 일입니다.

'세 번째 덕'은 이성(理性)에 속하는 **'분별력'**입니다.
형제자매 여러분, 분별력이 없이 한 행동은 아무 쓸모도 없으며
하느님을 기쁘게 해드리지도 못한다는 것을 알아야 합니다.

따라서 베드로 성인은 이 편지에서
"정신을 차리고 깨어 있도록 하십시오.*" 하고 말했습니다.
이는 분별력을 갖고 정신을 차리고 깨어 있으면서
살고 말하고 일하고 먹고 자고 지켜보아야 한다는 것을 의미하므로

---

* 역자 주: 깨어 있다는 것은 의식화되어 자신의 꼬락서니를 알고 사리를 분별할 줄 알아 악인들의 꼬드김에 속아 넘어가지 않고 주체의식이 뚜렷한 것을 말합니다.

항상 정신을 차리고 깨어있으면서 행동해야 합니다.

사랑하는 형제자매 여러분, 다시 첫 번째 덕인 겸손으로 돌아갑시다.
"그러므로 하느님의 강한 손 아래에서 자신을 낮추십시오.
때가 되면 그분께서 여러분을 높이실 것입니다."
사랑하는 형제자매 여러분, 때가 되어도
하느님께서 우리가 겸손한 것을 보시지 못한다면
틀림없이 우리에게 좋지 않은 일이 생기게 됩니다.
왜냐하면 "**하느님께서는 교만한 자들을 대적하시고**
겸손한 이들에게는 은총을 베푸시기 때문입니다."(야고 4, 6)
따라서 우리가 겸손할수록 하느님께서 더 많은 은총을 주십니다.
하느님께서 우리가 교만한 것을 아시게 되면 우리를 짓밟아버리십니다.
그러나 우리가 자신을 낮추는 것을 보시면 틀림없이 우리를 높이 들어 올리십니다.
하느님의 강력한 손은 현명하고 선하므로 친절하게 그리고 사랑스럽게
"**여러분의 모든 걱정을 나에게 내맡기면**
내가 여러분을 돌볼 것이다." 하고 말합니다.
만약 우리가 겸손했다면 하느님께서 이렇게 사랑으로
우리를 돌보시기는 것이 당신의 유일한 기쁨이므로,
매일 우리의 영육(靈肉)을 돌보셨을 것입니다.
그리하여 하느님께서 사랑으로 심적(心的) 고통과 괴로움을 겪지 않게 해주시어
당신께 사랑을 되돌려드리려고 했을 것입니다.
그리고 신앙생활을 하면서도 끊임없이 당신의 섭리를 찬양하고
오로지 하느님만 그리워하고 마음이 거룩한 사랑으로 불타올랐을 것입니다.

사랑하는 형제자매 여러분, 베드로 성인이 말했습니다.
"여러분의 적대자 악마가 으르렁거리는 사자처럼
누구를 삼킬까 하고 찾아 돌아다닙니다.
여러분은 믿음을 굳건히 하여 악마에게 대항하십시오."
사자가 으르렁거려 숲속의 모든 동물이 놀라서
땅에 엎드리고 있으면 사자가 와서 갈기갈기 찢어놓습니다.
이와 같이 악마가 불쌍하고 약한 사람들에게 으르렁거리면서 오면

그들은 무력하게 넘어지게 되고 악마가 그들을 갈기갈기 찢어버립니다.
그러나 **베드로 성인은 우리에게 용감하게**
굳건한 믿음을 무기로 삼아 악마에게 대항하라고 했습니다.
우리는 적(敵)의 숫자가 월등하게 많다는 것을 알고
적으로 둘러싸인 마을을 지키는 경비병처럼 행동해야 합니다.
모든 성루(城樓)가 취약하므로 죽을 각오로
방어하지 않으면 마을과 사람들과 보물을 잃게 됩니다.
따라서 우리 모두 자신의 취약한 점을 주시해야 합니다.
왜냐하면 악마가 틀림없이 거기를 맹렬하게 공격할 것이기 때문입니다.
즉 악마가 가장 저지르기 쉬운 죄를 짓게 하여 공격할 것이기 때문입니다.

때로는 악마가 집요하게 유혹하여 불안하게 만들기도 합니다.
악마는 부족함과 죄 많음을 느끼게 만들어 마음을 무겁게 만들기 때문입니다.
그런 다음에 귀에 대고 으르렁거립니다.
"그대는 어리석은 나머지 평생을 괴로워하면서 속죄하는 데 보내지 않았어?" 아닙니다! 결코 그렇지 않습니다! 기쁘게 사십시오. 계속 쾌락을 즐기십시오.
전능하신 하느님께서 마지막 날에 속죄할 시간을 주실 것입니다.
젊고 강할 때 마음껏 세상 것들을 즐기십시오.
늙게 되면 경건하게 하느님을 섬기게 될 것입니다.
사랑하는 형제자매 여러분, 얼마나 황당한 충고입니까? 깨어 있으십시오. 대낮에는 깨어있도록 하십시오. 곧 영원한 어둠이 닥치게 됩니다.
그런 바보 같은 생각을 하고 살지 말고
하느님께서 인도하시는 길이 무엇인가를 현명하게 알도록 하십시오.
결코 뒤돌아보지 마십시오.
악마가 아니라 오로지 하느님께서만이 여러분을 다스리신다는 것을 아십시오.
왜냐하면 우리 주 예수 그리스도께서
"**하늘의 내 아버지께서 심지 않으신 초목은 모두 뽑힐 것이다.**"고
하셨기 때문입니다.(마태 15, 13)

사랑하는 형제자매 여러분, 이러한 유혹에 대하여 조심하십시오.
왜냐하면 악마가 여러분을 잡기 위하여 수많은 덫을 놓고 있기 때문입니다.

이렇게 유혹을 받게 되면
"오 하느님, 이렇게 괴로울 때는 고해사제에게 달려가고 싶습니다.
저는 어떻게 하면 저의 사랑하는 주님과
함께 있을 수 있는지 알고 싶습니다." 하고 말하게 됩니다.
형제자매 여러분, 나는 이러한 경우를 너무나 잘 알고 있으므로
여러분에게 자신 있게 말합니다. 여러분의 고해사제를 괴롭히지 마십시오. **용기를 잃지 마십시오. 나쁜 생각만 떠오른다고요?**
나쁜 생각들을 놓아버리고 마음을 편하게 가지십시오.
더 이상 나쁜 생각을 하지 말고 하느님만 생각하십시오.
자기 합리화를 하면서 유혹에 넘어가지 말고 그대로 내버려두십시오.
자기 합리화를 하려는 자신을 마음속으로 나무라십시오.
그러면 악마가 여러분을 괴롭히는 것보다 더 괴로울 것입니다.
이 모든 고통은 지나치게 불안하게 여기기 때문인데 악마가 절망을 안겨주면서
"그대가 무슨 짓을 해도 아무 소용이 없어.
그대는 영원히 버림을 받았어."하는 말로 끝낼지도 모릅니다.

이러한 경우에 우리가 해야 할 일은
'모든 걱정을 하느님께 맡기고' 하느님 안에서 쉬는 것입니다.
하느님의 자비를 굳게 믿고 영원한 하느님께로 돌아가십시오.
파선(破船)의 위험이 있을 때의 선원(船員)들처럼
하느님의 사랑과 은총이 있는 깊은 바닥까지 닻을 던지십시오.
우리 주 하느님만 굳게 믿으십시오.
몹시 괴로워하는 사람이라도 죽음이 가까이 왔을 때
하느님 안에 모든 소망의 닻을 내리고 죽으려고 한다면
그 사람은 진정으로 행복하고 거룩하게 선종(善終)하게 됩니다.

형제자매 여러분, 진정으로 하느님과 같은 사람은
다른 모든 덕과 함께 거룩한 소망을 갖고 살아야 한다는 것을 아십시오.
그러면 선종하게 될 때 많은 도움을 받게 됩니다.
그러나 죄 많은 삶을 살도록 만드는 사람을 믿거나
하느님을 거짓으로 믿으면서 그렇게 하면 안 됩니다.

왜냐하면 하느님을 믿는다는 핑계로 나쁜 짓을 하고 살면
성령(聖靈)을 모독하는 죄를 짓는 것이 되기 때문입니다.
하느님에 대한 믿음은 진정으로 겸손하고
사랑이 충만한 마음에서 나오기 때문입니다.
자신의 무력함을 뼈저리게 느껴야, 하느님을 진정으로 믿게 되고
하느님의 도움이 필요하다는 것을 알게 되고,
진정으로 기쁘게 하느님께로 돌아가기 때문이기도 합니다.
왜냐하면 모든 것을 하느님께 맡기는 사람은
하느님을 진심으로 사랑하고 믿기 때문입니다.
여러분에게 이미 많은 은총을 주신 하느님을 버리려고 합니까?
하느님께서는 여러분이 태어나기 전부터
여러분이 여러모로 부족하다는 것을 아셨습니다.
아무 죄도 없고 사랑이 충만한 우리 주 예수 그리스도께서는
여러분이 죄를 지으려고 한다는 것을 미리 아시고
모든 인간의 죄를 대신하여 돌아가신 것입니다.

따라서 사랑하는 형제자매 여러분,
어떤 경우에도 죄를 짓지 않으려고 해야 합니다.
나는 여러분에게 용감하게 유혹에 맞서지 못하고
머뭇거리면서 하느님을 위하여 죄로부터 돌아서지 못하는 사람을
악마가 대상으로 삼아 영원히 저주받게 만든다는 것을 말하고 싶습니다. 진정으로
마귀를 물리치고 싶습니까?
그러면 용감하게 죄를 버리고 마음속으로
"오 영원한 하느님, 제발 저를 도와주소서.
왜냐하면 저는 대죄를 짓지 않을 결심을
굳게 하지 못했기 때문이나이다." 하고 말해야 합니다.
이렇게 좋은 마음을 갖고 굳게 결심하게 되면
악마를 물리쳐 악마가 부끄럽게 도망치게 만들게 됩니다.

형제자매 여러분, 악마에게 휘둘려서 대죄를 짓고
하느님의 은총을 받지 못하는 것만큼

창피스러운 일은 없다는 것을 알아야 합니다.
이성(理性)을 가진 사람이 악마에게 자신을 맡기는 것은
잘 무장(武裝)된 병사가 한 마리의 파리를 보고 도망치는 것과 같습니다.
우리에게는 악마를 물리칠 수 있는
우리의 거룩한 믿음, 거룩한 성체성사, 하느님의 거룩한 말씀,
성인(聖人)들과 모든 착한 사람들의 본보기, 거룩한 교회의 기도 등의
마귀를 이길 수 있는 많은 강력한 무기(武器)가 있다는 것을 생각하십시오.
한 마리의 파리가 큰 곰을 이길 수 있지만
악마는 여러분의 이러한 무기들을 이길 수 없습니다.
용감하게 악마에게 맞서서 휘둘리지 않게 하십시오.
따라서 여러분의 죄에서 도망치지 말고 용감하게 맞서서 싸우십시오.
악마를 물리치지 않거나 진심으로 여러분의 죄를
회개하지 않고는 죽지 않겠다는 결심을 하십시오.
그렇게 하지 않으면 악마들의 조롱을 받고
영원히 괴로워하게 되기 때문입니다.
여러분의 죄 때문에 괴로워하는 것보다
악마를 따르는 것이 더 고통스럽기 때문입니다.

이뿐만 아니라 자신의 내면을 성찰하여
하느님만 생각하고 하느님의 영광만 생각하도록 해야 합니다.
왜냐하면 안타깝게도 많은 사람이
영원한 하느님을 속일 수 있다고 생각하면서
겉으로만 신앙생활을 열심히 하고 있는 것처럼 보이려고 하기 때문입니다.
절대로 그렇게 하면 안 됩니다.
그렇게 하면 결국은 자신을 속이는 것이 되며
소중한 은총의 시간을 잃어버리게 되기 때문입니다.
여러분은 하느님께 많은 죄를 지었기 때문에
하느님께서 악마로 하여금 여러분을 휘두르게 하여
신앙생활을 제대로 못 하게 만드시기 때문입니다.
사랑하는 형제자매 여러분, 대낮인데도 어둠이 여러분을 덮쳐
여러분에게서 하느님의 은총을 빼어가도록 내버려 두지 마십시오.

자신의 마음을 잘 살펴보고 그 안에 하느님만 계시도록 하고
무의식적으로나 의식적으로 하느님을 자신의 목적으로 삼으십시오.

이러한 사람들은 세상 것들을 추구하며 세상 것들이 그들의 목표입니다.
이들은 죄 때문에 슬프게 되고 마음이 혼란스럽게 되면
죄에서 도망쳐 다른 나라나 다른 도시로 가서
다시 나쁜 짓들을 계속하면서 영원한 죽음으로 빠져 듭니다.
그렇지 않으면 가난한 삶을 잘못 이해하고는 수도원으로 들어갑니다.
또 어떤 사람들은 세속을 피하여 봉쇄 수도원으로 들어가기도 합니다.

이러한 사람들은 불순한 동기로 수도원에 들어가는 수가 많습니다.
그러나 거기서 자신을 알게 되어
"사랑하는 주님, 저를 여기에 있게 해주셔서 감사하나이다.
저는 계속 여기에 머물면서 당신을 사랑하고 섬기겠나이다." 하고 말합니다.
이렇게 죽을 때까지 거룩한 상태를 유지하는 사람들은 복됩니다.
왜냐하면 틀림없이 구원을 받게 되기 때문입니다.
하느님의 눈으로 보면 거기서 순종하면서 사소한 일만 하더라도
제 뜻대로 하여 위대한 일을 한 사람보다
더 큰 상(賞)을 받게 될 것으로 보이게 됩니다.
나는 진실로 여러분에게 말합니다.
전능하신 하느님께 드리는 제물로는
진정으로 겸손하고 순종하는 마음보다 더 좋은 것은 없습니다.
순종하며 하느님의 뜻에 모든 것을 맡기게 되면
한순간에 겸손하게 되어 십 년 동안 열심히 수행한 것보다
더 빨리 하느님께로 가게 됩니다.
한 예를 보기로 합시다.
하느님의 은총을 넘치게 받아
하느님께서 항상 자신과 함께 사시면서
당신의 모습을 보여주신다고 생각하는 사람이
실제로 자비를 베풀고 하느님께 순종하라는 명령을 받았다고 합시다.
이러한 사람은 하느님께 겸손한 척하면서 말합니다.

"오 사랑하는 하느님, 저를 당신께서 계신 곳에서 나가게 해주신 다음
당신께서 계시지 않는 곳에서만 당신 뜻에 따라 순종하게 해주십시오.
그러면 하늘나라의 모든 천사에게 둘러싸여 영원한 삶에 들어가는 것보다
당신을 더 기쁘게 해드릴 것이나이다."
형제자매 여러분, 이 예는 자기 뜻대로 신앙생활을 하는 것으로
하느님의 뜻에 즉각 순응하지 않는 예입니다.
이러한 사람들은 공동체에서 얼마든지 찾아 볼 수 있습니다.
이들은 오로지 자기 자신을 위하여 봉헌하고 착한 일을 합니다.
이렇게 자기를 속이고 있는 사람들은 어쩔 수 없이 수도원에서 노동을 하게 되어도
이 핑계 저 핑계를 대면서 일하지 않습니다.
그러나 진정으로 순종하는 사람은 항상 순종하며
윗사람이 말하면 기쁘게 하던 일을 멈추는데
심지어는 기도나 묵상도 중단합니다.
만약 그의 마음 안에 하느님께서 계셨다면
윗사람의 명령에 고분고분하게 따랐을 것입니다.
그리하여 하느님과 하나가 되어 하느님의 은총을 듬뿍 받게 되었을 것입니다.
순종은 잠시만 순종하더라도 다른 어떤 덕보다
더 하느님을 기쁘게 해드리는 고귀한 덕입니다.
하느님의 외 아드님께서는 우리를 위하여 하느님 아버지께 순종하시어
신성(神性)을 버리시고 인성(人性)을 취하신 다음
거룩한 십자가를 지시고 마침내 잔인하고 괴로운 죽음을 맞으셨습니다.
따라서 하느님께서 우리의 영혼 안에서 역사하시려고 하면
우리는 머뭇거리거나 반발하지 말고 내적이든 외적이든
하느님의 일이든 인간의 일이든 무조건 순종해야 합니다.

그러나 이러한 가르침은 마지못해 순종하는 사람들에게는 못마땅합니다.
이들은 습관적으로 자기 뜻에 따라서만 행동하므로 덕을 쌓지 못하게 됩니다.
이들은 자기 뜻대로만 하려고 합니다. 나는 단언합니다.
그렇게 하면 하느님으로부터 멀어지게 되어 은총을 받지 못하게 되고
사랑도 받지 못하게 되는데 자기 뜻대로만 하려고 했기 때문입니다.

형제자매 여러분, 여러분이 신앙생활을 시작할 때는
겸손하게 거룩한 은총의 샘에 가서
하느님의 은총이 없으면 자신은 아무것도 아니라는 것을 느낄 때까지
자신의 영혼 깊은 곳으로 들어가
처음부터 끝까지 하느님을 찬양하고
하느님을 영광스럽게 하려고 애쓰십시오.
그렇게 조용히 내면생활을 하면서 엉뚱한 생각은 하지 말고
겸손하게 하느님의 뜻이 무엇인지 알고 하느님의 뜻에만 따르도록 하십시오.
이렇게 하는 것이 여러분의 혼란스러운 마음을 안정시키는 데
온 세상 사람들을 끌어들여 충고를 받는 것보다 더 낫습니다.
진정으로 겸손한 마음과 하느님과 같은 사랑을 갖고 깨어있으면
하느님께서 영혼 안에서 이루 말할 수 없는 큰일을 역사하시게 됩니다.

베드로 성인은 우리는 세상 사람들과 마찬가지로 고통을 겪게 된다고 말했습니다.
형제자매 여러분, 피할 생각을 하지 말고 기쁘게 고통을 받아들이십시오. **기쁘게 고통을 받아들이지 않으면 하느님의 뜻을 거스르는 것이 됩니다.**
그러나 많은 젊은 사람들이 생명을 무릅쓰고 세상 것들에서 쾌락을 찾고
자신의 몸만 애지중지하면서 나쁜 짓을 일삼고 있습니다.
이들은 돈만 주면 무슨 일이든 합니다. 여러분은 이들과는 다른 사람들입니다. 여러분이 기쁘게 하느님을 섬기고 하느님을 위하여 고통을 달게 받으면 하느님께서는 여러분에게 대가로
하늘나라와 영원한 생명과 함께 당신의 몸을 주십니다.
하느님께서 여러분을 위하여 온갖 수모와 가난과 고통을 받으셨으므로,
하느님의 선택된 친구들이여,
하느님을 위하여 고통을 참고 견디는 것이 얼마나 기쁜 일입니까?
모든 인간의 머리이신, 하느님의 외 아드님인
예수 그리스도께서 이렇게 고통을 받으셨으므로,
당신의 지체(肢體)인 우리가 항상 고통을
달게 받지 않았던 것을 부끄러워해야 합니다.
이 세상에 하느님의 영원한 아드님이신
예수 그리스도만큼 수모를 받은 사람이 있습니까?

주님께서는 하실 수 있는 한 우리를 위하여 고통을 받으시려고 했습니다. 주님께서는 매일 그리고 하루에도 자주
사람들의 비난을 받으시고 십자가에 매달리고 계십니다.
계속하여 거부되고 버림을 받으시고 계시면서도
우리가 대죄를 지을 때마다 당신의 상처를 다시 열어 보여주시고
아무 죄도 없이 소중한 피를 쏟고 계십니다.
더러운 죄인들이 육욕(肉慾)으로 가득 찬 자신의 더러운 영혼에
주님을 받아들이면서 영성체하여 지은 신성모독죄를 생각하십시오.
그렇게 신성모독을 했으므로
유다보다도 더 무서워서 벌벌 떨어야 마땅합니다.
왜냐하면 유다는 주님의 신성(神性)을 알지 못했지만
이러한 사람들은 예수 그리스도를 하느님으로 인정했기 때문입니다.
하느님의 참된 친구로서 이와 같은 신성모독죄로
괴로워하고 영육(靈肉)으로 슬퍼한다면,
골수까지 그리고 가장 깊은 곳에 있는 영혼까지 상처를 받게 될 것입니다.
만약 살아가면서 이런 수모를 당할 때 하느님을 버린다면
영원히 죽는 것이 더 나을 것입니다.

사랑하는 형제자매 여러분,
베드로 성인은 우리에게 바른길을 가르쳐주었습니다.
우리는 자신 안에 겸손의 주춧돌을 마련해야 합니다.
그리고 이 주춧돌 위에 하느님 사랑의 집을 짓고
분별심의 덕으로 찬양해야 합니다.
주님께서는 당신의 수난을 통하여 이 모든 미덕을 보여주셨습니다.
형제자매 여러분, 베드로 성인과 같은 겸손한 길을 가지 않고 지식을 통해서만 완덕을 갖추려는 사람들은 반드시 지옥에 떨어지게 된다는 것을 명심하십시오.
왜냐하면 산이 높을수록 골짜기가 깊게 마련이기 때문입니다.
하느님, 저희가 옳은 주춧돌에 의존하게 해주소서.
저희가 겸손과 사랑과 분별력의 세 덕을 갖고 정진(精進)하도록 해주소서. 아멘.

〈삼위일체 대축일 후 세 번째 주일 첫 번째 강론〉

66 네 등급의 죄인들

세리들과 죄인들이 모두 예수님의 말씀을 들으려고 가까이 모여들고 있었다.
그러자 바리사이들과 율법 학자들이,
"저 사람은 죄인들을 받아들이고
또 그들과 함께 음식을 먹는군." 하고 투덜거렸다.
예수님께서 그들에게 이 비유를 말씀하셨다.
"너희 가운데 어떤 사람이 양 백 마리를 가지고 있었는데
그 가운데에서 한 마리를 잃으면, 아흔아홉 마리를 광야에 놓아둔 채
잃은 양을 찾을 때까지 뒤쫓아 가지 않느냐?
그러다가 양을 찾으면 기뻐하며 어깨에 메고 집으로 가서
친구들과 이웃들을 불러, '나와 함께 기뻐해 주십시오.
잃었던 내 양을 찾았습니다.' 하고 말한다."(루카 15, 1-6)

사랑하는 형제자매 여러분, 요한 성인이 가르쳐주었듯이
우리는 죄인들이고 죄에 기울어지고 있습니다.
"만일 우리가 죄 없다고 말한다면,
우리는 자신을 속이는 것이고 우리 안에 진리가 없는 것입니다."(1요한 1, 8)

나는 '네 등급의 죄인들'이 있다고 말하고 싶습니다.
'첫 번째 등급의 죄인들'은 '수행(修行)이 덜 된 세속적인 사람들'로
천박하고 교만하게 살면서 하느님을 잊고 하느님을 두려워하지도 않고
거룩하게 될 생각도 하지 않고
다른 사람들로 하여금 죄를 짓게 만드는 사람들입니다.

그들은 매일 대죄(大罪)를 짓고 있으므로
하느님을 찾지도 않고 하느님을 사랑하지도 않을뿐더러
하느님에 대해서 듣고 배우려고도 하지 않습니다.
어쩌다가 미사에 참례하기도 하지만
미사가 너무나 길고 지루하기 때문에
언제든지 뛰쳐나갈 준비가 되어 있습니다.
하느님의 영광에 대해서는 관심도 없고
수행(修行)을 하여 덕을 쌓으려고도 하지 않습니다.
부활절에 영성체하며 우리 주님을 받아먹지만
겉으로 보여주기 위해서 일뿐
나쁜 길을 걷지 않기 위해서가 아니기 때문에
계속하여 죄를 짓게 됩니다.
이러한 사람들은 유다처럼 우리 주님을 받아들이는 것보다는
자신의 몸 안으로 수많은 마귀를 들여보내는 것이 더 낫습니다.
우리 주 예수 그리스도의 몸과 피에 죄를 짓고 있기 때문입니다.

사랑하는 형제자매 여러분, 우리는 이런 사람처럼 하게 되면
자신의 영혼이 시들어버리고 만다는 것을 잘 알고 있습니다.
만약 마지막 심판 날에 극심한 고통과 번뇌를
겪게 된다는 것을 안다면 그렇게 하지 않을 것입니다.
이들 중 어떤 사람들은 마지막 날에 극심한 고통을 겪고 절망하면서
하느님을 믿지도 못하고 영원히 길을 잃은 채로 죽습니다.
이러한 사람이 죽어가면서 괴로워하며 두려워서 소리를 지르면
친구들은 "미쳤다."고 말합니다.
그리고 어떤 사람들은 하느님의 자비로 하느님의 경고를 듣습니다.
이런 죄인들이 자신들이 영성체할 준비를 제대로 하지 않았을 뿐만 아니라 영성체
하지도 않고 하느님으로부터 경고를 받았다는 것을 알고
믿음이 깊은 고해사제에게 간다면 얼마나 좋겠습니까?
이 때문에 이렇게 완고한 죄인들에게는
용기를 북돋아 주는 스승이나 고해신부가 반드시 필요한 것입니다.

'두 번째 등급의 죄인들'도 큰 죄인들입니다.
그러나 이들은 경건한 모습을 잃지는 않습니다.
수행(修行)을 계속하고 착한 일을 많이 하고 좋은 본보기를 보여주기 때문입니다.
그러나 이들은 위선자들이고 바리사이 같은 마음을 갖고 있습니다.
이들은 자기 뜻대로 하고 이기적이며 교만하고
새로운 사람으로 바뀌지도 않고 걸핏하면 싸우려 듭니다.
이들은 몰래 나쁜 짓들을 많이 하는 큰 죄인들로
하느님을 좋아하지도 않고 사랑하지도 않고 오로지 자기밖에 모릅니다.
이들은 하느님의 적(敵)이므로 위험한 길을 걸을 수밖에 없습니다.
이들은 수행을 통하여 하느님께 가까이 가고 있다고
생각하고 있지만 오히려 더 멀어지고 있을 뿐입니다.
이들은 선행(善行)을 하기는 하지만
겉으로만 겸손하게 보이고 권위를 갖기 위해서 입니다.
그러나 이러한 사람들은 이기심으로 가득 차
자신을 망치고 있으며 모든 일을 교만 때문에 합니다.
이들은 자기 합리화만 하기 때문에 무슨 짓을 할지 모릅니다.
그뿐만 아니라 다른 사람들을 함부로 판단하므로
주님께서 바리사이들을 비난하셨듯이 이들을 비난하십니다.
이들은 영적(靈的)으로 교만하여 자기밖에 모르므로
자신처럼 행동하지 않으면 참지 못합니다.
이는 하느님께서 죄를 지은 천사들을 그냥 보아 넘기지 않으시고,
어둠의 사슬로 지옥에 가두시어 심판을 받을 때까지 갇혀 있게 하셨던 죄입니다.
자기(自己)를 영원히 죽이려면 이렇게 하지 말고
아무도 판단하지 말고 자신을 판단하십시오.
평소에 나쁜 것을 보더라도 가능한 한 너그럽게 보아 넘기십시오.
착한 목자는 길 잃은 한 마리의 양을 찾기 위하여
아흔아홉 마리의 양을 내버려 두었습니다.
우리는 여태까지 비뚤어진 사람들에 대하여 생각해왔는데
복음에서 주님께서는 이들에 대하여
"내가 진실로 너희에게 말한다.
나는 너희를 알지 못한다."고 하셨습니다.(마태 25, 12)

'세 번째 등급의 죄인들'은 **'냉정하고 게으른 죄인들'**입니다.
하느님께서 거룩한 교회법에 따라 대죄를 짓지 않게
이들에게 거룩한 세례를 주셨지만 이 은총을 거부했습니다.
이들에게는 하느님이나 거룩한 일에 대한 열의가 없습니다.
이들은 동료 그리스도인들과 함께 성가(聖歌)를 부르고
기도를 하지만 책장을 넘기듯이 무심코 합니다.
그리하여 구원을 받지도 못하고 은총을 받지도 못하고
오로지 세상 것들만 좋아하며 세상 것들 안에서 즐거움을 찾습니다.
이들은 습관적으로 세상 것들에서만 즐거움을 찾기 위하여
모든 열성을 바치며 말을 하고 행동하고 옷을 입고 글을 씁니다.
아무도 이들의 행동을 가로 막지 못하며 한가하게 잡담만 합니다.
그러나 의도적으로 대죄만큼은 지으려고는 하지 않았다고 주장합니다.
하느님께서는 이들이 당신을 두려워하고 있다는 것을 잘 알고 계십니다.
이들은 소화를 시키지 못하거나 맛도 모르고 먹어
뱃속에서 더러운 냄새를 풍기는 사람들과도 같습니다.
이들은 이 더러운 냄새보다 더 더러운 행동을 일삼으며
마치 임신한 여인들이 건강에 좋지 않은 음식만 먹으려고 하는 것과 같습니다.
이들은 세상 것들만 먹기 버릇하여 천상양식의 맛을 모릅니다.

영적(靈的)인 스승들은 말합니다.
**"날것만 먹던 사람은 잘 익은 음식을 찾게 마련입니다.
처음에는 아무것이나 먹다가 그다음엔 짐승들이 먹는 것을 먹고
마침내 인간이 먹는 것을 먹습니다."**
이는 천상의 것들을 찾는 사람들은
하느님 아버지의 영원한 말씀인 주님만 찾아
주님을 만나지 못하면 쉬지 못하는 것과 같습니다.
모든 영혼은 영혼 안에 열망, 즉 목마름을 갖고 있는데
무소불위(無所不爲)이신 하느님께서 영혼에
'당신의 몸과 피'를 주시지 않으면 이 목마름을 해소할 수가 없습니다.
**하느님께서 영혼에 하늘과 땅에 있는
모든 것을 주시더라도 목마름을 해소할 수가 없으며**

'당신의 몸과 피'를 주셔야만 목마름을 해소할 수가 있습니다.
하느님에 대한 목마름은 본래부터 영혼에 심어져 있었습니다.
완고한 사람들에게는 자신의 영혼 안에
이 하느님에 대한 목마름이 없는 것입니다.
그래서 마치 바람을 먹고 사는 것처럼 세상 것들로만 배를 채웁니다.
세상 것들만 먹었기 때문에 천상양식의 맛을 몰라 영원히 죽어 있기 때문입니다.
사랑하는 형제자매 여러분, 이러한 사람들이 종말을 맞이하게 되면
어떻게 할 것이라고 생각합니까?
이러한 사람들은 종말에 이르러서야
자신의 고귀한 본성을 거슬러 자신에게 상처를 입히고
자신에게 주어진 소중한 은총을 거부했다는 것을 깨닫기 시작합니다.
아 형제자매 여러분, 이들이 마지막 심판 날에 괴로워하는 모습은
너무나 비참하여 말로 표현할 수가 없습니다.

형제자매 여러분, 여러분은 우리 모두 하느님으로부터
본성과 은총과 섭리의 내적 외적인 모든 선물을 받았다는 것을 알고 있습니다.
그리고 우리가 하느님으로부터 받은 모든 것을
하느님께 감사하고 하느님을 사랑하고 찬양하면서
하느님께 되돌려드려야 한다는 것도 잘 알고 있습니다.
그런데 인간이 하느님께 단 하루 빚진 것도 갚기 어려운데
평생 진 빚을 어떻게 갚을 수 있겠습니까?
잘 헤아려보고 우리가 마지막까지
빚진 것이 얼마나 되는가를 알도록 하십시오.
여러분의 빚은 얼마나 될 것으로 생각합니까?
여러분의 운명이 수많은 대죄를 짓고도 모르고 있을 뿐 아니라
신랑을 맞이할 준비도 하지 않았던 처녀와 같은 운명이 되지 않도록 하십시오.
처녀들은 준비하려고 했더라면 잘 할 수 있었는데도 때를 놓치고 있었습니다.
그래서 처녀들은 신랑과 함께 잔치에 가지 못하고 하느님으로부터
"**내가 진실로 너희에게 말한다.**
나는 너희를 알지 못한다."는 말씀만 들었습니다.(마태 25, 12)
처녀들이 꿈에도 생각하지 못했던 일이 일어나고야 말았습니다.

정말로 안타까운 일입니다.
사람들은 무지하여 우리 주 예수 그리스도의 거룩한 수난을 가볍게 여기면서 아무 생각 없이 주님의 소중한 몸과 피를 받아먹고 마시고 있습니다.
형제자매 여러분, 여러분은 그렇게 하지 마십시오.

그들은 거룩한 수도원에서 점잖은 동료들과 함께
열심히 기도하고 경건한 독서를 하고 있다고 말할지도 모릅니다.
문제는 그들은 사랑이 없이 진심이 없이 분심(分心)을 가진 채로 냉담하고 무지하게 수도 생활을 하고 있는 것입니다.
그들은 고해(告解)하러 가지만 말로만 고백하고 진심이 없으며 그런 상태에서 거룩한 성체(聖體)를 받고 있습니다.
이는 왕을 자기 집으로 초대하여 더러운 돼지우리에 자게 하는 것과 같으므로 그런 상태로는 영성체하지 않는 것이 천 배나 더 좋습니다.
그리고 친구들이 그들에게 그렇게 하지 말라고 경고하면
친구들을 비웃으면서 고지식한 스승이라고 부릅니다.
바로 잡아 옳은 길로 가게 만들려던 친구들을
유다인들이나 이방인들보다 더 나쁘게 생각합니다.
만약 그들이 알면서도 의도적으로 그렇게 영성체하고 있다면
결코 하느님의 얼굴을 뵐 수 없다는 것을 알아야 합니다.
그들은 의도적으로 죄를 지으려고 하지는 않았다고 말할지 모릅니다.
그런데 여러분은 여러분을 위해서 돌아가시고 사랑으로 모든 것을 공짜로 주신 주님께 말로만 그리고 형식적으로 보이기만 하면서 주님을 섬기는 것이 죄가 아니라고 생각합니까?

여러분이 주님께 그렇게 대하게 되면 콩 세 알도 주시지 않을 것입니다. 여러분은
주님의 양 떼에서 멀리 떨어져 길을 잃은
주님께서 잃어버리신 양입니다.
여러분은 생각할 수도 없지만 그래도 하느님께서는 여러분이 죽을 때 회개하는 은총을 주시려고 하실 것입니다.
만약 여러분이 회개하지 않으면

마지막 심판 날까지 무서운 연옥(煉獄)에서 지내야 할 것입니다.
그렇게 되면 하느님의 친구도 될 수 없을뿐더러
하늘나라에 들어가지도 못하게 될 것입니다.
이러한 사람을 어찌 죄인이라고 말하지 않겠습니까?
겉으로는 아무 허물이 없는 것처럼 보이므로
주님께 가까이 가려고 하지만
내면으로는 하느님께로 가는 것이 망설여질 것입니다.

'네 번째 등급의 죄인들'은 '참회하고 행복하게 사는 사랑스러운 죄인들'입니다.
이들이 지금까지 설명한 죄인들보다 대죄를 더 많이 짓지 않은 것은 사실입니다.
그러나 나는 여태까지 이들이 진심으로 하느님 가까이 가려고 해왔기 때문에 대죄를 지었을 것이라고는 생각하지 않습니다.
이들은 오직 하느님만 생각하고 하느님을 무엇보다도 더 사랑하고
무슨 일이든 모두 하느님께 맡겼습니다.
그리하여 하느님께서는 이들이 죄를 지었을 것이라고는 생각하시지 않습니다.
이들은 모든 죄를 버렸으므로 하느님께서도 이들을 버리시지 않았습니다.
그런데 이런 사람들의 특징은 무엇일까요?
진심으로 마음속 깊이 주님만 사랑하고
주님의 일만 생각하고 있었던 것이 이들의 특징입니다.
이들은 자신이 하느님의 뜻대로 일할 준비가 되어 있느냐 하는 것만 생각합니다.
이들은 하느님께서 직접 이끄시거나 대리인을 통하여 인도하시는 길을 찾으며 자기 뜻을 모두 버리고 기쁘게 주님의 길로 갑니다.

복음에서는 주님께서 잃어버린 양을 찾으러 가셨다고 말하고 있습니다.
그런데 우리는 주님께서 잃어버린 양을
찾으러 가신 것을 어떻게 이해하고 있나요?
머리에 망토를 걸치고 한가하게 앉아 있는 게으른 사람이 아니라,
주님께서 겸손하고 온유하고 가난한 사람,
세상 것들에 대한 집착을 버리고 세상 것들에 무관심한 사람을
찾으러 가신 것으로 이해하고 있습니다.
나는 여러분이 겸손을 배우고 모든 박해를 참는 법을 배워서

하느님을 만날 준비를 하라고 권하고 싶습니다.
무엇이든 찾으려고 애쓰며 진지하게 한 군데에서만
찾을 것이 아니라 구석구석 찾아야 합니다.
하느님께서도 여러분을 찾고 계십니다.
하느님께서 여러분이 어떤 처지에 있더라도
어떤 곳에서도 여러분을 찾으실 수 있게 하십시오.
하느님께서 온유하고 가난한 사람을 만나시는 곳을 안다면
여러분이 온유함에 대해서 배울 때까지
계속하여 발로 짓밟혀 고통 받으면서 참고 있는 것이
하나도 부끄러울 것이 없습니다.
하느님께서는 가난한 사람을 찾고 계시므로
누군가가 여러분으로부터 돈이나 재산이나
친구들을 빼어가더라도 내버려 두게 되면
하느님께서 여러분을 만나시게 될 것입니다.
극심한 고통이나 유혹을 물리친 후에는
영혼을 깨끗하게 그리고 가난하게 하고
깨달음을 얻고 모든 것을 놓아버리는 내면생활을 하여
하느님께서 여러분을 찾으실 수 있게 하십시오.
하느님께서는 여러분이 어떻게 살더라도 여러분을 찾으십니다.
여러분의 어머니나 자매뿐만 아니라
친구들이나 원수들로 인하여 생긴 일들도
하느님께서 여러분을 찾으시도록 준비하는 것입니다.

사랑하는 형제자매 여러분, 누구나 상처가 곪게 되면 도려내면서
끝까지 고통을 참으로써 더 큰 고통을 겪지 않으려고 합니다.
곪은 상처를 완전히 도려낼 때까지 참아내어 건강을 되찾습니다.
여러분의 영혼도 영원히 치유되려면
하느님께서 여러분에게 어떤 고통을 주시더라도 참아야 합니다.
전혀 예상하지도 못했던 역경이 닥치더라도
"사랑하는 친구여, 어서 오게나.
그대가 오리라는 것은 예상치도 못했지만 어서 오게나." 하고 말해야 합니다.

우리 모두 그런 환난에 겸손하게 머리를 숙입시다.
하느님께서는 여러분이 자기(自己)를 버리도록 하시기 위해
모든 일에서 여러분을 시험하신다는 것을 알아야 합니다.
하느님께서는 이해할 수 없는 수행(修行)을
하고 있는 사람을 찾으시지도 않을뿐더러
큰 말이나 힘센 황소를 찾으시는 것도 아닙니다.
하느님께서는 외부 활동을 많이 하는 사람을 찾으시지도 않습니다.
목자가 평화로운 양을 찾듯이
하느님께서는 오로지 자기를 죽이고 겸손한 사람,
기쁘게 당신을 찾는 사람만 찾으십니다.

여러분은 주님의 양이 되고 싶습니까?
그러면 여러분에게 어떤 일이 생기더라도 마음을 편하게 먹도록 하십시오.
최선을 다하여 그렇게 하고
일이 어떻게 될 것인가를 전혀 걱정하지 말고 기다리십시오.
그런 다음 모든 것을 하느님께 맡겨드리십시오.
여러분이 불완전하여 자신이 못마땅하더라도 위험에서 벗어나려면
자신을 하느님의 손에 맡기십시오.
지나치게 자신의 부족함을 안타까워하면서 자책하지 마십시오.
왜냐하면 그렇게 한다고 해서
여러분의 성숙에 아무 도움이 되지 않기 때문입니다.
주님께서 여러분에게 선물을 주시고 뺏어 가시더라도
마음의 평화를 잃지 않도록 하십시오.
기쁘거나 슬프거나 마음의 평화를 갖고 하느님을 찾으십시오.

형제자매 여러분, 하느님께서는 이러한 양을 찾으십니다.
이 양은 "우리는 이러저러한 양들로 여기저기로 옮겨 다녔지만
도대체 당신은 누구이고 무엇을 하는 사람입니까?
당신이 할 수 있는 일은 무엇입니까?" 하고 말하는
교만한 양들과는 아주 다릅니다.
이 밖에도 그들은 어린 나귀의 왼쪽 오른 쪽을 때리듯이

건방진 말들을 많이 합니다.
형제자매 여러분, 여러분의 이웃을 세련되지 않은 말로 공격하지 마십시오. 주님께서는 아흔아홉 마리의 양을 버려두셨습니다. 그렇습니다.
주님께서는 거의 풀밭이 없는 아무 열매도 맺지 못하는 광야에
9,900명의 제멋대로 하는 교만한 사람들을 내버려 두셨습니다.
이러한 사람들은 아무리 수행(修行)을 하더라도 열매를 맺지 못하기 때문입니다.
그러나 주님께서는 잃어버린 양을 찾으시면
기뻐하며 어깨에 메고 집으로 가시어
친구들과 이웃들을 부르시어,
“나와 함께 기뻐해 주십시오. 잃었던 내 양을 찾았습니다.” 하고 말씀하십니다.
친구들과 이웃들은 하늘나라에 있는 모든 천사와 성인(聖人)들과
이 땅에 있는 당신의 친구들을 의미하며,
함께 너무나 기뻐하게 된다고 말씀하셨습니다.
그러나 잃어버렸다가 찾은 이 양은 말할 수 없이 기뻐하게 되는데,
하느님께서 계신 가장 깊은 곳으로 들어가게 되기 때문입니다.
그리고 주님께서 어깨에 양을 울러 메고 가실 때
머리와 몸 사이에 울러 메신 것은
주님의 거룩한 인성(人性)과 영원한 신성(神性)을
모두 느끼게 해주셨다는 것을 뜻합니다.
거룩한 인성(人性)은 영혼의 디딤돌로
주님의 신성(神性)으로 들어가게 해줍니다.
그리하여 주님의 인성(人性)이 양과 하나가 되어 모든 일을 할 수 있게 됩니다.
영혼이 지금까지는 스스로 일했지만
주님께서 가까이로 인도하신 후에는 모든 일에서
하느님께서 역사하시게 됩니다.
즉 말하고 먹고 가는 일은 모두 하느님 안에서 이루어지게 됩니다.
이 영혼은 하느님 안에서 살고 움직이게 된 것입니다.
이 하느님의 양은 인성을 거쳐 신성으로 가며
다시 신성에서 인성으로 돌아온 후에는
항상 좋은 풀밭만 찾게 됩니다.
이렇게 살게 됨으로써 말할 수 없이 기뻐하게 되고 만족하게 되며

어떤 세상 것들이 주는 것보다 더 큰 기쁨을 맛보게 됩니다.
그래서 주님께서는 이 회개한 죄인을 두고
"하늘에서는, 회개할 필요가 없는 의인 아흔아홉보다
회개하는 죄인 한 사람 때문에 더 기뻐할 것이다."고 말씀하셨습니다.
왜냐하면 하느님의 영광이 이 죄인의 회개로 말미암아 더 커졌기 때문입니다.
그러나 여태까지는 죄인인 주제에도 진심으로 하느님께로 가지 않았던 것입니다.
성(聖) 삼위(三位)시여, 저희에게도 이런 은총을 주시어
하느님께서 참된 양으로 아시고 저희를 찾게 해주소서. 아멘.

〈삼위일체 대축일 후 세 번째 주일 두 번째 강론〉

67 하느님께서는 우리를 애타게 찾으십니다

"또 어떤 부인이 은전 열 닢을 가지고 있었는데 한 닢을 잃으면,
등불을 켜고 집 안을 쓸며 그것을 찾을 때까지 샅샅이 뒤지지 않느냐?"
(루카 15, 8)

마지막 나의 강론은 주님께서 잃어버린 양을 찾으시는 것이었습니다.
그러나 형제자매 여러분, **여러분은 어떻게 해서라도 양처럼 되어**
온유하게 되고 침묵하고 자기(自己)**를 버리고 참으며**
세상 것들에 대한 집착을 버려야 합니다.
그리하여 하느님께서 직접 또는 간접적으로 동료들이나
친구들이나 원수들이나 하늘과 땅에 있는 당신의 모든 피조물을 통하여 여러분을
찾으시려고 하실 때는 하느님께 맡겨드려야 합니다.
그러나 하느님께서 때때로 아주 심한 말씀까지 하시면서
여러분을 찾으시려고 하지만 여러분은 아무리 어려운 곤경에 처해 있어도
아무 응답도 하지 않고 침묵만 지키고 있습니다.
심판대에 끌려오셔서도 아무 말씀도 하시지 않은
온유한 양인 우리 주 예수 그리스도를 본받으십시오.
교만으로 눈이 멀고 이기심 때문에 40년 동안 광야를 헤맸던 사람들이
여러분을 욕하고 말 못 하는 짐승이라고 하더라도
언짢아하지 말고 아무리 귀찮게 하더라도 참으십시오.
나는 여러분이 아무리 박해를 받더라도
주님의 수난보다 심하지 않을 것이라고 단언합니다.
마음의 평화를 갖고 그들이 여러분을 괴롭히더라도 내버려 두십시오.

아무 죄도 없이 수난을 받으신 양인 우리 주님의 본을 받으십시오.
여러분이 주님과 같은 신성(神性)을 갖게 될 때까지
주님의 수난을 생각하고 주님을 본받게 되면
안전한 풀밭을 만나게 될 것입니다.
자기 뜻대로 하는 사람들이 여러분에게 심한 말을 하더라도 위축되지 마십시오.
그렇게 하지 말고 예수 그리스도를 본받으면 거룩하게 될 것입니다.

여러분이 완덕을 갖추려면 더욱더
수행(修行)을 열심히 해야 한다는 것을 알아야 합니다.

오늘 복음에서는 은전(銀錢) 한 닢을 잃어버려
촛불을 켜고 찾는 한 여인에 대하여 말하고 있습니다.
그 '**여인**'을 '**주님**'이라고 생각하고
'**촛불**'을 '**구세주의 인간성**'이라고 생각하고
'**은전**'을 '**우리의 영혼**'이라고 생각해봅시다.
그런데 은전은 세 가지 조건
즉 순도(純度)가 정확한 금속이어야 하고
정확한 무게여야 하고
정확히 주조(鑄造)되어 있어야만
화폐로서의 가치를 갖게 됩니다.
재질은 반드시 금이나 은이어야 합니다.
형제자매 여러분, 은전의 조건을 영혼에 적용하여
우리가 모두 알 수는 없지만 우리의 영혼에
얼마나 놀라운 것들이 들어 있는지 보기로 합시다.
무게를 생각하면 무게는 없지만, 땅과 하늘 보다 더 무겁습니다.
왜냐하면, 영혼 안에 하느님께서 계시므로* 하느님만큼 무겁기 때문입니다.
그리고 **우리 영혼은 하느님과 같이 만들어졌습니다.**(Capax Dei)
이 때문에 우리는 외적으로 활동적으로 일하려고 할 뿐만 아니라
내면생활을 통해서 하느님처럼 행동하려고 합니다.

---

* 역자 주; 영혼 안에 하느님께서 계시지 않는 사람은 '가벼운' 사람일 것입니다.

여러분은 겉모습만 하느님을 닮을 것이 아니라
하느님의 뜻에 따라 능동적이고 수동적으로 살아야 합니다.
오늘 복음에 나오는 여인은 잃어버린 은전
즉 영혼을 찾으려고 촛불을 켜고 구석구석을 다녔습니다.
그리고 우리 영혼 안에 촛불을 켰다는 것은 '영원한 지혜'를 말하며
촛불은 '하느님의 사랑'을 뜻합니다.
따라서 하느님 사랑의 촛불이
여러분 마음 안에 밝게 빛나도록 해야 합니다.

사랑하는 형제자매 여러분, 여러분은 사랑을 알지 못하고 있습니다.
여러분은 무언가에 전념하여 기쁨을 얻는 것을 사랑이라고 말합니다.
결코 그렇지 않습니다.
사랑은 자기(自己)를 불태워 없애고 이기심을 버리고
모든 것을 하느님께 맡기고 하느님과 하나가 되어
끊임없이 하느님을 그리워하는 것입니다.
이러한 것이 사랑이고 영혼 안에 있는 하느님의 촛불의 빛이 바로 사랑입니다.

그 여인은 집안을 샅샅이 뒤져 은전을 찾았습니다.
하느님께서는 이러한 영혼에게 어떻게 하실까요?
하느님께서 영혼에 바라시는 것은
영혼이 능동적으로 행동하고
수동적으로 하느님의 역사(役事)를 지켜보는 것입니다.
처음에는 수도원 바깥에서 그렇게 하도록 하시고
다음에는 내면생활에서 그렇게 하도록 하시는데,
하늘이 땅 위에 있는 것처럼 수도원 바깥 생활보다 내면생활을 더 중시하십니다.
하느님의 인도와 하느님 친구들의 조언에 따라
외적인 봉사활동에 능동적으로 일하게 되는데
이는 특히 겸손, 온유함, 침묵, 자기를 버리는 덕을 쌓는 데 도움이 됩니다.

또 하나는 훨씬 더 중요한데 주님의
"하느님의 나라는 너희 가운데에 있다."는 말씀에 따라

'하느님을 찾아 영혼의 가장 깊은 곳으로 들어가는 것'입니다.(루카 17, 21)
하느님과 하느님의 나라, 하느님의 본성과 본질을 알려고 하는 사람은 하느님께서 계신 곳에서 찾아야만 합니다.
영혼이 생각하는 것보다 더 전지전능하시고 가까이에 계신 하느님께서는
영혼의 가장 깊은 곳에 계십니다.
하느님을 찾으려면 자기(自己)를 버리고 헛된 생각들을 버리고
하느님께서 계신 집으로 들어가야 합니다.
자신의 이성(理性)이나 모든 잘못된 버릇들이나
활동에서 벗어나 하느님을 찾아야 합니다.
이렇게 하느님을 찾기 위하여 집 안에 들어가면
구석구석 찾아야 하는데 하느님께서도 자신을 찾고 계시기 때문입니다.
그리고 우리가 잃어버린 것을 찾기 위하여
하나씩 옆으로 치우면서 찾는 것처럼 하느님께서도 그렇게 하십니다.
우리가 내면생활을 하면서 이렇게 하느님을 찾게 되는 것은
하느님께서도 우리를 찾고 계시기 때문입니다.

그리고 나는 착하고 평범한 독일 사람들에게는 항상 말하지만
모든 사람이 이해하지는 못했던 것을 말하고 싶습니다.
그러나 이러한 것들을 이미 경험한 사람들만은 나의 말을 이해합니다.
왜냐하면 여러분은 이렇게 내면을 잠시 동안만 성찰하고
다시 세상일들을 바쁘게 해야 한다고 알고 있기 때문입니다.
아닙니다. 결코 그렇지 않습니다.
이렇게 하느님을 찾기 위하여 자신의 마음 깊은 곳으로 들어가
자신을 찾고 계시는 하느님을 찾게 되면,
자신의 내면생활이 혼란스럽게 되면서
수행을 제대로 하지 못하게 되고 어쩔 줄을 모르게 되기 때문입니다.
그러나 이렇게 혼란스러운 가운데 일흔일곱 번 이상 하느님을 찾게 되면
여태까지 받은 은총보다 훨씬 더 자신에게 도움이 됩니다.
여태까지 자신이 착한 행동을 하고 수행하려고 했던 것보다
더 완덕을 갖추게 해주기 때문입니다.
어렵지만 그리고 혼란스럽지만 자신의 내면을 성찰하게 되면

모든 일이 쉽게 되며 자주 자신을 성찰할수록
어떤 사람들보다 고귀하게 되기 때문입니다.

그런데 하느님을 찾는 일은 결코 쉽지 않습니다.
고르지 않은 땅을 고르기 위해서는 날카롭고 무거운 써레가 필요하지만
일단 평평하게 되면 깃털로 만든 빗자루처럼
가볍게 되어 일을 끝낼 수 있게 되는 것처럼,
인간의 영혼에도 흙덩어리들과 웅덩이들과 같은
하느님께 순종하지 못하도록 하는 것들이 너무나 많이 있기 때문입니다.
날카로운 써레로 흙덩어리를 깨듯이
많은 유혹과 고통을 찢어 없애면서
모든 일을 하느님께 맡겨야 한다는 것을 깨달아야 합니다.
열심히 써레질을 한 사람들은 완덕을 갖추고 새로운 사람이 되기 때문입니다.
이들은 세상 것들을 모두 버리고 진정으로 가난하게 되어
하느님 앞에 서서 하느님께서 이끄시는 대로 모든 것을 맡기게 되기 때문입니다.
형제자매 여러분, 여러분이 이렇게 하느님을 구석구석 찾게 되면
복음에 나오는 여인이 은전 한 닢을 찾은 것처럼
하느님께서도 여러분을 찾게 되시기 때문입니다.
그러면 여러분은 외적이나 내적인 일에서
더 훌륭하게 자신의 소명(召命)을 다할 수 있게 되기 때문입니다.
이 때문에 주님께서 우리에게 "**누구든지 내 뒤를 따라오려면,**
자신을 버리고 날마다 제 십자가를 지고 나를 따라야 한다."고
말씀하셨던 것입니다.(루카 9, 23)
따라서 영적인 성숙에 방해되는 것은 모두 버려야 합니다.

그러나 자기를 죽이지 못한 사람은 극심한 시련과 유혹을 받고 있을 때
날카로운 써레로 자신의 내면을 깊게 파게 되면
모든 것을 잃어버리게 된다고 생각합니다.
이 때문에 의심을 하면서 괴로워하게 되고 두려움에 휩싸이게 되면서
"오 주님, 모든 빛이 사라지고 모든 은총이 사라지면서
모든 것을 잃어버렸나이다." 하고 말합니다.

하지만 나는 여러분이 수행을 제대로 잘하지 못하고
진정으로 자기를 버리지 못했다면
지금과 같이 성숙되지는 못했을 것이라는 것을 말하고 싶습니다.
주님께서 여러분의 영혼 안에서 여러분을 찾고 계실 때는
아무리 괴롭더라도 참고 견뎌야 합니다.
주님께서 여러분에게 우울해하고
냉담하게 되고 절망하라고는 하시지 않았습니다.
모든 것을 주님께 맡기십시오.
사랑하는 형제자매 여러분,
하느님께서 왜 여러분에게 이런 고통을 주시겠습니까?
여러분을 어떤 사람들보다 더 나은 사람들로 만드시기 위한 것입니다.
복도 많은 사랑하는 형제자매 여러분, 두려워하지 마십시오.
나는 이렇게 고귀하게 되려고 하지 않는 사람들에게
용기를 잃지 말라고 말하고 싶습니다.
왜냐하면 빵과 물보다 더 좋은
천상양식을 먹지 않고 사는 사람들이 너무나 많기 때문입니다.

그러나 여인이 찾은 은전 한 닢은 무게도 맞고
제대로 만들어진 주화(鑄貨)였습니다. 무게는 영혼이 처음 태어난 곳인 하느님께서
계신 심연(深淵)으로 가라앉게 만든다는 것을 의미합니다.
그리고 세상 것들에 대한 집착을 모두 버리고
모든 잘못된 습관들과 지식을 버리고 아무 흠 없이 깨끗하게 되어
하느님께서 역사하시기 좋아하시는
하느님과 같은 존재가 되는 것을 의미합니다.
그리하여 하느님과 같은 색깔을 갖게 되고
하느님과 같은 본성을 갖게 되는 것을 뜻합니다.
또 자신이 하느님과 하나가 되어
하느님 안에 흡수되어버린 것을 알면
자신이 하느님처럼 가치 있는 존재가 되어 있는 것을 알게 됩니다.
다른 말로 하면 하느님과 같은 옷을 입고 있고 하느님의 빛깔을 내면서
하느님 안에 살고 있다는 것을 알게 된다는 것입니다.

물론 이러한 것은 저절로 되는 것이 아니라 하느님의 은총에 의하여 되는 것이며 본성만 하나가 되는 것이 아니라 완전히 하느님처럼 되는 것입니다.

그렇지 않고 반대로 세상 것들에만 눈이 팔려
세상 것들을 입고 있고 세상 것들의 빛깔을 내고 있으면
마귀를 보는 것보다 더 두려워하게 됩니다.
그리하여 무서워 시들어 죽고 맙니다.
당연히 길을 잃은 영혼은 영원히 자신 안에서 마귀만 보게 되기 때문입니다. 그러나
하느님께서는 마치 당신을 보시는 것처럼
하늘나라에 있는 영혼이 가까이 있으면서 당신과 하나가 되어
모든 은총을 받고 당신처럼 영광스럽게 되는 것을 보시게 됩니다.
하느님께서 자신을 찾으시도록 하여 당신께로 이끄시어
당신과 하나가 된 사람은 얼마나 행복하겠습니까?
어떤 말로도 어떤 마음을 가져도
표현할 수 없을 정도로 행복하게 됩니다.
이런 영광을 누리려면 여태까지 설명한 대로 하여
길을 잃지 말아야 합니다.
이렇게 하지 않고 세상 것들에서만 쾌락을 찾는다면
영원히 하느님의 은총을 받지 못하게 될 것입니다.
성(聖) 삼위(三位)시여, 이렇게 하느님께서 저희를 찾으시도록 하시어
저희가 하느님을 뵐 수 있게 해주소서. 아멘.

〈삼위일체 대축일 후 세 번째 주일 세 번째 강론〉

68 하느님과 함께 참고 견디십시오

"너희 아버지께서 자비하신 것처럼 너희도 자비로운 사람이 되어라.
남을 심판하지 마라. 그러면 너희도 심판받지 않을 것이다.
남을 단죄하지 마라. 그러면 너희도 단죄받지 않을 것이다.
용서하여라. 그러면 너희도 용서받을 것이다.
주어라. 그러면 너희도 받을 것이다.
누르고 흔들어서 넘치도록 후하게 되어 너희 품에 담아 주실 것이다.
너희가 되질하는 바로 그 되로 너희도 되받을 것이다."(루카 6, 36-38)

우리의 주님께서는 오늘 복음에서
우리에게 **'해야 할 일'**과 **'하지 말아야 할 일'**을 가르쳐 주셨습니다.
즉 이를테면 자비를 베풀고 다른 사람들을 심판하지 않으면
은총을 듬뿍 받게 된다고 하셨습니다.
형제자매 여러분, 주님께서
"너희가 되질하는 바로 그 되로 너희도 되받을 것이다." 하고 말씀하신 대로,
나는 어제 가장 경계해야 할 죄인 이웃을 심판하는 일이
우리를 얼마나 위험하고 고통스럽게
만드는가 하는 것을 여러분에게 일깨워주었습니다.
그런데 여러분은 자비를 넉넉히 베풀었습니까?
그러면 베푼 것 이상으로 듬뿍 은총을 받게 될 것입니다.
조금만 베풀었다고요? 그러면 은총을 조금만 받게 될 것입니다.
자비를 전혀 베풀지 않았다고요?
그러면 은총을 조금도 받지 못하게 될 것입니다.

누구나 자신의 내면에 자비심을 길러
이웃이 내적 외적으로 고통스러워할 때 연민의 마음을 갖고
하느님께서 이웃에게 위로를 주시도록 진심으로 기도해야 합니다.
여러분은 이웃을 위하여 몸으로 도와줄 수 있습니까?
여러분은 힘자라는 데까지 말이나 일로 돕거나
충고를 하고 물질적인 도움을 조금이라도 줄 수 있습니까?
여러분은 조금이라도 친절하고 안타까운 마음으로
이웃을 도와 자비로우신 하느님을 만날 수 있다고 생각합니까?

또 "**남을 심판하지 마라.**
그러면 너희도 심판받지 않을 것이다."는 가르침도 주셨습니다.
형제자매 여러분, 이 잘못으로 인한 폐해는 놀라우며 슬플 따름입니다. 여러분이 다른 사람들을 심판하면서도
겉으로 열심히 수행하는 척하는 것을 보고 마귀가 웃습니다.
자신을 먼저 심판하지도 않고 이웃을 심판하면 안 됩니다.
제멋대로 쾌락을 추구하면서도
의로운 사람처럼 행동하려고 하거나
의로운 사람이 되려고 하는 것은 맹목적으로 믿고 있는 증거입니다.
하느님께서 자신의 잘못을 보시고 너그럽게 넘어가시기를 바란다면
이웃의 잘못을 크게 부풀려서 나무라면 안 됩니다.
설령 이웃의 잘못을 알더라도 이웃을 심판하려고 하면 안 됩니다.

이웃을 나무라려면 형제의 눈에 있는 티끌을 보기 전에
먼저 자신의 눈에 있는 들보를 빼내어야 합니다.
자신의 꼬락서니를 보십시오.
자신의 잘못을 알려고 하고
다른 사람의 잘못을 알려고는 하지 마십시오.
여러분이 다른 사람들을 심판하는 자리에 서더라도
그레고리오 성인(St. Gregory)이 권고한 바와 같이
너그럽게 보고 친절한 말로 애정을 갖고 심판하도록 하십시오.
특히 거룩한 교회에서는

사제들이 하느님과 사람들을 대신하여 심판하게 하고 있으므로
사제들이 심하게 벌하는 것을 엄격히 금지하고 있다는 것을 알아야 합니다. 여러분의
삶과 여러분이 했던 일은 어느 날
하느님의 심판에 넘겨지게 되므로 여러분이 이웃을 심판함으로써
하느님께서 무서운 판결을 내리시지 않도록 하십시오.
남을 험담하여 상처를 주는 일은 무척 슬픈 일이며
하느님의 은총과 영원한 행복을 잃게 됩니다.
말할 때마다 세 번씩 생각하여
여러분의 말이 하느님께 영광이 되고
이웃에게 유익하게 되어
여러분이 내적 외적인 평화를 누릴 수 있게 하십시오.
여러분은 왜 수도원의 창설자들이 한 장소를 제외하고
수도원의 모든 곳에서 말하지 못하게 하고,
한 장소에서도 특별히 허가를 받아야만
말할 수 있게 했는지 여러분은 알고 있습니까?
말로 인한 상처는 이루 헤아릴 수 없을 정도로 크기 때문입니다.

오늘 복음에서는 되질을 하게 되더라도 넉넉하게 되질하라고 말하고 있습니다.
'**되**'는 '**인간의 영혼**'을 말합니다.
우리가 하려고만 한다면 우리의 영혼은 하느님을 가늠할 수 있습니다.
사랑하는 형제자매 여러분, 그 '**되**'는 '**고귀한 되**'입니다.
그러나 누구나 살아가면서 영혼을 더럽히게 되므로
영혼을 너무 자주 정화(淨化)해야 한다는 것은 서글픈 일이지만
그렇게 하지 않으면 하느님께서 받아주시지 않기 때문입니다.
여러분은 하느님께로 돌아가려고 간절히 기도하고 있습니까?
그렇다면 여러분의 영혼을 진심으로 하느님께 맡겨드리고
더 이상 여러분이 영혼을 통제하려고 하지 마십시오.
세상 것들을 좋아하는 문지기가 하느님을 들어가시지 못하게 가로막는데 하느님께서 어떻게 영혼 안에 들어가실 수 있겠습니까?
여러분이 진심으로 하느님께서 영혼 안으로 들어가시게 기도하지 않으면 신앙생활이 무미건조하게 되고 따분하게 되어 분심만 생기게 됩니다.

사랑하는 형제자매 여러분, 여러분의 영혼을 사랑으로
그리고 진심으로 세상 것들의 전당포에서 빼내십시오.
그래야 하느님께서 영혼 안으로 들어가시고 세상 것들은 나가게 됩니다.
헛일을 하지 않도록 하십시오.
불은 저절로 불타오르지 않고
새들도 저절로 가볍게 하늘로 날아오르는 것이 아니듯이
세상 것들에 대한 집착을 진정으로 버려야만 하느님께로 올라갈 수 있습니다. 우리가
하느님께서 계시는 영혼의 깊은 곳으로 들어가려면
먼저 자신의 영혼 깊은 곳으로 들어가야 합니다.
진정으로 겸손하게 깊은 곳으로 들어가게 되면
자신의 모든 죄와 불완전함을 발견하게 되는데
이 모든 것을 슬퍼하면서 하느님의 자비의 문 앞에
내려놓아야만 하느님께서 없애주십니다.
그러면 우리 영혼의 깊은 곳에서 덕과 은총을 발견하게 되는데
이 제물(祭物)을 하느님께서 좋아하시는 친절의 문 앞에 놓아두면
하느님께서 당신처럼 친절하게 만들어주십니다.

그리고 여러분이 세상 것들을 버리고
인연을 버리고 나서도 더 해야 할 일이 있습니다.
여러분의 영혼 안에 도사리고 있는 세상 것들에 대한 생각도 버려야만 합니다.
여러분이 설령 이렇게 하지 못하더라도
계속 노력하여 자신을 하느님께 맡겨드리고 기다리면서
가장 겸손하게 하느님께 간절히 구하십시오.
"오 사랑하는 주님, 저에게 자비를 베푸소서.
주님, 저를 도와주소서. 주님, 제 영혼 안으로 억지로 들어오소서."
다른 일은 하지 않고 이렇게 간절하게 기도하고 있으면
여러분의 괴로움이 사라지게 될 것입니다.
나는 은(銀)을 어떻게 얻게 되는가를 생각해 보았습니다.
광석을 잘게 부수어 물과 섞은 다음 물과 함께 불순물을 빼내면
소중한 은만 남게 되는데
반드시 이런 과정을 거쳐야 한다는 것이었습니다.

따라서 우리 마음속에 있는 모든 불순한 생각들을 걸러 내어버려야 합니다. 슬픔과 고통의 눈물은 이 모든 불순한 생각들을 씻어내고
인내심이란 커다란 선물을 안겨줍니다.
그런 다음 주님께서 여러분에게 말씀하실 것입니다.
"사랑하는 사람들이여, 너희는 나에게 영광이며,
너희가 나의 수난을 생각하고
나와 함께 무거운 나의 십자가를 져준 것을 나는 찬양한다.
왜냐하면 너희가 여러모로 부족함에도 불구하고 나의 수난에 동참했기 때문이다.
보라. 이제 너희에게 상급을 넘치게 줄 것이다."

그러나 여러분이 내적 인간이 되려면 하느님을 넉넉하게 되질해야 합니다.
내적 성찰(省察)에 방해가 되는
모든 외적인 일들을 중단하고 자신을 성찰하십시오.
자신의 행동과 집착과 말과 일과 옷과 장신구와
친구들과 재산과 명예와 집과 쾌락과 태도를 세심하게 살펴보십시오.
여러분의 인생을 뒤돌아보십시오.
그리하여 하느님께서 여러분 안에
계시지 못하도록 하는 작은 것까지도 찾아내고 미련 없이 버리십시오.
내적 인간이 되기 위해서는 이러한 일이 필수적이기 때문입니다.
따라서 겉으로 보이기만 하려고 하는
여러분의 외적인 수행(修行)에 대해서도 살펴보고
그러한 것들이 더 이상 자신의 내면을 흐리게 하지 않도록 해야 합니다.
그리고 내가 왜 여러분에게 지나친 금식과 철야기도를 권하지 않는지 자문(自問)해 보십시오. 내가 대신 답하리다.
여력이 있다면 이러한 것들도 영성 생활에 크게 도움이 되지만
몸이 약하거나 어리석으면(이 나라 사람들은 무명(無明)합니다),
금식과 기도가 건강을 해치게 되므로 중단하고
금식 날이 되면 고해사제에게 양해를 구하고 고해사제를 만날 수가 없으면 스스로 판단하여 금식과 철야기도를 하지 않도록 해야 합니다.
거룩한 교회는 우리가 건강을 해치면서까지
금식 법을 지키도록 강요하지 않습니다.

사랑하는 형제자매 여러분, 나의 모든 가르침은 아주 단순합니다.
여러분이 완덕을 갖추는 첩경에 방해되는 것은
영혼 안에 있든 외적 생활이든 모조리 없애라는 것입니다.
사랑하는 형제자매 여러분, 이 규칙을 꾸준히 따르게 되면
완전한 영혼을 갖게 될 것입니다.

그리고 우리 주님께서는 '되'를 잘 흔들고 꾹꾹 누르라고 하십니다.
사랑하는 형제자매 여러분, 내가 지금부터 하는 말을 명심하십시오.
이 방법을 충실히 따르고 영성 생활에 방해가 되는 것을 모두 없애게 되면
놀라운 일이 많이 생기는데
영육(靈肉)으로 이 세상의 어떤 기쁨보다
더 큰 기쁨을 맛보게 된다는 것입니다.
그 뒤에는 무슨 일이 일어날까요?
조금 시간이 지나면 갑자기 모든 기쁨이 사라집니다.
그리하여 자기(自己)를 죽이고 하느님처럼 사랑하게 되었음에도 불구하고
아무것도 얻지 못한 것처럼 느낍니다.
즉 자신의 영혼인 '되'를 꾹꾹 눌러서 이기심을 몰아내고
모든 쾌락을 없앴음에도 불구하고
아무것도 얻지 못한 것처럼 느끼게 됩니다.
진정한 평화를 누리려면 이 영적(靈的)인 가난을 그대로 내버려두어야 합니다.
이 가난을 조금도 불편하게 생각하지 말고
변함없이 하느님의 거룩한 뜻에 자신을 맡기고
답답함을 참고 견뎌야 합니다.
그렇습니다. 세상이 끝날 때까지 참고 견뎌야 합니다.

그러나 형제자매 여러분, 이 답답함은 얼마나 참고 견디기 어렵습니까?
이 불쌍한 영혼은 고통 때문에 세상이 넓어도 아무 데도 갈 데가 없습니다. 그리하여
그렇게 달콤하게 행복하게 비쳐주던
하늘의 빛이 사라지는 고통 때문에 죽을 것만 같습니다.
어떤 사람은 이러한 시련을 견디지 못하는데
지나치게 자신의 영적인 기쁨을 생각하고 있기 때문입니다.

두 가지 원인 때문에 이 시련을 참아내지 못합니다.
하나는 영혼이 완전히 자기(自己)를 죽이지 못했기 때문이고
또 하나는 하느님을 진심으로 믿지 못했기 때문입니다.
사랑하는 형제자매 여러분,
하느님을 굳게 믿고 하느님을 경외하면서 겸손 하십시오.
그러면 하느님께서 틀림없이 여러분을
슬픔에서 해방시켜주실 것이기 때문입니다.
전지전능하신 하느님만 생각하고 하느님께 여러분의 손을 내미십시오. 친구로부터 보석을 받고 아름다움에 취하여
준 친구의 고마움도 잊고 자랑하며 차고 다니는 사람처럼 행동하지 마십시오.
여러분에게 어떤 기쁨이 오더라도 자고 있으면서도
하느님만 생각하는 사람처럼 되십시오.
그 기쁨이 하느님의 기쁨이든 아니든 그 기쁨에 매달리지 마십시오.
여러분의 '되'를 꾹꾹 눌러서 자신이 아무것도 아니라고 생각할 때까지
겸손하게 되어 모든 것을 버리고 하느님의 거룩한 뜻에 따르도록 하십시오. 여러분은 우리의 주님께서 제자들에게 당신께서 계시는 동안 위로가 되고 거룩하게 되었던 것을 잊으라고 하셨던 것을 알고 있습니다.
제자들이 새로운 사람이 되려면
자기(自己)를 죽여야 한다고 말씀하신 것이었습니다.
그래서 바오로 성인이 다음과 같이 말했던 것입니다.
"형제 여러분, 나는 이미 그것을 이해했다고 여기지 않습니다.
그러나 이 한 가지는 분명합니다.
나는 내 뒤에 있는 것을 잊어버리고 앞에 있는 것을 향하여 내달리고 있습니다.
하느님께서 그리스도 예수님 안에서 우리를 하늘로 부르시어 주시는 상을 얻으려고,
그 목표를 향하여 달려가고 있는 것입니다."(필리 3, 13-14)

그러나 이 불쌍한 사람은 아직도 높은 벽 안에 갇혀 있어
아무 데도 의존할 수 없다고 생각하고 있습니다.
사랑하는 형제자매 여러분, 하느님께 모든 것을 맡기고 도망치지 마십시오. 그러면 모든 일이 잘 될 것입니다.
오로지 여러분 안에서 하느님께서 역사(役事)하시기만을 바라고

하느님께서 원하시면 여러분을 계속 괴롭히시도록 하십시오.
우리 주님께서 여러분이 고통 중에도 당신을 굳게 믿고 있다는 것을 아시면 당신의 넘치는 '되'인 당신의 모습을 드러내실 것입니다.
하느님께서는 여러분의 영혼에 기쁨이고 선(善)이신
당신을 넘치게 부어주시어 믿음을 더욱더 깊게 해주실 것입니다.
여러분의 영혼에 당신을 부어주셔도 당신은 변함없이 그대로 입니다.
여러분의 영혼의 잔에 대양의 물을
여러분이 원하는 이상으로 가득 채워주실 것입니다.

크세르크세스 왕이 와스티 왕비가 놀란 나머지
창백하게 그 앞에 서 있을 때
그녀를 황금 홀(笏) 가까이 오게 한 다음
왕좌에서 일어나 그녀를 껴안고 키스하면서
그녀가 원한다면 왕국의 반을 주겠다고 약속했습니다.
하느님 아버지께서도 당신 앞에 머리를 숙이고 두려워 얼굴이 창백해지고
슬픔에 시달리며 너무나 외로워하고 있는
믿음이 깊은 영혼에게 그렇게 하십니다.
믿음이 깊은 영혼을 권능과 기쁨의 거룩한 왕좌 가까이 오게 하시고
사랑스럽게 껴안으시면서 당신의 왕좌 위에 앉을 자리를 마련해주시고
모든 고통에서 벗어나게 해주십니다.
하느님께서는 이 영혼에게 얼마나 놀라운 일을 하셨습니까?
'**거룩한 왕홀**(王笏)**의 선물**'은 '**하느님의 외 아드님**'이시고
'**사랑의 키스**'는 '**말할 수 없는 성령의 자비**'로
영혼을 땅과 하늘의 왕비로 만드시어 세도(勢道)를 함께 누리게 하시고
당신처럼 거룩하게 되는 은총을 주시는 것을 말합니다.
하느님의 은총의 넘치는 '되'는 이러한 영혼을
당신의 모든 피조물 중에서 가장 큰 영광을 받을 수 있게 해줍니다. **그리스도인 중에 이런 선택된 영혼이 없으면**
세상 사람들은 한 시간도 살아 있지 못하게 되는데
하느님의 눈으로 보시기에 이들의 행동이 위대하여
온 세상 사람들의 위대함보다 더 크게 보이기 때문입니다.

왜냐하면 이들은 하느님 안에서만 행동하기 때문입니다.
하느님께서 모든 피조물 위에 높이 계시는 한
이러한 영혼들 안에서 역사하신 것은 모든 사람이 일한 것보다 더 위대합니다.
그렇습니다. 하느님의 역사는 사람이나 천사가 이해할 수 없습니다.
그리하여 영혼은 참된 평화와 기쁨을 누리게 되지만
바오로 성인이 말한 것처럼 전혀 이해할 수가 없습니다.

사랑하는 형제자매 여러분, 하느님과 함께 행복을 누리는 것은
여러분이 생각하는 것처럼 두려운 일이 결코 아닙니다.
하느님의 길을 꾸준히 걸어가는 사람은
누구나 모든 고통을 겪은 후 행복하게 됩니다.
그러나 이 길을 가지 않는 사람은
영원히 살아 있는 진리에 도달하지 못하게 됩니다.
오로지 이성(理性)으로 얻은 지식만 얻게 되는데
놋쇠가 빛나도 귀중한 금과 다르듯이 거룩한 지혜와 다르게 마련입니다.
이러한 지식은 사물을 잘못 알게 하므로
내가 여러분에게 설명한 바와 같이 살아 있는 진리를 찾아야 합니다.
햇빛을 보려고 하면서도 등을 돌리는 사람처럼
포도나무를 높은 산의 응달에 심으려고 하는 사람은
햇빛이 비치지 않으므로 바보입니다.
좋은 생각을 하려고 하는 백 사람 중에
하느님이신 살아있는 진리의 빛을 진심으로 찾는 사람은
한 사람도 발견하기 어렵습니다.
하느님, 저희가 진리를 찾는 은총을 주시어
저희가 넘쳐흐르는 좋은 '되'가 될 수 있도록 해주소서. 아멘.

〈삼위일체 대축일 후 네 번째 주일 첫 번째 강론〉

69 하느님의 은총에 보답하려면

"너희 아버지께서 자비하신 것처럼 너희도 자비로운 사람이 되어라.
남을 심판하지 마라. 그러면 너희도 심판받지 않을 것이다.
남을 단죄하지 마라. 그러면 너희도 단죄받지 않을 것이다.
용서하여라. 그러면 너희도 용서받을 것이다.
주어라. 그러면 너희도 받을 것이다.
누르고 흔들어서 넘치도록 후하게 되어 너희 품에 담아 주실 것이다.
너희가 되질하는 바로 그 되로 너희도 되받을 것이다."(루카 6, 36-38)

형제자매 여러분, 사람들의 마음에서
자비의 미덕을 찾아보기 어려운 것은 참으로 안타까운 일입니다.
누구나 자신도 도덕적 결함이나 정신적인 결함을 갖고 있기 때문에
이웃을 측은하게 생각하고 이웃에게 자비로워야 함에도 불구하고
속세의 일로 여기면서 이웃을 비난하기만 합니다.
우리는 이웃에게 불행한 일이 생기면
가장 비열한 본성을 드러내면서 더욱더 비난합니다.
그러나 이렇게 하지 않는 사람들에게는 하느님께서 복을 주십니다.
아무 생각도 하지 않고 비난부터 먼저 하게 되면
이웃은 말로 다 할 수 없는 비참함을 느끼게 됩니다.
나의 사랑하는 형제자매여, 나는 여러분의 영원한 행복을 위하여
잠시 비난을 멈추고 자신을 성찰하고
이웃에 대한 자신의 생각이나 말을 먼저 곰곰이 생각하기를 바랍니다.
아무 생각 없이 이웃을 심판하고 상처 주는 말을 하여 이웃을 죽이는 것은 부끄러운

일일 뿐만 아니라 하느님을 모독하는 것이 되기 때문입니다.

그래서 그리스도께서는 다음과 같이 말씀하셨습니다.
"남을 심판하지 마라. 그래야 너희도 심판받지 않는다.
너희가 심판하는 그대로 너희도 심판받고,
너희가 되질하는 바로 그 되로 너희도 받을 것이다."(마태 7, 1-2)

형제자매 여러분, **"너희가 되질하는 바로 그 되로**
너희도 되받을 것이다."는 주님의 말씀을 생각해봅시다.
믿음이 깊은 스승들은 하느님께서 우리에게 주시는 **'네 종류의 되'**
즉 **'좋은 되'**와 **'가득 담은 되'**와
'눌려서 담은 되'와 **'넘쳐나는 되'**를 생각했습니다.
첫 번째의 **'좋은 되'**는
'하느님의 은총으로 경건하게
그리스도인의 삶을 살아 영원한 생명을 얻는 것'을 의미하고,
'가득 담은 되'는 **'마지막 날에 우리에게**
주님께서 당신의 영광스러운 몸을 주신 것'을 말하고,
'눌려서 담은 되'는 **'우리를 하느님의 성인들과 천사들 가운데서**
영원히 행복하게 함께 지내도록 하신 것'을 의미하며,
'넘쳐나는 되'는 **'하느님만 생각하여 행복해하며 만족하는 것'**을 의미합니다.

하느님께서는 우리에게 이런 '네 되'를 주십니다.
그런데 우리가 '의지'라고 부르는 사랑의 힘으로 드리고
우리의 말과 일과 삶의 무게를 달아
하느님께 드리게 되는 '네 되'는 어떠한 것일까요?
의지는 하느님께 드리는 사람의 '의지'로
우리가 더 보태거나 중단시킬 수는 없습니다.
영원한 생명을 받을 때는
이 세상에서 우리가 되질한 대로
다시 심판받게 된다는 것을 명심하십시오.

먼저 우리의 '**좋은 되**'는 어떤 것일까요?
'진심으로 하느님께로 돌아가서,
하느님의 계명을 지키고 거룩한 교회의 명령에 따르고,
굳건한 믿음을 갖고, 경건하게 영성체(領聖體)하고,
죄를 미워하여 죄에서 완전히 벗어나고, 회개하고 살고,
하느님의 자비와 은총 속에서 믿음을 잃지 않는 것'입니다.
그러나 슬프게도 오늘날에는 이렇게 좋은 되질을 하여
하느님께 드리면서 경외심을 갖고 사는 사람이 드뭅니다.
하지만 이렇게 참 그리스도인의 삶을 살게 되면
틀림없이 영원한 기쁨을 얻게 됩니다.
이는 모든 종교인의 목표이기도 합니다.
하느님께서 더 이상 바라실 것이 없는
사람들이 전혀 없는 것은 아닌데 '좋은 되질'을 한 사람들입니다.
따라서 하느님과 하나가 되기 위하여 이렇게 사는 사람은
연옥(煉獄)을 거치지 않고 바로 하늘나라로 가게 됩니다.
그러나 이렇게 사는 것은 수도(修道) 생활의
가장 기본적인 수준에 지나지 않습니다.

그러나 하느님께서 더 높은 수준의 수행(修行)을 바라셨던 사람들도 있습니다.
이들은 자신의 연옥(煉獄)을 겪으면서
죽기 전까지도 하느님의 뜻에 완전히 따르지 못해
이루 말할 수 없는 큰 고통을 이겨냄으로써
하늘나라에서 누구보다도 더 높이 평가되기 때문입니다.
왜냐하면 죽음으로써 더 이상 완덕을 갖출 수는 없었지만
더욱더 정진(精進)하려고 했기 때문입니다.

그런데 우리의 '**가득 담은 되**'는 무엇을 뜻할까요?
하느님께서 많은 기도와 예배를 하게 하시고 많은 금식을 하게 하시는 등
'**경건한 삶을 살도록 부르신 사람들**'을 말합니다.
자신의 영혼 안에서 하느님을 찾고 거기서 하늘나라를 찾으려고 하여
경건한 생활을 하고 열심히 내면생활을 하면서

하느님께 '가득 담은 되'로 되돌려드린 사람들입니다.
이러한 삶은 뛰는 것이 앉아 있는 것과 다르듯이
다음의 다른 두 종류의 '되'와 많이 다릅니다.

사랑하는 형제자매 여러분, 내면생활을 열심히 하여 경건한 삶을 사는 사람, 이른바 겉과 속이 다르지 않은 사람은 얼마나 행복했겠습니까?
이러한 사람은 행복했을 뿐만 아니라 거룩하기도 했습니다.
따라서 외부활동이 내면생활에 장애가 되면
외부활동을 중단하고 전력을 다하여 내면생활에 전념하도록 해야 합니다.
이렇게 하는 것이 하느님을 더 기쁘게 해드리기 때문입니다.
부활절이나 성령강림 대축일에
우리 사제들이 수도원에서 하는 것처럼 하십시오.
왜냐하면 이때는 이들 축일의 의미를 더 깊이 생각하기 위하여
구송기도를 많이 생략하기 때문입니다.
이와 같이 축일에 하느님께서 여러분의 영혼 안에서 부르실 때
일부 외부 활동을 중단하고 여러분의 내면 깊은 곳에서 하느님과 함께 있으면
하느님께서는 여러분과 함께 당신의 뜻대로 역사하시게 됩니다.
이러할 때는 자신의 성찰에 방해가 될 수 있으므로
수도원의 규칙만 지키고 다른 것들은 생략하는 것이 좋습니다.
나는 여러분이 꾸준히 내면생활을 하려고 한다면
내면생활이 완덕을 갖추게 하여 여러분을
가장 거룩하게 만든다는 것을 말하고 싶습니다.
이렇게 하기 위해서는 여러분에게 가장 도움이 되는 일을 하십시오.
즉 우리 주 예수 그리스도의 거룩한 삶을 관상(觀想)하십시오.
주님의 고통스러운 죽음을 생각하고 소중한 피를
흘리고 계시는 주님의 거룩한 상처를 묵상하십시오.
그렇지 않으면 여러분이나 모든 인간에게 살아 계실 때나 돌아가신 후에도
자비를 베푸신 영원한 주님의 거룩함과 성 삼위와
하느님의 영원한 지혜와 전지전능하심을 묵상하십시오.

이런 갈등이 생기게 되면 자신의 내면 깊은 곳으로 들어가

겸손하게 감사하면서 하느님께서 오시기를 기다리십시오.
이러한 방법을 충실히 따르게 되면
내면생활이 외부활동보다 훨씬 더 유익하므로
어떤 외부활동을 하는 것보다 더 하느님을 만날 가능성이 많습니다.
모든 외적인 덕행은 내면생활을 충실히 해야만 이루어지게 됩니다.
조금만 내면생활을 해도 수많은 외적 수행이 거룩하게 되기 때문입니다.

그러나 내면에서 주님을 깊이 생각하지 않고
겉으로만 생각하는 척하는 사람들이 많습니다.
겸손하지 않을뿐더러 동료들에 대한 사랑도 없기 때문입니다.
그래서 아우구스티노 성인은 "**거룩한 삶은 오래 수행한다고 해서**
얻어지는 것도 아니고 착한 일을 많이 한다고 해서 얻어지는 것도 아닙니다.
사랑이 있어야만 거룩한 삶을 살 수 있게 됩니다." 하고 말했던 것입니다.
가난한 한 농부의 예를 봅시다.
밀을 잘 키우고 포도주를 잘 만들어 이익을 보려고는 하지 않고
갈색 빵을 먹고 물을 마시기 위하여 밀과 포도를 재배하는 농부들이 많은데, 내면생활을 하지도 않고 봉사만 하려고 하는 사람들은 이들 농부와 같습니다.

이제 우리의 '**눌려서 담은 되**'와 '**넘쳐나는 되**'를 생각해봅시다.
이는 '**넘치는 자비로 넓은 마음을 갖고 선한 일을 하고**
고통스러운 시련을 이겨내고, 하느님의 종으로든 하느님의 원수로든
세상에서 착한 일을 하는 것'을 의미합니다.
이 정도의 사랑을 가진 사람은 자비가 부족하더라도
불타는 사랑에 이끌려서 자신보다도 다른 사람들의 이익을 더 생각합니다.
실제로 사랑이 없이 거룩한 일을 한 사람들보다도
더 넓은 사랑의 마음으로 모든 사람의 이익을 위하여
성무일도와 미사 시에 수많은 기도문 암송을 하고
하느님을 위하여 많은 희생을 한 사람들을 생각해보십시오.
나는 하느님께서는 오로지 당신을 위하여
선한 일을 하지 않으면 인정하시지 않는다고 확신합니다.
그래서 바오로 성인이 "내가 모든 재산을 나누어 주고

내 몸까지 자랑스레 넘겨준다 하여도
나에게 사랑이 없으면 나에게는
아무 소용이 없습니다." 하고 말했던 것입니다.(1코린 13, 3)

하느님의 사랑은 하느님의 은총으로 하늘나라와 땅에서
오직 선한 일만 하게 만들며 모든 덕 중에 으뜸입니다.
사람 안에 있는 악(惡)은 자신의 것이며
모든 선한 것은 하느님의 사랑에서 비롯된 것입니다.
곡식의 낟알들이 되에 부어져 눌려져서 한 덩어리가 되는 것처럼
사랑도 함께 눌려져 하늘나라에 있는 모든 성인들과 천사들과 하나가 되고,
하느님을 위하여 땅에서 모든 고통을 겪으면서도
사랑 때문에 잊어버려야 했던 모든 고통은 물론 이들의 공로와 하나가 됩니다.
그래서 거룩한 한 성경 해석자가
"선택된 사람은 영원한 삶 속에서 서로를 위하여 깊이 사랑하므로
다른 사람이 자신보다 더 기뻐하고 더 관상을 많이 하는 것을 보면
마치 자신이 기뻐하고 관상하는 것처럼 행복하게 생각합니다." 하고
말했던 것입니다.

이러한 삶을 살면서 넘쳐흐를 정도로 사랑한 만큼 기뻐하게 마련입니다.
그러나 나쁜 사람들은 이러한 사람들을 미워합니다.
그리고 이러한 사람들로 하여금
자기 합리화를 하도록 꼬드기고 이웃을 미워하도록 유혹합니다.
마귀는 이 나쁜 사람으로 하여금 이웃의 행동을 심판하도록 하고
이웃이 한 착한 일과 봉사활동을 위선적이라고 비웃도록 만듭니다.
나쁜 사람이 마귀에게 동조하는 것은 거룩한 사랑이 없다는 증거입니다.
나쁜 사람은 다른 사람들을 닥치는 대로 비난하며
혀로 독화살을 쏘아 사람들의 영혼에 상처를 입혀 영원히 죽게 만듭니다. 여러분도
마찬가지로 잘못 심판하거나 선불리 판단함으로써
넘치는 사랑의 되로 쌓은 공로와 덕을 발로 차버리고 있습니다.
그리하여 여러분은 마음이 산란해지고 괴로워하면서
마음의 평화를 잃어버리고 아주 위험한 상태에 빠지게 됩니다.

나는 여러분에게 간곡히 충고합니다.
여러분이 계속하여 하느님의 친구로 불리려면
여러분의 혀를 가장 조심하십시오.

나쁜 생각이 착하고 경건한 그리스도인을 미워하게 만드는데
여러분이 나쁜 생각을 갖고 말하게 되면
하느님께서 거룩한 사랑을 주시지도 않을뿐더러
덕을 쌓는 은총도 빼앗아버리실 것입니다.
모세가 아론(Aaron)을 위해 머리에 부은 기름이
천천히 흘러내려서 그의 긴 수염을 적셨듯이,
거룩한 사람의 영혼 안에 있는 하느님의 사랑도
하느님을 사랑하는 모든 사람에게 흐릅니다.
즉 하느님의 사랑과 은총이 넘쳐흐르게 됩니다.
우리가 아무도 사랑하지 않게 되면
하느님의 사랑을 받지 못하게 되는 것은 불을 보듯 빤합니다.
사랑하는 형제자매 여러분, 끊임없이 이 거룩한 덕을 쌓아
모든 사람을 껴안고, 논쟁을 피하고, 전 세계 그리스도인들의 아버지시고 최고의 교황이신 하느님께서 성별(聖別)하신 성전(聖殿)을 더럽히지 말고, 하느님으로부터 영원히 파문당하지 않도록 하십시오.

그러나 슬프게도 불쌍한 인간의 본성은
참사랑을 할 생각조차도 하고 있지 않습니다.
우연히 이웃이 대죄를 짓는 것을 보게 되면
온갖 욕설을 퍼붓기만 하려고 합니다.
자신의 허물을 보십시오.
여러분은 아무도 사랑하지도 않으면서
어떻게 하느님 앞에 서 있을 수 있습니까?
여러분이 수도 생활을 하는 동안에
부지런히 하느님에 대한 경외심을 배우십시오.
왜냐하면 여러분이 열심히 수행을 하지 않으면
덕을 쌓지도 못할뿐더러 잃을 덕도 없게 되어

성모님과 모든 성인이 여러분을 위하여
피눈물을 흘려도 아무 소용이 없게 되기 때문입니다.
그러나 하느님께서는 우리가 청하는 것보다
더 많은 은총을 주시려고 지금도 참고 기다리십니다.
하느님의 사랑은 끊임이 없습니다.
하느님을 위하여 기쁘게 일하고 고통을 참으면
넘쳐흐르는 은총을 되에 담아
여러분의 삶의 모든 면에
그리고 여러분의 영혼의 구석구석까지 채워주실 것입니다.

그러면 하느님께서는 오셔서 손수 은총을 되에 가득 담으시어
넘쳐흐르게 하시고는 다시 은총의 샘으로 돌아가게 하십니다.
그러면 하느님과 하나가 되게 됩니다.
자기(自己)와 지식과 어쭙잖은 사랑이
하느님 안으로 흘러 들어가 사라지고 하느님의 판박이가 됩니다.
영원하신 하느님께서는 이러한 영혼 안에 계시는
'당신'을 사랑하시며 모든 것을 역사하십니다.
그리하여 영혼 안에 계시는 하느님께서는
영혼으로 하여금 사랑하게 만드실 뿐만 아니라 주님을 몹시 그리워하며 "사랑하는 주님, 모든 사람에게 자비를 베푸시어 그들의 죄를 용서해주소서. 특히 한 때는 착한 행동을 하다가
당신의 은총을 받지 못하게 된 사람들을 특별히 불쌍히 여기시어
당신의 식탁에서 떨어지는 빵 부스러기라도 받아먹게 해주소서.
그들을 회개하게 하시어 더 이상 죄를 짓지 않고
연옥(煉獄) 불을 거쳐 구원받게 해주소서.
그들에게 당신의 은총을 가득 채운 되를 주시어 구원받게 해주소서." 하고 말하게 만드십니다.

이렇게 선택된 영혼들은 다시 자신이 받은
모든 은총과 자기(自己)와 세상 것들을 모두 하느님께로 돌려드립니다.
이들은 이 세상의 모든 거룩한 교회에서 일어난 모든 일을 생각하면서

자신을 위해서 그리고 착하든 나쁘든 모든 사람을 위하여
영원한 하느님 아버지께 기쁘게 그리고 겸손하게 자기(自己)를 버리고
이 모든 것을 제물(祭物)로 바칩니다.
이들이 이런 은총 속에서 사는 동안에는
아무도 이들의 사랑을 가로막지 못합니다.
왜냐하면 끊임없이 모든 인류를 생각하기 때문입니다.
만약 우리가 살아 있는 동안에
이러한 신성(神性)을 갖지 못하게 되면 참으로 불행한 것입니다.
우리 모두 자비로우신 하느님께서 우리 모두에게
당신의 넘쳐흐르는 사랑의 되를 주시기를 기도합시다. 아멘.

〈삼위일체 대축일 후 네 번째 주일 두 번째 강론〉

70 구송기도와 정신기도

"여러분은 모두 생각을 같이하고 서로 동정하고
형제처럼 사랑하고 자비를 베풀며 겸손한 사람이 되십시오."(1베드 3, 8)

오늘의 편지(1베드 3, 8)에서 베드로 성인은 진심으로 기도하는 것이
우리가 수도 생활에서 할 수 있는
가장 필요하고 기쁘고 보람 있고 훌륭한 일이라고 우리에게 말했습니다.
나는 여러분에게 기도가 무엇인지, 기도의 본질이 무엇인지,
어떻게 기도해야 하는지, 어디에서 기도해야 하는지를
분명히 알게 하고 싶습니다.

기도가 무엇이고 본질이 무엇일까요?
'**기도의 본질**'은 많은 영성 작가들이 정의했듯이
'**영혼을 고결하게 만들어 하느님 안으로 들어가게 하는 것**'입니다.
그런데 기도는 어디에서 해야 하는 것일까요?
우리 주님께서 가르쳐주셨듯이 마음속으로 해야 합니다.
그리고 어떻게 기도해야 하는가에 대해서 간단하게 설명하겠습니다.
착한 사람이 기도를 시작할 때는
자신의 육적(肉的)인 삶을 되돌아보고
자신의 영혼이 진정으로 하느님을 믿고 있는지 아닌지를 살펴보아야 합니다.
이렇게 아주 꼼꼼하게 또는 중간 정도로 또는 대충
자신을 성찰하고 기도하는 법을 익혀야 합니다.
이 중 어떤 정도가 경건한 마음을 일으키는지 살펴보고

가장 좋은 것을 이용하도록 해야 합니다.
그러나 진심으로 기도하여 하느님께서 귀를 기울이시도록 하려면
헛된 생각들이나 외부 일들이나 세상 것에 대한 생각을 모두 버려야 합니다. 하느님께서 귀를 기울이시지 못하게 하는 것들은 모두 가차 없이 버려야 합니다. 그 원인이 친구든 기쁨이든 허영심이든 장신구나 옷이든 모두 버려야 합니다. 그리고 내적 외적으로 세상 것들에 집착하는
말이나 행동을 과감하게 버려야 합니다.
이렇게 기도 준비를 철저하게 해야 합니다.
그리하여 하느님께만 매달리도록 해야 합니다.
즉 자신의 영혼 깊은 곳에 계시는 하느님을 향하여
얼굴을 돌리고 자애롭게 편안한 마음으로 하느님께로 다가가야 합니다.

형제자매 여러분, 우리는 하느님으로부터 받은 크고 작은 모든 것을
한결 같은 마음으로 하느님께 되돌려드려야 합니다.
따라서 우리는 몸과 마음을 다하여 이 모든 것을 모아
하느님께 제물(祭物)로 바쳐야 합니다. 그래야만 기도가 제대로 됩니다.
큰 소리로 기도하거나 서둘러서 시편을 암송하지 않고
마음을 집중하여 기도하는 것이 참된 기도입니다.
흔히 우리가 기도라고 하는 것들이나 봉사하는 일들은
진심으로 기도하지 못하게 방해하는 수가 많습니다.
아무리 좋아 보이더라도 사람들이 무슨 말을 하더라도
하느님으로부터 멀어지게 하는 것은 망설이지 말고 버리십시오.
물론 성무일도와 같이 거룩한 교회가 정한 경건한 수행은 예외입니다.

하지만 때때로 공동체에서 긴 구송기도(口誦祈禱)를 바쳐야 할 때가 있는데
이때는 개인적인 성찰이 어렵게 됩니다. 어떻게 해야 할까요?
구송기도를 하면서 내면을 성찰하도록 해야 합니다.
형제자매들과 함께 계속하여 구송기도를 하면서
자신의 생각을 끊고 거룩한 하느님께서 계신 자신의 내면으로 들어가
하느님의 뜻에 따르도록 하고
자기(自己)와 세상 것들에 대한 생각을 버리도록 해야 합니다.

그런 후 기도하려고 마음먹은 사람들 안에서
하느님께서 당신의 영광을 보여주시고 당신을 찬양하게 해주시기를 청하면 자신에게 주어진 모든 일을 충실히 할 수 있게 됩니다.
이는 입으로 천 번 기도하는 것보다 더 낫습니다.
묵상과 관상과 같은 정신기도(精神祈禱)는 구송기도보다 훨씬 더 가치가 있습니다.
이 정신기도만큼 가치가 있는 기도는 없습니다.
그래서 하느님 아버지께서는 사람들이 정신기도 하기를 바라셨습니다.
이런 기도를 할 수 없으면 노력하여
진심으로 기도할 수 있도록 서둘러야 합니다.
구송기도를 하면서 정신기도를 한다는 것은
어떤 사람은 회반죽을 만들고 어떤 사람은 주춧돌을 놓는 것처럼
백 명이 각자 다른 일을 하여 교회를 짓는 것과도 같습니다.
백 명이 각자 다른 일을 하지만 목적은 기도의 집을 짓는 것 하나뿐입니다.
어떻게 하든지 진심으로 내면의 기도를 하도록 하십시오.
이렇게 진정으로 정신 기도를 하게 되면 완전한 기도가 되어
외적인 구송기도를 하면서도 정신기도를 할 수 있게 됩니다.

이렇게 구송기도를 하면서도 정신기도를 할 수 있게 되면
하느님 안에서 두 기도가 하나가 되어 서로 방해하지 않게 되며
참회하여 깨닫게 됨으로써 기쁘게 행동하며 살 수 있게 됩니다.
하느님께서 거룩한 사람들 안에서 역사하시어
하느님의 가장 순수한 본질 덕택으로 하느님의 기쁨을 맛보게 되기 때문입니다.
신성(神性)을 가지신 아드님을 낳으신 참 아버지시기도 한 하느님 아버지께서는
성 삼위가 서로 기뻐하며 사랑하시도록 하면서 역사하시게 되기 때문입니다.
그리고 성 삼위께서도 이와 똑같이 역사하시기 때문입니다.
성 삼위께서 한 몸이 되신 것처럼,
거룩한 기쁨은 가장 순수한 하느님의 본질로 인한 것이므로
하느님께서 역사하시고 하느님께서 기뻐하시는 것이 됩니다.
그리하여 하느님 모습으로 창조된 사람들(Capax Dei)은
하느님처럼 행동하게 되는데, 심지어는 태양과 별들과
생명이 없는 다른 모든 피조물도 하느님처럼 행동하게 됩니다.

그러나 천사들과 사람들은 이런 무생물들과 달리
소명(召命)에 따라 각자 행동합니다.
아무리 작은 꽃이나 잎도 하느님께서 주신 몸으로
하느님의 뜻에 따라 행동합니다.
그런데 하느님처럼 된 고결한 사람이
어찌 하느님처럼 행동하지 않을 수 있겠습니까?
영혼의 능력이나 본질 면에서 하느님을 닮은 인간이
어찌 별들이나 행성들보다 못한 행동을 할 수 있겠습니까?
사람은 행동이나 생각에서 하느님의 판박이가 되어야 합니다.
힘이 있을 때나 힘이 없을 때도 하느님을 닮은 모습을 보여주어야 합니다.
그리고 사람은 하느님이든 세상 것들이든
어떤 목적을 갖고 행동하게 마련입니다.
따라서 자신의 행동을 거룩하게 할 목표를 가졌다면
헛된 것들을 모두 버리고 거룩하게 살면서 행동하도록 해야 합니다.

우리 주 예수 그리스도의 영광스러운 영혼은
전능하므로 항상 신성(神性)을 지향합니다.
주님께서는 지금은 하늘나라에 계시지만
육화(肉化)되실 때부터 신성을 지향하셨습니다.
힘이 없을 때는 항상 일하시고 고통을 받으셨지만
힘이 있을 때는 항상 신성을 보여주셨습니다.
십자가에 매달려 죽어 가실 때도 지금 아버지와 함께 계시는 것처럼
주님의 영혼은 놀라운 정신력으로 아버지와 함께 계셨습니다.
따라서 우리도 하느님을 닮으려면 하느님과 함께 있어야 합니다.
우리는 평상시에 많은 일을 하고 있는 동안에도
마음속 깊이 하느님을 모셔야 합니다.
형제자매 여러분, 이렇게 하느님을 자신의 마음 깊은 곳에 모셔
당신께서 초능력으로 역사하시게 하지 않는 사람은 항상 위험 속에 살게 됩니다.
이런 사람은 소중한 인생을 헛되이 보내어 참을 수 없는 연옥을 겪게 되며 영원한
상급은 보잘것없게 되기 때문입니다.
이런 사람은 하늘나라에 가더라도 보잘것없는 존재로 여기게 되며

신하들로 둘러싸여 있는 왕이 계신 곳에
갑자기 내동댕이쳐진 것처럼 느끼게 됩니다.
자신이 영원한 생명을 얻었다고 착각했지만, 하느님의 친구들이
영원히 머물고 있는 행복한 곳을 감히 쳐다보지도 못할 것입니다.
이렇게 게으른 사람들은 내적 외적으로 하느님 없이 살게 되어
더욱더 파탄 속으로 빠질 수밖에 없습니다.
마귀들이 이러한 사람들을 유혹하고 덫을 놓아 끊임없이 공격하기 때문입니다.

이제 하느님을 닮으려면 외적인 활동을 하면서
내적인 기쁨을 느끼도록 힘을 길러야 한다는 설명으로 다시 돌아갑시다.
이는 내적 인간은 자신의 가장 깊은 곳에서
티 없이 맑은 진심을 갖고 하느님을 붙들게 된다는 것을 의미합니다.
이는 달리는 것과 앉아있는 것이 다른 것처럼,
외적으로 하느님을 섬기는 것과는 판이하게 다릅니다.
내면에서 하느님의 현존을 느끼고
하느님만 생각하게 된 것을 아주 기쁘게 여기게 되기 때문입니다.
내적인 인간은 이 때문에 외적으로 행동할 필요를 느끼게 되어
자신을 위해서나 다른 사람들의 이익을 위하여 행동한 뒤에는
다시 거룩한 원천인 하느님께로 돌아갑니다.
이 때문에 외적인 삶보다 내면생활이 훨씬 더 중요합니다.
예를 들면 명장(名匠)은 휘하에 많은 제자를 두고
원칙과 일하는 방법만 일러주고 자신이 시키는 대로 일하게 하지만
자신은 아무 일도 하지 않고 작업장에도 잘 가지 않는 것과 같습니다.
그러나 제자들은 명장이 일하는 방법과 할 일을 일러주지도 않고
혼자서 모든 일을 한 것처럼 스승을 명장이라고 부릅니다.
제자들은 스승의 명령과 계획에 따랐을 뿐인데
이것이 제자들의 일이기 때문입니다.
내면생활에서 명장이 외부생활을 관리 감독하는 것과 같습니다.
하느님의 빛을 받은 사람의 내면이
자신의 외부활동을 끊임없이 인도하기 때문입니다.
자신의 영혼 깊은 곳에서 하느님을 만나 기쁘게 하나가 되어

외부활동을 하더라도 전혀 영향을 받지 않기 때문입니다.
사소한 모든 외부 일은 내면의 지시에 따른 것입니다.
그리스도의 영적(靈的)인 몸이고 우리 주 예수 그리스도가 머리인
우리의 거룩한 교회에서 명령할 때도 그렇게 합니다.
우리의 몸과 지체(肢體)도 그러한데
눈은 다른 지체를 모두 보지만 정작 자신은 보지 못합니다.
입과 손과 다른 지체들도 저마다 고유의 임무를 갖고 있지만
머리의 지시에 따라 몸 전체를 위하여 기능을 발휘하지
자신을 위해서 임무를 다하는 것은 아닙니다.
우리 그리스도인의 신앙생활도 그러한데 모든 행동
심지어는 촛불을 옮기고 종을 치는 일조차도
영혼 안에 계시는 하느님께서 역사하시는 것을 돕기 위한 것입니다.

거룩한 교회 안에서 서로 다른 지체들이 하나가 되려면
아주 가까워야 하며 자신이 몸으로 막아
다른 사람들을 보호해야 합니다.
나는 그리스도의 몸의 지체가 나보다 더 가치 있다는 것을 알면
나 자신보다 그를 더 사랑하여 나의 가까이로 끌어들이려고 하는데
이는 마치 사람의 손과 팔이 자신보다도
머리와 가슴을 더 보호하려는 것과 같습니다.
따라서 하느님의 지체들은 본능적인 사랑으로 자기(自己)를 버리고
다른 지체를 사랑해야 하며 열심히 수행(修行)하여 많은 덕(德)을 쌓아
거룩한 머리에게 더 소중한 존재가 되도록 해야 합니다.
그리고 이웃이 무엇을 갖기를 바라는지
무엇을 갖지 않기를 바라는지 알고
마치 자신의 일처럼 신경을 써야 합니다.
만약 내가 자신의 좋은 점보다 이웃의 좋은 점을 사랑하면
이웃의 좋은 점이 나의 것이 되게 됩니다.
이웃이 나쁜 점을 갖고 있으면 그의 것으로 남게 되지만
내가 이웃의 좋은 점을 사랑하면
그 좋은 점이 그의 것도 되고 나의 것도 됩니다.

하느님께서 바오로 성인이 황홀경 속에서 정신을 잃게 하셨지만
내가 정신을 잃게 만드시지는 않았습니다.
그러나 내가 바오로 성인이 황홀경에 빠진 것을 보고
하느님의 뜻을 찬양하게 되면 내가 그의 황홀경을 찬양한 것이지
나의 황홀경을 찬양한 것은 아니지만,
그가 황홀경에 빠진 것을 내가 좋아하게 되면 그 황홀경은 나의 것이 됩니다.
하느님께서 바오로 성인 안에서 역사하신 이 거룩한 일이나
다른 모든 거룩한 일을 마치 나에게 일어난 것처럼 여기고
내가 진심으로 그것들을 좋아하게 되면 그것들은 나의 것이 됩니다.
그리고 이는 나와 다른 사람 간의 관계에서도
설령 다른 사람이 원수여도 그렇게 됩니다.
이와 같이 하느님의 영적(靈的)인 몸인 영혼들이 나의 영혼과
서로 협력하게 되어 이런 결과가 생기게 된 것입니다*.
이와 같이 이 땅과 하늘나라에 있는
하느님의 친구들의 좋은 점들이 나를 더욱더 성숙시킨 것입니다.
즉 모든 지체의 머리이신 하느님과 지체들로부터,
하느님과 천사들과 성인들로부터
공덕이 나에게로 흘러들어 성숙하게 된 것입니다.
이는 내가 사랑으로 이 거룩한 머리와 모든 지체에 합류하여

---

* 역자 주; 이는 젊은 새색시가 아기를 갖지 못하여 몹시 괴로워한 나머지 가상 임신을 하듯이, 젊은 사람들과 함께 지내면 기를 받아 젊어지듯이, 자신도 모르게 하느님과 성인들의 공덕을 본받게 되거나 도움을 받는 것을 말합니다. '성인들의 통공(communion of saints)'이란 세상에 살고 있는 신자들과 천국에서 천상의 영광을 누리는 이들과 연옥에서 단련 받고 있는 이들이 모두 교회를 구성하는 일원인데, 이들이 기도와 희생과 선행으로 서로 도울 수 있게 결합되어 있는 현상을 말합니다. 교회는 전통적으로 '모든 성인의 통공을 믿으며'(사도신경) 신앙고백을 하여 왔습니다. 세상에 살고 있는 신자들은 동일한 신앙을 고백하며 동일한 권위에 복종하고 있는 신자 상호 간에 기도와 선행으로 서로 돕고 또한 천국에 있는 성인들을 공경하며 그들의 영광에 참여할 수 있도록 도움을 청하고 성덕(聖德)을 본받으려고 노력하며 연옥에 있는 영혼들을 기도와 희생을 통하여 도울 수 있습니다.
이 '성인들의 통공'에 대한 믿음에서 '위령성월'(11월 2일)과 '모든 성인의 축일'(11월 1일)을 기념하는 것입니다. 우리들이 성인들의 통공의 일원이 되어 있다는 것을 깨닫게 되면 우리들의 마음은 하해(河海)와 같이 넓어지게 됩니다. 우리가 하고 있는 사랑은 우리들만의 사랑뿐만 아니라 우리 안에 살아있는 예수님과 성인들의 사랑도 포함되어 있습니다. 우리 마음 안에 예수님의 영이 살아 있게 되면 예수님의 영 안에 살았던 모든 사람도 살아 있게 됩니다.

하느님과 지체들의 모습을 닮게 됨으로써 자기를 버리게 된 결과입니다.
그러나 슬프게도 우리는 하느님과 하느님의 거룩한 뜻을
사랑하는 것처럼 생각할 때가 많지만, 사실은 자신을 사랑하고
소유욕을 충족시키려 한 것에 지나지 않을 때가 많습니다.
금처럼 보이는 것이 구리보다 더 값어치가 없을 때가 많습니다.
그러나 진정으로 자기(自己)를 버리고 세상 것들에 대한 집착을 버리게 되면 '가난하게' 되어 세상 것들에 관심을 갖지 않게 됩니다.
형제자매 여러분, 속세에 있는 사람들이 기쁨과 슬픔을
다 같이 좋아하는 것을 보기는 어렵습니다.

이제 우리가 갖출 수 있는 세 정도의 완덕에 대하여 생각해봅시다.
내면생활의 '**첫 단계**'에서는 자신의 내면 깊은 곳으로 들어가 숨어계신 하느님의
놀라운 증거들과 형언할 수 없는 선물들을 찾아내고
하느님의 지고한 진리를 깨닫고 '**환희(歡喜)하게**' 됩니다.
'**두 번째 단계**'에서는 하느님께서 모든 것을 빼앗아 가시면서
이끄신다는 것을 느끼고 '**절망하게 되는 것**'입니다.
'**세 번째 단계**'는 하느님과 하나가 되어 '**하느님처럼 변화하는 것**'으로
가장 기본적인 변화라고 말할 수 있습니다.
우리는 이 세 번째 단계에 이른 사람이
하느님으로부터 멀어지려고 하는 것을 보기는 어렵습니다.

우리는 이 세상과 하늘나라 어디에서든지 볼 수 있는
하느님의 사랑의 증거들을 묵상함으로써 '첫 번째 단계'에 이를 수 있게 됩니다.
하느님께서는 당신의 모든 피조물 중에서
우리에게 특별히 얼마나 많은 은총을 주셨습니까?
우리를 위하여 모든 피조물을 관장하시는
주님의 자비가 온 세상에 꽃피고 있습니다.
주님께서 우리를 찾으시고 우리를 부르시고 우리를 꾸짖으시면서도
우리를 위하여 오랫동안 참고 기다리시니 얼마나 사랑이 많으신 분입니까?
왜냐하면 우리를 위하여 사람이 되시고 수난을 받고 돌아가시어 우리를 위하여
당신의 거룩한 영혼과 거룩한 몸을 아버지께 제물로 바치셨기 때문입니다.

그리고 얼마나 간절하게 우리를 친구로 초대하셨는지 모릅니다.
우리가 하느님과 함께 영원히 기뻐하게 만드시기 위하여,
성 삼위께서 우리를 위하여 얼마나 오랫동안 기다리셨는지 모릅니다.
이 모든 것을 깊이 묵상하게 되면 하늘나라의 기쁨이 몰려오지만
몸이 너무나 허약한 나머지 감당할 수 없을 정도가 됩니다.
이러한 스트레스 때문에 입에서 피를 토하는 경우도 가끔 있으며
어떤 경우에는 심하게 앓기도 합니다.

이와 같이 하느님과 하나가 되었다는 느낌을 받고
주님으로부터 많은 은총을 받았다는 것을 알게 됩니다.
이렇게 하느님께서는 자기(自己)를 버리게 하시어
당신과 다른 면을 없애게 하십니다.
그리하여 아무도 이 고귀한 영혼들을 간섭하지 못하게 되며
겉으로만 믿음을 보이려고 하는 것을 죄로 여기기 때문에
아무도 그러한 것을 강요할 수도 없습니다.
그리고 이러한 형제가 성무일도 중에 성가(聖歌)를 부르지 않아도
수도원장이 나무라지 못하게 되는데
그렇게 하지 않으면 하느님을 닮을 수가 없게 되기 때문입니다.
주님께서는 당신의 이 특별한 친구에게 한 번만 기쁨을 주셨지만 그는 말합니다.
"사랑하는 주님, 저는 그러한 것을 바라지 않나이다.
마냥 기뻐하기만 하면 아무 쓸모없는 인간이 될 것이기 때문이나이다.
연옥에 있는 불쌍한 영혼들을 도와 하늘나라로 갈 수 있게 하고
아직도 죄를 짓고 사는 불쌍한 죄인들을 위하여
제가 어떻게 기도하면 될까요?
아직도 죄를 짓고 살면서도 기도하지 않으려고 하는
불쌍한 죄인들을 위하여 제가 어떻게 기도하면 될까요?
왜냐하면 하느님께서는 당신께서 이렇게 은총을 주실 때만
저희의 기도를 통해서 그들을 도와주시려고 하기 때문이나이다."
형제자매 여러분, 다른 사람들을 돕기 위하여
자신의 기쁨마저도 외면하려는 이 영혼의 사랑은 얼마나 위대합니까?

'두 번째 단계'에서는 **하느님께서 세상 것들을 멀리하도록 이끄십니다.**
이 단계를 맞이한 사람은 이미 어린이가 아니므로
영적(靈的)인 산해진미(山海珍味)만 맛보게 하면서 키울 수 없으므로
고통의 딱딱한 호밀 빵도 먹게 하여 어른이 되도록 해야 합니다.
이제 어른으로 성장해야 하기 때문입니다.
이런 사람에게는 아기가 먹는 빵이나 우유가 아니라
딱딱하고 질긴 음식이 필요하기 때문입니다.
이런 사람 앞에는 사막 길이 놓여 있어 어둠 속에서 혼자 걸어가야 하므로 여태까지
그에게 주셨던 위로와 기쁨을 빼앗으시고
당신께서 이끄셔야만 하기 때문입니다.
이 불쌍한 사람은 너무나 혼란스럽게 되어
하느님께서 계시는지도 모를 정도로
하느님에 대해서 아무것도 모르게 됩니다.
너무나 슬프게 되지만 넓은 세상도 좁게 보여
아무 데도 갈 데가 없는 것처럼 보입니다.
그리고 하느님을 제대로 알지 못할뿐더러
세상 것들에도 만족하지 못하게 됩니다.
마치 자신이 앞에는 칼이 있고 뒤에는 방패가 있는
가파른 벽 사이에 갇혀 있는 것처럼 느낍니다. 어떻게 해야 할까요?
그는 감히 앞으로 갈 생각도 하지 못하고 뒷걸음질할 생각도 하지 못하고
아무 위로도 받지 못하고 주저앉아서 외칩니다.
"모든 사람이 당신을 찬양하나이다.
당신께서 괴로운 고통을 주시는 것은 은총이나이다.
이 연옥의 고통을 겪으면서 지옥을 생각하면 고통이 덜어질 것이나이다."
너무나 좋아하는 것을 하느님께서 빼앗아 가시는 것이 바로 고통입니다.
이런 사람에게는 종교적인 위로를 주어도 아무 소용이 없는데
배고픈 사람에게 배를 채우라고 돌을 주는 것과 같기 때문입니다.
어떻게 하면 세상 것들을 멀리할 수 있을까요?
믿음이 깊었을수록 빼앗기는 고통이 더 크게 마련입니다.
은총을 듬뿍 받은 영혼이여, 믿음을 잃지 말고 깨어 있으십시오.
그러면 모든 것이 잘 될 것입니다.

그러나 슬프게도 이 불쌍한 영혼은 너무나 고통이 심한 나머지
어둠이 빛으로 바뀔 것이라는 믿음보다도
모든 것이 잘 될 것이라는 것만 믿으려고 합니다.

이러한 시련은 어떤 수행보다도
자신 안에서 하느님께서 잘 역사하실 수 있도록 준비시키시는 것입니다. 주님께서는
이루 말할 수 없는 고통의 십자가에 매달려
충분히 정화(淨化)되는 것을 보시게 되면 '**세 번째 단계**'로 이끄십니다.
바로 이런 사람의 눈에서 들보를 제거하시고 진리를 알게 해주십니다.
밝은 빛을 비추시어 모든 구름을 없애 주십니다.
모든 슬픔이 사라지고 자신이 부활한 것처럼 느끼게 됩니다.
주님께서는 그의 영혼 안으로 그를 이끄시어
모든 고통이 사라지고 모든 상처가 치유되는 것을 보게 하십니다.
그리하여 고통에서 벗어나 안전하게 되었다는 것을 알고 하느님처럼 살게 됩니다.
무슨 일을 하든 하느님께서 그 안에서 역사하시는 은총을 주십니다.
하느님 안에서 자기를 버려 어디에서도 찾아볼 수 없게 됩니다.
그리하여 오로지 하느님만 알게 됩니다.

형제자매 여러분, 이런 경지에 이르러야 비로소
겸손과 자기희생이 영혼의 가장 깊은 곳에 뿌리를 내리기 시작하는데
자신이 아무것도 아니라는 것을 알게 되었기 때문입니다.
겸손이 영혼에 가장 깊이 뿌리를 내려야 가장 높이 올라가게 되는 것은
모든 것이 하느님 안에서 이루어지기 때문입니다.
그러나 이런 경지에 이른 사람이 길을 잃는다든지 하느님께 반발한다든지
다시 이기적으로 된다든지 자기만 알게 되면 루시퍼처럼 타락하게 됩니다.
따라서 믿음을 잃지 말고 하느님과 하나가 되도록 기도해야 합니다.
성 삼위시여, 저희가 한결같은 마음으로 기도하게 해주소서. 아멘.

〈삼위일체 대축일 후 다섯 번째 주일 첫 번째 강론〉

71 깊은 물에서 고기를 잡아라

예수님께서는 그 두 배 가운데 시몬의 배에 오르시어
그에게 물에서 조금 저어 나가 달라고 부탁하신 다음,
그 배에 앉으시어 군중을 가르치셨다.
예수님께서 말씀을 마치시고 나서 시몬에게 이르셨다.
"깊은 데로 저어 나가서 그물을 내려 고기를 잡아라."
시몬이 "스승님, 저희가 밤새도록 애썼지만 한 마리도 잡지 못하였습니다.
그러나 스승님의 말씀대로 제가 그물을 내리겠습니다." 하고 대답하였다.
그렇게 하자 그들은 그물이 찢어질 만큼 매우 많은 물고기를 잡게 되었다.
그래서 다른 배에 있는 동료들에게 손짓하여 와서 도와 달라고 하였다.
동료들이 와서 고기를 두 배에 가득 채우니 배가 가라앉을 지경이 되었다.
시몬 베드로가 그것을 보고 예수님의 무릎 앞에 엎드려 말하였다.
"주님, 저에게서 떠나 주십시오. 저는 죄 많은 사람입니다."
사실 베드로도, 그와 함께 있던 이들도 모두
자기들이 잡은 그 많은 고기를 보고 몹시 놀랐던 것이다.
시몬의 동업자인 제베대오의 두 아들 야고보와 요한도 그러하였다.
예수님께서 시몬에게 이르셨다.
"두려워하지 마라. 이제부터 너는 사람을 낚을 것이다."(루카 5, 3-10)

주님께서 깊은 데로 저어 나가라고 명령하신 '배'는
'우리 영혼의 내면생활'을 의미합니다.
배가 이 슬픈 세상의 위험한 바다를 건너려면
폭풍우가 잠잠해지고 기쁨이 슬픔으로 바뀌어야만 합니다.

위험을 알고 괴로워하면서 두려워하면 마음이 시들게 되므로
폭풍우가 몰아치는 이 세상이라는 바다로부터
보호를 받아야 하기 때문*입니다.
여러분은 언제까지 위험을 전혀 생각하지도 않고
여러분을 기다리고 있는 놀라운 심판을 완전히 잊어버리고
옷이나 장신구나 먹는 것만 생각하며 정처 없이 항해하려고 합니까?
언제 심판을 받게 되느냐고요? 여러분은 알지 못합니다.
오늘일 수도 있고 내일일 수도 있습니다.
그러나 여러분이 세상 것들에 집착하는 위험,
진심으로 하느님께 매달리지 않는 사람이나
하느님의 친구들 중 가장 비천한 이들에도
끼이지 않는 사람 앞에 놓인 위험을 알았더라면
그렇게 정처 없이 항해하지는 않았을 것입니다.
오래지 않아서 하느님의 친구들 중 한 사람에게
그러한 속물들의 운명이 얼마나 끔찍한 것인가를 보여주십니다.
그리하여 이를 본 사람은 충격을 받고 참을 수 없게 되며 믿을 수 없게 됩니다.
이렇게 사는 모든 사람에게 경고를 하도록 하십시오.

주님께서 "**깊은 데로 저어 나가라.**"고 하신 말씀을 생각해봅시다.
이는 영적(靈的)인 사람은 오직 하느님의 사랑만 생각하며
세상 것들을 멀리 해야 한다는 것을 의미합니다.
폭풍이 몰아치고 있는 바다인 이 속세에 빠져 사악하게 되지 않으려면
모든 사람보다 높이 올려져야 하기 때문입니다.
베드로 성인이 말했습니다.
"스승님, 저희가 밤새도록 애썼지만 한 마리도 잡지 못하였습니다."
이는 바깥일만 생각하고 있는 사람은 밤까지 힘들게 일하더라도
아무것도 얻지 못하게 된다는 것을 의미합니다.
그래서 주님께서 "깊은 데로 저어 나가서 그물을 내려 고기를 잡아라."고 하셨고

* 역자 주: 몹시 두려워하게 되면 기절할 수는 있으나 죽지는 않지만 두려워 죽으려고 하는 사람들이 많기 때문입니다.

그들은 그물을 말씀대로 하여 그물이 찢어질 정도로 많은 고기를 잡았습니다.
이 모든 일은 주님께서 승천(昇天)하시기 전에 일어났습니다.
왜냐하면 복음(요한 21, 6)에 주님의 말씀대로 제자들이 그물을 던졌더니,
고기가 너무 많이 걸려 그물을 끌어 올릴 수가 없었다고 되어 있기 때문입니다.

형제자매 여러분, 여기서 '**그물**'은 무엇을 뜻할까요?
바로 '**사람들의 생각**'을 뜻합니다.
제자들이 던진 '**그물**'은 '**마음에 거룩한 갈망과 거룩한 행동과 거룩한 가르침과 특히 예수님의 거룩한 삶과 수난을 생각하는 불을 지피도록 하는 것**'을 뜻합니다.
거룩한 묵상을 하여 자신의 영혼에 그리스도와
주님 안에 있는 사랑과 기쁨으로 가득 채워서
숨기지 말고 큰소리로 환희의 노래를 부르도록 해야 합니다.

그러나 '깊은 데로 저어 나가는 것'은 첫걸음에 지나지 않습니다.
여기에서 그칠 것이 아니라 진정으로 자기(自己)를 죽인 사람,
즉 디오니시오 성인(St. Dionysius)이 말한 대로
'**하느님과 같은 사람**'**이 되기 위하여,**
하느님께서 계신 영혼의 가장 깊은 곳으로 내려가야만 합니다.
이는 하느님께서 언제 어디서나 영혼 안에 있는
저질스러운 모든 것들을 버리고
거룩한 생각과 기쁨만 생각하도록 만드시는 것을 뜻합니다.
이러한 것들 때문에 구원을 받지 못하게 되므로
더 이상 이러한 것들에 집착하면 안 된다는 것을 말씀하신 것입니다.
그러나 이렇게 하고 나면 몹시 괴로워하게 되는데
마음을 완전히 비우고 난 다음 다른 것으로 채우지 못하고 있기 때문입니다. 불쌍한 사람은 대신에 무엇이든 붙들려고 하지만 아무것도 얻지 못한 채
좁은 은둔처의 벽에 갇혀 괴로워할 수밖에 없게 됩니다.
그리하여 그의 영혼의 배는 영성(靈性)이 부족한 채로
깊은 바다 위에 떠다니면서 하느님으로부터 영원히 버림받은 것처럼 느끼며 시련과 갈등 속에서 몹시 괴로워하게 됩니다.
결국 사나운 번뇌의 파도가 무자비하게 그의 작은 배를 침몰시키고 맙니다.

사랑하는 형제자매 여러분, 너무 두려워하지 마십시오.
여러분의 배는 폭풍으로 파선되기는 했지만
안전하게 닻을 내리고 있기 때문입니다.
그래서 의로운 사람 욥(Job)이 말했습니다.
"저들은 밤을 낮이라 하고 어둠 앞에서 빛이 가까웠다 하건만
나 무엇을 더 바라리오?"(욥기 17, 12-13)
여러분의 마음을 최대한 안정시키고
자기(自己)를 완전히 버리고 끝까지 참고 견디십시오.
어떤 사람들은 이런 고통스런 절망 속에서
자신의 꼬락서니를 알고 자기(自己)를 버리지만
이러한 고통에서 도망치려고 하면 마음만 아프게 될 뿐입니다.
도망치더라도 마음이 편치 않기 때문입니다.
스승들에게 푸념을 해도 아무 소용이 없게 되는 것은
기쁨을 잊어버렸기 때문입니다.
꿋꿋이 서서 고통을 견뎌내십시오.
어둠 뒤에는 빛이 온다는 것을 알고 새벽까지 참고 기다리십시오.
기다리기만 하면 여러분은 곧 하느님 안에서 다시 태어나게 됩니다.
하느님께서 여러분에게 말씀하셨습니다.
"나를 굳게 믿어라. 비록 내가 영혼에게 시련을 주더라도
용감하게 참고 견디기만 하면 새로운 사람으로 태어나게 하기 때문이다.
이 때문에 내가 너희에게 고통을 주고
내가 만든 것들로부터 고통 받게 하는 것이다.
그러나 너희가 이 시련들을 기쁘게 참고 견디지 못하면
너희 안에 하느님께서 오시지 않게 되는데 그러면 얼마나 큰 상처를 받겠느냐?"
여러분이 그리스도라는 단단한 바위에 닻을 내리려면
바오로 성인이 말한 것처럼 **'참 사람'**이 되어야 합니다.
"나는 확신합니다. 죽음도, 삶도, 천사도, 권세도, 현재의 것도, 미래의 것도, 권능도,
저 높은 곳도, 저 깊은 곳도, 그 밖의 어떠한 피조물도
우리 주 그리스도 예수님에게서 드러난 하느님의 사랑에서
우리를 떼어 놓을 수 없습니다."(로마 8, 38-39)
그러면 모든 마귀와 사람들이 여러분에게 음모를 꾸미거나 공격할수록

여러분의 영혼은 더 높여져 더욱더 하느님처럼 될 것입니다.

형제자매 여러분, 여러분이 하느님을 만났다는 확실한 증거라도 있습니까?
자문(自問)해 보십시오. 여러분에게 주신 것이 기쁨입니까 아니면 고통입니까?
여러분은 하느님만 생각하고 있습니까?
그러면 여러분 영혼의 배는 세상 것들의 폭풍에서도 위험하지 않게 됩니다.
하느님께서는 이러한 사람에게 내적인 기쁨과 평화라는
값을 매길 수 없는 귀중한 보물을 주시지만
다른 사람들은 알아차리지 못합니다.
유혹의 폭풍이 여러 차례 조각 배에 강하게 몰아치면서
바닥으로 가라앉히려고 위협하므로
많은 외적 인간들은 흔들리게 되지만
이러한 사람들에게서는 내면의 평화를 앗아가지 못합니다.

나는 여러분에게 말하고 싶습니다.
한 번도 이런 경험을 해보지 않은 사람들처럼 소란을 떨지 마십시오.
부자인 어부들과 가난한 어부들이 있지만
훨씬 더 가난한 사람들도 있게 마련입니다.
여러분이 아무리 수행(修行)을 제대로 하고 있지 않았더라도
진심으로 수행하여 하느님을 더 사랑하는 사람이 되려면
믿음을 갖고 기다리십시오.
아무것도 생각하지 말고 여러분이 어떤 행동을 하더라도
하느님께서 지켜보시고 계신다고 생각하고 행동하십시오.
죽을 때까지 평화로운 마음을 얻지 못하더라도
언젠가는 마음의 평화를 얻게 된다는 것을 굳게 믿으십시오.

그러면 결국엔 하느님의 이 진실한 친구는
불안한 마음과 평화로운 마음이 마구 뒤엉켜
그물이 찢어지는 아픔을 겪게 될 것입니다.
왜냐하면 자신이 원하는 만큼 하느님과 함께 있지 못하면
괴로워하게 되고 하느님께서도 불안하게 여기시기 때문입니다.

우리는 숲속에서 40년을 하느님을 위하여 지극정성으로 수행했지만 하느님으로부터 아무런 위로도 받지 못한
한 거룩한 사람에 대하여 읽은 적이 있을 것입니다.
그는 분명히 수천 명의 다른 사람들보다 하느님으로부터
더 많은 위로를 받았지만 가장 높은 정도의 위로를 바라고 있었기 때문에 만족하지 못했을 뿐입니다.
그 정도로 마음의 평화를 누렸으므로 다음과 같이 말해야 옳습니다.
"악을 피하고 선을 행하며 평화를 찾고 또 추구하여라."(시편 34, 15)
영문도 모르는 가운데 하느님의 평화가 찾아와
말로 표현할 수도 없고 이름 부를 수도 없는 하느님께로의 회심(回心)**이 일어나고**
하느님께서도 영혼에게 눈을 돌리시게 되기 때문입니다.
그리하여 하느님께서 평화에 대하여 말씀하시면 영혼은 다음과 같이 말합니다.
"하느님께서 무엇을 말씀하시는지 나는 듣고자 하네.
주님께서는 당신 백성에게, 당신께 충실한 이들에게 진정 평화를 말씀하신다.
그들은 **다시 우매함으로 돌아가지 않으리라.**"(시편 85, 9)
디오니시오 성인(St. Dionysius)은 이러한 사람들을
'**하느님과 같은 사람들**'이라고 했으며, 바오로 성인은 이들에게
"여러분이 모든 성도와 함께 너비와 길이와 높이와 깊이가 어떠한지 깨닫는 능력을
지니고, **인간의 지각을 뛰어넘는 그리스도의 사랑을**
알게 해 주시기를 빕니다." 하고 말했습니다.(에페 3, 18-19)
형제자매 여러분, 이들은 이성(理性)이나 육감(肉感)으로
높이와 깊이가 어떠한지 깨달은 것이 아니었습니다.
이들은 전혀 이해 못 하고 신비스럽게 여겼을 뿐입니다.
그러나 하느님께서는 외면생활이 완전히 깨끗해지고
깨달은 사람들의 영혼 안에서만 마음의 평화를 누리게 해주십니다.
오로지 하느님만 생각하고 하느님 안에서만 쉬면서
평화를 얻으려고 하는 사람들의 영혼 안에서만
마음의 평화를 누리게 해주십니다.

우리의 주님께서는 배 안에 앉아 계시면서 사람들을 가르치셨습니다.
그리고 하느님께서도 이러한 사람들의 영혼 안에 앉아 쉬시면서

이들을 통하여 모든 세상 사람들을 가르치려고 하십니다.
그러나 이 영혼의 그물이 깊은 곳에 내려지게 되면
찢어진다는 것을 알아야 합니다.
여러분은 생각하지도 못하겠지만
나는 이 정도까지 되어야 한다고 생각합니다. 그렇습니다.
자신이 경험하지 않은 것을 가르칠 수는 없으며
자신이 조금도 좋아하지 않으면서 가르칠 수도 없으며
자신이 조금도 묵상해보지 않은 것을 가르칠 수도 없으며
아무 방해도 받지 않고 얻을 수는 없는 법입니다.

물고기가 너무나 많이 잡혀서
'그물이 찢어질 수밖에 없었다'는 것을 묵상해봅시다.
불쌍한 인간의 본성은 너무나 나약하여
그러한 하늘나라의 기쁨을 감당할 수 없다는 것을 말합니다.
그래서 인간은 마음이 편한 날이 없는지도 모릅니다.
빙엔(Bingen)의 힐데가르트 성녀(St. Hildegrade, 1098-1179)가
이를 잘 표현했습니다. **"하느님께서 머무시는 곳은**
건강하고 강한 몸 안이 아닙니다." 그리고 바오로 성인도 말했습니다.
"나의 힘은 약한 데에서 완전히 드러납니다."(2코린 12, 9)
그러나 이 연약함은 하느님으로부터 나와 영혼 안으로 들어간 것이 아닙니다. 극심한
고행(苦行)을 하여 약해진 것이 아니라
쓸데없는 일을 하느라고 지나치게 체력을 소모했기 때문입니다.
하느님께서는 이 영혼을 당신께서 계시는
깊은 곳으로 인도하시어 거룩한 빛을 비추어주셨습니다.
그리하여 이 영혼은 하느님 안에서 완전히 새로운 사람이 되고
하느님께서는 이 사람의 일을 역사하시게 되었습니다.
그러나 하느님처럼 변화시키신 것은 하느님의 역사였으므로
자신이 하느님 안에서 새로운 사람이 된 것을 모를 뿐만 아니라
하느님께서 역사하신 줄도 모릅니다.
이제 하느님께서는 그 안에서 사시며 그 사람의 일을 모두 맡아 하십니다.
그리고 하느님께서는 당신 안에서처럼 그 사람 안에서 기뻐하십니다.

이러한 영혼들에게는 하느님의 영광으로 둘러싸이게 됩니다.
그래서 하느님께서는 이들과 함께 깊은 바다로 가시어
그물을 던지게 하시고 많은 고기를 잡게 하셨습니다.

그러나 그물이 찢어진다는 것은 무엇을 뜻할까요?
배가 하느님께서 계신 깊은 곳으로 가서 그물을 내리게 되자
많은 고기가 잡혀 배가 가라앉을 지경이 되고
그물이 찢어질 것 같이 되었는데
'그물'은 '자기(自己)'와 '욕심'을 말합니다.

어떤 것이 다른 것으로 바뀌려면 먼저 본연의 모습을 잃어야 합니다.
따라서 이 경우 영혼과 몸이 깊은 바다에 빠져 들어가
본연의 모습을 잃어버린 것이라고 해석할 수 있습니다.
영혼이 여태까지 하던 활동과 수행을 더 이상 하지 못하게 되었기 때문입니다.
사람이 하느님께서 계시는 깊은 곳에 빠져
더 이상 수행이나 구송기도를 하지 못하게 된 것입니다.
그리하여 베드로 성인이 했던 것처럼
예수님 발 앞에 엎드려 바보 같은 말을 할 수밖에 없었습니다.
"주님, 저에게서 떠나 주십시오. 저는 죄 많은 사람입니다."
더 이상 수행(修行)과 기도를 할 수 없게 되어 다시 무(無)로 돌아가
하느님 앞에 작은 사람으로 엎드릴 수밖에 없게 된 것입니다.
그뿐만 아니라 하느님으로부터 받은 것을 영혼으로부터 모조리
뺏어 가시는 것처럼 보이고 다시는 아무것도 소유하지 못할 것만 같이 보입니다.
이런 과정을 통하여 알아차리지 못하는 가운데
자신 안에 무(無)가 만들어진 것입니다.
하느님께서 계신 깊은 곳으로 빨려 들어가
하느님과 하나가 된 것처럼 느끼게 된 것입니다.
그래서 시편저자는 **"당신의 파도와 물결이 모두**
제 위로 지나갔습니다." 하고 말했습니다.(시편 42, 8)
하느님께서 이 영혼을 받아들이심으로써
인간성이 신성(神性)으로 바뀌어 바닥도 모르는

깊은 심연의 신성(神性)에 빠져들어 간 것입니다.
그리하여 이 사람은 항상 덕행을 하며 친절하고 하느님처럼 행동하게 되며
모든 사람과 기쁘게 더불어 살려고 하므로
이 사람 안에서는 아무런 허물도 찾아볼 수 없습니다.
모든 사람에게 다정하게 대하며 연민을 갖고 대하며
너그러우므로 하느님과 같은 사랑을 멈추지 못할 것으로 보입니다.
하느님, 저희 모두에게도 이런 은총을 주소서. 아멘.

〈삼위일체 대축일 후 다섯 번째 주일 두 번째 강론〉

72 하느님의 뜻을 따르십시오

예수님께서는 그 두 배 가운데 시몬의 배에 오르시어
그에게 뭍에서 조금 저어 나가 달라고 부탁하신 다음,
그 배에 앉으시어 군중을 가르치셨다.
예수님께서 말씀을 마치시고 나서 시몬에게 이르셨다.
"깊은 데로 저어 나가서 그물을 내려 고기를 잡아라."
시몬이 "스승님, 저희가 밤새도록 애썼지만 한 마리도 잡지 못하였습니다. 그러나 스승님의 말씀대로 제가 그물을 내리겠습니다." 하고 대답하였다.
그렇게 하자 그들은 그물이 찢어질 만큼 매우 많은 물고기를 잡게 되었다. 그래서 다른 배에 있는 동료들에게 손짓하여 와서 도와 달라고 하였다.
동료들이 와서 고기를 두 배에 가득 채우니 배가 가라앉을 지경이 되었다.
시몬 베드로가 그것을 보고 예수님의 무릎 앞에 엎드려 말하였다.
"주님, 저에게서 떠나 주십시오. 저는 죄 많은 사람입니다."
사실 베드로도, 그와 함께 있던 이들도 모두
자기들이 잡은 그 많은 고기를 보고 몹시 놀랐던 것이다.
시몬의 동업자인 제베대오의 두 아들 야고보와 요한도 그러하였다.
예수님께서 시몬에게 이르셨다.
"두려워하지 마라. 이제부터 너는 사람을 낚을 것이다."(루카 5, 3-10)

주님께서 가르치시고 앉아 계시면서
깊은 데로 나아가서 그물을 내리게 하시어
많은 고기를 잡게 하셨던 배는 바로 베드로의 배였습니다.
주님께서는 항상 진심으로 순종하는 인간을 위하여 사셨고,

자신의 가장 깊은 곳에 계시는 주님께 모든 것을 맡기고 따르는
영혼 안에서 앉아 쉬시는 것을 좋아하셨습니다.
그러나 항상 이렇게 모든 것을 주님께 맡기고 사는 사람이 드물기 때문에
우리에게 수행(修行)을 통하여
내면에서 당신에게 돌아오라고 권하셨습니다.
이런 권고를 무시하고 자기 뜻만 고집하고
자신이 선택한 수행 습관만 따르는 사람은
하느님께 순종하는 사람이 아닙니다.
그러나 시몬 베드로는 하느님께 무조건 순종했습니다.
성가대에서 하느님을 찬양하고 있는 수녀가 있는데,
하느님께서 노래하는 것이 내면의 주의를 산만하게 하므로
성가(聖歌)를 중단하고 내면에서 하느님께로 돌아가야 한다고 경고했다고 합시다.
노래도 하고 내면에서 하느님을 함께 생각하면 더욱더 좋은 일이지만
그렇지 않으면 하느님의 경고를 받아들여야 합니다.

형제자매 여러분, 하느님께서 은총으로 경고하시는 것을
거역하면 얼마나 해로운지 압니까?
만약 여러분이 하느님의 경고를 무시했다면 두려워서 견디지 못할 것입니다.
하느님께서 경고하시는 것은 아직 완덕을 갖추지 못한 사람들에게
무한한 자비로 고통을 겪게 만드시어
완덕을 갖추도록 하시려는 것일 뿐입니다. 조금만 고통을 덜 겪어도 죽을 때 은총을 덜 받은 사람들보다 더 괴로워하게 될 뿐만 아니라 뒤에 연옥을 맛보며 살게 됩니다. 그러나 이러한 고통을 모두 겪은 후에는 은총을 덜 받은 사람들보다 하늘나라에서 더 높은 자리를 차지하게 됩니다.

이와 같이 하느님께서는 진심으로 순종하는 사람의
영혼 안에 앉아계시면서 가르침을 주시고 놀라운 사랑의 은총을 주십니다.
우리의 주님께서 베드로에게 "뭍에서 조금 저어 나가 달라."고
부탁하신 것을 듣고 따라 많은 고기를 잡은 기적에 주목하십시오.
이는 아직 완덕을 갖추지는 못했지만 고귀한 마음을 먹은 사람은 헛된 생각을 모두 버리고 세상 것들에서 기쁨을 찾지 말아야 한다는 것을 뜻합니다.

하느님 안에서만 살려고 하는 사람은 하느님을 끊임없이 찾아야 합니다.
오늘 수행(修行)해야 할 것을 내일로 미루면 절대로 안 됩니다.
최선을 다하여 수행을 계속해야 합니다.
오늘만 하느님을 위해서 살고 내일은 본능에 따라 살면 안 됩니다.
사람들이 수행이 너무나 힘들고 고통스럽기 때문에 오래 버티지 못하고 옛날처럼 세상 것들을 멀리하지 못하고 본능에 따라 쾌락을 즐겼다는 말을 할 때면 놀라울 따름입니다. 그물이 찢어져 고기가 모두 도망가게 됩니다.
형제자매 여러분, 아무리 수행을 하더라도
하느님만 생각하지 않고 수행하게 되면
성직매매(聖職賣買)와 같은 대죄를 짓기 쉽습니다. 성직매매가 무엇입니까?
영적(靈的)인 것들을 팔아 속된 것들을 사들이는 것으로 가장 큰 죄입니다.
따라서 수행을 하면서도 세상 것들을 생각하고 얻으려는 것은
일종의 정신적인 성직매매입니다.

우리는 복음에서 제자들이 그물을 손질하는 것을 보았습니다.
우리도 죄로 찢어진 우리의 그물을 손보아야 합니다.
그물을 손보려면 진심으로 하느님께로 돌아가야 합니다.
구부러진 나무를 바로 잡으려면 반대 방향으로 구부려서 한참 기다려야 합니다.
마찬가지로 우리도 짐승처럼 본능에 기울어져 살던 것을 바로 잡아
하느님을 위하여 살도록 해야 합니다.
그러려면 몸과 마음에 있는 세상 것들을 모두 버리고
자신의 뜻을 버리고 하느님께 순종해야 합니다.
자비하신 하느님께 모든 것을 맡기면서 겸손하게
"사랑하는 주님, 저는 밤새 애썼지만
한 마리도 잡지 못했나이다." 하고 말해야 합니다.
혹시 여러분이 주님 없이 일한 시간은 캄캄한 밤이 아니었습니까?
깨어 있지 않은 미련한 영혼은 항상 영적(靈的)인 밤에 일하게 되며
본능에 따라 일하므로 수행을 제대로 할 수 없게 됩니다.
바깥일에만 신경을 쓰는 사람은
이렇게 손과 발과 등을 이용하여 죽어라고 일하게 되므로
내면으로 들어가게 하여 다시 하느님께로 돌아가게 해야 합니다.

형제자매 여러분, 우리의 구세주께서 베드로 성인에게 말씀하셨습니다.
"깊은 데로 저어 나가서 그물을 내려 고기를 잡아라."
이는 하느님께는 너무나 하찮은 일이기는 하지만
여러분의 경우에는 이렇게 명령하시지 않더라도,
여러분의 영혼을 성숙시켜,
시공(時空)을 떠나서 모든 것을 역사하시는
하느님의 깊은 생각을 알아차리도록 하라는 의미입니다.
지혜가 부족한 사람이 하느님을 이해할 수 없는 것은
하느님의 지혜가 무한하시기 때문입니다.
따라서 항상 깨어 있으면서 살도록 하십시오.
왜냐하면 하느님께서 시몬의 배 안에서 진리를 가르치셨듯이
여러분의 영혼 안에 앉아계시면서 가르쳐주시기 때문입니다.
주님께서는 거룩한 말씀을 통하여 가르치시므로
알아듣는 사람은 어떤 일이든 할 수 있게 되기 때문입니다.
모든 것을 하느님께 맡겨드리고 이 가르침을 받아들이십시오.
왜냐하면 시공(時空)을 초월한 지혜를 갖고
가르침을 받아들이는 사람에게만 거룩한 말씀을 하시기 때문입니다.
하느님의 도우심으로 깨닫게 되어
사람들이 이해할 수 없는 지혜를 갖게 되기 때문입니다.
영혼 안에 이렇게 만들어진 하느님 나라는
말할 수 없을 정도로 영광스럽기 때문입니다.

그러나 우리 주님께서 거룩한 말씀을 통하여 영혼 안에서 태어나시고
영혼이 하느님을 믿고 받아들여도 어려운 시련을 주실 때가 많습니다.
그러면 연약하고 불쌍한 인간의 영혼은
그물처럼 찢어지고 배가 가라앉을 것처럼 보입니다.
그리하여 영혼은 모든 것을 잃게 된다고 생각합니다.
그러나 도움을 받게 되면 아무것도 잃지 않고 하느님을 닮게 됩니다.
베드로 성인이 동업자들 특히 요한 성인을 불러 도움을 청했다는 것은
이제 깨달아 하느님의 지혜를 얻게 되었으므로
자신의 판단력의 도움을 받으라는 것입니다.

그런데 영혼 안에 하느님의 빛이 비치게 되면
인간의 빛, 즉 지식은 아무 쓸모가 없게 된다는 것을 잊지 마십시오.
하느님의 빛이 밝게 빛날수록 인간의 빛은 희미하게 되므로
마치 햇빛이 촛불의 빛이 아무 쓸모없게 만드는 것과도 같습니다.
따라서 고통을 참고 기다리십시오.
왜냐하면 인간이 마침내 하느님의 빛을 듬뿍 받게 되면
짧기는 하지만 이 세상이 주는 어떤 평화나 기쁨보다도 더 크기 때문입니다.
그리하여 가장 적게 깨달은 사람이라도 평화와 기쁨을 맛보게 됩니다.

다른 복음에서도 고기를 많이 잡을 수 있도록
우리의 주님께서 명령하신 것을 전하고 있습니다.
"'그물을 배 오른쪽에 던져라. 그러면 고기가 잡힐 것이다.'
그래서 제자들이 그물을 던졌더니,
고기가 너무 많이 걸려 그물을 끌어 올릴 수가 없었다.
예수님께서 사랑하신 그 제자가 베드로에게 '주님이십니다.' 하고 말하였다.
주님이시라는 말을 듣자, 옷을 벗고 있던
베드로는 겉옷을 두르고 호수로 뛰어들었다.
다른 제자들은 그 작은 배로 고기가 든 그물을 끌고 왔다.
그들은 뭍에서 백 미터쯤밖에 떨어져 있지 않았던 것이다.
그들이 뭍에 내려서 보니, 숯불이 있고
그 위에 물고기가 놓여 있고 빵도 있었다.
예수님께서 그들에게 말씀하셨다. '방금 잡은 고기를 몇 마리 가져오너라.'
그러자 시몬 베드로가 배에 올라 그물을 뭍으로 끌어 올렸다.
그 안에는 큰 고기가 백쉰세 마리나 가득 들어 있었다.
고기가 그토록 많은데도 그물이 찢어지지 않았다."(요한 21, 6-11)
이 모든 일은 주님께서 돌아가신 후에 일어났습니다.
그런데 주님께서 제자들에게 이렇게 요구하시기 전에
제자들에게 무언가 먹을 것이 있느냐고 물으셨지만
제자들은 아무것도 없다고 답변했습니다.
이는 하느님의 은총을 듬뿍 받으려면
아무것도 가진 것이 없어야 함을 보여주는 것입니다.

그리하여 은총을 받게 되면 베드로가 말한 것처럼 말하게 됩니다.
"주님, 말씀하신 대로 그물을 내리겠나이다."
이는 바오로 성인이 말한 것처럼 하느님의 말씀을 통하여
인간의 능력 이상으로 힘을 얻어 하느님처럼 바뀌게 된다는 것을 말한 것입니다.
"우리는 모두 너울을 벗은 얼굴로 주님의 영광을 거울로 보듯
어렴풋이 바라보면서, **더욱더 영광스럽게 그분과 같은 모습으로 바뀌어 갑니다.**
이는 영이신 주님께서 이루시는 일입니다."(2코린 3, 18)
이렇게 되려면 먼저 자신 안에 우리 주님이 태어나시도록,
죽었다가 다시 살아나야 합니다.
이러한 사람은 제자들이 주님께 말씀드린 대로
먹을 것이 있느냐고 물으시면 항상 없다고 대답할 수 있어야 합니다.
이와 같이 자기(自己)를 버리고 아무것도 가진 것이 없이
아무것도 바라지 않는, **'진정으로 가난한 사람'**이 되어 있어야 합니다. 하느님으로부터 구원받는 것 외에는 아무것도 기쁨을 주지 못합니다.
이들은 자신의 것은 아무것도 찾지 않으므로,
밤새도록 일해도 아무것도 얻는 것이 없을 때가 많습니다.
즉 모든 것을 버린 밤에 절망하며 버림을 받은 것처럼 느끼기만 합니다.
아무리 느끼려고 해도 자신의 영혼에 빛도 없고 기쁨도 없습니다.
그러나 마치 하느님께서 영원히 절망하고
버림을 받은 것처럼 느끼게 하시려고 한 것처럼
이러한 어둠 속에서 모든 것을 버려야만 합니다.
이렇게 됨으로써 하느님의 뜻에 모든 것을 맡길 수밖에 없고
아무 대가도 바라지 않게 됩니다.
형제자매 여러분, 이러한 사람은
'진정으로 가난한 사람'이지만 온 세상이 그의 것입니다.
이러한 사람은 하느님의 뜻만 생각하고
하느님의 뜻이 이루어지기만을 바랍니다. 그러면서도 무척 겸손합니다.
왜냐하면, "이와 같이 너희도 분부를 받은 대로 다 하고 나서,
'저희는 쓸모없는 종입니다. 해야 할 일을 하였을 뿐입니다.' 하고 말하여라." 하고 주님께서 권고하신 대로 "저희는 쓸모없는 종입니다. 해야 할 일을 하였을 뿐입니다." 하고 말하기 때문입니다.(루카 17, 10)

쓸모없는 종이 쓸모없는 일만 하는데
어찌 하느님께서 우리의 일이라고 생각하시겠습니까?

그러나 아무도 하느님의 쓸모없는 종이 되려고 하지 않습니다.
모든 사람이 무언가 쓸모 있는 일을 했다고 생각하려고 합니다.
형제자매 여러분, 여러분은 아무 쓸모가 없는 사람들입니다.
여러분은 이렇게 생각하고 겸손하게 되어 모든 것을 하느님의 뜻에 맡기십시오.
그런 다음 베드로 성인이 말한 대로
"주님, 저에게서 떠나 주십시오. 저는 죄 많은 사람입니다." 하고 말하십시오.
항상 자신이 보잘것없다고 생각하고 무능하다고 생각하고
아는 것이 없다고 생각하면서 모든 것을 하느님의 뜻에 맡기십시오.
다른 생각은 전혀 하지 말고 가난하게 되어 하느님의 뜻에만 따르십시오.
이러한 사람들처럼 미사 중에 내면으로 이러한 생각을 하게 되면,
덕을 많이 쌓게 됨으로써 모든 일이 잘되게 되고
모든 일을 마음 편하게 하게 되고 모든 사람에게 친절하게 되고
모든 것을 하느님께 맡기게 됩니다.
주님께서 분부하신 대로 그물을 오른쪽에 던지게 되고
당신의 상처에서 나오는 선혈(鮮血)에 사랑을 쏟아 붓게 됩니다.
하느님, 저희가 이렇게 애써서 하느님과 같은 사랑으로 살게 해주소서. 아멘.

〈삼위일체 대축일 후 다섯 번째 주일 세 번째 강론〉

73 진정으로 완덕을 갖추려면

"유다인들의 파스카 축제가 가까워지자 예수님께서는 예루살렘에 올라가셨다.
그리고 성전에 소와 양과 비둘기를 파는 자들과
환전꾼들이 앉아 있는 것을 보시고, 끈으로 채찍을 만드시어
양과 소와 함께 그들을 모두 성전에서 쫓아내셨다.
또 환전상들의 돈을 쏟아 버리시고 탁자들을 엎어 버리셨다.
비둘기를 파는 자들에게는, '이것들을 여기에서 치워라.
내 아버지의 집을 장사하는 집으로 만들지 마라.' 하고 이르셨다."
(요한 2, 13-16)

형제자매 여러분, 이 말씀 속에 있는 '**인간 영혼의 존엄성**'에 주목하십시오. 인간의 영혼은 진정으로 하느님의 집이며 하느님께서 머무시는 곳으로, **하느님께서는**
이 땅이나 하늘의 어디에도 계시지 않고
우리의 영혼 안에 살고 계시기 때문에 인간의 영혼은 존엄합니다.
영혼은 하늘이나 손으로 지은 성전(聖殿)이나
다른 피조물 안이 아니라 영혼 안에서 더 하느님처럼 됩니다.
왜냐하면 사람의 영혼 안에
하느님과 같은 사랑과 믿음과 기쁨이 있기 때문입니다.
따라서 하느님께서는 우리의 영혼 안에서 명예와 존엄성과 행복을 찾으시지 다른 피조물 안에서는 찾으시지 않습니다.

하느님께서는 무한한 사랑을 갖고 우리 영혼 안에 머무시므로
하늘이나 성전(聖殿)에서보다

우리 영혼 안에서 더 자주 당신의 모습을 드러내십니다.
왜냐하면 하느님께서는 영혼 안에서 영혼을 위하여 역사하시고는
마치 영혼이 일한 것처럼 해주시기 때문입니다.
그리고 하느님께서 외 아드님을 낳으셨듯이
영혼 안에서 외 아드님을 탄생시키십니다.
'영혼 안에서 하느님께서 태어나신다'는 것은
무슨 뜻이냐고 물을지도 모릅니다.
하느님을 닮은 사람이나 거룩한 무엇이 태어난다는 의미인가요?
아닙니다. 하느님의 모습을 한 사람도 아니고
하느님을 닮은 사람도 아니고 바로 하느님 아버지의
거룩한 아드님께서 태어나신다는 것입니다.
성 삼위의 두 번째 분이신 '거룩한 말씀'이 태어나신다는 것입니다.
하느님 아버지께서 영혼 안에 주님을 태어나게 하시고
영혼을 위하여 태어나게 하셨으므로 영혼이 존엄하게 된 것입니다.

이 때문에 주님께서는 "**이것들을 여기에서 치워라.**"고 하셨는데
이것도 아니고 저것도 아니라 이 모든 것들을 치우고
"**내 아버지의 집을 장사하는 집으로 만들지 마라.**"고 하셨습니다.
오로지 하느님을 찬양하고 영광스럽게 하기 위해서
여러분의 영혼 안에 하느님도 아니고
하느님을 닮은 것도 아닌 것을 탄생시키게 되면,
하느님의 집에서 장사할 목적으로
탄생시키는 것에 지나지 않는다는 것을 알아야 합니다.
이를테면 가난하게 되어 덕을 쌓을 생각은 하지 않고
복만 받으려고 하는 기복신앙을 믿는 사람들은
제사보다 잿밥에 정신이 팔려 있다는 것을 알아야 합니다.
이는 여러분 안에서 거룩한 아드님의 탄생을 두고
하느님과 흥정을 하고 있다는 의미가 됩니다.
이는 아드님을 탄생시키지는 않고
엉뚱한 것들을 마음에 두고 있으므로
주님께서 여러분의 영혼 안에 태어나시지 않는다는 의미입니다.

여러분이 마음에 두고 있는 것들은
이 세상 것들로 친척이나 친구들이나 갖고 싶은 것들입니다.
여러분이 이러한 것들을 좋아하면 이러한 것들이 남아 있게 됩니다.
이러한 것들 때문에 아드님을 탄생시키지 못하게 되므로
하느님 아버지와 흥정을 하고 있는 셈이 됩니다.

나는 영혼의 가장 깊은 곳에 있는 모든 방해물을
어떻게 뿌리째 뽑아내어 깨끗하게 할 수 있느냐 하는 것
즉 영혼의 성전 안에 있는 장사 물건들을 다시는 내어놓지 못하게 없애버리어
평화롭게 있을 수 있는 방법에 대하여 세 가지를 말하려고 합니다.
왜냐하면 하느님께서 영혼 안에 살게 하시려면
반드시 장애물들을 없애야 하기 때문입니다.

첫 번째는 양심을 보호하여 죄를 짓지 않는 것입니다.
이는 무슨 뜻일까요?
양심을 더럽히지 말고 깨끗하게 유지하라는 것입니다.
영혼이 혼란스럽거나 세상 것들에 집착하여 더럽혀지거나
죄를 지어 나쁜 사람이 되면 반드시 참회하여 깨끗하게 해야 하기 때문입니다.
그런데 참회는 무엇인가요? 잘못을 후회하면서 슬퍼하고 우는 것인가요?
아닙니다. 결코 그렇지 않습니다.
쾌락을 즐기고 방탕하게 지낸 죄 많은 사람이
수없이 슬퍼하고 울었으면서도 참회하지 않았지만
전혀 울지 않고도 진심으로 참회한 사람들이 있기 때문입니다.
본성을 잃지 않은 사람들은 자기보다 하느님을 더 사랑하지만
죄인들은 하느님보다 자기를 더 사랑합니다.
이는 하느님께 아무리 고통을 주더라도
세상 것들에서 기쁨을 찾는 것을 보면 알 수 있습니다.
누구나 모든 것보다 자기를 사랑하면
자신에게 좋지 않아 보이는 것은 무조건 피하고
자신에게 좋은 것처럼 보이는 것만 찾게 됩니다.
따라서 죄가 많은 사람은 자신이 영원한 생명을 잃고

지옥의 영원한 고통 속에 갇힐 위험이 있다는 것을 깨달아야만 슬퍼하게 되지만,
참회한 사람이 슬퍼하는 것과는 하늘과 땅 차이만큼 다릅니다.
슬픔은 죄인인 자신에게만 전해질 뿐 하느님께는 전해지지 않습니다.
따라서 죄인은 아무 도움도 받지 못하고
오히려 하느님께서 은총을 거두어 가시게 되는데
은총이 없는 곳에서 은총을 찾고 있기 때문입니다.

은총을 찾으려는 사람은 세상 것들이나 세상 것들에 대한 생각에서
은총을 찾지 말고 오로지 하느님 안에서만 찾아야 합니다.
여러분의 죄 때문에 생긴 슬픔과 고통은 여러분에게 해로울 뿐만 아니라
은총을 받지 못하게 만드는데 여러분이 자기와 세상 것들만 생각하기 때문입니다.
여러분이 아무리 수행을 하더라도 하느님이 아니라
세상 것들만 생각하게 되면 은총을 주시지 않기 때문입니다.
은총은 하느님께서 주시는 것이지 세상 것들이 주는 것이 아닙니다.
그러나 어떤 일을 하더라도 마음속으로 하느님을 찬양하고
하느님을 영광스럽게 하면 하느님께서 그 일을 당신의 일처럼 맡아 하시게 됩니다.
그래서 다음과 같이 말씀하셨던 것입니다.
"내가 진실로 너희에게 말한다.
너희가 내 형제들인 이 가장 작은 이들 가운데
한 사람에게 해 준 것이 바로 나에게 해 준 것이다."(마태 25, 40)

사랑하는 형제자매 여러분, 시간 맞추어 수행(修行)하고
실제로 하느님 당신에게 하시는 것처럼
하느님께서 영원히 여러분의 일을 맡아 해주신다면
얼마나 좋겠는지 생각해보십시오.
"너희를 건드리는 자는 정녕 내 눈동자를 건드리는 자다."고
하느님께서 말씀하신 것은 바로 이 의미입니다.(즈카 2, 12)
따라서 여러분 앞에 서 있는 불쌍한 사람만 생각하지 말고
하느님의 사람에 대해서도 생각하여 좋은 일이든 나쁜 일이든
하느님께서 여러분 대신에 그 사람을 위해서 일하시도록 하십시오.
마음속으로 하느님만 생각하면 마음이 하느님께로 이끌려 하느님과 하나가 되어

모든 세상 것들로부터 멀어지게 되는데 이것이 바로 은총이지만
여러분의 마음이 거짓 사랑을 하고 망상을 하게 되면 은총을 받지 못하게 됩니다.

사랑하는 형제자매 여러분, 다른 좋은 생각에 주목하십시오.
여러분은 누구를 섬기고 누가 여러분에게 상급을 줄 것으로 생각합니까? 여러분은 누구를 위하여 일하고 무엇 때문에 그 일을 합니까?
이것을 알면 여러분이 누구를 섬기는지 알게 될 것입니다.
이에 대해서는 이 세상의 모든 스승도
여러분에게 아무것도 가르쳐줄 수 없으므로
여러분이 스스로 알아내야 합니다.
다른 사람들은 여러분의 일의 겉모습만 보고 잘했다고 생각할 수 있겠지만
누구 때문에 그 일을 했는지는 여러분 자신만 알고 말할 수 있습니다.
그래서 나는 어디에선가 말했습니다.
"하느님 안이 아닌 다른 곳에서 일한 사람은
은총을 받지 못하게 되는데 은총은 하느님 안에 있기 때문입니다."
하느님뿐만 아니라 여러분도 함께 결정을 내렸는지 아닌지에 따라
은총을 받게 되는데, 여러분이 진심으로 하느님을 사랑한 만큼 은총을 받게 되고
여러분이 스스로 하려고 했던 만큼 많은 은총을 받기 때문입니다.
여러분이 하느님을 사랑한다면 여러분이 바라는 만큼
하느님 안에서 하느님을 통하여 고통을 겪고 일하고 죄를 피하게 됩니다.
이러한 사람은 은총을 받게 되며 죄 때문에 슬퍼할 뿐만 아니라
사랑과 믿음이 부족하여 죄를 짓게 된 것을 미안하게 생각하고,
선하신 하느님을 진노하시게 하고
불명예스럽게 한 데 대하여 미안하게 생각합니다.
만약 지옥이나 천국이 없었다면
아직도 하느님을 거역한 것을 슬퍼하고 있을 것입니다.
비록 눈물을 흘리지 않더라도 이러한 것이 진정으로 슬퍼하는 것입니다.

이런 다음에는 반드시 고백해야 합니다.
그런데 어떤 것이 참된 고백일까요?
아무것도 숨기지 않고 자기 스스로 찾아낸 죄를

모두 말하는 것이 제대로 고백하는 것이며,
그래야만 자신의 죄를 모두 용서받게 된다는 것을 굳게 믿게 됩니다. 하느님께서는 죄인들을 벌하시는 것보다
용서하시는 것이 당신께 더 영광이 된다고 알고 계십니다.
또한 "너희가 누구의 죄든지 용서해 주면 그가 용서를 받을 것이고,
그대로 두면 그대로 남아 있을 것이다."는 주님의 말씀(요한 20, 23)에 따라 고해신부의 권능을 믿어야 합니다.
그리고 주님께서는 "내가 진실로 너희에게 말한다.
너희가 무엇이든지 땅에서 매면 하늘에서도 매일 것이고,
너희가 무엇이든지 땅에서 풀면 하늘에서도 풀릴 것이다."고
말씀하시기도 했습니다.(마태 18, 18)
나는 진심으로 여러분에게 말합니다.
"자신의 죄를 고백하고 뒤에 같은 죄에 대하여 후회하는 것이
하느님을 믿고 고해신부의 권능을 믿는 것보다 더 나았다면
다시는 그 죄를 고백하지 마십시오.
불안해하며 죄를 여러 번 고백하는 것보다
고백하지 않는 것이 훨씬 더 낫기 때문입니다."
이뿐만 아니라 알아야 할 것이 있습니다.
여러분이 교회에서 거룩한 우리의 주님의 몸을 보게 되면
주님이라는 것을 알고 여러분도 틀림없이 죽게 된다는 것을 생각합니다.
그런데 누가 이 사실을 여러분에게 말해주었나요?
주님의 죽음을 눈으로 본 사람은 아무도 살아 있지 않습니다.
하느님께서만이 그 사실을 말씀하셨고
주님의 힘으로 빵의 모습 아래에 성체(聖體)를 숨기고 있습니다.
그리고 하느님께서는 같은 입으로 죄를 고백하면 용서하라고 말씀하셨습니다.
따라서 믿기만 하지 말고 분명히 알아야 합니다.
왜냐하면 주님께서 말씀하셨듯이 하느님 말씀만큼 진실한 것도 없기 때문입니다.
"**하늘과 땅은 사라질지라도 내 말은 결코 사라지지 않을 것이다.**"(루카 21, 33)
이 지극히 평범한 하느님의 진리에 따라
고백하게 되면 양심의 깊은 평화를 얻게 됩니다.
이러한 믿음은 자신이 갖게 되었을 뿐만 아니라

순전히 하느님의 약속에 따른 것입니다.
이렇게 하느님을 믿게 되면
하느님께서 사제를 통하여 용서해주시므로 구원받게 됩니다.

그리고 고백한 다음에는 자신이 세상 것들에 무관심한지를 세심히 살펴보십시오.
무관심하게 되어 있으면 계속하여 마음의 평화를 누리게 됩니다.
그러나 이는 문자 그대로 모든 것에 무관심해야 한다는 것일까요?
사랑하는 형제자매 여러분, 결코 그렇지 않습니다.
여러분이 잘못 생각하고 있기 때문입니다.
충실하게 한다면 요리하는 것보다는 기도하는 것이 더 낫고,
물레를 돌리는 것보다는 하느님에 대해서 생각하는 것이 더 낫고,
거리에 있는 것보다는 교회에 있는 것이 더 낫다는 것을
누가 의심할 수 있겠습니까?
이 말에 동의하지 않는 사람은 이교도일 것입니다.
교회에 가게 되면 기도하는 것이 당연하지 않습니까?
그런데 기도할 때는 아무 일도 하지 말아야 한다고 생각합니다.
기도할 때는 마땅히 여러분의 생각을 모두 모으고
여러분의 영혼을 하느님께로 높이 올려야 합니다.
그러나 기도는 하지 않고 요리를 하고 물레를 돌리는 등의
다른 일을 하는 것이 옳은 일은 아닙니다.
그것이 하느님의 뜻이 아닐 것입니다.
그러나 교회에서 기도를 드리는 중에 묵상을 하더라도
하느님을 위하여 기도하는 일에 열중하게 됩니다.
우리는 자신이 고결한 삶을 살면서 영광스러운 일을 평화롭게 하고 있다고 생각하며
하느님의 사랑으로 충만한 사람들을 만나게 됩니다.
그러나 이들이 그 일을 하지 못하고 손을 놓게 되면
자신의 영혼에서 하느님께서 떠나버리신 것처럼 생각하여
안절부절못하는 것을 봅니다.

여러분이 당연히 해야 할 집안일 같은 것들을 내버려 두고
하느님과 하나가 되어 기도나 다른 일을 하고 있으면

참된 평화를 얻지 못하고 하느님만 생각하지 못하게 된다는 것을 알아야 합니다.
집안일을 생각할 수도 있기 때문에 하느님을 만나지도 못하고
자기와 자신 생각만 발견했을지도 모릅니다.
이런 사람은 자신의 집에서도, 소명(召命)을 다하고 있는 거리에서도,
하느님을 만나지 못하게 되므로 이른 아침에 서둘러 교회에 가려고만 합니다.
집안일을 팽개쳐두고 서둘러 교회에 가는 것은
여러분에게 좋지도 않을뿐더러 교회에 가더라도 하느님을 만나지 못하게 됩니다.
마음의 평화를 얻지 못하여 하느님을 만나지 못하면서도
수행을 계속하고 하느님께나 성인(聖人)에게 기도하는 등 서둘러 봉헌하지만
다른 사람에게는 물론 자신에게도 아무 도움도 되지 않습니다.

어떤 일을 하더라도 하느님만 생각하고
그 일에 대해서는 깊이 생각하지 말아야 합니다.
이는 어떤 일을 하고 있더라도 은총을 받을 수 있는 방법입니다.
여러분이 사소한 집안일들을 하고 있는 주부(主婦)라면
하느님만 생각하고 집안일을 하게 되면 그 일에서 하느님을 만나게 됩니다. 거룩한 지혜를 갖고 계신 하느님께서는 밤낮으로 여러분을 기다리고 계시다가 여러분이 어떤 처지에 있더라도 어떻게 봉헌하더라도
여러분이 깨어 있기만 하면 당신께로 이끄십니다.
하느님께서 여러분을 언제 어디서 만나고 계시는지는 여러분은 까맣게 모릅니다.
아무 일도 생각하지 말고 하느님의 눈에 띄게만 하십시오.
여러분에게 어떤 일이 생기더라도 그 일에서 하느님을 찾고
그렇게 하는 것이 여러분이 최선을 다하는 것이라는 것을 아십시오.
그 일을 하는 동안 하느님을 놓치지 않을까 하는 걱정은 하지 마십시오.
왜냐하면 여러분이 하느님의 뜻에 따라
하지 않으면 그렇게 할 수 없기 때문입니다.
여러분은 어떤 처지에서도 어떤 일에서도 하느님만 생각하려고 해야 합니다. 그래야만 평화를 얻게 되기 때문입니다.
이런 생각에서 결코 떠나지 마십시오.
모든 일에서 하느님을 찾지 않으면 하느님을 결코 만나지 못하게 됩니다.
이러한 생각을 하면서 살도록 하십시오.

어떻게 하면 하느님을 만날 수 있을까 하고 지나치게 걱정하지 마십시오.
로마로 가려고 할 때는 어디로 가야 길이 평탄하고
어떤 길이 굽어 있고 어디에 평야가 있고
어디에 산이 있는지 미리 조사하느라고 지체해서는 안 됩니다.
그렇게 하면 언제 로마에 도착할지 모릅니다.
어떤 수행(修行)을 하더라도 하느님만 생각하고 열심히 하십시오.
이렇게 아무것도 생각하지 않고 하느님만 생각하게 되면
더할 수 없는 기쁨이 찾아옵니다.
어떻게 하면 기쁨을 얻을 수 있느냐고 물을지도 모릅니다.
자기를 버리면 됩니다. 자신이 아무것도 아니라는 것을 알도록 하십시오.
모든 일에서 하느님과 하느님의 영광만 찾으십시오.
이런 면에서 자신을 면밀하게 성찰하면 덕을 쌓게 되겠지만
그렇게 하지 않으면 아무런 덕도 쌓지 못하게 됩니다.
이 모든 것은 여러분 자신에게 달려 있습니다.
왜냐하면 여러분 자신만이 하느님을 만났는지
자신의 행동과 생각에서 자신의 꼬락서니를
알게 되었는지 말할 수 있기 때문입니다.
마음의 평화를 얻으려면 세상 것들에 무관심해야 하고
자기 것으로 만들려고도 하지 말아야 합니다.

이뿐만 아니라 하느님의 의로움이나 자비에 대해서도 생각하지 말아야 합니다.
사람들은 하느님의 자비만 바라지만
결국 하느님의 의로움을 알고 두려워하게 됩니다.
사랑하는 형제자매 여러분,
여러분에게 하느님께서 어떤 의로움을 보여주셨는지 말해보십시오.
여러분은 하느님께서는 모든 일을 자비와 의로움 때문에
역사하신다는 것을 잘 알고 있지 않습니까?
그런데 어떤 일은 의로움으로 하시고 어떤 일은 자비로 하신다는 것입니까?

의로움은 하느님께서 우리에게 자비를 베푸시지 못하게 하는데,
하느님께서는 우리의 아버지시고 우리는 자녀이기 때문입니다.

하느님께서는 당연히 의로움 때문에 우리를 사랑하시고 은총을 주십니다.
따라서 우리는 하느님을 사랑하고 하느님의 자비를 구하여
당신의 뜻에 따라 우리에게 의롭게 하시어
당신을 영광스럽게 하도록 해주시게 해야 합니다.

그러나 이렇게 생각하고 사랑하려면 자기 뜻을 완전히 버려야 합니다.
우리는 하느님을 기쁘게 해드리는 것만
받아들일 수 있도록 하느님의 뜻만 찾아야 합니다.
이렇게 하느님의 뜻을 알게 되면 하느님처럼 의로운 일만 하게 되며
하느님께서 자신에게 자비를 베푸시든
다른 사람들에게 자비를 베푸시든 기쁨을 느끼게 됩니다.
진정으로 하느님을 사랑하는 사람은
자신의 고통이든 다른 사람들의 고통이든
자신의 기쁨이든 다른 사람들의 기쁨이든 달게 받아들입니다.
왜냐하면 이 모든 것은 하느님의 뜻이기 때문입니다.
항상 자문(自問)해보십시오. "이것은 하느님의 뜻인가?"
그러면 자신 뜻을 멀리할 수 있게 됩니다.
왜냐하면 우리는 매일 하느님께
"당신의 뜻이 이루어지소서!" 하고 기도하기 때문입니다.
이는 모든 일에서 하느님의 뜻대로 하시기를 바란다는 의미입니다.
그것이 하느님의 자비이든 의로움이든 우리의 의지 안에서 그리고 우리 안에서
하느님께서 모든 일을 역사하시도록 하여 기쁨을 얻도록 합시다.
이런 기쁨을 맛보게 되면 당연히 행복하게 됩니다.
하느님, 저희에게 자비로운 의로움을 주시고 의로운 자비를 베풀어주소서. 아멘.

〈삼위일체 대축일 후 여섯 번째 주일 강론〉

74 영성체를 할 자격을 갖추려면

"그러므로 부당하게 주님의 빵을 먹거나 그분의 잔을 마시는 자는
주님의 몸과 피에 죄를 짓게 됩니다.
그러니 각 사람은 자신을 돌이켜보고 나서
이 빵을 먹고 이 잔을 마셔야 합니다.
주님의 몸을 분별없이 먹고 마시는 자는
자신에 대한 심판을 먹고 마시는 것입니다."(1코린 11, 27-29)

바오로 성인의 이 가르침은 이 거룩한 음식을 받아먹기 위하여 제대로 준비한 후 성체성사(聖體聖事)를 하려면 먼저 자신을 면밀하게 성찰해야 한다는 것을 뜻합니다. 영성체(領聖體)를 위하여 마음의 준비도 그리 많이 하지 않은 채로 영성체를 자주 했지만 영성체함으로써 일상생활이 안정되고 죄를 짓지 않으려고 결심하는 은총을 받은 사람들에게는 자기 성찰이 매우 중요하기 때문입니다. 이런 사람들은 이뿐만 아니라 영성체를 위하여 준비도 하지 않고 애타게 원하지도 않으면서도 성체성사(聖體聖事)는 빠뜨리지 않습니다.

이러한 사람들은 자신의 뜻에 따라 살지 않으려고 하면서도 계속하여 죄를 짓고 거만하게 자기 고집대로 하려고 하고 뒤에서 험담하고 함부로 판단하고 불안해하고 화를 참지 못하고 욕지거리를 많이 하고 육욕(肉慾)에 빠지는 등의 많은 잘못을 저지르고 있습니다. 나는 그렇게 하면 하느님을 모독하는 것이므로

그렇게 하지 말라고 충고를 하지만,
이런 사람이든 아니든 간에 영성체는 그 사람 자신의 판단에 맡기고 싶습니다.
이런 사람들은 영성체를 자주 할수록 완덕과는 더 멀어지게 됩니다.
세상 것들에 대한 집착을 버리지 못하고 있기 때문입니다.
이러한 사람들이 주님의 수난을 묵상하고
때로는 그리스도를 본받고 살려는 생각만 하고
그러한 삶을 시작하지도 않을 때가 많기 때문입니다.
그러면서도 주님의 수난을 생각하고 열심히 믿어야겠다고 느끼면서
마치 자신이 대단한 깨달음을 얻은 것처럼 생각하지만
첫걸음을 뗀 것에 지나지 않으며 금방 잊어버리고 맙니다.
그러나 영육(靈肉)의 모든 사악함을 떨쳐버리고 자기(自己)를 죽여서
그리스도의 거룩한 삶과 수난에 대한 느낌을 실천으로 옮기도록 해야 합니다.
이렇게 하기 전에 한 결심이나 수행(修行)은 아무 소용이 없으므로
유혹을 한 번만 받아도 넘어가고 말게 됩니다.

어떻게 하면 제대로 영성체를 할 수 있는가를 잘 알고
진심으로 이 천상(天上)양식(糧食)을 받아먹도록 해야 합니다.
마음속 깊이 맛보기를 열망하고 받아먹도록 해야 합니다.
아직도 믿음이 약해 준비도 없이 영성체하게 되면,
아무리 모든 죄를 피하려고 마음먹었다고 하더라도,
하느님께 영광을 드리지도 못하고
덕행을 하면서 살고 있지도 않다면
아무 소용이 없게 됩니다.
모든 죄를 피하고 참된 그리스도인의 삶을 살 때
기쁘게 영성체하도록 해야 합니다.
우리 인간의 본성은 매우 나약하여
외적인 인간은 겉으로 믿음이 깊은 척할 때가 많지만
내적인 인간은 진심으로 영성체하게 됩니다.
내면의 의지가 확고하지 않는 한
아무리 많은 신심 활동을 하더라도 아무 소용이 없게 되기 때문입니다.

쓴 상추와 양고기를 함께 먹었던
이스라엘 백성들의 유월절 만찬으로부터 배우십시오.
이는 여러분의 영혼이 거룩한 식탁, 즉 거룩한 제대(祭臺)에 갈 때는
여러분의 죄 때문에 슬픔의 쓴맛을 보아야 한다는 것을 의미합니다.
여러분은 묵상을 통하여 생긴 그리스도에 대한 동정심을 갖고 영성체하고
무척 힘든 고행(苦行)을 하면서 하느님께 상처를 입힌 것을 속죄하려고 합니다.
이런 속죄의 삶을 살려면 검소하게 먹고 마시고
허름한 옷을 입고 딱딱한 침대에서 자고 철야기도 등을 해야 합니다.
여러분은 이렇게 외적으로 그리스도의 삶을 본받고 살면서
주님과 같은 내적 고통도 겪어야 합니다.
주님께서 말씀하셨습니다.
"내 마음이 너무 괴로워 죽을 지경이다."(마태 26, 38)
쾌락을 버리고 욕정을 억제하고 자기 뜻을 버리고
허영심을 버리고 하느님 아드님의 슬픔을 느껴야 합니다.
형제자매 여러분, 이렇게 해야만 그리스도의 수난을 제대로 묵상하는 것이고 주님의 죽음을 제대로 슬퍼하는 것입니다.
이렇게 하지 않으면 아무리 수행을 열심히 해도 아무 소용이 없게 됩니다.

많은 수행자가 허세를 부리고 거드름을 피우지만
내면생활은 제대로 하지 않고 하는 척만 하고 있습니다.
어떤 사람은 아주 열심히 묵상합니다.
주님의 수난에 감동을 받아 매일 묵상만 하는데
이는 내적 고행(苦行)도 아니고 자기(自己)를 죽이는 것도 아니고
사랑을 갖게 되는 것도 아닙니다. 마음을 비우고 깨끗하게 한 것이 아닙니다.
이들에게 자기희생을 시험해보면 금방 들통이 납니다.
그러나 겸손하게 묵상만 하고 있었던 것은 사실입니다.
묵상한다고 해서 마음이 정화(淨化)되는 것은 아닙니다.
마음을 정화시키려면 자기 성찰(省察)을 하여 모든 생각을 버리고
영적(靈的) 성숙에 방해되는 것을 모두 중단해야 합니다.

이런 다음 그리스도의 수난에 대하여 묵상하고

성경에 있는 주님의 말씀과 주님께서 하신 일들을 공부해야 합니다.
그런 다음 주님을 본받아 경건한 삶을 살고
마지막으로 쓸데없는 생각을 모두 버려야 합니다.
이것이 마음을 비우고 정화(淨化)하는 방법입니다.
나쁜 생각을 하지 않고 죄를 짓지 않으려면
진심으로 마음을 비워야 합니다.
죄를 짓거나 죄를 지을 생각을 하면 몹시 슬퍼하도록 하여
죄를 짓지 않도록 해야 합니다.

이렇게 마음을 정화하고 나면 나쁜 것을 보고 들어도
나쁜 생각을 하지도 않으며 심판하려고도 하지 않게 되는데
마음을 깨끗이 비웠기 때문입니다.
그리하여 화를 잘 내지도 않으며
말다툼을 하고 있는 동료들 사이에 있어도
평정(平靜)을 잃지 않습니다.
큰일이든 작은 일이든 모든 사람에게
쓸모 있는 사람이 되고 아무에게도 해를 끼치지 않습니다.
이렇게 정화된 사람에게는 성체(聖體)가 기적을 일으킵니다.
마음을 비운 사람은 많은 덕을 쌓게 해주시기 때문입니다.
그리하여 겉으로만 수행하는 척하지도 않고
영성체할 때 성체를 의심하지도 않고
많은 사람이 이러한 사람들을 굳게 믿게 됩니다.

이러한 사람들은 자신이 고백하고 영성체할 자격이 있다고 생각하고
자주 고백성사와 성체성사를 하러 갑니다.
그러나 이들은 순수한 동기를 갖고 그렇게 합니다.
그리하여 심지어는 하느님과의 우정을 버릴 수 없다고 생각하며
진심으로 고백성사와 성체성사를 봅니다.
어떤 사람들이 성체성사를 너무 자주 하지 말라고 말하거나
자신의 수행법에 트집을 잡으면 몹시 화를 내는데,
이런 사람들은 다른 사람들을 경멸하며

이웃에 대하여 심판하고 업신여기며 비난하기 때문입니다.
그러나 마음을 비운 사람은 이러한 사람들을
가급적이면 만나지 않으려고 하고
이들이 수행법에 간섭하는 것을 듣지 않으려고 합니다.
하느님, 저희가 참회하여 깨끗한 마음으로 영성체할 수 있게 해주소서. 아멘.

〈삼위일체 대축일 후 일곱 번째 주일 강론〉

75 성령을 받는 은총

"하느님의 영의 인도를 받는 이들은 모두 하느님의 자녀입니다."(로마 8, 14)

모든 사람이 지금까지 한 모든 일이나
이 세상 끝까지 하게 되는 모든 일을
하느님의 은총이 없이 하게 된다면
역사상(歷史上) 가장 위대한 일을 했더라도
아무 소용이 없습니다.
하느님의 은총으로 사람 안에서 역사(役事)하시는 가장 작은 일과 비교하면
모든 사람이 한 일을 모두 합쳐도 아무것도 아니기 때문입니다.
하느님과 사람의 위대함을 비교할 수 없듯이
사람들이 한 일보다 하느님께서 역사하신 일이 훨씬 더 위대하기 마련입니다.

우리 영혼의 가장 깊은 곳에서 성령(聖靈)께서 자주 충고하시거나
하느님께서 인정하신 스승들의 목소리로
"너희는 나에게 모든 것을 맡기려고 하는가?
너희는 나만 따르려고 하는가?
너희가 그렇게 바란다면 나는 너희를 바른길로 인도할 것이다.
내가 너희 안에서 너희가 일하도록 역사할 것이다." 하고 말씀하십니다.
형제자매 여러분, 이를 아는 사람이 드문 것은 매우 슬픈 일입니다.
모든 사람이 자기 뜻대로 하고
자신의 방법대로 맹목적으로 일하며
자화자찬함으로써 성령의 은총을 받지도 못하고

성령의 목소리를 이해하지도 못하고 듣지도 못하여
성령의 인도를 받지 못하고 있기 때문입니다.
나는 여러분 안에서 하느님께서 속삭이시는
소리를 들으려고 애쓰는 것보다
더 좋은 방법이 없다는 것을 말하고 싶습니다.
하느님께서 무슨 말씀을 하시든 침묵을 지켜야 합니다.
하느님께서 우리 안에서 제대로 역사하시도록 하려면
하느님께서 역사하실 수 있는 여건을 마련해 드리고
하느님의 역사를 지켜보아야 합니다.
하느님께서 역사하실 때는 우리가 일할 수 없으므로 지켜보아야 하고
우리가 일할 때는 하느님께서 지켜보시기 때문입니다.

그러나 나의 말을 오해하지는 마십시오.
나는 경험이 부족하지만, 열심인 젊은 사람들이 하느님의 인도를 기다리며
수행(修行)을 하지 말아야 한다는 것을 말한 것이 아닙니다.
결코 그런 뜻으로 말한 것이 아닙니다.
왜냐하면 내면생활뿐만 아니라 외면생활에서도
수행(修行)하는 습관을 반드시 들여야 하기 때문입니다.
나는 오히려 젊은 사람들이 하느님의 가장 완전한 자녀가 되기를 바라며
이런 수행은 초보자들이 할 수 있는 수행이 아니기 때문입니다.

온 세상을 둘러보아도 하느님의 원수들밖에 없습니다.
간혹 강요에 의해 하느님의 친구들이 된 사람들이 있는데
여러분은 이들이 하느님께 봉사하도록 만들어야 합니다.
이들은 사랑하기 때문이 아니라 두려워서 믿고 있기 때문입니다.
은총도 없이 사랑도 없이 여러분이 시켜서
기도하고 미사에 참례하고 있기 때문입니다.
그리고 직업으로 급여를 받기 위하여 하느님을 섬기는 사람들도 있습니다.
급여를 받지 못하면 하느님을 섬기는 일을 중단하고
다시 하느님의 원수가 될 사람들입니다.
하느님께서는 이러한 사람들에게 전혀 은총을 주시지 않습니다.

하느님을 섬긴다고 하지만 하느님의 사랑하는 자녀가 아니므로
아무리 착한 일을 많이 하더라도 하느님께서는 거들떠보시지도 않는데
돈 때문에 하느님을 섬기고 있기 때문입니다.

다른 부류의 사람들을 생각해봅시다.
이들은 하느님의 자녀이기는 하지만
하느님께서 가장 사랑하시는 사람들은 아닙니다.
자신의 수행법에 따라 외면과 내면생활을 하고
자신이 좋아하는 일만 하면서
더 이상 성숙해지려고 하지 않는 사람들입니다.

그런데 하느님께서 가장 사랑하시는 자녀는 어떤 사람일까요?
오늘의 말씀에서 바오로 성인이 말한 대로
"하느님의 영의 인도를 받는 이들은 모두 하느님의 자녀입니다."
아우구스티노 성인은 하느님께서 이들을
인도하시는 방법을 다음과 같이 말했습니다.
"하느님께서는 사람 안에서 두 가지 방법으로 역사하십니다.
한 가지 방법은 성령께서 항상 충고하시며 이끄시어
모범적인 삶을 살게 하시는 것입니다.
성령을 기다리며 성령께 자리를 마련해 드리며
성령을 따르려는 모든 사람의 영혼 안에서만 역사하시기 때문입니다.
다른 방법은 하느님께서 갑자기 모든 방법을 이용하시어
보다 성숙하게 만드시어 자신의 능력 이상으로 일하게 하시는 것입니다.
이렇게 역사하신 사람들은 하느님께서 가장 사랑하시는 사람들입니다."
그러나 많은 사람이 이러한 하느님의 역사(役事)에
자신을 맡기려고 하지 않고 자기 멋대로 하려고 합니다.
이러한 사람들은 폭풍이 몰아치는 바다로 많은 위험을 무릅쓰고
수많은 고통을 겪으면서도 잘못된 길로 배를 몰아
소금물로 배를 손상시키고 값비싼 화물(貨物)을
손상시키는 선장(船長)처럼 행동합니다.
이러한 사람에게 "내가 그대를 잔잔하고 햇빛이 빛나는 바다로 인도하여

그대의 배와 화물을 안전하게 항구로 데려가겠다.
누가 이런 선장을 마다하겠는가?" 하고 말하는
노련한 선장을 만나게 하십시오.
우리의 험한 세상보다도 더 위험한 바다가 어디 있겠습니까?
우리가 타고 항해하는 '배'는 '**육적(肉的)인 삶**'을 말하며
자신의 빛과 방법에 따라 즉 무지(無知)와 자만심에 따라 항해하여
잘못된 길로 들어서 안개가 자욱한 바다에서 무척 고생하는 것과 같습니다.
영혼의 원수는 우리 마음에 더럽고 타락한 생각을 주입시키는데
이는 마치 바다의 소금물이 소중한 화물에 스며드는 것과 같으며,
이는 '유혹'으로 신앙생활을 제대로 못 하게 하며
교만하게 만들고 자기 뜻대로 하게 하고
자기도취에 빠지게 하고 자기 멋대로 하게 하여
의기소침하게 만드는 것을 뜻합니다.
만약 이런 유혹을 받게 되면 고백성사를 자주 하여
자신의 영혼을 깨끗하게 해야 합니다.
자신의 내면을 성찰하여 자신의 영혼이 병든 것을 알아내고
슬퍼하면서 하느님께 자신의 죄를 모두 털어놓으십시오.
만약 대죄를 지은 것을 발견하게 되면 다시 고해신부를 찾아가십시오.
그러면 성령께서 오시어 "사랑하는 아이야, 네가 나만 믿고 따른다면
내가 너를 아름답고 안전한 길로 인도하겠다." 하고 말씀하시게 됩니다.
그런데 왜 사람들은 성령의 인도에 자신을 맡기지 못할까요?
자기(自己)를 버리고 모든 것을 성령께 맡기는 사람은 행복합니다.
그러나 슬프게도 불쌍한 많은 사람이
자기 뜻대로 하며 자신의 수행법만 고집하고 있습니다.

그러나 나의 말을 오해하지는 마십시오.
자기 성찰을 하게 만드는 옳은 수행 방법은 권장할 만하지만
옳지 않은 자기만의 수행은 좋을 리가 없습니다.
마음을 비우고 자신의 수행 방법을 자화자찬하지 말고
자기 합리화를 하지 말고 하느님의 뜻을 기다리십시오.
이런 사람의 영혼은 열매가 많이 달린 과수원에 비유할 수 있는데

익지 않은 사과가 떨어지는 것과도 같습니다.
벌레가 먹어 떨어지면 벌레가 기어 나와
땅에서 잘 자라고 있는 채소들을 갉아먹기 때문입니다.
그러나 벌레 먹어 떨어진 사과는 언뜻 보기에는 성한 것처럼 보이지만
집어 올려보면 썩어 있는 것을 알 수 있습니다.
자만심에 가득 차 있는 자신의 영혼을 잘 살펴보십시오.
면밀하게 성찰하지 않으면 하느님을 위하여 일할 수 없을뿐더러
잘못된 동기(動機)로 인하여 치명적인 상처를 입은
마음만 있게 된다는 것을 알지 못하게 됩니다.
자신의 내면생활과 외면생활을 모두 성찰하여
자기 멋대로 수행함으로써 상처받은 이른바 벌레 먹은 과일보다도
더 좋지 않게 되었다는 것을 깨달으십시오.
왜냐하면 관상을 하면서도 바오로 성인이 한 말을 이해하지 못하기 때문입니다.
"그 계시들이 엄청난 것이기에 더욱 그렇습니다.
그래서 내가 자만하지 않도록 하느님께서 내 몸에 가시를 주셨습니다.
그것은 사탄의 하수인으로, 나를 줄곧 찔러 대
내가 자만하지 못하게 하시려는 것이었습니다."(2코린 12, 7)
여러분이 예언의 은사를 받고 위대한 표징과 기적을 보려면
병든 곳을 반드시 치유해야만 합니다.
그래야만 미래의 열쇠를 갖게 되는데,
여러분이 면밀하게 자신을 성찰하지 않으면
자신의 영혼 안에 벌레 먹어 썩은 것들만 남아 있게 되기 때문입니다.

헛되이 기복신앙을 믿는 가장 저질적(低質的)인 모습을 봅시다.
아까워하며 봉헌을 하고는 하느님만 아시기를 바랄 뿐만 아니라
사람들의 칭찬을 받기를 바라며
칭찬을 받지 못하면 안절부절못하는데
이는 벌레 먹은 사과와도 같습니다.
이는 오로지 이기적인 마음으로
사람들이 자신이 한 착한 일을 칭찬해주기만을 바라기 때문입니다.
이러한 사람들은 교회의 창문이나 제단(祭壇)에

자신의 이름이 새겨지기를 바라지만,
"그들은 자기들이 받을 상을 이미 다 받았습니다."(마태 6, 2)
그들은 사람들이 자신을 위하여 기도해주기를 바라며
자신들이 웅장한 교회를 짓고 모든 사람이 자신들을 위하여 기도한 것보다, 마음속으로는 자신이 봉헌한 것을
하느님께서 알아주시는 것이 더 좋다고 생각합니다.
그러고는 하느님께서 그들을 굳게 믿으시고
사람들로 하여금 자신들을 위하여 기도하도록 해주시기만을 바랍니다.

그러나 세상 사람들과 세상 것들에 대한 집착을 버리고 아낌없이 봉헌하는 것은 많은 사람의 칭찬을 받는 것보다 하느님께 더 좋은 기도가 됩니다.
많은 사람은 이러한 순수한 마음이 부족하므로
자신의 공로를 까먹게 되는데 평생을 그렇게 하기도 합니다.
그들은 하느님을 섬기든 사람들을 섬기든
철야기도를 하거나 금식을 하고 봉헌을 많이 하지만,
하느님으로부터나 동료들로부터
대가를 받는 것을 계산하고 그렇게 합니다.
그들은 오로지 이렇게 계산한 다음 봉헌하므로
벌레 먹은 사과에 지나지 않습니다.
나로부터가 아니라 주님의 가르침을 잊지 마십시오.
"너희는 사람들에게 보이려고 그들 앞에서 의로운 일을 하지 않도록 조심하여라.
그러지 않으면 하늘에 계신 너희 아버지에게서 상을 받지 못한다.
그러므로 네가 자선을 베풀 때는,
위선자들이 사람들에게 칭찬을 받으려고 회당과 거리에서 하듯이,
스스로 나팔을 불지 마라. 내가 진실로 너희에게 말한다.
그들은 자기들이 받을 상을 이미 받았다.
네가 자선을 베풀 때는 오른손이 하는 일을 왼손이 모르게 하여라.
그렇게 하여 네 자선을 숨겨 두어라.
그러면 숨은 일도 보시는 네 아버지께서 너에게 갚아 주실 것이다.
너희는 기도할 때 위선자들처럼 해서는 안 된다.
그들은 사람들에게 드러내 보이려고

회당과 한길 모퉁이에 서서 기도하기를 좋아한다.
내가 진실로 너희에게 말한다.
그들은 자기들이 받을 상을 이미 받았다.
너는 기도할 때 골방에 들어가 문을 닫은 다음,
숨어 계신 네 아버지께 기도하여라.
그러면 숨은 일도 보시는 네 아버지께서 너에게 갚아 주실 것이다."(마태 6, 1-6)
형제자매 여러분, 나의 말이 아니라 영원한 진리인 이 말씀을 잊지 마십시오. **자신이 하는 모든 착한 일을 하느님께서만 아시도록 하십시오.**

벌레가 먹지 못하게 하여 좋은 열매를
맺도록 하는 '**네 살충제**(殺蟲劑)'가 있습니다.
'**첫 번째 살충제**'는 '**무슨 일을 하더라도 자신을 위해서가 아니라**
오직 하느님을 위하여 하느님만 생각하고 사랑하면서
내면과 외면생활을 하는 것'입니다.
이런 사람은 자신에게 좋은 일뿐만 아니라
좋지 않은 일도 참으면서 합니다.
왜냐하면 자신의 기쁨을 위해서가 아니라
하느님을 기쁘게 해드리기 위하여 일하기 때문입니다.

'**두 번째 살충제**'는 '**하느님 다음으로, 어떤 인간보다도,**
더 순종하며 사는 것'으로, 이 예는 위대한 교회학자
토마스 아퀴나스 성인(St. Thomas Aquinas, 1225-1274)이
거만한 한 형제를 위해 겸손하게 마을의 거리마다
초롱불을 밝혀 들고 다녔던 성인의 삶에서 찾을 수 있습니다.
하느님을 위해서 모든 사람에게 순종해야 합니다.
여러분은 자신보다 모든 사람을 진심으로 존경해야 합니다.
여러분은 누구에게도 저항하지 말고 겸손하게 모든 사람에게 양보해야 합니다.

'**세 번째 살충제**'는 '**겸손**'으로, **자신을 진정으로 아무 가치도 없는 존재로 여기고**
자기 것이 아닌 모든 것은 자기 것으로 주장하지 않는 것입니다.
그리고 자기를 포함하여 자신이 갖고 있는 모든 것과

자신의 이익을 위해서 하는 일은 모두 나쁜 것이라고 생각합니다.
내가 한때 한 형제와 성가대에 함께 있었는데
그 형제는 하느님께서 많은 은총을 주셔서 거룩한 삶을 살고 있었습니다.
그런데 그 형제가 진심으로 나에게 속삭였습니다.
"형제님, 제가 하는 말을 믿으십시오.
저는 이 세상에서 가장 더럽고 큰 죄인입니다."
우리 모두 진심으로 같은 말을 하도록 합시다.
왜냐하면 하느님께서 나에게 주신 은총을 가장 나쁜 죄인에게 주셨다면
그는 성인(聖人)이 되었을 것이기 때문입니다.
이렇게 겸손한 사람은 어떤 일이 있어도 이웃을 심판하지 않습니다.
이러한 사람은 이웃의 나쁜 점을 보게 되면 자신에게도 그런 허물이 없는지 찾습니다.

'네 번째 살충제'는 **'항상 하느님의 심판을 두려워하지만**
절망에 굴복하지 않고 친구가 화를 내지 않도록 배려하는 것'입니다.
베르나르도 성인(St. Bernard)이 이런 살충제에 대하여 말했습니다.
"이렇게 하지 않는 사람은 이 세상에서 아무리 좋은 일을 하더라도
벌레 먹은 과일에 지나지 않습니다."

거룩한 교회의 마당에는 놀라운 나무들이 많이 자라고 있으며
모두 좋은 열매를 맺고 있습니다. 즉 겸손한 마음을 가진 사람이 많습니다. 하느님께서는 이런 사람들에게만 참된 덕의 열매가 열리게 하시며,
다른 사람들에게는 잘 익은 열매보다 더 좋아 보이지만
벌레 먹은 열매만 맺게 하십니다.
그러나 폭풍이 불 때까지, 어려울 때가 올 때까지 기다리십시오.
그러면 벌레 먹은 열매는 떨어져 썩어 주변의 모든 것을 썩게 만들 것입니다.

이와 같은 사람들은 자기를 죽이지 못해 제멋대로 하는 사람들입니다.
이러한 사람들은 부질없이 참으로 착한 사람들보다
자신이 더 착한 일을 한 것처럼 보이려고 하며
교회가 정하지 않은 수행을 하고 경건함을 보여주려고 하면서 삽니다.
날씨가 좋을 때는 느긋하게 경건하게 수행하면서 햇볕을 쪼이며

하느님의 참된 종들보다 훨씬 더 고결하게 보이기까지 하지만,
폭풍이 몰아치면 즉 유혹을 받으면 평상시의 믿음을 잃고 쓰러지고 맙니다. 그러면 이들의 마음에서 의심과 잘못의 벌레들이 기어 나와
무지하고 단순한 다른 사람들의 마음으로 들어가
이들의 방종과 잘못된 가르침으로 파멸하게 만듭니다.
이들은 넓은 길을 걸었지만 아무도 모르는 파멸의 길을 걸어 왔을 뿐으로
자신의 거룩하지 못한 본성에 굴복하고 말았기 때문입니다.
이들은 진심으로 자기를 버리는 좁은 길을 걷지도 않았으며
타락한 본성에 굴복하고 말았기 때문입니다.

우리는 이렇게 벌레 먹은 영혼을 본받으면 안 됩니다.
"하느님의 영의 인도를 받는 이들은 모두 하느님의 자녀입니다."
즉 하느님의 뜻을 끊임없이 찾고
하느님의 뜻에 따르는 사람들은 성령을 받고 성령의 충고에 따르게 됩니다. 그러나
이렇게 하느님의 길을 가는 사람도
때때로 슬퍼하면서 사막을 건너야 합니다.
그러나 용감하게 성령을 믿고 따름으로써 마침내 행복을 얻게 됩니다.
이러한 사람들에게는 자신의 내면에 눈을 돌려
조심스럽게 지켜보도록 해주어야 합니다.
그러면 도저히 이해할 수 없게도
하느님께서 거기서 역사하시어 기적을 일으키시는 것을 볼 수 있게 됩니다.
이러한 사람에게는 이렇게 거룩한 내면생활을 딱 1년만 하도록 하십시오.
아니 하느님께서 그의 영혼 깊은 곳에서
1년 동안에 단 한 번 잠깐 역사하시는 것을 보게 하셔도
자신이 1년 동안 애써 수행한 것보다 더 가치가 있게 됩니다.
하느님과 함께 일하게 되면 잃는 것도 없을뿐더러
거룩한 일만 하게 되기 때문입니다.

뭐라고요?
하느님께서 당신의 피조물보다 더 고귀하시다는 것을 믿지 못하겠다고요? **하느님의 역사(役事)는 피조물의 일보다 더 고귀하게 마련입니다.**

이러한 사람은 하느님께서 지시하시지 않은 외부 일을 줄여나가게 되는데 하느님께서 자신의 영혼 안에서 역사해주시는 것으로 만족하기 때문입니다.
하느님께서 역사하시는 것이 가장 완전하고 가장 기쁘기 때문입니다.
그러나 슬프게도 이러한 사람들은 이것을 믿지 않으려고 합니다.
이해할 수가 없기 때문입니다.
마음을 깨끗하게 하여 하느님 안에 깊이 뿌리를 내리고 있는
영혼만이 진리를 알 수 있기 때문입니다.
그러나 덜 성숙하였더라도 모든 일을 의롭게 하도록 하여
게으름의 죄에 빠지지 않도록 해주어야 합니다.

형제자매 여러분, 나를 믿으십시오.
"하늘의 내 아버지께서 심지 않으신 초목은 모두 뽑힐 것입니다."(마태 15, 13)
이제 여러분은 하느님께서 역사하실 수 있도록
여건을 마련해드리는 사람을 얼마나 사랑하시는지,
하느님께서 어떻게 거룩하게 역사하시는지 이해가 됩니까?
하느님께서는 이런 사람에게
더할 수 없는 사랑을 주시며
모든 것을 이해하게 해주십니다.
왜냐하면 하느님 아버지께서는 외 아드님을 사랑하시듯이
이러한 사람을 사랑하시기 때문입니다.
나는 이렇게 영적(靈的)인 길을 걷는 사람은
하느님께서 계시는 심연으로 들어가게 된다는 것을
전혀 의심하지 않기 때문입니다.

디오니시오 성인(St. Dionysius)의 제자들이
주님의 다른 제자들도 훌륭한 일을 많이 했지만
어떻게 디모테오가 거룩함에서 다른 제자들보다
훨씬 더 위대한 일을 하게 되었느냐고 물었습니다.
그러자 그들의 스승이 답했습니다.
"디모테오는 하느님께서 자신 안에서 역사하시도록 한 사람입니다."
이는 하느님 안에서 살아 있는 믿음을 보인 것으로

사람이 외적으로 하는 어떤 일보다 위대하게
하느님께서 역사하신 것을 말한 것입니다.
그러나 이렇게 하려면 자기(自己)를 완전히 버리고
하느님께서 역사하시는 동안 하느님만 생각하며
하느님께서 역사하시도록 모든 것을 하느님께 맡겨드려야 합니다.
그러나 만약 자신의 이익을 생각하게 되면 위험에 빠지고 말게 됩니다. 하느님께서 저희 안에서 거룩하게 역사하시도록
저희가 모든 것을 하느님의 뜻에 맡기는 은총을 주소서. 아멘.

〈삼위일체 대축일 후 여덟 번째 주일 강론〉

76 직업에는 귀천이 없습니다

"활동은 여러 가지지만 모든 사람 안에서
모든 활동을 일으키시는 분은 같은 하느님이십니다.
하느님께서 각 사람에게 공동선을 위하여 성령을 드러내 보여 주십니다.
그리하여 어떤 이에게는 성령을 통하여 지혜의 말씀이,
어떤 이에게는 같은 성령에 따라 지식의 말씀이 주어집니다.
어떤 이에게는 같은 성령 안에서 믿음이,
어떤 이에게는 그 한 성령 안에서 병을 고치는 은사가 주어집니다.
어떤 이에게는 기적을 일으키는 은사가,
어떤 이에게는 예언을 하는 은사가,
어떤 이에게는 영들을 식별하는 은사가,
어떤 이에게는 여러 가지 신령한 언어를 말하는 은사가,
어떤 이에게는 신령한 언어를 해석하는 은사가 주어집니다.
이 모든 것을 한 분이신 같은 성령께서 일으키십니다.
그분께서는 당신이 원하시는 대로
각자에게 그것들을 따로따로 나누어 주십니다."(1코린 12, 6-11)

바오로 사도는 이 편지에서 여러 가지 은사를 말하고 있지만
모두 같은 성령께서 역사하시는 것입니다.
바오로 사도의 시대에는 예언을 포함하여
그리스도인의 믿음을 보여주기 위하여
성령께서 하느님의 친구들에게 놀라운 기적을 보여주셨을 뿐만 아니라
마지막으로 사도들과 제자들이 순교하도록 만드셨습니다.

이방인들이나 유다인들처럼 우리 중 어떤 사람에게서는
살아 있는 그리스도인의 믿음을 조금도 찾아볼 수가 없으므로
오늘날에는 놀라운 표징을 보여주실 필요가 없습니다.

"활동은 여러 가지지만 모든 사람 안에서
모든 활동을 일으키시는 분은 같은 하느님이십니다."는 가르침을 생각해봅시다.
형제자매 여러분, 저마다 감각을 갖고 있으며
각기 다른 임무를 갖고 있는
수많은 지체(肢體)가 달린 인간의 몸을 생각해보십시오.
각 지체는 다른 지체의 일을 대신 하지도 못하며
하느님께서 정해주신 대로 일해야 합니다.
그리스도를 머리로 하고 있는 같은 몸의 지체인 우리도
하느님께서 정해주신 대로 일해야 합니다.
거룩한 교회의 몸 안에 있는 눈은
교회의 스승들이지만 여러분의 일을 간섭하지 않습니다.
왜냐하면 우리 일반 그리스도인들은 하느님께서 거룩한 은총으로 주신
자신의 자리가 어디이고 자신의 소명(召命)이 무엇이고
자신이 주님이신 머리에 붙어 있으면서
어떤 임무를 다해야 하는지를 알아야 하기 때문입니다.
왜냐하면 아무리 중요하지 않게 보이는 일이라도
그리스도의 몸의 지체가 할 일이라면
성령의 은총으로 인간의 모든 영혼에 이롭게 이루어져야 하기 때문입니다.

그런데 우리 모두 가장 낮은 지체(肢體)로 살고 있습니다.
어떤 사람은 물레를 돌리고 어떤 사람은 구두를 만들고
어떤 사람은 장사를 잘하고 어떤 사람은 이 밖의 일을 합니다.
그리고 이 모든 일은 성령께서 역사하시어 하게 되는 은총입니다.
만약 내가 사제가 아니라 한 공동체의 형제라면
나는 구두를 만들 수 있게 된 것을 위대한 일로 생각하고
내 손을 움직여 벌어 먹고사는 것을 기쁘게 생각할 수밖에 없습니다.
형제자매 여러분, 발이나 손은 눈이 되기를 바라지 않을뿐더러

각기 하느님께서 정해주신 임무를 다해야 합니다.
왜냐하면 아무리 비천한 일이라도 다른 지체가 대신할 수 없기 때문입니다.
예를 들면 우리 수녀님들은 거룩하게 시편을 노래하는 소임을 다하고 있습니다.
아우구스티노 성인이 말했습니다.
"하느님은 한 분이시지만 가장 다양한 방법으로 일하시며
모든 일에서 모든 것이 되시며 모든 지체를 모아 한 몸으로 일하십니다." 우리에게
주어진 아무리 사소한 일이라도
하느님께서 임무로 주신 것이며
모두 특별한 은총으로 주신 것입니다.
우리만큼 일을 잘 해낼 수 없는
우리의 모든 형제를 위하여 기쁘게 임무를 다합시다.
나를 믿으십시오.
이웃을 위하여 기도하지도 않고 일하지도 않는 사람은
복음에서 말했듯이 하느님으로부터
"집사 일을 청산하게."라는 말을 듣게 마련입니다.(루카 16, 2)
우리 모두 하느님을 위하여 어떤 일을 하게 되어 있는 집사로 임명되었으므로 임무를
처리하고 결과를 보고 드려야만 합니다.

그런데 어떻게 자신의 소임이 하느님을 섬기는 데
방해가 된다고 불평할 수 있겠습니까?
누구나 하느님을 섬길 수 있게 해주셨는데
어떻게 하느님께서 정해주신 일을 하면서 불평할 수 있겠습니까?
사랑하는 형제자매 여러분, 여러분이 하는 일이 소임이 아니라면
여러분은 자기 뜻대로 일하려고 함으로써
자신의 내면의 평화를 방해할 뿐이라는 것을 알아야 합니다.
여러분의 임무를 충실히 다하십시오.
하느님께서만이 보시도록 하십시오.
자만하지 말고 이기심을 버리십시오.
소임을 다하면서 기쁜 일이나 궂은일을 따지지 마십시오.
아무것도 두려워하지 말고 오로지 하느님만 바라십시오.
소임을 다하면서 이익을 찾지도 말고 기쁨도 생각하지 마십시오.

오로지 하느님의 영광만 생각하십시오.
이렇게 행동하게 되면 자신의 소명을 다하면서 괴로워하는 일이 없게 됩니다. 믿고 있는 사람이 매일 자신의 소명을 다하면서
불평을 하는 것은 부끄러운 일입니다.
하느님 안에서 일하지도 않고 이웃의 이익을 위하여 일하지 않는 것은
부끄러운 일이라는 것을 곧 깨닫게 되기 때문입니다.

이렇게 흐리멍덩하게 깨어 있지 못하게 되면
여러분은 하느님을 위하여 일하지 못하게 될 뿐만 아니라
하느님 안에서 일하지도 못하게 되어 불안하게 살 수밖에 없습니다.
우리의 주님께서 마르타의 소임을 나무라시지 않은 것은
마르타 일도 거룩하기 때문입니다.
주님께서는 마르타가 지나치게 걱정을 하기 때문에 핀잔하셨을 뿐입니다.
우리 모두 자신의 소명을 알고 정해진 영적(靈的) 수련을 해야 하며
자신의 마음을 평온하게 하고 하느님께만 눈을 돌려야 합니다.
그리고 자신의 영혼 깊은 곳에서 하느님을 찾으며
내면생활을 열심히 할 뿐만 아니라
외면생활에서도 자신의 소명을 잊지 말고 임무를 다해야 합니다.
이뿐만 아니라 하느님을 위하여 일하고 있든 고통을 받고 있든,
성령께서 역사하시는 것을 지켜보도록 해야 합니다.
이렇게 해야만 성령의 인도를 받을 수 있게 되며
조용히 쉴 수 있게 될 뿐만 아니라 앞으로 나아갈 수 있게 됩니다.
이렇게 해야만 자신의 소임을 주님처럼 평화롭게 다할 수 있게 됩니다.

만약 주변에 불쌍하고 늙고 약하고 아무 도움도 받지 못하고 있는 사람이 있다면
재빨리 달려가서 그 사람을 도와주어야 합니다.
자비로운 마음으로 이렇게 다른 사람을 돕게 되면
한 사람의 짐을 덜어주는 것이 됩니다.
만약 여러분이 이렇게 하지 않으면
하느님께서는 다른 사람에게 은총을 주시고
여러분에게는 은총을 주시지 않습니다.

그런데 여러분은 어떤 일을 하더라도 기쁩니까?
여러분은 감정에 휘둘리지 말고 오직 하느님만을 위하여 일하도록 하십시오.
형제자매 여러분, 그렇게 해야만 덕을 쌓을 수 있게 되고
하느님께로 갈 수 있게 됩니다.
조언을 받고 조용히 하느님만 기다리려고는 하지 마십시오.
하느님께서 오셔서 여러분에게 복을 주실 때까지
가만히 앉아서 기다리지 마십시오.

복을 짓지도 않고 복을 기다리지는 마십시오.
성 삼위께서 자신 안에 거처를 마련하셨다고 주장하려면
내면과 외면으로 열심히 수행하여 이런 경지에 이르러야만 됩니다.
농부는 도리깨질을 해야만 알곡을 얻게 됩니다.
그런데 하늘에서 온 천사가 농부의 도리깨질을
만류하지 않으면 쓰러져 죽고 말게 됩니다.
여러분의 경우도 마찬가지입니다.
모두 도리깨질을 하지도 않고 바로 하늘나라로 들어가려고 합니다.
이는 몸의 모든 지체(肢體)가 눈이 되기를 원하듯이
아무 일도 하지 않고 관상만 하고 하늘나라에 들어가려고 하는 것과 같습니다.
이는 어리석은 증거입니다.
나는 하느님께서 사랑하시는 친구로 40년 이상을 쟁기질을 하고 살았고
지금도 쟁기질을 하고 있는 사람을 압니다.
그런데 그 사람이 주님께 일을 하든지 하지 않든지
교회에서 시간을 보내어도 되는지 여쭈었습니다.
그러자 주님께서 "얼굴에 땀을 흘려야 양식을 먹을 수 있으리라.
땀 흘려 일해야 나의 소중한 피를
영광스럽게 할 수 있으리라." 하고 말씀하셨습니다.
그러나 자기만의 수행(修行)을 하고 있는 사람이라도
적절한 시간과 장소를 선택해서 모든 일을 팽개치고
밤낮으로 자신의 영혼 깊은 곳으로 들어가야 합니다.
하느님을 생각하지 않고 바로 하느님께로 갈 만큼 수행을 많이 한 사람들은 자신이
하던 방법대로 하면 되지만,

그렇지 않은 사람들은 다른 사람의 도움을 받아야만 합니다.
왜냐하면 우리 모두 주님의 몸에 있는 눈이 될 수 없기 때문입니다.
우리 모두 마치 하느님께서 명령하신 것처럼
자신을 위하여 사랑을 갖고 평화롭게 이렇게 기도해야 합니다.
하느님의 뜻에 따라 하느님을 섬기는 사람에게는
누구나 그 사람의 뜻에 따라 하느님께서 응답해주십니다.
그러나 자신의 뜻에 따라 하느님을 섬기면 자신이 바라는 대로 응답받지 못하고
하느님의 의로움에 따라 응답받게 될 뿐입니다.

형제자매 여러분, 자신 안에 평화를 유지하려면
자기 뜻을 버려야 하며 이는 덕을 쌓는다는 의미입니다.
나를 믿으십시오.
그렇게 하지 않으면 평화가 오지 않습니다.
외적으로 수행하고 내적으로 덕을 쌓아야만 평화를 얻을 수 있습니다.
더욱더 많은 내적인 수행을 거쳐서 얻은 평화는 보물로
아무도 훔쳐갈 수가 없다고 말합니다.
교만하게 자신이 현명하다고 생각하는 사람들은
여러분에게 그렇게 해야만 완덕을 갖추게 된다고 말하지만
이론적으로만 그렇게 알고 있을 뿐입니다.
이러한 사람들은 40년을 신앙생활을 해도
오늘까지도 신앙생활을 왜 하는지도 모릅니다.
그러면서도 이러한 사람들은 내가 되기를 바랐던 경지보다
더 높은 경지에 이르렀다고 자부합니다.

나의 소명(召命)은 사람들을 가르치는 것입니다.
그러나 내가 고백성사를 맡아 하게 되면
고해자들에게 왜 그렇게 했느냐고 물으면서
자신 스스로 보속하는 방법을 찾도록 하지만
그들로부터 아무것도 판단하지 못할 때가 종종 있습니다.
그럴 때면 주님께 빛을 달라고 기도합니다.
주님께서 빛을 주시지 않으면 나는

**"사랑하는 형제자매 여러분, 여러분은 성령의 인도를 받기 위하여 기도하십시오.
그러면 여러분에게 성령을 주실 것입니다.**" 하고 말합니다.
나는 지각이 없는 사람들에 대하여 말하는 것이 아닙니다.
그러면 그들은 자기 나름의 기준에 따라 재빨리 칭찬하거나 비난하며
자신이 좋아하는 다른 수행법을 고수(固守)하려고 합니다.
이렇게 함으로써 주님의 정원에 있는
수많은 풀이 싹이 틀 때부터 벌레에 먹히게 됩니다.
그런데도 그들은 여러분에게 말합니다.
"여러분의 방법은 참신하지만, 너무나 혁신적이라서
우리는 그것을 인정하지 못하겠소."
그들은 하느님의 길을 전혀 알고 있지 않은 것입니다.
이러한 사람들로부터는 이상야릇한 일밖에 기대할 수 없게 됩니다.

바오로 성인이 말했습니다.
**"이 모든 것을 한 분이신 같은 성령께서 일으키십니다.
그분께서는 당신이 원하시는 대로 각자에게 그것들을 따로따로 나누어 주십니다.**"
형제자매 여러분, 여러분은 하느님께서
어떤 사람에게 남다른 지혜를 주실 것이라고 생각합니까?
어떤 사람이 제대로 판단하고 분별심을 갖게 되리라고 생각합니까?
하느님의 길을 걸어야만 그런 은총을 얻게 된다는 것을 명심하십시오.
이들은 몸과 피의 시련에 익숙하므로 극심한 고통을 겪었을 뿐만 아니라
영혼의 적(敵)도 그들을 살펴보고 그들도 영혼의 적을 살펴보아
뼈와 골수까지 성찰하여 영혼이 완덕을 갖추게 되었기 때문에
하느님께서 그들에게 분별력을 주셨습니다.
그리하여 그들이 다른 사람들에게 눈을 돌리게 되면
금방 그 사람이 성령을 받았는지를 알게 됩니다.
그들은 자신이 완덕의 길로 가고 있는지를 알아차립니다.
그런데 우리가 영원한 진리로 가는 바른길에서 벗어나
자신에게 돌이킬 수 없는 피해를
입히는 것을 하찮게 여기니 얼마나 슬픈 일입니까?
왜냐하면 하느님과 하느님의 사랑은 영원하지만

우리가 이 땅에서 하느님의 사랑을 거부하게 되면
앞으로는 우리가 사랑을 받지 못하게 되기 때문입니다.
하느님, 저희를 도우시어 진리 안에서 하느님께서 역사하시도록 해주시고
마치 성령께서 우리를 인도하시듯이
우리가 자신의 영감에 따라 일하도록 해주소서. 아멘.

〈삼위일체 대축일 후 열 번째 주일 첫 번째 강론*〉

---

* 역자 주; 아홉 번째 주일의 강론은 남아 있지 않습니다.

77 구원을 받는 사람과 받지 못하는 사람

예수님께서 예루살렘에 가까이 이르시어 그 도성을 보고 우시며 말씀하셨다.
"오늘 너도 평화를 가져다주는 것이 무엇인지 알았더라면 …… !
그러나 지금 네 눈에는 그것이 감추어져 있다.
그때가 너에게 닥쳐올 것이다.
그러면 너의 원수들이 네 둘레에 공격 축대를 쌓은 다음,
너를 에워싸고 사방에서 조여들 것이다.
그리하여 너와 네 안에 있는 자녀들을 땅바닥에 내동댕이치고,
네 안에 돌 하나도 다른 돌 위에 남아 있지 않게 만들어 버릴 것이다.
하느님께서 너를 찾아오신 때를 네가 알지 못하였기 때문이다."
예수님께서 성전에 들어가시어 물건을 파는 이들을 쫓아내기 시작하시며,
그들에게 말씀하셨다. "'나의 집은 기도의 집이 될 것이다.'라고 기록되어 있다.
그런데 너희는 이곳을 '강도들의 소굴'로 만들어 버렸다."(루카 19, 41-46)

주님께서 보시고 우셨던 '도성'은 '모든 그리스도인'을 의미합니다.
그리고 '세상 사람들의 속된 마음'을 뜻하기도 하는데
하느님께서 마지막 심판 날을 모르거나
무서워하지 않는 우리를 두고 우실 만하시기 때문입니다.
그리스도께서 도성을 보고 우셨을 때
예루살렘은 기쁨 속에 있었고 평화로웠습니다.
그리고 모든 사람이 육적(肉的)인 삶을 살면서 기뻐하고 만족했습니다.
그들은 세상 것들과 권력과 친구들과 친척들과 명예와
마음에 드는 것들을 모두 영원히 지니고 살 것처럼

기뻐하고 만족했기 때문입니다.

그러나 그들은 믿는 척하고

겉으로 고백하고 기도하는 모습을 보이기만 하면서도

구원받기를 바라고 있었습니다.

만약 여러분이 바른말을 하면 영원히 그들을 잃고 말 지경이었습니다.

그들은 자기 합리화를 하면서 철저히 자기를 보호하고 살고 있었기 때문입니다.

그들이 이렇게 살아 어떤 결과를 초래했습니까?

적(敵)이 침범하여 돌 하나 남아 있지 않게 되었습니다.

주님께서 오실 때가 되었는데도 그들은 죽어가면서도

악마가 절망의 구렁텅이에 빠뜨려도

어디로 도망칠지도 모르고 하느님의 자비도 생각하지 못했습니다.

하나도 놀라울 일이 아니었습니다.

당연히 하느님께서 거기에 계시지도 않았고

그들은 하느님 위에 성전(聖殿)을 짓지도 않았을 뿐더러

하느님에 대하여 조금도 생각하지 않고

오로지 덧없는 쾌락만 즐기고 육욕(肉慾)만 채우면서 기뻐하고 있었습니다.

악마가 그 기초를 무너뜨리자 그 위에 지었던 평화가 무너지고 말았습니다.

그리하여 참을 수 없는 혼란이 영원히 지속되면서

모든 사람이 무서워서 눈물을 흘리며 야위어갔습니다. 그렇습니다.

그들은 그러한 재앙에 피눈물을 흘릴 수밖에 없었습니다.

그리스도께서는 그들을 보시고 우시면서

“오늘 너희도 평화를 가져다주는 것이 무엇인지 알았더라면 …… !” 하고

안타까워하실 수밖에 없었습니다.

그래서 요한 성인이 “**세상에 있는 모든 것, 곧 육(肉)의 욕망과**

눈의 욕망과 살림살이에 대한 자만은 아버지에게서 온 것이 아니라

세상에서 온 것입니다.” 하고 말했던 것입니다.(1요한 2, 16)

이들이 죽고 난 후에 하느님께서 어떻게 심판하셨을까요?

하느님께서는 여러분에게 그런 무서움 뒤에는

평화가 오지 않는다는 것을 알게 하시려고 했는지도 모릅니다.

이는 내가 한 말이 아니라 오늘의 강론으로

그레고리오 성인(St. Gregory)이 한 말입니다.

그런 다음 주님께서는 성전에 들어가시어
물건을 파는 이들을 쫓아내기 시작하시며
"'나의 집은 기도의 집이 될 것이다.'라고 기록되어 있다.
그런데 너희는 이곳을 '강도들의 소굴'로 만들어 버렸다."고 말씀하셨습니다.
주님께서는 세상의 모든 성전보다 인간의 영혼이
훨씬 더 훌륭한 하느님의 성전이라는 것을 말씀하신 것이었습니다.
그래서 바오로 성인이 "여러분이 하느님의 성전이고 하느님의 영께서
여러분 안에 계시다는 사실을 여러분은 모릅니까?
누구든지 하느님의 성전을 파괴하면
하느님께서도 그자를 파멸시키실 것입니다.
하느님의 성전은 거룩하기 때문입니다.
여러분이 바로 하느님의 성전입니다." 하고 말했던 것입니다.(1코린 3, 16-17)
주님께서 이 당신의 성전으로 들어가시려고 할 때
강도와 살인자들의 소굴이 되어 있고
장사하는 곳이 되어 있는 것을 보셨습니다.
그런데 무엇을 사고팔았을까요?
그러나 분명한 것은 예를 들면 자신이 갖고 있지 않은
포도주를 얻기 위하여 옥수수를 준 것은 아니었습니다.
인간에게는 자신의 자유의지 외에 자기 것은 아무것도 없습니다.
따라서 어떤 거래를 하든 세상 것들과 자유의지를 맞바꾸게 됩니다.
대가로 무엇을 얻든,
자신이 기뻐하기 위해서나 다른 사람들의 칭찬을 받기 위하여,
음식이나 마실 것 그리고 옷이나 보석에서 기쁨을 찾는,
자신의 자유의지를 주어야만 합니다.
그러나 슬프게도 최후의 심판 날은 반드시 오게 마련입니다.
그러면 그들은 "오 주님, 저에게 자비를 베푸소서!" 하고 울부짖습니다.
내가 여태까지 말한 사랑은
육적(肉的)인 사랑이 아니라 영적(靈的)인 사랑이었습니다.
우리는 하느님 품에 안겨 쉬어야 합니다.
사랑하는 형제자매 여러분, 오해하지 마십시오.
여러분이 자유의지와 맞바꾼 것은 분명히 거래입니다.

세월이 흐름에 따라 여러분으로부터
하느님이 점점 더 멀어지게 되고 점점 더 낯설게 됩니다.
그래서 베르나르도 성인(St. Bernard)은
"하느님께서는 너무나 예민하고 여리시기 때문에
하느님의 위로는 다른 어떤 위로와 공존하지 못합니다." 하고 말했습니다.
여러분은 "오 주님, 저희는 거룩한 수도원의 수도자들로
신앙심이 깊나이다." 하고 말할지도 모릅니다. 내가 답하리다.
"여러분이 거룩한 습관을 들이더라도
제대로 이해하고 거룩한 습관을 들이지 않으면 아무 소용이 없게 됩니다."

한 사람이 죄를 짓고는 회개하지도 않고
고백하지도 않고 수도원에 들어갔습니다.
그가 거룩한 습관을 들이고 죽게 되자
마귀가 그의 몸을 갈기갈기 찢고
몸과 영혼을 분리시켰지만
거룩한 습관은 남겨두었습니다.
수도원에 속한 수도자들은 이 거룩한 습관 때문에
세상 것들과 맞바꾼 사람들보다 훨씬 더 거룩하게 되었습니다.
그런데 이 주제는 밑바닥까지 찾아 들어가면 묵상할 것이 너무나 많습니다. **왜냐하면 모든 사람이 자기 뜻대로만 사는 것 같기 때문입니다.**
하느님에게 모든 것을 맡기고 사는 강인한 사람은 너무나 드뭅니다.
실제로 이렇게 행동하는 사람들은 대부분 가난하고 겸손한 여자들입니다.
모든 사람이 자기 뜻대로만 하려고 합니다.
모든 사람이 하느님께 자신의 자유의지를 드리고
하느님과 거래를 하려고 하는데 너무나 위험합니다.
세상 것들과 맞바꾸어 얻는 이득이 무엇입니까? 마음만 혼란스럽게 될 뿐입니다.
이렇게 믿음이 미지근한 그리스도인들은
마음이 아플 각오를 하고 거래를 하기 때문에
마침내 구원을 받게 됩니다.
그러나 하느님께 등을 돌린 사람들은
영원히 구원을 받지 못하는 위험에 빠지게 됩니다.

아우구스티노 성인(St. Augustine)은 이렇게 믿음이
미지근한 그리스도인들에 대하여 말했습니다.
"수행(修行)이 부족한 사람은, 즉 믿음이 부족한 사람은
자신을 위하여 순교하게 되는데 몹시 심적 부담을 느껴 무척 불안해하지만 무엇이
자신을 괴롭히는지도 모릅니다."
자신의 성전(聖殿)을 거래하는 곳으로 만들기 때문에
괴로워하지만 결코 이기심을 버리지 않으려고 합니다.

때때로 어떤 사람은 친척들과 친구들과 재산과 상속을 포기하지만
정작 자기(自己)는 버리지 않으려고 합니다.
그러면 모든 것이 헛되게 됩니다.
하느님으로부터 올 때 벌거벗고 온 것처럼
모든 것을 버리고 하느님께로 가야 합니다.
누구나 자신을 위하여 먹고 마시고 보고 듣고 한
모든 기억을 남기고 떠나지만
모든 것을 버리고 갈 수밖에 없습니다. 어떻게 해야 할까요?
모든 일에서 하느님께서 보시도록 하고 모든 일에서 하느님을 찾아야 합니다.
이렇게 행동하면 자신의 기억과 헛된 생각들을 무시할 수 있게 되어
자신의 영혼의 성전(聖殿)에서 거래를 하지 않게 되기 때문입니다.
바깥일에 말려들지 않게 되기 때문입니다.

아가(雅歌)에서 신부(新婦)가 침대에 꽃으로 가득 차 있다고 말하고 있는데 하느님과
친구가 된 사람의 영혼에는 하늘나라의 꽃이 만발해 있고
거룩한 사랑과 하늘나라에 대한 생각만 가득 차 있다는 것을 말한 것입니다.
만약 여러분의 성전(聖殿)이 아무 거래도 하지 않고
헛된 생각들이 전혀 없이 텅 비어 있다면,
여러분의 성전은 진정으로 하느님의 성전이 될 것입니다.
이렇게 되기 전에는 여러분이 무슨 일을 하더라도
하느님의 성전으로 만들 수는 없습니다.
이렇게 되면 여러분의 마음에 평화와 기쁨이 가득 차게 되고
무슨 일을 하더라도 길을 잃지 않게 되고

여러분을 괴롭히던 것들이 모두 사라지게 됩니다.
하느님께서는 에제키엘에게 성전의 벽을 뚫고 들어가
거기서 일어나고 있는 온갖 악하고 역겨운 짓들을 보라고 명령하시어
들어가 보니, 기어 다니는 온갖 생물과 혐오스러운 짐승과
이스라엘 집안이 섬기는 온갖 우상들의 그림이
사방의 벽에 돌아가며 새겨져 있었습니다.(에제 8, 8-10 참조)
이와 같이 사람들의 영혼에는 온갖 기억들과 헛된 생각들이 가득 차 있습니다.

여기서 '**구원을 받는 사람**'과 '**구원을 받지 못하는 사람**'을 구분할 수 있게 됩니다.
전자(前者)는 한동안 세상 것들에 눈이 팔려 길을 잃고 있더라도
세상 것들을 지나치게 많이 사용하면 마음이 편치 않게 생각합니다.
세상 것들을 이용하는 동안에는
양심의 가책을 느끼며 슬퍼하고 두려워하게 되는데
이는 성령께서 역사하시기 때문입니다.
"이와 같이, 성령께서도 나약한 우리를 도와주십니다.
우리는 올바른 방식으로 기도할 줄 모르지만,
성령께서 몸소 말로 다 할 수 없이 탄식하시며
우리를 대신하여 간구해 주십니다."(로마 8, 26)
이러한 사람들은 마침내 진심으로 회개하며
자신이 방종하며 무질서하게 산 것에 대해 눈물을 흘리므로 구원받게 됩니다.
하느님께로 완전히 돌아가기 몇 년 전이라도
구원을 받게 되는데 얼마나 큰 은총입니까?
그리하여 자신을 보호해주시려고 경고를 보내주신 데 대하여
감사하며 회개할 마음을 갖게 됩니다.
그러나 슬프게도 다른 사람들은 다른 반응을 보입니다.
이러한 사람에게 개인적으로 경고하거나 강론을 듣게 해도 아무 소용이 없는데
모든 사람이 하느님을 외면하고 있는 것처럼 생각하기 때문입니다.

그래서 나는 하느님께서 여러분에게 말씀하시는 동안에는
귀를 기울이라고 일깨워주는 것입니다. 그래야 여러분에게 좋기 때문입니다.
하느님의 말씀을 이해하는 사람이 드물기 때문에

여러분은 하느님의 말씀을 이해하려고 무척 애써야 합니다.
하느님의 경고가 귀에만 남아 있고 마음에 전달되지 않으면 비난을 받아야 합니다.
왜냐하면 마음속에 육욕(肉慾)으로 가득 차 있기 때문입니다.
하느님의 말씀을 들을 수 있는 공간을 마련하십시오.
여러분의 마음에서 세상 것들로부터 얻는 기쁨을 몰아내고
헛된 생각들과 기억들을 없애버리십시오.
그렇게 하지 않으면 하느님의 말씀을 이해하지 못하게 됩니다.

오늘 하느님의 진리에 대해서 강론하고 내일도 같은 진리를 강론하게 되면
듣는 사람들은 주의 깊게 그리고 기쁘게 받아들이게 되는데,
거룩한 진리의 특성이 그러하기 때문으로 하나를 깨닫게 되면
하느님께서 다른 것도 깨닫게 해주시기 때문입니다.
우리가 알지 못하는 많은 진리와 가르침이 있지만
모든 것을 완전히 이해할 수는 없습니다.
이렇게 하느님의 말씀을 더 많이 이해하게 되면
세상 것들에 대한 집착을 버리게 됩니다.
세상 것들에 대한 집착을 버리지 못할수록
하느님의 말씀을 이해하지 못하게 됩니다.
하느님의 진리가 귀에 도착하여 엉뚱한 생각을 하기도 하는데
세상 것들에 대한 선입관이 가득 차 있기 때문입니다.
하느님의 성전에서 이러한 생각들과 거래를 없애지 못하면
하느님께서 즐겨 머무시는 기도의 집으로 바뀌지도 않게 됩니다.
우리는 하느님께서 계시는 기도의 집에서 기도하도록 해야 합니다.
하느님, 저희가 모든 거래를 중단하고 당신만 받아들일 수 있게 해주소서. 아멘.

〈삼위일체 대축일 후 열 번째 주일 두 번째 강론〉

78 영성체를 위한 조건

"두 사람이 기도하러 성전에 올라갔다.
한 사람은 바리사이였고 다른 사람은 세리였다."(루카 18, 10)

여기서도 성전(聖殿)을 사람의 깊은 곳에 있는 영혼이라고 생각합시다.
실제로 성 삼위께서 거기에 머무시기를 좋아하시기 때문입니다.
성 삼위께서는 영혼을 활동하게 만드시고
영혼을 당신의 기쁨의 장소, 당신 선물의 금고(金庫)로 만드십니다.
영혼이 삼위일체 하느님의 모습대로 만들어졌기 때문입니다.
사람은 이 때문에 기도하러 성전에 들어가는 것입니다.
제대로 기도하려면 내적 인간과 외적 인간으로 기도해야 하지만,
외적 인간이 기도하는 것은 거의 가치가 없거나 아무 가치가 없습니다.
나의 사랑하는 자매님들, 나는 여러분이 기도의 도움을 받고
진정한 기도를 바치기를 원한다면,
우리 주 예수 그리스도의 거룩한 몸과 피를 받는 것보다
더 좋은 기도가 없다는 것을 말씀드리고 싶습니다.
적당한 주기(周期)로 영성체(領聖體)하면 새로운 사람이 되어
새로 태어나서 영성(靈性) 생활을 할 수 있게 되기 때문입니다.
여러분은 그러한 특권을 누릴 수 있습니다.
하느님께서 특별히 은총을 주시어 영성체할 수 있게 된 것에 감사하고
다른 어떤 영적(靈的) 도움보다도 크므로 즐겨 이용하도록 하십시오.
인간의 본성은 너무나 연약할 뿐만 아니라 악(惡)으로 기울어져 있습니다.
그리하여 우리가 악에서 벗어나려면 많은 도움을 받아야 하는데

이 거룩한 천상양식보다 더 도움을 주는 것은 없습니다.
주님께서는 오늘 복음에서 성전에서 기도하고 있는 사람이
한 사람은 바리사이였고 또 한 사람은 세리(稅吏)였다고 말씀하셨습니다.
세리는 악명 높은 죄인이었습니다.
그래서 세리는 멀찍이 서서 하늘을 향하여
눈을 들 엄두도 내지 못하고 가슴을 치며 말하였습니다.
"오, 하느님! 이 죄인을 불쌍히 여겨 주십시오."
이 기도는 나무랄 데가 없습니다.
나도 자신이 아무것도 아니라는 것을 깨닫고
세리가 했던 것처럼 기도하고 싶습니다.
이 기도가 가장 훌륭하고 유용한 기도이기 때문입니다.
이러한 마음으로 기도하게 되면 하느님께로 바로 갈 수 있는데
하느님께서는 당신의 자비를 청해야만 당신의 모습을 드러내시기 때문입니다.

그러나 어떤 사람은 진정으로 자신의 사악함을 인정하고
이런 불쌍한 죄인의 마음으로 기도하지만, 겸손한 나머지 하느님의 얼굴을
바로 보지도 못하고 감히 영성체할 엄두를 내지 못합니다.
나의 사랑하는 자매님들, 제발 그렇게 하지는 마십시오.
성체성사에 열심히 나갈수록 죄의 힘이 빠지면서 주님께
"주님, 제 영혼이 죄로 인하여 죽기 전에 어서 오소서." 하고 말하게 됩니다.
나는 자신이 이 세리처럼 겸손하게 자신이 죄인이라는 것을 알고
자신이 선해지기를 바라며 세리와 같이 두려워하지만,
하느님의 거룩한 뜻을 따르기 위해서 세상 것들에 대한 애착을 버리려고 한다면,
오늘 복음에서와 같이 세리처럼 바로 다음 날도
우리 주님의 몸과 피를 받는 위로를 받아도 된다는 것을 말하고 싶습니다.
우리는 세례를 받고 하느님께 헌신하게 되면서
거룩한 성체를 받을 수 있는 권한을 얻게 되었기 때문입니다.
그러나 아무도 이 권한을 자신으로부터 빼앗을 수 없으며
자신의 죄를 회개하지 않아
오직 자신만이 영성체를 하지 못하게 되는 것뿐입니다.

사랑하는 자매님들, 영성체를 하기 위하여
열심히 믿는 척하거나 선한 일을 하는 척할 필요는 없습니다.
오로지 하느님을 두려워하고 자신이 아무것도 아니라는 것을 고백하고
대죄를 짓지만 않으면 누구나 영성체할 수 있습니다.
대죄를 짓지 않고 살려면 이 천상양식만 받아먹고 살면 됩니다.
영성체는 영성(靈性) 생활의 정상(頂上)으로 우리를 끌어올립니다.
여러분이 자신의 사악함을 슬퍼하면서 고백하기만 하면
영성체할 수 있으므로 성체성사를 절대로 거르지 마십시오.
왜냐하면 이 성체성사의 은총을 통하여 힘을 얻게 되고
거룩하게 되고 위로를 받게 되고 행복하게 되기 때문입니다.
그렇다고 해서 자주 영성체하지 않는 사람들을 나무라서도 안 되고
영성체하러 가는 회개한 불쌍한 죄인들을 심판해도 안 됩니다.
아우구스티노 성인(St. Augustine)이 말했습니다.
"교회가 교만하여 드러내놓고
나쁜 짓을 끊임없이 계속하고 있는 사람을 나무라지 않는 한
아무도 어떤 이유로도 나무라서는 안 됩니다."
제대로 영성체하고 있는지는 우리가 판단할 일이 아니라
영성체를 주시하고 있는 수도원장이 해야 할 일입니다.
사랑하는 자매님들, 성전에서 불쌍한 죄인을 심판하고
깔보았던 교만한 바리사이처럼 되지 않으려면 비난하지 마십시오.
그러면 여러분의 영혼을 영원히 잃게 된다는 것을 아십시오.
자신의 과거의 죄에 너무 연연하지 말고
이웃을 심판하는 죄를 짓지 않도록 하십시오.

내가 수도원에서 매우 엄격하게 규율을 지키는
형제들과 함께 지내면서 나도 그들처럼 하고 싶었습니다.
그러나 주님께서 허락하시지 않았습니다.
나의 건강이 좋지 않아 그렇게 할 수가 없게 된 것입니다.
내가 형제들과 함께 엄격한 금욕생활을 하고 나면
바리사이처럼 될 것을 하느님께서 우려하시어
그렇게 하지 못하게 하신 것이라는 생각이 들었습니다.

내가 그들을 따라 했다면 자기만족에 빠지고 말았을 것이기 때문입니다.
우리의 주님께서 너무나 자상하시므로
어떨 때는 하느님의 사람을 평생 가끔 소죄(小罪)를 짓게 하시고는
자신을 성찰하게 하시어 자신이 아무것도
아니라는 것을 깨닫게 하시어 아주 겸손하게 만드십니다.
따라서 이러한 사소한 잘못 때문에 성체성사를 거르면 안 됩니다.
사소한 잘못을 저지른 사람에게는 다음과 같이 기도하도록 하십시오.
"주님, 저는 당신을 저의 지붕 밑으로
즉 저의 마음속으로 모실 자격도 없나이다.
그러나 제 마음속으로 들어오셔서
당신의 무한한 자비를 베풀어주시기를 간절히 바라나이다.
저는 회개하고 자비를 베풀고 다른 덕을 베풀 필요가 있는데
이 모든 것들은 당신 안에 있나이다.
저희는 당신 안에서 모든 덕과 선행을 할 마음을 발견하게 되나이다."

자매님들, 우리의 교부(教父) 도미니코 성인(St. Dominic, 1170-1221)의 시대에도
하느님께서 인간이 무서운 죄에 빠져 있는 것을 보시고
진노하시어 다시 세상을 파멸시키시려 했지만,
하느님께서 또다시 오늘날의 우리를 파멸시키시려는 것 같습니다.
그러나 우리는 무슨 일이 일어날지도 모르므로
어떻게 하든지 하느님의 자비를 청해야 합니다.
우리 모두 자기(自己)를 버리고 세상 것들을 모두 버리고
내면으로 하느님께 돌아가 영성체할 때
주님께서 우리를 부르시도록 하는 방법밖에 없습니다.
사랑하는 자매님들, 영성체를 거르지 않고
계명을 지키면서 덕을 쌓아나가도록 해야 합니다.
여러분이 자신의 잘못을 발견하고 여전히 하느님의 뜻에 따라 살려고 한다면
진심으로 회개하여 어떻게 해서라도 파멸을 피하도록 해야 합니다.

나와 여러분이 속해 있는 수도원
즉 하느님께서 위험한 세상을 멀리하라고 부르신 이 수도원에서는

진심으로 하느님만 기다려야 합니다.
사랑하는 자매님들, 자주 자신의 소명(召命)을 생각하고
여러분이 덕을 얼마나 많이 쌓아 다른 사람들에게 본보기가 되었는가를 보십시오.
모든 사람이 여러분의 삶에서 거룩한 규율을 지키면서
영성체함으로써 열매를 맺도록 해야 합니다.
나는 늙고 연약한 자매님이 지나치게 금식을 하고 노동을 하는 것을 바라지 않고
분별력을 갖고 모든 일을 하기를 바랄 뿐
지나친 금욕생활을 하기를 바라지는 않습니다.
자매님들, 이렇게 하기만 하면
여러분 안에 성체의 은총이 무한하게 내리게 될 것입니다.

그리고 여러분의 말이 항상 친절하고 따뜻하고 상냥해야 합니다.
여러분이 아무리 좋지 않은 말을 들어도
하느님의 사랑을 위하여 느긋하게 참고 모든 사람에게 순종하십시오.
나쁜 말을 들더라도 기쁜 얼굴로 친절하게 답해야 합니다.

자신의 내면을 면밀하게 살펴보십시오.
자신에게 꼭 필요한 것만 갖도록 하십시오.
자신을 기쁘게 하려고 하지 말고
다른 사람들의 칭찬을 받으려고도 하지 마십시오.
옷이나 장신구나 책에 지나치게 집착하지 마십시오.
사람을 가려 사귀지 마십시오.
여러분에게 꼭 필요한 것은
하느님께서 여러분의 수도원장을 통하여 주실 것입니다.

여러분은 서로 사랑해야 합니다.
고압적으로 남을 미워하지 않고 이간시키지도 않고
내면의 평화를 잃지 말고 서로 사랑하도록 해야 합니다.
공동체에서 열심히 수행하려고 애쓰고
사랑하는 마음으로 자매들을 다독거리고 서로 격려하도록 해야 합니다.
기쁘게 사랑으로 약하고 늙은 자매님들을

손과 마음으로 도와서 불편하지 않게 해드려야 합니다.
이 모든 일을 공동체에 있는 자매님들을 위해서 해야 할 뿐만 아니라
모든 다른 사람들이 여러분의 선행을 인정하도록 해야 합니다.
"사실 너희가 자기를 사랑하는 이들만 사랑한다면 무슨 상을 받겠느냐?
그것은 세리들도 하지 않느냐? 그리고 너희가 자기 형제들에게만 인사한다면,
너희가 남보다 잘하는 것이 무엇이겠느냐?
그런 것은 다른 민족 사람들도 하지 않느냐?"(마태 5, 46-47)

그러나 여러분이 한 선행(善行)이나 수행(修行) 때문에
놀림을 받는다면 어떻게 하겠습니까?
아무 말도 하지 말고 아무 불평도 하지 마십시오.
대신에 성가대나 정숙(靜肅)하게 되어 있는 다른 곳에서도 정숙 하십시오.
성가대에서는 다른 단원들을 존경하면서 도와야 합니다.
여러분이 알고 있다시피 우리의 거룩한 주님의 몸이 거기에 있기 때문입니다.
여러분의 영원한 왕의 얼굴 앞에서 찬송하면서 눈을 내리까십시오.
순수한 자매라면 위대한 여왕 앞에서 당연히 예의를 갖추어야 하지 않겠습니까?
여러분이 당신께서 선택하신 신부(新婦) 중의 한 사람으로
거룩한 신랑 앞에 서려면 몸과 마음을 다하여
거룩한 신랑을 생각해야 합니다.
왜냐하면 하느님께서 여러분의 영혼의 깊은 곳을
끊임없이 지켜보고 계시기 때문입니다.
사랑하는 자매님들, 깊은 믿음을 갖고 묵상을 부지런히 하면서
성무일도를 노래하고 독서하며 성가대에서 신앙생활을 열심히 하십시오.
때때로 정신을 딴 데 팔더라도 여러분이 성무일도를 충실히 했다면
양심의 가책을 느낄 필요는 없으며
방황하는 마음을 가능한 빨리 거룩한 일로 되돌리기만 하면 됩니다.
일부러 분심을 일으키지 않았다면
양심의 가책을 느낄 필요가 전혀 없기 때문입니다.

복음에서 말하고 있습니다.
"그러므로 너희는 그들이 맺은 열매를 보고 그들을 알아볼 수 있다."(마태 7, 20)

여러분의 경우에는 여러분도 하느님의 종으로 알고 있고
다른 사람들도 그렇게 알고 있으므로
반드시 완덕의 열매를 겉으로 보여주어야 합니다.
서로 자비를 베풀고 인내하고 느긋한 마음을 갖고
이러한 시련을 이겨내게 되면 아무도 약하지 않게 되고 늙지도 않게 됩니다.
아파서 누워 있게 되어도 이러한 덕을 쌓을 수 있게 됩니다.
그리고 내면의 은총의 열매를 통하여
하느님을 사랑하는 기회를 뺏기지 않게 되고
하느님의 것이 아닌 것에는 집착하지 않게 된다는 것을 알게 됩니다.
그렇게 되면 하느님과 하나가 되어
모든 것을 하느님께 맡기고 하느님과 함께
평생을 살 수 있게 되므로 기뻐하십시오.
그리스도의 거룩한 십자가와 수난의 나무에 매달려서
그리스도의 영광스런 상처 안에 숨으십시오.
아니 더 이상 높이 올라가서 무한한 하느님 안으로 들어가십시오.
이것이 양 떼를 푸른 초원으로 이끄시는 착한 목자이신 그리스도의 길입니다.
이렇게 영성체를 통하여 성체(聖體)는
여러분에게 거룩한 삶의 열매를 주시고
성숙하게 해주는 은총을 주십니다.

어떤 사람들은 경외심 때문에 여러분보다 영성체를
자주 하지 않기도 하는데 그래도 괜찮습니다.
또 어떤 사람들은 여러분이 자주 영성체하는 것을 인정하지 않을뿐더러
여러분의 뻔뻔스러움을 꾸짖거나 회개하고 오라고 말하기도 합니다.
어떻게 해야 할까요?
나는 여러분에게 느긋하게 이런 고통을
참고 견디라고 말하고 싶습니다.
고통을 겪지 않고 수도 생활을 할 수는 없습니다.
진정으로 겸손하여 영성체를 가끔 포기하는 것도 좋습니다.
그러나 거룩한 사랑의 마음으로 영성체하면 더욱더 좋습니다.
아픈 사람에게 의사가 필요하듯이 성체(聖體)를 받아

하느님께서 여러분 안에 계시기만 해도 치유가 됩니다.
여러분은 경외심을 가져야 합니다.
이는 슬픈 눈으로 바라보며 죄를 짓지 않으려고 해야 한다는 것을 뜻하며
성체(聖體)가 여러분 안에서 목적을 달성한 표징입니다.
그러나 약을 먹고 병이 낫게 되면
환자는 좋은 음식을 먹어야 건강을 회복하게 되고
영혼이 건전하게 되어 자신의 죄가 없어졌음을 알게 됩니다.
또 다른 좋은 표징은 진심으로 수행하려고 하며
하느님의 법에 순종하려고 하는 것입니다.
이렇게 굳게 마음먹고 자신의 영혼에서 악한 것들을 모두 몰아내게 되면
변덕을 부리지 않고 교만하지도 않고 영성체를 할 수 있게 됩니다.
그러나 자신의 죄를 슬퍼할수록
영성체의 열매를 더 많이 얻을 수 있게 됩니다.

그러나 어떤 자매님들은 영성체 후 감사할 겨를도 없이
수녀원에서의 임무나 성가대에서 봉사하기 위하여 달려가야 할 때가 많습니다.
그러나 이 때문에 속상해하면 안 됩니다.
여러분이 영성체할 준비를 잘 해왔다면
성체(聖體)가 여러분의 영혼 안에서 은총의 역사를 하기 때문입니다.
하지만 주님께서는 여러분이 감사하기를 기다리십니다.
따라서 저녁 식사 후나 저녁 기도 후에라도 주님께 감사드리면
마치 아침에 감사드린 것처럼 주님을 기쁘게 해드리게 됩니다.

그러나 이렇게 수행(修行)하고 있더라도
소죄(小罪)를 짓는 말이나 행동을 전혀 하지 않을 수는 없습니다.
이런 경우에는 속상해하지 말고 슬퍼하면서
하느님께 자신의 잘못을 고백해야 합니다.
고백할 때도 평상시에 고백하는 것처럼 해야 하며
고해신부를 너무 괴롭히면 안 됩니다.
자신의 임무를 다하고 있었다면 대죄(大罪)만 고백하면 됩니다.
작은 죄들은 하느님 아버지께 말씀드리거나 성수(聖水)를 뿌리거나

무릎을 꿇고 진심으로 회개하기만 하면 고백하지 않아도 됩니다.
그러나 자신의 죄 때문에 슬퍼하지 않기를 청할 수도 있을까요?
슬퍼하지 않기를 바라나요?
자신의 죄 때문에 송구스런 생각을 하지 않게 되면 후회하게 될 뿐입니다.
후회하면서 하느님을 섬길 수는 없습니다.
하느님을 사랑할 자격이 없으면서도 하느님을 사랑할 수는 없습니다.

그러나 비교할 수 없을 정도로 큰 덕은
하느님을 진심으로 사랑하게 되는 것입니다.
이러한 마음은 하느님께서 우리 인간을 위하여 하신 모든 일을
묵상하고 진심으로 감사해야만 생기게 됩니다.
하느님께서 여러분에게 평생 해주신
기쁜 일이나 슬픈 일들에 대하여 깊이 생각하십시오.
여러분이 아주 소인배이고 비천하고 가치 없는 존재라는 것을 생각하면서
하느님께서 하신 일들을 생각하고 모든 사람과 천사들과
다른 모든 피조물과 함께 하느님을 찬양하고 감사하십시오.
왜냐하면 여러분 혼자서 찬양하고 감사하는 것만으로는 부족하기 때문입니다.
한결같은 마음으로 거룩한 교회의 살아 있거나 죽은 모든 사람을 끌어안고 그들과
함께 마음속으로 하느님께 감사하십시오.
이와 같이 진심으로 사랑하는 마음으로 하느님께 다가가십시오.
하느님으로부터 무엇을 받았든 자기 것으로 하지 말고
항상 감사하면서 하느님께 모두 돌려드리십시오.
이런 내면의 느낌이 하느님으로부터 온 것이냐 아니냐 하는
의문을 갖지도 말고 논쟁도 하지 마십시오.
항상 가난하게 되어 자기 자신이 아무것도 아니라는 것을 아십시오.
하느님의 몫은 하느님께 맡기고 자신의 원천을 알고
아버지께 끊임없이 영혼을 바치는 우리 주 예수 그리스도를 본받도록 하십시오.
그리스도를 가장 잘 따르는 사람이 가장 훌륭한 사람이기 때문입니다.

주의가 산만해지거나 가끔 세상 것들에 집착하게 되면
겸손하게 머리를 숙이고 하느님께 용서를 청하십시오.

그런 다음 다시 여러분의 영혼을 하느님 아버지께 들어 올리십시오.
이 모든 것을 우리 주 예수 그리스도와 하나가 되어
주님의 삶과 수난을 생각하면서 행하도록 하십시오.
하느님께서 보시기에 이렇게 하는 것이 가장 좋습니다.
복음에 나오는 여인의 느낌을 생각하십시오.
"내가 저분의 옷에 손을 대기만 하여도 구원을 받겠지."(마태 9, 21)
그 여인은 주님의 옷자락을 만지고 나았습니다.
주님의 옷은 '**성체**(聖體)'를 의미하고 옷자락은 '**주님의 귀중한 피**'를 뜻합니다.
여러분은 주님을 만질 자격도 없을 정도로 타락했다고 생각할지 모르지만
용기를 갖고 옷자락을 만지면 틀림없이 치유되어
믿음이 확고하게 될 것입니다.
그리고 주님을 만진다는 것은 '**영성체하러 가는 것**'을 말합니다.
그러나 영성체를 준비하는 데에는
겸손하게 되어 자신이 아무것도 아니라는 것을 아는 것이 가장 중요합니다.

가장 완전한 완덕을 갖추었다 하더라도
자신의 영혼 깊은 곳에 있는 겸손의 뿌리까지 내려가야 합니다.
나무가 높이 자라려면 뿌리를 더 깊이 박아야 합니다.
완덕의 정도는 겸손의 깊이에 달려 있습니다.
우리는 악명이 높은 죄인인 세리가 너무나 겸손해져서
감히 하늘을 올려다보지 못했기 때문에
하느님의 은총으로 높이 올려져 의롭게 되어
자신의 집으로 돌아가는 것을 보았습니다.
성 삼위시여, 저희에게 자비를 베푸시어
저희가 회개한 이 죄인처럼 진정으로 겸손하게 해주시어
하느님의 은총을 되찾게 해주소서. 아멘.

〈삼위일체 대축일 후 열 한 번째 주일 강론〉

79 희망을 얻고 사랑하려면

"문자는 사람을 죽이고 성령은 사람을 살립니다."(2코린 3, 6)

하느님의 친구들은 두 종류가 있는데
다름 아닌 구약성경과 신약성경에 따라 산 사람들입니다.
그리스도께서 이 세상에 오시기 전까지
사람들은 율법에 따라 의식(儀式)을 치르고
관습을 만들어 살면서 하느님을 기쁘게 해드렸지만,
그리스도 이후에는 새로운 법에 따라
우리가 구원받고 있다는 것을 여러분은 잘 알고 있습니다.
제대로 이해했다면, 구약성경은 신약성경의 도입부로,
신약성경의 내용을 그대로 담고 있는데
사람들의 영혼을 준비시켜 새로운 섭리에 따라 살 수 있도록
모든 일을 사전(事前)에 일깨워 주어
새로운 섭리를 받아들일 수 있게 해주고 있다는 것을 알아차렸을 것입니다.
구약성경은 많은 무거운 의무를 지워주고 죄를 지으면 심한 벌을 받게 된다는 것과
엄격하신 하느님의 의로움을 보여주고 있지만,
구원에 대해서는 어렴풋하게 설명하고 있습니다.
천국의 문은 5,000년 동안 굳게 닫혀 있었기 때문에
그동안에는 힘들게 착한 일을 해도 영원한 생명을 얻을 수가 없었습니다.
신약성경이 성령(聖靈)을 통하여 평화와 기쁨을 보여주기 전까지
그들은 지겹도록 구세주를 기다리고 있었습니다.
내가 이에 대하여 여러분에게 말하고 싶은 것은 다음과 같습니다.

우리 모두 하느님의 새로운 섭리를 받아들이려면
먼저 구약성경에서 보는 것과 같은 많은 시련을 겪어야 한다는 것입니다.
즉 슬픔의 무거운 짐을 져야 할 뿐만 아니라
겸손하게 전지전능한 하느님의 손아래 머리를 굽혀야 하고
외적 내적인 고통을 겪어야 하고
죄가 있든 없든 온갖 시련을 다 겪어야 한다는 것입니다.

형제자매 여러분, 하느님의 가르침을 깨닫고 흔들리지 마십시오.
나는 여러분이 잘못 생각하고 있을까 봐 두렵습니다.
여러분이 하느님의 가르침을 제대로 알고 행동했더라면
틀림없이 하느님의 은총을 받았을 것입니다.
온고지신(溫故知新)입니다.
과거의 잘못을 교훈 삼아 새로운 사람이 되려고 해야 합니다.
저질스럽게 내적 외적으로 받은 위로를 믿지 마십시오.
쾌락을 통하여 하늘나라로 갈 수 있는 사람은 아무도 없습니다.
더 많은 고통과 시련을 겪고 쾌락을 멀리해야만 하늘나라에 갈 수 있습니다.
여러분이 거룩한 성체(聖體)를 받아먹고
깨달음을 얻고 인간의 위로를 받을 생각을 하지 않고
열심히 봉사할 마음을 갖기까지, 여러분 안의 깊숙한 곳에서
구약(舊約)의 힘든 멍에를 지고 겸손하게 자기(自己)를 버리고 있는
과거의 자신들에게 머리 굽혀 절하도록 하십시오.
그리고 진심으로 하느님의 멍에는 편하고
하느님의 짐은 가볍다는 것을 생각하십시오.
사랑하는 형제자매 여러분, 나는 여러분에게 항상
우리 주 예수 그리스도의 십자가를 짊어지고 있기를 권하고 싶습니다.
즉 주님의 수난의 징표를 잊지 말고
항상 여러분 안에 간직하고 무겁더라도 기쁘게 짊어지고 다니면서
하느님의 뜻에 모든 것을 맡기려고 하라는 것을
나는 진심으로 여러분에게 충고하고 싶습니다.
여러분이 앞으로 고통 받고 절망하고 불명예를 당하고 중상모략을 당하더라도
하느님께서 여러분에게 용기를 주시기를 바랍니다.

그러면 신약시대에 살고 있는 여러분의 영혼이
평화와 기쁨 속에 예수 그리스도를 다시 태어나게 할 때까지는
여러분 안에서 구약성경에 따라 산 옛 아담이 살고 있게 됩니다.
형제자매 여러분, 대주교들은 한숨을 쉬며
안타까워하면서 수 천 년을 기다려야 했지만,
여러분은 자기(自己)를 버리고 참고 견디면
일 년을 기다리지 않아도 구세주를 다시 태어나시게 할 수 있습니다.
여러분이 1년이나 2년 동안 말라리아 열병처럼 앓게 되면
부득이 끝까지 참을 수밖에 없게 되는데, 여러분이 그리스도의 재림을 준비하려면
고통을 참고 견뎌야 하기 때문입니다.

구약성경 시대에 겪어야 했던 다른 시련은
하느님께서 당신의 백성들에게 내리신 '**심판**'이었습니다.
이는 평생 후회하며 괴로워하는 내적인 고통을 의미합니다.
어떤 사람들은 수 없이 고해성사를 하여 이 고통에서 벗어나려고 하지만
제대로 보속(補贖)하지 않으면 대죄를 수천 번 고백해도
이 후회의 괴로움을 달랠 수 없다는 것을 모릅니다.
겸손하게 되면 이렇게 수 없이 고백하더라도
아직도 하느님의 용서를 바라면서 남아 있는 후회를 느낄 수 있기 때문입니다.

또 다른 시련은 새로운 위로를 바라면서
많이 배운 사람들에게 수많은 질문을 한
양심의 가책을 여전히 느끼고 있는 것이었습니다.
헛수고를 하지 마십시오.
평생 이러 저리 뛰어다녀도 아무 소용이 없습니다.
위로는 여러분 안에서만 받게 되며 전혀 위로를 받지 못할 수도 있습니다. 여러분의 영혼 안에서 꾸준히 참고 기다리십시오.
사랑하는 형제자매 여러분, 내가 여태까지 본 사람 중에서
내적 외적으로 덕을 쌓은 가장 거룩한 사람에 대하여 말하려고 합니다.
그는 평생 네다섯 개의 강론밖에 듣지 않았습니다.
그러나 그에게 한 강론은 '양심의 소리'였기에

똑똑하게 기억하여 어떻게 살고 어떻게 죽어야 한다는 것을 알게 되었습니다.

보통 사람들은 이리저리 뛰어다니면서
온갖 강론을 다 들으려고 하지만 믿음을 잃을까 봐 두렵습니다.
그러나 여러분이 하느님을 제대로 모시려면
여러분의 내면으로 들어가 하느님의 강론을 들으십시오.
왜냐하면 여러분이 참된 영성을 얻으려면 이리저리 뛰어다니지 말고
여러분 자신의 영혼 안에 머물러야 하기 때문입니다.
아무리 말을 많이 하여도 사람을 완전하게 만들지는 못합니다.
진심으로 하느님을 사랑하고
자신처럼 이웃을 사랑하면 모든 것이 잘 될 것입니다.
다른 사람들의 좋은 면은 좋게 보되
다른 사람들의 나쁜 면을 보아도 심판하거나 의심을 갖지 마십시오.
선조들이 과거의 율법에 따라 살았듯이
진심으로 하느님만 생각하고 진리만 찾도록 하고
나머지는 모두 하느님의 거룩한 뜻에 맡기십시오.

구약성경의 세 번째 특성은 '구원에 대한 희미한 희망'이었습니다.
왜냐하면 천국의 문이 굳게 닫혀 있었을 뿐만 아니라
아무 예언자도 언제 구원받게 되는지를 말하지 않았기 때문입니다.
우리 모두 겸손하게 하느님의 때와 장소를 기다려야만 합니다.
왜냐하면 하느님께서는 우리 모두를 구원하시려고 하기 때문입니다.
그러면 틀림없이 우리 안에 태어나셔서 완덕의 삶을 살게 해주실 것입니다.
언제냐고요? 하느님께 맡겨두십시오.
어떤 사람은 젊을 때 완덕을 갖추고 싶어 하고
어떤 사람은 늙었을 때 완덕을 갖추려고 하고
어떤 사람은 죽기 전에 완덕을 갖추었으면 합니다.
매일 하느님께 진실하기만 하고
모든 것을 하느님의 거룩한 뜻에 맡기십시오.
이렇게 모든 것을 하느님께 맡겨버리면
다른 특별한 수행(修行)은 전혀 필요 없게 됩니다.

하느님의 계명을 알고 지키십시오. 교리를 알고 믿으십시오.
모든 것을 하느님의 뜻에 맡기십시오.
이렇게 쉬운 일만 하게 되면 그리스도께서 여러분 안에 탄생하시어
신약성경에서 말하듯이 성령 안에서 기쁨과 평화를 누릴 수 있게 됩니다.
그러면 여러분은 천사와 같이 온유하고
지혜로운 삶을 사는 은총을 받게 될 것입니다.
이는 정말 놀라운 선물입니다.
인간이 이해하지는 못하지만 더 좋은 삶은 천사가 아니라
성령께서 여러분 안에서 역사하시는 것입니다.
이렇게 참고 기다리기만 하면 여러분 안에 성령께서 오십니다.
어떤 사람은 이 모든 것을 이해했다고 생각하면서
자기만의 수행 계획을 짭니다만 반드시 실패하게 됩니다.
자기를 죽이지 못하면 절대로 성공하지 못합니다.
자기를 죽여야만 성공할 수 있게 됩니다.

레위의 자손들은 율법에 따라 하느님의 궤를 옮겼지만
여태까지 설명한 바와 같이 신약성경에서는
하느님의 궤가 레위의 자손들 즉 '**우리의 영혼**'들을 움직이고 있습니다.
이렇게 겸손하게 하느님의 뜻에 따라
살지 않으면 틀림없이 하느님의 심판을 받게 됩니다.
어떻게 하더라도 자기(自己)를 버리고 하느님 밑에서 수난을 받아야만 합니다.
그러면 하느님께서는 아무 고통도 없고
괴로움도 없는 곳으로 여러분을 데려가실 것입니다.
하느님께서는 여러분 대신에 짐을 지워주시기 때문입니다.
하느님께 순종하는 사람들에게는
질 수 없는 짐을 지우시지도 않고 참을 수 없는 고통도 주시지 않습니다.
그러나 하느님께 순종하지 않으면 혼자서 무거운 짐을 지고 가야 합니다. 하느님께서 계시지 않기 때문에 혼자서 짐을 져야 하기 때문입니다.
하느님, 저희가 무거운 짐을 지고 갈 수 있도록 도와주소서. 아멘.

〈삼위일체 대축일 후 열 두 번째 주일 첫 번째 강론〉

80 영적인 귀머거리

"그러자 사람들이 귀먹고 말 더듬는 이를 예수님께 데리고 와서,
그에게 손을 얹어 주십사고 청하였다.
예수님께서는 그를 군중에게서 따로 데리고 나가셔서,
당신 손가락을 그의 두 귀에 넣으셨다가 침을 발라 그의 혀에 손을 대셨다.
그러고 나서 하늘을 우러러 한숨을 내쉬신 다음,
그에게 '에파타!' 곧 '열려라!' 하고 말씀하셨다.
그러자 곧바로 그의 귀가 열리고
묶인 혀가 풀려서 말을 제대로 하게 되었다."(마르 7, 32-35)

오늘 우리는 영적인 귀머거리에 대하여 알아보기로 합니다.
우리의 첫 부모가 마귀의 감언이설(甘言利說)에 넘어감으로써
우리는 우리 영혼 안에 계시는
하느님의 '영원한 말씀'의 목소리를 듣지 못하고 있습니다.
그러나 우리의 본성이 의식(意識)에 가까이 있듯이
우리는 이 거룩한 말씀이신 주님께서
우리 자신의 생각보다 더 가까이 계신다는 것을 잘 알고 있습니다.
거룩한 말씀께서는 우리의 영혼의 가장 깊은 곳에 머무시면서
우리에게 끊임없이 말씀하시고 계십니다.
그런데 인간은 주님의 말씀을 듣지 못합니다.
왜냐하면 인간은 듣지 못해 몹시 괴로워하고 있기 때문입니다.
이렇게 듣지 못하는 것을 어느 누구에게도 탓하지 못합니다.
우리 모두 누군가에게 무언가를 말하려고 하지만

그 사람은 무슨 말을 하든 듣지 않으려고 귀를 막기 때문입니다.
우리는 나쁜 사람들입니다.
우리 모두 이렇게 하여 마침내 자신도 모르게 되어
벙어리, 즉 바보처럼 되고 말았기 때문입니다.
속된 사람에게 자신의 내면생활에 대하여 물어보면
아무 말도 하지 못하는데
내면생활이 있는지도 모르고 있기 때문입니다.
이 때문에 그런 영혼에 마귀가 들어가서
마귀의 말만 듣게 만들어버려
귀머거리가 되고 벙어리가 되고 만 것입니다.

그런데 마귀가 영혼에게 어떻게 꼬드길까요?
비난받아 마땅한 모든 행동에서 마귀를 찾을 수 있습니다.
마귀는 이 세상 사람들을 속이려고만 하며
명예나 부(富)나 친척들과 친구들과 이기심과 같은
세상 것들을 지나치게 좋아하게 만듭니다.
마귀는 여러분이 악(惡)에 기울어지는 것을 지켜보고 있다가
이때를 이용하여 여러분의 영혼을 꼬드깁니다.
때로는 여러분이 용감하게 참고 견뎌야 하는 고통도 피하게 만들고
금지된 쾌락을 찾도록 여러분의 내면의 귀에 속삭이며
여러분의 영혼의 눈에 보여주면서
영혼의 눈과 귀가 '영원한 말씀'을 듣지 못하게 만듭니다.
그러나 마귀의 유혹을 즉시 뿌리치게 되면 쉽게 극복할 수 있게 됩니다.
반대로 미적거리면서 마귀가 제시하는 것을
여러분이 보거나 듣는 것을 보면
파멸시키려 듦으로써 유혹이 더 커지게 됩니다.
즉시 마귀를 물리쳐야만 합니다.
그러면 여러분의 귀가 치유되어
내면에서 '영원한 말씀'께서 하시는 목소리를 들을 수 있게 됩니다.

이렇게 귀머거리는 세상 사람들만 괴롭히는 것이 아니라

수도(修道) 생활(生活)을 하는 사람들도 괴롭히지만,
세상 것들에 집착하는 사람들만 괴롭힙니다.
마귀는 좋아하는 것들에 미쳐 있는 사람들을
잘 알고 있으므로 이러한 사람들에게 말합니다.
어떤 사람은 오로지 복을 받기 위하여
자신이 좋아하는 각종 기도나 성무일도 등을 습관적으로 하기 때문에
이러한 방해물들이 덜컹거리는 소리로 인하여
내면에서 말씀하시는 '영원한 말씀'의 소리를 듣지 못하게 됩니다.
우리는 물론 인정된 수행(修行)을 열심히 해야 한다는 것을 알지만
복(福)을 짓지도 않고, 즉 덕을 쌓지도 않고 복만 바랍니다.
묵상은 물론 기도도 마지못해 합니다.
진심으로 일하여 성령의 인도를 받아야 함에도
무슨 일이든지 꾸준히 하지 못하고
자신의 영혼 깊은 곳에서 하느님을 찾으려 하지도 않습니다.
우리는 이러한 사람들을 본받으면 안 됩니다.
이들은 죽을 때까지 오로지 겉으로 보이기 위한 신앙생활을 하기 때문입니다.
하느님께서는 이들에게 말씀하시려고 하지만
이들의 영혼의 귀는 항상 다른 목소리만 듣습니다.
형제자매 여러분, 많은 종류의 영적(靈的)인 귀머거리가 있지만
우리는 종말에 결과를 보고서야 놀라게 될 뿐입니다.

주님께서 "**누구든지 나를 사랑하면 내 말을 지킬 것이다.**"고
하신 말씀을 아무도 듣지 못하고 있습니다.(요한 14, 23)
그레고리오 성인(St. Gregory)은 이 말씀을 다음과 같이 설명했습니다.
"**여러분이 하느님을 사랑하는지 알고 싶습니까?**
여러분이 다음과 같은 경우에 어떻게 하는지를 보십시오.
여러분에게 고통이 오거나 모순을 느끼거나
여러분 주변의 사람들이 괴로워할 때 여러분은 어떻게 합니까?
또 정신적인 고통이 너무나도 심해서
어떻게 해소해야 할지도 모를 때 어떻게 참고 견딥니까?
갑자기 어려움을 당하면 어떻게 참고 견딥니까?

전혀 예상하지도 못한 고통을 겪게 되면 어떻게 참고 견딥니까?
이러한 불행이 찾아와도 꾹 참으면서 마음을 편하게 가지면서
나쁜 말이나 행동도 하지 않고 가만히 있게 되면
여러분은 틀림없이 하느님을 진정으로 사랑하는 것입니다."
진정으로 하느님을 사랑하는 사람은 외적인 고통이나 쾌락에 무감각합니다.
하느님께서 여러분 안에 계시기만 하면
여러분에게서 무언가를 빼어가든 무엇을 주든
상관하지 않고 내면의 평화를 누릴 수 있게 됩니다.
고통이 찾아왔을 때 외적인 인간은 울게 되지만
내적인 인간은 고통이 하느님의 뜻이라고 생각하고 마음 편하게 참고 견딥니다.
그러나 슬프게도 이런 시련을 이겨내지 못하면
여러분은 귀머거리이기 때문에 '거룩한 말씀'이 하는 소리를 듣지 못하게 됩니다.

또 하나의 시련이 있습니다.
여러분은 여러분과 온 인류와 이 땅과 하늘나라에 있는
모든 피조물들에게 은총을 듬뿍 주신 하느님께 진심으로 '**감사**'하고 있나요?
특히 여러분은 하느님의 아드님을 이 땅에
보내주신 데 대하여 깊이 '**감사**'하고 있나요?
그리고 여러분은 영성(靈性) 수련(修練)을 통해서
여러분이 몸담아 있는 수도원의 동료들뿐만 아니라
모든 사제와 수도사들과 수녀들과 모든 인간을
어떤 처지에 있든 진심으로 '**사랑**'해야 합니다.
이렇게 사랑하게 되면 은총을 듬뿍 주십니다.
왜냐하면 깨달아 하느님의 친구가 된 사람은
누구나 살아 있거나 죽은 모든 사람을 사랑하게 되기 때문입니다.
이러한 사랑이 없으면 나쁜 짓을 하게 마련입니다.
사랑이 있으면 일을 하거나 선물을 만들거나
위로나 충고의 말을 하여 사랑을 보여주게 되기 때문입니다.
외적인 도움을 줄 수 없더라도 진리를 말하려고 하기 때문입니다.
이것이 진정한 사랑이며 여러분의 마음이
귀머거리가 아니라는 것을 보여주는 것입니다.

이런 시련을 모두 이겨내면 우리의 주님께서
귀머거리이고 벙어리인 사람에게 오셔서
영적(靈的)으로 귀에 손가락을 넣으셨다가 침을 발라 혀에 손을 대시어
즉시 들을 수 있고 말할 수 있게 해주십니다.
형제자매 여러분, 주님께서 이렇게 해주심으로써
우리는 성령칠은(聖靈七恩)을 받을 수 있게 되었고
하느님의 말씀을 진심으로 들을 수 있게 되었으니 얼마나 기쁩니까?

첫 번째 은총은 '**경외심**'을 갖게 해주신 것으로
자기 뜻을 버리고 자만심을 버리게 해주셨습니다.
자기 뜻을 버리고 자만심을 버리지 않으면 나쁜 짓을 하게 되기 때문입니다.
경외심 다음 선물로 '**온유함**'을 주시어
함부로 판단하지 않게 하고 모든 것에 순종하게 해주셨습니다.
주님의 손가락을 대신 세 번째 선물은 '**지혜**'의 선물로
내면에서 하느님을 알고 하느님의 거룩한 뜻과
하나가 되는 방법을 알게 해주신 것입니다.
네 번째 선물은 '**거룩한 용기**(fortitude)'로
하느님을 위하여 모든 고통을 쉽게 이겨낼 수 있게 해주시고
용감하게 하느님의 명예를 잃지 않고 모든 일을 맡아 할 수 있게 해주신 것입니다.
다섯 번째 선물은 '**효경**(holy counsel)'으로
성령을 받아 사랑하는 사람이 되어
다른 사람들과 더불어 살 수 있게 해주신 것입니다.
주님께서 손가락을 깊이 그리고 강하게 두 번 대신 것은
'**깨달음**'과 '**지식**'을 주신 것으로, 이것은 말로 설명하는 것보다
느낌으로 아는 것이 더 좋습니다.
하느님, 저희의 귀가 당신의 진리를 들을 수 있게 해주시고
'당신의 영원한 말씀인 주님의 말씀'을 들을 수 있게 해주소서. 아멘.

〈삼위일체 대축일 후 열두 번째 주일 두 번째 강론〉

81 영적인 장님

"너희가 보는 것을 보는 눈은 행복하다."(루카 10, 23)

우리의 주님께서는 한 때 제자들을 보시고 말씀하셨습니다.
"아버지, 하늘과 땅의 주님,
지혜롭다는 자들과 슬기롭다는 자들에게는 이것을 감추시고
철부지들에게는 드러내 보이시니, 아버지께 감사드립니다."(마태 11, 25)
그리고 주님께서는 같은 제자들에게 다음과 같이 말씀하시기도 했습니다.
"너희가 보는 것을 보는 눈은 행복하다.
내가 너희에게 말한다.
많은 예언자와 임금이 너희가 보는 것을 보려고 하였지만 보지 못하였고,
너희가 듣는 것을 들으려고 하였지만 듣지 못하였다."
그리고 성경에서는 계속하여 말하고 있습니다.
"어떤 율법 교사가 일어서서 예수님을 시험하려고 말하였다.
'스승님, 제가 무엇을 해야 영원한 생명을 받을 수 있습니까?'
예수님께서 그에게 말씀하셨습니다.
'율법에 무엇이라고 쓰여 있느냐? 너는 어떻게 읽었느냐?'
그가 '네 마음을 다하고 네 목숨을 다하고 네 힘을 다하고 네 정신을 다하여 주 너의 하느님을 사랑하고' '네 이웃을 너 자신처럼 사랑해야 한다.' 하였습니다.'
하고 대답하자, 예수님께서 그에게 이르셨습니다.
'옳게 대답하였다. 그렇게 하여라. 그러면 네가 살 것이다.'"(루카 10, 23-28)

"너희가 보는 것을 보는 눈은 행복하다."는 말씀에 대하여 생각해보기로 합시다.

누구나 육안(肉眼)과 영안(靈眼)의 두 눈을 갖고 있습니다.
그런데 영안(靈眼)을 갖고 있지 않으면
많은 어려움을 겪게 되는데 짐승처럼 육안(肉眼)만 갖고 있기 때문입니다.
그런데 사랑하는 형제자매 여러분,
어떻게 사람의 거룩한 영안(靈眼), 즉 영광스러운 이성(理性)이 눈멀게 되어
아무 빛도 보지 못하고 어둠 속에 있게 될까요?
이는 이기심이나 세상 것들을 좋아하는 들보가 눈에 씌었기 때문입니다.
이런 상태에서 주님의 몸과 피를 자주 받을수록 더욱더 눈이 멀게 됩니다.
이는 마치 두꺼운 피부가 눈을 덮고 있는 것과 같습니다.
형제자매 여러분, 많은 사람이 자신의 영혼 깊이 들어가지 못하여
자신의 내면생활을 성찰하지 못하는 이유가 무엇이라고 생각합니까?
이는 그들의 영안(靈眼)에
황소의 뿔처럼 두꺼운 장막이 드리워져 있기 때문입니다.
사람들은 자신의 영혼을 단단하게 닫아
하느님과 자신을 보지 못하게 하고 있습니다.
즉 사람들은 자신의 영혼을 곰의 두텁고 거칠고 시꺼먼 가죽으로
40겹 50겹으로 꽁꽁 둘러싸 '**숨기고**' 있습니다.
내가 '**숨긴다**'고 한 것은 무슨 뜻일까요?
여러분이 '**집착하고 있는 것들**'을 뜻합니다.
여러분이 말이나 일을 통하여
좋아하거나 싫어하거나 교만하거나
완고하거나 경솔하게 만드는 것들을 통틀어 하는 말입니다.
한마디로 말하면 하느님이 아닌 세상 것들에서 쾌락을 찾는 것을 뜻합니다.

이러한 것들은 사람들의 영안(靈眼)을 닫아 버려 아무것도 보지 못하게 만듭니다.
그러나 이렇게 슬픈 상태를 아파하면서 겸손하게 하느님께 고백하고
최선을 다하여 치유하려고 하면
하느님께서 충고하시어 영안(靈眼)의 장애물을 없애 주십니다.
그러나 어떤 사람들은 하느님께서 충고해주셔도
듣지 않아 더욱더 어둡게 되어 버립니다.
이 사람들은 자신의 우상을 버리지 않고

라헬(Rachel)처럼 우상을 낙타 안장 속에 넣고는 그 위에 앉아 숨겼습니다.
이 사람들의 마음에는 자신들이 좋아하는
세상 것들에 대한 집착만 가득 차 있습니다.
그리하여 그들의 눈은 멀어지게 되고
세상 것들의 소리 때문에 듣지 못하게 되었습니다.
이성(理性)이 귀머거리가 되고 벙어리가 되어 구원받지 못하게 되었습니다.

"너희가 보는 것을 보는 눈은 행복하다."
누구나 자신이 집착하고 있는 세상 것들은 헛되지만
어떤 종류의 기쁨을 준다는 것은 다 압니다.
그런데 왜 모든 피조물을 만드신
하느님께서 우리에게 주시는 기쁨은 알지 못할까요?
그러나 우리가 알려고 하여 이 기쁨을 알게 되면 우리의 눈은 거룩하게 됩니다.
왜냐하면 오늘날의 우리는 주님의 제자들이 보려고 한 것보다
더 많은 것을 볼 수 있게 되었기 때문입니다.
제자들은 실제로 주님을 만나면서
가난할 뿐만 아니라 고통 받고 있는 사람들로부터
외면을 당하시는 분으로만 알았지만,
오늘날의 우리는 거룩한 신앙의 빛으로
이 땅과 하늘나라의 위대한 하느님이시고
주님이시라는 것을 알게 되었기 때문입니다.
이 때문에 우리가 보고 제대로 이해하기만 한다면
우리의 눈은 영원히 거룩하게 될 수밖에 없습니다.

사랑하는 형제자매 여러분, 위대한 스승들은
서로 누가 더 위대하고 누가 더 많이 알고
누가 더 사랑이 많은지 논쟁을 하지만,
우리는 **'영원한 생명'**을 얻을 수 있는지에 대해서만 논쟁을 해야 합니다.
우리가 '영원한 생명'을 얻게 되면 모든 것을 제대로 보게 되기 때문입니다.
그래서 우리의 주님께서는
"그러나 필요한 것은 한 가지뿐이다."고 말씀하셨던 것입니다.(루카 10, 42)

그런데 '**필요한 것 한 가지**'는 무엇일까요?
자신이 아무것도 아니라는 것을 아는 것입니다.
자신의 꼬락서니를 알기 위하여 자신을 보십시오.
여러분은 어떤 '나'에 의존하고 있는지 보십시오.
왜냐하면 우리의 주님께서는 피땀을 흘리시는 고통 속에서
필요한 한 가지를 알게 되셨기 때문입니다.
여러분에게 꼭 필요한 한 가지를
알려고 하지 않았기 때문에 십자가 위에서 우셨던 것입니다.
"저의 하느님, 저의 하느님, 어찌하여 저를 버리셨습니까?"(마르 15, 34)
왜 우리는 구원에 꼭 필요한 한 가지를 포기하고 있을까요?
사랑하는 형제자매 여러분, 나와 다른 모든 스승이 가르쳐준 것들과
모든 일과 모든 관상을 잊어버리고 오로지 필요한 한 가지만 생각하십시오.
그것은 바로 자신이 아무 쓸모도 없는 존재라는 것을 아는 것입니다.
왜냐하면 우리의 주님께서
"마리아는 좋은 몫을 선택하였다."고 말씀하셨기 때문입니다.(루카 10, 42)
진실로 여러분이 알아야 할 것은 바로 이 하늘나라의 지혜를 갖는 것입니다.
자신이 아무 쓸모도 없는 존재라는 것을 아는 것은
다른 사람들이 알게 해주거나 가르쳐 주어서 알 수 있는 것은 아닙니다.
그들은 그렇게 말하면서 가장 겸손한 척하지만
그들의 마음속 깊은 곳에는
자신이 성당의 첨탑처럼 높다는 생각을 갖고 있습니다.
그들은 사람들의 눈에 위대하게 보이려고 하고
사람들을 속이고 대부분 겸손한 척 합니다.
사랑하는 형제자매 여러분, 여러분이 어떤 수행(修行)을 열심히 하려고 하면서도
자신이 아무것도 아니라는 생각을 하고 있지 않다면,
수행을 중단하고 자신의 내면 깊은 곳으로 들어가
자신이 아무 쓸모없는 존재라는 것을 깨닫도록 하십시오.

이제 '**외적인 인간**'에 대하여 생각해봅시다.
자신에게 물어보십시오. "**당신은 누구이고 무엇 때문에 살고 있나요?**"
여러분의 몸은 더러운 물질로 만들어져 있기 때문에

다른 모든 사람은 물론 자신도 싫어합니다.
그런데 여러분의 몸은 무엇으로 만들어졌나요?
여러분의 몸은 더러운 쓰레기 자루로,
참을 수 없는 악취를 뿜어내고 있으며
가장 값비싼 음식을 가장 나쁜 쓰레기로 만들었습니다.
그러나 영원한 지옥 불의 연료임에도 불구하고
많은 사람이 평생 그런 몸을 애지중지하고 있습니다. 죽은 시체라고요? 죽은 개보다도
더 더러운 몸인데도 불구하고
사람들이 몸을 가장 사랑하는 것을 보면 정말 무서운 생각이 듭니다.
마치 하느님께서 우리가 육적(肉的)인 삶을 살지 못하도록
공기나 태양이나 모든 원소를 받아들이지 못하게 하신 것 같습니다.
우리는 추위로 얼어가고 있다가 다시 열(熱)을 받아 탄 냄새를 내고 있습니다.
우리는 비를 맞고 있다가 다시 눈이 내려 숨이 막히고 있습니다.
우리는 배고프고 목마르다가 다시 기뻐하고 괴로워하고 있습니다.
짐승들과 벌레들이 공격하고 갉아먹고 많은 전염병이 우리를 죽이고 있습니다.
여러분은 이러한 것들로부터 결코 도망칠 수 없습니다.

들짐승들을 보십시오. 여러분에 비하여 얼마나 행복하게 지내고 있습니까?
그들의 옷인 털은 자연스럽게 자라고 있고
추우나 더우나 항상 편안하게 지냅니다.
그러나 여러분은 들짐승으로부터 털을 얻어 옷을 입고 있으므로
여러분은 들짐승들보다 더 불쌍합니다.
여러분은 자신에게 주어진 선물로 기뻐하면서도 교만하기 짝이 없습니다!
이는 바로 여러분의 마음이 장님이 되었기 때문이 아닐까요?
소는 하느님께서 그들에게 주신 옷과 잠자리와
쉼터와 먹을 것과 마실 것을 주신 것을 아주 만족해합니다.
그러나 여러분은 가장 큰 죄인임에도 불구하고 소가 여러분에게
먹을 것과 마실 것을 주어도 만족하지 않고 괴로워하고만 있습니다.
옛날에 성인(聖人)들은 먹어야 하기 때문에 먹어야 하고
죽어야 할 때도 웃어야 하기 때문에 울었습니다.

여러분이 태어날 때부터 아무 쓸모가 없이 태어난 것에 대하여 생각해봅시다.
여러분은 '**기쁘게**' 기도하고 깨어 있고 금식하고 울고 있습니까?
여러분은 결코 그렇게 하지 못합니다.
여러분이 하려고 하는 일은 하지 못하게 되고
여러분이 하기를 바라지 않는 것은 해야 합니다.
여러분은 놀랍도록 많은 유혹을 받고 얼마나 괴로워했던가요?
하느님께서는 여러분에게 아무 죄도 짓지 말라고 위협하시지도 않았습니다.
여러분은 여러분에게 꼭 필요한 한 가지는
자신이 아무 쓸모없는 존재라는 것을 아는 것이라는 것을 생각해본 적이 없나요?
하느님께서는 이렇게 여러분을 죄의 위험에 내버려 두신 것은
여러분이 잘되게 하시기 위한 것이라는 것을 알고
자신이 아무 쓸모없는 존재라는 것을 생각해야 합니다.
여러분이 위대하게 되는 것보다는
자신이 아무 쓸모없는 존재라는 것을 아는 것이
여러분을 위해서 더 좋다는 것을 아십시오.

많은 사람이 여러분에게 와서 고압적인 태도를 보이고 어려운 말을 하면서
마치 자신들이 그리스도의 제자나 되는 것처럼
거창하고 어려운 지식을 여러분에게 자랑합니다.
사랑하는 형제자매 여러분, 그들을 가까이 하지 말고
자신의 영혼 깊은 곳으로 들어가 자신이 아무 쓸모없는 존재라는 것을 알고 그들로
하여금 교회의 첨탑에 있는 종이 울리듯이
자신이 아무 쓸모없는 존재라는 것을 큰 소리로 말하도록 하십시오.
아니 지옥에 있는 모든 마귀들이 여러분을 놓아주고
모든 다른 사람들이 마귀들과 함께 있게 된다고 하더라도
여러분이 내면으로 들어가 '**자신이 아무 쓸모없는 존재라는 것을 아는 것**'이
'가장 좋은 몫'이라는 것을 알고 소명(召命)**을 다하도록 하십시오.**

그러나 여러분은 나에게 "형제님, 저는 하루 종일 그리스도의 수난과 빌라도와
헤로데 앞에서 고통 받으신 것만 생각했습니다." 하고 말할지도 모릅니다.
사랑하는 형제자매 여러분, 내가 여러분께 가르쳐드리겠습니다.

여러분은 우리의 구세주 안에서 인성(人性)만 볼 것이 아니라
오로지 말씀하시기만 하여 하늘과 땅과 만물을 만드시고
말씀하시기만 하여 만물을 죽이실 수도 있는
전지전능하신 신성(神性)도 보아야 합니다.
주님께서는 무한히 위대하시며
당신의 비참한 인간을 위하여 아무것도 아닌 존재가 되셨습니다.
따라서 죽고 말 불쌍한 여러분은 부끄러워하고 교만과 허영심을 버려야 합니다.
주님의 십자가 아래에서 머리를 굽히십시오.
교만한 머리를 굽히고 그리스도의 가시 왕관을 찾아
골고타 언덕으로 순례를 떠나십시오.
자신이 아무 쓸모없는 존재라는 것을 인식하면서
내면, 외면으로 정진(精進)하십시오.
여러분의 위대한 주님께서는 당신의 피조물로부터 심판받고 비난을 받을 만큼
여러분을 위하여 당신을 죽이시고 십자가에서 돌아가셨으므로
여러분은 마음속으로 항상 구세주의 수난을 생각하면서
느긋하게 여러분의 작은 고통을 참아내어야만 합니다.

그러나 사람들은 그렇게 하지는 않고
오히려 맹목적인 사랑으로 주님의 수난을 생각합니다.
수행(修行)을 제대로 하지도 않고 교만과 명예를 버리지도 못하면서 주님을 사랑한다고 생각하며 육욕(肉慾)을 버리지도 못하고
묵상을 해도, 하고 난 후와 전혀 다름이 없습니다.
인간의 기준으로 생각하여 우리 주 예수 그리스도의 수난을 묵상하는
가장 훌륭한 영성 수련을 한다고 해서 결코 성숙되는 것은 아닙니다.
사랑하는 형제자매 여러분, 여러분은 다르게 수행해야 합니다.
열심히 정진(精進)한 후 세상이 여러분을
받아들이지 않을지도 모른다고 걱정한 것을 부끄럽게 생각해야 합니다.
여러분보다 훨씬 죄를 덜 지은 수많은 사람이
지금도 지옥에 있다는 것을 알아야 합니다.
하느님께서 여러분에게 은총을 주신 만큼
그들에게 은총을 주셨다면

여러분보다 훨씬 더 잘 하느님을 섬겼을 것입니다.
그러나 하느님께서는 여러분을 아끼시며 그들을 영원히 비난하셨습니다.
이 사실을 잊지 마십시오.
경외심을 갖고 무척 겸손해지지 않으면
먹지도 말고 한 모금의 물도 마시지 마십시오.
안분지족(安分知足)하며 살고 쾌락을 위하여 살지는 마십시오.

또 어떤 사람들은 영성(靈性) 생활에 대하여
입에 침이 마를 정도로 말하면서 다가옵니다.
그들은 높은 하늘만큼 많은 지혜를 갖고 있는 것처럼 말하지만
실제로 자기(自己)를 조금도 버리지 못하고
자신이 아무 쓸모없는 존재라는 것을 모릅니다.
그들은 논쟁에 필요한 지식은 갖고 있지만 진리에 따라 살지 못하고 있는데 자신이 아무 쓸모가 없는 존재라는 것을 모르면 진리를 알 수 없기 때문입니다. 이 진리를 알지 못하면 불행해질 수밖에 없는데 영원히 어둠 속에 있게 되기 때문입니다.
형제자매 여러분, 이러한 사람들이
더 이상 자신이 영성이 깊은 것을 자랑하지 않고
영성에 대한 이야기를 하려고 하지 않고
유명해지려고 하지 않는 날이 반드시 오게 됩니다.
그날이 오면 소가 풀밭에서 맘 편하게
풀을 뜯어 먹는 것처럼 되기를 바랄 것입니다.
왜냐하면 온유하시지만 의롭고 무서운 하느님께서
그들에게 주신 모든 선물을 어떻게 했느냐를
설명하게 하시어 부끄럽게 만드시기 때문입니다.
그러나 이러한 미래를 깨닫지 못하면 절망할 수밖에 없습니다.
왜냐하면 미래를 생각한다면 자기(自己)를 버리고
하느님과 모든 피조물들에게 순종해야 하기 때문입니다.
거짓 겸손을 보이면 안 됩니다. 우리 주님께서 말씀하셨습니다.
"너희가 회개하여 어린이처럼 되지 않으면,
결코 하늘나라에 들어가지 못한다."(마태 18, 3)
갓난아기처럼 겸손을 의식하지 않아야 하며

겸손해지려고 생각만 해서도 안 됩니다. 주님께서 말씀하셨습니다.
"어린이들을 그냥 놓아두어라. 나에게 오는 것을 막지 마라."(마태 19, 14)

지구는 많은 행성(行星) 중 아주 작은 행성이지만 하늘에서 멀리 떨어져 나왔습니다.
그러나 광활한 우주에서 태양과 달과 별들은
친절하게도 강력한 영향을 주면서 지구를 따라가며
많은 유용한 열매를 맺게 해줍니다.
계곡은 깊어 많은 물이 흐르고 있고
낮은 골짜기에서는 교만한 언덕보다 더 많은 열매를 맺고 있습니다.
영성(靈性) 생활도 그러합니다.
영혼은 하느님께서 계시는 가장 깊은 곳으로 들어가 겸손하게 되어야만
하느님의 무한한 사랑을 받게 됩니다.
그래서 시편 저자는
"당신의 파도와 물결이 모두 제 위로 지나갔습니다." 하고 외쳤습니다.(시편 42, 8)
영혼은 자신이 아무 쓸모없는 존재라는 것을 알고
전지전능하신 하느님께로 불려 들어가
하느님과 하나가 되어야만 하느님을 알게 되는데,
디오니시오 성인(St. Dionysius)**이 말했듯이**
전에는 하느님을 전혀 모르고 있었던 것처럼 새로운 하느님을 알게 됩니다. 왜냐하면
사람들이 알고 표현할 수 있는 물건들처럼
그전까지는 하느님께서 계시지 않았기 때문입니다.
그리하여 진정으로 겸손해지고 자기(自己)를 버리게 됩니다.
따라서 자기를 죽여 하느님을 기쁘게 해드리려고 기쁘게 자기를 죽이려고 합니다.
왜냐하면 아무것도 아는 것이 없이 사랑만 알고 아무것도 좋아하지 않고
오로지 하느님만 생각하려고 하기 때문입니다.
형제자매 여러분, 주님께서 말씀하셨듯이
"이렇게 보는 것을 보는 눈은 행복합니다."
하느님, 저희가 관상하여 아무 쓸모없는 존재라는 것을 알도록 해주소서. 아멘.

〈삼위일체 대축일 후 열 세 번째 주일 첫 번째 강론〉

82 내적 계시

"너희가 보는 것을 보는 눈은 행복하다."(루카 10, 23)

오늘 복음에서는 우리가 가장 알고 싶어 하는 진리인,
어떻게 하면 '영원한 생명'을 얻을 수 있는가 하는 가르침을 보여주고 있습니다.
그리고 어떤 율법 교사가 일어서서 예수님을 시험하려고 말하자
주님께서 친절하게 그로 하여금 성경 말씀을 증언하게 하셨습니다.
율법 아래서 의롭기를 바라는 사람은 누구나 세 증언 중 하나를 증언해야 하는데
'첫 번째 증언'은 '하느님의 특별한 계시를 증언하는 것'이고,
'두 번째 증언'은 '자신의 영혼 깊은 곳에서 깨달은 이성의 빛을 증언하는 것'이고
'세 번째 증언'은 '성경 말씀을 증언하는 것'입니다.
그러나 이 율법학자는 "율법에 무엇이라고 쓰여 있느냐?
너는 어떻게 읽었느냐?"는 주님의 질문에 따라,
"네 마음을 다하고 네 목숨을 다하고 네 힘을 다하고 네 정신을 다하여
주 너의 하느님을 사랑하고,
네 이웃을 너 자신처럼 사랑해야 한다."고 답했습니다.
그는 정답을 말했고 자신이 계명을 다 지키고 있었다고 믿고 있었으며
이 때문에 자부심을 느끼고 있었습니다.

사랑하는 형제자매 여러분, "**너희가 보는 것을 보는 눈은 행복하다.**"는
말씀에는 '**두 가지 의미**'가 있습니다.
하나는 '**우리 영혼의 존엄성**'에 대하여 관상하여
우리도 하느님과 같은 영혼의 존엄성을 갖게 되었다는 것을 깨닫고

기뻐하게 된 것으로, 이는 내면생활의 가장 정수(精髓)이며
성 대 알베르토 주교 학자(Albertus Magnus, 1206-1280),
디트리히 폰 프라이베르크(Master Dietrich),
마이스터 에크하르트(Master Eckhart)와 같은 많은 학자가 이를 다루었습니다.
어떤 스승들은 이를 **'거룩한 불꽃'**이라고 했으며
다른 스승들은 **'영혼의 가장 깊은 곳'**이라고 했으며
또 다른 스승들은 **'영혼의 왕관'**이라고 했으며
또 다른 스승들은 **'생명의 원천'**이라고 했습니다.
그러나 성 대 알베르토 주교 학자는 이를 성 삼위께서
영혼에 드러내신 **'내면의 형상**(interior image)'이라고 했습니다.
다른 학자들은 이 거룩한 불꽃이 영혼 안에 높이 날아오르지만
도저히 깨닫지는 못하는데 하느님 안으로 들어가 버리기 때문이라고 했습니다.
사랑하는 형제자매 여러분, 이 학자들은 자신의 마음이나 삶에서
이를 깨달았기 때문에 말했을 뿐 아니라
거룩한 교회의 가장 위대한 성인(聖人)들이나 박사들로부터
자신의 주장을 이끌어낸 것이라는 것을 알아야 합니다.
우리 주님께서 탄생하시기 전의 플라톤(Plato)과
아리스토텔레스(Aristotle)와 프로클루스(Proclus)와 같은 스승들도
이 주제에 대해 열심히 연구했습니다.
독실한 그리스도인 스승들도 하느님 가까이 가려고 했기 때문에
열정을 불태웠고 제자들에게도 가르쳐 회개하여 구원을 받을 수 있게 했습니다.
그러나 이 주제에 대한 거짓 주장들은 영혼에 심각한 피해를 입혔습니다.

사랑하는 형제자매 여러분,
이제 **영원한 생명을 얻는 방법**에 대하여 생각해보기로 합시다.
**그 방법은 진정으로 겸손하고 자기(自己)를 완전히 버리는 수밖에 없습니다.
자기를 생각하지 말고 자신의 것은 자신의 죄밖에 없고
자신은 아무것도 할 수 없다고 생각해야 합니다.
왜냐하면 이렇게 생각하게 되면 모든 것이 하느님의 것이지
사람의 것이 아니라는 것을 알게 되기 때문입니다.
여러분이 이렇게 살게 되면 여러분의 눈은 복되게 됩니다.**

그래서 하느님의 아드님이신 예수 그리스도께서 선택하신 사람들에게
"나는 마음이 온유하고 겸손하니
내 멍에를 메고 나에게 배워라."고 하셨던 것입니다.(마태 11, 29)
온유함과 겸손은 떼레야 뗄 수 없는 두 자매입니다.
하느님 아버지께서는 겸손한 사람들에게는 당신의 높은 지혜를 드러내시고
이 세상의 위대한 사람들로부터는 지혜를 감추셨습니다.
우리가 모든 행복에 숨겨져 있다고 알고 있는 것은 바로 영혼의 온유함입니다.

같은 복음에서 주님께서 말씀하셨습니다.
"많은 예언자와 임금이 너희가 보는 것을 보려고 하였지만 보지 못하였고,
너희가 듣는 것을 들으려고 하였지만 듣지 못하였다."
사랑하는 형제자매 여러분,
우리는 '**예언자**'를 '**자신이 추리력과 말솜씨와**
예리함을 갖고 태어났다고 기뻐하는 사람'이라고 알고 있는데,
주님께서는 이러한 예언자들의 눈은 복되지 않다고 하셨습니다.
그리고 우리는 '**임금**'을 '**강한 성격을 갖고 거룩하게 보이고**
말을 잘하고 금식과 기도와 철야기도를 하는 등
자기 나름대로 열심히 수행(修行)하지만
다른 수련(修練)은 거의 하지 않는 사람들'로 알고 있습니다.
그런데 주님께서는 이렇게 칭찬만 받으려고 하는
사람의 눈은 복되지 않다고 하셨습니다.
이러한 사람들은 보려고 해도 보지 못하는데
자신의 뜻대로만 하려고 하기 때문입니다.
형제자매 여러분, 자기 뜻대로 하여 자신을 해롭게 한 것입니다.
자기 손으로 제 눈을 찌른 것입니다.
하느님께서 자신 안에서 역사(役事)하시지 못하게 한 것이기 때문입니다.
왜냐하면 마음은 영혼의 눈이기 때문입니다.
육안(肉眼)이 멀어있으면 아무것도 볼 수 없다는 것을 생각하십시오.
육안이 멀어있지 않으면 모든 색깔을 구분하여
어떤 색이든 똑똑히 볼 수 있습니다.
따라서 우리의 내면의 눈, 즉 마음이 복된 눈이 되어

하느님의 영원한 것들을 보려면
갖기를 바라거나 갖지 않기를 바라는 모든 욕망을 없애야만 합니다.
세상 사람들의 영혼의 눈을 가로막고 있는 색깔은 물욕(物慾)이지만
영적(靈的)인 사람들도 자기기만 때문에 괴로워하고 있기 때문입니다.

모든 사람은 자신 안에 '**세 사람**'을 갖고 있습니다.
'**첫 번째 사람**'은 '**외적인 인간**', 즉 '**육감(肉感)에 따라 살고 있는 동물**'입니다.
'**두 번째 사람**'은 '**내적 인간**'으로 '**이성(理性)에 따라 사는 사람**'입니다.
'**세 번째 사람**'은 '**영혼(soul)**'으로 가장 고귀하며
우리는 '**영(靈, spirit)**'이라고 부릅니다.
따라서 하느님께서는 이 세 사람을 다스리시게 됩니다.
형제자매 여러분, 주님께서
"나는 내 뜻이 아니라 나를 보내신 분의 뜻을 실천하려고
하늘에서 내려왔기 때문이다." 하고 말씀하신 대로
우리는 자신의 뜻을 버리고 하느님의 뜻에 맡겨야 합니다.(요한 6, 38)
여러분이 자기 뜻을 완전히 버려야만
복을 받을 수 있음에도 불구하고
자기 멋대로 삶으로써 여러분의 눈에서
거룩한 복을 빼앗기게 되었으니 얼마나 슬픈 일입니까?
이는 자기 멋대로 사는 저급한 영(靈)에서 비롯된 일입니다.
자기 멋대로 사는 것은 불규칙하게 살게 만드는 기둥이므로
기둥을 빼버려 부덕(不德)을 받치고 있는
지붕과 벽이 모두 무너지게 해야 합니다.
자기 뜻을 무시할수록 자기 뜻대로 하지 않게 됩니다.

이제 '**마음을 다하고 목숨을 다하고 정신을 다 하고 힘을 다하여**'
사랑하여 거룩한 눈을 갖게 된 사람들의 사랑에 대하여 생각해봅시다.
스승들 사이에는 '**사랑하거나 사랑을 알려면**'
고도의 능력이 필요하다는 주장 때문에 많은 논란이 있었지만
둘 다 우리에게 매우 유익하다는 것을 알아야 합니다.
왜냐하면 사랑은 사랑에 대하여 알지 못해도 기쁘게 스며들기 때문입니다.

사랑이 무엇인지 알지 못해도
살아 있는 그리스도인의 믿음만 갖고 있으면 됩니다.
'사랑의 형상(form)'과 **'질료**(matter)'와 **'목적'**에 대하여 생각해봅시다.
'사랑의 형상(form)'은 사랑 그 자체이며
'질료(matter)'는 우리 영혼이고 영혼의 능력이며 다른 말로 하면 마음으로
사랑 안에서 일하는 사람의 마음은 모든 것 안에서 사랑하게 되며,
'사랑의 목적'은 아무 대가도 바라지 않고 하느님을 사랑하는 것입니다. 마지막으로
'사랑의 정수(essence of love)'는 무조건 사랑하는 것입니다. 왜냐하면, 사랑을 위하여 사랑하기 때문입니다.
영성의 대 스승인 성 빅토르의 리처드(Richard of St. Victor, ?-1173)가
사랑에 대하여 부연 설명했습니다.
"가장 저급(低級)의 사랑은 마음과 생각에서 비롯되며
기뻐하고 만족하기 위하여 영혼에서 비롯되며
사랑에 반대되는 것을 모두 없애는 영혼의 능력에서 비롯됩니다."
그러나 이 모든 것은 지금 우리가 생각하고 있는 사랑이 아닙니다.

성 대 알베르토 주교 학자(Albertus Magnus)는
오늘 복음 말씀에 대하여 다음과 같이 설명했습니다.
"하느님을 진심으로 사랑한다는 것은 사랑하는 수련(修練)이 잘 되어 있어서
우리가 마음먹고 현명하게 하느님을 사랑하는 것을 의미합니다."
그런데 어떤 것을 사랑하여 하느님을 사랑하지 못할 때가 많습니다.
어떤 것을 사랑하여 다른 것을 사랑하지 못하기 때문입니다.
그러나 진정으로 사랑하려면,
변화무상한 우리의 삶에서 하듯이 이것저것 따져보지 않고,
아무것도 생각하지 않고 거룩한 마음으로 본능적으로 다가가야 합니다.

'정신을 다하고(With all thy soul)'라는 의미는 영성(靈性) 생활을 하면서
내적 인간과 외적 인간을 포용하고 자유의지로 더할 수 없이 만족하면서 하느님을 사랑하는 것입니다.
이러한 사랑은 영혼이 진리를 알아야 생기게 됩니다.

'힘을 다하여(And with all thy strength)'라는 말은
육(肉)의 삶에서도 모든 동물적인 힘을 다하여
하느님을 사랑하는 것을 뜻합니다.
하느님을 사랑하기 위하여 마치 화살을 쏘기 위한 화살 줄처럼
전력(全力)**을 다하여 육욕**(肉慾)**을 억제하는 것을 말합니다.**
사랑이 충만해야 이렇게 가장 거룩한 사랑을 할 수 있게 됩니다.

'마음을 다하여(with all thy mind)' 하느님을 사랑한다는 것은
되가 내용물과는 관계없이 무게나 모양에 맞게 정확하게 모든 것을 담는 것처럼
다른 모든 사람을 포용하는 사랑을 뜻합니다.
아우구스티노 성인이 말했습니다.
"덕을 쌓아 어떤 일정한 형태를 이루지 못하면
어떤 행동도 할 수 없게 되므로
그 형태에 맞게 훈련해야만 마치 자신의 본성이 된 것처럼
기쁘게 그리고 쉽게 행동할 수 있게 됩니다."
이러한 덕은 겸손한 사랑의 샘에서 솟아납니다.

사람의 마음에는 정신력보다 훨씬 더 강한 무엇이 있어
마음에서 모든 힘을 끌어내어 흘러나오게 하는데
마음 자체를 우리 능력으로는 헤아릴 수가 없다는 것을 잘 알아야 합니다. 왜냐하면
마음은 단순하며 필수적이며 누구나 다 갖고 있기 때문입니다. **학자들은 마음이나**
영(靈)**은 자거나 깨어 있거나**
행동을 의식하거나 하지 않거나 항상 활동하고 있다고 말합니다.
그런데 우리의 그 영(靈)**이 항상 하느님을 그리워하고**
항상 하느님을 바라보며 항상 하느님을 사랑하고 소유하려고 합니다.
어떻게 그렇게 하는가에 대해서는 지금 논하지 않기로 합니다.
그러나 사랑의 영(靈)**은 보려고만 하면**
자신의 영(靈) **안에 계시는 하느님을 보게 됩니다.**
왜냐하면 하느님께서 영(靈)을 만드셨지만
하느님과 닮게 만드셨기 때문입니다.
이방인 작가인 프로클루스(Proclus)는

"하느님과 영(靈)은 서로 은밀하게 찾고 있지만
너무나 높은 경지여서 우리가 이해할 수가 없습니다." 하고 말하면서
영(靈)을 '자는 듯이 조용하며 하느님께서 쉬고 계시는 곳'이라고 했습니다. 그런데
영(靈)이 이렇게 초자연적으로 하느님을 찾게 되어야만
하느님처럼 되어 거룩한 삶을 살 수 있게 됩니다.
그러나 외적인 일을 하게 되면 이를 알아차리지 못할뿐더러
영(靈)이 있다는 것도 믿지 못하게 됩니다. 그러나 영(靈)은 분명히 있습니다. 인간의
영(靈)은 이러한 토양에 심어져
그 안에서 살게 되며 강력하게 거기로 이끌리게 됩니다.
영(靈)이 자신의 원천을 찾아 자신의 가장 깊은 곳으로 들어가는 것입니다. 이러한
움직임은 절대로 막을 수 없으며
지옥에서 일어나고 있는 일도 아니므로
아무리 괴롭더라도 이 마음의 활동을 영원히 참고 견디며 지켜보아야 합니다. 누구나
이성(理性)에 귀를 기울이게 되면
이성이 마음을 주인에게로 데려가
본능과 다르더라도 이성에 어긋나는 일은 하지 못하게 합니다.
이와 같이 이성은 감정을 억누르게 하여 혼란을 일으키지 않게 합니다. 그리스도
인이 저질스런 행동을 하지 않는 것은
하느님의 모습대로 만들어졌기 때문에(Capax Dei)
하느님처럼 행동하려고 하기 때문입니다.
이를 아는 사람의 눈은 복됩니다.
이런 거룩한 상태에 이른 영혼은 복됩니다.
디오니시오 성인(St. Dionysius)은 이런 상태에서는
형상만으로는 우리에게 아무런 영향도 미치지 못한다고 했습니다.
즉 어떤 감각 가능한 성질이나 물체가 존재하기 위해서는
의존할 수밖에 없는 실제 조건이나 원리인 형상만으로는
우리에게 아무런 영향도 미치지 못하게 된다는 것입니다.

성 대 알베르토 주교 학자는 이런 높은 경지의 '여섯 특징'에 대해서 말했습니다.
첫 번째로 가장 놀라운 경지에 이르렀다는 것입니다.
이런 영안(靈眼)을 갖게 된 사람은

어떤 놀라운 일이 일어나도 놀라지 않게 되기 때문입니다.
두 번째로 가장 높은 경지에 이른 것입니다.
이보다 더 높은 경지는 없기 때문입니다.
세 번째로 가장 순수한 영(靈)을 갖게 된 것입니다.
절대로 물질 세상에 물들지 않게 되기 때문입니다.
네 번째로 가장 은밀한 경지에 이른 것입니다.
너무나 은밀하여 어떠한 은밀과도 비교할 수 없기 때문입니다.
다섯 번째로 영(靈)과 하나가 되어 분리될 수 없게 된 것입니다.
육욕(肉慾)이나 유혹에 휘둘리지 않게 되었기 때문입니다.
여섯 번째로 아무런 방해도 받지 않는 경지에 이른 것입니다.
왜냐하면 이 경지에서는 영(靈)이 가장 밝은 빛 속에서 걸어가며
자기 집처럼 아늑하게 느끼게 되며 본능처럼 만들려고 하기 때문에
하느님께서 주신 짐도 힘들지 않게 받아들입니다.
가장 잘 참을 수 있는 경지에 이르렀기 때문에
아무리 무거운 짐을 주셔도 기꺼이 짐을 집니다.

이런 경지를 세 가지 이유 때문에
영원히 지복직관(至福直觀)의 은총을 얻은 경지라고 말합니다.
첫 번째로 영혼에 하느님의 모습이 각인되었기 때문이고
두 번째로 신성(神性)을 갖게 되었기 때문이고
세 번째로 영(靈)이 하느님 안에 머물게 되었기 때문입니다.
그래서 영혼 안에서 하느님께서 역사하신다고 말하게 된 것입니다.
성 대 알베르토 주교 학자가 말했듯이
이렇게 영원히 지복직관(至福直觀)의 은총을 받게 된 것은
인간의 힘으로 얻은 것이 아니라
자신의 영혼 깊은 곳에 계시는 하느님께서 역사하신 결과입니다.
이렇게 살게 되면 모든 것이 바뀌게 되지만
제멋대로 살게 되면 불행하게 됩니다.
이러한 사람도 외적인 생활에서 작은 불행을 만날 수 있지만
하느님과 하나가 되어 얻게 된 행복에는 영향을 미치지 못합니다.
우리의 주님께서 "너희가 보는 것을 보는 눈은 행복하다."고 하신 것은

이 지복(至福)을 말씀하신 것입니다.

형제자매 여러분, 여러분이 이런 황홀경을 맛보려면
언제나 어떤 처지에서나 침묵하면서 혼자서 묵상해야 합니다.
따라서 오랫동안 묵상하려면 조용한 밤이 좋습니다.
그러나 아침까지 기다려서 묵상하게 되면
이리저리 뛰어다니면서 많은 일을 해야 하므로
내면에서 몰두할 수가 없게 됩니다.
악마는 이때를 이용하여 묵상할 기회를 뺏어가고
다른 사람에게 묵상할 기회를 줍니다.
사랑하는 형제자매 여러분, 하느님께서 여러분에게
이 땅에서 하늘나라를 맛보게 하시려고 하면
여러분에게 필요한 것을 주시려고 합니다.
여러분이 이 복된 하늘나라를 맞이하려면 오랫동안 묵상해야 하지만
끝까지 묵상하지 못할 때가 많기 때문에
하늘나라를 맞이하지 못할 때가 많습니다.

아무도 교황이나 거룩한 교회도 이런 황홀경을 방해할 수는 없으며
오히려 기쁘게 모든 것을 하느님께 맡기려고 합니다.
이는 우리가 가장 위대한 성인(聖人)들로부터 익히 보아왔던 것입니다.
다윗(David)은 이러한 영혼의 황홀경을
'**영적인 잠**(spiritual slumber)'이라고 했으며
바오로 성인은 아무도 알 수 없는 '**평화**'라고 했으며
요한 성인은 '30**분 동안 지속되는 고요함**'이라고 했으며
다른 많은 성인과 마찬가지로
디오니시오 성인(St. Dionysius)과
그레고리오 성인(St. Gregory)도 같은 느낌을 말했습니다.
우리 모두 이렇게 은총을 받은 영혼들이
열심히 묵상하여 하느님의 인도를 받도록 합시다.
아우구스티노 성인이 말했습니다.
"하느님께서 역사하실 때는 우리는 조용히 지켜보아야 합니다."

우리 모두 주님의 굴레는 편하고 주님의 짐은 가볍다는 것을 잊지 맙시다.
굴레는 목에 걸려 있는 것입니다.
따라서 하느님께서 여러분의 굴레를 편하게 해주시고
짐을 가볍게 해주시면서 하느님의 뜻대로 이런 영혼을 인도해주시도록 합시다.
여러분에게 이런 영광을 주시고 여러분이 느끼기만 한다면
하느님께서 여러분에게 황홀경을 주셨다는 것을 깨닫게 될 것입니다.
여러분이 정신을 잃었다고 말하는 사람도 있겠지만 아무 대꾸도 하지 마십시오.
하느님께서는 이렇게 여러분에게 언제든지 이런 복을 주시려고 합니다.
여러분이 이 황홀경을 참고 견디기만 하면
거룩한 순교자처럼 죽지 않아도 됩니다.
자비하신 하느님, 저희의 눈이 지복을 볼 수 있게
당신을 따르며 저희가 준비하게 해주소서. 아멘.

〈삼위일체 대축일 후 열 세 번째 주일 두 번째 강론〉

83 하느님을 닮게 되면

"진리의 의로움과 거룩함 속에서 하느님의 모습에 따라 창조된 새 인간을 입어야 한다는 것입니다."(에페 4, 24)
"성령의 인도에 따라 살아가십시오.
그러면 육의 욕망을 채우지 않게 될 것입니다.
육이 욕망하는 것은 성령을 거스르고, 성령께서 바라시는 것은
육을 거스릅니다. 이 둘은 서로 반대되기 때문에
여러분은 자기가 원하는 것을 할 수 없게 됩니다."(갈라 5, 16-17)

사랑하는 형제자매 여러분, 우리가 성령의 인도에 따라 살아가려면
모든 죄를 버리고 세상 것들을 지나치게 좋아하지 말아야 합니다.
인내심을 갖고 기도하면서 진심으로 하느님께로 돌아가야 합니다.
이뿐만 아니라 세상 것들에 대한 집착을 버리고
자신에게 맞는 수행(修行)을 열심히 해야 합니다.
이렇게 함으로써 우리는 육(肉)을 영(靈)에 굴복시켜
"진리의 의로움과 거룩함 속에서
하느님의 모습에 따라 창조된 새 인간을 입게 되기 때문입니다."

형제자매 여러분, 여러분은 자신의 영혼의 존엄성을 알아야 합니다.
하느님의 모든 피조물은 하느님께서 만드셨지만
특히 우리의 영혼만큼 하느님과 같이 만드신 것은 없습니다.
하느님께서는 우리를 만드시기 위하여 다른 피조물을 이용하시지도 않고
순전히 자비(慈悲)로 **'당신의 모습대로'** 직접 만드셨습니다.

우리는 하느님의 다른 피조물을 닮기보다 하느님을 더 많이 닮았습니다.
우리 안 깊은 곳에 하느님의 모습대로 만들어진 것이 있어
아무도 이를 없앨 수가 없으며
저주받아 영원히 지옥에 있는 영혼에서도 이를 없앨 수가 없습니다.
우리가 내면으로 하느님과 같이 만들어졌기 때문에
하느님처럼 거룩하게 살아
외면으로도 하느님과 같은 모습을 보여주어야 합니다.

우리는 '**네 가지 면에서**' 하느님을 닮았습니다.
'**첫 번째**'는 '**하느님처럼 볼 수 없다는 것**'입니다.
왜냐하면 하느님을 본 사람은 살 수 없기 때문입니다.
우리가 영성 생활을 하게 되면 이 점에서 하느님의 판박이가 됩니다.
왜냐하면 하느님의 판박이가 되면
우리가 어떤 형태로 살든지 우리로부터
많은 사람이 본받기 때문입니다.
그러나 위대한 하느님을 볼 수 없듯이 사람 됨됨이는 눈으로 볼 수 없습니다.

사랑하는 형제자매 여러분, 바오로 성인은
"그리스도의 십자가로 말미암아,
내 쪽에서 보면 세상이 십자가에 못 박혔고
세상 쪽에서 보면 내가 십자가에 못 박혔습니다." 하고 말했습니다.(갈라 6, 14)
이는 주님께서 보시기에 이 세상에 쾌락과 사치와 탐욕으로 가득 차 있는 것이 너무나
괴로웠기 때문에 이 모든 것들이 없는
십자가를 바라셨다는 것을 의미합니다.
그런데 주님께서 십자가에 못 박히셨다는 것은 무엇을 의미할까요?
주님께서 도덕적인 면에서나 예절 면에서나
모든 사람에게 훌륭한 모습을 보여주셨지만
세상 사람들은 십자가를 하찮게 여기듯이
당신을 하찮게 여겼다는 것을 의미합니다.
그러나 영성적인 사람들의 완덕은 십자가 안에 있습니다.
여러분이 십자가에 못 박혀 있으면

여러분은 완덕의 길을 걷고 있는 것이기 때문입니다.
그러나 슬프게도 우리 가운데 많은 사람이
십자가를 싫어하여 세상을 십자가로 여기고 있으므로,
우리는 반대로 천 명 중의 한 명 꼴로
세상 것들에 집착하지 않으려고 하는
완덕을 갖춘 사람을 볼 수 있게 된 것이 아닙니까?
나는 지금 죄의 길로 가고 있는 사람들에 대해서 말하고 있는 것이 아닙니다.
사랑하는 형제자매 여러분,
나는 결코 그런 사람들에 대하여 말하고 있지 않습니다.
나는 진심으로 바오로 성인처럼 세상을 십자가에 못 박았다고 말하며
하느님 외에는 아무도 기쁘게 해주려고 하지 않고
오로지 하느님의 은총만을 바랄 정도로
완덕을 갖춘 사람에 대하여 말하고 있습니다.
"나는 세상의 십자가입니다.
나는 세상 것들은 모두 싫어하므로
내면으로도 싫어하고 외면으로도 싫어할 정도로
십자가 외에는 아무것도 바라지 않습니다." 하고
말할 수 있는 사람에 대하여 말하고 있는 것입니다.

우리 영혼이 하느님을 닮은 **'두 번째 특성'**은
'하느님의 변함없음을 본받고 있다는 것'입니다.
그래서 우리는 꾸준히 수도 생활을 하고 있는 것입니다.
우리는 영원히 하느님만 생각해야 합니다.
온 세상이 뒤집어진다고 해도
우리는 하느님을 버릴 수 없으며 죄에 빠져서도 안 되고
무엇을 하든 하느님을 떠나면 안 됩니다.
사랑하는 형제자매 여러분,
이렇게 하느님 안에서 사는 사람은
불행을 만나든 행운을 만나든, 가난하든 부유하든,
기쁘든 슬프든 덤덤합니다.
하느님께서 모든 세상일에 동요하도록 만드신 하느님 안에서

아무 동요도 일으키지 않는 영혼은 얼마 창조주 하느님을 닮았습니까?

하느님을 닮은 '**세 번째 특성**'은 '**많은 덕을 쌓았다는 것**'입니다.
우리는 하느님의 외 아드님이신 우리 주 예수 그리스도 안에는
이제와 영원히 하느님 안에는 하느님께서 계시듯이
피조물과는 다른 살아있는 완덕(完德)이 있다는 것을 압니다.
따라서 하느님처럼 완덕을 갖춘 사람은
어떤 처지에 있든 선한 사람들로부터 덕행을 본받으려고 합니다.
그리하여 이 사람 저 사람으로부터 다른 덕(德)을 배우며
여러 종류의 거룩함을 얻습니다.
어떤 사람은 겸손을 가르쳐주고 어떤 사람은 인내심을 가르쳐주고
어떤 사람은 고행(苦行)을 통하여
진실함과 사랑과 깨끗한 삶과 순종을 가르쳐 줍니다.
이런 사람의 영혼은 모든 사람으로부터 배운 덕(德)의 보물창고입니다. 보물창고에는 덕(德)의 명품(名品)들이 많이 걸려 있어 매일 보고 배웁니다.
이 때문에 이런 사람 안에서는 거룩한 삶만 보게 됩니다.

하느님을 닮은 '**네 번째 특성**'은 '**자비롭다는 것**'입니다.
하느님을 닮은 사람은 하느님과 같은 자비를 보여주는데
하느님은 모든 자비가 흘러나오는 원천이기 때문입니다.
이 세상의 모든 자비를 통틀어서 자비라고 부르는 것은
하느님께서 당신의 자비를 한 방울만 떨어뜨려주시어
우리가 갖게 되었기 때문입니다.
따라서 사랑하는 형제자매 여러분, 우리의 삶에서
이 하느님의 자비의 위력을 느끼려면
무한한 자비의 원천에 매달려야 합니다.
자비와 은총과 거룩함의 물은 원천에 가까울수록
더 깨끗하고 달콤하기 때문입니다.

우리가 세상 것들을, 즉 죄를 버리게 되면
하느님의 은총이 흐르는 샘에 더 가까이 가게 됩니다.

세상 것들에 집착하지 않는 사람은 모든 죄를 버리고
자기 뜻과 이기심과 자기중심의 생각을 버렸다고 말합니다.
이렇게 되면 이기심을 버리고 몸과 재물과 자유를 모두 하느님께 맡기게 됩니다.
이런 사람들을 두고 진정으로 자비롭고 경건한 사람이라고 합니다.
이런 사람은 자기 뜻보다 다른 사람의 뜻을 존중하고 죽을 때까지 순종합니다. 그리고
자신이 좋아하는 것을 다른 사람에게 주어버리며
자기의 것은 아무것도 갖지 않으려고 합니다.
또 모든 일에서 자신의 속내를 다른 사람에게 보여줍니다.
형제자매 여러분, 이렇게 솔직한 사람은
영육(靈肉)으로 자기를 버리고 자비와 은총의 원천 가까이 가게 됩니다.
그러면 이러한 사람에게 얼마나 많은
생명수가 흘러들어 완덕을 갖추게 되겠습니까?
이러한 사람에게 지복(至福)이 오게 되며
'진리의 의로움과 거룩함 속에서 하느님의 모습에 따라 새로운 사람이 되어' 진정으로
하느님과 같은 사람이 되게 됩니다.
하느님, 저희에게도 이런 행운을 내려주소서. 아멘.

〈삼위일체 대축일 후 열네 번째 주일 강론〉

84 낮추게 되면 높여지게 됩니다

"우리는 성령으로 사는 사람들이므로 성령을 따라갑시다.
잘난 체하지 말고 서로 시비하지 말고 서로 시기하지 맙시다.
형제 여러분, 어떤 사람이 잘못을 저지르는 것을 보면,
영적인 사람인 여러분은 온유한 마음으로 그를 바로잡아 주어야 합니다.
그리고 그대도 유혹에 빠지지 않도록 조심하십시오.
서로 남의 짐을 져 주십시오.
그러면 그리스도의 율법을 완수하게 될 것입니다.
사실 누가 아무것도 아니면서 무엇이나 되는 듯이 생각한다면,
그는 자신을 속이는 것입니다. 저마다 자기 행동을 살펴보십시오.
그러면 자기 자신에게는 자랑거리라 하여도 남에게는 자랑거리가 못 될 것입니다. 누구나 저마다 자기 짐을 져야 할 것입니다."(갈라 5, 25-26; 6, 1-5)

바오로 성인이 한 이 말은 지혜로 가득 차 있지만
"우리는 성령으로 사는 사람들이므로 성령을 따라갑시다."는
말은 특히 지혜롭습니다.
왜냐하면 우리의 영혼이 육(肉)의 삶을 살듯이
성령께서는 영(靈)의 삶을 사시기 때문입니다.
성령으로 사는 방법은 세 가지뿐입니다.
첫 번째로 자신에게 하듯이 이웃을 대해야 합니다.
두 번째는 주님을 본받아야 합니다.
세 번째는 한 번도 가 본 적이 없는 길을 가야 합니다.

바오로 성인이 첫 번째 길에 따라가는 방법을 말했습니다.
"잘난 체하지 말고 서로 시비하지 말고 서로 시기하지 맙시다."
속된 마음을 가진 사람들은 밤낮으로 이런 쓸데없는 생각만 하기 때문입니다.
이러한 사람들에게는 성령께서 오시지 않는다는 것은 누구나 다 압니다.
이러한 사람들은 하느님의 지체(肢體)가 아니라 하느님과 멀어진 사람들입니다.
따라서 이런 사람들 안에서는 당연히 성령께서 역사하시지 않습니다.
그러나 영성 생활을 하면서도 속된 마음을 갖고
옷 입고 사람들과 어울리고 다른 많은 것들과 결부시켜
모든 일에서 헛된 욕망을 보이는 사람들도 있는데
이런 삶을 오래 지속할수록 더 나쁜 사람이 될 뿐입니다.
당연히 성령께서는 이러한 사람들에게 오시지 않을뿐더러
자신들이 생각하는 것보다 훨씬 더 불행하게 됩니다.
교만은 명예롭게 되고 다른 사람들로부터 사랑받기 위하여
남을 업신여기고 짓밟고 일어서려고 하는 것을 말합니다.
이 교만은 우리의 모든 종교적인 관습이나 대화와 행동이나
영성 생활에도 슬그머니 끼어들므로 조심해야 하며
교만을 갖지 않게 해달라고 하느님께 기도해야 합니다.
왜냐하면 우리의 힘만으로는 교만*을 꺾을 수 없기 때문입니다.

그리고 이웃을 돕기 위하여 다가가야 합니다.
이웃과 다투어도 안 되고 괴롭혀서도 안 되며
이웃을 피해서도 안 되며 거칠게 대해도 안 됩니다.
반대로 온유한 마음을 갖고 이웃에게 다가가야 합니다.
이웃의 일에 관여하지 않으려는 자신을 생각해보십시오.
어떤 사람은 사소한 일을 두고 이웃에게
욕설을 하거나 경멸하는 태도로 공격하기도 합니다.
여러분은 이렇게 하지 않는지 보십시오.
이러한 행동을 하는 사람에게 성령이 계실 리가 없기 때문입니다.

---

* 역자 주: 교만에 빠지게 되면 좀처럼 자신이 교만한지를 알아차리지 못하게 될 뿐더러 다른 사람이 지적하면 무척 화를 내는 심각한 죄이기 때문입니다. 이 교만의 죄를 치유할 수 있는 것은 겸손밖에 없습니다.

"서로 남의 짐을 져 주십시오."
그러면 우리는 예수 그리스도 안에서 한 몸이 될 것입니다.
장상(長上)들은 휘하에 있는 사람들에게
성령(聖靈)에 대하여 자상하게 가르쳐야 하며
성령에 따라 살도록 가르쳐야 합니다.
우리의 거룩한 교부 도미니코 성인(St. Dominic)은
자상하게 성령에 대하여 설명했으며 성령을 받도록 독려하며
아래 사람이 아무리 왜곡하여 알고 있더라도 바로 잡아 주었습니다.
바오로 성인은 완고한 사람을 '온유한 마음으로'
어떻게 참으면서 바로 잡아주어야 하는가를 우리에게 가르쳐주었습니다.
우리 모두 이렇게 이웃에게 '온유한 마음으로' 대하여
하느님의 성전(聖殿), 즉 이웃의 영혼을 파괴하여
하느님의 저주를 받지 않도록 합시다.

성령에 따라 사는 '두 번째 방법'
즉 '**우리 주 예수 그리스도를 본받아 사는 법**'에 대하여 생각해봅시다.
최선을 다하여 주님의 삶을 거울을 보듯이 본받도록 합시다.
주님께서 얼마나 참을성이 많으신지, 얼마나 친절하고 온유하신지,
얼마나 우리를 믿으시는지, 얼마나 솔직하신지,
얼마나 믿음직스러운지, 평생 얼마나 사랑이 넘쳐흘렀는지 보십시오.
기도하고 묵상한 후 그리스도를 본받아 사는 법에 대하여 생각하십시오.
주님께 당신의 발자취를 따라 걸을 수 있도록 도움을 청하고
여러분의 힘으로는 할 수 없으므로 주님께 자비를 구하십시오.
여러분과 구세주를 함께 생각하면서 두 사람이 어떻게 다른가를 보십시오.
자신이 예수 그리스도처럼 살고 있는가를 생각해보고
부끄러워 닭살이 돋는가를 보십시오.
모든 면에서 하느님과 다른 여러분 대신에
하느님 아버지께 예수 그리스도를 보여드리십시오.
하느님 아버지께 죽은 사람들이나 살아 있는 모든 사람과
여러분의 죄 많은 영혼을 위하여 수난을 받으시고 돌아가신 아드님의
때 묻지 않은 생각과 말과 일들을 일깨워드리십시오.

사랑하는 형제자매 여러분, 우리의 주님께서는 너무나 자비하십니다.
주님과 함께 있으려면 주님의 자비로 덕을 주십사 하고 청해야만 주십니다.
주님께서는 우리의 청원을 잘 들어주시는데
특히 당신의 친구들 청원은 기쁘게 들어주십니다.
우리가 비록 연옥(煉獄)에 있더라도
진심으로 주님께 청하면 연옥에서 빠져 나오게 해주십니다.
우리의 모든 죄를 용서해주시고 우리가 허송세월을 보낸 것을 용서해주십니다.
이러한 변화는 오직 하느님께서만이 일으키실 수 있고 완덕을 갖추게 해주십니다.
우리는 사랑과 겸손으로 매일 새로운 사람이 되기를 기도해야 합니다.
하느님께서 영혼 안에서 역사하시는 것을 방해하지 않고 조용히 기다리면
곧 구원을 받게 되기 때문입니다.

형제자매 여러분, 정신기도(the prayer of the spirit)는 하늘에 전해지게 마련입니다.
왜냐하면 정신 기도를 하면서 영혼이 우리 주 예수 그리스도의
발자취를 따라가며 그리스도를 닮으려고 하기 때문입니다.
그래서 베드로 성인이 "**그리스도께서도 여러분을 위하여 고난을 겪으시면서,**
당신의 발자취를 따르라고
여러분에게 본보기를 남겨 주셨습니다." 하고 말했던 것입니다.(1베드 2, 21)
아무도 주님보다 더 훌륭하게 살 수는 없습니다.
그리스도의 발자취를 따라간 사람만이
주님의 삶을 살고 주님처럼 죽을 수 있으며
주님의 영광 안에 있을 수 있습니다.

그러나 말처럼 쉬운 일이 아닙니다.
수도원에 들어간다고 해서 모두 완덕을 갖추게 되는 것은 아닙니다.
첩경은 없습니다.
바오로 성인처럼 **육(肉)을 그 욕정과 욕망과 함께**
십자가에 못 박아야 합니다.
이렇게 육(肉)을 십자가에 못 박는 일이
어렵다고 불평을 하며 기도하다가 잠들기도 합니다.
그러나 불평하면서도 해낸다고 해서 이상할 것도 없습니다.

수행(修行)이 지루하다고 말하기도 합니다.
뭐라고요? 구세주의 수난과 죽음은 생각하지 않고 재미 삼아 수행하고 있나요?
게으르게 되어도 주님의 발자취를 따라갈 수 없는데
어떤 일을 하든 어떤 수행을 하든 자기 맘대로 하기 때문입니다.
쾌락을 찾지 말고 쾌락을 찾으려는 생각을 아예 하지 마십시오.
겸손하게 주님의 삶과 죽음을 생각하고
주님 앞에 엎드려 자신이 아무것도 아니라고 생각해야 합니다.
자신을 낮추어야 높아지게 됩니다.
하느님께서는 전지전능하시지만
자신은 아무 쓸모없는 존재라는 것을 아십시오.
여러분을 위하여 여러분의 죄를 위하여
'아무것도 아닌 것'이 되신 주님을 생각하십시오.
타락한 본성을 되찾게 되었다는 생각을 하지 마십시오.
타락과의 싸움이 시작되었으므로 용감하게 싸워 이기십시오.

그리고 평생 쾌락만 찾는 사람들도 있지만,
하느님께서는 어떻게 하시든지 이들로부터 쾌락을 빼어버리십니다.
만약 쾌락에 집착하지 않았다면 완덕을 추구하게 되어
부(富)와 명예가 그들의 것이 되었을 것입니다.
그러나 아무 대가도 치르지 않은 것은 아무 가치가 없게 마련입니다.
혈기가 왕성하고 굴욕을 모르는 젊은이는 피땀을 흘리면서 힘들게 살면서
자신의 직업이나 분심(分心) 때문에
영성(靈性) 생활을 하기 어렵다고 불평합니다.
그 말이 사실인지도 모르지만
아직도 현명하게 자신의 길을 선택하지 못했기 때문인지도 모릅니다.
여러분이 완덕을 갖추려면 지금과는 다른 길을 가야 합니다.
이러한 사람의 예로는 키레네 사람 시몬을 들 수 있는데
그리스도의 십자가를 사랑으로 지고 간 것이 아니라
억지로 시켜서 지고 갔기 때문입니다.
어떤 환경에 있더라도 사랑으로 그리스도의 거룩한 십자가를 지고 가면서 십자가에 못 박힌 예수님의 처분에 자신을 맡겨야 합니다.

잠에서 깨어나고 싶나요?
그러면 그리스도의 십자가 위에 드러누워
십자가에 못 박힌 거룩한 가슴을 침대로 삼고
주님의 자비로운 마음을 베개로 삼고
주님의 거룩한 팔이 여러분을 감싸도록 기도하고 간절히 구하십시오.
주님께서 활짝 펴신 팔은 여러분 영육(靈肉)의 피난처가 되어
여러분을 위험으로부터 보호해줄 것입니다.
여러분은 아직도 먹기 위하여 앉아 있습니까?
그러면 주님의 거룩한 상처를 생각하면서 드십시오.
수녀님들이 시편을 노래할 때는 주님의 거룩한 상처를 생각하며 노래해야 하고
주님의 상처가 우리에게 무슨 의미가 있는지 생각해야 합니다.
따라서 여러분은 자신을 그리스도와 같은 존재라고 생각해야 합니다.
이는 그리 쉬운 일이 아닙니다.
왜냐하면 사람들은 자랑스럽게 주기도문을 암송하면서도
주님을 본받지 않고 주님의 영(靈) 안으로 들어가지 못하기 때문입니다.

성령에 따라 사는 '**세 번째 방법**'은 한마디로 말할 수 없습니다.
형제자매 여러분, 이 길은 어렵기도 하고
짧기도 하고 어둡기도 하고 슬프기 때문입니다.
그래서 욥이 다음과 같이 말했던 것입니다.
"어찌하여 앞길이 보이지 않는 사내에게
하느님께서 사방을 에워싸 버리시고는
생명을 주시나이까?"(욥기 3, 23)
이 길은 하느님께서는 여자들에게 힘을 주시어 남자들처럼 만드시고
하느님을 따르기를 거부한 모든 사람을
아무 쓸모없는 존재로 만드시기 때문입니다.
이 길은 얼마나 어두운지 모릅니다.
왜냐하면 완덕을 갖추게 하려고 다른 길로 가게 하신 영혼들은
모든 것을 빼앗긴 듯한 느낌을 받기 때문입니다.
어디로 가야 안전한지도 모르는 채 어둠 속에서
몹시 괴로워하며 서 있게 되기 때문인데 아무런 빛이 없기 때문입니다.

그래서 그레고리오 성인(St. Gregory)이
“많은 사람이 이 세상에서 구원을 받기를 바라며
어둠 속에서 길을 가지만 결국 영원히 죽고 맙니다.” 하고 말했습니다.
이러한 사람들은 죄의 어둠 속에 있기 때문입니다.
우리가 생각하고 있는 어둠은
영원한 생명의 길을 모르고 있다는 의미입니다.
복음에서 경고했듯이 죄의 넓은 길로 가서 파멸을 맞이할 것이 아니라
알 수 없는 어두운 길을 따라가야 한다는 의미입니다.
이것이 바로 하늘나라로 가는 하느님의 좁은 길이며
다른 데 눈을 돌리지 말고 알기도 하고 모르기도 한 길로
곧장 걸어가야 합니다.

우리는 무명(無明)하지만 이 길을 걸으면서 깨닫기만 할 것이 아니라
순수한 믿음으로 꾸준히 길을 가야 합니다.
우리는 지나치게 낙관하거나 낙담하지 말고 거룩한 소망을 가져야 합니다.
또한 자기(自己)를 버리고 거짓 평화와 몸의 게으름을 피해야 합니다.
진정으로 겸손해져서 지나치게 두려워하지 말고
성급한 판단을 하지 않도록 해야 합니다.
그러나 사랑하는 형제자매 여러분,
이 좁은 길은 자신의 영혼 깊은 곳에서
깨달아야만 알 수 있다는 것을 명심하십시오.
우리의 육감(肉感)과 영혼의 보잘것없는 능력으로
자신이 처한 환경은 알면서도
정작 자기 자신을 모르는 것은 부끄러운 일입니다.

이 길을 꾸준히 걷게 되면 그레고리오 성인이 말한
비참한 말로(末路)는 맞이하지 않게 됩니다.
그러나 교만으로 인하여 잘못 알거나
무지(無知)로 어리석게 되면 길을 잃게 됩니다.
하지만 세상 것들에 대한 집착을 버리면 불행을 막을 수 있습니다.
자신이 아무것도 아니라는 것을 알고 하느님만 믿고 사십시오.

이렇게 하면 유혹에 빠져 좌절하지 않게 되고,
죄에 빠지게 하여 많은 사람을 수행(修行)하지 못하게 만들어
성숙하지 못하게 하지만 결국엔 성숙하게 됩니다.
사랑하는 형제자매 여러분, 뒷걸음질 치지 마십시오.
사랑과 간절한 마음으로 유혹을 억누르고 자비하신 하느님께만 의존하십시오.
본성을 잃지 않고 은총만 받게 되면 언제든지 박차고 나아갈 수 있습니다.
나는 25살쯤 되는 젊은 사람들을 몇 사람 알고 있는데
좋은 가문에서 태어나 결혼했지만, 이 길을 따름으로써
완덕을 갖추는 것을 보았습니다.
그러나 이 착한 젊은이들이 어려운 처지를 만나
하느님의 인도를 기다리고 있을 때
다른 사람들이 이 길을 가지 못하게 함으로써
노동하여 먹고 살게 되어 영적(靈的) 수행을 더 이상 할 수 없게 되었습니다.
이와 같이 사람들은 쉽게 길을 잃을 수 있으므로
바르게 인도하기는 쉽지 않은 일입니다.

형제자매 여러분, 이에 대하여 세 가지를 생각해야 합니다.
첫 번째로 이들의 영혼 안에서 모든 것을 역사하시는 분은 하느님으로
이 하느님의 역사로 이들이 칭찬받게 된다는 것입니다.
두 번째는 사랑으로 하느님과 협조하면서
수행을 계속하면 좋은 일만 생기게 된다는 것입니다.
세 번째 자만에 빠지고 육욕에 빠지게 되면
모든 일이 잘못되고 어둠이 더 깊어지고 오래 간다는 것입니다.
이 어둠이 불안하게 만들고 괴로워하게 만드는데
자신의 영혼 안에 하느님께서 계시지 않기 때문입니다.
이런 사람은 기쁨이 없고 오로지 슬퍼하게 될 뿐이라는 것은 이미 설명했습니다.
절망하면서 이성(理性)을 잃지 않도록 노력하는 수밖에 없습니다.
이렇게 고통스럽게 되면 집을 떠나
엑스라샤펠(Aix-la-Chapelle, 독일어로는 아헨(Aachen))이나 로마로
순례 길을 떠나게 되고 수도원에 들어가게 됩니다.
그러나 편안한 것만 찾게 되면 더욱더 불안하게 됩니다.

어떤 사람들은 자기와의 싸움을 포기하고 기복적으로 기도합니다.
그리하여 끝까지 고통을 참고 견디지 못하여
좁고 험한 길을 가지 못하게 됩니다.
형제자매 여러분, 끝까지 이런 고통스럽고
어두운 길을 가는 영혼은 얼마나 복됩니까?
이러한 사람들은 하느님께서 가장 사랑하시는 사람들입니다.
그러나 완덕을 얻기까지는 수없이 자기(自己)를 죽여야 합니다.
숲속에 한 은수자가 살고 있었는데 한 초보자가 그에게
어떻게 하면 완덕을 갖출 수 있느냐고 물었습니다.
그러자 거룩한 교부가 말했습니다.
"그대의 은수처로 돌아가서 시편저자와 함께 울부짖으며
'사람들이 제게 온종일 '네 하느님은 어디 계시느냐?' 빈정거리니 낮에도 밤에도 제 눈물이 저의 음식이 됩니다.'하고 말하시오."(시편 42, 4)
형제자매 여러분, 절대로 그리스도의 발자국을 놓치지 마십시오.
이 좁은 길을 따라가지 않는데 어떻게 편안하고 더 좋은 길을 만날 수 있겠습니까?
여러분은 이 길만 따라가십시오.

무엇을 얻게 되나요?
주님께서 정해진 시간에 여러분에게 오셔서
당신의 사랑의 숨겨진 보물을 보여주시고
당신의 진리의 밝은 빛을 보게 해주십니다.
여러분은 자신의 영혼 가장 깊은 곳에서
하느님께서 왜 어떻게 여러분을 어둠에서 빛으로 인도하셨는지 알게 됩니다.
그리하여 하느님을 더욱더 믿게 되고
예전보다 훨씬 더 겸손하게 되고 자기(自己)를 완전히 버리게 됩니다.
여러분의 슬픔이 컸다면 내면생활을 더욱더 충실하게 되어
모든 일에서 가장 완전한 방법으로 일하게 될 것입니다.
저희가 끝까지 이 어두운 길로 하느님을 따라갈 용기를 주소서.
하느님, 저희의 앞길에 영원한 빛을 비추어주소서. 아멘.

〈삼위일체 대축일 후 열다섯 번째 주일 첫 번째 강론〉

85 참된 믿음

"아무도 두 주인을 섬길 수 없다.
한쪽은 미워하고 다른 쪽은 사랑하며,
한쪽은 떠받들고 다른 쪽은 업신여기게 된다.
너희는 하느님과 재물을 함께 섬길 수 없다."
"그러므로 내가 너희에게 말한다.
목숨을 부지하려고 무엇을 먹을까, 무엇을 마실까,
또 몸을 보호하려고 무엇을 입을까 걱정하지 마라.
목숨이 음식보다 소중하고 몸이 옷보다 소중하지 않으냐?
하늘의 새들을 눈여겨보아라.
그것들은 씨를 뿌리지도 않고
거두지도 않을 뿐만 아니라 곳간에 모아들이지도 않는다.
그러나 하늘의 너희 아버지께서는 그것들을 먹여 주신다.
너희는 그것들보다 더 귀하지 않으냐?
너희 가운데 누가 걱정한다고 해서 자기 수명을 조금이라도 늘릴 수 있느냐?
그리고 너희는 왜 옷 걱정을 하느냐?
들에 핀 나리꽃들이 어떻게 자라는지 지켜보아라.
그것들은 애쓰지도 않고 길쌈도 하지 않는다.
그러나 내가 너희에게 말한다.
솔로몬도 그 온갖 영화 속에서 이 꽃 하나만큼 차려입지 못하였다.
오늘 서 있다가도 내일이면 아궁이에 던져질 들풀까지
하느님께서 이처럼 입히시거든, 너희야 훨씬 더 잘 입히시지 않겠느냐?

이 믿음이 약한 자들아!
그러므로 너희는 '무엇을 먹을까?',
'무엇을 마실까?', '무엇을 차려입을까?' 하며 걱정하지 마라.
이런 것들은 모두 다른 민족들이 애써 찾는 것이다.
하늘의 너희 아버지께서는 이 모든 것이 너희에게 필요함을 아신다.
너희는 먼저 하느님의 나라와 그분의 의로움을 찾아라.
그러면 이 모든 것도 곁들여 받게 될 것이다.
그러므로 내일을 걱정하지 마라. 내일 걱정은 내일이 할 것이다.
그날 고생은 그날로 충분하다."(마태 6, 24-34)

이는 하느님과 재물을 함께 섬길 수 없다는 주님의 가르침으로
둘 중 하나를 미워하고 하나를 사랑해야 한다는 것입니다.
이 말씀을 주의 깊게 생각해보면
놀라운 가르침을 주고 있다는 것을 알 수 있습니다.
우리 주님께서는 매우 간단히 그리고 아름다운 비유로
주기도문처럼 쉽게 우리를 가르치셨습니다.
주님께서는 헛된 것들을 두고 아무 걱정을 하지 말라고 하셨습니다.
주님께서는 오늘의 복음에서
"너희 가운데 누가 걱정한다고 해서
자기 수명을 조금이라도 늘릴 수 있느냐?" 하고 말씀하셨습니다.
형제자매 여러분, 여러분은 사람들은 어리석은 나머지 이와 같이
아무도 모르게 섭리를 믿지 않는 죄를 저지르고
탐욕이라는 대죄도 저지르고 있다는 것을 잘 알고 있을 것입니다.
이러한 죄들은 다른 죄들보다 사람들에게
더 큰 불행을 안겨주고 있지만 알아차리지 못하고 있습니다.
우리 모두 생각이나 행위로 덧없는 것들을 지나치게 추구하고
심지어는 이웃에게 상처를 주고 있지는 않은지 생각해봅시다.
이에 대하여 곰곰이 생각해보십시오. 우리의 욕심은 끝이 없습니다.
무엇보다도 하늘과 땅에서 모든 것들을 다스리시는
하느님을 믿지 않으니 얼마나 어리석습니까?

우리는 이 땅에서 영원히 살 것처럼 행동하고 있습니다.
그러나 오늘 복음을 보고 깨달았다면 자신이 너무나 이기적이어서
동료들의 이익은 생각하지 않고 자신만의 이익을 추구하고 있었을 뿐만 아니라,
말이나 일이나 생각에서 자신의 명예와 기쁨과 소유에만 혈안이 되어 있었고 심지어는 하느님을 섬기는 일에서도
그렇게 하고 있었다는 것을 알고 충격을 받았을 것입니다.
형제자매 여러분, 많은 사람이 너무나 이기적이어서
비뚤어질 대로 비뚤어진 이들의 영혼에는
이 세상에서 사라지고 마는 재물에 대한 탐욕으로 가득 차 있어,
마치 열여덟 해 동안이나 병마에 시달린 나머지
허리가 굽어 몸을 조금도 펼 수가 없었던 불쌍한 여인이
불행한 것만 생각만 했던 것처럼
부질없는 생각만 하고 있습니다.(루카 13, 11 참조)

눈멀고 불쌍한 영혼들이여!
왜 하느님을 믿지 않고 겉으로만 믿는 척 하면서
진심으로 믿지 않고 있나요?
주님께서는 이 믿을 수 없는 세상을 걱정하시어
여러분이 이 세상에 물들지 않도록 목숨까지도 버리시지 않았습니까?
주님께서 여러분이 영원한 생명을 얻도록 하신 것을 생각해보십시오.
여러분에게 주시지 않은 것이 있습니까?
영성적인 체 하는 사람들이 외부 일만 생각하여
볼품없는 옷을 입고 아무 가치도 없는 일을 하고 있는 것이 슬프지 않습니까?
이러한 사람들은 덧없는 일을 계속하고 있는 한
하느님께로 돌아갈 수도 없으며 자신의 마음속으로 들어가지도 않아
영원한 생명과 같은 영원한 것들에 대한 생각은 추호도 하지 않습니다.
이러한 사람들은 자신의 영성(靈性)을 겉으로 보이려고 하면서
위대한 세상에서 아주 중요한 일에만 매달리는 사람들처럼
아무 가치도 없는 일에만 매달리고 있습니다.
그래서 우리 주님께서는 우리에게 먼저 하늘나라와 의로움을 먼저 찾으면
이런 세상 것들을 우리에게 주시겠다고 말씀하셨습니다.

그러나 주님께서는 세상 것들을 주시면서 선물이라고 하시지 않는 것은
주님의 눈에는 하찮은 것이어서
우리에게 아무 도움도 주지 못할 것 같기 때문입니다.
나는 사람들이 하느님의 섭리를 무시하고
어리석게 덧없는 것들에 집착하는 것을 보면 할 말이 없습니다.
베드로 성인이 말했습니다.
"여러분의 모든 걱정을 그분께 내맡기십시오.
그분께서 여러분을 돌보고 계십니다."(1베드 5, 7)

세상 것들에 집착하게 되면 세 가지 불행이 생깁니다.
판단이 흐리게 되고, 사랑의 불이 꺼져 영성을 추구하지 않게 되고,
내면으로 들어가지 못하여 하느님을 만나지 못하게 됩니다.
이는 숨을 쉬지 못하게 하는 독(毒)가스 같습니다.
이는 세상에 물든 증거로 탐욕에서 비롯된 것입니다.

사랑하는 형제자매 여러분, 이러한 사람들이 계속하여 속된 삶을 살려고 하면 자신의 영혼 안 깊은 곳에서 하늘나라를 찾도록 도와주십시오.
여러분 자신의 영혼 안 깊은 곳에도 하늘나라가 숨어 있으므로
거기서 하늘나라를 찾게 되면 많은 보물을 얻게 될 것입니다.
나는 여러분이 지금 헛된 것들을 탐하여
영적(靈的)인 것들을 무시하게 되면
틀림없이 영원한 것들을 얻지 못하게 될 것이라고 단언할 수 있습니다.
영원한 것들을 얻으려면 피나는 노력을 해야 합니다.
이기심과 싸워야 하고 악령(惡靈)과 싸워야 하고 세상과 싸워야 하기 때문입니다.
하늘나라를 보려면 아무 죄도 짓지 않아야 하는데
이는 하루아침에 이루어지지 않습니다.
힘들게 일하면서 고통을 참고 견뎌야만 합니다.
헛된 것들에 집착하지 않아야 하기 때문입니다.
우리의 동물적인 본성 안에는 이기심이 깊이 뿌리박고 있기 때문입니다. 그렇습니다.
하느님을 섬기고 있으면서도
대가로 재물(財物)을 바라고 있기 때문입니다.

예를 들면 하늘나라에 가려고 하면서도 쾌락을 바라는 것입니다.
그러나 우리가 그리스도를 믿고 고통 받고 참는 것을 배우게 되면
하느님께서는 기쁘게 우리에게 상급(賞給)을 주십니다.

따라서 수행을 열심히 하여 덕(德)을 쌓으십시오.
그러면 하느님께서 때가 되면 여러분에게 상급을 주실 것입니다.
그러나 여러분의 이웃을 함부로 판단하지 말고
이기심을 버리고 이웃의 좋은 점을 본받도록 하십시오.
형제자매 여러분, 본능적인 이기심을 버리십시오.
사소한 헛된 것들을 얻기 위하여 수행을 게을리 하지 마십시오.
왜냐하면 이는 하느님의 의로움을 저버리고 거룩한 교회를 욕되게 하는
일종의 성직매매의 죄를 짓는 것이 되기 때문입니다.
하느님의 본성을 닮는 일이 목적이 되어야 하는데도
여러분은 왜 경멸스러운 세상 것들을 얻기 위하여 하느님을 섬기고 있습니까?

형제자매 여러분, 하늘나라와 하느님의 의로움을 찾는 것을
여러분 신앙생활의 기초로 삼으십시오.
주기도문에서처럼 하늘나라에서 하느님만 찾으려고 기도하십시오.
주기도문은 얼마나 훌륭한 기도문입니까?
여러분은 "아버지의 나라가 오게 하시며" 하고 기도하고 있지만
그 의미를 모르고 있는 것 같습니다.
하느님을 자신의 영혼 안에 모시려고 진심으로 기도해야 합니다.
왜냐하면 하늘나라는 모든 피조물을 다스리시는
바로 하느님 당신이기 때문입니다.
이 하늘나라에서 하느님은 아버지의 권능을 가지신 우리의 아버지이기 때문입니다(주기도문은 "하늘에 계신 저희 아버지" 하고 시작하고 있습니다).
우리의 영혼이 하느님을 만날 준비가 되면(주기도문에 "아버지의 이름을 거룩히 드러내시며" 하고 계속되듯이)
당신의 이름을 알게 하시며 우리의 내면생활에서
기쁘게 하느님을 찬양하게 만드십니다.
그런 다음 우리 안에 당신의 거룩한 나라가 오시게 하여

우리를 보호하시고 우리 안에서 의롭게 역사하십니다.
그리하여 하늘에서와 같이, 즉 당신 안에서와 같이
우리 안에서도 당신의 뜻이 이루어지게 하십니다.
그런데 형제자매 여러분, 우리는 슬프게도
우리 안에 계시는 하느님의 뜻을 따르지 않고 얼마나 자주 거슬렀습니까?
우리 모두 자기(自己)를 버리고
하느님 아버지의 섭리를 믿으며 다시 태어나
하느님의 뜻만 따르도록 합시다.
하느님께서는 못하시는 일이 없습니다.
여러분은 여태까지 하느님께서 사랑으로
여러분을 돌보셨다는 것을 잘 알고 있지 않습니까?
따라서 여러분이 살아 있는 한 하느님을 믿고
매일 매시간 하느님의 의로움과 하늘나라를 찾도록 하십시오.

내면에서 하느님을 찾고 믿고 하느님께 매달리고
무엇을 하든 하느님을 생각하고 하느님의 인도에 자신을 맡기기만 하면
하느님의 의로움을 얻을 수 있습니다.
하느님께서는 이와 같이 하는 영혼을 다스리시므로
세상 것들에 집착하지 않게 해주시기 때문입니다.

그렇다고 해서 앞날을 생각하지 말라는 것은 아닙니다.
우리는 하느님의 뜻을 거역하면 안 됩니다.
여러분은 다른 사람들이 여러분을 걱정하듯이
자신의 앞날을 내다보는 수련을 해야 합니다.
여러분은 홍익인간의 이념을 갖고
이웃에게 친절해야 하며 모든 일을 사려 깊게 해야 합니다.
그러나 여러분이 다른 사람들과 대화하고 먹고 마시고 잠자고 깨어나면서
이렇게 하려고 한다면, 모든 일에서 하느님만 생각하고
자신의 이익을 생각하면 안 됩니다.
만물을 창조하신 하느님 아버지만 생각하면서 이 세상을 살아가게 되면
야비한 탐욕을 버리고 세상 것들을 버리고 하늘나라에 갈 수 있게 됩니다.

여러분은 하느님께서는 당신을 믿지 않는 사람도
결코 버리시지 않는다는 것을 믿지 않을지 모르지만,
하느님께서 당신의 충직한 종들에게
고통스럽게 부족한 것을 얻도록 하시는 것을 많이 보지 않았습니까?
성 대 알베르토 주교 학자(Albertus Magnus, 1206-1280)는
하느님께서 이렇게 하시는 이유로 '**세 가지**'를 댔습니다.
'**첫 번째 이유**'는 사람들이 당신을 믿지 않을까 봐
더욱더 진심으로 꾸준하게 당신을 찾도록 만드신 것입니다.
하느님께서는 세상 것들에 집착하지 않는 덕을 가르쳐주시기 위해
자신에게 부족한 것은 무엇이든 고통스럽게 얻도록 하셨습니다.
그렇게 하시고는 때맞추어 도와주시어
당신을 더욱더 사랑하게 만드시고
감사하게 만드신 다음 당신께로 이끄십니다.
'**두 번째 이유**'는 회개하게 하기 위한 것입니다.
하느님의 뜻에 맡기고 고통스럽게 살면
연옥(煉獄)에 갈 기회가 적어지게 만드신 것입니다.
'**세 번째 이유**'는 하느님의 종들이 나쁜 사람들을 도와줄 수도 있지만
괘씸하게 생각함으로써 도와주지 않고
영원히 비난하는 고통을 주시기 위한 것입니다.

사랑하는 형제자매 여러분, 이 하늘나라를 찾으십시오.
왜냐하면 하늘나라를 찾는 것이 곧 하느님을 찾는 것이 되기 때문입니다.
세상 것들에 집착하지 않게 되면 하느님의 뜻이
하늘에서와 같이 이 땅에서도 이루어지기 때문입니다.
하늘에서의 하느님의 뜻은
아드님 안에 있는 당신의 뜻과 같기 때문입니다.
따라서 여러분이 하늘나라가 되어 하느님께서 다스리시도록 하려면
하느님의 뜻만 이루어지기를 바라면 됩니다.
그러면 하느님께서 여러분의 영혼 안에 계시면서
왕관을 쓰시고 영원한 왕으로 앉아계실 것이기 때문입니다.

이 하늘나라는 영혼의 가장 깊은 곳에 있습니다.
먼저 경건한 외적 수행을 먼저 하고 내면생활을 하게 되면
육감(肉感)에 따라 신앙생활을 하는 사람과
내면생활을 하는 사람이 되게 됩니다.
이렇게 외적 인간과 내적 인간이 하나가 되게 되면
영혼의 깊은 곳으로 들어갈 수 있어
거기서 하느님을 만나게 됩니다.
그리하여 하느님께서 계시는 심연에 빠져
하느님의 도움으로 예지(豫知)의 능력을 갖게 됩니다.
하느님께서는 자기(自己)를 완전히 버린 사람이
당신께로 돌아오면 아버지로서 반갑게 맞이하십니다.
그리고는 당신께 모든 것을 맡기게 하시고는 새로운 삶을 살게 하시는데
마치 새로이 하느님을 만드시어 당신과 하나가 되게 하신 것 같습니다.
영혼은 자신이 새로이 태어났다는 것을 알아차리지 못해도
하느님의 도움으로 순간적으로 하느님을 보았다고 생각하게 되며
다른 사람들에 대해서 알게 되고 이들의 말과 일을 예견하기도 합니다.

그런데 여러분이 내면에 있는 하늘나라로 가서
이런 능력을 갖게 되었다는 표징은 무엇일까요?
헛된 것에 대한 집착이 없어진 것을 보면 됩니다.
왜냐하면 주님께서 헛된 것에 집착하면서도
하늘나라와 의로움을 찾으려고 하면,
하느님 아버지의 손에 아무것도 맡기지
못하게 된다고 말씀하셨기 때문입니다.
우리는 하느님의 인도를 제대로 받지 못하게 되면
하느님을 사랑하지도 믿지도 못하게 된다는 것을 잘 알고 있기 때문입니다.

바오로 성인이 우리에게 "**성령께서 평화의 끈으로 이루어 주신 일치를 보존하도록 애쓰십시오.**" 하고 말했습니다.(에페 4, 3)
우리 모두 서로를 배려하여 서로 사랑하도록 애써야 합니다.
왜냐하면 내면의 평화는 깨어있으면서 서로 지켜 주어야 하기 때문입니다.

성령께서 주신 평화 안에는 하느님과 의로움과 하늘나라 등 모든 것이 있습니다.
이 평화는 역경을 맞이하든 번창하든 명예롭든 수모를 당하든
어떤 일이 있어도 빼앗겨서는 안 됩니다.
그런데 이 평화는 어떤 것일까요?
하느님께서 당신을 사랑하시듯이
모든 사람이 서로를 위하여
한마음으로 사랑하는 것입니다.
모든 성인(聖人)들의 고통을 합친 것보다 혼자서 더 고통을 받으시면서
인간을 위하여 돌아가신 우리 주 예수 그리스도와 같은 사랑을 하는 것입니다.
우리 구세주께서 살아 계실 때는 어느 누구보다 더 외로웠으며
어떤 사람보다 더 비참하게 돌아가셨습니다.
그러나 주님께서는 지금 하늘나라에 있는 사람들처럼 행복해하셨습니다.
버림을 받으시고 내면으로 외로움을 느끼시고
아무 도움도 받지 못하신 그리스도를 본받는 사람은
내면에서 하늘나라를 맛보게 됩니다.
하느님의 의로움은 가난과 비참함 속에서
그리스도의 발자국을 따라가면 알 수 있으므로
아무 걱정하지 말고 그리스도의 발자취를 따라만 갑시다.
하느님의 아드님께서 말씀하셨습니다.
"정녕 자기 목숨을 구하려는 사람은 목숨을 잃을 것이고,
나와 복음 때문에 목숨을 잃는 사람은 목숨을 구할 것이다."(마르 8, 35)
우리의 길은 자기(自己)를 버리는 데 있습니다.
이는 내적으로나 외적으로 집착하는 것이 없어야 한다는 것을 뜻합니다.
하느님, 저희에게 이런 은총을 주소서. 아멘.

〈삼위일체 대축일 후 열다섯 번째 주일 두 번째 강론〉

86 영혼의 너비와 길이와 높이와 깊이

"이 때문에, 나는 아버지 앞에 무릎을 꿇습니다.
하늘과 땅에 있는 모든 종족이 아버지에게서 이름을 받습니다.
아버지께서 당신의 풍성한 영광에 따라 성령을 통하여
여러분의 내적 인간이 당신 힘으로 굳세어지게 하시고,
여러분의 믿음을 통하여 그리스도께서 여러분의 마음 안에 사시게 하시며,
여러분이 사랑에 뿌리를 내리고 그것을 기초로 삼게 하시기를 빕니다.
그리하여 여러분이 모든 성도와 함께
너비와 길이와 높이와 깊이가 어떠한지 깨닫는 능력을 지니고,
인간의 지각을 뛰어넘는 그리스도의 사랑을 알게 해 주시기를 빕니다.
이렇게 하여 여러분이 하느님의 온갖 충만하심으로 충만하게 되기를 빕니다.
우리 안에서 활동하시는 힘으로,
우리가 청하거나 생각하는 모든 것보다 훨씬 더 풍성히 이루어 주실 수 있는
분, 그분께 교회 안에서, 그리고 그리스도 예수님 안에서
세세 대대로 영원무궁토록 영광이 있기를 빕니다. 아멘."(에페 3, 14-21)

형제자매 여러분, 이 말씀은 많은 의미를 갖고 있지만
구태여 많은 작가를 통하여 설명을 다시 들을 필요까지는 없습니다.
바오로 성인이 이 편지를 쓸 때는 감옥에 있었지만
친구들이 자신의 설명을 듣고 괴로워하는 것을 원하지 않았습니다.
만약 내가 감옥에 있었다면
내가 사랑하는 형제자매들을 괴롭게 했을 것이고
그들은 나를 동정하여 더욱더 사랑하게 되었을지도 모릅니다.

바오로 성인은 감옥에서도 그의 제자들에게 자기(自己)를 버리는 길을 가르쳐주었으며 어떤 일이 있더라도 괴로워하지 말라고 일렀습니다.

어떤 사람들은 자신의 불행보다도 친구들의 불행을 보고 더 괴로워하며
당연한 것으로 말하지만 괴로워하는 것은 잘못된 것입니다.

바오로 성인은 하느님께서 우리에게 주신
모든 짐들과 선물들과 은총들을 내려놓고 마음을 비우라고 가르쳤습니다.
마음의 괴로움은 영성(靈性) 생활에 장애가 될 뿐만 아니라
빛을 가리고 사랑의 불을 꺼버립니다.

그래서 바오로 성인은 다른 곳에서
"주님 안에서 늘 기뻐하십시오. 거듭 말합니다.
기뻐하십시오." 하고 가르치고 있습니다.(필리 4, 4)

바오로 성인이 **"나는 아버지 앞에 무릎을 꿇습니다."** 하고 말한 것은
외부행동뿐만 아니라 내면으로도 엎드렸다는 것을 뜻합니다.
내면은 외면보다 천 배나 더 넓고 더 길고 더 높고 더 깊습니다.
우리는 무릎과 발이 버텨주고 있기 때문에 설 수 있게 되지만
무릎을 꿇을 때는 버팀목을 치워버리게 됩니다.

마찬가지로 우리가 내면에서 하느님을 바라볼 때도 무릎을 꿇어야 합니다. 겸손하게 하느님의 전능한 손아래 허리를 굽혀
본능을 억제하고 죄를 짓지 않도록 해야 합니다.
본능을 죽이고 죄를 없애고,
하느님께 순종하고 마음을 비우고 자기(自己)를 버려야만
하느님의 발 앞에 엎드릴 수 있게 됩니다.

'하느님께 순종하고 마음을 비우고 자기(自己)를 버리는 것'은
세 자매가 한 옷을 입고 있는 것과 같으며 그 옷의 이름은 **'겸손'**입니다.
누구나 기쁘거나 고통스럽거나 풍족하게 가졌거나
가진 것이 없더라도 힘들 때나 쉬울 때도
마음의 평화를 잃지 말아야 하며
세상 것들을 멀리하고 하느님의 것만 받아들여야 합니다.

모든 사람 안에는 **'세 사람'**이 있습니다.

'첫 번째 사람'은 이성(理性)의 지배 아래 육감(肉感)에 따라 행동하며 **'되도록이면 외부활동을 중단하고 내면으로 들어가려는 사람'**입니다.
'두 번째 사람'은 **'모든 집착을 버리고 자신이 아무것도 아니라는 것을 알고 하느님을 주인으로 모시고 하느님께 모든 것을 맡기는 사람'**입니다.
'세 번째 사람'은 우리 수도자들처럼 **'죄의 노예에서 벗어나 모든 것을 버리고 하느님처럼 사는 사람'**으로 이러한 사람에게 **'당신의 풍성한 영광'**을 주시고 은총을 풍성하게 주시고 전심전력으로 **"성령을 통하여
여러분의 내적 인간이 당신 힘으로 굳세어지게 하십니다."**

그래서 바오로 성인은 "그리스도께서 여러분의 마음 안에 사시게 하시며" 하고 말했는데 **'주님께서 우리 마음 안에 사신다는 것'**은 다른 사람들과는 판이하게 다른 **'우리의 거룩한 믿음'**을 뜻합니다.
왜냐하면 어떤 사람이
"나는 전능하신 하느님 아버지를 믿습니다." 하고 말하면
다른 사람들보다 하느님께 더 감사하며
마음으로 하느님을 믿는다는 것을 말한 것이기 때문입니다.
그러나 여섯 살 된 아이와 파리에서 온 교수가 믿음에서 비롯된 행동을 하면 같은 믿음이기는 하지만 하느님을 아주 다르게 알고 있을 수 있습니다.
따라서 내적 인간은 밝은 빛 안에서 분명하게 믿음을 갖게 됩니다.
방금 말한 세 번째 사람의 영혼은 다른 사람들보다
하느님에 대해서 많이 알지는 못하지만
그래도 마음 편하게 하느님을 믿고 삽니다.

"그리스도께서 여러분의 마음 안에 사시게 되었기 때문입니다."
그리스도를 여러분을 치유해주는 고약(膏藥)으로 생각하십시오.
하느님께서 당신께 순종하는 사람을 보시게 되면
그 사람 영혼의 가장 깊은 곳으로 들어가시어
그리스도인 이 고약을 떨어지지 않게 단단하게 붙여주시게 되는데,
이는 주님께서도 이와 같이 우리 마음 안에 사시게 된다는 것을 뜻합니다.
그러면 마음은 흐뭇하게 생각하며 온유하게 되고
여유 있게 되어 아무리 어려운 일을 해도 힘 드는 줄을 모르게 됩니다.

이런 사람은 마음 깊은 곳에 '**하느님께 모든 것을 맡기고 마음을 비우고 탐욕을 버리는 세 덕**'을 갖추게 되는데,
그리스도라는 고약(膏藥)이 단단히 붙어 상처를 치유하여 새 살이 돋아나게 되었기 때문입니다.
주님께서 사람들을 구원하시기 위해 고약(膏藥)이 되셨기 때문입니다.
하느님의 사랑으로 모든 인간을 껴안으시며 '너비와 길이, 즉 넓고 깊게' 사랑하시게 되었기 때문입니다.
바오로 성인이 유다인들에게는 유다인으로
이방인들에게는 이방인으로 대한 것은
이런 주님과 같은 사랑이 있었기 때문입니다.
우리의 주님께서 죄인들과 함께 어울려 지내시면서 먹고 마시어 죄인들을 구원하시게 되었기 때문입니다.
따라서 이 사람도 당연히 다른 모든 부류의 사람들과 함께
구원을 받게 되었던 것입니다.

영혼에 같은 고약(膏藥)을 붙이시어
예외 없이 온 세상 사람들을 한 가족처럼 사랑하게 만드신 것은
하느님께서 나쁜 사람이든 좋은 사람이든 모든 사람을 사랑하시기 때문입니다.
하느님의 사랑을 받은 영혼은
"**사랑에 뿌리를 내리고 그것을 기초로 삼게 되는데**",
나무가 뿌리를 깊이 내릴수록 더 높이 자라고 가지가 많아지는 것과 같습니다.
그러나 슬프게도 얼마나 많은 나무가 허세를 부리다가 타락하여 쓰러져버렸나요?
얼마나 많은 아름다운 꽃봉오리들이 유혹의 폭풍으로 찢어져 흩날려버렸나요?
우리의 주님께서 가르쳐주셨습니다.
"**하늘의 내 아버지께서 심지 않으신 초목은 모두 뽑힐 것이다.**"(마태 15, 13)
그러니 "여러분은 사랑에 뿌리를 내리고 그것을 기초로 삼아,
모든 성인들과 함께 너비와 길이와 높이와 깊이가
어떠한지 깨닫는 능력을 지니고,
인간의 지각을 뛰어넘는 그리스도의 사랑을 알도록 하십시오."

형제자매 여러분, 하느님 안에서 '**너비**(breadth)'를 갖는다는 것은

아우구스티노 성인이 "**오 인간이여, 여러분은 하느님의 손바닥 위에 있습니다.**
여러분이 항상 다정하게 웃고 계시는 하느님의 얼굴을 외면하게 되면
진노하신 하느님을 만나게 되고 용서받지 못하게 될 것입니다." 하고 말했듯이
언제나 무슨 일을 하더라도 하느님께서
계신다는 것을 알아야 한다는 것을 의미합니다.
하느님 안에서는 '너비(breadth)'가 무한히 넓으므로
그릇이 크면 많은 것을 담을 수 있듯이 많은 사람을 사랑하게 됩니다.
사랑하는 형제자매 여러분, 여러분은 살아가면서
사랑의 불이 반쯤 꺼져버렸으므로 사랑하는 척만 할 수 있다고
말할지도 모르지만 나는 그렇게 생각하지 않습니다.
그리스도께서 모든 사람을 사랑하신 것은
이 땅만큼 넓은 당신의 사랑 때문이었습니다.
그리스도와 같은 사랑은 모든 인류를 끌어안고
자신이 가진 모든 것을 모든 사람에게 주어버리려고 합니다.
이러한 사랑을 가진 사람은 싼값으로 자신을 노예로 판 후
그 돈을 불쌍한 사람에게 생필품을 사도록 준
우리의 교부 도미니코 성인처럼 행동하게 됩니다.
우리 모두 이런 사랑으로 모든 사람을 끌어안읍시다.

하느님의 영원성(永遠性)인 '**길이**(length)'는
지금 현재도 성인들이 하늘나라에서 함께 지내면서
하느님께서 좋아하시는 것을 알고 사랑하고 있듯이
과거도 없고 현재도 없이 그리고 '**변함없이 사랑하는 것**'을 뜻합니다.
따라서 우리가 살아 있는 한
일상생활에서 끊임없이 하느님께 협력해야 합니다.

하느님 안에서의 '**깊이**(depth)'는 아무도 헤아릴 수 없는 '**심연**(深淵)'을 뜻합니다.
그러나 우리는 하느님처럼 '깊이' 사랑할 수 있습니다.
끊임없이 자기(自己)를 죽여서 자신이 아무것도 아니고
내세울 것도 아무것도 없다고 생각하면서,
자신의 죄 때문에 슬퍼하여 저질스러운 죄인에서 벗어나

자신이 무지했다는 것을 뼈저리게 느끼면 됩니다.
이렇게 하여 사랑하게 되면 그 깊이를 알 수 없게 되며
지옥에 있는 사람도 사랑하게 되며 생각할 수도 없는 일이지만
하느님께서 대신 지옥에 가라고 하시면
지옥에 있는 사람들을 모두 구원하고
자신이 영원히 지옥에 남아 있으려고 합니다.
하느님께서 대신 지옥에 가라고 명령하시지도 않겠지만
아무도 그렇게 하기를 바라지 않을 것이며
꿈에도 그런 생각을 하지 않을 것입니다.
그러나 이 정도로 사랑하고 겸손한 사람은
이스라엘 백성들을 위하여 하느님께
"그러나 이제 그들의 죄를 부디 용서해 주시기 바랍니다.
그렇게 하시지 않으려거든,
당신께서 기록하신 책에서 제발 저를 지워 주십시오." 하고 기도한 모세만큼,
사랑하고 겸손해지려고 합니다.(탈출 32, 32)
형제자매 여러분, 이렇게 심오한 사랑은,
천사들이나 사람들은 이를 수도 없을 뿐 아니라
이해하지도 못하는 하느님의 끝없는 사랑에서 나온 것입니다.

그리고 하느님 안에서의 '**사랑의 높이**(height)'는 이 정도입니다.
하느님께서는 못하시는 일이 없지만
피조물을 모든 치품 천사들과 케루빔 천사들보다 고귀하게 만드시어
당신과 같은 높이로 만드실 수는 없습니다.
피조물의 본성이 아무리 고귀해지더라도
하느님보다는 무한히 아래인데 피조물은 하느님께서 만드시고
하느님께서는 창조되지 않고 스스로 존재하시기 때문입니다.
그러나 우리가 말하고 있는 정도로 은총을 듬뿍 받아
하느님처럼 고귀해진 사람은 감사하게 되고 찬양하게 되는데
하느님께서 너무나 위대하시기 때문에
예언자가 "**속뜻과 마음이 깊은 사람은 하느님을 찬양하리라.**"고
말한 바와 같이(시편 64, 7) 하느님의 것이 아닌 것은

아무 쓸모가 없는 것처럼 생각하기 때문입니다.

나는 단호하게 말할 수 있습니다.
세상 것들을 위대하게 여기는 사람은
하느님보다는 더 소중하게 생각하지 않을지라도
하느님의 높이와 위대함을 알 수가 없다는 것입니다.
그러나 하느님과 하나가 된 사람은 고귀하게 되어
하느님께 감사하고 하느님을 사랑하여 하느님을 찬양하게 되는데
이 세상에 살면서 하느님보다 더 좋은 것은 없다고 생각하기 때문입니다.
하느님의 눈에는 하늘에 있는 천사들과 비교해도
더 위대한 사람은 없을뿐더러
모든 피조물을 다 합쳐도 하느님보다 위대하지는 않습니다.
하느님께서 너무나 높으시기 때문에
사람은 지극히 높은 하느님을 지향하여 고귀하게 되면
천사들과 성인(聖人)들과도 비교할 수 없을 정도로
하느님을 사랑하고 하느님께 감사하고
하느님을 찬양하면서 모든 영광을 하느님께 돌려드리려고 합니다.
누구나 초월적인 사랑을 하여 하느님을 찬양하려고 하기 때문입니다.
마치 거대한 석탄 더미가 불타면서 불꽃이 높이 올라가듯이
아무도 생각할 수 없을 정도로
자신의 능력 이상으로 그리고 모든 피조물보다 더
하느님을 사랑하여 하느님과 같은 사랑을 하려고 하기 때문입니다.
영혼이 이렇게 고귀하게 되면 영혼의 깊은 곳에 놀라운 빛이 비추게 됨으로써
하느님과 하나가 되어 인간의 지각을 뛰어넘는
그리스도와 같은 사랑의 너비와 길이와 높이와 깊이를 갖게 되기 때문입니다.

그래서 바오로 성인이 “그리하여 여러분이 모든 성인과 함께
너비와 길이와 높이와 깊이가 어떠한지 깨닫는 능력을 지니고,
인간의 지각을 뛰어넘는 그리스도의 사랑을 알게 해 주시기를 빕니다.” 하고 말했는데 **이는 그리스도와 같은 사랑을 하라는 뜻이었습니다.**
형제자매 여러분, 자기(自己)를 버리고 마음을 비우고 탐욕을 버리지 않고

이런 경지에 이르려고 하는 사람이 있으면
최소한 진정으로 겸손하고 사랑하는 습관을 들인 후에
수도원에 들어가도록 하십시오.
아무 수행도 하지 않고 이런 경지에 이를 수는 없습니다.
그러나 여러분이 앞에서 말한 세 덕을 갖추고 수도원에 들어갔다면
안정된 수도 생활을 하고 있을 것입니다.
왜냐하면 만약 여러분들이 안정된 수도 생활을 하고 있지 않다면
이기심을 버리지 못하고 집착도 버리지 못했기 때문일 것입니다.

형제자매 여러분, 이러한 영혼에게는
은총이 듬뿍 주어지고 은총의 씨앗이 뿌려져 싹트게 됩니다.
집회서(24, 25-26)에서 말하고 있습니다.
“내 안에 모든 은총의 길이 있고 진리의 길이 있다.
내 안에 생명과 덕의 희망이 있다.
나에게로 와서 간청하면 나의 열매를 채워주겠다.”
이러한 경지에 이르려면 세상 것들을 버려야 합니다.
세상 것들을 버리게 되면 새로운 사람이 되므로
사랑을 알지 못하는 사람도 알아보게 됩니다.
그러나 자기(自己)를 버리기 위하여 바로 영성(靈性) 수련에 들어가
새로운 사람으로 다시 태어나려면 외적인 수행도 꾸준히 해야 합니다.
형제자매 여러분, 내가 만나는 젊은 사람들이
자기(自己)를 버리기 위하여 바로 영성(靈性) 수련에 들어가는 것을 자주 봅니다.
그러나 몇 년이 지나도 자기를 버리지 못하는데
자기 뜻대로 하려고 하며 완고하게 오래된 자신의 수행법만 고집하여
다른 사람들의 충고를 듣지도 않기 때문으로
한마디로 말하면 온유하지 못하고 겸손하지 못하기 때문입니다.
금욕이 외면생활을 위한 것이라면
온유함과 겸손은 내면생활을 하기 위한 것이기 때문입니다.

외면생활에만 몰두하는 사람들은 우리가 여태까지 다루어 온
내면의 움직임을 모르게 되어

영혼 안에 하느님께서 사시고 계신다는 것을 모릅니다.
그러나 그러면서도 많은 사람이 높은 영성을 갖게 되었다고 생각하지만
실제로는 조금도 갖지 못한 것을 볼 때가 많습니다.
하느님께서는 자기(自己)를 버리고 마음을 비워야만
내면으로 이끄시어 성화(聖化)시키십니다.
하지만 이들이 하느님의 이러한 뜻을 알게 되면
마치 하느님이 나쁜 분인 양
자기 안에서 하느님을 쫓아내고 자기 뜻대로만 하려고 합니다.
그러면 모든 은총의 열매는 곰팡이가 슬어 썩어버리게 됩니다.
왜냐하면 모든 것을 하느님께 맡기고 마음을 비우고
자기를 버리는 덕을 갖추어 겸손해지지 않으면
아무리 높아져도 아무 소용이 없기 때문입니다.
악령이 여러분에게 와서
여러분이 세상 것들에 집착하고 있는 것을 보게 되면
여러분을 마구 흔들어버리기 때문입니다.

외적 인간은 외적인 영성(靈性)에서 벗어나려고 하지 않으므로
이 거룩한 내적인 영성을 가지려면
어떻게 해야 하는지에 대하여 어떻게 말해야 할지 모르겠습니다.
사랑하는 형제자매 여러분, 나의 충고를 들으십시오.
여러분이 정해진 구송기도를 한 번 한다면
내면으로 들어가 마음속으로 두 번 더 기도하도록 하십시오.
여러분의 외적인 수행의 잡음이 무엇이든 전혀 중요하지 않습니다.
그리고 여러분의 내면의 느낌에 대해서도 말하지 말고
진정으로 겸손하게 되어 자기 뜻만 고집할 것이 아니라
모든 사람의 뜻도 존중하며 순종하십시오.
그러려면 여러분의 외적 인간은 종이 주인을 기다리는 것처럼
내적 인간을 기다려야 합니다.
그러나 외적 인간은 외적인 수행에만 매달리면서도
다른 사람들은 같은 길로 가지 않도록 하며
무척 갈등을 느끼게 됩니다.

사랑하는 형제자매 여러분, 여러분은 그러한 사람들을 보아도 참아야 합니다.
여러분은 하느님께 모든 것을 맡기고
마음을 비우고 자기를 버리는 세 덕을 갖추었습니까?
그러면 여러분이 살아 있는 동안 온 세상이 시끄러워도 조용히 앉아 있으십시오.
그러면 아무 일도 없게 됩니다.
소란과 참견이 여러분의 마음을 혼란스럽게 해도 조용히 물리치십시오.

형제자매 여러분, 하느님께서 어떤 사람을 이런 길로 인도하시는 것을 보면 하느님께서 나에게 빛을 주셨듯이 그에게 충고할 것입니다.
그러나 나의 충고에 대하여 마구 욕설을 퍼부으면 도와줄 수가 없습니다.
마구 욕설을 퍼붓게 내버려두십시오.
이 점에서 우리 수녀원의 수녀님들은 좋은 습관을 갖고 있습니다.
한 수녀님이 내면으로 묵상을 하도록 부르심을 받으면
다른 수녀님들은 기뻐하며 묵상을 하도록 내버려 두기 때문입니다.
아무도 참견해서는 안 된다는 것을 알고 있기 때문입니다.
이는 성령께서 마련하신 좋은 환경이라 할 수 있습니다.

사랑하는 형제자매 여러분, 항상 이 세 덕(德)의 수도원에 머무르면서
달갑지 않은 의붓 자매들처럼 '제멋대로 하고' '이기적'이 되지 않도록 조심하십시오.
아니 이들의 머리를 댕강 잘라버리십시오.
이러한 바쁜 생각들은 강론을 듣기 위하여 수녀원을 떠났다가
영성체하기 위하여 다시 교회에 가는 식으로 계속하여 특전을 요구하여
혼자 있지 않으려 하고 묵상하지 않으려고 합니다.
귀 있는 사람은 내 말을 들으십시오!

마지막으로 바오로 성인은 우리에게
"인간의 지각을 뛰어넘는 그리스도의 사랑을 알라."고 했습니다.
이는 주님께서 돌아가심으로써 우리를 구원하셨다는 것을 알라는 것입니다.
그리고 이 땅에서 모든 사람으로부터 버림을 받고
동시에 가장 적절한 시기에
아버지 품으로 돌아가셨다는 것을 알라는 것입니다.

주님께서 “저의 하느님, 저의 하느님,
어찌하여 저를 버리셨습니까?” 하고 말씀하신 것(마르 15, 34)은
어떤 성인이 아니라 아버지로부터
무참하게 버림을 받았다는 것을 알라는 것입니다.
지금 하늘에 계신 것처럼 주님께서 신성(神性)을 되찾으셨지만
이 전에 수난을 받고 피땀을 흘리는 동안에도
버림을 받으신 것을 느끼셨습니다.
이는 세상 것들로부터는 아무 위로도 바라지 말라는 그리스도의 가르침이며
우리 주 예수 그리스도를 본받아 자기를 버리지 못하고 살면 아무 도움도
못 받고 비참하게 죽을 수밖에 없다는 것을 우리에게 일깨워 주신 것입니다. 그러나
가르침대로 살기만 하면
누구나 하느님 아버지께로 가는 기쁨을 맛볼 수 있게 됩니다.

하느님께서는 자기를 버린 영혼 안에서 역사하십니다.
이 때문에 영혼의 가장 깊은 곳에 평화가 있게 됩니다.
만약 여러분이 이런 평화를 얻었다면
아무도 천사도 마귀도 여러분으로부터 이 평화를 뺏어가지 못합니다.
그러나 여러분은 외적 인간으로부터 탈피하여 내적 인간이 되어
외적 인간을 믿지 않도록 하고
외적 인간은 온갖 교묘한 방법으로 영적인 성숙을 방해하고
죄에 기울어지게 만든다는 것을 깨달아야 합니다.
분명한 것은 이렇게 살게 되면 아무 위로도 받지 못하게 된다는 것입니다.
그러나 여러분이 좋아하는 것을 억제하고 항상 하느님 안에 있으려 하고 하느님을
통하여 무슨 일이든 하려고 하고
하느님께서 그렇게 인도해주시기를 끊임없이 기도하십시오.
우리의 주님께서는 당신의 도움을 자주 청하는 사람들에게
힘을 주시며 지혜를 주시며 은총으로 이런 사람들 안에서 역사하십니다.
하느님, 저희가 바오로 성인의 충고를 따르도록 해주시어
현명하게 영원한 진리를 얻게 해주소서. 아멘.

〈삼위일체 대축일 후 열다섯 번째 주일 세 번째 강론〉

87 초보자와 중급자와 상급자

"그러므로 주님 안에서 수인(囚人)이 된 내가 여러분에게 권고합니다.
여러분이 받은 부르심에 합당하게 살아가십시오.
겸손과 온유를 다하고, 인내심을 가지고 사랑으로 서로 참아 주며,
성령께서 평화의 끈으로 이루어 주신 일치를 보존하도록 애쓰십시오.
하느님께서 여러분을 부르실 때 하나의 희망을 주신 것처럼,
그리스도의 몸도 하나이고 성령도 한 분이십니다."(에페 4, 1-4)

형제자매 여러분, "여러분이 받은 부르심에 합당하게 살아가려면"
네 가지를 생각해야 합니다.
첫 번째는 누가 우리를 불렀는가 하는 것입니다.
두 번째는 어떻게 우리를 불렀는가 하는 것입니다.
세 번째는 누구의 목소리였고 무슨 말씀을 하셨는가 하는 것입니다.
네 번째는 어떻게 순종해야 하는가 하는 것입니다.

'**첫 번째**'는 하느님 아버지께서 우리를 부르시면서
당신의 사랑과 자비와 거룩함을 던져주시어 당신께로 이끄신 것입니다.
사실 하느님께서는 당신의 존재 이유가 아니라
마치 당신의 행복인 양 우리를 믿으시고
항상 우리를 끌어안으시려고 노력하시고 계십니다.
아버지께서 이 땅과 하늘에서 당신의 지혜와 자비로 만드신 모든 것은
우리의 원천인 당신께로 우리를 불러들이기 위한 것이었습니다.
그래서 어떤 스승이 말했습니다.

"하느님께서 역사하신 모든 것과 지금 역사하시고 계신 모든 것은
사람의 영혼이 하느님의 부르심을 듣고
창조주를 사랑하게 하시기 위한 것일 뿐입니다."

두 번째는 하느님께서는 어떻게 우리를 부르시는가 하는 것입니다.
당신의 거룩한 아드님과 하나로 만드시어
당신의 형제와 당신의 공동상속자로 삼으려고 하셨습니다.
주님께서는 형제 중에 맏이이시고
태어나시면서부터 하느님 아버지의 상속자였습니다.
그리고 하느님께서는 우리를 은총으로
아드님과 공동상속자가 되게 하셨습니다.
이것이 우리의 소명이고 우리를 부르신 이유입니다.
그리고 우리는 주님을 본받고
주님의 성격을 닮도록 부르심을 받았습니다.
왜냐하면 주님은 우리가 걸어가야 할 길이고
우리를 순례의 길로 인도하시는 진리이고
우리의 목적인 생명이기 때문입니다.
따라서 우리는 생각만 할 것이 아니라
최선을 다하여 희생하면서 살고 고통을 참으면서 살아야 합니다.

세 번째 누구의 목소리였고 무슨 말씀을 하셨는가 하는 것입니다.
하느님의 목소리는 다양합니다.
하느님께서는 우리의 영혼 깊은 곳에서
밤낮으로 당신의 영감(靈感)과 경고와 책망을 주시어 우리를 부르시기도 하고 때로는 극심한 내적인 고통을 주시어 우리를 부르십니다.
그리고 외적으로는 기쁨이나 슬픔과 같은
일상에서 일어나는 일을 통하여 우리를 부르십니다.
이 모든 것은 하느님께서 우리를 부르시는 우렁찬 목소리입니다.
사람이 이와 같은 하느님의 목소리를 듣고 따라만 간다면
하느님께서 왜 가혹한 벌을 주시겠습니까?

네 번째 어떻게 참고 견디면서 겸손하고 온유하게
하느님의 소명을 다할 수 있는가 하는 것입니다.

하느님께서는 초보자, 중급자, 상급자 세 종류의 사람을 부르십니다.
아무도 자신에게 주어진 자리를 불평하면 안 됩니다.
왜냐하면 하느님은 우리의 주인이시고
모든 사람에게 제 자리를 주셨기 때문입니다.
그리고 우리 모두 당신의 외 아드님을 닮기를 바라십니다.
그리하여 어떤 일은 하게 하시고 어떤 일은 하지 못하게 하셨습니다.
첫 번째 계명은 무엇보다도 하느님을 사랑하라는 것입니다.
많은 사람이 하느님을 사랑한다고 말하지만
하느님을 사랑하는 길에 있는
어떤 것에 대한 집착을 버리지 못하고
하느님보다 더 좋아합니다.
그러면서도 하느님을 사랑한다고 말합니다.

두 번째 계명은 이웃을 자기 몸처럼 사랑하라는 것입니다.
여러분이 행복을 누리는 것처럼 이웃도 행복을 누리게 하라는 말씀입니다. **여러분은**
아버지와 어머니를 존경합니다만
이 계명은 모든 사람을 존경하라는 것입니다.
여러분은 하느님의 이름을 더럽히면 안 됩니다.
여러분은 주일(主日)을 지키고 금식 일도 지켜야 합니다.
우리가 구원받으려면 이러한 계명들을 지켜야 합니다.

금지된 것은 다음과 같습니다.
여러분은 이웃의 몸에 상처를 주어서도 안 되며
말이나 일로 재물이나 명성(名聲)을 손상시켜서도 안 되며
이웃의 것을 탐내서도 안 되며 이웃에 불순한 짓을 해서도 안 됩니다.
다른 계명들도 많지만 모두 이 계명들에 포함됩니다.

형제자매 여러분, 참된 믿음으로 교회에 순종하면서 이 길을 가며

규칙적인 생활을 하는 사람은 하느님의 소명을 듣고
순종하는 사람 중 가장 초보자에 속합니다.
이러한 사람은 신앙생활을 하면서 자신의 모든 허물을 없애어
연옥 불을 벗어나 언젠가는 하느님께로 가게 됩니다.

하느님의 소명을 듣고 순종하는 사람 중 두 번째 부류인 중급자는
복음을 전하는 사람으로 초보자보다 성숙되어
순결을 지키고 가난하게 순종의 길을 갑니다.
거룩한 교회는 성령의 인도를 받아 여러 수도원과 공동체를 만들어
복음(福音)을 전할 수 있게 우리를 도와주고 있지만
여러 규율을 정하고 있습니다.
수도원에 있는 사람은 누구나 이 규율을 지켜야 하지만
어기게 되면 거룩한 교회는 심판을 합니다.
그러나 지금 수도원에서 살고 있지만
수도원 밖에서 복음을 전하고 사는 소명을 받았다고 생각하는 사람은
(수녀의 경우 순결서약을 하지만 결혼한 경우) 소명을 거부합니다.
그러나 거룩한 교회는 이런 사람을 공개 재판하지 않고
고백하도록 하여 하느님께서 판단하시도록 합니다.
그러나 공동체에 살면서도 겉으로만 영성(靈性)이 깊은 척하며
세상 것들에만 마음을 두고 있는 몹시 비뚤어진 사람도 있습니다.
아우구스티노 성인은 이러한 사람들에 대하여
"주님의 길을 잃어버린 사람은 저주받게 됩니다." 하고 말했습니다.
주님의 길은 복음을 전하며 사는 것입니다.
이런 소명을 받은 사람은 어떻게 그 길을 걸을 것인가를 생각해야 합니다.
이런 사람이 예복도 입지 않고 결혼식장으로 가지 않도록 해야 합니다.
어둠이 깔린 바깥으로 버려질 것이기 때문입니다.

우리 모두 마음속으로 자신의 소명이 무엇인가를 생각해보아야 합니다.
그렇게 하지 않으면 자신의 주변에 가장 가까이 있는 것들만 보면서
오늘은 이렇게 살다가 내일은 조금 다르게 삽니다.
'제 자리'를 똑똑히 알고 자신과는 상관이 없는

다른 자리를 넘보지 않도록 하십시오.
어떤 사람의 고기는 다른 사람에게 독(毒)이 될 수도 있습니다.
자기 자신을 면밀하게 성찰하고 자기 합리화를 하지 않도록 해야 합니다.
이 세상에는 구두를 만들면서
아내와 자식들을 거느리고 사는 사람들이 많이 있는데
오로지 하느님만 생각하고 가족을 훌륭하게 부양하고 있다는 것을 아십시오.
그리고 힘들게 일하면서 하루 벌어 하루 먹고 사는 불쌍한 많은 농부가 있지만 오로지 하느님만 생각하고 살고 있다는 것을 아십시오.
이러한 사람들은 진심으로 하느님의 소명에 따라 겸손하게 살았으므로
소명을 다하지 못하고 있는 많은 수도자보다
마지막 심판 날에 더 많은 상급을 받을 것입니다.
여러분도 맹목적인 믿음으로 살지 말고
이렇게 자신의 소명을 다하면서 살도록 해야 합니다.
하느님께서 여러분을 부르셨다면 자신의 소명에 대하여
끊임없이 묵상하여 길을 잃지 않고 주님의 길로 가도록 하십시오.

하느님의 소명을 듣고 순종하는 사람 중 세 번째 부류인 상급자는
부지런히 관상하여 가장 순수한 동기로 모든 집착을 버리고
하느님의 뜻에 따라 능동적으로 수동적으로 살고
모든 면에서 우리 주 예수 그리스도를 본받아 살아 **완덕을 갖춘 사람**입니다. 자신의 마음을 면밀히 성찰하여
어떻게 하면 이렇게 살 수 있는가를 알도록 하십시오.
자신의 영혼 가장 깊은 곳에서만
이러한 삶을 발견할 수 있으며
여기서만 그리스도와 하나가 된다는 것을 아십시오.
예레미야 예언자는 이런 경지에 들어서면서 말했습니다.
"나는 너희가 나를 '저의 아버지'라 하고 나를 따르던 길에서
돌아서지 않을 것이라고 생각하였다."(예레 3, 19)
그리고 여기서는 라반(Laban)이 아브라함의 종에게 말한 것처럼 말하게 됩니다.
"주님께 복 받으신 분이시여, 들어오십시오. 왜 밖에 서 계십니까?
제가 집을 치워 놓았고 낙타들을 둘 곳도 마련하였습니다."(창세 24, 31)

그래서 나는 이런 부르심을 받았다고 믿는 사람에게 말합니다.
"여러분은 진심으로 하느님의 소명에 따라 사는 복된 사람입니다.
먼저 하느님의 계명들을 지키고 복음의 충고를 듣고 바오로 성인이 가르쳐주었듯이 겸손하게 그리고 참으면서 주님을 본받도록 하십시오."
그러려면 때로는 자신의 생각에 따라 어떨 때는 아무 생각도 하지 말고
자신의 내면 깊은 곳으로 들어가
"성령께서 평화의 끈으로 이루어 주신 주님과의 일치를 보존하도록 애쓰십시오."
이렇게 참고 겸손하고 온유하게 주님을 찬양하며
발자국을 따라가게 되면 완전히 새로운 사람이 되기 때문입니다.
성령과 하나가 되어 있으려면 매일 매시간
자신의 생각과 집착을 성찰하면서 외적으로도 수행을 열심히 하여
덕을 쌓아야만 합니다.
기회가 주어지면 자선 단체에서 일하기도 하고
내면 기도를 열심히 하기도 하고
때로는 아무 생각도 하지 말고 하느님만 생각해야 합니다.
성 안셀모 주교 학자(St. Anselm, 1033-1109)가 말했습니다.
"외부 일에 대한 잡다한 생각을 버리고 끊임없는 분심(分心)을 잠재우십시오.
그런 다음 앉아서 쉬면서 자신의 영혼을 높이 들어 올리십시오."
그러면 영혼 안에 이렇게 조용한 평화가 찾아오고 하느님께서
"조용하고 부드러운 소리처럼" 엘리야에게 오셨던 것처럼(1열왕 19, 12)
하느님께서 오시게 됩니다. 이렇게 영혼의 깊은 곳에 모습을 드러내십니다.
그러나 크세르크세스(Assuerus) 왕이 에스테르(Esther)에게 반했듯이
이러한 사람이 하느님의 현존을 알아차리게 되면 하느님께 홀리고 맙니다.
그리하여 영혼은 황홀경 속에서 하느님을 따라갑니다.
에스테르도 이와 같이 왕 앞에서 까무러쳤으나 왕이 다시 일으켜 세웠습니다.
성령이 영혼 안으로 들어가면 무아지경(無我之境)이 되어
하느님 품에 안긴 것이 아니라 버려진 것처럼 느낍니다.
그리하여 자신이 어떤 피조물보다도 작게 보이고 시체처럼 썩어 있고
짐승 같고 감각을 잃은 것 같고 마귀보다 더 나쁜 것처럼 여깁니다.
하느님께서는 이 영혼이 자기(自己)를 버리자
일으켜 세우셔서 사랑의 키스를 하셨는데

이 영혼이 자기를 낮추면 더 높아지게 된다는 것을 알고 있었기 때문입니다.
그리하여 하느님과 영혼은 반갑게 인사하고 하나가 되었습니다.
왜냐하면 하느님께서는 겸손의 깊은 골짜기를
내려다보시는 것을 특히 좋아하시기 때문입니다.

영혼이 이렇게 높은 경지에 이르게 되면
마귀가 유혹하여 영적(靈的)으로 교만하게 만들려고 합니다.
그뿐만 아니라 하느님께서는 무척 화를 내게 하는 등의 소죄를 짓게도 하시는데
더 작게 만드시어 당신과 하나가 되게 높이시려는 것입니다.
그렇지 않으면 다른 사람들 앞에서 심한 욕을 듣게 하시어
고통과 부끄러움을 극복하게 하시기도 합니다.
만약 여러분에게 이러한 일이 일어나면 충격을 받지 않도록 하십시오.
여러분은 자신이 아무것도 아니라는 것을 뼈저리게 깨달았기 때문입니다.
모든 것이 잘 될 것입니다.
여러분은 "평화의 끈으로 성령과 하나가 되어"
당당하게 걸어갈 수 있게 되었습니다.
이와 같이 온유하고 겸손하게
우리 주 예수 그리스도를 따라가게 되면
하느님께서 평화를 주시어 모든 것을 알 수 있게
영원히 빛을 비추어주십니다.
영원하신 하느님, 저희가 이런 경지에 이를 수 있는 은총을 주소서. 아멘.

〈삼위일체 대축일 후 열여섯 번째 주일 첫 번째 강론〉

88 인내와 온유함을 통하여 얻게 되는 평화

"그러므로 주님 안에서 수인(囚人)이 된 내가 여러분에게 권고합니다.
여러분이 받은 부르심에 합당하게 살아가십시오.
겸손과 온유를 다하고, 인내심을 가지고 사랑으로 서로 참아 주며,
성령께서 평화의 끈으로 이루어 주신 일치를 보존하도록 애쓰십시오.
하느님께서 여러분을 부르실 때 하나의 희망을 주신 것처럼,
그리스도의 몸도 하나이고 성령도 한 분이십니다."(에페 4, 1-4)

이 거룩한 말씀은 항상 모든 사람이 읽어야 할 내용입니다.
우리 모두 자신의 소명(召命)의 신성함을 알아야 한다는
바오로 사도의 충고를 잊지 말아야 하며
겸손과 온유를 다하고, 인내심과 무연자비(無緣慈悲)를 갖고
서로의 부족함을 참아주며 각자 자신의 소명을 다해야 합니다.
나는 여러분에게 간곡히 권합니다.
사랑으로 하느님께로 다가가고
진정으로 겸손과 온유와 인내심과 무연자비의 덕을 쌓으십시오.
왜냐하면 수행을 통하여 겸손과 온유함과
인내심과 무연자비를 배우게 되기 때문입니다.

그러나 아무도 역경(逆境)을 겪지 않고는 이런 덕을 얻지 못합니다.
누구나 압박을 받게 되면 겸손해지려고 하고
박해를 받게 되면 참으려고 하지만
이는 인위적인 덕으로 금방 사라지고 맙니다.

그러나 실제로 부끄럽거나 수치스러운 일이나 행동을 하게 되어
상처를 준 사람을 사랑으로 보살펴주면,
자신의 얼굴에 침을 뱉어도 봉사하려고 하는 것이 참된 온유함입니다.
온유와 인내는 극심한 고통을 겪어야만 얻을 수 있습니다.
왜냐하면 아무도 나를 욕하지 않는데 참을 필요는 없기 때문입니다.
그리고 인내가 대부분 외부의 상처를 참는 것과 관련되어 있듯이
온유함은 주로 내면의 극기(克己)에 뿌리를 두고 있습니다.
사람들이 나를 거짓 스승으로 부르고
나의 가르침이 거짓이므로 비난받고 수치를 받고 있으므로
친구 중 한 명이 이를 보고 몹시 괴로워하고 있다고 생각합시다.
그가 나를 동정하면 나에게 잘못하는 것이 아닐까요?
왜냐하면 진정한 친구라면 괴로워만 할 것이 아니라
거짓으로 가르치지 못하도록 말려야 하지 않을까요?
그러나 나는 그의 죽음을 보고 기뻐해서는 안 됩니다.
만약 내가 주님과 하느님께서 평생 거짓으로 가르치시어
사람들 마음에 아무것도 심어주신 것이 없어
내가 주님과 하느님의 발자취를 따라가지 않는다면
나는 그리스도인의 자격이 없는 것일까요?
내가 여러분에게 간절히 바라는 것은 박애정신으로
서로 잘못을 참고 보아주면서
모든 수치와 시련과 고통을 온유하게 참아내어야 한다는 것입니다.

바오로 성인이 말했습니다.
"성령께서 평화의 끈으로 이루어 주신 일치를 보존하도록 애쓰십시오."
우리가 찬양하고 있는 덕들은 한 끈으로 묶어져 있어
거룩한 평화를 이루게 합니다.
그런데 어떻게 하면 하느님과 하나가 될 수 있을까요?
밤이 오래 지속되는 겨울밤 늦은 시간에 수행(修行)을 하는 것이 가장 좋습니다.
여러분이 이런 거룩한 경지에 들어가기를 바란다면
저녁 일찍 잠자리에 들어 한밤중에 일어나
거룩한 기도를 하면서 자신을 성찰하고

사랑하는 습관을 들이고 우리 주님과 같은 삶을 살도록 하십시오.
그래도 마음의 평화를 얻지 못하면
하느님의 이름으로 다시 자신의 모든 육욕(肉慾)을 버리도록 하고
우리 주님의 수난과 죽음을 생각하고
주님의 소중한 피와 거룩한 상처를 찬양하도록 하십시오.
이렇게 사랑을 불태우면 내면생활을 주님께서 보시게 됩니다.
왜냐하면 거대한 석탄 더미나 장작더미가 거대한 불꽃을 일으키듯이
이런 경건한 수행(修行)이 사람의 마음을 불태우기 때문입니다.
이렇게 수행하게 되면 자신의 생각이 없어지고
사랑이 내면 깊은 곳으로 전달되기 때문입니다.
그러면 이 사람 안에서 하느님께서 역사하시게 되고
이 사람의 손은 수동적으로 됩니다.
그리고 수행의 여파가 아직도 자신의 영혼에 남아 있어
주님의 수난을 생각하게 만듭니다.
그리하여 자신의 죄 때문에 몹시 슬퍼하게 됩니다.
그리고 예전처럼 산 이와 죽은 이를 위하여 기도하지만
마음을 비우고 이 모든 것을 하느님께 맡깁니다.
그리하여 하느님의 빛이 이 영혼에 비치게 되면
모든 것을 하느님께 맡기고 영원한 진리이신 하느님께서
이 영혼을 당신께로 이끄십니다.
하늘과 땅 사이에 천사들이 재빨리 날아가듯이
하느님의 빛이 번개처럼 비치게 됩니다.
그러나 영혼의 내면생활에 하느님의 사랑의 빛과 진리가
얼마나 빨리 스며드는지는 아무도 말하지 못하지만
이 모든 것은 모두 하느님께 되돌려 드리게 되고 하느님과 하나가 됩니다.

지금은 진실한 예배자들이 영과 진리 안에서
아버지께 예배를 드릴 때입니다.(요한 4, 23)
이제 참된 평화가 생기게 되었는데
여태까지 우리가 말해온 완덕(完德) 때문으로
지금도 싸움이 시작되고 있습니다.

왜냐하면 불쌍한 인간의 본성은 헛되이 다 써버리고 약해져서
본성 자체를 잃은 것 같기 때문입니다.
그리하여 영혼은 자신에게 "하느님께서 그대에게 자비를 주셨는데
무엇 때문에 수행을 하려고 하느냐?" 하고 말하는 것처럼 느낍니다.
왜 시편을 노래하지 않나요?
이 불쌍한 사람은 전에는 무언가를 소유하려고 했고 무언가를 알려고 했고
세상 것들을 좋아했지만 이제는 기력이 없어 그런 마음이 전혀 없습니다.
이 모든 것은 하루아침에 이루어진 것이 아닙니다.
오랫동안 치열하게 싸워서 얻은 것입니다.
영혼은 계속하여 성화(聖化)되도록 노력해야 하고
싸움에 익숙하게 되어야 합니다.
그리고 영적인 새로운 힘을 얻어야 합니다.
그리하여 시련을 이겨내고 행복해하는 성인(聖人)들처럼 되어야 합니다.
"그들이 받는 고통은 후에 받을 큰 축복에 비하면 아무것도 아니다."(지혜 3, 5)
클레르보의 베르나르도 성인(St. Bernard of Clairvaux, 1090-1153)이
본성이 완전히 죽어버렸을 때 우리에게 말했듯이
영혼은 마음속 깊은 곳에서 우리 주님의
가장 자비로운 사랑의 말을 하게 됩니다.
"오 사랑이여, 제 마음에는 사랑밖에 없나이다!
제가 당신께서 가장 사랑하시는 사람 중의 한 사람이 될 자격이 있나이까? 당신께서
제 영혼을 끌어안으시고
저를 당신의 가장 깊은 영 안에 있게 하시니
이제부터는 당신을 놓치지 않겠나이다."

사랑하는 형제자매 여러분, 지신으로 하느님의 품에 안겨 시편을 노래하십시오.
왜냐하면 하느님께서 섭리로 주신 수행은 하느님께로 인도하기 때문입니다.
미리 상급(賞給)을 생각하지 말고 주어진 수행(修行)을 열심히 하십시오.
제의(祭衣)를 입고 세상의 모든 종을 울리고 오르간을 연주하고 노래하는 것보다
하느님의 사랑의 날개에 올라타 그리스도의 상처를 생각하는 것을
하느님께서는 더 가치 있다고 여기십니다.
사랑하는 형제자매 여러분, 진심으로 하느님께로 돌아가려면

유혹을 물리치고 고해사제에게 가는 일이 없도록 하십시오.
내적인 수행으로 인하여 모든 것이 잘 되고
자신이 많이 부족하다는 것을 알고
하느님께 겸손하게 말하게 될 것입니다.
그리되면 고백하러 가도 아무 할 말도 없게 됩니다.
하느님, 이렇게 되도록 저희를 도와주시어
경건하게 주님의 길을 따라가 완덕을 얻게 해주소서. 아멘.

〈삼위일체 대축일 후 열여섯 번째 주일 두 번째 강론〉

89 바리사이들의 속내

어떤 율법 교사가 일어서서 예수님을 시험하려고 말하였다.
"스승님, 제가 무엇을 해야 영원한 생명을 받을 수 있습니까?"
예수님께서 그에게 말씀하셨다. "율법에 무엇이라고 쓰여 있느냐?
너는 어떻게 읽었느냐?"
그가 "'네 마음을 다하고 네 목숨을 다하고
네 힘을 다하고 네 정신을 다하여 주 너의 하느님을 사랑하고'
'네 이웃을 너 자신처럼 사랑해야 한다.' 하였습니다." 하고 대답하자,
예수님께서 그에게 이르셨다. "옳게 대답하였다. 그렇게 하여라.
그러면 네가 살 것이다."(루카 10, 25-28)

형제자매 여러분, 우리 주님에게 질문을 한 사람은
주님을 시험하는 것이 목적이었기 때문에
하느님에 대하여 생각하지도 않았고 영원한 생명도 몰랐습니다.
말이나 일에서 오로지 외부 일만 생각하는 바리사이 같은 사람들
즉 경건함을 겉으로만 보여주려고 하면서
돈과 명예와 쾌락만 추구하는 사람들이 왜 많게 되었을까요?
이들은 오로지 겉으로 보여주기 위해서만 일하므로
이들이 아무리 위대해져도 하느님께서는 거들떠보시지도 않습니다.
이들은 누가 이런저런 일을 하게 만들었는지는 중요하지 않게 생각하며
누구의 일인가만 중요시합니다.

바리사이들의 속내는 이러합니다.

바리사이는 무엇을 하더라도 보여주기 위하여 합니다.
어떤 수도자들은 자기 자신도 모르는 가운데
오로지 보여주기 위해서만 수행(修行)합니다.
하느님의 영광을 위해서 수행한다고 하고 있지만
실은 이기심에서 하고 있으며 심지어는 기도도 이기심으로 하고 있습니다.
누구보다도 이런 성향이 짙으며 습관이 되어버려 좀처럼 없애지도 못합니다.
그리하여 허세를 부리면서 위대한 일을 하려고 합니다.
즉 제멋대로 하며, 가슴을 치며 성화(聖畵) 앞에서 기도하고
무릎을 꿇고 봉헌하는 척하지만
하느님은 조금도 생각하지 않습니다.
왜냐하면 이들은 하느님을 사랑하는 것이 아니라
세상 것들을 사랑하는 것이 목적이기 때문입니다.
이들은 세상 것들에만 집착합니다.
세상 것들에서만 기쁨을 찾으려고 하기 때문입니다.
이들의 내적 외적 위로는 소유하는 데 있습니다.
"마음을 다하고 목숨을 다하고
힘을 다하고 정신을 다하여 주 너의 하느님을 사랑하라."는
성경 말씀에 따르지 않기 때문에
하느님께서도 아무 쓸모없는 존재로 여기십니다.

이보다는 나은 사람들도 있습니다.
이런 환상에서 벗어나 가능한 한 세상 것들을 멀리하지만
고행(苦行)을 심하게 하면서
그리스도께서 자신의 영혼 안에 태어나시어
수난을 받으시고 돌아가시게 하려고 합니다만
생각만 그리 합니다.
마치 이는 라인 강 위의 배처럼 영혼 위를 스쳐 지나가는 것과 같습니다.
사제(司祭)들은 이를 하느님을 육적(肉的)으로 사랑하는 것이라고 말하지만
나는 영안(靈眼)이 아니라 육안(肉眼)으로
머리끝에서 발까지 주님을 보고 아는 것으로
'**지적인 사랑**(sensible love)'이라고 부르고 싶습니다.

이러한 사람들은 수행(修行)을 통하여
거룩한 사랑이 아니라 본능적인 사랑을 알게 되는데
이는 바리사이와 같은 구원관에서 비롯된 것입니다.
이러한 사람들의 영혼은 그들이 행동하는 목적보다도
그들이 하는 일에 집착합니다.
하느님 대신에 정신적인 만족만 추구합니다.
내면의 깨달음 대신 외적인 행동을 더 중시하고
기적을 바라고 목적을 중시하지 않고 방법만 중시합니다.
이 때문에 이런 사람들의 영혼 안에는 하느님께서 계시지 않게 됩니다.
하느님의 사랑과 본능적인 사랑은 매우 비슷하여 쉽게 구분할 수가 없습니다.
하느님의 사랑 없이 수행을 하게 되면 아무 덕도 쌓을 수 없습니다.
그리고 이 때문에 자신의 진심을 더욱더 알려고 합니다.
그러나 진심이 아니라 알고 있는 대로 봉헌을 하게 되면
결코 완덕을 갖추지 못하게 되지만
이렇게 해서라도 하느님께로 가려고 하는 사람이 드문 것이 현실입니다.

형제자매 여러분, 하느님께서 우리에게 계명을 주신 '**사랑**'에 대하여
베르나르도 성인(St. Bernard)은 '**사랑**'은
'**달콤한 사랑**(sweet love)'과 '**현명한 사랑**(wise love)'과
'**강한 사랑**(strong love)'의 세 겹으로 되어 있다고 말했습니다.
비교하여 말하면 첫 번째는 나무 조각상에 금박(金箔)을 입힌 것이고
두 번째는 은 조각상에 금박을 입힌 것이고 세 번째는 금 조각상입니다.
나무 조각상은 '**달콤한 사랑**'이고
은 조각상은 '**현명한 사랑**'이고
금 조각상은 '**강한 사랑**'입니다.

나무 조각상은 잘 만들어져 금박이 입혀져 있으면
고가(高價)로 여겨지지만, 금박이 벗겨지면 열두 페니의 값어치도 없습니다.
수행이나 기도를 하면서도 달콤한 맛을 느끼지 못하는 것도 그러한데
금박이 입혀져 있을 때는 비싼 것처럼 보이지만
금박이 벗겨지면 아무 가치도 없는 것으로 보이듯이

신앙생활이 우리에게 아무 가치 없어 보이지만
알고 보면 큰 기쁨을 맛볼 수 있습니다.
그러나 하느님께서는 지적인 봉헌을 통하여 더 나은 사랑으로 이끄시는데
점점 더 달콤함을 맛보게 하시어
본능적인 사랑을 하느님의 사랑으로 발전하게 만드십니다.
지적인 봉헌을 내팽개쳐버리지 말고 겸손하게 존경심으로 받아들이도록 합시다.
그러나 주님께서 지식을 통한 종교에서 깨달음을 얻게 하시고
외면에서 내면으로 눈을 돌리게 하시고
우리 영혼 깊은 곳에 계시는 당신께로 이끄시어
우리 영혼 깊은 곳에 영원한 진리의 하늘나라를 만드시려고 하는 것은
우리가 자신을 아무것도 아니라고 여기기 때문입니다.
우리는 지적인 봉헌을 통해서 많은 기쁨을 느끼는 사람들을 많이 만나지만 이들의 마음은 철(鐵)의 산처럼 굳게 닫혀 있어 아무것도 들어갈 수가 없습니다. **이는 제대로 된 영적인 수련을 받지 못한 결과입니다.**
이들의 영혼은 자기 나름대로의 지식이나 생각에 의존할 뿐
자신의 영혼 가장 깊은 곳에서 빛나고 있는
영원한 진리의 빛을 보지 못하고 있습니다.
아직까지 자신의 영혼 가장 깊은 곳으로 들어가지 못한 것입니다.
그러나 아무도 두 주인, 즉 지식과 영을 섬길 수는 없습니다.

다음으로 우리는 베르나르도 성인이 '**현명한 사랑**'이라고 한
두 번째 종류의 사랑에 대하여 생각해보아야 합니다.
이 '현명한 사랑'을 '달콤한 사랑'보다 높이 평가하는 데에는 다 이유가 있습니다.
우리가 은 조각상에 금박을 입힌 것을 좋아한 것은
본래부터 은은 값비싸며 교회의 주요 장식물로 두고 있었기 때문입니다.
이 현명한 사랑은 이와 같이 본래부터 값비싼 것이므로 아주 좋아합니다.
그런데 어떻게 하면 이 '**현명한 사랑**'을 얻을 수 있는가를 알아야 합니다.
여러분의 생각을 영원한 것들에 돌려야 합니다.
여러분은 여태까지 마음속으로 알고 있는 것을 생각하며 살아 왔지만
예를 들면 주님의 삶과 같은 것을 생각하고 살아 왔지만,
이제는 주님의 삶의 모든 사건의 의미에 대하여 생각해보십시오.

하느님 아버지의 품에서 하느님의 무한한 말씀이
영원히 태어나신 것을 생각해보십시오.
주님께서 어떻게 태어나시어 우리에게 오셔서
아버지와 함께 아직도 남아 계시게 되었는지 생각해보십시오.
어떻게 성령께서 아버지와 아드님으로부터
말할 수 없는 사랑을 받게 되셨는지 생각해보십시오.
세 분 안에 단 한 분의 하느님께서 계신
거룩한 삼위(三位)의 삶에 대하여 생각해보십시오.
아무것도 아닌 여러분과 무질서한 삶이
그 거룩한 성역(聖域) 안으로 들어가도록 하십시오.
영원한 하느님께서 계신 심연을 들여다보십시오.
하느님께는 과거도 없고 미래도 없고 오로지 영원한 현재만 있으며
모든 것을 변함없이 포용하고 계십니다.
하느님의 이러한 모습을 여러분의 변덕스러운 삶과 비교해보십시오. 자기(自己)를 버려야만 하느님과 같은 '**현명한 사랑**'을 할 수 있게 됩니다.

형제자매 여러분, 이 '현명한 사랑'은
세상 것들에 대한 집착을 버리게 만듭니다.
처음에는 세상 것들을 버리기가 어려웠지만
이제는 마음속에서 세상 것들을 없애버렸으므로 홀가분합니다.
세상 것들을 미워하고 아주 싫어하게 되었기 때문입니다.
이러한 은총은 외적인 수행보다도
훨씬 더 효과적으로 새로운 사람으로 만듭니다.
그리하여 하느님을 보지만 이해하지 못하는데
대낮에 햇빛이 비치면 눈이 부시어 볼 수 없는 것처럼 되기 때문입니다.

디오니시오 성인(St. Dionysius)이 말했습니다.
"하느님께서는 모든 이름 위에, 모든 존재 위에, 모든 생각 위에 계십니다. 하느님께서는 모든 피조물보다 위에 계십니다."
그런데 사람이 하느님에 대하여 조금이라도 알게 되면
자신 안으로 들어가 자신이 아무것도 아니라는 것을 깨닫게 됩니다.

그리고 하느님의 빛이 자신에게 더 밝게 빛날수록
자신의 작음과 아무 쓸모없는 존재라는 것을 더 잘 알게 됩니다.
그런데 이 하느님의 빛은 정신력으로는 알 수 없으며
영(靈)의 가장 깊은 곳에 아무 쓸모없는 존재로 깨닫게 해줍니다.

그러나 이러한 깨달음은 잘못된 환상으로 길을 잃은
영(靈)들의 뻔뻔스러움과는 상반(相反)됩니다.
길 잃은 영들은 자신이 무한한 진리를 발견했다고 생각하며
자만심에 가득 차 있기 때문입니다.
잘못 고행(苦行)을 하여 머리가 돌아버렸는지도 모릅니다.
그리하여 다른 사람들이 기도하지 못 하게 하여
주님의 명예를 더럽히기도 합니다.
여러분은 그들이 최선을 다하여 수도(修道)를 하고 있다고 생각하지만
교만한 영들은 경멸스럽게 생각할지도 모릅니다.
믿음이 깊은 사람들은 자신이 제대로 수행하고 있다고 생각할지 몰라도
교만한 사람들을 결코 경멸하지는 않습니다.
믿음이 깊은 사람들은 교만한 사람들을 따를 때
그들을 사랑했던 것처럼 변함이 없이 사랑합니다.
자신을 보잘것없는 존재로 여기며
완덕을 갖추지 못했다고 생각하기 때문입니다.
목에 힘을 주고 다니며 괴이한 수행을 강조하고
진리가 없는 강론을 들어도 여태까지 배운
어떤 가르침보다 훌륭하다고 주장하는
교만한 사람들과 이들은 다릅니다.
교만한 사람들은 하느님의 살아 있는 진리에 대해서는
아무 관심도 없으며 수행을 게을리 하며 본능에만 따르고 있습니다.
교만한 사람들은 덕을 쌓으려고도 하지 않으며
우리 주님과 같은 삶을 살려고도 하지 않습니다.
덕을 쌓아 본능을 억제하려고도 하지 않으며 참된 사랑의 길도 모릅니다.
자신의 교만을 합리화하는 거짓 묵상만 함으로써
자신의 허물을 모르고 거짓 평화 속에 머뭅니다.

그리하여 너무나 완고하기 때문에
우리는 하느님께서 그들에게 자비를 베푸시어
새로운 사람이 되게 해달라고 기도하게 됩니다.

악하기만 한 이 시대에
나는 이들에 대한 불만을 말하여
사람들을 기분 나쁘게 만들고 싶은 마음이 전혀 없는 것은
이들을 이기심에서 벗어나게 할 방법이 없기 때문입니다.
그러나 나는 자신 있게 말할 수 있습니다.
이렇게 참사랑을 하려는 현명한 사람은 자제(自制)하는 수련을 하고
자기(自己)를 죽여서 우리 주 예수 그리스도의
복음에 따라 살아야 한다는 것입니다. 이러한 사람은 거짓 묵상을 하지 않으며 거짓 마음의 평화를 갖지도 않으며 자기의 이익을 위해서는
아무 일도 하지 않습니다.
이러한 사람은 이 때문에 하느님을 진심으로 사랑할 수 있게 됩니다.

이제 베르나르도 성인이 말한
세 번째 정도의 '**강한 사랑**(strong love)'에 대하여 생각해봅시다.
우리는 이 순수한 사랑을 순금(純金)에 비유했습니다.
누구나 이 순수한 사랑을 조금이라도 가져야 합니다.
이러한 사랑이 없으면 아주 위험하며 밤낮으로 울지 모릅니다.
이 금은 너무나 깨끗하게 닦여져
밝게 빛나 눈부시게 하므로 바로 쳐다볼 수가 없는데
하느님께서 영혼 안에 계시면서 비치는 하느님의 밝은 빛이기 때문입니다.
그러나 영혼은 너무나 약하여 이 밝음을 참아내지 못하고
본래의 무력한 모습으로 되려고 합니다.
하지만 영혼은 아무 도움도 받지 않고 하느님께서 계신 곳으로 높여져
자신의 존재를 까맣게 잊어버리고 하느님의 기운이 넘쳐흐르는 것을 느낍니다.
그리하여 영혼은 엘리야 예언자가 동굴 입구에서
하느님 앞에서 했던 것처럼 행동합니다.
영혼은 황홀함으로 눈부시어 어찌할 바를 몰라 겉옷 자락으로 얼굴을 가린 채,

동굴 어귀로 나와 섰는데 아무 생각도 할 수 없는 것 같이 느낍니다.
그러나 하느님께서 모든 행동과 생각과 사랑을 맡아 하는 것처럼 보입니다.
깊은 바다에 한 방울의 물방울이 떨어지는 것처럼
영혼이 이 강한 주님의 사랑 안에 빠지게 됩니다.
그리하여 대낮에 햇빛만 있는 것처럼 영혼이 하느님과 하나가 됩니다.
그러나 이는 말로 하는 것보다 느낌으로 알 수밖에 없습니다.

그런데 이 뒤에는 영혼 안에서 무엇을 느끼게 되나요?
오로지 무아지경(無我之境)만 느끼고
삶과 의지와 마음에서 아무것도 소유하지 않으려고 합니다.
영혼은 바닥으로 가라앉는 것처럼 느끼게 되는데
더 이상 내려갈 수가 없어 무력함만 느끼며
사랑과 겸손으로 모든 일을 함으로써 매우 기쁘게 느낍니다.
마치 영혼 안에서 새로 태어나는 것처럼 무아지경을 느끼게 되기 때문입니다.
이러한 사람은 자신이 인간이 될 자격도 없고
교회에 갈 자격도 없고 십자가를 바라볼 자격도 없다고 여깁니다.
자신을 마귀보다 더 나쁜 존재로 생각하기 때문입니다.
예전에는 구세주와 같은 수난을 달게 받지도 않았고
주님의 인간성을 사랑하지도 않는 것처럼 생각하고
이제 처음으로 사랑한 것처럼 생각하기 때문입니다.
이제 막 수행을 시작한 것처럼 생각하고
이제야 제대로 영성(靈性) 수련을 하는 것처럼 느끼게 됩니다.
그리하여 이제는 가장 작은 일부터 가장 큰 일까지 진심으로 하게 됩니다.
모든 일에서 하느님을 보는 것처럼 경건하게 일하게 됩니다.
하느님과 하나가 되기 위하여
가장 높은 하늘들이 가장 낮은 땅들과 함께 일하는 것처럼 보입니다.
가장 높은 하느님께서 가장 작은 일을 하시어 열매를 맺는 것처럼 보입니다.
그리하여 영혼은 하느님께서 인간을 성화(聖化)시키시어
가장 겸손하게 만드시는 것을 깨닫게 됩니다.

햇빛이 숨어 있는 깊은 계곡의 수증기 속으로 흡수되듯이 하느님께서도 이 영혼을 당신 안으로 흡수해버리시는 것 같습니다.
영혼이 하느님 안으로 끌려 들어가
마치 자신이 하느님이 된 것처럼 생각하고 느낍니다.
그리고 영혼이 자신 안으로 깊이 들어가 사람도 아닌 것처럼 생각하게 됩니다.
영혼은 뜨거운 불 위에 놓인 물이 반 정도 채워진 쇠 그릇처럼 되어
끓어오르고 넘쳐 불을 끄기도 하고 물이 증발해버려 바닥을 보이기도 합니다.
이와 같이 '**강한 사랑**'의 불은 영혼에 영향을 미쳐
넘쳐흐르게 만들어 하느님께로 영혼을 들어 올리고,
영혼이 당신께로 빠져들게 하신 다음
자신이 아무것도 아니라는 것을 느끼게 만드십니다.

이와 같은 강한 사랑은 세 가지 특성이 있습니다.
'**첫 번째 특성**'은 우리가 알 수 없게 그리고 기억할 수 없게
영혼을 억지로 들어 올려 하느님 안으로 던져
하느님과 하나가 되게 하는 것입니다.
'**두 번째 특성**'은 영혼을 깊은 곳으로 내려 보내어
자신이 아무것도 아니라는 것을 알게 하여
알 수 없을 정도로 겸손하게 만들고
가장 미약한 존재로 만드는 것입니다.
'**세 번째 특성**'은 영혼을 가장 평화로운 상태로 만들어
어떤 일이 있어도 마음의 평화를 잃지 않고 거의 동요하지 않고
주님께서 이끄시기만을 기다리게 하는 것입니다.
그리하여 마치 식탁에 앉아 있는 주인 옆에 서 있는 종처럼
주인의 분부를 기다립니다.

이렇게 완덕을 갖춘 후에도 마귀가 공격하고 가장 강한 유혹을 하게 됩니다.
그러나 아무 소용이 없게 됩니다. 오히려 무한한 사랑을 하게 만들뿐입니다.
바위처럼 굳건하게 서서 한 걸음도 물러서지 않습니다.
이 모든 유혹을 물리치고 나면
영혼은 제단 앞에 새로 서품 받은 사제처럼 서 있게 되며
영혼이 하는 모든 것이 거룩하게 됩니다.

매일 하는 행동에서 거룩한 주님의 몸을 받은 듯이
영혼을 들어 올렸다가 낮추어 겸손하게 됩니다.
그리하여 사제가 미사 시에
"주님께서 친히 가르쳐 주신 기도를 다 함께 정성 들여 바칩시다." 하고 주기도문을
바치라고 하지 않으면 주기도문을 바치지 않으려고 합니다.
영혼은 아버지의 거룩하심과 비교하면 너무나 작으므로
경외심을 갖고 떨면서 묵상하고 청원합니다.
형제자매 여러분, 우리 모두 미약하고 비천하지만
감히 하느님 아버지를 부르고 있다는 것을 잊지 않도록 합시다.

하느님 안에서 이렇게 새로운 사람이 되려면 무엇을 더 바라야 할까요?
영혼은 하느님으로 가득 차고 몸은 고통으로 가득 차기를 바라야 합니다.
하느님께서는 영혼이 이렇게 바라는 것을 보시면
영혼의 가장 깊은 곳에서 사랑의 빛을 비추십니다.
그러면 모든 고통이 작게만 보입니다.
그리고 성령께서 오시어 고통의 의미를 알게 되고
하느님의 뜻을 알게 되므로 영혼이 무엇을 해야 할지를 알게 됩니다.
진리이고 사랑이신 하느님, 저희의 삶에 이런 사랑을 주시고
저희 안에 당신의 빛을 비추어주소서. 아멘.

〈삼위일체 대축일 후 열일곱 번째 주일 강론〉

90 영을 새로이 함

여러분의 영과 마음이 새로워져, 진리의 의로움과 거룩함 속에서
하느님의 모습에 따라 창조된 새 인간을 입어야 한다는 것입니다.
그러므로 거짓을 벗어 버리고 "저마다 이웃에게 진실을 말하십시오."
우리는 서로 지체입니다. "화가 나더라도 죄는 짓지 마십시오."
해가 질 때까지 노여움을 품고 있지 마십시오.
악마에게 틈을 주지 마십시오.
도둑질하던 사람은 더 이상 도둑질을 하지 말고,
자기 손으로 애써 좋은 일을 하여
곤궁한 이들에게 나누어 줄 수 있어야 합니다. (에페 4, 23-28)

오늘의 미사에서 읽게 되는 바오로 성인의 편지는
많은 의미를 갖고 있을 뿐 아니라 많은 가르침을 줍니다.
특히 우리는 "**여러분의 영과 마음을 새롭게 하라.**"는
사도의 권고를 귀담아들어야 합니다.
그리고 바오로 성인은 우리가 해야 할 일과 하지 말아야 할 일을 말하고 있는데
특히 거짓말과 분노와 도둑질을 하지 말아야 한다고 말하고 있습니다.
우리가 하느님 안에서 새로이 태어나려면
먼저 이 세 가지를 없애야 한다는 것입니다.

그런데 거짓말이란 무엇인가요?
양심(良心)**에 어긋나는 말이나 표징을 보여주는 것으로**
사람의 양심과 입이 서로 다르게 움직이는 것을 말합니다.

그리고 겉으로는 영성(靈性)을 보여주면서도
마음은 영적(靈的)인 것들뿐만 아니라
세상 것들에도 집착하고 있는 사람들이 있습니다.
나는 속세(俗世)에 살고 있는 사람들에 대하여 말하고 있는 것이 아니라 수도 생활을 하면서도 하느님께 충실하지 않고
세상 것들에서 쾌락을 찾고 있는 사람들에 대하여 말하고 있습니다.
이러한 사람들은 하느님이 아니라 옷이나 장신구 등에 집착합니다.
그러나 여러분이 이를 지적하면 불같이 화를 내면서 변명을 하려고 합니다.
이들의 말을 빌리면 아직도 젊으므로 즐기면서 살아야 하고
그래도 하느님을 잘 섬길 수 있다고 하는데
이는 새빨간 거짓말입니다.
이러한 것들에 집착하면서도 하느님을 멀리하지 않고
더 잘 섬길 수 있을까요?
하느님께서 불쌍한 사람들보다
여러분을 더 행복하게 해주시지 않고 계신가요?
이들의 변명은 새빨간 거짓말입니다.

그리고 수행(修行)을 열심히 하면서도 하느님보다
자신의 이익을 더 많이 생각하는 다른 거짓말쟁이가 있습니다.
이들은 이렇게 30년이나 40년 동안
신앙생활을 하면서도 자신을 성찰(省察)하지 않습니다.
이렇게 자기 자신을 모르는 것은 정직하지 못하기 때문입니다.
자신의 이익만 생각하는 것을 드러내기 싫기 때문입니다.
이들은 행동하기 전에 자기에게 이익이 되는가 아니면
하느님께 영광을 드리는 것인가를 따져 보기 때문입니다.
형제자매 여러분, 면밀하게 자신을 성찰하여
불순한 동기를 갖지 않도록 해야 합니다.
밤낮으로 자신을 성찰하고 여러 면에서 자신을 생각해보고
신앙생활을 하는 데 장애가 되는 것이 무엇인가를 알아내야 합니다.
이렇게 자신을 성찰한 후 순수한 동기로만
오로지 하느님만 섬기도록 해야 합니다.

그러면 수행을 하면서도 거짓말을 하지 않게 됩니다.
하느님을 생각하지 않고 수행한다는 것은 거짓말입니다.
하느님을 위하여 수행하지 않으면 우상을 숭배하게 됩니다.

그리고 바오로 성인은 "**노여움을 그치고 성을 가라앉혀라. 격분하지 마라. 악을 저지를 뿐이다.**" 하고 말한 시편 저자의 말(시편 37, 8)을 인용하여 화를 내지 말라고 했습니다.
이는 우리는 화를 잘 내는 본성을 가졌으므로 결코 본성에 의존해서는 안 된다는 것을 의미합니다.
하느님을 위한 것이 아니라는 느낌이 들면 자신의 능력이 미치는 한 하느님을 더 잘 섬기기 위해서 마음을 바꿀 수밖에 없다는 것을 의미합니다.
그러나 우리는 다른 사람들을 더 잘되게 변화시키려고 하다가 자신을 더 나쁜 사람으로 만들어버리고 마는 사람들을 만납니다.
이들은 성급한 사람들이고 증오심이 많은 사람으로 경멸하는 말을 하고 위협적인 태도를 보이며 성난 얼굴을 보이며 다른 사람들의 마음의 평화는 물론 자신의 마음의 평화도 잃어버립니다.
이러한 사람들은 "나는 성질이 급합니다." 하고 변명을 하지만 이웃은 왜 이들 때문에 고통을 받아야 할까요?
여러분의 성질이 급하면 자신은 물론 이웃을 불쌍히 여기고 자신의 성급함을 자제하도록 해야 합니다.
자신의 성질을 죽이지 못하면 아무 말도 하지 않도록 하십시오.
그래야만 "화가 나더라도 죄는 짓지 않게 됩니다."
이웃집의 불은 끌려고 하면서 자기 집은 불타버리게 내버려 둘 수 있습니까?
여러분은 이웃의 작은 상처들을 치유해주는 과정에서 이웃에게 두세 개의 무거운 상처를 안겨주어야만 합니다.

바오로 성인은 "**해가 질 때까지 노여움을 품고 있지 마십시오.**" 하고 말했습니다.
이는 이웃과 다투게 되더라도 해가 지기 전에 최선을 다하여 이웃과 화해하도록 하라는 의미입니다.
그리고 그리스도인의 사려분별의 태양이 분노로 가려져서는 안 된다는 의미이기도 합니다.

사랑하는 형제자매 여러분, 이 가르침을 따르지 않고
이웃에게 큰 상처를 입히게 되면 하느님의 사랑을 잃게 되고
여러분이 받은 모든 은총을 빼앗기게 된다는 것을 명심하십시오.

또 바오로 성인은 "**도둑질하던 사람은**
더 이상 도둑질을 하지 말라."고 말했습니다.
도둑질이란 자기 것이 아닌 영적(靈的)이나 물질적인 것을 불의로 빼앗아
자기 것으로 만드는 것을 말합니다.
영적(靈的)인 사람들도 하느님의 뜻과 달리 성직(聖職)을 맡아 하면서
급여를 받아 하느님의 것들을 자기 마음대로 사용하여 훔치고 있습니다.
이들은 자신을 하느님과 하느님의 것 사이에 끼워 넣고 있습니다.
이렇게 하려고 하면 안 됩니다.
성직(聖職)을 수행하면서 받는
급여나 봉헌물은 두려운 마음으로 받아야 합니다.
왜냐하면 하느님께서는 자기 이익을 위해
성직(聖職)을 수행하는 것을 싫어하실 뿐만 아니라
그렇게 하면 성직을 박탈하시기도 하기 때문입니다.
나의 경우 최근 오랫동안 나는 우리의 아버지이신
도미니코 성인의 아들이라고 불릴 자격도 없으며
도미니코 수도원의 성직자가 될 자격이 없다고 생각해 왔던 것을 고백합니다.

헌금이나 봉헌물을 받는 것도 도둑질일 수 있는데
쉽게 양심을 속일 수 있기 때문입니다.
왜 헌금이나 봉헌물을 받고 이를 어떻게 했느냐를 생각해야 합니다.
형제자매 여러분, 나는 성직을 수행한 대가로
구약과 신약성경에 따라 헌금을 받고 봉헌물을 받았지만
몹시 두려워하고 있습니다(성전에 봉직하는 이들은 성전에서 양식을 얻고,
제단 일을 맡은 이들은 제단 제물을 나누어 가질 수 있습니다.(1코린 9, 13))
내가 처음부터 지금처럼 많은 것을 알았다면
헌금이나 봉헌물로 살지 않고 내 가족의 유산으로 살려고 했을 것입니다.

바오로 성인이 말했습니다. "여러분의 영과 마음을 새롭게 하십시오."
사람의 '**영**(靈, spirit)'은 활동에 따라 관점에 따라 여러 이름을 갖고 있습니다.
때로는 우리의 영을 '**영혼**(soul)'이라고 부르기도 하는데
몸에 생명을 주고 모든 지체(肢體) 안에 머물면서 모든 동작을 하게 만듭니다.
때로는 '**영**(靈, spirit)'이라고 부르기도 하는데
하느님과 밀접한 관계를 갖고 있으며
하느님께서는 영 안에 계시면서 영과 하나가 됩니다.
왜냐하면 하느님께서는 영이시고 영혼은 성령에서 나온 영이기 때문입니다.
그리고 우리의 영은 끊임없이 성령을 생각하며
성령과 하나가 되기 위하여 성령으로 다시 돌아갑니다.
따라서 우리의 영혼은 끊임없이 하느님께로 돌아가려고 합니다.
때로는 우리의 영을 '**마음**(mind)'이라 부르기도 하는데
의지나 기억이나 알고 있는 지식을 통틀어 말하는 것입니다.
하느님께서는 이러한 모든 능력 위에 계십니다.
왜냐하면 마음이 하느님을 제대로 지향하게 되면
마음의 모든 활동은 제대로 이루어지지만
마음이 하느님을 떠나면
마음이 하느님을 떠난 것을 알고 있든 모르든
모든 것이 잘못되게 되기 때문입니다.
또 마음은 영혼의 깊은 곳에 있다고 말하는데
영혼 깊은 곳에 삼위(三位)께서 숨어계시므로
마음은 말할 수 없이 고귀합니다.
때로는 영을 '**영혼의 중심이나 왕관**'이라고 말하기도 합니다.
그러나 하느님의 이름이 없듯이
이 내부의 하느님의 성소(聖所)도 이름이 없습니다.
하느님께서 영혼의 가장 깊은 곳에 계시는 것을
볼 수 있는 사람은 보기만 한 것으로 복됩니다.
그러나 영혼이 하느님 가까이 있게 되는 것은
너무나 놀라운 일로 말로 설명할 수가 없습니다.

"여러분의 영과 마음을 새롭게 하십시오."

지금까지 영은 모든 정신적인 능력보다 훨씬 위에 있다는 것을 알게 되었습니다.
비유하자면 정신적인 모든 능력은
영(靈)이라는 포도주 통에 한 방울의 포도주라고 할 수 있으며
바오로 성인은 이 영을 새롭게 하라고 말했습니다.
그러나 이는 모든 것 안에서 하느님을 보면서
하느님의 사랑과 관련된 내면생활을 끊임없이 성찰해야만
영을 새롭게 할 수 있다는 것을 말합니다.
영(靈)의 능력은 하느님과 하나가 되는 것을 막지 못하지만
능력을 떠나 생각하면 하느님을 끊임없이 찾는 것은 영의 특징입니다.
그리고 새로운 사람이 되는 것은 영 안에서 이루어집니다.
하느님께서는 창조되지 않은 영이시므로 창조된 사람의 영과 하나가 되는데 사람의 영이 깨끗하게 되면 높이 올려져
하느님 안으로 빨려 들어가 하나가 되기 때문입니다.
사람이 창조되기 전에는 하느님의 영 안에 있었으므로
하느님께서 먼저 보시게 되며
창조되게 되면 다시 하느님과 하나가 되게 됩니다.
학자들은 "**사라져버릴 것에 집착하는 사람은**
그의 영도 함께 사라지지 않을까요?" 하고 묻습니다.
학자들은 대부분 그 사람의 영도 함께 사라진다고 말했습니다.
그러나 한 위대한 스승이 말했습니다.
"사람이 자신의 영과 함께 자신의 의지에 따라 하느님께로 돌아가자마자
그리고 그의 영이 하느님의 영 안으로 들어가자마자
그의 영의 존엄성을 즉시 되찾게 되고 잃어버렸던 모든 것을 되찾게 됩니다."
이와 같이 비뚤어질 대로 비뚤어진 영은
하느님의 사랑의 역사(役事)로 다시 치유되게 되어
새로운 영이 되어 하느님과 하나가 됩니다.
이렇게 다시 하나가 되는 것을 시편 저자는
"**내가 오늘 너를 낳았노라.**" 하고 표현했습니다.(시편 2, 7)
이와 같이 영이 하느님과 하나가 되면 완전히 새롭게 되는데
영성 생활을 얼마나 열심히 하느냐에 따라
하느님의 영 안에서 완전하게 됩니다.

그리하여 가벼운 공기가 햇빛과 하나가 되면 구분할 수 없듯이
사람의 영과 하느님의 영이 하나가 되어 전혀 구분할 수 없게 됩니다.
사람의 영이 원천인 심연으로 들어가
하느님과 하나가 되는 이 신비스런 일치를 누가 볼 수 있겠습니까?
사람의 영혼이 이렇게 하느님의 영과 하나가 되는 것을
볼 수만 있다면 틀림없이 하느님을 보았다고 생각할 것입니다.
사람의 영혼이 새롭게 되어 하느님께로 재빨리 날아가는 것만큼
독수리는 하늘에 있는 태양으로 재빨리 날아갈 수 없습니다.
그러나 영혼이 이렇게 재빨리 날아올라 하느님 안으로 들어가는 것을 보고
욥(Job)은 "어찌하여 앞길이 보이지 않는 사내에게 하느님께서 사방을
에워싸 버리시고는 생명을 주시나이까?" 하고 말했습니다.(욥기 3, 23)
이제 영혼은 말로 표현할 수는 없어도 하느님의 깊은 뜻을 알게 되지만
이와 같이 하느님을 아는 것은 말로 표현할 수가 없습니다.

형제자매 여러분, 하느님께로 돌아가는 것이 가장 중요합니다.
그리고 조용한 밤이 하느님께로 돌아가는 데 가장 좋습니다.
성무일도의 조과(朝課, matins) 전에 곤한 잠에 빠져들었다면
마치 자신의 모든 감각이나 힘을 몰래 빼버리는 것처럼
모든 감각이나 힘을 없애도록 한 후 조과(朝課)가 끝나면
모든 감각이나 힘을 이용하지 말고 자신을 높이 올리도록 하십시오.
그러나 어떤 성인이 "가장 예리한 눈이나 가장 밝은 빛 안에서는
하느님께서는 어둠인데 본질적으로 인간이 하는 식으로는
하느님을 알 수 없기 때문입니다." 하고 말했듯이
자신이 작아졌다고 해서 하느님을 알아보지 못하면 안 됩니다.
한결같은 마음으로 모든 것을 하느님께 맡기고
더 이상 아무 질문도 하지 말고 오로지 하느님만 생각하고 살도록 하십시오.
여러분이 잘못이나 죄를 범하더라도 모든 것을 알지 못하는 하느님께 맡겨 드려
하느님께서 당신의 뜻대로 여러분의 모든 일을 사랑으로 역사하시도록 하십시오.
아무것도 생각하지 말고 침묵이나 수행이나 활동하려고도 하지 말고
모든 것을 하느님의 뜻에 맡기도록 하십시오.

이제 이렇게 거룩하게 하느님만 생각하면서 모든 것을 하느님께 맡겨드리고 병자(病者)를 방문하는 등의 외부 일을 하는 것에 대하여 생각해봅시다. 병자(病者)를 방문할 때는 너무 기뻐하지 않도록 해야 합니다.

만약 내가 이런 은총을 받고 하느님께서 묵상에서 빠져나와 강론하게 만드셨다면 나는 하느님과 함께 기쁘게 강론했을 것입니다.

따라서 밤이나 이른 아침 몇 시간 동안 하느님만 생각하고 있었다면 하느님께서 날이 밝아지면 여러분이 일하도록 하실 것이므로 마음 편하게 그리고 기쁘게 그 일을 하도록 하십시오.

만약 여러분의 마음에 아직도 하느님께 계신다는 생각이 들면 밤에 조용히 기도할 때보다 더 많은 은총을 받게 될 것입니다.

바오로 성인은 자신이 먹고 살고 이웃에게 나누어 줄 수 있도록 자기 손으로 애써 좋은 일을 하라고 했습니다.

우리는 진정으로 마음이 가난한 사람에 대하여 생각하고 있습니다.

왜냐하면 하느님의 뜻에 따라 이웃을 위하여 묵상하거나 활동하게 되었기 때문입니다.

그러나 혈기가 넘치는 젊은 사람들은 내면생활을 더 오래 하도록 해야 하는데 그렇게 하지 않고 바깥일을 하게 되면 마냥 바깥 일만 하기 때문입니다.

그리고 하느님께서 내면에서 역사하신다는 느낌이 오지 않으면 믿음을 갖고 참고 기다리도록 하십시오.

이렇게 괴로워하고 절망해야만 외적 수행을 하는 것보다 더 성숙하게 되기 때문입니다.

형제자매 여러분, 여러분은 이러한 사람이 모든 생각이나 말이나 행동에서 그리고 가장 사소한 일에서도 얼마나 크게 성숙하게 되었는지는 알 수 없습니다.

이러한 사람이 하는 일은 모두 칭찬할 만합니다.

이러한 사람들은 오래 살고 싶어 하는데 내가 지금까지 설명한 모든 것을 지킨다면 매일 영이 새로워질 것이기 때문입니다.

이들은 이런 복된 경지를 모르고 순수한 영으로 더 많은 고통을 받고 살려고 한다는 것을 알아야 합니다.

인간의 본성은 교만해지기 쉬우므로
하느님께서 사랑으로 그들 안에서 역사하시는 것을 숨기시기 때문입니다.
그러나 때로는 하느님께서 아주 겸손한 영에게는
당신께서 역사하시는 것을 모두 보여주십니다.
그러나 슬프게도 이러한 영광을 받는 사람은 극히 드뭅니다.
왜냐하면 겸손한 사람은 하느님의 사랑을 더 많이 깨달을수록
더 많이 하느님께 영광을 돌리기 때문입니다.
내면 깊이 들어갈수록 자신의 공로로
말할 수 있는 것이 없다고 생각하기 때문입니다.
이러한 사람들은 대부분 고통을 참아 성숙하게 되는데
우리 주님께서 가능한 모든 방법으로 시험하시기 때문입니다.
그리고 이들과 관련이 있는 모든 사람으로부터 시험을 받게 됩니다.
공동체에 한두 명의 이런 거룩한 사람이 있으면
다른 모든 사람이 반항하게 되고
마치 망치로 때리듯이 말이나 행동으로 괴롭힙니다.
그리스도인들은 옛날의 이교도와 유다인들 중에서 순교자를 만들었습니다.
그러나 불쌍한 형제자매 여러분, 아주 거룩하게 보이지만
여러분보다 수행을 덜 한 사람들이 여러분을 순교자로 만들려고 합니다.
그들은 여러분에게 잘못되었다고 말합니다.
여러분의 안전을 위하여 어떻게 해야 할지 모르겠다고 여러분이 말할 때까지
그들은 여러분에게 '그들은 많이 듣고 많이 공부하고 많이 알지만
여러분은 아무것도 모른다'는 식으로 말합니다.
뼛속에 사무칠 정도로 여러분을 이렇게 몰아세웁니다.
그러나 이제는 여러분을 보호할 때이며
조용히 고통을 겪어야 하고 모든 것을 양보해야 합니다.
속으로 다음과 같이 말하십시오.
"사랑하는 주님, 당신께서는 제가 모든 면에서 당신보다 못하고 당신보다
한 일이 없으며 당신보다 고통을 덜 받았다는 것을 잘 알고 계시나이다."
트집을 잘 잡는 사람들은 여러분 위에 앉아서
심판하며 획일적인 수행을 강요합니다.
그러나 이러한 일이 일어나서도 안 되고 일어나지도 않을 것이므로

누구나 하느님께서 부르시는 특별한 방법을 따라야 합니다.

따라서 거룩한 진리와 의로움 안에서 우리 모두 새로워져야 합니다.
형제자매 여러분, 우리가 얻은 거룩함이나 의로움은 하느님의 눈으로 보면 너무나 의롭지 못하고 너무나 깨끗하지 못하고 하잘것없습니다.
형제자매 여러분, 우리 모두 자신이 선택한 방법이나 말이 아니라
하느님의 의로움에 따라 거룩하게 되어야 합니다.
저희가 당신 안으로 깊이 들어가
당신 안에서 저희가 새로운 사람이 되게 해주소서. 아멘.

〈삼위일체 대축일 후 열여덟 번째 주일 강론〉

91 신랑을 맞이하기 위한 신부의 옷차림

"하늘나라는 자기 아들의 혼인 잔치를 베푼 어떤 임금에게 비길 수 있다."
(마태 22, 2)

오늘은 거룩한 동정, 순교자 성녀 코르둘라(St. Cordula)의 축일입니다.
하느님께서는 성녀를 약하게 만드시어
가장 낮은 자리를 차지하게 하시고
남자들에 대한 두려움을 극복하게 하시고
도망쳐서 순교를 모면할 수도 있었습니다만 그렇게 하지 않았습니다.
그러나 하느님께서는 내면의 고통을 주시어
어떤 동료들보다 더 거룩하게 만드셨습니다.
성녀 우르술라(St. Ursula) 동정과 다른 동정녀들이 겪었던
모든 고통과 상처와 채찍질과 죽음을 성녀는 마음속으로 겪었습니다.
왜냐하면 성녀는 속병으로 순교했기 때문입니다.
성녀는 동료 순교자들이 죽을 때마다 죽었다고 할 수 있으며
마침내 원수들에게 붙들려 칼에 맞아 쓰러졌습니다.

형제자매 여러분, 우리를 끔찍이 사랑하시고
우리가 알지 못하는 길로 당신께로 인도하시고
우리 영혼에 놀라운 기적을 보여주시는 하느님께서는
얼마나 놀라운 분이십니까?
하느님께서는 우리 영혼을 유혹에 빠지도록 내버려 두시고
재앙으로 고통 받게 하고 연약하게 하셨습니다.

그러나 이런 불행 속에서도 하느님의 인도를 알고 따라가면 고통을 겪지 않은 사람보다 수천 배로 더 거룩하게 됩니다. 따라서 하느님을 굳게 믿고 하느님께 도움을 청하고 모든 것을 하느님의 뜻에 맡기게 되면 아무런 유혹도 받지 않게 됩니다.

우리는 오늘의 복음에서 왕이 아들의 혼인 잔치를 마련하고 많은 손님을 초대한 것을 보았습니다. **왕은 하느님 아버지시고 신랑은 우리 주 예수 그리스도이고 신부는 우리의 영혼으로 나의 영혼입니다.** 우리는 모두 초대를 받았고 우리 영혼과 하느님께서 하나가 될 수 있는 준비를 모두 끝냈기 때문에 하느님께서는 신부를 몹시 사랑하셨습니다. 이렇게 '**하느님과 하나가 되면**' 이해할 수 없을 정도로 너무나 행복하게 되고 하느님과 가까이 있게 되고 너무나 사랑이 많게 되고 너무나 굳게 믿게 됩니다. 파리 대학의 가장 유명한 교수가 온갖 지식을 동원해도 이를 이해하지 못합니다. 그가 이에 대한 강의를 준비하려고 해도 결국 이에 대해 아는 것이 아무것도 없다는 것을 깨닫게 됩니다. **이성(理性)으로도 알 수 없을 뿐만 아니라 많은 은총을 받아도 영혼이 하느님과 하나가 되는 것을 설명하지 못합니다.** 왜냐하면 모든 천사와 성인(聖人)들도 자신들이 알고 있는 것을 말하지 못하기 때문입니다. **겸손하게 진심으로 모든 것을 하느님께 맡기는 사람만이 자신의 영혼의 가장 깊은 곳에서 이 영적인 일치를 느낄 수 있기 때문입니다.** 이해하지 못하는 것은 피조물의 지식으로는 알 수 없기 때문입니다.

하느님의 신부인 우리의 영혼은 신랑을 맞을 준비를 해야 합니다. 깨끗하게 씻고 새로운 옷을 장만하고 장신구로 장식해야 합니다. 옛날 옷들과 장신구들은 좋아 보이더라도 과감하게 버려야 합니다. '**씻는다는 것**'은 '**영혼에서 죄들과 허물들을 없애는 것**'을 말하며 '**옛 옷을 벗는다는 것**'은 '**타락한 본성과 모든 나쁜 버릇들과**

나약함을 버리는 것'을 의미합니다.
그리고 '**새로운 옷**'은 그리스도를 본받고 삶으로써
새로운 삶을 살게 된 '**새로이 쌓게 된 덕들**'을 의미합니다.
그러면 옛날부터 해왔던 수행을 모두 버려야 하느냐고 물을지 모릅니다.
좋은 옷이 그렇듯이 좋기는 하지만
결혼식에는 어울리지 않을 수 있습니다.
나는 그렇게 말할 생각이 없지만,
옛 옷이 아무리 좋아 보여도
하늘나라의 결혼식에 어울리지 않을 수도 있으므로
이제 평소에 하던 수행을 중단하는 것이 좋다는 말일까요?
이에 대한 나의 답은 그렇기도 하고 그렇지 않기도 하다는 것입니다.
왜냐하면 아무도 가장 훌륭한 수행을 해왔다고 말할 수 없기 때문입니다.
하느님과 하나가 되어 황홀경에 빠졌다 하더라도
남다른 수행을 했을 리가 없기 때문입니다.
따라서 다시 제정신을 차리게 되면
적절한 시간과 장소에 따라 진심으로 정진(精進)해야 합니다.

다른 방법은 자기를 버리고 하느님께 모든 것을 맡기는 것입니다.
누구나 오랫동안 거룩한 수행을 했을 수도 있습니다.
예를 들면 내일 밤에 어디에서 자야 할지도 모르고
하느님의 진리가 무엇인지도 모를 정도로 가난해지려고 하면서
하느님을 굳게 믿고 하느님의 위로를 받으며
이런저런 거룩한 친구처럼 되려고 했을지도 모릅니다.
그러나 이 모든 것들을 버리고 오로지 하느님과 하나가 되기만을 바라면서
모든 일에서 하느님의 뜻에 따르고 하느님께 순종해야 합니다.
왜냐하면 우리가 아무리 선해지려고 해도
우리의 본성에는 나쁜 마음이 도사리고 있기 때문입니다.
이는 더러운 접시 때문에 좋은 음식을 못 먹게 되고
더러운 통 때문에 좋은 포도주가 시어 버리는 것과도 같습니다.
우리가 사랑하는 주님께서도 우리의 이런 단점을 잘 알고 계셨으므로
대를 이어 잘못을 범하도록 하신 후

무엇보다도 이런 죄에 기울어지는 본성을 바로 잡기를 바라셨습니다.
온고지신(溫故知新)입니다.
과거의 잘못을 교훈 삼아 새로운 사람이 되려고 해야 합니다.
저질스럽게 내적 외적으로 받은 위로를 믿지 마십시오.
쾌락을 통하여 하늘나라로 갈 수 있는 사람은 아무도 없습니다.
더 많은 고통과 시련을 겪고 쾌락을 멀리해야만 하늘나라에 갈 수 있습니다.

형제자매 여러분, 자신의 꼬락서니를 알고 자신의 무력함을 아는 사람은
자기 뜻대로 하지 않고 어떤 일에서나 하느님의 뜻에 따릅니다.
이러한 사람은 누구보다도 빨리 완덕을 갖추게 됩니다.
이러한 사람에게는 내면이나 외면생활에서
하느님의 섭리에 따라 모든 것을
자신에게 주셨다는 것을 일깨워주도록 합시다.
그리고 진심으로 감사하면서 모든 것을 하느님의 뜻에 맡기도록 합시다.
이렇게 하는 것이 여러분에게 이상하게 보일지 모르지만
자신이 선택한 어떤 수행보다도
이렇게 하면 더 많은 덕을 쌓을 수 있게 됩니다.
이러한 사람은 하느님께 "오 저의 주님, 저는 제 뜻에 따라 수행하면서
내면의 평화를 누리기를 바라며
이런저런 사람이 되기를 바랐나이다." 하고 말했을지도 모릅니다.
그러나 하느님께서 그에게 말씀하셨습니다.
"형제자매여, 아니오. 모든 것을 나의 뜻에 맡기시오.
자신의 모든 것을 버리고 자신이 아무것도 아니라는 것을 깨닫고
자신의 영혼 안에 숨어 있는 것이 무엇인지 알아내고
조용히 기다리십시오."

내가 아주 거룩한 사람에게 수행(修行)하면서
무엇을 가장 많이 생각했느냐고 물었습니다.
그는 "내가 지은 죄들을 생각하면서
나의 하느님께로 가게 되었습니다." 하고 답했습니다.
그는 진실을 말했습니다.

바오로 성인이 가르쳐준 대로
하느님과 하느님의 모든 피조물이 여러분의 죄를 심판하게 한 다음
여러분 자신을 심판하십시오.
그러면 하느님께서 더 이상 여러분을 심판하시지 않을 것입니다.
그러나 여러분 영혼 안에서 아무 변명도 하지 말고
진심으로 자신을 심판해야 합니다.
거짓 겸손은 교만의 자매이므로
거짓 겸손으로 자신을 심판하면 안 됩니다.
완덕을 갖추기 위한 충동으로 거짓 겸손해지지 말고
진심으로 겸손해야 합니다.
무모함은 아무도 말릴 수가 없습니다.
하느님을 두려워하면서 겸손하게 하느님께 순종하는 수밖에 없습니다.

따라서 가장 진심으로 기도하면서
여러분의 영혼 깊은 곳에 있는 악의(惡意)를 하느님께 보여드려야 합니다.
오로지 하느님께 도움을 청하십시오.
누구에게 도움을 청해도 아무 소용이 없으며
이 지도자나 저 지도자를 따르는 것은 어리석기 짝이 없는 일입니다.
물론 그들도 좋은 사람들일 수 있지만
사람들이 서로 다른 만큼 하느님께로 가는 방법도 각기 다르게 마련입니다.
한 사람에게 영원한 생명에 이르는 길이
다른 사람에게는 죽음으로 가는 길일 수 있습니다.
사람마다 특성이 있듯이 하느님께서 주시는 은총도 사람마다 다릅니다.
따라서 다른 사람을 따라 강남으로 가지 마십시오.
그러나 어디를 가더라도 다른 사람들의 겸손을 배우십시오.
하지만 여러분의 소명(召命)을 다하는 데 필요한 것이라면
다른 사람들을 본받는 것도 좋습니다.
항상 자신의 소명을 생각하고 자신의 꼬락서니를 알고 앞으로 나아가십시오.
그러면 어떤 수행이 자신에게 좋은지 발견하게 될 것입니다.

그러나 슬프게도 여러분은 불안해하고 있습니다.

여러분은 내면에서 하느님께서 역사하시는 것을 믿지 않고
바깥에서만 길을 찾고 있는데
자신도 모르고 하느님도 모르기 때문입니다.
20년 30년은 한순간인데 무엇을 이루었나요?
여러분은 거룩하게 보이려고만 했기 때문에
처음부터 끝까지 하느님께 조금도 더 가까이 가지도 못했습니다.
얼마나 안타까운 일입니까?
더 깊이 파서 여러분의 악(惡)의 뿌리를 찾아 뿌리를 죽게 하십시오.
그렇지 않으면 여러분의 본성을 파멸시킬 것입니다.
이렇게 하지 않으면 1년 동안 말이나 일을 통하여 쌓아온 덕을
여러분의 영혼 깊은 곳에 있는 부덕(不德)의 뿌리가
하루아침에 망쳐버리게 될 것입니다.
제멋대로 독단적인 수행만 계속하게 되면
주님의 배우자인 여러분의 영혼에는
주님께서 아무리 사랑의 옷을 입히려고 해도 맞지 않게 될 것입니다.
하느님의 뜻이 아닌 어떤 수행도 하지 마십시오.
내가 만약 인정된 수행법만 따랐다면 오래전에 죽은 사람이 되었을 것입니다.
하느님의 뜻만 알려고 하고 하느님의 뜻만 사랑하고
여러분의 뜻은 조금도 생각하지 말고
여러분만의 영적(靈的) 기쁨을 생각하지 마십시오.
여러분의 영혼 깊은 곳에 있는 어두운 감옥에서 하느님께 기도하면
여러분을 당신께서 바라시는 대로 인도해주실 것입니다.
이래야만 하느님께서 여러분에게 가장 사랑하는
배우자의 옷을 입게 해주실 것입니다.
그러면 여러분은 여태까지 들어보지 못한
무척 아름다운 신부의 노래를 부르게 될 것입니다.
사랑하는 주님, 저희에게 이런 행운을 주소서. 아멘.

〈삼위일체 대축일 후 열아홉 번째 주일 첫 번째 강론〉

92 좋은 열매를 맺지 않는 나무는 모두 도끼로 찍어 버리십시오

"내가 잔칫상을 이미 차렸소."(마태 22, 4)

어제 나는 하느님께서 아드님의 결혼 잔치를
어떻게 준비하셨는가를 설명했으므로
이제는 신부(新婦), 즉 우리의 영혼이 어떻게 옛 옷을 벗어버리고
새 옷에 장신구를 장식할 수 있는가에 대하여 설명하려고 합니다.
하느님께서 사랑하시는 신부의 옛 옷을 벗기시고
새 결혼 예복을 입히시기 위하여 어떻게 모든 것을 주고받으시고
준비하시고 조정하시는지 생각해보기로 합시다.
우리는 영혼에 새 옷을 입히는 것보다
옛 옷을 벗기는 것에 더 주의할 필요가 있습니다.
왜냐하면 옷을 벗는 일은 우리가 해야 할 일이며
우리 영혼이 새 예복에 맞는다면 옷을 입히는 일은 하느님의 몫이기 때문입니다.

나는 좋은 열매를 맺지 않는 나무의 뿌리는
파내어 버려야 한다는 주장을 굽히고 싶지 않습니다.
왜냐하면 제초(除草) 작업을 할 때
부주의로 좋은 열매를 맺지 않는 나무의 뿌리가 한두 개 남아 있게 되면
좋은 열매를 맺는 나무도 열매를 맺지 못하게 하기 때문입니다.
우리는 표면에 있는 것만 고백하므로
영혼 깊은 곳에 있는 허물들에는 거의 주의를 기울이지 않아

없애지 못하고 있기 때문입니다.
수행(修行)을 열심히 하는 쟁기질을 해도
우리의 본성에 악의(惡意)가 그대로 뿌리박고 있기 때문입니다.
이 악의란 자신도 모르는 교만, 불순한 생각,
다른 사람들을 경멸하거나 시기하여 생긴 증오심으로,
때가 되면 몰래 덕 가운데 자라나 덕행(德行)을 하지 못하게 만듭니다.

하느님께서는 단호하게 우리가 영혼에서
죄의 뿌리를 뽑아 버리기를 바라신다는 것을 잊지 마십시오.
죄의 뿌리가 남아 있는 한 여러분은 쉬지 못하게 됩니다.
여러분이 생각지도 않을 때 죄의 뿌리가 자라나기 때문입니다.
30년이나 40년 동안 은수(隱修)하던
많은 사막의 교부(敎父)들도 악의 뿌리를 없애지 못하여 파멸의 길로 갔습니다.
형제자매 여러분, 조심하십시오.
원수는 오랫동안 곤하게 자고 있다가도
갑자기 교만이나 이기심이나 세상 것들에 대한 지나친 집착으로
여러분을 공격하기 때문입니다.
여러분은 내면을 면밀히 성찰(省察)하여 악(惡)의 뿌리가 있으면
하느님께 끊임없이 도움을 청하고
겸손과 자책(自責)으로 과감하게 뿌리를 뽑아내야 합니다.
반드시 이렇게 해야 합니다. 오로지 하느님께만 의존하십시오.
왜냐하면 하느님께서 이렇게 하기를 강력하게 바라시기 때문입니다.
그래서 어떤 사람의 경우 기도를 하여 마음이 안정되면
곧 이어서 마음을 정화(淨化)하려고 합니다.
여러분도 자신 안에 도사리고 있는 악의(惡意)를 내버려 두면 안 됩니다.
자기 자신을 믿지 마십시오.
자신의 내면에 있는 악의를 경계하는 사람은 항상 깨어 있게 됩니다.
따라서 유혹의 폭풍이 몰아치면
자신의 영혼 안에 있는 안전한 항구와도 같은 하느님 안으로
곧바로 피신하게 됩니다.
악의를 경계하지 않는 사람들은 죽음이 닥치게 되면

몹시 무서워하며 괴로워하게 됩니다.
악의를 버리지 못했기 때문에 저주받아
연옥(煉獄)으로 갈 수밖에 없게 되기 때문입니다.

이렇게 자신을 성찰(省察)하고 본능을 억제하는 것은 결코 쉬운 일이 아닙니다.
그러나 자신을 성찰하고 나면 솔직하게 되고 정직하게 됩니다.
사랑하는 형제자매 여러분,
악의(惡意)를 버리지 않게 되면 죄는 되지 않지만
하느님께서 여러분 안에서 역사(役事)하시지 못하게 된다는 것을 알아야 합니다.
악의(惡意)를 버리지 않게 되면
연옥에서 모든 순교자가 겪었던 고통보다
더 큰 고통을 겪어야 합니다.
여러분은 그런 허물들 때문에 30년이나 40년 동안
연옥에 머물러야 할지도 모릅니다.
잠시 동안 참으면서 겸손하게 악의를 없애는 고통을 겪는 것이 더 낫지 않습니까?
악의를 없애어 영원한 기쁨을 맛보지 않겠습니까?

왕은 말했습니다. **"초대받은 이들에게, '내가 잔칫상을 이미 차렸소.**
황소와 살진 짐승을 잡고 모든 준비를 마쳤으니,
어서 혼인 잔치에 오시오.' 하고 말하여라."
여러분은 초대받은 손님들이 여러 가지 핑계를 대면서
잔치에 오지 않은 것을 잘 알고 있을 것입니다.
심지어 어떤 사람들은 종들을 붙잡아 때리고 죽이기도 했습니다.
사실 부르심을 받은 이들은 많았지만 선택된 이들은 적었습니다.
사랑하는 형제자매 여러분,
이와 같은 일은 성(聖)과 속(俗)의 구분 없이
지금도 똑같이 일어나고 있습니다.
왜냐하면 하느님께서 완덕을 갖추도록 부르시지만
세상 것들을 버리지 못해 또는 게을러서
곳곳에서 반발하고 변명하는 소리가 들리기 때문입니다.
사람들이 입고 먹고 사는 것에 지나치게 신경을 쓰기 때문입니다.

많은 사람이 십일조(十一租)도 내지 않고 있습니다.
이와 같은 불행한 시대가 계속 이어질 것 같습니다.
옛날이나 지금이나 영육(靈肉)만 만족시키려고 하기 때문입니다.
가난하게 되어 지나치게 가지려고 하지 않아야 합니다.

형제자매 여러분, 하느님께서는 여러분에게 이 사악한 세상을 떠나
당신을 충실하게 섬기라는 소명(召命)을 주셨다는 것을 명심하십시오.
자신에게 꼭 필요한 것만 갖도록 하고 여분(餘分)의 것은 갖지 않도록 합시다.
내면으로 들어가 하느님께서 여러 가지 소명(召命)으로
여러분을 부르시는 것을 들으십시오.
묵상하면서 살고, 자비를 베풀고 열심히 신앙생활을 하면서 살고,
하느님과 하나가 되어 조용히 살도록 하십시오.
하느님께서는 당신의 뜻에 따라 우리로 하여금
이와 같이 외면생활을 하게 하셨다가 다시 내면생활을 하도록 하십니다.
그런데 하느님께서 내가 외부 일을 하도록 하셨는데도
내가 내면으로 들어가게 되면 그 내면생활은 아무 소용이 없게 됩니다.
마찬가지로 하느님께서 나를 내면으로 이끄셨는데
바깥으로 나가 일을 하게 되면 아무 소용이 없게 됩니다.
조용히 하느님의 부르심을 들으려고 애써야 합니다.
그러면 하느님께서는 분명히 여러분 귀에 대고 말씀하십니다.
엉뚱한 데로 가지 말고 어디든지 가라고 하시는 데로 가십시오.

조용히 하느님께서 계시는 어둠 속에서 내면생활을 하도록 부르시면
청개구리처럼 자선(慈善)을 베푸는 등의 외부 일을 하지 않도록 해야 합니다.
그러나 오늘날에는 이와 같은 불경스러운 짓들을 너무나 많이 하는데
자신에게 좋을 리가 없습니다.
그러나 어떤 환경에서도 하느님의 섭리(攝理)로 주신
자선(慈善)을 베풀도록 해야 합니다.
하지만 많은 사람이 습관적으로 하는 것처럼
본성에 따라 이 일 저 일을 하려고 하지 말고
자제하면서 내면에 머물러 있어야 합니다.

모든 일을 하느님의 뜻에 따라 사랑으로 해야 하며
진정으로 자기(自己)를 버려야 합니다.
진정으로 집착을 버린 사람은 외적인 수행을 하면서
잡생각이 생기는 것을 알아차리지만
어떤 잡념이 생기는지는 아무도 잘 알아차리지 못합니다.
따라서 선한 사람들과 함께 있을 때라도
묵상을 방해하는 것들은 피하려고 합니다.
왜냐하면 선한 사람들과의 대화가 빛이 되기도 하고
하찮기도 하고 잡생각을 하게 만들기 때문입니다.
여러분은 이 모든 것들을 멀리하고
가능한 자신 안으로 들어가
쓸데없는 잡념이 가득 차지 않도록 해야 합니다.

자선을 베풀고 난 후에는 서둘러 내면으로 들어가야 합니다.
바로 묵상할 수 없으면 당신의 아드님을 우리에게 보내주신
하느님의 무한한 자비를 생각하고
구세주의 삶과 수난과 죽음과
성인(聖人)들의 통공(通功)을 깊이 생각하도록 하십시오.
이와 같이 참사랑으로 진심으로 감사하면서 하느님 안으로 들어가십시오.
그러면 하느님의 빛이 영혼을 밝히면서
잘못을 알게 해주며 깊은 슬픔에 빠지게 만듭니다.
이는 너무나 큰 은총이며 영성(靈性)을 불러일으킵니다.
외면생활보다 내면생활이 훨씬 더 유익하므로
내면에서 조용히 있는 것이 더 좋습니다.
그러나 마음의 평화를 갖고 자선을 베풀지 못할 만큼
잡념에 휘둘리게 되면 큰 잘못을 저지르게 됩니다.

그런데 조심해야 할 것이 있습니다.
편한 것만 추구하며 자기만족에 빠져버리지 않도록 해야 합니다.
편한 것만 추구하며 자기만족에 빠지게 되면
가난하지 못하게 되며 벌꿀을 게걸스럽게 먹는 곰처럼

하느님의 은총만 바라게 됩니다.
우리 안에서 기쁘게 묵상하려면 하느님만 사랑해야 합니다.
복음에 나오는 사악한 종처럼 주인의 재물을 자기 것으로 했다가
모두 빼앗기고 죽지 않으려면
오직 하느님의 영광만 생각하며 자기 이익을 찾지 말아야 합니다.

이렇게 내면과 외면에서 영성 생활을 제대로 해야만
하느님의 현존 안에서 조용히 내면의 평화를 누릴 수 있게 됩니다.
이에 대해서는 신약성경과 구약성경에서 많이 설명하고 있는데
예를 들면 하느님께서 모세를 어둠 속으로 인도하신 것으로 되어 있으며,
열왕기에서는 주님께서 폭풍 가운데에도 계시지 않았고 조용하고
부드러운 소리가 들려오는 곳에 계시는 것으로 되어 있으며,
지혜서(18, 14-15)에는 "부드러운 정적이 만물을 뒤덮고 시간은 흘러 한밤중이 되었을 때 당신의 전능한 말씀이 하늘의 왕좌에서 사나운 전사처럼 멸망의 땅 한가운데로 뛰어내린 것으로 되어 있습니다."
이와 같이 우리의 모든 영성(靈性) 수련은 침묵하면서
자신의 내면 깊이 들어가야만 제대로 할 수 있게 됩니다.

그러나 어떤 사람들은 영혼의 초자연적인 정적(靜寂)을
마음이 고요한 것으로 착각하고 있습니다.
진심으로 하느님을 두려워하면서 자기(自己)를 죽이고
모든 일에 이기심이 있는지 의심하면서
끊임없이 하느님의 보호를 받으려고 해야만
하느님 안에 머물 수 있게 됩니다.
이렇게 되려면 영혼은 무척 괴로워해야 합니다.
즉 자기(自己)를 죽이고 순수하게 된 후
하느님을 애타게 찾는 극심한 고통을 겪어야만 합니다.
이는 정화(淨化)의 불이 타오르는 동안 연옥(煉獄)에서 겪게 되는 고통입니다.

어떤 사람은 자선을 베풀다가 생긴 잡념을
빨리 떨쳐버리지 못할 수도 있지만 이 때문에 괴로워하지는 않게 됩니다.

하느님을 위한 준비가 모두 끝나면
하느님께서는 재빨리 장애물을 제거하십니다.
하느님께서 우리의 영혼 안에서 역사(役事)하시는 데에는
많은 시간이 필요하지 않기 때문입니다.
따라서 가능한 한 빨리 내면으로 들어가십시오.
여러분 영혼 깊은 곳에 '**이름도 없는 분**'을 모시게 되면
'**이름 있는 것들**'이 모두 모여들게 되는데
여러분 안에서 부르시면 모두 응답해야 하기 때문입니다.
묵상에 전념할 수 없으면 하느님 안에서 정적(靜寂)의 선물을 받을 때까지 여태까지
해오던 내적 수련을 잠깐 하도록 하십시오.
자기(自己)를 버리고 하느님만 생각하고 행동하면
무슨 일을 하든 하느님께서 틀림없이 인도해주십니다.

순수한 마음을 갖게 되어 하느님의 부르심을 듣게 되면
항상 새로운 사람으로 새로운 삶을 살려고 결심하게 됩니다.
그러나 불평을 많이 하는 사람들은 하느님의 부르심을
자기 멋대로 해석하지만 죽음이 가까이 왔을 때
자신의 영혼에 하느님께서 계시지 않은 것을 알고 무척 괴로워하게 됩니다.
이들은 믿음을 잃지도 않고 대죄(大罪)를 짓지는 않았지만
많은 소죄(小罪)들을 속죄하도록 연옥에 보내어지게 됩니다.
그렇지 않고 불행하게도 대죄를 짓고 죽게 되면
연옥 불이나 지옥의 영원한 불 속으로 던져지게 됩니다.

'**주인의 종들이 맞아 죽었다**'고 표현한 것은
'**외적인 신앙생활도 하지 않은 것**'을 뜻하며,
'**주인이 잡은 황소와 살진 짐승**'은 '**거룩한 관상**'을 뜻하며,
'**잔치**'는 하느님께서 역사하실 수 있도록
'**영혼에 정적(靜寂)을 유지하는 것**'을 의미합니다.
"마침내 하느님이신 임금이 손님들을 둘러보려고 들어왔다가,
혼인 예복을 입지 않은 사람 하나를 보고,
'**친구여, 그대는 혼인 예복도 갖추지 않고 어떻게 여기 들어왔나?**' 하고 물으니,

그는 아무 말도 하지 못하였다. 그러자 임금이 하인들에게 말하였다.
'이 자의 손과 발을 묶어서 바깥 어둠 속으로 내던져 버려라.'"
'혼인 예복'은 **'하느님의 거룩한 사랑과 하느님의 뜻'**을 의미하며
이기심이나 피조물들에 대한 집착이 전혀 없는 것을 뜻합니다.
우리는 이런 사랑과 순결함을 가졌다고 주장하는 사람들을 만나게 되는데
이들은 책에서 하느님의 사랑과 순결에 대하여 읽고 그 의미는 알고 있습니다.
그러나 이들은 이론적으로 알고 있을 뿐 실천하지는 않았습니다.
이들의 영혼 깊은 곳에는 하느님만 사랑하는 사랑은 없고 이기심만 있습니다. 사실 이들이 사랑한 것은 하느님의 선물이지 하느님은 아니었습니다.
그래서 "친구여, 그대는 혼인 예복도 갖추지 않고 어떻게 여기 들어왔나?" 하고 물었는데 "**진정으로 나를 사랑하느냐?**"는 뜻이었습니다.
이들은 하느님은 사랑하지 않고 오로지 하느님의 선물만 사랑했기 때문에 "이자의 손과 발을 묶어서"라고 하셨는데
이 사람의 영혼의 모든 능력에 족쇄를 채우고
더욱더 고통 받도록 어둠 속으로 던져버려
하느님께서 정화(淨化)하시도록 하고
눈물을 흘리고 이를 악물도록 만드신 것입니다.
사랑하는 형제자매 여러분, 여러분이 같은 운명을 맞이하지 않도록
하느님의 선물만 생각하지 말고 하느님만 생각하고 하느님만 사랑하십시오.
하느님, 저희가 이렇게 할 수 있도록 당신의 참된 빛을 비추어주소서. 아멘.

〈삼위일체 대축일 후 열아홉 번째 주일 두 번째 강론*〉

---

* 세뇌(洗腦)가 되어 있기 때문에 이렇게 하여 생긴 교만이나 비뚤어진 생각들은 좀처럼 알아차리기가 어렵습니다.
그러나 '좋은 열매를 맺지 않는 나무'를 도끼로 찍어버리지 않으면 하느님을 만날 수가 없어 아무리 열심히 수행(修行)하더라도 사상누각(沙上樓閣)을 세우는 꼴이 되고 맙니다.
그래서 미국의 여류 선사(禪師) 샬럿 조코 벡(Charlotte Joko Beck, 1917-2011)은 『살아있는 선(禪)(Nothing Special: Living Zen)』에서 다음과 같이 말했습니다.
"어떤 의미에서는 선(禪)은 종교적인 수행(修行)입니다.
종교는 '다른 것처럼 보았던(separate)' 것을 '다시 바라보아 다른 것이 아니라 같은 것이라는 것을 아는(rejoin)' 것을 의미합니다.
선(禪) 수행(修行)은 우리가 다른 것으로 생각하던 것을 같은 것으로 볼 수 있게 도와주기 때문입니다.

그러나 우리의 바깥에서 자신을 돌보려고 한다는 면에서는 종교가 아닙니다.
종교와 수행은 다른 것처럼 보이는 것을 하나로 볼 수 있도록 도와주기 때문에 모든 수행(修行)은 화를 다루는 것이어야 합니다.
화는 자신을 분열시키는 감정입니다.
화는 옳은 것들을 둘로 나누기 때문입니다.
기쁨을 모르는 것은 용서하지 못하고 산다는 증거입니다.
용서하지 못하는 것은 자기중심적으로 생각하기 때문입니다."
신앙은 삼라만상의 법칙, 우주의 근원, 등 우리가 알려고 하는 모든 것을 '재연결(rejoin)'하여 '불이(不二, non-duality), 즉 선악(善惡)과 미추(美醜)와 생사(生死)는 둘이 아니라 하나라는 것, 나와 다른 사람이 '다르다'고 해서 '틀린 것은 아니다'는 것'을 깨닫기 위한 방편이라는 것입니다.
'色卽是空 空卽是色'이 그 예입니다.
스즈키 순류(鈴木俊降: 1904-1971) 선사(禪師)는 『선심초심(禪心初心: Zen Mind, Beginner's mind)』에서 '色卽是空 空卽是色' 이 바로 '불이(non-duality)'라고 했습니다.
성철 스님이 "산은 산이요 물은 물이다."라고 말한 것은, 표면적인 차이에만 치우쳐 다른 차원에서의 유사성(類似性)과 상이성(相異性)을 보지 못하는 사람이 많기에 '色卽是空 空卽是色'을 말한 것이었습니다.
그러나 '色卽是空 空卽是色'이라는 '관념'에 너무 사로잡히게 되면 '실재'를 알지 못하게 됩니다.
만물에 대한 전체적인 이해는 눈에 보이는 것을 보이는 그대로 인정하는 단순함과 정직함에서부터 출발하여 '色卽是空 空卽是色'을 깨달은 후 다시 '色卽是空 空卽是色'으로 돌아가서 '불이(不二, nonduality)'라는 것을 아는 것이 바로 깨달음이라 할 수 있습니다.
그래서 조코 벡은 말했습니다. "수행(修行)은 깨달음을 얻지 못하여 끝없이 실망하는 과정을 거쳐야 합니다. 우리는 자신이 바라는(얻으려고 하는) 모든 것은 결국 자신을 실망시키게 된다는 것을 알아야 합니다.
이 깨달음이야말로 우리의 스승입니다. 이 때문에 딱한 처지에 있는 친구를 진정으로 걱정한다면 동정(同情)하여 헛된 희망을 주고 안심을 착각하게 하는 일이 없도록 해야 합니다.
함께 고통을 나누지 못하는 이런 동정은 그 친구의 깨달음만 늦출 뿐입니다.
어떤 의미에서 그러한 친구를 가장 잘 돕는 방법은 빨리 실망하도록 하는 것입니다.
가혹한 것 같지만 이 방법이 어려운 친구를 진정으로 돕는 방법입니다.
우리는 다른 사람들이나 자신이 바라는 대로 되고 있지 않다는 것을 알면 무명(無明)한 채로 돕게 되어 잘못 인도하는 수가 많습니다.
결국 또 다시 실망하게 만든 것에 지나지 않게 됩니다.
목마름을 해소해주려고 하지만 다시 또 실패할 것이라는 것을 알아야 합니다.
언제 진정으로 도움을 줄 수 있게 될지 알 수가 없게 됩니다.
오랜 수행을 했다 해도 잘못된 깨달음을 얻는 수가 많은데 그 잘못된 깨달음을 추구하고 나면 잘못되었다는 것을 예전보다 훨씬 더 빨리 깨닫게 됩니다.
이런 시행착오가 많아야 빨리 깨닫게 됩니다.
명상을 제대로 하면 깨달음을 빨리 얻을 수 있습니다.
우리는 다른 사람들이 자신의 도움을 받아
어려움에서 벗어날 수 있을 것이라는 생각을 버려야 합니다.
그 일이 아무 소용이 없다는 것을 알아야 합니다.

그리스도인들은 이러한 깨달음을 '영혼의 어두운 밤'이라고 합니다. 진심으로 충고하고 인도했지만 허탈하게 끝나게 되어 다음에 무엇을 해야 할지도 모르게 됩니다. 그리하여 무척 괴로워합니다. 그러나 그때는 무척 괴로웠지만 그 괴로움이 전환점이 됩니다.
수행은 이와 같이 힘듭니다만 깨달음이라는 선물을 안겨줍니다. 이런 시행착오를 거듭하게 되면 자신도 모르게 깨닫는 때가 오게 됩니다.

93 유혹에 대하여

"끝으로, 주님 안에서 그분의 강한 힘을 받아 굳세어지십시오.
악마의 간계에 맞설 수 있도록 하느님의 무기로 완전히 무장하십시오.
우리의 전투 상대는 인간이 아니라,
권세와 권력들과 이 어두운 세계의 지배자들과 하늘에 있는 악령들입니다.
그러므로 악한 날에 그들에게 대항할 수 있도록,
그리고 모든 채비를 마치고서 그들에게 맞설 수 있도록,
하느님의 무기로 완전한 무장을 갖추십시오."(에페 6, 10-13)

어제 우리는 혼인 예복으로 갈아입히기 위하여 오는 신랑을 맞이할 수 있도록 신부인 영혼으로부터 모든 옷을 벗겨버리는 것에 대한 설명을 들었습니다. 그러나 이는 무척 어려운 일입니다.
영혼은 있을 수 없는 일이라고 생각하며 의심하기 때문입니다.
그래서 바오로 성인은 용기를 북돋아 주는 말을 했습니다.
"주님 안에서 그분의 강한 힘을 받아 굳세어지십시오."
마치 여러분 스스로 옷을 벗지 못하면
하느님께서 여러분의 옷을 벗기시겠다고 말씀하시는 것 같습니다.
더 이상 여러분 자신에게 의존하지 말고 하느님께만 의존하십시오.
여러분의 모든 활동을 하느님께 맡기십시오.
그러면 여러분은 못 할 일이 하나도 없게 됩니다.
주님께서는 무소불위(無所不爲)의 힘을 행사하시므로
못하시는 일이 없기 때문입니다.
여러분이 진심으로 믿고 매달리면

주님께서는 여러분을 위하여 모든 일을 하시려고 합니다.
여러분의 힘을 주님의 무한 능력에서 끌어내도록 하십시오.
그러나 어떤 사람들은 이를 부정적으로 생각합니다.
이들은 자신이 마치 하느님인 양 행동하며
자신이 갖고 있는 힘만 이용하려고 하며
내면생활과 외면생활에서도 그렇게 하려고 합니다.
교회나 국가의 지배를 받으려 하지 않고
어떻게 해서라도 다른 사람을 지배하려고 합니다.
그러나 여러분은 하느님께서는 항상 침묵하시지도 않을뿐더러
당신의 힘을 숨기시지도 않는다는 것을 잘 알고 있을 것입니다.

바오로 성인*이 이어서 "**하느님의 무기로 완전히 무장하십시오.**" 하고 말했는데
우리는 끊임없이 유혹과 싸워야 함을 말하고 있습니다.
그런데 무장은 어떤 것을 말할까요?
신랑이 신부를 위하여 정성껏 만든 아름다운 결혼 예복을 말합니다.
이렇게 신랑이 마련해준 옷을 입고 싸우니 얼마나 고귀한 싸움인지 모릅니다.
그런데 이 거룩한 옷은 무엇을 뜻할까요?
우리 주님께서 우리에게 말씀하셨습니다.
"**나는 마음이 온유하고 겸손하니 내 멍에를 메고 나에게 배워라.**"(마태 11, 29)
이렇게 영혼은 주님의 싸움에서 이기려면 가장 필요한 덕(德)으로 무장해야 합니다.
유혹 중에 우리가 하느님을 위하여 싸워 이기려면
먼저 자신의 꼬락서니를 알아야 합니다.
이 세상에서 가장 큰 패배자는 하느님의 겸손과 온유함을 배우지 못한 사람들입니다.
이들은 30년이나 40년 동안 수행(修行)하여 많은 덕을 쌓은 것 같지만

---

* 역자 주: 바오로 성인은 믿음의 삶은 마귀와의 영적(靈的) 싸움을 싸우고 있는 것임을 일깨워 주고 잘 준비시켜 주어 그 싸움에서 이기게 해주려고 했습니다.
싸움에서 이기려면 자신의 연약함을 깨닫고 하느님께 의지해야 한다는 것을 가르쳐 주고 있습니다. 하느님께서는 성도들이 마귀의 공격을 받을 때 결코 자신의 힘만으로는 대적하거나 승리할 수 없는 것을 알고 계십니다.
이는 우리의 힘과 방법만으로는 도저히 마귀를 당해 낼 수 없기 때문입니다. 하느님께서 공급해 주시는 영적 무기로 무장을 하고 있어야 이겨낼 수 있으므로 이는 우리의 싸움이 아니라 하느님의 싸움이라고 할 수 있습니다.

온유함과 겸손이 없어 심한 유혹을 받게 되면 무릎을 꿇고 마는데 자신의 부족함을 모르기 때문입니다.

유혹과 싸우는 동안에 우리는 자신의 약점을 발견하게 됩니다.
수행을 하는 것보다 자신의 약점을 아는 것이 더 중요합니다.
은총이 우리에게 필요한 만큼 우리에게 유혹도 필요합니다.
유혹을 받아야만 완덕을 쌓을 수 있습니다.
덕을 쌓으려면 반드시 유혹을 받아야 합니다.
소명(召命)이 무엇이든 묵상 중이든 활동 중이든
유혹을 받아야만 덕을 쌓을 수 있습니다.
한 위대한 영적 스승이 말했습니다.
"타락하지 않도록 유혹을 받지 않게 하는 것은
소금 없이 고기를 썩지 않게 보관하려는 것과 같습니다."
하느님께서는 수행(修行)과 성사(聖事)를 통하여
우리에게 당신의 뜻을 전하시지만,
유혹을 통해서도 당신의 뜻을 전하십니다.
조그마한 뾰루지들은 수행(修行)과 성사(聖事)와
유혹을 통하여 없앨 수 있습니다.
즉 부덕(不德)을 뿌리째 뽑아내어야만
겸손하게 되고 하느님을 두려워하게 됩니다.
하느님께서는 이런 시련들을 통하여
끊임없이 도움을 청하게 하시고
당신의 지시를 받고 싸우게 하십니다.

사랑하는 형제자매 여러분, 이런 하느님의 갑옷을 입으십시오.
그러면 틀림없이 유혹을 이겨낼 수 있습니다.
겸손하고 온유하고 하느님과 모든 피조물을 존중하기만 하면
아무도 그리고 마귀도 여러분을 이기지 못하게 됩니다.
하느님의 모든 원수가 여러분을 타락하게 하려고 해도
여러분은 이들을 물리칠 수 있게 됩니다.
그러나 겸손의 갑옷을 입지 않은 사람은 결코 승리할 수 없습니다.

분노와 교만 그리고 온유함과 겸손에 반대되는 악(惡)은
이기심과 자기중심적인 생각에서 비롯됩니다.
진정으로 겸손한 사람은 자기 뜻을 고집하지 않으며
마음이 가난하며 어떤 일을 하더라도 하느님을 본받으려고 합니다.

형제자매 여러분, 무소불위(無所不爲)의 하느님의 손 아래로 낮추면
하느님께서 여러분을 올려주실 것입니다.
온유하게 하느님의 심판에 따라 속죄하고
하느님의 모든 피조물이 여러분을 심판하도록 하고
자기 자신을 스스로 심판하지 않도록 하십시오.
기쁘게 고통을 참고 견디고 모든 일에서 자기(自己)를 버리고
항상 하느님께 의지하십시오.
이렇게 하면 여러분은 틀림없이 유혹을 이길 수 있습니다.
그러나 형제자매 여러분, 슬프게도 온유한 사람을 만나기가 쉽지 않습니다.
화가 나서 한마디 하면 열 배로 되갚으려고 합니다.
몹시 화가 나서 개처럼 서로 으르렁거리면서 잡아먹으려고 합니다.
온유요? 온유는 아무데서도 찾아볼 수가 없습니다.
여러분은 시련을 겪어야만 덕이 생긴다는 것을 생각하고
자신이 아무 가치 없는 존재라고 여기며
사람들로부터 고통을 당하는 것을 기쁘게 생각해야 합니다.
누군가가 여러분을 심하게 공격하려고 하면
재빨리 내면으로 들어가 자신이 아무것도 아니라고 생각하고
공격하는 사람보다 자신이 더 나쁜 사람이라고 생각해야 합니다.
그뿐만 아니라 그 사람의 경멸을 온유함으로 치유하고
혼자서만 괴로워하면 안 됩니다.
형제자매 여러분, 이런 부족함을 극복하려면
진심으로 기도하고 끝까지 믿음을 잃지 마십시오.

그레고리오 대 교황(St. Gregory the Great)의 제자였던
몬테까시노의 수도승인 부제 베드로(Peter the Deacon)가 스승에게 말했습니다.
"감히 말씀 드립니다만, **사람은 항상 유혹과 싸우고 있는 것 같습니다.**"

그러자 교황이 대답했습니다.
"그렇다네. 겸손과 온유함의 갑옷을 입고 유혹을 받으면서
하느님의 손에 맡기지 않으면 아무도 승리할 수 없다네."
이러한 사람은 되받아치지 않고 내면으로 들어가서
믿음의 방패를 잡고 이 방패로 원수의 모든 공격을 막아냅니다.

"우리의 전투 상대는 인간이 아니므로 하느님의 무기로 완전한 무장을 갖추고
악령들과 맞설 수 있으니" 얼마나 다행인지 모릅니다.
몸으로 온갖 고행(苦行)을 하면서도
자신의 영혼의 깊은 곳에 숨어 있는 악령들을 죽이지 못하는 사람들은
이 말을 귀담아듣도록 하십시오.
아무 죄도 없는 불쌍한 몸이 무슨 죄가 있습니까?
이러한 사람들은 돌 벽을 뚫고 머리를 땅에 처박으려고 하는 것과 같습니다.
여러분의 몸을 죽이지 말고 악(惡)을 죽이십시오.

바오로 성인은 "우리는 권세와 권력들과
이 어두운 세계의 지배자들과
하늘에 있는 악령들과 싸우고 있다."고 말했습니다.
바오로 성인은 악령에 대해서 말하기도 했지만
왕자병과 공주병에 대하여 경고한 것이기도 합니다.
왕자병과 공주병이 판쳐 세상 사람들을 괴롭히고
세상을 어지럽게 만들고 있기 때문입니다.
이들은 이 세상 어디에서나 볼 수 있으며
교만하게 살며 힘을 빼앗고 사악하게 살고 있습니다.
그래서 바오로 성인은 "이 어두운 세계의 지배자들과 맞서라."고 했습니다.
성직자들은 물론 평신도들도 포함하여
그리스도인의 세상에 어둠이 판치고 있습니다.
우리 그리스도인들이 복음에 따라 살고 성인들을 본받고 사는 것보다
유다인들과 이방인들이 맹목적으로 율법을 지키고
이성(理性)에 따라 사는 것을 더 흔하게 볼 수 있는 것을 보면 알 수 있습니다.
우리가 악령에 쓰이고 교만하고 세상 것들에 집착하고 있기 때문입니다.

우리는 진심으로 하느님을 사랑하지 않고
일상생활에서 하느님을 생각하지 않고 있습니다.
결국 우리는 미개한 민족이나 믿음이 없는 민족으로 취급 받게 될 것입니다.

그러나 자기(自己)를 버리고 어둠에서 벗어나
하느님의 빛 속으로 들어가는 사람들도 있습니다.
이들은 자신들을 창조하신 하느님께서 계신
자신들의 영혼 깊은 곳으로 들어가 하나가 된 것입니다.
그리하여 인간의 지혜로는 알 수 없는
하느님께서 계신 어둠 속에서 하느님을 발견합니다.
자기(自己)를 버리고 하느님과 하나가 되어 오직 하느님만 알게 된 것입니다.
이들은 이와 같이 하느님과 하나가 되었기 때문에 모든 일이 잘됩니다.
그러나 이런 경지에서 벗어나 다시 정상적인 정신활동을 하게 되면
어떻게 그런 일이 일어났는지 이해하지 못하게 되는데
인간의 이성으로는 알 수 없기 때문입니다.

그런 다음 마귀들이 온갖 교활한 방법을 동원하여 이 천국(天國)에 들어갑니다.
마귀들은 하느님과 같은 사람들이
천국을 맛보게 된다는 것을 알고 천국을 빼앗아버립니다.
마귀들은 이러한 사람들을 가장 미워하며 잠시도 유혹을 멈추지 않습니다.
많은 나쁜 생각을 갖게도 하지만
마귀들은 자신들이 하느님인 것처럼 행사하는데
이런 착각에 빠지게 하여 가장 극심한 재앙을 맞도록 하려는 것입니다.
이럴 때는 믿음의 방패를 들고 "하느님께서는 한 분뿐이시다.
누가 감히 하느님 행세를 하느냐?" 하고 말해야 합니다.
그러면 영혼은 마귀들이 쏘는 불화살을 그 방패로 막아서 끌 수 있게 됩니다.

바오로 성인은 이어서 말했습니다.
"구원의 투구를 받아쓰고 성령의 칼을 받아 쥐십시오.
성령의 칼은 하느님의 말씀입니다.
무엇보다도 믿음의 방패를 잡으십시오.

여러분은 악한 자가 쏘는 불화살을
그 방패로 막아서 끌 수 있을 것입니다."(에페 6, 12-17)
이렇게 갑옷을 입고 방패를 들고 "모든 채비를 마치고서" 마귀와 맞서고 하느님을 배반하지 않도록 해야 합니다.
이와 같이 우리는 바오로 성인이 말한 "악한 날에" 싸우게 됩니다.
우리는 세상을 바치고 있는 기둥들이 뽑히고 모든 것들이 버려지는
하느님의 심판이 있는 악한 날을 대비해야 합니다.
이렇게 굳건한 진리를 갖고 하느님에 대한 믿음을 갖고 있는 사람들은 자기(自己)를 버리고 세상 것들에 집착하지 않고
악한 날을 대비하고 있으므로 모든 원수를 물리칠 수 있게 됩니다.

영혼은 매일 자신의 영(靈)의 가장 깊은 곳에 있는 성소(聖所)에 들어가 자신들을 돌보시고 계신 하느님께 이끌리게 되지만
하느님께서 자신들을 돌보고 계신다는 것을 모릅니다. 그러면 안 됩니다. 하느님을 사랑하는 사람들은 모두 스스로 하느님 안으로 들어가
그리스도인이 되어 사랑하게 되었습니다.
이들은 사랑으로 외적인 활동을 하고 자선을 베풀고는
다시 하느님께서 계시는 심연으로 돌아갑니다.
이렇게 외적인 삶을 살다가 하느님께서 계신 내면으로 들어가
자기(自己)를 버리고 하느님만 생각합니다.
이러한 영혼들은 하느님의 교회의 굳건한 벽입니다.
우리가 이렇게 하지 않으면 불행하게 된다는 것을 잊지 말아야 합니다.

따라서 사랑하는 형제자매 여러분, 믿음의 방패를 들고
용감하게 "하느님의 말씀인 성령의 칼"을 휘두르십시오.
재빨리 일어나서 용감하게 싸우십시오.
그리하여 마귀들을 즉시 쓰러뜨리십시오.
영원히 구원받을 때까지 수천 번이라도 싸우십시오.
하느님, 저희가 승리하도록 해주소서. 아멘.

〈삼위일체 대축일 후 스무 번째 주일 강론〉

94 만물을 감싸 안는 사랑

"사실 나는 그리스도 예수님의 애정으로
여러분 모두를 몹시 그리워하고 있습니다.
하느님께서 나의 증인이십니다.
그리고 내가 기도하는 것은,
여러분의 사랑이 지식과 온갖 이해로 더욱더 풍부해져
무엇이 옳은지 분별할 줄 알게 되는 것입니다.
그리하여 여러분이 순수하고 나무랄 데 없는 사람으로 그리스도의 날을 맞이하고, 예수 그리스도를 통하여 오는 의로움의 열매를 가득히 맺어,
하느님께 영광과 찬양을 드릴 수 있게 되기를 바랍니다."(필리 1, 8-11)

하느님께서 주님의 제자들에 대한 사랑을 증언하도록 하기 위하여
바오로 성인을 부르셨다는 것을 잊지 마십시오.
제자들과 후원자들과 같은 우리의 친구들이 소박한 동기로
오로지 우리를 순수하고 나무랄 데 없는 사람으로
만들기 위하여 우리를 사랑했다면,
우리도 반드시 그러한 사랑을 그들에게 되돌려주어야 합니다.
그래서 바오로 성인이 "**여러분의 사랑이 지식과 온갖 이해로**
더욱더 풍부해지기를 기도한다."고 말했는데
우리가 완덕을 갖출 수 있게 더욱더 사랑해야 한다는 것을 말한 것입니다.

우리가 배운 가르침 중 가장 중요한 것은 무엇일까요?
가장 위대하고 훌륭한 '사랑'을 하라는 것이 아닐까요?

하느님께서는 우리에게 많은 '지식'을 가지라고 하시지도 않았고,
훌륭한 '수행법'을 알라고 하시지도 않았고,
마음을 후벼 파라고도 하시지 않았고,
오로지 '사랑으로 덕을 쌓으라'고 가르쳐주셨습니다.
하느님께서 우리에게 사랑만 요구하신 것은 바오로 성인이 우리에게 말했듯이
"사랑은 완전하게 묶어 주는 끈이기 때문입니다."(콜로 3, 14)
지식과 인격이 중요하다는 것은
우리와 이방인들과 유다인들도 알고 있을 뿐만 아니라
의로운 사람이든 의롭지 않은 사람이든 지식과 인격을 갖추려고 합니다.
그러나 사랑이 있어야만 진실하게 되기 때문에
"하느님은 사랑이십니다. 사랑 안에 머무르는 사람은 하느님 안에 머무르고 하느님께서도 그 사람 안에 머무르십니다." 하고 말한 것입니다.(1요한 4, 16) **따라서 무엇보다도 먼저 사랑을 알고 실천해야 합니다.**
아우구스티노 성인이 우리에게 가르쳐주었듯이
하느님께서 우리를 이루 말할 수 없을 정도로 사랑하신 것처럼
우리도 하느님을 사랑해야 합니다.
사랑은 멈추어서도 안 되고 줄여서도 안 되며 더욱더 사랑하도록 해야 합니다. 사랑을 알아야만 사랑할 수 있고
사랑해본 사람일수록 더 많이 사랑하게 됩니다.

우리는 내적 외적으로 사랑할 수 있습니다.
이웃에 대한 사랑은 **'외적인 사랑'**이고
하느님에 대한 사랑은 **'내적인 사랑'**입니다.
바오로 성인이 "여러분의 사랑이 지식과 온갖 이해로 더욱더 풍부해져
무엇이 옳은지 분별할 줄 알게 되는 것입니다." 하고 말한 바와 같이
내적인 사랑을 해야만 분별력이 생기게 된다는 것을 알아야 합니다.
사랑하기만 해서는 안 됩니다.
바오로 사도가 말했듯이 사랑이 넘쳐흘러야 합니다.
지혜는 성령의 선물 중의 하나이며
하녀가 주인이 섬기라고 하지 않아도 섬기듯이
사랑하려면 먼저 '사랑해야 하는 이유'를 알아야 합니다.

그리고 진심으로 내적으로 하느님을 사랑해야 하는데
여러분이 외적으로 이웃을 사랑하고 있다면
내적인 사랑도 갖고 있다고 할 수 있습니다.
성경에 "눈에 보이는 자기 형제를 사랑하지 않는 사람이
보이지 않는 하느님을 사랑할 수는 없습니다." 하고 말하고(1요한 4, 20) 있듯이,
이웃을 사랑하지 않으면 하느님도 사랑하지 않고 있다고 말할 수 있습니다.

구약성경이든 신약성경이든 하느님의 모든 계명은 사랑에 바탕을 두고 있습니다.
"주 너의 하느님을 사랑해야 한다. 네 이웃을 너 자신처럼 사랑해야 한다."
사도(使徒)들의 시대에 모든 사람이 그랬듯이
여러분은 행복하게 하느님과 함께 기뻐하고 있든
불행으로 하느님과 함께 슬퍼하고 있든
"하느님과 한마음 한뜻이 되어야 합니다."(사도 4, 32)
여러분이 이런 느낌을 표현하지 못한다고 하더라도
"지식과 온갖 이해를 통하여" 마음속 깊이 간직하여
냉정하지 않고 진심으로 사랑하고 지혜롭게 되도록 해야 합니다.
그리하여 이웃을 더 이상 사랑할 수 없더라도
진심으로 친절하고 온유한 말을 하도록 해야 합니다.

그리고 비뚤어진 이웃까지도 사랑해야 합니다.
이웃의 허물까지도 참고 견디면서 사랑해야 합니다.
이웃에게 심한 말을 해서도 안 되며 자비롭게 허물도 못 본 척해야 합니다.
대부분의 사람은 뿌리 깊은 악의를 갖고
습관적으로 나쁜 짓을 하는 것이 아니라
부주의나 무딘 마음 때문에 잘못을 범한다는 것을 알아야 합니다.
그레고리오 성인(St. Gregory)이 말했듯이
하느님께서 그들로 하여금 죄를 짓도록 하시고 심한 모멸감을 느껴
자신의 부족함을 알도록 하시기 위한 것이라는 것을 알아야 합니다.
그러나 여러분은 습관적이 아니라 가끔 죄를 짓는 사람들로 하여금
비교적 쉽게 자신의 잘못을 알게 하여 회개하도록 할 수 있습니다.
그러나 어떤 사람들은 끊임없이 잘못을 범하고 변명을 합니다.

하지만 여러분은 이 모든 사람에게 진심으로 사랑을 보여야 합니다.
여러분이 이웃의 잘못을 심판하려고만 한다면
여러분 안에 하느님의 사랑이 없다는 증거입니다.
또한 돌담을 뛰어넘는 사람처럼
서둘러 다른 사람들을 심판하는 사람들도 있습니다.
성급한 판단을 하지 않도록 조심해야 합니다.
나쁜 면만 보인다면 얼굴을 가리고
다른 사람들의 잘못을 보지 않도록 하십시오.
자신을 면밀히 성찰하고 자신의 잘못을 심판하도록 하십시오.
형제자매 여러분, 아무도 사랑으로 이웃의 잘못을 참고 견디지 못하고
아무도 이웃의 연약함을 불쌍히 여기지 않고
이웃의 많은 잘못이 인격의 부족과 순간적인 부주의로
인한 것이라는 것을 생각하지 않으므로
세상의 모든 일이 잘못되고 있습니다.

따라서 우리는 더욱더 형제자매들을 사랑하고
전심전력으로 모든 사람을 사랑해야 합니다.
우리는 이 사랑에서 우리의 원천인 하느님을 향한
내적인 사랑의 순수함을 발견하게 됩니다.
바오로 사도가 말한 사랑에 대한 지식과 이해는
내적 사랑과 외적 사랑의 관계에서 알게 됩니다.
왜냐하면 내적 사랑은 끊임없이 외적 사랑을 낳기 때문입니다.

하느님을 사랑하려고 할 때는 내면을 들여다보고
자신이 하느님을 사랑하지도 않고
하느님으로부터 은총을 받지 않았다는 것을 깨닫고는
진심으로 하느님을 사랑해야 한다는 것을 알게 됩니다.
그리하여 자신을 몹시 미워하며 자신이 타락한 것을 매우 슬퍼하며
지옥에 떨어진 것처럼 느끼거나 무서운 연옥(煉獄)에 떨어진 것처럼 느끼며
모든 불행이 자신으로 인한 것임을 깨닫게 되는데
사실 하느님께서 때때로 수많은 역경(逆境)을 겪게 하시기 때문입니다.

이는 하느님의 참으로 공정한 처사입니다.
이런 사람은 당연히 하느님으로부터 질책을 받아야 합니다.
우리 불쌍한 벌레들은 이 땅의 먼지 속에서
이리저리 기어 다닐 수밖에 없습니다.
우리는 이렇게 심한 모멸을 당한 후 다음과 같이 말하게 됩니다.
"오 자비하신 하느님, 저에게 자비를 베푸소서.
저를 구원하고 도와주소서.
저에게 이런저런 심판을 내리시어
연옥 불을 거쳐 하늘나라에 갈 수 있도록 해주소서."
그렇습니다. 우리는 연옥(煉獄)을 그치지 않고 하늘나라로 간 성인이
거의 없다는 것을 잘 알고 있으므로, 이렇게 기도하는 사람이 있어도
나는 그를 나무랄 생각이 없습니다.
그러나 하느님을 진정으로 사랑하는 사람이
자신을 성찰하고 자신의 잘못을 알려면
나는 하느님께서 계신 심연으로 들어가라고 말합니다.
왜냐하면 거기서 자신의 모든 것을 하느님께 맡기고
자기 뜻을 버리게 되기 때문입니다.

하느님을 진정으로 사랑하게 되면
자기(自己)를 완전히 버리게 되고
자기 뜻을 전혀 주장하지 않게 됩니다.
이렇게 되려면 하느님의 발 앞에 엎드려
사랑으로 자신을 심판하시기를 청해야 합니다.
그러면 하느님께서 은총을 주시고
자신과 모든 피조물 안에서 하느님께서 역사(役事)하시게 되는데
자신을 질책하시어 연옥에 보내시거나 보내시지 않게 되지만
연옥에 보내실 때는 얼마나 빨리 보내실지 얼마나 오래 머무르게 하실지 얼마나
괴롭게 하실 지를 결정하십니다.
"주님, 모든 것을 당신 뜻대로 하소서.
당신께서 보시기에 저는 작은 사람일 수도 큰 사람일 수도 있나이다.
당신 뜻대로 저를 당신 가까이 있게 해주시든지 멀리 있게 해주소서."

이렇게 소인배임에도 불구하고
하느님께서 은총을 주시면 누구나 기뻐하게 됩니다.
형제자매 여러분, 만약 하느님께서 거룩한 사람을
여러분과 다르게 취급하시는 것 같고,
쌓은 덕에 따라 거룩한 사람에게 은총을 주시는 것 같아도
마치 자신에게 은총을 주신 듯이 기뻐하게 되면 이는 참사랑입니다.

만약 이 세상에서 많은 죄를 짓고 죽을 때 회개하여
모든 것을 하느님의 뜻과 사랑에 맡기게 되면 바로 하늘나라로 가게 됩니다. 그러나
아무도 여러분에게 이런 은총을 줄 수 없습니다.
왜냐하면 하느님께서만이 은총을 주실 수 있기 때문입니다.
이렇게 하느님으로부터 사랑을 받고 죽은 것보다 더 거룩한 죽음이 없듯이
점점 더 사랑이 많아져 마침내 하느님과 같은 사랑을 하면서
평생을 보낸 삶보다 더 거룩한 삶은 없습니다.

그러나 죄와 유혹 때문에 이러한 사랑을 하지 못하게 됩니다.
비록 죄를 짓지 않더라도 우리의 타락한 본성 때문에
유혹에 빠져 악(惡)에 기울어지게 될 때가 많습니다.
우리는 유혹에 빠져들면 안 됩니다.
그러나 우리가 유혹에 빠지게 되면 괴로워하게 되므로
이 유혹이라는 무거운 짐을 기꺼이 지도록 해야 합니다.
하느님께서는 마지막 심판의 날까지
유혹과 싸우도록 여러분을 내버려 두시지는 않습니다.
고통을 달게 받으려고 마음먹고
하느님을 찬양하고 하느님께 영광을 드리기로 마음먹으십시오.
이런 고통을 겪게 되면 하느님께서 주셨다고 생각하십시오.
이런 고통을 여러분뿐만 아니라
여러분이 본 적이 없는 불쌍한 유다인이나
이방인들을 구원하시기 위해서도 주시므로
진심으로 하느님께 감사하고
마치 모든 고통을 여러분에게 주신 것처럼 생각하고 기뻐하십시오.

그리고 하느님을 사랑하게 되면 하느님의 현존을 느끼게 되고
더욱더 열심히 수행하려고 하게 됩니다.
그러나 어떻게 해서라도 은총을 받고 싶은데
하느님께서 모든 은총을 가장 극악한 마귀에게 주어버리신다면
어떻게 해야 할까요? 그래도 기뻐하며 사랑으로 이겨내야 합니다.
나는 하느님의 위대한 한 친구가 다음과 같이 말하는 것을 들었습니다.
"나는 어쩔 수가 없습니다.
나는 진심으로 나보다 이웃이 먼저 하늘나라로 가기를 바랍니다."
나는 이것이야말로 참사랑이라고 말하고 싶습니다.

진정으로 사랑하게 되면 많은 것을 바라게 됩니다.
거룩한 평화의 선물을 받고 싶어 하며
이 세상의 어떤 고아(孤兒)보다 더 가난하게 되려고 합니다.
그러나 나는 여러분에게 말합니다.
여러분의 이 모든 계획과 바람을 제쳐두고
사랑으로 모든 일을 하려고 하고
겸손하게 세상 것들에 대한 집착을 버리고
자기(自己)를 버리고 모든 것을 하느님께 맡기십시오.

그러려면 "**지식과 온갖 이해로**" 사랑이 더욱더 충만해져야 합니다.
이는 단순히 사랑하는 것이 아니라 가장 사랑하는 방법입니다.
이 세상의 왕자가 도처에 있는 장미 정원에 잡초를 심어
장미를 시들어 죽게 하거나 자라지 못하게 하고 있다는 것을 알아야 합니다.
수도원에 있든 바깥에 있든 위험한 동료들을 멀리해야 합니다.
이는 하느님의 친구들이 세상 사람들 가운데 있기 때문에
멀리해야 한다는 뜻이 아니라
하느님의 사랑을 하지 않고 덕을 쌓지 않는 사람들을 멀리하라는 뜻입니다.
영혼은 힘들이지 않고 이런 사랑을 할 수 있으므로
영성(靈性) 생활을 할 수 있게 되며
건포도를 맷돌로 갈아서 끈끈한 엑기스로 발효 숙성시킨
키프로스(Cyprus) 포도주를 맛볼 수 있게 됩니다.

즉 영성체(領聖體)할 수 있게 됩니다.
우리의 주님께서 함께 계시는 동안
제자들은 이러한 사랑을 맛보았지만
마침내 주님께서는 "**내가 떠나는 것이 너희에게 이롭다.**"고 하시며
이 세상을 떠나셨습니다.(요한 16, 7)
이는 가장 고귀하게 주님 안에서 즐거워하려면
주님을 놓아주어야 한다는 뜻입니다.
형제자매 여러분, 이렇게 '**놓아버리는**' 사랑은
하늘이 땅보다 더 높은 것처럼 어떤 사랑보다도 더 고귀한 사랑입니다.
그러나 주님의 제자들은 세상 것들을 버리지 못하여
이런 사랑을 할 수 없었습니다.
이러한 사랑을 할 수 있는 사람은 얼마나 행복한지 모릅니다.
이와 같은 사랑은 모든 것을 가지려 하는 것이 아니라
필요한 만큼만 가지려 해야 얻을 수 있습니다.
주님께서 계실 때 제자들이 주님을 사랑했던 식으로
하느님을 사랑하려고 하면 안 됩니다.

이는 지식만 있을 뿐 성령의 도움을 받아
'사랑해야 하는 이유'를 깨닫지 못했기 때문입니다.
그러나 영혼이 세상 것들을 버리려고 할 때는
젖을 뗀 아기처럼 생떼를 쓰게 됩니다.
그리하여 겁이 많은 본성은 의지할 곳 없는 아이처럼 당황하여
하느님의 얼굴로부터 영혼의 구석으로 숨어버립니다.
왜냐하면 본성은 이런 시련을 감당할 수 없기 때문입니다.
이렇게 절망한 영혼은 위축되어 감히 원인을 알려고도 하지 않고
아무 생각도 하지 않고 아무것도 바라지 않는 것처럼 보입니다.
영혼은 하느님께 괴로움을 호소할 수도 없고 아무 영문도 모르게 됩니다.
그러나 영혼은 사랑하기 위하여 자기(自己)를 버리고
사랑에 방해가 되는 것들을 모두 없애버립니다.
사실 영혼 안에서 하느님께서 그렇게 역사(役事)하시기 때문입니다.
디오니시오 성인(St. Dionysius)이 말했듯이

전에는 하느님을 전혀 모르고 있었던 것처럼 새로운 하느님을 알게 됨으로써 영혼은 자기를 버릴 수밖에 없고 새로운 사람이 되는 것을 지켜보아야 합니다. 이렇게 불쌍한 인간의 본성은 자기를 완전히 버리고 새로운 길로 가게 됩니다.

하느님께서는 내면생활뿐만 아니라 외면생활에도
아무런 도움이나 위로를 주시지 않습니다.
하느님께서는 이러한 사람에게 영성체도 하지 못하게 하실 때도 가끔 있습니다.
나는 이런 불행을 겪기 전이라면 매일 영성체하라고 하겠지만
지금은 하느님의 뜻이 그렇지 않으므로 영성체를 할 수도 없습니다.
이 영혼은 전혀 새로운 길로 가야 하므로
하느님께서 계신 영혼의 깊은 곳으로 가서
하느님과 하나가 되어야 하기 때문입니다.

마침내 이 어둠 속에 빛이 비치게 되면
영혼이 자기(自己)를 완전히 버림으로써 하느님께서 보이게 됩니다.
비로소 순수하고 나무랄 데 없는 사람이 된 것입니다.
그래서 바오로 성인은 이날을 '그리스도의 날'이라고 한 것입니다.
왜냐하면 예수 그리스도의 수난과 죽음을 통하여
처음으로 의롭게 되었기 때문입니다.
그리스도의 날이 밝아 모든 것을 볼 수 있게 된 것입니다.
주님의 수난과 죽음으로 하느님께서 의롭게 된 것이 아니라
우리가 자신도 모르게 거룩하게 된 것입니다.

우리의 주님께서는 이런 경지에 대하여 분명히 가르쳐주셨습니다.
주님께서 돌아가시기 전에 마리아 막달레나로 하여금
당신을 만지게 하시고 당신의 발을 씻게 하시고
당신의 머리에 기름을 바르시게 하셨을 뿐만 아니라,
돌아가신 후에는 "예수님께서 막달레나에게 말씀하셨습니다.
'내가 아직 아버지께 올라가지 않았으니 나를 더 이상 붙들지 마라.'"고 하셨습니다.(요한 20, 17)
이와 같이 당신께서 살아 계실 때

당신께서 사랑하는 사람이 기쁘게
당신을 만지고 씻고 기름을 바르게 하셨지만
승천하신 후에는 그렇게 하시지 않았습니다.
영혼은 이제 주님께서 승천하시어
하느님 아버지 품에 계신다고만 알고 있습니다.
영혼이 비로소 그리스도를 알게 된 것입니다.
하느님 아버지께서는 아드님을 탄생시키실 때
그리고 아버지와 아드님께서 성령께 사랑을 부어 넣어주실 때
이 모든 것을 미리 알고 계셨습니다.
그레고리오 성인(St. Gregory)이 말한 대로
이날은 예수 그리스도 안에 참사랑이 생긴 날이기도 합니다.
이런 경지에 대하여 우리 수도원은 큰 스승님께서 다음과 같이 말했습니다. "**하늘에**
태양이 빛나는 것보다 더 밝게
예수 그리스도의 빛이 우리 내면에 비치고 있지만
주님의 빛은 내면에서 외면으로 나가며
외면에서 내면으로 들어오지는 않습니다."
형제자매 여러분, 우리는 이렇게 거룩함을 경험하게 됩니다.
거룩함은 매일 증가하는 것이 아니라 매시간 증가합니다.
그러나 이 경지에 이른 사람은 자신을 끊임없이 성찰하고 깨어 있어야 합니다. 그래야만 의로움의 열매를 "가득히 맺게" 되기 때문입니다.
사랑이신 하느님, 저희가 이렇게 되도록 도와주소서. 아멘.

〈삼위일체 대축일 후 스물 한 번째 주일 강론〉

95 자신을 속이는 이유와 치유법

"아버지께서는 우리를 어둠의 권세에서 구해 내시어
당신께서 사랑하시는 아드님의 나라로 옮겨 주셨습니다."(콜로 1, 13)

사랑하는 형제자매 여러분,
완덕(完德)을 갖추려면 어디서나 끊임없이 하느님을 사랑해야 합니다.
우리는 하느님의 사랑을 위하여
우리가 하는 모든 일이 이루어져야 하고
우리가 해서는 안 되는 일은 해서는 안 되며
겪어야 할 고통은 모두 겪어야만 합니다.
우리가 사랑을 위하여 하는 일은 작을지 모르지만, 하느님께는 큽니다.
우리가 사랑 없이 하는 일은 아무리 커 보여도 하느님께는 작게 보입니다. **따라서 우리는 하느님과 이웃을 더욱더 사랑하도록 노력해야 합니다.**
그래야만 복을 받을 수 있기 때문입니다.
우리는 사랑이신 성령께 우리 안에 당신의 사랑의 빛을 비추시어
죄 많은 본성을 볼 수 있게 해달라고 청원해야 합니다.
왜냐하면 "**하느님의 사랑은 죽음처럼 강하기 때문입니다.**"(아가 8, 6)
형제자매 여러분, 영혼에서 하느님 사랑이 솟아나게 하려면
조금씩 위로 올라가는 법을 배워야 한다는 것을 명심하십시오.
하느님의 사랑이 있는 가장 높은 곳에 이르려면 반드시 이렇게 해야 합니다.
성령께서는 여러 정도의 사랑을 갖고 계시지만
"모든 사랑은 죽음처럼 강하기 때문입니다.
이는 영혼이 제대로 사랑하게 되려면

사랑을 얻기 전에 많은 고통을 겪어야 한다는 것을 뜻합니다.
아무리 작은 사랑이라도 사랑을 얻으려면
많은 고통을 겪어야만 한다는 것을 뜻합니다.

하느님께서 당신의 친구들에게 주시는 초급 사랑은 경외심입니다.
모든 선물이 사랑밖에 없는 성령의 첫 번째 선물은 경외심으로
하느님의 계명과 교회의 계율을 어기지 않게 하고 죄를 짓지 않게 만드는 것입니다.
이 경외심은 죽을 때까지 갖게 되는데
초보자들이 회개하게 되었을 때 괴로워하는 것도 포함됩니다.

그러나 하느님께서는 누구든지 아무리 고통스럽더라도 회개하여
당신께 오려고 하면 그 사람에게 연민을 가지십니다.
몹시 괴로워하면서 속죄하면 하느님께서 그의 입에 벌꿀을 넣어주십니다. 하느님께서는 그를 친절하고 자비롭게 만드시고
다른 사람들에게 자비를 베풀게 하십니다.
이렇게 하여 새로운 사랑이 싹트게 만드시는데
이를 '**경건함**(piety)' 또는 '**자애**(慈愛, kindly love)'라고 부르기도 합니다.
회개하여 마음이 편하게 되었으므로
더 이상 죄로 인하여 괴로워하지 않게 됩니다.
그리하여 아무 반감(反感)도 느끼지 않고
하느님의 계명과 교회의 계율을 지키며 행복하게 삽니다.

그리고 하느님께서는 누구든지 용기 있고 기쁘게
신앙생활을 하고 사랑하는 것을 보시고, 겸손하게 완덕을 갖추려는 것을 보시면
'**당신의 사랑**'을 알게 해주십니다.
이것이 '**세 번째 등급의 사랑**'입니다.
내면으로 들어가 하느님의 사랑을 알게 됨으로써
죄를 짓지 않으려고 하게 됩니다.
그런데 이런 사랑을 하게 되려면 무척 괴로움을 겪어야만 합니다.
사랑은 달콤하지만, 사랑을 얻는 시련은 무척 고통스럽기 때문에
"사랑은 죽음처럼 강하게 되는 것입니다."

더 이상 죄와 싸우지도 않고 죄에 기울어져 창피를 당하지 않게 됨으로써 괴로워하지 않게 되면 의롭게 행동하게 됩니다.
내면이나 외면의 잘못된 것은 모두 버리고
포기해야 하는 것은 모두 포기하고 완전히 없애버립니다.
그런데 아무도 이 싸움을 포기하게 할 수 없습니다.
그러나 자신의 기쁨이나 다른 것을 바라는 것은 아니지만
모든 것 안에서 하느님을 발견할 때까지 쉬지 못하게 됩니다.
이 싸움을 하려면 옛날보다 하느님으로부터 더 많은 도움을 받아야 하고 하느님의 내면의 인도는 물론 사람들로부터 훌륭한 충고도 받아야 하며
이런 외적인 도움을 반드시 받게 되는데
하느님께서는 당신을 섬기는 사람을 버리시지 않기 때문입니다.
완덕을 갖추려는 사람에게 하느님의 섭리가 도움을 주기 때문인데
하느님께서 그렇게 역사(役事)하시어
완덕을 갖추게 하시는 것이 당연하기 때문입니다.
우리가 하느님을 믿고 기도하게 되면 덕을 쌓게 됨으로써
하느님을 향하여 더 높이 올라가게 되기 때문입니다.

그리하여 하느님의 빛으로 깨닫게 되면
하느님에 대하여 더 많이 알게 되고 구원을 받을 수 있게 됩니다.
그러나 오로지 하느님만이 그렇게 해주실 수 있으므로 하느님을 섬기고 수행하면서 하느님께 영광을 드리고 모든 것을 하느님께 맡기게 됩니다.
그러나 때로는 하느님께서 당신의 빛과 자비를 전혀 주시지 않을 때도 있지만 아무 영문도 모르는 채 이것도 하느님의 은총이라고 생각합니다.
그러나 의욕을 잃고 하느님의 사랑을 전혀 받아본 적이 없는 것처럼 느끼고 버림을 받은 것처럼 느끼지만 하느님께서 어떤 변화를 주실 때까지
참고 기다리면서 오직 하느님의 자비만 바랍니다.

그러나 장상(長上)들에게 자신의 괴로움을 털어놓아서는 안 되며
장상들을 믿고 교회의 성직자들에게 순종해야 합니다.
과거와 다름없이 편안하게 수행을 계속해야 합니다.
그래서 욥은 "**우리가 하느님에게서 좋은 것을 받는다면,**

나쁜 것도 받아들여야 하지 않겠소?" 하고 말했던 것입니다.(욥기 2, 10)
영혼은 자신의 죄 때문에 벌을 받아 고통을 받는다고 생각해야 합니다. 성령께서는 사랑하시는 영혼을 위하여
이렇게 괴롭히면서까지 고귀하게 만드시려고 합니다.

그러나 거룩한 교회가 인정하고 허락한 일은
주의 깊게 따르기만 하면 모두 유익합니다.
따라서 신앙생활을 하면서 자신에게 아무 도움도
되지 않는다고 불평하면 안 됩니다.
왜냐하면 사랑이 있고 의로우면 하는 일이 모두 거룩하기 때문입니다.
하는 일을 보고 거룩함을 알 수는 없지만
의도를 보면 거룩함을 알 수 있습니다.
선한 일을 할 수 없을 때도
선한 일을 하려는 마음만 먹어도 하느님께서는 좋아하십니다.

그러나 사랑이 없으면 길을 잃게 된다는 것을 아십시오.
사랑이 없으면 양심이 마비되게 되고 죄를 지어도 회개하지 않게 되고
믿음도 미지근하게 되고 마침내 수행(修行)도 시들하게 되어버리고 맙니다.
죄를 짓고도 아무렇지 않게 생각하는 위험한 지경에 이르게 된 것은
육(肉)의 지혜에 이끌려 육욕(肉慾)만 채우려고 했기 때문입니다.
만약 다른 사람보다 우위(優位)에 서게 되어도
다른 사람들의 작은 잘못에 대하여 나무라지도 않고 보아 넘기려고 합니다. 그들의 환심을 사기 위하여 아부하며 그들의 방종을 방관합니다.
그리하여 하느님에 대한 두려움도 없게 되지만
분별력이 있는 사람으로 칭찬을 받으려고 합니다.
사람들의 칭찬을 받는 것을 좋아하므로 사람들의 인기만 끌려고 하기 때문입니다.
그리하여 친구들이 칭찬하는 만큼 자신이 좋은 사람이라고 믿습니다.
양심이 마비되었기 때문에 사람들의 인정만 받으려고 더욱더 고행(苦行)을 합니다.
그러나 자신의 이런 엉큼한 속내를 알아차리지 못합니다.
자신이 엉뚱한 짓만 하고 있는데도 알아차리지 못하고
하느님의 생각이나 거룩한 일에 대해서는 생각하지도 않으려고 합니다.

오로지 칭찬만 받으려고 하기 때문에 칭찬받는 일만 하려고 합니다.
다른 사람들은 그를 좋은 사람이라고 생각하며
그는 다른 사람들의 이런 생각을 옳다고 생각합니다.
그는 이런 삶을 아주 행복하게 생각하며 은수(隱修) 생활을 기피하는데
내면으로 들어가 자신을 성찰하고 자책하는 것이 싫으며
거룩하게 되기를 포기했기 때문입니다.
이렇게 자신을 속이면서 하느님의 은총에 대하여 감사하지 않고
죄를 회개하지도 않기 때문입니다.

드디어 아무도 믿지 않고 자신만 믿게 됩니다.
과거에 회개한 것만 믿고 자신의 선행(善行)에 대하여 생각하며 부풀립니다.
자신의 잘못을 아무도 알지 못하거나
자신의 인기가 떨어지지 않는 것을 위로로 삼습니다.
매일 자만심이 더 커지게 되고 쾌락만 찾습니다.
하느님을 섬기면서도 자만심에 가득 차
사람들의 눈에 뜨이도록 참회하는 모습을 보이려고 합니다.
그러나 잠시 후 이것도 귀찮게 되면
모든 가식(假飾)을 포기하고 명성을 유지하기 위하여
수행을 계속하며 자비를 베풉니다.

경건한 삶을 시작하기 전에 받았던 유혹이 다시 찾아와 후회하고 괴로워하며 유혹에서 벗어나기 위하여 고행(苦行)을 해보지만 아무 도움이 되지 않습니다.
자신의 영혼 깊은 곳으로 들어가
고치지 못한 나쁜 생각들을 알려고 애쓰면서
지금까지 살던 방식과는 정반대로 새로운 삶을 살아야 합니다.
그렇게 하지 않으면 다시 옛날의 죄 많은 육적인 삶을 살게 됩니다.
변명을 하고 유혹에 맞서 보지만 양심을 속일 뿐입니다.
병들어 있으므로 자신의 몸을 돌보지 않고 쾌락에만 집착하기 때문입니다.
명성을 지키려고 습관적으로 수행을 해보지만
거짓 고행(苦行)을 하게 될 뿐이기 때문입니다.

여러분은 이런 사람이 어떤 변명을 늘어놓을 것이라는 잘 알 것입니다.
그러나 실제로 이 사람은 선(善)과 악(惡)을 구분하지 못하고 있습니다.
이는 진심으로 자기가 지은 죄에 대하여 슬퍼하지 않고
솔직하게 고백하지도 않았기 때문입니다.
이 사람이 고행(苦行)을 하면서 칭찬을 바란 것은
양심이 마비되어버렸기 때문입니다.
이런 사람이 다른 사람들을 가르치고 인도하는 것은
자신에게도 아무 도움이 되지 않으며
다른 사람들에게도 전혀 도움이 되지 않습니다.
그러나 양심의 가책을 받으면 어떻게 할까요?
성경의 문구를 찾아 자기 좋을 대로 왜곡하여 해석하고 안정을 찾고는
과거의 나쁜 버릇으로 다시 돌아갑니다.

그러나 성경 말씀이 다시 공격하여 불안하게 만들거나
하느님의 빛이 기도를 하게 만드는 것은
이 사람에게 위험을 경고하는 것일까요?
자부심이 지나쳐 거짓 자아를 내세우게 하는 것일까요?
이러한 경고뿐만 아니라 불순하게 만들거나
시기하게 만들거나 게으르게 만드는 유혹이 그렇게 하는 것일까요?
아무리 그에게 경고해도 아무 소용이 없습니다.
그는 이 모든 것들은 하늘나라에서 더 많은 왕관을 쓸 수 있도록
하느님께서 보내주신 것이라고 말하면서 자신의 영혼을 달랩니다.
이런 망상을 하면서 자신의 내면에 있는 마귀들과 싸우지만
그를 황폐하게 만들고 무력하게 만들 뿐입니다.
그리하여 그는 육적인 쾌락에 집착하며 대죄는 짓지 않고
속세에 있는 사람들과 마찬가지로 호화롭게 살고 자고 먹고 마시고 쉽니다.

그런데 예전보다 더 유혹이 심해져서 유혹에 빠지고 말게 되면서
자신의 명성이 더럽혀지지 않을까 고민하게 됩니다.
양심이 더럽혀져 수행해도 기쁘지 않아 수행을 기피합니다.
그리하여 금전상의 이익이 없거나 육체적인 편안함이 없으면

하느님을 제대로 섬기지도 않으려고 합니다.

이제 이 사람은 드러내놓고 죄를 지으면서 살거나
하느님께서 다시 회개할 은총을 주실 수밖에 없게 되었으므로,
하느님께서는 예전보다 더 양심의 경고를 잘 알아차리라고 가르치십니다.
이 사람은 다시 회개하거나
뻔뻔스럽게 드러내놓고 사악함을 보일 수밖에 없습니다.
그러나 하느님께서는 이런 사람을 타락하게 만드시려고 합니다.
많은 사람 앞에서 치욕을 주시어
다시 하느님의 친구가 되도록 하시기 위한 것입니다.
이런 사람들을 하느님을 믿게 하고 사랑하게 하려면
육체적인 고통과 내적인 고통을 주어 슬퍼하게 만들어야 합니다.

하느님께서는 이런 사람들에게 죄책감을 느끼게 하시고
하느님의 자비를 믿도록 하십니다.
다시 영성 생활을 시작하게 하시고
다시는 나쁜 행동을 하지 않게 하시고
나쁜 생각을 하지 않게 하십니다.

그리하여 더 이상 사람들을 경멸하려고 하지 않으며
하느님께 잘못한 것을 부끄러워하는데
하느님께서 그들의 사악함을 알게 해주셔서
다시는 하느님을 거역하지 않으려고 하기 때문입니다.

그러나 하느님을 거역하는 사람들은 다시 나쁜 짓을 합니다.
양심의 가책을 느끼기는 하지만
다시 사악하게 되어 나쁜 짓을 하게 된 것입니다.
이들은 육(肉)을 따르고 세상 것들을 추구하여 겉보기로는 행복하게 보였는데
하느님께서 이들에게 구실까지 주셨기 때문입니다.
그러나 내가 여태까지 여러분에게 하느님께서는 이들을 버리시기 전에
내적 권고와 외적인 추억을 통하여 수없이 경고하셨다는 것을

여러분은 잘 알고 있습니다.
이들이 하느님의 경고를 귀담아듣고 따랐다면 구원받을 수도 있었을 것입니다.

그런데 하느님의 경고를 귀담아들은 진실한 영혼은 어떻게 했을까요?
그는 하느님께 감사하지 못한 자신의 사악함 때문에
부끄럽게 생각하고 슬퍼했습니다.
그는 수행하면서도 길을 잃은 것을 하느님께서 보시고 놀라실 만큼
그리고 하느님을 섬기면서도 하느님을 기쁘게 해드리지 못하고
자신이 교만하여 사람들의 존경만 받으려고 했다는
죄의식을 뼈저리게 느꼈습니다.
그러나 이제 깨닫게 해주신 은총에 감사하면서
과거의 잘못된 행동에 대하여 어떻게 속죄해야 할지를 모릅니다.
하지만 그는 겸손하게 처음 수행할 때로 돌아가
마치 새로 태어난 아기처럼 행동합니다.
그는 금식하고 깨어 있는 법을 알고
수행을 충실히 하며 겸손하게 교회의 계율을 따르고 자신의 소명을 다합니다.

그리고 예수 그리스도의 삶을 철저히 공부하고
진심으로 주님을 본받으려고 하고 성경에서 주님에 관한 것을 읽으며
모든 일에서 양심을 따르고 영성 지도자가 일러준 대로 합니다.
그는 최선을 다하여 그리스도와 같은 생각을 하려고 하며
악의를 없애고 외적인 잘못을 범하지 않는 법을 알려고 합니다.
주님의 가르침을 더욱더 잘 배우는 것이 그의 일상이 되었습니다.
그러면서 수행을 게을리 할까 걱정하는데
수행을 게을리 했기 때문에 환상을 갖고 죄를 짓게 되었다는 것을 알기 때문입니다.
이 때문에 하느님께서 그를 구원해주셨습니다.
그는 다른 많은 사람보다 먼저 자신에게 이런 은총을 주신 하느님께 감사했습니다.

그는 이런 변화를 새로운 삶으로 보여주면서 사랑을 아끼지 않습니다.
하느님과 같은 사랑을 하게 된 것입니다.
그는 몸을 아끼지 않고 고행을 하지만 아무도 알지 못하게 합니다.

시간이 지날수록 더욱더 열심히 수행하는데
그는 죽을 때까지 다시는 미지근한 믿음을 보이지 않겠다고
하느님께 맹세했기 때문입니다.
그의 사랑은 신중하며 본성을 죽이지 않고 악의만 죽이려고 합니다.

그리고 그의 사랑은 세상 것들을 멀리하게 합니다.
세상 것들에 대한 집착을 버리고 오로지 하느님의 뜻에만 따르려고 합니다.
그리고 그의 사랑은 사랑을 말합니다.
모든 사람을 하느님의 친구로 생각하여 서슴없이 사랑한다고 말합니다.
그리고 하느님께 영광을 돌리려고 하므로
하느님께 어떻게 충성을 해야 할지를 모릅니다.

이렇게 불타는 사랑을 하게 됨으로써 견잡을 수 없게 됩니다.
아니 사람들의 칭찬을 경멸하고 하느님을 위해서만 일하는
어리석은 바보 같은 사랑을 하게 됩니다.
그러나 이런 사랑을 함으로써 마음 깊은 곳에서 기쁨을 느낍니다.

마지막으로 이런 사랑은 하느님과 하나로 만듭니다.
이런 사랑은 신랑이 입버릇처럼
"사랑은 죽음처럼 강하다오." 하고 말하는 사랑입니다.(아가 8, 6)
그런데 이런 사랑을 하려면 가장 큰 고통인 죽음과 같은 고통을 겪어야만 합니다.
인간은 수많은 고통을 겪지 않으면
허무한 세상을 살거나 죄를 짓고 살 수밖에 없습니다.
하느님과 같은 사랑을 하려면 기쁘게 고통을 겪어야 합니다.
하느님, 저희가 당신과 같은 사랑을 하게 해주시고
죽을 때까지 간직하게 해주소서. 아멘.

〈삼위일체 대축일 후 스물세 번째 주일 첫 번째 강론*〉

---

* 역자 주; 삼위일체 대축일 후 스물두 번째 주일 강론은 남아 있지 않습니다.

96 하느님만 사랑해야 합니다

"나는 잠들었지만 내 마음은 깨어 있었지요."(아가 5, 2)

사랑하는 영혼은 하느님으로부터 더 많은 사랑을 받을수록
더욱더 사랑하려고 합니다. 사랑을 받기만 하려는 것은 결코 사랑이 아닙니다.
사랑은 위대한 일을 하게 하므로
위대한 일을 하지 않으면 사랑이 아닙니다.
사람의 가장 귀중한 부분은 마음으로 그중 가장 소중한 것은 사랑입니다.
마음은 하느님을 사랑하고 하느님을 영광스럽게 하고
하느님께 감사하고 하느님을 찬양하지 않으면 불안하게 됩니다.
그러나 하느님을 사랑하면 기쁘게 되는데
자신을 사랑하는 것보다 하느님을 사랑하는 것을 더 좋아하기 때문입니다.

그런데 참사랑과 거짓 사랑을 구분해야 합니다.
참된 삶과 점점 커져가는 사랑에서 세 특성을 볼 수 있습니다.
이는 영혼의 의지(will)와 의도(intention)와
갈망(desires)에서 찾아볼 수 있습니다.
왜냐하면 사람은 내면과 외면으로 오로지 하느님만 사랑해야 할 뿐만 아니라 더욱더 사랑하려고 해야 하기 때문입니다.
하느님께 자신이 가진 것을 모두 말하고 자신이 한 행동을 말해야 합니다. 하느님께서는 자비하시므로 당신의 피로 우리를 만드시고
우리를 죄에서 구원하셨기 때문입니다.
그리고 우리를 위하여 하신 일들과 매일 우리를 위하여 일하시고

앞으로도 영원히 우리를 위하여 일하실 것이므로
하느님께 진심으로 감사해야 합니다.
변함없이 사랑하시는 하느님의 사랑에 보답하기 위하여
미약하지만 하느님께 감사하고 하느님을 찬양해야 합니다.

이뿐만 아닙니다.
우리의 사랑하는 주님께서는 항상 하느님을 사랑하게 하실 뿐 아니라
모든 피조물이 하느님을 위하여 주님을 사랑하게 하십니다.
이 밖에도 하느님을 위하여 온갖 박해와 압박을 받게 하십니다.
또 하느님의 영원한 영광을 위하여 규칙적으로 살고 행동하며
어떤 핑계로도 일시적인 일에서든 영원한 일에서든
자신의 이익만 생각하지 않게 하십니다.
그러나 우리는 세상 것들에서 쾌락만 추구하는 죄를 짓고 있는데
본성상 사람은 아름다운 것들을 소중히 여기고
기쁨을 주는 것들을 좋아하기 때문입니다.
그러나 사랑이 있는 사람이면 반드시 이런 열정을 극복해야 합니다.
이는 감정을 억제하기 어려운
자신의 육적인 삶을 생각하면 잘 알 수 있습니다.

완덕을 갖추기 위하여 그리스도를 사랑하는 사람은
이 거룩한 사랑에서 초보자들과 달라야 합니다.
왜냐하면 초보자들은 신앙생활을 열심히 하여 위로를 받기를 바라지만
보다 성숙한 사람은 자기 이익을 추구하지 않으며
겉으로 믿음이 깊은 것을 보여주려고도 하지 않기 때문입니다.
순수한 사랑은 이기적이 아니며
어떠한 영적(靈的) 위로에도 매달리지 않고
내적 기쁨에도 안주하지 않으려고 합니다.
왜냐하면 이러한 것은 하느님을 믿는 것이 아니라
하느님의 선물을 더 믿는 것으로
완전하고 순수한 사랑을 갖지 못하게 하기 때문입니다.
그리고 이러한 참사랑을 갖지 못하면

하느님께서 선물을 뺏어버리시기 때문입니다.
그리하여 냉담하게 되어 더 이상 하느님이나
영적(靈的)인 일들을 생각하지 않고 답답하게만 느끼게 되기 때문입니다.
이는 하느님께서 자기(自己)를 버리고 믿음과 소망과 사랑으로
오로지 하느님만 섬기고 하느님께 돌아가도록 하시기 위한 것입니다.
영적(靈的)인 맛을 모두 잃어버리는 고통을 배우도록 하시기 위한 것입니다.
오로지 하느님만 믿고 하느님의 자비만 바라고
감사하는 법을 배우도록 하시기 위한 것입니다.
그래야만 덕을 쌓을 수 있기 때문입니다.

그리고 순수한 사랑은 은총을 느낄 때와 마찬가지로
이렇게 절망스러울 때도 하느님을 변함없이 사랑하게 됩니다.
그렇지 않으면 하느님보다 하느님의 선물에 더 신경을 쓰는 것으로
하느님의 은총만 바라고 있다는 증거입니다.
자신의 이익 때문에 하느님의 은총을 받으려고 하면 안 됩니다.
우리의 내면 가장 깊은 곳에 계시는 하느님을 만나려고 해야 합니다.
거기에 계시는 하느님을 만나야만 덕행을 할 수 있고
세상 것들에 대한 집착을 버릴 수 있게 되기 때문입니다.
따라서 순수한 사랑을 해야만 하느님을 만날 수 있게 됩니다.

그러나 자신의 필요에 의해서나 하느님의 영광을 위하여 수행(修行)하거나
다른 사람들의 구원을 돕는 것을 하지 못하게 해서는 안 됩니다.
왜냐하면 더욱더 덕을 쌓게 되기 때문입니다.
이기심에서 시작하고 자기가 좋아서 한 일이지만
영육(靈肉)으로 비난받을 짓은 아니기 때문입니다.

그리고 초보자에게 하느님 사랑을 가르치는 방법으로
수행(修行)을 통하여 죄를 짓지 않도록 하는 것도
한 방법이라는 것을 알아야 합니다.
초보자는 이렇게 하느님만 찾고 예수님께만 매달리고
세상 것들에 대한 집착을 버리고 죄를 짓지 않으려고 하는 것이

자신에게 유익하다는 것을 알게 됩니다.
그리하여 수행을 통하여 하느님을 좋아하게 됩니다.
그러나 하느님께서 이렇게 영적(靈的)인 기쁨을 주신 후
싫증을 내게 만드시고 바로 옛날에 걷던 길을 다시 걷게 하십니다.
왜냐하면 옛날에 자신들이 수행을 잘 해왔던 것으로 착각하고 있을 뿐 아니라
덕을 쌓지 못했기 때문입니다. 이들은 자기를 속이고 있습니다.
이들은 자기 자신을 모르고 자신의 죄가 크다는 것도 모릅니다.
이들은 감사할 줄을 모르고 유혹을 알아차리고 맞서지도 못합니다.
그리하여 결국 대죄를 짓고 말아 하느님의 참사랑을 알지 못하게 됩니다.

그러나 순수한 사랑은 우리의 선행(善行)에 대한 하늘나라의 상급(賞給)인 영광과
같은 것을 지나치게 바라지 않는다는 것을 알아야 합니다.
자기 힘으로 하느님만 찾는 것은
하느님을 진정으로 사랑하는 것이 아니며
완덕을 쌓을 수도 없게 합니다.
순수한 사랑은 오로지 하느님의 영광을 위해서만
사랑하고 바라고 일하고 쉬고 고통 받습니다.
하느님께서는 하늘나라를 주시기도 하고 뺏어 가시기도 하며
구원하시기도 하고 천벌을 내리시기도 하지만
순수한 사랑은 이 모든 것에 대해 아무 일도 할 수 없으며
오로지 구원받기만을 바랍니다.
순수한 사랑은 하느님의 영광과 하느님의 뜻을 마음속에 간직하고 있으므로 하느님께서 무슨 일을 하시려고 하는지를 가장 잘 압니다.
하느님께서 무엇을 하시든지 무엇을 사랑하시든지
하느님의 사랑은 가장 훌륭한 사랑입니다.
이러한 사랑을 하는 영혼은 어떤 경우라도
하느님을 사랑하고 하느님께 영광을 드리고 완덕을 쌓으려고 합니다.
자신이 잘못을 저지르게 되면 지옥에 떨어져
결코 죄를 용서받지 못하게 된다고 생각하며
더욱더 정진(精進)하려고 하며 모든 일에서 하느님의 영광만 생각합니다.
이러한 사람은 하느님의 첫 번째 계명이자

가장 큰 계명인 사랑을 실천하고 있는 것입니다.

초보자들의 경우는 반대로 이들의 사랑은 돈만 주면 뭐든지 하며
다음과 같이 말하며 미래만 무척 걱정합니다.
"열심히 일하고 수행해도 아무 상급을 받지 못한다면 하지 않겠습니다." 초보자들은 이렇게 생각하지만
순수한 사랑을 하는 사람은 이렇게 생각하지 않습니다.
하느님의 첫 번째 계명은 무엇보다도
자기 자신보다도 하느님을 사랑해야 한다는 것입니다.
누구든지 이런 사랑을 하려면 자신의 내면을 면밀히 성찰하고
자신의 행동을 면밀히 살펴보아야 합니다.
말이나 생각이나 행동에서 이런 순수한 사랑을 하지 못하게 하는 것이 있으면 과감하게 없애고 끊임없이 순수한 사랑을 하도록 해야 합니다.
그러면 여러분은 좋은 열매를 맺게 되고 많은 덕을 쌓게 될 것입니다.
이렇게 행동하지 않으면 하느님께서 구원해주실 때까지
왜곡된 사랑을 하게 될 것입니다.
하느님께서 여러분을 사랑으로 이끄실 때 잠자고 있어
죄에 무감각하게 되지 않도록 해야 합니다.
하느님, 저희를 참된 사랑으로 이끌어 주소서. 아멘.

〈삼위일체 대축일 후 스물세 번째 주일 두 번째 강론〉

97 하느님과 함께 지내려면

"이튿날 요한이 자기 제자 두 사람과 함께 그곳에 다시 서 있다가,
예수님께서 지나가시는 것을 눈여겨보며 말하였다.
'보라, 하느님의 어린양이시다.'
그 두 제자는 요한이 말하는 것을 듣고 예수님을 따라갔다.
예수님께서 돌아서시어 그들이 따라오는 것을 보시고,
'무엇을 찾느냐?' 하고 물으시자,
그들이 '라삐, 어디에 묵고 계십니까?' 하고 말하였다.
'라삐'는 번역하면 '스승님'이라는 말이다.
예수님께서 그들에게 '와서 보아라.' 하시니,
그들이 함께 가 예수님께서 묵으시는 곳을 보고 그날 그분과 함께 묵었다."
(요한 1, 35-39)

이 말씀을 통하여 우리는 세 가지를 알 수 있습니다.
'첫 번째'는 '우리의 스승인 그리스도의 지혜가 넘쳐흐른다는 것'이고,
'두 번째'는 '만물의 원천이신 하느님께서는 어디든지 계신다는 것'이고,
'세 번째'는 '주님께서는 계신 곳에서 '와서 보아라'고 하시며
우리를 초대하시고 계신다는 확신을 갖게 된다는 것'입니다.
즉 '가장 거룩한 삼위(三位)의 학교
즉 지혜의 원천에서 지혜를 배운다는 것'입니다.
따라서 주님께서 "오 영혼아, 와서 나와 함께 머물며 내 안에 있어라.
너희가 배우려면 와서 보아라.
내가 너희 안에 머무는 것처럼

내가 너희를 내 거룩한 마음속 깊이 감싸 안고 있다는 것을 알게 되면
너희는 영원히 유익한 것을 관상하고 배우게 될 것이다." 하고 말씀하신 것입니다.

이제 이 주인의 학교를 생각해봅시다.
영혼이 주인에게 "아 나의 주인님, 저에게 다섯 어리석은 처녀의 운명에서 벗어나는 법을 가르쳐주소서." 하고 말하면(마태 25, 1-13 참조),
주인은 "**내가 안드레아 성인**(St. Andrew)**과 나의 다른 제자들을 가르쳤던 것처럼 나에게서 온유와 겸손을 배워라.**" 하고 답하십니다.
그러면 영혼이 답합니다. "**그러나 주인님, 이 가르침은 너무나 어렵습니다.**
인생의 걱정거리들과 분노와 언쟁 때문에
제 마음이 어지럽혀져서 온유함을 잃고 있나이다."
그러면 우리의 주인이신 그리스도께서
"사람이 온 세상을 얻고도 제 목숨을 잃으면 무슨 소용이 있겠느냐?
사람이 제 목숨을 무엇과 바꿀 수 있겠느냐?" 하고 말씀하십니다.(마태 16, 26)
여러분의 이기심 때문에 마음이 괴롭게 되고
여러분이 영성(靈性) **수련을 게을리 하기 때문에**
여러분의 영혼이 깨닫지 못하게 됩니다.
이 때문에 여러분이 온유하게 되지 못하고,
그리스도의 영(靈)**이 넘쳐흐르고 있지만**
여러분의 영혼은 위로나 기쁨을 받지 못하는 것입니다.
그리스도께서는 벌꿀보다 더 달콤하시지만
여러분의 고통 때문에 그리스도의 친절함을 알 수 없게 됩니다.
사람들의 거짓 위로에 이끌리지 않는 사람들만이
성령의 달콤함을 맛볼 수 있습니다.
따라서 사랑하는 형제자매 여러분,
이 주인을 충실하게 따르고 겸손하게 되어 마음속으로 말하십시오.
"**주님, 저는 당신께서 만드신 피조물 중에서 가장 보잘것없는 존재이나이다.**"
이와 같이 여러분이 마음을 온유하게 하면
하느님의 짧은 말씀이지만 긴 의미를 가진 말씀을 듣게 됩니다.
부지런히 이렇게 수행하십시오.
왜냐하면 여러분이 포기하지 않고 수행하게 되면

여러분에게 숨겨져 있던 지혜를 알 수 있게 되기 때문입니다.

'두 번째 가르침'은 **'우리의 주님이신 하느님께서 계신 곳으로 영혼을 이끄시는 방법에 대한 것'**입니다.
모든 피조물은 하느님께서 계신 곳으로 가고 싶어 합니다.
그리하여 오로지 하느님만 찾으면서 말합니다.
"하느님께서는 어디에 머무르시고 계신가요?
하느님께서 계시지 않았다면 이 땅과 하늘도 없었을 것이나이다."
사랑하는 형제자매 여러분,
여러분은 왜 하느님을 여러분 바깥에서 찾으려고 하고
모든 것이 죽고 마는 이상한 땅에서 하느님을 찾고 있나요?
하느님께서는 거기에 계시지 않습니다.
죽고 마는 것들은 "우리는 하느님이 아니다."고 말하며
모두 여러분을 거부하고 되돌아가기를 바랍니다.
그래서 아우구스티노 성인이 말했습니다.
"여러분의 영혼을 높이 올려
하느님께서 계신 영원한 곳으로 들어가십시오."

그리고 하느님께서는 어디에도 계시면서
당신에 대하여 다양한 방법으로 가르치신다는 것을 아십시오.
먼저 영혼은 죄를 회개하고 슬퍼하면서
하느님을 두려워해야만 하느님께서 창조주임을 알게 됩니다.
그리고 회개함으로써 완고한 뜻을 굽히고 하느님의 뜻에 따르게 됩니다.
굽히기 어려운 여러분의 뜻을 굽힐 수 있도록
크고 작은 모든 일을 벌이고 속죄하고
자신을 정화(淨化)하는 법을 배우십시오.
이런 수행을 열심히 할수록 영혼 안에 하느님께서 계시게 되고
하느님 안에 영혼이 있는 것을 더 쉽게 알아차리게 됩니다.
그리하여 사랑하는 신랑은 "날이 서늘해지고 그림자들이 달아나기 전에
나는 몰약 산으로, 유향 산으로 가리다." 하고 말합니다.(아가 4, 6)
하느님께서는 사랑하는 사람이 괴로워할 때만

말씀하신다는 것을 말한 것입니다.
영(靈)이 고귀하게 되어 이기심을 버리고
거짓 친절을 버리고 죄를 깊이 회개해야만 말씀하십니다.
괴로워하는 것이 반드시 하느님의 뜻이 아니라는 것을 깨달아야만 말씀하십니다.
하느님께서는 그래야 배우자의 영(靈) 깊은 곳에서 말씀하십니다.
"나의 애인이여, 그대의 모든 것이 아름다울 뿐
그대에게 흠이라고는 하나도 없구려."(아가 4, 7)

그러나 하느님께서는 믿음이 깊은 영혼에게는 그렇게 하시지 않지만
자신의 뜻과 쾌락 때문에 살게 되면
모든 일에서 자신의 뜻과 반대로 역사하십니다.
이 때문에 자신이 하는 모든 일이 자신에게 해로울 뿐입니다.
자신의 뜻을 먼저 버리지 않고
아무리 몸으로 경건한 수행을 해도 아무 도움이 되지 않습니다.
자신의 뜻을 굽힌 사람이 부르는 시편 하나는 많은 시편을 노래한 것과 같습니다.
즉 하느님께서는 자기 뜻대로 가장 위대한 일을 한 것보다도
자신의 뜻을 굽힌 사람이 한 가장 작은 일을 더 높이 평가하십니다.

그리고 모세가 알고 있었듯이 우리는 하느님께서 황야(荒野)에,
불타는 떨기 안에 계신다는 것을 압니다.
'불타는 떨기'는 '세상 것들에 대한 집착을 모두 버리고
외딴곳에서 영원한 하느님처럼 고귀하게 살려고 하는 영(靈)'을 뜻합니다.
하느님께서 성 삼위를 끌어안고 계시듯이
이러한 영(靈)은 불타는 세 나뭇가지처럼 하느님을 감싸 안고 있기 때문입니다.

그리하여 영혼은 점점 더 불타게 되고 빛나게 되면서 매일 덕을 쌓게 되어
천사의 눈으로 하늘나라의 시온(Sion)에 계시는 하느님을 만나게 됩니다.
여러분이 하느님을 만나게 되면 거룩한 기도 방법과 수행법을 알게 됩니다.
그러나 하느님을 만나려면 짐승 같은 어떤 짓들도 하지 말아야 하며 이성(理性)과
거룩한 빛을 받아 모세와 함께 분별력을 갖고
하느님 앞으로 나아가야 합니다.

육(肉)과 피[血]를 갖고는 하늘나라에 갈 수 없습니다.
사랑하는 형제자매 여러분,
나는 여러분의 모든 작은 죄들이 마음속에 떠올라
이제는 옛날처럼 말하고 행동하지 않고
거룩한 하느님의 빛으로 사리 분별을 할 수 있게 되리라고 굳게 믿습니다.

그리고 하느님께서는 구름 속에 있는 산에 머무르시며
당신의 손으로 돌판 위에 당신의 영광과 빛의 계명을 새기셨습니다.
'산'은 '**사람 안에 있는 고귀한 영(靈), 위대한 마음의 영혼**'을 뜻합니다.
고귀하게 된 영(靈)은 하느님의 뜻에 따라 일할 때가 아니면
자신이 하는 일이나 노력에 만족하지 못하게 됩니다.
인간의 영혼은 인간이 하는 방식에 따라 일할 뿐이지만
하느님께서는 당신의 섭리에 따라 역사(役事)하시기 때문입니다.
이렇게 하는 영혼은 몸으로 하는 일을 거룩하게 하며
영혼이 하는 일도 거룩하게 됩니다.
따라서 하느님의 뜻에 따라 하는 일과
영혼의 뜻에 따라 하는 일은 하나가 됩니다.
그리하여 영혼은 바오로 성인이 "**이제는 내가 사는 것이 아니라**
그리스도께서 내 안에 사시는 것입니다." 하고
말한 것처럼 말하게 됩니다.(갈라 2, 20)
마치 바오로 사도가 "내가 일은 하지만 내가 일하는 것이 아니라
내 안에서 하느님께서 역사하시는 것입니다." 하고 말한 것처럼 느끼게 됩니다.
이 모든 것들은 구름 속에서 일어나며
하느님의 빛이 찬란하게 빛나는 가운데서 일어나게 됩니다.
왜냐하면 하느님의 낮에 비하면
모든 피조물의 빛은 어두운 밤과 같기 때문입니다.

주님께서 광야에 있던 엘리야 예언자에게 오셨을 때
동굴에서도 하느님을 만날 수 있었습니다.
"엘리야는 하룻길을 더 걸어 광야로 나갔다.
그는 싸리나무 아래로 들어가 앉아서, 죽기를 간청하며 이렇게 말하였다.

'주님, 이것으로 충분하니 저의 목숨을 거두어 주십시오.
저는 제 조상들보다 나을 것이 없습니다.'
그러고 나서 엘리야는 싸리나무 아래에 누워 잠이 들었다.
그때 천사가 나타나 그를 흔들면서, '일어나 먹어라.'" 하고 말하였다.
엘리야가 깨어 보니, 뜨겁게 달군 돌에다 구운 빵과
물 한 병이 머리맡에 놓여 있었다. 그는 먹고 마신 뒤에 다시 누웠다.
주님의 천사가 다시 그를 흔들면서,
'일어나 먹어라. 갈 길이 멀다.' 하고 말하였다.
엘리야는 일어나서 먹고 마셨다.
그 음식으로 힘을 얻은 그는 밤낮으로 사십 일을 걸어,
하느님의 산 호렙에 이르렀다.
그가 거기에 있는 동굴에 이르러 그곳에서 밤을 지내는데,
주님의 말씀이 그에게 내렸다. 주님께서 그에게
'엘리야야, 여기에서 무엇을 하고 있느냐?'하고 물으셨다."(1열왕 19, 4-9)
엘리야 예언자가 동굴에서도 하느님을 만난 것이었습니다.
그러나 주님께서는 바람 가운데에 계시지 않았습니다.
바람이 지나간 뒤에 지진이 일어났습니다.
그러나 주님께서는 지진 가운데에도 계시지 않았습니다.
지진이 지나간 뒤에 불이 일어났습니다.
그러나 주님께서는 불 속에도 계시지 않았습니다.
불이 지나간 뒤에 조용하고 부드러운 소리가 들려왔습니다.
엘리야는 조용하고 부드러운 소리가 나는 곳에서 하느님을 만났던 것입니다.

예언자 다니엘은 환시(幻視) 속에서 세상 사람들이 폭풍이 부는 바다에서 두려움과
희망과 기쁨과 슬픔에 시달리면서 몹시 동요하는 것을 보았습니다.
육안(肉眼)을 통하여 두려움과 희망을 보지만
영안(靈眼)으로 하느님을 찾아야 한다는 것을 말한 것입니다.
바위가 산산이 쪼개어지듯이
'폭풍'은 **'동료 그리스도인들의 마음을 갈기갈기 찢어 놓는 것'**을 말하며
'착한 사람들의 고귀한 마음을 찢고 평화를 잃게 만드는 것'을 뜻합니다.
형제자매 여러분, 다른 사람들에 대한 악감정을 없애도록 하십시오.

자신의 욕정(欲情)을 면밀히 성찰하고 죽여 야생마처럼 되지 않도록 하십시오.
하느님께서 사람들에게 이성(理性)을 주시고 사랑을 주셨음에도 불구하고
그렇게 무자비하게 몹쓸 짓들을 하는 것을 보는 것은 놀라운 일입니다.
하느님께서는 여러분에게 들짐승을 길들이는 힘을 주셨으므로
여러분도 자신의 난폭함을 보고 이성의 인도를 받도록 해야 합니다.
창조주 하느님 앞에서 우리가 사자나 숲속의 짐승들보다
더 난폭함을 보이는 것은 무척 부끄러운 일입니다.
마치 하느님 얼굴의 빛을
우리에게 전혀 비추어주시지 않은 것 같습니다.(시편 4, 7)
나는 여러분에게 진심으로 말씀드립니다.
우리가 어떤 피해를 주더라도 하느님께서 격노하시어 무거운 벌을 주시게 되므로,
우리가 파멸되거나 우리가 지은 죄 때문에 상처를 입은 이웃도
많은 은총을 잃게 되는데 이는 우리가 책임을 져야 합니다.
우리는 변명을 합니다.
예를 들면 지금은 그런 일을 한 것을 미안하게 생각하지만
화가 나서 그렇게 했다고 변명합니다. 이는 거짓 자기합리화입니다.
왜냐하면 본성은 죽이려고 하는 고된 수련을 하고
본성을 억압하려고 해야만 깨닫게 되기 때문입니다.
본성을 죽이고 억압하게 되면 자기(自己)를 버리고
진심으로 기도하면서 하느님께로 돌아가게 되기 때문입니다.
그래야만 우리의 악의를 잠재울 수 있게 되기 때문입니다.

우리는 엘리야 예언자가 지진으로 인한 불 속에서도
하느님을 만나지 못했다고 알고 있습니다. 불은 생각하지도 못할 일이었습니다!
이 '불'은 '세상 것들에 대한 집착을 갖지 않고
하느님의 선물도 생각하지 않는 마음'을 뜻하기 때문입니다.
하느님과 같은 생각도 순수한 생각도 없이
세상 것들만 더욱더 많이 모으려고 하고 있기 때문입니다.
세상 것들로부터 위로를 받으려고 하고
세상 것들만 좋아하며 기쁨을 찾으려고 하기 때문에
성령을 받지 못한 증거일 뿐입니다.

나는 이 부류에 하느님으로부터 전혀 은총을 받지 못한 것처럼
불평하는 수도자들도 포함시키고 싶습니다.
이들은 "나는 전혀 기쁘게 수행을 하지도 못하고 있는데
하느님께서 나를 왜 만드셨을까?" 하고 주장하는 것 같기 때문입니다.
**이들은 하느님께서 더 이상 타락하지 않게 죄를 짓지 않도록 하시어
자신을 구원하시려고 한다는 것을 전혀 생각하지도 못하고 있습니다.
그뿐만 아니라 이들은 거룩한 삶을 살지 못하여
모든 교회의 굳건한 기둥이 되지 못하고 있다는 것도 깨닫지 못하고 있습니다.**
사랑하는 형제자매 여러분, 나는 여러분에게
여러분이 그렇게 하느님께 감사하지 못하면
하느님께서 은총의 샘을 마르게 해버리신다는 것을 말하고 싶습니다.
나는 여러분에게 간곡히 말씀드리고 싶습니다.
**하느님께서는 거룩한 길을 가고 있는 사람으로부터
당신의 영원한 사랑을 쉽게 거두어들이시지 않습니다.**
누군가가 여러분에게 반대의 길을 가르치고 있다면
여러분에게 피해만 입히게 될 것이라는 것을
나는 하느님 앞에서 자신 있게 말하고 싶습니다.
그래서 바오로 성인은 갈라티아 사람들에게
**"누가 여러분이 받은 것과 다른 복음을 전한다면,
그는 저주를 받아 마땅합니다."** 하고 말했던 것입니다.(갈라 1, 9)

마침내 엘리야에게 5월의 부드러운 숨처럼
'조용하고 부드러운 기운'이 찾아 왔습니다. 하느님께서 오신 것입니다.
**이는 거룩한 생각과 말로 하느님의 말씀을 따르면서
큰소리치지도 않고 조용히 하느님과 함께 있기를 바라면서
기쁘게 수행을 하며 살고 있는 영혼에게 하느님께서 오신다는 것을 의미합니다.**
하느님께서는 이러한 영혼에게 사랑을 속삭이시며 들어가십니다.
하느님께서는 영혼에 끊임없이 빛을 비추시며 행복을 갖고 찾아오십니다.
그리스도의 복음을 왜곡하는 것을 쉽게 받아들이는 사람은
이런 행복을 누릴 자격이 없습니다.
성령을 받은 바오로 성인이 갈라티아 사람들에게 말한 대로

거룩한 생각과 말로 하느님의 말씀을 따르면서 큰소리치지도 않고
조용히 하느님과 함께 있기를 바라면서
기쁘게 수행을 하며 살고 있는 영혼들만 인도하시기 때문입니다.

성령을 받아 옳은 마음을 가진 영혼은 아가서의 신부처럼
북새 바람에게 명령하여 마파람에 평화를 줍니다.
"일어라, 북새바람아! 오너라, 마파람아!
불어라, 내 정원에, 온갖 향료들이 흘러내리게!"(아가 4, 16)
북새 바람은 영혼의 정원에 세상 것들을 몰려들게 하고
생각에 악(惡)의 씨를 뿌립니다.
그래서 예레미야가 "북쪽에서 재앙이 터져
이 땅의 모든 주민 위에 덮칠 것이다." 하고 말했습니다.(예레 1, 14)
나쁜 바람은 하느님의 은총의 열매를 모두 시들게 만듭니다.
영혼은 내적인 평화를 잃게 되면 참을 수 없게 되므로,
세상 것들만 생각하게 하는 북새 바람의 황량함 속에서도
영혼은 "오너라, 마파람아!
불어라, 내 정원에, 온갖 향료들이 흘러내리게!" 하고 외칩니다.
이 생명을 주시는 하느님의 숨이 영혼의 생명의 열매들을 통하여
달콤한 하느님의 향기를 퍼뜨리게 되기 때문입니다.

마침내 영혼은 천사들 위에 계시는 하느님을 만나게 됩니다.
천사들은 사람들 위에 있지만 우리가 하느님을 만나려면
천사들 위로 높이 올라가야 하기 때문입니다.
그리하여 영혼은 영원한 말씀께서 아버지와 하나가 되신 것처럼
영혼은 자기(自己)를 버리고 모든 일을 하게 되므로
영원한 아버지 안에서 하느님을 만나게 됩니다.
"한처음에 말씀이 계셨다."고 말한 복음서 저자 요한 성인처럼
높은 곳을 보는 영혼은 하느님을 보게 됩니다.(요한 1, 1)
마찬가지로 하느님을 애타게 찾던 안드레아 성인(St. Andrew)도
"스승님, 어디에 묵고 계십니까?" 하고 물었습니다.
요한 성인이 답했습니다. "한처음에 말씀이 계셨다."

따라서 우리의 영혼을 '한처음'으로 인도하지 않는 말 속에서는
하느님을 결코 만나지 못하게 됩니다.
우리는 하느님 아래에 있는 것을 모두 초월하고
하느님이 아닌 모든 것을 초월하여
우리를 태어나게 하신 '한처음'을 진심으로 찾아야 합니다.
우리는 거기에만 머물며 영원한 행복을 누리도록 해야 합니다.
그러려면 세상 것들에 대한 집착을 모두 버리고
하느님만 생각하고 하느님과 하나가 되어야만 합니다.

예수님께서는 두 제자에게 말씀하셨습니다. **"와서 보아라."**
여러분의 내면의 평화를 방해하는,
여러분이 지나치게 좋아하는 것들을 버려야만 합니다.
여러분의 육적(肉的)인 삶과 육욕과 육적인 행동을 모두 버려야 하기 때문입니다.
"와서 보아라."는 말씀은 **'나에게로 돌아오면 여러분의 주님이신**
하느님의 순수함을 알게 되어 여러분의 영(靈)도 깨끗해져
하느님과 하나가 될 수 있다는 것을 말씀하신 것'입니다.
숨어 계시는 하느님을 알려면 영(靈)도 완전히 깨끗해져야 하기 때문입니다.
이렇게 자기의 것이라고 생각하던 모든 것들을 버려야 합니다.
그래서 디오니시오 성인(St. Dionysius)이 티모테오(Timothy)에게
"아 사랑하는 친구여, 우리는 우리가 사랑하는 스승인 바오로의
달콤한 위로의 말을 더 이상 듣지 말고 듣는 척도 하지 말고
모든 것을 버리고 빈손으로 하느님께로 가야 합니다." 하고 말했던 것입니다.
그러나 우리는 어두운 눈과 하늘에까지 뻗친 육욕을 버려서
모든 것을 버리고 빈손으로 하느님께로 가지 않으면
하느님과 하나가 될 수가 없습니다.
하느님, 저희를 도와주시어 당신과 하나가 되게 해주소서. 아멘.

〈성 안드레아 사도 축일 강론〉

98 하느님께 솔직해야 합니다

"내 연인은 나에게 속삭이며 말했지요.
'나의 애인이여, 일어나오. 나의 아름다운 여인이여, 이리 와 주오.'"
(아가 2, 10)

자신이 우리 주님의 선택된 친구,
사랑하시는 배우자인지 아닌지를 알려고 한다면
내가 제시하는 표징을 보여주도록 하십시오.
만약 표징을 보여준다면 틀림없이 하느님께서 선택하신 사람일 것입니다.

첫 번째로 세상 것들로 내적 만족을 얻으려고 하지 않고
주님과 함께 평화를 누리고 있어야 합니다.
시편저자가 "**하느님께서 계신 곳에는 평화가 있다.**"고 말했습니다.(시편 76, 3)
그리스도의 선택된 신부라면 모든 것들을 포기해야 합니다.
이런 영혼에는 많은 일이 일어나게 마련이지만
하느님의 평화가 있으며 하느님의 도움으로 하느님을 통하여
모든 것을 버릴 수 있다고 생각합니다.

두 번째로 여러분은 "누구와 함께 평화를 누려야 하나요?" 하고 물을지 모릅니다.
나는 '세상 사람들'과 '나쁜 사람들'과 '자신의 육(肉)'과 화해하여
더불어 살아야 한다고 답하고 싶습니다.
어떻게 하면 그렇게 할 수 있냐고요?
'**세상 사람들**'이 여러분에게 하는 짓들이나

여러분에게 주는 것이나 빼어가는 것에 대하여 신경을 쓰지 않고
참고 견뎌야만 합니다.
'**나쁜 사람**'과도 화해하여 더불어 살도록 해야 합니다.
그러나 좀처럼 화해하기가 어려운데 마귀와 항상 싸워야 하기 때문입니다.
마귀는 우리가 하는 모든 일에 그리고 하지 않는 모든 일에 간섭하여
우리를 방해하려고 하기 때문입니다.
이 때문에 내면으로 열심히 기도해도
나쁜 사람의 불화살을 효과적으로 막아낼 수가 없게 됩니다.
불은 불로 싸워야 합니다.
온갖 속임수를 쓰는 마귀를 재빨리 몰아낼 수밖에 없습니다.
따라서 마귀가 영혼의 평화를 깨려고 하는 것을 알면 곧바로 열심히 기도하여
유혹을 못 본 척해야 합니다. 마귀에게 이보다 더 치명적인 것은 없습니다.
영혼은 이렇게 하면 마귀의 방해로부터 자유롭게 됩니다.
마귀가 바르톨로메오 성인(St. Bartholomew)에게 울며 말했다고 합니다.
"그대가 나를 기도로 불태우면
그대는 나를 불의 굴레로 묶는 것이 된다네."
'**세 번째**'는 '**자기 자신과 화해하여 평화롭게 사는 것**'입니다.
어떻게 하면 될까요?
무슨 일을 하든 자신의 영(靈)에 몸을 맡겨야 합니다.
자기 자신을 이기게 되면 자신의 몸이 좋아하는 것들이
하느님께서 자신에게 요구하시는 것을 못하게 방해하지 못하기 때문에
하느님의 거룩한 성인들이 하는 것처럼 행동하게 됩니다.
이렇게 육(肉)을 이겨내어 순종하게 길들이게 되면
겸손한 프란치스코 성인(St. Francis)이 말한 것처럼
마치 영혼이 "**자기를 죽여서 내가 있을 곳을 마련해 다오.**" 하고 말하며
영(靈)이 가는 길에 방해가 되지 않게 육(肉)이 곧바로 비켜주기 때문입니다.

그러나 자신의 몸을 다스리려면 세 가지 일을 해야 합니다.
'**첫 번째**'로 여러분의 몸이 지나치게 먹고 마시고
잠자거나 게으르지 않도록 하십시오.
예의 주시하여 수행(修行)을 통하여 억제하도록 하십시오.

'**두 번째**'로 세상일에 집착하지 않도록 하십시오.
죽은 이들의 장사는 죽은 이들이 지내도록 내버려 두고
여러분은 하느님을 따르도록 하십시오.
여러분의 친구들이 죽었나요?
아니면 친구들이 여러분에게 왔나요, 아니면 여러분을 떠났나요?
여러분은 명예를 얻었나요? 여러분은 부자가 되었나요?
만약 여러분들이 그러한 일로 기뻐하거나 슬퍼하면
여러분은 아직도 세상 것들에 집착하고 있는 것입니다.
어떤 성인이 말했습니다.
"**여러분이 기뻐했든 슬퍼했든 그일 때문에 여러분은 심판받게 될 것입니다.**"
그래서 바오로 성인이 "**그래서 우리가 그리스도와 함께 죽었으니
그분과 함께 살리라고 우리는 믿습니다.**" 하고 말했던 것입니다.(로마 6, 8)
죽은 사람은 여러분이 칭찬하든 욕하든,
여러분이 주든 뺏어가든 상관하지 않습니다.
죽은 사람이나 죽어가는 사람은 여러분에게 금이나 보석을 마련하라고 한 푼도
주지 않으며 영광이나 기쁨이나 친구들도 주지 않습니다.
사막의 교부에게 한 형제가 찾아와서 말했습니다.
"사랑하는 형제님, 제가 큰 곤경에 빠졌습니다.
값비싼 재물을 잔뜩 실은 나의 마차가 물에 빠졌습니다.
저를 도와서 마차를 끌어내도록 해주십시오." 하고 슬피 울면서 애원했습니다.
그러자 그 늙은 은수자가 말했습니다.
"속세에 살고 있는 형제에게 도와 달라고 하십시오."
그가 답했습니다. "그 형제는 일 년 전에 죽었습니다."
그러자 그 은수자가 대답했습니다.
"**나도 20년 전에 죽었습니다.**"
이렇게 그 사람을 돌려보내자
그는 더 이상 잃어버린 마차를 생각하지 않았습니다.

'**세 번째**'는 하느님 안에서 깨어 있으면서
하느님의 위대함을 깨달아야 한다는 것입니다.
여러분이 창조주만 생각하려면 피조물을 생각하지 말아야 합니다.

피조물들을 덜 생각할수록 창조주를 더 생각하게 됩니다.
좋은 생각이 아닙니까?
그래서 아우구스티노 성인(St. Augustine)이 말했습니다.
"하느님을 소유하는 것으로 만족하지 않는 사람은
너무나 욕심이 많은 사람입니다.
여러분은 하느님 안에서 모든 것을 찾아야 합니다.
여러분이 바라는 사랑, 믿음, 진리, 위로, 끊임없는 묵상 등은
모두 하느님 안에 넘쳐흐르므로 하느님 안에서 찾아야 합니다.
아름다움을 바랍니까? 하느님께서는 무엇보다도 아름답습니다.
부자가 되기를 바랍니까? 하느님께서는 거룩한 금고(金庫)입니다.
권능을 바랍니까? 하느님께서는 전지전능하십니다.
하느님 안에서는 이 모든 것을 얻을 수 있습니다.
여러분이 갖기를 바라는 것은 모두 하느님 안에 있습니다.
무한하시고 영원하신 하느님 안에 모두 있습니다."
따라서 여러분은 위로로 삼았던 세상 것들에 대한 생각을 모두 버리십시오.
다음과 같이 말하십시오.
"나로부터 멀어져라. 내가 찾고 사랑하고 생각하던 것이 아니다.
명예도 부(富)도 쾌락도 우정(友情)도
내가 바라는 것이 아니니 썩 물러가거라. 나는 관심도 없다."

그런데 왜 하느님께서 여러분에게 낯설게 보였을까요?
왜 하느님의 현존이 여러분의 생각에서 재빨리 지나가 버렸을까요?
여러분이 세상 것들에 대한 집착을 놓아버리지 못하고 있기 때문입니다.
그래서 베르나르도 성인(St. Bernard)이 말했습니다.
"묵상은 영혼이 헛된 것들에 대하여 생각하지 않고
오로지 하느님께만 매달리는 것입니다."
아우구스티노 성인도 말했습니다.
"**세상 것들에 대하여 생각하지 않으려면 하느님의 일에만 매달려야 합니다.**
오 자비하신 예수님, 제 영혼은 말할 수 없이
당신의 사랑을 그리워하고 있나이다.
제가 당신만 묵상할 수 있도록 해주소서.

저는 당신의 십자가와 당신의 고매한 인간성만 묵상하며
세상 것들에 대한 집착에서 벗어나고 싶나이다.
저는 하늘로 높이 올려져 하느님의 거룩한 신비를 알고 싶나이다.
저에게 영적(靈的)인 선물을 더 주시어
거룩한 삼위를 묵상할 수 있게 해주소서.
저의 모든 일에서 당신의 거룩한 뜻을 알게 해주시고,
저를 당신의 사랑의 끈으로 당신께 묶어주소서.
제가 가끔 한두 번씩 묵상에 빠져들면 애써 중단하지 않게 해주시고,
제가 세상 것들을 보고 듣더라도 그 생각에 머무르지 않고
즉시 그 생각을 멈추고 오로지 당신을 위해서만 살게 해주소서."

여러분이 세상 것들에 대한 집착을 버리게 되면
여러분의 마음에 하느님께서 오시게 된다는 것을 명심하십시오.
하느님께서는 여러분을 떠나시지 않습니다.
하느님께서 여러분이 마음을 비우고 당신을 받아들였다는 것을 아시면
땅도 하늘도 하느님을 만류하지 못합니다.
하느님께서는 그렇게 맹세하셨으므로
약속을 지키시게 되며 여러분의 영혼을 당신으로 채우시게 됩니다.
그러나 여러분의 영혼 안에 세상 것들이 머뭇거리고 있게 되면
여러분이 무엇을 하든 어떤 결심을 하든 하느님께서는 계시지 않게 됩니다.
여러분이 하느님으로부터 여러분 자신이나 여러분의 사랑을 빼앗는 것은
작은 일이지만, 하느님께서 여러분을 떠나시는 것은 너무나 큰일입니다.
한 아름다운 백인 여자가 무어인(Moor)처럼 새까만 아이를 출산하게 되자
이 불행이 알베르투스 마그누스(Master Albertus Magnus, 1193-1280)에게 전해졌습니다.
알베르투스 마그누스 스승이 그녀의 집을 샅샅이 뒤져
이 여인이 임신했을 때 뚫어지게 바라보던 한 무어인의 그림을 발견했습니다.
알베르투스가 말했습니다.
"여인이여, 나는 이 아이의 아버지를 알아냈소."
그는 자신이 옳다는 것을 증명했습니다.
암탉 한 마리를 가져와서 매의 그림 앞에 두었습니다.

그런데 그 암탉이 병아리들을 부화하자 모두 매를 닮았습니다.
이와 같이 마음속에 성화(聖畫)를 생각하고 있으면
우리들의 모든 행동은 거룩하게 됩니다.
따라서 세상 것들만 생각하고 있으면 세상 것들만 눈에 보이게 됩니다.

'네 번째'는 여러분의 육감에 멍에를 씌워 꼼짝하지 못하게 만들어야 합니다.
여러분이 전혀 본 적이 없는 것처럼 바라보아야 합니다.
헛된 것들은 보지도 말아야 하고 듣지도 말아야 합니다.
이웃에게는 좋은 말만 해야 합니다.
손발과 지체들을 통제하고 하느님의 뜻에만 따르도록 해야 합니다.
아우구스티노 성인(St. Augustine)이 말했습니다.
"나는 죽을 수도 있지만 죽지 않을 수도 있습니다."
이는 육욕(肉慾)을 죽이게 되면
하느님 안에서 참된 삶을 살 수 있게 된다는 의미입니다.
이와 같이 하느님께서 우리를 지배하시게 되면
틀림없이 우리도 자신을 지배하게 됩니다.
하느님, 저희에게 이런 은총을 주소서. 아멘.

〈성녀 발바라 축일(12월 4일) 강론〉

99 가난해져야만 하느님을 만날 수 있습니다

“나에게 오너라, 나를 원하는 이들아. 와서 내 열매를 배불리 먹어라.” (집회 24, 19)

이 말씀은 거룩한 어머니인 교회가 우리에게 한 말씀입니다.
교회의 위엄을 말로 표현할 수가 없는 것은
아무도 그 위엄을 알 수가 없기 때문입니다.
내가 앞에서도 말했듯이 오늘 주제로 삼고 있는 것은
초보자가 진리의 길을 가기 위한 방법과 중급자들이 진리의 길을 걷는 방법과
어떻게 하면 상급자들이 완덕을 갖출 수 있는가 하는 것입니다.

**초보자는 불순함과 시기와 분노와 교만 같은 죄의 뿌리를 잘라야 하며
또한 세상 것들과 모든 피조물에서 쾌락을 찾지 말아야 합니다.
한마디로 말하면 하느님께로 돌아가기로 굳게 결심하지 않으면,
죽을 때까지 진심으로 하느님을 사랑하고
무엇보다도 먼저 하느님을 생각하지 않으면
하느님께로 갈 수 없다는 것입니다.
하느님께로 가는 길은 이 길밖에 없습니다.**
바오로 성인이 우리에게 가르쳐주었듯이
모든 지식을 깨닫고 천사의 언어로 말한다 하여도
모든 재산을 나누어 주고
내 몸까지 자랑스레 넘겨준다 하여도 아무 소용이 없습니다.(1코린 13)
세상 것들을 좋아하면서 어떻게 하느님께로 돌아갈 수 있겠습니까?

하느님께서 계시는 곳에 세상 것들로 가득 채워두고
어떻게 하느님께로 돌아갈 수 있겠습니까?
하느님을 생각하지도 않고 사랑하지도 않는 사람이 하는 일을
왜 하느님께서 신경을 쓰시겠습니까?
왜 알곡을 두고 쭉정이를 거두시려고 하시겠습니까?

마구 엉켜 있는 수염을 날카로운 가위로 자르듯이
이 모든 죄의 뿌리들을 잘라버려야 합니다.
그런 후에는 칼날을 더 날카롭게 하여 영혼을 깨끗하게 면도하여
나쁜 말을 하지 않고 사악한 기쁨에 빠져들지 않도록 해야 합니다.
그다음에는 하느님의 심판에 대하여 묵상해야 하는데
하느님 앞에 서게 되면
좋아하시게 될지 싫어하시게 될지 아무도 모르기 때문입니다.
하느님께서 보시기에 악(惡)을 없애고 겸손해지고 당신을 두려워하면
더욱더 깊이 숨어 있는 악의를 찾게 만드십니다.
왜냐하면 나쁜 짓들은 습관적으로 하기 때문입니다.
그런데 사람들은 변명을 하며 때로는 덕행(德行)을 잔뜩 늘어놓으려고 합니다.
왜냐하면 자신이 교만한 줄을 모를 뿐 아니라
자신이 극복했다고 생각하는 잘못도 깊이 숨어 있기 마련인데,
허영심은 단정함을 핑계로 대고
먹고 마시는 것을 참은 것처럼 보이려고 하고
불같은 분노와 성급한 판단은 예리한 판단력이라고 둘러대고
게으름은 몸이 약하기 때문이라고 둘러댑니다.
형제자매 여러분, 이렇게 자신을 속이지 마십시오.
왜냐하면 자기기만과 신학(神學)을 핑계로 잘못된 길을 가게 되면
종말이 비참하게 되기 때문입니다.
여러분이 잘못한 것이 없다고 생각할지라도
마귀가 찾아와서 여러분을 데리고 다닐 것이기 때문입니다.

특히 교만에는 겸손을 가장하고,
알려고 하고 깨달으려고 하는 허영심으로 가득 차 있을 위험이 있습니다.

이렇게 가장하고 있는 사람들은
오만한 루시퍼(Lucifer)의 규범에 따라 훈련을 받았기 때문에
자신을 많이 속일수록 더 심하게 타락하게 됩니다.
형제자매 여러분, 이는 매우 중요한 문제라는 것을 잊지 마십시오.
만약 여러분이 밤낮으로 뜨거운 찜질방에 갇히게 되면
무척 참기 어려울 것입니다.
그런데 몇 년 동안 연옥(煉獄)에 갇혀버리거나
영원히 지옥에 떨어져 버린다면 얼마나 참기 어렵겠습니까?
형제자매 여러분, 자신의 내면으로 들어가십시오.
왜냐하면 하늘나라는 여러분 안에 있기 때문입니다.
하느님의 재판정에 있는 자신의 모습을 끊임없이 생각하십시오.
악(惡)의 뿌리를 철저히 조사하고
여러분의 오래된 악습(惡習)을 빠짐없이 찾아내십시오.
만약 1, 2년 동안 죄를 지었다고 해도
이 짧은 기간에 악의 뿌리가 본성의 깊은 곳으로 내려가기 때문에
아무리 열심히 파내려고 해도 파낼 수가 없게 됩니다.
특히 젊은 사람들은 자신의 깊은 곳에
죄의 뿌리가 깊이 박혀 있다는 것을 알아야 합니다.
시작이 반이라고 일단 죄의 뿌리를 뽑아버리기 시작하면
그리 힘든 일도 아닙니다.
특히 '**네 종류의 악(惡)의 뿌리**'를 파내려고 애써야 합니다.

첫 번째 악(惡)의 뿌리는 육욕(肉慾)입니다.
이 육욕이 수행에 얼마나 방해가 되는지 모릅니다.
완덕을 갖추려고 하는 선한 사람들도 영성을 찾으려고 하지는 않고
먼저 육욕을 만족시키려고 합니다.
내면을 성찰하려고도 하지 않고 내면생활도 하지 않으려고 합니다.
이들은 자신의 내면을 전혀 모릅니다.
오로지 외면생활만 하려고 합니다.
그리하여 자기 자신을 알지 못하게 되고
자신의 소명이 무엇인지도 모르게 됩니다.

다음으로는 화를 잘 내는 본성을 억제하는 수련을 해야 합니다.
화를 잘 내게 되면 자신의 영혼 안에 하느님께서 계시지 못하게 됩니다.
화를 내는 것이 나쁜 것만은 아니지만
자기 합리화를 하여 길을 잃게 만들기 때문에 조심해야 합니다.
누구나 다른 사람들을 지배하려고 하고
다른 사람들에게 착한 일을 하라고 시키면서도
거짓 열성을 보이며 자신과 다른 사람들을 속입니다.
성난 말투로 말할 때가 많으며 화난 얼굴을 하고 약자(弱者)를 괴롭힙니다.

세 번째 악의 뿌리는 자신이 많이 알고 있고
똑똑하다고 믿고 있는 것으로 수행에 엄청난 방해가 됩니다.
왜냐하면 지나치게 이성(理性)에만 의존하여 진리를 모르기 때문입니다.
자신이 이 사실을 모르면 결코 깨달음을 얻지도 못하고 완덕에서 멀어질 뿐입니다.
지식만 많이 갖고 있을 뿐 지혜가 없습니다.
그리하여 겸손하지 못하며 거짓 덕을 보이려고 하며
자신을 속이고 다니는 사람들을 속입니다.

네 번째는 자신이 옳게 믿고 있으며 믿음이 깊다고 착각함으로써
성숙하지 못하게 되는 것입니다.
이를테면 열심히 기도하고는
하느님께서 자신의 기도를 들어주셨다고 자위(自慰)하는 것입니다.
그런데 이런 환상이 밝혀지게 되면 맹목적으로 믿던 신앙심이 식어버리게 됩니다.
형제자매 여러분, 하느님께서 많은 은총을 주신 것으로 생각하지만
실제로는 그렇게 믿고 싶은 열의를 보여주었을 뿐입니다.
우리는 상상 이상으로 영적(靈的)인 자기만족에 빠져들고 있습니다.
이러한 자기만족은 감수성이 예민하고
지옥을 두려워하고 하늘나라를 갈망하기 때문에 생긴 것에 지나지 않습니다.
형제자매 여러분, 마음속으로 하느님을 가장 위에 두고 있지 않으면
하느님으로부터 아무런 은총도 받지 못하게 된다는 것을 명심하십시오.
형제자매 여러분, 위의 네 장애물을 제거하십시오.
우리는 굳은 결심을 하고 반드시 이 장애물들을 없애야 합니다.

우리는 하느님의 엄격한 심판이 우리를 기다리고 있고
하느님의 엄격한 징벌이 우리를 기다리고 있다는 것을 생각해야 합니다.

그러나 이러한 외적인 장애를 없애도 우리의 내면에는
옛날의 나쁜 버릇들과 나쁜 생각들이 여전히 남아 있게 됩니다.
이 모든 것들이 우리 주 예수 그리스도의 생각들로 바뀌어야 합니다.
독화살은 그리스도의 사랑의 화살로 막아야 합니다.
내면에서 그리스도의 사랑을 키워야만 우리의 하찮음이 줄어들게 됩니다.
하느님께서 우리의 몸을 낫게 해주시려고 허브와 미네랄을 주셨는데
어찌 하느님의 아드님께서 영혼의 모든 병을 치유해주시지 않겠습니까?
그리스도의 수난과 죽음을 생각하면 영혼의 모든 병은 치유되게 됩니다.
인간만의 힘으로는 아무 일도 할 수 없으므로
기도하면서 그리스도의 수난을 생각하고
하느님 아버지의 발 앞에 엎드려 당신의 사랑하시는 아드님의 도움을 청하십시오.
주님의 고통과 죽음의 모든 순간에 동참하고 아버지의 자비를 청하십시오.
우리는 그리스도 없이는 아무 일도 할 수 없기 때문입니다.
이런 수행을 습관적으로 해야 합니다.
우리는 그리스도의 수난을 한시도 잊어서는 안 되며
다른 엉뚱한 생각을 조금도 해서는 안 됩니다.

그런 다음 영광스런 하느님의 친구들의 반열에 동참할 수 있도록
겸손하게 경외심을 갖고 하느님을 바라보고 그리워하면서
영혼을 고귀하게 만들어야 합니다.
하느님을 모르고 있던 영혼이 이렇게 해야만 욥기의 말씀처럼 되기 때문입니다.
"어떤 입김이 내 얼굴을 스치자 내 몸의 털이 곤두섰다네."(욥기 4, 15)
그러면 영혼의 내면에서 많은 변화가 생기게 됩니다.
성령의 입김이 지나가는 것을 분명히 보고 알아차리게 될수록
영혼 안에 변화가 더 빨리 일어나게 되고
영혼은 더 깊고 강하게 완전하게 바뀌게 됩니다.
그리고 영혼은 자신의 부족함을 더욱더 뼈저리게 깨닫게 됩니다.
그러면 갑자기 주님께서 밝은 빛을 비추시며

영혼에 오시어 영혼을 완전하게 만드십니다.
그리하여 영혼은 영광스러운 주님의 현존을 반기며
수동적으로 되어 주님께 모든 일을 맡깁니다.
자신의 좋은 생각도 주님의 역사에 방해가 될 것처럼 느낍니다.
영혼이 할 일은 오로지 하느님께서 역사하시게 하는 것입니다.
뒤에 하느님의 역사가 끝난 것을 느끼게 되면
평소와 같이 수행을 계속하게 됩니다.

이제 영혼은 하느님의 인도에 따라 일하거나 쉴 수 있게 됩니다.
그러나 조용히 묵상할 수 없으면 묵상이나 다른 수행을 하도록 해야 합니다. **"여러분의 믿음을 통하여 그리스도께서 여러분의 마음 안에 사시게 하시며, 여러분이 사랑에 뿌리를 내리고 그것을 기초로 삼게 하시기를 빌어야 합니다. 그리하여 여러분이 모든 성도와 함께 너비와 길이와 높이와 깊이가**
어떠한지 깨닫는 능력을 지니기를 빌어야 합니다."(에페 3, 17-18)

그러나 형제자매 여러분, 이렇게 완전하게 되기는 불가능하지만
항상 깨어 있으면서 사랑으로 완덕을 갖추기를 바라야 합니다.
우리의 영혼은 세상 것들을 모두 버리고
하느님께서는 무소불위(無所不爲)**하시다는 것을 고백하고**
하느님께서 계신 높은 곳으로 올라가야 합니다.
마찬가지로 하느님께서 계신 심연은
우리의 이성(理性)**으로는 접근할 수 없지만**
우리의 영혼은 무한히 낮아져야 합니다.
그리하여 거룩한 어머니이신 교회는 주님께서 영혼에 쏟아 부으신
모든 선물에 대해서는 침묵하고 끝없이 낮추신 겸손에 대해서만 말하고 있습니다.
"내 마음이 나의 구원자 하느님 안에서 기뻐 뛰니
그분께서 당신 종의 비천함을 굽어보셨기 때문입니다.
이제부터 과연 모든 세대가 나를 행복하다 할 것입니다."(루카 1, 47-48)

'하느님의 너비'는 **'하느님의 무한한 사랑'**을 뜻합니다.
하느님께서는 모든 사람을 사랑하시기 때문입니다.

하느님께서는 어디에나 계시기 때문에 누구와도 가까이 계십니다.
그리고 하느님처럼 영혼의 가장 깊은 곳에 계시는 분은 없습니다.
하느님을 찾으려고 하면 거룩한 성사에서나
하느님의 친구에게서나 모든 피조물 속에서 발견할 수 있습니다.
따라서 열심히 이 하느님의 너비를 닮고
하느님 외에는 모든 것을 버려야 합니다.
자기를 버리고 여러분 안에 하느님을 모셔야 합니다.
이렇게 함으로써 우리의 영은 자유롭게 되고
많은 은총을 받게 되고 어떤 피조물보다 더 고귀하게 됩니다.
그래서 그레고리오 성인(St. Gregory)은
"하느님께서 숨어서 역사하시는 것을 알려면
보지 않고도 모든 것을 알아야 합니다." 하고 말했습니다.

'하느님의 길이'는 '하느님의 영원성'을 뜻하는데
하느님께서는 변함이 없는 하느님이시기 때문입니다.
그리고 지금 현재도 성인들이 하늘나라에서 함께 지내면서
하느님께서 좋아하시는 것을 알고 사랑하고 있듯이
과거도 없고 현재도 없이 그리고 '변함없이 사랑하는 것'을 뜻합니다.
이는 하느님을 위하여 좋아하는 모든 것들과 모든 슬픔을 버리고
하느님만 믿고 하느님만 생각하면서 하느님을 닮아야만 가능한 일입니다. 그래야만 "나에게 오너라, 나를 원하는 이들아. 와서 내 열매를 배불리 먹어라."는 초대를 받게 되고 우리의 영혼 안에 하느님께서 탄생하시게 됩니다.
이는 우리의 어머니이신 성모님 안에서 성모님을 찬양하고
성모님을 섬기고 성모님께 영광을 돌리도록 하느님께서 역사하신 결과입니다.
저희가 성모님의 모든 덕행을 본받게 해주소서.
하느님, 저희가 성모님의 은총을 듬뿍 받도록 해주소서. 아멘.

〈복되신 동정 마리아 원죄 없으신 잉태 대축일(12월 8일) 강론〉

100 죽어야만 다시 태어날 수 있습니다

"내가 진실로 진실로 너희에게 말한다.
밀알 하나가 땅에 떨어져 죽지 않으면 한 알 그대로 남고,
죽으면 많은 열매를 맺는다.
자기 목숨을 사랑하는 사람은 목숨을 잃을 것이고,
이 세상에서 자기 목숨을 미워하는 사람은
영원한 생명에 이르도록 목숨을 간직할 것이다."(요한 12, 24-25)

우리가 '**밀알**'을 '**우리 주 예수 그리스도**'라고 해석하는 것은
주님께서 돌아가심으로써 모든 인류에 풍성한 열매를 안겨주셨기 때문입니다.
그리고 우리는 주님과 함께 지내려면
주님을 본받아 죽었다가 다시 태어나야 한다는 것을 알고 있습니다.
'**이러한 사랑**'을 '**목숨까지 내어놓는 사랑**(dying love)'이라고 하며
'**하느님을 사랑하기 위하여 모든 육욕**(肉慾)**을 버리고**
쾌락을 버리고 마침내 자신의 뜻까지도 버리는 사랑'을 말합니다.
기쁘게 자주 자신의 죽음을 하느님께 바칠수록
상급(賞給)으로 '**살아있는 열매, 즉 새로운 생명**'을 받게 됩니다.
즉 자기(自己)**를 죽이고 자기를 멀리해야만**
생명이신 우리 주 하느님께로 갈 수 있다는 말입니다.

형제자매 여러분, '**죽어서 다시 태어나는 삶**'은
'**세 등급**'으로 나눌 수 있다는 것을 아십시오.
'**첫 번째 등급**'은 '**믿음은 없지만**

지옥을 두려워하고 하늘나라로 가고 싶기도 하여
하느님을 사랑하게 된 사람들로
이들의 목표는 대죄(大罪)를 짓지 않는 것입니다.'
이들은 지옥이나 하늘나라에 대하여 묵상할 때만 하느님을 사랑합니다.
이들은 자기(自己)를 죽이거나
세상 것들로부터 얻는 기쁨을 포기할 생각은 추호도 하지 않으며
용감하게 자신의 허물들을 없애려고도 하지 않으며
세상 것들에 대한 집착을 버리려고도 하지 않습니다.
이들은 오로지 속죄(贖罪)와 고행(苦行)의 회초리로부터
자신의 피부를 보호하려고만 합니다.
이들은 이기적인 사람들이며 모든 것을 자기중심으로 생각하는 사람들로
오로지 육욕(肉慾)만 만족시키려고 하고
세상 것들로부터 기쁨을 얻으려고 하며 조금만 불편해도 참지 못합니다.
이들이 죄를 두려워하는 것은 지옥 불이 두렵고
하늘나라에 가고 싶기 때문입니다.
이들은 하느님을 제대로 사랑해본 적이 없어
하느님 사랑을 쾌락적인 사랑처럼 생각하며
지옥에서 벗어나고 하늘나라로 갈 수 있게 하는 선물로만 생각하기 때문입니다.
이러한데 어떻게 이들이 우리 주님의 수난을 진심으로 묵상할 수 있겠습니까?
이들의 죄를 대신하여 돌아가신 주님께 어떻게 감사할 수 있겠습니까?
완덕을 보여주시면서 돌아가신 것에 감사하기는커녕
자신들을 위하여 육체적인 고통을 받으신 것으로
감상적으로만 생각했을 뿐입니다.
이들은 주님의 겸손과 사랑과 우리들의 슬픈 운명에 대한 동정과
하느님 아버지를 찬양하시고 영광을 돌리신
위대함을 전혀 생각하지 못했습니다.

이러한 사람들은 오로지 자기 자신만을 위해서 죽으려고 하는
이기심밖에 없었으므로 하느님만 생각하고
하느님께 모든 것을 맡기는 것은 생각할 수도 없었습니다.
이들은 하느님께서는 모든 일을 완전하게 하신다는 것을 믿지만

자신을 하느님의 섭리에 맡기는 것을 주저합니다.
그리하여 예수 그리스도께서 그토록 수난을 받으시고
추종자들로 하여금 꼭 같은 수난을
받도록 하시는 것을 도저히 이해하지 못합니다.
이들이 잠시 후 자기를 죽이는 삶을 살지도 모르지만
그때도 진심으로 자기를 죽이지는 않고, 자기를 죽이는 척만 하고 금식(禁食)에
매달리고 본능을 괴롭히는 것들을 지켜보면서
완덕의 의미를 몰라 외면하게 될 것입니다.
이들은 하느님께서 이와 같이 외적으로 고통 받는 것을 가장 좋아하신다고 믿고
기꺼이 고통을 받을 수 있다고 생각하면서도
자신이 이미 완덕을 갖추었다는 착각을 합니다.
그리하여 다른 모든 사람을 심판하고
자신보다 완덕을 갖추지 못한 사람들을 비난하는데,
금욕생활을 자신들만큼 하지 않았다고 무례하게 욕하면서
영성(靈性) 생활에 대하여 아무것도 모르고 있다고 말합니다.
여러분이 이들의 말에 동의하면 아무 말도 하지 않지만
동의하지 않으면 영성이 없다고 말합니다.
모든 사람이 자신의 말에 동의하기를 바라며
동의하지 않으면 욕을 먹어야 합니다.
이 모든 것은 이들의 이기적인 교만에서 비롯된 것이므로
사랑이신 주님께 모든 것을 맡기지 못하게 됩니다.

당연히 이들에게는 이웃 사랑도 없습니다.
이들은 좋은 사람이든 나쁜 사람이든 가리지 않고 사랑하지는 않습니다.
이들은 어떤 사람들은 사랑하지만 어떤 사람들은 미워합니다.
이 때문에 항상 불안해합니다.
너무나 이기적이므로 자신만 생각하고 자신만 사랑합니다.
그리고 동료 그리스도인들에게 영적(靈的)으로 너무나 인색하며
오로지 자신만을 위하여 기도하고 수행합니다.
이들이 어렵게 다른 사람들을 위하여 기도하게 되면
놀라운 일로 생각하며 가장 값비싼 보답이라고 여깁니다.

잠시 내면으로 들어가기도 하지만 거의 내면생활을 하지도 못하고
깨달음도 얻지 못해 하느님 사랑이나 이웃 사랑도 하지 못합니다.
이들은 지나치게 자기만 사랑하고 세상 것들만 좋아하므로
그리스도인의 사랑과 지혜로 누구와도 하나가 되지 못합니다.

이들은 당연히 하느님도 사랑하지 못하고 이웃들도 사랑하지 못합니다.
이들은 하느님의 율법을 따르고 거룩한 교회에 순종하는 것처럼 보이지만
사랑의 법은 지키지 못하고 있습니다.
이들은 사랑으로 하는 일은 없으며 결핍하거나 두려워야 일합니다.
그리고 하느님께 솔직하지 못하므로 하느님을 믿지도 못합니다.
이들은 하느님께서 사랑하지 못하게 하신다는 엉뚱한 생각을 합니다.
그리하여 두려움과 분노와 불순한 생각 때문에 평생 불안하게 삽니다. 한편으로는
영원한 행복을 바라지만 영원히 얻지 못할까 봐 불안해하며,
다른 한편으로는 지옥을 생각하며 지옥에 떨어질까 봐 안절부절못합니다.
자기(自己)를 죽이지 못하므로 아무리 수행을 열심히 해도
지옥의 공포를 떨쳐버리지 못합니다.
이기적으로 될수록 지옥에 대한 두려움이 커지기 때문입니다.
그러면서도 하느님께서 이들이 가고 싶은 대로
가지 못하게 하시면 하느님께 불평합니다.
그리고 조금만 역경에 처해도 울면서 한숨을 짓습니다.
어리석은 잡담을 하면서 시간을 보내고
기적만 바라며 자신의 불행만 늘어놓습니다.
이들은 마치 하늘이 자신을 버린 듯이 행동하고 말합니다.
하찮은 일을 해놓고도 하느님께서 은총을 듬뿍 주시기를 바랍니다.
그러나 주님께서 이들을 깨우쳐주시면
고귀한 기사(騎士)가 상(賞)으로 보검(寶劍)을 받으려고 하지 않고
지팡이를 받기를 바랐던 것처럼 자신들이 어리석었음을 알게 됩니다.

이러한 사람들은 자기(自己)를 완전히 죽이고 살지 못했습니다.
더욱더 자기를 죽이지도 못하고
'목숨까지 내어 놓는 사랑(dying love)'을 이해하지 못하면

영성 생활이 더욱더 퇴보하게 될 수밖에 없습니다.
하느님, 이들이 더욱더 어리석어지고 사악하게 되지 않도록 보호해주소서.
그러나 하느님께서 이들을 구원하시려면
이들에게 영적인 기쁨을 주시어
뼈를 깎는 회개의 고통을 참고 견디도록 하셔야 합니다.
그래야만 다시 완덕을 갖추려고 할 것이기 때문입니다.
이들이 이웃을 비난하기 시작하면 모든 사람이 동조하기를 바랄 정도로
자기를 속이게 되기 때문입니다.
따라서 하느님께서는 자비를 베푸시어 다시 이들에게 오시어
환상에서 벗어나게 하시고 의로움이 무엇인지 보여주십니다.
하느님께서는 마귀로 하여금 그들에게
죄의 달콤함을 생각하도록 꼬드기게 하십니다.
그리하여 죄에 기울어져 몹시 괴로워하며
죄에서 벗어나지 못할 것처럼 생각합니다.
지옥의 고통에 대한 두려움으로 더욱더 고행(苦行)을 하며
자기와의 전쟁을 시작합니다.
그러나 구원받을 길이 없다는 것을 깨닫고 다시 멀리서 자신을 바라보며
자신이 영적(靈的)인 수행을 잘못하고 있다는 것을 알아차립니다.
하느님께서 자비를 베푸시어 다시 이들을 돕기 위하여 오십니다.
하느님께서는 이들로 하여금 겸손하게 도움을 청하게 하십니다.
그리하여 이들은 특히 우리 주 예수 그리스도의 수난을 묵상함으로써
정상적으로 수행을 할 수 있게 됩니다.

'두 번째 등급의 밀알이 죽어 생명을 얻는 삶'은
'하느님의 은총을 깨닫고 더욱더 자기(自己)를 죽이려고 하는 것입니다.'
완덕을 갖추기 위하여 더욱더 매진하려고 합니다.
그런데도 왜 완덕을 갖추지 못했을까요?
아직도 완덕과는 거리가 멀다는 것을 알고 있으면서도
가난하게 되어 더욱더 덕을 쌓으려고 하지 않기 때문입니다.
하느님을 불신하기 때문입니다.
하느님께서 자신을 잊어버리신 것으로 생각하기 때문에

하느님께서 더 이상 자신을 완덕의 길로 가도록
도우시려고 하지 않는다고 말합니다.
마음이 안정되기를 바라면서 자신을 몹시 자책합니다.
그리하여 하느님께서 인자한 얼굴을 보여주시면 안심을 하며
다시는 그런 생각을 하지 않기로 다짐합니다.
이런 시련에서 벗어나야만 자신이 하느님으로부터
특별히 은총을 받아 하느님께서 자신의 곁에 계시면서
고통을 함께 겪으시고 더욱더 덕을 쌓게 해주신다고 생각합니다.

그러나 사랑하는 우리의 주님께서는 이런 확신이 사라지면
얼마 쉽게 이기적이 되고 마는지를 잘 알고 계십니다.
우리의 주님께서는 성숙하지 못한 그로 하여금 은총을 느끼지 못하게 하십니다.
그는 쉽게 이기적이 되어 자신이 현명하고
거룩하고 덕을 쌓을 만큼 쌓았다고 생각합니다.
그래서 우리의 주님께서는 그를 절망하게 하시고 자기를 믿지 못하게 하시고 겸손하게 자신이 하느님의 은총을 받을 자격이 없음을 고백하게 만드십니다.

그리하여 그는 처음으로 거룩하신 하느님께서
은총을 뺏어 가셨다는 것을 깨닫습니다.
왜냐하면 그는 지금까지 자신이 대단한 존재라고 생각하고 있었지만
이제는 자신이 아무것도 아니라는 것을 뼈저리게 느꼈기 때문입니다.
그는 항상 친구들 사이에 의리를 지키며
자신의 명성이 더럽혀지면 항상 명예회복을 위하여 싸웠습니다.
남자가 사랑하는 아내를 존중하듯이
그는 자신의 명성을 존중했습니다.
자신에게 좋지 않은 말을 하면 진리를 아는 사람을 비난한다고 말하며,
나무가 여름의 소나기를 기다리듯이
자신의 거룩함을 칭찬받기만을 바랐습니다.
그는 사람들의 칭찬은 진실하고 덕이 많은 사람으로부터 오지만
하느님으로부터 오는 메시지라고 생각했기 때문입니다.
그는 진리를 떠나 방황한 적이 없으며 자기 성찰도 게을리 하지 않았습니다.

그러나 아무리 자신의 결점을 안타까워하더라도
자신은 칭찬을 받아야 한다고 생각하며
칭찬 받지 못하는 것을 생각하지도 않았습니다.

그러나 이러한 환상을 떨쳐버리고 자기(自己)를 더욱더 죽이려면
다음 세 가지를 생각해야 합니다.
첫 번째로 완덕을 갖추기 위하여 자신에게 주어진
모든 벌과 험담과 불명예를 기꺼이 받아들이려고
노력했는가를 생각해보아야 합니다.
이 모든 십자가 아래에서 겸손하게 머리를 굽힌 적이 있느냐 하는 것입니다.
두 번째로 이러한 수치나 벌이나 험담을 듣고도
하느님을 찬양하고 감사했느냐 하는 것입니다.
자신을 박해하는 사람들에게 얼마나 친절하게 대하고,
얼마나 진심 어린 우정(友情)으로 대하고,
자신을 해친 사람들을 얼마나 사랑하려고 했는가 하는 것입니다.
세 번째로 자신에게 고통을 안겨준 사람들을 위하여
진심으로 감사하는 마음으로 하느님께 기도한 적이 있느냐 하는 것입니다.
이 세 물음에 자신 있게 답하지 못하거나 그런 생각이 없었거나
괴로움을 느꼈다면 거짓된 영성 생활을 했다고 생각해야 합니다.
이런 사람은 자신의 영혼의 평화를 위하여
사람들의 칭찬만 받으려고 하며
영적(靈的)인 교만을 없애지 못하고 자기를 죽이지 못함으로써
아직도 자기를 죽여서 새로운 생명을 얻는 두 번째 등급에 이르지 못한 것입니다.

그러나 우리의 자비하신 하느님께서는 상냥한 어머니의 마음을 가지시고
천방지축인 아이를 얼마나 안타깝게 여기시고,
훌륭한 의사처럼 원하지도 않는 환자에게 쓴 약을 주시어
얼마나 완전하게 치유해주시는지 보십시오.
하느님께서는 자신의 무력함을 알도록 하시기 위해
자기를 죽여서 새로운 생명을 얻지 못하게 하십니다.
이뿐만 아니라 한 번도 겪은 적이 없는 것 같은

영육(靈肉)의 유혹을 받도록 하십니다.

그러면 여태까지 영성(靈性) 생활을 제대로 해왔다고 생각해왔지만

이제는 그렇게 생각하지 않게 됩니다.

자비로우신 하느님께서는 그에게 진리를 모르시게 하시어

제멋대로 죄에 빠지게 하십니다.

그리하여 그는 마침내 하느님 앞에서 비난받아

마땅하다고 생각하며 대성통곡을 합니다. 그는 울부짖으면서 말합니다.

"오 하느님, 어찌하여 저를 잊으셨습니까?

어찌하여 제가 원수의 핍박 속에 슬피 걸어가야 합니까?"(시편 42, 10)

마침내 그는 발바닥부터 머리끝까지 괴로워하며,

하느님의 거룩함에 비하여 자신이 너무나 비열하다고 느끼며,

하느님을 거역한 것을 알고 몹시 두려워하며,

자신이 아무 쓸모없는 존재라고 여기게 됩니다.

비참함이 엄습하여 안절부절못합니다.

그리하여 하느님의 인도에 따르게 되는데

하느님께서 어떤 고통을 주시든 참고 견디려고 합니다.

그는 수많은 눈물을 흘리면서 성경 말씀을 찾아보기도 하고

자신의 죄가 해변의 모래알보다도 더 많다고 고백하며

감히 하늘을 바라보지도 못하고 하느님의 진노를 지켜볼 수밖에 없게 됩니다.

눈물이 메마르게 되고 더욱더 괴로워할 수밖에 없습니다.

그러나 한편으로는 모든 사람들의 발에 짓밟히고

자기를 완전히 죽이기를 바라지만,

다른 한편으로는 자신도 모르게 교만이 머리를 쳐들고

모든 사람으로부터 인정받기를 바라는데

이 갈등은 참으로 견디기 어렵습니다.

드디어 자기(自己)를 죽이면 하느님께 불명예를

안겨주게 된다는 꼬드김을 받는 자신을 경멸합니다.

나는 이런 시련을 받게 되면 사람의 정신력이 마비된다고 믿습니다.

따라서 그는 고통을 참고 견디는 것보다

하느님께 불명예를 안겨드리는 것이 아니라면

죽는 것이 더 낫다고 생각합니다.
그러나 그는 이런 고통을 당하면서도
자신이 아직도 하느님의 은총을 받고 있다고 생각하며,
슬프거나 기쁘거나 앞으로 어떤 일이 일어나더라도
죄를 짓지 않으리라는 믿음을 갖습니다.

때로는 눈물의 은총이 다시 찾아와서 그는 하느님께 울부짖습니다.
"깨어나소서, 주님, 어찌하여 주무십니까?
잠을 깨소서, 저희를 영영 버리지 마소서!"(시편 44, 24)
그는 하느님께 왜 자비의 샘을 마르게 하셨느냐고 묻습니다.
그는 거룩한 모든 천사와 하늘의 모든 성인(聖人)들에게 자비를 청합니다. 그리고
하늘을 보고 울부짖습니다.
"왜 저를 하늘로 올라가지 못하게 합니까?"
그리고 땅에게는 "왜 쇠처럼 딱딱하여
저를 포근하게 안아주지 못하나이까?" 하고 울부짖습니다.
그는 돌도 부드러워져서 자신을 불쌍하게 여겨주기를 바라며 부르짖습니다.
"제가 저주받은 길보아(Gilboa) 산이 되었기 때문에
다시는 하늘나라의 위로의 이슬이나 비가 저에게 내리지 않는가요?
제가 사악하다는 이유만으로 하느님의 사랑을 받지 못하게 되었나요?
항상 자비롭게 용서하시는 하느님께서 저에게 당신 마음의 문을 닫으시고
세상의 모든 죄인 중에서 저만 용서하시지 않으셨나요?"

하느님께서는 '두 번째 등급의 밀알이 죽어 생명을 얻은 사람'의 영혼을
깨끗하게 해주시고 담금질을 여러 번 하십니다.
이 때문에 영혼은 자기 눈으로 창피당한 것을 보았으므로
자기만 아는 교만함이 없어지게 되면서
진심으로 자신을 탓하며 자존심을 죽이고 겸손하게 되어
다시는 자기 자신을 속이지 않게 됩니다.
영혼은 마침내 자신이 과거에도 무능했지만 지금도 무능하다는 것을 고백합니다.
다른 사람이 아무리 좋게 말하더라도
하느님께서 어떤 은총을 주셨더라도

자신이 내세울 것이 아무것도 없다고 생각합니다.
그래서 "저는 허물밖에 없는 사람이나이다." 하고 말합니다.
드디어 두 번째 등급에 이르게 되어
우리 주 예수 그리스도께서 정배(定配)이신 신혼 방에 들 수 있게 되었습니다.
그가 죽게 되면 우리 주님께서 반갑게 맞이하시게 됩니다.
그러나 이 경지에 이르려면 혹독한 시련을 겪어야 합니다.

우리는 나무가 작으면 뿌리가 깊지 않다는 것을 압니다.
이는 실제로는 겸손한 마음을 갖고 있는 영혼의 눈으로 보아
영혼이 작다는 것은 세상 것들에는 집착하지 않고
영혼의 생각과 갈망이 하늘나라에 깊이 뿌리를 박고 있다는 의미입니다.
이는 자기(自己)를 죽이고 새로운 생명을 얻으라는
하느님의 명령에 따르는 것입니다.
교만할수록 하느님의 명령에 따르지 않는데
이는 큰 나무는 이 세상 것들에 대한 집착이 뿌리 깊다는 것을 의미합니다.
교만한 사람들은 세상 것들을 놓아버리지 못합니다.
위대한 사람들도 그러합니다.
위대한 사람들은 하느님과 많은 싸움을 하게 되지만 항상 지고 말며
죽어서 새로운 생명을 얻기까지는 자기(自己)를 수없이 죽여야 합니다.
더 이상 하느님의 권한을 빼앗지 말고 지나치게 잘난 척하지 말고
창피를 당하며 괴로워해야 합니다.
그래야만 성령께서 오시어 당신께로 인도하십니다.

'세 번째 등급의 밀알이 죽어 생명을 얻는 삶'은
'선택된 영혼이 완덕을 갖추려고 끊임없이 노력하는 삶입니다.'
이들의 삶은 기쁨과 괴로움이 교차하게 됩니다.
성령께서는 두 종류의 고통과 두 종류의 기쁨을 추구하게 하시며
항상 눈앞에 보이게 하십니다.
'첫 번째 내면의 고통'은 성(聖) 삼위(三位)와 하나가 되어
인간의 말할 수 없는 사악함을 보고
특히 대죄(大罪)를 짓고 있는 나쁜 그리스도인들의 악의를 보고

몹시 슬퍼하는 것입니다.
'두 번째 내면의 고통'은 우리 주님께서 이웃의 슬픔에 동참하셨듯이
이웃의 슬픔에 동참하는 것입니다.
죽어서 새로운 생명을 얻은 사람들이 느끼게 되는 **'첫 번째 기쁨'**은
관상하여 그리스도를 분명히 알고 주님의 기쁨을 누리는 것으로
그리스도와 함께 영원한 생명을 갖는 희망을 갖게 하도록
성령께서 이런 경지에 이르게 하신 것입니다.
'두 번째 기쁨'은 그리스도께서 인간으로 누리셨던 행복을 맛보는 것으로 그리스도의 한 지체(肢體)로서 또 공동상속인으로서
하늘에서도 같은 기쁨을 누리기를 바랍니다.
아직도 하느님께서 계신 심연을 이해하지 못하고 있지만
이 기쁨을 맛보고 있는 것입니다.
왜냐하면 하느님의 무한한 자비를 알고 하느님의 위대하심을 모르더라도 하느님의 신비에 싸여 있는 것이 좋다고 느끼기 때문입니다.
그리하여 기쁘게 자기를 죽이면서 하느님 앞에 머리를 숙입니다.

그런데 자기(自己)를 완전히 버리고
하느님과 하나가 되려고 생각하지 않으면
결코 이 경지에 이르지 못합니다.
성령을 받아야만 모든 이기심과 자기 뜻이 사라지게 되기 때문입니다.
성령께서는 이렇게 이 사람 안에서 역사하시며 사랑하게 만드시므로
하느님을 닮을 수 있게 되며 더 이상 이기심을 보이지 않게 됩니다.
그렇습니다. 하늘도 하느님의 영광을 위하여
그렇게 되기를 바라는데 그리스도께서 그렇게 하도록 역사하셨기 때문입니다.
하느님께서 당신의 자녀 한 사람에게 하시듯이 그렇게 만드셨기 때문입니다.
이렇게 자기를 죽여 새로운 생명을 얻게 되면
하느님의 은총으로 하느님을 무엇보다도 사랑하고
그다음으로 그리스도를 사랑하고 성모님을 사랑하고
자신과 같이 거룩한 모든 성인을 사랑하게 됩니다.
이 모든 영광스러운 분들을 생각하며
신랑의 결혼잔치에서 가장 낮은 자리에 앉지만,

이 사람을 초대하신 왕께서 가장 낮은 자리에 앉아 있는 그를 보시고 말씀하십니다.
"여보게, 더 앞자리로 올라앉게."(루카 14, 10)

그리하여 새로운 생명을 얻게 되고 깨달음을 얻게 됩니다.
자신이 부족하기 짝이 없는 하잘것없는 존재라는 것을 뼈저리게 느끼고
자신이 사악했던 것에 대하여 책임을 져야 한다는 것을 깨닫습니다.
자신의 죄에 대하여 본성이나 세상이나 마귀를 핑계로 대지도 못합니다.
그리하여 모든 고통스러운 시련과 유혹들은
하느님께서 자신을 사랑하시어 보내어주신 것으로
이 모든 것들을 극복하려면 하느님께 영광을
돌릴 수밖에 없었다는 것을 하느님께 고백합니다.
그리고 하느님께서 죄를 짓게 되면 기쁨도 없게 하시고 슬퍼하게 하시는데 그것은
순전히 자신의 비열함 때문이므로 다시는 죄를 짓지 않겠다고 고백합니다.
그뿐만 아니라 자신의 사악함을 너무나 잘 알게 되었음을 고백합니다.
회개한 후에도 아무도 모르게 사악한 생각 때문에 괴로워하고
죄를 짓게 되면 기쁨을 잃게 된다는 것을 깨닫습니다.
그리하여 아직도 자신에게 사악함이
남아 있다는 것을 알고 괴로워하면서 회개합니다.
그러면서도 하느님께서 자신의 기도를 들어주시고
자신을 치유하신 하느님의 자비를 알고 기뻐하기도 합니다.
이렇게 고통과 기쁨이 교차하게 되므로
자기를 죽임으로써 새로운 삶을 살 수 있게 되었다고 말할 수 있는 것입니다.
우리의 주님께서도 이 땅에 오시어 돌아가실 때까지
슬픔과 기쁨을 함께 맛보시면서 사셨습니다.
이를테면 하느님의 아드님께서 왕좌를 버리시고 이 땅에 오신 것은 슬픔이었고
그 슬픔 중에서도 아버지의 영광을 계속 누릴 수 있었던 것은 기쁨이었습니다.
사람의 아들이 되신 것은 슬픔이었고
아직도 하느님의 아드님으로 남아 계신 것은 기쁨이었습니다.
종의 신분이 되신 것은 슬픔이었고
만물의 주님으로 남게 되신 것은 기쁨이었습니다.
인간으로 십자가 위에서 돌아가신 것은 슬픔이었고

하느님으로 죽음을 이기신 것은 기쁨이었습니다.
인간인 어머니로부터 태어나신 것은 슬픔이었고
하느님의 품속에서 영원히 태어나시게 된 것은 기쁨이었습니다.
이 땅에서 돌아가신 것은 슬픔이었고
영원히 사시게 된 것은 기쁨이었습니다.
말씀이 사람이 되시어 우리 가운데 사신 것은 슬픔이었고
하느님과 태초부터 계시고 당신께서도 하느님이셨던 것은 기쁨이었습니다.
죄인처럼 요르단 강에서 요한으로부터 세례를 받으신 것은 슬픔이었고
하느님 아버지로부터 사랑하는 아들이라는 말씀을 들으신 것은 기쁨이었습니다.
마귀로부터 유혹을 받으신 것은 슬픔이었고
천사들이 와서 아버지의 뜻을 전해준 것은 기쁨이었습니다.
가끔 굶주리고 목말라 하신 것은 슬픔이었고
당신께서 사람들과 천사들의 양식(糧食)이 되신 것은 기쁨이었습니다.
힘들게 일하셔서 지치신 것은 슬픔이었고
사랑하는 마음으로 기쁘게 쉬신 것은 기쁨이었습니다.
많은 사람에게 당신의 생명과 죽음이 아무 소용이 없게 된 것은 슬픔이었고 당신의 친구들에게 영원한 지복(至福)을 주신 것은 기쁨이었습니다.
우물에서 사마리아 여인에게 마실 물을 청하신 것은 슬픔이었고
같은 여인에게 영원히 목마르지 않는 생명수를 주신 것은 기쁨이었습니다.
배를 타고 물을 건너신 것은 슬픔이었고
물 위로 걸으신 것은 기쁨이었습니다.
라자로의 죽음을 보시고 마르타와 마리아와 함께 우신 것은 슬픔이었고
라자로를 다시 살리시어 누이들에게 돌려보내신 것은 기쁨이었습니다.
십자가에 못 박힌 것은 슬픔이었고
십자가에서 한 강도에게 천국을 약속하신 것은 기쁨이었습니다.
십자가 위에서 목말라 하신 것은 슬픔이었고
돌아가심으로써 영원히 목마르지 않게 되신 것은 기쁨이었습니다.
"저의 하느님, 저의 하느님,
어찌하여 저를 버리셨습니까?" 하고 우신 것은 슬픔이었고(마태 27, 46)
이 절망의 울음을 통하여 슬퍼하는 모든 사람을 위로하신 것은 기쁨이었습니다.
성령을 버리시고 땅에 묻히신 것은 슬픔이었고

사흗날에 부활하신 것은 기쁨이었습니다.

이와 같이 예수님께서는 구유에서 태어나시어 십자가에서 돌아가실 때까지
슬픔과 기쁨이 교차했습니다.
당신의 이런 삶을 추종자들에게 유산으로 남겨주시어
자기를 죽여 새로운 삶을 살도록 하시려고 했습니다.
그리하여 사람들은 주님께서 걸으셨던 것처럼
요람에서 무덤까지 걸어가려고 합니다.
하느님, 저희에게 이런 은총을 주소서. 아멘.

〈성 스테파노 첫 순교자 축일 강론〉

101 자기 자신을 속이는 까닭

"나에게 오너라, 나를 원하는 이들아. 와서 내 열매를 배불리 먹어라."
(집회 24, 19)

오늘은 순수하고 거룩하신 성모님께서
어머니 자궁에 있다가 이 세상에 태어나신 거룩한 날입니다.
에덴동산에서 잃어버렸던 인간의 완전한 영혼을
하느님 아버지께서 당신의 모습대로 만드시어 우리에게 되돌려주신 것입니다.
성모님은 영원하신 아버지와 함께 하느님 가족 모두를
본래대로 회복시키도록 협력하시게 되어있었습니다.
하느님께서는 무한한 자비로 성모님을 이용하시어
우리를 죄의 영원한 죽음에서 다시 일어나도록 도우시려고 했던 것입니다.

"나에게 오너라, 나를 원하는 이들아. 와서 내 열매를 배불리 먹어라."는
말씀은 성모님께서 태어나신 후 받게 될 은총을 말씀하신 것으로, 하느님아버지께서 하시고 싶은 말씀을
성모님의 입을 통해서 교회가 말한 것이며,
성모님께서는 다시 하느님 아버지의 품속에 계시던
영원한 아드님의 탄생을 두고 하신 말씀으로
영원한 아드님의 탄생을 통하여
은총을 풍성하게 받으라는 말씀입니다.
성모님께서는 우리를 당신께 오게 하시어
우리로 하여금 아드님의 탄생 열매를 맘껏 맛보게 하시려고 한 것입니다.

즉 우리가 아드님의 탄생을 바라고
아드님의 사랑의 맛을 듬뿍 보게 되기를 바라신다는 말씀입니다.
이렇게 하여 여러분의 영혼은 더욱더 주님을 그리워하게 됩니다.
아우구스티노 성인(St. Augustine)이
"주님, 당신은 당신을 위하여 저희를 만드셨으므로
저희 마음이 당신 안에서 쉬기 전까지는 마음이 편치 못하나이다." 하고
말한 것처럼 말하게 됩니다.
우리의 영혼은 이와 같이 끊임없이 불안하게 여기지만
세상 것들과 육욕에서 기쁨을 찾고 안정을 유지합니다.
우리는 생명이 있는 것이든 없는 것이든
즉 우정과 동료애 그리고 옷과 음식 등 우리를 즐겁게 하는 것이면
세상 것들을 소유하려고 합니다.
이와 같은 기쁨 때문에 아버지 대신에
세상 것들이 우리 안에 자리 잡고 있는 것입니다.
그러나 우리가 세상 것들에 맛 들이고 있는 한
하느님께서는 우리 안에 들어오시지 않습니다.
따라서 거룩한 하느님의 탄생도 느끼지 못하게 됩니다.
하찮은 것들을 사랑함으로써 여러분 영혼 안에
하느님께서 탄생하시는 기쁨을 맛보지 못하게 된 것입니다.

이 때문에 사람들은 하느님을 싫어하며
하느님을 사랑하지도 않고 그리워하지도 않는다고 말합니다.
나는 여러분 안에서 이 원인을 찾으라고 말하고 싶습니다.
아무도 여러분만큼 자신을 잘 알고 있는 사람이 없기 때문입니다.
따라서 여러분이 왜 하느님을 사랑하지도 않고
사랑할 생각도 하지 않는지에 대하여
나에게 묻지 말고 자신에게 물어보십시오.
여러분은 하느님도 섬기고 세상 것들도 섬기려고 했지만
그것은 불가능한 일입니다.
여러분이 피눈물을 흘리더라도 동시에 하느님 안에서 기뻐하고
세상 것들 안에서 기뻐할 수는 없습니다.

세상 것들을 통하여 쾌락을 얻으려고 할 뿐
하느님 안에서 하느님을 위하여 세상 것들을 사용할 줄을 모릅니다.
세상 것들은 일한 후에 굶주림이나 목마름을 해소시키기 위해서나
쉬기 위해서나 잠자는 데 필요할 뿐입니다.
그러나 세상 것들을 지나치게 좋아하게 되면
영혼 안에 하느님께서 태어나시지 못하게 됩니다.
그렇다고 해서 육욕을 전혀 만족시키지 말라는 뜻은 아닙니다.
본능을 만족시키려면 기쁨을 맛보아야 하며
먹는 기쁨은 빼앗겨서도 안 되기 때문입니다.

그러나 하느님께서 태어나시는 것을 방해하지 않으려면
또 하느님을 더욱더 그리워하려면
자신의 세상 것들에 대한 집착을 끊임없이 지켜보아야 합니다.
집착을 덜 할수록 더욱더 빨리 성숙하게 되기 때문입니다.
냉정함이 줄어들수록 더욱더 따뜻한 사랑이 싹트게 되기 때문입니다.
그렇다고 해서 게을러져 나쁜 버릇을 버리지 않거나
어리석게 약해지라는 말은 아닙니다.
어떤 사람들은 마음이 열려서 자신의 내면을 성찰하지 않고
맹목적으로 규칙적인 수행을 하려고만 합니다.
이런 여린 마음이나 자기중심적인 생각을 버리지도 않고
고해 신부를 괴롭히기만 하면 안 됩니다.
자신이 노력하지 않는 한 고해신부가 도와줄 수가 없습니다.
설령 여러분이 하루에 열 번이나 고해신부에게 가더라도 아무 소용이 없습니다.
여러분 스스로 여린 마음을 없애고 이기심을 버리려고 노력해야 합니다.
여러분이 세상 것들에 집착하는 한 하느님의 얼굴을 볼 수 없게 됩니다.

이것이 성경 말씀의 가르침이고 특히 그리스도의 복음의 가르침입니다.
여러분은 첫 번째 계명이자 가장 큰 계명인
무엇보다도 하느님을 사랑해야 합니다.
우리 주님께서도 우리에게 당신을 위하여 우리가 가진 것을
모두 포기하지 않으면 당신을 모실 자격이 없다고 말씀하셨습니다.

그리고 또 "주님! 주님!" 하고 외친다고 해서 하늘나라에 들어갈 수 없으며 하느님 아버지의 뜻에 따라야만 하늘나라에 갈 수 있다고 말씀하셨습니다.
여러분은 아드님의 가장 귀중한 피를 거부하고
아드님의 거룩한 삶을 부끄럽게 만드는 비참한 사람들을
하느님께서 하늘나라에 들어가게 하실 것이라고 생각합니까?
절대로 그렇게 생각하면 안 됩니다.
여러분이 하느님께서 그러한 사람들을 얼마나 혹독하게 심판하시는지 안다면
여러분의 영혼이 무서워서 말라 죽어버릴 것입니다.
하느님께서는 당신의 외 아드님을 통해서만
당신께로 올 수 있다고 하셨습니다.
그런데 여러분은 하느님께서는
외 아드님을 경멸하도록 내버려 두실 것이라고 생각합니까?
그러한 일은 꿈도 꾸지 마십시오.

여러분은 거룩한 수도원을 개인적인 거룩함을
성취하는 곳으로 생각하지 마십시오.
자신의 습관, 고깔, 수도원 생활과 동료들이
자신을 성화(聖化)시켜주는 것은 아닙니다.
자신이 거룩한 사람으로 불리려면
자기를 면밀히 성찰하고 자기를 죽여야만 합니다.
"주님! 주님!" 하고 외치고 많은 기도를 하고 경건한 독서를 많이 하고
많이 알고 겉으로 거룩함을 보인다고 해서 거룩한 사람이 되는 것이 아닙니다.
자기를 면밀히 성찰하고 자기를 죽이지 못하면
여러분이 비난을 받지 내가 비난을 받지는 않습니다.
왜냐하면 나는 여러분에게 속된 마음과 교만함과 허영심과
믿음이 깊은 척하는 것을 여러 번 경고해왔기 때문입니다.
여러분은 접목(接木)한 가지라는 것을 보여주어야만 합니다.
열매는 접목해야만 맺게 되지 나무가 저절로 맺는 것이 아니기 때문입니다. 여러분의 수도원이 마지막 심판을 받는 것이 아니라 여러분이 심판받게 됩니다. 따라서 여러분이 내면생활을 열심히 하지 않으면 모든 수행은 헛되고 맙니다. 왜냐하면 하느님의 탄생은 내면 외면으로

열심히 수행해야 느낄 수 있게 되기 때문입니다.
이러한 의미에서 욥기에서 "밤의 환시 때문에 생각에 잠겼을 때
사람들이 깊은 잠에 빠졌을 때
공포와 전율이 나를 덮쳐 내 뼈마디가 온통 떨리는데
어떤 입김이 내 얼굴을 스치자
내 몸의 털이 곤두섰다네." 하고 말한 것입니다.(욥기 4, 13-15)
**밤의 환시에 대한 두려움은 세상 것들에 집착하여 생기는 고통으로
하느님의 심판대 앞에 서서
하느님의 진노로 뼈마디가 온통 떨리게 되는 것을 말합니다.**

**복음에서는 영(靈)의 두 움직임을 가르쳐주고 있는데
하나는 성령께서 우리 안으로 들어오시는 것이고
또 하나는 우리의 영이 하느님 안으로 들어가는 것입니다.
그러나 하느님께서 영혼을 다스리시게 되면 이 두 움직임은 끝나게 됩니다.**

장작이 불타게 되면 더 이상 장작이 아니며,
씨앗이 나무가 되면 더 이상 씨앗이 아닙니다.
성령께서 우리 안으로 들어오시게 되면 우리 안에 머무시게 됩니다.
그레고리오 성인(St. Gregory)은 이러한 의미에서
"욥기에서 '내 몸의 털이 곤두섰다'고 한 것은
율법에서 레위 인들이 머리털이나
수염을 자르는 것을 말한 것으로(레위 19, 27 참조),
**머리털이나 수염이 자라듯이
세상 것들에 대한 집착이 뿌리를 깊이 내리게 되면
덕을 쌓아야만 즉 날카로운 칼날로 잘라낼 수 있습니다."** 하고 말한 것입니다.
**하느님의 혹독한 심판을 받지 않으려면 면도날을 잘 갈아야 합니다.
조금이라도 세상 것들로부터 기쁨을 얻게 되면
하느님을 뵙기 전에 불타는 연옥(煉獄)에서
참을 수 없는 고통을 겪어야만 합니다.
더부룩한 털을 깎지 않으면 어떤 일이 생길까요?
잘라 내어도 금방 자라므로 끊임없이 잘라야 합니다.**

헛된 생각이 들면 굳은 결심으로 즉시 억제하려는 사람은 참으로 현명합니다.
처음에는 힘들지만 계속하게 되면 쉽게 됩니다.
그래야만 가래로 막을 것을 매일 자신을 성찰하는 호미로 막을 수 있게 됩니다.

다음 계명은 "이웃을 사랑하라."는 것입니다.
이 사람이나 저 사람이 아니라 모든 사람을 사랑해야 합니다.
선한 사람뿐만 아니라 나쁜 사람도 사랑해야 하며
부자뿐만 아니라 가난한 사람도 사랑해야 합니다.
우리는 성모님의 부모인 성 요아킴(Joachim)과
성녀 안나(Anna)로부터 이런 사랑을 배웠습니다.
왜냐하면 성모님의 부모님은 재산을 세 등분하여
하나는 성전에서 하느님을 모시는 데 사용하고
또 하나는 가난한 사람들에게 나누어 주고
또 하나는 자신들이 먹고사는 데 사용했다고 전해지기 때문입니다.
탐욕적인 사람은 더러운 구덩이에 빠지게 된다는 것을 아십시오.
참된 사람은 세상 것들을 쉽게 버립니다.
우리의 주님께서 말씀하셨습니다.
"주어라. 그러면 너희도 받을 것이다.
누르고 흔들어서 넘치도록 후하게 되어 너희 품에 담아 주실 것이다.
너희가 되질하는 바로 그 되로 너희도 되받을 것이다."(루카 6, 38)

내적인 성숙을 이루는 데도 면도칼을 사용해야 합니다.
왜냐하면 하느님을 위해서가 아니라
자기만족을 위하여 외적인 수행에만 매달리는 사람들이 있기 때문입니다.
그러면 자신의 영혼 깊은 곳을 모르게 됨으로써
자기를 죽이려고 하지 않기 때문입니다.
이러한 사람은 한 사람이라도 진정한 하느님의 친구를 갖게 되어도 기쁘게 자신을 낮추고 성령께서 인도하시는 길로 가도록 도움을 받게 될 것입니다. 그러나 하느님의 진정한 친구를 빠른 시일 안에
만나게 될 것이라는 생각은 하지 말아야 합니다.
깨달아 경건하고 지혜가 많은 사람을 쉽게 만날 수 없기 때문입니다.

물론 모든 고해신부는 옳은 길로 인도하게 되는데
고해신부가 깨닫지는 못해도 소명을 받았으므로
성령께서 고해신부의 입을 통하여 말씀하시기 때문입니다.
따라서 우리는 자기 뜻대로 하지 말고 고해신부의 말에 따라야 합니다.
성모님께서는 어릴 때도 부모님의 말씀을 따랐고 사제의 지시에 따랐습니다.
그리고 뒤에도 요셉 성인의 말에 순종했습니다.
또 요한 성인이 우리 주님을 믿게 하심으로써
요한 성인의 보호 아래 사셨습니다.
오늘 성모님의 탄생 축일을 맞아
성모님께 우리를 보호해 주십사 하고 기도합시다.
당신의 거룩한 아드님의 탄생과 함께
다시 태어날 수 있도록 해달라고 성모님께 간구합시다.
하느님, 저희에게 이런 은총을 주소서. 아멘.

〈복되신 동정 마리아 성탄 축일 강론〉

102 하느님께서 우리의 기도를 들어주시지 않는 까닭

"나에게 오너라, 나를 원하는 이들아. 와서 내 열매를 배불리 먹어라."
(집회 24, 19)

베르나르도 성인(St. Bernard)은 우리의 거룩한 성모님에 대하여 말했습니다.
"우리는 아무리 성모님을 찬양해도 부족하지만
성모님의 후덕하심을 본받아 침묵해야 합니다."
그리고 성인은 다른 곳에서 성모님에 대하여
"하느님의 반열에 서실 정도로 높아지시더라도
불쌍한 우리 인간을 모른 척하시지는 마소서.
당신의 날에 당신을 기념하는 인간의 연약함을 생각하시지 못할 만큼
하느님 본성의 심연에 들어가시지는 마소서." 하고 말했습니다.
그리고 이 밖에도 베르나르도 성인과 다른 성인들이
성모님을 찬양한 말은 많이 있습니다.

성모님의 추종자는 '**두 부류**'가 있다고 말합니다.
'**한 부류**'는 성모님께 기도하지 않는 사람들로
기도할 수 없기 때문이라고 말합니다.
하느님께 기도했지만 들어주시지 않았기 때문이라고 말합니다.
'**다른 부류**'는 성모님과 다른 성인들에게 진심으로 그리고 열심히
자신이 필요한 것을 얻게 해달라고 기도하는 사람들입니다.
그런데 두 부류 모두 쉽게 길을 잃고 있는지도 모릅니다.
'**첫 번째 부류**'는 기도하라는 거룩한 교회의 명령을

따르지 않는 잘못을 저지르고 있기 때문입니다.
우리의 주님께서는 우리에게 기도하는 법을 가르쳐주셨을 뿐만 아니라
끊임없이 아버지께 기도드렸습니다.
이러한 사람들은 자신의 기도를 들어주시지 않았기 때문에
기도하지 않았다고 변명하는데 자신의 어리석음을 보여주는 것입니다.
왜냐하면 헛된 것을 간청하지 않았다면
하느님께서 들어주셨을 것이기 때문입니다.
우리가 아무리 열심히 하느님께 간청하더라도 어떤 것은 들어주시지 않습니다.
그래서 그레고리오 성인이 말했습니다.
"하느님께서는 우리에게 당신께 기도하기를 바라십니다.
하느님께서는 우리로 하여금 결핍을 느끼게 하시어
기도하도록 만드신다는 것을 알아야 합니다."
우리가 진정으로 하느님을 믿고 사랑하면
하느님께서는 우리를 도와주시고
우리는 도움을 받고 안심하게 됩니다.

'**다른 부류**'도 쉽게 길을 잃는데 자기를 죽이지도 않고 기도하기 때문입니다. 이들은 하느님께 기도하기만 하면 모든 것을 들어주셔야 한다고 생각합니다. 이들은 모든 일을 하느님께 맡겨드리지 않습니다.
진심으로 기도하여 모든 것을 하느님의 뜻에 맡겨
하느님께서 역사하시도록 해야 합니다.
초보자일수록 자신의 죄를 모두 잘라버려야 하고
보다 성숙한 사람일수록 죄에 기울어지지 말아야 하고
완덕을 갖춘 것으로 보이는 사람일수록
조금도 악에 기울어지지 말아야 한다는 것을
우리는 너무나 늦게 깨닫는다는 것을 알아야 합니다.

자기를 죽이지도 않고 기도하는 사람들의 경우,
세상 것들에 대한 집착을 버리고
하느님께 돌아가 진심으로 하느님만 사랑하고 섬기지만,
악령(惡靈)이 유혹으로 공격하면

세상에 물들어 세상 것들을 좋아하는 사람들처럼 두려워합니다.
그러나 세상에 물든 사람들은 유혹을 받게 되면
다르게 반응한다는 것을 알아야 합니다.
자기를 죽이지 못하고 살과 피가 온통 죄로 물들어 있으므로
유혹을 뿌리치지 못하기 때문입니다.
타락한 본성을 버리지도 못하여 마귀와 맞설 수도 없으며
유혹을 뿌리치지도 못합니다.
그리하여 결국 유혹에 빠져 세상 것들을 좋아하게 됩니다.
그러나 완덕을 갖춘 사람들은 이미 오래전에
자기를 죽이고 세상 것들에 대한 집착을 버렸습니다.
그리하여 유혹을 멀리하기 때문에 마귀는 화를 잘 내는 성격처럼
남아 있는 죄의 뿌리들만 찾으려고 합니다.
마귀는 이러한 것들만 붙들고 늘어지면서 간교함을 행사합니다.
마귀는 이미 부스럼을 만들었지만, 더욱더 많은 부스럼을 만들어
온몸이 부스럼투성이가 될 정도로 유혹에 휩싸이게 만듭니다.
그리하여 화를 내게 되면 마귀는 더욱더 화를 돋우어
아무 생각도 하지 못하게 하여 누군가를 때릴 것처럼 만듭니다.
잠시 안정을 찾게 되면 마음속으로 하느님 앞에 엎드려 겸손하게
하느님께 도움을 청하여 원수와 화해하여 마음의 평화를 얻고 싶지만
화를 누그러뜨리지 않고 자신의 무력함만 느낍니다.
형제자매 여러분, 만약 이렇게만 한다면
하느님으로부터 자신의 허물을 용서받게 되어
마귀가 빈손으로 떠나게 될 것입니다.
만약 고해신부에게 간다면 더욱더 쉽게 용서를 받을 수 있습니다.
누구든지 이렇게 현명하게 행동하게 되면
하느님께서 은총으로 더 성숙하도록 하실 것입니다.

나는 아무도 관심을 갖지 않지만
알아차리게 되면 불쌍하고 연약한 우리가 위축되는
'**고귀한 입김**'에 대하여 말하려고 하는데,
'**고귀한 입김**'에 따라 살지 않은 사람들은 더욱더 위축되고 맙니다.

그러나 '**고귀한 입김**'을 알아차린 사람들도 제대로 설명을 하지 못합니다.
욥기(4, 15)에서는 "**어떤 입김이 내 얼굴을 스치자**
내 몸의 털이 곤두섰다네." 하고 말했습니다.
그레고리오 성인은 '**입김**'은 거룩한 인간성을 지닌 '**주님의 영**(靈)'을 의미하고
'**영**(靈)'이라는 말은 모든 피조물로부터 숨겨져 있는
'**신성**(神性)'이라고 해석했습니다.
그레고리오 성인은 엘리야의 환시에 대해서도 마찬가지로 이해했습니다.
"바로 그때 주님께서 지나가시는데, 크고 강한 바람이 산을 할퀴고
주님 앞에 있는 바위를 부수었다.
그러나 주님께서는 바람 가운데에 계시지 않았다.
바람이 지나간 뒤에 지진이 일어났다.
그러나 주님께서는 지진 가운데에도 계시지 않았다.
지진이 지나간 뒤에 불이 일어났다.
그러나 주님께서는 불 속에도 계시지 않았다.
불이 지나간 뒤에 조용하고 부드러운 소리가 들려왔다.
엘리야는 그 소리를 듣고 겉옷 자락으로 얼굴을 가린 채,
동굴 어귀로 나와 섰다."(1열왕 19, 11-13)
주님께서는 이와 같이 '**조용하고 부드러운 소리**' 안에 계십니다.
형제자매 여러분, 크고 강한 바람이 할퀸 산과 지진과 불은
모두 주님을 맞이하기 위한 준비였습니다.
그레고리오 성인이 말했습니다.
"'**높은 산**'은 '**교만한 영혼**'을 의미하고
'**단단한 바위**'는 '**자기를 죽이지 못하고 자신을 속이는 사람들**'을 의미하며
자신이 좋아하는 수행(修行)만 하고 있으면서도
위대한 일을 하고 있다고 생각합니다."
주님께서 이러한 사람들에게 오실 때는
먼저 지진을 보내시어 그들 안에 있는 것들을 모두 뒤죽박죽으로 만드십니다.
그러나 슬프게도 이러한 환시(幻視)**를 보고도 알아차리는 사람이 드뭅니다.**
그 이유는 세상 것들에 집착하고 있고
하느님을 완강하게 거부하고 있기 때문입니다.
세상 것들 안에 머무르고 육욕만 만족시키려고 하고 있기 때문입니다.

그러나 주님께서는 어떤 사람 안에서 역사하시어
크고 작은 성공을 거두게 만드시는데
이러한 사람들은 수백 번 이상 하느님의 환시를 보았을 것입니다.
나는 이러한 사람들을 많이 만났는데
마치 죽기 직전에 있는 사람들 같았습니다.
어떤 사람은 주야로 너무나 괴로워했는데
마치 생명이 빠져나가는 것 같아서
주님께 이러한 환시를 보고 무엇을 해야 하는지 말씀해달라고 간청하자
주님께서 그에게 말씀하셨습니다.
"내가 손발과 몸과 사지(四肢)에 참을 수 없는 고통을 받고 있는데도
너는 마음속으로 괴롭지도 않았느냐?"
형제자매 여러분, 어떤 사람들은 이런 고통을 참지 못합니다.
그리하여 마음을 안정시키기 위하여 이리저리 쫓아다닙니다.
그러나 아무 데서도 마음의 안정을 찾지 못하는데
자신의 영혼 깊은 곳으로 가서 자기를 죽이지 않기 때문입니다.
이러한 사람들은 단지 무서워서 죽으려고 합니다.
형제자매 여러분, 물의 세례를 받고 나서 갓난아기처럼 아무 허물도 없고
어떤 죄도 짓지 않고 가장 빠른 길로 하느님의 진리를 알려고 하는 사람이라면 먼저
자기를 죽이는 처절한 고통을 겪어야 합니다.

지진이 지나간 뒤에 불이 일어났지만
주님께서는 불 속에도 계시지 않았습니다.
형제자매 여러분, 이는 자신의 피와 골수를 마르게 하고
새로운 사람을 만들게 하는 불같은 사랑을 의미합니다.
어떤 사람은 이 불같은 사랑으로 내면이 기진맥진하게 되고
외면으로도 많은 영향을 받아 아무것도 할 수 없을 것처럼 느끼기도 합니다.
자신이 송두리째 불타버리는 느낌을 받기도 합니다.
내가 아는 어떤 사람은 불타는 감정 때문에
잠을 이루지 못하여 겨울에 눈 위에 드러누워야 잠을 자게 되었는데
자신의 몸의 열이 눈을 녹여 물이 고이기도 했습니다.
형제자매 여러분, 이 불같은 사랑이 몸을 불타게 만든 것은

하느님께서 오신 것이 아니고 무엇이겠습니까?

불이 지나간 뒤에 조용하고 부드러운 소리가 들려왔는데
그 안에 주님께서 계셨습니다.
형제자매 여러분, 여러분은 이것을 어떻게 생각하십니까?
지진이 일어나고 불이 지나간 뒤에
조용하고 부드러운 소리가 들려 왔다는 것은
불쌍한 인간의 영육(靈肉)에 대격변이 일어난
다음에 주님께서 찾아오셨다는 것을 의미합니다.
그런 준비를 하게 하신 후 주님께서 오셨다는 것은 얼마나 놀라운 일입니까?
주님께서 초자연적인 힘을 보여주시지 않았다면
내면으로 들어가서 주님께서 오시는 기쁨을 맛보지 못했을 것입니다.
그러나 주님께서 오셔도 잠깐 뵈었을 뿐입니다.
왜냐하면 엘리야도 주님을 잠깐 뵈었는데
너무나 눈이 부시어 겉옷 자락으로 얼굴을 가렸기 때문입니다.
'엘리야의 동굴'은 **'우리의 참지 못함'**을 나타내고
'동굴의 문'은 **'하느님을 만나 뵙는 은총'**을 의미하며
'겉옷으로 눈을 가린 것'은 **'잠깐 뵈어도 압도당하고**
참지 못하게 된다는 것'을 우리에게 가르쳐주시는 것입니다.
형제자매 여러분, 주 하느님께서는 분명히 거기에 계셨으며
벌꿀이나 벌집보다 더 달콤하게 느꼈습니다.
우리의 영혼을 하느님께서 계신 깊은 곳으로 인도하셨습니다.
눈이 부시어 햇빛을 바라볼 수 없듯이
인간은 이 달콤한 느낌을 순간적으로밖에 느낄 수가 없습니다.
사랑하는 형제자매 여러분, 이 이해할 수 없는 일을
어떻게 말하고 생각하더라도 진실은 진실입니다.
마치 내가 검은 석탄 더미를 가리키면서
"온 세상을 밝혀주는 밝은 태양을 보십시오." 하고 말하는 것과 같을 것입니다.
그러나 형제자매 여러분, 이런 일이 일어나게 되면
형용할 수 없는 마음의 평화를 누리게 됩니다.

욥기에서 말한 영(靈)은 하느님의 아드님이었으며
엘리야 예언자에게 조용하고 부드러운 소리 가운데
오신 주님이었고 성령이었습니다.
그래서 그레고리오 성인은
"주님께서 조용하고 부드러운 소리 가운데 오셨듯이
주님께서는 성령강림 일에 거센 바람이 부는 듯한
소리와 함께 제자들에게 오셨습니다.
그리고 이는 다음과 같은 이유 때문입니다.
제자들은 외면생활과 모든 그리스도인의 이익을 위하여 성령을 받았으므로 성령께서는 공공연하게 제자들의 마음을 사로잡으셨습니다.
그러나 엘리야 예언자의 경우에는 그럴 필요가 없었습니다.
주님께만 성령을 보내셨기 때문입니다."
죽기 전 한순간일지라도 이런 은총을 받게 되는 사람은 복됩니다.
그러나 여러분은 이 은총이 아무리 크더라도
영원한 생명을 얻는 기쁨보다는 크지 않다는 것을 알아야 합니다. 그렇습니다.
깊이를 알 수 없는 바다와 가장 작은 물 한 방울을 비교하는 것과 같습니다.
영혼은 이렇게 새로이 발견한 기쁨의 은총을 받으면 내면생활을 어떻게 할까요?
이들은 영혼 깊은 곳으로 들어가
자기 자신이 아무 쓸모없는 존재라는 것을 뼈저리게 느낍니다.
하느님의 위대함을 알고 하느님을 사랑하기 때문에
하느님을 찬양하고 하느님께 영광을 돌리기 위해서는
수백 번이나 자기를 죽이려고 합니다.
왜냐하면 하느님의 위대하심을 깨달을수록
자신의 작음과 무가치함을 깨닫게 되기 때문입니다.
자신이 아무것도 아니라는 것을 알아차림으로써 자기를 완전히 버려
하느님께서 현재의 위로를 빼어 가셔도 아무 불평도 하지 않습니다.
그런데 하느님의 뜻에 어긋나게 계속 위로를 받으려고 했다면
당연히 연옥(煉獄)으로 가게 된다는 것을 압니다.
그러나 자기를 죽인 사람에게는 이러한 일이 결코 일어나지 않습니다.

오히려 사랑에 불타 이성(理性)이 아무리 반대하더라도

사랑하는 사람을 위하여 고통을 받으려고 합니다.
이렇게 은총을 받은 사람은 기꺼이 고통을 받으려고 하기 때문에
기쁘게 그리스도의 수난을 본받으려고 하며
주님께서 모독을 받으신 데 대하여 무척 부끄러워하며 괴로워합니다.
그리하여 그리스도의 십자가를 갈망하며 십자가 아래 서서
슬퍼하고 괴로워하는데
그것이 사랑하는 사람의 교수대이기 때문입니다.
매일이 진정으로 거룩한 십자가의 축제이므로
기쁘게 그리스도의 십자가에 함께 못 박힙니다.
그리하여 십자가에 못 박히신 예수님만 생각하게 되므로
이들에게 영광스러운 빛이 비치게 됩니다.
바오로 성인은 정신을 잃고 말았는데 얼마나 영광스럽게 여겼는지 우리에게 "**나는 우리 주 예수 그리스도의 십자가 외에는
어떠한 것도 자랑하고 싶지 않습니다.**" 하고 말했습니다.(갈라 6, 14)
그리고 거룩한 사람 욥(Job)도
"**제 영혼은 이런 고통보다는 숨이 막혀 버리기를,
차라리 죽음을 택하겠습니다.**" 하고 말했습니다.(욥기 7, 15)
하느님께서 욥에게 은총을 듬뿍 주셨으므로 죽음을 택하려고 했던 것입니다.
십자가에 매달리는 사람은 무척 괴롭겠지만 어떤 것보다도 영광입니다.
왜냐하면 주님께서도 사랑하는 사람을 위하여
십자가에서 수난을 받고 돌아가셨기 때문입니다.
**그래서 영혼은 고통받기를 바랐고
하느님께서는 영혼에게 슬픔을 주시고
버림받은 듯한 고통을 주셨던 것입니다.** .

이러한 일이 일어나게 되면 불타는 사랑의 영혼은
위로를 모두 빼앗겨버렸다고 생각할까요? 아닙니다.
사랑은 현명하게 "사랑하는 이여, 하느님께서 그대에게 주신 사랑의 유산을 생각하시오. 그대의 영혼은 하느님으로 가득 차게 되었고
온몸은 고통으로 가득 차게 되었소." 하고 말하며 이성(理性)을 내쫓아버립니다.
사랑이 뜨겁게 불탈수록 더욱더 고통스럽게 되지만 사랑을 더욱더 바라게 됩니다.

사랑은 예언자들이 하느님의 친구들에게 약속한 유산입니다.
사랑하는 사람이 고통의 유산을 더 소중히 여길수록
영원히 더욱더 많은 복을 받고 영광스럽게 됩니다.
이것은 거룩한 순교자들이 사랑의 한숨을 쉬면서 바라던 것입니다.
이렇게 은총을 듬뿍 받은 사람은 이제야 사람다운 삶을 살기 시작했고
완덕의 삶을 이제야 살기 시작하는 것처럼 느낍니다.
그러나 슬프게도 이 좋은 선물을 아는 사람이 드뭅니다.
사람들은 이를 부정하며 세상 것들에만 집착합니다.
하느님, 저희의 어리석음을 불쌍히 여기소서.
하느님, 저희가 끝까지 완덕의 길을 가도록 인도해주소서. 아멘.

〈복되신 동정 마리아의 방문 축일 강론〉

103 그리스도인의 순결

"처녀는 몸으로나 영으로나 거룩해지려고 주님의 일을 걱정합니다."
(1코린 7, 34)

처녀는 몸과 영(靈)이 모두 깨끗해야 합니다.
'몸이 거룩하게 되려면' 세속적인 일을 하더라도 허물이 없어야 하고,
먹고 마시고 잠자고 깨어 있는 것과 같은
몸을 만족시키는 일을 절제해야 하고, 말을 적게 하고, 공손해야 하며,
속된 사람들과 어울리지 말아야 하고 쾌락을 멀리해야 하며,
겸손하게 행동해야 하며, 여자다운 일을 해야 하고,
끊임없이 회개해야 하고, 순결을 지켜야 합니다.
이렇게 하지 않고 처녀가 순결을 지키려는 것은 환상에 지나지 않습니다. 왜냐하면
외적으로 죄를 짓지 않으려면 외적으로뿐만 아니라
내적으로도 죄를 짓지 않으려고 해야 하기 때문입니다.
몸만 단련시키게 되면 정신이 맑아지지도 않을뿐더러
완덕을 얻을 수 없기 때문입니다.
몸을 깨끗하게 해야 할 뿐만 아니라 정신도 깨끗하게 하기 위하여
어떻게 하면 깨끗하게 되는지
어떻게 하면 더러워지는지를 알아야 합니다.

영(靈)이 깨끗해지려면 겸손해야 할 뿐만 아니라 양심도 깨끗해야 합니다.
겸손한 양심은 깨끗한 마음이며 성경을 통하여 얻을 수 있습니다.
왜냐하면 성경 말씀은 묵상을 하게 만들기 때문입니다.

거룩한 생각만 하도록 하여 헛된 생각을 하지 않도록 합시다. 성경을 열심히 묵상하면 타락하지 않게 된다는 것을 명심하십시오.
예레니모 성인(St. Jerome)이 말했습니다.
"성경을 읽는 것을 좋아하면 육(肉)에 기울어지지 않고
오히려 육에 기울어지는 것을 경멸하게 됩니다."
세상 것들에서 쾌락을 얻으려는
특히 남자나 여자에게서 쾌락을 얻으려는 욕망을 없애야
깨끗한 마음을 가질 수 있게 됩니다.
아무리 경건한 사람이라도 한순간이라도 방심하게 되면
혼란스럽게 되고 약해져서 오랫동안 나쁜 생각으로 고통받게 됩니다.
따라서 속된 생각을 아예 하지 않도록 해야 합니다.
걷잡을 수 없는 강한 성욕(性欲)이 인간의 가장 큰 약점입니다.
살아 있는 동안 이 성욕과 싸워야만 합니다.
그러나 슬프게도 많은 사람이 이를 깨닫지 못하고
마치 자신이 육욕을 완전히 극복한 것처럼 행동하고 있습니다.

사랑하는 형제자매 여러분, 육욕을 완전히 극복한 사람은 드뭅니다.
여러분이 이 음흉한 생각과 수천 번이나 싸워 이겼다면
더 이상 불순한 생각을 갖지 않도록 하십시오.
영육(靈肉)으로 불순한 생각에서 벗어나지 못하게 되면
음흉한 유혹을 결코 뿌리치지 못하게 됩니다.
아무리 오랫동안 참아내었더라도 갑자기 유혹이 닥치게 됩니다.
착하고 순수한 마음을 가진 수많은 사람이
아무 영문도 모르는 채 유혹에 빠져들게 됩니다.
때로는 이러한 음흉한 생각이 갑자기 생겨서
나쁜 짓을 하게 되지만 그런 경우는 드뭅니다.
예전부터 세상 것들을 좋아해 왔고 육욕을 즐겨왔기 때문에
불순한 생각들이 쌓이게 된 결과입니다.
그리하여 영문도 모르는 채 사리 분별을 하지 못하게 됩니다.
내면의 경건함이 줄어들어 생기게 된 결과입니다.
그리하여 몹시 실망하여 양심의 가책을 받고

지옥에 떨어진 것처럼 괴로워하며 불순한 생각을 이를 악물고 없애려고 합니다.
너무나 절망하여 지옥의 문으로 들어가
영원한 어둠 속에 묻혀버리는 듯한 느낌을 받기 때문입니다.
마치 죄의 선고를 받고 죽음이 두려워
모든 감각과 이성(理性)을 잃어버리는 것처럼 느끼기 때문입니다.

깨어있지 않으면 이렇게 되고 맙니다.
그러나 때때로 하느님께서 불순한 생각을 갖게도 하시는 것은
그래야만 진정으로 겸손한 사람이 되기 때문입니다.
이러한 사람은 자신의 연약함을 뼈저리게 깨닫게 될 뿐 아니라
다른 사람들의 연약함에 연민을 느끼는 법도 배우게 되기 때문입니다.
너무나 교만하기 때문에 하느님께 순종해야 하고
가난하게 되어야 하는 사람에게는 특히 이러한 유혹이 필요합니다.
특히 이성(異性)을 밝히는 사람에게 필요합니다.
그러나 마귀는 교활하게 잠도 자지 않고 유혹에 빠져들게 만듭니다.

진심으로 자기(自己)를 버리려면 모든 나쁜 생각들을 없애야 합니다.
모든 것을 하느님께 맡겨드리고 모든 일이나 생각에서 이기심을 버려
하느님의 뜻이 이루어지기만을 바라야 합니다.
이렇게 영육(靈肉)의 평화를 갖고 하느님만 생각하게 되면
자신의 저급한 본능이 반발하는 것도 전혀 모르게 됩니다.
그리고 양심도 자신을 더 이상 괴롭히지 않습니다.
이뿐만 아니라 뻔뻔스럽지도 않게 되며
순진무구한 어린이로 돌아가서 나쁜 생각을 하지 않게 됩니다.
순진한 어린이는 그러한 것에 아무 주의도 기울이지 않는데
악(惡)에 대해서는 아무것도 모르기 때문입니다.
그러나 성장하면서 아는 것이 많아지게 되면
나쁜 생각도 하게 되고 죄를 짓기도 합니다.
그러나 오랫동안 자기를 죽이고 살고
자기 성찰을 많이 한 사람은 다시 순진한 아이처럼 됩니다.
육욕을 억제하고 불순한 유혹을 느끼지도 않을뿐더러

잠을 잘 때도 느끼지 않습니다.
유혹을 받게 되어도 조금도 현혹되지 않고 물들지도 않습니다.
유혹이 그냥 지나가 버려서 시체처럼 육욕을 전혀 느끼지 못합니다.
그러나 아무리 순결한 사람이라도
이런 상태가 지속될 것이라는 생각을 하지 말아야 합니다.
아무리 거룩한 사람이라도 유혹에 빠질 수 있기 때문입니다.
아무리 열정이 식었다고 해도
도망치지 못하고 육욕에 빠질 수 있기 때문입니다.

사랑하는 형제자매 여러분, 이러한 영혼이
어떻게 점점 더 유혹에 빠져들어 가는지 보십시오.
경건한 사람은 무엇보다도 영성이 깊은 사람들을 좋아하는데
이들의 영성(靈性)에 현혹되었기 때문입니다.
애타게 영성을 갖기를 바라고 있었기 때문에
이들을 좋아하는 것이 곧 하느님께 감사하는 일이라고 생각했기 때문입니다.
그러나 이러한 감정을 두려움과 함께 없애버리지 못하면
개탄스러운 결과가 뒤따르게 마련입니다.
이 사람들을 좋은 사람들이라고 생각하고 겉으로 사랑을 드러내어 보여주게 됩니다.
이들을 본받아 친절한 척하고 웃으면서
좋아한다는 말을 하고 상냥하게 쳐다봅니다.
더욱더 위험한 것은 육욕(肉慾)과 같은 것들을 본받게 되는 것입니다.
그런데 이러한 성향은 쉽게 치유되지 않고 더욱더 심해지게 됩니다.
마귀가 때를 놓치지 않고 탐욕을 육욕으로 바꾸어 버렸기 때문입니다.
육욕에 빠져들게 되면 걷잡을 수 없이 더 나빠지게 되는 것은
쉽게 빠져나오지 못하게 되기 때문입니다.

이와 같이 자기도 모르게 점차 대죄에 빠져들게 될지도 모릅니다.
생각으로 가장 나쁜 죄를 짓거나
유혹을 뿌리치지 못하게 될 수도 있기 때문입니다.
사랑하는 형제자매 여러분, 완덕을 갖춘 참으로 선한 사람도
온갖 죄를 지을 수 있다는 것을 잊지 마십시오.

이런 유혹에서 빠져나가지 못하면
수행하기 전과 같은 위험에 빠지게 되기 때문입니다.
과거처럼 위험에 빠지게 되고
지금처럼 아무런 주의를 기울이지도 않게 되기 때문입니다.
유혹을 받지 않는 사람은 없습니다.
따라서 아무리 거룩한 사람이라도 살아 있는 동안에는 깨어 있어야만 합니다.

많은 영성 작가들은 우리에게
영적인 사람들의 발목을 잡는 '**세 덫**'을 말해주고 있습니다.
'**첫 번째**'는 사람들을 좋아하고 아첨하는 것입니다.
'**두 번째**'는 형제자매와 같은 혈육을 특히 사랑하는 것입니다.
'**세 번째**'는 오랫동안 수행하면서 자기 자신을 합리화하기 때문에
위험을 알지 못하게 되는 것입니다.
그리하여 이런 사람들 사이에 비정상적인 속된 사랑이 자라게 되면
특별한 관계를 맺게 되면서 서로 사랑하게 되고
함께 오락을 즐기고 서로 안부를 묻게 됩니다.
그러나 이들의 관계는 오래 지속되지 않습니다.
서로를 속이면서 양심의 가책을 받게 되는데
특히 이성(異性)과의 관계에서 그러하다는 것을 잊지 말아야 합니다.
양심이 살아 있다면 그런 관계는 오래 지속되지 않게 됩니다.
그리하여 최악의 결과를 맞이하게 되면서 마음의 평화를 잃고
몹시 부끄러워하게 되며 의심이 많게 되고 시기하게 되고 쉽게 화를 내게 됩니다.
따라서 그러한 관계 특히 이성과의 관계라면 빨리 끝내도록 권유해야 합니다.
더 이상 유혹을 받지 않고 마음의 평화를 되찾도록 하려면
반드시 이런 충고가 필요합니다.

이러한 죄나 다른 죄로부터 구원을 받으려면
보나벤투라 성인(St. Bonaventure, 1221-1274)의 충고를 들어야 합니다.
"모든 사람이 보고 듣고 있는 것처럼 생각하고
이성(異性)과 앉아서 이야기하고 행동하도록 하십시오.
그러면 부적절한 행동이나 말을 하지 않을 것입니다."

그는 다른 사람이나 다를 것이 없을 것입니다.
따라서 나쁜 열정이 싹트게 되기 때문에
어떤 사람을 어떤 명분으로도 특별히 사랑하지 않도록 해야 합니다.
이성(異性)은 물론 어떤 사람들도 특별히 편애하면 안 됩니다.
영적(靈的)인 말을 하더라도 지나치게 편애하면서 말하면 안 됩니다.
가급적이면 그들과 말을 많이 하지 말고 빨리 관계를 청산해야 합니다.

사랑하는 형제자매 여러분, 내가 이미 설명한 바와 같이
믿음이 깊은 사람들은 이러한 불순한 생각을 갖고 죄를 짓기 쉬운데
완덕을 갖추지 못한 사람의 경우 어떻게 해야 할까요?
우리는 착한 사람들이 지나치게 자신을 믿음으로써
말과 일과 생각에서 타락하여 부정(不淨)하게 되는 것을
너무나 많이 보아왔습니다.
죄를 짓지 않으려고 노력하지 않아서가 아니라
자기를 죽이지 못하고 세상 것들에 대한 집착을 버리지 못하여
풍족한 것만 좋아하고 쾌락을 좋아하고 편안한 것만 좋아했기 때문입니다.
그리하여 외적으로도 타락해버린 것입니다.
착한 사람들이 이렇게 부주의하여 타락하게 된다면
깨어 있지 못하여 수행을 하면서도 자만(自慢)에 빠져 제멋대로 하고
아무 생각 없이 마지못해 하는 그리스도인은 어떻게 될까요?
하느님께서는 예언자를 통하여 이에 대하여 말씀하셨습니다.
"내가 바로 마음을 살피고 속을 떠보는 주님이다.
나는 사람마다 제 길에 따라, 제 행실의 결과에 따라 갚는다."(예레 17, 10)
하느님, 저희 불쌍한 죄인들에게 자비를 베푸소서.
저희를 이런 불순한 덫에서 구해주소서.
저희가 양심을 더럽히지 않고 헛된 욕망을 갖지 않고
오로지 하느님만 생각하고 무엇보다도 하느님을 사랑하면서
영육(靈肉)을 깨끗이 하여 당신 앞에 설 수 있도록 해주소서.
하느님, 저희에게 이런 은총을 주소서. 아멘.

〈동정 순교자 아녜스 성녀 축일 강론〉

104 참된 그리스도인이 되려면 순결해야 합니다

"나는 나의 주 예수 그리스도의 사랑을 위하여
이 세상의 왕국과 모든 허례허식을 경멸했습니다."(가톨릭 의식서* 중에서)

교회는 동정 순교자 아가타 성녀 축일의 성무일도에서
영원히 그리스도를 섬기기로 한,
그리스도의 모든 신부(新婦)의 이름으로 이 말씀을 노래합니다.
사랑하는 형제자매 여러분, 하느님을 기쁘게 해드리고
하느님과 영원한 결혼을 하고 하느님과 하나가 되기 위해서는
신부에게 어떤 자질이 필요한가를 아십시오.

신부(新婦)가 알아야 할 '**첫 번째 요건**'은
이 세상의 왕국과 모든 허례허식을 경멸하지 않고
처녀라는 것만으로는, 즉 순수하기만 해서는
하느님을 기쁘게 해드리지 못한다는 것입니다.
이는 신부가 되려면 교만과 허영심과 사람들을
좋아해서는 안 된다는 것을 의미합니다.
그뿐만 아니라 꾸미기만 해서도 안 되고
덧없는 삶을 살아도 안 된다는 것을 의미합니다.
하느님의 영광을 위하여 이 모든 것을 버려야 한다는 것을 의미합니다.

---

* 역자 주; 가톨릭 의식서(Roman Ritual)는 교황 선출, 성인들의 시성, 추기경 임명, 교황이 드리는 미사 거행과 성무일도 등과 같이 교황이 주례하는 예식들의 일반 규정들을 다루고 있습니다.

영적(靈的)인 교만과 허영심뿐만 아니라
속된 마음을 갖고 있으면서도 겉으로 경건하게 보이려고 하고,
경건한 말을 잔뜩 늘어놓고, 하느님의 선물과 은총을 이기적인 마음으로 기뻐하고,
영적(靈的)인 자만(自慢)에 빠져 있으면 안 된다는 것을 의미합니다.
참된 그리스도인이 되려면 이 모든 것들을 반드시 극복해야 합니다.
사람들은 순수한 마음에 상처를 입히고
나쁜 사람들이 수단과 방법을 가리지 않고
잘 못 인도한 것을 좀처럼 털어놓지 않습니다.

'두 번째 요건'은 다양한 교만을 경계해야 한다는 것입니다.
이는 다른 사람들이 교만하고 뽐내고 잘난 척하고
빈틈없는 것처럼 보이려고 하는 것을 참고 견디는 것을 말합니다.
그리고 자신의 잘못에 대하여 비난을 받거나 경멸을 받거나 구박을 받으면
말이나 행동으로 겸손을 보이거나 고치려고는 하지 않고
지나치게 자신을 방어하려고 하면 안 된다는 것을 의미합니다.

'세 번째 요건'은 자신의 허물을 알고 잘못을 범하지 않아야 할 뿐만 아니라 고통을
기쁘게 받아들이고 하느님의 포도밭에서 힘들게 일하며
진정으로 겸손한 마음으로 하느님께서 쉬실 수 있도록 준비해야 한다는 것입니다.
겸손하고 온유하게 되어 하느님께서 쉬실 수 있게 하고
하느님의 뜻이라면 죽을 때까지 하느님께 순종하고
모든 사람을 존중해야 합니다.
이렇게 진심으로 자기희생을 하게 되면
자신이 필요한 것보다 훨씬 더 많은 것을 하느님으로부터 얻게 됩니다.
하느님께서는 이러한 사람에게
은총을 듬뿍 주시고 거룩하게 만들어주시기 때문입니다.

'네 번째 요건'은 가나안 부인이 그리스도로부터 수모를 받고 참았던 것처럼
이 세상에서의 경멸과 벌과 수모를 기쁘게 받아들여야 한다는 것입니다.
주님께서는 지금 이 시대에도
당신께서 선택하신 모든 사람을 가나안 부인처럼 취급하십니다.

주님께서 어떤 사람을 특별히 사랑하시어 특별한 은총을 주시려고 할 때는 내면으로
무척 고통을 주실 뿐만 아니라
외적으로도 모든 사람의 발에 짓밟히도록 하십니다.
욕을 먹게 하시고 지지 않아도 될 짐을 지게 하시어
참을 수 없게 만드시기도 합니다.
참된 그리스도인에게 이런 일이 생기면
진심으로 자신의 이기심을 탓하고
진정으로 겸손하게 되어 딱한 처지를
선물로 생각하고 감사해야 합니다.

'**다섯 번째 요건**'은 더욱더 겸손해져야 한다는 것입니다.
참된 그리스도인이라면 진심으로 자신을 탓해야 하고
어떤 역경도 참고 견뎌야 하며 모든 사람의 변덕도 감수해야 하고
어떤 환경에서도 조금도 불평을 하면 안 됩니다.
참된 그리스도인은 자신을 낮추며 "저는 불쌍한 죄인입니다." 하고 말하는데
우리 모두 그렇게 말해야 합니다.
그러나 마지못해 이렇게 말하며 겸손한 척하는 사람은
조금만 경멸의 말을 들어도 화를 내며 자기방어를 시작합니다.
무시당하는 것을 참지 못하지만
그래도 자신이 겸손하다고 생각하기 때문입니다.
나의 사랑하는 형제자매 여러분, 그렇게 하지 마십시오.
자신을 방어하기 위하여 다른 사람들을 경멸하고도
부끄러워하지 않는 것은 겸손하지 못하기 때문입니다.
다른 사람들을 경멸하는 것은
자신이 겸손하지 못하다는 것을 보여주는 것이기 때문입니다.

'**여섯 번째 요건**'은 게으르지 말아야 한다는 것입니다.
자신의 임무를 게을리 하거나 수행을 게을리 하면 안 됩니다.
더욱더 열심히 주님의 수난에 대하여 묵상하고
주님의 거룩한 상처를 사랑하고
모든 것을 제쳐두고 예수 그리스도의 삶을 공부해야 합니다.

그리고 참된 그리스도인은 하느님의 영광을 위하여 하루 종일 부지런히 일합니다.
모든 인류의 구원을 위하여 끊임없이 기도하며
좋은 사람이든 나쁜 사람이든 사람들의 죄 때문에
자신을 하느님께 희생제물로 바칩니다.
그러나 하느님께서는 참된 그리스도인을 버리신 것처럼 느끼게도 하십니다.
아무 기쁨도 없고 하느님을 사랑하지도 않는 것 같고
수행도 제대로 못 하는 것처럼 느낍니다.
이런데도 여전히 하느님을 섬기면
하느님께서는 영광을 받으시고 기뻐하시게 됩니다.

'**일곱 번째 요건**'은 하느님만 생각해야 한다는 것입니다.
어떤 일을 하든 하지 않든 하느님을 만나고 하느님의 뜻대로 해야 합니다.
외부 일은 전혀 생각하지 말아야 합니다.
수행(修行)을 해도 아무 일도 하지 않고
하느님만 생각한 것처럼 느껴야 합니다.
참된 그리스도인은 하느님을 더욱더 영광스럽게 하기 위하여
모든 사람이 수치를 주고 험담을 해도 참아야 합니다.
왜냐하면 권위나 명예를 바라지 않기 때문입니다.
성령을 받았으므로 거드름을 전혀 피우지도 않습니다.
하느님께서는 참된 그리스도인들로 하여금
때때로 다른 사람들을 다스리게도 하시는데
이때도 사랑을 갖고 온유하게 다루며
"**너희 가운데에서 첫째가 되려는 이는 너희의 종이 되어야 한다.**"는
주님의 말씀대로 합니다.(마태 20, 27)

'**여덟 번째 요건**'은 세상 것들을 멀리하고
속된 명예에 집착하지 않도록 해야 한다는 것입니다.
이러한 결심이 약해지게 되면
가장 먼저 찾아오는 것이 영적(靈的)인 교만인데
인정받기를 바라며 다른 사람들의 칭찬을 바라게 됩니다.
이런 마음은 하느님만이 없애실 수 있습니다.

따라서 아무리 거룩한 사람이라도 죽을 때까지
이 영적(靈的) 교만과 싸울 각오를 해야 합니다.
참된 그리스도인에게서는 교만이나 탐욕이나 증오나 시기(猜忌)를 찾아보기 어렵지만 가끔 게으름이나 식탐(食貪) 심지어는 불순한 유혹도 받습니다.
이러한 악(惡)들은 뿌리 깊게 박혀 있으므로
완전히 없애지 않으면 유혹을 받게 됩니다.
그러나 참된 그리스도인들에게는 이런 유혹이 많은 도움이 됩니다.
하느님을 너무나 사랑하기 때문에
내적 외적인 고통과 수치를 참고 견디기 때문입니다.
관상(觀想)보다도 이런 고통을 더 좋아하기 때문입니다.
그리스도를 위하여 이런 고통을 받게 되면
세상 것들로부터 얻는 쾌락보다도 더 좋아합니다.
그리스도를 위하여 기꺼이 고통받기를 바라기 때문에
죄를 전혀 짓지 않게 됩니다.
하느님, 저희도 이런 참된 그리스도인이 되게 해주소서. 아멘.

〈동정 순교자 아가타 성녀 축일 강론〉

105 육화(肉化)를 이루게 하신 성모님

"은총이 가득한 이여, 기뻐하여라.
주님께서 너와 함께 계시다."(루카 1, 28)

오늘 주님의 탄생 예고 대축일에
우리는 죄를 많이 지어 저주받아 지옥 불에 떨어져 있는
우리 불쌍한 인간들에게 자비를 베푸시고,
영원히 넘치게 사랑하시는 하느님, 주님 중의 주님, 만물의 주님을 기념합니다.
바오로 성인이 말했습니다.
"그분께서는 하느님의 모습을 지니셨지만
하느님과 같음을 당연한 것으로 여기지 않으시고
오히려 당신 자신을 비우시어 종의 모습을 취하시고 사람들과 같이 되셨습니다.
이렇게 여느 사람처럼 나타나 당신 자신을 낮추시어 죽음에 이르기까지,
십자가 죽음에 이르기까지 순종하셨습니다."(필리 2, 6-8)
아무도 이러한 사랑을 제대로 설명할 수도 없을뿐더러
아무리 하느님을 찬양하고 감사해도 부족합니다.
최고의 심판자이신 우리의 주님께서
우리의 아버지, 형제, 우리의 신랑이 되신 것을
천사나 인간의 이성(理性)으로는 설명할 수가 없습니다.
주님께서는 우리 대신에 죄와 비난을 받으시고 죽음으로써
우리를 구원해주시고 우리를 당신의 자녀로 만드시고 영원한 생명을 주셨습니다.
그리고 우리를 가장 높은 천사보다도
가장 높은 영광의 자리에 다시 앉게 해주시고

하늘의 의로움을 주시고 당신의 친족으로 만들어주셨습니다.

오 하느님, 모든 것이 완전해졌나이다!
당신의 이 위대한 사랑을 받고
어느 누가 영육(靈肉)으로 부족하지 않게 찬양하고 사랑할 수 있겠나이까?
당신께서 저희를 구원해주셨기에 저희는 무엇보다도 당신을 사랑하게 되었나이다.
구원은 아무도 생각할 수 없고 전례(前例)도 없을 뿐만 아니라
무한히 겸손해야 하실 수 있는 일이었고,
아무 대가도 바라시지 않고 저희에게 주신 은총이었고,
영원히 잊지 못할 선물이나이다.
당신의 구원으로 인하여 저희가 당신을 사랑하게 되었고
저희의 뜻을 버리고 기쁘게 당신과 하나가 되려고 하나이다.
그러나 자비하신 예수님, 이 위대하고 거룩한 선물의 보답으로
저희가 무엇을 드릴 수 있겠나이까?
당신께서 저를 만드실 때 영혼을 주셨지만
그 영혼을 죄로 타락하게 만들었나이다!
그런데도 당신께서 저의 죄를 대신하여 돌아가셨으므로
당신께 두 배로 빚을 졌나이다.
가장 사랑하는 주 예수님, 당신께서 저를 대신하여 돌아가셨는데
보답으로 무엇을 드릴 수 있겠나이까?
나의 주님, 나의 하느님, 저의 불쌍한 영혼이
당신을 위하여 수천 번 이상 보답하더라도
저를 위하여 돌아가신 것과 어떻게 비교가 될 수 있겠나이까?

사랑하는 형제자매 여러분, 우리는 이 위대한 주님의 사랑에
보답할 길이 없으나 우리 자신을 바치거나
우리가 할 수 있는 모든 일을 해서라도 조금이라도 갚아야 합니다.
주님께서 성모님을 가장 사랑하셨던 것처럼 진심으로 주님께 갚아드려야 합니다.
따라서 하느님께서 당신의 아드님을 탄생하시도록 은총을 주심으로서
구세주의 어머님께서 우리 주님을 보살펴주셨듯이
나는 여러분이 우리 주님을 제대로 섬기는 법을 일깨워주려고 합니다.

여러분이 거룩하게 되지 못하여 천사가 성모님께
"은총이 가득한 이여, 기뻐하소서." 하고 말한 것을 거의 이해하지 못하겠지만,
성모님께서 당신의 자궁 안에서 하느님의 아드님을 잉태하시기 위해
얼마나 많은 준비를 해 오셨는가 하는 것을 조금은 이해할 수 있을 것입니다.

성모님의 이름에 걸맞게 성모님께서는
하느님만 생각하시면서 성 삼위와 하나가 되셨습니다.
성모님께서는 주님의 뜻만 생각하시고 주님의 명예만 생각하시고
숙련공의 손에 있는 연장처럼 오로지 주님의 인도에 따라서만 움직이셨습니다.
성모님께서는 마음이 가난하셨을 뿐만 아니라
무척 겸손하셨기 때문에 하느님께로 높여졌습니다.
그리고 자기를 죽이시어 자기 뜻을 없애고
수동적이 되시어 오로지 하느님만 생각하셨습니다.
이 때문에 하느님께서 성모님의 영육(靈肉) 안에 들어가실 수 있게 되었습니다.
성모님께서는 '영(靈, spirit)'을 깨끗하게 하셨기 때문에
하느님의 선물을 바라시지도 않았고
선물을 기쁨으로 삼으시지도 않았습니다.
그리고 '영혼(soul)'을 깨끗하게 하셨기 때문에
세상 것들에 집착하시지 않고 완덕만 쌓으시려고 했습니다.
몸과 마음을 깨끗하게 하셨기 때문에 하늘의 빛나는 천사들처럼 되시어
아무 죄도 짓지 않으셨습니다.
여인 중에 가장 훌륭한 분이었으므로
아무도 나쁜 생각을 갖고 쳐다보지 못했는데
천사처럼 깨끗하셨기 때문입니다.
영성(靈性)이 깊어서 하느님만 그리워하셨기 때문에
거룩한 사랑이 성 삼위로부터 성모님의 영혼에 흘러 들어갔습니다.
항상 깊은 묵상을 하시고 하느님을 찬양하셨습니다.
믿음이 깊으시어 불타는 사랑을 갖게 되셨으며 하느님 안에 계셨습니다.

성모님은 이렇게 하느님을 만나셨습니다.
그리하여 하느님의 위대하심을 알게 되시고 자비롭게 되시어

단정하심과 함께 지혜를 갖게 되셨습니다.
사랑과 함께 영원히 자비롭게 되신 것입니다.
하느님께서 성모님께 무한한 권능을 주시고
당신의 왕국보다 더 높은 곳에 계시게 하셨습니다.
그리하여 성모님께서는 자기 자신을 위하여 사시지 않고
만물의 생명이신 하느님을 위해서만 사셨습니다.
성모님께서는 처음부터 끝까지 하느님 안에 계셨고
하느님 뜻에 따라서만 행동하셨습니다.
왜냐하면 한순간도 하느님 곁을 떠나시지 않고
하느님과 하나가 되셨기 때문입니다.
세상 것들은 거들떠보시지도 않으신 것은
천사들처럼 하느님 안에서만 만물을 보셨기 때문입니다.
성모님께서는 영혼 깊은 곳에서 오로지 하느님만 찾으셨습니다.
따라서 여러 가지 고귀한 것들을 찾으시기 위하여
바깥으로 눈을 돌리시지 않았습니다.
하느님께서 항상 성모님 안에 계셨던 것처럼
성모님께서는 자기를 버리고 한결같이 하느님만 생각하셨습니다.
성모님께서는 오로지 하느님만 바라보시면서
완덕을 갖추시려고만 하셨습니다.
그리고 하늘의 피조물보다 더 가난하고 깨끗하고 내면적이고 하느님 같았습니다.
성모님의 영(靈)은 하느님의 천국이었고 영혼은 하느님의 하늘이었고
몸은 하느님의 궁전이었습니다.
그리하여 성모님께는 끊임없이 하느님의 빛이 비쳤습니다.
성모님의 영혼과 하느님께서는 하나가 되어 있었기 때문입니다.

이제 주님께서 '성모님의 영(靈) 안에서', '영혼 안에서',
그리고 '몸 안에서' 태어나시려고 하셨다는 것을 생각하십시오.
아우구스티노 성인이 말하고 복음에서
"선생님을 배었던 모태와 선생님께 젖을 먹인 가슴은 행복합니다." 하고 말했던
어떤 여자에게 우리의 주님께서 답변하셨듯이
성모님께서는 몸으로 주님을 탄생시키셔서가 아니라

영(靈) 안에 주님을 탄생시키셨기 때문에 더 거룩하게 되었습니다.
그러자 예수님께서 이르셨습니다.
"하느님의 말씀을 듣고 지키는 이들이 오히려 행복하다."(루카 11, 27-28)
성모님께서는 처음으로 당신의 영 안에 주님을 탄생시키시게 된 것입니다. **성모님께서는 순결로 하느님을 기쁘게 해드렸을 뿐만 아니라**
겸손으로 하느님께서 머무실 장소를 마련해드렸고,
성모님께서는 사랑으로 세상 것들에 전혀 집착하시지 않는
고요한 당신의 영(靈) 깊은 곳에 하느님께서 내려오시게 하셨습니다.
하느님께서는 거기서 성모님의 영(靈)과 하나가 되셨고,
거기서 성모님께 알 수 없는 말씀을 하셨고,
거기서 형용할 수 없는 기쁨과 사랑으로 아드님을 낳게 하셨습니다.
이렇게 주님께서는 성모님 안에서 영원히 태어나셨습니다.
그러나 인간은 하느님의 여명을 도저히 이해하지 못했습니다.
하느님의 빛이 비치면 밤이 낮이 됨에 따라
인간의 빛이 남아 있을 수 없었기 때문입니다.
이는 인간의 영혼의 빛이 영원한 하느님의 빛으로 바뀌게 된다는 의미입니다.
이렇게 하여 성모님께서는 당신의 영(靈)을
하느님께로 넘겨주시게 되었고
성모님의 영혼은 겸손하게 되었습니다.

이제 성모님께서는 당신의 영혼 안에 영원한 지혜의 빛을 받으셨습니다.
왜냐하면 하느님 아버지께서 외 아드님을 성모님의 영혼에 탄생시키실 때
당신 안에서 성모님을 새로이 태어나시게 하셨기 때문입니다.
하느님 아버지께서는 성모님께서 성령의 역사(役事)로
당신의 외 아드님이 인성(人性)을 갖고
몸의 형태를 지니고 태어나신다는 것을 아시기를 바라셨습니다.
겸손하신 성모님께서는 이를 아시고 무척 두려워하시면서 하느님께 답하셨습니다.
"하느님 아버지, 저는 그럴 자격이 없습니다.
차라리 저는 하느님의 아드님의 어머니의 종이 되었으면 합니다."
그러나 하느님께서는 성모님께서 어머니가 되시기를 바라셨습니다.
그리하여 성모님께서는 겸손하게 되시어

당신께서 어머니로 선택되신 것을 이해하게 되었습니다.
성모님께서는 마침내 성(聖) 삼위(三位)의 빛을 받으시어
하느님의 영광의 빛으로 둘러싸이게 되었습니다.
하느님 사랑의 화살이 성모님의 영혼을 꿰뚫어 가장 깊은 곳에 박히게 되면서
성모님께서는 기쁘게 주님의 어머니가 되시기로 했습니다.

성모님께서 성령을 받으시자마자
가브리엘 천사가 성모님 앞에 서서 인사했습니다.
"은총이 가득한 이여, 기뻐하여라. 주님께서 너와 함께 계시다."(루카 1, 28) 그러나
성모님께서는 이 말씀을 들으시고는
겸손하셨기도 하고 아직 하느님께 정신을 빼앗기지 않으셨기 때문에
무척 괴로워하셨습니다.
그러나 성모님께서 "보십시오, 저는 주님의 종입니다." 하고 말씀하시자
성령께서 성모님의 순수한 마음으로부터 순수함과
불같은 하느님 사랑을 보시고는 예수님의 몸과 지체(肢體)를 만드셨습니다. 그런 다음 성모님의 자궁 안에서 예수님의 순수하고 완전한 영혼을 만드시고 몸과 영혼을 합치시자, 우리를 사랑하신 나머지 우리의 영원한 지복(至福)을 위하여 하느님의 아드님이라는 인간, 영원한 말씀,
하느님 아버지 영광의 빛이 태어나시게 되었습니다.
그리하여 **"말씀이 사람이 되시어 우리 가운데 사시게 된 것입니다."**(요한 1, 14)

이렇게 성모님께서는 처녀성을 잃지 않으시고
주님의 세 번째 탄생인 주님의 몸과 영혼을 낳으시게 된 것입니다.
그리하여 성모님께서는 하느님 아버지의 따님이 되시고,
아드님의 어머니가 되시고, 성령님의 배우자가 되시고,
하늘의 여왕이 되시고, 이 세상과 만물의 여왕이 되시고,
당신의 도움을 바라는 모든 인류의 어머니가 되시고 중재자가 되셨습니다.
성모님의 자궁은 하느님의 성전(聖殿)이 되었고,
신부의 방에서 신랑이 쉬시는 곳이 되었고,
향기로운 꽃들이 만발한 정원 안에 계시는 어머니처럼 덕이 넘쳐나게 되었습니다.

따라서 하느님께서는 이 덕(德)을 이용하시어
거룩한 삼위의 하늘을 꿀이 흐르는 개울로 바꾸시고
그 달콤한 꿀을 우리 불쌍한 죄인들에게 쏟아 부으셨습니다.
성모님께서는 의로움의 태양이 우리에게 비치도록 하셨습니다.
성모님께서는 하와(Eve)에게 내린 저주를 거두시게 하셨습니다.
그리고 지옥과 같은 뱀의 머리를 박살 내셨습니다.
이렇게 예수님으로 인하여 첫 번째 하와의 죄로 인하여 잃어버렸던 모든 은총을
두 번째 하와가 되찾으시게 되어 우리에게 은총을 듬뿍 주시게 되었습니다.
(이는 모세가 예언한 바와 같이 야곱(Jacob)으로부터 솟아난 아름다운 별로,
온 세상을 비추게 되었습니다)
그리하여 베르나르도 성인(St. Bernard)이 말했습니다.
**"여러분의 소원이 있으면 눈을 들어 이 별을 보십시오.
그리고 성모님께 청하십시오. 그러면 절망하지 않게 될 것입니다.
성모님을 따르십시오. 그러면 길을 잃지 않게 될 것입니다.
성모님께서는 아드님의 힘으로 여러분을 단단하게 붙드시어
여러분이 넘어지지 않게 하실 것입니다.
성모님께서는 여러분이 상처받지 않게 보호하실 것입니다.
성모님은 여러분을 아드님께로 데려가실 것입니다.
성모님께는 그런 힘이 있습니다.
왜냐하면 전능하신 하느님이 당신의 아드님이기 때문입니다.
성모님께서는 모든 사람을 잘되게 하시려고 합니다.
왜냐하면 가장 자비로우시기 때문입니다.
그런데 어느 누가 이 아드님께서 성모님을
영광스럽게 하시지 않을 것이라고 의심하겠습니까?
어느 누가 사랑이신 하느님을 품 안에 안고 계시지 않다고 의심하겠습니까?
어느 누가 우리 주님께서 그 품 안에 계시면서
우리에게 사랑을 넘치게 주시지 않을 것이라고 생각하겠습니까?"**

자신의 영혼 안에 계신 자신의 원천인 하느님 안으로 들어가서
빛을 집중적으로 받는 것처럼 하느님을 더욱더 생생하게 느끼려면
우리의 거룩한 성모님을 본받고 살아야 합니다.

성모님의 하느님을 향한 내외적인 갈망을 살펴보아야 하며
그러면 성모님으로부터 영육(靈肉)으로 많은 도움을 받게 됩니다.
먼저 세상 것들에 대한 집착을 버리고
자신의 영혼 가장 깊은 곳에 계시는 하느님께 전념해야 합니다.
그러면 자신의 영혼 안에 삼위의 힘이 집중되고
자신의 영(靈)이 하느님과 하나가 되어 하느님의 인도를 받게 됩니다.
그리하여 좋은 것만 기억하게 되고 깨닫게 되어
하느님을 열렬히 사랑하려고 하게 됩니다.
그리고 하느님께서 영성(靈性)의 음식이 되고
영혼에 생명이 되고 몸을 보호해주시게 됩니다.
이와 같이 하느님과 하나가 되게 되면
마음이 가난하게 되고 깨끗하게 되고
영육(靈肉)이 깨끗해져 열심히 내면생활을 할 수 있게 됩니다.
우리가 성모님에게서 보았듯이
모든 일이 하느님 안에서 하느님만을 위하여 시작되어 끝나게 됩니다.

그런데 하느님께서 우리의 모든 일을 역사하시도록 하려면
세상 것들에 대한 집착을 버리고 하느님만 바라보면서
모든 일을 하느님께서 역사하시도록 해야 합니다.
이렇게 하면 누구나 하느님처럼 되고 하느님과 하나가 되게 됩니다.
그리고 우리 안에 하느님께서 탄생하시게 됨으로써
우리의 영(靈) 안에 하느님의 위대한 선물이 넘치게 되고
영성체(領聖體)를 할 수 있게 됩니다.

성모님께서 이러한 삶을 살게 해주시어
행복하게 되고 구원을 받을 수 있게 해달라고 청합시다.
베르나르도 성인이 기도했던 것처럼 기도합시다.
"성모님을 통하여 하느님의 은총을 처음 본 우리는
당신의 아드님께 갈 수 있게 되었고
성모님과 같은 삶을 살 수 있게 되었나이다.
성모님 덕분으로 주님께서 저희를 받아들이시게 해주소서.

당신의 순결함으로 저희가 방종한 죄를 용서받게 해주시고,
당신의 겸손으로 저희의 허영심을 용서받게 해주소서.
당신의 넘치는 사랑으로 저희의 죄를 용서받게 해주시고
저희가 완덕을 쌓을 수 있게 해주소서.
당신께서는 저희의 선택된 여왕이시고 중재자시나이다.
당신께서는 저희를 당신의 아드님께로 인도해주시며
주님 앞에서 저희를 위하여 답하실 수 있나이다.
오 성모님, 저희는 당신께서 주님과 함께 발견하신 은총을 통하여,
당신께서 높이 올려지신 곳을 통하여,
당신의 자비를 통하여 당신께 간구하나이다.
저희는 당신을 낮추시어 우리처럼 약해지시고 비참하게 되신 주님께서
저희에게 당신의 영광을 함께 누릴 수 있는 특권을 주시기를 간구하나이다.
우리 주 예수 그리스도께서 아버지와 성령과 함께
영원히 찬양받으시기를 당신께 간구하나이다." 아멘.

〈주의 탄생 예고(성모 영보) 대축일 강론〉

106 자신의 고락서니를 알아야 합니다

"그의 이름은 요한입니다."(루카 1, 63)

오늘은 성 요한 세례자 탄생 대축일인데
하느님의 아드님에게 세례를 준 요한 성인보다
더 높이 기리는 성인은 없습니다.
'**요한**(John)'이라는 이름은 '**은총 안에 있는 사람**'을 의미합니다.
형제자매 여러분, 우리는 앞에서 하느님의 은총을 받으려면
자신의 영혼을 어떻게 준비해야 하는가에 대하여 살펴보았습니다.

우리 인간에게는 무시할 수 없는 '**두 비극**'이 있는데
'**하나**'는 '**죄에 기울어지는 것**'입니다.
이는 우리의 첫 번째 부모가 타락한 후에 우리 본성에 심어진 것으로
우리는 죄를 짓지 않으려고 하느님의 뜻에 어긋나는 것은
어떻게 해서든지 하지 않으려고 하게 됩니다.
'**또 하나의 비극**'은 '**죄로 인하여 생기는 슬픔과 고통**'입니다.
그러나 우리는 이를 기꺼이 받아들이고 견뎌내야 합니다.
하느님께서 우리를 죄를 위하여 평생 슬퍼하시고 괴로워하셨던
우리 주 예수 그리스도를 따르면서
같은 슬픔과 고통을 겪도록 우리에게 의무로 주신 것입니다.

하느님께서는 사람들이 죄에 기울어지는 '첫 번째 비극'을
스스로 발견하여 이를 억제하도록 하십니다.

이 시련을 주시어 기쁘게 회개의 길로 들어가서
자신에게 생기는 모든 비극을 감내하게 하십니다.
형제자매 여러분, 하느님께서 이런 고통을
받아들이게 하시는 특권을 우리에게 주시는 것은
하느님 앞에서 자신의 연약함과 무력함과
자신이 아무것도 아님을 알도록 하시기 위한 것입니다.
회개의 길을 걸으면서 자신이 아무 쓸모가 없는 존재라는 것을 깨달아야만 하느님의
은총을 받아 진정으로 새로운 사람으로 태어나기 때문입니다.
사랑하는 형제자매 여러분, 사람에게는 자신의 것이 없습니다.
자신의 것이라고 주장하는 것은 크든 작든 모두 하느님의 것입니다.
모든 것은 하느님께서 주신 것으로
자신의 것은 하느님의 선물을 내적 외적으로 더럽힌 죄밖에 없습니다.
여러분이 자신의 것이라고 주장하는 것이 있다면 당연히 버려야만 하는 것입니다.
우리는 이를 명심해야 합니다.
우리가 나쁜 짓을 하지 않으려면
태어날 때부터 자신이 아무 쓸모없는 존재로 태어났고
죄에 물들어 태어났다는 것을 깨달아야만 합니다.
우리는 자신을 면밀히 성찰하여 자기 자신을 알아야 합니다.
우리는 자신의 본성의 밑바닥에 있는
자신의 목적과 선입관과 쾌락을 알아야만 합니다.
우리는 자신의 영혼에서 자라고 있는 잡초들을 찾아내어야 합니다.
그렇게 하게 되면 하느님께서 우리를 만드신 이유를 알게 됩니다.

그다음에는 자신의 말과 일과 태도와 행동,
옷과 동료들을 면밀히 살펴보아야 합니다.
매일 하느님 앞에서 자신의 허물과 연약함 때문에
한숨을 쉬면서 슬퍼하십시오. 그러면 용서받게 될 것입니다.
그러나 진심으로 슬퍼해야 용서받게 됩니다.
사도들은 자신의 죄 때문만이 아니라
모든 사람의 죄 때문에도 한숨을 쉬었습니다.
하느님께서 잠시만이라도 하늘나라를 맛보게 하시려면

진심으로 슬퍼하게 만드시기 때문입니다.
그러나 이렇게 마냥 슬퍼할 수 없는 것은
하느님의 제단 앞에 염소나 황소와 같은 희생제물이 되어야 하기 때문입니다.
하느님의 아드님께서 골고타에서 살과 피로 희생제물을 바치셨듯이
하느님께 자신의 살과 피를 희생 제물로 바쳐야 하기 때문입니다.

이렇게 자신의 죄를 속속들이 찾아내려면
하느님께서 용서하시도록 자비를 청하면서
겸손하게 하느님의 발 앞에 엎드려야 합니다.
이와 같이 겸손하게 되면 감사기도를 드린 요한 성인이
우리 안에 태어나기 때문입니다.
왜냐하면 자신을 낮출수록 높여지기 때문입니다.
그래서 베르나르도 성인(St. Bernard)이 말했습니다.
"아무리 열심히 수행하더라도
굴욕의 숨은 계곡을 지나는 것과는 비교할 수 없습니다.
이 계곡을 거쳐야만 자기(自己)를 버리게 되고
온유하게 되고 안정을 되찾게 되고 친절하게 되어
바르고 참된 길을 갈 수 있게 됩니다.
이 길을 걷게 되면 어떤 수행을 하든지 길을 잃지 않게 됩니다.
진정으로 겸손하지 않은 사람들은 하느님께 아무 소용이 없으며
은총을 받지 못하고 하느님의 분노만 일으키게 할 뿐입니다."

형제자매 여러분, 오늘의 복음을 생각해봅시다.
대 사제 즈카르야는 아내가 아이를 못 낳는 여자였으므로
아내와 함께 슬퍼했습니다.
그가 주님의 성소에 들어가 분향하는 동안에
밖에서는 온 백성의 무리가 기도하고 있었는데,
그때 주님의 천사 가브리엘이 즈카르야에게 나타나 분향 제단 오른쪽에 서서 그의 아내가 아이를 낳게 될 텐데 이름을
'그 안에 은총이 있다'는 의미를 가진 '요한'이라고 하라고 말했습니다.
그러나 즈카르야는 이 천사의 말을 믿지 않았으므로

천사는 그를 벙어리로 만들어 천사의 약속이 이루어질 때까지
벙어리로 있게 했습니다.

'즈카르야'라는 이름은 '하느님께서 기억하신다'는 의미입니다.
그래서 하느님께서 '기억하시는 사람' 즈카르야는
대 사제가 되어 성소(聖所)로 들어갔지만
나머지 사람들은 바깥에서 기도하고 있어야 했습니다.
이 대 사제의 임무를 똑똑히 아십시오.
그리스도인 사제들의 임무는 하느님의 외 아드님을
사람들의 구원을 위하여 하느님 아버지께 제물로 바치는 것입니다.
그러나 나는 모든 사제가 완벽하지는 않기 때문에 걱정하고 있습니다.
사제들은 그리스도교를 믿는 사람들 앞에 서지만
일부 사제들은 신자들을 도와주기보다는 길을 잃게 만들고 있습니다.
하느님의 분노를 가라앉게 만들지는 못하고
오히려 하느님의 분노를 키우고 있습니다.
그러면서도 거룩한 교회를 대표하며 사제직을 수행하면서 성체성사를 거행하며
남자만 사제직을 맡을 수 있게 하고 있습니다.
성별(聖別)되어 우리 주 예수 그리스도의 거룩한 몸을 바치고 있습니다. 왜냐하면
희생제물을 바치는 것이 사제의 임무이기 때문입니다.
그리고 남자는 물론 여자도 밤낮으로 자신의 영혼의 성전에서
하느님의 아드님을 하느님 아버지께 제물로 바치게 하고 있습니다.
이는 누구나 영혼의 성소에 들어갈 때는
다른 사람들은 내버려 두고 들어가야 한다는 것을 의미합니다.

성소(聖所)에는 혼자만 들어가야 합니다.
바깥세상의 모든 육적(肉的)인 삶을 잊고
자신을 면밀히 성찰하기 위하여
자신의 영혼 깊은 곳으로 들어가야 합니다.
이렇게 작심한 사람은 주님의 거룩한 말씀과 역사(役事)와 삶과
수난과 함께 하느님 아버지께 당신의 사랑하는 아들을 제물로 바칩니다.
모든 영혼의 갈망을 만족시켜주기를 간절히 바라며 이 제물을 바치고

사랑으로 이 제물 안으로 모든 불쌍한 죄인들과
이 세상의 모든 그리스도인과 연옥에 있는 모든 사람을 끌어들입니다.
형제자매 여러분, 이는 매우 믿음이 깊은 사람의 행동입니다.
알베르투스 마그누스(Master Albertus Magnus, 1193-1280)는
대 사제의 역할에 대하여 다음과 같이 말했습니다.
"그는 불과 붉은 송아지의 피를 갖고 성소로 들어가
거기에 있는 모든 금 그릇들에 피를 뿌렸습니다.
그런 다음 그는 달콤한 냄새가 나는 허브를 묶어 불타는 석탄 위에 올려놓고
방 안을 향기로운 냄새가 나는 연기로 가득 채웠습니다.
그러자 그 연기 속으로 하느님께서 오시어 그에게 말씀하셨습니다."

형제자매 여러분, 이 대 사제는 내적 인간을
보여주기 위한 본보기인지도 모릅니다.
대 사제는 자신의 영혼의 성소(聖所)에 우리 주 예수 그리스도의 귀중하고
몹시 영광스러운 피를 갖고 그리고 열렬한 사랑인 불을 갖고 들어가서는
모든 금 그릇에 거룩한 피, 즉 은총을 받은 사람들의 모든 영혼을 뿌렸습니다.
그리고는 연옥에서 구원되기만을 기다리며
슬퍼하고 있는 불쌍한 모든 영혼에게 제물을 바치고는 안심했습니다.
형제자매 여러분, 이 일은 사랑이 없으면 결코 할 수 없는 일입니다.
대 사제가 그러는 동안에는 자신을 하느님 아버지의 마음에 희생 제물로 바치고
하느님 아버지와 뜻을 같이하며
언제든지 하느님께서 기뻐하시는 일을 할 수 있게 되었습니다.

그러나 반대하는 사람이 있을지도 모릅니다.
만약 우리가 이렇게 내면으로 들어가면
십자가에 못 박힌 예수님의 모습이
마음에서 사라져버린다고 생각하는 것입니다.
사랑하는 형제자매 여러분, 결코 그렇지 않습니다.
여러분이 영혼 깊은 곳으로 들어가면
거기에만 은총이 있는 곳에 들어가게 되는 것입니다.
그 은총 속에 마치 주님의 수난이 여러분의 눈앞에 바로 일어난 듯이

우리 주님의 삶과 수난이 보이게 되기 때문입니다.
다른 것은 아무것도 보이지 않고
마치 내가 여러분 모두를 한 사람인 것처럼 생각하듯이
그리스도의 삶과 죽음을 한눈에 볼 수 있게 되기 때문입니다.
여러분이 우리 주님을 이렇게 보고 알게 되면
다른 방법으로 주님을 생각하는 데 5개월을 보낸 것보다 더 효과적이 됩니다.
**이렇게 혼자 자신의 영혼의 성소에 들어가 아무 말도 하지 않고
자신을 성찰하고 서 있는 사제의 역할을 하는 동안에는
하느님의 천사 가브리엘이 제물을 바라보며
제단 옆에 서 있는 것을 보게 됩니다.**
그러면 여러분은 '**하느님은 우리의 힘**'이라는 뜻의
'가브리엘(Gabriel)' 천사의 이름을 부르게 됩니다.
**왜냐하면 우리 주님 안에서 모든 일을 할 수 있는
힘을 가져다주기 때문입니다.**

**그다음 이 영적(靈的)인 사제
즉 자신의 내면 깊은 곳으로 들어가 면밀하게 자신을 성찰하는 사람은
향기로운 냄새가 나는 허브를 묶어 불로 태워서
그 연기 속에서 하느님께서 자신에게 말씀하시도록 합니다.
이는 온유함과 겸손과 같은 덕을 쌓는 것을 말합니다.
크고 작은 덕들을 쌓아 하느님께 제물로 바치지 않으면
헛되이 산 것이 되기 때문입니다.
이러한 덕들을 만들어낸 불은 사랑의 불입니다.**
연기 속에서 그리고 황홀하여 아무것도 모르는 가운데
성모송을 반도 부르지 못할지도 모릅니다.
이 동안에 하느님께서 여러분의 육감(肉感)과
이성(理性)을 빼어 가시기 때문입니다.
그러면 성경에 쓰여 있듯이 하느님께서 여러분에게 말씀하십니다.
"부드러운 정적이 만물을 뒤덮고 시간은 흘러 한밤중이 되었을 때
**당신의 전능한 말씀이 하늘의 왕좌에서 사나운 전사처럼
멸망의 땅 한가운데로 뛰어내렸습니다.**"(지혜 18, 14-15)

그리고 욥기에서는
"한마디 말이 내게 남몰래 다다르고 그 속삭임이 내 귓가에 들렸네." 하고
말하고 있습니다.(욥기 4, 12)
요한의 경우에서처럼 이는 주님의 탄생을 알려주시는 것으로
많은 영혼이 기뻐하게 됩니다.
즈카르야는 아이를 못 낳는 아내 엘리사벳으로부터 아기를 얻게 되었는데 전지전능하신 하느님께서 사랑으로
기적 같은 약속을 지키셨다는 것을 의미합니다.

이 모든 일이 아무 힘도 없는 영혼 안에서 일어납니다.
그러나 자신의 영혼 깊은 곳으로 들어가면
때로는 단지 이성(理性)의 도움만으로
하느님의 말씀을 듣는 것 같은 착각을 하는 수가 있습니다.
아무 생각도 없는 이런 경지에 이를 수는 있지만
이기적으로 생각하여 하느님께서 말씀하시는 것처럼 느끼지만
이는 어디까지나 자신의 욕심에 지나지 않습니다.
그러나 쾌락에 빠져있을 때보다 더 기쁘게 느낍니다.
자기 안에 갇혀 하느님의 뜻이 아니라 자기 뜻대로 하려고 하기 때문에
아주 사악하게 되어 가장 위험하게 됩니다.
그런데 이를 왜 알아차리지 못하고 있을까요?
다음과 같은 표징을 보면 알 수 있습니다.
이들은 수행을 통하여 내면 깊은 곳에 이르지도 못하고
세상 것들을 버리지 못하여
거룩한 그리스도인의 삶을 살지 못하고 있기 때문입니다.
제멋대로 살면서 무사안일만 바라고 있기 때문입니다.
내적으로나 외적으로 자선(慈善)을 베풀려고 한 적이 없었기 때문입니다.
모든 것은 하느님의 것인데도 불구하고 다른 사람에게 선물을 줄 때도
자신이 가장 아끼는 것을 주지 못하고 필요 없게 된 것만 주려고 하기 때문입니다.
주고 나면 더 좋은 것을 주신다는 것을 믿지 않기 때문입니다.
참다운 수행을 하여 덕을 쌓지 못하고
열심히 믿는 것처럼 보이기만 하려고 했기 때문입니다.

이 때문에 마귀가 찾아와서
거짓 빛을 비추어주며 거짓 평화를 주었기 때문입니다.
그리하여 심하면 영원히 길을 잃게 만듭니다.
교만과 탐욕과 음욕과 같은 자신의 본성을 면밀히 성찰하지 않으면
마귀가 파멸의 길로 인도하기 때문입니다.

이들은 이 내면의 빛과 평화를 하느님의 빛이라고 생각하고
하느님께서 평화를 주셨다고 생각하지만, 마귀의 장난일 뿐입니다.
그런데 왜 이들은 이것을 알아차리지 못할까요?
지나치게 이기적으로 기쁨과 평화만 찾고 있었기 때문입니다.
제멋대로 살면서 자신의 사악한 본성을 알아차리지 못했기 때문입니다.
이러한 사람은 마귀보다도 더 외면받게 됩니다.
다른 사람들이 쉽게 알지 못하도록
겉으로 좋은 사람인 척하고 살고 있기 때문입니다.
그러나 진실한 사람은 다릅니다. 덕을 쌓아 내면의 평화를 얻기 때문입니다. 겸손하고
하느님을 두려워하고 세상 것들에 집착하지 않고
온유하게 되려고 노력했기 때문에 덕을 쌓게 되었기 때문입니다.
이들은 항상 하느님에 대한 경외심을 갖고 자신을 믿지 않고 죄 때문에 슬퍼하면서
끊임없이 하느님의 도움을 청합니다.
반대로 교만한 사람들은 제멋대로 살면서 뻔뻔스럽게 되어 싸움을 자주 합니다.
누구나 이들과 어울리게 되면 괴로워하게 되고
논쟁을 하게 되고 고압적이 됩니다.
이들은 너무나 교만하기 때문에 경멸을 참지 못하고
어떻게 해서든지 깔보려고 합니다.
지금은 좋게 보이는 사람들도 지옥에 떨어져 영원히 불 속에 있게 될 것입니다.
나는 여러분이 이런 운명을 잘 알기를 바랍니다.

형제자매 여러분, 내면으로 들어가 하느님을 만나십시오.
그러면 진리를 알게 되고 기쁨을 얻게 되어
여러분을 통하여 모든 그리스도인이 기뻐하게 될 것입니다.

그러면 여러분은 하느님과 함께 꿋꿋이 서 있다는 것을 의심하지 않아도 됩니다.
여러분이 하느님께로 곧은길로 갈 것인지 굽은 길로 갈 것인지
선택하는 시험을 받게 되기 때문입니다.
여러분이 덕을 쌓아 평탄한 길을 걷게 되면
여러분의 영성(靈性)이 낮든 높든 간에
하느님의 친구가 될 것이기 때문입니다.
여러분의 영혼 안에서 하느님의 기쁨을 맛보게 되면
말할 수 없을 정도의 평화를 누리게 되기 때문입니다.

사랑하는 형제자매 여러분, 이들로 하여금 내면의 성찰을 중단하게 하고
분심(分心)에 빠지게 하지 않는 한 이들은 하느님과 함께 있기 때문에
아무도 이런 영혼들을 길 잃게 할 수 없습니다.
하느님께서 아가서(2, 7)에서 말씀하셨습니다.
"예루살렘 아가씨들이여 노루나 들사슴을 걸고 그대들에게 애원하니
우리 사랑을 방해하지도 깨우지도 말아 주오, 그 사랑이 원할 때까지."
이들은 하느님의 길을 알지 못하는 사람들의 충고도 바라지 않는데
잘못 인도하기 쉽기 때문입니다.
잘못 인도되게 되면 여러 해 동안
하느님과 하나가 되었던 경지를 잃고 말기 때문입니다.
이들은 항상 깨어 있으려고 하는데
마치 새 포도주처럼 발효가 계속되고 있기 때문입니다.
자신 안에 기쁨이 넘쳐흘러 주체하지 못하고
때로는 코와 입으로 피를 토할 정도가 됩니다.
그러나 이는 아직도 육(肉)의 삶을 살고 있고
하느님과도 느슨하게 하나가 되어 있을 뿐입니다.

가브리엘 천사가 요한에 대하여 말했습니다.
"그는 포도주도 독주도 마시지 않게 될 것입니다."(루카 1, 15)
이는 자신 안에서 하느님께서 탄생하시게 되면
더욱더 거룩하게 되고 높여지게 된다는 것을 의미합니다.
왜냐하면 하느님과 함께 있는 좋은 방법이 있고

보다 나은 방법이 있고 가장 최선의 방법이 있기 때문입니다.
가장 최선의 방법을 택한 사람들은 아무것도 마시지 않게 되기 때문입니다.
즉 이들은 관상(觀想)이나 행동으로
영적(靈的)으로 과식(過食)하여 기뻐하지 않기 때문입니다.

오히려 반대로 좁고 어둡고 불편한 길로 내몰리게 됩니다.
즉 하느님께서 이들로부터 멀어진 것 같은 때가 옵니다.
그리하여 이들은 몹시 괴로워하지만 고통에서 벗어나지 못합니다.
이들이 어디로 가든 고통만 발견하게 되므로 절망하게 되는데
하느님을 볼 수 없기 때문입니다. **결국 자기를 버리게 됩니다.**
하느님을 기쁘게 해드리려면 모든 것을 하느님께 맡겨야 하기 때문입니다.
전혀 괴로워하지 않고 기쁘게 자기를 버려야 합니다.
이는 진정으로 회개한 것으로 가장 훌륭한 상급을 받게 됩니다.
덕(德)을 적게 쌓으면 상급도 적게 마련입니다.

따라서 위대한 교회학자 토마스 아퀴나스 성인(St. Thomas Aquinas, 1225-1274)이
아무리 훌륭한 외적인 수행을 하더라도
상급(賞給)은 적다고 가르쳤습니다.
그러나 자신의 영혼 가장 깊은 곳에 계시는 성령으로 눈을 돌려
요행을 바라지 않고 오로지 하느님만 찾으면서
모든 일과 방법에서 이성(理性)과 생각을 초월하여
하느님 앞에 섰다면(디오니시오 성인(St. Dionysius)은
이를 이성(理性)으로나 육감적으로 느낄 수 없는 '사랑'이라고 했습니다) 진정으로 회개했다고 말할 수 있습니다.
그리하여 받는 상급이 가장 큰데
그 상급은 바로 하느님을 만나는 것이기 때문입니다.

그리고 일반적으로 말하는 회개도 있습니다.
진심으로 하느님만 생각하게 되는 것을 말합니다.
그러나 위에서 말한 회개는 평화가 없더라도
하느님과 함께 있게 되는 것으로 영혼이 성령 안으로 들어가는 것입니다.

이렇게 평생 한 번이라도 하느님 안으로 이끌린다면 얼마나 행복하겠습니까?
절망 중에도 하느님께 순종하고 진실한 사람은
상급으로 하느님을 만나게 됩니다.
하느님께서 당신의 행복이 있는 심연으로 이끄시기 때문입니다.
이러한 사람은 하느님께 안겨 하나가 되었으므로 분심을 전혀 갖지 않게 됩니다.
이렇게 선택 받은 사람들은 이 땅에서 하는 모든 일이 거룩하며
영원한 천국의 맛을 미리 맛보게 됩니다.
이러한 사람들을 초석으로 하여 거룩한 교회가 서 있게 됩니다.
이러한 사람들은 이 세상의 다른 그리스도인들이 한
모든 행동보다 거룩한 교회에 더 영광이 되고 유익하게 됩니다.
하느님께서는 이러한 사람들을 두고 말씀하셨습니다.
"저 젊은이에게 달려가서 이렇게 일러 주어라.
'사람들과 짐승들이 많아 예루살렘은 성벽 없이 넓게 자리 잡으리라.'"(즈카 2, 8)
형제자매 여러분, 이들에게 방해가 되지 않도록 하십시오.
하느님, 가장 빠른 길로 저희를 이렇게 거룩하게 해주소서.
그리하여 당신을 찬양하고 당신께 영광을 돌리도록 해주소서. 아멘.

〈성 요한 세례자 탄생 대축일 첫 번째 강론〉

107 하느님은 영혼의 빛

"그는 증언하러 왔다.
빛을 증언하여 자기를 통해 모든 사람이 믿게 하려는 것이었다."(요한 1, 7)

우리의 거룩한 어머니인 교회는 이번 주(週)에 세례자 성 요한을 기념합니다.
그러나 우리가 아무리 찬양해도 부족합니다.
왜냐하면 우리는 성경에서 주 예수 그리스도께서
세례자 성 요한을 극구 칭찬하신 것을 보았기 때문입니다.
"너희는 무엇을 구경하러 광야에 나갔더냐?
바람에 흔들리는 갈대냐? 아니라면 무엇을 보러 나갔더냐?
고운 옷을 입은 사람이냐? 고운 옷을 걸친 자들은 왕궁에 있다.
아니라면 무엇을 보러 나갔더냐? 예언자냐? 그렇다. 내가 너희에게 말한다. 예언자보다 더 중요한 인물이다. 그는 성경에 이렇게 기록되어 있는 사람이다. '**보라, 내가 네 앞에 나의 사자를 보낸다.**
그가 네 앞에서 너의 길을 닦아 놓으리라.'"(마태 11, 7-10)
예수님께서는 이와 같이 세례자 성 요한을 극구 칭찬하셨습니다.
그리고 성 요한도 자신에 대하여 말했습니다.
"나는 이사야 예언자가 말한 대로 '너희는 주님의 길을 곧게 내어라.' 하고 광야에서 외치는 이의 소리다."(요한 1, 23)
우리의 주님께서는 다른 곳에서
성 요한을 '**불타고 빛나는 빛**'이라고 말씀하셨습니다.
그리고 오늘 복음은 요한 성인이 빛을 증언하러 왔다고 말하고 있습니다.

'빛을 증언하러 왔다'고 한 것을 묵상해봅시다.
왜냐하면 성 요한이 우리에게 말한 '빛'은 이해할 수 없을 뿐 아니라
다른 모든 빛보다 더 영광스러운 필수적인 빛이기 때문입니다.
이 빛이 영혼의 가장 깊은 곳에 비치게 되기 때문입니다.
그러나 이 빛이 영혼에 비치기 시작하여 삶 속으로 들어오게 되면
영혼이 가끔 잘못된 길을 걷게 되기도 합니다.
따라서 영혼은 내면 가장 깊은 곳에서 참고 기다려야만 합니다.
그러나 참고 기다리지 않으면 외적인 신앙생활에 비치어
외적인 수행만 하려고 하기 때문에 빛의 증언이 헛될 수 있습니다.

"그분께서 당신 땅에 오셨지만, 그분의 백성은 그분을 맞아들이지 않았다."
(요한 1, 11) 영혼이 빛을 받아들이지 않았기에
최악의 상황이 되고 말았다는 것을 말하고 있습니다.
왜냐하면 사람들이 세상 것들만 생각하면서 빛을 거부했기 때문입니다.
이런 죄를 지은 사람들은 '바리사이'와 같은 사람들이며
성 요한이 말한 대로 '독사의 자식들'입니다.
이들은 아브라함의 후손임을 자처하면서도
하느님의 빛을 사랑하는 모든 사람을 거부했습니다.
그리하여 위험에 빠지고 말았습니다.
이들 모두 진리의 빛과 거룩한 믿음에 매달리고 있었지만
한 가느다란 실낱같은 믿음에 매달리고 있었기 때문입니다.

우리는 본성이 망가지고 병들어 조금도 나아지지 않았다는 것을 깨달아야 합니다.
그래서 하느님께서는 우리의 본성이 타락하고 병들어 있기 때문에
은총의 빛으로 우리를 도와주시려고 하시는 것입니다.
이 빛은 초자연적인 빛으로 영혼을 높이 들어 올려
우리의 본성을 바로 잡는 데 모든 도움을 줍니다.
이뿐만 아니라 이 빛을 '영광의 빛'이라고도 하는데
하늘에서만 비치는 '하느님의 빛'이고 '하느님'이시기 때문입니다.
왜냐하면 우리가 하느님을 알려면
하느님을 통해야 하고 하느님과 함께 있어 보아야 하기 때문입니다.

예언자가 말했듯이 하느님을 통하여 하느님을 보아야 합니다.
"당신 빛으로 저희는 빛을 봅니다."(시편 36, 10)
하느님께서는 가장 필수적이고 완전한 빛이기 때문입니다.
태양이 만물에 비치듯이 하느님께서는 이 세상에 태어나는
좋은 사람이든 나쁜 사람이든 모든 사람에게 빛을 주십니다.
빛을 볼 수 없으면 비참하게 됩니다.
누구나 어두운 방에 있게 되면 창문을 열고 머리를 내밀어 햇빛을 보려고 합니다.
마찬가지로 많은 사람이 자신의 영혼의 문을 열어
하느님의 빛을 받으려고 합니다.

하느님의 빛을 제대로 증언하려고 할 때
가장 먼저 해야 하는 일을 생각해봅시다.
자신 영혼의 가장 저급한 능력에 이 빛이 비치기 시작하고
고급 능력에도 비치기 시작하면
세상 것들에 대한 집착을 모두 버려야 합니다.
가장 저급한 능력이란 '**욕정에 불타게 하는 것**'과 '**화를 잘 내게 하는 것**'인데 화를 잘 내게 되면 하느님께서 은총으로 주시는 고통을 참지 못하게 됩니다.
욕정에 불타게 되면 동료들만 좋아하게 되고
장신구에 신경을 쓰게 되고 편안한 생활만 하려고 하게 됩니다.
하느님께서도 필요하다고 생각하실 때는 이 모든 욕정을 채우도록 하시지만
지나치면 하느님께서 언성을 높이시어 영육(靈肉)의 쾌락을 멀리하도록 하십니다.

화를 잘 내는 사람은 불굴의 용기와 인내심을 갖고
철광석 산처럼 싫어하는 것도 참고 견뎌야 합니다.
그래야만 빛을 증언할 수 있게 되기 때문입니다.
바람에 꺾어지는 갈대가 되지 말아야 하며
무사안일만 바라며 고운 옷을 입는 사람이 되지 말아야 합니다.
우리는 극기(克己)하는 것을 부끄러워하는 사람들을 만납니다.
이들은 바람에 흔들리는 갈대처럼
사람들이 빈정대는 말을 하거나 불편하게 만들면 몹시 흔들립니다.
사랑하는 여러분, 잔소리가 모두 나쁜 것은 아닙니다.

악령(惡靈)이 여러분의 불안함을 이용한다는 것을 모릅니까?
악령이 여러분을 마구 흔들고 하찮은 것에도 괴로워하게 만들고
하찮은 것을 보고도 비정상적으로 기뻐하게 한다는 것을 모릅니까?
그것을 모른다면 여러분은 어리석은 사람입니다.

하느님께서는 이렇게 우리의 영혼의 고급 능력
즉 이성(理性)이나 깨달음에 빛을 증언하는 능력을 주시고,
우리의 의지나 사랑하는 능력을 주시어 빛을 증언하게 하십니다.
깨달음의 빛은 우리에게 예언자의 능력을 줍니다.
예언자는 멀리 보고 깊이 보기 때문입니다.
영혼이 이 초자연적인 빛을 받게 되면
예언자처럼 멀리 보는 눈을 갖게 되기 때문입니다.
그리하여 알 수 없는 신비스러운 것을 들어도
내면의 깨달음의 소리가 옳은 의미를 알게 해줍니다.

그러나 우리의 주님께서는 요한을
예언자보다도 더 훌륭한 사람이라고 하셨습니다.
보통 사람은 깨달을 수 없는 것을 깨달았기 때문입니다.
누구나 완전한 깨달음을 얻게 되면 빛 속에서 빛을 보게 됩니다.
즉 영혼의 빛을 통하여 가장 완전한 빛을 보게 됩니다.
누구나 이성(理性)의 빛 속에서 빛나고 있는 하느님의 은총의 빛을 보게 됩니다.
처음에는 알아차리지도 못하게 하십니다.
이 하느님께서 계시는 깊은 곳은 인간의 능력으로는 알 수 없습니다.
영혼이 깨닫는 너비도 하느님처럼 많은 것을 알게 되지만
영혼 깊은 곳에 계시기 때문에 하느님께서 계신다는 것을 알 수가 없으며
영혼은 영혼 깊은 곳에는 아무 소리도 없이 텅 비어
정적(靜寂)만 있는 것처럼 느낍니다.
그리고 많은 물이 흐르는 것처럼 모든 것을 집어삼켜 버릴 것처럼 느낍니다.
이 심연은 하느님께서 선택하시어 머무시는 곳으로
모든 피조물들에는 하늘보다도 더 먼 곳에 있는 것처럼 느껴지게 됩니다.

이 깊은 곳에 가게 되면 하느님을 만나게 되고
자신이 하느님 안에 있는 것을 알게 됩니다.
하느님께서는 이렇게 깊은 곳에 계십니다.
이렇게 깊은 곳에 가면 하느님을 반드시 만나게 되므로
영원한 하느님을 실감하게 되고 영원을 알게 되고
하느님 안에서는 과거와 미래가 구분이 안 된다는 것을 알게 됩니다.
이 거룩한 심연에는 자연의 빛이 뚫고 들어갈 수 없는데
하느님께서 선택하시어 머무시면서 빛으로 계시기 때문입니다.
영혼이 하느님께서 계시는 이 심연을 알게 되면
세상 것들은 아무것도 없고 텅 비어 있는 것처럼 느끼면서
그리워하던 하느님을 만나게 되어 기뻐하게 됩니다.
이 심연에는 하느님께서만이 계실 수 있습니다.
그리하여 하느님을 그리워하던 인간의 영혼이
"당신의 파도와 물결이
모두 제 위로 지나갔습니다." 하고 고백하게 됩니다.(시편 42, 8)
자신의 영혼 깊은 곳에 계시는 하느님을 애타게 찾았다면
누구나 그 안에서 빛나고 있는 하느님의 빛을 알게 되며
자신의 영혼의 저급 또는 고급 능력을 키워주심으로써
자신을 만드신 하느님 안으로 들어갈 수 있게 됩니다.
그러나 영혼은 이 내면의 정적(靜寂)을 깨트리지 않고
이 광야에서 들려오는 하느님의 목소리를 들으려고 애쓰면서
더욱더 깊은 정적 속으로 들어가도록 해야 합니다.

이 광야를 인간이 얼마나 황량하게 불모지로 내버려 두어
정상적인 생각을 할 수도 없게 만들었던가요?
가장 거룩한 성 삼위에 관한 많은 논문이 있었지만 하나도
인간의 활동은 전혀 없으며 떼어놓을 수도 없는
하느님과 영적(靈的)으로 완전한 하나를 이루게 되는
이곳을 다루지는 않았습니다.
이 경지에 이른 사람은 마치 자신이 영원히 하느님과 함께 있었던 것처럼 느끼며
지금도 하느님 안에서 하느님과 하나가 되어 있는 것처럼 느낍니다.

그러나 한순간이라도 이런 경지에 있게 되면
여기에서 영원한 주님께서 탄생하시는 것처럼 느끼게 됩니다.

빛을 받게 되면 성령께서 창조 이전부터
하느님 안에 하나가 되어 있었다는 것을 증언하게 됩니다.
그래서 요한 성인은 "그분 안에 생명이 있었으니
그 생명은 사람들의 빛이었다."고 말하며(요한 1, 4),
하느님께서 만드신 것은 모두 한 생명이었다고 가르쳤던 것입니다.
이리하여 영혼은 이 세상에서도 창조 이전과 같이
하느님께서 인간을 당신과 하나로 만드시려고 하셨다는 것을 깨닫게 됩니다.

완전히 자기를 정화(淨化)하지 않고
하느님께서 당신만 생각하도록 만드시지 않으면
아무도 하느님께로 다시 돌아갈 수가 없습니다.
이기적인 마음과 세상 것들에 대한 집착과 자만을 없애야만 합니다.
영육(靈肉)의 쾌락과 쾌락을 바라는 마음을 없애야 합니다.
깨끗한 영(靈)에 묻은 더러운 얼룩을 없애야 합니다.
그렇게 하지 않으면 다시는 자신의 원천인
하느님께로 돌아갈 수 없기 때문입니다.

정화(淨化)만 해서도 안 되며 은총의 빛을 받아 새로운 영(靈)이 되어야 합니다.
이렇게 새로운 사람이 되기 위하여 회개하여 내면생활을 하게 되면
대단한 은총을 받게 됩니다.
이 세상에서도 잠깐 동안이나마 완전히 새로운 사람이 되기 때문입니다.
빛이신 영원한 하느님을 만나지 못하면
아무도 하느님께로 가지 못하며 하느님을 알지도 못하게 되기 때문입니다.
그래서 예언자가 "당신 빛으로 저희는 빛을 봅니다." 하고
말했던 것입니다.(시편 36, 10)
그러나 자신의 영혼 깊은 곳에 계시는 하느님께로 돌아가
거기에 머무는 사람은 누구나 하느님의 거룩한 빛을 듬뿍 받게 됩니다.
그리하여 육안으로 하늘에 있는 태양을 보는 것보다

더 분명하게 하느님을 보게 됩니다.

옛날의 몇몇 이방인들이 영혼의 가장 깊은 이곳에
하느님께서 계신다는 것을 알아내었습니다.
이들은 자신의 영혼 깊은 곳을 연구하여
이곳에 하느님께서 계신다는 것을 알고는 세상 것들을 경멸했습니다.
프로클로스(Proclus)와 플라톤(Plato)과 같은 그리스의 위대한 철학자들은 이곳에
하느님께서 계신다는 것을 분명히 알고 다른 사람들을 인도했습니다.
그리하여 아우구스티노 성인은 요한복음의 첫머리에 있는
"한처음에 말씀이 계셨다."는 말씀과
"하느님께서 보내신 사람이 있었는데 그의 이름은 요한이었다."는
말씀대로 주장하게 되었습니다.
그러나 아우구스티노 성인이 이렇게 가르치기는 했지만
깊은 뜻을 이해하기는 어려웠습니다.
아우구스티노 성인은 성 삼위에 관하여 깨달았습니다.
형제자매 여러분, 이 모든 것은 플라톤과 같은 사람들의 영혼의 깊은 곳에
보관되어 있던 지혜로부터 알게 된 것입니다.
그런데 하느님의 도움을 받고 있고 하느님의 은총을 입어
거룩한 믿음을 갖고 영성체(領聖體)를 하고 있는 우리 그리스도인이
자신도 모르고 자신의 영혼 안 깊은 곳에 있는 하느님의 깊은 지혜를 모르고
눈먼 암탉처럼 이리저리 뛰어다니고 있는 것이 부끄럽지도 않은가요?

이 원인은 우리가 많은 것들을 좋아하고
신앙생활도 자신이 좋아하는 수행만 하기 때문입니다.
자기가 좋아하는 수행만 함으로써
하느님께서 계시는 내면 깊이 들어가지 못하기 때문입니다.
그러나 사랑하는 형제자매 여러분,
누군가가 부적절한 수행에만 매달린다면
정상적인 수행을 하도록 충고하십시오.
건포도를 맷돌로 갈아서 끈끈한 엑기스로 발효 숙성시킨
키프로스(Cyprus) 포도주를 하느님께 바칠 수 없으면

값싸고 흔한 선물이라도 하느님께 바치도록 충고하십시오.
깨어 있지 않으면 마귀에게 휘둘리게 되기 때문입니다.
묵주기도를 50년 동안 하더라도 도움을 받게 됩니다.

사랑으로도 빛을 증언할 수 있습니다.
우리는 교회에서 이번 주 동안 요한 성인을 기리며
"요한은 타오르며 빛을 내는 등불이었다."고 노래합니다.
등불은 빛과 열(熱)을 갖고 있으며 빛을 보지 않으면 열을 느낄 수가 없습니다.
그런데 만약 빛이 등불 속에 있게 되면
유리나 뿔을 통해서만 볼 수 있게 됩니다.
형제자매 여러분, 이 빛과 열의 의미를 똑똑히 아십시오.
이는 사랑으로 상처받은 마음을 의미합니다.
사랑은 여러분을 영혼의 깊은 곳으로 이끌어 사랑으로 황홀하게 할 수도 있고
마치 여러분이 자신의 화살을 중심에 맞추려는 것처럼
하느님을 갈망하게 할 수도 있습니다.

또 빛과 열은 영혼의 깊은 곳에 얽매여 갇혀 있는
사랑하는 마음을 의미하기도 합니다.
더 이상 자신을 통제하지 못하여 아무 생각도 하지 못하고
수행(修行)도 하지 못하고 모든 것을 오로지 사랑에 맡기는 것을 의미합니다.
만약 사랑이 한순간 아무 생각이나 행동을 하지 못하게 만들면
여러분은 곧 사랑에 얽매이기를 바라지만
사랑과 씨름을 하여 다시 껴안아 주시기를 간청하고
다시 돌아오시기를 청하게 됩니다.
만약 여러분이 제대로 표현을 하지 못하게 되면
아우구스티노 성인이 말한 것처럼 마음속 깊은 곳에서 말하게 됩니다.
"주님, 당신께서는 저에게 네 마음을 다하고 네 목숨을 다하고
네 정신을 다하여 주 너의 하느님을 사랑해야 한다고 명령하셨나이다.
당신께서 제게 명령하신 사랑을 제게 주소서.
제게 당신을 사랑하는 법을 가르쳐주시고
당신께서 바라시는 것을 제게 말씀하소서."

이 경지에 이르게 되면 이런 생각을 할 수 없을 정도로
어리석게 되므로 기계적으로 말하게 됩니다.
그러나 형제자매 여러분, 앞에서 설명한 바와 같이
완덕을 갖추지 못하여 거짓 마음의 평화를 누리고 있는 사람들은
겸손하지 않다는 것을 아십시오.
이들은 우리가 말하고 있는 사랑을 갖고 있지 않기 때문입니다.
이런 말뿐인 사랑 뒤에 제정신이 아닌 바보 같은 사랑을 하기 때문입니다.
형제자매 여러분, 이 불쌍한 사람은
하느님 사랑이 모두 사라지고 이성(理性)으로만 움직이는 것처럼 느낍니다.
이 불쌍한 사람은 마치 물건을 사고파는 것과 같은
세상의 지혜에는 아무 관심도 없는 것처럼 보이고
한동안 바보처럼 보이고 제정신이 아닌 것처럼 보입니다.
나는 이런 사랑을 미쳐 날뛰는 사랑으로 부르며
이런 사랑을 하는 사람을 등불을 들고 있는 장님에 비유하고 싶습니다.
그는 자신 안에 계시는 하느님에 대한 사랑을 갖고는 있지만
기쁨을 느끼지 못하고 맹목적으로 사랑합니다.
그는 사랑의 기쁨을 바라면서 참사랑을 바라지만 참사랑을 갖지 못하여 제멋대로
미친 듯이 고래고래 소리를 지릅니다.
하느님께서 골수까지 사랑을 듬뿍 쏟아 부으시고 계시지만
아무 위로도 주시지 않기 때문입니다.
만약 여러분이 이런 사랑의 시험에 빠지게 되면
나는 여러분이 미치지 않기를 바랍니다.
속죄하기 위하여 지나치게 겉으로
고행(苦行)을 하면서까지 위로를 찾지 마십시오.
여러분 안에서 하느님께서 역사하시도록 하느님만 사랑하십시오.
이 거룩한 시련 때문에 위축되지는 마십시오.
여러분 안에서 하느님의 계획이 모두 이루어질 때까지
폭풍우가 치더라도 하느님 뜻에 따라 순종하십시오.

어떤 사람들은 이런 사랑의 괴로운 시험을 피해야 한다고 말할지도 모릅니다.
수도 생활을 더 이상 계속할 수 없을 정도로 수치스럽게 여기기 때문입니다.

형제자매 여러분, 이런 하느님의 사랑을 알아차리지 못하는 어리석을 때가 오면
인간이 할 수 있는 것은 아무것도 없다고 나는 말하고 싶습니다.
이런 다음 때가 되면 하느님께서 여러분의 영혼에 오셔서
폐부(肺腑)를 찌르는 말씀을 하시기 때문입니다.
이 말씀은 사람들이 하는 어떤 말보다 수천 배의 가치가 있습니다.
그래서 디오니시오 성인(St. Dionysius)은
"영혼 깊은 곳에서 영원한 말씀을 하시게 되면
하느님의 속삭이시는 말씀을 들을 준비가 되어 있는 영혼은
말씀의 의미를 부분적이 아니라 모두 이해할 수 있게 됩니다.
그러면 영혼 가장 깊은 곳에 있던
자아(自我)가 하느님과 하나가 됩니다." 하고 말했던 것입니다.
이렇게 하느님과 하나가 된다고 해서
자신의 기본적인 삶을 살 수 없는 것은 아닙니다.
주님께서는 이렇게 하나가 된 것에 대하여
"그들이 모두 하나가 되게 해 주십시오.
아버지, 아버지께서 제 안에 계시고 제가 아버지 안에 있듯이,
그들도 우리 안에 있게 해 주십시오." 하고 말씀하셨습니다.(요한 17, 21)
그리고 주님께서는 아우구스티노 성인에게도 말씀하셨습니다.
"너는 나로 변화될 것이다."
그러나 이렇게 바보처럼 하느님을 사랑하지 않으면
아무도 하느님과 하나가 될 수 없습니다.

세례자 요한 성인이 말했습니다.
"나는 이사야 예언자가 말한 대로 '**너희는 주님의 길을 곧게 내어라.**' 하고 광야에서
외치는 이의 소리입니다."(요한 1, 23)
완덕을 갖추어야 이 길을 걸을 수 있습니다.
그리고 요한 성인은 자신을 주님의 길을 준비하는 사람이라고 말했습니다.
그러나 이 길은 주님께서 걸으셨던 것과 같이 평탄한 길도 아닐뿐더러
이 길을 알고 걸어가기도 쉽지 않습니다.
깨어 있으면서 광야를 가장 빠른 길로 주님께로 가려는 사람은
많은 고통을 겪어야 합니다. 그뿐만 아니라 쉽게 길을 잃을 수도 있습니다.

그러나 이 길은 탁 트인 어떤 고속도로보다 더 빠릅니다.
자신의 영혼 깊은 곳을 면밀히 성찰하면
이 순례의 길은 더욱더 안전하게 됩니다.
자신의 허물을 바로 잡고 어렵고 어둡고 낯선 길처럼 보여도
하느님께서 인도하시는 대로 따라가기만 하면 됩니다.
이렇게 행동하는 사람은 아무리 역경이 닥치더라도
위축되지도 않고 괴로워하지도 않게 됩니다.
그리고 사람들이 빠지기 쉬운 잘못도 범하지 않게 됩니다.
그러나 하느님께서는 영혼 깊은 곳으로 들어가 내면생활을 할 때까지
인도하시게 됩니다.

이렇게 자신의 영(靈)과 하느님의 관계에서
주님의 길을 평탄하게 해야 하지만 매우 어려운 일일뿐더러
예상하지 못한 변수도 많이 만나게 됩니다.
많은 사람이 안심하기 위하여 외적인 수행에 몰두하거나
자선을 베풀려고만 하는 잘못을 범합니다.
그러나 열심히 믿고 있기는 하지만
의무로 하도록 하지 않으면 그렇게 하지도 않습니다.
하지만 바깥으로 눈을 돌릴 것이 아니라
자신의 내면 깊이 들어가도록 해야 합니다.
외부로 눈을 돌리는 것은 로마로 향하여 출발해놓고는
네덜란드로 가는 것과 같은데,
빨리 걸을수록 목적지와는 더 멀어지게 마련입니다.
이와 같이 묵상은 열심히 하지 않고 외적인 수행만 하면 안 됩니다.
내면 깊이 들어가 평화 속에서 자신을 성찰하면서
내면생활을 열심히 하도록 해야 합니다.
잘못된 길로 들어서서 오랜 세월 동안 걷다가 뒤늦게 바른길로 가려고 하면 연약해지고 마음이 약해져서 마지막으로 사랑의 시련을 겪게 되면
이겨내지를 못하게 됩니다.

형제자매 여러분, 사랑의 시험으로 흔들리게 되면

자신의 과거의 죄들을 끊임없이 생각하고,
자신의 겸손에 대해서 의심을 해보고,
하느님의 사랑에 보답했는지 자문해보아야 합니다.
그리고 냉정하게 된 것을 후회하고
자기를 완전히 버리고 세상 것들을 사랑하는 마음과 싸워야 합니다.
진심으로 하느님의 사랑이 아닌 것은 모두 버리고
사랑을 위하여 가난하게 되어 괴로워해야 합니다.
하느님의 사랑을 진정으로 바라야 하며
하느님을 굳게 믿고 진심으로 사랑해야 합니다.
그러면 평생 얻을 수 있는 은총을 한 시간 안에 얻게 됩니다.

하느님의 사랑을 굳게 믿으십시오.
하느님에 대한 사랑이 약해지게 되면
하느님을 그리워하는 마음도 식게 되고
사랑도 사라지고 말게 됩니다.
하느님께서 사랑을 거두어 가신 것처럼 느끼지 못하면
다른 표징도 믿을 수 없게 됩니다.
이것이야말로 하느님께서 역사하신 것입니다.
마귀는 여러분의 믿음을 흔들지 못하면 떠나가 버립니다.
하느님께서는 여러분이 절망하고 있을 때
당신을 진심으로 사랑하고 있는지 시험해보십니다.

자신이 하느님을 진심으로 사랑하고 있는가 하는
의문이 들면 내면 깊이 들어가십시오.
그러면 하느님의 빛이 얼마나 당신을 사랑하는지 보여 줄 것입니다.
그러나 가장 좋지 않은 것은
자신의 내면 가장 깊은 곳에 들어갈 수 없거나
들어가려고 하지 않는 것입니다.
하지만 일단 거기에 들어가기만 하면 하느님께서 은총을 주시며
당신과 함께 서 있을 수 있게 용기를 북돋아 주십니다.
그러나 많은 사람이 이 내면의 소리를 듣지 못하고 들으려고도 하지 않아 결국은

하느님의 말씀을 전혀 듣지 못하게 됩니다.
이러한 불행의 원흉은 바로 하느님이 아니라 자기 자신을 믿기 때문입니다.
하지만 겸손하게 하느님의 인도에 따르게 되면
하느님과 하나가 되어 이 세상에서 영원한 생명을 누리게 됩니다.
하느님, 저희 모두에게 이러한 은총을 주소서. 아멘.

〈성 요한 세례자 탄생 대축일 두 번째 강론〉

108 애정 어린 충고

"말씀을 선포하십시오. 기회가 좋든지 나쁘든지 꾸준히 계속하십시오. 끈기를 다하여 사람들을 가르치면서, 타이르고 꾸짖고 격려하십시오."
(2티모 4, 2)

바오로 성인은 그리스도의 이름으로 사람들을 가르칠 사람들을 몰고 다녔던
사랑했던 제자 티모테오 성인에게 이와 같이 가르쳤습니다.
바오로 성인의 말은 고해신부를 비롯하여 모든 사목자들에게 전해졌습니다.

먼저 사목자들은 특히 사목을 하고 있던 신자들을
새로운 사람들로 만들기 위하여 죄인들을 가르치고 있었습니다.
그뿐만 아니라 사목자들은 신자들을 가르치고 충고하고 바로잡기 위한
성 대 그레고리우스(St. Gregory) 교황의
『사목규범(Liber Regulae Pastoralis)』과
같은 좋은 책들을 많이 읽고 있었습니다.

그러나 우리는 바오로 성인이 모든 사람과
우리 자신에게도 내면으로 성찰(省察)할 수 있도록
충고한 것에 대하여 더욱더 주목해야 합니다.
바오로 성인은 내적 인간이 되려는 사람은
누구나 다른 사람들의 행실을 보지 않고
다른 사람들의 죄를 함부로 심판하지 말아야 한다고 충고했기 때문입니다.
형제자매 여러분, 이렇게 남을 함부로 판단하게 되면

자신에게 많은 슬픈 일이 생기게 됩니다.
왜냐하면 이웃을 함부로 판단하고 자기중심적으로 살게 되면
하느님의 사랑이 떠나버리기 때문입니다.
여러분은 과거에도 죄를 범했고 지금도 잘못을 범하고 있을지 모릅니다.
하느님께서 여러분이 죄를 짓게 만드신 것은
여러분의 이웃이 같은 잘못을 저지르는 것을 보고
자신의 잘못을 후회하고 깊이 회개하게 하여
새로운 사람으로 만드시기 위한 것이라는 것을 알아야 합니다.
따라서 하느님께서 여러분을 새로운 사람으로 만드시려고 하듯이
하느님께서 불쌍한 여러분의 이웃을
새로운 사람으로 만드시도록 기도하도록 하십시오.

이렇게 하여 다른 사람들의 죄를 보고 친절한 마음이 생기게 됩니다.
무자비한 생각을 더 이상 하지 않게 되기 때문입니다.
죄 많은 이웃을 앉아서 심판하는 것은 나쁜 마음입니다.
다른 사람들의 죄를 심판하게 되면
자신이 더욱더 다른 나쁜 생각을 하게 되고
자신이 본 어떤 나쁜 행동보다 더 나쁜 짓을 하게 됩니다.
착한 사람은 동료들을 진정으로 사랑하고 믿습니다.
온유한 마음을 갖게 되면 다른 사람들이
아무 허물도 없이 살고 있다고 생각하게 됩니다.
이웃의 허물을 보고도 참게 되면 이웃이 자신이 보는 것만큼
나쁜 사람이 아니라는 것을 믿게 되기 때문입니다.
그리하여 불쌍한 이웃이 아무리 잘못을 범하더라도 좋게 생각하려고 합니다. **그러나**
이웃이 나쁜 행동을 하게 되면
하느님께서는 이웃의 잘못을 일깨워주어
더 나쁜 짓을 하지 않도록 충고하도록 허락하십니다.

착한 사람은 다른 사람들의 죄를 보면 회개하고
자신과 이웃을 위하여 자기(自己)를 죽이려고 합니다.
이웃에게 하느님께서 함께 계시며

죄인들을 보시고 참고 계신다는 것을 일깨워주어야 합니다.
이렇게 이웃을 돕는 것이 하느님께 바치는 제물(祭物)이기 때문입니다.
아무리 사랑스럽게 충고하고 벌하더라도 이웃을 돕는 것보다 못합니다.
때때로 자비(慈悲)로 이웃을 바로 잡는다는 착각을 하지만
결코 이웃을 바로 잡을 수는 없습니다.
사랑하는 형제자매 여러분, 그래서 나는 여러분에게
자신을 이기고 마음의 평화를 얻으려면
먼저 자신의 마음을 정화(淨化)해야만
자신의 적(敵)을 물리칠 수 있다는 것을 말하고 싶습니다.
성경의 가장 훌륭한 지혜로 온 세상 사람들을 가르치는 것보다,
이성을 잃고 이웃에게 상처를 입히는 것보다
먼저 자신의 마음을 정화해야만 합니다.
왜냐하면 주님께서 "**너는 어찌하여 형제의 눈 속에 있는 티는 보면서,**
네 눈 속에 있는 들보는 깨닫지 못하느냐?" 하고 말씀하셨기 때문입니다.(마태 7, 3)

그러나 교회에서 다른 사람들을 심판하도록 하고 있는
사목자들은 예외로 해야 합니다.
그러나 사목자들은 사람들과 경우를 신중히 생각하여 판단해야 합니다. **사목자들은**
고압적(高壓的)인 태도를 보이지 말아야 하며
심한 말을 하지 말아야 하며
불필요하게 마음을 어지럽히는 짓을 하지 말아야 합니다.
하느님께서는 사목자들이 신자들을
성화(聖化)시키기 위하여 가르치도록 하셨습니다.
그러나 슬프게도 수도원장과 같은 장상(長上)들은 이 점에서 실패하여
수도자들을 성화시키기는커녕 수도자들을 괴롭혀
수도원을 떠나게 만들고 있습니다.
수도자들로 하여금 온유한 마음으로 하느님을 두려워하게 만들었다면
어떻게 수도자들이 수도원을 떠날 수 있었겠습니까?
수도원을 떠난 사람들은 장상들이 마음의 평화를 안겨주고
회개하여 더 빨리 새로운 사람으로 만들어주기를 바랐지만
장상들은 자신의 명예와 이익을 위해서만 일한다는 것을 알았습니다.

자신들이 장상들의 위세에 굴복하는 것 같아 더욱더 반발하게 된 것입니다.
많은 장상은 수도자들을 가르쳐 덕을 쌓게 하려고 했다고 말하지만
사실은 험악한 분위기로 수도자들을 몰아가고 있었습니다.
장상들은 죄를 미워하여 그렇게 했다고 변명하지만
사실은 죄인들을 미워하고 있었던 것입니다.

나는 여러분에게 자신의 마음을 면밀히 성찰하여
자신에게 참사랑이 있는지
여러분의 충고로 몹시 고통을 받은 사람들에게
애정이 있었는지 알아보기를 바랍니다.
나는 자신을 주체하지 못할 정도의 참사랑으로
사람들을 성화(聖化)시키지 않은 것 같아 마음이 아픕니다.
나는 지금 거의 내면생활을 하지 않아
하느님 사랑의 달콤함을 맛보지 못한 장상들에 대하여 말하고 있습니다.
그들은 아래 사람들에게 호통을 치고
험악한 표정으로 괴롭히고 아무 말도 하지 못하게 합니다.
하느님의 사랑을 맛보지 못한 사람은
다른 사람들을 성화시킬 수 없을뿐더러 친절한 말도 하지 못합니다.
하느님의 참사랑으로 배운 것은
사람들의 비행(卑行)을 어떻게 하면
들추어낼 수 있을까 하는 것뿐입니다.

다른 사람들을 성화(聖化)시키는 성소(聖召)를 받은 사람은
하느님께서 이 소명을 다하지 못한 사람들에게 치욕을 안겨줄 뿐만 아니라
다른 사람들에게 쉽게 상처를 줄 수 있도록 하신다는 것을 명심해야 합니다.
친절한 말을 하고 온유하게 되어 참을성을 길러
여러분을 보는 것만으로도 행복하게 느끼도록 해야 합니다.
이렇게 하지 않으면 하느님께서는 아랫사람들이
여러분에게 욕하고 치욕을 안겨주게 하십니다.
이렇게 되지 않도록 조심하고 욕을 먹더라도 앙심을 품지 않도록 해야 합니다.
이렇게 하지 않으면 여러분 자신이 괴로워하게 되며

아랫사람들을 결코 성화시키지 못하게 됩니다.
다른 사람으로부터 부당한 대우를 받더라도
꾹 참고 친절한 말을 하도록 해야 합니다.
하느님께서는 장상들에게 이와 같은 가장 혹독한 시련을 주시어
순교를 할 수 있는지 지켜보십니다. 이러한 고통을 끝까지 참고 견뎌야 합니다.
장상들에게는 온유함과 상처를 준 사람을 용서하는 것이
가장 중요한 덕이기 때문입니다.

장상들은 아첨을 하지 말아야 합니다.
어머니가 자식들에게 하는 것처럼
모든 아랫사람을 똑같이 사랑하고
생각이나 행동으로 조금도 아부하면 안 됩니다.
그러나 만약 하느님께서 차별을 허락하신다면
가장 여린 사람을 가장 사랑하고 가장 믿도록 해야 합니다.
그리고 하느님께 마음을 바치고 아랫사람들을 보호하기 위하여
하느님을 진심으로 대하고 이기심을 버리도록 해야 합니다.
그리고 아랫사람들에게 일을 맡기기 전에 솔선수범해야 합니다.
왜냐하면 장상들이 사랑이 많고 덕이 많으면 모든 일이 잘되기 때문입니다.
하느님께서 대신 공동체를 이끄시고 도와주시기 때문입니다.
장상들이 모범을 보이게 되면 아랫사람들이 나쁜 짓을 하지 않기 때문입니다.

장상이 아닌 평 수도사이면
자신을 심판하고 자신을 미워하고
다른 사람들을 심판하지 않도록 해야 합니다.
다른 사람을 심판해서도 안 되며 수도원의 규율을 비판해서도 안 됩니다.
모든 것을 좋게만 보는 참된 지혜를 가진 사람이 되어야 합니다.
하느님, 저희가 이런 형제애를 갖도록 도와주소서. 아멘.

〈성 티모테오 축일 강론〉

109 과유불급(過猶不及)

"마르타야, 마르타야! 너는 많은 일을 염려하고 걱정하는구나.
그러나 필요한 것은 한 가지뿐이다. 마리아는 좋은 몫을 선택하였다.
그리고 그것을 빼앗기지 않을 것이다."(루카 19, 41-42)

믿음이 깊은, 하느님의 사랑하는 자녀 여러분,
나는 여러분이 우리의 거룩한 주 예수 그리스도 안에서
다시 주님을 만나 영원한 생명을 얻기를 빕니다.
나는 오늘 영원한 행복에 이르는 가장 빠른 길인
하느님의 가르침을 한 강론으로 모았습니다. 아멘.

사랑하는 형제자매 여러분, 여러분 자신의 마음을 면밀히 성찰하여
자신의 결점들을 찾아내고 여러분에게 보내주신
하느님의 영감(靈感)들을 알아차리도록 하십시오.
세상 것들에 집착하지 말고 나쁜 습관을 되풀이하지 말고
나쁜 생각을 하지 않도록 하십시오.
우리의 사랑하는 주 예수 그리스도의
가장 사랑하시는 친구나 추종자가 되고 싶지 않나요?
되고 싶다면 여러분을 하느님께 가지 못 하도록 하는
여러분이 소중히 여기는 것들을 모두 버려야만 합니다.
그러한 것들은 꼭 필요할 때만 써야 합니다.
세상 것들을 모두 버리고 어떤 처지에서도 하느님께만 의존해야 합니다.
여러분의 동료와도 행동이나 말에서 꼭 필요한 말만 하도록 해야 합니다.

특히 동료들과 어울려 다니면서 쾌락을 즐기면 안 됩니다.
여러분의 영혼에서 세상에 대한 생각들을 모두 없애어
세상 것들에서 기쁨을 찾지 말아야 하고
동료들의 존재도 의식하지 말아야 합니다.
거룩한 마리아 막달레나가 그렇게 했기 때문에
우리의 주님께서 그녀를 칭찬하셨습니다.
이러한 일이 모두 여러분의 몫이고
주님께서는 여러분 안에서
당신의 거룩한 뜻에 따라 당신의 몫을 하십니다.
주님께서는 당신의 불타는 사랑으로 여러분을 불타게 만드십니다.
주님께서는 여러분의 영혼에 은총이 넘쳐흐르도록 하십니다.
주님께서는 이렇게 하시기 위해
여러분으로 하여금 하늘나라를 생각하게 하시고
마리아가 했던 것처럼 주님의 발 앞에 앉아 관상(觀想)하도록 인도하십니다.

사랑하는 형제자매 여러분, 우리는 지나치게 많은 것들을 소유하려고 하고 지나치게 경쟁을 함으로써 우리의 영안(靈眼)이
하느님의 영감을 알아차리지 못하고
우리 자신의 많은 죄를 찾아내지 못하고 있다는 것을 알아야 합니다.
하느님의 사랑으로 나쁜 짓은 하지 않고 외적인 일을 하더라도
완덕을 갖추지 못한 채로 하느님께로 가는 수가 많기 때문입니다.
우리 주 예수님께서 마리아 막달레나에게 좋은 몫을 택했다고 말씀하실 때
세상 것들을 버린 것을 칭찬하시지 않으셨습니다.
그렇다고 해서 마르타가 지나치게 외적인 일에만 신경을 쓰는 것을
나무라시지도 않으셨습니다.
마르타는 사랑으로 주님과 제자들을 보살피는 임무만 충실히 하려고 했습니다.
그런데 여러분은 하느님의 특별한 은총을 받으려고 하고
주님의 가르침을 이해하려고 마리아만큼 노력한 적이 있습니까?
여러분은 주님께 영육으로 필요한 모든 것을
마르타만큼 제공해드린 적이 있습니까?
여러분은 여러분의 양심 안에서 말씀하시는 하느님의 목소리를 듣고

내적 외적으로 일상생활에 꼭 필요한 일만 하도록 해야 합니다.
무슨 일이든지 지나치면 아니 하는 것보다 못합니다.

우리는 무엇보다도 자신과 하느님 사이에 있으면서
자꾸 생각하게 만드는 사람들을 멀리해야 합니다.
그들이 아무리 거룩하더라도
하느님께로 가지 못하게 만들면 그들을 멀리할 수밖에 없습니다.
그들이 성직자이든 세속에 있는 사람이든 고해신부든 간에
하느님의 길을 가는 데 도움이 되지 않는다면 과감하게 멀리해야 합니다.

하느님과 헤어진 것처럼 그리고 혼자 내 버려진 것처럼
하느님을 전혀 만날 수 없기 때문입니다.
그러나 성모님이나 세례자 요한 성인이나 마리아 막달레나 성녀나
그 밖의 성인들이나 옛날의 교황들은
세상을 멀리하고 사람들을 멀리했기 때문에 하느님을 만났습니다.
이들은 모두 인간 사회를 멀리하고
하느님을 만나기 위하여 가장 먼 버려진 땅이나 숲으로 갔기 때문입니다.
형제자매 여러분, 불필요한 오락이나 사람들과 어울려 대화를 즐기게 되면 아무리
순수한 교제를 하더라도 슬픈 노년을 맞이하게 됩니다.
그 이유는 우리의 행복에는 전혀 도움이 되지 않는
이러한 것들에 집착하게 되면
하느님께서 우리 마음속으로 들어오시지 않기 때문입니다.
더러운 재로 가득 찬 그릇에 달콤한 포도주를 붓는 꼴이 되기 때문에
이와 같은 것들로 가득 찬 영혼에 하느님께서 들어오시지 않습니다.
거짓투성이이고 불안하기만 한 인간관계나 외적인 일들을 모두 멀리 하십시오.
이렇게 하지 않으면 마음의 안정이나 위안을 얻으려고 해도
오랫동안 자기를 버리고 묵상하여 어렵게 얻은
마음의 평화까지도 잃어버리게 되기 때문입니다.
우리는 이런 잡스러운 일로 인하여 사소한 거짓말들을 많이 하게 되고
귀중한 시간을 낭비하게 되기 때문입니다.
그리하여 우리의 마음은 하느님을 떠나게 되고

사랑도 식게 되고 후회로 가득 차
참지 못하고 쉽게 화를 내게 되기 때문입니다.

이러한 사실을 알지 못하면 비참하게 될 뿐입니다.
하느님 안이 아니면 어디서도 위로나 평화와
참된 기쁨과 마음의 안식을 얻지 못하기 때문입니다.
수천 년 동안 우리의 조상들이 연옥에서 기다렸던 것처럼
온유하게 참으면서 잠깐이라도 진심으로
하느님을 기다려야만 행복이 찾아오게 됩니다.
우리가 받을 자격도 없지만
하느님께서는 때가 되면 우리에게 위로를 주십니다.
하느님께서는 잠시 동안 당신을 숨기시기는 하지만
우리가 위로를 잘 이용하도록 하시기 위해
뒤에 더욱더 사랑에 불타게 만드시어 완덕을 갖추도록 하십니다.
하느님께서는 우리가 필요로 하는 것을 잘 알고 계시므로
우리의 영적(靈的) 성숙을 위해서라면
외적인 은총이나 내적인 은총을 아끼시지 않습니다.

그런데도 우리는 부질없는 사소한 일들에 매달려
하느님을 만나지도 못하고 상처만 받고 있으니 얼마나 어리석은가요?
우리는 주님께서 당신의 사랑하는 제자들에게
너무나도 쉬운 말씀을 하셨다는 것을 잊고는
하느님에 관한 훌륭한 강론이 주님을 기쁘게 해드린다고 착각하고 있습니다.
하느님을 제대로 섬기지도 않고 이웃을 도와주지도 않고
귀중한 시간을 허비하면서 겉으로만 경건한 척하려고 합니다.
이보다 더 나쁜 것은 없습니다.
이들은 경건한 사람들 가운데 쓸데없이 돌아다니고
우리 주 예수 그리스도가 아닌 쓰레기 같은 생각만 하고 있습니다.
우리는 주님께서 살아계시는 동안에도 제자들이 깨닫지 못하는 것을 보시고 "**내가 떠나지 않으면 보호자께서 너희에게 오지 않으신다.**"고 하신 말씀을 기억하지 못하고 있습니다.(요한 16, 7)

그리고 또 우리는 주님께서 멀리하셨다는 것을 잊고는
헛된 것들과 친구들과 오락과 친척들을 좋아하고
모든 것을 소유하려고 하고 있습니다.
주님의 가르침에 귀를 기울이십시오.
"내 이름 때문에 집이나 형제나 자매, 아버지나 어머니, 자녀나 토지를 버린 사람은 모두 백배로 받을 것이고 영원한 생명도 받을 것이다."(마태 19, 29)
"누구든지 나에게 오면서 자기 아버지와 어머니, 아내와 자녀, 형제와 자매, 심지어 자기 목숨까지 미워하지 않으면, 내 제자가 될 수 없다."(루카 14, 26)
우리가 주님의 거룩한 가르침을 귀담아듣지 않으면
평생을 헛된 꿈과 환상 속에서 살게 될 것입니다.

하느님의 진정한 평화를 얻기를 바란다면,
진심으로 하느님과 하나가 되기를 바란다면
세상 것들로부터 기쁨을 찾고 위로를 받으려고 하지 않아야 합니다.
꼭 필요한 것만 가지려 하고
마음의 위로나 몸의 안일(安逸)을 위하여 더 이상 바라지 않도록 해야 합니다.
하느님으로부터 마음을 떠나게 만드는 것은 모두 버려야 합니다.
마음속에 하느님만 모시려고 해야 합니다.
하느님께서 계실 수 있도록 우리의 마음을 텅 비워야 합니다.

형제자매 여러분, 우리 주 예수 그리스도의 죽음을 헛되이 하지 말고
주님의 죽음의 무한한 가치를 찬양하십시오.
누구나 비참하게 짧은 인생을 살다가 갈 수 있다는 것을 잊지 마십시오.
비참하고 사악하고 거짓투성이인 이 세상을 생각하십시오.
영성(靈性)이 없는 사람들과는 어울리지 마십시오.
언제 죽을지도 모르면서 살다가 죽게 된다는 것을 잊지 마십시오.
이 모든 것을 생각하고 하느님께서 주시는
영감(靈感)에 귀를 기울이도록 하십시오.
이렇게 하면 모든 사람이 다 함께
수 천 년 가르쳐준 것보다 더 많은 것들을
한 시간 안에 하느님께서 여러분을 돌보시면서

더욱더 자상하게 가르쳐주실 것입니다.
사랑하는 형제자매 여러분, 이 세상을 헛되이 살지 말고
세상 것들에 집착하지 말고
오로지 하느님께 자신을 맡겨 영원한 구원을 받도록 하십시오.
여러분이 세상 것들을 잃더라도 다시 얻을 수는 있지만
세상 것들은 영원한 생명을 가져다주지는 않습니다.
그러나 다시는 얻을 수 없는 것을 잃더라도
한 시간 안에 영원한 생명을 얻을 수는 있습니다.

그러나 나는 많은 사람의 불행을 예언할 수 있습니다.
세상 것들을 믿고 집착하고 있기 때문입니다.
여기저기서 쓸데없는 이야기만 하고 들으려고 하고 있기 때문입니다.
그리고 탐욕 때문에 영성(靈性)을 찾지 않고 있기 때문입니다.
대죄를 짓지 못하도록 우리를 보호하시는
하느님의 무한한 자비에 감사하십시오.
냉담하고 어리석어 완덕의 길을 가지 못하고 있는
미지근한 태도가 얼마나 위험한가를 생각하십시오.
왜냐하면, 이 때문에 괴로운 연옥(煉獄)에 가야 하기 때문입니다.

우리는 불쌍한 수탕나귀와 같습니다.
큰 소리로 시끄럽게 울면서 느릿느릿하게 걸으며
마른 풀만 먹고 있기 때문입니다.
오로지 마른 풀만 먹으려고 하면서 더 나은 대우를 바라지만
무자비하게 채찍질만 당하고 있기 때문입니다.
그리스도인들도 수탕나귀처럼 완덕을 갖추지 못한 채
굽실거리기만 하고 있습니다.
이뿐만 아니라 하느님을 사랑하기 위하여
그리고 자신의 영원한 행복을 위하여
세상 것들에 대한 집착을 버리려고도 하지 않습니다.
그러면서도 이기심 때문에 살아 있는 동안
마음의 평화를 얻으려고 합니다.

하느님께서는 우리를 사랑하시어 내면의 고통을 없애주시려고 하고
불안한 마음을 달래주시려고 하십니다.

우리는 마음고생이나 불안한 마음을 없애기 위해서
하느님을 믿는 것이 아닙니다.
세상 것들에만 집착하고, 다른 사람들의 일에 간섭하고,
공격받으면 맞서고 화가 나면 공격하는 사람은
불안으로 가득 차 길을 잃고 몹시 괴로워하게 됩니다.
온 세상 사람들이 외면하여
혼자 내버려 두어도 불안해하며 안절부절못합니다.
평화를 원한다면 어린이와 같은 믿음으로
자신의 모든 일을 하느님께 맡겨야 합니다.
영육(靈肉)의 모든 일을 하느님께 맡기고
하느님 뜻대로 하시게 하면 평화를 얻게 됩니다.
자신보다 하느님께서 일하시는 것이 더 좋고 현명하지 않겠습니까?
하느님께서 자신의 영육(靈肉)을 위하여
무엇이 가장 좋은지 알고 계십니다.
그런데 하느님께서는 우리가 당신을 찬양하고 당신의 영광을 위해서만
일하고 생각하고 말해야만 우리를 돌보십니다.
우리가 해야 할 일은 그것밖에 없습니다.
우리의 영육(靈肉)의 행복을 위해서는
진심으로 겸손하게 하느님께 자신을 맡기는 수밖에 없습니다.
하느님께서는 때때로 성속(聖俗)으로
우리가 현명하게 행동할 수 있는 방법을 일러주십니다.
그런데 하느님께서 우리가 필요로 하는 것을 왜 모르시겠습니까?
우리가 하느님을 믿기만 하면
하느님께서 우리가 원하는 것을 왜 주시지 않겠습니까?

우리가 자기 뜻대로 이기심으로 모든 일을 하는 것은 비극입니다.
우리는 하느님의 뜻을 따르지 않고 이성(理性)에만 따르고 있습니다.
우리는 자신이 지혜의 원천인 하느님보다도

더 현명하다고 생각하고 행동하고 있습니다.
우리가 신경을 쓰고 있는 것이 무엇입니까?
어떤 사람은 따돌림을 받을까 봐 두려워하며
어떤 사람은 버림을 받을까 봐 두려워합니다.
어떤 사람은 다른 일을 하고 싶어서 안달을 합니다.
또 어떤 사람은 어떤 공동체에 들어가기 위하여 안달을 합니다.
자신이 집착하고 있는 일이
세상에서 가장 좋은 것 인양 매달리고 있기 때문입니다.
자신을 면밀히 성찰하여 이 모든 일에
마귀가 관여하고 있다는 것을 알아야 합니다.
마귀는 우리의 불안을 이용하여
우리를 쥐고 흔들어 잘못 인도하려고 하고 있습니다.

꾸준히 인내하면서 완덕을 쌓도록 해야 합니다.
마귀는 우리가 어떤 덕을 쌓고 있을 때
다른 덕을 쌓도록 부추기기 때문입니다.
마귀의 목적은 우리를 불안하도록 만드는 것입니다.
자신의 마음을 잘 알려면 이기심을 발견하고
하느님께서 지도록 하신 십자가를 무의식적으로
팽개치려고 하고 있는 자신을 발견해야 합니다.
하느님의 십자가를 팽개치면 안 됩니다.
우리의 사랑하는 주님께서는 선택된 사람들이
끊임없이 십자가를 지도록 하시고 계십니다.
주님께서는 알아차리지 못하게 십자가를 지게 하시지만
당신의 자비로운 사랑에서 비롯된 것이라는 것을 알아야 합니다.
주님께서는 마귀가 우리를 지배하지 못 하게 하고 계시기 때문에
세상 것들로부터 기쁨을 얻지 못하게 하십니다.
주님께서는 어떤 사람에게는 이런 십자가를 지게 하시고
어떤 사람에게는 다른 십자가를 지게 하십니다.
주님께서는 우리의 간청에 따라 은총을 받을 수 있는 준비에 따라
그리고 완덕을 갖추려는 노력에 따라

어떤 사람에게는 더 많은 고통을 주시고
어떤 사람에게는 고통을 덜 주십니다.
따라서 우리는 하느님께서 주시는 대로 순종하며 십자가를 져야만 합니다.

우리는 살아가면서 하느님의 뜻이 이것이다
또는 저것이다 하고 섣불리 결론을 내리면 안 됩니다.
하느님의 뜻이 드러날 때까지 기다리거나
믿음이 깊은 하느님의 친구의 인도를 받도록 해야 합니다.
이렇게 해야만 참된 평화의 길을 갈 수 있습니다.
때로는 조금만 괴로워도 도망치게 되는데
그러면 더욱더 괴로워하게 된다는 것을 알아야 합니다.

우리가 어리석지 않으면 얼마나 좋겠습니까?
우리는 아무리 작은 고통이라도
하느님 가까이 갈 수 있는 기회라고 생각하고
감사하게 받아들여야 합니다.
그리스도의 십자가가 마귀를 몰아낸다는 것을 안다면
벗은 발로 그리스도의 십자가를 맞으러 달려나가야 합니다.
고통의 가치를 안다면 자신을 못살게 구는 사람들에게 진심으로 감사해야 합니다.
따라서 우리는 애써 십자가의 길을 찾고
십자가의 길을 발견하면 기뻐하고 감사해야 합니다.
그렇습니다. 그리스도를 위하여 지고 가야 할
십자가를 많이 발견한 사람은 행복합니다.
거룩한 안드레아(St. Andrew) 사도가 어떻게 했습니까?
그는 자신이 매달릴 십자가를 보고는 너무나 기뻐했습니다.
자신이 주님처럼 죽을 수 있다고 생각하고 황홀하게 느꼈기 때문입니다. 그리스도께서는 우리 모두를 위하여 십자가에서 돌아가셨습니다.
우리가 주님의 십자가를 질 수 있다면 얼마나 기쁘겠습니까?
우리가 자신을 하느님의 인도에 기쁘게 맡길 수 있다면
고통을 통하여 이 풍진 세상에서는 받을 수 없는
영원한 영광의 상급(賞給)을 받을 수 있으니 얼마나 좋습니까?

고통을 받는 것은 은총입니다.
이 세상에서도 기뻐하게 되고 죽어서도 영원히 기뻐하게 되기 때문입니다.
그리고 고통은 사람을 하느님처럼 만듦으로
하느님께서 당신의 친구들도 기꺼이 고통을 겪게 만드시기 때문입니다.
오히려 당신의 선택된 영혼들에 하늘나라의 상급으로
고통을 겪게 하실 뿐만 아니라 새로운 고통을 주시려고 하십니다.
하느님께서는 고통스럽게 덕을 쌓아
영원한 기쁨을 얻을 수 있게 우리를 온갖 무생물을 지배하게 하셨습니다.

그러나 슬프게도 우리는 그런 소중한 은총을 받을 자격이 없습니다.
우리는 그런 선물을 받을 수 없으며 그런 기회를 기대하지도 않습니다.
아니 우리는 고통으로부터 끊임없이 도망치고 있습니다.
특히 우리는 고통이 계속되는 것을 좋아하지 않습니다.
우리는 말이나 행동으로 자신을 괴롭히면 참지 못합니다.
누군가가 자신을 공격하면 곧바로 그 사람을 공격합니다.
우리가 역경에 처해있을 때는 사나운 개처럼 됩니다.
우리의 마음은 괴로움으로 가득 차 있습니다.
자신이 옳았든지 틀렸든지 자신을 격렬하게 불같은 말로 방어합니다.
우리는 누군가로부터 무시당하면 참지 못합니다.
우리의 본성이 이렇게 거칠고 바보스럽지만
자기를 죽이지 못하니 얼마나 비참한지 모릅니다.
우리는 그리스도와 같은 고통을 받으면
자신이 주님만큼 가치 있는 존재라고 여기지 않으려고 합니다.
그뿐만 아니라 완덕을 위해서는 반드시 고통을 받아야 한다는 것을 모릅니다.
우리는 고통을 하늘에서 내려준 선물이라고 생각하고 감사하면서 받고
현명하고 신중한 욥(Job)을 본받아 자신을 낮추어야 합니다.

그리고 우리는 고통을 받게 되면 회개하도록 해야 합니다.
우리는 자신의 죄로 인한 벌로 생각하고 모든 고통을 달게 받아들여야 합니다.
자신이 아무리 부당한 대우를 받더라도
그런 고통으로는 부족하다고 생각해야 합니다.

이렇게 생각해야만 참된 평화를 얻을 수 있습니다.
그래야만 이웃에게 공덕을 쌓으라고 권할 수 있습니다.
그래야만 자신이 좋아서 하는 수행(修行)이나 참회하여 수행하는 것보다
자신에게 유익하고 하느님께 영광을 드릴 수 있게 됩니다.

사랑하는 형제자매 여러분, 모든 스승이 죽어서 묻히더라도
모든 책이 불태워지더라도
우리 주 예수 그리스도의 삶에서 지혜를 얻고 깨달아야 합니다.
우리가 아무리 덕이 부족하더라도 주님께 눈을 고정시키고
주님을 열심히 공부하여 은총을 듬뿍 받도록 해야 합니다.
주님께서 돌아가시고 계시지 않더라도
우리는 참고 온유하게, 사람들이나 마귀로부터 방해를 받더라도,
버림을 받더라도, 치욕을 받더라도, 매우 고통스럽고 슬프더라도
주님께 눈을 고정시키고 주님을 열심히 공부하여
은총을 듬뿍 받도록 해야 합니다.
이를 거울삼아 자신을 성찰하도록 합시다.
왜냐하면 그렇게 하면 모든 고통을 기쁘게
참고 견딜 수 있는 힘을 얻게 되기 때문입니다.
그리고 유혹을 이기고 불행을 참고 견디는 법을 배우기 때문입니다.
이와 같이 십자가에 못 박힌 예수님을 공부하게 되면
고통을 쉽게 이겨낼 수 있게 됩니다.

또 살아가면서 모든 고통에는 반드시
의미가 있게 마련이라는 것을 알게 됩니다.
왜냐하면 하느님께서 계시는 평화의 항구에 들어가려면
역경도 유익하게 이용하는 법을 부지런히 배워야 하기 때문입니다.
이런 습관은 우리에게 마음의 안정을 줄 뿐만 아니라
우리를 세상의 불안으로부터 구해줍니다.
그리하여 거친 사람이든 온순한 사람이든 점잖게 대하게 됩니다.
하느님을 충실하게 섬기려면 가끔 동료들로부터 부당한 대우를 받고
대가를 치러야 할 준비를 해야 합니다.

우리는 말이 너무 많은 사람에 대해서나
말이 너무나 없는 사람에 대하여
말하려고 하는 유혹을 항상 느낍니다.
또 어떤 사람은 너무나 느리게 걸어서
또 어떤 사람은 너무나 빨리 걸어서
우리를 불쾌하게 만듭니다.
사람들의 태도는 자비나 의로움을 보여주지 못하고
내적 결함을 보여줄 때가 많습니다.
그러나 그런 생각을 하지 않도록 끊임없이 노력해야 합니다.
우리는 너무나 연약하기 때문에 그런 마음을 없애기 어려우나
최소한 남을 가르치려고 하면서 짜증을 내는 말을 하면 안 됩니다.
아무리 말하고 싶어도 사람들의 태도나 말을
동료들과 함께 화제에 올리지 않도록 해야 합니다.
이렇게 자애롭게 행동하게 되면
역경에서도 마음을 편하게 가질 수 있을뿐더러
행복을 누릴 수 있게 됩니다.

우리의 사랑하는 주 예수 그리스도께서는
당신께서 솔선수범하시어 이 진리를 가르치셨습니다.
주님께서 유다(Judas)와 당신을 괴롭히던
모든 사람을 얼마나 점잖게 대하셨습니까?
주님께서는 그들이 당신을 몹시 미워한다는 것을 아셨지만
그들에게 사랑의 표징을 보여주었습니다.
주님께서는 그들을 벌하실 수도 있었지만
그들 가운데 가장 순수한 하느님의 어린 양이셨습니다.
아무도 이런 완덕을 보여줄 수 없으며
아무도 죄가 없다고 말할 수 없다는 것을 아십시오.
자신의 양심을 면밀히 성찰하여 자신의 많은 허물을 찾게 되면
너무나 많아서 뻔뻔스럽게 다른 사람들에게 다른 사람들을 탓할 수 없게 됩니다.
이것이 여러분이 잘 알고 있는 불쌍한 나의 모습입니다.
나의 잘못을 보고 여러분의 허물을 짐작하고

겸손하게 잘못을 인정하도록 하십시오.

내가 여러분에게 한 말을 명심하기를 바랍니다.
나는 여러분에게 솔직히 고백합니다.
나는 하느님께서 나를 보시듯이
나 자신의 죄책을 통해서 여러분에 대하여 미리 알아보았습니다.
나의 목적은 여러분에게 강론하는 것이 아니었습니다.
왜냐하면 나에게는 여러분들의 가르침이 필요하지
여러분에게 나의 가르침이 필요 없기 때문입니다.
그러나 나는 여러분에게 같은 수도자로서 충고하고 싶습니다.
자신을 성찰하지 않고 살게 되면 결코 성숙하게 되지 않는다는 것입니다.
오로지 하느님만 찾고 진정으로 겸손하지 않으면
유혹에 맞서지도 못하고 완덕을 쌓을 수도 없게 됩니다.
세상 것들을 좋아하지 말고 가난하게 되는 것이 좋습니다.
하느님께서 여러분에게 가난한 사람들에게 주라고 부(富)를 넘치게 주시더라도
이 땅과 하늘의 왕국보다도 하느님과 하나가 되는 것이 더 좋습니다.
이제 와 영원히 하느님의 평화가 여러분과 함께 있기를 빕니다. 아멘.

〈성녀 마리아 막달레나 축일 강론〉

110 하느님께서는 우리를 인간으로 또는 하느님과 같은 사람으로 만드십니다

"누구든지 나를 섬기려면 나를 따라야 한다.
내가 있는 곳에 나를 섬기는 사람도 함께 있을 것이다.
누구든지 나를 섬기면 아버지께서 그를 존중해 주실 것이다."(요한 12, 26)

이 말씀은 많은 의미를 갖고 있으므로
한마디에 대해서도 책 한 권을 쓸 수 있습니다.
그러나 여기서는 인간 그리스도께서 어떤 말씀을 하시고
하느님을 어떻게 섬기시고 어떻게 따르셨는지에 대해서만 알아보기로 합니다.
하느님께서는 주님께서 한 방법으로만 그리고 한 일에 대해서만,
한 수행(修行) 방식에 대해서만 말씀하시도록 인도하시지 않고,
당신께서 계신 곳이면 어디서나, 즉 모든 방법으로
모든 일에서 모든 수행 방법으로 주님을 이끄셨습니다.
하느님께서는 모든 것 안에 계시며 지고(至高)하게 홀로 계십니다.
따라서 아무도 하느님에 대해서 제대로 말할 수 없으며
성가대나 기도와 같이 자신이 선택한 방법으로만 하느님을 섬기게 됩니다.
그러나 자신이 선택한 방식대로 하느님을 섬길 수 없거나
하느님께서 다른 길로 인도하시면
하느님께 등을 돌리고 자신이 좋아하는 일만 하게 됩니다.
이러한 사람은 하느님으로부터 멀어졌기 때문에
하느님을 증언할 수 없게 됩니다.
모든 장소에서 모든 일에서 경건하게

하느님을 따르는 사람이라야 하느님을 증언할 수 있습니다.
왜냐하면 하느님께서는 이 모든 일 안에 계시기 때문입니다.
자신이 택한 모든 일에서 하느님만 따르며 진심으로 하느님을 증언해야 합니다.
항상 하느님을 마음에 두고 모든 행동에서 하느님을 섬겨야 합니다. 하느님께서는
이렇게 하지 않는 사람 안에는 계시지 않습니다.
이러한 사람은 많은 것에 신경을 쓰며 내면생활을 하지 못합니다.
그리하여 자신에게 상처를 줄 뿐만 아니라
어디에 있더라도 무슨 일을 하더라도
사람들에게 골치 아픈 존재가 되고 맙니다.

이렇게 되는 원인은 무엇일까요?
하느님께서 자신 안에 계시지 않기 때문입니다.
여러분은 자신 안에 하느님께서 계신다고 믿고 있지만
하느님께서 계시지 않는 것입니다.
따라서 여러분이 수행을 하려고 해도 수행을 못하게 되면
당연히 하느님께서 여러분을 떠나가신 것입니다.
이는 여러분이 참된 하느님의 대리인이 아니라는 것을 말합니다.
다른 원인은 세상 것들에만 집착하고 있기 때문입니다.
세상 것들에 집착하여 생각이 많은 사람은
그 집착을 깨끗이 버려야 합니다.
의무를 다하지 못하고 세상 것들에 집착하게 되면
아무 일에도 집중하지 못하며
어쩔 수 없이 해야 하는 일만 하게 됩니다.
세상 것들에 대한 생각을 전혀 하지 않고
오로지 하느님만 생각해야 합니다.
"나는 하느님 외에는 찾는 것이 없고
나는 하느님께서 계시지 않으면 아무 의미가 없고
나는 오로지 하느님만 찾고 있습니다." 하고 말하며
어떠한 일이 있더라도 하느님께로 가려고 해야 합니다.

마귀가 세상 것들에 대한 집착을 버리지 못하게 하여

하느님을 사랑하지 못하는 것보다 더 큰 불행이 있을까요?
모든 사람이 자신의 일을 방해한다고 해도
진심으로 하느님께로 가도록 하십시오.
오로지 하느님만 생각하고
좋은 일이든 궂은일이든 상관없이
하느님만 따르도록 하십시오.
이렇게 해야만 외적인 수행에 집중할 수 있게 됩니다.
이렇게 해야만 어떤 일을 하더라도
하느님께서 자신의 마음에 남아 계시게 됩니다.
이렇게 해야만 하느님께서 아무 데도 가시지 않게 됩니다.
기쁨이나 이익을 생각하지 말고
사람들의 칭찬을 생각하지 말고
오로지 하느님만 생각하도록 하십시오.

이렇게 하려면, 하느님이 아닌 것은 잠시라도 생각하지 않으려면
정신을 똑똑히 차리고 거룩한 분별력의 키로
배를 원하는 목적지에 이르도록 하십시오.
하느님의 종인 주님께서 역사하시게 되면
여러분이 아무리 잡생각을 많이 하더라도
결코 잘못 인도되는 일은 없게 됩니다.
하느님께서 깨달음을 주시지는 않더라도
틀림없이 자신의 내면에 계십니다.
의도적으로 잘못을 범하지 않고 세상 것들에 집착하지 않으려면
외부 일 때문에 영혼의 평화를 잃어서는 안 됩니다.
외적 수행(修行)으로 인하여 평화를 잃었다면
자신의 성찰을 게을리하고
하느님의 뜻이 아니라 자신의 뜻에 따라 일했다는 증거입니다.

자신이 하느님만 생각하고 있지 않다는 것을 알게 되면
어떻게 해서라도 하느님만 생각하도록 해야 합니다.
하느님의 것이 아니라면 어떤 명분이든 본성이든 모두 버려야 합니다.

그렇게 하지 않으면 화살에 맞은 사람처럼
살이 곪아도 아파서 화살을 빼내지 못하게 됩니다.
여러분의 영혼도 그렇게 하게 됩니다.
여러분의 영혼 안에 하느님이 아닌 것이 있으면
여러분 안에 하느님께서 계시지 않다는 것을 알아야 합니다.
여러분이 먼저 세상 것들을 버리는 아픔을 맛보지 않으면
고통이 점점 더 커져서 말할 수 없을 정도로 아프게 됩니다.
영(靈)을 깨끗이 하고 세상 것들을 버리고 하느님께로 가야 합니다.
"사랑하는 주님, 제가 모든 일에서 그리고 모든 사람과의 관계에서
당신께 기쁨을 드리는 것이야말로
제가 겸손하게 저를 제물로 바치는 것이 되나이다." 하고 말하며
하느님의 말씀과 명령을 듣고 수행(遂行)할 준비를 해야 합니다.
그리고 기회가 있을 때마다 잡생각을 버리고 내면으로 들어가
자신을 면밀히 성찰하도록 해야 합니다.

내면생활이나 외면생활의 모든 일에서
자신의 뜻이 아니라 하느님의 뜻에 따르도록 해야 합니다.
성경에서는 하느님을 내면의 손님으로 모시지 않음으로써
비틀거리면서 걷고 있는 사람을 외면하지 말라고 말하고 있습니다.
"고아들에게 아버지가 되어 주고 그들의 어머니에게 남편 노릇을 해 주어라. 그러면
너는 지극히 높으신 분의 아들이 되고
그분께서 네 어머니보다 더 너를 사랑해 주시리라."(집회 4, 10)
영혼이 파수꾼처럼 깨어 있게 되면
적(敵)이 공격해도 아무 성과를 거두지 못하게 됩니다.
하느님은 우리 영혼의 파수꾼이므로 하느님을 잘 모셔
항상 영혼 안에 계시도록 해야 합니다.
하느님만 생각하는 사람은 아무것도 바라지 않으며
세상의 위로를 받으려고도 하지 않으며
역경을 만나거나 주변 사람들의 반대가 있어도 흔들리지 않습니다.
영혼 안에서 하느님의 현존을 느끼게 되면
모든 일이 순조로울 때보다 고통이 있을 때 더욱더 성숙하게 됩니다.

고통을 좋아하는 사람은 없지만 애써 이성(理性)을 잃지 않으려고 합니다.
하느님 안에서 끊임없이 자신을 성찰하려고 합니다.

우리에게 가장 바람직한 것은
모든 것이 순조로운 선(善)순환(循環)이 아닙니다.
하느님의 대리인이라고 자처하면서도 하느님을 위하여
아무런 고통도 받고 싶지 않다고 말할 수 있을까요?
여러분은 너무나 고통을 받아 믿음을 잃으면
어떻게 하느냐고 물을지 모릅니다.
벌떡 다시 일어나게 하여 고통의 의미를 알고
하느님 앞에서 자신이 아무 쓸모없는 존재라는 것을 인정하고
다시 자기성찰을 열심히 해야 합니다. 이는 빠르면 빠를수록 좋습니다.
그러나 자신의 잘못에 대하여 너무 오래 생각하지도 말아야 하며
지나치게 슬퍼하면서 어떻게 그런 일이 생겼느냐 하고
신세타령을 해서도 안 됩니다. 이는 지각이 없는 행동입니다.
여러분은 자신의 소명(召命)을 다했습니까?
자신의 영혼 깊은 곳에 계신 하느님을 만나
자신의 소명을 알고 임무를 다하도록 하십시오.
왜 영원한 생명을 얻으려고 하지 않고
죽음에서 도망치는 것이 더 낫다고 생각합니까?
반드시 영원한 생명을 얻도록 해야 합니다.
불 가까이 가는 것보다 몸을 더 따뜻하게 하는 방법이 있습니까?
하느님만 생각하게 되면 하느님께서 모든 것을 잘되게 하실 것입니다.
왜냐하면 여러분이 해야 할 일은 하느님을 믿고
여러분이 걱정하는 모든 일을
하느님께서 역사하신다는 것을 믿는 일밖에 없기 때문입니다.
그런 다음 마음의 평화를 갖고
여러분에게 일어나는 모든 일을 하느님께 맡겨 모든 일이 잘되게 하십시오.

하느님을 믿지 않고 하느님께 모든 것을 맡기지 않으면,
자기 뜻에 따라 죽도록 일하고 걱정하게 되면,

하느님께서 괴로워하게 만드십니다.
자기 뜻대로 하게 되면 아무 일도 제대로 되지 않는다는 것을
보여주시기 위한 것입니다.
그러나 진심으로 하느님만 믿으면
자기 일을 모든 사람이 함께 일하는 것보다
하느님께서 더 잘 처리해주십니다.
하느님께서는 자비로우시며 지혜의 샘이므로
하느님을 진심으로 믿고 하느님의 인도를 받게 되면
틀림없이 많은 은총을 받게 됩니다.
하느님을 아무리 사랑해도 부족합니다.
하느님을 아무리 믿어도 부족합니다.
항상 진심으로 하느님을 믿고 깨어 있으십시오.

그런데 어떻게 하면 이렇게 사는 법을 배울 수 있을까요?
어떻게 하면 수행을 하고 있을 때만이 아니라
모든 곳에서 모든 처지에서 평화롭게 기쁘게 느끼면서
하느님을 믿을 수 있을까요? 내면생활을 해야만 배울 수 있습니다.
끊임없이 자신의 내면 깊이 들어가야만 배울 수 있습니다.
왜냐하면 내면생활을 하기 위해서는
적절한 때와 장소에서 외적인 수행(修行)을 중단해야 하기 때문입니다.
내면 깊이 들어가 자신을 면밀히 성찰해야만
하느님에 대한 믿음이 커져
덕이라는 열매를 얻을 수 있게 되기 때문입니다.
이렇게 내면으로 들어가 세상 것들을 멀리해야만
하느님의 길을 알게 해주시기 때문입니다.
그리고 하느님과 함께 더 많이 있게 될수록 지혜가 더 많아지기 때문입니다. 그러나
하느님께서 이렇게 인도하시지 않으면 자기 성찰을 할 수가 없게 됩니다. 하느님과
친밀하게 교감을 나눌 수 있는
적절한 때와 장소 그리고 충분한 시간을 주시지 않기 때문입니다.

형제자매 여러분, 많은 사람이

자신이 좋아하는 기도나 묵상과 같은 수행(修行)만 하면서 평생을 보냄으로써 하느님과 함께 있는 법을 배우지 못하고 있다는 것을 알아야 합니다.
이렇게 해놓고는 자기(自己)를 버렸다고 말하지만
사실은 내면생활을 게을리 한 것입니다.
이기심이나 세상 것들에 대한 집착 때문에
자신의 영혼에 하느님을 모시지 못하게 된 것입니다.
자신의 영혼 안에 하느님만 모시지 않으면
하느님을 사랑할 수 없기 때문입니다.
이를 알고 있든 모르고 있던 자신이 좋아하는 수행만 하게 되면
영적(靈的)인 성숙을 이룰 수가 없게 됩니다.
자신은 믿음이 아주 깊고 수행을 열심히 하고 있다고 생각하지만
자신의 내면을 성찰하지 않고 죽고 말기 때문입니다.
이런 사람은 그리스도께서 "나는 길이요 진리요 생명이다."고
하신 길을 걸은 적이 없기 때문입니다.(요한 14, 6)
그리스도의 길을 걸어가지 않으면 길을 잃은 것입니다.
많은 것을 알려고 하면서도 정작 자신을 모르거나
자신을 알려고 하지 않는 것은 매우 부끄러운 일입니다.

사랑하는 형제자매 여러분, 내면생활을 하면서 자기를 알아야만
하느님께서 자신 안에 계신다는 것을 알고 따르게 됩니다.
이러한 거룩한 지혜가 없으면 믿음이 깊은 스승으로부터 배워야 합니다.
생각만 하지 말고 하느님과 함께 있어야 합니다.
지금 하느님과 함께 있으려고 결심하고 뒤로 미루지 마십시오.
그렇게 하지 않으면 성모님과 모든 성인이
조금도 돌보시지 않아 피눈물을 흘리게 될 것입니다.
그러나 평생 깨어 있게 되면 하늘나라의 신랑을 만나
기쁘게 결혼식장으로 들어가게 될 것입니다.
다른 처녀들은 오래 기다렸지만 "신랑이 온다. 신랑을 맞으러 나가라."는
소리를 들었을 때 등불이 꺼져 있어서 너무나 늦게 도착했으므로
신랑은 애타게 문을 두드리는 소리를 듣고 말했습니다.
"내가 진실로 너희에게 말한다. 나는 너희를 알지 못한다."(마태 25, 12)

다른 처녀들은 하느님의 친구가 아니었던 것입니다.

아우구스티노 성인(St. Augustine)이 말했습니다.
“누구나 반드시 죽습니다.
그러나 아무도 죽을 때나 장소나 처지를 모릅니다.
어느 누가 죽을 때를 알고 미리 준비할 수 있겠습니까?”
항상 깨어 있는 수밖에 없습니다.
수행을 위해서만이 아니라 영원한 생명의 열매를 얻기 위해서는
죽을 때까지 깨어 있어야만 합니다.

우리 모두 내면생활을 하여 하느님을 알고
하느님 가까이 가서 하느님과 하나가 되는 것을 수행의 목표로 삼읍시다.
외면생활에만 치중하지 않고 깨어 있으면서 하느님의 인도를 받게 되면
결코 분심(分心)에 휩싸이지 않게 됩니다.
내면생활을 통하여 하느님의 손을 놓지 않고
세상 것들에 눈을 돌리지 않아야 합니다.
하느님과 하나가 될수록 마음의 평화를 얻게 되고
수행을 제대로 할수록 책임감 때문에 걱정하지 않게 됩니다.
자신의 수행방법에 대하여 칭찬받지 않으려고 해야
옳게 수행할 수 있고 옳게 쉴 수 있게 됩니다.
그래야만 몸이 죽어 땅에 묻히더라도
자신의 영혼이 곧바로 무한하신 하느님과 하나가 되게 됩니다.
오로지 이 목적으로만 하느님을 모셔야 합니다.
당장 그렇게 실천하지 않으면 영원히 하느님을 모실 수 없게 됩니다.

동전에는 누구의 얼굴이 새겨져 있습니까?
하느님의 얼굴이든 사람의 얼굴이든 제물(祭物)을 바쳐야 합니다.
그러나 하느님과 재물을 함께 섬길 수는 없습니다.
자신의 깊은 곳에 있는 생각을 아십시오.
하느님과 재물 중 누구를 섬기고 있습니까?
이 중 어느 것을 더 많이 생각했습니까?

어떤 것이 여러분을 위로하고 기쁘게 만들어 사랑을 흔들어놓았습니까?
아마 여러분은 겉으로 하느님을 섬기는 척하고
마음과 뜻과 말과 행동을 경건하게 보이기 위해서
하느님을 섬기고 하늘나라의 것을 좋아하고
하느님의 친구들과 어울렸을지도 모릅니다.
여러분의 명예나 편안함이나 우정이나
심지어는 금전적인 이익과 같은 것들을 생각하지 말고
무엇 때문에 하느님을 섬기고 하늘나라의 것을 좋아하고
하느님의 친구들과 어울렸을지 생각해보십시오.
거룩한 일은 생각하지 않고 이런 것들만 생각하지 않았나요?
자신에게 진심으로 질문을 하게 되면 자신을 알게 될 것입니다.
자신을 제대로 알게 되면 겸손한 믿음을 갖게 됩니다.
여러분의 영혼 깊은 곳에 하느님이 아니라
이기심이나 다른 것들이 조금이라도 있으면
여러분 안에 하느님께서 계시지 않게 됩니다.
그러면 아무리 눈물을 흘려도 아무 소용이 없습니다.
여러분이 자신의 마음을 모두 하느님께 바치지 않으면 영원히 죽게 될 것입니다.

형제자매 여러분, 무엇이 이 불쌍한 사람들을 괴롭혔을까요?
이 사람들의 눈을 뜨게 하십시오. 아직도 보지 못하고 있습니까?
이들은 자신을 속여 이기적인 마음을 숨기고
항상 자기만 생각하면서 사람들을 만나고
하느님을 섬길 때도 그렇게 했습니다.
제대로 정진(精進)하도록 하십시오. 인생은 짧습니다.
하느님의 사소한 일이라도 하느님과 함께 일하게 되면
이 세상의 모든 보물을 합친 것보다 더 많은 은총을 받게 됩니다.
따라서 내면과 외면으로 하느님만 생각하면서 일해야 합니다.
하느님께서 여러분 안에서 당신의 뜻을 이루시도록 마음을 비우고 기도하십시오.
하느님, 저희가 세상 것들에 집착하지 않도록 도와주소서. 아멘.

〈성 라우렌시오 부제 순교자 축일 강론〉

111 참 평화와 거짓 평화

"그러니 깨어 있어라.
너희의 주인이 어느 날에 올지 너희가 모르기 때문이다."(마태 24, 42)

악령은 있는 힘을 다해 교활하게 우리를 영원히 길을 잃게 만듭니다.
깨어 있지 않은 시간이나 아무 생각이 없을 때를 노려 우리를 파멸시킵니다.
마귀는 우리가 깜박 잊고 창문을 열어둔 것을 보면
매일 하는 수행(修行)을 빼먹도록 하거나 게을리하게 만들고는
우리의 영혼의 집으로 들어와서 우리의 보물을 훔칩니다.
따라서 잊지 말고 창문을 닫아야 합니다.
즉 깨어 있으면서 유혹을 경계해야 합니다.
끊임없이 자신의 내면을 성찰하여
교만한 생각이나 완고한 고집이나 자만을 발견하게 되면
가까이에서 영혼의 원수가 수행(修行)의 성과를 거두지 못하게
방해하고 있다는 것을 알아차려야 합니다.

형제자매 여러분, 이 세상에는 수행(修行)을 열심히 하여 이름을 날리고 있지만 아무도 칭찬하지 않고 자화자찬만 하는 사람들이 많습니다.
그러나 이들은 이름도 없고 무지하고 불쌍한 농부들이었지만
겸손한 하느님의 종이었던 저속한 그리스도인들 가운데서
자리를 차지하고 감사했지만 자화자찬함으로써 자신의 공로를 다 까먹었습니다.
반면에 배운 것도 없고 착한 일을 하고도 자랑하지 않고
진정으로 겸손하게 하느님 앞에 엎드리는,

아무도 눈여겨보지 않는 불쌍하고 순진한 사람들이 있는데,
이들은 장차 허세를 부리고 건방진 많은 그리스도인들이
감히 쳐다보지 못할 정도로 높은 자리를 차지할 것입니다.
따라서 깨어 있으면서 보십시오.
여러분의 영안(靈眼)을 크게 뜨고 보십시오.
여러분의 생각과 말과 행동에서 거룩한 진리만 찾으십시오.
덕행을 할 때도 하느님의 진리를 찾고
고통을 참고 견디면서도 거룩한 진리를 찾고
내면과 외면으로 완덕을 쌓으면서도 깨어 있도록 하십시오.

형제자매 여러분, 여러분은 무지함으로 인하여 얼마나 위험하게 되는지, 여러분의 무자비한 죄들이 여러분의 영혼에
얼마나 깊은 상처를 남기는지 상상도 하지 못할 것입니다.
여러분은 하느님께서 여러분에게 무한한 은총을 주시려고 하지만
여러분이 게을러서 은총을 받지 못하고 있다는 것을
조금도 생각하지 못할 것입니다.
여러분에게 묻습니다.
"여러분의 영혼 가장 깊은 곳을 보고 계시는
하느님의 눈을 피할 수 있을 것이라고 생각합니까?"
"여러분의 모든 악행은 하느님의 진리에 따라
살지 않고 행동하지 않았기 때문에 비롯된 것이라는 것을 알고 있습니까?" "죄인인 우리는 '의인이 가까스로 구원을 받는다면
불경한 자와 죄인은 어떻게 되겠습니까?'하는 말씀을 읽고
두려움과 부끄러움 때문에 어쩔 줄 몰라 하고 있습니까?"(1베드 4, 18)
아우구스티노 성인(St. Augustine)은 다음과 같이 설명했습니다.
"하느님께서 자비(慈悲)에 따라 우리를 심판하시지 않고
우리의 의로움에 따라 심판하시니 괴로울 뿐입니다."
따라서 사람들이 하느님만 생각하고
믿고 있지 않는 것을 생각하면 안타깝기만 합니다.
그래서 거룩한 사람 욥(Job)이
"사람을 감시하시는 분이시여 제가 잘못했다 하여도

당신께 무슨 해를 끼칠 수 있습니까?
어찌하여 저를 당신의 과녁으로 삼으셨습니까?
어찌하여 제가 당신께 짐이 되었습니까?" 하고 말했던 것입니다.(욥기 7, 20)

주님께서는 우리에게 깨어 있으면서 허리띠를 매고
손에 불타는 등불을 들고
결혼식을 치르러 오는 신랑을 기다리라고 명령하셨습니다.
나는 여러분에게 깨어 있어야 한다는 것을 설명했습니다.
그러나 여러분은 여기서 세 가지 점을 명심해야 합니다.
잘 길들여진 말을 안전한 길로 가도록 하기 위해
구덩이에 빠지지 않게 고삐를 잡아당기듯이
'**허리띠를 졸라맨다는 것**'은 자기 뜻대로 하지 않기 위하여
밧줄로 사람을 동여매는 것과 같습니다.
'**허리띠**'는 '**이성**(理性)**을 잃고 육**(肉)**을 탐하는 것**'을 의미합니다.
'**두 번째**'는 여러분의 손에 들려있는 등불을 밝히라는 것으로
'**불타는 사랑**'을 의미합니다. 등불을 들고만 있으면 안 됩니다.
가능한 한 불타는 사랑을 하라는 것이며
특히 여러분과 가까운 형제자매들을 진심으로 사랑하라는 것입니다.
'**세 번째**'는 결혼식에 오시는 주님을 기다리라는 것입니다.
"행복하여라, 주인이 와서 볼 때 깨어 있는 종들!
내가 진실로 너희에게 말한다.
그 주인은 띠를 매고 그들을 식탁에 앉게 한 다음,
그들 곁으로 가서 시중을 들 것이다."(루카 12, 37)

이 결혼식은 사람의 영혼의 가장 깊은 곳
즉 하느님께서 계시는 곳에서 이루어집니다.
여기서 영혼이 하느님께 가장 가까이 가게 되며
이 성소(聖所)에서 하느님께서 기적을 일으키시며 기쁨을 주시므로
우리의 감각과 이성에 전달되어 우리가 깨닫게 되는 것입니다.
따라서 세상 것들에 대한 집착을 버리고
하느님께 모든 것을 맡기는 사람이 아니면

이 하늘나라의 잔치를 모르게 됩니다.
자기만 알고 세상 것들을 소유하려고만 하며
하느님과 하나가 되려는 생각을 전혀 하고 있지 않기 때문입니다.
마귀는 이렇게 게을러 회개하지 못한 영혼들을 노립니다.
마귀는 이 영혼들이 주님과 하나가 되지 못하는 것을 보고
쾌락을 즐기도록 부추깁니다.
사랑하는 형제자매 여러분, 이런 유혹에 빠져들지 말고 주님만 기다리십시오. "주인이 밤중에 오든 새벽에 오든
종들의 그러한 모습을 보게 되면, 그 종들은 행복하다!"(루카 12, 38)
그리하여 주님께서는 종들을 앉게 하여 시중을 드시려고 합니다.
즉 주님께서는 종들로 하여금
영원히 계속되는 혼인 잔치의 맛을 미리 보게 하십니다.
종들이 애타게 기다리는 동안 지루함을 느끼지 않도록 하기 위하여
그들에게 몰래 다가가시어 안심시키시기 때문입니다.
그들에게 힘을 주시기 위해 당신의 사랑을 조금 맛보게 해주시기 때문입니다.

그레고리오 성인(St. Gregory)은
"정녕 멀리 달아나 광야에 머물련마는. 셀라."라는
시편(55, 8)의 말씀에 대해 다음과 같이 해석했습니다.
"내적 인간이 하느님을 마냥 기다리고 있을 때는
더욱더 기다리게 하시어 모든 것을 버리고 광야로 가게 만드십니다."
이 광야는 외적인 일을 전혀 하지 않고 헛된 잡생각들을 버린 상태를 뜻합니다.
이와 같이 헛된 생각들을 모두 버리게 되면
내면생활을 할 수 있게 되기 때문입니다. 그러나 이는 결코 쉬운 일이 아닙니다.
그러나 이 고통을 참고 스트레스를 받으면서 살게 되면
그토록 애타게 기다리던 주님께서 오시게 됩니다.
한 시간 안에 생각하지도 못했던 주님과 함께 있게 됩니다.
당신께서 사랑하는 종들이 기다려준 데 대한 상급(賞給)으로
눈웃음치시며 오시게 됩니다.

그러나 이런 일이 일어나기까지

얼마나 기다려야 하고 어떤 일이 생길지 모릅니다.
주님께서는 사랑으로 더욱더 덕을 갖추게 하시려고 하기 때문입니다.
주님께서는 이 목적으로 다시 고통을 주시며
예전보다 더욱더 오래 기다리도록 하십니다.
영혼이 교만하여 무사안일만 바라지 않도록 하시기 위해
주님께서 당장 오시지는 않는 것입니다.

예레미야 예언자는 이런 사람들을 두고 말했습니다.
"저는 웃고 떠드는 자들과 자리를 같이하거나 즐기지 않습니다.
오히려 저를 가득 채운 당신의 분노 때문에
당신 손에 눌려 홀로 앉아 있습니다."(예레 15, 17)
이는 영혼이 안정을 찾게 되면
주님께서 마치 두 손으로 무섭게 위협하시는 것처럼
느끼게 되는 것을 의미합니다.
하느님께서는 한 손으로는
슬퍼하면서 칠흑 같은 어둠 속에 홀로 내버려 두심으로써
아무 영문도 모르는 채 아무것도 얻지 못하고
모든 재앙이 자신에게 덮친 것처럼 느끼게 만드십니다.
특히 교만과 불순함과 불신앙과
그밖에 영원히 없앴다고 여겼던 죄들과 유혹에 빠져
헤어나지 못할 것처럼 느끼게 만드십니다.
하느님께서 이 무서운 손을 치켜드시고 위협을 하실 때
이러한 유혹들이 자신에게 몰려오는 것처럼 느끼게 됩니다.
하느님께서는 다른 손으로 영원히 버림을 받은 것처럼 느끼게 만드십니다. 하느님께서 자신의 죄를 물으시고
지옥에 떨어지게 만드실 것처럼 느끼게 만드시기 때문입니다.
하느님의 무서운 두 손이
이 불쌍한 사람의 영혼을 망가뜨리고 말 것처럼 느끼게 만듭니다.
그러나 이 무자비한 모든 시련은
하느님께서 영혼에서 교만함을 없애시기 위한 것입니다.
형제자매 여러분, 이 무서운 하느님의 손아래 겸손하게 머리를 숙이게 되면 사악함

이 사라지고 한순간에 여러 해 동안 외적으로 수행한 것보다
훨씬 더 깨끗하게 치유되게 됩니다.

이렇게 이사야 예언자처럼 홀로 있으면서
하느님을 참고 기다리면 최소한의 안정은 찾을 수 있습니다.
고통이 사라지면서 헛된 생각들도 사라지게 되기 때문입니다.
그러면 하느님께서 당신의 거룩한 천사들을 거느리시고 광야에 들어오셔서
영혼을 만나시게 되면서 짧은 순간이지만 사랑의 선물을 주십니다.
살아 있거나 죽은 모든 그리스도인을 사랑하라는 임무를 주시며
다음과 같이 말씀하시는 것 같습니다.
"나에게 아무 말도 하지 않아도 된다. 나는 그대가 바라는 것을 잘 알고 있다." 그러면서 하느님께서는 다음과 같이 이 사람에게 원하는 것을 주십니다.
"그러나 진실한 예배자들이 영과 진리 안에서 아버지께 예배를 드릴 때가 온다.
지금이 바로 그때다.
사실 아버지께서는 이렇게 예배를 드리는 이들을 찾으신다."(요한 4, 23)
그러나 하느님께서는 마귀가 다시 이 사람을 유혹하도록 만드시고
슬픔과 고통에 빠지게 만드십니다.
그러나 이 마귀의 장난에 휘둘리면 안 됩니다.
그러면 마귀는 부끄러워하며 빈손으로 떠나게 되므로
영혼은 마귀의 공격으로 더욱더 성숙하게 됩니다.

그러나 어떤 몇 나라에서는 사람들이
정적주의자(quietist)와 같은
거짓으로 속세를 떠난 사람들을 만나고 있습니다.
그리하여 수행(修行)을 전혀 하지 않고 있습니다.
이들은 절제도 성사(聖事)도 필요 없다고 하면서
많은 수녀와 부적절한 관계를 갖기도 했습니다.
그러면서도 이들은 정신적인 자유를 얻었다고 자랑했습니다.
수행도 하지 않고 덕을 쌓으려고도 하지 않았습니다.
마귀가 이들의 영혼에 버티고 앉아 있으면서
외적 내적 수행을 하지 못하게 하고 헛된 생각만 하도록 했기 때문입니다.

마귀가 거짓 정적(靜寂)을 만들었기 때문인데
결국엔 영원히 불안에 떨게 됩니다.
그러나 의로운 사람은 그런 거짓 정적을 만들지 않으며
내적 외적으로 열심히 수행합니다.
이들은 하느님께 자신을 시련과 어둠에 빠지도록 맡기면서도
마음의 평화를 찾았다고도 말하지 않지만 불안해하지는 않습니다.
이들은 불안과 평화 사이를 오가며 희망과 두려움 사이를 오가며
안정과 분심(分心) 사이를 오갑니다.
이들은 잠시라도 평화를 맛보거나 참된 믿음을 느끼거나
진리를 얻어 자유롭게 되었다고 느끼면
곧바로 이 선물을 하느님께 되돌려 드리며
이 선물에 집착하지 않습니다.

형제자매 여러분, 이 좁은 길을 가고 있는 사람은
우리 주 예수 그리스도의 발자국을 따라가고 있습니다.
이 길을 벗어나지 않으면 세상 것들을 더욱더 완전히 버리게 됩니다.
그리하여 때가 되면 하느님의 무서운 손이 더 이상 위협하지 않게 됩니다.
빈손이 되어 사랑의 손짓을 보내십니다.
그리고 하느님의 손과 팔과 가슴은 이들을 꼭 껴안으시고
모든 피조물보다 더 높이 올리십니다.
그러면 하느님만 생각하게 되고
하느님이 아닌 것을 전혀 생각하지 않게 됩니다.

그러면 주님께서는 이들로 하여금 여태까지 걸어온
좁고 어둡고 힘든 길을 돌아보게 하시고 그 의미를 알도록 가르치십니다.
이런 후에는 아무도 이들을 해치지 못하며
여태까지 겪은 고통에 걸맞은 상급(賞給)을 받게 됩니다.

정적주의자(quietist)와 같은
거짓으로 속세를 떠난 사람들에게는
이 모든 것이 합당하지 않은 것처럼 보이게 됩니다.

이들은 때로는 40년 이상 이런 환상 속에서 자신이 좋아하는 수행만 합니다.
이들은 좁은 길을 결코 걸으려고 하지 않습니다.
그 많은 사람 중에 한두 명만 좁은 길을 걷는데
다른 사람들은 이를 인정하지 않고 지켜만 보며
힘들게 보이면 자신도 모르게 도울 뿐입니다.
그러나 이러한 은총을 받은 사람 중 한 사람이
조금이라도 잘못하면 몹시 호되게 꾸짖습니다.
사랑하는 형제자매 여러분, 여러분이 그런 불행을 겪게 되면 참고 견디십시오.
냉담한 반응이 사라지지 않더라도 실망하지 말고
자신 안으로 들어가 자신의 잘못을 고백하고 양심의 질책을 달게 받으십시오.
그리고 아무 말도 하지 말고
하느님께서 여러분에게 그런 잘못을 하게 하신 것에 감사하십시오.
질책을 받고도 참게 된 것은 역설적이게도 대죄(大罪)인
영적(靈的)인 교만 덕분이었다는 것을 알면 위로가 됩니다.
겸손하게 되어 자신의 길을 가도록 하십시오.
그 길이 굽은 길이든 곧은길이든
하느님을 모실 수 있도록 준비해야 합니다.
자신을 면밀히 성찰하기만 하면 모든 일이 잘되게 마련입니다.
아우구스티노 성인이 한 것처럼 깨어 있으면서 주님을 기다리는 사람은
주님께서 하늘나라의 잔치에 초대하셔서 기쁘게 돌보십니다.
하느님, 저희 모두에게 이런 은총을 주소서. 아멘.

〈아우구스티노 성인 축일 강론〉

112 무한히 고귀한 그리스도의 십자가

"나는 땅에서 들어 올려지면 모든 사람을 나에게 이끌어 들일 것이다."
(요한 12, 32)

오늘 우리는 온 세상의 구세주 우리 주 예수 그리스도께서 우리를 사랑하시어
수난을 받으시고 돌아가신 성 십자가 현양 축일을 기념하고 있습니다.
그리스도의 십자가로 우리는 다시 태어나서
하느님께서 처음 우리를 창조하셨을 때와 같은
그 높은 고귀함을 갖게 되었습니다.
우리는 이 사랑의 새로운 탄생을 통하여 그 고귀함을 사랑합시다.
왜냐하면 그 위엄은 말로 표현할 수 없기 때문입니다.
우리의 주님께서는 "나는 땅에서 들어 올려지면
모든 사람을 나에게 이끌어 들일 것이다." 하고 말씀하셨습니다.
주님께서 우리를 사랑하시는 마음을 말씀하신 것입니다.
주님께서는 세상 것들 안에서 기쁨을 찾던
우리의 마음을 당신께 쏠리게 하시려고 하셨습니다.
주님께서는 우리로 하여금 교만을 버리고
육적(肉的)인 것들에 집착하지 않도록 하시려고 했습니다.
주님께서는 우리 마음 안에서 높아지시어
위대하게 되고 강력하게 되기를 바라셨습니다.
하느님께서는 어디에 계시든 위대하시고
모든 피조물은 작기 때문입니다.
하느님 안에서는 세상 것들은 아무것도 아니기 때문입니다.

이 거룩한 십자가는 모든 성인과 천사들보다 더 높이 올려지고
모든 피조물이 다 함께 갖는 것보다 더 큰 지복(至福)을 가지신
그리스도께서 돌아가신 십자가입니다.
주님께서 계시는 곳이 가장 높은 곳이듯이
주님께서는 우리 영혼의 가장 높은 곳에 가장 깊은 곳에
가장 좋은 곳에 사시려고 하십니다.
즉 주님께서는 가장 저급한 우리의 본성을
가장 높은 분께 순종하도록 하시어
가장 저급한 본성을 가진 우리가 당신과 하나가 되게 만드시려고 했습니다.
이와 같이 우리가 주님께 순종하려고 하면
우리를 이기심에서 꺼내시어 당신처럼 만드시고
가장 훌륭한 내면생활을 할 수 있도록 하십니다.
왜냐하면 내가 주님과 같은 삶을 살 수 있게 되면
나에게 부족한 것들을 주님으로부터 받아
나의 것으로 만들게 되기 때문입니다.
주님처럼 되어야 하기 때문입니다.
그래야만 주님과 나 사이에
그러한 주고받음이 있게 되기 때문입니다.

그러나 슬프게도 우리는 이 거룩한 십자가를
잊어버리고 살 때가 얼마나 많습니까?
우리는 세상 것들을 사랑함으로써
이 거룩한 십자가를 거부하고 있습니다.
오늘날에는 세상 사람들이 세상 것들만 좋아하고 있고
수도 생활을 하고 있는 사람들조차도 세상 것들만 좋아하고 있습니다.
많은 사람이 세상 것들을 좋아하여 하느님을 잃어버림으로써
이 세상에는 가장 맹목적인 사랑만 있고 불행만 있게 되었습니다.
우리가 하느님의 심판대에 섰을 때
세상 것들만 좋아한 것에 대한 하느님의 진노를 보게 되면
두려워서 말라 죽어버릴 것입니다.
그러나 사람들은 습관적으로 하느님의 심판에 대한 농담을 하기까지 합니다.

영원한 벌을 생각하지 않으면 피눈물을 흘리게 됩니다.
그리스도의 십자가를 잊어버리게 되면
그리스도의 상처가 다시 피를 흘리게 됩니다.
왜냐하면 주님께서 인간을 위하여
이 세상에서 거룩한 삶을 사시다가
잔인하게 돌아가셨기 때문입니다.
하느님 저희에게 자비를 베푸소서.

형제자매 여러분, 이는 내 생각이 아닙니다.
여러분이 거룩한 성경에서 그리스도의 십자가를
높이 찬양하고 있는 것을 잘 알고 있기 때문입니다.
복음에서 말하고 있습니다.
"아무도 두 주인을 섬길 수 없다.
한쪽은 미워하고 다른 쪽은 사랑하며,
한쪽은 떠받들고 다른 쪽은 업신여기게 된다.
너희는 하느님과 재물을 함께 섬길 수 없다."(마태 6, 24)
그리고 그리스도께서 "네 오른 눈이 너를 죄짓게 하거든
그것을 빼어 던져 버려라."고 가르치셨기 때문입니다.(마태 5, 29)
그리고 세상 것들만 생각하고 있는 우리에게
"사실 너의 보물이 있는 곳에 너의 마음도 있다."고
말씀하셨기 때문입니다.(마태 6, 21)
아우구스티노 성인(St. Augustine)은 이 말씀을 다음과 같이 해석했습니다. "여러분은 이 세상을 좋아합니까?
그러면 여러분은 속물에 지나지 않습니다.
왜냐하면 몸에 생명을 주는 것보다 세상 것들을 더 좋아하기 때문입니다." 그리고 바오로 성인이 가르쳐주었습니다.
"내가 인간의 여러 언어와 천사의 언어로 말한다 하여도
나에게 사랑이 없으면 나는 요란한 징이나 소란한 꽹과리에 지나지 않습니다. 내가 예언하는 능력이 있고 모든 신비와 모든 지식을 깨닫고 산을 옮길 수 있는 큰 믿음이 있다 하여도 나에게 사랑이 없으면 나는 아무것도 아닙니다.
내가 모든 재산을 나누어 주고 내 몸까지 자랑스레 넘겨준다 하여도

나에게 사랑이 없으면 나에게는 아무 소용이 없습니다."(1코린 13, 1-3)

나의 사랑하는 형제자매 여러분,
성체성사 시에 여러분에게 주님의 몸과 피를 받아먹을 수 있게 해주시고 여러분을 수도원의 일원으로 만들어주신 하느님께 감사하십시오. 영성체(領聖體)를 하게 되면 주님의 십자가에 더 가까이 갈 수 있게 되기 때문입니다.
자주 영성체하도록 하십시오.
나는 진심으로 이렇게 험악한 시대일수록 자주 영성체하기를 빕니다.
본성은 너무나 연약하기 때문에 슬퍼하거나
하느님의 도움을 받기 위하여 진심으로 매달려야 하기 때문입니다.
반드시 완덕을 갖추기 위해서만이 아니라
자신의 연약함으로부터 자신을 지키고
길을 잃지 않고 구원받아야 하기 때문입니다.
우리의 주님께서는 성한 사람에게는 의사가 필요 없고
아픈 사람에게 의사가 필요하다고 가르치셨습니다.
지금 이 시대에는 하느님의 도움이 절실히 필요하며
성별(聖別)된 사람들에게도 하느님의 도움이 절실히 필요합니다.

그러나 제대로 수행하지 못하고 있는 사람들을 심판하지 않도록 하십시오.
수행하려고 하는 의지가 분명하고
수도원의 규칙을 어김없이 지키려고만 하면 아무 문제가 없습니다.
수행하기 위하여 많은 것을 배울 필요는 없습니다.
위험에 빠지지 않도록 눈을 부릅뜨고 있으면서
수도원의 규칙을 지키기만 하면 되기 때문입니다.
따라서 젊은 초심자라도 자주 영성체하게 하십시오.
시대가 험악하지 않을 때도 늙은 수도자들은 자주 영성체를 하며
수도원의 규칙을 엄격히 지켰습니다.
따라서 늙은이들은 격주에 한 번씩 영성체해도 됩니다.
그러나 열의가 식은 젊은이들은 악에 기울어지지 않으려면
더욱더 자주 영성체해야 합니다.
오늘날에는 계속하여 완덕의 길을 가려면

더욱더 자주 영성체하는 은총이 필요합니다.
슬프게도 만물이 탐욕과 쾌락의 구덩이에 빠져
벗어나지 못하고 있는 것 같기 때문입니다.

나는 여러분에게 완덕을 갖추기보다는
오로지 수도원의 규칙만 잘 지키기를 바랄 뿐입니다.
정해진 곳과 시간에는 엄격히 침묵을 지키고
특히 식탁이나 성가대에서는 아무 말도 하지 마십시오.
여러분을 하느님으로부터 멀어지게 만드는 사람과는 가까이 지내지 마십시오.
성화(聖化)나 묵상시키기 위해서 늙은 수도자들을 가까이하지 말고,
의지가 약한 젊은 수도자들과는 가까이하지 마십시오.
이를 충실히 지키면 하느님께서 당신과 친한 사람들을 사귀게 해주시어
여러분의 마음을 어지럽히는 사람들을 멀리하게 해주실 것입니다.
이 규칙을 무시하고 무분별하게 사람들을 만나는 수도원에
마귀가 찾아온다는 것을 명심하십시오.
계속하여 이 원칙을 지키지 않으면
마귀가 수도원을 완전히 파멸시킬 것입니다.

사랑하는 형제자매 여러분,
수도 생활 중에 마음의 평화를 느끼지 못하더라도 괴로워하지 마십시오.
더욱더 가치 있는 것은 사랑을 자라게 하고 세상 것들을 멀리하는 것입니다.
하느님 때문에 고통 받게 되면 하느님 가까이
가서 육(肉)의 삶이 아니라 진리에 따라 살게 됩니다.
우리의 주님께서 십자가 위에서 외치셨습니다.
"저의 하느님, 저의 하느님, 어찌하여 저를 버리셨습니까?"(마태 27, 46)
그리고 겟세마니 동산에서 아버지께 말씀드렸습니다.
"제가 원하는 것을 하지 마시고
아버지께서 원하시는 것을 하십시오."(마르 14, 36)
사랑하는 형제자매 여러분, 주님을 따르는 것이 두렵습니까?
주님의 말씀을 다시 들어보십시오.
"누구든지 내 뒤를 따라오려면,

자신을 버리고 날마다 제 십자가를 지고 나를 따라야 한다."(루카 9, 23)

형제자매 여러분, 십자가는 그리스도께서 십자가에서 돌아가신 것을 의미합니다.
그리스도께서 우리 안에 다시 태어나셔야 하고
우리는 그리스도의 죽음을 잊지 말아야 하고
그리스도께서 돌아가신 이유를 깨달아야 합니다. 그렇습니다.
우리의 외적인 삶에서도 그리스도의 십자가를 생각하고
육(肉)의 삶을 살지 않도록 해야 합니다.
바오로 성인이 우리에게 가르쳐주었습니다.
"그리스도 예수님께 속한 이들은 자기 육을
그 욕정과 욕망과 함께 십자가에 못 박았습니다."(갈라 5, 24)
이는 그리스도의 십자가를 잊지 않고 육의 삶을 살지 않는 것을 뜻합니다.
그리고 화를 잘 내는 성격을 죽여야 함을 의미합니다.
우리는 옳은 일이면 다른 사람들에게 져주어야 합니다.
다른 사람들과 더불어 살며 친절하고 온유하게 되어
모욕을 받아도 침묵하고 바람에 날리는 깃털처럼
이웃의 인도를 받도록 해야 합니다.

사랑하는 형제자매 여러분, 많은 사람이 모여 있을 때
다른 사람들이 시끄럽게 떠드는 것을 보면
침묵을 배우고 자신의 내면으로 들어가도록 하십시오.
다른 사람들이나 사물의 부정적인 면에서
가르침이나 깨달음을 얻는 타산지석(他山之石)의 지혜를 얻으십시오.
펜싱 시합을 하기 전에 스승으로부터 미리
훈련을 받지 않으면 다치게 될 뿐입니다.
이와 같이 우리는 주님의 십자가를 통하여 자기를 이기는 법을 배워야 합니다.
깨달음을 얻고 사랑하기 위하여 예수님의 십자가를 지고 역경 속으로 들어가야만
사랑하는 구세주께서 우리 안에 다시 태어나시게 됩니다.

이와 같이 우리가 하느님 안에서 다시 태어나야만 성령을 받을 수 있게 됩니다.
베드로 성인이 말했습니다.

"갓난아이처럼 영적이고 순수한 젖을 갈망하십시오."(1베드 2, 2)
여러분이 이와 같이 하느님을 위해서 살게 되면
매일 살아계시는 하느님의 성전에 자신을 봉헌하는 것이 됩니다.
그리스도의 십자가 안에서 다시 태어나면
여러분의 모든 죄를 용서받게 됩니다.
하느님, 저희를 주님의 거룩한 십자가에 못 박고 매다시어
새로운 생명을 얻도록 도와주소서. 아멘.

〈성 십자가 현양 축일의 첫 번째 강론〉

113 내면의 십자가

"나는 땅에서 들어 올려지면 모든 사람을 나에게 이끌어 들일 것이다."
(요한 12, 32)

오늘은 이루 말할 수 없는 위엄이 있으며
영원히 우리에게 영광을 안겨준 성 십자가 현양 축일입니다.
왜냐하면, 우리는 십자가라고 하면
그 위에서 돌아가신 예수님을 생각하기 때문입니다.
오늘은 장엄한 종교 공동체들이 거룩한 주님의 십자가를 기념하며
오늘부터 금식을 시작하게 하고 있습니다.

우리는 오늘 한 그리스도인 임금님이 이교도 왕으로부터 십자가를 되찾아
어떻게 위풍당당하게 예루살렘으로 행진하기 시작했는가를 다시 생각하게 됩니다.
임금님의 행진은 고통과 슬픔의 상징으로는 걸맞지 않으므로
하느님께서는 예루살렘의 성문(城門)을 닫으시고
임금님이 들어가시지 못하게, 한 천사가 지키게 하셨습니다.
그 천사가 임금님에게 말했습니다.
"그대는 위풍당당하게 그리고 화려하게 십자가를 매고 여기로 왔지만,
그 십자가 위에서 돌아가신 그리스도께서는 멍든 어깨 위에 십자가를 걸머지고
고통스럽게 맨발로 이 도시에서 쫓겨나시어 부끄러워하시면서 돌아가셨습니다."
임금님은 천사가 하는 이 말을 듣자마자 나귀에서 재빨리 내려오신 다음
소중한 겉옷을 윗도리까지 벗으시고 빛나는 왕관을 벗으시고
신발까지도 벗으신 다음 괴로워하시면서

십자가를 어깨에 메고 앞으로 나아가기 시작하셨습니다.
그러자 성문이 열리면서 예루살렘으로 들어가시어 십자가를 곧바로 세우시고는
그 십자가로 눈먼 사람들과 다리 저는 사람들과 병든 사람들에게
많은 기적을 일으키셨습니다.

우리의 주님께서 말씀하셨습니다.
"나는 땅에서 들어 올려지면 모든 사람을 나에게 이끌어 들일 것이다."
사람들은 그레고리오 성인(St. Gregory)이 말했듯이
살아가면서 겪은 온갖 것들을 기억하고 있습니다.
우리는 십자가를 발견한 사람들을 만나고 있습니다.
하느님께서 수많은 고통을 겪고 수많은 수행(修行)을 하도록 하시면서
십자가와 주님을 만나게 해주셨기 때문입니다.
우리는 주님께서 지신 십자가의 모습만 생각할 것이 아니라
내면에서 높이 찬양해야 합니다.
자신의 내면으로 들어가면
하루에도 스무 번이나 십자가를 볼 수 있기 때문입니다.
내면으로 들어가면 항상 괴로워하는 일이 있게 마련이고
그 고통이 자신을 십자가에 못 박고 있기 때문입니다.
그러나 우리는 하느님께서 우리에게 선물로 주신
이 십자가를 제대로 찬양하지도 않고 이용하지도 않고 있습니다.
우리는 하느님 안에서 인생의 십자가를 찬양해야 합니다.
즉 우리는 영육(靈肉)의 내적 외적인 모든 고통을 기쁘게 받아들여야 합니다. 주님께서 "나는 땅에서 들어 올려지면
모든 사람을 나에게 이끌어 들일 것이다."고 하신 것은
이 고통을 통해서 당신께로 이끄시겠다는 것을 말씀하신 것이기 때문입니다.

그러나 또 우리는 십자가를 지고 있기는 하지만,
성가대에서 봉사하고 거룩한 독서를 하고 식당에서도
기계적으로 수도원 규칙만 지키고 있는 사람들도 만나게 됩니다.
하지만 우리의 주님께서는 이렇게 외면생활만
기계적으로 하는 사람들에게는 영광을 조금밖에 주시지 않습니다.

사랑하는 형제자매 여러분, 하느님께서는 여러분을
노래하는 작은 새들로 만드셨다고 생각합니까?
아닙니다. 하느님께서는 여러분을 당신의 특별한 친구,
성령의 배우자로 만드시려고 하셨습니다.
그렇습니다. 여러분은 그리스도의 십자가를 겉으로만 지고 다니는데
내면생활을 통하여 십자가를 주의 깊게 바라보며
겉으로만 십자가를 지고 다니지 않도록 해야 합니다.
십자가를 겉으로만 지고 다니는 사람들은 키레네 사람 시몬처럼
강제로 십자가를 지게 해서 지고 다니는 사람들입니다.
그러나 이것도 나쁘지는 않은데
잘못을 범하지 않으려고 하고 교만하지 않게 하고
연옥(煉獄)에서 많은 고통 받지 않게 하고
지옥에서 영원히 고통 받지 않게 해주기 때문입니다.

우리의 사랑하는 주님께서는
"모든 사람을 나에게 이끌어 들일 것이다."고 하셨습니다.
모든 사람을 이끌려면 먼저 함께 모아야 합니다.
우리의 주님께서 우리를 이끄시려고 하실 때는
우리의 감각과 말과 일과 생각과 갈망과 이해와 뜻과 사랑을
모두 당신께 쏠리도록 하셨습니다.
그리고 사람들이 함께 모이자
세상 것들을 버리고 당신만 생각하도록 만드셨습니다.
여러분이 그리스도께로 이끌리려면
여러분이 좋아하는 모든 것과 내면과 외면의 만족도 버려야 하기 때문이었습니다.
집착하는 것보다 버리는 것이 훨씬 더 어렵습니다.
여러분이 주님께로 인도되어 주님의 거룩한 십자가에 올려지려면
황제가 화려한 옷을 벗었듯이 아무리 좋아 보이고 거룩하게 보이더라도
세상 것들을 좋아하지 말아야 하고 세상 것들로부터 기쁨을 찾지 말아야 합니다.

가장 먼저 외면생활과 관련된 세상 것들을 버려야 합니다.
그러나 내면생활에서 십자가를 높이 받들려면

내면의 모든 기쁨을 포기해야 합니다.
심지어는 기도나 묵상과 같은 수행을 통하여 얻게 되는
뿌듯함과 같은 내적 기쁨도 얻으려고도 하지 말아야 합니다.
학자들은 우리가 수행하고 얻게 되는 기쁨을 누리는 것이
합당한가에 대하여 논쟁을 하고 있으며,
하느님을 위해서는 우리의 모든 기쁨을 보류해야 한다고 주장하고 있습니다.
그러나 뿌듯함을 느끼기 위하여 수행하더라도
이기심을 충족시키기 위해 수행을 하면 안 됩니다.

형제자매 여러분, 기쁨이나 만족이 무엇이라고 생각합니까?
금식하고 깨어 있고 기도하고 수도원의 규칙을 지키는 것일까요?
그러나 나는 주님께서 내가 수도원 규칙을 철저히 지키게 하시려고 할 때는 규칙을
지킴으로써 얻게 되는 기쁨을
나에게서 빼어 가셨다는 것을 여러분에게 말하고 싶습니다.
여러분이 수도원 규칙을 지키려고 할 때
하느님께서는 여러분을 왜 지루하게 느끼게 만드셨을까요?
하루도 지루하고 따분하지 않은 날이 없었습니다.
지금 나는 열심히 봉헌하고 있지만
어제만 해도 나는 황량하게 느끼고 있었습니다.
그리하여 기도하기도 했지만
분심이 생겨 아무 일도 할 수가 없었습니다.
사랑하는 형제자매 여러분, 이것이 바로 그리스도의 십자가입니다.
하느님께서 주신 이 따분함을 참고 견디게 되면
여러분의 영혼에 사랑의 십자가가 될 것입니다.
자기를 버리고 이 모든 것을 하느님께 바치고
이런 따분함을 주신 데 대하여 감사하게 되면
십자가에 못 박힌 그리스도 가까이 이끌려
그리스도와 함께 높이 올려지고
여러분의 모든 일에서 하느님만 생각하게 될 것입니다.

사람의 아들은 십자가 위에 올려져야 합니다.

사랑하는 형제자매 여러분, 우리 가운데 많은 사람이 마음을 비우고 있지만, 맹목적으로만 믿고 있기 때문에
사람의 아들을 십자가 위에 올리지 못하고 있습니다.
이들은 감상적(感傷的)인 행복만 얻으려고 하기 때문입니다.
사랑하는 형제자매 여러분, 그렇게 하지 마십시오.
부지런히 자기(自己)를 버리도록 하십시오.
마음이 편해지기만을 바라지 말고
자신이 그러한 은총을 받을 자격도 없다는 것을 생각하십시오.
시련과 유혹 안에 있는 십자가를 사랑하십시오.
감상적인 행복보다도 십자가를 더 사랑하십시오.
다른 모든 사람처럼 기꺼이 십자가를 지려고 하십시오.
우리의 주님께서는 엠마오로 가시는 길에 두 제자에게 말씀하셨습니다. "그리스도는 그러한 고난을 겪고서
자기의 영광 속에 들어가야 하는 것이 아니냐?"(루카 24, 26)
고난을 겪지 않고 어떻게 주님의 제자가 될 수 있겠습니까?
따라서 여러분의 영혼에 밝은 빛이 비치고 있다거나
마음 편하게 느끼게 되면 그런 감정에 안주하지 않도록 하십시오.
자신이 그런 은총을 받을 자격도 없는
아무 쓸모없는 존재라는 것을 깨닫도록 하십시오.

우리의 주님께서 말씀하셨습니다.
"누구든지 내 뒤를 따라오려면,
자신을 버리고 날마다 제 십자가를 지고 나를 따라야 한다."(루카 9, 23)
재물(財物)이 아니라 십자가를 지고 주님을 따라야 한다고 말씀하셨습니다.
안드레아 성인(St. Andrew)은 자신이 매달릴 십자가를 보고는
너무나 기뻐하며 외쳤습니다.
"십자가 만세! 그대는 가장 사랑스러운 십자가이기 때문이라네.
나는 진심으로 그대에게 오랫동안 매달리기를 바란다네.
나를 사람들 가운데서 들어 올려 나의 스승님과 함께 있게 해주오."
하루 이틀 만에 안드레아 성인처럼 되지는 않습니다.
끊임없이 자신을 성찰하여 모든 일에서 자기(自己)를 이기도록 하십시오.

자신의 죄와 허물들을 직시해야 합니다.
하루에도 이른 번이나 죄에 기울어지고 있다는 것을 알아야 합니다.
다시는 죄를 짓지 말고 다시 일어나 용기 있게 정진(精進)해야 합니다.
진심으로 하느님께로 돌아가 고백하기 전이라도 죄를 용서받도록 하십시오.
죄를 지어 성 삼위를 놀라시게 하지 마십시오.
여러분의 많은 죄는 하느님께서 허락한 것이므로
여러분에게 해가 될 만큼 크지는 않습니다.
하느님께서 여러분이 아무것도 아니라는 것을
느끼도록 하시기 위해 죄를 짓게 하셨기 때문입니다.
죄를 짓게 되면 부끄러워서 자기(自己)를 죽이려고 하기 때문입니다.
지나치게 실망하지는 마십시오.
기쁘게 하느님께 순종하려고 하면 아무리 약해지더라도
용기를 갖고 하느님께 순종하도록 하십시오.
이렇게 순종하고 살게 되면 성모님처럼 죄에서 해방되게 됩니다.
따라서 그리스도와 하나가 되어 용감하게 참고 견디면서
자신의 십자가를 지도록 하십시오.
바오로 성인이 말했습니다.
"하느님을 사랑하는 이들, 그분의 계획에 따라 부르심을 받은 이들에게는
모든 것이 함께 작용하여 선을 이룬다는 것을 우리는 압니다."(로마 8, 28)
이는 우리의 죄까지도 하느님의 계획에 들어 있음을 뜻합니다.
침묵하며 하느님께로 돌아가 자신이 아무것도 아니라는 것을 생각하십시오.
내면생활을 하여 작은 죄도 짓지 않아 고해신부에게 가지 않도록 하십시오.
아무 준비도 되어 있지 않고 아무것도 배운 것이 없는
마태오 성인도 부르심을 받자마자 일어나서 주님을 따랐습니다.
여러분이 사소한 잘못을 저지르게 되더라도 지나치게 자책하지는 마십시오.
하느님의 진리에 따라 살면서 편한 마음을 갖고 하느님을 믿으십시오.
여러분이 하느님을 떠나지 않고 세상 것들에 집착하지 않으면
아무도 여러분을 비난하지 않을 것입니다.
여러분이 하느님만 생각하고 살게 되면
겸손하게 되어 여러분의 모든 허물이 반면교사(反面教師)가 될 것입니다.

그러나 나는 여러분에게 솔직하게 경고하고 싶습니다.
여러분이 계속하여 세상 것들에 집착하고 죄에 기울어지는 것 자체가 지옥입니다.
만약 하느님께서 여러분에게 참회할 기회를 주시면(이를 미리 계산하면 안 됩니다),
어떤 일을 하더라도 무서운 연옥을 느끼게 될 것입니다.
여러분이 얼마나 괴로운지 안다면 두려워서 말라 죽고 말 것입니다.
대죄를 짓고도 영성체(領聖體)하게 되면
사랑스러운 가냘픈 어린이를 오물 구덩이에 던져버리는 것과 같이 됩니다.
여러분의 구원을 위하여 목숨까지 바치신
하느님의 아드님을 그렇게 취급하는 것과 같습니다.
교황이나 모든 추기경도 구원할 수 없는 대죄를 짓게 되면
모고해(冒告解)를 하게 되기 때문입니다.
여러분이 아무리 슬퍼하더라도
주님의 몸과 피를 더럽힌 것이 되기 때문입니다.

나는 이미 "누구든지 내 뒤를 따라오려면,
자신을 버리고 날마다 제 십자가를 지고 나를 따라야 한다."는
주님의 말씀을 인용했습니다.(루카 9, 23)
믿음이 깊은 많은 그리스도인이 이 가르침을 진심으로 받아들여
이루 말할 수 없을 정도로 자기(自己)를 버리고
십자가를 지려고 하는 혹독한 수련을 하고 있습니다.
콩 심은 데 콩 나고 팥 심은 데 팥 납니다.
그래서 바오로 성인은 "적게 뿌리는 이는 적게 거두어들이고
많이 뿌리는 이는 많이 거두어들입니다." 하고 말했습니다.(2코린 9, 6)
그리고 우리 주님께서도 "**너희가 심판하는 그대로 너희도 심판받고,**
너희가 되질하는 바로 그 되로 너희도 받을 것이다." 하고
말씀하셨습니다.(마태 7, 2)

사랑하는 형제자매 여러분, 여러분이 옛날의 수행법만 고집하고 있다면
나는 십자가를 지라고 권하고 싶습니다.
자신의 내면으로 들어가 자기(自己)를 죽여야 합니다.
주님께서 말씀하셨습니다.

"나를 따라라. 종은 항상 주인을 따른다. 종은 주인 앞을 지나가지 않는다."
종인 주님의 뜻에 따라야 합니다.
외면생활에서보다 내면생활에서 주님의 뜻에 따라야 합니다.
주님께서 바라시는 것이 무엇인가를 알면 되지
많은 것을 배울 필요는 없습니다.
모든 일을 주님의 뜻에 따라 하면 되기 때문입니다.

형제자매 여러분, 밀알은 땅에 떨어져 죽어야 열매를 맺습니다.
따라서 여러분도 진심으로 자기 뜻을 죽이십시오.
오로지 하느님의 뜻에만 따르십시오.
자신의 뜻을 고집하지 않으면 모든 것을 하느님 뜻에 맡기게 됩니다.
옛날에 한 수녀가 성가대에서 노래하면서
마음속으로 다음과 같이 노래했습니다.
"주님, 지금 이 시간은 당신과 저의 시간이지만
제가 당신 안으로 들어가게 되면
지금 이 시간은 당신의 시간이지 저의 시간이 아니나이다."

모든 것을 하느님께 맡기려면 끊임없이 자기 뜻을 죽여야 합니다.
세상에는 세 종류의 사람이 있습니다.
제멋대로 사는 '**짐승 같은 사람**'과
이해하여 '**이성**(理性)**으로 살아가는 사람**'과
하느님의 모습대로 만들어진 '**하느님과 같은 사람**'입니다.
'하느님과 같은 사람'은 가장 고귀하며 내적인 사람입니다.
우리는 내적 인간이 되어 심연에 계시는 하느님 발 앞에 엎드려
우리의 손발을 묶게 하시고 자신의 뜻을 완전히 버려야 합니다.
우리는 저급(低級)**의 두 본성을 짓밟아버려야 합니다.**
이런 관점에서 베르나르도 성인(St. Bernard)이 다음과 같이 말했습니다.
"세상 것들에 집착하는 '짐승 같은 사람'으로부터 탈피해야 합니다.
십자가를 진다는 것은 무척 어려운 일입니다.
영혼의 심연 깊은 곳에서 외적인 인간을 내적인 인간으로 만들고,
보고야 믿고 사는 사람을 보지 않고도 믿는 사람으로 변화시키는 일도

결코 쉬운 일은 아닙니다."
베르나르도 성인은 이렇게 아우구스티노 성인이 한 말을 증언했습니다.
저급(低級)의 두 고통을 십자가로 받아들이고 희생제물로
하느님께 바치지 않으면 내면으로 들어가 내적 인간이 될 수 없습니다.
이 십자가에는 육신의 고통뿐만 아니라 모든 마음고생도 포함됩니다.
이 고통을 과감하게 떨쳐버리고 하느님께로 돌아가야 합니다.

아브라함(Abraham)이 그렇게 했습니다.
아브라함이 아들을 희생제물로 바치기 위하여 모리야 산으로 올라갈 때
종과 나귀를 가까운 곳에 남겨두었습니다.
우리의 동물적인 본성은 짐승 같지만, 이성적인 본성은 종과 같습니다.
우리는 이 두 본성에 따라 희생 제물을 바치러 모리야 산으로 갑니다.
그러나 이 두 본성을 남겨두고 아들, 즉 우리의 내면만 데리고 올라가야 합니다.
정상(頂上)에 오르려면 우리의 가장 고귀한 선물인
정신을 하느님께 바쳐야 합니다. 모든 것을 하느님께 맡기십시오.
하느님께서 숨어 계신 심연으로 들어가
여러분이 숨기고 있는 모든 것을 하느님께 바치십시오.
그래서 시편저자는 하느님께 "그들을 당신 장막 속에 숨기시나이다." 하고 말했습니다.(시편 31, 20)
이렇게 하느님께서 숨어 계신 심연으로 들어가 하느님과 하나가 되기 때문입니다.
프로클로스(Proclus)**는 이런 경지에 이르러야만**
가난과 고통과 같은 외적인 것들에 영향을 받지 않게 된다고 말했습니다.
그래서 시편저자는 "그들을 당신 장막 속에 숨겨 말 많은 자들에게서 보살피십니다."
하고 말했던 것입니다.
주님께서 "그날, 너희는 내가 아버지 안에 있고 또 너희가 내 안에 있으며
내가 너희 안에 있음을 깨닫게 될 것이다." 하고 말씀하셨듯이 이제 이와 같은
영혼은 아버지와 하나가 되어 주님을 따르게 되는 것입니다.(요한 14, 20)

이와 같이 하느님께서는 자비로 우리를 주님께로 이끄십니다.
그리스도께서 십자가에 못 박히심으로써
모든 것을 당신께로 이끄시려고 했던 것처럼 우리를 이끄시려고 하십니다.

우리를 당신의 십자가와 함께 들어 올리시어
하느님께서 계신 높은 곳으로 인도하시려고 합니다.
우리 앞에서 당신의 십자가와 우리의 십자가를 지고 가시고
그 십자가 위에서 우리를 위해서 돌아가신 주님께서
저희를 인도해주시기를 빕니다. 아멘.

〈성 십자가 현양 축일의 두 번째 강론〉

114 십자가에 못 박히신 예수님

"나는 리바누스(Libanus) 산의 향백나무처럼,
시온(Sion) 산에 서 있는 삼나무처럼 자랐다."(집회 24, 13)

오늘은 아무도 말로는 제대로 찬양할 수 없는 성 십자가 현양 축일입니다.
십자가의 의미를 알아보기로 합니다.

레바논의 리바누스(Libanus) 산에는 향백나무가 자라는데
인간이 하느님께 제사를 지낼 때 피우는 향의 원료이며
향백나무를 불태운 연기는 뱀에 물렸을 때 해독작용을 해주듯이
그리스도의 십자가는 우리 영혼으로부터 마귀의 독(毒)을 없애줍니다.
그리고 삼나무는 구토를 멈추게 하여
병자들이 영양을 섭취하게 도와줍니다.
그러나 영혼 안에 그리스도의 십자가를 간직하게 되면
하느님 말씀의 천상(天上) 양식을 섭취할 수 있게 됩니다.
하느님의 거룩한 종들과 예언자들의 가르침이 영혼을 살찌우게 하여
천상양식을 조금도 잃어버리지 않게 되며
영원한 생명을 얻을 수 있게 해주는데
이것이 바로 사랑하는 그리스도의 십자가의 효과입니다.
그리고 이 십자가는 아름다운 향기를 갖고 있을 뿐 아니라
다른 어떤 것보다 매력적이고 힘을 주어
다른 모든 것을 이길 수 있게 해줍니다.
그래서 주님께서는 승천하실 때

"나는 땅에서 들어 올려지면 모든 사람을 나에게 이끌어 들일 것이다." 하고 말씀하셨던 것입니다.(요한 12, 32)
주님께서 스스로 십자가의 죽음을 택하셨듯이
당신의 겸손과 인내와 사랑의 힘으로
모든 사람을 십자가로 이끄시려고 하셨습니다.
그리하여 주님께서 고통을 받으셨듯이 우리도 똑같은 고통을 받고
최선을 다하여 주님을 본받으려고 하게 된 것입니다.
이 때문에 우리는 주님을 이해하게 되었고 비난을 받게 되었고
예수님과 함께 십자가에 못 박혀 죽게 되는 것입니다.

우리 주 예수 그리스도께서는 십자가에 매달리시기 전에 발가벗겨지셨습니다.
몸에는 실오라기 하나 걸치지 않으셨고
돌아가시면서 당신의 옷을 두고 제비뽑기를 하는 것을 보셔야만 했습니다.
나는 하느님께서 계신 것을 확신하므로 여러분이 훌륭한 영성을 가지려면
먼저 하느님의 것이 아닌 것은 하나도 빠짐없이 버려야 한다고 생각합니다. 그러면
여러분이 갖고 있던 것들은 아무 가치가 없는 것으로 여겨져
여러분의 눈앞에서 조롱거리가 되고
동료들은 여러분을 바보 취급을 하게 될 것입니다.
그래서 주님께서는 "**누구든지 내 뒤를 따라오려면, 자신을 버리고**
날마다 제 십자가를 지고 나를 따라야 한다."고 말씀하셨던 것입니다.
(루카 9, 23)

주님께서는 "**네가 완전한 사람이 되려거든,**
가서 너의 재산을 팔아 가난한 이들에게 주어라.
그러면 네가 하늘에서 보물을 차지하게 될 것이다.
그리고 와서 나를 따라라." 하고 말씀하시기도 했습니다.(마태 19, 21)
주님을 따라 십자가의 길을 가라고 하신 것입니다.
그리고 이는 성 십자가 현양 축일의 실제적인 가르침입니다.
우리는 세상의 종말이 언제 올지는 모르지만
하느님께서 마지막 심판 전에 무서운 재앙을 보내신다고 알고 있고
아직도 그렇게 생각하고 있습니다.

그러나 옛날의 한 예언자는 이러한 공포로부터 해방되는 법을 가르쳐주었습니다.
하느님께서 당신의 파괴천사에게 말씀하셨습니다.
"너는 저 도성 가운데로, 예루살렘 가운데로 돌아다니면서,
그 안에서 저질러지는 그 모든 역겨운 짓 때문에
탄식하고 괴로워하는 사람들의 이마에 표를 해 놓아라."(에제 9, 4)
그리하여 이 사람들은 구원받게 되었습니다.
이마에 표시한 'Thou'는 십자가의 모양과 비슷한
히브리어 알파벳의 마지막 문자 'T'로 시작합니다.
이마에 이 십자가가 표시된 사람들은 구원을 받고
나머지는 모두 죽게 되었습니다. '십자가'라는 단어는 고통을 의미합니다.
하느님께서는 당신 때문에 고통 받고 한숨을 쉬고
슬퍼하는 사람들을 구원하신 것이었습니다.
**하느님께서는 천사에게 많이 배웠지만, 묵상을 하지도 않고
열심히 봉사하지도 않는 사람을 구원하라는 명령은 내리시지 않았고,
고통을 참고 견디는 사람들을 구원하라고 하셨습니다.
우리의 주님께서는 '나를 따르려는 사람은 묵상을 하게 하라고 말씀하시지 않고
매일 십자가를 지고 나를 따르라.'고 말씀하셨습니다.**

십자가에 대하여 하나만 더 말하겠습니다.
**그리스도의 십자가를 지고 있는 사람은 이 땅에서 가장 훌륭한 사람으로
재앙이 닥치지도 않고 연옥(煉獄)을 겪지도 않습니다.
그리고 십자가에는 고통만 있다고 생각하지도 않습니다.
그러나 슬프게도 오늘날에는 아무도 고통을 겪으려고 하지 않습니다.
사람들은 점점 더 마음이 약해지고 있습니다.
옛날과 같은 부지런함과 열정은 사라지고 사랑의 불도 꺼져버렸습니다.
불편함을 조금도 참지 못합니다.
고통을 겪지 않고는 완덕을 갖출 수 없지만
강론을 해도 우이독경(牛耳讀經)입니다.
오늘날의 사람들은 오로지 자신만 사랑하고 있습니다.**

사람들은 십자가의 의미를 잘 모르고 있습니다.

쉬지 않고 금식을 하고 깨어 있고 성지순례를 하고
많은 자선을 하고 가난하게 될 필요는 없습니다.
이 모든 것들은 수행에 필요합니다.
자신이 처한 환경에 맞게 충실히 하기만 하면 됩니다.
그러나 몸이 약하다거나 너무 늙었다거나 너무나 어리석어서
영광스런 그리스도의 십자가를 질 수 없기 때문에
영원한 생명을 얻지 못하는 사람은 없습니다.

십자가는 위로 하나, 아래로 하나, 양쪽으로 두 개의 조각으로 되어있습니다.
'위의 한 조각'은 '하느님의 사랑'을 의미하고, '왼쪽 조각'은 '겸손'을 의미하는데 자기를 낮추고 자신의 소유물을 모두 버리고 교만하지 않는 것을 말합니다. 그리고
'오른쪽 조각'은 '마음을 깨끗하게 하는 것'을 의미하며
내적 외적인 세상 것들에 대한 집착을 버리고
제멋대로 하지 않는 것을 말하며,
발을 못 박은 '아래쪽 조각'은 '순종'을 의미하며
자기 뜻을 버리고 모든 것을 하느님께 맡기는 것을 말합니다.
이 네 조각이 강한 볼트(bolt)로 조여져 하나의 십자가를 만들게 됩니다.
당신의 뜻이 이루어지소서. 이 네 조각이 하나의 십자가로 바뀐 것입니다.
이 볼트는 자신의 뜻을 모두 하느님께 맡기는 것을 뜻합니다.

먼저 '겸손'을 뜻하는 십자가의 '왼쪽 조각'을 생각해보기로 합시다.
우리는 하느님을 위하여 고통을 달게 받으며 고통 속에 있으려고 한 아우구스티노 성인(St. Augustine)과 같은 겸손한 사람을 생각하게 됩니다.
또 겸손한 사람이라면 자신이 동료들의 눈이나 자신의 눈으로 보아
아무것도 아닌 것처럼 보여야 하며, 아무것도 바라지 않고
자기 자신을 내세우지 않고 수행에만 정진(精進)해야 합니다.
자신의 겉옷을 벗어두고 제비뽑기로 가져가게 하고
자신을 경멸하고 조롱하도록 내버려 두십시오.
왜냐하면 자신이 그리스도와 함께 십자가에 못 박혔기 때문입니다.
여러분은 평생 아무것도 내세울 것이 없는 사람이 되고
경멸받아야 하고 바보 취급을 받아야 하고 의견은 무시 되어야 합니다.

여러분이 이와 같은 수모를 받고 욕을 듣더라도
한마디도 대꾸하지 말아야 합니다.
자기변명을 하는 것을 부끄럽게 여겨야 합니다.
자신을 욕하는 사람을 거짓말쟁이라든지
부당하게 대우한다고 말하지 말아야 합니다.
아무 말도 하지 말고 마음속으로 '아 이런 것이 은총이구나',
'이런 대우를 받는 것이 당연하다',
'나를 욕하는 사람은 좋은 사람이고 점잖은 사람이다',
'하느님께서 나에게 이런 수모를 주시는 것이 당연하다'고 말하도록 하십시오. 여러분은 등을 구부리고 묵묵히 자신의 십자가를 지고 가야 합니다.

십자가의 '**오른쪽 조각**'은 '**마음을 비우고 정화(淨化)하는 것**'을 의미하며
하느님이 아닌 것과 영혼을 어둡게 하는 것과 쾌락을
십자가에 못 박아 버려야만 가능합니다.
십자가의 '**아래쪽 조각**'은 '**교회의 모든 장상(長上)들에게 순종하는 것**'을 의미합니다.
순종은 모든 일에서 자신의 뜻을 버려야 가능합니다.
십자가의 핵심이며 이기심을 버리고 하느님이나 사람이
아무리 고통스럽게 하더라도 그리스도를 위하여 기꺼이 참으며
언제나 십자가를 기쁘게 질 준비를 하고 있는 것을 말합니다.

아마 여러분은 "저는 너무나 연약하기 때문에
십자가를 질 수 없습니다." 하고 항변할지도 모릅니다.
그러나 나는 여러분에게 답합니다.
그리스도께서 하느님의 뜻과 인간의 뜻을 가지셨듯이
여러분의 영혼 안에는 높고 낮은 두 의지가 있습니다.
여러분의 저급한 의지는 항상 고통에서 벗어나려고 하지만
그리스도께서 아버지께 "아빠! 아버지!
아버지께서는 무엇이든 하실 수 있으시니, 이 잔을 저에게서 거두어 주십시오.
그러나 제가 원하는 것을 하지 마시고 아버지께서 원하시는 것을 하십시오." 하고
말씀하셨듯이 높은 의지는 말하고 있습니다.(마르 14, 36)

십자가의 '위 조각'은 '하느님의 사랑'입니다.
이와 같이 영혼은 모든 것을 체념하고
"저의 하느님, 저의 하느님,
어찌하여 저를 버리셨습니까?" 하고 말하면서(마태 27, 36)
하느님이나 인간의 훼방을 전혀 받지 않고
하느님을 찾아 올라가게 됩니다.
여러분은 이를 두고 예수님께서
십자가에 못 박히셨다고 말하기도 합니다.
주님께서 십자가에 매달려 돌아가셨을 때
우리 구세주의 머리는 축 처졌지만 체념 속에서도
주님의 사랑을 말씀하셨습니다.
한때 한 착한 사람이 주님께 왜 당신의 친구들을
그렇게 고통스럽게 내버려 두고 계시느냐고 물었습니다.
그러자 주님께서 대답하셨습니다.
**"사람은 항상 위험하게도 육(肉)의 만족만 추구하고 있으므로
내가 그렇게 하지 못하도록 가로막고 있는 것은
오로지 나만이 사람을 만족시킬 수 있기 때문이다."
그러나 온 세상 사람들에 대한 영원한 사랑을 뜻하는
그리스도의 머리는 아무 도움도 받지 못한 채 축 처져 있습니다.**

형제자매 여러분, 여러분이 어떤 길을 가든
자신의 십자가를 지고 걸어가야 합니다.
하느님께서 오시기만을 바라고 있는
착한 사람들에게 십자가는 항상 고통을 의미합니다.
그래서 이런저런 십자가를 항상 지고 다닙니다.
한 십자가에서 벗어나면 다른 십자가를 지기 위하여 달려갑니다.
이러한 고통이라는 숙명을 제대로 설명할 수 있는 사람은 아무도 없습니다.
고통에서 도망칠 수 있는 사람은 아무도 없습니다.
이 고통을 피하면 다른 고통이 찾아오기 때문입니다.
**그러나 때때로 하느님께서 여러분의 십자가를 대신 져 주시기 때문에
십자가가 가볍게 되므로 안심을 하며 십자가에서 벗어났다고 생각하게 됩니다.**

그러나 하느님께서 도와주시지 않으면 다시 십자가가 무겁게 느껴지게 됩니다.
그리스도께서는 우리보다 앞서 극심한 수난을 받으시고
모든 사람을 사랑하시기 때문에
우리로 하여금 당신의 뒤를 이어 고통을 받게 하셨습니다.
그리스도의 십자가는 예언자 엘리야(Elias)가 하늘나라까지
불 병거를 타고 올라갈 때
그의 제자 엘리사(Eliseus)에게 던져 준 겉옷과 같습니다.
우리의 주님께서는 우리를 위하여
십자가 위에서 겉옷을 던져주셨기 때문입니다.

한 예를 들겠습니다.
우리 수도원의 어떤 수녀님이 아기 예수님을 뵙기를 간절히 바라고 기도하자 주님께서 어린아이의 모습으로 나타나셨습니다.
그러나 아기 예수님은 가시 강보에 싸여 있었습니다.
수녀님이 용감하게 가시 강보에 싸인
아기 예수님을 끌어안자 수많은 가시가 찔렀습니다.
수녀님은 이로부터 누구든지 주님의 품에 안기게 되면
극심한 고통을 겪을 각오를 해야 한다는 것을 깨달았습니다.

그러나 어떤 사람은 '내가 아무 죄도 없어 깨끗하다면
이 가르침이 나에게 도움이 되겠지만, 나의 죄가 너무나 크기 때문에
고통이라는 은총을 받을 수 없습니다.'하고 말하면서
받아들이지 않으려고 할지 모릅니다.
그러나 나는 답합니다.
"대죄를 회개한 사람은 고통이라는 특별한 은총을 받게 되는데
다른 방법으로 받게 됩니다.
아무 죄도 없는 사람보다 더 큰 고통을 받게 됩니다."
이 사람은 멀리 뛰기를 바라는 사람에 비유할 수 있습니다.
멀리 뛰려고 하면 뒤로 더욱더 멀리 물러나야 합니다.
하느님의 얼굴에서 멀어져 있는, 즉 자신의 죄 때문에
납작 엎드려 있는 사람은 더욱더 빨리 하느님께로 갈 수 있습니다.

자신이 용서받을 수 없는 죄인이라고 생각하고 진심으로 뉘우칠수록
사랑에 더욱더 불타게 되고 하느님과 하나가 되기 때문입니다.

이와 같이 우리는 주님의 자비로
십자가의 예수님께로 이끌릴 수 있도록 기도해야 합니다.
그러면 주님을 위하여 세상 것들에 대한 집착을 버릴 수 있게 해주십니다.
우리를 위하여 십자가 위에서 수난을 받으시고 돌아가신 예수님,
저희도 함께 고통을 받을 수 있는 은총을 주소서. 아멘.

〈성 십자가 현양 축일의 세 번째 강론〉

115 모든 것을 놓아버려야 합니다

"예수님께서 그곳을 떠나 길을 가시다가
마태오라는 사람이 세관에 앉아 있는 것을 보시고 말씀하셨다.
'나를 따라라.' 그러자 마태오는 일어나 그분을 따랐다."(마태 9, 9)

성 마태오 사도는 모든 사람에게 살아 있는 본보기였습니다.
성경에서는 처음에는 그는 큰 죄인이었으나
나중에는 하느님의 가장 위대한 친구들 중의
한 사람이 되었다고 말하고 있습니다.
우리의 주님께서 그에 대하여 말씀하셨습니다.
"그는 말씀을 들으면 말씀을 새겨듣고
벌떡 일어나 모든 것을 놓아버리고 나를 따랐다."
모든 일은 마태오 성인처럼 진심으로 하느님을 따르기만 하면 됩니다.

그러나 이는 하느님이 아닌 것은 모두 놓아버리는 것을
영혼의 발판으로 삼아야 한다는 것을 의미합니다.
왜냐하면 하느님께서는 마음만 사랑하시므로
외적인 일로는 하느님을 만족하게 해드릴 수가 없기 때문입니다.
하느님께서는 사람의 내면생활에만 관심이 있으므로
내면으로 거룩한 덕을 쌓기를 바라십니다.
하느님께서는 내면생활 안에 계시므로
내면생활은 거의 하지 않고 여러 시간 동안 구송기도만 하거나
온 세상에 울려 퍼질 정도로 큰소리로 노래하거나

금식하거나 철야기도를 할 때보다는
1분 동안 자기 성찰을 할 때 계시게 됩니다.

우리의 주님께서 "나를 따르라"고 말씀하셨는데 '**주님께 순종한다는 것**'은, 영혼의 저급 능력으로 세 가지, 고급 능력으로 세 가지
모두 합쳐서 '여섯 가지'를 뜻합니다.
저급 능력으로는 '**겸손**'과 '**온유**'와 '**인내**'를 들 수 있습니다.
그리고 성령의 은사로 받게 되는 우리의 능력을 초월하는 고급능력은
'**믿음**'과 '**소망**'과 '**사랑**'입니다. 주님께서 "나를 따라라" 하고 말씀하셨습니다.
'**주님을 따른다는 것**'은
'**하느님 아버지께 감사하고 찬양하면서 주님을 본받는 것**'을 말합니다.
또 '**모든 수단 방법을 초월하고 침묵하여**
하느님 가까이 가는 것'을 말하기도 합니다.
이렇게 내면으로 들어가 하느님께서 당신 뜻대로
역사(役事)하시기를 기다리기만 하는 것을 말합니다.
우리는 기도와 금식과 철야기도 등
외적 수행을 열심히 하는 사람들을 많이 봅니다.
그러나 이들은 하느님은 생각하지 않고
수행하는 기쁨에만 빠져 자기 뜻대로 하고 있습니다.
그 이유는 이들은 수행하는 것을 목적으로 삼으며 만족하고 있기 때문입니다.
자기를 속이면서 모든 것은 하느님의 것이고
자신의 것은 아무것도 없다는 것을 모르고 있기 때문입니다.

어떤 사람은 기쁨을 얻으려고 수행하지 말라는 뜻을 이해하지 못합니다.
옛날의 율법에 사제(司祭)는 희생 제물의 기름을 먹지 못하게 되어 있었는데
하느님께 바칠 때 기름을 불태워버리라고 했기 때문입니다.
그러나 희생제물의 창자에 있는 곱창과 같은 기름은 먹어도 되었습니다.
수행을 통하여 얻는 기쁨을 희생 제물의 바깥쪽 기름에 비유할 수 있습니다.
이 기쁨은 사랑의 불에 던져버리고
하느님께 영광을 돌리는 데에만 사용하도록 해야 합니다.
그러나 수행을 기계적으로 의무감에서 하지 않는다면

수행을 열심히 하도록 하는 순기능도 있기 때문에
이 기쁨이 전혀 필요 없는 것은 아닙니다.

이제 모든 것을 놓아버리고 예수님을 따랐던
마태오 성인의 정신에 대하여 살펴봅시다.
자기(自己)를 버리고 모든 것을 놓아버리고 살려면
주님을 본받고 사랑하면서
즉 무연자비(無緣慈悲)를 베풀면서 주님을 따라야 합니다.
내적 외적인 수행을 의무감으로 하지 않고
진정으로 자기(自己)를 버리고
내면생활을 하면서 예수님을 따라야 합니다.
놓아버리는 것에 대하여 내가 생각하고 있는 것을 들어보십시오.
나는 하느님으로부터 성령의 은총을 받고,
거룩한 교회로부터 도미니코 수도원의 고깔을 쓰고 수행하는 은총과
사제 서품을 받고 강론을 하고 고해성사를 듣는 은총을 받았습니다.
그런데 교황님이나 거룩한 교회가
나의 이러한 특권을 빼어버리고 나를 버린다면,
나는 이유를 묻지 않고 겸손하게 이를 받아들일 것입니다.
그리하여 나는 허름한 옷을 입고 나의 길을 떠날 것입니다.
내가 형제들과 수도원에서 더 이상 함께 살 수 없다면
훌훌 털고 수도원을 떠날 수밖에 없기 때문입니다.
그리고 사제직과 고해신부의 자격과 강론하는 자격을 박탈당한다면
나는 "하느님의 이름으로 모든 것을 포기합니다.
저의 것이 아니라 저에게 특권을 주었다가 다시 찾아가는 것을
왜 그렇게 하느냐고 물을 수는 없습니다.
나는 이단자라는 말을 듣기도 싫고
파문당하고 싶지도 않습니다." 하고 말할 것입니다.
그러나 만약 내가 이런 시련을 받는 은총을 받는다면
나는 진정으로 모든 것을 놓아버리고
모든 것을 하느님의 뜻에 맡기게 될 것입니다.
그러나 합법적인 자격이 없는 사람이

나에게서 이런 은총을 빼어버리려고 한다면
나는 순종하지 않고 차라리 죽으려고 할 것입니다.
그러나 참으면서 모든 것을 놓아버리고
모든 것을 하느님의 뜻에 맡기게 될 것입니다.
그런데 만약 거룩한 교회가 성사(聖事)를
집전하지 못하게 한다면 나는 순종해야 합니다.
그러나 내가 영성체를 하지 못하게 되면
아무도 나에게 성체(聖體)를 줄 수 없습니다.
교회가 우리에게 준 것을 빼어간다면
우리는 저항하지 않고 순순히 받아들여야만 합니다.

외적 수행을 통하여 기쁨을 얻으려고 하지 않아야 할 뿐만 아니라
내면생활을 제대로 하지도 않으면서 기쁨을 맛보려고 하면 안 됩니다.
하느님께서 우리에게 주시지 않은 것이 있습니까?
따라서 자기(自己)를 버리고 하느님께서 주신 모든 것을
마치 받지 않은 것처럼 다시 하느님께 되돌려 드려야 합니다.
사랑하는 여러분, 나는 열심히 수행하는 척만 하면서
자기도취에 빠진 여러분을 두고 말하는 것이 아닙니다.
나는 지금 어둠 속에서 좁은 길을 가고 있는 사람에게 말하고 있습니다.
그들은 다른 사람들과 달라서 하지 말아야 하는 일은 하지 않습니다.

이기적인 생각을 하지 말고 영적(靈的)인 선물을 받도록 해야 합니다.
하느님께서 이기적이지 않은 영혼 안에서
역사(役事)하시는 것은 영혼의 힘이 아닙니다.
하느님을 위해서 하는 일이 아니면
아무 가치가 없는 일이라고 생각해야 합니다.
그러나 누구나 본능적으로 소유하려고 하고
알려고 하고 자기 뜻대로 하려고 합니다.
이 때문에 나는 앞에서 여섯 가지를 잊지 말라고 했습니다.
영혼의 저급(低級) 능력은 '**겸손**'과 '**온유**'와 '**인내**'이며
고급 능력은 성령의 은사로 얻게 되는

'믿음'과 '하느님을 믿어 얻게 되는 소망'과 '사랑'입니다.
하느님께서 여러분의 영혼을 당신과 하나가 되게 이끄실 때는
'믿음'을 주시어 이성(理性)이나 지식에 의존하지 않게 하시고
아무것도 모르게 만드십니다.
하느님께서 '믿음'을 주시면 자기(自己)를 버려서
이성과 지식과 환상을 이용하지 않게 됩니다.
그러면 '희망'이 생기게 되고 본능에 의존하지 않게 됩니다.
그리고 '사랑'을 주시어 자신의 뜻과 소유욕을 버리게 만드십니다.

'겸손'과 '온유'와 '인내'의 세 덕은 영혼의 고급 능력에서
내면으로 전달되어 덕으로 쌓이게 됩니다.
겸손은 자신이 아무것도 아니라는 생각으로 바뀌게 되고
온유함은 이미 이기적이고 교만한 생각을 없애어
모든 것이 동등한 것으로 보이게 됩니다. 그리하여 자신이 덕을 쌓고 있는 것도
모르게 되며 사랑이 충만하게 됩니다.
사랑은 고통에 대한 갈망 때문에 인내하는 줄도 모르게 만듭니다.

사랑하는 형제자매 여러분,
사람들은 이렇게 모든 것을 놓아버리고 있을 때도 잘못을 저지릅니다.
불같이 화를 내기도 하고 욕지거리를 내뱉을 수도 있지만 실망하지 마십시오. 하느님께서는 여러분이 더욱더 아무것도 아니라는 것을 깨닫게 하시고 하느님으로부터
은총을 받을 자격이 없다는 것을 알도록 하시기 위해
이런 잘못을 범하게 만드시기 때문입니다.
자신이 아무 쓸모가 없는 존재라는 것을 뼈저리게 느낄 때까지
잘못을 범하게 만드시기 때문입니다.
이렇게 뼈를 깎는 수행을 거쳐야만
겉으로 믿음이 깊은 척하지도 않게 되며
기계적으로 의무감에서 기도하지 않게 됩니다.
하느님께서는 뼈를 깎는 이런 수행을 거쳐야만
죄를 용서해주시고 연옥을 거쳐 하늘나라에 갈 수 있게 해주십니다.
그러나 여러분이 좋아하는 수행을 해서도 아니고

충고를 듣고 운이 좋아서 여러분이 이런 경지에
이르게 된 것이 아니라는 것을 알아야 합니다.
욥(Job)이 "어찌하여 앞길이 보이지 않는 사내에게 하느님께서
사방을 에워싸 버리시고는 생명을 주시나이까?" 하고 말했듯이(욥기 3, 23), 여러분은 성숙이 덜 된
세상에서 가장 세련되지 않은 사람들처럼
아직도 어두운 길을 걷고 있기 때문입니다.
자신을 낮추고 세상 것들을 모두 놓아버리고 사막 길을 걸어야만 하느님께서 "나를 따르라. 모든 것을 놓아버리고 나에게로 오라.
그대는 아직 나를 만나지 못했다.
멈추지 말고 나를 따라오너라!" 하고 말씀하십니다.

그러면 다음과 같이 물을지 모릅니다.
"주님, 이 어둡고 험한 길을 당신을 따라 걷게 하시는 당신은 누구십니까?" 그러면 예수님께서 답하실 것입니다.
"나는 사람의 아들이고 하느님이시고,
네가 아는 것보다 훨씬 더 하느님이시다!"
주님께 "당신께서는 하느님이시고
저는 아무것도 아니나이다." 하고 고백하는 영혼은 행복합니다.
영혼 깊은 곳에서 자신이 아무것도 아니라는 것을 고백해야만
무한하시고 이름이 없는 하느님께서 역사하시기 때문입니다.

철학자들은 새로운 것이 들어오려면 옛것이 파괴되어야 한다고 말했습니다.
어머니의 자궁 안에 동물적인 모습만 취하고 있었지만
하느님께서 때가 되면 질이나 양이나 모습이나 색깔 등을
새롭게 만드셔서 인간의 모습으로 만드시는 것과 같습니다.
이와 같이 영혼은 혹독한 시련을 거쳐야 하느님과 같은 인간이 되기 때문입니다.
바오로 성인은 다마스쿠스로 갈 때 눈이 멀게 되자 하느님을 보게 되었습니다.
엘리야도 외투로 자신의 머리를 덮자 하느님께서 그에게 모습을 드러내셨습니다.

이제 모든 바위가 갈라지고

주님께 의지하던 모든 사람이 뿔뿔이 흩어졌습니다.
짐승 같은 본능적인 것들이 사라지자 영혼이 바뀌었습니다.
따라서 여러분은 부지런히 정진(精進)만 하면 됩니다.
하느님 아버지께서 말씀하셨습니다.
"나는 너희가 나를 '저의 아버지'라 하고 나를 따르던 길에서
돌아서지 않을 것이라고 생각하였다."(예레 3, 19)
마치 "**계속하여 이름도 없고 알지도 못하는**
심연으로 더 깊이 들어가 내 가까이로 오너라.
어떻게 해서라도 세상 것들을 놓아버리고
나만 생각하도록 하여라." 하고 말씀하시는 것 같습니다.
바오로 성인이 이렇게 정신을 잃고 있을 때
단 한 번만 빛이 비쳐 하느님을 볼 수 있게 되었습니다.
사람들은 이러한 황홀경을 보고
의식을 잃고 정신을 잃고 집착을 버리게 되어
하느님께 빠져들게 되었다고 말합니다.
그러나 개성(個性)까지도 사라진 것은 아니며
성령께서 역사하시어 사람이 바뀐 것입니다.
하느님께 깊이 빠져 하느님이 아닌 것은 모두 버리게 된 것입니다.
우리는 이런 경지에 이르면 하느님을 알게 되었고
하느님을 사랑하게 되었고 하느님을 모시게 되었다고 말하는데
이렇게 되어야만 하느님께서 역사하시기 때문입니다.
이런 경지에 이르려면 자기가 좋아하는 수행만 하면서
믿음이 깊은 척하지 말아야 합니다.

이런 경지에 이르려면 주님의 삶과 수난과 죽음을 공부하고 본 받아야 합니다. 왜냐하면 주님은 우리가 걸어야 할 길이시고, 길을 밝혀주시는 진리이시고, 우리를 살게 해주시는 생명이시기 때문입니다.
그리고 주님은 하느님께로 가는 문이기 때문입니다.
다른 문은 강도나 도둑이 들어가는 문이기 때문입니다.
이 문을 통하여 본능을 억제하고
겸손과 온유와 인내의 덕을 쌓아야 하기 때문입니다.

이 길을 걷지 않고 완덕을 얻으려고 하는 것은 환상에 지나지 않습니다.
이러한 사람들은 이기심에 눈이 멀어 있으므로 하느님께서 멀리 떠나가십니다.

이렇게 진심으로 주님의 길을 걸어 완덕을 얻게 되면
거룩한 교회의 교황님으로부터 말단 성직자까지 아무 걱정도 하지 않게 됩니다.
왜냐하면 사랑이 충만하여 모든 법을 준수하기 때문입니다.
바오로 성인이 말했듯이
"성령의 인도를 받으면 율법 아래 있는 것이 아니기 때문입니다."(갈라 5, 18)
이러한 사람들은 세상 사람들처럼 따분하다고 말하지 않습니다.
이러한 사람들은 진리를 자유롭게 만들어 높이 올립니다.
세상 것들을 모두 놓아버리고 평화를 얻었기 때문입니다.
하느님으로부터 본능적으로 받은 것을
모두 하느님께 제물로 바치게 되므로
마음의 평화를 얻기 때문입니다.
자신의 외적 인간이 자신을 괴롭혀도
마음의 평화를 잃지 않기 때문입니다.
이러한 사람들은 얼마나 행복한지 모릅니다.
이들은 어디로 가도 환영을 받습니다.
그러나 나는 이런 거룩한 씨앗이
우리 가운데 깊이 뿌려지지 않았기에 걱정입니다.
주님, 저희에게 당신을 따르는 은총을 주시어
마음의 평화를 누리게 해주소서. 아멘.

〈성 마태오 사도 복음사가 축일 강론〉

116 거룩한 천사들

"하늘에서 그들의 천사들이 하늘에 계신
내 아버지의 얼굴을 늘 보고 있다."(마태 18, 10)

오늘은 거룩한 천사들의 축일로
우리는 남부 이탈리아의 갈가노(Gargano) 산에서
성 미카엘(St. Michael) 대 천사가 발현한 것을 기념하고 있습니다.
천사들은 몸의 형체가 없고 손이나 발도 없으므로
나는 어떻게 표현해야 할지를 모르겠습니다.
우리 모두 천사를 상상하고 있지만 표현할 수는 없습니다.
우리가 천사에 대하여 모르는 것은 하나도 이상할 것이 없습니다.
왜냐하면 인간을 구성하고 있는
우리의 영혼에 대해서도 아는 것이 없기 때문입니다.
따라서 인간보다 훨씬 더 고귀한 천사를 알지 못한다고 해서
하나도 이상할 것이 없습니다.
그러므로 우리는 천사의 본질에 대해서는 말할 수 없고
천사가 우리에게 하는 일만 말할 수 있습니다.
천사들이 우리에게 하는 일은 다음과 같습니다.
천사들은 하느님의 거울을 통하여 우리 각자를 보고 있습니다. 전지전능한
하느님께서 우리 모두에게 역사하시듯이 천사들도 우리 모두에게 역사합니다.
하느님의 역사가 더 고귀하지만
하늘의 태양이 온 세상을 비추는 것처럼
천사들도 하느님을 도와 우리 모두에게 역사합니다.

그리고 별들이 햇빛을 반사하여 우리에게 보내주듯이
천사들도 하느님의 빛을 우리에게 비춰줍니다.

천사들은 '**상품천사**', '**중품천사**', '**하품천사**'로 나누어지며
다시 각각 세 등급으로 나누어집니다.
모두 각각 소임을 갖고 하느님께서 우리에게 역사하시는 것을 도우며
우리의 세 가지 형태의 삶에 관여합니다.
첫 번째 외적인 육(肉)의 삶에 관여하고
두 번째 우리의 지식과 이성(理性)의 내면생활에 관여하고
세 번째 하느님과 같은 보이지 않는 내적 인간의 삶에 관여하고 있습니다.
이 모든 천사가 다 함께 한 사람을 보호하는데
우리 모두 세례를 받을 때 자신의 수호천사를 얻게 되며
우리가 선하든 악하든 항상 우리와 함께 잠자고 깨어나고 일하고 쉽니다.
이와 같이 우리 모두에게 수호천사를 붙여주셨으니
하느님께 감사하고 하느님을 진심으로 사랑할 따름입니다.
그러나 수호천사가 자신의 구원을 위하여 애쓰는 것처럼
우리 모두 자신의 행복을 가로막는
각자의 마귀도 갖고 있다는 것을 잊지 말아야 합니다.
나는 다음과 같이 말하고 싶습니다.
사람들이 현명하지도 못하고 부지런하지도 않았으므로
천사들의 도움보다는 마귀들의 훼방이 더 많았다는 것입니다.
왜냐하면 싸우지도 않고 이길 수 있었기 때문입니다.

가장 아래 등급인 '하품천사' 중 가장 아래에 있는
'**천사**(天使, Angels)'는 순수하며
우리의 외적인 활동 중에 경고하고 수호하고
잠자지 않고 열정적으로 수행할 수 있게 도와줍니다.
이 천사의 도움이 없으면 인간에게 어떤 재앙이 떨어질지 모르게 됩니다.
우리는 속절없이 악랄한 마귀에게 휘둘리게 마련이지만
이 천사가 우리를 보호해줍니다.

'**천사**(天使, Angels)' 위에는 '**대천사**(大天使, Archangels)'가 있는데
영성체를 할 수 있게 도와주므로 사제(司祭)와 같은 천사라고 할 수 있습니다.
바로 이 위에 '**역품천사**(力品 天使, Virtues)'가 있는데
열심히 수행하게 하여 덕을 쌓을 수 있게 해줄 뿐만 아니라
믿음과 소망과 사랑의 은사를 받을 수 있게 해줍니다.
천사들의 달콤한 속삭임에 순종하며 친구로 살고 있는 사람들은 복됩니다. 이러한 사람들은 수행을 통하여 쉽게 덕을 많이 쌓아 자신의 것으로 만듭니다. 형제자매 여러분, 이 '역품천사'의 대열에서 낙오한
마귀들이 이런 착한 사람들을 맹렬하게 공격합니다.
구원을 받지 못하게 교활한 계략을 꾸미기 때문입니다.
왜냐하면 구원을 받게 되면
마귀가 탈락한 천사의 자리를 차지하기 때문입니다.
이 마귀들의 앙심은 매우 클 뿐만 아니라 끊임없이 공격합니다.
이들이 아주 선한 모습으로 다가올 때도
가끔 있으므로 자지 않고 경계해야 합니다.
마귀들은 특히 우리가 하느님을 사랑하지 못하게 하고
세상 것들을 좋아하게 만듭니다.
어느 정도 덕을 쌓으면 더 이상 덕을 쌓지 못하게 하여
하느님을 만나지 못하게 할 때가 많습니다.
마귀는 자신이 사람을 아주 어려운 상황에 빠지게 했다는 것을 잘 압니다. 오늘날의 사람들은 마귀의 장난으로
과거 어느 때보다 하느님께서 부르셔도 다가가지 못하고 있습니다.
베르나르도 성인(St. Bernard)이 말했습니다.
"하느님의 길에서 벗어나지 않으려면 뒷걸음질하기도 해야 합니다."

모든 세상 사람들은 이렇게 뒷걸음치게 되면 말합니다.
"우리도 다른 사람들처럼 착한 일도 많이 했고 충분히 재물을 가져
우리는 완덕을 갖춘 척하고 자랑하는 사람들보다 더 낫습니다.
우리는 선조들이 갔던 착한 길을 계속하여 갈 것입니다."
그러나 이들에게 시련이 닥치면 자신이 생각하는 것만큼
자신이 착하지도 않았고 마귀가 공격하여 지고 말았다며 후회하고 슬퍼합니다.

그러나 천사들의 충고를 들은 사람들은 반대의 상황이 됩니다.
시련을 겪고 나면 시련 때문에
자신이 정화(淨化)되고 거룩하게 된 것을 알게 되며
계속하여 행복의 길로 인도하는 천사들과 친구가 되게 됩니다.

인간의 지성(知性)을 관장하고 인간을 천사들처럼 만물의 영장으로 만드는 '중품천사'들은 영혼의 내면은 물론 외부생활도 관장하며
극기(克己)하게 하여 덕을 쌓도록 도와주는 역할을 하는
'**능품천사**(能品天使, Powers)', '**권품천사**(權品天使, Principalities)', '**주품천사**(主品天使, Dominions)'로 구성되어 있습니다.
인간은 이 '중품천사'의 도움으로 악(惡)에 기울어지지 않고
바른 생각과 말과 행동을 할 수 있게 됩니다.
이에 대하여 프란치스코 성인(St. Francis)은 착한 행동을 하려고 할 때마다 자신의 몸이 '그대 앞에 있는 나를 보고 순종할 준비를 하여라'하는 소리에
즉시 응답하는 것처럼 보였다고 말했습니다.
이러한 사람들은 하느님의 뜻에 따라 내적 외적 본성을 다스리므로
타락하지도 않고 약해지지도 않는 이 세상의 왕자들입니다.

그리고 마귀가 이들이 착한 일을 할 수 있는
충분한 힘을 가진 것을 보면 몹시 미워합니다.
마귀들이 이들 때문에 천국에서 쫓겨났다는
생각을 하고는 참지 못하기 때문입니다.
일반 속인들은 이 시련이 얼마나 끔찍한지 상상도 하지 못합니다.
그러나 이러한 사람들은 시련을 받고 거의 미칠 지경이 되면
'**권품천사**(權品天使, Principalities)'가 찾아와서 구해줍니다.
마귀는 그다음엔 더 이상 괴롭히지 않습니다.
마귀의 자존심이 무척 상하게 되지만 다른 흉계를 꾸밉니다.
그러면 '**능품천사**(能品天使, Powers)'가 찾아와 도와주어 더 강해져서
이 세상의 가장 강한 사람도 지옥의 가장 강한 사람도 물리칠 수 없는
마귀의 간계를 알아차릴 수 있게 해줍니다.
영혼 내에서 천사가 이렇게 역사하고 나면

하느님 안에서 새로운 사람이 되게 됩니다.

그리고 상품 천사 중 첫 번째 천사를 '**좌품천사**(座品天使, Thrones)'라고 하며
두 번째 천사를 '**지품천사**(智品天使, Cherubim)'라 하고
세 번째 천사를 '**치품천사**(熾品天使, Seraphim)'라고 합니다.
첫 번째 천사는 하느님을 영혼 안에 계시게 하며
기쁘게 역사하시게 하고 심판하시게 하고
이 영혼에 상급(賞給)을 내려주시기도 하고
내면과 외면의 모든 행동을 하게 만듭니다.
그리하여 마귀가 더 이상 괴롭히지 않으므로
괴로워하지 않게 되고 혼란스럽게도 되지 않습니다.
그리하여 바오로 성인이 말한 것처럼 말합니다.
**"나는 확신합니다. 죽음도, 삶도, 천사도, 권세도, 현재의 것도,
미래의 것도, 권능도, 저 높은 곳도, 저 깊은 곳도, 그 밖의 어떠한 피조물도
우리 주 그리스도 예수님에게서 드러난 하느님의 사랑에서
우리를 떼어 놓을 수 없습니다."**(로마 8, 38-39)
수백 번 죽이더라도 하느님으로부터 이러한 영혼을 떼어놓을 수 없습니다.
이러한 사람은 마치 명예나 수치(羞恥)에도 관심이 없는
죽기 직전에 있는 사람 같습니다.
옛날과 전혀 다른 삶을 살기 때문입니다.
따라서 이 내적 인간은 항상 사활(死活)을 걸고
하느님께로 돌아가 마음의 평화를 누릴 수 있게 됩니다.
그리하여 다윗이 하느님에게 "**하느님의 처소는 평화 안에 있습니다.**" 하고
말한 것처럼 말합니다.(시편 76, 2)
**사랑하는 형제자매 여러분, 하느님께서 여러분의 영혼 안에
당신의 처소를 마련할 수 있도록 천사가 인도해주기를 바랍니다.
아무 말도 하지 말고 사람들을 만나지도 말고
참으면서 맘 편하게 앉아있으십시오.
하느님을 믿고 내면에 머물러 있으면서
자신의 생각을 알고 하느님께서 역사하시는 것을 지켜보십시오.
하느님께서 역사하시는 것을 조금도 방해하지 마십시오.**

이런 다음 **'지품천사**(智品天使, Cherubim)'가
영혼에 하느님의 아름다움을 잠시 보여주기라도 하듯이
하느님의 밝은 빛을 비추어 줍니다.
영혼은 이 하느님의 빛에 따라 온 인류를 가르치는 데 필요한
지혜의 빛을 받게 됩니다.
이 빛이 잠시 빛나지만 더욱더 황홀하게 빛나게 됩니다.

마지막으로 사랑에 불타는 '치품천사(熾品天使, Seraphim)**'가 오게 되면서
영혼 깊은 곳에 사랑의 불을 지핍니다.
그러면 이 사람은 사랑에 불타 모든 것을 감싸 안습니다.
마치 모든 사람에게 불을 지피고 모든 일을 사랑으로 하는 것 같습니다.
불이 너무나 활활 타올라 자기 자신도 사랑으로 불타버릴 것 같습니다.**

이 모든 일이 영혼의 가장 깊은 내면에서 일어납니다.
이런 일이 일어난 사람은 세상 것들을 멀리함으로써
덕을 쌓고 마음의 안정을 누리면서
어떤 말을 하거나 어떤 행동을 하더라도
아무 허물없이 하게 됩니다.
그러나 자신은 아무것도 아니라고 생각합니다.
그러나 천사가 가져다준 이러한 은총이
멀리 떨어져 있는 다른 사람들에게 베풀어진 듯이 여깁니다.
하느님께서 자신 안에서 역사하실 수 있도록
아무것도 소유하지 않고 하느님께 모든 것을 맡깁니다.
이러한 영혼은 오늘의 말씀처럼 성령에 가득 차서
**"하늘에서 그들의 천사들이
하늘에 계신 내 아버지의 얼굴을 늘 보고 있다."** 하고 말합니다.
하느님, 저희에게 이런 경지에 이르는 은총을 주소서. 아멘.

〈성 미카엘과 모든 거룩한 천사들의 축일 강론〉

117 산상수훈 팔복(八福)

"예수님께서는 그 군중을 보시고 산으로 오르셨다. 그분께서 자리에 앉으시자 제자들이 그분께 다가왔다. 예수님께서 입을 여시어 그들을 이렇게 가르치셨다. '복되어라, 마음이 가난한 사람들! 하늘나라가 그들의 것이다.'" (마태 5, 1-3)

우리 주님께서는 이와 같이 진복팔단(眞福八端)을 가르쳐주셨습니다. 예수님께서는
산에 오르시어 아버지와 하나가 되신 것을
당신의 복으로 생각하셨을 수도 있습니다.
우리가 오늘날 기념하는 주님께서 사랑하신 많은 성인들이 주님을 따라갔습니다.
이와 같이 하느님의 소명을 다르게 받은 많은 사람이 주님을 따라갔습니다.
하느님으로부터 받은 소명을 다하면서
주님을 따르면 마음의 평화를 얻게 되기 때문입니다.

우리는 진심으로 하느님의 이 위대한 종들을 존경해야 합니다.
그런데 이들의 어떤 점을 가장 존경해야 할까요?
세상 것들을 버리고 하느님의 마음을 헤아리기 위하여 깊이 묵상한 것입니다.
이것이 그들의 복이었습니다.
우리는 그들의 이러한 점 때문에 그들의 거룩한 축일을 기념하고 있습니다.

각자 다른 소명을 받고 하느님의 산에 모인 거룩한 사람들을 살펴보기로 합시다.
먼저 구세주께서 오시기만을 기다리며
평생을 보낸 율법을 지키던 교부(敎父)들을 들 수 있습니다.

이들은 구세주께서 오시기만을 기다리며 하느님만 사랑했으며 외적인 것뿐만 아니라 내적인 것에서도 하느님이 아닌 것은 거들떠보지도 않았습니다.
사랑으로 충만하여 하느님의 선택된 백성들과 자신의 소유물을 함께 사용했으며
자신이 잘못하여 구세주께서 오시지
못하게 하지는 않을까 하고 무척 걱정했습니다.
이들은 전혀 육(肉)의 삶을 살지 않고 메시아의 탄생만 기다렸습니다.
오늘날 요한 묵시록을 보면 이 사람들 중에는
열두 지파에서 나온 하느님의 특별한 은총으로
하느님께서 이마에 인장을 찍어주신 만 이천 명도 있었습니다.(7장 참조)
추종자들이 너무나 많았기 때문에 숫자를 헤아릴 수가 없었습니다.

또 이들 뒤에는 우리의 주님께서 완덕을 갖추라고
부르신 거룩한 사도들이 따랐습니다.
이들은 마음속으로 구세주를 기다리고 있었을 뿐 아니라
실제로 주님을 구세주라고 생각하고 있었으며
영육(靈肉)으로 가난한 채로 주님과 함께 있었으므로
아무나 이를 수 없는 가장 가난함에 이르러 있었습니다.

또 그 뒤로 많은 순교자들이 따랐는데
주님을 위하여 모든 것을 버렸을 뿐만 아니라
하느님께서 바라시기만 하면 생명까지도 버렸습니다.

또 그 뒤로 하느님의 부르심을 받고
그리스도를 믿는 많은 사람이 따라갔는데
그들 중에는 모든 사람을 떠나
혼자서 수행하는 은수자(隱修者)들도 있었습니다.
그들은 '영원한 말씀'께서 그들 안에서 말씀하시는 것을 들으며
사막이나 동굴이나 숲속에 은거하고 있었습니다.
그리고 하느님께서 제공하신 거룩한 수도원에서 평생을 보낸 사람들도 있었는데
이들은 교회 안에서 수도자들에게 하느님의 말씀을 강론하기도 하고
하느님에 관하여 글을 쓰기도 하고 고해성사를 주기도 하고

가르치기도 하고 집회를 주재하기도 했습니다.
자신뿐만 아니라 세상 것들을 모두 버리고
하느님께 순종하면서 하느님께서 이끄시는 대로 일했습니다.

또 그 뒤로 영육(靈肉)을 깨끗이 한 처녀들의 성가대도 따라갔습니다.
우리의 주님과 성모님께서도 무엇보다도 찬양하신
하느님의 천사처럼 깨끗하게 흰 두루마기를 입고
죽음을 맞이할 수 있으면 얼마나 좋겠습니까?
이러한 특권을 받게 되면 누구나 인생의 고달픔을 비웃게 됩니다.
이러한 값진 진주를 쥐고 있는 한
아무 고통도 느끼지 못하기 때문입니다.
그러나 이런 거룩한 순결을 지키기 위해서는
악전고투할 준비를 단단히 해야 합니다.
마귀의 음모뿐만 아니라 육욕과 세상 것들에 대한 집착을
이겨내기 위한 수많은 고통을 겪어야 하기 때문입니다.
그러나 그러한 고통을 이겨내기만 하면
순결한 새로운 영혼으로 다시 태어난다는 것을 아십시오.
사랑하는 형제자매 여러분, 자신을 잘 성찰하고
그리스도의 거룩한 처녀의 대열에 끼여
순결의 놀라운 상급을 받도록 하십시오.

이들 뒤에는 속인으로 산 수많은 그리스도인이 주님을 따라갔습니다.
이들은 기도와 하느님과 가까운 친구들의 복음으로 구원을 받으려고 했습니다.
따라서 하늘나라에 가기 전에 연옥에서 자신을 정화(淨化)시켜야만 합니다.
우리가 오늘 모든 성인들의 축일을 맞아 거룩한 영혼들을 기념하듯이
내일도 아직 성화(聖化)되지 않아 연옥에 있는 영혼들을 기억하게 됩니다.
그러나 오늘날 우리가 존경하는 모든 순교자가 겪은 것보다
더 심한 고통을 자기만족과 자신의 작은 죄들 때문에
겪어야 한다는 것을 알아야 합니다.
가장 작은 일에서도 하느님을 거스르지 않으려면 반드시 이를 알아야 합니다.

이 모든 사람이 그리스도의 산상수훈 팔복(八福)을 듣기 위해
그리스도를 따라갔던 것입니다.
이들이 그리스도 주위에 모여들자 거룩한 입을 여시고 팔복을 선언하셨습니다.
이 팔복에 대하여 생각해보기로 합시다.
'첫 번째 복'은 **"마음이 가난한 사람들이 하늘나라를 차지하는 것입니다."**
이 복을 처음 말씀하셨는데 가장 큰 복이며 완덕의 기초이기 때문입니다.
형제자매 여러분, 여러분이 그리스도인의 완덕을 어떻게 얻으려는지는 모르지만,
완덕을 얻으려면 먼저 영혼 가장 깊은 곳에서 가난하게 되어야 합니다.
하느님께서 여러분의 영혼 안에서 역사하시게 하려면
아무것도 갖지 않으려고 해야 합니다.
하느님께서 여러분의 영혼을 당신의 것으로 만드시게 하려면
반드시 그래야만 하기 때문입니다.

'가난의 한 종류'는 **'뜻하지 않게 가난하게 된 것'**입니다.
이렇게 가난하게 된 사람들은 자신의 잘못으로 가난하게 되었을지도 모르므로
아무도 그들을 매몰스럽게 나무라면 안 됩니다.
왜냐하면 우리의 주님께서 그들의 가난 때문에
더욱더 자비롭게 그들의 잘못을 못 본체하시기 때문입니다.

'두 번째 종류의 가난'은 **'위대한 교회학자 토마스 아퀴나스 성인**(St. Thomas Aquinas, 1225-1274)**이 말한 가난'**입니다.
가질수록 더 많은 것을 가지려고 하므로 가난을 좋아하지만
자신에게 꼭 필요한 것은 갖습니다.
이러한 사람들은 안락한 삶을 살기 위하여
더 많은 것을 가지려고 하지 않을수록 더 높이 올려지게 됩니다.
정당하게 이 세상 것들을 갖게 되면
하느님께 감사하며 끊임없이 하느님의 도움을 바라는 것보다
하느님을 더 기쁘게 해드릴 수가 있기 때문입니다.
그러나 세상 것들에 집착하여 온유함이나 절제나 겸손하지 못하게 되거나 놓아버리지 못하게 되면 집착을 버리고 외적 가난의 수행을 해야 합니다.

'세 번째 종류의 가난'은 '하느님께서 너무나 아끼시는 사람이 되어
이 세상 것들도 하느님에 대한 사랑을 가로막지 못하는 가난'으로
이 세상 모든 것이 하느님을 사랑하게 만듭니다.
바오로 성인이 말했습니다.
"하느님을 사랑하는 이들, 그분의 계획에 따라 부르심을 받은 이들에게는
모든 것이 함께 작용하여 선을 이룬다는 것을 우리는 압니다."(로마 8, 28)
이러한 사람은 하느님이 아닌 것은 전혀 생각하지도 않으며
세상 것들을 멀리하고 어떤 처지에서도 집착을 하지 않고 가난하게 있습니다.
그래서 바오로 사도는 이런 사람들을 두고
"아무것도 가지지 않은 자같이 보이지만
실은 모든 것을 소유하고 있습니다." 하고 말했습니다.(2코린 6, 10)
이러한 사람은 자신의 내면을 더럽히지 않고도
하늘나라의 보물을 차지할 수 있기 때문입니다.

'네 번째 종류의 가난'은 '우리 주 예수 그리스도와 같은
가난한 사람들의 대열에 끼이기 위해 진심으로 가난하게 되려고 하는 것'입니다.
내적 외적으로 하느님의 것이 아닌 것은
아무것도 갖지 않으려고 하는 가난입니다.
세상 것들을 모두 버리고 하느님께로 돌아갈 수 있게 해주기 때문입니다.
완전히 마음을 비우고 내면에서 하느님을 만나게 해주기 때문입니다.
형제자매 여러분, 이것이 진정한 가난입니다.
하느님께로 가게 만들고 복을 더 많이 얻게 되기 때문입니다.

이제 '팔복의 두 번째 복'인
'온유한 사람들이 땅을 차지하는 복'에 대하여 생각해봅시다.
온유함이란 자신에게 주어지는 고통을 피하지 않고
따뜻하고 부드럽게 그리고 묵묵히 받아들이는 능력과 성품입니다.
온유한 사람은 상대방을 존경하기 때문에 상대방의 의견에 경청합니다.
존경하는 마음에서 사랑이 시작되기 때문입니다.
온유하게 되면 괴로움과 분노와 불신이 사라지게 되기 때문에
"깨끗한 사람들에게는 모든 것이 깨끗합니다." 하고 말하고 있습니다.(티토 1, 15)

사랑하는 형제자매 여러분,
옛날에는 이방인들이 하느님의 친구들을 괴롭혔지만
오늘날에는 선하게 보이는 그리스도인들이
그리스도를 따르는 사람들을 박해하고 있습니다.
바로 여러분의 이웃이 여러분에게 깊은 상처를 주고 있습니다.
그러나 여러분이 화를 내면 죄를 짓는 것이 되며 거짓말쟁이가 됩니다.
따라서 자신의 내면으로 들어가 이 모든 것은
사람으로부터 오는 것이 아니라 하느님으로부터 오는 것이라고 생각하고
안정을 되찾게 되면 자신에게 "내가 하느님께서 믿으시는 친구인데
사람이 어떻게 나에게 상처를 줄 수 있겠느냐?" 하고 말하게 됩니다.
이렇게 온유한 사람은 땅을 차지하게 됩니다.
즉 내면의 평화를 얻게 됩니다.
어떤 재난이 닥치더라도 내면의 평화는 유산(遺産)처럼 유지되게 됩니다.
만약 이렇게 하지 않게 되면 덕을 쌓지도 못하게 되고
마음의 평화를 잃고 하느님께서 오시지 못하게 으르렁거리는 개처럼 됩니다.

'**세 번째 복**'은 '**슬퍼하는 사람들이 위로를 받는 것**'입니다.
그런데 슬퍼하는 사람들은 어떤 사람들일까요?
'어떤 고통이든 참는 사람들'과 '자신의 죄 때문에 슬퍼하는 사람들'과
'진정으로 회개하여 죄를 용서받은 하느님의 친구들'입니다.
마지막 사람들은 자신의 죄 때문에 더 이상 슬퍼하지 않아도 되지만
동료들의 죄나 부덕(不德) 때문에 몹시 슬퍼합니다.
도미니코 성인(St. Dominic)이 동료 중의 한 사람에게
왜 그렇게 슬피 울고 있느냐고 물었습니다.
그러나 그 사람은 "사랑하는 신부님,
저의 죄 때문에 울고 있습니다." 하고 답했습니다.
그러나 성인이 말했습니다.
"사랑하는 형제님, 그 때문이라면 울지 마십시오.
내가 형제님의 죄가 모두 용서되고 회개하도록 기도하겠습니다.
그러니 형제님에게 죄를 짓고도 울지 않는 사람들을 위하여 울기를 바랍니다."
하느님의 참된 친구들은 사람들의 완고한 마음과

온 세상 사람들이 거리낌 없이 죄를 짓는 것을 보고 슬퍼합니다.
우리는 하느님께서 진노하시어 불이나 홍수나 폭풍우나 어둠이나
기근(飢饉)으로 위협하시는 것을 보면
하느님 앞에서 밤낮으로 슬피 울면서 용서해주시기를 간청합니다.
그리하여 하느님의 손을 잡고 회개할 기회를 청합니다.
그러나 회개할 기회를 놓치게 되면 하느님께서 더 큰 재앙을 내리십니다.
하느님의 마지막 심판의 어두운 구름이 우리를 덮고 있지만
하느님의 종들은 눈물을 흘리지 않으려고 하고 있습니다.
그러나 우리가 회개하지 않으면 심판의 날이 가까이 온 것처럼
하느님의 불같은 분노가 우리에게 떨어지게 된다는 것을 명심하십시오.
그러면 죄를 짓고 거짓 평화 속에 안주하고 있는 사람들은
의로움의 무거운 손을 느끼게 될 것입니다.
이들은 미사 참례를 자주 빼먹고 하느님의 말씀을 듣지 않으려고 합니다.
여기저기로 죄를 짓고 다니게 됨으로써
미사나 하느님의 말씀이 점점 더 어색하게 느껴지게 되기 때문입니다.
그러나 다른 사람들은 진심으로 하느님을 믿고 하느님을 찾으면서
죄를 짓고 다니는 형제들 때문에 슬퍼하고 눈물을 흘립니다.

'네 번째 복'은 **'의로움에 주리고 목마른 사람들이 만족하게 되는 것'**입니다.
형제자매 여러분, 하느님의 의로움에 주리고 목마른 사람들이 드물기 때문에
이러한 복을 받는 사람은 거의 없습니다.
하느님의 의로움에 주리고 목마른 사람들은
하느님의 은총이나 사람들의 총애를 바라지도 않고
자신의 이익이나 친구들의 이익도 바라지 않고
하느님을 위해서라면 칭찬이나 비난을 아랑곳하지도 않습니다.
하느님만 생각하고 하느님의 의로움만 바랄 정도로
덕을 많이 쌓은 사람들은 칭찬할만할 뿐 아니라 복되다고 말할 수 있습니다.

'다섯 번째 복'은 **'자비로운 사람들이 자비를 받는 것'**입니다.
성경에서는 자비에 대하여
"주님은 모두에게 좋으신 분

그 자비 당신의 모든 조물 위에 미치네." 하고 말하고 있습니다.(시편 145, 9)
따라서 자비는 하느님의 사랑과 친절함에서 나오므로
진정으로 자비로운 사람은 하느님 같은 사람이라 할 수 있습니다.
이 때문에 하느님의 친구들은 다른 사람들보다 더 자비로울 뿐만 아니라
하느님을 덜 사랑하는 사람들보다 죄인들에게 참을성이 있습니다.
자비는 서로 주고받는 사랑에서 나옵니다.
마지막 심판 날에 하느님께서 우리에게 이런 이웃 사랑을 보여 달라고 하실 때 보여 주지 못하면 우리에게서 당신의 자비를 거두어가십니다.
하느님께서는 다른 덕에 대해서는 말씀하시지 않고 오로지
"그대는 그대의 동료들에게 자비를 베풀었느냐?"하는 질문만 하실 것입니다.
자비는 베풀기만 하는 것이 아니라
이웃이 범한 잘못을 너그럽게 보아주고 자신에게 상처를 주어도 참는 것입니다.
이웃의 불행에 연민을 갖지 않거나
이웃의 잘못을 너그럽게 보아 넘기지 않는 사람에게는
하느님께서 자비를 보여주시지 않습니다.
되질하는 대로 받게 되기 때문입니다.
여러분이 영원히 저주받지 않으려면 이웃을 비난하지 마십시오.

'여섯 번째 복'은 **'평화를 이루어 하느님의 자녀라 불리는 것'**입니다.
진정으로 마음의 평화를 누리는 사람은 복됩니다.
아무도 이 사람의 평화를 빼어갈 수 없기 때문입니다.
기쁘거나 슬프거나 행복하거나 불행하거나
하느님의 뜻에만 의존하기 때문입니다.
하느님의 인도를 받아 사람의 길이 아니라
하느님의 길을 따라가고 있기 때문입니다.
세례를 받아 아버지의 힘을 갖게 되고 아드님의 지혜를 갖게 되고
성령의 따뜻한 사랑을 받게 되면서
하느님께서 영혼 깊은 곳에 평화를 주셨기 때문에
아무도 평화를 교란시키지 못합니다.
성 삼위의 평온함이 이들을 성화시켜 지혜로 마음을 다스릴 수 있게 되었는데
영원한 지혜는 성 삼위의 빛으로 얻게 된 것입니다.

그리하여 사랑으로 충만하여 내면과 외면생활을 통하여
동료들에게 기쁘게 사랑과 평화를 주려고 하기 때문에
여러분이 기쁘게 이들을 만나게 되면 사랑과 평화가 여러분에게 오게 됩니다.
이들은 평화를 몰고 다니는 사람들로 평화가 어떤 것인지를 알게 해줍니다. 그래서
하느님의 자녀라고 불리는 것입니다.
그리스도께서는 하느님의 아드님이기도 하고 평화의 샘이므로
이들이 그리스도의 마음 안에서 다시 태어나는 은총을 받기 때문입니다.
내면 가장 깊은 곳에서 하느님과 하나가 되지 않으면
평화를 얻지 못하기 때문입니다.
이 복은 자신이 좋아하는 수행만 하면서
겉으로만 경건한 척하면 결코 얻을 수 없습니다.

'일곱 번째 복'은 '마음이 깨끗한 사람들이 하느님을 보는 것'입니다.
그런데 마음이 깨끗하다는 것은 무엇을 뜻할까요?
세상 것들에 대한 집착을 모두 버린 것을
하느님께서 영혼 깊은 곳에서 확인하시는 것을 뜻합니다.
이렇게 마음을 깨끗하게 비운 사람들만 하느님을 만날 수 있습니다.
그러나 세상 것들에서 만족을 얻는 사람의 마음은 더럽혀져 있는 것입니다.
세상 것들에서 조금이라도 만족을 찾게 되면 하느님께서 오시지 않습니다. 그리하여
영혼은 내면생활에서
하느님을 볼 수 없을 정도로 어둠을 만나게 됩니다.
바오로 성인이 "혼인하지 않은 남자는 어떻게 하면
주님을 기쁘게 해 드릴 수 있을까 하고 주님의 일을 걱정합니다." 하고 말했듯이
외적인 정절(貞節)을 지키게 되면
내면도 깨끗하게 할 수 있게 됩니다.(1코린 7, 32)
몸을 깨끗하게 하면 마음도 깨끗해지게 되기 때문입니다.
외부 사람들은 하느님의 인장을 받은 사람들이 아니므로
이들과 접촉하여 몸을 더럽히게 되면
하느님과 같은 본성을 잃어버리게 됩니다.
그리하여 영안(靈眼)을 잃게 되어
자신의 깊은 곳에 계신 하느님을 보지 못하게 됩니다.

세상 것들에서 만족을 찾지 않게 영혼을 깨끗하게 해야만
우리를 태어나게 하신 창조주 하느님 안으로 들어갈 수 있습니다.
마음을 깨끗하게 하는 것이 가장 바람직한 덕인데
하느님께 모든 것을 맡기게 되면 하느님의 정배(正配)가 될 수 있기 때문입니다.

'여덟 번째 복'은 '의로움 때문에 박해를 받고 하늘나라를 차지하는 것'입니다.
고통의 의미를 제대로 아는 사람은 드뭅니다.
빈틈이 없는 하느님께서는 당신과 하나가 되게 선택하신 사람들이
의롭지 않게 사는 것을 보시면 재빨리 무서운 고통을 주십니다.
원하든 원하지 않든 고통을 겪게 하시어 복을 받을 수 있게 하시려고 합니다.
이 때문에 우리는 하느님께 감사하는 것입니다.
고통을 받는 것은 아무것도 아닌 자신이
하느님으로부터 은총을 받는 것입니다.
고통은 자신을 하느님의 아드님처럼 만들고
아드님을 본받게 만들기 때문에
하느님께서 자신을 사랑하신다는 것을 알고 희망을 갖게 됩니다.
베르나르도 성인(St. Bernard)이 말했습니다.
"하느님을 위하여 많은 수행(修行)을 하는 것보다
작은 고통을 참고 견디는 것이 훨씬 더 영광스럽게 됩니다."
그리고 토마스 아퀴나스 성인(St. Thomas Aquinas)이 말했습니다.
"내면생활에서든 외면생활에서든 작은 고통이란 없습니다.
우리는 그 고통을 참고 견디면서
우리 주 예수 그리스도의 수난을 생각할 수 있기 때문입니다.
우리는 모든 고통에서 예수님의 십자가를 생각할 수 있기 때문입니다."

나는 고통이나 가난보다도 더 괴로운
하느님께 더 가까이 다가가는 고통에 대하여 말하려고 합니다.
하느님께서 우리의 내면에서 역사(役事)하실 때 겪게 되는 고통입니다.
하느님께서 어떤 피조물보다 높으시듯이 이 고통은 어떤 고통보다 큽니다.
하느님께서 더없이 위대하시고 거룩하시기 때문에
당신께서 역사하실 때는 더없이 고통스럽게 됩니다.

하느님께서 역사할 때의 고통을 참고 견딤으로써
영원한 복을 얻을 수 있게 해주셨으므로
우리는 하느님을 진심으로 사랑해야 합니다.
따라서 우리의 복은 하느님께서 만들어주신 것이지 우리가 만든 것은 아닙니다.
우리는 모든 것을 하느님께 맡겨드릴 수밖에 없습니다.

사람은 본래부터 주는 것보다 받는 것을 좋아하고
행동하는 것보다 고통받고 시달리는 것을 더 좋아합니다.
하느님께서는 우리 영혼 안에 당신의 거처를 마련하게 하시고
당신께서 역사하시기를 기다리기를 바라십니다.
왜냐하면 하느님께서는 가장 능동적이시며 우리는 가장 수동적이기 때문입니다.
하느님께서는 우리가 역사하시기를 기다리기만 하면
당신의 계획대로 우리에게 복을 주시려고 합니다.
하느님, 저희가 수동적으로 참고 기다리도록 해주시어
당신의 은총을 듬뿍 받을 수 있게 해주소서. 아멘.

〈모든 성인 대축일 첫 번째 강론〉

118 내면의 정화(淨化)

"복되어라, 마음이 깨끗한 사람들! 그들은 하느님을 볼 것이다."(마태 5, 8)

사랑하는 형제자매 여러분, 하느님을 기쁘게 해드리려고 하는 사람은
아무 흠집이 없어야 한다는 것을 명심하십시오.
그렇게 하지 않으면 하느님께서 받아주시지 않고
떠나시어 길을 잃게 만드십니다.
누구나 죄를 짓지 말아야 할 뿐만 아니라
세상 것들에 대한 집착을 버리는 것을 수행의 목표로 삼아야 합니다.
자신의 영혼에서 하느님께서 사랑의 말씀을 하시는 것을 들으려면
이와 같이 마음을 깨끗하게 해야 합니다.
그래야만 현세에서도 높은 영광의 자리를 차지할 수 있고
내세에서도 그럴 수 있게 되기 때문입니다.

이런 의미에서 하느님께서는 우리에게 당신의 영광을 주시기 위해서는
우리의 마음을 깨끗하게 하시는 것이 목적입니다.
이렇게 마음을 깨끗하게 해주시면
먼저 자신의 양심을 부지런히 성찰할 수 있게 되고
자기를 죽여 죄를 짓지 않게 됩니다.
양심이란 무엇인가요?
하느님의 영광을 위하여 자기를 죽이고 겸손하게 하느님의 뜻을 따르는
아주 평화로운 마음을 말합니다.
양심은 하느님의 뜻에만 따르려고 하고

주고받는 일에는 아무 관심도 갖지 않게 만듭니다.

그러나 영혼이 이렇게 모든 것을 놓아버리는 경지에 이르려면
많은 슬픔을 겪어야 하고 마음고생을 많이 해야 합니다.
먼저 대죄를 싫어해야 합니다.
대죄를 진심으로 괴로워하면서 애통해하고
모든 죄를 포함하여 모든 나쁜 생각들을 미워하고 갖지 않도록 해야 합니다.
이런 과정을 거쳐 진심으로 마음을 깨끗하게 하려고 하고
하느님의 법을 어기지 않으려고 해야 합니다.
이어서 회개하면서 먹고 마시고 방문하고 대화하고 쉬고 일할 때도
어떻게 하든지 육(肉)의 만족을 추구하지 말아야 합니다.
복음에서 권하고 있는 가난과 순결과 순종을 하면서
이렇게 해야만 완덕을 갖출 수 있게 됩니다.
그러면 때가 되면 많은 변화를 보게 됩니다.
한때는 하느님의 뜻이 아니라 제멋대로 살았지만
이제는 그런 생각만 해도 괴로워하게 됩니다.
그리하여 예전에는 대죄만 짓지 않으면 된다고 생각했지만
이제는 마음이 깨끗해져 작은 죄도 짓지 않으려고 합니다.

이제는 영(靈)이 육(肉)을 지배하게 되어
저급의 본성은 안타까워하게 되는데
고행(苦行)을 하면서 익숙해 있던 쾌락을 멀리해야 하기 때문입니다.
사람의 짐승 같은 본성은 쉽게 이성(理性)에 굴복하지 않으려고 하기 때문입니다.
비정상적인 저급의 본성이 매우 반항하기 때문입니다.
당연히 육(肉)의 삶을 포기하지 않으려고 하기 때문입니다.
한가하게 남의 험담이나 해야 하고
친구들과 잡담을 해야 하고 거룩한 침묵을 싫어하기 때문에
불평만 털어놓으려고 합니다.
그러나 모든 것을 자기중심으로 생각하면 안 됩니다.
자신이 좋아하지 않는 것이면 아무것도 받아들이지 않으려고 하고
싫어하는 사람을 모욕하려고 하고 짜증이 나면 벌컥 화를 내고

편견에 사로잡혀 있고 듣기 좋은 말만 들으려고 하고
어떤 사람을 칭찬하면 다른 모든 사람도 칭찬해야 하고
어떤 사람을 미워하면 아무도 그를 칭찬하면 안 되기 때문입니다.

마음을 깨끗하게 하려면 먼저 이 모든 것과 맞서 싸워야 합니다.
먼저 면밀하게 자기 성찰을 해야 합니다.
자신이 어떤 사람인지 알아야 하고 어떤 성격이 강한지 알아야 합니다.
그러나 마음을 깨끗하게 한다는 것은 결코 쉬운 일이 아닙니다.
의기소침하거나 내적인 수치를 참지 못하는데 이를 반드시 참도록 해야 합니다.
회개하고 겸손하게 하느님 앞에 엎드리는 일밖에 할 것이 없습니다.
동료들에게도 자신의 부족함을 털어놓아야 합니다.
그러나 그리스도인으로 진정으로 자기를 죽여야 하는 의미를 깨닫지 못하면 자신의 본성 깊은 곳에 나쁜 생각이 숨어 있으므로
예전과 다름없이 행동하게 됩니다. 그리하여 죄를 짓게 됩니다.
우리 주 예수 그리스도를 본받아 수행을 열심히 하여
어떤 죄도 짓지 않도록 해야 합니다.

이렇게 악(惡)과 맹렬히 싸우고 나야만 점차 덕을 쌓을 수 있게 됩니다.
이제 해야 할 일은 죄에서 벗어나기 위하여
진심으로 열심히 기도하는 일밖에 없습니다.
예전보다 훨씬 더 깊이 회개해야 죄에서 벗어날 수 있습니다.
하느님께서 자신의 타락을 일깨워주시면 무척 부끄러워해야 합니다.
그러면 자신의 죄를 용서받기 위하여 하느님께 제물을 바치게 됨으로써
더욱더 쉽게 고통과 역경과 수치를 받아들일 수 있게 됩니다.
그리하여 예수 그리스도를 더욱더 믿게 되고 희망을 갖게 되어
사랑이 싹트게 되고 세상 것들을 버리게 됩니다.
소유욕이 없어져서 아무것도 자기의 것으로 생각하지 않게 됩니다.
자기를 미워하게 되고 겸손하게 되어 다른 사람들을 판단하지 않으려고 합니다.
유혹을 느끼자마자 마귀에게 휘둘리지 않기 위해 모든 육감을 닫아 버립니다.

이제 진심으로 하느님께 매달리기 시작하며 하느님만 생각하려고 합니다.

영육(靈肉)의 위로를 받기 위하여
자신의 십자가를 더욱더 열심히 지려고 하기 때문에
어떤 일이 일어나도 참으며
하느님께서 구원해주시기 위해 오실 때까지 느긋하게 기다립니다.
그리하여 더욱더 유순해져서 하느님께 순종하려고 하므로
좋은 충고면 받아들이려고 하고 장상(長上)들에게 순종하게 됩니다.
자신의 소명을 한 순간도 잊지 않으려고 합니다.
그래야만 유혹에 맞설 수 있기 때문입니다.
그리고 모든 일에서 하느님께 감사합니다.
부족한 것이 있어도 불평하지 않고 겸손하게 하느님의 뜻에 맡깁니다.
아무것도 자랑하지 않고 우월감을 전혀 느끼지 않습니다.
오로지 하느님만을 기쁨으로 생각하기 때문에 다른 기쁨은 찾지 않습니다.
기쁨을 주시든 고통을 주시든 똑같이 하느님께 감사합니다.
부덕한 형제를 보더라도 우쭐대지 않고 더욱더 친절하게 대합니다.
어리석지 않게 되어 떠들썩하게 굴지도 않습니다.

기계적으로 수행하는 것을 경계하며 수행을 따분하게 생각하지도 않습니다.
감상적인 수행을 하지도 않으며 하느님 가까이 가는 것만 좋아합니다.
항상 깨어 있는 것을 좌우명으로 삼고 삽니다.
자신을 아무것도 아니라고 생각하고 살려고 합니다.
어떤 잘못을 충고하면 자기 뜻을 완전히 버리고 충고해준 길로 가려고 합니다.
자기를 낮추고 완덕을 쌓는 데 여념이 없습니다.
예수 그리스도의 수난과 죽음을 생각하면서
자신의 영육(靈肉)을 하느님께 바칩니다.
세상 것들은 전혀 생각하지 않고 하느님만 생각합니다.
어떻게 하면 더욱더 하느님을 사랑할 수 있을까,
어떻게 하면 마음을 깨끗하게 하고
하느님의 진리에 따라 지복(至福)을 얻을 수 있을까 하는 것만 생각합니다.
하느님, 저희 모두가 이 거룩한 경지에 이를 수 있도록 해주소서. 아멘.

〈모든 성인 대축일 두 번째 강론〉

119 가장 값진 진주인 완덕

"그는 값진 진주를 하나 발견하자,
가서 가진 것을 모두 처분하여 그것을 샀다."(마태 13, 46)

이 우화는 순결을 지키기 위하여 모든 것을 버린
한 그리스도인 처녀를 말하는 것으로 이해할 수 있습니다.
또 이 그리스도인 처녀는 그리스도의 거룩한 수난에서
값진 진주를 발견하고는 그리스도를 위하여 본능적이고 속된 쾌락을 버리고
그리스도를 따른 것으로 해석할 수도 있습니다.

하느님을 완전하게 섬기는 가장 빠른 방법은 다음 두 가지입니다.
첫 번째 순종과 가난과 순결을 지키고 교부들이 남겨준 거룩한 수행을 하면서
거룩한 교회의 전통을 충실히 지키는 것입니다.
이렇게 외적 행동을 훈련하여 덕을 쌓는 것입니다.

두 번째 그리스도의 수난을 본받는 것입니다.
우리는 하루에 한 번씩 그리스도의 삶과 수난과 죽음을 묵상하면서
가능한 한 자신도 그렇게 살도록 해야 합니다.
우리가 하느님께 모든 것을 맡기고 따르기 위해서는
우리의 삶에서 일어나는 모든 일을 하느님께서 역사하신 것으로 생각하고
그 의미를 알도록 노력해야 한다는 것을 명심해야 합니다.
매일 일어나는 일을 잘 생각해보면
하느님께서 얼마나 우리를 사랑하시는가를 알 수 있습니다.

하느님께서 매일 우리에게 하도록 하신 일이나 우리에게 주신 고통은
우리가 당신의 거룩한 아드님을 더욱더 열심히 본받아
당신에게 갈 수 있도록 하시기 위한 것입니다.
따라서 우리는 밤이나 낮이나 모든 행동에서
하느님을 영광스럽게 해드리려고 노력해야 합니다.
세상 것들에 눈이 멀어 온갖 육적(肉的)인 행동을 하는 것을 삼가야 합니다.
그리스도의 수난을 묵상하고
이 거룩한 일들을 실천하는 것이 바로 '값진 진주'입니다.

그리스도의 수난은 순결한 영혼이 찬양하는 가장 빛나는 보석입니다.
예수님이 십자가에서 하느님의 아드님으로 돌아가시고 묻히셨다가
다시 일어나신 것을 묵상하는 것은 온 세상과 맞먹는 보석입니다.
이런 묵상을 습관화하게 되면 진심으로 감사할 수밖에 없게 됩니다.
그리스도의 수난을 생각하게 되면 나쁜 생각을 하지 않게 되는데
나쁜 생각들은 우리 영혼 깊이 뿌리박고 있으므로
겸손하게 되지 않으면 안 된다는 것을 깨닫게 됩니다.
그리하여 우리 주님의 수난에 연민을 갖게 되고
슬퍼하고 고통 받고 있는 모든 사람을 동정하게 됩니다.
반면에 구세주의 삶과 죽음을 알지 못하게 되면 자기 자신을 모르게 됩니다.
비겁하게 외적인 수행에만 매달림으로써
내적 수행을 하여 얻는 기쁨을 모르기 때문입니다.

그리스도의 수난을 묵상하여 얻는 열매 중 하나는
한결같이 자신을 속이지 않고
하느님께 자신의 고통을 바치게 되는 것입니다.
그러면 하느님께서 이러한 사람들을 돌보시게 되는데
자신의 작은 결점까지도 찾아내게 하시고
자기(自己)를 죽이는 고행(苦行)을 가르쳐주십니다.
세상 것들을 사랑하지 않고 당신을 사랑하게 만드시고
어떤 일을 해야 하고 어떤 일을 피해야 하는지 하는 분별력을 주십니다.
이렇게 하시는데 어찌 하느님을 믿지 않을 수 있겠습니까?

어찌 하느님이 아니라 자기 자신만 믿어온 어리석음을 깨닫지 못하겠습니까?
자신만 믿고 자신을 속이고 있었다는 것을 깨닫게 됨으로써
다시는 자신을 속이지 않으려고 결심하게 됩니다.

더 큰 은총은 우리의 행동의 동기를 제공하는
하느님의 역사와 본성을 구분하게 해주는
우리에게 반드시 필요한 지혜를 얻는 것입니다.
왜냐하면 믿음이 깊은 많은 그리스도인이
겉으로는 수행을 열심히 하고 있지만
자신의 내면 깊은 곳에 세상에서 자기 혼자 잘났다고 뽐내는 유아독존(唯我獨尊)의
생각이 자리 잡고 있기 때문입니다.

그러나 착한 그리스도인 처녀들은 교회와 성경이 가르치고 있는
영성 생활의 교리를 마음속 깊이 간직하고
굳건한 내적인 믿음으로 외적인 직분을 충실히 지키고 있습니다.
이들은 언제나 내면 깊이 들어가 하느님께만 매달리며
어려울 때도 하느님으로부터만 위로를 받으려고 합니다.
그러나 사람들은 박해를 받고 모욕을 받게 되면
사람들이 아니라 하느님으로부터 위로만 받으려고 하지만,
착한 처녀들은 그럴 때도 묵상하는 습관이 들어 있는
자신의 수행(修行) 때문에 비난을 받더라도,
언제나 아무 말 없이 기쁘게 받아들이며
그리스도의 삶과 수난을 묵상하면서
하느님으로부터 힘을 얻고 마음의 안정을 찾습니다.
그러나 착한 처녀는 결코 교만하지 않고 경외심을 갖고
마치 하느님 앞에 서 있는 것처럼,
위선의 대가로 그런 고통을 받지만
그런 은총을 받을 자격도 없다고 생각하고
그리스도 때문에 바보라고 불리더라도, 조금 얼굴만 붉힐 뿐입니다.
그러나 하느님께서는 그녀의 마음 안에서 결코 그렇지 않다고 증언하십니다.
그리하여 하느님께서 사랑으로

자신을 기쁘게 해주신 데 대하여 감사합니다.

처녀는 항상 자신의 내면을 성찰하고 있기 때문에
마귀가 그녀의 평화를 깨뜨리지는 못합니다.
또한 처녀는 이성(理性)이나 사람들의 말에 이끌리지도 않고
예쁘게 보이려고도 하지 않고,
마치 하느님과 하나가 된 것처럼 착각하게 만드는
마귀가 자주 놓는 덫에도 걸리지 않습니다.
반대로 항상 영적(靈的)인 수행을 통해 자기 자신을 알려고 하고
진심으로 하느님과 하나가 되려고 합니다.
그리고 외적인 수행이 끝나면 육감(肉感)으로부터 해방되어
그녀의 영혼은 하느님께서 계신 곳으로 들어가
하느님께 감사하며 하느님께서 사랑을 거두어가시지 않기를 기도합니다.
이러한 영혼들은 겸손하게 하느님께 과거의 죄를 용서해주시기를 청합니다.
하느님을 기쁘게 해드리지 못했기에 지옥이 아니라 하늘나라에 가고 싶어 하며
이제 영원히 하느님께 영광을 드릴 수 있게 해달라고 간청합니다.
이러한 영혼들은 자신의 죄가 하느님을 기쁘게 해드리지 못했다는 것을
솔직히 인정하고 하느님께서 용서해주시기를 기도합니다.
하느님의 뜻에 모든 것을 맡겨 벌도 달게 받으며 덕을 쌓는 것을 배웠으므로 하느님의
영광을 더럽히지 않으려고 하기 때문입니다.
이런 행복한 경지에 이르려면 그리스도의 수난을 끊임없이 묵상해야 합니다.

그러나 슬프게도 이런 경지에 이른 사람은 거의 없습니다.
왜냐하면 외적인 수행에만 전념할 뿐
진심으로 내면으로 들어가 하느님을 만나려고 하지 않기 때문입니다.
문제는 외적 수행과 내면생활을 어떻게 조화롭게 하느냐에 달려 있습니다.
외적 수행도 열심히 하면서 부지런히 내면생활을 하여 덕을 쌓아야 합니다.
외적 수행만 고집하는 사람들과는 어울리기가 힘듭니다.
외적 수행만 고집하는 사람은 내면생활을 고통스럽게만 여기기 때문입니다. 그러나
내면생활도 열심히 하는 사람들은
무지(無知) 때문에 이러한 일이 생긴다는 것을 알고

싫어하지 않으며 참으려고 합니다.
자신의 내면으로 더욱더 깊이 들어가
자신을 알고 하느님의 사랑을 알게 되면
많은 사람을 참된 영성 생활로 이끌 수 있다고 생각하기 때문입니다.

자신의 내면 깊이 들어가기 전에 이기심을 버리지 못한 사람은
자신의 이기심을 알아채지 못하므로 길을 잃고 맙니다.
쉽게 자기도취에 빠져 더 이상 덕을 쌓지 못하기 때문입니다.
내면으로 들어가 하느님을 만나지 못해도
하느님께서는 완덕을 쌓지 못하고
외적 수행에만 매달리고 있는 사람들을 불쌍히 여기십니다.
이렇게 외적 수행만 고집하는 사람들은
거의 내면생활을 하지 못하기 때문입니다.
많은 사람이 하느님의 인도를 받지 못하고
하느님을 진노하시게 하고 동료들을 잘못 인도하고 있지만
하느님의 영광을 위하여 자신을 위하여
모든 것을 하느님의 뜻에 맡기는 사람은 얼마나 행복합니까?

이와 같이 '값진 진주'는 자신의 꼬락서니를 알게 하고
사랑을 알게 하고 제대로 수행할 수 있게 해줍니다.
그러나 가장 좋은 열매를 맺으려면 자기를 버리고
사랑하는 고통을 불사하고
용감하게 이기심을 버리는 고통을 겪어야만 합니다.
영혼이 이기심과 쾌락에서 자유로울수록
마귀의 덫에 빠지지 않게 되고
지옥이나 연옥의 위험에서 벗어날 수 있게 됩니다.

하느님을 사랑하기 위하여 항상 자기(自己)를 버리고 있으면
죄에 빠지지 않는 은총을 받게 됩니다.
그러려면 먼저 완덕을 쌓도록 해야 합니다.

그러나 완덕을 쌓으려면 더 많은 수행을 해야 하고
더 슬퍼해야 하고 더욱더 괴로워해야 합니다.
하느님의 사랑을 믿고 하느님의 뜻을 믿고
하느님께서 더 이상 바라시는 것이 없도록
이 모든 것을 참고 견뎌야만 합니다.
하느님께서 자신을 버렸다고 생각하는 사람은
자신의 죄를 생각하면서 하느님의 깊은 뜻을 생각해야 합니다.
희망을 잃지 않고 이제와 영원히 모든 것을 하느님께 맡겨야 합니다.
그런 다음 구세주의 수난을 묵상해야 합니다.
그러면 하느님과 하나가 되는 은총을 주십니다.
하느님, 저희에게 이런 은총을 주소서. 아멘.

〈알렉산드리아의 성녀 가타리나 동정 순교자 축일 강론〉

120 성(聖) 삼위(三位)와의 일치

"너희가 나를 사랑하면 내 계명을 지킬 것이다."(요한 14, 15)

요한 성인은 우리에게
"**예수님께서는 이 세상에서 사랑하신**
당신의 사람들을 끝까지 사랑하셨다."고 말했습니다.(요한 13, 1)
사실 예수님께서는 이러한 당신의 사랑을 자주 보여주시기도 했지만
특히 최후의 만찬 때 당신의 제자들에게 극진한 사랑을 보여주셨습니다.
그리하여 제자들은 주님의 크신 사랑을 잊을 수가 없었기 때문에
주님의 계명들을 철저히 지킬 수밖에 없었습니다.
그리고 주님께서는 제자들에게 하느님 아버지께
다른 위로자 성령을 보내어 달라고 기도하시겠다는 것을 약속하셨습니다.
"그리고 내가 아버지께 청하면,
아버지께서는 다른 보호자를 너희에게 보내시어,
영원히 너희와 함께 있도록 하실 것이다.
그분은 진리의 영이시다.
세상은 그분을 보지도 못하고 알지도 못하기 때문에
그분을 받아들이지 못하지만, 너희는 그분을 알고 있다.
그분께서 너희와 함께 머무르시고
너희 안에 계시기 때문이다."(요한 14, 16-17)

따라서 사랑하는 형제자매 여러분,
나는 다시 여러분에게 항상 위로해주시는 성령과

성령의 달콤한 맛에 대하여 말하려고 합니다.
우리의 주님께서는 제자들에게 당신의 계명을 잘 지키라고 이르시고
계명을 지키지 않는 사람은 당신을 사랑하지 않는 것이라고 하셨습니다.
죄를 짓고 사는 사람을 싫어하신다는 것을 말씀하신 것입니다.
나는 이 슬픈 이야기는 하고 싶지 않으므로
사랑으로 하느님을 섬기는 사람에 대하여 말하고자 합니다.

주님을 사랑하려면 주님의 계명을 지켜야만 하는데
이는 주님의 뜻에 따라야 한다는 것을 의미합니다.
자신의 뜻대로 하려고 하지 말고 모든 것을 하느님께 맡기고
진심으로 "제 뜻이 아니라 아버지의 뜻이
이루어지게 하십시오." 하고 말해야 합니다.(루카 22, 42)
하느님의 뜻은 사랑이며 사랑은 이기심을 모르며 사랑하는 사람의 뜻만 압니다.
여기서 세 가지 점을 생각해보기로 합시다.
첫 번째로 지나친 욕망이 들어와 힘을 발휘하지 않도록
영혼의 다섯 문을 단단히 걸어 잠그고 **오감**(五感)**을 지켜보아야 합니다.**
오감으로 인하여 내면이 상처를 받지 않도록 깨어 있어야 합니다.

두 번째로 자기도취에 빠지지 않도록 해야 합니다.
하느님께서 일깨워주시는데도 자신이 좋아하는 수행만 고집하면 안 됩니다.
하느님께서는 자신의 뜻대로 하지 못하게 하십니다.
지옥의 다섯 문, 즉 자기 뜻대로 하고, 자기도취에 빠지고,
영적(靈的)**인 교만에 빠지고, 자화자찬**(自畵自讚)**하고,**
자기를 속이는 짓을 하지 못하게 하십니다.

세 번째로 자신의 일이나 이웃과 하느님의 일에서
사랑이 있어야 하고 행동이나 말이나 생각이 순수해야 한다는 것입니다.
이렇게 해야만 하느님에 대한 경외심을 갖고
모든 사람 앞에서 자신을 사랑의 희생 제물로
하느님께 바칠 수 있게 되기 때문입니다.
이는 깨어 있으면서 느껴야만 사랑을 알 수 있고

말로 표현할 수 없을 만큼 큰 사랑이 있어야 가능하기 때문입니다.
이렇게 하게 되면 영혼은 성령을 만나게 되어
하느님 아버지와 하나가 되게 됩니다.
하느님을 더욱더 찬양하기 위하여 자기(自己)를 버려야만 가능한 일입니다.
그러면 영혼은 하느님께서 계신 심연으로 들어가
하느님을 기쁘게 해드리기 위해
하느님을 진심으로 섬기도록 해달라고 기도하면서
모든 것을 하느님께 맡길 수 있게 되기 때문입니다.
영혼이 하느님께 자신과 모든 피조물을 완전하게 해달라고 기도하면
하느님의 뜻이 틀림없이 이루어지게 됩니다.
그리고 영혼이 하느님의 자비를 본받고 있기 때문에
하느님의 의로움도 본받게 되어 지옥에 갈 짓은 하지 않게 됩니다.
영혼이 이렇게 기도함으로써 하느님의 뜻이 이루어지기 때문입니다.

영혼은 아버지의 도움으로 아무것도 아닌 것이 되어
하느님을 찬양하고 하느님의 뜻이 이루어지게 하려면
무엇을 해야 하고 무엇을 하지 않아야 하는지도 모르고
아무것도 느끼지도 못한 채
영원한 지혜이신 아드님에게 진심으로 순종하게 됩니다.
영혼은 하느님을 찬양하고 하느님께 영광을 드리고
모든 인간에게 유익하게 되도록 하기 위해서
오직 하느님의 뜻만 이루어지기를 기도하고
만물이 하느님의 지혜를 갖게 되기를 기도하기 때문입니다.
이렇게 자신의 이익은 생각하지 않고 오로지 하느님만 생각하게 되기 때문입니다.

이제 영혼은 아무 걱정도 없이 진정으로 순진하게 되어
하느님의 뜻대로 하시게 되면 불가능한 것이 없다고 생각하며
하느님께서 역사(役事)하시기만 기다립니다.
무슨 일이 일어나든 하느님께서 하신 것으로 믿고 하느님을 찬양합니다.
영혼은 하느님을 굳게 믿으며 하느님의 뜻이 의심스럽더라도
곧바로 하느님의 깊은 뜻이 있을 것으로 생각합니다.

어쩔 수 없이 자신의 판단에 따라 일하게 되면
현명하지 못한 것 같고 이성에도 어긋나는 것처럼 느낍니다.
그리하여 자신의 판단대로 하지 않고
하느님을 믿고 하느님께서 역사하시도록 합니다.
영혼은 하느님의 지혜를 얻어 하느님을 높이 찬양하고 자신은 작아집니다.
영혼은 매일 사소한 임무라도 이렇게 생각합니다.
하느님을 모르는 채로 영혼이 하느님과 하나가 되어
하느님 안으로 들어가게 되기 때문입니다.
영혼이 이렇게 순수하게 된 것은
믿음과 소망과 사랑이라는 은총을 통해서
하느님과 하나가 되었기 때문인데
인간의 힘으로는 불가능합니다.

이런 일이 끝나게 되면 영혼은
아버지에게서 아드님으로 가게 만드시는 성령께로 가게 됩니다.
그리하여 영혼이 믿음과 소망과 사랑으로
모든 것을 성령께 맡기고 하느님 안으로 들어갔기 때문입니다.
이런 사랑은 어떤 선물보다도 고귀합니다.
영혼은 사랑을 통하여 성령과 하나가 되었기 때문에
도저히 이해할 수 없는 하늘나라의 삶을 살게 됩니다.
감히 말한다면 하느님과 하나가 된 영혼은
인간 예수님과도 비슷하게 된 것입니다.
그리하여 예전보다 더 다정하게
그리스도와 함께 있을 수가 있게 된 것입니다.

이러한 영혼이 아버지의 총애를 받으려면 영성체를 통하여
주님의 몸과 피를 받아먹고 아드님과 하나가 되어
영원한 아버지께 자신을 희생제물로 바쳐야 합니다.
그런 다음 십자가 위에서 그리스도께서 말씀하신 것처럼
"제 영을 아버지 손에 맡깁니다." 하고 말하며(루카 23, 46),
거룩한 교회의 신앙생활을 충실히 할 수 있도록 간절히 구해야 합니다.

영혼은 다음과 같은 기도를 끊임없이 바쳐야 합니다.
"오 주님, 당신의 아버지께서
당신을 마음대로 하신 것처럼 저를 마음대로 하소서.
거룩한 삼위의 뜻이 제 안에서 이루어지도록 기도하게 해주소서.
당신께서 영광스럽게 된 것처럼 제가 완덕을 갖출 수 있게 해주소서.
거룩한 교회를 위하여 제가 당신과 하나가 될 수 있게 해주소서.
오 주님, 당신께서 수난을 받으셨으므로 이제는 세상을 구원해주소서.
더 이상 당신께서는 수난을 받으시면 안 되므로
제가 대신 수난을 받겠나이다.
당신의 아버지께서 당신을 버리시지 않은 것처럼 저를 버리지 마소서.
저는 이제와 영원히 당신을 기쁘게 해드리려고 하나이다.
주님, 당신께서는 어떻게 하면 제대로 당신께 감사할 수 있고
사람들에게 도움이 될 수 있는가를 잘 알고 계시나이다.
제 생명을 거기에 바칠 수 있도록 해주소서."
이렇게 영혼이 하느님께 모든 것을 맡기면
하느님을 영광스럽게 해드리고 완덕을 갖출 수가 있게 됩니다.
그러나 영혼이 자기를 버리고 완덕을 갖추기 전에
수 없이 사막 길을 걸어야 하고
전례가 없는 고통스러운 죽음을 수없이 맞아야 합니다.

하느님께서는 이렇게 사막 길을 걷고
수 없이 죽은 영혼을 하늘나라로 이끄십니다.
하느님께서 이런 영혼에게 가시어 당신께로 이끄시고
당신과 하나가 되는 길을 가르쳐주십니다.
그러나 슬프게도 오늘날에는 이렇게 믿음이 깊은 사람이 거의 없습니다. **하느님의**
길을 가려고 하고
다른 사람들의 구원을 위하여 도움을 주려는 사람이 거의 없습니다.
그러나 하느님께로 돌아가 하느님의 사랑의 계명을 지키려는 사람은
하느님을 섬기려고 하면서도 세상 것들에 눈을 돌리며
하느님께서 역사하시기를 느긋하게 기다리지 않는 사람들보다
열 배나 더 낫습니다.

이들은 사랑으로 일할 생각은 하지 않고
종교적인 의전(儀典)에만 신경을 쓰기 때문입니다.
어두운 잠에서 깨어나 하느님의 빛으로 들어가야 합니다.

그러나 하느님께서 이런 은총을 거두어 가시면 어떻게 다시 받을 수 있겠습니까?
하느님께서 이런 은총을 거두어 가시면
우리는 알 수 없는 길로 갈 수밖에 없습니다.
따라서 진심으로 그리고 겸손하게 하느님께 자기를 버리게 해주시고
자신을 미워하게 해주시고
자신을 가장 하찮은 존재로 여기게 해주시도록 간청합시다.
우리가 만나는 모든 사람이 우리를 욕하게 만드시고
경멸하게 만드시도록 하느님께 청합시다.
우리의 비참함을 무생물에게도 드러내 보이게 하시어
그들이 벌떡 일어나서 우리를 비난하게 하느님께 청합시다.
자신의 뜻을 어떻게 하면 죽일 수 있는가를 알 수 있도록 하느님께 청합시다.
이렇게 기도하여 모든 내적 외적 욕심을 버리고 어떻게 하면 자기를 죽이고 하느님께
영광을 드리고 모든 일에서 하느님을 기쁘게 해드리고
자신이 가진 것을 모두 하느님께 드릴 수 있는가를 아는 은총을 받도록 합시다.
하느님, 이 모든 것을 자신의 뜻대로가 아니라
당신을 기쁘게 해드리기 위해서 하도록 도와주소서. 아멘.

〈모든 거룩한 사도들의 축일 강론〉

121 피 흘리지 않는 순교의 고통

하느님, 우리의 아버지시여, 이 거룩한 순교자들을 특별히 영광스럽게 해주소서.
그들은 당신의 외 아드님을 닮아 갔나이다.
하느님께서는 하느님의 외 아드님이 한 방울도 남기지 않고 마신
쓴 잔을 그들도 마시게 하셨기 때문입니다.
순교자들은 예수 그리스도의 명예를 위해 죽어갔기 때문입니다.
그리하여 오늘날 그리스도의 불굴의 용사이자
하느님의 친구들인 이들을 찬양하고 있는 것입니다.

두 종류의 순교가 있습니다.
하나는 칼을 맞고 죽은 '**외적인 순교**'이고
또 하나는 죽도록 사랑하여 죽은 '**내적인 순교**'입니다.
우리는 칼을 맞고 죽지는 않았지만
순교자로 추앙되고 성인이 된 최초의 인물인
투르(Tours)의 마르티노 성인(St. Martin, 316-397)을 잘 알고 있습니다.
그리스도인이라면 자신의 죄를 회개하고 매일 죽으면서
그리스도의 수난을 겪어야만 하느님의 친구가 된다는 것을 알아야 합니다. 그러나
이 고통은 우리에게 두 가지 방법으로 찾아옵니다.

'**첫 번째 매일 죽는 고통**'은, 바오로 성인이
"그리스도 예수님께 속한 이들은 자기 육을
그 욕정과 욕망과 함께 십자가에 못 박았습니다." 하고 말했듯이(갈라 5, 24), 욕정을
이기고 죄를 짓지 않으려고 애쓸 때 겪게 되는 외적인 고통입니다.

'두 번째 매일 죽는 고통'은 우울하게 되는 내적인 고통입니다.
하느님께서 우리가 하느님을 섬길 때 육체적인 기쁨을 모두 빼앗아 가시어 감정을 메마르게 하시기 때문입니다.
이런 시련을 받게 되면 보통 자신의 부족함을 느끼게 되어 하느님께로 돌아갈 수밖에 없도록 만드십니다.
어떤 사람들은 헛된 생각을 하지 못하고 수행의 즐거움을 느끼지 못하게 되면 하느님으로부터 버림을 받았다고 생각하기도 합니다.
보통 초보자들이 이런 경험을 하게 되는데 '겉멋'만 알고 있었기 때문입니다. 제대로 준비하여 마냥 '겉멋'에만 빠져 있지 않도록 해야 합니다.

슬프게도 하느님을 진정으로 사랑하는 사람은 많지 않습니다.
많은 사람이 '겉멋'만 알고 그리스도를 따르려고 하기 때문입니다.
'겉멋'만 좋아하고 그리스도를 따르는 사랑을 '엮인 사랑(wounded love)**'이라고 부르는데 하느님을 섬길 때 '겉멋'이라도 좋아하지 않으면 당신을 섬기려고 하지 않기 때문에 그렇게 엮으신 것입니다.**
그러나 하느님께서는 점차 **'사로잡힌 사랑**(captive love)'에 빠지게 만드시어 당신으로부터 도망치지 못하게 만드십니다.
그런 다음 **'바보 같은 사랑**(foolish love)'에 빠지게 하시고는 무한한 힘을 주십니다.
이런 사랑을 하게 된 사람들은 모든 것을 버렸으므로 상급(賞給)으로 사람들의 경멸이나 조롱을 잘 참아내는 은총을 받습니다. 하느님께서 어떤 고통을 주시더라도 심연에 계신 하느님께 즉시 아뢥니다. 이들은 믿음을 갖고 말합니다.
"오 하느님, 당신께서 저를 구원하시든 저주하시든 당신의 뜻대로 하소서. 모든 힘과 사랑은 당신 안에 있나이다."
이런 사랑을 할 수 있게 되어야만 하느님께서 완덕을 쌓을 수 있게 해주십니다.
그러나 어떻게 해야 하고 어떤 과정을 거쳐야 하는지는 말씀해주시지 않습니다.
하느님께서는 인간을 너무나 사랑하신 나머지 선물을 주시어 당신께로 이끄시고 은총을 주시어 당신을 섬기게 만드십니다.

왜냐하면 하느님께서는 우리로 하여금 마지못해서가 아니라
기꺼이 세상 것들에 대한 집착을 버리게 하셨으므로
이 선물과 은총을 다시 하느님께 돌려주기를 바라시기 때문입니다.
하느님께서 영적(靈的)인 성숙(成熟)의 기쁨을 알게 하시는 이유는
우리가 자기(自己)를 버리도록 하기 위한 것입니다.
그리고 수행(修行)의 뿌듯함을 느끼다가 따분함을 느끼게 만드시는 것은
더욱더 영성(靈性) 생활을 열심히 하도록 하시기 위한 것입니다.
그리고 하느님께서 우리에게 주신 모든 것을 빼앗아 가시는 것 같아
가난하게 여기고 하느님으로부터 버림을 받은 것처럼 생각하게 만드시는 이유는,
가장 중요한 극기(克己)를 시작하여 세상 것들에 집착하지 않고
하느님께만 의존하라는 것을 일깨워주시기 위한 것입니다.
하느님처럼 참사랑을 하게 되는 두 방법이 있습니다.

한 방법은 하느님의 은총을 받고 기뻐하는 것입니다.
거룩한 수행을 하고 있는 사람은 얼마나 행복한 사람입니까?
하느님께서는 영적(靈的) 기쁨과 육적(肉的)인 기쁨을
비교할 수 있도록 수행(修行)을 하게 만드셨습니다.
육적(肉的)인 기쁨에 빠져들게 되면
영적인 기쁨을 전혀 알 수 없게 되기 때문입니다.
이 영적인 기쁨을 얻기 위하여 하느님께 자신을 팔게 만드신 것입니다.
하느님께서 육적(肉的)인 기쁨을 싫어하시므로
하느님의 친구들이 육적인 기쁨을 보게 되면 거부반응을 일으키게 됩니다.
왜냐하면 우리는 많은 성인을 알고 있고
그들이 처음 어렵게 하느님께로 인도되었을 때
갑자기 안락한 삶을 버리는 것을 보았기 때문입니다.
이는 분명히 사랑이 죽음만큼 강한 성령의 역사(役事)이기 때문입니다.

또 한 방법은 영적인 슬픔과 고통을 겪는 것입니다.
따분하게 여기고 버림을 받았다는 느낌을 받는 시련을 받고
우리가 여태까지 말하고 있던 모든 기쁨을 빼앗기게 되면
순교의 영적(靈的)인 힘이 생기게 됩니다.

그리하여 슬프게 느끼면서도 하느님께 더욱더 매달리며
수행을 예전보다 더 열심히 하게 됩니다.
그러나 하느님께서 자신을 버린 것처럼 보이므로
당황스럽기만 할 뿐 어떻게 하면 구원을 받을 수 있는가를 모릅니다.
칠흑 같은 어둠 속에서 믿음과 소망과 사랑을 갖고 서 있는 수밖에 없습니다.
그러면서 어떤 일이 있어도 다시는 죄를 짓지 않겠다고 다짐을 합니다.
크게 뉘우치어 진정으로 겸손한 마음을 갖게 되었기 때문입니다.
그리하여 다른 사람들에게서 하느님의 은총의
표징을 보게 되면 무척 괴로워하게 됩니다.
그러나 같은 은총을 기대하지 않고 자신의 믿음이 부족했음을 탓합니다.
은총을 받으려고 수행을 더 열심히 할수록 더 괴로워하게 됩니다.
아마 돌들도 이들처럼 괴로워하지는 않을 것입니다.
때때로 더 이상 참을 수 없을 것처럼 느낍니다.
미래에 대한 걱정이 떠나지 않고 괴로운 속에서 슬픔은 더욱더 커집니다.
그리고 다른 사람의 은총을 부러워하는 자신을 탓합니다.
이렇게 괴로워하면서 지친 나머지 어찌할 바를 모릅니다.
하느님에 대한 믿음을 잃지 않고 수행도 게을리하지 않으려고 하지만
예전과는 다른 것 같습니다. 참지 못하여 하느님께서 진노하실 것만 같습니다.
죄를 진심으로 미워하기 때문에 고통이 너무나 심하기에
혹시 절망의 죄를 짓지는 않았나 하고 걱정합니다.
죄를 싫어하는 이런 느낌이 힘을 북돋아 주기도 합니다.
왜냐하면 하느님을 진노하시게 하지 않으려고 애써 왔기 때문입니다.
여전히 암울하지만 참으면서 마음의 안정을 찾습니다.
하느님을 믿는 일밖에 달리 할 일이 없다는 것을 알고
하느님께서 자신을 변화시키실 때까지 체념하고 고통을 참으려고 합니다. 하느님께서는 이렇게 세상 것들을 멀리하고 당신께 순종하는 법을 가르쳐주십니다. 그리하여 이들에게 변화가 생기며 예전과 전혀 다른 사람이 됩니다.
그러나 여러 면에서 아직도 많이 부족합니다.
왜냐하면 그리스도와 같은 길을 가고 있지만
그리스도만큼 고통을 겪지는 않았기 때문입니다.

이러한 사람은 영적(靈的)인 선물로 가장 가난함을 받았다고 생각합니다.
그러나 하느님께서 보시면 아직도 가난하지 않습니다.
하느님께서는 이들이 가장 가까이 있다고 보시지만
이들은 가장 멀리 있다고 여기기 때문입니다.
이들은 하느님께서 자신을 버렸다고 생각하지만
하느님께서는 이들을 선택하셨다고 생각하기 때문입니다.
이들은 자신이 하느님께 가장 진실하지 않다고 여기지만
하느님께서는 가장 믿을 수 있는 친구로
당신의 영광을 지속하게 할 사람으로 생각하십니다.
왜냐하면 이들은 오로지 하느님을 위하여 고통 받고 있기 때문입니다.

이 내적 가난 때문에 많은 유혹을 받게 되지만 결코 유혹에 빠지지 않습니다.
그러나 이들은 죽음의 고통보다 더 괴로워합니다.
특히 전혀 유혹에 빠지지 않았다고 생각할 때 더 괴로워합니다.
이들은 자신의 부족한 면을 극복하기를 바라면서
자신이 할 일은 수행뿐이라고 생각하고 더욱더 정진(精進)합니다.
이런 고통이 지옥의 고통보다 더 크게 보입니다.
그러나 하느님을 더욱더 굳게 믿게 되지만
정작 자신은 알아차리지 못합니다.
이들은 자신이 이 세상에서 가장 큰 죄인이라고 생각하지만
하느님께서 보시기에는 나무랄 것이 전혀 없습니다.

이들이 하느님을 기쁘게 해드리지
못하는 한 가지가 있는데 우울하게 된 것입니다.
하느님께서는 이들을 벌하시기 위하여
다른 사람들의 잘못을 참지 못하게 하시거나
순수한 사랑을 하지 못하게 하십니다.
이들이 하느님을 굳게 믿었다면
하느님께서 그렇게 하시지는 않았을 것입니다.
그랬다면 슬퍼하지 않고 마음의 안정을 유지했을 것입니다.
이들은 다른 사람들보다 더 성숙하기를 바라지만

우울함 때문에 이런 기회를 놓치고 맙니다.

이러한 잘못은 수행이 부족한 데서 비롯됩니다.
또는 아직도 자기를 완전히 버리지 못함으로써
또는 고통을 참고 견딜 의지가 약해서
슬픔을 견딜 수 있는 것보다 더 오래 끌었기 때문입니다.
이들은 참을성이 부족하면 고통이 오래가고
아무 이득도 없다는 것을 알아야 합니다.
이런 시련을 빨리 끝내는 길은 하느님의 사랑을 위하여
참고 견디면서 슬픔을 이기는 길밖에 없습니다.
이렇게 하면 할수록 더욱더 성숙하게 되면서 헛된 생각을 하지 않게 됩니다.

왜냐하면 이 어두운 길을 하느님을 믿고 걸어가기만 하면
밝은 빛이 비치어 영혼 깊은 곳에 영원한 지혜가 넘치게 되기 때문입니다.
사람들에겐 다른 사람으로 보일 정도로
하느님 앞에서 가장 순수한 사랑을 갖게 됩니다.
오로지 하느님을 위하여 자기를 버리고 세상 것들을 모두 버리려고 합니다.
그리하여 하느님과 하나가 되어 하느님과 같은 사랑을 하게 됩니다.
당연히 자기만을 사랑하지 않습니다.
원하든 원하지 않던 모든 사람이 자신 안에 있는 것처럼 느끼게 되는데
하느님과 하느님께서 선택하신 모든 사람이
자신 안에서 더불어 살고 있기 때문입니다.

이뿐만 아니라 행복하게 죽을 수 있게 되었습니다.
오 나의 영혼이여, 무한히 자비로우신 하느님의 얼굴을 바로 볼 수 있게 된
말할 수 없는 이 하늘의 축복을 잊지 말고,
하느님을 모시게 된 기쁨을 잊지 마시오.
하느님 안에는 우리가 바라는 모든 기쁨과 힘과 사랑과 거룩함이 있다오. 하느님만 생각하고 하느님과 하나가 되어 결코 떨어지지 않게 하시오.
가장 거룩한 성(聖) 삼위(三位)를 보게 된 것은 얼마나 큰 복 받은 것인가요?
성모님과 모든 천사와 모든 주교와 예언자들과 사도들과 순교자들과 고해신부들과

처녀들과 성인들과 함께 있게 되었으니 얼마나 행복합니까?
이들과 서로 사랑을 주고받으며
영원히 함께 지낼 수 있게 되었으니 얼마나 영광스럽습니까?
이 사랑스러운 가족 중에 있는 가장 위대한 성인(聖人)들이
가장 작은 우리와 함께 기쁨을 나눌 수 있게 되었으니 얼마나 기쁩니까?
이렇게 생각하면서 믿음을 잃지 않으려고 애쓴 사람들은
이 세상에서도 이런 기쁨을 미리 맛보게 됩니다.

덧없는 이 세상 것들과 명예를 얻는 육(肉)의 기쁨만 찾으면서
이러한 복을 발로 차 버린 사람들은 얼마나 어리석습니까?
오 나의 영혼아, 그대가 하느님의 보호를 받고
은총의 길을 가고 있는 동안에 이러한 것을 생각하도록 하시오.
착한 일만 하여 영원한 행복을 발로 차버리지 않도록 하시오.
끊임없이 수덕(修德)의 길을 가시오.
이 세상에 잠깐 머무르는 동안 게으르지 말고
하느님을 진심으로 믿어 영원한 기쁨을 얻도록 하시오.
하느님과 영원한 친구가 되지 못하게 하는 일은 거들떠보지도 마시오.
영원한 생명을 얻는 기쁨을 생각하고 있다면
이 땅에서의 고통과 역경과 비참함은 아무것도 아니라는 것을 알아야 합니다.
하느님의 모든 영광스러운 성인들만 생각하고
어떻게 그들이 그리스도인 생활을 제대로 하여
천국을 얻게 되었는지 생각하시오.
성인들의 덕을 본받아 성인들과 함께 영광을 누리도록 하시오.
오 나의 영혼이여, 하늘나라의 예루살렘의 시민이 되어
기뻐하고 명예롭게 되는 것을 생각하시오.
하늘나라의 백성들은 모두 영원한 기쁨을 얻기 위하여
눈물의 골짜기를 지나며 그리스도인의 길과 자기 부정의 길을 걸어갔다오.

우리의 주님이 가르쳐주셨듯이 자기를 죽인 사람들에게 주시는
하느님의 은총의 징표가 다섯 개 있습니다.
'첫 번째 징표'는 '그리스도의 이름으로 마귀를 쫓아버리는 것'입니다.

진심으로 회개하여 대죄를 고백한 사람은 이런 특권을 갖게 되어
자신의 영혼에서 마귀를 쫓아낼 수 있게 됩니다.
'두 번째 징표'는 **'허튼소리를 전혀 하지 않는 것'**입니다. 죄스러운 쓸데없는 말을
전혀 하지 않고 유용하고 좋은 말만 하게 되는 은총을 받아
하느님의 말씀을 설교한 사람들에 대하여 말하고
복음을 읽은 사람들에 대하여 말하고
열심히 기도한 사람들에 대하여 말하고
죄인들을 회개시킨 사람들에 대하여 말하고
무지한 사람들을 가르친 사람들에 대하여 말합니다.
'세 번째 징표'는 **'전혀 해를 입지 않고 독사를 들어 올릴 수 있는 것'**입니다.
즉 **'하느님의 특별한 보호를 받게 된다는 것'**으로
나쁜 생각을 전혀 하지 않기 때문입니다.
'네 번째 징표'는 **'독을 마셔도 죽지 않는 것'**입니다.
즉 **'의로움을 위하여 진리를 말해도 죽지 않는 것'**을 의미하며
박해와 경멸을 참을 수 있게 되는 것입니다.
'다섯 번째 징표'는 **'병자들에게 손을 얹으면 병이 낫는 것'**입니다.
이와 같이 착한 일을 하는 사람은
아무리 피해를 많이 입어도 원수까지도 용서하며
가난한 사람들에게 자선을 베풉니다.
이 모든 징표를 보이는 사람은 복음에서 말하고 있듯이
하느님의 친구가 되며 영원한 생명을 얻게 됩니다.
하느님, 저희에게 이런 행운을 주소서. 아멘.

〈거룩한 수많은 순교자들 축일 강론〉

122 시련의 의미

"시련을 견디어 내는 사람은 복됩니다."(야고 1, 12)

거룩한 사람 욥(Job)은 이 세상에서의 삶은 고역이라고 했습니다.
실제로 많은 성인(聖人)들은 인생을 한 시련을 겪고 나면
바로 이어서 다른 시련이 닥치는 시련의 연속이라고 말했습니다.
그 이유는 우리 주님께서 우리로 하여금 계속 주님의 길을 가도록 하여
완덕을 쌓게 만드시기 때문입니다.
꿀벌들이 가시덤불과 잡초로부터 꿀을 모으듯이
우리도 시련으로부터 기쁨을 얻을 수 있기 때문입니다.
솔로몬이 말했습니다. **"시련을 겪지 않은 사람은 아는 것이 적다."**(집회 34, 10)
그리고 거룩한 박사 베르나르도 성인(St. Bernard)은
이 가르침에 덧붙여 설명했습니다.
시련을 잘 견디고 나면 좋은 일이 생기는 것을
보여주는 대목은 성경에 무수히 나옵니다.
어떤 불행한 일이라도 끊임없는 노력과 강인한 의지로 힘쓰면
불행을 행복으로 바꾸어 놓을 수 있습니다.
이른바 전화위복(轉禍爲福)이 되는 것입니다.
끊임없이 노력하고 강인한 의지로 애썼다면
반드시 좋은 결과를 얻게 되므로
하느님의 특별한 은총이라고 할 수 있습니다.
이러한 사람이 왕관을 쓰게 마련인데
거룩한 교회가 찬양하는 순교자도 마찬가지입니다.

순교자는 시련을 겪고 이겼기 때문에
하느님께서 사랑하시는 사람들에게 주시는
왕관을 쓰게 되는 복을 받게 되었기 때문입니다.

'첫 번째 종류의 시련'은 **'다른 사람들의 시선(視線)을
지나치게 의식하는 시련'**입니다.
누구나 친구들이나 친척들이나 다른 사람들과 어울리기를 바라며
옷이나 장신구와 같은 치장에 신경을 쓰고
좋은 책들을 많이 소장하고 좋은 집에 살면서
좋은 음식을 먹고 마시려고 합니다.
많은 사람이 이러한 것들이 마치 개 목걸이처럼
당연히 있어야 하는 거로 생각합니다.
때로는 이런 시련을 받지 않았으면 하지만
뜻하지 않게 불순한 생각과 함께 시련으로 고통 받게 됩니다.
그레고리오 성인(St. Gregory)이 가르쳐주었듯이
시련이 아무리 심하더라도 우리에게 아무런 피해를 주지 않으므로
시련을 피할 생각을 하지 않습니다. 그러나 시련을 빨리 피해야 합니다.

'두 번째 종류의 시련'은 내면에서 받게 되는 시련으로
마음속에 이상야릇한 원칙을 마련하여
영육(靈肉)의 활동이 함께 일어나게 하는 것입니다.
**내면으로는 하느님만 생각하고 있으면서도
외면으로는 엉뚱한 짓을 하는 것입니다.
다른 사람이 필요한 것을 다 알고 있는 것 같고
그래서 그것을 금방 채워줄 것처럼, 누구보다 공감해주는 것처럼 말합니다.
성직자가 평신도에게 봉사하라고 불림을 받았지만 평신도의 덕만 보려고 하고,
교회의 중심적인 주인공 역할, 교회의 주연배우다운 활동,
교회활동의 주역 등은 평신도들임에도 불구하고
성직자들이 그 역할을 하는 성직주의(Clericalism)가 그 단적인 예입니다.**
마귀가 빛의 천사로 가장하여 예수님을 모방하기를 좋아하고,
착한 일을 하며, 우리에게 평온하게 달콤하게 말하는 것이 이의 예입니다.

사랑하는 형제자매 여러분, 요한 성인이
어떻게 모든 죄를 세 종류로 분류했는지를 보십시오.
"세상에 있는 모든 것, 곧 **육의 욕망**과 **눈의 욕망**과 **살림살이에 대한 자만**은 아버지에게서 온 것이 아니라 세상에서 온 것입니다.(1요한 2, 16)
이렇게 육(肉)의 눈으로 보고 살게 되면
내면생활도 그런 시각으로 보고 하게 마련이므로
당연히 죄를 지을 수밖에 없습니다.
그러나 내면생활의 죄는 알아차리지 못할 때가 많습니다.
모세의 자리가 사제를 만들지 않고 사제가 자리를 만들고,
자리는 사람을 신성하게 하지 못하지만
사람은 자리를 신성하게 할 수 있지만
영성(靈性)을 가장하고 권위만 내세울 때가 많기 때문입니다.

나는 여러분에게 제멋대로 수행하는 영적(靈的)인 부정(不貞)을
저지르지는 않았는지 묻고 싶습니다.
즉 자기도취에 빠져 지나치게 기뻐하지 않았는지 묻고 싶습니다.
이런 시련을 이겨내지 못한 사람은 거짓 평화가 깨어지지 않기를 바라며
자신의 잘못을 지적하면 몹시 화를 내고
자신이 좋아하는 수행만 하면서 수도원에서의 임무를 다하지 않습니다.
이는 영성(靈性) 수련을 하면서 자기도취에 빠져
자신이 대단한 영성을 갖게 된 것처럼 생각하기 때문입니다.
그렇지 않을 때는 불행하게 생각하며
짜증을 잘 내며 작은 고통도 참지 못하고
자신이 겪은 시련에 대하여 큰 소리로 불평합니다.
이는 다른 사람들의 시선(視線)을
지나치게 의식하면서 수행을 해왔기 때문입니다.
그래서 베르나르도 성인(St. Bernard)이 말했습니다.
"오 주님, 당신의 사랑으로 인도하기 위하여
수행(修行)에 만족하지 못하게 하소서.
오랫동안 수행해온 사람들도 수행에 만족하지 않도록 해주소서."
그렇습니다. 하느님께서는 평생 수행의 기쁨을

느끼지 못하게 하시어 훨씬 더 큰 상급을 받게 하십니다.
우리는 수행의 기쁨을 느끼기 위해서나 감사하기 위하여 수행을 하는 것이 아니라
괴로울 때나 기쁠 때나 하느님을 굳게 믿고
이기심을 버리고 하느님을 정성껏 모시기 위해서 수행하는 것입니다.
참 행복은 우리가 하느님의 가난하고 겸손한 종이 되어
자신의 뜻을 버리고 모든 것을 하느님께 맡기는 데 있습니다.

그러나 젊을 때나 영성 생활의 초보자일 때는
하느님께 수행의 기쁨을 느끼게 해달라고 청할 수 있는데,
하느님 아버지께서 더욱더 열심히 봉사하고
사랑을 더욱더 키울 수 있도록 눈 감아 주십니다.
그런데 조심해야 할 것은 이렇게 눈 감아 주시면
수행의 기쁨만 생각하고 하느님을 생각하지 않게 된다는 것입니다.
따라서 수행의 기쁨을 맛보기 위해서
수행하면 안 된다는 것을 잊지 말아야 합니다.
수행의 기쁨을 맛보기 위해서 수행하게 되면
우리 주 구세주를 믿지 않게 되어 주님의 은총을 받지 못하게 됩니다.

하느님으로부터 더 많은 은총을 받기를 바라는 영적(靈的)인 탐욕은
순교에 아무 도움이 되지 않는 시련입니다.
순교자에게는 무엇을 갖고 다시 집으로 돌아가려고 하느냐 하는 것이 아니라 무엇을 갖고 가려고 하느냐 하는 것이 중요합니다.
그런데 필요 이상으로 육신(肉身)의 안락함을 추구하는 것은
수도자로서 가난하지 못한 증거입니다.
그리고 필요 이상으로 영적인 위로를 추구하는 것도
마음이 가난하지 못한 증거입니다.
우리 중 어느 누가 예수 그리스도만큼 가난 해본 적이 있습니까?
그리스도께서는 하늘의 부(富)를 버리시고 이 땅에서 가난하게 사시다가
모든 사람의 버림을 받으시고 아버지께로 돌아가시면서
"저의 하느님, 저의 하느님, 어찌하여 저를 버리셨습니까?" 하고 울부짖으셨습니다.(마태 27, 46)

이 모든 것은 하느님께서 우리를 가르치시기 위한 것이었습니다.
하느님께서 우리에게 마음의 가난함의 소중함을
일깨워주시려고 하셨기 때문입니다.

그러나 여러분은 답할지도 모릅니다.
"저는 순전히 저의 책임만이 아니었다면 잘 참을 수 있었을 것입니다.
그리고 선조들이 잘못한 것이었다면 더욱더 잘 참을 수 있었을 겁니다.
그러나 **안타깝게도 모든 나의 잘못은 나에게서 비롯된 것입니다.**"
그러나 나는 답합니다.
"그런 생각으로 자신을 괴롭히지 마시오.
여러분은 현자가 '**의인은 일곱 번**
쓰러져도 일어난다.'고 말한 것을 잊었소?"(잠언 24, 16)
여러분은 결코 넘어지지 않기를 바라지 않았소?
그렇습니다. 나는 모든 것이 여러분의 잘못이라는 것을 알고 있습니다.
그래서 그렇게 절망하고 있는 것이 아닌가요?
하지만 좋으신 하느님을 굳게 믿고 용서를 청할 수밖에 없습니다.
하느님께서는 여러분의 부족함을 잘 알고 계시므로
하루에도 일곱 번씩 일흔 번씩이나 용서하실 것입니다.
자신을 탓하지만 말고 하느님의 자비를 기다리십시오.
오 형제자매 여러분, 넘어졌나요? 그러면 다시 일어나십시오.
어린이 같은 믿음을 갖고 아버지께로 가서 탕자처럼 겸손하게 말하십시오. "**아버지,**
제가 하늘과 아버지께 죄를 지었습니다.
저는 아버지의 아들이라고 불릴 자격이 없습니다.
저를 아버지의 품팔이꾼 가운데 하나로 삼아 주십시오."(루카 15, 18-19) 하느님께서는 탕자의 아버지처럼 결코 여러분을 버리시지 않습니다.
자비는 하느님의 가장 고귀한 보물이며
여러분이 하느님을 믿기만 하면
하느님께서는 모든 것을 용서해주실 것입니다.
하느님께서는 여러분을 반드시 구원해주실 것입니다.
따라서 영적(靈的)인 탐욕을 부리지 마십시오.
마음이 가난할수록 여러분에게 풍성한 선물을 주시기 때문입니다.

영적(靈的)인 교만은 죄를 짓고도
부끄러워하지 않고 용서도 청하지 않는 악(惡)입니다.
아무 죄가 없다는 것을 말하기 위해 바보처럼 욕을 하기도 합니다.
이런 사람은 항상 진리가 이긴다는 것을 망각하고 있는 것입니다.
그러나 순수하고 하느님의 뜻에 순종하는 겸손한 사람은
내적 교만에 가득 차 큰소리만 치며 덕이 있는 것처럼 하는 사람들과는
비교할 수 없을 정도로 훌륭한 사람입니다.
사랑하는 형제자매 여러분, 의로움이 무엇입니까?
이사야 예언자가 답했습니다.
"이제 저희는 모두 부정한 자처럼 되었고
저희의 의로운 행동이라는 것들도 모두 여자들의 생리대와 같습니다."(이사 64, 5)

그런데 하느님께서 보시기에 우리가 의로울 때가 있었나요?
만약 주님께서 우리에게 은총을 받을 수 있는 자격을 보여 달라고 하시면
주님 앞에서 죄를 고백하고 주님의 은총으로
덕을 쌓게 되었다는 것을 고백해야 합니다.
우리의 주님께서는 연약하고 마음이 여린 영혼이 겸손하게
당신의 발 앞에 엎드려 당신의 자비를 간청하면 은총을 주실 때가 많았습니다.
하느님께서는 우리 모두가 당신의 발 앞에 무릎을 꿇고
당신으로부터 받은 은총에 감사하기를 바라십니다.
영적 교만은 알아차리기가 어렵기 때문에
많은 피해를 보게 된다는 것을 잊지 마십시오.
반면에 영적 교만을 부리지 않으려고 애쓰는 사람은
하느님의 길을 잃지 않고 내면생활을 충실히 하게 됩니다.

이렇게 하려면 세 가지를 알아야 합니다.
가장 먼저 알아야 할 것은
내면의 고통은 구세주의 겸손을 본받기 위한 수련이며
그리스도의 성인들을 본받게 해준다는 것입니다.
이러한 시련은 본성의 타락 때문도 아니고
마귀의 간계도 아니고 하느님으로부터 온다는 것을 잊지 마십시오.

하느님께서는 전지전능하시므로 하느님으로부터는 좋은 것만 나오고
하느님의 손을 거친 것은 모두 좋게 된다는 것을 알아야 합니다.
모든 생명은 하느님으로부터 나오고
모든 생명은 하느님께서 계신 원천으로 돌아가면 기뻐합니다.
그러나 우리의 사악한 본성처럼 하느님과 닮지 않은 것은
마귀에게서 나온 것이라는 것을 알아야 합니다.
이러한 것들이 하느님으로부터 멀어지게 합니다.
마찬가지로 그리스도께서 "내 편에 서지 않는 자는 나를 반대하는 자고,
나와 함께 모아들이지 않는 자는
흩어 버리는 자다."고 말씀하셨듯이(루카 11, 23),
그리스도로부터 멀어지게 하는 것도 마귀에게서 나온 것입니다.
영적인 교만에 빠지지 않으려면 먼저 이 원칙을 충실히 따라야 합니다.

두 번째로 알아야 할 것은
마음을 내키게 만드는 것, 마음을 순수하게 만드는 것,
하느님 아버지를 믿게 만드는 것,
이 모든 것은 하느님으로부터 나오는 것이라는 것입니다.
따라서 누구나 하느님 앞에서
자신이 죄인이고 가난한 사람이라는 것을 고백할 때는
자신이 아무것도 아니라고 생각해야 합니다.
자기(自己)를 버리고 하느님께만 매달릴 때도
자신이 아무 쓸모없는 존재라는 것을 인정해야 합니다.
그리고 이 모든 것은 하느님께서
역사(役事)하신 것이라는 것을 알아야 합니다.
하느님께서만이 자신이 아무것도 아니라는 것을 깨닫게 해주실 수 있습니다.
타락한 본성이나 마귀도 자기 자신을 모르거나
자신이 부덕(不德)하다고 생각하면 영적인 만족감과 은총을 뺏어갑니다.
그래서 요한 묵시록에서는 심한 비난을 하고 있습니다.
"'나는 부자로서 풍족하여 모자람이 없다.' 하고 네가 말하지만,
사실은 비참하고 가련하고 가난하고 눈멀고
벌거벗은 것을 깨닫지 못하고 있다."(묵시 3, 17)

이는 영적인 교만과 영적인 탐욕이 함께 작용하여 만든 결과입니다.

세 번째로 알아야 할 것은 자신의 눈에 자신이 작게 보이게 되고,
자신을 하느님과 만물보다 낮추게 하고,
자신이 오랫동안 짓밟혀도 아무렇지도 않게 생각하는 것은 모두
하느님께서 역사하신 것이라는 것입니다.
왜냐하면 루시퍼와 동료 천사들이 교만하고 뻔뻔스러웠기 때문에
하늘에서 추방되었지만, 세 동방 박사가
"다른 길로 자기 고장에 돌아갔듯이"(마태 2, 12),
겸손하게 되면 우리는 반대로 하늘나라로 이끌리게 되기 때문입니다.

콩 심은 데 콩 나고 팥 심은 데 팥이 나게 마련입니다.
이기심에 빠져 나쁜 생각을 하게 되면 교만하고 뻔뻔스럽게 되고 맙니다.
하늘나라를 얻을 생각이 없는 사람은
한순간도 하느님께 겸손하지 않고 교만하게 되어 마귀처럼 되고 맙니다.
이 사람은 자기주장만 하고 자기 뜻만 앞세우기 때문에 싸움이 끝나지 않습니다.
그리하여 항상 불안하게 생각하고
다른 사람들에 대하여 나쁜 생각을 하고 사랑이 없게 됩니다.
아무도 이들의 잘못을 고쳐줄 수 없으므로 항상 목에 힘을 주고 다닙니다.
이들은 하느님의 섭리도 무시하고
가장 친한 친구들의 충고도 받아들이지 않습니다.
하느님께서는 이사야 예언자의 말대로 이들을 위선자라고 부르셨습니다.
"나는 반항하는 백성에게 날마다 팔을 벌리고 있었다.
그들은 자기네 멋대로 좋지 않은 길을 걷고 있었다."(이사 65, 2)

우리의 사랑하는 주님께서는 온유하시고 겸손하시어
덕을 쌓으려는 사람을 항상 이끌어주십니다.
주님의 위대함을 잊지 마십시오.
주님께서는 만물의 창조주시고 살아 있는 사람들의 생명이고
죽은 이들의 부활이고 죄를 지은 사람들을 용서해주십니다.
주님께서는 방황하는 사람들을 불러들이시고

넘어지는 사람들을 붙들어주십니다.

사람들을 서 있게 힘을 주시고

하늘나라로 가도록 안전하게 인도하십니다.

주님께서는 깨닫게 해주시고

하늘나라의 비밀을 알려주시고 영원한 생명을 주십니다.

그리고 하느님이시며 종으로 오신 온유한 예수님이십니다.

경외심을 갖고 주님의 신성(神性)을 찬양하고 존경합시다.

우리의 영혼에 처음으로 빛을 주시고 지혜를 주신 데 대하여 감사합시다.

우리는 항상 주님을 사랑해야 할 뿐만 아니라

모세가 시나이 산을 거룩하게 하면서

"산을 건드리는 자는 누구든 죽음을 면치 못할 것이다.

그런 자는 아무도 손을 대지 말고, 돌이나 활에 맞아 죽게 해야 한다.

짐승이든 사람이든 아무도 살아남지 못한다." 하고 말했듯이(탈출 19, 12-13) 주님을 경외해야 합니다.

즉 우리의 영혼 안에 있는 하느님의 거룩한 산을

짐승 같은 본성을 갖고 오르면 안 됩니다.

우리 안에 있는 짐승 같은 본성들을 모두 버리고 겸손해져야만

우리의 주님께서 "여보게, 더 앞자리로 올라앉게."하시면서

우리를 위 자리에 앉게 하실 것입니다.(루카 14, 10)

그런 다음 하느님의 은총으로 이끌리고 높여져서 하느님과 하나가 되어

육(肉)의 삶을 청산하고 영혼은 하늘의 광채로 빛나게 됩니다.

겸손하고 침묵하고 참고 기다림으로써

외적 수행을 열심히 하는 것보다

훨씬 더 쉽게 하느님께로 갈 수 있게 된 것입니다.

이와 같이 그리스도께서는 당신을 본받는 사람들과

사랑으로 하나가 되시어 하느님께로 끌리도록 해주시고 계십니다.

성 빅토르의 리처드(Richard of St. Victor, ?-1173)가 말했습니다.

"나는 골고타에서 십자가에 못 박힌 그리스도뿐만 아니라

타볼 산에서 영광스럽게 변모하신 그리스도도 받아들입니다.

내가 이렇게 그리스도를 받아들이는 것은
베드로나 야고보나 요한이나 모세나 엘리야가 증언했듯이
나도 그리스도를 증언하여 영광스럽게 해드려야 하기 때문입니다."
이를테면 그리스도께서 몹시 괴로워하는 가운데 오시면
당신께서 진정으로 구세주임을 믿을 수 있기 때문입니다.
그러나 관상 중에 그리스도께서 우리 영혼의 타볼 산에서
영광의 빛을 비추시며 모습을 드러내시면 관상을 멈추어야 합니다.
우리는 마땅히 증언하여 사람들의 인정을 받아야겠지만
너무 지나치게 빛을 오랫동안 받으려고 하면 안 됩니다.
즉 지나치게 영적 탐욕에 빠지지 않도록 해야 합니다.
누구나 소화시킬 수 있을 만큼만 먹어야 맛을 알 수 있듯이
우리가 내면생활을 하는 동안에
하느님께서 우리에게 주신 선물을 잘못 사용하면 안 되기 때문입니다.
우리는 하느님께서 보시는 동안 끊임없이 겸손해야 합니다.
영적 교만의 위험을 잊으면 안 됩니다.
겸손과 온유와 순종의 덕은 우리 영혼 깊은 곳에서
변모하신 그리스도를 맘껏 볼 수 있게 해줍니다.
거짓 천사가 진리와 평화의 수호자들을 결코 이길 수는 없습니다.
하느님, 저희에게 이런 행운을 주소서. 아멘.

〈거룩한 순교자 축일 강론〉

123 칭찬받기 위하여 하는 행동은 사랑에서 비롯된 것이 아닙니다*

"그가 내 이름으로 뿔을 높이 들리라."(시편 89, 25)

사랑하는 형제자매 여러분, 여러분이 잘 알고 있는 것처럼
교만과 자기 자랑은 하느님께서 가장 싫어하시는 죄입니다.
하느님의 것인 영광을 자기 자신이 차지하고 있기 때문입니다.
하느님께서는 당신을 영광스럽게 하고
다른 사람들을 영적으로 인도하기 위하여 주신 영광을
사람이 자신의 명성을 위해 빼앗아가는 것을 참지 못하십니다.
오늘 피 흘리지 않고 순교한 거룩한 주교를 기념하는 것처럼
하느님의 종들은 하느님의 영광은 바라지만 자신의 영광은 찾지 않습니다.
따라서 거룩한 교회는 오늘의 성무일도에서
"그가 내 이름으로 뿔을 높이 들리라." 하고 찬양하는데

---

* 역자 주; 다른 사람에게 감동을 주면 '존중(human respect)'을 받는다고 말하지만, 이는 잘못된 용어입니다. 실제로는 자기 자신이나 다른 사람들의 존경을 받지 못하기 때문입니다. 가톨릭 영성 신학에서는 라틴어를 잘 못 번역하여 많은 오해를 유발하고 있는 것이 많습니다. '존경(respect)'이라는 단어는 라틴어 'respicere'에서 나왔는데, 이는 '너무 자꾸 뒤를 돌아보다(too look back)'는 뜻입니다. 이런 맥락에서 보면 자신이 한 착한 행동이 다른 사람들에게 어떻게 비치고 있는가를 점검한다는 것을 뜻합니다. 이른바 '왼손이 한 짓을 오른손이 알게 하려는 심사가 밑바닥에 깔려 있고', '생색을 내려는 심보가 숨어 있는 것'입니다. 결국 '칭찬을 받으려고 행동을 한 셈입니다.' 자신이 생각해도 의로운 행동을 하지 않은 것 같아 다른 사람의 반응을 보는 것입니다. 그리하여 '존경'을 '하느님께서 자신에게 명하신 의무를 다른 사람이 못하게 하는 것'으로 정의하기도 합니다. 라틴어 말뜻대로라면 '남에게 감동을 주었는지를 찾아내려고 하다' 또는 '자신의 명성이 자자한지 알려고 하다'고 번역해야 할 것 같습니다.

하늘과 땅에서 하느님의 영광을 노래할 것이라는 뜻입니다.
마치 하느님께서 "그의 이름을 영광스럽게 하면 안 된다.
왜냐하면 그는 오로지 나만 생각했기 때문이다.
따라서 그는 내 이름으로 나를 영광스럽게 함으로써
자신도 높여지는 것이다." 하고 말씀하시는 것 같습니다.

그리고 시편 저자는 다른 곳에서
"주님의 이름을 찬양하여라.
그분 이름 홀로 높으시다." 하고 말하고 있습니다.(시편 148, 13)
하느님께서 가장 싫어하시는 것은 하느님의 이름이 아니라
자신의 이름을 빛내려고 하는 것입니다.
많은 사람이 이러한 욕망을 갖고 있지만 죄라고 생각하지 않으므로
이 때문에 곤경에 처하게 될 것이라고는 거의 생각하지 않습니다.
높은 자리에 있는 사람들은
모든 사람이 허리를 굽히라고 요구하고
자신들의 명예를 깎아내리는 말이나 행동을 하면
낭패를 겪게 될 것이라고 으름장을 놓습니다.
자신도 알아차리지 못하는 이 교만에 대하여 다윗이 말했습니다.
"뜻하지 아니한 허물을 누가 알겠습니까?
숨겨진 잘못에서 저를 깨끗이 해 주소서."(시편 19, 13)
명예욕을 갖지 않게 해달라는 뜻으로 다른 곳에서는
"거만한 발길이 제게 닿지 않게, 악인들의 손이
저를 내쫓지 않게 하소서." 하고 말하고 있습니다.(시편 36, 12)
이름을 날리게 되면 교만해지기 마련이며 나쁜 마음을 갖게 됩니다.
그래서 나는 여러분에게 감히 말합니다.
"명예욕을 버리지 않으면 어떤 일을 하더라도
아무리 수행을 열심히 하더라도 하느님을 만나지 못하게 됩니다."
크리소스토모 성인(St. Chrysostom)이 말했습니다.
"명예욕을 버리면 슬픔과 고통을 그리 많이 겪지 않게 됩니다."
하느님께서 죄인이 회개하여 교만하고 건방졌던 것만큼
겸손하게 된 것을 보시면 무엇이든지 주시려고 합니다.

하느님께서 인간에게 주시는 징벌은 자존심을 꺾기 위한 것입니다.
자존심을 버리지 않으면 이기심을 버리게 하시려고
하느님의 친구라도 수모를 당하게 하시고
가장 낮은 자리를 차지하게 만드십니다.

그러나 다음 사실을 명심해야 합니다.
하느님께서 보시기에 칭찬을 받을 만하지도 않은데
지나치게 사람들의 칭찬을 받고 이를 자기가 잘해서라고 생각하면
파멸시키시어 악명이 높아지도록 만드십니다.
영원한 생명을 얻으려면 수모를 당하고 조롱을 당하더라도
그런 짓을 하지 말아야 하기 때문입니다.
대신에 우쭐대지 않고 마음을 비우고
하느님의 은총을 발로 차버리지 않게
하느님 앞에서 겸손하게 두려워하면서
자신의 죄를 솔직히 인정하도록 해야 합니다.
하느님의 집사가 되어 모든 선물과 은총을 받아도 우쭐대지 않아야 합니다. 이렇게
해야만 하느님과 교회를 영광스럽게 하고
이웃을 구원받게 해줄 수가 있습니다.
하느님께서는 이렇게 해야만 칭찬을 받을 수 있다고 생각하십니다.
이러한 사람은 세속적인 칭찬을 받지만
하느님께서는 아랑곳하시지 않습니다.
그리하여 갑자기 공직에서 물러나더라도 덤덤하게 물러날 수 있게 됩니다.

사랑하는 형제자매 여러분, '거룩하다는 명성'을
얻으려고 하는 것은 훨씬 더 위험합니다.
이런 쓸데없는 생각은 조금도 하지 말아야 합니다.
이런 명성을 추구하며 살았지만, 아직도 부덕(不德)한 사람은
존경은커녕 수모와 치욕을 받게 마련이기 때문입니다.

그러나 때때로 수도자도 사람들의 칭찬을 받고
수행을 망치게 될까 봐 걱정합니다.

사람들의 칭찬을 받으면 하느님께 순종하지 않을 것 같기 때문입니다.
그러나 수행하는 동안 쓸데없는 생각을 하지 않고
깨어 있으려고 노력하면 아무 문제도 생기지 않습니다.
꺼림칙한 일은 하지 않는 것이 좋기 때문입니다.

그러나 모든 것은 깨어 있으면서 수행을 하느냐에 달려 있습니다.
수행하면서 깨어 있지 않으면 아무 소용이 없기 때문입니다.
다른 사람들이 칭찬하는 것을 좋아하면 교만하기 쉽습니다.
거드름을 피우며 칭찬받고 남의 눈을 끄는 일이 아니면 일하지 않습니다.
먼저 동료들의 눈치를 보고 난 다음 경건하게 말하고 행동합니다.
동료들이 자신보다 덕을 많이 쌓아 믿음과 소망과 사랑을 갖게 되었기 때문으로,
하느님의 사랑을 추구하지 않았다는 것을 보여주는 것이기도 합니다.
자신이 하느님의 종이라는 것을 인정하지 않으면 곧 명성을 잃게 될 뿐만 아니라
자신을 걱정하고 하느님의 사랑을 믿지 않게 되어 마음이 지옥처럼 되고 맙니다.
그들에게 여러분과 같이 되기를 바라는 것이
무엇이냐고 물으면 답하지 않을 것입니다.
하느님께서 그들의 약점을 드러내시어
자신들이 경멸받게 될까 봐 두려워하기 때문입니다.
성경에서는 하느님께서 그들의 약점을 드러내시지도 않을뿐더러
많은 사람이 설득해도 그들은 듣지 않으려고 합니다.
그들은 완고하고 교만하며 논쟁을 하기를 좋아합니다.
그들은 다정한 사람들과 더불어 살지도 못합니다.
그들을 바꿀 수 있는 분은 새롭고 강력한 빛밖에 없으며
이 빛이 자기 부정을 가르쳐주고
사랑으로 사람들과 더불어 살아야 한다는 것을 가르쳐줍니다.
그러나 새로운 사람이 되지 않아 계속하여 이웃과 좋게 지내지 못하는데
이웃 사랑이 없어 인정을 보여주는 것을 싫어하기 때문입니다.
그리하여 그들을 괴롭히는 사람들을 다시는 보지 않을 것이라고 생각하고 사람들을
멀리하겠다는 서원을 하고
수도원에 들어가서 마음의 평화를 찾으려고 합니다.
사랑하는 형제자매 여러분, 그것은 마음의 평화를 얻는 길이 아닙니다.

그들은 수도원에 들어가도 마음의 안정을 찾지 못합니다.
그들은 사람들과 멀어지기는 했지만 계속하여 시기(猜忌)만 하고 함부로 판단하고 터무니없는 험담이나 하고 나쁜 짓을 계속합니다.
왜냐하면 나쁜 사람은 참회하여 마음의 평화를 얻기 전까지는
나쁜 생각의 가시관을 쓰고 앉아 있어야 하기 때문입니다.

마음의 평화를 얻으려면 내면으로 들어가 자신을 면밀히 성찰해야 합니다.
교만과 자기도취를 없애야 합니다.
자신이 부끄러운 죄인이고 아무 쓸모없는 존재라는 것을
다른 사람들에게 실토할 정도로 마음을 깨끗하게 해야 합니다.
사람들의 칭찬을 더 이상 바라지 않을 때까지
이런 고통스러운 수행을 계속해야 합니다.
그래야만 마음의 평화를 얻게 되어
자신에게 필요한 수행을 할 수 있게 됩니다.

그들은 마음의 평화를 얻기 위하여 기계적으로 고해성사를 합니다만
매일 수 없이 고해성사를 보더라도 마음의 평화를 얻지 못합니다.
계속하여 이웃을 미워하며 불안 속에 살 수밖에 없습니다.
진정으로 슬퍼하고 겸손하게 되지 않으면
아무리 고해성사를 많이 하더라도
화를 내고 시기하고 미워하고 불안해하고 우울해하고
자신과 다른 모든 사람을 믿지 못하게 됩니다.
그리고 과거에 대한 생각에 갇혀 사는 수도 많습니다.
현 순간의 하느님의 뜻은 생각하지 않고
20년 30년 전에 일어났던 일을 생각하면서 괴로워합니다.
사람들의 칭찬을 더 이상 바라지 않고
겉으로 수행하는 모습을 보여주지 않으려 함으로써
자신의 부족함을 알고 겸손하게 고백할 때까지는
이러한 고통을 계속하여 겪을 수밖에 없습니다.

그러나 그들은 "우리는 사람들에게 본보기를 보여야 하고

누구의 험담도 하지 말아야 합니다." 하고 말할지 모릅니다.
그러나 나는 "사람들에게 좋은 본보기를 보여주려면 덕을 쌓아
사람들이 여러분이 어떤 사람인가를 보여주고
진정한 그리스도인이라는 것을 보여주고
공공장소에서도 사람들에게 친절하게 대하고
사람들로부터 부당한 대우를 받더라도 참아야 합니다.

형제자매 여러분, 그들은 수행을 게을리 했습니다.
그들은 장상(長上)들의 비난을 들으려고도 하지 않았고
꾸중을 들으려고도 하지 않았습니다.
그들은 칭찬만 받으려고 하면서
이러한 비난이나 꾸중을 들으면서도 아랑곳하지 않았습니다.
오히려 더욱더 습관적으로 칭찬을 받으려고 하고
칭찬을 받지 않으면 아무 일도 하지 않으려고 합니다.
결국 아무도 그들을 위하여 기도해주고 울려고 하지 않습니다. 주님께서 그들에게 말씀하셨습니다. "내가 진실로 너희에게 말한다.
너희는 받을 상을 이미 받았다."(마태 6, 2)
하느님의 눈에는 살인과 같은 죄인 그들의 허영심을 칭찬하고 기쁘게 생각하고 그들을 잘못 인도하고 있는 사람들만 그들을 위하여 기도해주고 울려고 합니다.
하느님을 섬기려는 사람은 칭찬만 기다리지 말고 이기심을 버려야만 합니다.
이렇게 해야만 영원한 생명을 얻어 하느님과 성인들과 함께
하늘나라에서 지낼 수 있게 됩니다.
이러한 지각없는 칭찬이 이기심을 자극하여 세상 것들에 집착하게 만듭니다.

형제자매 여러분, 세상 것들을 버리지 못한다는 것은
하늘나라를 생각하지 않는 증거입니다.
세상 것들을 버리지 못하면 이 세상에서도 제대로 살 수 없으며
당연히 하늘나라에서도 살 수 없습니다. 먼저 영원한 생명을 얻는 데 필요한 것을 찾으면 하느님께서 풍성하게 주실 것입니다.
그러나 우리는 지나치게 칭찬만 바람으로써 세상 것들을 버리지 못하고 있습니다.
이 허영심 때문에 하느님을 받아들이지 못하고

은총을 발로 차버리고는 마귀의 꼬드김에 빠지게 됩니다.
이렇게 교만한 사람은 가장 비인간적인 죄도 지을 수 있게 됩니다.
짐승 같은 본성에서 가장 더러운 것이 나오게 마련입니다.
젊을 때 이런 짐승 같은 본성이 심어지게 되면
늙어서 불필요한 과거를 기억하면서 무한히 괴로워하게 됩니다.

따라서 젊은 수사(修士)나 수녀들에게
사람들의 칭찬을 멀리하도록 가르쳐야 합니다.
우리를 사랑하시기 때문에 십자가에서 돌아가시기까지 하시면서도
우리를 구원하려고 하신
주님의 영광을 위해서만 행동하도록 가르쳐야 합니다.
주님께서는 우리가 영원한 행복을 얻을 수 있게
힘과 지혜와 은총을 듬뿍 주셨습니다. 형제자매 여러분, 수도 생활을 시작한 초보
수사와 수녀들이 헛된 칭찬을 바라지 않고
온유하고 겸손하게 되어 정진(精進)하도록 도와주어야 합니다.
그래야만 거룩한 사람이 될 수 있기 때문입니다.
지나치게 칭찬을 바라게 되면
뒤에도 자기도취에 빠진 습관을 고치지 못하게 됩니다.

그리하여 사람들이 아첨을 하지 않으면 만족하지 못하게 됩니다.
그들은 자신이 미움을 받고 있다고 여기며 그들의 장상들과 고해사제들이
자신을 좋아하지 않는다고 생각하며 자기도취에 빠져 아무도 믿지 않게 됩니다.
그들은 아무도 자신을 좋아하지 않으며
모든 사람이 자신을 하찮게 여긴다고 생각합니다.
그들은 어쩌다 위대한 일을 하면 몹시 뽐내면서
자신이 없어서는 안 될 사람이라고 생각하면서
그들에게 귀를 기울이는 사람들에게 속삭입니다.
사랑하는 형제자매 여러분, 아첨만 좋아하는 사람들의 말로(末路)를 보십시오.
그들은 결코 구원을 받지 못합니다.
사랑을 모르고 장상들에게 진심으로 순종하지 않기 때문입니다.
그러면서도 왜 금식을 하고 철야기도를 하고

경건한 독서를 하고 기도를 하고 무릎을 꿇고 그 밖의 수행을 할까요?
이러한 수행이 나쁜 것이 아니라 자기를 버리고 진정으로 겸손해져야 하며
모든 일을 하느님의 영광과 이웃의 이익을 위해서만 하려고 해야 합니다.

그러나 명성을 생각하지도 않고 바라지도 않고 치욕을 참으면서 끝자리에 앉으려고
하는 사람과는 하느님께서는 함께 일하시려고 하십니다.
명예나 명성이나 지위를 바라지 않고
사람들의 칭찬도 바라지 않고 가장 낮은 자리에 앉으려는 사람은
하느님 앞에서 의로운 사람이라고 할 수 있습니다.
이러한 사람에게 높은 자리가 주어지고 아첨을 하더라도
명예가 주어지더라도 다른 사람들을 더욱더 잘 섬기려고만 합니다.
그러나 사람들의 칭찬을 듣고 괴로워하게 되면
자기(自己)를 죽이고 하느님과 하나가 되게 됩니다.
그리하여 하느님의 빛이 그의 영혼 안에서 더욱더 빛나게 되어
오직 자기(自己)만 버리려고 합니다.

이러한 사람은 얼마나 행복합니까?
사람들의 칭찬만 바라고 사는 사람은 얼마나 불행합니까?
우리 모두 허영심을 버리고 하느님께서 우리를 이끄시는
겸손의 어두운 길을 가야 합니다.
진실한 사람은 하느님만 믿고
하느님 안에서만 희망을 찾으며 진심으로 말합니다.
"주님, 이 어두운 길에서도 당신을 섬기겠나이다.
제가 이 어두운 길을 걷고 있는 것이 환상이 아니라는 것을 굳게 믿고 있나이다.
저는 제 뜻을 버리고 영원히 당신의 인도만 받겠나이다."
때때로 믿음과 소망과 사랑이 사라지는 것 같아도 결코 버리지 않습니다.
때때로 저급한 본성과 지혜가 사랑을 못 느끼게 해도
믿음과 소망과 사랑을 결코 버리지 않습니다.
하느님에 대한 사랑이 영혼의 고급 능력 안에 숨어 있기 때문입니다.
자기(自己)를 버리고 하느님만 섬기고 있으면서 세상 것들을 버리고 있기 때문에
하느님으로부터 버림을 받더라도 절망하지 않고

이기적으로 몸을 사리려고도 하지 않고
자신에게 잘된 일이라고 생각하기 때문입니다.
그러나 쾌락만 찾으려고 하고 하느님께서 주신 고통을 피하려고
쾌락에 빠져들게 되면 믿음과 소망과 사랑을 잃게 하시어
잘못된 길을 걷게 하십니다.
하느님께서 하나가 되시기 위해 고통을 주셨지만
그런 사랑을 뿌리치게 되면 저질스런 수행을 할 수밖에 없게 됩니다.
반면에 하느님께서 주신 고통을 달게 받으면
하느님과 하나가 되지만 자신은 알아차리지 못합니다.
이렇게 어두운 시기를 지나게 되면
자신의 영혼이 정화(淨化)된 것을 느끼게 됩니다.
그리하여 완덕을 쌓게 되어 하느님 안에서 쉴 수 있게 되며
모든 일에서 하느님의 뜻을 알게 되며 이웃의 구원을 위하여 매진합니다.
이 모든 것은 말로 설명하는 것보다
하느님을 진심으로 사랑하여 느끼는 것이 더 쉽습니다.
하느님, 저희가 저희의 이름이 아니라
무엇보다도 당신의 이름을 높이는 영광을 누리게 해주소서.
하느님, 저희가 자기(自己)를 버려 아무것도 아니라는 것을 알고
자신을 낮추게 해주소서. 아멘.

〈피 흘리지 않고 순교한 거룩한 주교 축일 강론〉

124 자신을 성찰하지 않고 수행하면 아무 소용이 없습니다

"네 눈은 네 몸의 등불이다."(루카 11, 34)

사랑하는 형제자매 여러분,
오늘은 그리스도에 대한 믿음 때문에
피 흘리지 않고 순교한 사람들을 기념합니다.
그들은 예수 그리스도의 영광을
그들의 영웅적인 그리스도인의 덕행을 통하여 세상에 널리 알렸습니다.
그들은 덕행을 하여 본보기를 보여주었을 뿐만 아니라
자기(自己)를 버리고 육(肉)의 삶을 살지 않았습니다.
그들은 오로지 하느님의 뜻이 이루어지기를 바라며 열심히 하느님을 섬겼습니다.

그런데 오늘날에는 수많은 수행을 보여주면서
영성(靈性)을 겉으로만 보여주려고 함으로써
그들이 바랐던 삶의 변화는 전혀 없었던 사람들이 많음을 주목해야 합니다.
그들은 금식을 하고 철야기도를 하고 수많은 기도를 하고
자주 고백성사를 보고 영성체(領聖體)하고
예수 그리스도의 수난을 묵상하고 많은 자선을 베풀고
대사부(大赦符)를 부지런히 남발하며
이 밖에도 거룩한 일을 많이 했지만
그들의 삶은 전혀 변함이 없었습니다.
그들은 하느님의 계명을 지키지 않았던 것입니다.

그들은 그리스도인으로서의 덕행을 보여주지 못했습니다.
하느님 때문에 힘을 쏟아 부었지만
하느님의 인정을 전혀 받지 못했습니다.
그리하여 사람들은 그들의 영혼으로부터
아무 도움도 받지 못했을 뿐 아니라 그들도 길을 잃고 있었습니다.
그런데 그 이유는 무엇이었을까요?
그들은 외적인 신앙생활은 열심히 하는 척했지만
내면생활은 전혀 하지 않았기 때문입니다.

그들은 자기 자신을 몰랐습니다.
그런데 어떻게 자제하면서 완덕을 쌓을 수 있었겠습니까?
그들은 덕을 쌓기는커녕 덕을 까먹고 있었었습니다.
그들은 어느 정도 덕을 쌓았다고 생각했지만
하느님께서 보시기에 전혀 덕이 없었습니다.
그래서 그들은 무엇을 하는지도 모르고 하느님을 섬기고 있었습니다.
그들은 하느님을 찾고 있었다고 생각했지만 전혀 그렇지 못했습니다.
그들은 제멋대로 육(肉)의 삶을 살았으므로 제대로 수행할 수가 없었습니다.
그리하여 나이가 들수록 불안해하며 참지 못하고
더욱더 나쁜 말을 하고 나쁜 짓을 하는지도 모르고 있었습니다.
그러나 자신이 영성(靈性)이 매우 깊은 것으로 생각하고 있었습니다.

그들은 너무나 지나치게 거룩하게 되기를 바라면서
하느님을 섬기는 데에서 기쁨을 찾았기 때문입니다.
그들은 막연하게 내공을 쌓을 것이라고 기대하면서
자신이 좋아하는 수행만 바꾸어가면서 했습니다.
그러나 자위(自慰)는 했지만, 전혀 덕을 쌓지 못했습니다.
그리하여 그들은 불안정하게 되어 무슨 일이든지 오래 하지는 못했기 때문에
영성(靈性)을 얻을 수가 없었습니다.
그들에게 하느님을 기쁘게 해드렸냐고 물으면 그렇다고 답하지만
그들은 자신을 속이고 있었을 뿐입니다.
물론 아무도 마귀를 섬기려고 하지는 않습니다.

마귀를 주인으로 섬길 정도로 야비한 사람이 있겠습니까?
설령 그렇게 하더라도 자신도 모르고 그렇게 할 것입니다.
여하튼 하느님을 외적 수행만 하면서 섬기게 되면
진정으로 하느님을 섬기는 것이 아닙니다.
그리스도인의 삶을 사는 데에는 외적 수행도 많은 도움이 되겠지만
내면생활을 하면서 죄를 짓지 않아야만
진정으로 그리스도인의 삶을 살 수 있게 됩니다.

덧붙여 말하고 싶은 것이 있습니다.
우리는 수도원에서 외적 수행을 열심히 하면서
스트레스를 받는 사람들을 많이 만납니다.
그리고 속세에서도 금식을 하는 등의 고행(苦行)을 하면서
자선을 베풀고 살지만, 진심으로 베풀지는 않고 사는 사람들을 많이 봅니다.
그러나 이들은 죄를 짓지 않고 마음을 깨끗하게 정화(淨化)하는
의무를 다하지 못해 수행은 열심히 하지만 아직도 화를 잘 내고
시기심이 많고 교만하고 돌아서서 험담을 하고 칭찬받기만을 바랍니다.
이렇게 속세에 물든 사람들을 어디서나 쉽게 볼 수 있습니다.
나는 이러한 사람들을 나쁜 사람이라고 생각하며
자신을 속이고 있다고 믿고 있습니다.

이들은 외적인 수행만 열심히 하면
의롭게 되어 구원받을 수 있다고 생각합니다.
그러나 결코 구원을 받을 수 없습니다.
하느님께서는 생각도 하지 않고 계십니다.
이들은 금박(金箔)을 입힌 조각상에 비유할 수 있는데
겉으로 보기에는 금처럼 보이지만
실제로 알맹이는 돌이나 나무입니다.
복음에서는 그리스도를 겉으로 아름답고
속에는 죽은 사람들의 뼈로 채워진 무덤에 비유하고 있습니다.
따라서 나는 마음을 정화(淨化)하여 나쁜 생각을 버리지 않는 한
금식하거나 기도하거나 다른 외적인 수행을 열심히 한다고 해서

구원받지는 못한다고 믿습니다.

수도원에서는 규칙에 따라 살아야 하지만
조금만 노력하면 구원받을 수도 있습니다.
수도원에서 요구하는 규칙에만 충실 하려고 하면 안 됩니다.
수도원 규칙이 너무나 많고 많은 일을 해야 하고
하느님을 만나지 못하여 하나가 되지 못하게 만들기 때문입니다.
이 때문에 구원을 받지 못하는 것입니다.
불가능한 일을 하고 있는 셈입니다.
쉽게 할 수 있고 아무도 방해하지 못하는 일을 하면 됩니다.
하느님께로 가는 바른길이 아니면 가지 않으면 됩니다.
그러나 수도원에서는 지나치게 많은 규율을 만들어 특히 외적 수행을 강요하므로
영적(靈的)인 일에 대해서는 현명하게 말하면서도
자신이 무엇을 하고 있는지도 모르는 채 외적 수행에만 매달려 있습니다.
그리스도인으로서 완덕을 갖추려면
어떻게 말해야 하고 어떻게 행동해야 하는지를 깨달아야 합니다.
지식이 부족하여 길을 잃고 있는 것이 아니며
수행을 게을리 했기 때문에 길을 잃는 것도 아닙니다.
깨달으려고만 했다면 길을 잃지 않았을 것이기 때문입니다.

마지막으로 사랑하는 형제자매 여러분, 다른 사람이 되려면
자신의 영혼 가장 깊은 곳에서 하느님을 찾으려고 애쓰고
하느님이 모든 것이어야 하고
자기(自己)가 아니라 하느님을 사랑해야 합니다.
이것이 모든 그리스도인에게 요구되는 의로움이고 참된 믿음입니다.
참된 믿음이란 어떤 것일까요?
많은 사람이 감상주의에 빠져
자기도취에 빠지면서 자신이 성숙해졌다고
자부함으로써 길을 잃고 있습니다.
참된 믿음이란 하느님을 섬기려는 마음이 진심에서 우러나와야 하며,
매일 밤낮으로 최소한 한 번은 자기 안으로 들어가

자신의 생각과 말과 행동을 면밀히 성찰하여
자신의 죄와 부족함을 알아차리는 것입니다.

아마 이렇게 자신을 매일 한 번 이상 성찰하지 않았을 것입니다.
성찰하지 않고 있었다면 자신의 과거 잘못들을 꺼내어 회개하도록 하십시오.
자신의 깊은 곳에 숨어 있는
과거의 모든 죄와 어리석음을 찾아내어 참회하도록 하십시오.
그런 다음 하느님의 계명을 충실히 지키십시오.
성직자라면 평신도보다 더 철저히 계명을 지켜야 한다는 것을 알아야 합니다.

모든 사람이 자신의 처지에 따라, 즉 성직자면 수도원이나 교회의 규칙을 지키면서
평신도이면 교리를 지키면서 매일 자기를 성찰해야 합니다.
금식이나 철야 기도나 노동 등과 같이
자신이 좋아하는 수행만 열심히 하는 것보다
이렇게 그리스도인의 참된 길을 가는 것이 훨씬 더 가치가 있습니다.
이 모든 수행이 가치가 없다는 것이 아니고 초보자에게는 도움이 되지만
자기를 성찰하지 않고 외적 수행만 고집하면 안 됩니다.
우리는 수행을 열심히 하고 조금도 잘못을 범하지 않는 많은 사람을 만나지만 그들은
자기 멋대로 순종하지 않으며 교만하고 화를 잘 내었습니다.
하느님, 저희가 참된 믿음을 갖도록 해주소서. 아멘.

〈피 흘리지 않은 많은 순교자들의 축일 강론〉

125 성령을 받아 이기심을 버리고 참으면서 진실하게 살아야 합니다

"그 가운데 다섯 처녀는 어리석고 다섯 처녀는 슬기로웠다."(마태 25, 2)

이와 같이 우리의 주님께서는
하늘나라를 육(肉)에 따라 살면서
유혹을 물리치지 못하고 사는 어리석은 처녀들과
이러한 위험을 모두 물리치고 성령에 따라 사는 현명한 처녀들에 비유하셨습니다.
어리석은 처녀들은 깨어 있지 못하여 유혹에 빠지고 말았지만
현명한 처녀들은 유혹에 빠져들지 않았습니다.

현명한 처녀들처럼 살려면 다섯 가지를 절제하면서 살아야 합니다.
첫 번째로 먹고 마시는 것 등에서 절제하고 살면서
식탐(食貪)에 빠지지 말아야 합니다.

두 번째로 검소한 옷을 입고 지나친 행동은 삼가며 사는 것입니다.

세 번째는 가볍게 말하는 사람들과 어울리지 않고
자신의 소명(召命)을 다하고 사는 것입니다.

네 번째는 게으르지 않아 자기 손으로 일하고 살고
남을 등쳐먹고 살지 말아야 합니다.

다섯 번째는 매일 육(肉)의 유혹에 빠져들지 않는 것입니다.
이렇게 하려면 자신이 유혹받은 것을 모두 거룩한 사람에게 털어놓고
충고를 받아 부정한 짓을 하지 않고 겸손하게 하느님께 기도해야 합니다.

이렇게 자기 관리를 하지 않고 사는 사람은
하느님 앞에 어리석은 처녀가 될 수밖에 없습니다.
그러나 현명한 처녀들은 신랑인 주님을 맞이하기 위하여
자신의 내면을 더욱더 아름답게 꾸며야 하는데
이 모든 것의 기초는 겸손한 마음입니다. 그래서 그들은 주님의 뜻대로 하기 때문에
주님의 자매로 생각하고
결혼한 사람으로 주님을 섬기는 사람들을 함부로 판단하지도 않았습니다.
그리고 열심히 수행하여 하느님만 기쁘게 해드리려고 했으며
다른 사람은 아무도 기쁘게 해주려고도 하지 않았습니다.
왜냐하면 그렇게 하면 자신들도 바리사이와 같은 사람들이 되기 때문이었습니다.
동정을 지키는 것은 하느님의 계명이 아니었지만
겸손은 하느님의 명령이었습니다.
하느님께서 보시기에 온유한 주부(主婦)보다 교만한 처녀는 천 배나 더 나쁩니다.
처녀는 아무도 미워하지 않으며 모든 사람을 사랑해야 합니다.
자신을 높이지도 않고 항상 하느님 앞에 두려워 떨며 서 있어야 합니다.
자신도 모르게 죄가 싹터서 죄를 짓게 되면
그만큼 사랑도 식게 되고 덕도 쌓지 못하게 됩니다.
처녀는 순결함과 겸손을 갖고 주님께서 가시는 곳이면 어디든지 따라갑니다.
그러나 교만하게 되고 죄에 물들게 되면
경건한 결혼한 사람들에게 더 높은 자리를 빼앗길 수밖에 없습니다.

처녀는 하느님으로부터 태어났고 하늘나라에 가려면
부활할 때까지 처녀로 남아 있어야 한다는 것을
천사들도 하느님으로부터 배웠습니다.
하늘나라에서는 결혼하는 일도 없으므로
하느님의 천사처럼 하느님과의 결혼을 영원히 기념하게 됩니다.
이 세상의 처녀들이 영원한 생명의 열매를 얻으려면

누구와도 육체적인 인연을 맺지 않고
오로지 하느님과만 결혼해야 합니다.
처녀들은 전심전력으로 마귀와 맞서야 합니다.
처녀들은 왕관을 쓰기 전에 아무도 부를 수 없는
새로운 성가(聖歌)를 불러야 합니다.
하느님께서는 당신께서 선택하신 처녀들에게
왕관을 씌어 주시고 함께 머무시는 것이 기쁨입니다.
그러나 전제 조건은 겸손하고 온유하고 이기심을 버리고
거룩한 사랑으로 다시 태어나야 하는 것입니다.

겸손하지 않으면 하느님의 사랑이 오지 않는데
이 세상의 어떤 보물보다 더 값지기 때문입니다.
겸손해야만 마음의 평화를 얻을 수 있습니다.
겸손하지 않으면 불안하게 되고 말다툼을 하게 되기 때문입니다.
진정으로 겸손하면 다시는 죄를 짓지 않게 됩니다.
성모님께서는 진정으로 겸손하셨기 때문에 아무 죄도 짓지 않으셨습니다.
그리고 하느님께서 겸손한 영혼을 만나시면 잘되게 해주시기 때문입니다.
그래서 아우구스티노 성인(St. Augustine)은
"이 땅에서 가장 겸손한 사람은 가장 위대한 성인입니다." 하고 말했던 것입니다.

겸손한 사람의 징표는 다음과 같습니다.
항상 자신을 먼저 성찰하고 자신이 어떤 은총도 받을 자격이 없다고 생각합니다.
그리하여 하느님께서 자신을 사람으로 만드시기 위하여 자신을 먹이시고 돌보시는 것을 부당하다고 생각합니다.
그러나 진정으로 겸손하여 자신에게 주신
모든 은총에 대하여 끊임없이 하느님께 감사합니다.
자신을 높이는 일도 없으며 자신을 칭찬하거나 명예롭게 하려고도 하지 않습니다.
반대로 항상 완덕을 생각하며 완덕을 갖추는 것을 하느님의 선물로 생각합니다.
하느님이 모든 것이며 모든 일을 하느님을 위해서 합니다.

현명한 처녀는 결코 하느님을 섬기면서

세상 것들에 집착하는 양다리를 걸치지 않습니다.
상급(賞給)을 받으려면 하느님을 위하여 사랑해야만 합니다.
그래야만 하느님을 사랑할 수 있게 되고 하느님께로 갈 수 있게 됩니다.
현명한 처녀는 다른 생각은 전혀 하지 않습니다.
우리는 하느님께서 주시는 것은 모두 선물로 생각하고
하느님을 더욱더 사랑해야 합니다.

현명한 처녀는 자기 스스로 높이는 일은 결코 하지 않습니다.
하느님께서 주신 은총을 선물로 생각하고 완덕을 갖추는 일에만 전념합니다.
하느님의 목적이 오로지 완덕을 갖추게 하는 것이라고 생각하기 때문에
하느님만 생각하고 하느님께 충성하고 이기심을 버리고 하느님만 따라갑니다.
겸손한 사람은 자신이 어떤 자리에 있든
어떤 소속이든 자격이 없다고 생각합니다.

겸손한 사람은 가장 낮은 자리를 찾으며
가장 작은 몫을 받으려고 하면서 살아갑니다.
그리고 자신의 고통을 아무에게도 말하지 않고
하느님께서 참을 수 없는 고통을 주시더라도
불평하지 않으며 기쁘게 받아들입니다.
그리고 아무리 야비한 짓을 하더라도
자신을 괴롭힌 사람에게 앙갚음하려고 하지 않습니다.
부당한 대우를 받더라도 하느님께서 자신을 완전하게 만드시기 위한 깊은 뜻이라고
생각하고 다른 사람들에게 푸념을 늘어놓지도 않습니다.
현명한 처녀들은 이렇게 살면서 기꺼이 자기(自己)를 죽이려고 합니다.

하느님께로 가는 첩경을 알고
주님께서 가시는 곳이면 어디든지 따라가는
현명한 처녀들이 있는 곳을 아십시오.
현명한 처녀들과 어리석은 처녀들이 얼마나 다릅니까?
자신의 눈이나 다른 사람들의 눈으로 보면
진심으로 하느님 안에서 살려고 하는 것이 바보처럼 보일지도 모릅니다.

구원을 받으려는 사람은 이 세상에서의 헛된 명예를 찾지 않아야 합니다.
겸손한 마음을 가지려면 자기를 버리고 참고 사랑해야 합니다.

첫 번째로 자기를 버리게 되면 내적 외적으로 대죄를 짓지 않게 되고 영적인 선물을 받아 기쁘게 내면생활을 할 수 있게 됩니다.
금식을 하고 철야기도를 하고 경건한 독서를 하고,
경건한 생각을 하고 내면을 밝게 하고 영원한 생명을 바라고
영성체를 하고 축일을 기념하고 관상을 하면서 자기를 버려야만 합니다.
이 세상에서 가장 경멸스러운 사람은
하느님을 기쁘게 해드릴 생각이 전혀 없고
종교적인 의무를 게을리 하는 사람이라고 생각해야 합니다.
종교적인 의무를 다하면서 수행을 열심히 해야 합니다.
이런 사람은 자신이 아무 쓸모없는 존재라고 생각합니다.
제대로 수행하려면 자화자찬(自畵自讚)은 물론
자기 뜻을 버리고 자신을 속이지 않아야 합니다.

성실하게 수행할수록 진정으로 겸손하게 되며 하느님께로 바로 가게 됩니다.
왜냐하면 하느님께서는 우리의 겸손한 심연(深淵)에 계시기 때문입니다.
이 심연에서 하느님을 만나 하느님과 하나가 되기 때문입니다.
이러한 사람은 하느님 안에서 변화하여 전혀 새로운 사람이 되는데
자신 안에 살면서 자신을 다스리시는 성령께서 역사하시기 때문입니다.

두 번째로 참아야 합니다. 겸손하려면 참아야 하기 때문입니다.
어떤 조롱을 받더라도 참아내어야 합니다.
기쁜 일이든 슬픈 일이든, 행운이든 불행이든,
경멸을 받든 업신여김을 받든 잃어버리든 받든
덤덤하게 받아들여야 합니다.
심지어 나쁜 짓을 하여 덕을 쌓지 못하게 되고
불행하게 되더라도 덤덤하게 받아들여야 합니다.
아무리 하느님의 길을 모르더라도 모든 고통을 참고 견디면서
하느님을 믿고 하느님의 뜻으로 받아들이도록 해야 합니다.

이렇게 해야만 겸손하게 됩니다.
이렇게 겸손하게 되면 자기만족에 빠지지도 않고 자신을 속이지도 않게 됩니다.
고통을 참고 견뎌내기만 하면 모든 것이 잘되게 된다는 것을 알아야 합니다.
세상일이나 영적인 일을 그르치게 된다는 생각이 들더라도
고통을 겸손하게 참고 견디기만 하면
하느님께서 완덕을 쌓게 해주실 것입니다.

세 번째로 더욱더 겸손하게 되려면 사랑해야 합니다.
사랑 때문에 이기심을 버리고 고통을 받는 만큼 고귀한 행동은 없기 때문입니다.
자신을 낮추어야 하느님께서 오시므로
하느님과 하나가 되어 하느님을 받아들일 때만큼
사랑이 충만할 때가 없기 때문입니다.
사랑해야만 하느님께 안길 수 있게 되고
하느님만 생각하게 되고
다시 태어날 수 있게 되기 때문입니다.
하느님과 하나가 되기만 하면
영원히 하느님과 함께 있을 수 있게 되기 때문입니다.
이 땅에서 하느님만 생각하면서 살 수 있게 되는
행복을 위해서는 겸손이 필수이기 때문입니다.

행복하게 되기 위해서는 세 가지가 필요합니다.
첫 번째로 순수한 마음으로 하느님만 바라고
하느님만 기쁘게 해드리고 사랑해야 합니다.
이 세상에서 하느님만 생각하는 사람만이 행복을 누릴 수 있기 때문입니다.

두 번째 사랑으로 이기심을 버리고
자신의 뜻을 버려 하느님께서 역사하시도록 해야 합니다.
자신이 잘났다는 생각을 버리면
하느님께서 자신도 모르게 역사하시기 때문입니다.

세 번째 어떤 길로 인도하시더라도

주님의 인간성과 신성(神性)과 성 삼위를 묵상하고,
예수 그리스도의 삶과 수난을 묵상하고,
성모님과 성인들의 음덕을 묵상하면서
진심으로 수행을 열심히 해야 합니다.
성경에는 깊은 뜻이 숨어 있으므로 정독(精讀)을 하여 뜻을 알도록 해야 합니다.
이렇게 해야만 하느님으로부터 순수한 마음을 얻게 되고 느긋하게
하느님을 기다리면서 고통을 참게 되고, 열심히 수행할 수 있게 됩니다.
이렇게 정진하면서 지혜를 갖게 되면
하느님께서는 더욱더 빨리 완덕을 갖게 해주십니다.

수행을 하고 덕을 쌓으려고 할 때는 다음 여섯 가지를 명심해야 합니다.
첫째 겸손해야 하고, 두 번째 고통을 참고 견뎌야 하고,
셋째 이기심을 버려야 하고, 넷째 무연자비(無緣慈悲)를 베풀어야 하고,
다섯째 모든 일을 하느님의 눈으로 보아야 하고,
여섯째 열심히 수행해야 한다는 것입니다.
하느님, 저희가 현명한 처녀가 되게 도와주소서. 아멘.

〈수많은 거룩한 동정녀들의 축일 강론〉

126 거룩하게 되려면

"오늘은 내가 네 집에 머물러야 하겠다."(루카 19, 5)

사랑하는 형제자매 여러분, 어제 쾰른(Cologne) 시의 여러 곳에서
어머니인 교회의 축성을 기념했는데 오늘도 같은 말을 하려고 합니다.
우리가 봉헌하고 기념하는 것은 인간의 영혼을 기념하는 것으로
인간의 영혼이 바로 성전(聖殿)일 뿐만 아니라
인간의 영혼 안에서 주님께서 다시 태어나셔야 하기 때문입니다.
모든 의식(儀式)은 하느님과 함께 마음속으로 축하하도록 만들며
교회의 축성은 하느님께 새로운 성전을 봉헌함과 동시에
우리 영혼도 친구들이나 친척들을 소중히 여기는 것과 같은
집착을 버리고 자기(自己)를 버려서 치유 받는 것을 뜻합니다.
그러려면 세상 것들을 모두 버리고 쾌락을 멀리해야 하며,
금식과 철야기도 등을 통하여 고통을 참고 견디는 법을 배워야 합니다.
그러나 형제자매 여러분, 우리의 본성은 교묘하게
자신에게 좋은 것만 찾게 하고
자신이 좋아하는 수행만 하도록 만든다는 것을 알아야 합니다.
이성적인 사람은 자신 안에 있는 짐승 같은 본성을 억제하려고 하지만
고통을 심하게 느끼면서 지나치게 먹고 마시고
보고 듣고 말하고 행동하려는 충동과 싸워야 합니다.
형제자매 여러분, 이 짐승 같은 본성의 주검이 풍기는 냄새를
하느님께 제물로 바치면서 바오로 사도처럼 말해야 합니다.
"구원받을 사람들에게나 멸망할 사람들에게나

우리는 하느님께 피어오르는 그리스도의 향기입니다."(2코린 2, 15)
이 더러운 본성이 사라지게 되면 '**구름을 당신 수레로 삼으시고**
바람 날개 타고 다니시는 분'께서 여러분에게 말씀하시게 됩니다.(시편 104, 3)
이는 자기(自己)를 죽이고 나면 세상 것들로부터 해방되게 되므로
하느님께서 가까이 오셔서 '**비둘기의 날개**'와
'**독수리의 날개**'와 '**바람의 날개**'를 주신 다음 나르라고 분부하십니다.

'비둘기의 날개'는 순수하게 되어 의심하지 않고 함부로 판단하지 않고
친절하고 침묵을 지키고 그리스도처럼 다정함을 보이면서
거룩하게 되는 것을 의미합니다.
우리의 주님께서는 당신의 사랑으로 가득 채워주시어 비둘기처럼
거룩하게 하늘 높이 날 수 있게 해주시기 때문입니다.
'독수리의 날개'는 영혼을 높이 날게 하여
보통 사람들은 눈으로 볼 수 없을 정도로
육(肉)의 삶을 살지 않고 많은 지혜와 사랑을 갖고
내적 외적인 삶을 사는 것을 뜻합니다.
그리스도의 '바람의 날개'를 가진 영혼은 성령(聖靈)과 같아
언제 어디로 날아갈지 모르게 합니다.
감정과 이성(理性)을 초월하여 이해할 수 없게
하느님 안에서 변화하여 완덕을 갖춘 영혼을 의미합니다.
이러한 영혼은 다시 하느님께서 계신 곳으로 돌아가
하느님과 하나가 되어 무한한 하느님의 빛을 비춥니다.
하느님의 빛에 비하면 인간의 빛은 어둡기 때문입니다.
아침에 태양이 떠오르면 밝게 빛나던 별들이 어둠 속으로 사라지는 것과 같습니다.
하느님의 빛도 인간의 영혼 깊은 곳에서 빛나게 되면
아무도 알아볼 수가 없습니다.
하느님의 빛의 밝기에 비하면 모든 인간의 지혜는
작은 새의 눈을 태양에 비유하는 것과도 같습니다.
대낮에 태양을 바라보면 눈이 부시어 검은 반점처럼 되는 것과 같습니다.
영안(靈眼)의 밝기를 성령(聖靈)의 밝기와 비교하면 이와 같습니다.
한 이교도 왕이 말했습니다.

"영혼에 모든 빛이 비추고 난 다음에는 하느님을 모르게 됩니다.
아무것도 아는 것이 없어야 하느님을 알게 됩니다."
이교도 왕이 이 진리를 깨달았는데도
우리 그리스도인들이 이 진리를 깨닫지 못했다는 것은 부끄러울 뿐입니다.

우리는 성전 봉헌 축일의 복음에서
세리 자캐오가 주님을 보려고 애썼지만, 키가 작았기 때문에
군중에 가려 볼 수가 없었다는 것을 읽었습니다.(루카 19, 3 참조)
그래서 그는 돌 무화과나무에 올라가야 했습니다.
우리는 우리 영혼 안에서 혼란을 일으키신 하느님을 보려고 하지만
너무나 비천하고 비겁해서 하느님을 볼 수가 없습니다. 어떻게 해야 할까요? 본성을 억제하고 육(肉)의 삶을 청산하고 완덕을 갖추도록 해야 합니다. 하느님께서 부담 없이 걸어가실 수 있게 내적 인간이 되어야 합니다.

그러나 이 세상의 현명한 사람의 눈에는
본성을 억제하는 것이 아주 어리석게 보입니다.
하느님을 보려고 가까이 가기 위해서
그 고생을 하는 것을 보면 바보처럼 보이기 때문입니다.
많은 책을 읽은 사람들이 특히 그렇게 생각합니다.
그들은 경건한 사람들은 모두 바보라고 생각합니다.
그러나 형제자매 여러분, 우리의 구세주께서 가르쳐주셨듯이
하느님께서는 어리석은 사람을 좋아하십니다.
"아버지, 하늘과 땅의 주님, 지혜롭다는 자들과 슬기롭다는 자들에게는 이것을 감추시고 철부지들에게는 드러내 보이시니, 아버지께 감사를 드립니다.
그렇습니다, 아버지! 아버지의 선하신 뜻이 이렇게 이루어졌습니다."(루카 10, 21)

빙엔(Bingen)의 힐데가르트 성녀(St. Hildegrade, 1098-1179)는
영적(靈的) 비상(飛翔)을 보여주는 많은 환시를 보았는데
그녀의 책에 몇 개의 그림을 보여주고 있고
수녀원의 식당에 두 그림이 남아 있습니다.
한 그림은 하느님에 대한 두려움을 그리고 있는데

푸른 망토가 머리나 얼굴은 가리지 않고 눈만 가리고 있습니다.
그러나 이는 우리가 말하는 일반적인 두려움이 아니라
하느님의 의로움의 빛 속에서 자기를 찾고 있고
수천 개의 눈이 우리의 말과 일과 생각을 바라보고 있음으로써
두려워하고 있는 것을 그리고 있습니다.
그림에는 얼굴과 머리가 없는데 인간의 사랑이나
미움이나 칭찬이나 비난에는 관심이 없음을 나타내기 위한 것입니다.
또 손도 없는데 이기적으로는 아무것도
소유하지 않겠다는 것을 나타내기 위한 것입니다.

다른 그림에는 푸른 술 장식이 달린 흰옷을 입고 맨발로 서서
얼굴도 없이 손을 치켜들고 있는데 순금으로 그려진 하느님께서는
머리 역할을 하시면서 빛을 비추시고 계십니다.
이 그림은 가난을 묘사하고 있습니다.
하느님은 영혼의 머리며 흰옷은 자기를 버리고
한결같이 하느님을 생각하는 것을 표현하고 있으며
맨발은 주님을 본받아 모든 것을 버리고
하느님을 따라가는 것을 의미하며
푸른 술 장식은 끝까지 깨어 있음을 뜻하고
치켜 올린 손은 고통을 받든 행동하든
하느님의 뜻을 받아들이겠다는 뜻입니다.

이는 자캐오가 올라간 돌 무화과나무에 비유할 수 있으며
세상 것들을 버리고 있으면 이제와 영원히 하느님을 뵐 수 있음을 뜻합니다.

주님께서는 자캐오에게 얼른 내려오라고 말씀하시고
"오늘은 내가 네 집에 머물러야 하겠다."고 하셨습니다.
무엇을 하든 자신을 낮추고 주님께서 오시기를 기다리라는 뜻입니다.
나무에 올라가 있는 동안에는 하느님의 영원한 진리를 보게 되겠지만
완전히 명확하게 보지는 못합니다.
본성이 아직도 명예를 좋아하고 자신을 낮추지 않고 있기 때문입니다.

본성이 살아 있는 한 완덕을 갖출 수가 없습니다.
따라서 주님께서는 아직도 본성을 버리지 못한 사람을
돌 무화과나무에서 내려오게 하시고는 즉 자기를 버리게 하시고는
"**오늘은 내가 네 집에 머물러야 하겠다.**"고 하셨습니다.
오늘은 영원한 생명을 얻는 날로 구원을 받았다는 뜻입니다.
하느님, 저희 모두에게 그런 은총을 주소서. 아멘.

〈성전 봉헌 축일의 첫 번째 강론〉

127 제대로 믿어야만 거룩하게 될 수 있습니다

"나의 집은 기도의 집이라 불릴 것이다."(마태 21, 13)

우리의 주님께서는 인간은 하느님의 거룩한 성전이기 때문에
어떻게 하면 영혼을 기도하는 집으로 만들 수 있는가를
우리에게 가르쳐주시려고 했습니다. 먼저 장사꾼을 몰아내어야 합니다.
이는 세상 것들과 자기 뜻은 물론 자신의 헛된 꿈을 몰아내야 한다는 뜻입니다.
그뿐만 아니라 하느님의 사랑 안에서 회개의 눈물로
영혼을 정화(淨化)해야 성전이 깨끗하게 된다는 것입니다.
사실 하느님께서 거룩하게 만드셨다고 해서
로마나 다른 곳에 좋은 자재로 잘 설계하여 지어졌다고 해서
성전이 거룩한 것은 아닙니다.
모든 성전 중에서 우리 영혼의 성전을 하느님께서 가장 좋아하시는데
하느님께서 머무실 수 있는 여건만 만들어주면 하느님께서 머무시기 때문입니다.

그러나 하느님만 생각하기 전에 수많은 생각을 해왔던 영혼을
어떻게 해야 하느님께서 머무실 수 있을까요?
이는 하느님의 집에서 어떻게 장사를 할 수 있었느냐 하는 것으로
세상 것들에서 기쁨을 찾는 것은 하느님의 집에서 장사하는 것입니다.
하느님께서 머무시면서 역사하시게 하려면
당연히 하느님과 자신 사이에 있는 좌판을 없애야 합니다.
즉 세상 것들에서 기쁨을 찾지 말아야 합니다.
해로운 열 친구가 한 친구보다 낫다고 말하는 것은 말도 안 되는 소리입니다.

하느님께로 가는 것을 방해하는 것이 적을수록 쉽게 하느님께로 갈 수 있습니다.
그러나 자신의 부족한 점을 열 가지 아는 것이
하나밖에 모르는 것보다는 덜 위험합니다.
따라서 자신이 알지 못하는 허물을 두려워해야 합니다.
자비로우신 하느님 앞에 엎드려
솔직하게 자신의 허물을 아뢰면 충고해주시기 때문입니다.
변명만 하는 사람은 절대로 인도해주시지 않습니다.
영원한 죽음에 이르게 되는 그런 짓은 하지 말아야 합니다.
그러면 이 세상에서 가장 거룩한 사람을 만나게 되고
자신의 죄 때문에 슬프게 울어줄지도 모릅니다.
그리고 그 사람에게 오랫동안 회개의 눈물을 흘리지 않았느냐고 물으면
그는 이제 막 울기 시작했을 뿐
천분의 일의 눈물도 흘리지 않았다고 답할 것입니다.
이 현명하고 거룩한 사람들을 보고도 자신을 면밀하게 성찰하지 않으려고 합니까?
여러분은 나에게 항상 울고 있어야 하느냐고 반문할지도 모릅니다.
나는 하느님께서 인도하시는 사람에 따라 답할 것입니다.
나는 분명히 말합니다. **완전히 참회한 사람은 아무도 없다는 것입니다.**

그러나 여러분이 자신의 영혼 안에 있는 장사꾼을 몰아내고
세상 것들에서 기쁨을 찾지 않게 되면 다음에는 무엇을 해야 할까요?
계속하여 자신을 지켜보아야 합니다.
왜냐하면 야비한 장사꾼이 다시 돌아와서
더욱더 요란스럽게 장사를 할지 모르기 때문입니다.
그러면 또다시 몰아내어야 합니다.
그러나 장사꾼이 서성대고 있는지 지켜보아야 합니다.
왜냐하면 여러분이 싫어하면 여러분에게 해코지할지도 모르기 때문입니다.
그러나 장사꾼이 오래 머물든 잠시 머물든 들어 왔던 문으로 나가야 합니다. 그뿐만 아니라 나쁜 생각이나 느낌이나 더러운 쓰레기들을 남겨두고 가게 되면 20년 동안이나 쌓여 있던 것들을 모두 치워야 합니다.
"나의 집은 기도의 집이라 불릴 것이다."
기도는 하느님께 바치거나 맹세하는 말로

하느님과 영원히 하나가 되려고 하는 것입니다.
여러분이 하느님과 하나가 되면 어디에 있든 어떤 수행을 하든 바칠 수 있게 됩니다.
기도를 바친 후 항상 기쁠 수도 없고 만족할 수도 없습니다.
가끔 기쁘기도 하고 만족스러울 뿐입니다.
왜냐하면 기도는 내면으로 자신을 하느님께 바치거나
하느님과 하나가 되어 하느님 가까이 가는 것이기 때문입니다.
기도는 성벽(城壁) 파괴용 망치와 같아서 하늘나라의 성벽을 망치로 부수어 영혼이 들어갈 수 있는 통로를 만드는 것이기 때문입니다.

힐라리오 성인(St. Hilary, 300-368)이 하늘나라에 들어갈 수 있는
세 방법을 말했는데 첫 번째는 '**참된 믿음**'이고
두 번째는 '**하느님을 아는 것**'이고 세 번째는 '**내면 기도**'라고 했습니다.
믿음이란 무엇인가요?
나는 모든 그리스도인이 믿음이 깊다고는 말할 수 없습니다.
여러분이 잘 알고 있다시피 교회 마당에는 무덤이 가득 차 있고
사람들이 사는 곳에는 교회 건물이 많이 있습니다.
그러나 교회에는 살아 있는 것 같지만 죽어 있는 사람들이 많은데
'살아 있는 믿음'을 갖고 있지 않기 때문입니다.
그런데 '**살아 있는 믿음**'이란 어떤 것일까요? 하느님의 맛을 아는 것입니다.
주님의 인성(人性)이나 신성(神性)과 성 삼위뿐만 아니라
거룩한 믿음에 대하여 많이 듣고 책도 많이 본 것을 말합니다.
그러나 '**살아 있는 믿음**'을 가지려면 하느님에 대하여 잘 알아야 할 뿐만 아니라
스승들이 가르쳐주는 이상으로 격의 없이 친밀하여
자신 안에 하느님께서 사실 수 있게 해드려야 합니다.
그리하여 하느님께서 생명수를 부어주셔야 합니다.

다른 종류의 많은 그리스도인들도 있는데
신앙생활을 하고 있으면서도 죄를 짓고 있는 사람들입니다.
하느님에 대하여 많이 알고 사랑하지만
죄의 구름이 몰려오면 그만 죄를 짓고 맙니다.
믿음이 더욱더 깊어져야 죄를 멀리하게 됩니다.

이른바 믿음이 약한 사람들로 자신이 아무 쓸모없는 존재라고 생각합니다.
하느님께서 영혼에 계시지 않아 생명이 없고 냉담한 사람들입니다.
회개하여 '살아 있는 믿음'을 가져야 구원받을 수 있게 됩니다.
그러나 쉽게 믿음을 잃을 수도 있습니다.
외적인 일에만 신경을 쓰므로
스스로 하느님께로 돌아가지 않는 한 구제 방법이 없습니다.
이들에게는 수행이 아무 의미가 없고 수행의 이로움도 모릅니다.
그러나 영혼 안에 하느님을 모시고 사는 사람은
하느님의 역사를 잘 알고 있을 뿐만 아니라 진리도 잘 알고 있습니다.
그리하여 하느님을 위하여 외적 활동을 하고 있을 때도
내면생활을 게을리 하지 않으므로
하느님을 더욱더 사랑하게 되고 찬양하고 감사하게 됩니다.
이러한 사람은 하늘나라에 살고 있으므로 하느님의 맛을 압니다.

힐라리오 성인(St. Hilary, 300-368)**의 하늘나라로 가는 두 번째 방법은**
'하느님에 대하여 아는 것'입니다.
'살아 있는 믿음'을 갖고 있는 사람들은 하느님을 잘 알고 있으므로
들어가는 문을 잘 알고 있을 뿐 아니라
지혜의 빛이 길을 비추어주어 쉽게 들어갈 수 있습니다.
그래서 이런 사람에 대하여 "보라, 하느님의 나라는 너희 가운데에 있다."고 주님께서
말씀하신 것입니다.(루카 17, 21)
내면생활에 익숙하지 않은 사람은 모르는
진리를 잘 알고 있기 때문에 디오니시오 성인(St. Dionysius)은
"빛 속에 빛이 있으며 영혼의 빛은 하느님의 빛 안에 있습니다." 하고 말했습니다.
파리 대학의 유명한 교수들은 위대한 책들을 읽으면서 기쁘게 책장을 넘겼습니다.
그러나 우리가 말했던 믿음이 깊은 사람들은
한마디도 놓치지 않고 정독(精讀)을 했습니다.
그들은 사람들이 책장을 넘기듯이 하늘과 땅을 섭렵하면서
하느님의 놀라운 역사(役事)를 읽었습니다.
그들은 거룩한 천사들과 다른 차원의 지혜를 얻어 성 삼위의 영원한 생명을 알고
하느님 아버지께서 어떻게 아드님인 예수 그리스도를 영원히 탄생시키셨는지,

아드님은 아버지의 품속에서 얼마나 기뻐하셨는지,
성령께서는 어떻게 아버지와 아드님으로부터 나오시게 되었는지,
성 삼위께서 어떻게 복된 영혼들에게 영(靈)을 불어 넣어주시는지,
그리고 이 모든 것이 다시 원천으로 돌아가는지를 알았습니다.
이것이 우리의 주님께서 말씀하신 복이었습니다.
"영원한 생명이란 홀로 참 하느님이신 아버지를 알고
아버지께서 보내신 예수 그리스도를 아는 것입니다."(요한 17, 3)
이것이 하느님께서 살고 계신 성전에서
하느님께서 선택하신 친구들이 누리고 사는 삶이었습니다.
당신의 궁전인 여기에 주님께서 살고 계시므로
좋은 일만 있으며 아무 고통이 없습니다.
그러나 이를 경험한 사람은 잘 알고 있지만, 과학으로는 알 수가 없습니다.
이 세상에서 가장 좋은 것을 얻고 영혼 깊은 곳으로 들어가
하느님 가까이 가는 것이 가장 행복한 것입니다.

힐라리오 성인의 하늘나라로 가는 세 번째 방법은 기도로
영혼을 하느님께 높이 올리는 것입니다.
영혼이 하느님과 하나가 되는 것입니다.
영혼은 이렇게 하느님의 인도를 받게 되면서
"진실한 예배자들이 영과 진리 안에서 아버지께 예배를 드릴 때가 오는데
사실 아버지께서는 이렇게 예배를 드리는 이들을 찾으십니다."(요한 4, 23)
이렇게 기도 중에 찾던 것을 찾게 되고 청했던 것을 받게 됩니다.
그리고 기도 중에 찾는 것도 있고 잃는 것도 있습니다.
영혼이 하느님과 하나가 되었기 때문에 바오로 성인이
"주님과 결합하는 이는 그분과 한 영이 됩니다." 하고 말한 바와 같이
성전은 사라지게 됩니다.(1코린 6, 17)
이 모든 일은 말로 설명하기가 어려우므로 느껴야 합니다.
이것을 말로 설명하는 것은 무척 어렵습니다.
성 삼위시여, 매일 이를 느낄 수 있는 은총을 저희에게 내려주소서. 아멘.

〈성전 봉헌 축일의 두 번째 강론〉

영원한 생명을 주는 진리의 길

2017년 7월 8일 초판 인쇄
2017년 7월 14일 초판 발행

지은이 | 요한 타울러(Johan Tauler)
옮긴이 | 김 용 대
발행인 | 오 영 환
발행처 | 사회와연대 · 세명서관
등 록 | 1989. 2. 20. 제2-409호

주 소 | 서울특별시 중구 다산로 22길 18 2층(신당동)
전 화 | (02) 2238-9055, 2235-9601
FAX | (02) 2234-9291
E-mail | semyoungbook@hanmail.net

값 28,000원

ISBN 978-89-89097-53-2 03230

• 잘못 만들어진 책은 교환해 드립니다.

저자연락처: 전화_ 02-409-1178
이메일_ yongdae_kim@naver.com